伦明纂续修四库提要稿（上）

罗志欢 主编
许起山 整理

齊魯書社

图书在版编目（CIP）数据

伦明纂续修四库提要稿 / 罗志欢主编；许起山整理
. -- 济南：齐鲁书社，2021.9
ISBN 978-7-5333-4486-3

Ⅰ. ①伦… Ⅱ. ①罗… ②许… Ⅲ. ①《四库全书总目提要》—修订本 Ⅳ. ①Z833

中国版本图书馆CIP数据核字(2021)第151546号

策划编辑：刘　强
责任编辑：向　群
责任校对：王其宝　赵自环
装帧设计：赵萌萌

伦明纂续修四库提要稿
LUNMING ZUAN XUXIU SIKU TIYAO GAO
罗志欢　主编　许起山　整理

主管单位	山东出版传媒股份有限公司
出版发行	齊魯書社
社　　址	济南市英雄山路189号
邮　　编	250002
网　　址	www.qlss.com.cn
电子邮箱	qilupress@126.com
营销中心	（0531）82098521　82098519　82098517
印　　刷	山东临沂新华印刷物流集团有限责任公司
开　　本	880mm×1230mm　1/32
印　　张	45
插　　页	6
字　　数	1429千
版　　次	2021年9月第1版
印　　次	2021年9月第1次印刷
标准书号	ISBN 978-7-5333-4486-3
定　　价	180.00元（上下册）

伦明续修《四库全书》之经历

罗志欢

伦明(1878—1944),字哲如,近代藏书家、学者,广东东莞望牛墩人。24岁参加科举,以第90名入选。1902年参加京师大学堂招生考试,名列前茅。1907年从京师大学堂毕业回到广州后,历任两广方言学堂教务长兼经济科教授、广州西区模范高小校长、广西浔州中学校长。民国初年任广东省视学官。1915年迁居北京。1917—1937年历任北京大学、辅仁大学、民国学院教授。其间,赴东京鉴定古籍。1924年赴河南,任道清铁路局总务处长,历时3年。1928年赴沈阳,任奉天通志馆协修,并筹印沈阳故宫文溯阁所藏《四库全书》。1937年7月因事回广东,因战乱留居广州。1944年10月间,伦明病终东莞故里,享年67岁。① 主要论著有《伦哲如诗稿》《辛亥以来藏书纪事诗》《续书楼读书记》《续书楼藏书记》《续修四库全书刍议》《拟印四库全书之管见》

① 卒年据张次溪《伦哲如先生传》及冼玉清《记大藏书家伦哲如》。关于伦明卒年另有两种说法:1. 孙耀卿口述,雷梦水整理《藏书家伦哲如》:“一九四四年春,伦先生哲嗣绳叔润荣忽接噩耗,惊悉伦先生已于客岁十月某日疾终里第。”据此,则伦明卒于1943年。2. 徐信符《广东藏书纪事诗》、徐汤殷《广东藏书家生卒年表》:“卒于民国三十一年壬午。”据此,则伦明卒于1942年。

《关于印行四库全书意见书》《丛书目录拾遗序》《版本源流》《目录学讲义》《续书楼书目》《清代史籍书目提要》《清代史学书录》《清代及今人文集著者索引》《清代及今人文集书名索引》《四库全书目录补编》《续修四库全书提要稿》等。

一、以续修《四库全书》为志向的藏书家

冼玉清云:"五十年来,粤人蓄书最富而精通版本目录之学者,当推东莞伦哲如先生。"①伦明集藏书家、版本目录学家、大学教授于一身,在近代广东乃至全国文化学术界中占有重要地位。

清代康熙、雍正、乾隆三朝,乃我国封建社会积极推行禁书政策,努力禁锢思想的时期。在清朝历次的禁书运动中都有广东学者惨遭迫害,其著作也免不了遭禁毁的厄运。文字狱的残酷令人谈书色变,使藏书人不寒而栗。在文字狱的淫威下,这一时期广东出名的藏书家不多见。到了清代中后期,文网稍松,为私人藏书的发展提供了一定的条件。特别是适应文学、语言学、史学、地理学以及目录、校勘、训诂、辑佚等研究的需要,私人藏书得以较快发展,由此促进了图书出版业的兴盛,私人刻书广泛涉及各个学术领域。

伦明对广东藏书之兴起较为了解。他说:"光宣间,粤吏多好收藏,如姚布政觐元、陆兵备心源、王观察秉恩、沈提学曾桐、蒋运使式芬、汪知府大钧、莫知府棠、裴县令景福及子展辈皆是。人徒知方功惠而已,勿问其政声何似,而雅尚殊足嘉也。"②清代末年,一批来自江浙素有藏书传统地区的官吏在粤任职。这些人都嗜好并倡导藏书,上行下效,对当地私人藏书之风的兴起,具有启发之功。于是一批藏书家陆续出现,

① 冼玉清:《记大藏书家伦哲如》,《艺林丛录》第五编,香港:商务印书馆,1964 年,第 324 页。

② 伦明著,雷梦水校补:《辛亥以来藏书纪事诗 · 王存善》,上海:上海古籍出版社,1990 年,第 37 页。

其势头之盛，大有与江浙鼎足而立之态。① 著名者如南海有伍崇曜之“粤雅堂”、谭莹之“乐志堂”、曾钊之“面城楼”、孔广陶之“三十三万卷楼”、潘宗周之“宝礼堂”、康有为之“万木草堂”；番禺有潘仕成（世居广州）之“海山仙馆”、徐信符之“南州书楼”、叶恭绰之“炬园”；顺德有李文田之“泰华楼”；丰顺有丁日昌之“持静斋”；揭阳有曾习经之“湖楼”；嘉应有吴兰修之“守经堂”；鹤山有易兰池（居广州）之“目耕堂”；东莞则有伦明之“续书楼”、莫伯骥之“五十万卷楼”等，都颇具规模，名震一时，可在中国藏书史上述一笔。他们的藏书活动，很大程度上促进了岭南学术的繁荣与发展，对岭南文化传承，对社会文化产品的保存、积累、传播，都做出了卓越贡献。

（一）缘起：“少年持志，终生嗜书”

伦明幼时家居东莞望牛墩望溪乡，父亲伦常是当地有名的才子，家中多有藏书。伦明曾说：“予先代居望溪乡，藏弆图书甚多，自移居后，全散失矣。”②伦常在江西崇仁知县任上曾增建毓秀书院，将家中藏书捐置书院中，供士子课读。③ 伦明《续书楼藏书记》中说：父亲“夙好书”，“所至以十数簏自随”，在崇仁县任职凡四五年，曾购得邻县宜黄某氏书，藏书益富。时伦明十一二岁④，与叔叔、兄弟等六人，随伦常居衙斋读书⑤，课余遍读家中藏书，因而博涉经史。随着年龄的增长，读的书

① 郑伟章、李万健：《中国著名藏书家传略》，北京：书目文献出版社，1986年，第248页。

② 伦明：《邓文如以先族祖孟臣公画蝶图卷见赠敬纪二律》自注。《伦哲如诗稿》第2册，国家图书馆藏稿本，第5页。

③ 陈伯陶：《东莞县志》卷七十三《人物略二十》，民国十年（1921）铅印本，第5页。

④ 伦明：《续书楼藏书记》，《辅仁学志》1929年第1卷第2期，第61页。

⑤ 伦明《丁丑新历元日试笔》序曰：“先子宰崇仁，余与静兄，淡、达二弟，雪峰、植卿两叔，六人共读衙斋。”丁丑，1937年，溯前50年，即1887年。《伦哲如诗稿》第6册，国家图书馆藏稿本，第112页。

越来越多，伦明开始感到家中的藏书不足以饱览。私塾老师曾说，离居住地数百里的省会（南昌）书肆林立，想要的书都能买到。伦明听后大喜，心驰神往。此后，每月逢县差解饷到省会，伦明便开列书目，托之购买。县差回来，多有收获。伦明从不问价钱贵贱，也没有让父亲知道买书的事情。

伦明从小失母，特别得到父亲的怜爱，年节赏零花钱，每倍于兄弟。一日，伦常召集伦明诸兄弟，询问赏钱剩余，兄弟争先拿出所储让父亲查看，唯伦明分毫无剩，两手空空，急得想哭。父亲以为伦明年少不懂事，不知节俭，顿时绷紧了面容，声色俱厉地责问，伦明这才如实招供，赏钱都拿去买书了。父亲不信，伦明只好将书搬出来让父亲查检，来回数趟竟堆满床几。伦常一一翻检，惊异儿子涉猎之广，随即转怒为喜说："孺子亦解此乎？善读之。"伦明自言，此"溯聚书所从始也"。①

清光绪十五年（1889），伦明 12 岁。是年其父卒于江西任所，伦明回到东莞故里。受父亲熏陶，此后教书、藏书、续修《四库全书》成了伦明生活的重心，一生与书结下不解之缘。

与其他藏书家不同，伦明藏书目的很明确，就是要续修《四库全书》。原来伦明读书眼光别具一格，他认为"书至近代始可读"②，以为乾隆时编纂的《四库全书》并不完备，于清代尤为疏漏。他指出《四库全书》有三大缺点：一是由于七阁抄本"急于完书，以致缮校不精，讹错百出"；二是参加编修的大臣不识版本，往往以劣本充数，随意删节和篡改书中的内容③；三是"忌讳太多，搜采未尽，进退失当"④。因此，这部书大有增补、校勘和续修的必要。为了表明续修《四库全书》的志向和决

---

① 伦明：《续书楼藏书记》，《辅仁学志》1929 年第 1 卷第 2 期，第 61 页。

② 伦明：《续书楼藏书记》，《辅仁学志》1929 年第 1 卷第 2 期，第 61 页。

③ 伦明著，雷梦水校补：《辛亥以来藏书纪事诗 · 刘体智》，上海：上海古籍出版社，1990 年，第 44 页。

④ 伦明：《续书楼藏书记》，《辅仁学志》1929 年第 1 卷第 2 期，第 65 页。

心，伦明将家中藏书处命名为“续书楼”。

事实上，伦明并没有独立的藏书楼，只是因为“好聚书，聚既多，室不足以容，则思构楼以贮之……自乾隆朝命儒臣纂四库书，撰提要，裒然大观矣。由今视之，皆糟粕耳，则思为书以续之，此续书楼所由名。然而楼未成，书亦不备”。① 可见，“续书楼”并非某一楼名，实则是伦明在北京和广州两地藏书处的统称，甚至晚年回到家乡东莞望牛墩家中，他的书斋也称“续书楼”。② 他任河南道清铁路局总务处长时，将焦作的居室称为“读书庐”。③

在北京，伦明的藏书分别存储在东莞会馆和东莞新馆家中。“当年，伦明在东莞新馆家中装满藏书，由于书多且堆至屋檐下。这只是私人藏书的小部分。另有400多箱藏书放在烂漫（缦）胡同的东莞会馆，总计数百万册书，当时雇有李书梦先生专门负责看书、晒书。伦明的藏书放在最里面的四合院”。④

在广州，伦明的藏书分别存储在小东门寓所和南伦书院。“己酉夏，余寓广州小东门。西江水骤涨……他日检书，乃多所失……水渍至不可揭视”。后“余尝出游，以书寄存广州南伦书院”。⑤

“续书楼”藏书的基础，奠定于自光绪二十八年（1902）伦明入读京师大学堂至宣统三年（1911）辛亥革命为止的十年之中。抗日战争全面爆发后，伦明仍在广州搜藏不辍，但其数量已不可同日而语。根据伦明两度进京、两度南归的生活经历，其藏书活动大致可分为北京、广州两地，凡四个时期。

---

① 伦明：《续书楼藏书记》，《辅仁学志》1929年第1卷第2期，第61页。

② 徐信符：《广东藏书纪事诗》，《近代中国史料丛刊续编》第20辑，台北：文海出版社，1975年，第253页。

③ 《丁卯五日吟稿序》，《伦哲如诗稿》第3册，国家图书馆藏稿本，第1页。

④ 伦志清：《人才济济的“士乡”——我所知道的东莞会馆（二）》，《东莞日报》2009年2月16日，第B03版。

⑤ 伦明：《续书楼藏书记》，《辅仁学志》1929年第1卷第2期，第62页。

1.就读京师大学堂时期的搜藏(1902—1906 年)

光绪二十六年(1900),北京城出现了惊天动地的“庚子事变”。列强欺凌过甚,激起中国百姓普遍的愤恨。义和团兴起,以“扶清灭洋”为号召,拔电杆、毁铁路、烧教堂、杀洋人和教民,最后导致英国、法国、德国、俄国、美国、日本、意大利、奥匈帝国八国联合,攻打侵占北京。列强在城内大肆劫掠,不论宫廷、王府还是民间私人藏书皆遭浩劫。《都门识小录》载:“庚子拳乱后,四库藏书残佚过半,都人传言,英、法、德、日四国运去者不少。又言洋兵入城时,曾取该书之厚二寸许、长尺许者以代砖,支垫军用等物。”①这次浩劫,使圆明园文源阁的《四库全书》、御河桥翰林院藏书以及王府名宦所藏书籍被掠走,还有大量散佚于民间。另外,到了清朝后期,随着封建社会的逐渐瓦解,一些达官显贵日趋没落,只能靠变卖书籍字画等家产来维持生活。《天咫偶闻》记云:“大抵近来诸旧家皆中落,子弟不复潜心学业。每一公卿即世,其家所出售者,必书籍字画也。市贾又百方嬲之,不售不止,售不尽不止。有自国初守之至今,亦荡尽者。”②北京琉璃厂的书肆常常以此作为书籍来源,借机大量购入历代典籍。

“庚子事变”后的光绪二十八年(1902),伦明考取京师大学堂,是年25 岁。初到北京的伦明,正好抓住这个机会,收购了富家抛出的大量书籍,买到很多善本古书。《续书楼藏书记》记述:“壬寅余初至京师,值庚子乱后,王府贵家储书大出,余日游海王村、隆福寺间,目不暇给,每暮必载书满车回寓。”③

海王村地处琉璃厂路口,形成于辽金时代,兴盛于清末民国时期。在辽代,这里是北京城的郊区。元朝在这里开设了烧制琉璃瓦的官窑。明代建设内城时,因为修建宫殿,就扩大了官窑的规模,琉璃厂成为当

---

① 蒋芷侪:《都门识小录》,《清季野史》卷一,上海:上海广益书局,1913年,第 102 页。

② 震钧:《天咫偶闻》卷十,北京:北京古籍出版社,1982 年,第 88 页。

③ 伦明:《续书楼藏书记》,《辅仁学志》1929 年第 1 卷第 2 期,第 61 页。

时朝廷工部的五大工厂之一。因而是先有海王村,后有琉璃厂。1917年海王村公园建立,成为热闹的集市中心。由于地理位置优越,这里成为京城最早开办的大型图书、古玩市场。

明末清初,此地逐渐形成以经营书籍为主的市场。乾隆三十八年(1773),朝廷开馆修纂《四库全书》,当时参与编纂的人员多居住在今西城区一带。为了考证典故,详列书目,他们常常前往琉璃厂访书购书,切磋学问,琉璃厂实际上成为《四库全书》的第二编纂处。翁方纲曾记述,参加修纂《四库全书》的编修官,"每日清晨,诸臣入院,设大厨,供茶饭。午后归寓,各以所校阅某书,应考某典,详列书目,至琉璃厂书肆访之"。① 可见当时琉璃厂书肆图书之丰富。《四库全书》的修纂历时十年才告完成,旧书店的从业人员在这十年里,出于扩展自身营业的需要,与许多文人、学者朝夕相处,目录、版本、分类、校勘、经史、金石等中国传统学术也逐渐地渗入其头脑之中。十年之后,肆贾们学术、业务两臻完善,一些人既懂历史,又能辨真伪、识版本、精评价,成为精鉴里手、书业专家。

清朝初年,京城实行的是满汉分城居住的制度。琉璃厂地处外城西部,汉族官员的居所和全国各地的会馆都建在附近。进京的官员、赶考的举子也常在这里过往、聚集。学人士子对琉璃厂心驰神往,趋之若鹜,琉璃厂也就逐渐形成了"京都雅游之所",成为文人墨客朝叩暮拜的圣地。这里书肆林立,兼营金石碑刻、文房四宝、名人法帖、古玩书画的店铺很多,李文藻在乾隆三十四年(1769)记载,当时琉璃厂已经有书肆30余家,古玩书画等与文化有关的行业也纷集于此。之后,一些书店开始刻板印书。著名的刻书坊有富文堂、三槐堂、善成堂、老二酉堂、正文斋、聚珍堂、文有堂、来薰阁、修绠堂、文禄堂、通学斋、邃雅斋等。辛亥革命后,新旧书店最多时达270余家,高等学府、研究机关以及学者、教授多购书于此,同时也有大批珍本秘籍经此流

---

① 翁方纲:《复初斋诗集》自注,转引自周家楣、缪荃孙等编纂:《光绪顺天府志》卷十四,北京:北京古籍出版社,1987年,第419页。

至国外。①

隆福寺坐落在北京东四北大街西，地处城市要衢，始建于明景泰三年（1452），清雍正九年（1731）重修，至乾隆九年（1744）被定为雍和宫的下院。它曾是朝廷的香火院之一，成为京师著名的大庙会。因坐落在东城，与护国寺相对，俗称“东庙”。清代，旧历每月逢一、二、九、十开庙，1930 年改用阳历一、二、九、十开庙。每逢庙会，人流如潮，附近王府居住的贵族、东交民巷使馆区的外国人、贫苦市民和近郊农民都来赶庙会。在这里可以买到各式各样的土特产品，可以买到纸张、信封、信笺、图画、新旧书籍等，可以吃到多种北京地方风味小吃，还可以看到北京的民间戏曲。清人得舆（硕亭）在《草珠一串》（一名《京都竹枝词》）之《商贾》中说，当年庙会全盛时期“一日能消百万钱”。② 光绪中叶起，一些书摊逐渐由行商发展为坐贾，全街由东至西，最多时有旧书铺四五十家，鳞次栉比，多为小本经营。延至 20 世纪 40 年代中期，旧书铺相继倒闭或改行，至解放初期仅剩四五家，后均合并到中国书店。③

伦明初到北京时，居住在烂缦胡同东莞会馆。④ 其居所距海王村、隆福寺不远，逛书肆，搜集书籍十分方便，他成了海王村、隆福寺书肆的常客。

在与伦明居地“相距不百步”的绳匠胡同（今丞相胡同），住着一位广东同乡，他就是“湖楼”主人曾习经。曾氏乃揭阳人士，也是一位喜欢

---

① 边春光主编，丁如筠等撰稿：《出版词典》，上海：上海辞书出版社，1992 年，第 388 ~ 389 页。

② 诗曰：“东西两庙（原注：隆福寺、护国寺名曰东西两庙）货真全，一日能消百万钱。多少贵人闲至此，衣香犹带御炉烟。”杨米人等著，路工编选：《清代北京竹枝词（十三种）》，北京：北京出版社，1962 年，第 47 页。

③ 边春光主编，丁如筠等撰稿：《出版词典》，上海：上海辞书出版社，1992 年，第 389 页。

④ “时余居烂面胡同。”见伦明：《续书楼藏书记》，《辅仁学志》1929 年第 1 卷第 2 期，第 62 页。《光绪顺天府志》载“烂面胡同亦作懒眠”，民国时期改为烂缦胡同。

藏书、谈论版本的爱书之人。伦明常造访其楼，品茶论书，空闲便一同逛琉璃厂书肆。伦明自己曾说："余壬寅来京师，多从君借书读。君喜谈书本，暇则偕游琉璃厂，随所见谆谆指示，余之癖于此，由君引之也。"①后来伦明知名学界，成为版本目录学家，与曾习经的熏陶引导有密切关系。

2. 执教广东时期的搜藏（1907—1910年）

光绪三十三年（1907），伦明30岁。是年，他从北京大学堂毕业回到南粤，先后在广东和广西从事新式教育。曾任两广方言学堂教务长兼经济科教授、广州西区模范高小校长等职。教务之暇，伦明与同事马叙伦"游每同行"②，到府学东街（今文德北路）③逛古旧书肆，搜访图书，特别留意广东地区藏书大家的书藏流向。这一时期搜藏所得，除从书肆购买外，还包括广东和官于广东的著名藏书家散出之书。《续书楼藏书记》记载：

> 余丁未（1907）旋粤，时南海孔氏三十三万卷楼书初散出，而鹤山易氏、番禺何氏、钱塘汪氏（官于粤者）所藏亦散，余皆得择而购之。同时潮阳丁氏持静斋藏书，间有见于坊肆者，屡属友谋之，未得间，而书已尽矣。顺德李侍郎文田家，多藏明清之际野史，余展转请托，竟不获一阅。是二事余甚憾之。④

---

① 伦明著，雷梦水校补：《辛亥以来藏书纪事诗·曾习经》，上海：上海古籍出版社，1990年，第69页。

② 伦明著，雷梦水校补：《辛亥以来藏书纪事诗·马叙伦》，上海：上海古籍出版社，1990年，第101页。清光绪三十二年（1906）下半年，马叙伦应陈介石老师之邀，先后到广州两广师范馆和方言学堂教书。

③ "府学东街，广州卖旧书处也。"见伦明著，雷梦水校补：《辛亥以来藏书纪事诗·马叙伦》，上海：上海古籍出版社，1990年，第101页。广府学宫，又称广州府学宫，位于广州文德路与文明路交界处。学宫两侧各有一条小街，西边叫府学西街，东边叫府学东街。府学西街至今尚存，1918—1919年间府学东街开辟成现在的文德北路。

④ 伦明：《续书楼藏书记》，《辅仁学志》1929年第1卷第2期，第62页。

伦明文中提到的数家书藏，今多可考证。

(1)南海孔氏藏书

南海孔氏为粤东大族，孔子后裔。孔广陶的藏书号称三十三万卷，富甲羊城，有“南孔北方”之称，即城北有方功惠，城南有孔广陶。其藏书楼“岳雪楼”又称“三十有三万卷楼”(一作三十三万卷楼)，与伍崇曜的“粤雅堂”、康有为的“万木草堂”、潘仕成的“海山仙馆”，合称“粤省四大家”。

孔广陶(1832—1890)，号少唐，广东南海人，家居广州南关太平沙(今北京南路)。以盐业起家，富收藏，喜刻名籍。其储宋元旧椠、明嘉靖以前佳本，尤以清殿本为齐备。最巨殿本《古今图书集成》，据说是斥巨资由宫中秘密辇运出来的。此外，还有不少名人校本抄本。他所刻的《北堂书钞》，由周季贶(星诒)所藏原本影录而来，“又合林飏伯国赓等，逐条细校，实胜祖本”。① 精细详密，堪称佳本。张之洞《劝刻书说》有云：“刻书必须不惜重费，延聘通人，甄择秘籍，详校精雕，其书终古不废，则刻书之人终古不泯。”②伦明认为，“吾粤若伍、潘二氏及少唐，并足当之矣”。③ 三十三万卷楼藏书历来为藏书家所注目，钱塘丁申、丁丙兄弟在抄补杭州文澜阁《四库全书》时，曾借抄孔氏所藏精善之本；张元济主理商务印书馆的编务，创设涵芬楼，广为搜罗国内各家藏书散出者，其中就包括三十三万卷楼以及丁日昌持静斋、巴陵方功惠碧琳琅馆(官于粤者)等数家的藏书。

据伦明记述，孔氏藏书于“光绪戊申后，书已散出。余方归自桂林，四五年间，月必数登其楼。菁华渐尽，剩者惟巨帙及习见本而已。岁壬

---

① 所录原本，后归徐信符。见伦明著，雷梦水校补：《辛亥以来藏书纪事诗·孔广陶》，上海：上海古籍出版社，1990 年，第 8 页。

② 张之洞撰，范希曾编：《书目答问补正》，南京：江苏古籍出版社，2000 年，第 301 页。

③ 伦明著，雷梦水校补：《辛亥以来藏书纪事诗·孔广陶》，上海：上海古籍出版社，1990 年，第 9 页。

子,尽归康长素(有为)……闻书目已编就而未刻,想佚之矣”。① 伦明回到广州后,孔氏藏书“菁华渐尽”,所剩巨帙及习见本非伦明所看重。有学者认为,孔氏岳雪楼藏书始散于光绪二十八年(1902),并推断其所编书目实质上应是一部卖书书目。② 伦明所见“编就而未刻”的藏书目录并未佚失,今有抄本传世,题名《三十有三万卷书目略》,现藏于中国科学院图书馆。2000 年此目被收入北京出版社《四库未收书辑刊》第十辑中,由此可窥孔氏“三十有三万卷楼”藏书面貌。

(2)鹤山易氏藏书

易学清(1841—1920),字兰池③,广东鹤山玉桥人,居广州西关十二甫。咸丰十年(1860)进士④,官户曹。主端溪、羊城书院凡 20 余年,清末任广东谘议局第一任议长。易氏承先代藏书,每书均钤有“易氏目耕堂”印章,其藏书之地则名“有是楼”。新会阮宽然为之编《有是楼藏书目》,所藏“虽无宋、元椠本,然明本不少,最近亦无嘉庆以后者。其装订合两三册为一册,俱厚一寸以上,人呼为‘易大本’,书坊见之不问而知为易氏书也……光绪晚年,书已次第散出,民国后,书堂遗址亦已易主矣”。⑤

令伦明“甚憾”的两家藏书,一为潮阳丁日昌的藏书,一为顺德李文田的藏书。

(3)潮阳丁氏藏书

① 伦明著,雷梦水校补:《辛亥以来藏书纪事诗 · 孔广陶》,上海:上海古籍出版社,1990 年,第 8 ~ 9 页。

② 谢晖:《中科院藏南海孔氏〈三十有三万卷书目略〉性质考》,《广东史志》2006 年第 3 期,第 55 ~ 56 页。

③ 一说名兰池,字学清,以字行。

④ 李昭醇主编,广东省中山图书馆编:《广东省立中山图书馆馆藏金石书画选》,广州:岭南美术出版社,2002 年,第 29 页。中进士时间说法不一:一说同治七年(1868),一说光绪年间。待考。

⑤ 徐信符:《广东藏书纪事诗 · 易氏目耕堂》,《近代中国史料丛刊续编》第 20 辑,台北:文海出版社,1975 年,第 170 ~ 171 页。

丁日昌(1823—1882),字雨生,又作禹生,号持静,广东丰顺人。历任苏松太兵备道、两淮盐运使、江苏巡抚、福建船政大臣、福建巡抚和台湾学政等职。晚年加总督衔,会办南洋防务,节制沿海水师,兼总理各国事务大臣。丁日昌虽然是一个洋务派官僚,但好藏书,有嗜书之癖。从政之暇,唯以丹铅是好。宦游所至,搜罗古刻善本不遗余力。鸦片战争及太平天国运动时,他正在江苏任职,江浙一带藏书旧本纷纷散出,丁氏不惜重金,趁机搜罗荟萃,所获甚多。其任上海道时,又收购了上海大藏书家郁松年"宜稼堂"宋元旧本和精善之本。还因购买这批藏书,与其好友"皕宋楼"主人陆心源产生矛盾。当陆心源购郁氏藏书时,丁日昌正为江苏的显宦,论势自不相敌,所以购郁氏之书,虽已大捡便宜,犹觉不能称心如意,因而陆氏撰文丑诋丁日昌有巧取豪夺之举。① 然时人多否定这种说法,以为陆氏有葡萄酸之嫌。俞樾、蒋凤藻均撰文为丁氏辩护,澄清事实真相。伦明也认为是"陆存斋(心源)诬之",原因是"存斋欲据郁氏宜稼堂书,及自闽归,其精椠已为中丞(丁日昌)所得,大嗛之,因造无稽之言"。② 日人岛田翰在《皕宋楼藏书源流考》中也说:"心源狺狺曲成之,岂知其源流特因宋元本数种而起,既伤友好,又欺后世。"③这是丁日昌藏书的一段逸事。后来他又购得苏州顾沅"艺海楼"精椠善刻,藏书益富。其藏书处初名"实事求是斋",后名"百兰山馆""读五千卷书室",后又更名为"持静斋"。计十数年间,所藏达十万卷之多,藏书之富称雄一时。在当时其与瞿氏"铁琴铜剑楼"、杨氏"海源阁"并驾齐驱。丁氏延请著名版本目录学家莫友芝为之整理著

---

① [日]岛田彦桢:《皕宋楼藏书源流考并购获本末》,袁咏秋、曾季光主编:《中国历代国家藏书机构及名家藏读叙传选》,北京:北京大学出版社,1997年,第350~351页。

② 伦明著,雷梦水校补:《辛亥以来藏书纪事诗·丁日昌》,上海:上海古籍出版社,1990年,第7页。

③ [日]岛田翰:《皕宋楼藏书源流考》,祁承㸁等撰:《澹生堂藏书约(外八种)》,上海:上海古籍出版社,2005年,第28页。

录,编纂《持静斋书目》五卷。另有林达泉代编《百兰山馆藏书目录》,著录图书三万余卷。江标所编《持静斋藏书纪要》二卷则为善本书目。据《潮州艺文志》载,此书目收录宋刊本55种、元刊本46种、校本12种、抄本406种、旧刊本12种。① 其珍秘者如宋本《仪礼郑注》,景祐本《汉书》,世彩堂本《韩昌黎集》《礼记要义》《礼记集说》《两汉会要》《东都事略》《东南进取舆地通鉴》等。其宋刊本《禹贡图》堪称稀世鸿宝。早在丁日昌生前,持静斋藏书就已零星散失,流入上海书肆。莫友芝曾在书肆见到丁氏所藏宋本《仪礼郑注》。丁氏卒后,散佚渐次加剧,主要原因是管理不善,为家仆盗卖。揭阳城内有书肆专收卖丁氏藏书,宋元善本等多由北京、上海书贾购去,辗转北方;明、清刻本则部分归顺德李文田、东莞莫伯骥、番禺徐信符等藏书家手中。《持静斋书目》版片全部归广州华英书局。伦明记述曰:"持静斋书之散出,世人多不知其故,亦不知其始于何时。以余所闻,揭阳城内有书店多家,专伺丁书。书之出也,悉由婢仆之手,多少精劣全缺不一。久之又久,而书已尽。广州有华英书局者,亦分支店于揭阳,有所得,随寄广州。余所见最精者,有《禹贡图》《毛诗要义》、文与可《画絮》等。问其值,不觉咋舌……惟所见有书目以为宋本而实明本者,如《唐文粹》之类,不能忆矣。乙卯岁,华英挟《持静斋书目》版片归,遂不复去,书当尽于此时矣。后闻《禹贡图》归刘晦之②,《毛诗要义》归李经迈③,《画絮》未知流落何所。"④持

① 饶锷、饶宗颐:《潮州艺文志》卷七,《岭南学报》1935年第4卷第4期,第211页。

② 刘晦之(1879—1962),名体智,晚号善斋老人,安徽庐江人,晚清重臣四川总督刘秉璋之子。除甲骨和青铜器的收藏之外,其"小校经阁"内还以藏书著名,藏书达10万册之巨。以明清精刻为主,亦不乏宋元古本,尤以收藏《四库全书》中"存目"之书著称。

③ 李经迈(1876—1938),字季高,安徽合肥人,李鸿章的小儿子。历任江苏、河南、浙江等地按察使。

④ 伦明著,雷梦水校补:《辛亥以来藏书纪事诗·丁日昌》,上海:上海古籍出版社,1990年,第8页。

静斋流散之书，伦明曾“间有见于坊肆者，屡属友谋之，未得间，而书已尽矣”。① 遍访而未得，确为“甚憾”之事。

(4)顺德李氏藏书

位于广州市恩宁路多宝坊的“泰华楼”，是广州目前唯一保存的清代私人藏书楼。楼主是清代咸丰探花李文田。李文田(1834—1895)，字畬光、仲约，号若农、芍农，谥文诚，广东顺德均安上村人。咸丰九年(1859)进士，官至礼部侍郎。学问渊博，生平嗜学不倦，工书善画，经史、兵法、天文、地理，无一不晓。公务之余，勤于治学，对元史及西北史地研究尤精。金石、碑帖、书籍、版本之源流，皆得其要。李文田定居佛山，晚年在广州筑泰华楼，藏书颇富，因收藏有宋拓本秦《泰山石刻》及汉《华岳庙碑》(断本)，乃各取首字名其楼。楼匾为广东著名教育家、学问家陈澧所题写，至今尚存。光绪中，李文田曾获赐顺治帝御制《劝善要言》一部，于是易楼名为“赐书楼”，以纪皇恩。民国初，其孙曾改称“壁书楼”，楼名为黄节绝笔。徐信符《广东藏书纪事诗》谓：“书籍多为人间不经见之珍本，稍有宋元旧椠，而明代野史皆属钞本，多至百种以上，即名贤文集亦皆秘本，多藏家书目所未载。”②李文田去世后，其家人将《华岳庙碑》抵押给北京某教授，后辗转为香港北山堂利氏购得，即捐赠给香港中文大学文物馆。《泰山石刻》则下落不明。民国初年，泰华楼藏书开始散出，至20世纪50年代末，藏书已散佚殆尽。伦明得观其藏书是在1929年，“每书衣皆有题识，辨证书中得失，无不精切，不似他藏书家但记得书岁月、板刻源流也。丁氏持静斋中诸抄本，侍郎多有其副，中丞子惠衡所写赠也”。③ 伦明曾“展转请托，竟不获一阅”④的明清野史抄本，由李氏后人寄存北京燕京大学，为邓之诚

① 伦明：《续书楼藏书记》，《辅仁学志》1929年第1卷第2期，第62页。

② 徐信符：《广东藏书纪事诗·李文田太华楼》，《近代中国史料丛刊续编》第20辑，台北：文海出版社，1975年，第193页。

③ 伦明著，雷梦水校补：《辛亥以来藏书纪事诗·李文田》，上海：上海古籍出版社，1990年，第19页。

④ 伦明：《续书楼藏书记》，《辅仁学志》1929年第1卷第2期，第62页。

所保存,后捐给中国科学院图书馆,幸获保全。

伦明在两广执教期间,所搜藏的图书主要存放在广州小东门寓所。因为"储积过多,不易整理"①,且广州暑月卑湿,藏书易致蛀损,寓所藏书虫蛀、残缺比较严重。宣统元年(1909)夏,珠江干流西江、北支北江连降暴雨,江水骤涨,西关较低之地江水漫门而入,"转瞬高二三尺"。水深至门楣及屋顶,死人塌屋,灾情惨重。伦明家中仆辈收拾不及,部分图书已浸于水中,家仆恐被主人责备,谎称没事。过了一段时间,当伦明回来查检时,发现很多图书已被水浸,水渍已使图书不可翻阅。如果及时知道灾情,采取适当措施修复图书还来得及,但由于家仆隐瞒实情,耽搁了最佳抢救时机。这次水灾,寓所藏书损失不少。事后,伦明将一半藏书寄存位于广州仙湖街(今越秀区大南路仙湖街52号)伦姓合族祠——南伦书院。② 其间,院中一个以收卖破铜铁为生的人,先偷挖书柜上的铜钥换钱,继又盗卖柜中的图书。朋友在书肆上认出是伦明的藏书,便写信告知。伦明知道后,虽驱赶了盗书者,也追查到少量藏书的去向,但已被盗卖不少,无可挽救。③

3. 辛亥革命时期的搜藏(1911—1936年)

宣统三年(1911)三月,伦明再次北上京城。④ 此时北京城的书价已普遍大涨。询其原因,竟然与粤人辛仿苏"挟资数万游京师"有关。《续书楼藏书记》记述:"辛君家富饶,挟资数万游京师,征逐应酬外,兼

---

① 伦明:《续书楼藏书记》,《辅仁学志》1929年第1卷第2期,第62页。

② 南伦书院,宗族祠名伍(伦)家祠,越秀区大南路仙湖街52号,20世纪80年代已拆改为民居。见黄泳添、杨丽君主编:《广州越秀古书院概观》,广州:中山大学出版社,2002年,第161页。伦明迁居北京后,其京外通信处是广州城仙湖街南伦书院。见《北京东莞学会会员录》,北京东莞学会,1918年,第2页。

③ 伦明:《续书楼藏书记》,《辅仁学志》1929年第1卷第2期,第62页。

④ 伦明《续书楼藏书记》:"辛亥,余再至京师。"见《辅仁学志》1929年第1卷第2期,第62页。又伦明《浣溪沙·春恨十首》题下注:"辛亥三月重客都门作。"辛亥,即1911年。《伦哲如诗稿》第1册,国家图书馆藏稿本,第5页。

好字画书籍,意所可,不计值。尝至其斋,见《墨海金壶》一部,中缺数册,云购价六百金,他可推知矣。"①辛仿苏何许人,竟可影响京城书画市场?徐信符《广东藏书纪事诗》中有详细介绍,兹移录如次:

辛耀文,字仿苏,顺德人。光绪某年顺天举人。家豪于资,先世在香港以糖业起家。光绪晚年,挟十数万金游京师,豪情结客,与樊增祥、易顺鼎诸名士游,迭有唱和。广收名画古书,得程瑶田《芋花图》,有纪昀、翁方纲等题咏者,因自号"芋花庐主人"。其收藏书画,最著者有唐《云麾将军碑》、元钱舜举《纸本梨花卷》、明董其昌《秋兴八景》、清罗聘《鬼趣图》,最有名于时。寓京大吉巷,异书满屋,与会文斋主人何厚甫最洽。厚甫新得当湖刘铁云家书,其佳本多归之。旋归粤,由登云阁主人骆浩泉作介,搜罗孔氏岳雪楼散出之书。又得香山何佩舫家书。粤垣藏书,自孔、方二家衰替后,继起者,不得不推辛氏矣。吴士鉴《含嘉室诗集》有《题顺德辛仿苏填词图》云:"海山粤雅渺云烟,后起如君亦自贤。一代恽王归著录,并时皮陆有新编。梦华远访东京胜,代答还从岭外编。跌宕豪情盖江海,非关哀乐在中年。海内词宗数稼轩,传家一脉有渊源。偷声减字琴初理,擫篴弹棋酒半温。松杏漫寻崇效寺,缣缃遍访海王村。旧人听彻何戡曲,轶事开天怕再论。"惟仿苏倜(倜)傥风流,怡情声伎。宣统初年,粤中剧社新组织女班,仿苏为之东主,哀丝豪竹,家道浸以中落。其宋、元椠古本最初典按于胡毅生,其后明钞各孤本分年散出,一入于余南州书楼,一入于莫天一五十万卷楼,一入于胡毅生隋斋,而遗籍尽矣。②

关于辛氏"芋花盦"藏书流向,除上述所列外,何荔甫田溪书屋亦有收藏。郑逸梅《艺林散叶》云:"辛仿苏所藏书画,有名海内,晚年营商失

---

① 伦明:《续书楼藏书记》,《辅仁学志》1929年第1卷第2期,第62页。

② 徐信符:《广东藏书纪事诗·辛仿苏芋花盦》,《近代中国史料丛刊续编》第20辑,台北:文海出版社,1975年,第224~226页。

败,将所藏质于田溪书屋主人何荔甫。"①又云:"清末,辛仿苏挟资数万游京师,字画书籍,意所可,不计值,于是厂肆售价乃大昂。"②

辛仿苏一掷千金购求书画的事实,文献多有记载。

易顺鼎《送辛仿苏还粤东》云:"有时或访皇姑坟,无日不在海王村。""君以八百金与张侍郎,争购石谷仿荆关之立轴。"③

伦明《清代燕都梨园史料诗序》自注云:"顺德辛仿苏孝廉,嗜书画,尤好交名士。眷姚佩兰,掷资巨万。癸丑(1913)寓大吉巷。余时过从,谈宴甚欢。"④时辛仿苏住北京大吉巷,寓所"异书满屋",伦明认为"粤中自孔、丁二家衰替后,不得不推君矣"。⑤

当时在京城抢购书画的不止辛仿苏一人。劫后的京城刚刚进入平定时期,各书肆抓住这个时机,起早贪黑地四处访求,有的书商甚至连夜在晓市守候,遇有小商贩到市,马上抢购。

颠公《懒窝笔记》载述:

> 民国肇兴,初时诸事草创,殊无人注意于书籍,向售旧书各肆,叹息咨嗟,尤有不可终日之势。今正式政府早已成立,稳健派咸谓旧学不可尽废,国粹必须保存;因之旧时经史子书及诗文集,又有

---

① 郑逸梅:《艺林散叶》,北京:中华书局,1982 年,第 129 页。何荔甫,广州西关人,清末民初广东知名的书画收藏家。何家原籍广东三水,以货殖起家,民国初在广州十八甫富善西街经营裕隆兴记出口丝绸庄。其田溪书屋收藏书画颇丰,辛仿苏的藏品散出之后,主要转到何氏等人手上。当时,辛氏以藏品押于何氏,然何氏并未能把辛氏所押藏品全部接收,广东省省长李耀汉亦对这批珍品问津,最终以十二万购去一部分。此外,尚有一部分为潘佩如、冯己千所得。

② 郑逸梅:《艺林散叶》,北京:中华书局,1982 年,第 203 页。

③ 易顺鼎:《宣南集》(即《哭庵丁戊诗集》),孙殿起辑:《琉璃厂小志》,北京:北京古籍出版社,1982 年,第 455 页。

④ 张次溪编纂:《清代燕都梨园史料(正续编)》,北京:中国戏剧出版社,1988 年,第 1 ~2 页。

⑤ 伦明著,雷梦水校补:《辛亥以来藏书纪事诗 · 辛仿苏》,上海:上海古籍出版社,1990 年,第 94 页。

发动之机，业书者亦渐知宝贵旧籍。①

张涵锐《北京琉璃厂书肆逸乘》载述：

民国初年，参众两院议员，彼此相习成风，争相购买诗文集，因而集部书价大昂。业此者获利甚丰。

民国三四年间，袁世凯盗国，其子克文，广购宋椠精本，于是宋板书籍，价值奇昂，而嗜此者乃风靡一时。②

另外，北京图书馆、故宫博物院以及北京大学、清华大学、燕京大学等陆续成立和发展，大量购进图书，这也是促使京城书价大涨的重要原因。

辛亥革命爆发、清王朝被推翻后，北京书肆业一度冷淡，高起的书价终于大幅回落。伦明在《续书楼藏书记》中描述了当时的景况："九月间，武昌事起，都人初惊变故，仓皇奔避，数月来议值未就之书，至是纷纷愿贬值售。"③就在伦明准备大量收购而缺乏资金的时候，得一贵人相助。此人叫叶灿薇，亦东莞人，为某县令，因赴吏部应选，滞留京城，将余资借给伦明以解购书燃眉。有了这笔资金，伦明"乃尽购之"，所得之书满载四大竹箱。当时伦明堂弟鉴、十一弟叙、十四弟绰均同居京城，鉴于时势，众兄弟相约南还，前往天津避乱。伦明将书箱运到车站准备托运，到了车站一看，"人如蚁聚"，道路堆满行李货物，无法上车，沮丧失望而折回。伦明心有不甘，之后又往返数次，但情况毫无改善，皆无功而返。此时，先到天津的诸弟来信催促，词语极危急，伦明复信说，"余誓与书同行"，其爱书甚于性命如此！又过了数日，候车的人逐渐减少，伦明才得以"从容挟书簏上车"④，与仍在天津等候轮船的诸弟同行南归。

---

① 颠公：《懒窝笔记 · 纪京城书肆之沿革》，孙殿起辑：《琉璃厂小志》，北京：北京古籍出版社，1982 年，第 38 页。

② 张涵锐：《北京琉璃厂书肆逸乘》，孙殿起辑：《琉璃厂小志》，北京：北京古籍出版社，1982 年，第 49 页。

③ 伦明：《续书楼藏书记》，《辅仁学志》1929 年第 1 卷第 2 期，第 62 页。

④ 伦明：《续书楼藏书记》，《辅仁学志》1929 年第 1 卷第 2 期，第 62 页。

1915年,伦明第三次北上京城。① 因南粤气候高温潮湿,书易致蛀损,始悉不宜藏书,因此欲全部置移北京。此时他“已决心弃乡土”,举家迁居北京。先“赁居莲华寺”②,不久,迁居同在烂缦胡同的东莞会馆,住最西面的四合院,此即后来“续书楼”所在地。③

伦明初意将广州的全部藏书运至京城,但因缺少运费,只好将藏书一分为二,挑选部分精善之本随行北上,其余仍寄存南伦书院,谋日后条件许可再回来搬运。不料迁延时日,暂存广州的藏书终未输运北上。四五年间,唯1920年冬回过广州一次。因停留短促,伦明顾不上料理藏书就匆匆赶回北京。不久,广州传来消息,因为修马路,南伦书院被拆,伦明身在北京,鞭长莫及,藏书在迁徙中流失,无人知晓下落。④ 正是“积来栋易充,载去宅难拔”。⑤ 这部分流散之书,今粤中各公私藏家或有收藏,但因伦明藏书从不钤印⑥,且藏目未就,除经其批校或题跋者略可辨外,其他各本已难以识别了。

1918年至1919年间,为了方便搜集和管理藏书,伦明在北京新华街开设“通学斋”书店,雇用原会文斋学徒孙殿起主持店务。此后20余年,“通学斋”成了伦明的吸书之器。在孙殿起的协助下如虎添翼,藏书

---

① 伦明《续书楼藏书记》:“乙卯,余三至京师。”乙卯,即1915年。见《辅仁学志》1929年第1卷第2期,第62页。又1918年《北京东莞学会会员录》登记到京年月是“六年八月”,即1917年。待考。

② 伦明:《续书楼藏书记》,《辅仁学志》1929年第1卷第2期,第62~63页。莲华寺,一作莲花寺,位于烂缦胡同与西砖胡同之间,今永庆胡同37号。旧有莲花胡同,今已拆除。

③ 见伦志清、李金海测绘:《东莞会馆平面示意图》。图稿复印件由作者提供。

④ 伦明:《续书楼藏书记》,《辅仁学志》1929年第1卷第2期,第62~63页。

⑤ 伦明:《南归次老杜北征韵留别诸友》,《民大中国文学系丛刊》1934年第1卷第1期。

⑥ 伦明《续书楼藏书记》开篇第一句云“续书楼者余钤书所自署也”,然未见印存,待考。见《辅仁学志》1929年第1卷第2期,第61页。

数量猛增,单行、初印、罕传、名家批校之本纷纷归集其楼,其中尤以清代著述为多。金毓黻曾赠诗称颂他收聚、流布典籍的功绩,中有"似闻天禄添新帙,购到伦家一百厨"句。① 周叔弢云:"《贩书偶记》前后编之书,绝大部分是孙殿起为伦明所收集。"②伦明自己坦言,"余比年储藏,大半出其手"。③

其间,伦明曾多次亲自回广州访书。其记云:"岁戊午,余在广州麦栏街邱某家,见宋椠王右丞、孟浩然、韦苏州诸集,旧抄《宋二十家文集》,毕秋帆、钱竹汀诸家校《资治通鉴》等书,并宋拓兰亭书画多种,皆孔氏抵债物,转数主而至邱也,为怃然久之。"④又常与粤中藏书家徐信符、莫天一等赏奇辨异,交流心得。有诗曰:

冷寂东街路,年时访古勤。
书林空旧椠,肆友换新人。
榕寺苔生殿,诃林栋作薪。
只应徐与莫,赏析不辞频。⑤

末句自注曰:"徐信符、莫天一藏书最富。"

1924年至1927年间,伦明因就道清铁路局总务处长之职,居焦作3年,其间曾多次到附近的怀庆、卫辉、清化等地访书,每次都有收获。其中,在清化访得毛昶熙家旧藏,极其罕见。毛昶熙(1817—1882),字旭初,河南怀庆府武陟县人,清道光进士。咸丰十年(1860)以左副都御史衔在籍办团练围攻捻军。次年任内阁学士。同治元年(1862)随僧格林

---

① 雷梦水:《孙耀卿先生传略》,北京市政协文史资料委员会选编:《文苑撷英》,北京:北京出版社,2000年,第47页。

② 李国庆编著,周景良校定:《弢翁藏书年谱》,合肥:黄山书社,2000年,第214页。

③ 伦明:《续书楼藏书记》,《辅仁学志》1929年第1卷第2期,第63页。

④ 伦明著,雷梦水校补:《辛亥以来藏书纪事诗·孔昭鋆》,上海:上海古籍出版社,1990年,第9页。

⑤ 《抵家作》(六首)第六首,《伦哲如诗稿》第2册,国家图书馆藏稿本,第13页。

沁在鲁、豫、鄂、皖等地对捻军作战，授礼部侍郎。先后调吏部、户部，授左都御史。同治八年(1869)兼署工部尚书，在总理各国事务衙门上行走。同治十一年(1872)改任吏部尚书。同治十三年(1874)兼翰林院掌院学士。光绪八年(1882)任兵部尚书。是清代后期与曾国藩、李鸿章、袁世凯、张之洞几位几乎同等重要的人物。

约1933年4月，伦明前往东京帮助鉴定"东方文化事业总委员会"所藏的中国古籍。在日本工作期间，他不失时机，常常到当地的书摊或书店搜访图书。伦志清先生说：

> 祖父去日本鉴定古籍的时候，常常逛当地的旧书市场。曾花了五日圆给我父亲买回日本出版的中日油画集《新古南画集》，麻布书皮，黑白印刷，铜版白纸，年久泛黄。家里还有一本侧三面烫金的《日本美术史》，日文的，书很厚，黄书皮，白纸印刷，包装特殊，很少见，这在当时看是相当精美的。还有一本《孔庙摄影》，拍的都是日本的孔子像。①

伦明壮岁多获藏书家旧物，晚年学益精粹，嗜书成癖，鉴裁甚精，收储至富，可称汗牛充栋，蔚为大观。但是，或力有不足，或囿于技术，其藏书疏于整理，保存不善，虫蛀、水浸、人窃，散失颇多。所编《续书楼书目》稿本散佚数册，故其所藏究竟多少、内容如何，语焉不详。伦明自己说："明尝拟以独力续修《四库书提要》，搜储遗籍万数千种，多人间罕见本。"②据孙殿起回忆，伦明在北京的藏书"数百万卷，分贮箱橱凡四百数十只，书房非有十楹屋宇，不得排列"。③ 伦氏亲口所说，孙氏亲眼所见，最接近真相。

---

① 资料由伦志清先生提供。

② 《赋呈叔海夫子七律四首并乞削正》自注，载江瀚编集，高福生释笺：《片玉碎金：近代名人手书诗札释笺》，北京：中华书局，2009年，第120页。

③ 孙耀卿：《记伦哲如先生》，北京市政协文史资料委员会选编：《文苑撷英》，北京：北京出版社，2000年，第34页。

1929年,朱希祖曾去参观伦明藏书,感叹其所藏清代集部最富,“北平藏书家无出其右者”。顾颉刚也曾参观伦明在东莞会馆的藏书,他说:“伦哲如先生性好搜罗秘籍,任辅仁大学教授,课外足迹全在书肆,数十年中所得孤本不少。其居在宣外东莞会馆,刚于抗日战争前曾往参观,室中不设书架,惟铺木板于地,置书其上,高过于人,骈接十数间,不便细索也。”①

伦明在北京的藏书,曾自编(一说孙殿起编)《续书楼书目》,稿本惜未刊行。据孙殿起记述,伦明“在北京所储藏的书,写记目录凡两次,二十年代奉派杨宇霆、郑谦为张学良抄过一次,因故中辍;一九三八年他眷属南归,又抄一次,计十余册,每册五十页。由他的眷属携归,经友人借阅佚去数册”。② 叶恭绰深知续书楼藏书“优点在各本齐备,一拆散即无价值也”③,1944年伦明去世后,欲以万金收购其全部藏书,他辗转向其家人索要书目,后由伦明弟子李棪“逐次转寄”,呈交到叶恭绰手里,但最终因乏力而收购未果,引为憾事。此目题名《东莞伦氏续书楼藏书目录》,现藏上海图书馆,凡十三册,红格十六开墨笔稿本,在第十三册中,夹有李棪短札二通。

第一通云:

遐庵(叶恭绰)老伯钧鉴:前日奉访,不遇为怅。兹接到伦八太寄来书目五册,径略为翻阅,觉编次不甚佳。中以集部书为多,但只列书名,不注撰人及版本,令选择者较难抉择耳。适余仲嘉晋谒之端,特托其带呈,希检收为荷(此部分书籍存在伦八太手,闻仍存

① 顾颉刚:《逡雅斋丛书》,顾颉刚著,王煦华整理:《缓斋藏书题记(四)》,上海图书馆历史文献研究所编:《历史文献》第4辑,上海:上海科学技术文献出版社,2001年,第18页。

② 孙耀卿口述,雷梦水整理:《藏书家伦哲如》,《随笔》第九集,广州:广东人民出版社,1980年,第96页。

③ 叶恭绰:《辛亥以来藏书纪事诗序》,《辛亥以来藏书纪事诗》卷首,《矩园馀墨·纪书画绝句》附印四种之一,叶恭绰,铅印本,1948年。

北平。八太已得其主人同意出售者,但疑秘此书目不示人)。馀俟面详。率此敬请

大安

世侄李棪再拜　十四日①

第二通云:

续书楼书目第三册至第七册,即存在烂熳胡同东莞会馆伦八太处之书,第十七箱至第八十六箱。此批书可随时在北平交付云。

所藏广东人著作,从前系放在上斜街东莞会馆者,现大都在伦七太之手。②

李棪(1907—1996,一作1910—1996),字劲庵,号棪斋,广东顺德人,李文田之孙。早年就读于香港大学中文学院,经蔡元培引荐赴北京大学研究院深造,专攻南明史,兼习甲骨文。曾与邓之诚等人共事多年,交往甚深。后在英国伦敦大学任教十余年,回港后任香港中文大学教授兼中文系主任、文学院院长,直至70岁退休。著有《东林党籍考》《晚明分省进士考》《广东方志所见录》《辽东志校补》《清代禁毁书目考》《辑印泰华楼读书题跋》《订定翁山遗文》等。伦明《辛亥以来藏书纪事诗》有曰:"读书种子故家风,年少英声郑小同。触眼壁书楼额在,故人绝笔合纱笼。"并称其"资聪颖,治学有门径"。③

20世纪40年代初,顾廷龙任上海私立合众图书馆总干事、董事,编有《合众图书馆丛书》一、二集。1942年11月21日,他在叶恭绰家见到此目,遂借归抄录。其日记云:"访叶恭绰,见示伦哲如《藏书目》,存十三册,当时由李劲庵逐次转寄,缺八、九两册,又新二,共三册。李书在港均失,此三册如已在,李则亦无存矣。……伦目借归,将传钞一份,颇

① 张宪光:《续书楼藏书有多少》,《东方早报》2013年4月7日,第B09版。

② 张宪光:《续书楼藏书有多少》,《东方早报》2013年4月7日,第B09版。

③ 伦明著,雷梦水校补:《辛亥以来藏书纪事诗·李棪》,上海:上海古籍出版社,1990年,第105页。

有罕见书。"①此抄本于1943年8月抄成，凡六册，蓝格三十二开抄本。各册箱数起止：

第一册：1～25箱。

第二册：26～50箱。

第三册：51～86箱。

第四册：112～139箱。

第五册：140～157箱。新字第一册：1～9箱。

第六册：新字第三册，20～28箱；新字第四册，29～47箱。

首册卷端下有抄者题识云："从番禺叶氏遐庵借抄。计十二册、新四册。未到叶氏前已失第八、九册，新第二册，今实存十三册。"②据此，知原有十六册，失去三册，实存十三册。1953年6月18日，合众图书馆资产包括全部珍藏25万册图书、15000种金石拓片捐献给上海市人民政府，成为上海图书馆藏书的一部分。故合众图书馆所抄蓝格六册本现亦藏于上海图书馆。

《续书楼书目》原本不以类分，依箱著录。有文章提到"伦明《续书楼藏书目》第155箱有《何道州手钞家藏书目表》（何绍基）稿本一册"。③ 徐信符曾看过此目，"续书楼书目，以集部最为丰富，其余各部悉备，秘本极多，此亦粤中所不可得也"。④ 据张宪光考察，徐氏所言甚是：

> 这份目录的编撰，以箱为序，大体将经、史、子、集同类书籍装于一箱，却又很不严谨，时有错杂的现象。

---

① 沈津编著：《顾廷龙年谱》，上海：上海古籍出版社，2004年，第271～272页。

② 《东莞伦氏续书楼藏书目录》第1册，上海图书馆藏蓝格三十二开抄本，第1页。

③ 称见于伦明《续藏书纪事诗》手稿。郑伟章、姜亚沙：《湖湘近现代文献家通考》，长沙：岳麓书社，2007年，第72～73页。

④ 徐信符：《广东藏书记略》，广东省文史研究馆编：《广东文物》卷九，上海：上海书店出版社，1990年，第857页。

目录十分简明，仅记书名、册数，偶尔标注“稿本”“抄本”“铅印”“不全”“未装订”“明刊本”等字样，几乎未标明作者及其他信息。

…………

据笔者粗略统计，旧目共收书一百五十七箱，新目四册收录四十七箱（含第二册），最后几箱多为残册。总计约一万三千种左右，四万三千册左右。

所收书籍，以集部最富，经部次之，而集部又以清人和近人著述最为繁富。①

这份原拟供叶恭绰选书参考兼有售书性质的简目（残目），虽然不能反映续书楼藏书的全貌，但它是伦氏藏书的原始记录，这无疑是了解伦明藏书最重要的资料之一。

4. 全面抗日战争时期的搜藏（1937—1944 年）

1937 年 7 月，伦明南归扫墓，预计两个月后返京。不久，卢沟桥事变，交通阻塞，伦明滞留广州，从此再没有回北京。南归前的 3 月 18 日，伦明曾复罗香林书一通。罗氏时为广州市立中山图书馆馆长兼国立中山大学教授。罗氏给伦明的信谈了什么不得而知，伦明的复信主要谈论搜集、整理广东地方文献等问题，对粤省图书馆建设表示极大的关注。

其一，认为以往粤当道者“漠视文化，图书馆等于虚设，近年则侈建筑之观，不知充实内容”皆为憾事。同时对罗香林担任图书馆馆长之职寄予厚望，“今得我公负此重任，当必日有进步”。

其二，认为“搜求本省文献自是要事”。由于山岭阻隔，交通不畅，粤人著作流至外省者殊少。“而在于本地者又因潮湿生蠹易于蚀坏之故，然不得因其难改而置之也。”

其三，言自己所藏广东文献多达二三百种，以精秘本居多，待空闲

---

① 张宪光：《续书楼藏书有多少》，《东方早报》2013 年 4 月 7 日，第 B09 版。

当编列一份目录寄上。表示若需要,所藏广东文献可割爱,并分示通学斋掌柜孙殿起继续收集,代为采购。

其四,拟赠送《东莞袁崇焕督辽饯别图诗》影印件一份给广州市立中山图书馆收藏。

其五,提供粤中文献线索,推荐张萱《西园闻见录》《汇雅》《西园存稿》、梁鼎芬手写《补元史艺文志》、陈澧手批《通典》及《孟子》等粤中重要文献。其中《西园闻见录》一百余册,旧为陈宝琛所藏,系未刊之孤本,至为珍贵,尤急需抄录。伦明担心"及今不抄,恐此书或流出国外,或遭意外损失,悔无及矣",故拟向其后人借抄一份云云。①

对粤省当局"漠视文化,图书馆等于虚设"的态度,此前伦明在另一场合也表示过不满,提出批评:

> 余以为近十余年来,国中设图书馆不少,即如吾粤省立图书馆,窥其所有,仅如寒儒斗室,每月常费千数百元,不添置一册,徒耗于馆员薪金。近闻政府议以三十万金,改筑馆址,诚美观矣,如败絮其中何。现值道衰文敝之日,守缺搜残,实为要务。力大者,自古椠至精刻旧抄,宜尽量收之;力小者,则就经史子集中,择其一部,应有尽有,庶几挽回外输,保存国粹。徒斤斤于形式,何当耶!②

伦明认为图书馆建设不要"斤斤于形式","挽回外输,保存国粹"才是要务,这是一种务实的态度。鉴于此,故于罗香林有"今得我公负此重任,当必日有进步"之语。

罗香林(1906—1978),字元一,号乙堂,广东兴宁人。著名历史学家,客家研究开拓者。早年毕业于清华大学历史系,师从陈寅恪等著名学者。历任中山大学、香港大学、珠海书院教授,获香港大学终身名誉教授衔。他学识渊博,治学严谨,生平著书40余种,发表学术论文近

---

① 广东省立中山图书馆、香港大学冯平山图书馆编:《罗香林论学书札》,广州:广东人民出版社,2009年,第336~337页。

② 伦明著,雷梦水校补:《辛亥以来藏书纪事诗·卢靖》,上海:上海古籍出版社,1990年,第50页。

300 篇。他首创族谱学,乃继甲骨学、敦煌学、简牍学之后,开拓了历史研究新领域;其《客家研究导论》《客家源流考》《客家史料汇篇》等开创性著作,为客家研究之学奠定基础。1936 年 8 月,罗香林担任广州市立中山图书馆馆长。① 上任后,他一方面组织购入大批文献,一方面向社会广征珍贵图书。随后,又组织编印图书目录、汇编专业史料、校注珍本书籍、筹建广东文献陈列室,并与馆中同仁创办《广州学报》季刊与《书林》半月刊。为使藏书免罹战火,费尽心力,将馆藏善本与重要图籍舶运至柳州石龙。罗香林毕生献身学术,尽瘁教育,为保存典籍、丰富馆藏、整理文献和传播文化做出了巨大努力。②

1941 年秋,孙殿起三游广州,见伦明"形体渐瘦,精神亦衰",是时伦明方著《送钟君宝华任罗浮酥醪观都管数百韵》。他对孙殿起说:"吾近数年撰提要稿,于学问尤见进益,至其群经传授源支派无不洞悉,近年在粤有所闻见,辄笔书之,积稿盈箧。"③又出示近数年在广州搜访到的善本,其中最得意者为清顺德人吴梯撰写的《读杜姑妄》(咸丰四年刊),清丹阳人姜筠撰写的《名山藏》(道光二十七年元孙华刊木活字本),两人相谈至深夜。据孙殿起说,1917 年至 1943 年,伦明在广东的藏书,他曾经看过,"其中以粤人所著书居大半"。④

伦明留居广州期间,虽兵荒马乱,四处奔走,但仍搜藏、校书不辍。徐信符《广东藏书纪事诗》云:"返粤隐居故乡,辟'续书楼'以庋南携之

---

① 罗香林:《〈广州学报〉发刊词》,刘宏权、刘洪泽主编:《中国百年期刊发刊词 600 篇》(上),北京:解放军出版社,1996 年,第 521 页。

② 《罗香林:客家君子赤子心》,《南方日报》2010 年 10 月 13 日,第 A20 版。

③ 孙耀卿口述,雷梦水整理:《藏书家伦哲如》,《随笔》第九集,广州:广东人民出版社,1980 年,第 96 页。

④ 孙耀卿口述,雷梦水整理:《藏书家伦哲如》,《随笔》第九集,广州:广东人民出版社,1980 年,第 96 页。另有传"其广州藏书全部归广东省立图书馆",见雷梦水:《古书业与近代几位藏书家》,《书林琐记》,北京:人民日报出版社,1988 年,第 75 页。

古本,日校群书其中。”①伦明为典籍之保存、文化之传承做出了自己的贡献。见书如朝圣,个中苦楚波折,经济之窘迫,难以尽言,但文化典籍对人生志趣的召唤力,可见一斑。

(二)经验:“以俭,以勤,以恒”

《续书楼藏书记》云:“凡余之得书也,以俭、以勤、以恒。”②这是伦明搜访图书的心得和经验。他以“俭”储购书之资,以“勤”赴遇书之会,以“恒”访欲得之书。

在粤籍藏书家中,伦明家境不甚富裕,不似伍崇曜、辛耀文等雄于财,也不像丁日昌、李文田等位居高职。伦明曾言:“余一窭人耳,譬入酒肉之林,丐得残杯冷炙,已觉逾分,遑敢言储藏哉?”③他是一清贫教书匠,生活的俭朴,在朋友中也是知名的。为了购书,不得不省吃俭用,节衣缩食。但遇有佳本,不惜重金购置。变卖家当,动用妻子妆奁的事情时有发生,以致引来妻子怨言,他却以诗自嘲:“廿年赢得妻孥怨,辛苦储书典笥裳。”④他的家人曾说:“我家主人宁吃残羹剩饭,身着破衣烂履而不以为然。”⑤他为了购置图书,不惜四处搜求,如无余财,借债、押物也是常有的事,“他那部《吴柴庵全集》押出去以后,就未能赎回”。其嗜书太劳精神,以至于“生平无一日记其心静耳”。⑥ 教书之余,他总是身披一件破大衣,脚穿一双破鞋袜,出没于大小书摊之间,凡有用之残篇小册、断简零书,无不收纳。久而久之,北京大小数百家书铺伙计、沿街

---

① 徐信符:《广东藏书纪事诗·伦明续书楼》,《近代中国史料丛刊续编》第20辑,台北:文海出版社,1975年,第255页。

② 伦明:《续书楼藏书记》,《辅仁学志》1929年第1卷第2期,第64页。

③ 伦明:《续书楼藏书记》,《辅仁学志》1929年第1卷第2期,第63页。

④ 伦明:《丁卯五日吟稿》,《伦哲如诗稿》第3册,国家图书馆藏稿本,第3页。

⑤ 孙耀卿口述,雷梦水整理:《藏书家伦哲如》,《随笔》第九集,广州:广东人民出版社,1980年,第95页。

⑥ 孙耀卿口述,雷梦水整理:《藏书家伦哲如》,《随笔》第九集,广州:广东人民出版社,1980年,第95页。

书摊小贩无不认识这位先生，大家乐于向他提供图书信息，打趣地称他为“破伦”。伦明性情、兴趣就是如此。面对这些或是善意的怜惜，或是恶意的嘲讽，他一律置之不顾而泰然处之。他为了专注搜藏典籍，抛却了官员、教授等显位，开设通学斋书店，经销古今图书，纡尊降贵地去做“书贾”，其品格，其精神，值得后世景仰。著名学者来新夏将伦明的行事加以归纳总结，提炼升华为一种“破伦精神”，并坦言自己就是受到这种精神的鼓舞，而从事不甚为人热衷的版本目录之学的。①

伦明访书“有异乎人之求之者”，一反京中“士大夫深居简出，肆伙晨起挟书候于门，所挟书率陈陈相因”的旧习。② 他闲游厂肆，频顾冷摊，见有散置零放的书堆，别人不屑一顾，他却饶有兴致，翻翻拣拣，时常遍翻书架上下，于灰尘寸积的残册零帙中，往往搜得“惊所未见”之珍本。他曾自述访书情形：

> 盖小贩中有打鼓者，收卖住户破旧器物书纸，转鬻于市摊，市摊以得之贱也，亦贱售之。游人熙熙，稍纵即逝。久之，稍熟习，则留以相待者有之。又书客之载书而返也，箧中琳琅，得之者在捷足，余先时而探其讯，则预伺焉，若为他人所先，视其籍跟踪而求，十不失一。③

孙殿起曾记一事：一日，伦明偶然听说琉璃厂晋华书局新近购进一批图书，便赶忙跑去看，见书目中有一部《倚声集》，心中窃喜，这正是他久访未得之书，便要购买此书。但书肆中人告知，刚刚派店里的伙计送往某宅了。伦明闻之，焦急万分，赶紧乘人力车追赶。他吩咐车夫抄近

① 来新夏：《以“破伦”精神藏书的伦明》，《一苇争流》，南宁：广西人民出版社，1999 年，第 164 页。

② 伦明：《续书楼藏书记》，《辅仁学志》1929 年第 1 卷第 2 期，第 63 页。

③ 伦明：《续书楼藏书记》，《辅仁学志》1929 年第 1 卷第 2 期，第 63 ~ 64 页。

路,快跑,在某宅门外等着送书的伙计。一会儿,该店伙计夹书包而来,不等伙计进某宅门,伦明便将所喜好之书半路“打劫”了。①

京城之外,伦明访书足迹所至甚广。上海、天津因为是南北通衢,经过最频;次则开封,前后往返十余次;到南京、武昌二次;苏州、杭州各一次。

购买之外,若碰到佳本欲购而不得,伦明便以借抄补购书之穷,自谓“余胸中之目录,十倍于眼中之目录”。又云:“书之为物,非如布帛粟米,取之市而即给,不得已乃以抄书补购书之穷。有抄之图书馆者,有抄之私家所藏者,又有力不能致,而抄之坊肆者;有抄自原稿本者,有抄自传抄本者,又有猝不易得,而抄自刻本者。”②这是伦明搜书、藏书、研究目录学之可贵经验。他常年雇用数名抄工,随时为之抄写。据胡金兆《百年琉璃厂》记载,王志鹏系邃雅斋弟子,练就一手抄书、修补绝活,“抗战前大学者伦明、建国后酷爱收藏的李一氓,都曾把他请上门,帮助抄书、修书,结下深厚的友谊”。③

除请人抄书外,伦明还常常亲手抄录。孙殿起记云:“某岁津门书贾以重值购入清翁覃溪方纲未刻稿数种,先生得知亟赴津往观,以其价奇昂不可得,乃设计携归旅邸,尽三昼夜之力摘其切要而还之。”④抄后校雠,昼夜不辍,其用力抄书如此。古代文献的传布,全靠手写抄录,即使有了雕版印刷之后,一些孤本秘籍,未刊稿本仍靠抄录流传。中国文献典籍的长流广积,与历代藏书家的参与实不可分。

相书如相马,伦明在“相书”事业上孜孜探索,走南闯北,仔细寻访,

---

① 孙耀卿:《记伦哲如先生》,北京市政协文史资料委员会选编:《文苑撷英》,北京:北京出版社,2000 年,第 33 页。

② 伦明:《续书楼藏书记》,《辅仁学志》1929 年第 1 卷第 2 期,第 64 页。

③ 胡金兆:《百年琉璃厂》,北京:当代中国出版社,2006 年,第 51 页。据雷梦水《琉璃厂书肆四记》,王志鹏曾在北京吉祥头条路北开书店,后歇业,王氏颇善装订古书。

④ 孙耀卿:《记伦哲如先生》,北京市政协文史资料委员会选编:《文苑撷英》,北京:北京出版社,2000 年,第 33 页。

辛苦备尝。其以善相书而自喻为“书之伯乐”，搜藏图书有如“伯乐一过而马群空”①，非过誉之词。

从童龄起，伦明一直游学工作在外，“今垂四十年，其间居京师最久”，其时又正值图书业蓬勃发展时期，日积月累，其“书癖”有增无减。他曾有诗云：“我生寡嗜好，聚书成痼疾。佳椠如佳人，一见爱欲夺。”②完全进入了自觉不自觉、没有目的而达目的、“莫知其然而然”③的自然境界。今人爱书如伦明者不会没有，但宁“破”而买书，则恐怕今世继起无人。

《伦哲如诗稿》有《买书》《卖书》《抄书》《校书》四首④，是其一生访书、购书、藏书、整理典籍的真实写照。

买书

平生丝粟惜物力，独遇奇书不论钱。
书坊质库两欢喜，只有妻孥饿可怜。

卖书

货殖仍然不离儒，本来稗贩笑吾徒。
长门赋价今时贱，不卖文章改卖书。

抄书

不爱临池懒读书，习劳聊破睡工夫。
异时留得精抄本，算与前贤充小胥。

校书

一字辛勤辨鲁鱼，益书益己竟何如。
千元百宋为吾有，眼倦灯昏搁笔初。

(三)特色：“重清人著述，集部几备”

或因个人的嗜好，或为了某种需要，历史上有不少专门搜集某一类

---

① 伦明：《续书楼藏书记》，《辅仁学志》1929年第1卷第2期，第64页。

② 伦明：《南归次老杜北征韵留别诸友》，《民大中国文学系丛刊》1934年第1卷第1期。

③ 伦明：《续书楼藏书记》，《辅仁学志》1929年第1卷第2期，第64页。

④ 《伦哲如诗稿》第2册，国家图书馆藏稿本，第9～10页。

图书的藏书家,他们形成了各自的特色书藏。如冯龙官好藏异书,其“绿野草堂”藏书精于史志、金石;林国赓“輷录庵”藏书富于史部;黄绍昌“秋琴馆”藏书富于文集;汪瑔家藏以集部为备;陈融专搜罗清人集部,其“颙园”所藏清代诗文集在2000种以上;梁鼎芬“葵霜阁”所藏丛书特多,湖北省县志俱备,近代诗文集颇为丰富,由他创立的惠州丰湖书藏,亦以清代文集及省内外地方志最为丰富;徐信符“南州书楼”书藏则以岭南文献见称;黄节工诗文词,晚年因治《毛诗》《楚辞》《文选》,凡见此三类书,无不收藏;叶恭绰专门搜集山水记、书院及名胜志等,与众不同,另外,因精研佛典,于宋椠释典颇有搜藏,曾校印《碛沙佛典》全部,尤为观止,在藏书家中别具一格;陈伯陶好收藏明清间野史和万历后诸家奏议别集。这些都是颇有特色的藏书家。而伦明则以搜藏《四库全书》未收之书为其最大特色。

清代在将近300年的历史中,学者辈出,著作繁多。王国维、梁启超等对有清一代的学术作过很高的评价,故清人的著作从20世纪二三十年代以来,就引起一些人注意。其中,北京有两位藏书家格外注重清人别集的收藏,一位是邓之诚,而另一位就是伦明。

邓之诚曾说:“检《书目》,数年来所集顺康人诗文仅二百八十种,合之旧藏适三百种……然伦哲如所藏集部为康熙刻本者凡十二箱,予所有者,或可企及此数,且有为哲如未见者。”他的目标是偿“盈千之愿”。① 关于邓之诚与伦明收集清人别集的情况,雷梦水在《邓之诚先生买书》一文中谈之甚详:

> 先生(邓之诚)用几年的时间收藏了七百多种清初人集部……以藏有大量清初人集部自豪。他以他收藏的集部书与北京另一收藏家伦哲如先生所收藏书相比,按种数讲,伦比他多二百余种,但以名头单本书论,他有而伦无者就有百十余种,对私人收藏家来

---

① 邓之诚遗作,邓瑞整理:《五石斋文史札记》(二十五),《中国典籍与文化》2007年第3期,第114页。

说，可谓富矣。①

邓之诚在编纂《清诗纪事初编》时，十分重视伦明的收藏，认为"如能合之上海复旦大学所得刘翰怡(承幹)旧藏百余种，北京图书馆所得伦哲如(明)旧藏百六十种，加以中国科学院图书馆所藏五十种，中国社会科学院文学研究所所藏三十种，假以时日，使得从容采撰，则《清诗纪事初编》立可增至千人"。② 谢国桢在《增订晚明史籍考》自序中也说："若东莞伦氏，则藏有清一代文集独多，可备文献之征，其野史遗闻亦多佳种。"③

关于清集数量最多的记载，见于王钟翰《北京访书记》："伦明藏清人文集，几及万种……不三十年，其书多已易主。"④这一数字是否确实，有待查考，但数量之多是众所周知的。此后，许多文献都记录了这个事实：

徐信符《广东藏书记略》：

> 续书楼书目，以集部最为丰富，其余各部悉备，秘本极多，此亦粤中所不可得也。⑤

邓之诚《清诗纪事初编序》：

> 东莞伦明以书为性命，专收清人集部几备。尝见语所藏原刻顺、康人集，凡十二木箱，其书皆归北京图书馆。⑥

---

① 雷梦水：《邓之诚先生买书》，《书林琐记》，北京：人民日报出版社，1988年，第37页。

② 邓嗣禹等：《邓之诚先生评传》，邓珂编：《邓之诚学术纪念文集》，北京：北京大学出版社，1991年，第13页。

③ 谢国桢编著：《增订晚明史籍考》，北京：中华书局，1964年，第15页。

④ 王钟翰：《北京访书记》，《周叔弢先生六十生日纪念论文集》，香港：龙门书店影印本，1967年，第101页。

⑤ 徐信符：《广东藏书记略》，广东省文史研究馆编：《广东文物》卷九，上海：上海书店出版社，1990年，第857页。

⑥ 邓之诚：《清诗纪事初编》卷首，上海：中华书局上海编辑所，1965年，第2页。

台静农《北平辅仁旧事》:

国内专力收藏清人著作的,不过三数家,要以他(伦明)所收的为最多了。他在北平数十年,日常出入于大小书坊。他想编续《四库全书》,故斋名续书楼,这一宏愿,当然不能达到,后来他的书归了北京图书馆。①

梁启超也深知伦明收藏清人别集的分量。1927—1928年,他在主持编纂《中国图书大辞典》(又名《群籍考》)时,即"以集部相委"。②

诗文集内容的涵盖面十分宽广,涉及各个时代、各个地区社会历史、经济文化、民情风土以及人物生活、思想的各个方面,反映作者的思想、知识、行为以及所见、所闻、所感,上至军国大事,下至身边琐事,包含的内容很广泛,既是丰富的历史生活的记录,又是珍贵的文化遗产的宝藏。四库馆臣们囿于时代的偏见,看不到在大量的诗文集中包含的珍贵思想史料、丰富的民情风俗以及人们真实的悲欢离合。因此,《四库全书》所收明人别集只有约200部,而清人别集,除皇帝的御制诗文外只有约40部。伦明等以续修《四库全书》为目的而广泛搜集清人别集,有抢救、保护传统文化遗产之功。文献学家罗继祖在《东莞伦氏续书楼》中总结伦明藏书特点云:"尤重清人著述,为续修《四库》计也。"③

伦明专嗜清人著作原因有三:

其一,伦明认为"前贤著录,多属一隅之见",亟待"发潜德而阐幽光之"。有云:"始余读《汉学师承记》《文献征存录》《诗人征略》《书目答问》等书,意谓清人述作,略具于斯矣。乃访购所及,时出各书称引之外。"④这是他专注搜集清人著作的初衷。

其二,伦明认为"书至近代始可读",反对腐儒厚古薄今之说,否定

---

① 台静农:《龙坡杂文》(增补本),北京:生活·读书·新知三联书店,2002年,第104~105页。

② 伦明著,雷梦水校补:《辛亥以来藏书纪事诗·梁启超》,上海:上海古籍出版社,1990年,第63页。

③ 罗继祖:《两启轩笔麈》,上海:上海书店出版社,2000年,第170页。

④ 伦明:《续书楼藏书记》,《辅仁学志》1929年第1卷第2期,第64页。

藏书家贵古贱今、崇远薄近之论,曾说:“自来藏书家贵远贱近,肆贾之智识因之。若者宋本、元本、明嘉靖本;若者影宋抄本、明抄本、名家手校本;又若者白棉纸、开花纸;不问书之良否,而惟版本、纸质是尚。”①这段话意味着伦明对收藏界的积习有一种清醒的认识。他认为一味追求所谓宋刊、元椠、明抄,离开图书内容和学术价值去谈版本形式是不对的,不问书之良否,而惟版本、纸质是尚的风气,不过是“肆贾之智识”,应该加以拨正。

其三,明胡应麟说:“书聚而弗读,犹亡聚也。”②藏以致用,利用藏书进行学术研究,是明清以来岭南私人藏书家比较普遍的作风。如明代丘濬之博雅,黄佐之著述宏富,张萱之博涉各种学问;张维屏编《国朝诗人征略》,陈澧著《东塾读书记》等,无不与其藏书及善于阅读有关。伦明本人推崇张之洞《书目答问》、叶德辉《观古堂书目》,叹为有识。他藏书的指导思想首先是内容好、有用,注重收集当代书籍以及《四库全书》未收之书,认为《四库全书》“宜校、宜补、宜续,而续最要,且最难”。③ 这是他尽力搜访清人著作的另一重要原因。其撰《续修四库全书提要》,大多借助所藏丰富的清人著作。为了搜购图书和撰写提要的方便,他专门编制了《清代及今人文集著者索引》和《清代及今人文集书名索引》。他是一个有头脑的藏书家,与梁启超的藏书宗旨相近。

重视清人著作和清代出版物就是伦明提出来的。在那个时代,他的观点无疑是新鲜的、进步的,开了风气之先。通学斋就专门收集清人著作和清刻本,其中以未见于《四库全书》者最多,他曾自豪地说:“鄙藏之书,可作续修《四库》资料者,已达十之七八。”④可以想见,中间清人著作、清刻精抄之本,肯定是不胜枚举的。周叔弢云:“《贩书偶记》前后

① 伦明:《续书楼藏书记》,《辅仁学志》1929 年第 1 卷第 2 期,第 63 页。

② 胡应麟:《经籍会通》,《少室山房笔丛》卷四,北京:中华书局,1958 年,第 70 页。

③ 伦明:《续书楼藏书记》,《辅仁学志》1929 年第 1 卷第 2 期,第 64 页。

④ 孙耀卿口述,雷梦水整理:《藏书家伦哲如》,《随笔》第九集,广州:广东人民出版社,1980 年,第 96 页。

编之书,绝大部分是孙殿起为伦明所收集。伦氏书不知今归何处。我以为其重要不亚宋元,如星散则不为人所重矣。”①足见伦明的藏书特点是各本齐备,自成系统,是一个时代文化学术的集中体现,其整体价值极高,若星散则失去了它原有的价值。清人诗文集浩如烟海,其内容的丰富与可贵,对于清史以及中国文化遗产的研究甚有价值。此类文献之所以受到重视,正因为有其独特的时代价值。“其重要不亚宋元”是对伦明孜孜不倦收集清人著作的高度评价。

(四)态度:“今后藏书之事将属于公”

藏书不易,持久保藏亦难,故一般藏书家都守着唐代杜暹“鬻及借人为不孝”的古训,对藏书保管严密,不轻易借人,或只作局部开放,允许朋友借抄。明清两代藏书家在文化学术上的贡献是巨大的,但作为社会文化财富的保藏者,他们比较封闭,缺乏开放性,因而限制了藏书的社会作用。至近代,这一状况发生了改变。20 世纪以后,传统的藏书私有、子孙世守的观念已日趋淡漠,它随着近代公共图书馆的设立与发展,以及视图书“为天下之公器”观念的树立,而在社会学术文化的发展中退居次要地位。于是,私藏转为公藏为大多数藏书家所认同。如康有为、梁启超、石德芬、梁鼎芬、邓实等岭南藏书家,都反对把藏书作为私有财产、秘不示人的陋习,而主张图书流通,开放私人藏书供士人阅览,甚至将家中所藏捐献给国家。

伦明对民族文化遗产持有一种正确的民族立场和开放的态度。他对来之不易的藏书十分爱惜,“平时他告诉家里人等任何人不准擅自动他的书籍。一般朋友难进他的书房”。② 但对学者,识书、懂书之人十

① 《弢翁寄家书》,李国庆编著,周景良校定:《弢翁藏书年谱》,合肥:黄山书社,2000 年,第 214 页。周叔弢(1891—1984),原名暹,字叔弢,以字行,晚年自号弢翁,天津著名藏书家,藏书名重海内外,宋元版书和敦煌卷子是其藏书精华,生前陆续将这些藏品无偿捐献国家。

② 孙耀卿口述,雷梦水整理:《藏书家伦哲如》,《随笔》第九集,广州:广东人民出版社,1980 年,第 96 页。

分开放，乐意利用自己的藏书为学术研究服务。如陈垣撰《史讳举例》、谢国桢撰《晚明史籍考》、容肇祖整理《何心隐集》、张荫麟撰《纳兰成德传》①、南桂馨编辑《刘申叔遗书》、王重民编《清代文集篇目分类索引》、张次溪刊《清代燕都梨园史料》等，都得益于借阅伦明的藏书。胡适撰写《醒世姻缘考证》，用到伦明抄录的李葆恂《旧学庵笔记》、佚名《般阳诗萃》等珍贵材料。② 这种态度，实在是对岭南地区藏书家开放传统的继承和发扬。

刘半农讲过一段书缘：

> 去年中秋前一日，东安市场隐逸书肆贾人持旧书数种求售，中杂此卷（《翻清说》），适以事忙，匆匆一阅，便即归之。后思翻译方术，古人鲜有讲论；魏氏生雍乾之世，而持说乃多与今世译人不谋而合，是固译界一重要史材也。乃欲重索其书，则已为别一书肆取去。更求之彼肆，又以已售对。问售与何人，则游移其辞，不即实告。迹访无从，怅然而已。后偶与赵斐云（万里）谈及，嘱为关意。越一月，斐云果见其书于伦哲如许（处），便以余追求之情相告。哲如慨然曰："既半农需此，吾当举以相赠。"于是原卷复归于余。区区五叶破书耳，而既失复得，中有一段因缘，当志之以彰斐云、哲如两君之惠。
>
> 廿二年一月二十，北平③

不足300字，道出两位藏书家和版本学家的故实，赵万里的热诚、伦明的义气豪爽跃然纸上。

---

① 张荫麟云："更有一意外之获，近从伦明先生处，得读余数年来谒求而未得之《通志堂集》，喜可知矣。据此书可补正本传之处甚多。"见张荫麟：《纳兰成德传 · 后记》，《学衡》1929年第70期，第26页。

② 《致伦明》（1934年1月7日），耿云志、欧阳哲生编：《胡适书信集》（中），北京：北京大学出版社，1996年，第605页。

③ 刘半农：《翻清说跋》，《半农杂文二集》，上海：上海书店，1983年，第358页。

1935年,伦明撰成《辛亥以来藏书纪事诗》150余首,当年9月起在《正风》半月刊连载。是时,伦明搜书、访书、藏书已20余年,其甘心含辛茹苦,节衣缩食。自序中,他感慨藏书之事"为变甚剧":

百数十年之积蓄,尽于一旦;万数千里之输运,集于一隅。犹未已也,涵芬楼靡于非意料之烈弹,海源阁劫于无意识之战火,犹可委曰,天灾时势,无可如何。乃一家奴耳,能罄丁持静之全;一鼠窃耳,能分范天一之半,是则人谋之不臧矣。其他则书价之忽贵忽贱也。夫价之有贵贱,常也,大率旧者贵而新者贱,精者贵而粗者贱,罕者贵而多者贱。今也不然,同是一书,适时则贵,过时则贱。而时之为义又至暂,例如辛酉以前,宋元集部,人所争得也,乃过此则竟无问之者矣。又如辛未以前,明清禁书,人所争得者也,乃过此亦几几无问之者矣。又其他,则藏家之易聚易散也。夫物之有聚散,亦常也;自聚之而自散之,则偶也。梁武帝曰:"自我得之,自我失之,亦复何恨!"然梁武在位之日甚久,以三十年为一世计之,几及两世矣。今之人朝聚而夕散者,何其多也,聚而无不散者,何其不期而合也。尤可异者,昔之聚散,如西家卖田,东家置产,不有所废,其何以兴?今也不然,试历数二十余年来,散者接踵不绝,聚者屈指几何?散者之有出无入,一如国家帑藏之外溢也,是不可以寻恒聚散视之也。自学校兴而需新书多,需旧书者少;自大图书馆兴,即需旧书者多,而购书者少。①

伦明精研藏书史,对旧式藏书楼的兴衰有充分的了解,藏书观非常开明。其深为"学术之患,世道之忧"而忧,在总结了书之聚散的主客观原因后,进而得出"书之聚散,公私无别,且今后藏书之事,将属于公,而不属于私,今已萌兆之矣"②的结论。适应这种历史潮流,伦明生前就

---

① 伦明:《辛亥以来藏书纪事诗·自序》,伦明著,雷梦水校补:《辛亥以来藏书纪事诗》,上海:上海古籍出版社,1990年,第1~2页。

② 伦明:《辛亥以来藏书纪事诗·自序》,伦明著,雷梦水校补:《辛亥以来藏书纪事诗》,上海:上海古籍出版社,1990年,第2页。

对自己的藏书归宿有了打算。抗战中,目睹日本侵略者在中国大肆劫掠文物古籍的罪行,更加强了他欲将所藏归公的愿望。

1941 年 2—8 月,时北平图书馆馆长袁同礼滞留香港,联系转移北平图书馆 300 箱善本运入美国,寄存到美国国会图书馆暂时保管之事。伦明嘱托当时在香港的冼玉清从中"关说",希望将自己的藏书归于北平图书馆。当时或因战乱无暇顾及,或因"条件不符而罢"①,最终未能遂愿。

伦明病势危急之时,藏书归公的愿望越来越强烈,曾贻书张伯桢,"属以所藏书介归国立北京图书馆"。② 但未等到消息,在 1944 年 10 月,伦明怀抱未遂之愿而溘然长逝。

伦明逝世后,藏书由其家人保存和管理。为了实现伦明生前的心愿,也为了保存伦明视之为"性命"的珍贵典籍,陈垣、冼玉清、袁同礼等一批学者为之奔走努力。

1945 年 9 月间,冼玉清随岭南大学从粤北迁回广州河南康乐村,始知伦明已于去年 10 月病终东莞故里,至为惋惜。"因函商其北京家属,请以藏书归公,卒归北京图书馆,成先生志也。"③

1945 年 12 月 28 日,北平图书馆馆长袁同礼在给胡适的一封信中,谈到正在接洽的私家藏书中包括伦明的藏书。

适之先生著席:

战争结束以来,故家文物纷纷散出,除海源阁已收归国有外,正在接洽中者只有傅沅叔、伦哲如(在平)、潘明训、刘晦之、刘翰怡及潘氏滂喜斋(均在沪)。目前沪上之房租、地产均按美金或金条计算。潘明训(名宗周)去世后屡闹家务,各支主张分书析产,尤有

① 冼玉清:《记大藏书家伦哲如》,《艺林丛录》第五编,香港:商务印书馆,1964 年,第 328 页。

② 张次溪:《伦哲如先生传》,见张次溪辑:《宣南逸乘》,出版年月未详,油印本,第 2 页。

③ 冼玉清:《记大藏书家伦哲如》,《艺林丛录》第五编,香港:商务印书馆,1964 年,第 328 页。

提前收购之必要。渠家索价美金五六万元，虽力请政府设法，但宋院长对于文化事业之赞助似尚不如庸之先生。故甚盼美方可以给予少许之援助，则在国内进行较易办理。除在沪时曾奉上一电外，兹又奉上致 Stevens 先生电稿副本及说明一纸，仍希相机进行，不胜感盼。专此，

敬候

道祺

同礼叩上　十二，廿八，重庆①

1946 年 12 月 13 日，通学斋伙计告知邓之诚："伦哲如书决定由北平图书馆出资收买，价由图书馆组织'评价委员会'定之，等于发官价而已。其书装大木箱三百余，皆有清一代文集。"邓氏叹之"富哉！"②

1947 年春，"又经陈援庵（垣）丈再商始成，去先生之逝已三年矣"。③ 其藏书归于公藏，终可慰伦明于九泉矣。1947 年 3 月 11 日，通学斋店员雷梦水告知邓之诚，"伦哲如藏书近以一万万元归北平图书馆"④，故胡适有"他家藏书很富，听说后来也卖光了"之言。⑤"卖"是事实，但相对伦明藏书的数量及其学术价值而言，所谓"卖"，实无异于"捐"。当时邓之诚就为之愤愤不平，直截了当说："此价在平世不及万元，得值仅十之一耳！无异掠夺。"⑥

---

① 《袁同礼致胡适》（1945 年 12 月 28 日），中国社会科学院近代史研究所中华民国史组编：《胡适来往书信选》（下），北京：中华书局，1980 年，第 73 ~ 74 页。

② 邓之诚遗作，邓瑞整理：《五石斋文史札记》（二十四），《中国典籍与文化》2007 年第 2 期，第 122 页。

③ 张次溪：《伦哲如先生传》，见张次溪辑：《宣南逸乘》，出版年月未详，油印本，第 4 页。其"三十六年冬"语，有误。

④ 邓之诚遗作，邓瑞整理：《五石斋文史札记》（二十五），《中国典籍与文化》2007 年第 3 期，第 109 页。

⑤ 胡颂平编：《胡适之先生晚年谈话录》"一九六〇年三月三十日"，北京：中国友谊出版公司，1993 年，第 62 页。

⑥ 邓之诚遗作，邓瑞整理：《五石斋文史札记》（二十五），《中国典籍与文化》2007 年第 3 期，第 109 页。

关于伦明藏书归于北平图书馆的交接经过，伦志清先生从父辈那里得知，当时“场面比较壮观，几大卡车，运了好几次”。伦绳叔有一段记录：

> 先父一生从事学术，除著作外，当以所存之书籍闻著于社会，命之曰伦氏续书楼。然吾辈后生不得保守，乃决议让与北平图书馆。此乃八姐慧珠由港与袁同礼氏商洽而定。今由图书馆派人帮予同整目录（前目录已遗失，仅余五册目录），迄今已告完毕矣。民三十六 一月 廿九日①

伦明藏书归公后，时任职于北平图书馆的王重民曾检阅这批藏书。王重民在1947年6月17日致胡适信中云：“今日检阅伦哲如的藏书，有蒋师爚《咏怀诗注》两本，末附纪昀、戴衢亨《蒋公墓志铭》两篇，秦瀛《东桥先生传》一篇，始恍然为十余年前编《文集索引》时记得那个名字。”②

1949年9月16日，张元济等前往观北平图书馆善本书库，“见所收伦哲如禁书颇多”。③

斯人远矣，书墨清韵犹存。伦明的大部分藏书得以遂其心愿，安身于今国家图书馆。他以一人绵薄之力，令众多后人受益无穷。

关于现存国家图书馆的伦明藏书，原北京图书馆研究馆员冀淑英就其数量、质量、内容和特点作过详细介绍，并给予极高的评价。所著《冀淑英古籍善本十五讲》，第五讲的标题就是“伦明藏书与清刻本的入善问题”。冀淑英是这样介绍和评价这批藏书的：

> 我们馆差不多有七八百种书是伦家的书。伦家的书绝大部分

---

① 资料由伦志清先生提供。

② 北京大学信息管理系、台北胡适纪念馆编：《胡适王重民先生往来书信集》，北京：国家图书馆出版社，合肥：安徽教育出版社，2009年，第481页。

③ “一九四九年赴会日记”，张元济：《张元济全集》第7卷《日记》，北京：商务印书馆，2008年，第383页。

是清刻本或清代著述。我馆建立乙库就是以清刻本和清人著作为主,建库时是从大书库挑出来的一批书和零买进来的一些为基础。伦家的书,是整批买进的。①

孙殿起主持通学斋几十年。他非常用功,将经手的书全都做了记录,编成《贩书偶记》。《贩书偶记》在学界、教育界非常受重视,学者对它的评价很高,认为《贩书偶记》是清代著作的一个总目录,是《四库全书总目》的续编。……《贩书偶记》收的都是清代著作或者是清刻本,里面有极少数是明朝人,或作者入了民国了。《贩书偶记》的著录原则如此,我们馆购买的伦家的书也符合这些原则。②

这批伦家的书,实际就是通学斋书店的书,我们馆全部买下来了,资料相当丰富。这里面有清刻本,清朝人的著作,还有极少数的明人著作,都和《贩书偶记》著录的一样。我们买的伦家的书,几乎都可以从《贩书偶记》查出来。③

伦家书有个特点,就是收了很多禁书,包括乾隆时禁毁的书和《四库》不收的书。再有一个特点,就是书中多有伦明的校跋。我们的馆藏有乙库存的清刻本和清人著作打底子,再加上伦家的书,以及多年来零买的书,在清刻本和清人著作方面,我们才大大地丰富起来。④

伦家的书,禁书有很多比较稀见的资料。有一部书叫《虬峰文

---

① 冀淑英:《冀淑英古籍善本十五讲》,北京:国家图书馆出版社,2009 年,第 67 页。

② 冀淑英:《冀淑英古籍善本十五讲》,北京:国家图书馆出版社,2009 年,第 79 ~ 81 页。

③ 冀淑英:《冀淑英古籍善本十五讲》,北京:国家图书馆出版社,2009 年,第 82 页。

④ 冀淑英:《冀淑英古籍善本十五讲》,北京:国家图书馆出版社,2009 年,第 82 ~ 83 页。

集》,著者为李驎,兴化人。……李驎的这个《虬峰文集》就编入《清代文字狱档》,而且在当时是非常严重的。①

伦明跟孙耀卿(殿起)两位老先生开通学斋书店,得到很多特别的资料。比如有几种吕留良的书,以及很多别的禁书。还有当时所谓正面的东西,比如说纳兰性德的集子《通志堂集》,这个集子完整的当时也很少见,这个书非常漂亮。还有很多清代的文集,伦家书里都有,我们如果有机会把伦家的书看看,可以了解很多关于清代人的知识。②

对于冀淑英"这批伦家的书,实际就是通学斋书店的书"的说法,人们有不同的解读。从上文提到这批藏书"很多禁书"、"多有伦明的校跋"和"《四库》不收的书"的情况看,国家图书馆所藏伦氏旧物与通学斋书店、《贩书偶记》或有一定关系(因为伦氏藏书多半出自孙殿起之手),但不能肯定就是通学斋书店的书。据资料记载,伦明"殁后,由冼玉清教授作介,续书楼藏书卒归国立北平图书馆"。③ 伦明藏书是 1947 年归公的,时通学斋仍继续由孙殿起、雷梦水经营,直到 1956 年公私合营,并入中国书店。伦明藏书归公后直至通学斋合并之前,邓之诚等学者仍与通学斋保持密切联系,并从该店买到许多珍善之本,其在《五石斋文史札记》的记录④,可作一例证。另外,因为禁书、《四库》不收的书和伦明校跋过的书,都是伦明苦苦以求,为续修《四库全书》而准备的珍贵典籍,放在书店销售的可能性很小。据此,现国家图书馆收

---

① 冀淑英:《冀淑英古籍善本十五讲》,北京:国家图书馆出版社,2009 年,第 83 页。

② 冀淑英:《冀淑英古籍善本十五讲》,北京:国家图书馆出版社,2009 年,第 83 页。

③ 李致忠主编:《中国国家图书馆馆史(1909—2009)》,北京:国家图书馆出版社,2009 年,第 151 页。

④ 邓瑞整理,从 2001 年起在《中国典籍与文化》连载(2001 年第 2 期至 2010 年第 4 期,共 37 期),2007 年由北京图书馆出版社以《邓之诚日记(外五种)》之名结集出版。

藏的应为伦明在北京东莞会馆“续书楼”的藏书，而并非在通学斋经营的书。

关于伦明藏书的去向，时人多有记述。冼玉清《记大藏书家伦哲如》云：

> 先生（伦明）久欲编印《续岭南遗书》，其弟子李棪劲庵允经纪其事，并允向粤督陈济棠措款，先生尽以所藏粤人著述秘籍授之。李君来香港执教，以书寄存北京大学图书馆。先生来书嘱访李君求交代，李君唯唯。其后邓之诚文如教授亦有函来，嘱转告李君速为处理。今李君远适异国，秘籍之下落如何？中心耿耿。盖编印《续岭南遗书》，乃粤人应有之事也。①

这批粤人著述是伦明生前准备用来续修《岭南遗书》的，不知是否仍存北京大学图书馆，其去向有待查考。

叶恭绰《辛亥以来藏书纪事诗序》云：

> 节予（伦明）好藏书，恒节衣缩食以求，以每一书之板本齐备为的，亦一特色。殁后其家不省，任市侩择尤抽取，而弃其余，乃拉杂贱售之，不知其优点在各本齐备，一折散即无价值也。其藏书本拟以万金悉归余，余因乏力未果，此与不收曾刚甫遗书同一憾事，然余之藏书今亦已不能保，固不足悔矣。②

郑逸梅《忆叶恭绰老人》云：“他（叶恭绰）藏书很多，不少是原来藏书家伦明的藏品，伦明逝世后，恭绰购存之。”③是说与叶恭绰自记颇有出入。

魏隐儒《藏书家伦哲如》云：“伦氏卒后，将广州藏书全部让于广东

---

① 冼玉清：《记大藏书家伦哲如》，《艺林丛录》第五编，香港：商务印书馆，1964 年，第 327 ~ 328 页。

② 叶恭绰：《辛亥以来藏书纪事诗序》，《辛亥以来藏书纪事诗》卷首，《矩园馀墨 · 纪书画绝句》附印四种之一，叶恭绰，铅印本，1948 年。此书 1963 年由香港商务印书馆出版影印本。

③ 北京燕山出版社编：《古都艺海撷英》，北京：北京燕山出版社，1996 年，第 308 页。

省图书馆。北京所藏部分，于民国三十六年（1947 年）全部归北京图书馆。”①据查考，尚无实物和文字资料证明伦明在广州的藏书“让于广东省图书馆”。

伦志清先生近著《学者型藏书家伦明的书缘》，其中提到伦明藏书的十二个去向，可资参考。

二、为续修《四库全书》开设书店的教授

清代至抗日战争前，北京琉璃厂书肆林立，文物雄厚，每天文人、名流往来不绝。远的不说，当年鲁迅、朱自清、周作人、郑振铎、阿英等都是琉璃厂的常客。

为了方便访书和购书，1918 年至 1919 年，伦明在北京琉璃厂开设了一间古旧书店——通学斋藏书处。

经过在北京、广州两地长达十几年的搜集和积累，伦明在北京家中的藏书日益丰富。在搜访到的图书中，残破不堪者都得装订修复，于是雇了一位魏姓书匠专事修补，月工钱“十五金”。以魏师傅估计，这么多残破之书，没有 20 年时间不能竣事，故有开设书肆之倡议，并明言开书肆的三大好处：“装书便，一也；求书易，二也；购书廉，三也。”②伦明觉得言之有理，这样可以搜集到更多好书，又能解决部分购书资金，于是着手筹办。经过一段时间的忙碌，他的书店准备得差不多了，不巧魏师傅正好生病，需另谋伙计管理店务。此时，一个在琉璃厂书肆做伙计、名叫孙殿起的人进入伦明视线。

孙殿起（1894—1958），字耀卿，号贸翁，河北冀县人。光绪三十四年（1908）为生活所迫，辍读而入京经商。初受业于琉璃厂书肆郭长林门下，1913 年由友人荐至琉璃厂鸿宝阁书店充司账兼店员，后又转入会

---

① 北京市文史研究馆编：《耆年话沧桑》，上海：上海书店出版社，1993 年，第 157 页。

② 伦明：《续书楼藏书记》，《辅仁学志》1929 年第 1 卷第 2 期，第 63 页。

文斋书店任司账和店员。据孙殿起回忆,早在1916年他就与伦明相识:"民国五年(1916),耀卿在小沙土园文昌会馆内会文斋供职时,始识先生,因与先生志同道合,遂为莫逆交。"①至于两人的相识,伦明有同样的记述:

余来京师游海王村,遇肆中人,见其语言举止异乎他之商肆,且异乎他地之书肆,意颇讶之。尝遇之王公大人家,见其挟布包坐厅事,吸烟啜茗,口讲指画,客无局态,主无倨色,意更讶之。渐与稔习,始悉彼中人日与书亲,多接名公通人,议论气度不饰而彬雅,闻见不学而赅洽,至其版本目录之精且博,又不待言也。②

伦明很喜欢孙氏,对他赞赏备至,说他"勤于事,又极警",遂"浼主肆务"。③ 于是,孙殿起辞去会文斋司账职,其经理何培元(厚甫)曾多方挽留,孙氏坚辞。④ 其时,伦明已40多岁,而孙殿起才20多岁,但因有好书之癖,志同道合,此后30年,两人就古籍版本、目录学等学识相互砥砺切磋,成为莫逆之交。

通学斋位于北京琉璃厂南新华街七十四号。⑤ 店门匾额原题"通学斋藏书处",由广东胡芝贤书;屋内牌匾亦题"通学斋藏书处",分别由固始秦树声、吴兴钱恂题署。⑥ 胡祥麟(1876—?),字芝贤,又作子贤⑦,广东

---

① 孙耀卿:《记伦哲如先生》,北京市政协文史资料委员会选编:《文苑撷英》,北京:北京出版社,2000年,第32页。

② 伦明:《丛书目录拾遗序》,孙殿起:《丛书目录拾遗》卷首,冀县孙氏铅印本,1934年。

③ 伦明:《续书楼藏书记》,《辅仁学志》1929年第1卷第2期,第63页。

④ 雷梦水:《孙耀卿先生传略》,北京市政协文史资料委员会选编:《文苑撷英》,北京:北京出版社,2000年,第38页。

⑤ 《外埠购书简章》,《通学斋书目》第一期卷首,徐蜀主编:《中国近代古籍出版发行史料丛刊》第22册,北京:北京图书馆出版社,2003年,第2页。

⑥ 袁庙祝鮀:《琉璃厂坊肆匾额录》,孙殿起辑:《琉璃厂小志》第一章,北京:北京古籍出版社,1982年,第42页。

⑦ 据《京师大学堂同学题名》[光绪二十九年(1903)十一月],是年27岁,推之生于1876年。

顺德人。毕业于京师大学堂师范馆，是伦明的同班同学。精鉴别，工诗，善书画，山水秀逸。秦树声(1861—1926)，字宥横，号乖庵，河南固始人，双科进士，是清末民初有名的书法家。钱恂(1853—1927)，字念劬，浙江吴兴(今湖州)人。清末外交官，曾受薛福成之命，整理宁波天一阁藏书。

通学斋开业之后，成了伦明搜集图书的主要渠道，也是"续书楼"藏书的主要来源。马叙伦曾说，伦明"与人共设通学斋书店于北平琉璃厂之南，得善本即自藏之。其所见渊博，尝欲续为四库目录"。①

通学斋规模并不大，只有两间小门面。"开业时藏书极少，故暂借伦先生藏书及文友堂藏书各一部分，摆于书架，其后随售随收，业务亦逐步发展。"②1924 年，康有为的长兴书局歇业，其图书一部分转入通学斋。③

关于康有为创办长兴书局始末，以及后来图书并入通学斋事，雷梦水记述甚详：

---

① 马叙伦：《金鱼唱和词》，《石屋馀沈》，上海：建文书店，1948 年，第 4 页。

② 雷梦水：《琉璃厂书肆四记》，《文物》1963 年第 5 期，第 60 页。

③ 有多种说法：1. [日]长泽规矩也《中华民国书林一瞥》："长兴书局和通学斋是一家。"([日]内藤湖南、长泽规矩也等著，钱婉约、宋炎辑译：《日本学人中国访书记》，北京：中华书局，2006 年，第 210 页。)2. 叶祖孚《北京琉璃厂》："(康有为、梁启超)在琉璃厂开设了长兴书局，印刷新书，不过只办了五年就歇业了。其资产一部分转入通学斋书店；一部分并入直隶官书局，后来又转成为上海商务印书馆在北京开设的京华印书局。"(北京：北京燕山出版社，1997 年，第 62 页。)3. 雷梦水《燕市访书第一人——孙耀卿》："1924 年康南海先生将设于海王村内之长兴书局归通学斋经营。"(河北省政协文史资料委员会编：《河北历史名人传 · 科技教育卷》，石家庄：河北人民出版社，1997 年，第 167 页。)4. 潘叔玑《万木草堂弟子姓名忆述》："伦明字哲如，东莞人。目录学甚好。北京长兴书局管理人。先外舅(康有为)晚年所刻经学各书皆其经办。"(广东省政协学习和文史资料委员会编：《广东文史资料存稿选编》第五卷，广州：广东人民出版社，2005 年，第 260 页。)5. 翟学良《张伯桢先生事略》："直至康逝世后，该书局才让给东莞籍学者伦哲如明，改名为'通学斋'。"(东莞市政协文史资料委员会编：《东莞文史资料选辑》第十九期，1991 年，第 55 页。)此说有误。

民国七年(1918 年),先生委弟子东莞张篁溪创设长兴书局于北京琉璃厂海王村公园内西廊(今中国书店大院),由胡永椿、刘金声经营。“长兴书局藏书处”长条匾额为康先生手书,一间门面。该店专售康有为先生著之《孔子改制考》、《新学伪经考》、《春秋董氏学》、《春秋笔削大义微言考》、《礼运注》、《中庸注》、《论语注》、《孟子微》、《欧洲十一国游记》第一二编、《戊戌奏稿》、《官制议》、《广艺舟双楫》、《日本书目志》、《长兴学记》、《桂学答问》、《南海先生诗集》、《不忍》杂志(1—10 期)、《不幸而言終不听国则亡》、《中华救国论》、《理财救国论》、《物质救国论》、《舍主币救国论》、《共和政体论》、《大同书》、《康南海》、《哀烈录》等以及康有为手书对联、中堂、横批,上海广智书局印行之书,亦归其寄售。该店至民国十三年(1924 年),转为孙师耀卿(殿起)经营,后因货源不足,至民国二十三年(1934 年)停业,将全部货底并入通学斋书店。①

伦明指导孙殿起经营书业,了解古书如何由表及里,如何为学术研究服务,互为切磋,相得益彰。孙殿起果然不负重托,在经营通学斋上也得其“俭、勤、恒”三昧。为搜罗珍贵图书,他不辞辛劳,多次离京访书,足迹涉及江、浙、鲁、豫、皖、粤各省以及天津、上海等地,可谓遍游大江南北。分别于 1922 年、1933 年、1941 年、1942 年四次南下广州,先后访得古籍无数,其中多有粤人旧物以及名家珍稀罕见之本。

1925 年,购得番禺梁鼎芬藏书一批约百十余箱。每部书皆外附樟木夹板一副,板面刻有梁氏题字,书皮皆有梁氏亲笔题字。自此通学斋店堂琳琅满目。②

1931 年夏,在上海访得罕传本、嘉庆间梅花书院原刊本《二洪遗稿》一部,并据原本影印 300 余部,撰跋附后。是年由同业处访得清初

---

① 雷梦水:《康有为藏书及其创办长兴书局始末》,《燕都》1988 年第 3 期,第 19 页。

② 雷梦水:《记目录学家孙耀卿》,《学林漫录》五集,北京:中华书局,1982 年,第 55 页。

禁书番禺屈大均所撰之《翁山文钞》一部计十卷，为常熟薛熙评本，康熙间刻本，书内凡忌讳处皆有墨钉。此翁山晚年所为之文，每卷之首的“翁山文钞”四字书名，并“番禺屈大均撰”六字，印书时俱已铲去。此书后由商务印书馆伊见思代《广东丛书》编委会购去，影印于《广东丛书》第一、二集内。

1933 年 3 月，孙殿起第二次赴广州访书，寓小东门仁秀里十九号（今越秀区东华西路大东街）伦明弟叙家。5 月 27 日返京，著有《重游岭南日记》，由雷梦水整理，记录了数次南下访书的经历。是年 8 月 20 日，孙殿起在北京校场五条普定姚大荣家购得藏书一批，其中以清代实用考据书居多，如清江都陈逢衡所撰《逸周书补注》《山海经汇说》《穆天子传注补正》，清通州雷学淇所撰《亦嚣嚣斋考订竹书纪年》《校辑世本》等传本，都是比较罕见的。

1934 年秋，在北京访得高邮王氏三世稿本若干种。由伦明与陈垣、余嘉锡、孙人和诸人集资合购。其中包括王念孙所撰《段懋堂（玉裁）墓志铭》《与江晋三论音韵书》等。

1937 年夏历七月，伦明由京返粤。是年访得南海曾氏“面城楼”宋、元、明善本书 12 种，其中有宋刊本宋熊节所撰《新编性理群书句解》二十三卷，订十六册，钤有“玄律周京图书”“长洲吴氏”“楝亭曹氏藏书”“堇斋考藏印”各印记。

1941 年和 1942 年，孙殿起又两次赴广州访书。所得以番禺陈澧所撰稿本《东塾杂俎》为最。后归新会陈垣。①

资料显示，1925 年至 1935 年这 10 年间，通学斋进入了经营的鼎盛期。每年平均可收售古旧书籍一二万部册，总价达三四万大洋；店员也从原来的七八人增加到十三四人。1935 年，书店房东（玉行会馆）翻盖房屋，书店临时另租南新华街路东甲八十六号房楼上营业，至是年末店址修建竣工，始迁回营业。1944 年伦明逝世后，书店继续由孙殿起经

---

① 雷梦水：《孙耀卿先生传略》，北京市政协文史资料委员会选编：《文苑撷英》，北京：北京出版社，2000 年，第 46 页。

营,郑振铎、许嘉璐等经常光顾该书店。直到1956年公私合营,通学斋始并入中国书店。

冼玉清编有《通学斋广东书目》,是她造访通学斋所见,还是据《通学斋书目》摘编而成,不得其详。她在《广东释道著述考》"咸陟堂《文集》《诗集》"条按云:"余所撰《通学斋广东书目》载康熙间耕乐堂刊本《文集》二十五卷、《二集》三卷,卷一诗,卷二文,又自不同。未见原书,并记于此。"①惜此目今已难觅其踪。冼玉清研究广东文献独有见地,1929年的北京之行,得到伦明的指导,开始留意古籍版本以及广东地方文献。她曾在徐信符"南州书楼"披阅累月,录成《南州书楼所藏广东书目》,发表在《图书馆季刊》(广州大学)1935年第2卷第1期。

1935年10月,通学斋编印《通学斋书目》第一期,次年10月编印第二期。卷首有孙殿起手订《外埠购书简章》略云:"所载各书只存一部者居多。""书籍板刻精劣,印工先后,大有差别,故有同名价异,至注明精刊者,皆属正书精楷。"又云:"诸公如欲搜访他书,请先开示书目,俟有所得,即日函告。"②封三有《启事》云:

> 各藏书家如有不用之书欲出让者,请开列书名、卷数、著作姓名、刊本朝代、纸本价值,函示敝店,即可接洽。如承介绍,亦有相当酬金。北平琉璃厂南新华街通学斋谨启。③

通学斋善于为书找读者,又勤于为读者找书,经营手法十分灵活。当时各店争先编印书目,以广招徕。邓之诚记云:"凡北京习惯,书肆每得大宗书籍,必编目,提高卖价,书价遂随之大涨。"④1940年11月,通

---

① 冼玉清:《广东释道著述考》,黄炳炎、赖达观主编:《冼玉清文集》,广州:中山大学出版社,1995年,第592页。

② 《通学斋书目》第一期卷首,徐蜀主编:《中国近代古籍出版发行史料丛刊》第22册,北京:北京图书馆出版社,2003年,第1~2页。

③ 《通学斋书目》第一期封三,徐蜀主编:《中国近代古籍出版发行史料丛刊》第22册,北京:北京图书馆出版社,2003年,第303页。

④ 邓之诚遗作,邓瑞整理:《五石斋文史札记》(二十五),《中国典籍与文化》2007年第3期,第115页。

学斋又编《通学斋书店新收书目》(抄本)。书目署名及印章均称"通学斋书店"。此目原为郑振铎所抄藏,卷端钤"长乐郑振铎西谛藏书"①,版心题"交通部铁路管理学校"(今北京交通大学,1920 年,郑振铎毕业于该校)。

1936 年,孙殿起所编《贩书偶记》印行,伦明为此书题签。这是孙殿起目睹手经之书的详细记录,大体可反映通学斋的经营特色及其创设以来所经营之书籍(以近代为主)以及部分续书楼藏书(以初印名钞为主)的内容。这部书目专录《四库》未收之书,基本上是一部清代以来的著述总目,其作用相当于《四库全书总目》的续编。从这一方面来说,正好与伦明对清人著述的喜好以及续修《四库全书》的志向契合。

民国间,通学斋刊印过一批稀见典籍和古籍书目,据不完全统计,数量有 70 余种。知见者如:清歙县洪朴、洪榜兄弟所撰《二洪遗稿》(据旧版影印)、《鹤寿堂丛书》(以旧版刷印)、《丛书目录拾遗》十二卷、《贩书偶记》二十卷、《毛诗国风定本》一卷、《吕氏春秋补校》一卷、《左传通释》十二卷、《周末列国有今郡县考》一卷补一卷、《四书集注考证》九卷、《春秋属辞比事记》四卷、《滇黔土司婚礼记》一卷、《东方兵事纪略》六卷等书籍。此后,坊肆间刊印图书在琉璃厂成为一时风气。这类所谓"坊刊本"对推动图书的出版和传播起过一定的作用。

三、想要独自续修《四库全书》的学问家

抢救中华文化典籍是历代学人为之奋斗的夙愿。从《四库全书》成书后至 1912 年,百余年来,许多文人志士为完善《四库全书》历尽艰辛,努力搜集《四库全书》未收、禁毁及存目之书。嘉庆初年阮元购得《四库全书》未收之书 254 种②,并按照《四库全书总目》的格式,各书撰写提

---

① 《通学斋书店新收书目》封面,徐蜀主编:《中国近代古籍出版发行史料丛刊》第 22 册,北京:北京图书馆出版社,2003 年,第 703 页。

② 伦明《续修四库全书刍议》称"二百五十四种"。

要一篇，将书及提要一并进呈内府，以供嘉庆帝御览，首开续修《四库全书》之路。光绪十五年(1889)六月十六日，翰林院编修王懿荣上书，恳请“重新开馆，编纂前书”。尔后代有学人为之奋斗，逐渐形成一股续修的声浪。至1946年止，续修之倡竟达十次之多。① 他们围绕着《四库全书》及《四库全书总目》进行了各方面的研究和探讨，有的集其禁毁、未收之书，有的探讨其版本，有的订其讹误，有的述其征集与纂修等。遗憾的是，十次续修，全是纸上谈兵，议而未决，极少付诸行动，仅第六次(1925年)利用日本退还庚款先续修提要，至1945年8月前共修得《续修四库全书提要》“二三万篇”。第八次(1928年)“校勘全书，续修书目，同时并举”②，曾辑续修书目一万余种。伦明主张续修《四库》和续修《提要》最力，从其1921年致书陈垣，请求校雠《四库》、续修《提要》以来，至其逝世这20多年间，一直参与其中，是主张续修《四库》诸人中既有理论又付诸实践的先行者。

1921年9月，伦明辞去北京大学教席③，拟专心续修《四库全书》的工作。1921年12月26日，伦明致书时任教育部次长的陈垣④，就有关《四库》事业提出三点请求：一是请求编订一应之书目(求书目录)；二是校雠《四库全书》；三是编写《续修四库全书提要》。伦明是一位目录学家，十分清楚目录的功用，他将编纂目录的重要性提高到关乎国粹兴亡的高度。他说：

---

① 杨家骆：《四库全书学典》，上海：世界书局，1946年，第77~81页。

② 杨家骆：《四库全书学典》，上海：世界书局，1946年，第80页。

③ 原文“弟自九月即脱离大学教席”，陈智超编注：《陈垣来往书信集》(增订本)，北京：生活·读书·新知三联书店，2010年，第75页。

④ 陈智超编注：《陈垣来往书信集》(增订本)，北京：生活·读书·新知三联书店，2010年，第74页。“12月26日”，据刘乃和等：《陈垣年谱配图长编》下册，沈阳：辽海出版社，2000年，第803页。此函原无年月，只署“廿六日”，陈智超《陈垣来往书信集》厘定为1921年年底、1922年年初，王明泽《陈垣事迹著作编年》(桂林：广西师范大学出版社，2000年，第26~27页)系于1921年12月27日陈垣署理教育部次长之下。

编订一应之书目以待搜求也。查教部直辖之图书馆,收藏非不富,然皆就旧有而保存之,初未调查我国现存之籍共有若干。例如经部除《四库》所录外,其未收者若干种,在修《四库》后成书当时未录者若干种,或旧本尚存,或尚有抄本。其最精要之某种则不可不多方求之,或就藏书家移录之。盖此图书馆为全国之模范,其完备亦当为全国冠。况迩来旧书日少,且多输出,私家藏贮,不可持久。若无一大图书馆办此,则国粹真亡矣。①

伦明指出《四库全书》缺点有三:一是"忌讳太多";二是"遗书未出";三是"进退失当"。② 又由于七阁抄本"急于完书,以致缮校不精,讹错百出"③,故"宜校、宜补、宜续"④。具体做法是:

为校雠《四库全书》也。前此曾有刊印《四库》之议,但此书之讹脱,触目而是,若任刊布,贻笑外人(前日本人某曾著论言之)。且传布此讹脱不完善之本亦奚取乎?但此书博大,校雠不易。现在教部人员极冗,一时谅难裁撤。其中文理清通者当不乏人,与其画诺而无所事事,何如移一部分之人以校此书。且馆中人员亦不少,若去其素餐者以置清通之人,不一二年,此书便可校完。在国家不费分文而成此大业,何快如之。至校书之法,则宜将内务部新得之《四库》或再借用文渊阁之《四库》,至各书之有刻本者亦居大多数,皆可取资也。⑤

伦明曾说:"修四库书者,知保存矣,惜著录止有三千余种也;知流

① 陈智超编注:《陈垣来往书信集》(增订本),北京:生活·读书·新知三联书店,2010年,第74页。

② 伦明:《续修四库全书刍议》,《国学月刊》1927年第1卷第4期,第5页。

③ 伦明:《续修四库全书刍议》,《国学月刊》1927年第1卷第4期,第7页。

④ 伦明:《续书楼藏书记》,《辅仁学志》1929年第1卷第2期,第64页。

⑤ 陈智超编注:《陈垣来往书信集》(增订本),北京:生活·读书·新知三联书店,2010年,第74~75页。

布矣，惜传写止有七阁也。光绪间，编修王懿荣奏请续开四库馆，补修未尽及晚出诸书，议未果行，此正吾人今日应负之责。”①伦明以续修《四库全书》为己任，其“毕生宏愿，在续修四库提要”。② 他倾尽家财以购书，创设通学斋以聚书，命名“续书楼”以明志，一切为续修《四库》做准备。他认为在校勘、补遗、续修三事中，“续最要，且最难”。他曾拟定了一个自认为切实可行的方案：

> 续收四库全书提要。此着为最要紧。乾隆修书之时多所忌讳，未著录并未存目者甚多，且晚出之书为当时所未见者亦多。若乾隆以后之著述，其未及收更不待言矣。尝谓我国学术之发挥光大皆在乾隆以后，若此小半截不全，大是憾事。为时未久，各书搜求尚易，且宿学现存者亦尚有人，宜聘请通达者约十人之谱，每人薪修月约五六十元（另有课责之法，兼差者亦可，但须限若干日成一书）。月需经费约一千元左右，亦约一二年而功成。即在学款所减内筹出此数非难。③

伦明对实现上述三事满怀热忱，情寄陈垣，希望陈垣支持并能周章其事，故在信末郑重其事地重申：

> 如能办到三事，则我公为福于国学者不细。且政治不过暂局，我辈在世界上要当作一事业，留作后世纪念。昔彭文勤在朝颇不满于清议，而功在《四库》，至今谈者犹乐道之，我公如有希望于后世者，此其时矣！闻教长尚未定人，最好我公以次长代理部务。④

时值军阀混战时期，政府无暇顾及。五个月后，陈垣辞去了教育部

① 伦明：《拟印四库全书之管见》，《国闻周报》1933 年第 10 卷第 35 期，第 2 页。

② 冼玉清：《记大藏书家伦哲如》，《艺林丛录》第五编，香港：商务印书馆，1964 年，第 326 页。

③ 陈智超编注：《陈垣来往书信集》（增订本），北京：生活 · 读书 · 新知三联书店，2010 年，第 75 页。

④ 陈智超编注：《陈垣来往书信集》（增订本），北京：生活 · 读书 · 新知三联书店，2010 年，第 75 页。

次长之职，伦明的建议终成泡影。

寄托政府主持其事已无所指望，伦明决心独力续修《四库全书》，他曾说："余续书之志，发于甲子。"①1924 年某日，他与乡人胡子俊（大连富商）谈及《四库》时说："此书宜校、宜补、宜续，而续最要，且最难。"胡氏问："谁能为者？"伦明自豪地回答道："今海内不乏绩学士，但苦无凭借，独我能为之耳。"伦明预言，每年资助"三千金"为费用，"将屏绝人事，致力于此"，连续五年，期可告成。胡氏听后"慨然自任"，承诺助成其事。不料刚刚开始，胡氏却因营业失利，原先承诺的资助款迟迟不到位。伦明给孙殿起的信中说："至胡子俊处汇款如此迟滞，想不欲办，亦不必催他矣。"②想来胡氏是无能为力了，在失望中，伦明的续修计划也随之中止。

伦明的宏愿是续修《四库全书》，几经呼吁、奔走，寄托政府，借助商人，结果都未能遂愿。无可奈何之下，他一边努力谋求续修机会，一边先行撰写提要。1925 年初，清华学校（今清华大学）设立国学研究院，在校长曹云祥主持下，由国学研究院主任吴宓出面，先后聘请当时学术界最负盛名的梁启超、王国维、陈寅恪、赵元任四位学者为研究院导师。国学院初办，财政充裕。时任河南道清铁路局总务处长的伦明觉得此时是续修《四库》的好机会，欲借清华学校的财力，完成《续修四库全书提要》的编纂。于是他致函梁启超，意欲辞去现职，"由院聘任专修《续四库提要》"，并打算将续书楼藏书搬到清华学校存放，以便撰写提要时参考。伦明与清华合作的条件是，清华学校每月付薪金三百元用以购买所需书籍，所修《续四库提要》之版权归清华学校所有。不久伦明接到梁启超的复函，对此计划"大体赞成"，要求伦明先提供一份书目。但书目不易编就③，伦明想到一个简便快捷的办法，就是与在京城的孙殿

---

① 伦明：《续书楼藏书记》，《辅仁学志》1929 年第 1 卷第 2 期，第 64 页。

② 《伦哲如与孙耀卿书》，孙耀卿口述，雷梦水整理：《记伦哲如先生》附，《文史资料选编》第十二辑，北京：北京出版社，1982 年，第 180 页。

③ 《怀梁任公先生都中七叠前韵》自注："去岁索余所藏书目，至今写未竣也。"《伦哲如诗稿》第 3 册，国家图书馆藏稿本，第 5 页。

起分别进行。伦明利用在河南焦作工作的机会，常四出搜访，所以任所里“充栋尚余书万轴”①，收藏了很多撰写《续四库提要》所需要的参考书。他写信告诉孙氏，“此处（焦作）之书由我编目，在京之书由你代编”，并授以具体方法与格式：

> 但分经、史、子、集四大类，而经之中亦不必分易、书、诗、春秋、礼等类，但系经即归一处，集部亦不分时代先后，惟该书系诗文或他杂著，则列明××堂文集若干卷、诗集若干卷或札记若干卷（此类要详，勿略），某人著、何时刻板便得。②

信末敦促孙殿起“请见字即刻办理，俾我得持以商订办法”。可见伦明雄心勃勃，心情急切。可惜梁启超于1929年1月19日病逝，与清华的合作计划未开始就结束了。伦明《挽梁任公先生》诗曰：“往复一瓻酒，商量七略书。寝门临哭后，遗稿问何如。”③痛悼这位支持他续修《四库全书》的师长。

就在伦明一筹莫展的时候，又来了一次机会。1925年6月10日，交通部总长叶恭绰致电张元济称：“京津同人颇主乘时重提印著《四库全书》事。机不可失，务望指定一人来商种切，并希赐复。”13日再电称：“印《四库》书事，现在多人赞成，望即定专员来商。”④7月，教育部总长章士钊又在国务会议上提出影印《四库全书》事，这已是第三次旧事重提。经过讨论决定，拟将文津阁本交由商务印书馆影印，后因故改印文渊阁本。同年，北京国会议员邵瑞彭发表《征求续编四库全书意见启》⑤，提出续编《四库全书》的动议。李盛铎曾具呈北京当局，恳请实

---

① 《元旦感怀叠前韵》，《伦哲如诗稿》第3册，国家图书馆藏稿本，第2页。

② 《伦哲如与孙耀卿书》，孙耀卿口述，雷梦水整理：《记伦哲如先生》附，《文史资料选编》第十二辑，北京：北京出版社，1982年，第180页。

③ 《伦哲如诗稿》第5册，国家图书馆藏稿本，第2页。

④ 张学继：《出版巨擘——张元济传》，杭州：浙江人民出版社，2003年，第247页。

⑤ 杨家骆：《四库全书学典》，上海：世界书局，1946年，第78页。

行。后经送呈教育、内政两部核办,两部均认为可行。“于议决影印四库书后,曾议及续修提要”①,经费拟由日本退还庚子赔款中拨用。时在焦作的伦明得知此消息,随即写就《续修四库全书刍议》一文“寄刊报上”,在《国学月刊》1927 年第 1 卷第 4 期上发表。②

在此文中,伦明公开建议改影印为续修,详细阐述了搜集、审定、纂修的具体方法,认为三事之中,应把重点放在搜集书籍的工作上,因为“搜集最难,搜集不成,则审定、纂修无从说起,而斯议成空言矣”。这是作为藏书家的他,数十年访求书籍的深刻体会。

关于“搜集”,伦明建议“在搜集之先,宜暂定一待求之书目而刊布之”,方便阅者知者举之、遗者补之、谬者纠之。同时他对购书、征书、访书以及奖励办法等都制定了具体实施方案。

关于“审定”,分为纂修前之审定与纂修后之审定。纂修前之审定,“在前者如某书入甲种,某书入乙种,某书入丙种。甲乙有轩轾,丙种不与纂修之数……又如前书(指《四库全书》)已经著录或存目之书,今另得一善本,仍用原提要,抑改作,即同此一书,认原提要不当,不可不改作”。这是伦明的发明,乾隆朝修《四库全书》时“不曾有此”。纂修后之审定如“凡纂修员成一提要,宜审定其合作与否。不合者,或酌予更改,或退令再拟”。伦明对“审定”者的资格提出要求:“任此者,其学识宜高出纂修诸员之上”,反对“徒以年高资老者充数”。

关于“纂修”,强调质量好坏,价值重轻,“全视得人与否”。认为乾隆朝修《四库全书》时,“惟集部未得其人,因之疏陋谬误,特为减色”。伦明总结了乾隆朝修纂《四库全书》的经验教训,为之续编拟定条例数则,略云:收录范围“宜断自清初为始”。《四库全书》成于乾隆四十七年,故续修应与是年相接。依各书内容价值高低“宜分甲乙二种。凡甲

---

① 伦明:《续书楼藏书记》,《辅仁学志》1929 年第 1 卷第 2 期,第 64 页。

② 傅振伦《目录学家伦明先生二三事》称:“他还赠给我一份 1925 年(乙丑岁)七月他所作的《续修四库全书刍议》的自印石印本。”《傅振伦文录类选》,北京:学苑出版社,1994 年,第 622 页。

乙所不收者，另列丙种以纳之”。四部中宜令分三大类：经部分“纂辑”“校勘”“笺注”；史、子、集部分“纂辑”“校注”“撰著”。四部之外宜特立“金石”“传奇杂剧”二门。

全文针对《四库全书》存在的缺点，从搜集、审定、纂修以及续修完成之后的工作等方面提出了完整而周详的规划，其中有不少创新之举，而且具有很强的操作性。伦明建议内政、教育两部筹议，当局认为“所论精当”。① 1926年秋，就影印《四库全书》事，叶恭绰曾邀伦明共商大计。② 后因章士钊辞职，加之“时局纷扰，无复有过问者”③，影印之事半途而废，续修也不了了之。

伦明续修《四库全书》之建言虽未被当局者采纳，但其《续修四库全书刍议》四千余字长文，同年被《中华图书馆协会会报》重刊。该文“编者识”称：“此为伦哲如先生旧稿。内中所述，体例虽不无待商榷之处，然可供吾人之参考者当不鲜，故代为披露。”④他的主张受到世人广泛关注和重视。

从1924年至1927年春，伦明独力编撰《续修四库全书提要》的工作已进行了二三年，但“成稿寥寥”⑤，仅成二百数十篇。⑥ 所撰经部尚书类提要稿若干篇，经容庚代为刊登在《燕京学报》1928年第3期，题名《续书楼读书记》。所载凡经部尚书类十二篇，自清毛奇龄《古文尚书冤词》至清张谐之《古文尚书辨惑》；子部儒家类一篇，清陈士珂《孔子家

---

① 傅振伦：《蒲梢沧桑：九十忆往》，上海：华东师范大学出版社，1997年，第74页。

② 伦明《怀叶誉甫天津二十叠前韵》自注：“去秋邀余谈影印《四库全书》事。”《伦哲如诗稿》第3册，国家图书馆藏稿本，第11页。

③ 伦明：《续书楼藏书记》，《辅仁学志》1929年第1卷第2期，第65页。

④ 《中华图书馆协会会报》1927年第3卷第1期，第3页。

⑤ 《余拟续修四库书提要从事三载成稿寥寥元日秉笔感而有作倒叠前韵》，《丁卯五日吟稿》，《伦哲如诗稿》第3册，国家图书馆藏稿本，第2页。

⑥ 《与莫伯骥书》，原载《广东七十二行商报》1926年第7版，卢子枢抄原件现藏卢子枢艺术纪念馆。

语疏证》。篇首题记云:"余拟续修四库书提要,成《尚书》类提要稿,文繁未翦。容子希白见之,取卫古文者毛西河以下十二篇及《孔子家语疏证》一篇代为刊布。"①这是伦明首次也是仅有的一次公开发表他的《续修四库全书提要》稿。

1928 年 12 月 4 日,奉天省长公署特设奉天文溯阁《四库全书》校印馆。② 拟用东北地方财力影印此书。除拟议影印、校雠外,还决定续修《四库全书》。这次影印计划由杨宇霆发起,金梁和伦明使其具体化。推举张学良为总裁,翟文选为副总裁,金梁为坐办,筹备影印事宜。张作霖部下郑谦(奉天总司令部秘书长,曾任广东政务厅长)根据杨宇霆的意旨,邀请伦明游沈阳,当时伦明并不知道赴沈的具体任务,"至则知为筹印《四库全书》事"。③ 按照杨宇霆的设想,其规模壮阔:"大购遗书,广招名宿,为续修《四库提要》之举,限期竣事。前书印讫,接印续书。又以库书删改错漏,触目而是,不可不借资别本,遍校一次,于是议三事次第实现。"④为扩大影响,做好宣传,1928 年 12 月,由伦明起草电文,张学良、翟文选、杨宇霆联名通电全国,表明影印出版《四库全书》的心志,并用英、德文对外通告。通电云:

> 阁书创始,美犹有憾,搜求未遍,忌讳过深,秉笔诸儒,弃取亦刻。漏略不免,亟宜补苴。又况乾隆距今,时逾百载,家富珠璧,坊盛枣梨,或阐古义,或拓新知,冰水青蓝,后出更胜。不有赓续,曷集大成?加以鱼豕之讹,古籍多有,校雠之学,时贤益精。广参众本,旁稽异文,别成札记,附于书后。凡兹三事,亟待并举。⑤

此电文重要者有三点:一是"影印",二是"续修",三是"校雠"。后

---

① 伦明:《续书楼读书记》,《燕京学报》1928 年第 3 期,第 457 页。

② 王荣国主编:《辽宁省图书馆藏辽宁历史图鉴》,沈阳:沈阳出版社,2008 年,第 233 页。

③ 伦明:《拟印四库全书之管见》,《国闻周报》1933 年第 10 卷第 35 期,第 1 页。

④ 伦明:《拟印四库全书之管见》,《国闻周报》1933 年第 10 卷第 35 期,第 1 页。

⑤ 王云五:《商务印书馆与新教育年谱》上册,《王云五文集》(伍),南昌:江西教育出版社,2008 年,第 159 页。

两点是伦明的一贯主张。关于印刷办法,其时即有两种主张:

其一,就原书影印,略缩小,如商务馆之《四部丛刊》,后附校记。其一,用库书之名,而易其本,凡库书所从出之本,或较善之刻本、抄本,概取以相代,其以原稿本著录及从《永乐大典》辑出各种中,尚未发见别本者,则以三阁本互校(谓文溯、文渊、文津三阁)。①

此两法各有优劣长短。伦明专门就北平、上海的影印工人状况进行过调查,结果是"北平影印工人,不问优劣,只有十余,上海艺此者较众,惟优者多从事商标中之美术画,余者亦不过三四十人耳。即能尽招以来,与所需相差尚远(据预算分五年出书,每日须三百人工作)"。再者,"照相所用之器具药料,在外国已不易购,因外国屡经改良,而我则仍守旧辙也"。这是前一办法之最难点。而后一办法亦有其难处,其"重在觅书。旧本不易购,惟有向公私藏书家假借。就使各藏书家概不靳惜,然不免多此谘访之烦,奔走之累,稽延时日,又不待论"。但其好处显而易见:"既非原书,惟排印乃成一律。为省费省纸,且便于储贮计,缩之至小,如《云窗丛刻》中之《西陲石刻录》。"②综合各种因素,伦明主张后一办法。

在沈阳期间,伦明编有《四库全书目录补编》,曾说:"唯续编书目,倍增旧目,余一手所成,息候为张学良作序。"③所辑《续修总目》(即《四库全书目录补编》)凡一万余种④,为日后续修工作奠定了基础。其序曰:"向抱宏愿,惟以兹事体大,非可卤莽以尝试,先成书目,期与海内宏达,共相商榷。尚望订其谬误,补其漏遗,俾臻于美善完备,供校理旧文

① 伦明:《拟印四库全书之管见》,《国闻周报》1933 年第 10 卷第 35 期,第 1 页。

② 伦明:《拟印四库全书之管见》,《国闻周报》1933 年第 10 卷第 35 期,第 1 页。

③ 伦明著,雷梦水校补:《辛亥以来藏书纪事诗·金梁》,上海:上海古籍出版社,1990 年,第 100 页。

④ 杨家骆:《四库全书学典》,上海:世界书局,1946 年,第 80 页。

发扬邦粹之用。”①

由于《四库全书》卷帙巨大，任务繁重，不易印行，加之众议纷纭，讨论了一年，办法尚未最后决定，且工作还没来得及开展，1929 年 1 月 10 日，杨宇霆因企图谋反而被张学良所杀。不久“九一八”事变爆发，沈阳失守，文溯阁《四库全书》迁储伪满“国立奉天图书馆”，落入日本人手中，由日本人控制，影印、续修《四库全书》计划被迫中止。之后，张学良曾两次邀伦明等商议，伦明仍坚持原来主张。此时，伦明也觉察到张学良之意“似不欲办”，但因有通电在前，不好取消，所谓商议“聊为是敷衍耳”。影印之事搁浅，续修计划流产，面对这样的残局，伦明无奈与失望重生，遂于当年夏返回北京。

此次影印工作虽没有成功，但在 20 世纪初，当中国的印刷术还停留在传统水平时，倡导将《四库全书》重新校勘，用影印方式出版，这一举措当时在国内外引起了很大的轰动，对文溯阁《四库全书》起到了宣传的作用。

关于这次影印《四库全书》，伦明在后来发表的文章中披露了一段“舍余外少有知者”的事实。原文摘录如次：

> 当沈垣通电发出后，南京政府文官处忽来一电，略言中央现正筹印《四库全书》，请勿复印云云。当以兹事向未有闻，推想政府之议，殆不欲一方专其美。在沈言沈，只得覆云，此间筹备已妥，乞以见让。实则同是空言也。十八年(1929)夏，余南旋，道出南京，询知此议出胡君汉民，因晤胡君，具述余所主张办法。胡君大赞许，属具说帖，备提出行政会议。旋又言张汉卿尚未表示不印，当令吴铁城就近一询，方好定夺。数月后余北旋，再晤胡君，言已得吴复，汉卿志在必印，姑听之。二十年(1931)一月，余因事至南京，又晤胡君，言已与汉卿见面，彼称必印，与答吴铁城者同，且预定赠我一部，赠某某各一部，岂仍是相诳耶？余知汉卿决不印，唯唯而已。

① 伦明：《四库全书目录补编序》，《广东文征续编》第 1 册，广州：广东文征编印委员会，1986 年，第 552 页。

以上所述，与本题无多关系，余所以拉杂及之者，以此一段事实，舍余外少有知者，他日编印四库书历史者，不可遗也。①

1933年6月17日，教育部特派中央图书馆筹备处主任蒋复璁到上海，与商务印书馆签订了影印发行《四库全书》未刊珍本正式合同。②并由南京国立中央图书馆筹备处提供《景印四库全书未刊本草目》，从中选择部分图书进行影印。该草目表一经公布，立即在中国教育和文化界引起很大争议。1933年6月24日，时任北平图书馆副馆长的袁同礼特赴南京向政府阐述主张：

影印四库罕传之本，为一极有意义之举。盖此书卷帙浩繁，其中已有普通刻本者，占三分之二以上，而版本多较四库本为佳，故决无重印之必要。至罕传之本，不过三百余种，内中宋元明人集，占三分之二。今抽出影印，实为学术界之迫切要求。……倘将此三百种四库罕传之本，均照四库样式，一一为之影印，仍不免为一积极无意识之办法。……事关专门研究，已由本馆赵万里君制成草目③，经本馆同人研究后，并由李木斋（盛铎）、傅沅叔（增湘）、张菊生（元济）、陈援庵（垣）、董授经（康）、周叔弢（暹）、张庾楼（允亮）、章式之（钰）、伦哲如（明）、邢赞庭（士襄）诸人参加意见，以期完备。④

学者也纷纷在《国闻周报》《国风半月刊》《青鹤》等刊物上发表意见，开展讨论。当年刊发相关文章多达30余篇，《国风半月刊》第3卷第6期特为刊出“选印四库全书问题专号”。争论意见大致分为两派：教育部与商务印书馆主张就文渊阁原本选印，而北平图书馆及天津、上

---

① 伦明：《拟印四库全书之管见》，《国闻周报》1933年第10卷第35期，第1~2页。

② 《一周间国内外大事述评·四库全书珍本影印》，《国闻周报》1933年第10卷第26期，第9~10页。

③ 赵万里、袁同礼等：《景印四库全书·罕传本拟目》，《国风半月刊》1933年第3卷第2期，第27页。

④ 《一周间国内外大事述评·四库全书珍本影印》，《国闻周报》1933年第10卷第26期，第9~10页。

海等地名流则主张以善本代替库本。双方争执焦点不外“库本”“善本”问题。反对意见中，其理由“大率谓库本种种不善，不如易以他本，而库本中亦有不能易者，拟分甲乙编，甲编印原书，乙编印古本”。又谓“‘未刊’二字亦未妥，不如易以‘罕传’二字”。① “以他本易库本”本是伦明一向的主张，只是伦明指的是全书，而非一部分。

鉴于《四库全书》“屡拟印而未成，或且疑终不可印，而抽印之说，此亦一因”，伦明在 1933 年 9 月 4 日出版的《国闻周报》(天津)第 10 卷第 35 期上发表《拟印四库全书之管见》一文。伦明的主要观点如下：

一是对于教育部和北平图书馆的计划，俱不赞同。主张全印，而不是选印。而且主张同时将“续修”“校对”二事并举，这是重点。

二是至于“罕传”“未刊”等名目，更不足道，认为“‘罕传’二字，诚较‘未刊’为当，但于印书之目标俱误”。② 他列举了数例以证己说。

三是关于版本，伦明主张“不用原本，易以他本”。其理由有甲、乙、丙、丁四说。

四是关于印刷，主张“改用排印且缩成袖珍本”。其理由亦有甲、乙、丙三说。

此数则主张，实际上是 1928 年奉天地方政府拟影印文溯阁书时，伦明所主张的办法，此次伦明仍坚持己见。与前次比较，其不同之处有二：

一是此次不仅有理论，而且有“切实计算”，就影印之字体、页数、工费、纸价、装订等费、校费、成本总额、册数、售约等九项，提出了更加具体可行的办法。经过伦明的精密核算，这个方案“最使人骇异者，乃全书如此之巨，而成本如此之廉也”。③ 以其成本总额为例，每一部成本

---

① 伦明:《拟印四库全书之管见》,《国闻周报》1933 年第 10 卷第 35 期,第 2 页。

② 伦明:《拟印四库全书之管见》,《国闻周报》1933 年第 10 卷第 35 期,第 2 页。

③ 伦明:《拟印四库全书之管见》,《国闻周报》1933 年第 10 卷第 35 期,第 5 页。

一千八百元(以印五百部计),较之 1924 年商务印书馆承印是书,其影印(缩印)本每部动辄万余元,“以彼例此,大相径庭”。若要全部实现伦明的规划,确有一定的难度,但这是另外讨论的技术问题,较之泛泛而论者绝然不同。故《国闻周报》编辑后记谓:“伦哲如先生是与《四库全书》有历史关系的人,他这篇《拟印四库全书之管见》,是一个合理可行的计划,值得当局考虑。”①

二是此次伦明只提建议和方案,不直接参与其事。所发表意见更为客观,且态度更加民主开放,“余草此议,绝无成见,不过本一得之愚,供国人采择。如以为是,请以群力共督成之,余不敢居功,尤不愿身与其事。如以为不是,请别研究所谓是者,俾国内外早慰观成之望”。②

对于这次影印之倡议,伦明坚持自己的主张,不直接参与其事,但态度有所缓和,在某些方面作了折中处理。据冼玉清说,这主要是因为碍于与傅增湘的交情。她说:“廿二年北京有人倡钞《四库全书》,先生早不满于《四库全书》,以事由傅增湘主动,碍于交情,不便反对。乃与订条件,全书内容须改换较善之本,且须精校一次。傅亦允之。”③

最后,出于种种考虑,教育部还是坚持影印库本,拒绝采纳以善本替代库本的建议。1933 年 8 月 14 日,正式任命陈垣、傅增湘、张元济、袁同礼等 17 人为“编订四库全书未刊珍本目录委员会”委员。10 月 9 日,教育部在南京国立中央图书馆筹备处召开讨论会,商讨《四库全书未刊珍本目录》事宜。经过反复商量,斟酌取舍,最后编定《四库全书珍

---

① 伦明:《拟印四库全书之管见》,《国闻周报》1933 年第 10 卷第 35 期,封二后第 4 页。

② 伦明:《拟印四库全书之管见》,《国闻周报》1933 年第 10 卷第 35 期,第 6 页。

③ 冼玉清:《记大藏书家伦哲如》,《艺林丛录》第五编,香港:商务印书馆,1964 年,第 327 页。

本初集目录》。1934 年 7 月至 1935 年 7 月，由南京国立中央图书馆与商务印书馆合作，分四次出版《四库全书珍本初集》，共 231 种，分装 1960 册。这个结果并非伦明所愿。

20 世纪 20 年代初，日本政府迫于国际和国内的压力，决定比照美、英等国的先例，将“庚子赔款”的一部分“退还”给中国。但庚款的使用权完全操纵在日本手中。日方将庚款“退还”不过是一种幌子而已，其虽想以此博得中国人民的好感，却掩盖不了其文化侵略的实质。日本先在北京成立“东方文化事业总委员会”，1927 年该会又在北京筹设“人文科学研究所”及“东方文化事业图书筹备处”，以巨款购书并罗致中国学者合作。此前（1925 年）北京当局既有利用日本退还庚款续修《四库全书》之意，该会遂袭取此计划，先进行《续修四库全书总目提要》的编纂，作为该会在北平之重要文化事业。

1927 年 10 月 28 日，“东方文化事业总委员会”第三次总会制定《北京研究所暂行章程》，开始筹备《续修四库全书总目提要》编纂工作。①12 月，买下位于北京东厂胡同一号的黎元洪宅，并在大院的东北角盖了一座三层土黄色的书库楼。时图书馆尚在筹备中，没有藏书基础，但伦明仍接受了这份工作。因为对于他来说，这是实现自己续修《四库全书》夙愿的机会，正是“事成樽俎折冲间，收拾群书待订删”。② 为了研究方便，伦明以续书楼珍藏无偿供会中之用，同时与徐森玉一起，为该馆主持购买图书事宜。徐氏原任北平图书馆主任，在旧书业中颇负声望，于善本鉴别，可谓极精，凡所选购者均为有关学术之珍贵典籍，或为人所不知及不注意的书籍。而伦明本精通目录版本之学，于图书见闻极博，收藏亦富，尤注意冷僻史料的搜集。于是“所藏凡经二人之手者，莫非佳椠，几集北京图书之精美，其性质纯为学术之书。尤以名校精钞稿本最多，出目录十厚册，在数量上虽不足与北平图书馆比，而其精粹，

① 又称《续修四库全书提要》《续修四库提要》。

② 宋远：《辛亥以来藏书纪事诗未刊稿笺注》，《中华文史论丛》第 49 辑，上海：上海古籍出版社，1992 年，第 88 页。

则不相上下，洵孤本秘籍之大观矣”。① 伦、徐二氏所购的这批藏书，为《续修四库全书总目提要》的撰写工作奠定了基础，起到了积极推动作用。1933 年，《续修四库全书总目提要》前后增聘董康、王重民、赵万里、谢国桢、傅增湘、罗振玉等数十人分类撰写续修提要，积极推进提要的编纂工作。从 1931 年 7 月至 1945 年 7 月，共收得续修四库提要稿 34000 余篇，涉及撰稿人 70 余名。② 伦明有诗云：

事成樽俎折冲间，收拾群书待订删。

徒笑晓岚疏目录，只今采访事尤艰。③

在全部 60 类中，伦明负责编纂经部之书类、诗类、礼类、孝经类、四书类、群经总义类，史部之传记类，集部之粤人著述部分等。伦明曾说：“明尝拟以独力续修《四库书提要》，搜储遗籍万数千种，多人间罕见本。”④因早有续修之志，为之储备的书籍资料颇为丰富，曾自称“鄙藏之书，可作续修《四库》资料者，已达十之七八”⑤，故而撰写提要的进度较快，数量也较多。从 1932 年 5 月开始交稿，至 1937 年 7 月止（是月归粤）⑥，伦明个人撰成《续修提要》稿凡 1908 篇，其中经部最多，凡 1128 篇，几乎占全书经部提要的四分之一，包括书类 169 篇、诗类 176 篇、礼

---

① 谢兴尧：《书林逸话》，周越然等：《蠹鱼篇》，上海：古今出版社，1943 年，第 64 页。

② 吴格：《东洋文库藏〈续修四库全书总目提要〉资料随录》，《白云论坛》第四卷下辑，北京：北京图书馆出版社，2007 年，第 519 页。

③ 宋远：《辛亥以来藏书纪事诗未刊稿笺注》，《中华文史论丛》第 49 辑，上海：上海古籍出版社，1992 年，第 88 页。

④ 《赋呈叔海夫子七律四首并乞削正》自注，载江瀚编集，高福生释笺：《片玉碎金：近代名人手书诗札释笺》，北京：中华书局，2009 年，第 120 页。

⑤ 孙耀卿口述，雷梦水整理：《藏书家伦哲如》，《随笔》第九集，广州：广东人民出版社，1980 年，第 95 页。

⑥ 据“交稿记录”，伦明所撰提要稿凡二册，即第二函第九册（《孟子篇叙录》起，至《尚书约旨》止）和第十册（《诗问》起，至《香草校孟子》止）。“交稿截止于民国二十六年七月”，见吴格：《东洋文库藏〈续修四库全书总目提要〉资料随录》，《白云论坛》第四卷下辑，北京：北京图书馆出版社，2007 年，第 534 ~ 535 页。

类1篇、孝经类130篇、四书类416篇、群经总义类236篇。另有史部传记、地理、方志类，集部粤人诗文集类若干篇，在提要撰写队伍中“为《续修提要》撰稿最多者之一”。① 但就伦明个人而言，此乃无奈之举，聊胜于无而已。他曾将之比喻为空虚无物的“食单”：

今日情异势殊，图书馆又乏伟力，不得已勿问原书，先成提要，其究也必至全如《四库》存目部分，使后人徒见食单，仍感枵腹，且难免有英雄欺人之事，似应及早别筹善计也。②

图书馆都缺乏“伟力”，以伦明个人力量而言更是微乎其微了。

抗战胜利后，《续修四库全书总目提要》稿本、图书及档案，全部由中方代表沈兼士正式接收。中华人民共和国成立后，这些资料全部归属中国科学院图书馆。1972年，台湾商务印书馆据日藏打印稿出版排印本《续修四库全书提要》（约11000篇）；1993年，中华书局出版由中国科学院图书馆整理点校本《续修四库全书总目提要》（经部，凡4400篇）；1996年，齐鲁书社据原稿出版影印本《续修四库全书总目提要》（稿本，凡34000余篇）③；2010年，国家图书馆出版社、中华书局出版点校本《续修四库全书总目提要》（丛书部，该书由吴格主编，较之前问世者数量有所增加）。

研究、续修《四库全书》的活动几乎贯穿伦明一生。他是《续修四库全书》的宣导者，为《续修四库全书提要》竭尽心力，不辞劳苦，临终前仍手不辍笔。1941年，年近七十的伦明对孙殿起说：“吾近数年撰《提要》稿，于学问尤见进益，至其群经传授源支派无不洞悉，近年在粤有所闻见，辄笔书之，积稿盈箧。”④他得亲见续修《四库全书》，占尽“地利”，然

---

① 吴格：《东洋文库藏〈续修四库全书总目提要〉资料随录》，《白云论坛》第四卷下辑，北京：北京图书馆出版社，2007年，第535页。

② 宋远：《辛亥以来藏书纪事诗未刊稿笺注》，《中华文史论丛》第49辑，上海：上海古籍出版社，1992年，第88页。

③ 第14册第70页下至第15册第672页上为伦明所撰稿。

④ 孙耀卿口述，雷梦水整理：《藏书家伦哲如》，《随笔》第九集，广州：广东人民出版社，1980年，第96页。

独缺“天时”，故台静农说：“他想编续《四库全书》，故斋名续书楼，这一宏愿，当然不能达到，后来他的书归了北京图书馆。”①伦明欲以个人之力，完成如此巨大之工程，其心志可谓大矣，然其势单力薄，加之处于军阀混战的年代，其规划和宏愿终究“运虚成实究成虚”。后来在不同的场合，伦明每谈及此事，仍不能释怀。有诗曰：

运虚成实究成虚，妙想刊传至巨书。

万里江山收尺幅，一丘一壑太区区。②

自注云：

岁戊辰(1928)，余游沈阳，正道正筹印四库书，余建议不用原写本，代以他刻本。不用摄印，用排印，不照原行格，并行并字，缩成每一部止占地中国尺一丈二尺。印中国连史纸，每部成本一千八百元。一切工料，皆有精密核算，事不果行。而商务印书馆有抽印罕见珍本之举，余曾著论登于《国闻周刊》，无如当事者固执己见，不见采纳，姑记其略于此。

又云：

往余在沈阳时，主用刻本换写本，付影印，惟依四库所收三千余种，一一征求古本，大不易，此议止可托之空言耳。君所收即不能备，得君为倡，使后来藏书家注意于此，何可少也。君藏宋元明本甚夥，余所知者，有持静斋旧藏《禹贡图》，南海孔氏旧藏《六艺之一录》，皆吾粤人故物也。③

伦明续修《四库全书》计划虽然没有完全获得成功，政府最终只选印出版了《四库全书珍本初集》，但值得庆幸的是，受此影响，有《续修四库全书总目提要》的问世，此实得力于伦明的推波助澜、积极建议之功。

---

① 台静农：《北平辅仁旧事》，《龙坡杂文》(增补本)，北京：生活·读书·新知三联书店，2002年，第104～105页。

② 宋远：《辛亥以来藏书纪事诗未刊稿笺注》，《中华文史论丛》第49辑，上海：上海古籍出版社，1992年，第89页。

③ 伦明著，雷梦水校补：《辛亥以来藏书纪事诗·刘体智》，上海：上海古籍出版社，1990年，第44页。

王謇《续补藏书纪事诗》赞扬伦明在藏书、续补《四库》和撰写《续修四库提要》等方面的功绩：

藏书盈库兼仓富，续补可嗣四库书。

安得群儒策群力，提要远追逊代初。①

伦明身后留下了近两千篇《续修四库全书总目提要》稿，以及《四库全书目录补编序》《续书楼读书记》《续修四库全书刍议》《拟印四库全书之管见》《关于印行四库全书意见书》等文，洋洋数十万言，为今天研究和了解续修《四库全书》的过程提供了珍贵的资料。在今后一个较长的时间段里，其所撰的《续修四库全书总目提要》稿，以其规模和水平不易追摹，仍具有无法取代的巨大价值。金毓黻这样评价《续修四库全书总目提要》的编撰："主撰者为江瀚、胡玉缙、杨钟羲、伦明诸老辈，皆在北平撰稿……谓成已过半，并将经部提要付之油印，出以示余。此为伟大之事业，中土老儒倡议多年，卒鲜成功，而今则有观成之望，诚无意中之佳觏也。"②

（本文据《伦明评传》有关内容修改而成）

① 王謇著，李希泌点注：《续补藏书纪事诗·伦明（哲如）》，北京：书目文献出版社，1987年，第39页。

② 金毓黻：《静晤室日记》第5册，沈阳：辽沈书社，1993年，第3511页。

伦明所撰《续修四库提要稿》

许起山

民国时期编撰的《续修四库全书总目提要》(以下简称《续修四库提要稿》),虽然战乱频繁、资金短缺,但最终编成提要约34000条(含重复部分)。该书"基本上反映了清乾嘉以后至本(二十)世纪三十年代存世典籍的概况,是学者必备的参考用书"。① 参与编撰者多为当时博学多识之士,故学术价值颇可观。可惜的是,由于该书一直没有完全整理出版,未能引起足够重视,其学术价值还有待进一步挖掘。

伦明(1878—1944),字哲如,广东东莞人,著名藏书家、目录版本学家。一生究心于续修《四库全书》,并参与民国时期《续修四库提要稿》编撰,独立撰成提要稿近2000条,约100万字。

---

① 罗琳:《续修四库全书总目提要(稿本)》"前言",济南:齐鲁书社,1996年,第1页。

一、伦明与《续修四库提要稿》[①]

伦明很早就为续修《四库全书》作准备，筑藏书楼曰"续书楼"，收藏乾隆以来各家著作近百万册。"从其1921年致陈垣，请求校雠《四库》，续修《提要》以来，至其逝世前二十多年间，伦明一直参与其中，是主张续修《四库》诸人中既有理论又付诸实践的先行者。"[②]

由于种种原因，伦明并未实现其续修《四库》的夙愿。稍稍给他安慰的是，他参加了《续修四库全书总目提要》的编撰。其藏书丰富，又精通目录学，可谓最佳人选。

提要的编撰在1931年7月正式开始，到1942年1月基本停止。按照分工，伦明主要负责《续修四库提要稿》经部的诗类、书类、礼类、孝经类、四书类、群经总义类以及史部的传记类、地理类等部分篇目。对于子部、集部，只负责数条而已。伦明的提要稿主要撰写于1931年至1937年，1937年7月返粤以后，撰写工作基本停止。[③]

二、《续修四库提要稿》的稿本与中华本

中国科学院图书馆整理出《续修四库全书总目提要·经部》两册，

---

① 关于伦明与《续修四库提要稿》的研究，自《伦明全集》第一卷出版后，熊静先后发表了《伦明与〈续修四库全书总目提要〉》（《山东图书馆学刊》2013年第3期）、《伦明先生文献学著述考》（《大学图书馆学报》2014年第1期），刘平发表了《伦明目录学思想初探》（《图书馆》2014年第6期）。这些文章对伦明所撰《续修四库提要稿》仅作整体上的论述，未能从提要内容入手作更深一步的探讨。笔者整理伦明《续修四库提要稿》已有两年多时间，特撰文将整理过程中发现的一些问题作一梳理，以待与诸位学者探讨。

② 罗志欢：《伦明评传》，广州：广东人民出版社，2014年，第134～135页。

③ 吴格：《东洋文库藏〈续修四库全书总目提要〉资料随录》，《白云论坛》第四卷下辑，北京：北京图书馆出版社，2007年，第534～535页。

1993年由中华书局排印出版(以下简称"中华本")。其所据底本为民国时的油印本,共收录经部提要4400条。整理者用油印本作底本,在字体辨认等方面方便很多。但是,油印稿字句脱衍讹误比较严重,比原稿增添了不少错误。整理者进行了简单句读,并且"对提要稿著录内容尽量查核有关资料,订正错讹衍漏"①。遗憾的是,修订的地方没有加注说明,让人不知原稿面貌。1996年,齐鲁书社将中科院图书馆所藏《续修四库全书总目提要稿》全部影印(以下简称"稿本"),共38册(含索引一册),依撰稿人编排。伦明所撰提要,编排在第14、15两册。

中华本与稿本的某些条目差别较大。现以稿本第14册第71页到360页所收经部提要为例,将两版本作一简单比较。

作者差异。稿本第14册317页著录"《中庸传》一卷",稿本作"宋晁以道撰。按晁说之字以道,此书盖以字行"。中华本作"宋晁说之撰。说之字以道"。伦明言"此书盖以字行",知其所据版本撰者姓名题作晁以道。稿本第14册294页著录"《四书典故辩正续编》五卷",此书作者稿本作"周柄中",中华本作"周炳中"。经查,中华本显误,当作"周柄中"。稿本第14册328页著录"《四书诠义》三十八卷",开头为"清汪烜撰。烜为学专宗朱子",中华本作"清汪绂撰。绂原名烜,为学宗朱子"。经查,此书所题作者为"汪烜",中华本所改不当。当然,伦明也有笔误的时候,如稿本第14册130页著录"《书经说》四卷",其作者,稿本作"陈运镕",中华本作"陈世镕",其他目录书皆作"陈世镕"。稿本第14册670页有"《诗经说》六卷",伦明著录其作者为"陈世镕"。故知伦明在著录《书经说》时有笔误,中华本改正为是。若作者为民国以前人,提要会在作者姓名之前著录其所属朝代。但对于身经两朝或两个时期的作者,稿本与中华本对其所属朝代的划分存在分歧。如王建常、张溥、王夫之,稿本属明人,中华本属清人。王祖畬、庄缤澍、喻长霖、徐天璋、胡元玉、曹林、刘尔炘、赵赞元、王舟瑶、刘光蕡,稿本属清人,中华本属

① 罗琳:《续修四库全书总目提要·经部》"整理说明",北京:中华书局,1993年,第5页。

民国。对于这些作者,若已知其人有遗老遗少情结,或其书成于鼎革之前,则将其著录为前朝之人,也未尝不可。提要非一人所撰,为了统一,中华本作一些处理,也无可厚非。但也有处理不当的地方,比如,稿本中在著录唐文治的几种著作时,伦明皆作“清唐文治”,中华本第 292 页有“清”字,其他处皆无,并没有做到统一。

卷数差异。稿本第 14 册 75 页,著录“《朋寿堂经说》一卷,刊本无年月”,第 14 册 119 页又有“《朋寿堂经说》六卷,光绪辛丑刊本”,皆为邹寿祺撰。中华本也有两处,皆作“《朋寿堂经说》六卷,光绪辛丑刊本”。中华本把书名卷数统一了,看上去,伦明似乎重复撰写了提要。其实,伦明分别为两个版本撰写了提要,一为一卷本,一为六卷本,并没有重复。稿本第 14 册第 245 页著录“《古本大学通解》不分卷”,中华本作“《古本大学通解》二卷”。稿本第 14 册第 284 页著录“《集虚斋四书口义》无卷数”,中华本作“《集虚斋四书口义》十卷”。稿本第 14 册第 333 页著录“《孟子发微》一卷”,中华本作“《孟子发微》二卷”。经查,此三种中华本著录较之稿本准确。

内容差异。由稿本转为油印本,中华本再据油印本进行整理,几经辗转,文字上必有出入。然而有些条目差别甚大,实让人费解。稿本第 14 册第 122 页著录“《困学蒙证》六卷”,稿本有“月樵当是其字”一句,中华本此处作“又有武进吴孝铭序,称‘乌程宋子薇卿筮仕于闽’,月樵、薇卿当是其字,乌程人,盖道光己丑进士宋炳垣也”。稿本第 14 册第 334 页著录“《中庸私解答问》一卷”,稿本有“此徐润第答静生之问也。问署静生,自称其名曰‘鉴’,当是名鉴而字静生者。首条又称李楷亭所录本,似即一人。果尔,则姓李而又字楷亭矣。问语言有会心及疑处,谨疏己意,粘签请示”。中华本作“清徐润第答问者,署曰静生。润第有《中庸私解》已著录,曰‘鉴’。卷末有徐登鳌跋,惜其年不永,推为徐门之颜。按静生姓张名廷鉴,山西阳曲人。嘉庆辛酉进士,改翰林院庶吉士,散馆,又改知县,援例就内阁中书”。同条稿本又有“按润第为清嘉庆□□进士,官翰林典修,徐继畬之父。其为学杂儒释之间。卷尾有徐登鳌跋,称静生为舍人,而惜其事之不永,推为徐门之颜,当是曾官内阁中书而早殁。是书为《敦艮斋遗书》之一种,润第裔孙登鳌排印于民国十二年"。中华本此段作"按润第为清乾隆乙卯进士,登鳌为润第裔孙,是篇系就遗墨付印者"。这类情况,可以解释为提要总编对伦明原稿一些条目作了修订。但个别差异则显然是油印、整理时疏忽所致。

中华本对稿本的明显补充。稿本第14册第97页有"《尚书异字同声考》一卷",在"清丁显纂"之后,中华本多出"显字韵渔,山阳人"一句。稿本第14册第101页著录"《经句说》四卷",在"清吴英撰。英字简舟,江苏吴县人,诸生"后,中华本多出"是书刊行初仅四卷,继为七卷、十卷,最后成二十二卷。盖自嘉庆庚午已二十年矣"一段。稿本第14册第208页著录"《古本大学集说》三卷",著录作者是"涂阳人",中华本著录为"安徽涂阳人"。这类补充,还是有必要的。

意同而表述不同。稿本第14册第194页著录"《学庸图说》一卷",稿本作"有总图有分图,总图者全部之图也,分图者各章之图也",中华本作"有全部之图是为总图,有各章之图是为分图"。稿本第14册第212页著录"《孝经义疏》不分卷",提要中有一句"此类俱极精确",中华本作"凡此之类具见深研有得"。稿本第14册第214页著录"《孝经全注》一卷",提要中有一句"所见尤大",中华本作"所见极通"。稿本第14册第243页著录"《大学指掌》一卷",稿本有一句"书眉有评,着语简要",中华本作"其要旨粹语每缀于书之上方"。稿本第14册第256页著录"《四书自课录》无卷数",稿本有"墨守一家,发明殊鲜",中华本作"意存墨守,殊鲜发明"。稿本第14册第307页著录"《论孟语录》四卷",稿本有"俱甚惬当",中华本作"于义俱惬"。此类情况甚多,不下数十处。

三、伦明所撰《续修四库提要稿》的条数

伦明具体撰写了多少条提要,学术界意见不一。

吴格先生依据稿本作了统计,"检《续修提要》原稿,伦明所撰提要

存一千九百四篇”。① 罗志欢先生据中华本统计出 1908 篇,经部有 1128 条。② 熊静根据稿本统计出经部 1138 条,史部 759 条,集部 6 条,总计 1903 条。③ 笔者据稿本及中华本等进行了彻底普查,共统计出经部 1160 条,史部 769 条,子部 5 条,经部 7 条,总计 1941 条。

稿本共有 1904 条,但同为经部,中华本与稿本在数量上有出入。经部有些条目中华本有,但稿本无,这些条目分别是:《古文尚书音》(第 212 页)、《尚书札记》(第 221 页)、《书义原古》(第 242 页)、《书经问答补》(第 256 页)、《尚书纪疑》(第 259 页)、《禹贡增注或问》(第 275 页)、《葩经旁意》(第 324 页)、《读诗小记》(第 333 页)、《读诗经》(第 356 页)、《毛诗集解训蒙》(第 405 页)、《韩诗遗说补》(第 448 页)、《论语注》(第 869 页)、《论语集注附考》(第 869 页)、《论语集注训诂考》(第 871 页)、《论语述注》(第 871 页)、《论语古注集笺》(第 871 页)、《四书一得录》(第 991 页)、《四书体味录》(第 994 页)、《经传释义》(第 1349 页)、《群经释地》(第 1359 页)、《玉函山房目耕帖》(第 1376 页)、《雪樵经解》(第 1387 页)、《群经音辨》(第 1400 页)、《汉碑经义辑略》(第 1409 页)。共计 24 条,也是伦明所撰。

另外,伦明发表在《燕京学报》1928 年第 3 期上的《续书楼读书记》,其中包含 13 条经部提要,虽然部分书目与稿本著录重复,但条目内容有显著差别,故此次统计也将此 13 条作为新增条数统计进去。

伦明所撰《续修四库提要稿》,现存共有 1941 条。由于统计范围不同以及经、史、子、集四部分类依据不同,故而造成数量上存在差异。

---

① 吴格:《东洋文库藏〈续修四库全书总目提要〉资料随录》,《白云论坛》第四卷下辑,北京:北京图书馆出版社,2007 年,第 535 页。

② 罗志欢:《伦明评传》,广州:广东人民出版社,2014 年,第 147 页。

③ 熊静:《伦明与〈续修四库全书总目提要〉》,《山东图书馆学刊》2013 年第 3 期。

四、伦明所撰《续修四库提要稿》的价值

撰写《续修四库提要稿》的学者多至七八十人，各有自己的撰写特点。总编委会虽然做了一定的分工，但由于工程巨大、时间跨度长、作者众多等原因，依然避免不了两人甚至数人同撰一书提要的事情。以经部为例，中华本共有 7 条与伦明所撰重复，分别是第 209 页《尚书大传三卷补遗一卷》、第 220 页《尚书家训》、第 889 页《古本大学集说》、第 890 页《古本大学通解》、第 920 页《孟子要略》、第 1355 页《经字辨体》、第 1400 页《群经音辨》。经过对重复的 7 条提要进行考察，再结合伦明所撰史部提要，总结出伦明所撰提要有以下特点：

评价公允。提要撰写，类于书评，要能扼要指出书本之优劣，为读者阅读之助。中华本第 209 页，伦明所撰《尚书大传三卷补遗一卷》提要，与孙海波所撰重复，两人所用底本皆为“孙晴川八种本”。此书为孙之騄辑，孙海波对孙之騄多褒词，但伦明开首即说“之騄未见旧本，仅从群书钞撮荟萃而成”，接下来又引用了卢文弨对此书的批评。伦明最后也说他“搜讨苦心，究不可没”。中华本第 889 页，《古本大学集说》提要重复，一为伦明撰，一未著录撰者。后者对此书优劣未作评论，伦明在提要末说：“是书征引虽博，无所阐发，聊便披寻耳。”这样，简单数言就把一种书的优缺点展现在读者面前，使读者知晓此书价值几何。

考证精审。稿本第 14 册第 336 页有《从亡随笔》一卷，明人程济撰，叙述建文帝出逃事。钱谦益等人认为此书为伪造，伦明据王崇炳《学耨堂诗稿》有《皇回庵见让帝像》及《程济墓》二诗，参考其他史料，认为程济是书绝非伪造，所云确有其事。伦明又在《建文年谱》提要中，对建文帝出逃经过考之甚详，补充了年谱的不足。伦明所撰史部提要中，年谱、行述尤多。一些年谱为谱主自撰，或由子孙、门人、友朋所撰，难免有避讳处，伦明在提要中参照其他材料，说明哪些记载过于夸张，

哪些记载有所隐晦,哪些记载搜辑史料未备等,对了解谱主真实的一生十分有益。

关注晚清政局。自鸦片战争起,中国开始受到外国列强百年蹂躏,伦明所处时代正值乱世,国力极为衰弱,外敌虎视眈眈。伦明向来有读书救国之心,所以他对晚清以来的中国政局格外关注。他认为中国受到外国的欺侮,很大原因在于中国官员的封闭自守。对鸦片战争前的形势,他写道:"其时当事者于外情与战具一切茫昧,上受朝旨之督责,下迫民情之愤激,非失之畏葸,即失之操切,无时不可以起衅。"①林则徐在广东禁烟,一直为世人所称道,但伦明根据当时形势,发出议论:"大约则徐处此,过于操切……使则徐据以入告,予以变通,未必不可就范。盖英人非不知鸦片害中国,违背正义,惟解决须有途径。此次战役,所谓无事自扰。一着之误,遂至不可收拾,则徐不能辞咎也。"②

留意广东。伦明对乡贤格外关注,一些非广东籍但曾在广东做过官的作者,伦明也会提到他做过广东的什么官,政绩如何,等等。伦明出于乡里情节,对广东人事关注稍多一些,但并没有为乡人袒护。如《经义录》,番禺人张维屏撰,伦明评价此书"所论断多未当,而采摭亦殊陋也"。又如维屏所辑《经字异同》,伦明也说他"所摭拾亦绝不赅备,不知著书之意何居也"。对于维屏《国朝诗人征略》,伦明评论道:"其标题摘句,凭意去取,亦未尽善。虽援引皆注所出,而所见甚俭。"如此之类,颇见公允。

五、伦明所撰《续修四库提要稿》的不足之处

伦明所撰提要优点颇多,但也存在一些不足之处。

---

① 中国科学院图书馆整理:《续修四库全书总目提要(稿本)》第14册,济南:齐鲁书社,1996年,第545页。

② 中国科学院图书馆整理:《续修四库全书总目提要(稿本)》第15册,济南:齐鲁书社,1996年,第217页。

因撰写条目多,时间跨度大,岁月既久,难免遗忘,出现了一种书撰写两条提要的情况。中华本第 991 ~ 992 页,收入伦明两条《四书一得录二卷》提要,版本同,作者同,显然是重复了。稿本第 14 册 507 页、第 15 册 11 页皆有《经字正蒙八卷》,虽内容有异,但作者同,版本同,应是一种书,伦明不小心重复著录。稿本第 14 册 402 页、第 15 册 93 页皆有《齐永明诸王孝经讲义一卷》,经过比对内容、版本等,知伦明所撰重复。稿本第 14 册 279 页、第 15 册 420 页皆有《四书说略四卷》,经过比对,确为伦明重复为一书所撰。

伦明撰写提要时,如果对某人中进士年份不甚清楚,则会留下空格待补。但有的忘记核查,就一直保留着空格。对一些人的生平考证不够细微。如在《孟子外书》的提要中,提到了马廷鸾,说"马廷鸾何人,无可考"。马廷鸾为晚宋宰相,是《文献通考》作者马端临的父亲,有几部著作见录于《四库全书总目》。伦明只需稍微翻查,便可知马廷鸾其人。

伦明存有清朝遗老思想。他对清帝的名号颇有忌讳,如对"弘""玄"等字,多作缺笔避讳。清亡已久,伦明此思想实不应该带入提要中。

伦明一向以目录学知识著称于世,但所撰提要中,有些条目不但在书名之后未附版本信息,在提要中也只字未提。据统计,这类提要有 30 多条。每书著录版本是十分必要的,伦明不提供版本信息,便降低了提要的质量。

综而观之,伦明呈现给读者的提要稿,瑕不掩瑜,起到了"辨章学术,考镜源流"的作用。徐信符《广东藏书纪事诗》评价伦明:"四库重修愿莫申,续编提要有何人。"①王謇在《续补藏书纪事诗》中,也赞扬伦明"提要远追逊代初"。②

---

① 徐信符:《广东藏书纪事诗》,《近代中国史料丛刊续编》第 20 辑,台北:文海出版社,1975 年,第 254 页。

② 王謇著,李希泌点注:《续补藏书纪事诗》,北京:书目文献出版社,1987 年,第 39 页。

整理凡例

一、本书是伦明所撰古文献提要及其四库学论著的结集。

二、本书主要据齐鲁书社 1996 年影印本《续修四库全书总目提要(稿本)》第 14、15 册整理。

三、稿本原无明确分类,各类提要混杂于两册之中,整理时参考《中国丛书综录》《中国古籍总目》等,以经、史、子、集四部略为分类,各部不再细分。

四、稿本大致反映作者的交稿批次和提要的撰写先后,故各篇提要仍保留其在稿本中的顺序,不作调整。各篇后括注原见齐鲁本之册次、页码,以“(× × - × ×)”标示。

五、本书经部最后 24 条为稿本所无,特从中华书局 1993 年排印本《续修四库全书总目提要 · 经部》选入。各篇均标明中华本之页码,以“(中华本第 × × 页)”标示。

六、《续书楼读书记》凡 13 条,为作者早期所撰经籍提要,自称乃“续修四库书提要”,发表于《燕京学报》1928 年第 3 期,不见稿本和中华本收录。其格式与《续修四库全书总目提要》不合,此次整理,稍作调整,附录于后。

七、稿本各篇书名后大多注明版本,部分未注明者从正文中提取,统一著录于书名后。正文未提及版本者,据中华书局本加注释,中华本亦缺,则付之阙如。

八、本书经部参校中华本。中华本与稿本不同之处，或伦氏书写时明显有脱字衍字的地方，存疑并略加注释。在未有足够证据说明脱字衍字的情况下，一般不加注释。

九、除标题外，正文中书名无论规范与否，一律加书名号。稿本为繁体竖排，录入时，除特殊情况外，皆改为简体横排，并加上通行的标点符号。

十、稿本每篇开头皆顶格写，现改为空两个字。每篇无论长短，皆依稿本例不分段。

十一、稿本中的小注为单行或双行小字，今皆以小号字别之。

十二、尽量保持稿本原貌，照录原文，明显误者加注释。第 15 册第 579 ~ 584 页，属集部别集类，涂抹改动处颇多，字体多模糊不清。凡不能辨认之字皆用“□”代替。凡有明显缺字衍字者，不填补亦不删除；稿本对待查证之字均留空格，整理时不保留，加注释。

十三、第 15 册第 246 ~ 369 页，属史部地理类，皆以正楷书写，稿面整洁，字迹工整，提要详细，叙述方式与其他部分有异。这种情况，或疑为不同时期所写，或疑经人修改后誊清，或疑非伦氏所撰，这些存疑之处，在尚未掌握确凿证据的情况下，仍予收录保留，以俟考证。

十四、对于提要中把农民起义军诬称为“贼”“匪”等，我们是持批判态度的，但为保持文献的完整性，对类似上述情况不做改动。

十五、书末附《索引》，以备检索本书正文和附录所收录之全部论著及其著者。

目 录

经 部

刊定尚书古今文注二十卷　光绪刊本

清丁宝桢刊定。宝桢字稚璜,贵州平远人。咸丰癸丑进士,官至四川总督,卒谥文诚。是书首有宝桢序,卷中题“孙星衍撰注”,盖就星衍所撰《尚书今古文注疏》本,去疏而存其注也。然于星衍原注多有增删,并不依之,而转与王闿运《尚书笺》中之集注全同。由是推之,书盖成于闿运,而让其名于宝桢,即序亦是闿运代撰。所云“采辑《泰誓》,违于马义,又仍用旧读,句绝多讹”者,固已纠星衍之失,似不宜仍其旧题。按光绪己卯,宝桢正总制四川,聘闿运掌尊经书院,此书即刻于其时。其后闿运又于注下略加笺语,便不复借重孙、丁,而自为主人矣。(14－71)

尚书古注便读四卷　成都排印本

清朱骏声辑。① 首有咸丰六年二月骏声自跋,称“此书道光癸巳在济南脱稿,忽忽二十四年。今得博雅好古之士友梅宗兄,许其可传,为主参校,毅然梓而行之”云云。按友梅名镜蓉,即为骏声刊《说文通训定声》者。其后遭乱家破,虽有拟刊是书之议,竟不果成。跋后有凡例数

---

① “辑”,中国科学院图书馆整理《续修四库全书总目提要 · 经部》(中华书局 1993 年版,下简称“中华本”)作“撰”。

则,其孙师辙撰,中有云"地名山水,必注本朝",又云"不专从郑,虽宋人说弗废"。果尔,又何以称"古注"?书题殊未妥。其书大抵采辑诸家,而没其名氏。依百篇之次,篇亡者,但注其目。属于古文诸篇不注,而证其作伪之出处,且低一格以别之。全取诸人,不下己见。别有二篇,泛论《尚书》篇目及古文真伪。编者题之曰"序",盖误。又有其孙师辙一序,则刊时所作也。(14－72)

毛诗说六卷　石印本

清庄有可撰。有可字大久,江苏武进人。诸生。是书篇各为说,从旧解者,十仅一二,余多自出新义。其尤新者,如说《菁菁者莪》,谓"美共伯也。史称周、召行政,号曰共和。《汲冢书》则曰:'共伯和干王位。'又《卫世家》:'釐侯世子为共伯馀,釐侯卒,馀即位。馀弟和篡杀馀自立,是为武公。'《诗序》云:'世子共伯早死。'言各不同。有可以为名馀为无是公,共和亦无是号。干王杀兄,无是事,早死亦属无稽,俱可因《诗》定之。盖宣王中兴,卫武实佐之。和又为武公之名,所云共伯,疑即武公。共即'侵阮徂共'之共,乃王官采邑,伯乃'九命作伯'之伯。武公非特卫之贤君,实为中兴之功宗元祀"。说《何彼秾矣》,谓"伤东周之弱,诸侯无王也。《春秋》庄公元年、十一年,两书'王姬归于齐',一齐襄公夫人,一齐桓公夫人也。礼,诸侯亲迎,必百两御之,况尚王姬之贵乎?'曷不肃雍?王姬之车'者,言以王姬之贵,曷不待侯氏之亲迎?顾如妾媵之贱,止见车之往乎?不直曰齐侯,而加之'子'者,正名定分也。襄公于终僖公之丧,未尝以士服入觐,受命为侯。若桓公,则因乱篡国,尤为非正,俱不可称齐侯。《诗》两举平王,又以见西周之亡,东周之弱,皆平王自取。与《齐风》之《著》,其义相发明"。此二说,即曰附会,要亦言之成理。他如谓《汉广》"刺昭王娶房女为后,而又南征";《汝坟》"伤西周之亡,喜秦能勤王";《鹊巢》"莘国归太姒,美文王亲迎";《摽有梅》"急取士以待贡"。凡此诸说,义俱可通。又说《新台》而斥左氏宣公烝夷姜之妄,说《河广》而辨《小序》卫徙河南之非。援证甚确。又论《国风》不采宋、鲁诗,当以忌讳之故。亦发人所未发。惜他说牵强依附，难尽餍人意耳。卷首有自序，谓“《笙诗》六篇，孔子存其题而删其词。存其题者，所以备《小雅》之盈八十；删其词者，所以正全《诗》之止三百。《商诗》五篇为附，不与于删《诗》之数”云云，拉杂以就己说，难免于臆撰之讥矣。（14－72）

诗蕴二卷　石印本①

清庄有可撰。首有有可自序，以为“《诗》虽非圣人所作，而为圣人所删定，犹之作也。圣人之文义无不包，苟得其说，逢原即是。蕴也者，理之杂而无弗著者也。随所举而不出于凿，虽使程朱复生，有不能易”云云。书凡百二十二条，义取乎备。尤斤斤者，格诗之篇数、章数、句数、字数，谓其多寡长短，皆与天地变化、日月离合相为比附，更为之别其同、合其异，错综变化，加减乘除，亦莫不有义存焉。说经至此，可谓想入非非。若其理之甚杂，则有可固自言之。书中言“二南”与《邶》《鄘》《卫》《王》合，而得七十有四岁差之数。按左辅作《有可传》，亦称其“读《春秋》二千余遍，精义日出，近于字数，得定岁差法，惜未究其说”云云，与说《诗》全相类，不过取为比附尔，亦何足究也。（14－73）

经史答问四卷　光绪甲午刊本

清朱骏声撰。首有其子孔彰序，称骏声“少从钱竹汀游，故往往述其语。又与朱右曾友善，右曾著《逸周书集训》，尝与商订。后与汪文台、俞正燮、程鸿诏及弟子程朝钰、朝仪等质疑问难。有《经史答问》一编，乱后颇有散失，今存四卷”云云。今按其书，经史杂厕，绝无次序。大约说经者居十之七八，而《诗》较多，《礼》次之，《易》又次之，余经偶及之而已。设问答之词，以发疑义。或引他人成说，而不言所出。有甚惬当者，亦有沿误而不知者。如“小人反中庸”，谓“‘反’当训‘复’。读如‘反古之道’‘反身不诚’之反。盖君子是生知一等，小人是困知一

---

① “石印本”，中华本作“景印原稿本”。

等，举两端以包中人，即性近之谓”。“子路终身诵之”，谓“‘终身’上当脱一‘请’字。不然，一时之语，何由知其终身？”“至于犬马，皆能有养”，谓“‘养’字作‘羖’，主服勤之义”。“王者之迹熄”，谓“‘迹’乃‘迈’字，‘迈’即所谓遒人、逌人、行人，盖采诗者”。《燕燕》诗，谓“庄姜作近是。是年三月十七日，州吁弑完，则戴妫之归，必在春夏之交”。“不属于毛”，谓“‘毛’为‘表’之误字”。“浅则揭”，谓“‘揭’读为‘竭’。竭，负举也。盖褰其裳，耸其肩，高其足指，趋而涉之，如负举物然”。“大道之行也，与三代之英”，谓“‘与’当读为‘欤’，绝句”。凡此诸条，援义俱确。“实始翦商”，谓“‘翦’者，‘前’之借字。前，先也，犹曰德胜于商”。亦可备一解。他如“子思之哭嫂也为位”，谓“子思岂有兄？疑是原宪”；“所伪传《子贡诗传》，乃伪鲁申培弟子东海太守砀鲁赐，非端木赐”；“《子夏易传》，引或曰：‘沛人邓彭祖，字子夏。’疑是其人”。俱可备考。又如引《管子·中匡篇》：“施伯谓曾侯曰：‘管仲天下之贤人也，大器也。’”以证孔子“管仲器小”之叹。引《逸周书·寤儆篇》“周公不骄不吝时乃无敌”，以证孔子“如有周公之才之美，使骄且吝”之叹，以见圣言有为而发。亦殊可取。惟“索隐行怪”，谓“索，空也，所谓纯盗虚声者”。说虽可通，但春秋时，尚无此类之人。又斥郑《笺》“亦既覯止”为媾精，“言从之迈”为自杀，“永矢弗谖”为不忘君之恶，俱有害于义。此未免存迂固之见，先儒已多辨之。至所举古文《尚书》十二伪证，则全拾阎、惠之余唾，尤不足论矣。卷四有校释《周书集训》诸条，序已及之。(14-74)

朋寿堂经说一卷　刊本无年月①

清邹寿祺撰。是书未题名氏，其文见于《诂经精舍》八集，因而知之。无序例，凡说《易》一篇，说《书》四篇，说《诗》一篇，说《周礼》二篇，

① “一卷”，中华本作“六卷”；“刊本无年月”，中华本作“光绪二十七年刊本”。

说《春秋》二篇,说《孝经》一篇,说《论语》一篇。[1] 诸篇无义不创,其新而惬者,如解"丰其蔀""丰其沛",谓"'蔀'为山阜,《仓颉篇》'阜山庳而大也'。'沛'为泽薮,《管子·揆度》'焚沛泽'注:大泽也。《丰》卦取象乎居。'蔀'与'沛'皆就其居言"。说"岐周岐刕",谓"'刕'是'州'之误。《晋书·王濬传》李毅言'三刀为州',可证'周''州'通用"。[2] 解"《商书》曰'祖甲返'",谓"为《逸书》之文。据《竹书纪年》云:'祖甲十二年,征西戎,冬返自西戎。'《竹书》当据《商书》,必有'祖甲返'一语"。说"定公为昭公子",据《汉书·五行志》称:"昭公死于外,归葬鲁,公子宋立。"不曰"弟宋",而曰"公子宋"。又左氏哀十一年《传》曰:"公叔务人见保者而泣。"务人即公为,昭公子也。惟其为昭公子,故于哀公称公叔。则何休以定公为昭公子者,不误。解"争臣七人五人三人",谓"周制,天子之臣凡七等:公、孤、卿、大夫、上士、中士、下士也。诸侯之臣凡五等:卿、大夫、上士、中士、下士也。大夫之臣三等:上士、中士、下士也。每等以一人为率,故天子七人,诸侯五人,大夫三人。士无所属,故只有争友;父无他属,故只有争子。虽不言一,要亦以一为率。《礼》:'天子七庙,诸侯五庙,大夫三庙。'传天子七月而葬,诸侯五月而葬,大夫三月而葬。皆可旁证"。至于通众家之异而释千古之疑者,则说"三寿",谓"古之言寿者有三等:上寿百岁,中寿八十,下寿六十。上寿三十至六十为壮,七十至百岁为老;中寿三十至五十为壮,六十至八十为老;下寿三十四十为壮,五十六十为老。是则上寿七十始衰为老。《曲礼》'百年曰期颐',为上寿言,故以七十为老。中寿六十始衰为老,故《管子·海王》注以六十以上为老,是为中寿言。下寿五十始衰为老,故《论语》'及其老也',皇《疏》谓'五十以上为老',是为下寿

---

① 从"是书未题名氏"至"说《论语》一篇",中华本作"寿祺字景叔,海昌人。其文多见于《诂经精舍》八集,皆三十以前作也。是编凡解《易》《书》一卷,《诗》《仪礼》一卷,《周礼》一卷,《礼记》《左传》一卷,《公》、《穀》、《论》、《孟》、《孝经》、《尔雅》、杂说一卷"。

② 中华本此句后有"'华周'作'华州',见《汉书·古今人表》"。

言。自老以后，耋耄寿亦为三等，《曲礼》云‘八十曰耋’。而《易》‘离’九三马注、僖九年《左传》服注，则云‘七十曰耋’。《尔雅》舍人注、宣十年《公羊传》注，则云‘六十曰耋’。《曲礼》云‘九十曰耄’。而《大雅·板》篇毛传、隐四年《左传》杜注、《周语》韦注，则云‘八十曰耄’。《释名》云‘七十曰耄’。通以上中下之例，而无不合”。此则尤读之而令人怡快者也。(14－75)

勿自弃斋遗稿一卷[①] 云南丛书本

清华嵘撰。嵘字藕船，云南昆明人。举人。历官他郎、普洱、丽江训导。同治癸亥，马荣煽乱，戕总督潘铎于五华书院，嵘适在侧，同时被害。是书首有同治丙寅粮储道韩锦云序，盖书刊于此时也。原不分卷，凡“经义条辨”二十二条、“经义条比”四十条。“条辨”内，谓“条”字，在《毛诗》有两读四义。“猗”字，在《毛诗》有五读十义。“剥”字，在《毛诗》有两读两义。“土”字，在《毛诗》有两读。俱辨析甚细。又说《诗·羔裘》“自我人居居”“自我人究究”，谓“‘居居’，安肆偷惰之意；‘究究’，穷致苛察之意。既居居复究究，遑暇恤民”。说《诗·桧风》“素冠”，谓“先儒训诂皆以为刺不能三年者，但经多以素冠、素衣、素韠为常服。且丧礼本无素冠、素衣、素韠之文，何得泥‘素’之一字，曲为之说？”说《论语》“父母惟其疾之忧”，谓“‘疾’字如博奕饮酒，好勇斗狠，一切从耳目之欲者皆是。又如物不格，知不致，意不诚，心不正，身不修，无非疾也。与《孟子》‘寡人有疾’，‘疾’字略同”。如此诸类，俱可取。其条比诸条，则借经义以推阐名理。其体略似连珠，亦说经之新格也。(14－77)

孟子注二卷 原稿本

清陈澧撰。是本首有澧自题云“庚午岁读”。又云“晚年之学，直趋《孟子》七篇”。又云“读《七篇》用功，当以‘人皆有所不忍’一章为始”。

---

① “斋”，中华本作“轩”。

又云"近读《孟子》,以'善'字、'利'字、'充'字之类求之,如测天之用实测也"。按庚午为同治九年,时澧年六十二矣。所注皆从涵泳体验得来,或举其要,或抉其微,或发其疑,又或借以证史感时,且因之自责自警。语皆平实,不骛高深。自警,则其涉于考证者①,如"郊关之内,有囿方四十里",澧以为方四十里者,乃为方十里者四耳。"文王之囿方七十里"亦然。《明堂位》"鲁地方七百里",亦当是"方百里者七"之误。又如"富岁,子弟多赖",谓"赖,懒也。赵、朱注皆非"。惜如此之类不多。至若告子、荀子之言性,及后来李泰伯之讥不尊周室,不当劝齐、梁之君王天下,及王阳明致良知之非是,皆即据《七篇》之文,辨而正之,非真善读《孟子》者不及此也。(14-78)

别本孟子注二卷 原稿本

清陈澧撰。是本自题云:"矢志晚年,熟读《孟子》。"其下注云"乙丑九月初九夜书"。按乙丑为同治四年,下距庚子五年,盖初读本也。以较庚子读本,同异互见,而异处较多,其中有同条而说不同者。彼此之义理,可以相参;前后之识力,因之可验。如"不嗜杀人者能一之"句下,此注云:"秦始皇嗜杀人,虽一而不能定;汉高帝除苛法,故能定之也。"庚子本则云:"暴秦虽并天下,仍不得为一也,不久而陈、项出矣。至汉文刑措,乃为不嗜杀人者能一之耳。"又如"原泉混混"一节,此注云:"孟子说此,则但言学业。"庚子本则申之,云:"用功不间断也,必盈科而后可进。必通一经,而后可以读他经。"又如"君子之泽"一节,此注云:"五世似指师弟相传。"庚子本则云:"后儒则传五世,其学虽未绝,亦必失之矣。"又云:"圣人百世之师,则永不斩绝矣。孟子说此之意,再紬绎之。"又"人之所不学而能者"一节,此注云:"良知是不学不虑者,致良知,则必学焉虑焉矣。若致良知可不学,然则亦可不虑乎?"庚子本则云:"王阳明致良知之说,本于《孟子》,而连合于《大学》,似不误矣。然而《孟子》说向明白处,阳明说向玄妙处,乃大误矣。"如此之类,合而观

① "自警,则其涉于考证者",疑"自警"二字为衍文。

之，乃见其全。其分为二本者，殆以语繁卷满，不得不移之他帙，而非视旧得为糟粕也。（14－78）

孝经援神契一卷　汉学堂丛书本

清黄奭辑。是书大率本之赵之翰所辑，而以《古微书》及清河郡本校之。按赵辑各条，俱注出处，而二书则否。今取二书与赵本同引者及有异文者俱注于下，以资参证。凡《古微书》与赵本同引者，一百一十七条；中有异文者，七十五条。清河郡本与赵本同引者，六十三条；中有异文者，四十六条。然奭所采，亦有异于赵本者。如“五岳之精”条后，赵本引《诗正义》：“性者，生之质，命者，人所禀受也。情者，阴之数，精内附著生流通也。”而奭去之，增引《大义·论》：“肝仁故目视，肺义故鼻候，心礼故耳司，肾信故窍泻，脾智故口诲。”又“肝仁肺义”条后，赵本引《文选》注：“抗节厉义，通乎至德。”奭亦去之。又“天子刑于四海”条后，赵本引《礼运正义》：“惠及于天，斗极明，日月光，甘露降。”而奭去之，别引《御览》：“王者德至天，则降甘露。”又赵本此条之后，引《文选》注：“甘露一名膏露。”奭亦去之。又赵本引《御览》：“德至泉则出大贝。”而奭别引《占经》，“泉”上多“渊”字。又赵本此条后引《御览》：“惠至渊则海出明珠。”奭又去之。又赵本引《御览》：“神灵滋液则琅玕景。”奭别引《占经》，“神灵滋液”下增“百宝为用”四字。又赵本引《御览》：“蜂虿垂芒。”奭别引《广韵》，下多“为其毒在后”五字。奭又于赵辑之外，增多五十条。其“王者德至于天，则日抱戴”，附于“黄气抱日”条后。余四十九条，则接于赵辑之末。又赵本于注语，或全漏略，或止录其半，如“奎主文昌”条下，录宋均注，缺“仓颉视龟”十九字，而移之篇末，使无所系。又或没“宋衷”二字，止称以注，奭皆一一具之。凡此皆视赵本为善。惟赵本原有考证皆标“之翰按曰”四字，此则用其语而删其名。且全书绝不提及赵本，未免有掠美之心矣。（14－79）

孝经钩命决一卷　汉学堂丛书本

清黄奭辑。是书亦本于赵之翰所辑，而以《古微书》及清河郡本校之。《古微书》同引者三十三条，中有异文者十条；清河郡本同引者十五条，中有异文者八条。“或称帝王”二十五字，清河郡本以接“三皇步，五帝骤，三王驰，五伯骛”之下，连为一条。又清河郡本于“三皇步”条下，宋均注增多“步者行犹缓，骤则行之速，驰者则如奔，骛者则如飞。行缓则久，行速犹常，如奔则疾，如飞则一止而已。故霸不如王，王不如帝，帝不如皇矣”，凡五十三字。又“情生于阴”条下，清河郡本增多宋均注“阳气主于流动，故仁；阴气主于积聚，故贪也”二十字。又赵本引《续汉书》注“天失仁”，“天”下注云：“疑有阙字。”而清河郡直作“天子”。俱视赵本为善。奭依之，另补二十九条，附于其后，仍用之翰考证而删其名，与《援神契》同。（14－80）

孝经援神契二卷　玉函山房刊本

清马国翰辑，题“魏宋均注”。盖以孙瑴《古微书》为底本，故开首即录贲居子云云，是书作解题。按瑴所说，不过望文生义，不足据。惟国翰于所采诸条，具注出处，昧于出处者不收，有增多于瑴书之外者，俱标别之。以“周公郊祀后稷”条，入《敢问》章；“以刑者侀也”条，入《五刑》章。二章外，概归之《杂篇》。所引诸书，亦颇具酌裁。如“夏至之日在内衡”，他本引此，其上有“周天有七衡”五字，此独删之。又“冬至日在外衡，斗牛之初”句下，他本引此，有“冬至之日”四字，此亦删之。其“周天七衡六间”条，引李淳风《周髀算经注》，为他辑本所未及。其下又连引一条云：“大雪后，玉衡指子，冬至指子，小寒指丑，大寒指艮，立春指寅，雨水指甲，惊蛰指卯，春分指乙，清明指辰，谷雨指巽，立夏指巳，小满指丙，芒种指午，夏至指丁，小暑指未，大暑指坤，立秋指申，处暑指庚，白露指酉，秋分指辛，寒露指戌，霜降指乾，立冬指亥，小雪指壬。玉衡，北斗柄也。”亦出《周髀算经注》，为诸辑本所无。然总而数之，固视他辑本为略。首条之下，别引《后汉书·郊祀志》注以解本条，亦蛇足也。（14－81）

孝经钩命诀一卷　玉函山房刊本

清马国翰辑，题“魏宋均注”。以《古微书》为底本，开卷引贲居子云云,作是书之解题,亦是望文生义,无足据。惟所采诸条,具注出处,且间补《古微书》之所遗。如"尧梦乘青龙"条,《古微书》漏引"情者既有知,故有喜怒哀乐好恶"九字,此补引之。又"彗五彗也"五十三字,《后汉书·天文志》注引作宋均《孝经钩命诀》注,而《古微书》误收入《孝经内事图》正文,此移正之。又"助时生也"条,《古微书》系出《白虎通德论》,"持弓"误"持羽","楯"误"干",此据《周礼》贾疏订正之。又"天子亲临辟雍"条,《古微书》误入他书所引《援神契》文,此据《北堂书抄》订正之。又"情生于阴"一条,《古微书》所引,出《白虎通德论·性情篇》,此则别引《广弘明集》"奇者阳节,偶者阴基,得阳而成,合阴而居,数相配偶,乃为道也"二十四字,以为与上说性情,当是一篇文。又补入《北堂书抄》"刑者教也"一条,《御览》"先立春七日"一条,《周礼·春官》郑注"祭天南郊"一条,《周礼》贾疏"祭地于北郊"一条,《礼记正义》"后稷为天地之主"一条,《文选注》"宗祀文王于明堂"一条,《路史注》"神农名轨"一条,《文选注》"耕桑得利"一条,《仪礼疏》"五礼用雁"一条,《礼记正义》"暂所不臣"一条、"天子当所不臣者三"一条,《后汉书注》"自外至者"一条、"予谁行赤"一条,《文选注》"天有顾眄之义"一条,《文选注》"地以舒形"一条,《诗正义》"孝者万世之桎辖"一条,《文选注》"明王用孝"一条、"敕躬未济"一条、"欢忻慎惧"一条、"引兴摘暴"一条,《御览》"孝悌之至"一条,《后汉书注》"岁星守心"一条、"天子失仁"一条,《后汉书注》"失义不德"一条、"日蚀修孝"一条,《占经》"彗守大角"一条、"天子失和"一条、"水失信"一条、"天子失礼"一条,《御览》"周襄王不能事其母弟"一条,《文选注》"名毁行废"一条、"削肌刻骨"一条、"云委雾散"一条,《礼记》郑注"吾志在《春秋》"一条。别据《唐书·儒学传》"后稷为天地主,文王为五帝宗"二句,校《礼记正义》无二"之"字,为他辑本所未及。至若"三皇设言"条下,兼引《公羊疏》,以解本文,亦可不必存。(14-82)

孝经左契一卷 勤业堂校定古微书本

明孙瑴辑。首条"将军颐,虎衔珠,大夫正,海出鱼",当出《御览》二百七十四,但作"将军顺",此"颐"字,盖误。次条"封于太山,考绩燔燎,禅于梁父,刻石纪号,垂度示典,功平政教",未知所出。章全考定本多通行本一条,云:"元孝混沌,孝在其中。天序日月星辰以自光,人序孝弟忠敬以自彰。"按"元气混沌,孝在其中"八字,见《御览》卷一。又卷四百十一"天序日月星辰以自光,人序孝悌忠敬以自彰"十八字,见《说郛》,其下尚有"务于德也"四字,此未引,亦未知所出。(14-83)

孝经左契一卷 玉函山房刊本

清马国翰辑,题"魏宋均注"。首条"元气混沌"八字引《御览》,但《初学记》则引作《孝经援神契》。次条"天子孝,天龙负图,地龟出书,夭孽消灭,景云出游",引《御览》。按《艺文类》引此①,"景云出游"上,无"夭孽消灭"四字,其下多"庶人孝,林泽茂"六字。而此别引"庶人孝,则林泽茂。浮珍舒,怪草秀,水出神鱼",出《御览》卷四十一。但《御览》引此作《孝经援神契》,非《左契》也。又引《占经》卷五云:"日变布五色,苍色见于百姓也。"又《占经》卷六云:"轩辕列明,后女争誉。"此二条,为他辑本所无。(14-83)

孝经左契一卷 纬捃本

清乔松年辑。所引《广韵》"天子孝"一条,《艺文类聚》引作《援神契》,然九十八又引作《左契》,则《左契》是也。引《说郛》四条,俱无出处。其中"孝顺二亲,得算二千,天司录所表事,赐算中功,祉福永来"二十二字,《唐类函》引作《河图》,非《左契》也。按《说郛》尚有"孝悌之至,通于神明"一条、"《孝经》者篇题就号也"一条、"孝弟之至"一条、"周襄王不能事其母弟"一条,此俱不收。盖前一条,《御览》引作《孝经援神契》;后三条,《御览》俱引作《孝经钩命决》也。又按马国翰所辑较此为详,松年未得见之,故不及借之也。(14-84)

---

① "艺文类",疑"类"后漏一"聚"字。

孝经右契一卷 纬捃本

清乔松年辑。首条“孔子夜梦丰沛之邦”云云，引《御览》八百八十九，而校以《路史》所引，其文小异。取与《说郛》相校，亦小异。次条，“制作《孝经》道备，使七十二弟子，向北辰星而磬折，使曾子抱《河》《洛》事北向，孔子簪缥笔，衣绛单衣，向星而拜”凡四十一字，引《御览》五百四十二。但《唐类函》及《天中记》皆引作《援神契》，其下又连引“告备于天曰：‘《孝经》四卷，《春秋》《河》《洛》，凡八十一卷，谨已备。’天乃洪郁起白雾摩地，赤虹自上下，化为黄玉，长三尺，上有刻文，孔子跪受而读之曰：‘宝文出，刘季握。卯金刀，在轸北。字禾子，子天下。’”凡七十一字，云依《宋书·符瑞志》，然《北堂书抄》卷八十五，引“制作《孝经》道备，使七十二弟子，向北辰而磬折。孔子绛单衣，向北辰而拜”二十八字，又作《孝经援神契》。按“下”字下，《古微书》引有“服”字，宜据补。(14－84)

孝经右契一卷 勤业堂考定古微书本

明孙瑴辑。首条“孔子夜梦丰沛之邦”云云，章全考定本注其下云“见《援神契》”。按此文《御览》八百八十九引此，作《右契》，全说非也。又考定本此条下多“内深藏不足为神，外博观不足为明，惟孝者为能注天之神丽日之明”二十七字。按此条见《说郛》，清河郡本亦有之，且多宋均注。“博学笃志，切问近思，仁在其中矣。夫仁犹不足为明，唯孝者能动天之神，感日之明，与身相通附矣”凡四十二字，惟未知所出。又瑴所辑《孝经援神契》有一条云：“孔子作《春秋》制《孝经》既成，使七十二弟子向北辰磬折而立，使曾子抱《河》《洛》事北向。孔子斋戒，簪缥笔，衣纬单衣，向北辰而拜，告备于天曰：‘《孝经》四卷，《春秋》《河》《洛》凡八十一卷，谨已备。’天乃洪郁起白雾摩地，赤虹自上下，化为黄玉，长三尺，上有刻文。孔子跪受而读之，曰：‘宝文出，刘季握。卯金刀，在轸北。字禾子，天下服。’”与《御览》文虽小异，真《右契》也，何以失之？(14－85)

孝经右契一卷　玉函山房刊本

清马国翰辑，题“魏宋均注”。首条引“孔子夜梦三槐之间，丰沛之邦，有赤烟气起，乃呼颜渊、子夏侣往观之，驱车到楚西北范氏之街，见前刍儿捶麟，伤其前左足，束薪而覆之。孔子曰：‘儿，汝来，汝姓为谁？’儿曰：‘吾姓为赤诵，字时乔，名受纪。’孔子曰：‘汝岂有所见乎？’儿曰：‘吾有所见，一禽如麇，羊头，上有角，其肉有肉①，方以是西走。’孔子曰：‘天下已有主也，为赤刘，陈项为辅，五星入井，从岁星。’儿发薪下，麟视孔子，孔趋而往，茸其耳，吐书三卷。孔子精而读之。图广三寸，长八寸，每卷二十四字。其言‘赤刘当起日，周亡赤气起。火曜兴，元卯制命，帝卯金’”。盖据干宝《搜神记》，校以《初学记》《六帖》《御览》，其文小异。次条“孔子作《春秋》制《孝经》既成，使七十二弟子向北辰磬折而立”云云，自“磬折而立”下，全同《宋书·符瑞志》，而国翰刓其所注出处，未知究是何书也。(14－85)

孝经内事一卷　纬捃本

清乔松年辑。所引“天子行孝德”条、“王者动得天度”条、“王者得礼之制”条、“王者得灵台之礼”条、“昆弟有亲亲至思”条，俱《御览》八百七十二，又“四彗在月中”条，见《御览》八百七十五，亦俱为《说郛》所引。惟“王者厚幼，各得其正，则房心有德星之应”条，亦出《御览》，而《说郛》失之。“王者敬诸父有差，则大角光明以扬”条，亦见《御览》八百七十二，何以舍之而引《汉魏遗书》？岂失之目睫耶？若“五车星主五谷，明则无饥寒之困”条，但注《格致镜原》，此则真未考见原书矣。(14－86)

孝经内记图一卷　汉学堂丛刊本

清黄奭辑。题下注云：“‘记’一作‘事’。”所引《开元占经》六十三

---

① “其肉有肉”，疑前一“肉”字为“末”字之误。

条,俱抄自马国翰辑本。附以见《御览》者十条,其中同见《说郛》《古微书》者九条,单见《说郛》者一条。至所引"大角为坐候"一条、"斗曲杓桡"一条、"岁星守心"一条,他书俱引作《援神契》;"失义不德"一条、"彗五彗也"一条,他书俱引作《钩命决》,不宜以入于此也。(14-86)

孝经内事一卷　汉魏遗书本

清王谟辑,题汉南阳宋均注。所辑凡八条,皆见《古微书》。惟最末条"彗在北斗,祸大起;在三台,臣害君;在太微,君害臣;在天狱,诸侯作祸。彗行所指,其国大恶。四彗在月中者,君有德,天下欣心,大丰盛",其下注云:"《御览》本作《孝经内记》,《始皇本纪正义》引此亦作《内记》。"按《史记正义》所引无"四彗在月中者"以下十六字。《御览》引虽连"国有大恶",而"国有大恶"以上,疑非纬文,故他辑本皆不及之。谟所注殊混淆不清。他七条俱未注所出。(14-87)

孝经雌雄图一卷　玉函山房刊本

清马国翰辑。《隋志》:《孝经雌雄图》一卷,《孝经异本雌雄图》二卷。云梁有,并以为亡。庞元英《文昌杂录》:"周显德六年,高丽遣使献《别叙孝经》一卷、《越王孝经新义》八卷、《皇灵孝经》一卷、《孝经雌图》三卷。"又云:"《雌图》者,止说日之环晕,星之彗孛,亦非奇书。"按高丽本只称《雌图》,疑缺其半。而卷数与《隋志》相合,颇不可解。国翰从《开元占经》辑得四十九条。《占经》每称《雌雄图三光占》,国翰以为《图》中篇名,据录于篇首,亦是臆度之词,未可据信也。(14-87)

孝经古秘一卷　玉函山房刊本

清马国翰辑。是书原缺撰人,《隋志》:《孝经古秘援神》二卷,《孝经古秘图》一卷。云梁有,又云亡,盖亡于隋也。按《古秘援神》之目,不见经述,国翰以为亦纬之类,盖当时别行之本。从《开元占经》辑得十一节,附录《孝经河图》一节、《孝经谶》一节,为一卷。按《孝经河图》,《隋志》无此目,国翰以为或是兼引《孝经纬》及《河图》,亦嫌无据。又按谶

之与纬，本各自为书，但谶文传者尤寥寥，姑杂缀成编云尔。（14－88）

孝经右契一卷　汉学堂丛刊本

清黄奭辑。所采凡八条，亦较他辑本为多。其中六条转引清河郡本。“孔子夜梦丰沛”条，据校《初学记》《白帖》《事类赋》，略有异文。清河郡本亦引此，异文尤多。其“内深藏不足为神”条，《古微书》、清河郡本同引，而清河郡本多宋均注“博学笃志，切问近思，仁在其中矣。夫仁犹不足为明，唯孝者为能动天之神，感日之明，与身相通附矣”四十二字。又“孝匪形乃格神”条，亦《古微书》、清河郡本同引，而清河郡本多宋均注“孝匪可形，以神相授矣”十二字。又“麒麟一角”条，引《路史·馀论》，亦他辑本所无。（14－88）

孝经中秘一卷　汉学堂丛刊本

清黄奭辑。引《御览》“某作《孝经》”一百六字，同他辑本。惟别校以《路史》“某作《孝经》，文成而天道立”下有“乃”字；“天”下无“则”字；“玄云”作“玄霜”；“北”下有“极”字；“角”作“召”；“号”下有“曰”字；“篇”下有“目”字；“云神星裔”作“玄神辰裔”；“余字灭消”作“余文二十消灭”；无下“其余文”三字；“乌”作“鸟”。《古微书》同，盖亦引《路史》也。惟“玄霜”作“玄云”，异一字耳。（14－89）

孝经古秘一卷　汉学堂丛刊本

清黄奭辑。全据《开元占经》，与马国翰辑本同。而国翰所采“日已入而光复照，兵起”条、“夏时两日并照”条、“失信则辰星缩，天下大水，岁不丰熟”条、“辰星冠珥，帝不明；三月之中，亏阳灭弱；下力强阴制政，反蔽阳；佞人出，世有兵”条、“大夫不信斗辅亡”条，俱削之。而增入“岁将大恶，金加于胃”一条，亦《占经》之文也。（14－89）

孝经左契一卷　汉学堂丛刊本

清黄奭辑。所采凡十三条，较他辑本为多。其中十条，据清河郡本。

所引“又元气混沌条”下，有宋均注“一德谓从一体也，天序日月星辰，不欲人见，而人见自光；人序孝弟忠信，不欲人知，而人见自彰。同修一体也”四十五字。“霜以挫物”条下，有宋均注“孝皆人心所自然有者。行之善，则如露之于草，其身自泽；行之不善，则若霜之挫物，其自损也”三十九字，亦同据清河郡本。奭又引《开元占经》一条，而马国翰辑本尚有“轩辕列明，后女争誉”一条，亦出《开元占经》，此未引之。(14－90)

尚书中候一卷 说郛本

原题阙名。所集凡十条，中惟“周公归政于成王，太平制礼，鸾凤见”一条，与《御览》所引全同。他如“尧沉壁于河①，白云起，回风摇落”条、“帝尧即政，景星出翼”条、“尧即位七十载，凤凰止庭，巢阿阁欢树”条、“周天子发渡孟津，火自上复于下，至于王屋，流为乌，其色赤，其声魄云”条、“天乙在亳，诸邻国襁负归德，东观于洛，习礼尧坛，降三分沉璧，退立，荣光不起，黄鱼双跃，出济于坛。黑乌以雄，随鱼亦止，化为黑玉，赤勒曰：玄精天乙，受神福，伐桀克。三年，天下悉合”条、“成王观于洛河，沉璧礼毕，王退俟。至于日昧，荣光并出，幕河，青云浮洛”条、“醴，甘也，取名醴酒。尧祇德匪懈，醴泉出。文命盛德，俊乂在官，醴泉出山”条、“秦穆公出狩，至于咸阳，日稷庚午，天震大雷，有火下化，化为白雀，衔箓丹书，集于公车。公偶取其书，言穆公之霸也”，讫“胡亥秦家世事”条，皆散见于《北堂书抄》《初学记》《文选注》《唐类函》《御览》《艺文类聚》诸书，惟彼俱缺略不全。因知《说郛》所引，皆是《中候》原文，足贵也。(14－90)

尚书旋玑钤一卷 说郛本

原题阙名。所辑凡九条，中“禹开龙门，导积石，出玄珪，出刻曰②：延喜玉，受德，天锡佩”条，引见《类聚·帝王部》。“其帝者天号，王者人称，天有五帝以立名，人有三王以正度，天子爵称也，皇者煌煌也”条，

---

① 疑“壁”当为“璧”字。

② “出刻曰”，疑“出”为衍文。

《初学记》引此，泛称《尚书纬》，《唐类函》则称《刑德考》，未知孰误也。此条及“上清下浊”条、“在政不私公位”条、“天子之尊也”条、“少室之山”条，乔松年《纬捃》俱转引之。(14－91)

尚书考灵耀一卷　说郛本

原题阙名。所辑凡十一条。其“地有四游”条、“五百载圣纪符”条、“日旁气白者为虹”条，同见引《御览》。次“星为夏期”条，与“虚星秋候”条，本连为一，亦见《御览》引。“五星若编珠，旋玑中星星调，则风雨时”条，上五字见《御览》引，下十字见《类聚》引。“通天文者明”条，则《类聚》引。“从上临下”条，见《周礼·大司徒》疏引。“秦王政以白璧沉河”条，《初学记》引作《河图考灵曜》文，惟“秦”字误“赵”。“桑木者箕星之精”条，见《书·尧典》疏引，惟又见《帝命验》。止“晦而月见西方”一条，未考得出处耳。(14－92)

尚书帝命期一卷　说郛本

原题阙名，他辑本多作“帝命验”。所辑凡十三条，首条“桀失玉镜，用其噬兽”，见《白镜帖》引①，与他条“桀失其玉镜，用其噬虎，虎亦兽也”，疑本是一事。然下条亦见《御览》引。“禹白帝精”条、“有人雄起”条，俱见《御览》引。“贼起蜚卵生虎”，并见《书抄》《御览》引。“虞舜在侧陋”条，亦见《御览》引，而文少异。“夏桀无道”条，见《路史》引。“秦失金镜”条、“卯金出轸”条，《古微书》并有之。“桀无道夏出霜”条、“有人大口”条，清河郡本亦俱有之。惟上条又见《洛书·灵准听》，下条清河郡本多郑氏注“出霜谓天降霜也，夏桀无道，感连寰宇，天乃示之，夏炎陨霜”二十六字。(14－92)

尚书帝验期一卷　古微书本

明孙瑴辑。止得二条，一条云：“西王母于太荒之国，得益地图，慕

① “白镜帖”，疑为“白帖镜”之误。

舜德，远来献之。”又一条云：“王母之国，在西荒。凡得道授书者，皆朝王母于昆仑之阙。”按前一条见《玉海·地理门》引，后一条见《御览》引。前此《说郛》辑《尚书纬》，尚未及此。（14－93）

尚书帝验期一卷 纬攟本

清乔松年辑。凡三条，中二条同《古微书》，惟增引《路史》“西王母献舜白玉琯”一条。按“西王母于大荒之国，得益地图，慕舜德，远来献之”条，见《玉海·地理门》引。此乃引明人《天中记》，殆未见《玉海》也。又按赵在翰、黄奭辑《尚书帝命验》，此所引第一、第三条皆入之，盖混《帝验期》为一书，非也。（14－93）

尚书运期授一卷 七纬本

清赵在翰辑。凡三条。其“白帝之治，六十四世，其亡也，枉矢参射”条，同《古微书》。“房四表之道”条，亦同《古微书》，惟多李大瑛注语，谓“天镜经天有四表，四表者房星也；三道者房间三道，南间为上道，中央为中道，秋间为下道。《星经》云：‘房四星，名天府，管四方，为四表。表三道，日月五星常道也’”云云。又增引《河图》曰“仓帝之治，八百二十岁”。“大一戊午蔀”一条，出《诗·文王叙》正义，为《古微书》所无。（14－94）

尚书运期授一卷 古微书本

明孙瑴辑。凡四条，首条“白帝之治六十四世，其亡也，枉矢射参”，见《御览》引。末条“房四表之道”，见《史记索隐》引。惟次条“黑帝亡，二日并出”，《御览》引作《尚书考灵曜》文。三条“桀失玉镜，用其噬虎”，《白帖》“镜”引作《尚书帝命验》文，此恐误也。（14－94）

尚书五行传一卷 古微书本

明孙瑴录。瑴谓“伏生《大传》，引以传《洪范》。班固《五行志》，亦祖之以征五行。溯其来自纬书，则大禹之文也，纬书独此为完简”云云。

其下历引《管子》《淮南子》《搜神记》以证其义。按瑴谓《五行传》来自纬书,非也。且完简无待于辑,不宜与诸纬书并列。(14-95)

尚书中候一卷 古微书本

明孙瑴辑。凡四十二条,条下每有按语,或"贲居子曰",以释本文。然所引多舛误,如"伯禹在庶"条下,瑴又引"禹理洪水"条,不知此条是《水经注》括上条语意,非《中候》原文,且不宜复。又"初尧在位七十载矣"条,《路史》引此作《书纬》。"舜之潜德"诸条,亦见《路史》,是墨子语。又"尧之长子监明早死"条,亦见《路史·国名纪》,是罗泌语。而瑴皆摭入《中纬》,非也。又"玄鸟翔水遗卵"条,亦出《路史》,有"后崩水易"四水①,瑴引"后崩水"三字,遗"易"字。"桀后十三世生主癸"条,见《宋书·符瑞志》,无"桀"字,瑴妄增之,尤非也。又"桀暮年雨石"条,见《通志》及《路史》,皆未言纬,则不知他有所本否也。(14-95)

中候运衡一卷 纬捃本

清乔松年辑。按《御览》八十引"帝尧刻璧,率群臣东沉于雒",《书》曰:"天子臣放勋德薄,施行不元。"而《曲礼疏》亦引此文,作《中候运行》。《路史》又云:"尧刻璧为书沉洛,今《运衡篇》是也。""行""衡"同声通用,故孙瑴称"中候运行",而松年则作"运衡"。别据《曲礼疏》,增引"年耆既艾"一条,则《古微书》所无也。(14-96)

卫经社稿一卷 民国戊辰刊本

清王小航撰。小航名煦,以字行。光绪乙未进士,候补四品京卿。"卫经"者,卫《古文尚书》经也。小航愤明以来毁古文经者之猖肆,思合同志出力以卫之,此其自撰之稿也。有自序,申其不得不卫之意。文十余篇,随题发议。后附评启赠句,以四库馆臣于《提要》中偏袒毁古文诸家,而士林趋向,由之而误。特首论之先辈中信古文者,有翁氏覃谿、

---

① "四水",疑"水"当为"字"字。

阮氏芸台。翁氏尝欲著一书辟阎百诗,未果。阮氏尝著论,辨古文不伪,而所编《经解》乃收惠栋、王鸣盛诸书,故次论之。自毛奇龄以下,卫古文而著有专书者凡十余家,小航尤服膺汪右丞,即书其寄某孝廉书后,举古文万无伪造者七证。又以攻古文者每借口《正义》,而《正义》明言"遂有张霸之徒,于郑注之外,伪造《尚书》凡二十四篇",并举其目。乃攻古文者反以所举伪目为真古文,因加注于《正义》以释其疑。又刘、班所述篇卷之不同,亦为攻古文者所借口。则为之核计其相异之故,知刘、班与孔原无不合。其补先正辟邪余义,再补续补诸及挈要诸条,发前人未申之义,兼为孔《传》鸣冤。尤要者,以三体石经驳江声所改经文。江所称伪孔增改云者,与石经全同,是不可以关其口乎?或疑三体为正始所作,不思正始亦郑学极盛之时,故刻石止伏《书》廿八篇,与皇甫谧、梅赜诸人固无涉也。其启同社文,盖急于将伯之呼,但无如和者之寡耳。作评赠诗诸人,即其同志矣。(14-96)

尚书异字同声考一卷 光绪十年刊本

清丁显纂。① 首有自序,又有后序。是书以段懋堂《尚书撰异》为主,而参以顾亭林、江慎修、戴东原、张芸心诸家之说,而方密之《通雅》、钱竹汀《养新录》并采及焉。就诸家所引义相同而声相近者,广为征引。其间惟"宅"作"度","底"作"致","猪"作"都","植"作"戴",以古无舌头舌上之音。故又"方"作"旁","弗"作"不","敷"作"布","弼"作"辅","弼"作"弇","岷"作"汶","陪"作"负","分"作"比","丕"作"负","敉"作"抚","冯"作"凭","刵"作"膑",以古无轻唇音故。余无不合。惟"寅饯内日",《大传》作"寅饯入日",两不相通。而古书多互用,殊不可解。又"遍于群神","遍"读如"班",而浅人径改作"班"。悉为。② 如此之类,俱为摘出。惟编中屡称"壁中真本",全是臆断,何苦自欺以欺人耶?(14-97)

---

① 中华本此句后有"显字韵渔,山阳人"一句。

② "悉为"两字当是应删而未删尽。

洪范宗经三卷　道光十五年刊本

清丁裕彦撰。裕彦字毓清，山东潍县人。是书首有陈官俊、贾桢、宋庆和诸序。陈序称其“于蔡《传》之浑举大意，义蕴浑含处，言之务详且尽”。贾序称其“即九峰《集传》之说，引伸其旨，曲畅旁通，期于学者之共晓”。丁序称其“发挥圣人立言之旨，务使理无不实，义无不揭，剖析无不精当”云云。今观是书，亦主蔡《传》，而阐发特详，颇嫌繁衍。其“五行”“五事”两章，假物理以为喻，亦能发人所未发。惟“阴阳”二字，不足以尽五行之蕴。而五行之分属五事，究嫌附会。“阴阳”二字，尤不足以显之。斯则一孔之儒，不足与谈天地之秘奥矣。(14－98)

毛诗异字同声考一卷　光绪十三年刊本

清丁显纂。首有自序，以为“《诗》有周、鲁、齐、韩之殊方，汉、晋、隋、唐之异代，言以地殊，音随时变。故‘市也婆娑’，而‘婆’或读‘槃’；‘伐木许许’，而‘许’或读为‘所’；‘景山与京’，而‘京’或读如‘疆’；‘农夫之庆’，而‘庆’或读如‘羌’。要之，义本相同，声俱相近，或由于语之转，或缘于音之变，故诵《诗》宜知双声”云云。是书于诸家引《诗》，异字同声者皆为拈出，附以引证。其中有同音假借，如“君子好逑”，诸书多引“逑”作“仇”之类。有古今音不同，如“宜其家”，“家”古音“姑”，转为歌，今变为“加”之类。有声义俱近，字可通用，如“江之永矣”，诸书引“永”作“羕”，又作“漾”之类。又有因方音而转者，如“关关雎鸠”，“关”或为“喧”之类。其余大率关于声转居多。至于“威仪棣棣”，有引作“威仪秩秩”者；“实惟我特”，有作“实惟我直”者；“左旋右抽”，有作“左旋右搯”者；“此维与宅”，作“此维与度”者。则以古无舌头舌上之分故。又如“匍匐救之”，有作“扶服救之”者；“四矢反兮”，有作“四矢变兮”者；“番惟司徒”，有作“皮惟司徒”者；“如匪行迈谋”，有读“匪如彼”者；“有颂其首”，有作“有贲其首”者；“诞实匍匐”，有作“诞实扶匐”者；“铺敦淮渍”，有作“敷敦淮渍”者；“佛时仔肩”，有作“弗时仔肩”者；“其旂茷茷”，有作“其旂旆旆”者；则以古无轻唇音故。然如

“三岁贯女”,《释文》云“贯,徐音官”,而石经“贯”作“宦”,则“宦”当为“官”字之误。书中于此类并摘出之。(14－98)

四经正字考四卷① 嘉业堂刊本

清锺麐纂。麐原名宝田,字璘图,浙江长兴人。咸丰辛酉顺天副贡,官内阁中书。麐本通考十三经,稿稍散佚,止存《周易》《尚书》《毛诗》《周礼》,即今本也。亦无序例,大旨以诸经之字,为《说文》所无者,旁通假借,证为《说文》之某字。《尚书》又分今、古文,多引段懋堂、钱竹汀、王伯申说,亦间有所订正。其中如“爤”即“爛”,“爛”是隶省;“裛”即“表”,“表”是隶变;“肁”即“肇”,“肇”是隶借;“遺”即“繢”,“繢”是隶别;“樽”即“梆”,“梆”是隶俗。其类甚多。“偏”是“煸”,“岨”即“砠”,“砠”乃传写之误。“愓”即“塈”,“塈”乃音近之误。“州”即“洲”,“疾”即“蒺”,“州”旁之水,“疾”上之艸,皆是浅人妄增。其类亦甚多。此外尚多新增新附之字,麐俱一一为之辨别。按《诗》:“方秉蕑兮。”《传》:“蕑,蘭也。”《说文》无“蘭”字。麐据《诗传》“白华,野管也”,经文作“菅”字,书与“蕑”同。菅,兰也。《说文》:“菅,香草。”则“菅”即“蕑”也。此条甚佳。又按《诗》:“螓首蛾眉。”《说文》无“螓”字,麐谓“䫄”即“螓”。据《说文》页部:“䫄,好皃,从页争声。”螓是虫类,方言谓之蜻。夫经文有而《说文》遗之者夥矣,似未可牵合也。要之,麐所证,大半是奇字。即能举之,亦今人所不识耳。(14－99)

经典通用考十四卷 嘉业堂刊本

清严章福纂。章福字秋樵,浙江归安人,诸生,可均弟。素究心小学训诂,成《说文校议议》三十卷,别著录。是书首有自序,作于咸丰丁巳。末有后序,作于咸丰辛酉。大旨以为唐虞三代文字无多,多假借,当以今文释古文,如郑康成《笺注》,每谓某读为某、某读如某,陆德明《音义》,每谓某《说文》作某,是也。或以古文别今文,如《说文》或言读

① 中华本作“易书诗礼四经正字考四卷”。

若某，或言读与某同，或复举一曰，或引经异文是也。如此则假借之义明，而古文亦借以不坠。然学者每以假借为正字，且至目今文为古文，以古文为今文，颠倒舛错，滞执不通。因纂成此书，以《说文》为主。盖《说文》皆正字，经典多假借也。经典中有本无其字而假借之者，亦有先假借而后有字者，通用亦假借之类也。因以十三经假借字，依《说文》部次，某为正字，某为通借字。或字相同而义别，或字相似而义别。一一辨而析之，确有依据。亦有附会而近理者，如“公”字下，据《小雅》：“以奏肤公。”《传》：“公，功也。”《说文》作“功”，云“以劳定国也”。而五等之爵首曰公，《书·微子之命》：“庸建尔于上公。”疑即此“功”字。又《尔雅》释“亲”：夫之兄曰兄公，夫之姊曰女公。《说文》作“伀”，云“志及众也”。公，平分也。“公”与“伀”义略同，“兄公”“女公”，即“伀”字引申。而《汉书》贾谊《策》“与公并倨”，《史记·毛遂传》“公等碌碌”，亦疑即此“伀”字云云。如此之类，亦何嫌于臆断？惜不多见耳。又以《说文》正篆分别，部居不杂，惟重文最难检，别辑“重文便检”，附于卷末。书刊于民国丁巳，刘承幹又序其后。（14－100）

经句说四卷　嘉庆庚午刊本

清吴英撰。英字简舟，江苏吴县人，诸生。① 卷首有自序，又有凡例，垂八千言。序释“说”字，谓“说从言兑，人在下而其言则公。兑，悦也。‘公’字从八从厶，背厶为公。八犹背也，厶即私。说经无所用其厶，则人无有不悦之。然必明乎道，其言乃能公”云云。凡例尤词繁无当，惟谓“称引宜有别。称前代宜以氏，称本朝宜以姓及别号”甚是，如此则阅者亦易分晓。至又为人师、经师之别，则迂而固矣。此序及例，至乙亥刊全书时，俱削去。② 所说不分经而以人为类，大率就经文一句至数句，征引群说，而不分汉宋，而以己见证其是非。时亦空诸依傍，自为论断。卷一至四说太王、王季、文武时事，多有可取。如说“三以天下

① 中华本此句后有“是书刊行初仅四卷，继为七卷、十卷，最后成二十二卷。盖自嘉庆庚午已二十年矣”。

② “此序及例”至“俱削去”，中华本作“至刊全书时，或削去不载”。

让”,引《仪礼》“三逊谓之终逊”,谓“三让是终让,让至三,而终不奔丧,而让终矣”。说“居岐之阳”,谓“居即度地居民”,驳《疏》引皇甫谧徙都于程之非,谓“迁程者,即来降之密人,而宅程者始于王季,非文王”。说“以服事殷”,谓“服者,职也,即《鲁语》‘分异姓以远方之职贡,使无忘服’之服”,并引《纪年》“帝辛三十年,西伯率诸侯入贡”为证。说“有妇人焉”,引《论语笔解》,“妇人”作“殷人”,谓指虢叔,以死于伐纣之前,未见鼎革,故称之殷人。按周柄中亦以“妇人”为“殷人”,而以胶鬲当之,以胶鬲为纣臣,而为武王用。按如此说,是二心之臣也,不如指虢叔为惬矣。说“伯夷、叔齐饿于首阳之下”,谓“汤、武革命,孔子言顺乎天而应乎人,夷、齐不应有叩马之谏及不食周粟事。且伐纣时,疑夷、齐已死。《孟子》曰:‘伯夷避纣居北海之滨,闻文王作,兴曰:“盍归乎来?吾闻西伯善养老者。”’曰‘闻文王作’,必在文王行政初盛之年,其时已称大老,又安能待至武王伐纣而犹在?又考孤竹国在辽西,夏、商时冀州地;首阳山在蒲州,古蒲坂地,亦属冀州。当其让国而逃,盖自西北而入东南,不离冀州之境。所云饿者,盖在未闻西伯善养老之前。而《疏》乃云‘让位适周。及武王既灭纣,义不食周粟,故于首阳山采薇而食,终于饿死’云云,不思自丰邑至蒲坂,道路千里,又岂老者所能枵腹而至?”按此说甚快,前人未有发之者。他所持论,俱斟酌不苟,惟好引宋儒陈说作无谓之辨,稍觉不知体要耳。(14－101)

经句说二十二卷 嘉庆刊本

清吴英撰。英撰《经句说》四卷,刊于嘉庆庚午,以后续刊成二十二卷。首有自序二,前序题嘉庆乙亥,后序题戊寅,时书尚未刊竣也。其书卷五至七,说周公、成王时事;卷八至九,说商代及周先伐事;卷十一至十二,说舜禹时事;卷十三至二十二,说孔子事。例如初刊。最善者,卷五说周公与三叔事,谓“周公称公封周封鲁,特以有德兼有大功故。三叔无功,则无德可知,故不得称公,不得有畿内之封。其监殷者,只取其同胞至戚而信之。管叔叛逆之萌,已非一日,及武王崩,以己为次弟,依殷传弟法,己当立,故恨周公而诬以流言”。又谓“《墨子·耕柱篇》言古者周公旦,非关叔,‘关’即‘管’字假音。辞三公,东处于商,是战国以前。已读'我之弗辟','辟'字为'避',商即鲁国。《左·定四年》传曰:'因商奄之民,命以伯禽,而封于少皞之墟。'周公之去,盖乞假以营封国耳"。又谓"'罪人斯得',罪人即受管叔之教而造流言者。而《疏》谓是公属臣,此亦足为罪人之一证。属臣即公之叛臣,惟流言出于周公属臣,故似实有其事"。又谓"《金縢》虽有新迎出郊之文,但王将迎而四国之告叛至,王遂命周公诛之。《东山》诗曰:'我徂东山,滔滔不归。'又曰:'自我不见,于今三年。'计自避至讨而归为三年"。又谓"《左·昭四年》传曰:'管蔡启商,惎间王室。王于是杀管叔。'据此知周公惟奉王命以讨管蔡,管叔盖王使人杀之,非周公杀之,亦非王使周公杀之"。按如此立说,按之时势,揆之情理,弥觉惬协。卷十三至十四考孔子生卒年月及诸事迹,多能订传记之讹,衷于至当。书中虽好引宋儒之说,而颇有驳正,于程朱亦不稍宽贷。惜言过于繁,而题不尽要。又每逞偏见,即如汤伐纣、伊尹放太甲、姜嫄生子、文王受命称王诸事,经传所载甚明,亦欲以理衡其是非。又涉于古文《尚书》《家语》,率斥为伪。斯则难免通识者之讥矣。(14-103)

娱亲雅言六卷 嘉庆刊本

清严元照撰。元照字九能,浙江归安人,诸生。是书首有段玉裁、钱大昕、吴兰庭、徐养原诸序,又有余正观诗,钱大昕、吴兰庭、段玉裁、梁玉绳、周中孚、徐养原、许宗彦诸札,及元照自序。自序云:"先人年六十三,患河鱼之疾,思以此娱之,因以'娱亲'名书。其曰'雅言',先君所定名"云云。原十六卷,删成六卷。卷一《周易》《尚书》,卷二《毛诗》,卷三《周礼》《仪礼》《礼记》,附《大戴礼》,卷四《左传》,附《国语》《公羊》《穀梁》,卷五《论语》《孝经》《孟子》,卷六《尔雅》。其稿经段玉裁、钱大昕、孙志、许宗彦、徐养原、臧镛堂、丁杰、梁玉绳、赵春沂审阅,行间往往有诸人小注,元照间亦自为按语。① 书中援证古义不尚新奇,其尤

---

① "孙志",中华本作"孙志祖"。"行间往往有诸人小注"后,中华本有括注:"光绪乙亥王韬印本亦自行夹入小注。"

善者，如《易》："何以守位曰人。"诸本"人"多作"仁"，元照谓"守位以人""聚人以财"，二语相承，作"人"为合。《书》："女后稷。"诸书作"女居稷"，并谓王肃所改。元照据《汉书·百官公卿表叙》弃作后稷，应劭曰："后，主也。"若孟坚元文作"居"，则应劭不当训"主"，足为非私改之证。又"高宗肜日"，谓"高宗"系庙号，若武宗在位，不得有庙号。断为祖庚嗣位之后，祖己追述其事而作，以正金氏《通鉴前编》之非。又"大木斯拔"，《正义》以"斯"为"此"，元照据《诗》"王赫斯怒"笺："斯，尽也。"谓"斯"有"尽"义。《礼记》："生乎今之世，反古之道，如此者灾及其身者也。"引《大戴礼》孔子曰："生乎今之世，志古之道，居今之俗，服古之服。舍此而为非者，不亦鲜乎？"以证《中庸》，与《正义》合。又《大学》："自天子以至于庶人，至知之至也。"谓此节在"所谓诚其意者"之前，乃申说致知在格物之义。"致知"之"致"，注云："或为至。"明知"至"即"致知"也。诚意正心，皆修身之要务。故曰皆以修身为本，而不曰以诚意正心为本。本所厚者也，末所薄者也。身不修而能治国平天下者，未之有也。能知其本，斯知之至者，经义初无阙漏。《论语》"孺悲欲见孔子"，而皇《疏》则云"孺悲使人召孔子，欲与孔子相见"云云。元照谓阳货召孔子，《书》曰"欲见孔子"，与此书法相同，若就见则当书请见如仪封人之例矣。凡此诸条，义俱精惬。按元照亦不喜古文《尚书》者，而于顾亭林以"奈何"二字为楚言，证《五子歌》有"奈何"字是伪证，元照举《洛诰》"曷其奈何弗敬"一语。江声乃毁古文最力者，以《白虎通》引"厥兆天子爵"，称《书·亡逸篇》，遂强改《无逸篇》以就之。元照并切指其失，亦不囿于成见者。篇中屡述卢文弨、段玉裁说，盖素服膺二人故也。(14－104)

说书不分卷 明刊本

明李贽撰，汤显祖批点，颜季亨注补。"说书"者，说四子书也。首《论语》，次《大学》，次《中庸》，次《孟子》。每书先统论，次分说。论《大学》，谓"世传'大学之道'以下为圣经，孔子之言也。所谓'诚其意者'以下，为贤传，曾子释之之辞也。若后人欲复释之，释曾子之释可也。

顾曾子之释,既详且明,乃不信曾子,而必信朱子者,岂以虚灵不昧之本体,举可以语之凡民耶?”论《中庸》,谓“喜怒哀乐之未发,谓之中,中也者,天下之大本也。《中庸》既两释之,而程子则曰:‘不偏之谓中。’朱子又曰:‘中者不偏不倚,无过不及之名也。’岂以子思子之释为非耶?”语极痛快。说《论语》“学者”,谓“‘学’从爻,‘觉’亦从爻,盖指吾心之爻之中而言。《易》曰:‘爻也者,效此者也。’岂不以所画之爻,以效吾虚中之真心乎?又曰:‘爻者言乎其变也。’岂不以千变万化,皆由此中出乎?”说亦新颖。说《孟子》“皆所以明人伦也”,谓“三代之为道,同有此君臣父子夫妇,而无异道。三代之为民,均之为士农工商,而无异民。至于道释者流之昌炽也,人始不有君臣父子夫妇,而有异道。人始有不士不农不工不商,而有异民。今则正而一之,以君臣之义,父子之仁,夫妇之别,庶乎人无异道,而道三代之道也。正而一之,以士农工商,庶乎民无异业,而民三代之民也”。按如此立让,亦何让韩退之《原道》?孰谓赞非圣无法耶?他所说,虽多涉于玄理禅机,而旨趣自妙。如说“孝弟为仁之本”,引《老子》“绝仁弃义,民复孝慈”,谓“孝慈,本也。‘民复孝慈’者,以惇本也。是《老子》之学,何尝与孔子异?”说“七十而从心所欲不逾矩”,引《老子》“常无欲以观其妙”,谓“常者,真常也,真常之性本无欲。孔子七十而从心所欲不逾矩,其所欲者正从无欲中来”。附合殊有理。显祖辩才不若贽,所评亦具理解,而未足以辅之也。(14-106)

中候握河纪一卷 古微书本

明孙瑴辑。瑴称“《世纪》‘尧与群臣沉璧于河,乃为《握河纪》’,今《中候》也。‘告禅后二年,刻璧为书沉洛’,今《中候·运衡篇》也。所授之《图》《书》,今《握河纪》也”。所辑止二条。章全校本,于首条“仲月甲日”下注云:“《符瑞志》作二月辛丑。”此二条共一百五十余字,他书未有全引之者。(14-111)

中候握河纪一卷 纬捃本

清乔松年辑。凡七条。其引《诗·麟趾》疏“尧即政七十年受《河图》”,又引《周礼·地官·师氏》疏尧曰:“皇道帝德,非朕所专。”此二条,俱见《古微书》。所引次条、他五条,俱《古微书》所无。中引《诗·生民》疏“帝立坛磬折西向”条,别有注云:“进迎接神也。辨护者,供时用,相礼仪也。斯,此也。封三臣,赐姓号者,契为子,稷为姬,皋陶未闻。稷、契,公也。公即《周礼》三公八命,其出封加一等”云云,亦见《诗·长发》疏。又“舜为太尉,稷为大司马”条,上四字见《礼·月令》疏,下五字仅据《汉魏遗书》。而《御览》连引此文,但称《中候》,宜再求出处也。(14-112)

诗纬一卷 玉函山房刊本

清马国翰辑。凡二十三条,注一条,又附录注一条。视乔松年本,多其十六条。其中属于《开元占经》者十六条,为松年搜采所未及,所余亦八条耳。其“天下和同”条、“齐数好道”条、“陈王迹所起也”条,两本同。余五条,则互异也。(14-112)

泛引诗纬一卷 纬掊本

清乔松年辑。凡“天下和同,天瑞降,地符升”一条;“齐数好道,废义简礼”一条;“陈王迹所起也”一条;“君子悉心研虑,推变见事也”一条;“阳本为雄,阴本为雌,物本为魂,雌雄并行三节,而雄合物魂,号曰太素。三未分别,号曰浑沦”一条;“五际谓卯酉午戌亥”一条。所收殊略。(14-113)

诗泛历枢一卷 玉函山房本

清马国翰辑。凡二十一条。所引《诗疏》“午亥之际为革命,卯酉之际为改正。辰在天门,出入改听”,《后汉书·郎觊传》引“午亥”为“卯酉”,“卯酉”为“午亥”,“辰”作“神”。按作“神”是也,可证以宋均注。其下又引“卯天保也”六十四字,则是《诗疏》语,而误以为纬文也。其“阳生酉仲,阴生戌仲”一条,《诗疏》但引称《诗纬》,不空属《泛历枢》,故诸辑本皆不收之。其引《开元占经》四条,并注一条,则为他辑本所

无。(14－113)

诗泛历枢一卷 纬捃本

清乔松年辑。凡二十一条。其中“王者受命”条、“灵台候天意也”条、“贱人牢一曰天狱”条、“房为天马”条、“箕为天口”条、“参为大辰”条、“大明在亥”条、“卯天保也”条、“候及东次”条、“彼茁者葭”条、“天霜树落叶”条、“促织鸣”条、“蒹葭秋水”条、“杨柳惊春”条,同赵本,余皆互异。其中又同《说郛》者八条,其“圣人事明义”条,亦录自《说郛》,而赵本不采。又“卯天保”条,出孔颖达《疏》,《天中记》以为纬文,松年辨之。其所收“卯酉之际”之条,出《后汉书注》,然又见《推度灾》,则宜两存也。(14－114)

诗泛历枢一卷 古微书本

明孙瑴辑。凡十一条。按“建四始五际”条“而八节通”,是《推度灾》语,此置于“卯酉之际为革政”之上,误也。其“卯酉之际为革政”,引见《诗正义》。“大明在亥”条、“卯天保也”条,俱引见《诗正义》。“候及东次”条,引见《御览》。“房为天马”条,引见《史记·天官书》索隐。“箕为天口”条,引见《御览》。“乐者非谓金石之声”条,引见《初学记》。惟“杓为天狱”条,《初学记》《御览》所引,俱作《含神雾》。余条未考所出。(14－114)

诗纪历枢一卷 说郛本

题阙名。所辑凡十三条。“箕为天口主出气,尾为逃臣贤者叛,十二诸侯列于庭”一条,引见《御览》。“天霜树落叶,而鸿雁南飞”一条,引见《初学记》。“立秋促织鸣,女工急促之候也”一条,亦引见《初学记》,无“也”字。余条未考所出。(14－115)

诗泛历枢一卷 七纬本

清赵在翰辑。凡二十三条,俱注出处。首条“建四始五际而八节通”,《困学纪闻》引作《推度灾》。在翰乃以为讹,置于“卯酉之际为革正”之上,当沿《古微书》之误。惟条下据《后汉书》,于《古微书》外,增宋均注一条。“阴阳之会”条,盖录自《说郛》,而遗“遇于北方者以中冬”八字。证以按语,本有之,而刻时偶遗也。按此十六字亦见《繁露》,在翰以为《说郛》所载纬书多见《繁露》,其为《繁露》述纬书,抑《说郛》讹《繁露》之文以为纬,俱不可知,亦一疑问也。“王者受命必先祭天”条,亦录自《说郛》。杨应阶据《棫朴笺》云:“祭皇天上帝,及三辰。”谓与纬说合,并据此为文王受命称王之证,极是。又“卯天保也”条,实是孔颖达《疏》,在翰误为纬文。所引黄石斋论四始五际说,则甚奇创,可存参。(14－115)

诗含神雾一卷　汉学堂丛刊本

清黄奭辑。凡六十八条,盖并赵在翰、马国翰二本之所有而成之。其中如“五精星坐其东”条、“汤之先为契”条,在翰皆有按语,此则没其名氏,若自抒所见矣。其稍异于他辑本者,则据清河郡本以证《说郛》《古微书》诸条。如“诗者天地之心”条,清河郡本增宋均注:“心,主也;祖,领也;宗,原也;户,由出入也。”又“集微揆著”条,宋均注:“望有天下也。”清河郡本“望”作“王”。“上以风化下”条,“言之者无罪”,清河郡本作“言也无罪”,增宋均注:“戒,警也。”“颂者王道太平”条,增宋均注:“颂、诵同,诵其德也。”“齐地处孟春之地”条,增宋均注:“污泥言卑下也。”“曹地处季夏之位”条,清河郡本无“土”字,增宋均注:“劲,健也。”“秦地处仲秋之位”条,增宋均注:“嘹当瞭。”“其人高目广颡,枸为天狱”条,增宋均注:“天杀为天子杀也。”“阳气终”条,增宋均注:“白露,行露也。阳终阴用事,故曰白露凝为霜也。”“日月扬光者”条,增宋均注:“日以象君,月以符后。将帅之气,或如兕虎。动则气动,静则气亦静也。声容具之,谓象之也。”“王者德化充塞”条,增宋均注:“鸾,瑞鸟。”“烨烨震电”条,清河郡本增宋均注:“烨烨,大光也。不安,谓物不安也。雷亦震之,蛰虫皆启户而出之。”“大迹出雷泽”条,清河郡本增宋均注:“雷泽,地名。华胥,伏牺母。遂皇之世,有大人迹出雷泽,华胥履之,生庖牺氏于成纪也。”“庆都与赤龙合昏”条,清河郡本“伊祁”下无“尧”字,增宋均注:“伊祈,唐尧帝也。”“执嘉妻含始”条,清河郡本“含始上”有四空方,汉皇下有二空方。“古之火正”条,清河郡本增宋均注:“味为柳。”“雷震百里”条,清河郡本增宋均注:“雷动百里,故因以制国也。雷声谓诸侯之政声,所至相附近也。”“黄帝座一星”条,增宋均注:“四象谓青龙、朱鸟、白虎、玄龟。”“其东苍帝座”条,增宋均注:“类鳞属也。”“其南赤帝座”条,增宋均注:“类羽属也。”“其西白帝座”条,增宋均注:“类毛属也。”“其北黑帝座”条,增宋均注:“类介属也。”“五帝并设神灵”条,增宋均注:“集谋代相降精也。”“郁金十叶”条,增宋均注:“合郁之礼以降神也,合郁煮郁合鬯。”凡此诸文,俱摭拾者之遗珍也。(14 -116)

诗含神雾一卷 玉函山房本

清马国翰辑。凡六十一条。其“《诗》三百五篇”条、“天下和同”条、“齐叔好道”条、“颂者王道太平”条、“伏羲在亥”条、“风后黄帝师”条、“烨烨震电”条、“五纬聚房”条,又采自《开元占经》者,“日之蚀帝消”等十一条,皆赵本所无。惟“陈王者所起也”条、“君子悉心研虑”条,《文选注》引但称《诗纬》,不能定其为《含神雾》。其“孔子歌曰”条,注语刓,当采自《古微书》。又“北极天皇大帝”条,注语亦刓,见《礼·曲礼》正义。又“玄鸟遗水”条,注语亦刓,盖录《古微书》。(14 -117)

诗含神雾一卷 纬捃本

清乔松年辑。凡三十四条,其中转录《说郛》四条。赵本所采,如“构为天狱”条、“四角主张”条、“震电不宁”条、“东注无底之谷”条、“龙首颜似龙也”条,此俱遗之。而是本所有,若“烨烨震电”条、“神农龙首”条、“风后为黄帝师”条、“简狄吞卵”条、“《诗》三百五篇”条、“北极天皇大帝”条,亦不见赵本。其“诗者持也”条,松年谓“《内则》疏‘以手维持,则承负之义’,是疏语非纬文”。是也。又“孔子歌曰”条,见《说苑》及《续博物志》,而松年但引《古诗纪》。又“北极天皇大帝其精生

人”,见《曲礼正义》,此引作宋均注,皆疏谬也。(14－117)

诗含神雾一卷　古微书本

明孙瑴辑。凡十四条。谓是谶类,每条后多有按语。首条“诗者,天地之心,君德之祖,百福之宗,万物之户也。刻之玉版,藏之金府,集征揆著。上统玄皇,下序四始,罗列五际。故诗者,持也”。他辑本引分四条,此乃并而一之。次条“夫齐地处孟春之位”云云,凡百六十八字,自记云:“此简无全文,竟不知为何简。”今按《御览·时叙部》引之,亦散见《类聚·岁时部》。其“天地东西”条、“天不足西北”条,俱见《山海经注》。“从中州以东”条,亦见《山海经注》,惟无“名曰竫人”四字。“大华之山”二十五字,亦见《山海经注》,惟其下“少室之山巅”二十三字无之。“五岳视三公”条,引见《北堂书抄》。“王者德化充塞”十四字,“尧时嘉禾七茎”十字,俱引见《御览》。“大迹出雷泽”条,亦引见《御览》,而文少异,“玄鸟翔水”以下无之。“执嘉妻含始生刘季”条,引见《类聚》《御览》。“代汉者龙颜朱额”条,引见《御览》。其“孔子歌云”条,见《说苑》及《博物志》,不云《诗纬》。余条未考所出。(14－118)

诗含神雾一卷　说郛本

题阙名。所集凡十条,不记出处。按“诗者诚为天地之心”条,引见《类聚》《御览》《困学纪闻》,无“诚为”二字,“诗”上多“孔子曰”三字。“地处季夏之位”条,引见《类聚》《御览》,无“是也”二字。“德化充塞”条,引见《御览》,无“也”字,“德”上有“王者”二字。“含始吞赤珠”条,引见《类聚》《御览·皇亲部》,引无“汉皇”二字。“其治世之音温以裕”条,清河郡本有之,多宋均注“裕以致安,怒以致乱”十一字。“雷震百里”条,亦见清河郡本,宋均注“雷动百里,故因以制国也。雷声谓诸侯之政声,所至相附近也”二十七字。惟此条又见《孝经援神契》,未审谁是。余条未考所出。(14－118)

诗含神雾一卷　七纬本

清赵在翰辑。凡五十一条。其中转录《说郛》《古微书》各三条,余条俱注出处。其"五岳视三公"条,引杨应阶说,谓"《史记》称'孔子论述六艺,《传》略言易姓而王,封泰山禅梁父者七十余王'云云,迁所谓《传》,盖秘纬。又汉初如贾、董诸儒引纬书,皆曰《传》。以《传》记纬书证经,知封禅即巡狩之仪。纬书不言巡狩者,纬文佚阙。又秦汉废封建为郡县,时巡礼废,独存封禅之说"。以下举证甚博。按杨说是也。又在翰论"契稷无父而生",主郑《笺》,谓"证以《尔雅》,'武迹敏拇'解义为安"。所见亦是。又"五精星坐其东"条,在翰亦有按语,以纬证纬,亦不谬。(14－119)

朋寿堂经说六卷　光绪辛丑刊本

清邹寿祺撰。是书首有寿祺自序,称是三十以前旧课,其时方友王梦薇而师俞樾,大都在诂经精舍应课作也。凡六卷,解《易》六、《书》十四、《诗》八、《仪礼》四、《周礼》十三、《礼记》十一、《左传》六、《公穀》二、《公羊》二、《穀梁》二、《论语》四、《孟子》一、《孝经》二、《尔雅》三、杂说八,附策问三,都八十九篇。初刻十三篇,此亦有之。其中如解"小亨""亨小",据荀氏"阴升阳降为小亨,阳升阴降为亨小",以正宋儒改"亨小"为"小亨"之非。解"曰食哉",谓"曰非舜语,乃史臣纪事之文,证以下文舜命禹宅百宅而水土既平之后,首及稷播百谷,以正诸家以'食'作'劝'作'钦'之非"。说"织皮",谓"皮者,纰之声段字。《说文》:'纰,氐人纎也。'《周书·王会》篇'令正西以纰罽为献'。织皮分见梁雍二州,郑注梁州云'织皮西戎之国',惟雍州异义,然雍州以织皮与昆仑、析支、渠搜并列,其为国名无疑"。解"总角之宴",《释文》"宴"本或作"丱",唐石经"丱"作"卝",谓"卝"当为"毌",作"卄",中不断,有贯穿之义。解"蕃衍盈升",谓"'升'为'廾'之误文。'廾'即'収'变,'収'即'𠬞'变。'𠬞'为古'拱'字,象两手向内形。下文'蕃衍盈匊',匊本字为'𦥑',古作'𦥑',象两手向下形,知'升'亦同以手言也"。

说“中兴”之“中”，谓“据《白虎通》《说文》《释名》，皆训‘仲’为‘中’，‘仲’‘中’古实一字，‘中兴’云者，犹云再兴继兴，即《孟子》所云‘继世而有天下’”。解《周礼》“世妇”，谓“《天官》之世妇，为天子之妇。《春官》之世妇，为大夫之妇”。解“舜歌《南风》”，据《乐纬动声仪》，引孔子曰“箫韶者舜之遗音也，温润以和，如南风之至”云云，谓“歌《南风》，即以制《韶》”。凡此诸篇，义俱惬当。“策问”三篇中，谓“伏《书》虽有《泰誓》，但其本当不全。后得于民间者，仍是不全之本。故《左传》等书所引，均不在内”。此亦臆断之词。果如其说，凡真伪之别，俱可以不全解之，将何所折衷乎？（14－119）

学荫轩经说三卷 民国丁巳活字印本①

清王国瑞撰。国瑞字进之，广东番禺人，同治癸酉举人。以大挑分发福建，历知顺昌、新竹、仙游、崇安、闽县、诏安、宁德等县事。少从同邑陈澧授经学②，《东塾读书记》中，引门人说，惟国瑞一人。而是编中之“亥有二首六身”解，亦引师说为证。按澧说经主融合汉宋，国瑞亦遵其旨。如释“格”，谓“朱子借古义‘至’字，而加‘穷’字，后人取新义‘穷’字而去‘至’字。见《三鱼堂集》。但朱子《补传》云‘所谓致知在格物者’，言‘欲致吾之知，在即物而穷其理也’。是朱子已竟用穷理释格物，不待后人始去‘至’字也。盖‘穷’字与‘至’字，义本相通。《广雅·释诂》：‘穷，极也。’《仪礼·聘礼记》郑注：‘至，极也。’是‘穷’‘至’二字，并有极义。然则‘穷’与‘至’，‘物’与‘事’，二而二。③ 朱子于‘至’上加‘穷’字，犹之于‘物’上加‘事’字。并言之则其说愈明，单言之则其义已备。惟‘之理’二字，经文所无。然有物必有则，故朱子言天下之物，莫不有理。盖经言物而理在其中，朱子特伸言之耳”。又释“习”，谓“朱注云：‘习，鸟数飞也。’本《说文》，乃‘习’字本义。其引伸为温习为

---

① 中华本作“民国六年活字印学荫轩全集本”。

② “授经学”，中华本“授”作“受”。

③ “二而二”，疑后“二”字为“一”之误。

熟习者，盖鸟之习飞，有飞而不已之意。人之习学，亦有习而不已之意。故其义同。朱注与《注疏》之义亦无异，但《注疏》所未及者，朱注补之耳”。又“古本《大学》说”，谓“不读古本《大学》，不知朱子章本之善。[①]阳明之意以《大学》首在诚意，讥朱子以致知格物为先。然《大学》首章云：‘物格而后知至，知至而后意诚。’则先格至而后诚意，经有明文，且古本先云‘此谓物格，此谓知之至也’，后云‘所谓诚其意者’，则依古本，亦是致知先于诚意，尤不必与朱子争先后”。他如《二南诗毛郑朱子异义辨》《请野九一而助国中什使自赋》诸篇，俱意在申朱，而言之成理。又《诗经句例说》，举证赅备，可另成专书。又《诗内外传异同考》，谓毛《传》于“哆兮哆兮，成是南箕”下，说鲁男子柳下惠独处；于“序宾以贤”下，说孔子射于矍相之圃；于“休其蚕织”下，说天子后夫人躬亲耕织。是兼用《外传》之例，因疑《毛诗》亦有外。[②] 此条他人尚未有发之者。他篇粹义甚多，微嫌数见。盖国瑞于近儒经说，流览未广，闭门造车，出门合辙，自不能免也。文数恰盈百篇，其中已采入菊坡精及《学海堂四集》者十数篇。[③] 全集中之杂著三卷，其可收于《经说》者，犹有十数篇也。(14－120)

洛诰新解一卷[④]

温廷敬撰。按《书序》云：“召公既相宅，周公往营成周，使来告卜，作《洛诰》。”但是篇文多不可晓，金仁山欲移“王若曰公明保节”于“公曰已汝惟冲子”节上，意仍晦昧。尤难解者，篇中“明保予冲子”语，近日发见“矢令彝”“明保殷成周彝”“王令明公彝”诸金文，始知明保为周公之子。然或又以伯禽当之。廷敬据“王令明公彝”文，连言明公、鲁侯，是明公、鲁侯为二人。鲁侯即伯禽，明公即明保。盖食采于明，故称明

---

① “章本”，中华本作“章句本”。

② “是”，中华本作“似”。“外”，中华本作“外传”。

③ “菊坡精”，中华本作“菊坡精舍集”。

④ 中华本称为“石印本”。

公,亦即《史记索隐》所称"周公次子留相王室"者也。廷敬即据是以释《洛诰》。惟明保为周公之子,虽可证实,而《洛诰》全文,原多讹脱,委曲附会,仍不免于支离也。(14－122)

困学蒙证六卷 道光庚寅刊本

不题撰人名氏。卷首有陈寿祺序,称"归安月樵宋令君①,由进士筮仕来闽,尝出示其所撰《困学蒙证》若干卷"云云。月樵当是其字。② 盖就王伯厚《困学纪闻》中,取其前数卷说经者,援古传注及阎、方、全、何、程五家校语以证之,间亦附以己见。然非全证,如卷一《易经》,所遗多至五六十条。他经称是,且援据不若翁元圻之博。即如卷一"蔡泽谓亢龙有悔"一条,意似深许蔡泽。然伯厚《通鉴答问》又曰:"范雎鉴于穰侯主眷既衰,亟思变计,蔡泽倨见而不怒,闻'成功者去'之言,翻然谢事。泽也激辞谲说,攘相印而得之,心邪而论正,其自谋亦为雎谋也。泽克践其言,见险能止,居宠知退,其全身幸也。张华、李德裕之才,犹失于不早退,吾非取范、蔡也"云云,正可与此条相证,乃亦遗之,殆流览所未及也。出己见处,亦多未惬。陈序许为厚斋功臣,过矣。(14－122)

孟子疏证二十二卷 传抄本

清连鹤寿撰。鹤寿有《齐诗翼氏学》,已著录。是书"正经界"六卷,"班爵禄"十六卷。"正经界"有凡例七则,分夏九州经界、夏九州分土,殷九州经界、殷九州分土,周九州经界、周九州分土。夏九州据《禹贡》,殷九州据《尔雅》,周九州据《职方》。其分土用今地证古地,以积方计之,而详其四至。惟夏制据山水泽地所在为准,难免迁就。至据《尔雅·释地》说殷制,郭璞等本出臆断。按郑康成《诗谱》言"梁、雍、荆、豫、徐、扬之民,被文王之化",今《尔雅》无梁州,非殷制可知。惟周制,

---

① "归安月樵宋令君",中华本无"归安"二字。

② "月樵当是其字",中华本作"又有武进吴孝铭序,称'乌程宋子薇卿筮仕于闽',月樵、薇卿当是其字,乌程人,盖道光己丑进士宋炳垣也"。

据《周官·职方》,参以《汉书·地理志》,较可信耳。“班爵禄”有总例二卷。其目,一曰周室封建,分二卷,上卷考武王封兄弟及同姓、先代苗裔、周室昏姻、功臣谋士各若干国,下卷考先代旧封、同姓支庶、异姓支庶、周时侯伯各若干国。一曰班爵五等,首天子,如西周十二王、春秋十四王、战国十一王是也。次公,如同姓二国、异姓五国是也。次侯,如同姓十九国、异姓十二国是也。次伯,如同姓十六国、异姓十八国是也。次子,如同姓五国、异姓三十六国是也。次男,如同姓二国、异姓三国是也。一曰班爵六等,凡君、卿、大夫、上士、中士、下士,府史胥徒,王朝侯国,制各有数。一曰王畿乡遂都鄙,凡郊甸稍县畺诸地,暨名山大川里数,远郊朝宿之邑。又王官方伯是也。一曰侯国疆里,凡公侯伯子男封国里数,以至方岳,汤沐之邑是也。附以黜陟、庆让二表,一曰东西二都,有东西二都表,东都八至表,西都八至表,畿内国及畿内名山大川。一曰侯国道里,志东都、西都、南方、东南、东方、东北、北方,所有侯国道里。一曰附庸五等。据《汉书·王莽传》,附庸自九成至一成,并证以公附庸、侯附庸、伯附庸、子附庸、男附庸之见于记载者,附以间田及畿内名山大川。一曰采邑三等,分王畿采邑里数、东西二都采邑、侯国采邑数、列国采邑。一曰王朝侯国官禄,分王朝官禄、王朝市肆群胥数、王畿乡遂郊野官数、王朝都鄙公臣数、王朝采邑官数、山林川泽官数,而大国、次国、小国之官禄,乡遂郊野官数,采邑官数,视以为差。一曰农夫五等,分获粟差数,视年出税,食粟中数,农夫五等。又王畿、公国、侯国、伯国、子国、男国田税与军赋之差。一曰“班爵禄通释”,分二卷,凡三十余条,皆要义,补他篇所未详者。其大旨具总例篇中,以《孟子》与《周官》言封建不合,创为调停之说。谓“《孟子》言谷土,《周官》言封疆,虽异实同。又周制六官,亡《冬官》,据五官之数,五分取一以补之。因以推之侯国官制,亦比例而定其数”。按《周官》一书即先儒信之者,亦以为周公拟而未行,岂能据为定制?况《周官》所无者,而可以臆见补之乎?然其间修理精密,非同苟作。又按是书缺总叙,疑不止此二大目,亦似不专为孟子作也。(14－123)

书考辨二卷　乾隆辛未刊本

清刘绍攽撰。绍攽字九畹，陕西三原人，拔贡生，乾隆间举鸿博及经学，皆报罢。历知什邡、南充、成都等县事。是书首有刘鸣鹤序，又有自序，称"《书》注莫善于蔡氏，义理精纯，持论正大，间有考之未审者，窃取而详订之"云云。书中信古文而疑孔《传》，然亦有时据孔《传》以驳蔡，如说"胤子朱"之类。说"日月五星左旋"，主蔡《传》，以朱子注《诗》"十月之交，有日月五星俱右旋"语与蔡《传》不合，谓《诗传》只载旧说，别援《语类》"天左旋，日月五星亦左旋"之说以证之。说"律度量衡"，谓"《史记》既有《律书》，又有《乐书》；《汉书》既有《律历志》，又有《乐书》。而《律书》则曰'六律为万事根本，其于兵械尤所重'。又曰'钟律调自上古，建律运历造日度，可据而度'。则所谓律者，历律兵律，非乐律"。说"三江"，主郑康成，以左合汉为北江，右合彭蠡为南江，岷江居其中为中江。说"江淮"，据哀公九年《传》"吴城邗沟通江淮"，谓"淮入江，在孟子之先，则孟子言排淮入江为不误"。说"东渐于海，西被于流沙，朔南暨"，谓东西实指其地，南北不言所在。据《孔子三朝记》"北发搜渠，南抚交阯以实之"，谓与《尧典》"南交幽都"之文合。说"自周有终"，援《诗》"周爰谘诹"，《毛传》云"忠信为周"，证蔡从孔氏之不谬。俱惬于理。说"卜筮"，谓"卜用五行，筮用八卦，后人混而一之，不惟经旨不协，抑且占验不灵"。持论尤通。其说"恒卫既从"，谓"恒卫以东为幽州，以北为并州。此独列于赋后，隐示人以割九州为十二州之迹"。又说"莱夷作牧"，谓"割此以为营州，即今之登莱，逾海而有辽东。叙莱夷于贡赋之后，与冀之恒卫同"。按十二州之设，自属疑问，如此二条，亦可云读书得间。鸣鹤序称其"考核至当，新义时抒"，得之矣。（14－124）

尚书古义二卷　嘉庆省吾堂刊本

清惠栋撰。按栋尝撰《古文尚书考》，故于是书亦拘成见，对古文孔《传》多主异义。如"平章百姓"条，《尚书大传》作"辩章"，《史记》作

"便章",下文"平秩","平"字,《大传》作"便",郑玄作"便","便""辩"同音。然《毛诗》"平平左右",毛《传》云:"平平,辩治也。"服虔亦云:"平平,辩治不绝之貌。"是"平"与"辩"可通用,古文作"平章",不误。又"宾于四门"条,《传》谓"四朝诸侯来朝者,舜宾迎之",读为"宾客"之宾。郑玄云"宾读为傧",而《传》以"宾"为"导",实亦读"宾"为"傧"。是孔、郑无异。又"荥波既猪"条,《传》云:"荥水波水,已成遏猪。"郑玄读"波"为"播",谓即荥泽,是一水。《周官·职方》言"豫州,其川荥雒,其浸波溠",正可证《传》,不可驳《传》。栋俱非之,谬也。至引《论语》"予小子履"一节,孔安国注云:"此伐纣告天之文。《墨子》引《汤誓》,其辞若此。"然按《墨子》原文为"汤说",若云字误,以形近言,当是"诰"字,非"誓"字。据《汤诰》第三节云:"肆台小子,将天命明威不敢赦。敢用元牡,敢昭告于上天神后,请罪有夏。"末节云:"尔有善,朕不敢蔽,罪当朕躬,弗敢自赦。惟简在上帝之心,其尔万方有罪,在予一人。予一人有罪,无以尔万方。"而《论语》则曰:"予小子履,敢用元牡,敢昭告于皇皇后帝,有罪不敢赦,帝臣不蔽,简在帝心。朕躬有罪,无以万方,万方有罪,罪在朕躬。"盖合《汤诰》二节之文为一,且语多窜改。惟《墨子》所引,与《论语》相近。安国注《论语》时,其意若谓"此非吾所见《汤誓》之文也",故舍之而引《墨子》。若所云"此伐桀告天之文",班固《白虎通》两引《论语》此文,皆以为代桀告之辞,与安国同,必当时有此解。又"七世之庙"条,据据《汉书·韦玄成传》主五庙之说①,为郑玄所本,但《玄成传》又载王舜、刘歆议,主七庙。引《王制》《穀梁传》:天子七庙,诸侯五,大夫三,士二。为王肃所本。然班彪、马融皆是其说,又不始于肃也。若谓诸书言七庙者,皆周儒笔,专主周制,则小戴之《月令》、大戴之《夏小正》,亦岂周制乎?至《吕览》引《商书》"五世之庙,可以观怪","德"字即已讹"怪",五、七形近,安知非讹?又"虽有周亲"条,引王伯厚说,谓"安国《论语》注,与注《尚书》异"。按一人注两书而异其说,郑玄、高诱皆有之,义皆可通,不足为病。此三条皆攻

① "据据",疑衍一"据"字。

古文者所矜之要证，而栋特摭拾之，其实亦谬也。其他不涉古文诸条，则多有可取者。（14－125）

尚书今古文五藏说一卷　蛰园丛刻本①

清胡廷绶撰。廷绶字翌屏，安徽绩溪人。按今文《尚书》欧阳说肝木、心火、脾土、肺金、肾水，古《尚书》说脾木、肺火、心土、肝金、肾水。许叔重据《月令》"春祭脾"等，同古《尚书》说。郑康成驳之，以为《月令》祭四时之位，以五藏之上下次之，不得同五行之气。遂言"今医病之法，以肝为木、心为火、脾为土、肺为金、肾为水，则有瘳也。若反其术，不死为剧"。详郑此言，固以《洪范》之貌木属肝，言金属肝，视火属心，听水属肾，思水属脾矣。郑注《尚书》久佚，其注《尚书大传》，以貌配木、言配金、视配火、听水②、思配土，虽不言五藏所属，可由驳异义而推得之。乃王鸣盛《尚书后案》谓："五行相配，与相属不同。《洪范》以形象之相配言，医经以气质之相属言，不可强合。"廷绶以为康成大儒，于九流无不通，王氏不能通其说，信口武断。因援《易》《礼》《管子》《内经》诸说以证成郑义之不误，深可取也。（14－127）

古写隶古定尚书残卷一卷　云窗丛刻本

是篇为《隶古定尚书》残卷，发见于燉煌石室者。是《周书》《洪范》《旅獒》《金縢》《大诰》《微子之命》五篇，其中间有残佚。就其存者，以校《史记·宋世家集解》所引孔《传》，十合八九。经文中，如"彝伦逌敘"，与《汉书·五行志》引合；"思曰睿"，与《诗》郑笺引合；"于其亡好"，与《宋世家》引合；"明作哲"，与《玉篇》引合；"曰济"，与《周礼·太卜注》《宋世家》引均合。又取卷中之孔《传》以校《正义》，所据宋本尤多相合，可补阮氏《校勘记》所未及。更取校宋季宣《书古文训》及日本山井鼎《七经孟子考文》③，则与

---

① 中华本作"光绪十一年仪征吴氏蛰园丛刻本"。

② "听水"，疑"听"后脱一"配"字。

③ 疑"季宣"前脱一"薛"字。

《考文》多合,与薛书多不合,知薛书乃伪托也。(14－127)

影写隶古定尚书残卷一卷 云窗丛刻本

是卷始《尚书·盘庚上》第九,至《尚书·微子》第十七,即古文《尚书》第五卷也。盖罗振玉据燉煌本《隶古定尚书》残本,校日本所传古写开元以前古文《尚书》真本。日本本存《盘庚上》至《微子》,凡九篇,燉煌本缺《盘庚上》及《盘庚中》之上半,因就两本之存者以相勘。如"高宗梦得说",二本并作"㝵",与《一切经音义》所引合。"旁招俊乂",二本并作"畯"。按《释文》云:"俊又作畯。"考之古金,"畯民""畯正",其字皆从田旁,则作"畯"者是。今本"女分明猷念以相从",《传》"群臣当分明相与谋念",二本并无两"明"字。按《正义》言"汝群臣当分辈相与计谋",是《正义》本原无"明"字也。"典祀亡丰于昵",《传》"不当特丰于近庙",二本并无"庙"字,与《史记集解》引合。今本"凡有辜罪",《传》"六卿典士",二本并作"典事",与《正义》合。今本"罪合于一法",《传》"皆合于一法纣",二本并无"法"字。《正义》言"合于纣之一身",是《正义》本亦无"法"字。惟今本"予乃迓续乃命于天",日本本作"御",燉煌本则作"卸"。按"卸"乃"御"之别体,异而非异,而《匡谬正俗》亦引作"御",则作"御"是也。凡此皆二本胜于宋以来各本者。后有振玉跋,谓此日本本为卫氏未改字以前真本,殆可信也。(14－128)

尚书顾命残本一卷 宣统己酉影印燉煌石室遗书本

是篇出燉煌石室,自"末命女孠訔"起,至"盥㠯异"止,凡九行。盖未经卫包改定之古本也。其中孠、訔、咊、𢿱、开、巠、亖、㠯等字,皆隐有隶古遗意。取校薛季宣书《书古文文训》①,其隶古文同者仅七字,不同者三十七字。又取注文校日本山井鼎《七经孟子考文》,"策命告辞也",《考文》"告"作"之"。惟注文间有夺字别字,皆无关考证。后附吴县蒋斧校记及罗振玉补考。(14－129)

---

① "书古文文训",疑衍一"文"字。

书义丛钞一卷[1] 原稿本

清焦循抄。[2] 按循子廷琥撰循《事略》，称循“得王鸣盛《尚书后案》、江声《尚书集注音疏》两书，举其异同笔记之，谓之《王江尚书》。后又得周用锡《尚书证义》，益以当世通儒说《尚书》之言，足与三家相证订者，题曰《书义丛钞》。仿卫湜《礼记》之例，不专一说，不加断语，以时之先后为序，共得四十卷。所采录者，共计四十一家，五十七种”云云。是册止存《盘庚》上中下、《高宗肜日》《西伯戡黎》《微子》，不题卷数，盖残本也。所除王、江、周三家外，有《日知录》《经问》《广听录》《尚书古文疏证》《解春集》《古义》《潜研堂答问》《校勘记》《撰异》《说文解字注》《述闻》《释词》诸书。盖顾炎武、毛奇龄、阎若璩、冯景、惠栋、钱大昕、阮元、段玉裁、王念孙及子引之之说。所云“四十一家，五十七种”者，于此略可考见焉。(14－129)

尚书辨疑一卷 乾隆己未刊本

清刘青芝撰。是书一卷，止九条。青芝以其所疑者，质之其友王尔缉、周伯章，尔缉、伯章各答以言。所持义不必同，大抵斟酌孔、蔡之短长，而参以己见。后附伯章、尔缉来书，并青芝答书。伯章谓“一二号为经学者，多立异矜奇，以惊俗愚而为名高，究竟于平实正大处，反多失之”。深中治经者之病。尔缉谓曰：“‘若稽古帝尧’句，分明是孔子删书断自唐虞之词，而后儒以为虞史追叙之词。‘放勋’以下四十八字，分明是孔子括帝尧一生德业总断之词，而以为史臣纪事之词”云云。所见亦是。青芝字芳草，襄阳人，雍正甲辰进士，改庶吉士，未散馆卒。尔缉名心敬，鄠县人，乾隆元年举孝廉方正，不赴。伯章名耒，仪封人，康熙丙子举人。前有刘华岳序，后有青芝自识。书成在康熙己亥，越二十余年而始梓行也。(14－130)

---

① “一”，中华本作“残”。

② “抄”，中华本作“撰”。

书经说四卷　求志居刊本

清陈运镕撰。① 运镕有《周易廓》，已著录。是书说今、古文，谓"《舜典》《大禹谟》，古文未尝分，《顾命》《康王之诰》，今文未尝合，乃刘歆《七略》乱之。哀帝初，歆领校秘书，阿附王莽，凡所窜改，皆托之秘书。莽自以虞帝之后，故分出《舜典》，明当禅代。歆与甄丰、王舜等倡导在位，褒扬功德，故分出《益稷》，比虞廷赞襄。班固作《艺文志》，据以为本，故各书篇卷之数，即多不符"云云。论特奇创，而实臆断无理。所载说《泰誓》，不取后得之《泰誓》，亦不取古文《泰誓》。说《书序》，谓"今所传者，非孔子之旧，且非安国之旧。《史记》无《汨作》等十余篇，盖本无是篇。按班固只称'司马迁从安国问故'，'故'字断句。又称迁书载《尧典》《禹贡》《洪范》《微子》《金縢》诸篇，多古文说。是除《尧典》五篇外，未尝有古文说也。必以为安国即尽知之，且尽采入本纪，似未敢断。且序不俟古文始有之，亦与问何涉"。说"六宗"，谓"是五行及社稷之祀，即《禹贡》所称六府"。解甚新。说"九江"，主湖汉九水。说"三江"，从郑注："左合汉为北江，右合彭蠡为南江，岷江居其中，为中江。"虽非己出，而援证特博。说"文王受命惟中身"，不据《竹书纪年》，而据《小戴记》，又不信"改元称王"之说，盖拘于"三分服事"之成见。至说"武成"，又尊信刘歆。而古文之日月错误，即非剿袭之证。又以为欲掩其作伪之迹，必使古文无自容之地，几于啼笑皆非矣。(14－130)

尚书客难四卷　道光刊本

清龚元玠撰。书分三卷，又卷首一卷，大旨亦以古文为伪，而与阎、惠有不同。谓"伏《书》以书教齐鲁间，传之张生、欧阳生。卫宏所云'使女口传，朝错以意属读'之说非。王子朝奉周之典籍奔楚，周室已无典籍。《隋志》称'孔子观书周室，得四代之典，删为百篇'之说误"。谓"孔壁藏《家语》《孝经》《尚书》《论语》共四种，他三种皆不作科斗文，何

---

① 此条"运镕"，中华本皆作"世镕"。当以"世镕"为是。

独《尚书》用之？知《汉志》称‘科斗文’之说欤”。尤异者，于《尚书》增多之篇，不归之梅赜，而谓为姚方兴及开皇间人所假托。惟谓“增多之篇，系以意增补阙简，故其中醇疵不一，则又非尽假托也”。而“春为建子”之说，又谓“孔《传》胜蔡，是孔《传》亦不可废也”。又谓“今文亦可议，《禹贡》，《康诰》《酒诰》《梓》三篇①，次序倒乱，为作伪者传写编次之讹”。又谓“《尧典》之名不合，当称《帝典》”。凡此诸议，虽出臆断，说犹可通。至谓《书序》亦全所亡之篇，以《周书》之《度邑》《作雒》《周月》《时训》《谥法》《官人》《王会》《祭公》诸解当之。不知孔子叙《书》见于《史记》，即百篇之目，亦大半引于《史记》，岂《史记》竟未寓目耶？其可备一解者，如谓《禹贡》为禹自作，引篇中称“台”称“朕”为证。谓“碣石在马谷山”，引苏秦说“燕南有碣石”，杜子美诗“碣石小秋毫”“遥瞻碣石鸿”“寒芜际碣石”诸句为证。又考商周诸君“谅阴三年”，据《竹书纪年》，周自成王康王后，不书“命冢宰总百官”，以孔子“古之人皆然”之语推之，东周诸君，皆不遵此礼。按《孟子·滕文公》篇言“吾宗国鲁先君莫之行，吾先君亦莫之行也”，亦可证。盖由天子以逮于诸侯，皆废此礼矣。首有自序。曰“客难”者，借主客以发其疑义也。（14－131）

书传疑纂八卷　原稿本

清戴钧衡撰。钧衡有《书传补商》，已著录。是书无序例，于蔡《传》及异蔡《传》诸说疑而未安者，则援证他说，或直抒已见，以求其是。凡以辅《补商》所未及，中如说“肇十有二州”，谓“分九州为十二州，不始于舜。‘肇’者‘正’也，非‘始’之谓，所以正其经界也。当尧之时，天下盖已十二州，州各有牧，故曰十二牧。其故或因疆域之广，非一牧所能理，遂于一州而立二牧，或三牧焉。牧既十二，而州之称遂因之，实则未尝改也。禹仍治此十二州之水，而揭九州之名。及其成功作贡，仍止于九。而《益稷》篇犹言州十有二师，可以互证”。按此说创而有理。说

① 《梓》，中华本作《梓材》。

"乃命羲和",谓"羲和为授时之官,下文'四子',即此羲和。曰仲曰叔者,犹后世官有正副,析之则四人,合之止二职,而二职又实是一职"。说"分北三苗",谓"系于'考绩黜陟'之下,盖三苗自来格后,无复梗顽。若所云'君子在野,小人在位'者,可以与在廷诸臣一体黜陟,是来格后实事"。说"舜三十征庸,三十在位,五十载陟方乃死",谓"郑康成用《史记》说,与经文三载'汝陟帝位,二十有八载'之文不合,亦与孟子'十有七年舜崩'及'居丧三年'之文不合。应从孔《传》"。说"禋于六宗",主全谢山说,谓"六宗应是天神,曰岁,谓太岁;曰时,谓四时;曰日,曰月,曰星,则二十八宿也;曰辰,则十二次也。即《左传》之六物"。俱持之有故。《泰誓》,引邵懿辰说,谓"汤承尧舜禹禅授之际,未有放伐之事,故其词戚。武王则率行汤之故事,天下之人,亦皆晓然。知武王行汤之事,故其词直。且《汤誓》作于亳都兴师之初,其事尚缓,故其辞不尽。《泰誓》《牧誓》作于渡河布阵之后,其时已逼,故其词不得不迫"云云。"武成",亦引懿辰说,谓"原无错误。据《左传》楚芋尹无宇曰,昔武王数纣之罪以告诸侯曰:'纣为天下逋逃主,萃渊薮。'夫'为天下逋逃主,萃渊薮',此武王祷神之辞。而无宇以告诸侯,则是武王述祷神之辞于诸侯,而在未入孔壁之先,编简次序,固已如此"云云。按此二条,为刻本《尚书通义》所未有。盖《通义》原稿毁于乱,所刻者,止《召诰》至《吕刑》,钧衡及见其未毁之稿,故得引之。而钧衡与懿辰,又皆深信古文者,更乐引之也。钧衡信古文而不信孔《传》,然谓其亦有可取,故书中多主之。他所主,亦不尽宋儒之说。独于"文王称王纪元"一事,斥为妄说。至若"惟有道曾孙周王发"一语,既证为非史臣所加,乃强牵程伊川"今日天命绝便是独夫"为解。不思天命之绝未绝,岂有谆谆焉命之者乎?囿于迂见,不惜抹煞经传,是治宋学者之通病矣。(14-132)

尚书中候一卷 汉魏遗书抄本

清王谟辑。按刘向《七录》称"《尚书中候》八卷",《隋志》称"《尚书中候》五卷,郑玄注"。汉世纬、候并称,《后汉书》注:"纬,七纬也;候,《尚书中候》也。"是纬与候原自有别。孙瑴《古微书》言"《中候》书佚,而诸书所引,篇目猥杂"云云。按诸篇目,即十八篇之目也。谟从《诗》《礼》《春秋》正义、《后汉书注》《文选注》《御览》《类聚》《路史》《文献通考》诸书,抄出《握河纪》八条、《运行篇》四条、《契握篇》一条、《稷起篇》一条、《敕省图》二条、《洛予命》二条、《我应篇》四条、《摘二篇》二条、《雒师谋》二条、《摘雒戒》二条、《准纤哲》五条、《仪明篇》二条。诸书引《中候》,而目无考者二十四条。独阙《考河命》,谓未见。按孙瑴《古微书》有一条,乔松年又增辑一条,皆见《诗疏》《路史》,谟偶失考耳。又《中候》原有郑注,谟亦遗之。(14-134)

洪范说一卷 康熙戊子刊本

清李光地撰。首有自序,谓"真西山《衍义》,虽得经意,而有所未发,因推本于《雒书》之出。暨夫'九畴'生数,与《易》卦同异之根,而文义之间,亦多自抒所得,不沿旧解。其书旧刊于康熙庚辰,既而觉其词漫漶,非解经之体,又'九畴'目中分别禹箕,亦未甚审,因就删削,依文训释,期于平实简质"。即是本也。按庚辰,光地五十九岁。戊子,六十七岁。盖历八年而稿再定。考光地《年谱》,于庚辰条下标"《洪范》初初稿成"①,而戊子缺之。序亦不见文集,殆偶遗之耶?(14-134)

洪范五行传二卷 汉魏遗书抄本

汉刘向撰,清王谟辑。考《汉志》有刘向《五行传记》十一卷,隋、唐《志》同。《汉书》向本传称向见《尚书·洪范》"箕子为武王陈五行阴阳休咎之应,乃集合上古以来,历春秋六国至秦汉,符瑞灾异之记,推迹行事,连传祸福,著其占验,比类相从,各有条目,凡十一篇,号曰《洪范五行传》,论奏之"云云。宋儒欧阳修、叶适颇非之。刘知几《史通》谓《班史·五行志》出刘向《洪范》。赵枢生亦云"刘向《五行传》,其书不可见,班书《五行志》乃其遗法"。谟据此从《汉书·五行志》抄出向说百四十一条,并引《春秋左传疏》《穀梁传注》《水经注》《宋书·五行志》诸

---

① "初初",疑衍一"初"字。

书以证之。又从《后汉书注》《初学记》《宋·五行志》《文选》《北堂书抄》《御览》《类聚》抄出若干条为二卷。卷首有序录六则。(14-135)

尚书五行传注一卷 光绪刊郑氏佚书本

清袁钧辑,袁乔年校补。① 尧年,钧四世诸孙也。钧称"《尚书五行传》一卷,旧列《大传》中,称《洪范五行传》。然《大传》自有《洪范传》,此当别是一书。孔颖达曰'今文《尚书》''刘向《五行传》''蔡邕勒石',皆是此本。叶水心谓《大传》流为刘向《五行传》,夏侯氏灾祥之说是也。郑注所引刘《传》,即向书。此《传》为伏生创纪,详于五行之说,盖汉以前相承古义,虽同为《大传》,而不在郑君所诠次八十三篇中"云云。是辑从《仪礼经传通解续》得十九条,又从黄佐《六艺流别·五行篇》得五条,从《续汉书·五行志》得五条,从《御览》得八条。条后有注,即郑君注也。《传》与注皆有考证,所以别异文讹字。文及注,皆有尧年案语,为之标举所出,并参诸本异同详略。在诸辑本中,为尤异者。(14-135)

洪范五行传三卷 左海全书本

清陈寿祺辑。是《传》全录《汉书·五行志》,分作三卷。而引《尚书》、《毛诗》、《公羊疏》、《南齐书》《南齐书》《隋书》《唐书》各《五行志》②、萧吉《五行大义》、《开元占经》、释湛然《辅行记》、《初学记》、《北堂书抄》、《太平御览》、《艺文类聚》诸书以证之。有原书不标所出,而以意断为传文者。文下间有考证,其不题刘向者,据本称"景武之世,董仲舒治《公羊春秋》,推始阴阳,为儒者宗。宣元之后,刘向治《穀梁春秋》,数其祸福,传以《洪范》,与仲舒错。至向子歆,治《左氏传》,其《春秋》意已乖矣。言《五行传》,又颇不同。是以擥仲舒,别向、歆。《传》载眭孟、夏侯胜、京房、谷永、李寻之徒,所陈行事,讫于王莽,举十二世,以传《春秋》"云云。盖刘向之外专有诸家之说在也。(14-136)

---

① "袁乔年",据后文,疑"乔"为"尧"之误。

② 《南齐书》《南齐书》,疑衍"南齐书"三字。

顾彪尚书义疏一卷　汉学堂丛刊本

隋顾彪撰，清黄奭辑。取校马国翰辑本，则孔序多“古者包牺氏之王天下也”一句。《尧典》“钦明文思”条“知者此先聪后明”二十五字，是《正义》文，非《义疏》。马本有《皋陶谟》三条，此删之。《禹贡》“厥赋惟上上错”条，此多“孟子称税什一”三百六十三字。“导黑水至于合黎”条，此多“但此水出合黎因山为名”九字。“五子之歌”，此多“怨岂在明”一条。“乃季秋月朔”条，此多九十四字。“伊训首”一条，与马本引《义疏》同，而题各异。“具训于蒙士”条，此多“例字宜从下读”十五字。又《太甲》首一条，引异疏同①，而题各异。又《盘庚上》，马本有一条，此删之。又《泰誓》上，马本有一条，此删之。又马本《牧誓》《武成》各有一条，此删之。又《康诰》有一条，引《义疏》同，而题各异。又《酒诰》“惟天降命”条，“元大也”下，马本多“《洛诰》称元祀”十六字，此删之。又《召诰》，马本多“惟二月既望”条及“既得厥卜则经营”条，此删之。又《立政》“自一语一言”条，此多“释训云”十一字。大抵奭去取矜慎胜马本。（14－136）

禹贡说一卷　续经解本

清倪文蔚撰。文蔚字豹岑，安徽望江人，咸丰壬子进士，官至广东巡抚。是书说仅五篇。说“彭蠡”，据《史记·封禅书》“上巡南郡，至江陵而东，登礼灊之天柱山，浮江，自寻阳出枞阳，过彭蠡”云云，汉寻阳在江北，枞阳在今安庆东境，北去巢湖仅百里。然则彭蠡即巢湖也。若彭蠡为鄱湖，岂既出枞阳，复上溯五六百里而过彭蠡耶？说“云梦”，据《左氏·定四年传》“楚子涉睢济江，入于云中”，睢即沮水，在今当阳县境。涉沮济江始入云，是云明在江南。《宣四年传》：“邙夫人生子文，弃于梦中。”邙在今安陆县境，必与梦相近，是梦明在江北。杜预称枝江县、江夏、安陆县东南，华容县东南，各有云梦城，则所谓“方

① “异疏”，疑“异”为“义”之误。

八九百里”者非夸词。若今之云梦,全在汉东,已与“跨江南北”之言不合。则《禹贡》云梦为九江,益可信。说“三江”,据《汉·地理志》,芜湖县,中江出其西南,东至阳羡入海。吴县,南江在其南,东入海。毗陵县,北江在其北,东入海。孙星衍、阮元主其说,惟不知南江出自中江,而以石城县分江水为南江之始,未惬经意,因援地势以证之。此三条持论皆有据。他如说“九江”,主朱子。说“敷浅原东陵”,主姚鼐,特引申之而已。(14-137)

尚书讲义一卷 光绪乙未刊本

清黄以周撰,其子家岱述。以周有《周易释》,已著录。家岱字镇青,诸生。是编融会《书》旨,贯通章脉,或设疑难,以发其蕴。盖字解句释之后,所不可少也。而自来治经者俱未及此,讲义家知之矣,而素昧考据,芜于词而蔽于理,盖交失之。是编体同讲章,而撷义理训诂之粹,若《禹贡》《盘庚》《大诰》《洛诰》《立政》诸篇,使人读之,了然昭晰。所讲不分今古文,惟以“武观”即“五观”,即作歌之五子,殊谬。然又谓“伪书之言,必有所本。其辞若怨太康,实以自怨,深合悔过之旨”。又谓“《伊训》《太甲》《咸有一德》《说命》诸篇,虽不类真古文,然其文多采自佚书,皆前贤之格言,亦是江河不废”云云。以视侈口斥骂,不别黑白,甚且以白为黑者,殆有间焉。原书未至《泰誓》而止,其后数篇则家岱续述所闻以补之,仍未完也。首有以周及其兄以恭序,家岱亦有序。(14-138)

书序略考一卷 旧抄本

不题撰人名氏,每条下有“举案”二字,疑是方世举也。亦无序例,大抵据《史记》以证《书序》。谓“司马迁曾从安国问故,安国家《书》及《序》,载于《史记》。《史记》不载者,疑安国家无之。汉初《书》不全,《序》亦不全,逸篇散见于古籍所引者,据《左氏·定四年传》,知有《伯禽》《唐诰》二篇。据《史记·殷本纪》,知有《大戊》篇。据《墨子》,知有《武观》篇。据《史记·秦本纪》,知有《大费之命》篇。据《书·毕命正义》,知有《霍命》篇。据伏生《书传》,知有《揜诰》篇。据《小戴记·缁衣》,知有《尹告》篇”。又谓“《论语·尧曰》篇有‘尧曰:咨尔舜,天之历数在尔躬,允执其中,四海困穷,天禄永终’二十二字,系古帝典语,今《尚书》无此文。《史记·五帝五帝本纪》亦不载此二十二字①,知伏生所传《尚书》,固非孔门旧本。即安国家所上,亦非孔子及七十子诵习全文”。又据《孔子世家》,有“序书传”三字。《汉书·儒林传》亦云:“孔子奸七十余君,自卫反鲁,究观今古篇籍,于是叙《书》则断《尧典》。”马、郑以《书序》孔子作,本此。余如《甘誓》《五子之歌》《胤征》诸篇,《史记》所引,与《书序》全合,的为古序。又《史记》载《尧典》《咎繇谟》《禹贡》诸篇,而不载《序》;载《说命》之序,而不载其文。然证之他书,则皆可信。篇中每称“伪孔《传》”,盖亦攻古文者。然谓“作歌之五子,与叛归之武观非一事,一在太康失位之后,一在太康未即位之前”。盖亦据《史记》而证以《离骚》,视阎百诗辈之强词周内者异矣。(14－138)

尚书说一卷　原稿本

清万宗琦撰。宗琦字莲士,广东番禺人,诸生。宗琦谓东晋晚出者是孔《传》,非古文。孔《传》多有未达经旨处,可证非出一手。蔡《传》多承师意,可证朱子不疑古文。其释字句,如“共工方鸠僝功”,谓《说文》“人”部引《虞书》“方救僝功”,“走”部引《虞书》“旁逑孱功”,方、旁、救、鸠,皆古今字。“逑”训聚敛,与“鸠”同义。“僝”,《说文》训“具”,《史记》释以“布”,与《传》训“见”义相近。盖言共工多才,能聚众事而见其功也。又“动予一人”,据《淮南·精神》篇注“动,犹惑也”,谓“以浮言惑乱予一人”。又“民有不若德不听罪”,据《周书》“被之以刑民始听”注“听,顺也”,《吕览》“行罪无疑”注“罪,罚也”,“不若德不听罪”者,谓“施之以德而不若,被之以刑而不顺,若亦顺也”。又“大贝”,据《开元占经》引《援

---

① “五帝五帝本纪”,疑衍“五帝”二字。

神契》"德至渊泉,则江出大贝",谓"大贝"是瑞物。按诸说皆善。又按宗琦素治《尚书》,积稿盈帙,明囊从讲授,择录若干条。匆匆四十余年,不知原稿今尚存否。(14－139)

尚书主意传心录十二卷　明万历辛巳刊本

明锺庚阳撰。庚阳字长卿,浙江嘉兴人,隆庆戊辰进士,官至刑部郎中。是书前有王樵序,后有王肯堂跋。《虞书》二卷,《夏书》一卷,《商书》二卷,《周书》七卷。分节为说,节又分段分截,全类讲章。所有阙文错简,皆置不理。即《盘庚》《大诰》,亦视作文从字顺。序称:"会通其聱牙难解之词,而出之以平易,使人如见。"盖为举业家而作,体宜尔也。至其名书之意,序云"本所得也",得于经旨乎?抑得于文法乎?不知所指。书刊于万历、崇祯间,其孙锺键重订之,附陈懿典所为《墓志铭》。(14－140)

静修堂书经解四册　旧抄本

清仇景仑撰。景仑有《周易解》,已著录。是书不分卷,兼解今古文。惟多袭阎若璩之说,或称"伪孔《传》",又或称"孔安国",不一其例。盖随所贩之书而称之也。或解篇题,或解经句,集诸家之异说,而别其是非。然非有确见,往往游移其词。如解"九族",既引孔《传》,谓"高祖玄孙之亲证,以《丧服小记》亲亲"。"以三为五,以五为九",谓"指同姓言"。又引夏侯、欧阳说,作"父族四,母族三,妻族二",证以晏子曰"使吾父之党,无不乘车;吾母之党,无不足衣食;吾妻之党,无有冻馁者",又兼同姓异姓言。按古人重宗法,指同姓是也。谓"兼两说而义始备"者,非也。又解"四岳",既取孔《传》,谓"四岳为四人",又取蔡《传》,谓"四岳为一人"。四人或一人,各主一说可也;谓二说宜并存,不可也。又书中往往题同而篇复,所解亦无甚异。当是预为场屋中抄撮之需,非所论于精研有得者也。(14－140)

书经要义六卷 雍正庚戌刊本

明王建常撰。① 建常字仲复,陕西渭南人。王钺序其《大学直解》,谓"甲申丁沧桑之变,痛念苍湘梧水之惨,敝蹝衣冠,独守清门,广览百家之书,穷究四子之学,贞不字者,近四十有余年"云云。盖守遗民之节,而卒于康熙三十年以前者。是书于治历、治水二事,言之较详,亦较切。如论"天左旋,日月东出西入,亦是左旋,但行不及天,而次舍日以退,故为逆天而右转。其实舍虽退而行未尝不进,退虽逆而进未尝不顺"云云,理极精,且发于梅文鼎、王锡阐之前,尤难得。其论"列宿距星宫度",引西洋汤若望说。论"璇玑玉衡",谓即今浑天仪,并取证于汤若望所制器。论《禹贡》所载南北山川,与今名称多有同异,由于水道分合通塞,沧桑代变,故据后世之地理,不可以论禹迹之旧。如辨"南条荆山",辨"伊瀍入洛",证"彭蠡即鄱阳湖"诸条,皆甚确。于河水发源,则据元人都实访得星宿海,以补蔡《传》所未及。又书中涉于律者,屡称见《律吕图说》。建常曾撰有此书,今不见传本,不知其说何若也。然他所说多主义理,所采都宋以下诸儒之说,间亦有所辨正,而究以朱子为归。至于说"扬州",称"明太祖由金陵北逐胡元,恢复二帝三王之天下"。说《洪范》,谓"箕子不称年而称祀者,示不臣周,以其故君故国之思"。俱可得之言外。卷首有张慄序,称是书"成于晚年,于己卯冬得其稿,次其前后,搜其缺略,始得成编"。按己卯,康熙三十八年也,时建常已前卒。又有上官汝恢序,同作于雍正庚戌,则刻书之年也。(14-141)

尚书家训八卷 康熙己酉刊本

清董色起撰。色起字印韩,河南洛阳人,顺治辛卯举人。是书首有粘本盛序及色起自序。卷前有纪藏书并孔子履历,纪孔子删书之年并孔子功德二篇。卷一至二《虞书》,卷三《夏书》,卷四《商书》,卷五至八《周书》。其中分节为说,全似讲章。亦有以考名篇者,大都抄袭旧典。

---

① "明",中华本作"清"。

篇后每附七言歌括,尤属浅陋。序后列校定姓氏、师友、同族,合七十余人。道光翻刊本又增校对数十人,皆同族者。题曰“家训”者,自言为子孙弟侄问难而作也。(14 – 142)

尚书大传注一卷　通德堂经解本

汉郑玄注,清黄奭辑。按辑《大传》郑注者,有孔广林、袁钧二本。传文与注,俱注出处,孔本较略,袁本稍详。奭所辑,例与孔、袁同。所辑《传》,与袁本互有详略,《注》虽无多,然视袁本较详。即如卷一“西度柳谷”句下,多“五色聚为柳,日入时见五色”十一字。又“秋者愁也”句下,多“愁收敛貌”四字。又开篇从《玉海》转引《中兴书目》增序:“盖自伏生也。伏生为秦博士,至孝文时,年且百岁,欧阳生、张生从学焉,音声犹有讹误,先后犹有差舛,重以篆隶之殊,不能无失。伏生终后,数子各论所闻,以己意弥缝其间,而别作章句,又特撰其大义,因经属指,名之曰《传》。刘子政校中书,奏此目录,凡四十一篇,玄铨诠为八十三篇,凡百八字。”亦袁本所无也。(14 – 142)

诗经客难二卷　道光刊本

清龚元玠撰。首有自序。驳正旧说,若据“亲迎于渭”,证天子诸侯有亲迎之礼,斥宋儒不信者,为败坏先王之礼。义最正大。他若说《简兮》,谓“古无伶官司乐舞之事,且伶官瞽者,亦安能舞?”说《何彼秾矣》,谓“平王若指宜臼,考鲁庄公元年,为庄王四年,《春秋》书‘冬王姬归于齐’,此为归襄公之王姬。襄公现为侯,不宜称子。又此时桓王即位二十七年,王姬当三十余岁。愆期已甚,若归桓公又越十年,且不可信。且二王姬归齐,经俱书冬,安得有《唐棣》‘桃李之华’乎?”说“太王翦商”,谓“前编误据刘歆《三统历》,系太王于武丁之世,不知太王实与武乙同时。《竹书纪年》:‘武乙三年甲辰,命周公亶父,赐岐邑,邠迁于岐周。’此事《孟子》亦未及详。太王修后稷、公刘之业,邠民归之。又值武乙无道,他国亦必有去武乙而归之者,故曰‘翦商’”。凡此诸义,创而有据。所驳朱子解“淫奔”诸诗,亦是自抒所见,不袭陈言。

惟以《甫田》《大田》为豳雅,《载芟》《良耜》为豳颂,嫌于臆说。说《厥初生民》篇,信毛非郑,囿于迂见。又金仁山引《竹书》武王五十四岁,本不误,而以为误,亦是小失。曰"客问"者,借主客以发疑义,与所说《易》《书》同。(14 - 143)

毛诗古义二卷　嘉庆省吾堂刊本

清惠栋撰。是书如"采采卷耳"条,引荀子说,证大毛公之师承。"江之永矣"条,据《韩诗》"永"作"羕",补《尔雅》郭注及《说文》所未及。"于以湘之"条,据《韩诗》作"于以鬺之",颜师古《汉书注》:"鬺,亨煮而祀也。"正毛本之讹。"执辔如组"条,引《吕览》"圣人组修其身,而成文于天下也"。见大毛公与吕氏同时,皆有所受。"鹑之奔奔"条,引《吕览》诸书作"贲",证古音之从同。"河上乎逍遥"条,谓"逍遥"二字已见汉碑,惟《经典》只合用"消摇"。"胡取禾三百亿"条,引徐岳《数术记遗》,见《传》云"万万曰亿",《笺》云"十万曰亿",各有所本。"桧"条,谓帝高辛所灭之郐,非郑武公所灭之郐,证王符《潜夫论》之失。"吉日庚午"条,据《穆天子传》云:"天子命吉日戊午。"又云:"吉日辛酉,天子升于昆仑丘。"与翼奉说合,证"王者吉午酉"之非虚。凡此诸条,义皆确当。惟"中冓之言"条,引《玉篇》《广雅》,训"夜"作"冓",不见《说文》。"齐子发夕"条,郑《笺》"发夕"训"恺悌",与《尔雅》合。毛《传》云"自夕发至旦",盖误。此引薛夫子、王叔师诸说以证毛,不可从。"艳妻煽方处"条,《毛传》:"艳妻谓褒姒。"鲁《诗》"厉王内宠"之说,盖曲解。此增引纬书"剡者配姬"语,谓"以剡配姬,非褒姒",尤属附会。"实始翦商"条,训"翦"为"勤",谓"太王自邠迁岐,始能光复祖宗,修朝贡之职,勤劳王事"。按古公未为牧伯,无赐钺专征之事。修朝贡之职,群侯所同,不得谓勤劳王事。至于所援各条,不据释训,以明郑读,尤为失之。(14 - 144)

唐写本毛诗传笺五种　影印古籍丛残本

是册皆得之燉煌石室者,凡五种,唐写本二,六朝写本三。唐本甲卷存《召南·麟趾》至《陈风·宛丘》。《唐风》以下有注,以上无之。以校《释文》所载诸本,间有胜处,当据六朝善本移录者。乙卷存《国风·柏舟》至《匏有苦叶》。六朝写本之甲卷,存《小雅·鹿鸣》以下至卷九后题,乙卷存《出车》至卷九后题,丙卷存《六月》以下至卷十后题。此五卷皆不避唐讳,以书迹而别为唐与六朝,而字迹亦优劣不一。其分卷俱同开成石本。按是书,《隋志》作二十卷,《唐志》同。证以此本,知开成本分本,是仍六朝相承之旧。此虽残本,以校宋元椠本,异同甚多,且多与《释文》所载诸本合,亦有《释文》所未载者,洵足宝也。(14-145)

诗纬推度灾训纂一卷 玉津阁丛刊本

清胡薇元撰。篇中"君子悉心研虑,推变见事也",引《匡衡传》:"《诗》者原性情而明人伦也。故治《诗》必通律历阴阳,而穷极乎性命之原,善推祸福以著。斯乃告往知来,圣门言《诗》之微旨也。""烨烨震电"条,引京氏曰:"人君承用节度,雷风以节之。暴行威福,雷霆击人,议狱缓死则灾消矣。天无云而雷,应人君以暴罚也。"其义俱足相证。若"后稷母姜嫄出见大人迹,履之生后稷",此即郑康成《生民》诗笺所本。此引《易纬》郑注,而遗《诗笺》,何也?(14-145)

诗纬泛历枢训纂一卷 玉津阁丛刊本

清胡薇元撰。是篇多引《占经》,属于天文,除《天官》外,他可证者绝少。所训多牵凑比附,惟"乐者非谓金石之声"条,引《乐纬动声仪》:"冬至阳气应,则乐均清。夏至阴气应,则乐均浊。五音调则和顺。"又"贱人牢一曰天狱"条,引《史记·天官书》:"句圜十五星属杓,曰贱人之牢,实则囚虚,多则开出。""尾为逃臣贤者叛"条,引《天官书》:"尾为九子,曰君臣斥绝,贤者叛。""箕为天口主出气"条,引《御览》五:"箕为敖客,一曰天口,主出。""天市星聚众"条,引《天官书》:"旗中四星曰天市,中聚众星者,实虚则耗。"如此之类,尚可稍征其义。(14-146)

诗纬含神雾训纂一卷 玉津阁丛刊本

清胡薇元撰。首有廖平序,谓"西汉以上说经,皆以纬为主,齐、鲁、韩三家《诗》尤为显著”。后有门人萧洁端跋，称薇元旧有《诸经纬训纂》，已散佚，所存止此。其书就陈乔枞《诗纬集证》，为之删补。参引经史传记，证以他纬文，附注本条出处。中如“集微揆著”，引《易乾凿度》：“天道三微而成一著，三著而体成。”又“上统天皇”，引《春秋纬》：“德合元者称皇。”又“北极天皇大帝”，引《春秋合诚图》：“天皇大帝，北辰星也。”又“七星不明”，名为“七政不行”，引《孝经援神契》：“天子不能祠名山，不敬鬼神，则斗一星不明。数起土功，坏决山陵，逆地理，则二星不明。不爱百姓，则三星不明。发号施令，不从四时，则四星不明。乐声淫佚，则五星不明。用法刻深，则六星不明。不祠江淮河济，则七星不明。”又“五纬聚房，为义者受福，为恶者亡”，引《春秋元命苞》：“纣时五星聚房，房者苍龙精，周以是兴。文王在丰，诸侯咸至。”如此诸条，得证益明，然亦有泛征而不切者。(14－146)

诗推度灾一卷 七纬本

清赵在翰辑。凡二十条，俱注出处。惟“上清下浊”八字，引见《御览》三十六，而在翰止引《古微书》。又“外规有云”条，亦引《古微书》。其“庚者更也”条，在翰谓“孔门弟子尊师之记”。“阳生酉仲”条，在翰谓“阴阳以形气言”。“《关雎》有原”条，在翰谓“与《诗叙》‘忧在进贤’义合，‘八’当作‘九’，注义亦本《叙》说”。“邶结蝓之宿”条，在翰谓“‘结’宜作‘蛣’”。又“十月之交”条，引李大瑛说，谓“周幽王六年乙丑建酉之月，辛卯朔辰时日食。此言周正十月，为酉月，非亥月”。所见俱甚是。(14－147)

诗推度灾一卷 玉函山房刊本

清马国翰辑。凡四十三条，俱注出处。惟“雄雌俱行”二十四字，未注出处。按此条引见《广雅·释天音义》。又“作邑于丰”条、“契母有娀”条，亦不注出处，盖转引《古微书》也。其“日蚀君伤”以下十二条，引《开元占经》，皆为他辑本所无。(14－147)

诗推度灾一卷　古微书本

明孙瑴辑。谓"或《齐诗》授受之遗"。所辑凡十二条,不注出处。今考首条"阳本为雄"二十五字,引见《御览》。"雄雌俱行"二十四字,引见《广雅·释天音义》。惟"上天下地"八字,引见《御览》,而《说郛》则引作《璇机钤》,不知谁误也。"月三日成魄"条,引见《事类赋·天部》。"《关雎》有原"条,引见《御览》。"邶国为结蝓之宿,营室之精也"条,"邶结蝓之宿",见李淳风《乙巳占》。"营室之精也",当是注,此误引。"庚者更也"条,见《魏志·文帝纪》。"上出号令"条,前三十三字引见《初学记》,"《诗》曰"以下,似非纬文。"百川沸腾"条,引见《诗正义》。"挠弱不立"条,引见《御览》。余俱无考。(14－148)

诗推度灾一卷　汉学堂刊本

清黄奭辑。凡四十二条。赵在翰、马国翰两辑本所有,皆收之。赵辑本在翰按语四条,皆没其名。惟引《开元占经》,较国翰本加详。如"有继周而王者"条、"外规有云"条、"百姓空虚"条、"上出号令"条,皆增据清河郡本,又颇诸本异文焉。(14－148)

诗推度灾一卷　纬捃本

清乔松年辑。凡十六条。"月三日成魄"条,证《唐类函》引作《尚书考灵曜》之误,是也。若兼据《格致镜原》,则可不必。又"邶国为结蝓之宿,营室之精也"条,引杨升庵《丹铅录》,亦似未是。按"邶结蝓之宿",见李淳风《乙巳占》注有"营室星"三字。然则"营室之精也"五字与"营室星"三字,文略异而意同,盖注语,非纬文也。惟此条下引苏恭说驳陶弘景,误"貐"为"蝓",甚是。(14－149)

六经原流不分卷　崇祯戊辰刊本

明吴继仕辑说。继仕字公信,安徽新安人。是书前有自序。首论六经原,次经学,次《周易》《书》《诗》《春秋》《三礼》原流。《周易》附“大衍数原”“天地数原”“先天后天辨”“《易》分上下辨”。《书》附“《禹贡》九河入海辨”“《禹贡》九江辨”“《禹贡》导山辨”“《禹贡》黑水辨”。《诗》附“论《诗》为乐章”“论《诗》比兴各有取义”。《春秋》附“《春秋》多阙疑辨”“春王正月辨”“左氏非丘明辨”。《三礼》附“郊社分合辨”“《周礼》缺《冬官》辨”“《三礼集注》序例”。按所考诸经原流尚不误,而归功于宋儒则误矣。诸辨亦多拾前人之说,而折衷不尽当。其《三礼集注》序例,欲割隶三礼,别为经传,则尤妄矣。(14－149)

陈惕庵经说一卷　原稿本

清陈玉树撰。玉树字惕庵,江苏盐城人,同治举人。按玉树所著《后乐堂文集》,附目有《经说》二卷,未刊。是稿凡《书》三篇,《诗》十七篇,《左氏传》三篇,《孝经》一篇,《尔雅》三篇,《孟子》一篇。附《襄贲故城考》一篇、《与刘楚芗论镇海县非古甬东书》一篇,不分卷,未知原书否也。其《淮海惟扬州解》,据孔《传》“北据淮,南距海”,谓“《禹贡》扬州之域,南至交趾,始误于杜佑《通典》,以为不及五岭之外。胡渭《锥指》沿之,主揭阳为说,非是”。援证甚博。又“孟侯”解,亦据孔《传》:“孟,长也。”五侯之长,谓方伯,使康叔为之。而驳伏、郑解作“孟迎”之非是。亦引证甚博。并谓“近之治《尚书》者,预挟一尊郑伪孔之见,不顾说之是非,致经义晦塞者多”云云,可称通论。说《诗》宗毛《传》,多申其未达之义。若“公侯好仇”“终风且暴”“中冓”“六驳”“勿士行枚”诸篇是也。其“勿士行枚”,谓“微”训“伺间”,见《汉书·郭解传》。又训“小”,见《广雅·释诂》。又训“少”,见《列子·周穆王》释文。又训“藏匿”,见《左传·哀十六年》传注。又训“密谋”,见《列子·说符》注。总言之,《诗》意在言奉命讨逆,名正言顺,无容用诡谋奇计耳。惟“哙哙其正,哕哕其冥”解,谓“正为正寝,别于燕寝为小寝言之。‘冥’为‘塓’之省文,塓,涂也”,与毛义异。他篇虽间出己见,皆不背毛。“践土”解,谓“在河阳,是孟县之践土,非河北之践土”。“不替孟明”解,据《释言》“替”训“止”。皆是。“宗祀文王于明堂”解,据《礼记·祭法》及《国语·鲁语》,皆言祖文王而宗武王,与《孝经》不合。主韦昭说,谓"周公初祖后稷而宗文王,至成王即政后,更祖文王而宗武王"。亦能言之成理。《尔雅篇目考》,据《汉志》"《尔雅》二十篇",今存十九篇,盖缺叙篇。证以《逸周书》《史记》《汉书》《淮南子》之例,说自可信。玉树别著有《尔雅释例》,宜移以附之。(14－150)

五经同异三卷　嘉庆省吾堂刊本

题顾炎武撰。卷分上中下,上卷《易》《书》,中卷《诗》《春秋》,下卷《礼》,附《大学》《中庸》《论语》。《大学》《中庸》犹属《小戴记》之一篇,若涉及《论语》,则不得称五经矣。各经中大率录宋元明及清初诸儒之成说,不加论断,亦未得云撰。考顾氏《日知录》,于诸经皆有考证。中惟"卦变""九族""西伯戡黎""微子之命"四条,与此同题。"卦变"条,证苏轼、王炎说;"九族"条,引《路史》说。略同。他二条全异。至下卷引万斯大、汪琬说,琬说见《钝翁类稿》,《类稿》刊于康熙十四年,炎武尚得见之。斯大说见《礼学四书》,其书为斯大卒后,其子经所刊行,炎武安得见之?不知何人托炎武之名,以售其欺。蒋光弼遂据而刊之,其识殊足哂也。(14－151)

读书杂释十四卷　光绪丙戌排印本

清徐鼒撰。鼒字彝舟,安徽六合人,道光乙巳进士,官至福建福宁府知府。按是书系鼒早年所作,据鼒自记《年谱》,戊戌自叙作戊子,误。二十九岁条下记云:"游扬州,与刘孟瞻、文淇。念楼、宝楠。罗茗香、士琳。陈卓人、立。梅蕴生、植之。薛介伯寿。订交,问难既多,札记日富,有《读书杂识》之作,成《戴记吕览蔡氏月令异同疏解》四卷。"云:"自是年至癸卯,治《易》,校《楚词》,校《毛诗》《尔雅》,校公羊、左氏《传》,具详于《谱》。中经散失,又毁于兵,乃就行箧所遗留者而录之。"有自序,时在咸丰十一年辛酉,年五十二矣。书中杂说《易》《书》《诗》《三礼》《春秋传》《尔雅》《孝经》《论语》《孟子》,亦间涉群书。说《三礼》较详,亦较精。如辨"醋"为本字,"酢"为音转,假借字,《唐韵》以"醋"为"酢浆"

字之妄。又辨"恤勿"与"搔摩"为一声之转，孔《疏》分"搔摩"与"恤勿"为二之非。皆极是。六、七两卷，皆说《月令》，当即《谱》所称《月令异同疏解》之底稿也。大抵取高蔡而诎康成。他如说《书》，谓"商有二帝乙，一为汤，一为汤之玄孙"。说《诗》，谓"留为畿内国名，即刘康公采邑，非郑地"。又谓"'舟人'当为'周人'"，历引金石文为证。说《左氏传》，谓"少昊氏之重，另是一人。颛顼之重黎，又各自为二人"。说《孟子》，谓"西子非指越女"，引《管子 · 小称》篇，证为古之美人。又引《庄子》司马彪注，证夏姬亦名西施。皆可广异闻。至附庸引《春秋繁露》四等之说，又可补《周礼 · 王制》诸经注所未及。此外辨别字音字体诸条，多有当者。亦间不免雷同琐屑，盖随手札记，无足深责也。亦每引刘楚桢、陈立人诸人之说，盖友朋之讲贯有素，故虽少创获之功，而尚免师心之失欤。(14－151)

四书改错改四十卷　原稿本

清程仲威撰。仲威，安徽黟县人。是书首录光绪二十年六月上谕，盖从河南学政邵松年奏请，再严禁毛奇龄《四书改错》也。次仲威自序二首，一作于光绪十七年辛卯，一作于光绪二十年甲午。序后又有余论，次例言十则，所反驳凡四百余条。他未尽驳者，特以其本于旧法而存之。意以为毛氏无一字是处也。自序言"读《章句集注》者，当探其奥蕴，为之发明，不当索其疵瑕，加以非毁"云云。所见殊谬，非毁有当有不当，岂能一概禁之？其余论又云："间有名物训诂一二可商。如素为粉地、觚有棱之类，学者当为诤臣"云云，是朱子仍不无可议也，岂非自为矛盾乎？姑置名物训诂不论，即如首篇有"子曰其为人孝弟"章，注引程子"性中只有个仁义礼智，曷尝有孝弟"云云。自他日朱子《答范伯崇书》，即深虑人之误会。而仲威必曲解为仁义礼智所以名性，孝弟自性中出而不得以名性。夫性中之有否孝弟，讵徒以其名哉？其下章"传不习乎"，《集注》主受之师，毛氏主授之人，说皆可通。按曾子最以孝称，而此章言三省不及孝，以情度之，当在曾点既殁之后。而曾点之殁，在孔子后。盖此时之曾子，非受教之曾子，而为设教之曾子。则毛氏之说长矣。如此之类尚多,然其中固自有精凿可取者。其攻毛氏,谓“多贩自短书,或阅未终篇,辄据为己说。甚有明知其说不可取证,特假一二句,便肆己私。更有全袭古说,而不著从来,若文自己出”云云,亦深中毛氏之病。而仲威之短,又在过于偏护。又其气厉,其文繁,亦不能无失焉。按戴大昌有《驳四书改错》百余条,仲威谓其“多肤词,而深有取于方东树之《商兑》,其强辩亦近之”。据序称“元和师”,盖朱骏声之门人也。(14－152)

大学纬注一卷　光绪二十三年刊本

清锺颖阳撰。名曰“纬注”者,颖阳欲以《诗》《书》《易》《春秋》由孔子所删定者为四经,以《论》《学》《庸》《孟》由诸贤所论述者为四纬。是书即四纬之第二种也。首有颖阳自序及绪言,后有其子会英跋。颖阳定是书为曾子所撰,“诚意”篇有“曾子曰”三子①,为曾子之自称。曾子受“一贯之传”,所谓“一贯”者,圣功王道一以贯之,《大学》是也。《大学》为一贯之道,其文亦为一贯之文,首尾联络,一气相承,故不用朱子分章之例。据“古之欲明明德于天下者”一语,谓“古即二帝三王之时,如下文历引《诗》《书》之词,以与吾说相证。见《大学》之道由来已久,非援古以释今,乃由今以述古”。其释“致知”,谓“与良知有别。良知者,孟子所谓‘不虑而知’。致知者,曾子乃云‘专力以求’。判然各殊”。释“格物”,谓“格式也,法也,不离乎物以为致,即不越乎格以求知”。谓“子曰听讼吾犹人也”一节,系释“致知”。因“格物”为《大学》赅本末、综始终、兼先后之事,故《大学》有释“致知”而无释“格物”,有释“知本”而无释“本末”,朱子补传可不必。又谓“‘心广体胖’之‘胖’与‘泮奂’之‘泮’通,非世所谓肥胖,郑注以为大者非”。又“尧舜帅天下以仁”一节,《章句》本在“一人定国”下,颖阳以为文义不合,移置“以义为利也”下。凡此皆其特异之见,余大率仍旧说。书刊于光绪丁酉。(14－192)

---

① “三子”,中华本作“三字”。

大学古本释一卷　光绪十五年刊本

清郭阶撰。阶字慕徐，湖北蕲水人，官江苏知府。是书首有自序，以为“《大学》一书，其条贯次第之所以然，郑氏既略而不言，孔颖达又言之而不精。自宋两程子、朱子以迄明代诸儒，有改本十余家，大都强经就我。于是王阳明起而倡复古本，群儒复为之和。然力主古本者，或别有更易，是仍非古本，乃一己之本也。或不更易，而条贯次第莫能悉明其故，是古本终不能明也。其所以迄无定论，以未释‘三纲’及‘格致’耳。不知‘致知格物’乃综始终之语，不知条目之内无须释。《大学》一书首重‘诚意’，故杂释‘三纲’于其中”云云。书中谓“三代之文，一篇中或隐或显，或错综或整齐，不拘一格。故是书首标三纲六目，其六目逐端发明，显也，整齐也。‘三纲’杂释于‘诚意’之中，隐也，错综也”。按此论于“格致”无传，可谓善于斡旋。其他大率参合诸家之说，意取简净。书刊于光绪己丑。(14－193)

中庸释一卷　光绪十五年刊本

清郭阶撰。首有自序，极诋朱子分章之不善。是书盖以性道教为目，诂以明诚礼，综其纲于时而已。书中即阐发此义。谓“性足赅情，所以一中庸者，诚也。道明乎出入，动作万殊，归于一本，明也。教从而节文之，以去其过不及，礼也。随宜措施，所谓时也，盖诚体也，明礼用也。而明典礼又为一虚一实者也。至于时则贯串六者，有左右逢源之致，此中庸之极功，所谓君子时中也”。故是书首标“性道教”为三目，而易以“诚明礼”诂之，综其纲于时焉。其参用不出郑《注》、孔《疏》及朱子《章句》，而自出己意处居多。但仅释大意，不斤斤于句字间耳。书刊于光绪己丑。(14－193)

学庸识小一卷　光绪十五年刊本

清郭阶撰。首有自序。阶既分释《学》《庸》，而是书专言训诂。古人谓训诂为小学，故名“识小”。书中释“命也”“过也”，谓“命”当“如”

字读,诿之其人,命所遭也。过谬以其为过误也。释“小人之中庸也”“小人而无忌惮也”,谓“小人貌托中庸,实相反也。敢托于中庸之貌,可谓无忌惮矣”。释“抑而强与”,谓“与①,能也,而能同部通用。能强,能自强也”。释“不报无道”,谓“颜子犯而不校,有道在也。此不报即以德报怨,过乎道则无道”。释“君子之道造端乎夫妇”节,谓“夫妇道备五伦,夫尊妇卑,君臣也,服则父子也。合二姓之好以祀其先,兄弟也。相敬如宾,相助为理,朋友也。闺门之内夫妇也。夫妇之道尽,而君臣父子兄弟朋友之道不外是”。释“睨而视之,犹以为远”,谓“人于切近易知之理,或不屑或畏难。此中庸之所以民鲜能也。朱子谓犹有彼此之别,非是”。凡此诸条,俱切理餍心,宜与《学》《庸》二释相辅而行。书刊于光绪己丑。(14-194)

学庸图说一卷 嘉庆十八年重刊本

清侯连城撰。连城字完璞,江苏梁溪人。是书首有连城自序及例言。按四子书中,《论》《孟》随时记录,不相联贯。惟《大学》《中庸》则逐节相生,脉络交贯,由一章化为全部,而全部又归于一章。其间错综参互,不易分晰。是书于言所不能显者,以图显之。有总图有分图,总图者全部之图也,分图者各章之图也。② 其分合之理,使人于形象间得之。而《中庸》内有三大支,又于总图之外,每支另绘一图。而图有上下左右轻重断续之别,复备录先儒之语以说之。图虽连城所创为,而其理悉原于旧说,非臆造也。自序谓“象呈而理显,理显而意明”,信非虚语。自宋儒诂四子书以义理为主,至明人乃兼于口气求之。盖为治举业家设也。是书针分缕析,尤便举业,然脉络明而后义理得,岂可以其立意之卑而废之耶?原序无年月,大约刊于乾隆间。嘉庆癸酉有重镌本。(14-194)

---

① “与”,中华本作“而”。

② “有总图有分图”至“各章之图也”,中华本作“有全部之图是为总图,有各章之图是为分图”。

古本大学质言 咸丰二年刊本

清刘沅撰。沅著《四书恒解》,以为文字简略,学者狃于常说,不能遽通其义,因复为此书,朴实说理,期于人人可知,故曰“质言”。是书大旨多主义理,惟不宗宋儒。开首“明明德”三字,谓“‘明明’二字相连,明而又明也。德即天理,心在后天。朱子以知觉运动之心为德,曰‘虚灵不昧’,盖杂禅宗。不知心虽虚灵,而非圣人纯一之德。本原已错”。又谓“至善谓即尧舜以来所谓中,《左传》刘子曰:‘民受天地之中以生,所谓命也。’子思言‘其为物不贰’,不贰一也。一者中之理,中者一之宅。宋儒不知中之所在,于‘允执厥中’及此书‘止至善’,但云其事合乎中而已”。又谓“至善为本,止至善为始。此节紧承上节,教人勿泛泛求知。下文特就大学功效言之,格去物欲,只是知止时。持志养气到了定静安景象,则物欲去矣。先儒不明书旨,另补格物之传,一错都错”。其他所释,大率自抒己见,不拾他人牙慧。书中释“至善”,引《老子》“多言数穷,不如执中”。又曰“玄牝之门,众妙之根”。则并止至善之法而亦言之。释“知止以至善为太极之所”,引《河图》《洛书》以证其说。虽嫌驳杂,然视阳儒阴释者有殊矣。沅成是书时,年已八十有五。首有自序,刊于咸丰二年。(14-195)

中庸注一卷 光绪二十七年刊本

康有为撰。有为好《公羊》之学,主三统三世之说,其注是书,不外推阐斯旨。其解“为政在人”节,谓“孔子以仁为立教之本,立三世之法,望大道之行。太平之世,则大小远近如一,山川草木昆虫鸟兽莫不一统。大同之治,则天下为公,不独亲其亲,子其子”。解“君子居上不骄”节,引何休云:“孔子改周之制,畏时远害,不敢笔之竹帛,而口授弟子。”“盖孔子改制,有三世之殊异。据乱诛大夫,升平退诸侯,太平贬天子。推行各有其时,言于当世亦必不行。故不必冒险犯难,而令身亡而道亦不传也。”其解“王天下有三重”节,谓“重,复也。三重者,三世之统,有拨乱世,有升平世,有太平世,每世之中又有三世焉。则据乱亦有乱世之升平太平焉，太平世之始，亦有其据乱升平之别。每小三世又有三世焉，于大三世中又有三世焉。故三世而三重之为九世，九世而三重之为八十一世。展转三重可至无量数，以待世运之变，而为进化之法”。其解“仲尼祖述尧舜”节，谓“孔子包尧舜文武盛德，而著之《春秋》，以俟后世。盖尧舜民主之法，文武君主之法，祖述者传二圣之心，宪章者奉时王之法”。虽不免涉于牵附，要自成其一家之说。其他各条，多仍旧说，惟将《诗》曰“妻子好合”节移于“君子之道譬如行远”节下，谓“旧本错简，于义不伦”，亦自有见。有为讲学广州时，早成此《注》，戊戌遭没，佚其稿，后居英属地槟榔屿，又补成之。首有自序，刊于光绪二十七年。（14－196）

中庸通 乾隆间刊本

清胡炳文撰。炳文爵里无可考。是书以朱子《章句》为宗。按朱子《章句》诂义本精，义有未尽，每别详于《语录》。间或《章句》与《语录》异义，自可互相参证。至他家之说，多有发明朱义者，或有补朱义所不及者。是书首列经文，次列朱子《章句》，低经文一格，又次列诸家之说及自为说，低经文二格。其自为说，意在贯通，故以“通”为名。一本书与他书相通，如“天命之谓性”一语，即为《孟子》之所本。知斯三者，则知所以修身一节，可该《大学》全部。二本书前后相通，能使全书脉络句句有着，首尾相应。《章句》虽精，得此益加邃密，乃觉无懈可击，不必以墨守为嫌也。书无序例，亦无刊刻年月，当在乾隆间。（14－197）

孟子识一卷 甘雨亭丛书刊本

日本物茂卿撰。是书不分章节，系杂记体。有涉议论者，有涉考证者。其独到之见往往与古契合，由立乎汉宋学派之外，不为所囿也。如谓“孟子时百家坌涌，极口讥圣人，孟子奋然与争。于是先王之道，降为儒家者流，故其言务张儒家，以见孔子之道，逾于百氏。故其书脱略礼乐，圣夷惠创仁义礼智，养浩然之气，俱非孔子之旧。荀卿以性恶抗之，圣子弓著礼乐论，可谓善操其短”。又谓“义利之辨，先儒以为《孟子》

开卷第一义,夫舜之三事,利用厚生居其二。虽《孟子》亦以安富尊荣为言,此章首辨义利者,说之道也。战国时说客,务排他人以伸己说而求售,皆有所标异,以耸人之听,孟子亦犹是耳”。其解“麀鹿攸伏”,据赵《注》:“麀鹿怀妊,安其所而伏,不惊动也。”谓“‘伏’,如鸡伏卵之‘伏’,而朱注删怀妊者误”。解“数罟不入洿池”,谓“洿、池连言,只是池沼,非小小渟水之处。朱注非。洿池渊沼,鱼鳖所藏,生育存焉,故不用数罟。至于江河则其所溯游,不必禁矣”。其解“五十衣帛,七十食肉”,引《王制》“六十非肉不饱,七十非帛不煖”,以为“人饮食之养,切于衣服,故六十当言肉,七十当言帛。《王制》之文为优,《孟子》或为传写之误”。其解“省刑罚”,谓“省,少也。盖先王之刑,条数极少,后世儒者乃有轻刑罚之言,不知乱国用重典,新国用轻典,治国用平典。是刑罚世重世轻,初非后世律律文一定不易者比”。又谓“《孟子》‘不嗜杀人’一语,意虽善而言则非。不嗜杀人者,但如徐偃、梁武可以当之耳。汉高祖、光武、唐太宗,绝非不嗜杀人者”。其解“仁者以大事小”,谓“仁者以安民为心。观于太王曰:‘君子不以其所以养人者害人。’此古义也。朱注谓‘无较订大小强弱之私’,未免见小”。书中多驳正伊藤仁斋之说。仁斋者,伊藤维桢也,在彼邦讲汉学,为茂卿之前辈。是书无序例,为《甘雨亭丛书》刊本。(14－197)

大学述义一卷 民国十年刊本

徐绍桢撰。是书首读法,次述义。其大旨详于读法,以为《大学》乃孔门政治革命之书。开卷即云“在明明德,在新民,在止于止善”。“在明明德”者,欲人自明其明德,以受天之明命也。“新民”则易旧邦之民为新国之民也。又以为《大学》最重者德,最恶者财,故曰“德者本也,财者末也”,而斥长国家而务财用之小人。于传之八章反覆晓譬,其意实以不务财用为治国平天下第一要义。又以为《大学》既提出“致知格物”,而不为作传,何也?盖知者自吾心来,自吾意来。既为“正心诚意”作传,自不必更释“致知”。且人心为物欲所蔽,利令智昏,非格去物欲,不能复其良知。抑物欲之累人,以财为尤甚。末章痛斥财利,已无余蕴。人能格绝财利,则无物不可格。末章即可作“格物”传读。又以为平天下之道,尤在明好恶。“诚意”传曰:“如恶恶臭,如好好色。”“正心修身”传曰:“有所忿懥,则不得其正。有所好乐,则不得其正。”“修身齐家”传曰:“人莫知其子之恶,莫知其苗之硕。”“治国齐家”传曰:“反其所好而民不从。”“治国平天下”传则更反覆言之曰:“所恶于上,无以使下。所恶于下,无以事上。所恶于前,无以先后。所恶于后,无以从前。所恶于右,无以交于左。所恶于左,无以交于右。”又曰“民之所好好之,民之所恶恶之”。又曰“好人之所恶,恶人之所好,是谓拂人之性”。据此则自诚意、正心、修身以至齐家、治国、平天下,无不以明好恶为主云云。至于述义,则章解节释,多用旧说。惟分章从郑不从朱,惟以传三章,“如切如磋者道学也”五句,疑后人读《大学》者,采《尔雅》解《诗》之文加注于旁,后遂混作正文。卷首有其弟棨序,后又附《孔社讲义》五篇,发挥恕、忠、信、诚、敬等字义,颇透畅。书刊于民国十年。(14-198)

中庸述义二卷 乾隆间刊本

清黄锡庆撰。锡庆,江苏甘泉人。是书无序例,开卷冠以全旨一篇。大旨专宗《章句》,故以“述义”为名。间或弥其疏漏,犹是述之意也。如解“中庸”,谓“‘中’是古圣相传之道统心法,至精至大。孔子恐人不易识,及致舍迩而求诸远,所以加一‘庸’字”。解“两端”,谓“两端不作两头讲”,谓“众论不同之极致,俱就善言说”。解“费而隐”,谓“中庸之道,其用至广,故曰费,费之不可见者即隐。此‘隐’字与‘索隐’隐字不同”。解“忠恕违道不远”一节,谓“‘施诸己’二句是恕,而忠即在其内”。解“素富贵行乎富贵”一节,谓“‘行’字不是逐境顺守,此中有作用”。如此之类,诂义俱切。其他多就章节字句间分晰,无关宏旨。至《章句》于“鬼神之为德”句,以二气之良能释鬼神,本泛而无当,而锡庆亦强为斡旋,又恐涉于隐怪,乃谓“鬼神”二字当道字,“为德”犹云性情功效,则求浅而反失之。书无刊刻年月,当在乾隆间。(14-199)

孝经识一卷 甘雨亭丛书本

日本物茂卿撰。日本旧行《孝经孔氏传》，视司马光《指解》本微有不同。经字视中国稍增，义尤完粹且备。又多汉时古字，与班固所云："诸家说不安处，古文字读皆异。"悉与符合。乾隆时鲍廷博得于市舶，遂传我国。茂卿生于日本宽文六年，卒于日本享保十三年，年六十三。盖在我国康熙之世。廷博得书，当未知茂卿是书，故未指名求之也。是书据孔《传》而较以今文，录其同异，且为是正。茂卿以为《孝经》系战国时儒者所作，名之为经，古所无有，而以所引孔子曰"吾行在《孝经》"一语为妄。其言甚辩。又谓"孔安国《孝经序》，西汉文也，《尚书序》则魏晋时伪作"。殆亦惑于郝敬、梅鷟之说者欤？宜与冈田挺之《孝经郑注》并垂册府，以著彼国之留心古籍者之先导。书为《甘雨亭丛书》本。(14－200)

孝经质疑一卷 光绪十年刊本

徐绍桢撰。绍桢为徐灏子。灏治经学，尤精《说文》。绍桢传家学，习是经，尝取一十八章，因唐注以参诸家，并附己见，别为注疏。既复删润，去其人已言。已所未洽者，取若干条另为一卷，名曰"质疑"。其书大抵详于字义，如"仲尼居"，据《说文》自序称《论语》《孝经》皆古文，而此所引《孝经》但作"仲尼凥"，且释之曰："凥，谓间凥。"然则《正义》引古文《孝经》作"仲尼间居"，与许叔重传自卫宏之真古文不同。如"无念尔祖"，据《尔雅释训》云："勿念，勿忘也。"念，可释为忘者，古字多反对为义。"后能保其社稷，而和其民人"，谓古书"和"与"龢"多通用，《说文》："龢，调也。"调有治义，犹云治其民人。"口无择言，身无择行"，谓"择"当训"异"。"天地之经而民是则之"，谓"是则"也，法也。"是则"两字同义，不嫌复，古人行文有此例。"治家者不敢失于臣妾"，谓陆氏《释文》出遗佚云："或作失。"《说文》"佚"从人失声，佚、失古声相同，可通借。此"失"字正用"遗佚"之义。"是以天下和平"，谓"和平"当作"治平"，不当作"和睦"释。"不在于善而皆在于凶德"，据《尔雅·释诂》:"在,察也。"言而不察于善,而皆察于凶德耳。"虽得之君子不贵也",谓"之"者,"志"之假借字。"哭不偯",谓"偯"为声余委曲。"偯"字两见《礼记》,非字讹,并正臧琳之失。以上各条,俱精确不可易。惟自序谓《孝经》孔传郑注得自日本,实彼国人伪为之。然又谓亦有单词剩义附会古训以成者,既属古训仅存,何所证而疑其伪?可谓游移失据矣。书刊于光绪甲申。(14-200)

孝经六艺大道录一卷①

曹元弼撰。元弼,江苏吴县人,光绪进士,点庶吉士,散馆授内阁中书。是书止《述孝》一篇,推原孝出于天性,亲者天性,严亦天性。人之性既亲严其父母,顺而推之,可以无所不亲,无所不严。无所不亲之谓爱,无所不严之谓敬。上古圣人因性立教,推其至孝之德,先行博爱敬让之道。于是正夫妇,笃父子,而孝本立。序同父者为昆弟而弟道行,因而上治祖祢,下治子孙,旁治宗族,而亲亲之义备。博求仁圣贤人,建诸侯,立大夫,以治金木土谷之事,上下相安,君臣不乱,而尊尊之道著。天子以德教光于四海为孝,诸侯以保社稷和民人为孝,卿大夫以守宗庙为孝,士以守祭祀为孝,庶人以谨身为孝。地以平,天以成,封建以固,井田以均,军赋以出,学校以修,人才以多,官方以饬,礼俗以成,民气以乐,冠昏以时,丧祭以严,朝聘以尊,处则有备,出则有威云云。如此立论,方见《孝经》为至德要道,人有恒言孝治天下,洵非空论矣。是《录》拟而未就,其目列后,自述孝以下其目四十有九,为卷一百。殆其后删定为《孝经学》,遂仅存此开卷之一篇欤?(14-201)

孝经学七卷 光绪三十四年江苏存古学堂刊本

曹元弼撰。书分七卷,首明例,次要旨,次图表,次会通,次解纷,次阙疑,次流别。而"明例"又分三目:一《孝经》脉络次第说,二《孝经》微言大义略例,三陈氏澧说《孝经》要略。陈澧字兰甫,学者所称东塾先生

---

① 中华本称"光绪二十四年两湖书院刊本"。

者也。说详其自著《东塾读书记》,论《孝经》诸条,能见其大。"要旨"则述《中庸》、《史记》、《汉书·艺文志》、郑氏《六艺论》及陶渊明、黄道周、阮元诸家之说《孝经》者,又就书中某句某节而为之说。"图表"则分今文各本表、古文各本表,以日本所传郑《注》孔《传》为伪本。"会通"者,以群经证本经,而见其相通。郑氏《六艺论》云:"孔子以六艺题目不同,指意殊别,恐道离散,后世莫知根源,故作《孝经》以总会之。"据此则"会通"之作不可少也。"解纷"者,本经述典礼者,以郊祀后稷宗祀文王一事,阮元据《周诰》为之说,间有语病,陈澧更删节而申成之也。"阙疑"者,本经本无甚疑义,间有一二当考,语在"要旨""解纷""流别",此但虚立其目耳。其"《孝经》注解传述人考正",谓《闺门》一章出刘炫伪本,此论殊谬,前人已辨正之。其证郑《注》确为康成作最详,可息群疑。惟述《孝经》各家撰述所举太略,于唐玄宗注疏后,仅一阮福义《疏补》而已。自来言《孝经》者,是书体例较为赅备。为江苏存古学堂刊本,时光绪戊申也。(14-202)

四书注解撮要二卷 光绪十五年刊本

清林庆炳撰。庆炳字耀如,福建侯官人,林昌彝之子。自宋后,《学》《庸》《论》《孟》并列为经,作注解者,无虑数百家。博览者穷年莫殚,且其中醇驳互见,重复不一,纵遍披寻,获益甚少。是书约为二卷,仅一小册,于注解各书,撮其要者录之,不录经文,不分章句,不标某家之说,仅就一节一句,或一二字,节举其义。其他无须注解而明者,概在所删。不主一家,而诸家之精粹毕荟。意取平正,不尚新奇。虽纯出抄撮,然非善于抉择者不能也。约之又约,良便诵习。首有自序。书刊于光绪己丑。(14-203)

中庸本解二卷 光绪十八年刊本

清杨亶骅撰。是书首有自序,言"尽捐成说,咀味白文,恍然若得其解"。序后又有提要,言全书以"道不远人"句为宗旨,以"仁者人也,诚之者人之道也"两"人"字为枢纽,曰"人莫不饮食也",曰"以人治人",

曰“不可以不知人”,曰“待其人而后行”,曰“百世以俟圣人而不惑知人也”,每段提掇“人”字,皆以阐“道不远人”之旨。书中亦参用朱注及诸家之说,惟断以己见。其纠正《章句》之处,俱有理。尤关要旨者,如“小人之中庸也”,谓“宜依王肃本加一‘反’字”。“民鲜能久矣”,谓“以‘鲜能’断句者失”。“夫妇之愚”“夫妇之不肖”,谓“‘夫妇’字勿泥,语意重贤不肖上”。“圣人有所不知不能”,“要看‘有所’二字。一圣之知能,不能兼群圣之知能;前圣之知能,不能该后圣之知能”。“天地有憾”,“在化育上看,惟有憾,故须人赞其化育”。“大德受命”,谓“兼尊富飨保位禄名寿说,不必专说为天子”。引《嘉乐》诗,成王已为天子,亦曰“保佑命之”为证。“达孝”,谓“达乎诸侯大夫及士庶人,孝之达乎下也;事上帝,事其先,孝之达乎上也”。至《哀公问政》章,及其“成功一也”之下,又有“子曰”二字,“证以《家语》,此处尚有‘公曰子之言美矣至矣,寡人固实不足以成之也’,故其下复以‘子曰’起答辞。子思删其繁文,以附于篇。而所删有不尽者,故衍此二字”云云。据此则注家之疑可释矣。书后又有门人李凤阁跋,盖刊此书者,时光绪壬辰也。(14-204)

大学注释一卷中庸注释一卷 光绪二十年刊本

清李钠撰。首有自序。分《大学》为六段,首段言格物致知之功,为总冒。下诚意、正心、修身、齐家、治国各为一段。分《中庸》为五段,首段总冒,末段总束,中以穷理、尽性、至命各为一段。每段之下,附以己说,通论大意,不为句解字释。大致尚融贯,惟以曾子曰:“十目所视,十手所指,其严乎。”此曾子系曾皙。曾子引其父之言,讳名不讳姓。如《中庸》称仲尼称仲尼讳名不讳字之例。① 盖以《大学》为曾子自作,则此处之引曾子,自不可通。然竟以为曾皙之言,究何所据?又谓“孔子为官大夫,未为世大夫。无尺寸之封,无地以立家庙,不能长享大夫之祭,以此事父未能。天子分茅胙土,封功封亲为诸侯。诸侯得地,亦封

---

① “称仲尼称仲尼”,疑衍“称仲尼”三字。

功封亲为世大夫。大夫得采邑,亦有给禄于功于亲。孔子未为世大夫,以此事兄未能"。此说殊悖谬。孔子作《春秋》讥世卿,岂身欲为之哉?且"素位而行之"谓何?其自序谓"朱子改经合世,以冀流传不息",亦非朱子本旨。书刊于光绪二十年甲午。(14－205)

中庸心悟一卷　光绪四年刊本

清沈辉宗撰。是书无序例,且不署名氏,以其附于《学庸参证》后,故知为辉宗作也。首定序次,以"天命之谓性"至"万物育焉"为第首支,为总冒。"仲尼曰君子中庸"至"强哉矫"为第一支,为明行并进。"子曰索隐行怪"至"虽柔必强"为第二支,为过不及交修。"自诚明谓之性"至"而蚤有誉于天下者也"为第三支,为安勉合一。"仲尼祖述尧舜"至篇末为第末支,为总结。而第一支又分四段,第二、第三支各分三段,第末支分二段。经文每节下附引郑注,间及朱注、孔疏。其自为说,低经文一格。每段后又有总说,低经文三格。大要详于一章一节之旨。《中庸》本以一篇为一章,如辉宗之说,则首尾相贯,鳞次相接矣。辉宗著有《中庸参证》,就条立解,未及全篇。此书仍本其意,显浅简净,使读《中庸》者不苦其艰奥,诚快事也。书刊于光绪戊寅。(14－205)

中庸参证二卷　光绪四年刊本

清沈辉宗撰。是书无序例。上卷总考,下卷条考,义多精凿,与所著《大学参证》同。其谓"他经以训诂而明,《中庸》转以训诂而晦。开章三句,已自为训诂。他如'谓之中''谓之和''中也者''知也者''仁者人也''诚者,诚之者''知天也''知人也''言其上下察也''纯亦不已'。如此之类,皆自为训诂,又何事别求训诂"。按此论非善读《中庸》者不能道。其释"修道之谓教",谓"修道者以道自修,非修此道。教者由教而入,非教人"。释"天下国家可均也",谓"均即《周官》所云'以土均之法''钧齐天下之政',只是颁法令,定制度,不当训为平治"。释"圣人所不知不能",谓"指不可知不可能,非问礼问官之事"。释"造端乎夫妇",谓"是就不显之中,指示个发见之处,非谓用功之始,由夫妇做到位育”。释“故大德者必受命”,谓“旧注受命为天子,于‘必’字说下去”。释“修身也”“尊贤也”“亲亲也”,谓“此修身指在外之言动威仪,故曰齐明盛服,非礼不动,非上文‘知所以修身’之谓;此亲亲指诸父昆弟,故次于尊贤,非上文‘亲亲为大’之谓。亲亲为大,以事亲为主。由父母而推之,乃至于九族。此‘尊贤’与‘尊贤为大’亦略别。‘尊贤为大’,主义说,兼敬长在内,亦修身中事。以其对王公言,故曰‘尊贤为大’。此‘尊贤’专主‘贵德’说”。释“有宋存焉”,谓“与《论语》分明是夫子两时之语,不得疑子思改易”。正阎氏《释地》之谬。以上诸义,俱较旧说为优。书刊于光绪戊寅。(14-206)

大学参证二卷 光绪四年刊本

清沈辉宗撰。辉宗字笃初,福州人。① 是书无序例,上卷总考,下卷条考。引旧说之合者,而驳正其不合者。说多特创,一廓旧障。其总考中,如谓“首章是‘致知’之文,宋儒疑为错简,删去首章结语。又以‘修身’以上,为‘明明德’之事,因而改读‘新民’。以‘致知在格物’联属上文,因而合称‘格致’,以致一错皆错”。又据《礼记》本及《李翱文集》所引,断“致知在格物”一句不属上文。又谓“‘明明德’‘亲民’,本之《尧典》‘克明俊德’‘以亲九族’‘平章百姓’‘协和万邦’等语。‘亲九族’,明是‘亲’字,‘平章’‘协和’亦是‘亲’字意”。其条考中,如谓“民者对己之称,非专指百姓。亲民兼亲亲仁民言。程子以后文有五‘新’字,故谓‘亲’当作‘新’。不知后文五‘新’字都是说明德,非说新民也”。又谓“明明德于天下,历来皆是训章明己德。齐家治国平天下,只是自明其明德。故曰皆自明也。自程子以齐治平属之新民,故朱注云‘使天下之人,皆有以明其明德’,与‘皆自明也’句,显相矛盾”。其解“格物”,据惠栋《九经古义》引《文选》注:“格,量度之也。量度事物,致知之道也。”又引“格,穷究也”,解“格物”之“格”字,所谓能虑是也。“穷而得之,亦曰格”,解“格物”之“格”字,所谓能得是也。以上诸条,系于义理

① “福州人”,中华本作“福建闽县人”。

甚大，其他亦多妥惬。是能救正汉唐注疏之失，匪特不为宋儒拘束已也。书刊于光绪戊寅。① （14－207）

古本大学集说三卷　嘉庆十六年刊本

清王圻撰。圻字澹游，涂阳人②，诸生。是书前有王祁序，又有圻自序及例言。大旨以王阳明《大学古本》为主，而旁采讲古本诸家，采摘汇荟以成此书。故首列阳明《大学古本》原序，次阳明所定《大学古本》全文，又次摘阳明《传习录》及语录文集中之涉于此书者。又次则摘徐爱、钱德洪、邹守益、邹德涵、何塘、来知德、鹿善继、刘宗周、陈龙正、金铉诸儒之说之涉于此书者。其中如铉所论"格物"，不朱不王，自抒所见。来知德之论格物明德，虽遵用古本，而不尽合于阳明，亦并收之。又所引诸儒，于姓名下，详其行迹，盖以明学术事功，同条共贯之意。末附鲁邦彦、胡渭二人，而缺其学说。按胡渭著《大学翼真》，其书通行，圻殆未之睹也。是书征引虽博，无所阐发，聊便披寻耳。书刊于嘉庆辛未。（14－208）

孟子性善备万物图解

清刘光蕡撰。是书卷首止一图，与所解不甚照应，当有错误。又据所为解，应有气图、形图、物图、人图、心图、身图、家国天下图。诸图今俱无之。惟所解中多精义，如谓"孟子论性善，皆是据'继善成性以后'说，即是据气质言，无气质则礼义无所附，何从指为善。惟'道性善'言称尧舜，此处'性'字是彻上彻下，盖至治如尧舜，则举世之人皆善。能使举世之人有善无恶者，天所生之人，其本源有善无恶也"。又谓"凡有形即有性，如本草所列药性是。形质色味同，则性同，凡物皆然，人性何独不然？孟子谓'形色天性'即此意。'富岁'章'麰麦'之喻，实发其理。生之谓性，即孟子'形色天性'之谓。特告子于形性未了了，而语则

① "书刊于光绪戊寅"，中华本作"书刊于光绪四年戊寅"。
② "涂阳人"，中华本作"安徽涂阳人"。

是。孟子以形异色同之白玉、白雪、白羽诘之，告子果知色而忘形，更诘以犬牛与人，而告子辞穷矣”。又谓“人性之善，在能为善，非不为而自然文明也。如果木然，其若生枝叶，即具花实之理。然必久而始华，又久而始实。倘无培植之功，且久而不华实，故神灵首出之君师，为赞天地之化育也。教化日启，则民智日生，风俗日美。炎黄以上之獉狉，能为三代以上之礼乐，盖有人形，即有人性。故善为人之所同具也”。又谓“尧舜之道孝弟而已矣，实能知天地万物为一体者，方能见及此。孟子‘万物皆备于我’章，乃其注脚。以吾身之父母证天地，以吾身之兄弟证民物，信其无不同也。尽恕之道，则天下一家，中国一人矣”。又谓“以性为善，则因其善而导之，凡事皆顺民心。孔子所谓‘因民’，孟子则曰‘同民’，王者之道也”。按《孟子》七篇，皆言王道。王道者，尧舜之道也。尧舜之道不过由性善而推之。是书虽止解性善，谓为全书作解可也。书中宏议络绎，且能融贯，其所缺诸图，亦可据意补之。惟谓《孟子》书中所谓先王，系指孔子，则惑于近人谬说，未可为训。书刊于光绪辛酉。① (14－208)

大学阐要一卷 光绪九年刊本

清张恩霨撰。恩霨字冰王，慈元人。② 是书首有自序二首。题曰“阐要”，意在异于注疏家之逐字解释。大意谓孔子《孝经》体用兼备，其要惟语曾子。曾子传孔子之道，故于《大学》明其宗旨。其释“善”曰“止孝”，其释“平天下”曰“兴孝”，一为成已，一为成人。孔子未言，而曾子言之云云。书中又依附《易》理，如解“知止而后有定”节，引《易》:“艮其背不获其身，行其庭不见其人，无咎。”谓“艮止也。不获其身，退也。不见其人，藏也。知止则定静之效立见，得其所止，即退藏于密”。解“无所不用其极”句，谓“人自有身而后有阴亦有阳，是曰太极。而当赤子之初，不识不知，纯阳而无阴，是曰无极。圣人体

① “书刊于光绪辛酉”，中华本作“书刊于光绪间”。

② “恩霨字冰王，慈元人”，中华本无此句。

道立极，示人以复初之功，不以后天用事，无往而不归于至善也”。并附诸图以明其义。其他循文为解，无异他家，特较简净而已。书刊于光绪九年癸未。（14－209）

中庸阐要一卷 光绪九年刊本

清张恩霨撰。首有自序二首。是书与其所著《大学阐要》相表里，以为孔子著《孝经》一书，子思传衍家学。《鬼神》章以前，为尽人之学。《诚明》章以后，为合天之学。其中《大孝》数章，看似绝不相类，反覆推阐，而知圣人下学上达，造广大精微之实地，而征参赞化育之全功，实以孝为尽人合天之一大转关，圣圣不传之秘旨。舜称大孝，武周称达孝，即此义。末引《问政》，举文武者，望哀公以继志述事，亦达孝之义云云。恩霨是说，通《中庸》与《孝经》《大学》为一，论虽创而实正。[①] 其解“天命之谓性”一节，谓“先天曰命，○是也。后天曰性，●是也。命为性宅，⊙是也，而身立焉。○为乾之体，阳中有阴，下交于坤而成兑，后天在坎。●为坤之体，阴中有阳，上交于乾而成震。后天在离，乾坤退位，坎离用事，或恐陷于阴阳之偏。圣人体道立极，教人复归于中，由太极而进之以无极”。其依附《易》理与《大学阐要》同，说亦圆通。[②] 书末释《衣锦尚絅》一章，谓“以人所不见为义，颇得微眇之致，是其所特异也”。[③] 书刊于光绪九年癸未。（14－210）

孝经孝翔学[④] 宣统元年刊本

清叶绳翥撰。绳翥字敬伯，罗田人。[⑤] 绳翥幼慧，早通群经，尤专《孝经》，殁时年仅十八。是书首有绳翥父屺寿遗书叙录，凡五种：一曰

---

① “论虽创而实正”，中华本无此六字。

② “说亦圆通”，中华本无此四字。

③ “是其所特异也”，中华本无此六字。

④ 中华本作“孝经孝翔学一卷”。

⑤ “罗田人”，中华本作“湖北罗田人”。

《古微》;二曰《缮微读本》;三曰《约歌》;四曰《函体检字歌》;五曰《紬职音节》。又有绳翥自撰《缮微序》,次凡例。其要旨则取古文补今文,取群经补《孝经》,用《孝经例》补《孝经》,用《孝经说》订《孝经》,订群经补《孝经》,据小学书正《孝经》字,援宋儒例移《孝经》句等,共十四条。次《孝经缮微说》,谓《孝经》为夫子口授,曾子手记,子思又修之,举证甚备。又次《孝经篇章次第说》,经文本一篇,谓"应分三篇,盖以文法论,固以事亲、事君、立身分三段也。今文十八章,古文廿三章,此则并为七章。古今文都不过千八百许字,此则采经补注,益至七百许字。章第既析,乃生章次"。其精心结撰,在《古微》一种。卷首有题词,章后有总述。谓"忠恕即《孝经》大义,行在《孝经》,即行此忠,行此恕。曾子通《孝经》,故特明忠恕。孟子恐人不知忠恕源于孝,故复言孝弟。孝弟是独善事,属之尧舜。忠恕是兼善事,属之孔子。此其道一贯甚明"。故于篇后补曾子曰"慎终追远"及子曰"参乎吾道,一以贯之哉"两章,以为必系《孝经》卒章,脱在《论语》者。至于《缮微读本》《约歌》《函体检字歌》《紬职音节》四种,不过就《古微》括其意,盖意在课小学也。别附绳翥家书一通,尤多创见。自云"古人可作,即不我许,必不我尤",盖自信甚深。尤奇者,成于未冠之童子也。惟书中多杂用"自由""平等""维新""立宪"等新名词,颇嫌不类。书刊于宣统元年。(14－211)

孝经阐要一卷　光绪九年刊本

清张恩霨撰。是书首有自序,言"孝为生人之大本,实为经世之大原。古者圣帝明王之治天下,知移风易俗之规,不外资始资生之理。于是端本以化家,由家化国,由国以化天下。其教不肃而成,其政不严而治。礼乐政刑,无不由是而推。孔子生当衰周之际,弗克见用于世,恐孝治之道久而愈失,因假闲居问答著为是经。孟子云'圣人人伦之至也',又云'尧舜之道孝弟而已矣',又云'人人亲其亲、长其长,而天下平'。兹数言者,契是经之玄微,故宜绍尼山之道统"。按恩霨撰《大学中庸阐要》,俱推本于孝。《孝经》为孔子所以授曾子,曾子又传业子思。则《大学》《中庸》又以《孝经》为一脉相承之秘旨。恩霨既成二书《阐

要》，则此经断乎不可缺也。特其为说，不主何家，意在显浅，不如他二书之有创见耳。书刊于光绪九年癸未。（14－212）

孝经义疏不分卷 道光十六年日省吾斋刊本

清阮元撰。是书题曰“义疏”，并不依经文章解句释，实札记体也。而中多精义，如谓“以经为书之名目，实始《孝经》，此名目又自本经‘三才’章‘夫孝天之经也’之‘经’字出。《易》《书》《诗》《礼》《春秋》，当孔子时，并无五经之名，惟此书言孝道，则肇名曰经，是孔子自名之也。后世各书名经者，皆始此”。又谓“孔子于诸侯、卿、大夫、士，则曰‘然后能保其社稷’‘然后能保其宗庙’‘然后能保其禄位’。于天子但曰‘德教加于百姓，刑于四海’，不言‘然后能保其四海’者，此孔子《春秋》尊王之义。孔子时，王室更弱，几于不保，不肯斥言，所谓‘志在《春秋》，行在《孝经》’，非不烦言保也。诸侯之社稷，天子可予夺之。卿大夫之禄位，诸侯能予夺之。保守者能尽孝道，不致为上所夺，为下所犯也。故曰‘志在《春秋》，行在《孝经》’。《孝经》所以维持上下封建也”。又谓“《春秋》以帝王大法治之于已事之后，《孝经》以帝王大道顺之于未事之前。皆所以维持君臣，安辑邦家。《论语》‘其为人孝弟’一章、《孟子》‘王必曰利’一章，皆即此义。孔孟正传在此，凡此皆为微言大义所系”。他如释“敬”字，谓“终日常自肃警，不敢怠逸放纵之谓，非端坐静观主一之谓”。释“患”字，主“恐祸患及身”之解，而不主“忧患己力不能及”之解。又发明“顺”“训”二字，古每通借，《孝经》“顺”字兼“训”字为义。此类俱极精确。① 惟断郑《注》为郑小同作，过信陆澄，而非刘肃，是其一蔽。书为道光十六年日省吾斋刊本。（14－212）

孝经解纷一卷 道光十六年日省吾斋刊本

不署撰人名氏。是书不主经传之说，亦不从他本分章，惟就有有

---

① “此类俱极精确”，中华本作“凡此之类具见深研有得”。

“子曰”及“故”字为断。① 其无“子曰”及“故”字者，则就有结证处为断。共分二十二章，又分二十二章为四段。首章是总提，引《诗》一证，为第一段。二、三、四、五章即申念祖修德，以还上下字，凡四等，用四证，为第二段。六、七章至十七章，是天下，是以顺天下，是天下之顺，共十五章，只五证，为第三段。十八章至二十二章，是一切补笔，只一证，为第四段。自云“读去极其清楚，且极其变化，不容另为分别，末又发明各章相接之理，完密无憾”。按如此分章，虽亦能圆其说，但古人为文，错综离合，有非可以后世文法求之者，过于穿凿，毋乃失乎？② 又谓“考妣合而为老，老了合而为考，了一合而为子，老子合而为孝”。按此本《说文》，老了人之终也，一者数之始也。老了复还为一，是终则有始也。故经内“始终”二字，乃孝之所以为孝。又谓“顺者竖也，通始终以立身以显亲是矣”。又“顺者无所为横，无所为逆也。母取其爱，君取其敬，兄取其悌，长取其顺。妻子犹百姓，取其无私。臣妾犹徒役，取其无偏。是无横无逆也”。按此释字义颇新。书为道光十六年日省吾斋刊本。（14－213）

孝经全注一卷　康熙间刊本

清李光地注。是书不取经传之说，以“故自天子至于庶人”一节以上，为一时之言，曾子侍坐而夫子告之者止此。以下则或异日问答，或更端因事之语。曾子取其与所闻相发明者，汇而纪之云云。所注亦不主一家，自抒所得，具能融贯。如谓“德之本，释所以为至德也。教之所由生，释所以为要道也。教者修道之谓，道之所自始者，教之所由生也”。又谓“爱亲则能推其爱以爱于人，敬亲则能推其敬以敬于人。是以孝而修德行道之说也，不敢恶于人以爱其亲，不敢慢于人以敬其亲，是修德行道以为孝之说也。二者相为终始，自天子至于庶人一也。虽然自天子言之，则由前，故以德教之及言之；自诸侯大夫士言之，则由

---

① “有有”，疑衍一“有”字。

② “毋乃失乎”，中华本作“反为失之”。

后，故以保社稷宗庙禄位言之，其理则互相备”。其解“敬以事长则顺”，“长”字谓“出则事公卿”之类。解“以顺则逆”，言“于顺之道为逆，悖故逆，逆故谓之凶德”。于义甚圆浃。又言“中间与《左传》文相出入，先儒以为疑。然《易 · 文言》释四德处，亦左氏文。盖《左氏传》出最后，大抵采摭经史，杂以传授闻见，乌知非左氏撮《易》与《孝经》之意而为之辞？”所见尤大。① 书刊于康熙间。（14 – 214）

四书恒解 咸丰五年刊本

清刘沅撰。沅字止唐，四川双流人。乾隆五十七年举人，选授湖北天门县知县，不愿外任，改国子监典簿，寻乞假归，隐居教授以终。是《大学》一卷，《中庸》一卷，《论语》上下各分二卷，《孟子》七篇，亦篇分上下。卷首皆有自序及凡例。《论语》之首，另有考辨。《大学》不用朱子改本，谓“删去‘此谓知本’二句，以己意割裂‘诚意’章，原文分为十传，截取‘此谓知本’句入‘听讼’章，而以‘此谓知之至也’句为衍文，几于武断”。《中庸》则谓“朱子分三十三章，脉络次第，较郑康成为精密。惟首尾贯通之旨，则仍就子思本意，不敢曲从朱子”。《论语》从何晏、邢昺说，以朱子《集注》，第释《章句》义理。而圣人言语抑扬轻重间，神气所留，讲章每至误会。故于词义稍有未达者，既解正文，复为串解附解以详之。《孟子》则谓“孟子与孔子所处时势不同，其言仁兼言义，言心与性之不同，及养气、不动心诸说，皆本于孔子，无毫发之差谬”。惟谓“《孟子》七篇中，于门弟子称子，诸侯王多称谥，决为门人所辑，非孟子自订”。此说差谬，前人多已证之。书中持说平实，不骛新奇。题曰“恒解”，则与所著他经说同也。书刊于咸丰五年。（14 – 214）

四书字义说略二卷 嘉庆十二年刊本

清朱曾武撰。曾武字蒨圃，山东济南人。是书详论字义，有论单字者，如论“学”字、论“天”字之类。有论双字者，如论“君子”、论“鬼

---

① “所见尤大”，中华本作“所见极通”。

神”之类。又有论四字者，如论“致知格物”、论“恻隐之心”之类。至于虚字，如“之”字、“其”字、“焉”字、“者”字、“而”字、“也”字、“是故”字、“然则”字、“然而”字、“然”字等，以及字义音节亦俱论及之。尤赅备者，为论省字之法、省义之法、虚读实读之法、加字读之法、平读仄读之法。为书二卷，只如二篇，不分段落。大率以《集注》为主，旁及诸家讲义，会而通之，颇有条理，亦治四子书者所不可废也。卷首有张其修序，称其“贯穿分明，阐先圣贤未言之意，而无所于格”。书刊于嘉庆丁卯。(14－215)

四书小参一卷附问答一卷 明刊本

明朱斯行撰。斯行字道之，署籍西陵。按西陵，汉县，属江夏郡，今在湖北黄州府黄冈县西北。是书以禅理说经，慧舌澜翻，时生妙悟，在四子书中，亦一新义也。其中有说理极精，足以补旧训所不及者。如解“格物”，谓“‘格’训‘至’，亦有潜孚之意。如‘远人格’‘君心格’‘鬼神格’之‘格’。格物者，直彻至托根寄命之处，与之融会贯通，合一无间”。又谓解“诚意”，谓“诚者自成也。《中庸》自有明解，何必加一实字。何谓诚意？谓意之初动，从无善中出，善且无有，何况于恶。如乍见孺子将入于井，而怵惕恻隐，并无有纳交要誉之念。一人转念，初意便不诚矣”。解“君子素其位而行”，谓“‘素’训‘现在’，古无此解，素之为言质也，犹‘绘事后素’之‘素’，位之变迁，时异世殊，反之太素，毫无改易”。解“言寡尤，行寡悔，禄在其中矣”，谓“吾人日用中，真能无尤无悔，不愧不怍，安闲受用，是为真禄”。“阙者，‘阙然不敢自足’之意，如疑必求其信，殆必求其安。若作‘空阙’之‘阙’解，则疑殆之所在，即尤悔之所在”。解“令尹子文”章，谓“‘忠清’即是仁，只看知与未知若何。知得忠清所自来，则不废忠清，亦不立忠清。不知忠清之所自来，则忠者但见其忠，清者但见其清，于仁体何涉”。以上诸条，俱新而凿。后附问答一则，全是禅家机锋语，于经旨无与矣。书无序例，明刊本。(14－215)

中庸直指一卷 崇祯刊本

明方外史德清撰。无序例。德清虽属方外,而持说不离儒家,诂义精确,多有胜于旧解者。其说“修道之谓教”,谓“上古之人性醇德全,无有一毫外慕,且不知有身之为爱。熙熙皞皞,俱在大道化育之中,不用教也。及至中古,人心渐凿,知身可爱,性被物染,凡所作为不率性而率情矣。情则有偏,故大中至正之道,隐其于日用当行。君臣父子之间,所有忠孝和信多出于情伪。情愈伪,而去性愈远,是以世人渐趋渐下。其间即有知者,或又索隐行怪。是故圣人悯之,不得已立言以垂教。所谓修道者,修即如世之修理物件一般,只就在人人不率性处,太过者折之,不足者引诱之,以之至于中道,将以复其性真耳”。其说“君子戒慎乎其所不睹,恐惧乎其所不闻”,谓“此一节,乃教造道作工夫之方法,即此便是教。从来说者皆言不睹不闻,乃人所不知己所独知之地。若如此谓之道,岂不睹不闻处是道,而正睹正闻处便不是道耶?”此等说实能探见真源。他大都直抒所见,不剿陈说,多有合者。书为明崇祯刊本。(14-216)

古本大学辑解二卷 同治四年刊本

清杨亶骅撰。亶骅字铁帆,山西晋州人。是书首有自序,言“世所传《大学》本,皆朱门之书,非孔门原书。王阳明著《大学或问》,发明古本,义指精当。毛先舒《格物说》出,而格致之义始定。鹿伯顺《说约》,孙奇逢《近指》,于《大学》义蕴阐发精透,而章次仍袭今本。李榕村《古本说》,少所发明,惟边廷英《古本大学说》,以《中庸》自明诚之义为说,求之全书,无不吻合,解修齐章尤足破诸说之诬。王定柱《大学臆古》,义理赅贯,间见层出”云云。书中首录《戴记·大学》本,节录汉郑氏《注》唐孔颖达《疏》;次王阳明《大学古本序》及《大学或问》;又次以毛先舒《格物说》,又次以《大学渊源辨》,又次以《古本纂诂》,而终以《古本大学解》。不录程朱注,以夫人而诵也。谓“世人讥阳明为近禅,泥于程朱者之误也”。其解“亲民”,谓“本章数‘新’

字，无一作‘新民’‘新’字解者，以上下两段例之，理与法皆说不去”。又解“身有所忿懥”，谓“‘身’字从‘本’字读，但以‘正心’‘正’字移在身上，身修则身正，身之不得其正，由忿懥四者来”。俱能言之成理。书刊于同治四年。① (14－217)

中庸剩语一卷 乾隆十一年刊本

清华希闵撰。希闵字豫原，江苏无锡人。书名“剩语”，见希闵所为题辞，谓“《中庸》不容语，语皆剩耳”。书中首总论，以下分章为释。大旨宗朱子，而参引张西铭、许白云、湛甘泉、郝京山、袁了凡、李二曲、毛大可、陆稼书、李厚庵、吴因之、胡云峰、庄忠甫、王篛林诸家之说。惟于朱子分章间有不惬，自云“不敢与朱子异同，而各附说于下，以就正方来之朱子”云云。② 其谓“《中庸》一书，汉儒编入《礼记》，本礼书也。而所言皆大道，诉源于天，根极性命，不离伦物。孔子教人下学上达之旨，尽在此篇”。③ 又谓“人与鬼神相接，莫切于父子祖孙。宗庙飨，子孙保。圣人由一念之孝，而推及先公，下达士庶，广及上帝。此礼所由始，礼行而治天下国家亦此”。又谓“一部《中庸》，说道处，皆祖述尧舜；说礼处，皆宪章文武”。又谓“中者，中无一物之谓，亦中涵万有之谓。诚乃中之所蕴，人皆知诚之为实有，而不知正以状中之为至无”。语皆极精。④ 书刊于乾隆丙寅。⑤ (14－217)

中庸讲义二卷 康熙间刊本

明朱用纯撰。⑥ 是书首有序，言“前半部发明‘中’字义居多，后半部发明‘诚’字义居多。惟‘中’与‘诚’皆本于天，而具于吾心，故要保

---

① “书刊于同治四年”，中华本作“书刊于同治四年乙丑”。

② 中华本无“云云”二字。

③ “其谓”，中华本作“又云”。

④ “语皆极精”，中华本作“语皆精湛”。

⑤ “书刊于乾隆丙寅”，中华本作“书刊于乾隆十一年丙寅”。

⑥ “明”，中华本作“清”。

此中必须戒惧慎独。诚是实理,诚之是以实心而实此实理。所以末章特推为己之心,为学问源头,工夫要领”云云,已指全书大旨。以下分章诠绎,意在平近,不为高深。而宗守朱子,与所著《大学讲义》同。惟论“鬼神之为德”,颇与朱子立异。朱子言“为德”,犹言性情功效,盖泥“中庸之为德”句,谓“中庸即是德,不容于中庸上另求所谓德者。今鬼神亦即是德,不应于鬼神上别作德解”。故朱子更有言曰:“性情便是二气之良能,功效便是天地之功用。”用纯则“经书上句法同,而解法不同者正多,何必将此为德例看。鬼神之德,言鬼神实然之理。又鬼神是气之屈伸,其德则天命之实理,所谓诚也”。按以气之屈伸解鬼神,同一谬误。此宋儒过求平实所致,而用纯执此以非朱子,所谓五十步笑百步也。用纯高尚其志,穷居教授,书中谓“天下虽乱,而吾身之天地万物,不害为安泰”,可想见其识趣。又谓“后世直操爵禄以为市,矜己所有,慢彼所无。一时之士,亦不复问其君为何如主。争邀荣宠,愈矜则愈贪,愈慢则愈卑”云云,其愤激于时俗亦深矣。书刊于康熙间。(14-218)

大学讲义一卷　康熙间刊本

明朱用纯撰。① 用纯字致一,学者称柏庐先生,江苏昆山人。清康熙间,或将以博学鸿词荐,固辞之。其学笃守程朱,以主敬为程。是书为与门弟子讲究而作,意在切实可行,故于经旨与朱注,俱体会微至。首谓“欲读《大学》,须先识‘大’字。《章句》云:‘《大学》者,大人之学也。’朱子恐人误作有位者说,故《或问》曰:‘此大人对小子之学言之。’而《蒙引》又解曰:‘大人,成人也。’是凡为人即当为是学,而今人辄以帝王当之,第一章第一句第一字便读错”。又谓:“累此心者,全在所发,而意才一发,即与物接。非推极善恶之几,则不能抉择去就;非穷至事物之理,则不能分别善恶。岂非诚意致知格物一串是正心事?”又谓:“格物致知,向来所以聚讼者,只为物是外物,知是吾心之知,不求吾心之知照见万物,却求天下之物充广吾知。殊不知心虽主于一身,而实管

① “明”,中华本作“清”。

乎天下之理。理虽散在万物,而实不外一人之心。理在物而亦在心,所谓体用一原,显微无间也。"又谓:"为己为人即诚与伪,而此心诚伪之分,见于事则为义利,在人品则为君子小人,在治道则为王霸之异。"又谓:"玩'新'字最妙,不但去其旧染之污为新,虽旧污既去,必逐日有一番振刷精神,便逐日有一番鲜新气象。"又谓:"自欺关头,断开不得。初间自欺,犹不能安。及因循惯了,必且认欺为慊。不明之人,不叫做欺。欺之云者,知之而故昧之者也。不明之害小,自欺之害大。"如此之类,说理俱精。① 而所以提撕学者,尤为警切。盖实践之儒,自道所得,与彼作讲章为帖括者,固不可同日而语也。书刊于康熙间。(14-219)

大学顺讲一卷　道光九年刊本

清丛秉肃撰。秉肃字恭作,山东文登人。秉肃穷居授徒,以终其身。是书一遵朱子《章句》,循文敷衍,不参他说,亦别无所发明。盖为学子治帖括计也。然贯穿融会,亦便于童蒙诵习。首有张井、李湘茝二序,于颖发秉肃小传,于廷瑞述略,盖兼为《中庸讲义》作也。书刊于道光己丑。② (14-220)

中庸顺讲一卷　道光九年刊本

清丛秉肃撰。是书一依《章句》,循文敷衍,不参他说,亦别无所发明,与所著《大学顺讲》同。《中庸》三十三章,较《大学》为散碎,秉肃条分缕析,穿成一线,尤见用心。然亦止便童蒙肄习而已。书刊于道光己丑,后有李湘茱跋。(14-220)

乡党类纂三卷

清谭孝达撰。孝达字云初,四川涪州人。是书首自序,次凡例。大率纂辑旧说,不参己见。中附图谱,则本之《钦定仪礼礼节图》《周礼礼

---

① "说理俱精",中华本作"说理极透"。

② "书刊于道光己丑",中华本作"书刊于道光九年己丑"。

记礼器图》。后附龚元玠所增删《孔子世家》及《孔子生卒年月日辨》《孔子诛少正卯辨》《书史记孔子世家考后》诸篇。书中所引近滥,又间不注明出处,惟《乡党》最难读。而是书关于考订处较为明晰,不无可取耳。书无刊刻年月。(14-221)

孝经集灵一卷 万历十七年刊本

明朱鸿撰。鸿,浙江仁和人。是书首有虞淳熙序及鸿自序。是书征引故事,采经史百家,凡二百三十一条。又附录二十八条,则辽金元以至外域释道二家所记也。其关于《孝经》典实,搜采略备。鸿序所云"稽往哲之行,知报复之有征,于焉兴起其孝亲之心,于焉研究乎传孝之经,譬之引入其室,而先开之扃者",是其旨也。书刊于万历己丑。(14-221)

从今文孝经说一卷 万历刊本

明虞淳熙撰。是书征引诸书之言古文《孝经》者,而录所作驳语于其下,凡十六条。大旨拾司马贞之唾余,而征引稍广。然中挟成见,语多武断,未足以昭公久,犹郝敬、梅鷟辈之考古文《尚书》也。无序跋,刊于明万历间。(14-222)

孝经迩言一卷 万历刊本

明虞淳熙撰。淳熙,河南陈留人。是书首有张位序及淳熙自序,次提纲,内列宗传图、全孝图、孝字释、全孝心法、传经始末、全经纲目,又次汇目,为斋戒事亲之目、斋戒事君之目、斋戒事天地之目、五刑章之目。《迩言》用语录体,不滥征引,意取通俗。明万历刊本。(14-222)

孟子今义四卷 民国二年排印本

彭赓良撰。是书为赓良所撰《九经今义》之一,盖袭今文家张三世之说,而傅之以今时新学说。谓"孟子言尧、舜、文王、孔子,言仁政、王政、不忍人之政,言仁义,言性善,皆传孔子大同之义"。择七篇

中与有关合者,附会其说。首有自序,畅发此旨。书为民国二年排印本。(14－223)

四书近语六卷　康熙五十三年黄平王樗刊本

明孙应鳌撰。是书为康熙甲午黄平王樗刊本。应鳌讲学清平时,著此书,已梓行,而传本甚罕。樗得残帙,缺下论《孟子》,多方搜访,始辑成完本付刊。卷首有樗序及戴嗣方二序,原本有应鳌自序。樗序称"每发一论,亲切著明,与朱注相表里"。嗣方序称"应鳌为切问近思之学,窥知行合一之原。其于四子书融会贯通,详说反约,著是书务得圣贤大旨所存。以《论语》开章言学,为圣人教人求仁之事。论《大学》则以格致为圣学之安身立命,论《中庸》则以慎独为尽性之始终条理。谓孟子一生之学为性学,故可以正人心,息邪说,回治道,讲学术"云云。按明人讲章,大都宗朱,然拘迂空泛,鲜能自抒心得。应鳌是书,泛论大义,不为章解句释,与朱注互有详略,不肯苟同,亦不染讲章习套,似在其所著《易谈》之上。四库著录《淮海易谈》,而不及是书,殆未之见欤?(14－223)

四书异同商不分卷　咸丰九年刊本

清黄鹤撰。鹤字汉皋,湖南新化人,诸生。是书搜罗甚博,上自汉唐注疏,下逮《学海堂经解》。此外经史子集奥义新解,采获略备。其例有四,以为有合经旨者,列诸首条;其次则其说不同而可备参考者,曰存异;又次则说有未安者,曰存疑;又次则说之尤谬,必不可从者,曰驳正。间出己见,别为按语,所谓"商"也。开卷"学而"章,谓"夫子凭空说个'学'字,不知所学何事。故记者次以'孝弟'一章,见学当于孝弟用功也。次以'巧令'一章,见学当于自己心上用功也。次以'三省'一章,见学当于自己身上用功也"。又谓"'学'字今训'效',古训'觉',两训相兼,于理乃足。'效'乃始事,与'习'字义近;'觉'乃终事,与'悦'字理通"。诸如此类,具见折衷。所惜征引过繁,殊少创获。其编次首《论语》,次《大学》,次《中庸》,又次《孟子》。《孟子》分为上中下,亦与他本

略异。首有苏士瑛序。刊于咸丰九年。(14-224)

大学说[①]

清惠士奇撰。书为周锡瓒所藏,向无刊本。彭纯甫刊,附士奇所著《礼说》之后,以《大学》本《小戴》之一篇也。段玉裁为之序,时为嘉庆三年。是书分章虽遵朱子,其他则多所订正。谓"大学之道,致知在格物,格物在知本。故曰物有本末,事有终始,知所先后,则近道矣。此言格物,乃启下文,非结上文。朱子以明德为本,亲民为末,谓德为本可,谓民为末不可。始终、本末,明指致知格物为言,非谓明德亲民。'亲民'不读'新民',意重遵经。'格物'不取格去物欲,格之言度也。'辟'读为'譬',主康成,纠朱子训僻之失"。谓"未闻意诚心正,而好恶犹僻者"。又谓"《大学》首章后言格物,先以本末始终先后启其端。末章先言絜矩,后以上下前后左右申其义。自宋至今,学者懵焉。絜矩犹格物也,絜矩者,取诸上,譬诸下,取诸下,譬诸上,推而至于前后左右皆然,所谓恕也"。按此说尤创辟,其他亦多深粹。段序称"精言硕论,根极理要",非溢美矣。(14-224)

四书正事括略七卷附录一卷 道光十九年萧山沈豫重刊本

清毛奇龄撰。奇龄晚年以未著四书为憾,其嗣子与门生就奇龄所著经集及讲录之及四书者,而成是书。原止五卷,卷一正名,卷二正文,卷三正礼制,卷四正故实,卷五杂正,六、七两卷则补前所未备。书成而考辨踵至,因详载主客问答之语,为附录一卷。曰"正事"者,以宋儒说事物,说心性,每檃括以"事物"二字,则专指"事"字,而凡名物典文礼制故实,皆出其中。惟是辨事贵详,狭则多漏,易启攻难。故将经集二十种胪列于前,遇有质辨,原文具在,可就审解。是书主攻朱注,其间虽纯驳参见,以视明人陈晦伯、卢荷亭、郝京山、姚舜牧辈,固远胜之。其后又增易为《四书改错》,此则大辂椎轮也。卷首有奇龄自序,时年八十五

---

① 中华本称"嘉庆间刊本"。

矣。又有门人王崇炳序。传本甚罕,道光己亥萧山沈豫重刊之,又作序弁其端。(14－225)

朱注发明十九卷 康熙间刊本

清王掞撰。掞号颛庵,江苏太仓人,太常时敏子,康熙庚戌进士,官至文渊阁大学士。是书无序,有钱之骏所作凡例。先《大学》,次《论语》,次《中庸》,又次《孟子》,以为统系次第应如此。掞笃信朱子,就《章句集注》中一字一句细意体会,发明其未宣之蕴。其涉注义处,即列本注之后。其涉通章大旨,或列首节注之后,或列末节注之后,不一例。掞以为朱子于《学》《论》《庸》《孟》所分内外注,各各不同。《大学章句》,为朱子生平全力所注,《章句》原不分内外,但读者不能贯证前后,甚或前后混杂不分,致生舛错,诸说与《章句》合者无几,故辨之加详。《论语》则朱子取其大醇者入内注,醇疵相间者入外注,辨析本严。此书从内注不从外注,而外注为朱子所自言,则又必急为表出。《中庸》不分内外,与《大学》同,以是发明稍略。《孟子集注》分内外,又与《论语》同,且外注仅居十之二,其中又半为朱子所自言,其他亦多妙言粹论,故《集注》内外兼收。此其大概也。惟是书专以本注为主,他书载朱子之言,有与本注不合者,概以为未定之论。不知朱子见解,因时不同,有晚年自悟其非,而本注不及改定者,未可执一而论也。无刊书年月,当在康熙间。(14－226)

四书明儒大全精义无卷数 康熙四十四年刊本

清汤传榘撰。传榘字子方,江苏长洲人。明永乐间,纂《四书大全》,自宋迄元,诸儒之说四书者略备于是。明代二百余年,传朱学者接踵,其间纯驳不一。盖阳明一派代之而兴,即为朱学者,亦不免因之歧出。文清、敬斋、月川,接朱之绪者也。龙溪、心斋、念庵,扬王之波者也。他如整庵、清澜、庄渠、少墟、景逸、泾阳、蕺山,或则攘斥阳明,而不能于紫阳毫厘尽合;或则尊崇紫阳,而未能于阳明窠臼尽翻。传榘是书纯宗紫阳,虽遍采诸家,而引《读书录》《困知记》《居业录》数书最多。

自言“尝博涉于儒先之义,每览一编,辄举其有发明者,分章撰录。积二十余年,已觉洋洋洒洒,始欲附于《大全》之后,以其多不胜载,乃遂自为《明儒精义》一书”云云。按是书搜罗甚富,别择亦颇矜慎,视《大全》之窜易淆乱,尚为胜之。至于说四书者,非朱学所能限,而明儒之说四书者又不免为帖括起见,是则不必为传槼责矣。又是书广为采摭,而卷首不载采用书目,亦其一憾。首有自序,参订门人姓氏。书刊于康熙四十四年。(14－226)

四书绎注不分卷　康熙三十五年刊本

清王锬撰。锬字一雪,河南柘城人。自明以来,注四书者,有《大全蒙引存疑浅说》《达说》等类,虽率本之朱子,而说以纷而愈歧。锬以为此类皆以书说书,未有以书说理、以书说人人身心性命之理,独有取于石门吕留良晚村评时文之语,及平湖陆陇其稼书之《松阳讲义》,谓能于朱注有所发明。于每章下首列吕说,次列陆说,又次列己说,或加发明,或为驳正,无非阐发朱注未宣之蕴。按清初笃信紫阳,而心得最深者推以吕、陆二氏为最。吕氏借时文为讲学,其评时文语,颇多精义也。乾隆禁毁以前,其书风靡一时,然未有援以诂经者。陆氏则当时已推为理学第一,其讲义早家弦户诵,锬独有取于此二家,可云特识。首有钱肃润序、张夏题辞及锬自序。钱序申明“绎”字之义,引杨龟山语罗仲素曰:“学者读书之法,以身体之,以心验之,从容默会于幽闲静一之中,超然自得夫书言象意之表,所为绎也。”书之命名盖取于此。刊于康熙丙子。(14－227)

学庸窃补九卷　乾隆十一年刊本

清陈孚撰。孚字石美,江苏武进人,诸生。是书首有简亲王、孙嘉淦、潘思榘、程景伊、刘于义序及自序,又附记十三条,篇首又有提要。大旨以朱子为宗,而诸家之说载于《大全》,采其析理之精者,随本文之次第,参互阐明。间附己意,则加“按”字以别之。孚以为《学》《庸》之义,周遍浑涵,非可执一。或两义若不相谋,而实互相发明,不可偏废。又或正意之外，尚有旁意，一义之中，更包数义，则俱存之，俟人玩索。云“窃补”者，窃前人之意，补前人之说，然亦不废典故。又以为典故未详，于理必有所蔽，惟不过于繁冗而已。自言凡数易稿，始成此书。观其剪裁之间，甚有斟酌，非仅治举业者所必资也。据附记，孚尚有《论》《孟》撰述，未见流传，岂未成书耶？书刊于乾隆丙寅。（14－227）

四书题说二卷 道光二十八年刊月山遗书本

清梁迻撰。迻号月山，福建将乐人，诸生。生平服膺朱子，论学皆于日用切近处指示，使人脚踏实地。详丁汝恭所为传。是书以“题说”为名，盖乡塾例以时文课徒，迻即借此为说，使学者切己体认，以寻圣贤立言本旨也。首有丁汝恭序。书中如说“就有道而正焉”，谓“今之读书者，何尝不就正于人？但所就正者，未必皆有道之士。终日谈经，不外科名得失；终日劝学，不外富贵声华。先生以是教，弟子以是学。得志则恣肆骄吝，失志则委靡钻营”。说“学而不思则罔”，谓“今之讲章，汗牛充栋，吾谓作讲章之人，亦多有不思者。非谓其章旨节旨字解句释处于圣贤道理全不思也，谓其于圣贤道理字解句释，都是为作时文起见，而于自己身心上，全未尝细思也”。按所说俱足针砭俗学之病。是书《月山遗书》之一种①，刊于道光戊申。（14－228）

四书读不分卷 嘉庆十四年刊本

清李嵩仑撰。首有嵩仑序言，称“就白文读之，兼读《集注》《章句》，简滥繁以求实义”。又称“程、朱读四书，或总论，或分段，注中略具，其中又有虚实之分。依此意以读白文，私为圈点角记分段勾画以读之，以便开卷了然”云云。此则同乎村塾俗本为命题作文起见者。又有《论语汇读》一册，虽便初学，无关宏旨，亦无取焉。书刊于嘉庆己巳。（14－228）

---

① 《月山遗书》，中华本作《月山遗著》。

四书正体校定字音　道光二年刊本

不署撰人名氏。首有道光壬午闰三月榕荫堂主人宜亭氏序，是书即其所刊也。序称“持节吴下，来典尚衣，公余无俚，率以课子为事。适友人汪君节安有家藏《四书正体校定字音》一书，逐字音切，无复无遗。且笔墨悉照《洪武正韵》，无鲁鱼亥豕之误。遍询坊间，原板竟不可考，因重为剞劂，以广其传”云云。据此则板属重梓，而书为何人所撰，板为何时所雕，竟付阙如。按书颇近浅陋①，然取便初学，亦不可少云。(14－229)

四书翼注论文十二卷　光绪五年刊本

清郑献甫撰。献甫字小谷②，广西象州人，道光进士，掌教广东端溪书院。是书首有林肇元序，盖献甫门人也。献甫年二十四五时，读四子书有所得，随笔所记，自云触类引申其义蕴，亦有与朱注相发明者。献甫殁后，肇元合诸门人所抄本，校刊于黔南，时光绪乙卯也。③ (14－229)

大学古本释　道光二十年刊来复堂丛著本

清丁大椿撰。是书就《大学古本》节解句释，更推求脉络，使之通贯。若者为承，若者为结，若者为中间过纽，为读者说法，自无不可。然圣贤立言垂教，岂若后世操觚家讲文法哉？其中说理间有当处，亦未可废也。书刊于道光庚子，为《来复堂丛著》之一种。(14－230)

孟子讲义四卷　道光二十年刊来复堂丛著本

清丁大椿撰。是书分内篇二卷，外篇二卷，内篇言心性，外篇言治

---

① “颇近”，中华本作“殊”。
② “献甫字小谷”，中华本作“献甫榜名存纻，字小谷”。
③ “乙卯”，疑为“己卯”之误。

道。诂义之外,间及论文。句下着评,殊近俗。章后总解,大率循旧说,然间有惬理餍心者。外篇所附考证,亦欠精核。书刊于道光庚子,为《来复堂丛著》之一。(14-230)

四书集注管窥二卷　道光五年刊本

清赵大镛撰。大镛字笙南,安徽泾县人,诸生。是书首有胡承珙、赵绍祖二序。承珙序称其"训释字义,仿陈北溪发明《章句集注》,多融会全书,彼此互证"。绍祖序称其"能荟萃宋诸大儒之说,以发明朱子《集注》《章句》之精蕴"。今按其书,卷上训释字义,下卷分条辨析,意在融会。词亦简括,惟大都陈言,不出宋儒臼窠耳。书刊于道光乙酉。(14-231)

孟子字义疏证三卷　嘉庆初年微波榭刊本

清戴震撰。按段玉裁作震《年谱》,言"震著《原善》三篇、《论性》二篇既成,又以宋儒言性理、言道、言才、言诚、言明、言权、言仁义礼智、言智仁勇,皆非六经、孔孟之言,而以异学之旨糅之,故就《孟子字义》开示"。又玉裁《答程易田书》,称"震自述生平著述之大,以《孟子字义疏证》为第一,此正人心之要。今人无论正邪,尽以意见名之曰理,而祸斯民,故疏证不得不作"。而是书震自序,极言孟子辩杨墨,后人习闻杨墨老庄佛之言,且以其言汩乱孟子之言,是又后乎孟子者之不可已也。盖宋儒谈理,每不免杂以二氏之说。所谓阳儒阴释之学,圣道几为之乱。是书大旨借理学以攻理学,而读书必先识字,孟子愿学孔子者也,乃条举其字义,一一为之疏通证明焉。凡理十五条,"天道"四条、"性"九条、"才"三条、"道"四条、"仁义礼智"二条、"诚"二条、"权"二条,意在发明孔孟真谛,以匡正宋儒之谬。然圣人立言,多半因规时起见,言之者本无弊,而不能必行之者之无弊。孟子即有"不以文害词,不以词害志"二语。微特程朱之言,为孔孟所未言也。即孔孟之言性言命言仁义,尧舜亦何尝言之?而子思以为祖述尧舜者,又何说耶?而为宋儒辨护者,又操矛以陷盾,说愈棼而不可理矣。书为微波榭刊本,无年月,当在嘉庆初。(14-231)

绪言三卷　抄本

清戴震撰。按是书或以为《孟子字义疏证》改定本，或以为《孟子字义疏证》初稿本。主前说者如程易田，据书中言丙申影抄时，戴本首叶有“壬辰菊月写本”六字。自壬辰至丙申，未尝改窜，而震殁于丁酉，是知《绪言》为定本。而段懋堂则推测，谓改定或在丙申之冬、丁酉之春。据震丁酉五月廿七日《答彭元初书》有云：“《原善》所指，加以《孟子字义疏证》，及后辨论咸与足下之道截然殊致云云。”书作于殁前一月，而云《孟子字义疏证》，是《绪言》为初编甚明。今观《绪言》三卷，上卷自立说，中卷尊孟子，下卷驳告子、荀子、杨子、周、程、张、邵、朱、王文成诸子及老庄、释氏，与《疏证》分目略殊。《疏证》所言“天道”诸条，虽亦有之，而诚、权二目则未之及。段氏所云“解意多同，而《疏证》尤为百炼之金，精凿之米”，殆不虚也。是书与《原善》三篇合刊，不知出自何人，为戴氏遗书所不收，钱大昕、王昶、洪榜、孔广森、阮元、江藩等所述震著书总目亦遗之。惟《疏证》所芟汰之部分，其粹语仍不少，当并存之。或取以附《疏证》各条之后，勿令湮无传也。(14－232)

四书辨讹六卷　康熙三十二年刊本

清汪升撰。升字兰友，安徽婺源人，诸生。自明以八股取士，八股限以四书命题，虽功令遵用朱注，然讲章既多，言人人殊。作者又每标新领异，只求文心之出俗，不顾书理之失真，于圣贤之言，或全者偏之，详者略之，顺者逆之，隐者露之，与夫以文害辞，屈经从传，甚至以后世之情形概前朝之事势，以异端之宗旨为儒术之指归。乡曲陋儒，涉猎未广，借坊间时文选本为枕秘。自《大全》以至《蒙引》《存疑》《浅说》《说约》诸书，既醇驳不一，而评选家除仇兆鳌、吕留良二三家尚知引导正轨外，他无足论。升为是书题曰“辨讹”，首儒先之注，辨其合不合，次及行世之有名时文，又次及诸选家评跋之语。凡说之讹者，记以点；不讹者以圈；谛当明快者，则以密圈。自序云：“作文字必须贴切圣贤本旨。见制义有不当于兹者，博而索之书解。觉书解有不合于是者，反而求诸白文。”此其大旨也。按是书未能免俗，惟见理颇真，语亦简净。升最服膺吕留良，于其说亦间有取正。当八股风行之日，借之以昌明正学，亦不得已之事也。卷首有韩菼、沈朝初、耿世际、李天叙、胡绳圣、汪盱序，又有自序及凡例。刊于康熙三十二年癸酉。（14－233）

古本大学说一卷附大学改本考一卷　道光二十一年刊本

清边廷英撰。廷英字育之，河北任邱人。是书说多创辟，以为“《大学》言明、言诚、言慎独，皆与《中庸》大旨不异。而书中所出名目，亦多出于《中庸》。言修身，即《中庸》修身以道事也。言正心，即修道以仁事也。言诚意，即诚身事也。言致知，即明善事也。言格物，即体物事也。言齐家治国平天下，即《中庸》治天下国家事也。又书中引曾子之言，而末章仁义义利之言，为孟子首章之言之所本。自谦之言，为孟子慊心之言之所本。据此则《大学》之作，当在曾子之后、孟子之前，自亦子思之所作也。其作《中庸》，意主于述圣教。故全书所述皆孔子一圣人之言，而以己意疏明其大旨。此书则自立言，而杂引他书以证明之”。按此说虽前人有发之者，而比附甚确。又以为“《大学》一书，本义不明，误于改本补传之说。改本之有补传，由于误认经文为细列条目，必须逐条逐件各自做工夫。又见诚意以下，许多名色，后文皆复说一遍，惟格物致知名色，后文不再见，遂疑经文有脱简，为补格物一章。不知此节文意，乃逐节推上，归重一处之辞，非平铺直叙细列条目之辞”。其解“致知”，谓“‘致’与《中庸》‘致中和’‘致广大’之‘致’同义，致之言犹尽也，尽其分而无余之义。知谓心之良知，即明德之明，随时呈露之知觉也。格，至也。‘物’兼民物、事物二义”。按此说主良知虽袭阳明，然以驳改本，其义较圆。后附《大学古本考》，荟萃程明道以下十家，不加论断，使学者比观之，是非不难自辨。虽丰坊伪本，亦列焉。以其为刘宗宗所承用也。① 卷首有廷英自序，《改本考》有廷英自序及门人贾臻后跋。其朱成烈总序，则兼廷英所《中庸说言》也。② 书刊于道光二十一年。（14－234）

---

① “刘宗宗”，中华本作“刘宗周”。

② “所”，中华本作“所作”。

中庸说二卷 道光二十一年刊本

清边廷英撰。是书分二卷，大旨以为子思述圣言以明圣教之书。其曰"修道之谓教"，又曰"自诚明谓之教"，皆指孔子之教言。修道之教，即孔子修道以仁之教。自明诚之教，即孔子明善诚身之教。二十八章依文为释，义多允惬。其特创之说，谓"《中庸》一书，多出于《易》。首章言中、言和、言节、言独，即《易》之言中、言和、言节、言独之义。言天地位，即《易》言天位帝位之义。言万物育，即《易》言资始资生之义。其开宗明义，言天、言命、言性、言道，即《易·乾传》言天、言道、言性、言命之义也。再证全书，言诚，即《易》言元之义；言明，即《易》言亨之义；言庸，即《易》言恒言常之义；言博厚载物，即《易》言坤厚载物之义；言博厚配地，即《易》言德合无疆之义。此外言索隐，即《易》求深之义；言远人为道，即《易》言远民之义；言夫妇知能，即《易》言眇跛之义；言素位，即《易》言素履之义；言居易，即《易》言坦坦之义；言远迩高卑，即《易》言升阶之义；言暗然、言不显，即《易》言含章之义；言不疚，即《易》言不疚之义；言无恶于志，即《易》言得志合志之义"。按诸经不过孔子删定，惟《易》之《爻传》，乃孔子自作。得此一证，而《中庸》作述源流可以见矣。其解"鬼神"，谓"书言鬼神，实非正言鬼神，盖即鬼神以况言人事之辞。鬼神即造化也，鬼之义归，神之义伸，以造化之循环往复，有屈伸之义，而得名"。按如此释"鬼神"，自胜于"二气良能"之说。但证之下文"祭祀"一语，又不可通耳。书无序跋，刊于道光辛丑。(14-235)

四书心解不分卷 道光间重刊本

清王吉相撰。吉相字天如，陕西邠州人，康熙丙辰进士，改庶吉士。潜心性命之学，尝问业于李中孚。是书盖其养病家居时所作。自序谓"心解者何？解心也。治心而不解心，恐讲习讨论之总无当于心"云云。其书自抒心得，以传注解格物为穷至事物之理，诚意为自修之首。而"明德"八条，皆有次第工夫，则是以致知为学问思辨之功，以诚正修为笃行之功。分知行为二事，而浅视致知为推测之能也。故其释格物不取朱子之说,然亦不取阳明致良知之说。谓“将‘物’字看做物欲,格得物欲净尽,自然静极生明。此是无为之学,未免落于空寂”。又谓“格物物格,是安勉的界限。格物如搭灯照路,照一步走一步。物格如明灯当悬,物来即便顺应”。又谓“传注诬认‘知’字,故通步中解知,皆向事物之外边。不知知行原是合一,皆在心上。如单就事物说,试思未遇事物时,遂可昏昏无用也乎”。按此论极精辟。其释《大学》《中庸》《孟子》,以为皆发明《论语》之道,大旨尤谆谆于“知之”一言。谓“仁为知之体,义礼为知之用,信为知之贞德,勇为知之强力,万事万物皆一知为终始”。书中说理处,俱能贯通融会,绝不依傍他家。前有张汧及李中孚二序。中孚序谓其“洞见本原,学见其大”,可谓推许之至矣。书刊于康熙癸亥,道光间重刊,有路德序。(14－236)

四书辨误一卷辨异一卷 道光六年刊本

清李锡书撰。先是锡书著《四书臆说》十二卷,时年六十八矣。阅二年又成《四书大成直讲》二十卷,未能付梓。其门下士乃录其关于辨误者五十条,关于辨异者五十条,汇为一集,即是书也。书中所辨,率属性理,不涉考据。如辨“性”字,谓“理在气中曰性。张子谓不杂于气质,不离于气质是已”。曰“合虚与气有性之名,其言未显,以虚字之义未明也”。又曰“义理之性,气质之性,二‘之’字亦未妥”。辨四端,谓“仁义礼智四字,向来解者皆误。惟朱子曰‘仁者心之德,爱之理;义者心之制,事之宜;礼者天理之节文,人事之仪则’,俱从圣言体会而出。唯‘智’字无解,今为之补曰:‘知者性之本体,心之虚明也。’独‘信’字解曰:‘以实之谓,言之有实不从本体中来。’是朱子意中固未曾以‘信’字配仁义礼智。以‘信’字配四端,名为五常,始周子《通书》。不知《太誓》言‘狎侮五常’,乃五伦也”。辨“诚”字,谓“朱子解为真实无妄,真不假也,实不虚也。无妄者,无所阙陷之意。至诚者,知仁勇三德无所阙陷,故曰无妄。诸儒以实心实理解‘诚’字,若开除三德,不知所实者何事”。辨“过”字,谓“此字从来无解。蔡氏《尚书注解》作‘无心之失’,大误。此字乃说用情之不得其中正者,即《周易》大过、小过之义”。

辨“欲”字,谓“此字解者都讲在不善一边去,如私欲、人欲之类是也。程子于此章注云:‘心即体,欲即用。’朱子云:‘饮食男女之欲,盖有人所不能无者。’讲‘欲’字方通,欲是心之初动,其几甚微,犹未可以言情,到后来喜怒哀乐乃是情耳”。辨“悮”字,谓“《巧笑》章,夫子以礼解诗是一层,子夏因诗知礼是一层,是于子夏初问时已进两层。诸家说到‘悟’字,大误。知是实的,悟是虚的。凡朱注用‘悟’字,都是用‘悔悮’字义,不用‘会悟’之说”。辨“立达”,谓“欲立是立于礼,欲达是达其道。二句是由礼义以存仁道,子贡是从事物上说仁,夫子是从心上说仁,时解立达以教养说者非”。按以上诸说俱允惬,他条义俱了晰。辨误以求其是,辨异以察其微。分观之各有所主,合证之可识其全矣。卷首有门人曾瑞和序,书刊于道光丙戌。(14－237)

四书会通十一卷　乾隆四十六年刊本

清吴楚椿撰。是书分《学庸会通》《论语会通》《孟子会通》,盖因刻工不敷,次第授梓,故为此别。而是书只《学庸会通》是乾隆辛丑所刊,《论语》《孟子》俱是抄本,殆未刊也。卷首有楚椿自序。《大学》独有总论。其书荟萃群注,不标明某家某说,就每一章中为之疏解其意,联络其词,隔者通之,隐者显之,委曲畅达。虽未能有所发明,视句解字释,不顾全章脉络者,固有殊矣。自序言“看书之弊患执一,即如朱子训‘道’字,于‘率性’句则曰‘各循其性之自然,则日用事物,莫不各有当行之路’;于‘所以成物’,则曰‘道行于彼’;于‘道之以政’,则曰‘犹引导也。道率于己性,由己及人,即以引导乎人’。会此三注,而‘道’字始通。朱子训‘信’字,于‘省身’章,则曰‘以实之谓信’;于‘天道’,则曰‘循物无违为信’;于‘劳民’章,则曰‘诚意交孚,本己之实心,而循物无违,以孚乎人心’。亦会此三注,而‘信’字始通”云云。书以“会通”为名,其大旨亦略可见矣。(14－238)

中庸脉络二卷　乾隆二十七年刊本

清吴楚椿撰。是书于《中庸》全书通贯前后,凡二卷一十八篇,曰名义篇，曰统绪篇，曰小人诬民篇，曰君子立极篇，曰论道篇，曰因性立教篇，曰德根于性篇，曰五常之德相需为用篇，曰即心言诚篇，曰天性贯始终篇，曰总论篇，曰论首章总冒篇，曰论第一大支篇，曰论第二大支篇，曰论第三大支篇，曰论末章总承篇，曰客问篇。前十七篇，皆标题立说。客问篇，大都散碎，补诸篇之所漏。按是书颇多参用众说，而采朱注较多，亦间有纠正者。其因性立教篇、天性贯始终篇、总论篇，尤能融会经旨。他如释“庸”字、“戒慎恐惧”字、“隐”字、“善”字、“端”字、“执”字，亦允惬。卷首有苏鹤序，末有族侄森跋。书刊于乾隆壬午，盖成于《四书会通》之前也。（14－238）

四书集解不分卷 传抄本

清朱应麟撰。应麟字耕岩，江苏昆山人，贡生。是书以程朱为本，次以吕晚村，谓其力辟异端，有功后学。他若《大全》《存蒙》《浅达》诸书，间采一二而已。所集诸家之解，又多删易连络，使之条贯。时亦自抒己见，然无甚发明。其著书之旨，则为习举业者计也。首有康熙四十年庚寅应麟自序，次凡例，又有乾隆五十四年己酉黄达序。原书未刊，行世者只移录本耳。（14－239）

四书臆说十二卷 道光二年刊锦官书本

清李见庵撰。是书卷一说《大学》，卷二说《中庸》，卷三说《论语》《孟子》，卷四、五、六泛论，卷七、八说学、说道、说心、说理、说气、说性、说情、说才、说欲、说人、说事、说经书、说文艺，各分篇，卷九至十二答问。首有自序，略言“日与儿辈讲习，及一二旧游相从问业，举相质证，其说有先后不合者，志之以待参酌。前八卷都泛滥，后四卷乃寻得归宿”云云。其书每参引紫阳、阳明二家说，且两调停之。书刊于道光二年，为《锦官书》之一种。盖见庵罢官居成都日所著也。（14－239）

四书集注直解说约七卷 康熙十六年徐乾学重刊本

明张居正撰。居正为讲官时著《四书直解》进呈，其书先标举《四书章句》为纲，次朱注，次《直解》，句栉字比，大都平实。康熙丁巳徐乾学重刊是书，又取吴郡顾梦麟《说约》原文，以细字纂其上。卷首有乾学序，附居正《进讲章疏》。又附《四书直解看书法》，甚浅陋，不知何人作也。(14－240)

批点四书读本七卷　道光七年刊本

清高玲批点。是书就朱子《四书章句集注》原本，加以。① 或录他家之说，或出己见，以朱字刊于书之上下方以及行间，于句读之间识以点及圈，或密圈。批语意在简括，兼注重字体字音。盖为便于初学诵习计也。卷首有高玲序，书刊于道光七年。(14－240)

大学俗话五卷中庸俗话八卷　光绪十八年刊本

清查体仁撰。体仁字听谷，四川崇庆人，诸生。是书卷首有刘瑨、梅震煦序及体仁自序。又附贺瑞麟、张澜二书，盖商榷此书者也。大旨以程朱为旨，即采他说，亦必不悖于程朱者。就经旨演成俗话，委曲畅达，于文理接续、脉络贯通之处，使读者心目豁然。于童蒙讲习尤便。书为光绪十八年壬辰成都刊本。(14－241)

大学讲义　民国元年排印本

萧炎撰。炎号隐公②，广东梅县人。梅县旧名嘉应州。炎于丙午岁于北京法源寺，集同人讲《大学》，以操方言，听者多不晓，乃草成此书。卷首附《开讲通告》，记缘起也。有恽毓鼎序及炎自序。大旨以为："'大学之道'一句总挈全部，下三句中明学道所在。正文曰'在明明德'，二'明'字有人事天然之别。程朱补释格物致知之义，曰'是以《大学》始教，必使学者即凡天下之物，莫不因其已知之理，而益穷之，以求致乎其极'云云。此不过属于安而后能虑，虑字内工夫，凡知止而后有定，而后

---

① 疑衍"加以"二字。

② "萧炎撰。炎号隐公"，中华本作"萧隐公撰。隐公原名炎，后称隐公"。

能静、能安。四层工夫，先已遗却，于'知止'之'知'字，尤未了。至云'豁然贯通，表里精粗无不到，全体大用无不明'云云，即使真如此明，亦仅上'明'字内一部分之明。又以为欲明明德，合格物别无可由之路；欲格物，舍慎独别无可入之门。全部引申譬喻，曲畅旁通，皆阐发格物工效。又以为论学至于心，变动不居，况心内所藏之意，意内所藏之知，知内所藏之物，其幽隐潜细更不可以言达。自'所谓修身'至'所谓平天下'，双提侧落，以身心家国有可分也。诚意独用单提直起，以意知物三者不可离也。天下无离知物而仍有所谓意者，缺一即不成为意，焉有诚伪可言？单提诚意，其内即含格致。夫子教学者，格致诚之入门，曰'所谓诚其意者，毋自欺也。如恶恶臭，如好好色'。毋自欺，是毋自欺其独知而致知也。不云'好善如好好色，恶恶如恶恶臭'，使学者不得假善恶之名，为自欺之柄。常人好富贵而恶贫贱，慎独君子不特不敢以富贵贫贱为好恶，并不敢以邪正为好恶。盖邪正尚非自然天则，历验佛老杨墨，好之者奉为仁圣慈悲，奚仅正？恶之者斥为夷狄禽兽，奚仅邪？则仍是各随其意为邪正，焉足定好恶之准？况以邪正为好恶，必有待于邪正之物，而后有好恶；必待有好正恶邪之事，而后有可察。则所察者事物邪正，非察一己好恶，更不能察一己好恶当否。"按此等快论，精确不刊。全书议多创辟，恽序称其"深造自得，于《大学》特真契圣源"，殆非过誉。书为民国元年排印本。(14－241)

四书劄记 光绪九年刊本

清王巡泰撰。巡泰字岱宗，陕西临潼人，乾隆甲戌进士。历官山西五寨、广西兴业县知县，擢吏部考功司主事，殁祀名宦。是书仿许鲁斋《读易私言》、薛文清《读书法》，开卷有得，随手札记，积久成帙。首有乾隆乙未自序，盖以应补需次，侨寓望都，日与诸生讲论，因取旧稿增删成书也。其后又有乾隆丙午自序，盖主讲解梁书院时，取是书重加订正，距前序逾十年矣。另有门人阎成化序，作于乾隆乙未，亦初稿序也。书成未刊，光绪九年临潼县知县汪凤標访得遗编付梓，功未竣而他调，继任严麟书续成之。各有序记其事。同时别有陈熙垲序，则巡泰之乡人也。是书敷说大义，名理络绎，于天命、心性、存诚、主敬，有关学术处，剖析尤细。盖从体会得来，故能言之深切。书中多引孙西峰说，其所受业师也。亦间及他家。自序云："凡有所见辄记之，不必所见之果是也。一时见以为是，一时辄记之，不必他时之即以其是为是也。其或言之足与先儒相发明者，期于明白易晓，不以嫌于雷同而不记也。其或自抒所见，不尽与先儒合者，即以所见记之，不以嫌于立异而不记也。其或旁见侧出，借书以发深省，而不必与书相檃括者，亦即以他说记之，不以非书之旨而不记也。"据此可知书之所由名，而一改再改之未有已矣。(14－242)

大学指掌一卷　道光二十一年刊本

清周际华撰。际华字石藩，贵州贵筑人，嘉庆进士，官江苏知县。① 是书草创甘泉汪氏，佚其名，只知其字瑞堂，而官翰林而已。际华为删其冗阘，补其缺略，正其讹谬，又复荟集众说，以成完书。大旨就朱子《章句》详为演绎，使章脉显豁，语气贯通。字间注音句标圈点，俱为便初学计。书眉有评，着语简要。② 如谓"'大学之道'，'道'字作方法讲，与'近道''道'字作当然之理不同"。又谓"'知止''止'字，即至善字，与'在止''止'字指工夫者不同"。又谓"定静安虑得五者，乃功效次第，不是工夫节目。盖才知止便能得止，中间定静安虑，乃递言之"。如此之类，分析甚清。卷首有魏茂林序及际华自序，兼《中庸指掌》作也。书刊于道光辛丑。(14－243)

中庸指掌二卷　道光二十一年刊本

清周际华撰。是书创稿于甘泉汪氏，而际华为之增订，与《大学指掌》同。其书演绎朱子《章句》，理取明浅，亦与《大学指掌》同。惟卷首另有《中庸考》一篇，斥《孔丛子》之伪。谓"子思十七非著书之时，《中

---

① "际华字石藩"至"官江苏知县"，中华本作"际华榜名际歧，字石藩，贵州贵筑人，嘉庆六年辛酉进士，官江苏江都知县"。

② "书眉有评，着语简要"，中华本作"其要旨粹语每缀于书之上方"。

庸》亦无四十九篇之数。《家语》后序'子思作《中庸》四十七篇',《家语》出王肃,非孔氏真本,其序不足据。或疑四十九篇为四十九章,亦非。《汉注》别载《中庸说》二篇,不过说经者分其卷帙,如赵岐注《孟子》,析七篇为上下尔。《中庸》只是一篇,一气到底,朱子分为三十三章,意在使后学潜心熟玩其节次脉络。其中层次,实枝枝相当,节节相承,一出自然之妙"云云。又"郊社之礼"一节,附宗庙等九图,并为之考,亦审核。书刊于道光辛丑。(14-244)

中庸臆测二卷 嘉庆二十四年刊本

清王定柱撰。首叙《钦定礼记义疏御案》一则,以见朱子《章句》外,郑《注》孔《疏》,并不可废。次自序,以为《章句》以后,鸿儒代兴,拾遗补缺,新机递引,未可尽泥。其分章或从郑、孔,或从朱子,又或以意定之。其为说,于《章句》多所驳正,或引伸其未宣之蕴,间援引诸家,采其是者,辨其非者,颇能体会经文,折衷于善。即如首章"率性之谓道",《章句》谓循性之自然,而为道是也。然观后篇,至诚能尽其性,尽人之性,尽物之性。但名为性,不名为道。而性之德也,合内外之道也。统成己成物为性,不能以成物之教划于道外。盖举天命之性,而道在其中,固无庸覆释。而通篇修字非一,皆主成己自尽之事,不应开宗独异。不如从阳明说,以为遥起二十一章自诚明谓之性之脉,所以统篇末,反覆申明,至诚至圣之为天道。又"修道之谓教",《章句》以为圣人因人物之所当行者,而品节之,如礼乐政刑之属。但礼乐政刑,皆圣贤亲民之事。此节推原大本,当仍属圣贤明明德之事,亦不如阳明之说为长。惟阳明言道即性即命,本自完全,若须要圣人品节,却是不完全物件。此说非也。百姓日用而不知,如何不要品节?品节不可谓人为,乃天道必须有此裁成之理。又如司马温公谓,南方之强,不及强者也;北方之强,过强者也。定柱则以为,南方之柔,为人情所难,政当属过;北方之刚,浮而易动,乃不及耳。又"父为士,子为大夫,葬以士,祭以大夫"。定柱谓此当专言父既殁既葬,而子进为大夫者,乃与章义相称。凡此诸说,具见斟酌不苟。书刊于嘉庆二十四年。(14-244)

古本大学通解不分卷① 嘉庆二十一年刊本

清聂镐敏撰。镐敏字京圃，湖南衡山人，嘉庆进士②，官至太子洗马。是书首有镐敏自序，以为"程朱表章发明之功诚不可泯，而更改补缉亦有未安。因是体会贯通，恍然有以复古本之旧观③，识经传之定界。而于朱子所谓'明善之要''诚身之本'，程子所谓'学莫先致知''天德王道其要只在慎独'者，非惟不泥其迹，而乃可以畅其旨"云云。书中先以古本《大学》读法，经分四段读，传分六段读，谓"于合见分，眉目乃清晰；于分见合，筋节实贯串"。其持论与他家异者，扼重致知、诚意二事。谓"学以明善，由致知入。致知以前更无事，格物乃致知之实，舍格物无所致知。观自'天子'以至'庶人'两节，致知为诚意根基，诚意居正心之先。而不仅连正心说，盖诚其正修齐治平之意，斯不自欺其所致之知"。书中阐发此旨，颇为条畅。其他说亦多新颖可喜者，如谓"'正心''正'字，守一以止也。修齐治平皆以归于正，皆守一以止也。一者何？至善也。'自谦''谦'字，引《说文》诸书，训'敬'训'让'，郑氏读'谦'为'慊'，不作'慊'字解，转读为'厌'。及解'厌然'，则又读'厌'为'黡'，何如仍旧？以敬让释自谦，不失君子兢兢慎独本心"。其解"格物致知"，谓"姚江王氏训'格'为'正'，不免将格物混入正修甲里，而穷尽天下物理之说，亦无纪极。当以程子论'格物，莫若察之于身'，得之尤切。'致知'之要，当知至善之所在。如'父止于慈，子止于孝'之类，最当经旨"。书中诂义大率本之宋儒，惟以作文之法推求理蕴，则较旧解为醒豁。书刊于嘉庆二十一年丙子。(14－245)

四书醒义不分卷 康熙四十八年刊本

清孙淦撰，其子用桢补。淦字静子，号担峰，河南容城人。④ 康熙进

---

① "不分卷"，中华本作"二卷"。

② "嘉庆进士"，稿本"进士"前有空格，中华本作"辛酉"。

③ "恍然有以复古本之旧观"，中华本无"恍然有以"四字。

④ "容城"，中华本作"辉县"。

士，授内阁中书，请假，遍游名山，不复出。洤为孙锺元孙，早传家学。是书为洤晚年所作，属稿于康熙戊寅秋，而洤卒于庚辰冬，至《孟子》“宋小国”章而止。其子用桢补成完书，并质正于方苞、刘岩、戴名世诸先生，而付之梓。洤言“读圣贤书，一开卷便如与昔圣昔贤告语一堂，出彼之口，入吾之耳，自能得其立言之意。偶有未合，再参之注疏，便已雪亮。凡索解于讲章者，口中醒得，胸中终是不醒得”。书以“醒义”为名，殆有得乎此也。自来解四书者，每诠实字而略虚字，然之乎者也，每以只字传神。至于间字，人亦忽忽读过。洤于此等处最为着意，即如解“大学之道”，谓“‘道’若作道理，便无所不包。下不得三个‘在’字，且‘之’字明系赶语气，所以知其为进为之方”。解“天命之谓性”章，谓“首节原欲正明性道教三件，故须剔醒‘之谓’二字”。解“子曰学而时习之”章，谓“‘不亦’字、‘乎’字，夫子心中有咀嚼亲切，难与人言之意”。又“子游问孝”章，谓“此章两‘能’字原相叫应，盖指养亲之人，与养犬马之人言也。说能养之人，则何以别？俱指一人而言。若去了‘能’字，则何以别？便指父母犬马言。至于二字，所该甚众，自骨肉子弟奴仆以下至犬马”。如此之类，大率揣摩在文法语气之间。洤遵信朱注，然谓误解朱注者不少。就中轻重抑扬，反正主客，须细心理会，统笼近似，毫厘千里。故书中于朱注一字一句细为辨别，惜无甚发明耳。卷首有杨中讷、张榕端、黄越序及凡例。凡例亦用桢补作。书刊于康熙四十八年。（14－246）

四书凝道录十九卷　光绪二十年刊本

清刘绍攽撰。卷首有绍攽自序，略谓“朱子《四书集注》，训诂本之汉唐，义理一宗二程，复参稽于游、杨、吕、谢及诸老先生之言。其析理之粹，补备之精，考据之确，千圣心源，粲然复明，而亦不遗于方名度数之细。惟初学之士，或未及详考而究心，抑观宋元儒说略备。其征之朱子者，亦止《语类》一编，程子、张子之书更阙。兹取而尽读之，伊、洛、关、闽互相证明，至事迹之有关大义，地理之足资征验，皆切求之，为论世之一助。若夫古注唐疏，实《集注》之权舆。要其窒碍难通，谬于圣人者不少,因并存之,附以辨别”云云。今观其书,就朱子《集注》,节解支分。其义有未显者,为之证明。解有未备者,为之补充。所援引除《或问》外,遍及宋元明诸儒。而于清儒李厚庵、陆稼书及其本师王信芳之说,尤所取资。其自为说,亦多体会有得。又取《集注》诸刊本,较字句之异同,而求其一是。其于《集注》,洵极羽翼之功矣。惟《集注》不能绝无一失,如为格致补传及解格物为穷至事物之理,绍攽亦知其未安,而犹持调停之见。殆守疏不破注之例欤?绍攽自序作乾隆庚辰,书成未刊,及光绪甲午泾阳刘秉仁始为授梓,有白遇道序。(14-247)

四书讲四十卷 康熙三十一年刊本

清金松撰。松字仞直,浙江嘉兴人,诸生。是书前有汪灏序,又有松自序,及《看书十则》、例言。其书以“讲”为名,每章有总旨,每节有正讲,有析讲。其单句单节自为一章者,止有正讲、析讲,而无总旨。或虽分数节,而旨归显然者,亦不用总旨。大旨遵守朱注,而加以发明。于朱注圈外所引程子、张子之说亦如之。间征引明人蔡、林、陈、顾之说,为之疏别同异。于同时吕晚村援证尤多。大率所研求者,在道理真,口气肖,推而及章法、句法、笔法。以“提过挽煞”四字论其当否,则是以时文读四书矣。当明清之交,作讲章者殆成习套。松谓“宋儒之书,专讲义理,其时不为帖括,故有下节意即讲在上节,后问意即发在前问者。明儒之书,兼求口气,自讲学一二语录外,大要皆为帖括取用。故讲上节,断不得预透下节。讲前问,断不得急侵后问。理贵透而有不宜说透者,理贵完而有不得说完者”。斯论可称洞澈。书刊于康熙三十一年壬申,至乾隆五年庚申重刊,有朱邦椿序。(14-248)

四书考辑要二十卷 乾隆三十四年刊本

清陈兰森辑。兰森,广西桂林人,陈宏谋孙。卷首有陈宏谋序,言“《章句集注》以及《大全》诸书,于典制人物少所纪载,因令长孙兰森详加参核,辑其要略,增以注释,有疑义者,申以按语,予复为阅定”云云。而开篇题陈宏谋辑,自居编校之列,遵祖命也。序后有凡例,又有春秋十二国、战国七雄二图。是书就薛应旂、陈仁锡《四书人物备考》,删繁订误,引古主经传及先儒成说,所载典故,概加注释。四书中所引诗书断章取义者,概引本义释明原文,更申所引之意。标题照书次排序,不为分类。惟所引悉属旧说,关于典礼制度及器名地名之类,多未精考。即毛奇龄《改错》、阎若璩《释地》诸书,亦似未寓目。按语甚浅陋,幸大体尚详备,为课举业者计,殊可省翻检之劳耳。书刊于乾隆己丑。(14－249)

大学讲语一卷中庸讲语一卷论语类解二卷孟子类解十一卷 光绪十三年刊本

清王辂撰。辂字少白,籍题安昌,按即今河南汝宁府确山县也。拔贡生,以荐赏加内阁中书衔,补获嘉教谕。先是河北道陈宝箴,于武陟置致用精舍,招生肄业,辂适主讲席,因成《大学中庸讲语记略》,许振祎为之序。其后又续成《论语孟子类解》。《讲语》但就章节疏释大义,《类解》分类为解。《论语》分言道、言性、言学、言志、言仁、言义礼智信、言直、言恒、言德、论言行、论伦常、论处境、论出处、论治、言教、言诗书礼乐、论士、论君子、论君子小人、论观人、警世、叹世、论人、自道、圣容、圣行、杂记等类。《孟子》分道性善、言学、论治、辨王霸、论战、事君、警世主、警世人、观人、论圣贤、论德、纪游、答时人、论出处、交际、言教、记门人、辟异端、叙道统等类。每类中,章各为解,《论语》每类又有总解。大旨墨守程朱,无甚阐发。惟明白显浅,使学者容易领会。其《类解》尤便贯穿,尚非他陈腐讲章可比。书刊于光绪十三年。(14－249)

四书考不分卷 万历二十七年刊本

明戴文仲辑,戴应扬注。四书人。① 按明人考四书者,以薛应旂、陈仁锡之书为赅备。文仲是辑,于本经外,兼及《集注》。凡经注所未详举

---

① 疑"四书人"三字为衍字。

者,一一为核其实。有图有说,使读《集注》者,左右逢源,省翻书之苦,不无小补。惟抄袭旧文,未加精考,舛误在所难免耳。卷首有汪学伦叙。书刊于万历己亥。(14－250)

四书经史摘证七卷①

清宋继穜撰。是书摘四书中各句,杂引经史以为之证。虽于训诂义理,俱无所当,但使读四书者比类参观,获取法之益,多识故事,引读书之趣,亦非无益。惟后附制艺,猥俗可厌。虽制艺代圣人立言,前人有引名作以诂经者,究未可为例也。书为坊间通行本。(14－250)

学庸训蒙琐言二卷　光绪八年刊本

署乳山山人集,不著名氏。首有自序,言"用用朱子读书②,《论语》用冷看法,《孟子》用熟读法,《学》《庸》尤用熟读法,逐字理会。凡虚字之轻重缓急,抑扬曲直,与夫前呼后应,仰承俯注,务求其神气协合,血脉贯通。逐字解而后合观一句之旨,逐句解而后一节之旨③,逐节解而后合观一章之旨"云云。今观其书,虽依《集注》为解,而体会有得,时参妙谛。题曰"训蒙",便初学也。序兼《论》《孟》而作,以无力付梓,于光绪八年先刊《学》《庸》两种,时光绪八年也。(14－251)

四书人物备考十卷　康熙间刊本

明薛应旂辑,陈仁锡增定。首有陈仁锡。④ 是书依四书篇次,逐条援引故实,颇为详备。书眉又有密行小注,但繁芜过甚,不知翦裁。且孰为原辑,孰为增定,混淆莫辨。向来举业家视为枕秘,因之坊间翻刊多次,讹舛日增。是书为康熙刊,已非原本矣。(14－251)

---

① 中华本称为"道光二十四年雕龙书屋刊本"。

② "用用",疑衍一"用"字。

③ "逐句解而后一节之旨",中华本作"逐句解而后合观一节之旨"。

④ "陈仁锡",中华本作"陈仁锡序"。

四书大成直讲二十卷　道光六年刊本

清李锡书撰。锡书字见庵，山西静乐人，乾隆庚戌进士。历官四川汶川、蒲江、蓬州知县，罢官后，侨居成都，著书授徒以终。锡书博通经史，尤潜心四子书。始泛滥于金溪、姚江，后乃归于朱子。是书乃其晚岁所作，年七十五矣。以为前儒言孔子集群圣之大成，朱子集群儒之大成。四子书，圣人之大成也；《集注》《章句》，朱子之大成也。故此书以“大成”名。首载朱子《年谱》，尊朱注也。不载朱子《论孟集注》原序及《大中章句》序文，以为朱子于宋孝宗二十七年己酉岁，年六十，知漳州，著《大中章句》成，作序以冠之，故序称“淳熙二年”。后此书已行，而六十一岁以后，年年改易，至七十一岁后而止，尚有未经改定者。故今日所传之注，与序文之说每有不合。序文言“大学”者，古大学教人之说，是“大”读为“太”也。今本言“大学”者，大人之学，是后日改本不同。后人不考斯义，仍取旧序冠首，盖误。又是书异于他本者，首《论语》，次《大学》，次《中庸》，又次《孟子》。列朱注低经文一格，他说又低朱注一格，其自为说，则以“李见庵曰”别之。发挥义蕴，多能勘入精细，与他敷衍者不同。其别著之辨误、辨异诸条，亦附于后。首有自序二首，又有门人阚惟寅序二首、毛树棠序一首。书为河内县令刘雨岑所刊，时道光六年丙戌也。(14－252)

大学正业一卷古本大学条说一卷古本大学引证一卷　光绪八年刊本

清恽鹤生撰。鹤生字皋闻，江苏阳湖人，康熙戊子举人，官金坛县学教谕。是书首自序，次古本正文，次正业节解，次条说，次引证。大抵抉择汉唐宋及近儒之说，而折衷已见。其要旨以为，“《大学》浑然全璧，条理清楚，无所用分经别传，割裂补缀。其‘物有本末’四句，即格物之义。物何以格？循其本末，尽其事之终始，而先后治之，如是而已。故言本末，而事之终始，序之先后皆该。故曰‘此谓知本’‘此谓知之至也’。有此四句在前，故格物致知不须申说条说”。颇多新义，如解“在亲民”，谓“‘亲’字确不可磨。欲治其国者，先齐其家，家齐而后国治，非亲之义乎？君子盛德至善，民不能忘，不亲而能如是乎？贤其贤而亲其亲，乐其乐而利其利，亲之实也。既曰‘为人君矣’，又曰‘与国人交非亲乎？’至云‘不出家而成教于国’，何其亲也。孝弟慈，亲者之事也，而治国以之，平天下以之。莫亲于赤子，而曰如保赤子。莫亲于家人，而曰宜其家人，而后可以教国人。莫亲于父子兄弟，而曰宜兄宜弟，而后可以教国人。为其父子兄弟足法，而后民法之。尤莫亲于父母，而曰民之父母。至于父母，而所为亲民者止于至善，蔑以加矣”。其解“物有本末”，取李恕谷说，谓“《周礼·大司徒》以乡三物教万民而宾兴之。一曰六德，知仁圣义中和。此所以明明德为诚意正心修身之物也。二曰六行，孝友睦姻任恤。此所以亲民为齐家治国平天下之物也”。其解“自天子至于庶人”，据《礼记·王制》篇“王大子、王子、群后之大子、卿大夫元士之適子、国之俊选，皆造焉”。“此皆身在学中之人，将为天子焉，将为诸侯焉，将为卿大夫士焉，亦有为庶人者焉。既从事于大学，皆宜修身，皆宜知本也。”诸如此说，大都持之有故，言之成理。其“引证”一卷，引王阳明、钱启新、吴思王、顾确士、李安溪、李恕谷、王虚舟七家之说，以证古本之是。鹤生自序，作于乾隆丁巳。后有其门人于虞龙跋，作于乾隆己未。稿成未刊，至光绪壬子①，其裔孙彦彬始为梓行，又有跋焉。（14－253）

大学意读一卷中庸意读一卷 嘉庆九年刊本

清萧光浩撰。首有戴联奎、达林二序及光浩自序，次凡例，次《大学》《中庸》源流。而《大学》卷中，又有《大学源流》《大学文法》；《中庸》卷中，又有《中庸源流》《中庸文法》。所述源流颇详晰，而注重者则在文法。于所谓章法、笔法、字法、句法上，俱以读古文读时文之法行之。用种种圈点以为标识，俾阅者一目了然。谓“二书宜合拢读，又宜

---

① “壬子”，中华本作“壬午”，疑“子”为“午”之误。

分开读。合拢读，叹其格律之谨严；分开读，叹其意理之密致"。且每引前人八股文以代传注，殊乖大雅。然二书义蕴精深，初学不易领会，似此指点显明，简而得要，容有胜于他解之繁冗者。且其训释书义，亦能斟酌而衷于是。如解"格物"，谓"'物'字指八条目之物，而格物为格八条目之物。格物只是推究其理之是非得失，必知是非得失，方能诚正修齐治平"。解"素位"，谓"如今人言素来之意，随所居之位，皆若固有之位。位随时异，行随位异，而素位而行之道不异"。他所释礼制名物诸条，亦见详审。达序称"深求不得，浅言解之；众口异论，片言折之"，是其旨。书为嘉庆甲子刊本。(14－254)

恕谷中庸讲语 康熙四十年刊本

清李塨撰。是书乃塨居里为及门讲授《中庸》，门人记而录之，名以《中庸续统约言》。以为尧、舜、文、武、周、孔、曾、思递传圣道，其间不绝如线，得塨焕然重明，直续圣统也。塨谦不敢当，因重为订正，而命曰《恕谷中庸讲语》。按塨撰有《中庸传注》，发抒理蕴，颇称邃密。是书大致相同，而亦互有详略。且是书每用俗语达难显之情，尤为警切。如"仲尼曰君子中庸"章，谓"此乃赶出假道学，扶起真圣贤。此'小人'不是贪财好色小人，是小正卯①、乡愿之流。在他八面滚圆，毫无忌惮，俨然一时中，俨然自以为中庸，而圣人道眼乃直断之曰反"。"君子之道费而隐"章，谓"'费'是借字，即费用财物之费。如人只有十金之产，必斤斤然不肯费。即或费之于此，而已缺之于彼。若有百万家产，则任从使费左宜右有，无所不给。然所以能如此大费者，只为有一善持家之主人翁在内，则是隐也。然隐易言之，恐启人妄索之端，故下文只言'费'不言'隐'"。"子曰鬼神之为德"章，谓"张子以鬼神为二气之良能，未尝非是。而后儒推演其说，至遍指阴阳之物为鬼神，则不可。盖天地之中，人物之外，实有一种鬼神。所以自古圣人，分为天神地示三等，设为祭礼，岂曰虚言"。凡此诸解，特见开豁，其他亦尚精实。前有门人陈兆

① "小正卯"，中华本作"少正卯"。

兴序，言“解《中庸》者多，而了然者卒鲜。至于静坐而观未发，凭虚而揣性命，方且参杂空无，漫淫二氏”云云，诚有慨乎其言之矣。书刊于康熙四十年辛巳。(14－255)

四书自课录无卷数　乾隆四年刊本

清任时懋撰。时懋字又新，江苏长洲人，康熙庚子举人。是书首有魏廷珍序及时懋自序。大致宗朱子，以为发明四子之书者，朱子《章句》《集注》也。发明《章句》《集注》者，《或问》《精义》《辑略》《语类》《朱子文集》以及诸儒通释、集编附录、纂疏、集疏等书也。自后之为讲章者，搜求一句之神，挑剔一字之义，立异翻新，多所汩乱。因就陆稼书所点阅《大全》，与《困勉录》《松阳讲义》诸书，及汪遄喜《大全读本》，详加审核。而陆书有前后所见各异而兼存之者。汪书主于纠驳《大全》，袭用辑释之讹，其所援据，间有复者。时懋则为之勘订异同，删繁释滞。自谓用功四十年，题曰“自课”，亦谦词也。惟著书之旨，仍不外为作举业文计，墨守一家，发明殊鲜。① 但荟萃群言，折衷一是，视俗讲章为差胜耳。书刊于乾隆四年。(14－256)

四书正误六卷　四存学会排印本②

清颜元撰。元为学主实用，恶宋儒之空谈心性。其言曰：“汉宋儒专以读讲著述为学，自幼少历老壮，极一生心力为之，故发明确透者亦多。然路径不同，下手亦异。凡遇著实用功处，便含糊脱略过去。或说向精微远大处，更无亲切开豁语。”又曰：“宋儒正孔门所谓小人儒，故其立言皆为自己地。”又曰：“平生最厌宋儒，于圣贤书中所无，添补己意。”又曰：“朱先生注解经书之功，不敌其废乱圣学之罪。”观此可以知是书之大旨矣。书中所摘，大率在义理疑似之间，举其要者。如“克己”二字，谓“克古训能也，胜也，未闻克去之解。己，古训身也，人之对也，未

---

① “墨守一家，发明殊鲜”，中华本作“意存墨守，殊鲜发明”。

② 中华本称为“民国十二年四存学会铅印颜李丛书本”。

闻已私之解。宋儒以气质为有恶，故视己为私欲，而曰克尽，曰胜私。不惟己之耳目口体不可言去言胜，且明与下文由己相戾，文辞亦悖”。可谓快论。其他多有合者。元又言：“余之正误，只偶举大端。其实朱注之支离妄谬，不可胜举。”据此则是书犹未尽其意所欲言也。然元之意尤注重经世，其言曰：“夫子为东周，便是奉定哀为齐桓。”又曰：“吾夫子极口称桓公之正而不谲，重辞赞管仲之仁，全以扶周室救苍生为主。‘五尺之童，羞称五霸’，出自《春秋繁露》，仲舒正是汉之程朱也。”又曰：“即不敢望老孟复生，安得如胡文昭、韩苑洛、杨椒山、吕新吾四先生，一与之谈学救弊，可以窥其旨矣。”其尤痛愤者，则曰：“夏殷周之得天下也以仁，其失天下也以不仁。汉唐宋之得天下也以智，其失天下也以不智。元明二国之得天下也以勇，失天下也以不勇。”又曰：“孟子定善战者、连诸侯者、辟草莱任土地者三项人罪案。余则曰：善战者加上赏，连诸侯者次之，辟草莱任土地者又次之。盖七国皆先生伯叔甥舅，若非三等人启诱搬唆，便不至争城争地，致杀人盈城野之惨。近世之祸，则在辽金元夏。倘有三等人，生民不犹受干城之福哉？”观此知元抱憾于中国积弱，而思有以振之。其志则王船山、吕晚村也，宜其卑视宋儒矣。书未见旧刊本，是本乃四存学会所排印也。（14－256）

四书集疏附正二十一卷 道光十五年刊本

清张秉直撰。秉直集四子书疏成，间有私解，积久成帙，名曰《附正》，成于乾隆乙亥，有自序。至道光乙未，同里连毓太始为梓行。毓太亦有序，称秉直“博览群籍，遍读濂、洛、关、闽各先儒讲学之书，观元明以来诸儒语录，约之益精，归本四书，尤重《论语》。以朱子之说为宗，谓‘舍四子书外更无可讲之学’”云云。今观其书，笃守朱注，为之疏通证明。其朱注有前后相歧者，或与《语类》相歧者，则参互以求其是。其朱注所偶遗者，则补充之。朱注所未显者，则引申之。总期不悖于朱注。至诸儒之解，违异朱注者，亦多所驳正。其中亦不少精核者，惟逐章备解，难免抄袭陈言。而朱注之显然乖谬，如解“格物”之类，亦附和之。谓“圣人之治天下，尽己性以尽人性，尽人性以尽物性。将将飞潜动植无一物不得其所①,即穷而在下,亦必辨五土之宜,别五材之用,顺时物之性,而不失宰物之宜。此'格物致知'所以不遗乎一草一木"云云,究与经旨何涉?是则过于拘泥而不知通矣。(14－257)

三订四书辨疑七十卷　乾隆间刊本

清张江辑。江字百川,江西南城人,雍正元年进士,官翰林院编修。是书"辨疑"二十二卷,"辨疑补"一卷,"绪余录"二十卷,"绪余录补"三卷,"识小录"十卷,"武备编"四卷,"乐器编"五卷,"拾遗"十卷。每种俱有自序。所辨者,若朝聘、祭祀、衣服、器用、饮食之类。先列郑、孔、何、邢、赵、孙等注于首,以其言理虽未精,而典章制度尚备也。再就经传史子集并其古注可载者,分隶各条之下。自宋以来名人议论可补注疏所当备者,以逮近儒顾亭林、阎百诗、李安溪、何义门、姜尚均、任钓台之说,亦附焉。各条之后,间附图以备考。大抵就周章成《类编》一书,增删而成。而《类编》依类,改作依经,亦便检览。"绪余录"者,辨鸟兽草木之名。"识小"者,如《大学》"丘隅"、《中庸》"白刃"、《论语》"有朋"、《孟子》"梃"之类。《论语》"不贤者识小",此则小中又小者也。"武备""乐器",各从其类。"拾遗"者,则于"辨疑"外,零星细事,犹有所遗者。而"辨疑""绪余"二编,序后别有说。"绪余"又有引用书目、续引用书目,此其异也。按是书抄撮荟萃,无所订正。其意止以供作文之需,而不在稽典。惟四子书中一名一物,已具备无遗,且搜采甚博,抉择尚慎,亦参考者所不可废焉。书为乾隆间刊本。(14－258)

四书正义二十卷　康熙九年刊本

清宋继澄撰。继澄字澄岚,山东莱阳人。是书首有继澄自序,及其门人韩应恒序及正义记事。大旨遵朱子《集注》,而参以《蒙引》《存疑》《达说》《浅说》诸书。又以近人顾麟士《说约》、张尔公《大全辨》取舍精确,广为采择,参之己见以成此书。书中于朱子《集注》不全录,其录《集

① "将将",疑衍一"将"字。

注》,或有删一二语者。于《蒙引》诸书及顾、张二氏之说,亦间有辨驳。原自序谓"理义博通,辞气则约,必合辞气而理道乃域其中,义之正也"云云。原书于论书之后,证以先辈制义,著其纯疵,既而以为是书之作,非但为制义,因去其论文诸说,而犹存其概。今按是书引证诸家所著书义,多至三十余种,抉择尚矜慎,惜正义多参杂论文私见,殊乖诂经之体。书成于崇祯壬午,至康熙庚戌门人韩应恒、马长春始为梓行。时继澄尚在,然相距三十余年矣。(14-259)

大学发微二卷 民国三年排印本

刘次源撰。是书首有自序,次以经传分篇释例。卷一《大学经》,卷二《大学传》,传分《诚意》篇、《正修》篇、《修齐》篇、《齐治》篇、《治平》篇。《戴记》本无"经"字,亦无"传""某篇"字,特为标出者,免混淆也。书中大旨以为古今疑《大学》者,在经传不相符合。经有格、致、诚、正、修、齐、治、平八端,而传始"诚意",无释"格致"明文。他传尚有义例可寻,而"诚意"一传,则夹叙"明德"各事于中,求之不得其故,遂各出私意,以相揣测。又以为"大学之道,以天下平为归宿。天下何由而平?明德明于天下,则天下平。诚意即所以明明德。诚意为修身之本,天下之本在身,本乱则末必不治。天下大矣,曰平者,必人人不自私其身,人人不自私其家,人人不自私其国。其学之范围甚大,举凡世界之人,无不纳入陶冶之中,故曰大学。而其事则甚简易,人人有身,人人只求诸己之身而已足,无须求之人"云云。尤详于"诚意"一传,以为"大学以'明明德'为主,诚意即所以明明德。明明德于天下,则天下平。曾子恐人以诚意与明德为二事,误以明明德于天下,与天下平为不相涉,故引《康诰》《太甲》《帝典》以明'诚意',即以自明其明德。引《汤盘》《康诰》《周书》以释'明明德于天下',荡除旧邦之畛域,与世更新,则天下自然平"。按如此立说,不特理解高超,书旨亦见融洽。惟词过繁杂,衍而愈滥,殊乖说经之旨。书为民国甲寅排印本。(14-260)

中庸发微三卷 民国三年排印本

刘次源撰。是书首有自序,次以《中庸》经说分篇释例,谓"《汉志》

礼家有《中庸说》二篇，今《戴记》只有《中庸》一篇，例之孔子《易传》，先列《易》之全文，而附十传于后。故举经而言，则曰《周易》；举传而言，则曰《易大传》。《中庸说》之于《中庸》，亦当如是。断自'天命之谓性'至'万物育焉'为一篇，是谓《中庸经》。'仲尼曰君子中庸'至'虽柔必强'为一篇，系就《中庸》之凡例，分段发明，先经起义之例，即《中庸说》上篇也。'自诚明谓之性'以至终卷为一篇，系就《中庸》之经文，分节解释，属辞比事之类，即《中庸说》下篇也"。按此说虽近臆造，然视他家分支分段，条理弥觉清晰。大旨以《中庸》为孔子垂教救世之经，探本性道之原，阐发天地万物人我一体之旨。其教义首在去私，戒惧慎独，皆为去私之工夫。私去则心公，公则无我见，无人见，无物见。又以为"性之中原无恶，善恶云者，据其发而得中与不得中而名之，非指其本体言。人类虽同禀生生之气，而自爱其生，恒不免太过。爱人与物之生，恒不免不及，过与不及则非中，非中则恶矣。节者中之节制，使其不至于过不及也。故孔子之教以节性为第一义"。凡此诸说，理虽创而实精。惟过于求新，不免附会，纵笔所至，泛滥无归，与所著《大学发微》同。书为民国甲寅排印本。(14－261)

四书尊注会意解三十六卷　康熙三十六年刊本

清张九达原辑，张庸德补辑。首有张潮序、庸德自序及凡例。是书专宗朱注，故名其解曰"尊注会意解"。凡诸儒之说，有不同者，折衷于朱子。朱子之说先后有不同者，折衷于《集注》。而《集注》亦有不同者，又有内注、外注之辨。内注、外注两说不侔者，断以内注为主。亦有内外注可相参者，则两存之。书分上下简，下简全旨檃括一章大意，上简节旨详疏字句。采用先儒及时贤之说，务于《集注》相发明，凡背注概不载，以较他本详略得宜，眉目亦特清醒。惟解中叙意之处，多载时文，殊乖体例。然自明初以来，士子以八股进身，读四子书者，大都为弋获科第起见，而时文中亦有具深湛之思，足以发抒经旨者，解者未能免俗，遂与传注同视，诚可叹也。书刊于康熙丁丑。(14－262)

四书引左汇解十卷　乾隆三十九年刊本

清萧榕年辑。榕年字霞郚，山东莱芜人。首有王采珍序，又有榕年自作例言。是书卷一至卷七《论语》，卷八《学》《庸》，卷九至卷十《孟子》。凡四书中记人记事分见于《左氏传》者，各按次第纂辑。其云"汇解"者，因一人也而数出，一事也而或迭见。斟酌详略，颇有条理。间附注解，简而不繁。惟是书不过为幼学枵腹者备参考，若《左氏传》与四子书，固诵读者所勿废，亦奚须借此以证彼耶？书刊于乾隆甲午。（14－262）

绘孟十四卷　天启四年吴兴闵齐伋朱墨套印本

明戴君恩撰。君恩字忠甫，湖南澧州人，万历癸丑进士，官四川巴县知县。是书首有黄汝亨、胡澥二序，又有门人龚惟敬后跋。是书仿苏老泉批点《孟子》，于篇章字句，以提转、承接、结合等法为之标明，但彼此不无小异。黄序谓"于孟子当时所为辨难攻击、破涕感创之处，有微而会心，直而刺骨，要而扼吭，为苏老所未及者，一一托之毫端。譬之画家，苏老则毛发骨节、眉目衣冠，而忠甫则于毛竖发指、眉扬目瞬、容与飘摇之神跃跃飞动。不特为子舆写照，且为老泉氏点眼"云云。盖孟子本妙于文章，其精义妙道，即寄于变化错综之间。读《孟子》者，固不妨别开生面也。书为吴兴闵齐伋朱墨套印本，刊于天启甲子。（14－263）

孟子文评无卷数　乾隆三十五年刊本

清赵承谟撰。承谟字襄周，直隶安州人，乾隆举人，官陕西庄浪县知县。是书首有冉瑾、陈风二序及承谟自序。大旨仿眉山苏氏批点《孟子》。冉序称其"细针密缕，融会贯通，无不斗之笋，无不弥之缝，离合断续，脉络分明"。陈序称"《孟子》七篇，止如一篇，而一篇中埋伏照应之法，如堪舆家言地脉，忽隐忽现，可意会不可言传。此书抉亚圣自具之旨，阐老泉未泄之奇"云云。今观所评，亦自醒豁，亦不抄袭苏、戴二氏陈言。所谓仁者见仁，智者见智也。承谟书成于乾隆二十一年丙子，至

乾隆三十五年庚寅始刊行。(14-263)

朱文公定古文孝经注一卷　明翻宋本

宋朱申注。申爵里事迹无可考，书亦无序例，与朱子《刊误》本又不尽同。《刊误》定为经一章，传十四章。是本从古文章次，每章之后，别注今文，以为某章。惟"庶人"章，古文本分为二，而是本仍从今文作一章。又《刊误》本章末所引《诗》《书》，俱被删削，是本一仍其旧，惟于"聿修厥德"下注云："凡添者皆是后人增加之文，晦庵之所删去，后皆仿此"云云。"天子"章及"庶人"章首，《刊误》本无"子曰"字，是本有之。《刊误》所定《传》十四章，是本次序与之全异，而同于古文。其异于古文者，则古文"乎""也"等助词，是本多去之。于古文"训"字每改作"顺"，古文"谊"字每改从"义"。"因天之道"，"因"作"用"。"因天之明"，"因"作"则"。盖又同于今文矣。申所注甚简略。书为明翻宋本，以与《刊误》本有别，宜并存之。(14-264)

四书质疑十九卷　光绪九年刊本

徐绍桢撰。首有自序，盖随手札记之作。书中多纠正朱注之误，有朱注本不误，而攻者以为误，则为证而伸之。所采诸家之说，大率精审。其自出己见者，亦多新义。如"子路问成人"章，谓有错简，后人传写上下窜乱，当云："子路问成人。子曰：见利思义，见危授命，久要不忘平生之言，亦此'亦'字疑因下文误衍。可以为成人矣。曰此'亦'字疑亦衍文。① 今之成人者何必然？若臧武仲之智，公绰之不欲，卞庄子之勇，冉求之艺，文之以礼乐，亦可以为成人矣。"按此说极是。他若"君子坦荡"，谓"坦"为"恒"字之误。"耕字馁在其中"②，谓"馁"当作"餧"。"餧""馁"二字古多互用，《广雅·释诂》："餧，食也。"盖言耕则食在其中，卿以下必有圭田。据诸家算经，有方田圭田之术，圭上锐下方，田有此

---

① "此'亦'字疑亦衍文"，前一"亦"字，中华本作"曰"，疑为"曰"之误。

② "耕字馁在其中"，中华本"耕字"作"耕者"，疑"字"为"者"之误。

形,“圭”不得训“洁”。俱确不可易。绍桢为徐灏之子。灏素精小学,序述灏之训曰:“经传之义理,由训诂而明。训诂之指,以声音而著。古人传经,多以同声之字通用假借。”故书中如“节彼南山”,谓“节”当为“即”。即,就也。“有耻且格”,“格”当为“恪”。恪,敬也。“知者利仁”,“利”当为“厉”。利仁,即力行也。“孔子时其亡也”,“时”当为“待”。“植其杖而芸”,“植”当为“置”。“子为恭也”,“为”是“伪”字。“吾不惴焉”,“惴”是“揣”字。“吾君不能谓之贼”,“吾”当作“语”。“只载见瞽瞍”,“载”当为“在”。“杨子取为我”,“取”当为“趣”。盖皆适用通假之例。其他诸条援据多核,亦间有过于新异者。书刊于光绪九年癸未。(14-264)

校定今文孝经注一卷 元大德七年刊本

元吴澄撰。卷首有考一篇,大旨谓“是经真伪混淆,今文出于汉初,未必曾氏门人记录之旧。古文出隋世,证以许慎《说文》所引桓谭《新论》所言,皆不合,决非孔壁原文”。又谓“观朱子所论,虽今文亦不无可疑。今因朱子《刊误》本,参校今文、古文,有不同者,定从所长”云云。今观其书,所谓经一章者,从《刊误》本,仍谓“终于立身”下,敷陈五孝,语辞体段各异,似非同出一时。诸侯、卿大夫、士三节,尤为繁复,疑有掇取附会。首句“闲居”,去“闲”字,从许慎《说文》所引也。次句去“坐”字,以与“居”字义重也。传分十二章,其章次与今文、古文及《刊误》本全异,章后各著其所以移易之故。凡《刊误》本所涂之字概删不存,即未涂之“闺门”章,亦并去之。另附所删原文于后,而申以说。卷后有澄自识,盖畀其子文受读者。言“唐注宋疏及诸家解,其说虽详,其义有未明畅者,辑此训释谆切卑琐,取蒙稚易晓而已”。又有门人河南张恒所作记,中述与澄问答之语,与本注可参证。盖澄之疑《孝经》,殆甚于朱子也。书即张恒所梓,是为大德癸卯。(14-265)

大学辨业一卷 康熙间徐秉义刊本

清李塨撰。是书首有塨自序,又有塨门人陈兆兴等凡例,又有阎若璩、胡渭、朱敬、彭超、李维坤、王源、孔尚任题辞,又有塨自识二则。书分四卷。卷一总论《大学》,辨后儒所论小学大学。论小学,辨后儒改易《大学》原本。卷二《大学原文》一篇,全篇解"大学之道"至"致知在格物"解。卷三辨后儒格物解,"其本乱"至"此谓知之至也"解,申论格物。卷四所谓"诚其意"至末解,申解全篇。其大旨在辨程朱诸儒移易经文,妄分经传之不当。朱子以洒扫应对进退之节,礼、乐、射、御、书、数之文,入之小学;以穷理正心修己治人八字,檃括大学格物等,入之大学。亦属谬误。"格物"之物,即《周礼·大司徒》"以乡三物教万民而宾兴之。一曰六德:智仁圣义中和。二曰六行:孝友睦姻任恤。三曰六艺:礼乐射御书数"。此"物"字正"格物"之物。古圣之学也,心所欲为之事曰意,格致之后意自在正修齐治平,意欲正修齐治平也。如好好色,意不欲不正修齐治平也。如恶恶臭,乃谓诚。先儒谓诚意之意,有善有恶,亦非也。塨之学传自颜习斋,故其说亦多本之颜氏。其援引诸儒之说,则节取其于己见有合者。陆世仪《思辨录》,谓后世但有"大学之道",无"大学之法",故成就人材难。何谓"大学之法"?诗、书、礼、乐是也。塨为此书,意在切实可行,故一切空泛迂腐之言,在所必斥。是书意所不尽者,具于塨所著《学规》及其《论学》诸书。又另著有《小学稽业》,与此书相辅而行。书为康熙间徐秉义刊本。(14-266)

四书典故通考无卷数　嘉庆十二年活字印本

清陆文籀撰。文籀字周篆,浙江山阴人,嘉庆举人。是书首自序,次例言。题曰《四书典故通考》,实止《论语》。据序,盖未付印也。按注四书者,多详于义理,而略于典故,即间及之,亦不若他经之详博。周柄中《四书典故辨正》颇审核矣,而原委不具。江永《乡党图考》虽备引注疏,而未及群书,且限于《乡党》一篇。文籀是书以《十三经注疏》为主,作单行大书,而以御案录于书之上方。其诸家疏解,则作双行小注。至本条事实未明晰及讹谬待辨正者,则作总按以详之。凡九十六条,皆典制中之荦荦大者。综观其书,《乡党》则多据江氏《图考》,《水道》则多据胡氏《禹贡锥指》,其他引《三礼注疏》居多。大抵皆用前人成说,惟旧说间有未详,或未得折衷者,则偶参己见。然亦斟酌妥善,于详博之中不失矜慎之意。文籀别著有《四书蹄涔编》,自云"以补旧义所未及",未刊行。是书为嘉庆丁卯活字印本。(14-267)

四书定本辨正六卷 咸丰元年刊本

是书署新安胡正心、正言考辑。前有小引,作于崇祯庚辰。正心、正言,盖兄弟同籍新安者,他无可考。朱沅得其本于市肆,为重刊之,有沅及甘煦二序,时咸丰元年也。书分"字画辨""音释辨""句义辨""类题辨""用字辨",末附"枕中方"。其"字画""音释"不尽切合,"类题"仅为举业家所需用字,无关要义。"枕中方"虽为熟书之诀,但不过适用于孩童,且近游戏。惟"句义"考证颇详审,如"黎民亦有利哉",据蔡说"黎民"带下读。"贫而乐道",据孙奕《示儿编》及《野客丛书》,应补"道"字。"学干禄",据《史记》"学"作"问"。"束脩",盖言束带修饰之礼,据《汉书·延笃》《梁商贾坚传》。"子在齐闻韶,三月不知",据古本"韶"下有"音"字,或"三月"字即古本"音"字。《史记》"三月"上又有"学之"二字。又一本"在齐"为句。"执礼",据张燧说,"执"字当是"埶"字,以相类而讹。"埶"即"艺"字,乐也。"乱臣十人",据《示儿编》《古文尚书》,"治"字作"乱",与乱相类。"患得之",据《示儿编》引《家语》,"患"下多一"不"字。"率土之滨",据《玉海》"滨"作"宾"。此类甚夥。其校正朱注者,谓"古者木铎木口,金铎金口,注谓木铎金口木舌者误"。此类亦夥。又"雍字熟哉",见《史记》注。子产一名美,见《左传》注。曾参音骖,不音森。凡此具见读书有得。而著者生在崇祯时,尤为仅见者矣。(14-267)

四书地记六卷 道光十年刊本

清汪在中撰。在中字裳文,安徽旌德人,诸生。是书卷首有胡元、梁中孚、龙鼎三序,又有在中自序及例言。所记凡二百六条,大抵本之阎若璩《四书释地》。惟若璩之书兼及人物,而此则以地为限。每条概入圣贤口气,其所引先儒之说,则注于其旁,于后世州县地名概不搀入。

所举多是典故,有全不涉于考据者。又如"周虽旧邦""地道敏树""舟车所至,人力所通,日月所照,霜露所坠"等条,及单字之渊、地、土、山、石、水等条,俱空洞无故实。盖是书即仿江永《四书典故》而作,不过为举业家计,意不在考据。惟征引众说,芟繁就简。又在中为凌廷堪再传弟子,于经学具有原本,与其他抄撮成书全无别择者有别。书刊于道光十年庚寅。(14－268)

四书广注三十六卷　康熙间刊本

清张谦宜撰。谦宜字絸斋,山东胶州人,康熙进士。① 按朱子著《四书章句集注》既成,又以诸家之说,纷纭互见,恐人无所取则,于是复著《四书或问》,设为问答之词,以明去取之意。惟是《或问》与《章句集注》多有抵牾,盖因朱子于《章句集注》多所改定,前后之说往往不同,而《或问》则无暇重编故也。至于《语类》,为门人所编,言者非一时,记者非一手,难免参错,故视二书又多歧出。攻朱子者每执是为口实,不知此三书俱出朱子,其同者固资引伸,即异者亦供考证。又《文集》中间有论及四书者,片言剩义,每致忽略。谦宜是书,以《章句集注》为主,次以《或问》,又次以《语类》,又次以《文集》,《大学》开首又有纲领。题曰"广注",凡朱子所说涉于四书者,搜采靡遗,汇为一帙。辑者不赞一词,于以别异同,辨失得,庶几为朱注集大成矣。无刊书年月,当在康熙间。(14－269)

四子书尘言六卷　乾隆十年刊本

明戴宫华撰。是书为乾隆十年赵佑所刊。卷首有佑书后一篇,叙刊书缘起。是书为佑之祖宗抃手录,题"西泠戴宫华先生著",名第俱无可考。其书博摭众说,间及徐笔侗、李卓吾诸人。断为明末儒林,入清初,以教授老者。原本系蝇头细书,用朱墨二色圈点,盖讨论非止一次。尚有讹缺,或出传写转易,或作者本未完稿,俱不可知。其经圈之处,皆

① "康熙进士",中华本作"康熙五十一年进士"。

精义所在。期于明理不堕训诂窠臼，亦不染讲章习气。大体遵用朱注，间有违异者，亦足互资发明。按明清之交，注四子书者大抵为举业起见，斤斤于文法语气，甚且引时文以代传疏，是书独无之。赵序谓以校安溪李文贞、当湖陆清献诸大家说，折衷异同，均足空庸俗而翼正义。所为祖孙保守，弗使蠹简终闷幽光也。（14－269）

四书读注提耳二十卷　乾隆元年刊本

清耿埰撰。埰字锡公，河南襄城人。是书卷首有高玢序，又有例言。大旨以四书宜遵《集注》，但他书发明注理者，义多旁出，不必尽合《集注》原意。盖朱子注书不拘一例，有断论者，有推原者，有会发言之意者，有找白文之前而追说其由来者，有从白文之后而补足其义理者，有先取下文之意而豫解于前者，有解白文之言而非白文之所明言者，有解白文之意而并及言外之意者，有两章语同意异而各解之者，有两章语异义同而互证之者，有各章字同句同而所指有浅深偏全之不一者，有论理本重而非章意之所重，论理本轻而非章意之所轻者。凡此之类，章章各别，不得读注之法，一概比而同之，或混而用之，皆误也。埰是书意在醒出朱子解书窾要，或直诂曲释，或分注总疏，或总挈碎解，或随叙带解，期使朱子原意活现纸上。非研摩之功既专且久，不易有此。惜其意但知为遵功令作时文者计，于朱注无所献替耳。书刊于乾隆元年。（14－270）

中庸篇义一卷　光绪三十年集虚草堂刊本

马其昶撰。是书主朱子《章句》，兼采郑康成、孔冲远，间下己见。每节后有总解，融贯一节之意。大抵于三家之说，各取所长，不为墨守，期达经旨。然义取平实，语芟支蔓，亦其所长也。其释“致中和，天地位焉，万物育焉”，引董子言“人之所为，其美恶之极，乃与天地流通，而往来相应”，为旧解所未及。释“君子之道费而隐”，谓“费而隐则不必素于隐矣，求道于费可也”。释“其次致曲”，谓“次，次第也；曲者，性体发见之端；致，即孟子所谓扩充”。按此数说俱合妙谛。自记谓“朱子称

《中庸》文字整密,今乃知其言之精”。其昶本深于文事,此又其别有所得也。书为光绪甲辰集虚草堂刊本。(14－270)

补辑朱子大学讲义二卷　光绪十年方宗诚刊本

清何桂珍撰。桂珍字丹畦,云南师宗人,道光戊戌进士,授职编修,外放安徽徽宁池太广道,为降捻李兆受所害,赠光禄寺卿衔,赐谥文贞。是书为其值上书房时所著,卷首有自序及进呈原疏。按朱子于绍熙五年召侍经筵,著有《讲义》六章,寻罢退。桂珍为补其所未及者四章,兼采真德秀辑《大学衍义》之意。但以为《衍义》实之以事,而《讲义》先明其理,不得乎理之真宰,亦无观乎事之会通。故书中摘录朱子《文集》,其小注则改照《章句》定本。《讲义》则间参《或问》《语类》及奏札、封事等篇,复附以诸儒之说,折衷朱子之意。其修、齐、治、平四章,系桂珍按式纂补,而附己说于后。按是书意在辅君德而推本朱子,并引申其所未及,故其意肫诚,而说尤渊粹。真德秀《大学衍义序》称“欲尽君道而尽臣道,未有切于是书者”。桂珍殉难英山,曾国藩为作碑记,极其惋惜。复则亦无负此书矣。是本为光绪十年方宗诚所刊遗书之一。据倭仁所撰墓表,尚有《衍义附编》四卷,想已散佚矣。(14－271)

孝经刊误辩说　乾隆二十七年刊本

清倪上述撰。上述,河北乐亭人。是书首有自序,后又有记。大旨以《刊误》一书,其经文必出朱子之所定,然辞说之际已不能尽得其旨。至传十四章,则多所割裂,不顾语脉之断乱,统纪之混淆。其间驳议与删除,尤非朱子所肯出,又以为考之本文,揆诸情事,确为曾氏门人所记,且断然与《大学》《中庸》同出于子思。此三书之中,于仲尼则称字,祖也;于曾子则称子,师也。又以为经传之说,确不可易。但谓传文乃杂引传记,则大不然。详传文前后问答,本与经文语势连接。即中间“孝治”等章,虽无问答相属之词,然亦皆曾子所述孔子之言。本为阐明首章之意,故分而观之,虽有经有传,合而记之,正不妨通谓之经。按上举数条，皆荦荦大者。其他所辩亦多惬当。至谓“《刊误》中诸说，求其辞气，有确为朱子者，有颇类朱子者，有断非朱子者”，俱能体会微妙。《刊误》非朱子所作，前人多已论之，而未有若此书之畅且核者。书刊于乾隆壬午。(14－272)

标孟七卷 康熙十六年刊本

清汪有光撰。有光字谦子，安徽新安人。是书首有曹贞吉序及有光自序。按《孟子》七篇，称仁义，抑功利，明王道，距邪说，人所知也。然文章家如韩昌黎作《原道》，自尧舜历数之，终于孟子，程子谓其必有所见。其《送王秀才序》，喜其好举孟子之所道者。子厚自序其文，则云“参之孟、荀、庄、老以尽其变”。若苏氏父子皆喜读孟子书，老泉赞欧阳公文，历数孟子、陆宣公、韩、李二公文以比拟之。而司马温公《与王介甫书》，称其平日好《老子》《孟子》，则孟子之文又可知也。又按孟子与庄周、屈原生皆同时，皆以文雄。庄、屈二家久沾丐于文苑，独世所传《苏老泉评孟子》系出赝作，且词意肤浅，尤不足取。有光是书题曰“标孟”，行间有评，节后又有总评，颇能发挥妙蕴。自序言“当今之世，而不急急焉以文诱人，则孔孟或几乎息”云云。是其意又欲学者因孟子之文，进而求孟子之道，又非仅以供揣摩之用也。书刊于康熙丁巳。(14－272)

孟子论文七卷 嘉庆间刊本

清牛运震撰。运震著有《诗志》，盖以寻常论诗之法论三百篇，是书又以寻常论文之法论《孟子》。盖孟子生于战国，欲引时君当道，势当因其机而导之。如“太王好色”“公刘好货”等语，骤读之，若与纵横之士无大异者，而要其归粹然一出于正。运震有见于此，触处阐发，语简而当，妙悟所及，每每得之言外。“文王之囿七十里”，谓“不必辨其有无。即‘刍荛雉兔皆往’，亦不必定有此事。妙在就文囿王囿硬派出大小”。又“《诗》亡然后《春秋》作”，谓“《诗》与《春秋》绝不相蒙，孟子看出《春秋》继《诗》，何等渊识！”如此之类，可见深有领会。又此书本不涉训诂，惟释“谁能执热”，谓“执热犹言盛热”，引杜诗“尔曹轻执热”为证，甚确。书无序例，亦无刊板年月，大约在嘉庆间。（14 – 273）

四书注疏撮言大全 乾隆二十八年刊本

清胡斐才撰。斐才字蓉芝，福建龙冈人，诸生。是书首有纪昀序及斐才自序。大旨以朱子《集注》为主。自序称“自《或问》《语类》证以诸儒之说，于本文有字义未安者，特为阐发。《集注》中有未训口气者，复畅其词，参互考订，而断以己意”云云。今观其书，本文下首列《集注》，逐句细为训释。注后有讲，讲后又有解。讲以融会全旨，解以参汇群言，繁简颇为得宜。惟俱供举业家之扯挦，未足与语发明圣学也。书刊于乾隆癸未。（14 – 273）

四书联珠无卷数 咸丰元年刊本

清章守待撰。守待字观颐，安徽桐城人，诸生。是书首有自序，以朱子《集注》为宗，复取诸儒之言参和成文。逐句逐字，疏解明晰，上下衔接，融成一片。名曰“联珠”，盖取“累累贯珠”意也。所引众说，不标举姓氏，以为说书非沽名要誉，且使首尾横决，血脉阻碍，不便于阅者也。书中虽具翦裁，全无阐发。乡曲小儒，究心帖括，其所成就如是而已。书刊于咸丰元年。（14 – 274）

四书寻真二十卷 乾隆十四年刊本

清刘所说撰。所说字永庵，涇阳人①，康熙甲辰进士，官保定府教授。是书首有陈世倌、宋梅、谭国桂序。谭序述其言曰：“四书确有真义，余所参解未必遂真。但世之学者由吾未真之说而悟真，未必非寻真之一助”云云。此“寻真”所由名也。今观其书，经文下首列朱子《集注》，次“序讲”，又次“发明”。“序讲”者，融会一节之旨；“发明”者，援说众家之说，间参己见。不过引申注理，阐发殊少。书刊于乾隆十四

① “涇阳人”，稿本“涇阳”前有空格，中华本补“直隶”二字。

年。(14－274)

四书典林三十卷 雍正十三年刊本①

清江永撰。是书前有窦容恂、吴华孙序，又有永自序及凡例。凡例后又有门人汪世望等及其子逢圣、逢辰附识。分天文、时令、地理、人伦、性情、身体、人事、人品、王侯、国邑、官职、庶民、政事、文学、礼制、祭祀、衣服、饮食、宫室、器用、乐律、武备、丧纪、珍宝、庶物、杂语诸部，为题七百三十有奇。所列引用书目凡一百六十二种，自经传外，诸史子集杂书概为收采。大体仿《北堂书抄》，惟提要字数由少至多为序，则用阴氏《韵府群玉》例。虽多举成说，天文、历法、制度、名物，先儒说有未精者，辄加按语，如"南北极""右行"诸条是也。永素精律吕，著有《律吕管见》，不用三分损益、上下相生之法。而是书止录旧说，不参新见，恐不可通行也。是书虽为举业家储材，而援引必确，排次不苟，可为类书之式，并足供词家之采获，经学之参证。盖永学素淹贯，即区区俗书，亦非他人可及也。据凡例，永尚欲著《四书典制图考》，详说一切。今未见其书，殆未及成欤？书刊于雍正乙卯。(14－275)

四书古人典林十二卷 乾隆三十九年刊本

清江永撰。卷首有永自序。永撰《四书典林》，或疑其尚有挂漏，乃补作是书。方欲刊行而永适病殁，盖绝笔也。其门人汪澎为竟其志，并作后跋。是书分帝王、古贤、圣贤、诸侯、大夫、杂人、列女各部，凡二百余人。大旨亦为举业而作，然视坊行诸本率尔排纂，漫无类例，繁芜者不知剃删，重要者及遭刊落，固迥殊矣。向来援引错谬，如以卫公南楚为公子荆、卫公子朝为宋朝、漆雕冯为漆雕开、南容为南宫敬叔、左氏为左丘明。又政逮大夫四世专政，始季孙行父，而季悼子未尝在位。子贡一出，而存鲁乱齐破吴霸越，实出战国策士之谈。永一一为之订正删削。其尤重要者，如孔子事迹，史传抵牾甚多；孟子与子思年不相接，

---

① 中华本称为"雍正十五年刊本"。

《孔丛》有问答语;本书先游齐后游梁,而《史记》倒其先后;梁惠王有后元年,《史记》失载,遂分惠王事于襄王,致与丧地辱楚之言不相应。并孟子应聘至梁,亦非其年。此等处永并详加考核,使后此注家奉为定论,又安得以举业所用而鄙视之耶?书刊于乾隆甲午。(14-276)

大学古本荟参一卷续一卷　咸丰三年刊本

清胡泉撰。泉字白水,江苏高邮人。卷一前有自序,冠以《礼记》《大学》正文,溯古本之源也。次以王阳明《大学古本序》,著复古之始也。又次以王龙谿《大学首章解义》、王心斋《语录》、李见罗《大学约言》《论学书》、高景逸《语录》《古本大学题词》《大学首章约义》《大学首章广义》、刘念台《读大学》、黄石斋《榕坛问业》,广信古之证也。终以朱子及二程子改本,考今本之所自也。篇后多附案语,间有不附者,其意自显也。书既成,复以本朝诸儒不乏崇信《大学》古本,而可资参互考订者,又录应潜斋编注《古本大学序》,汤潜庵《上孙徵君书》,李安溪《榕村语录》三条,胡朏明《大学翼真》,钱竹汀《潜研堂集》一条,李孝臣《群经识小》一条,孔巽轩《礼学卮言》一条,阮云台《大学格物说》,刘迪九《秋槎杂记》一条,谢氏江《格物说》,王介山《大学古本说略》,翟晴江《四书考异》六条,包纪三《郑本大学说》。篇首亦有自序,惟篇后不附按语,以意见已见前也。泉治理学,颇欲沟通朱子、阳明两家。尝谓"以阳明之学拟之象山,尚属影响;以阳明之学准诸朱子,确有凭依。盖阳明讲学,删不尽格物传义在外;而朱子注经,包得尽良知宗旨在内"。其为是书,以见古本今本不同,而下手功夫在致知格物则无不同。故虽遍征诸家之说,而其大旨则与是古本而非今本者迥不同也。书刊于咸丰三年。① (14-277)

四书经义考辨沈存十六卷　道光二十五年刊本

清姚道辉撰。道辉字星槎,湖北孝感人,诸生。是书前有曾维桢、

① "书刊于咸丰三年",中华本作"书刊于咸丰三年癸丑"。

刘定裕、萧道鹤、屠道彰诸序，又有自序、凡例及《阙里圣庙记》。并附《棂星门考》，辨正“棂星”为“灵星”之误，甚确。书中有考有辨，考者考其实，辨者辨其疑。不分门类，意在与《章句集注》互证，故依本经次序分属各章各句。其有彼此可互参者，于本条下注明与某条参看。或其事于本义无关而可类及以资参考者，则于目下加“附”字。或专为《集注》考辨，则于目下加“注”字。搜采颇博，别择亦精，尤详于礼制。他如辨淇澳为二水；“壹戎衣”，“衣”不作“殷”；“至于犬马”，以“犬马”喻子之不肖者，犹“刘景升儿子豚犬耳”之类；《史记·弟子列传》“颜渊少孔子三十岁”，“三十”系“四十”之误；卞庄子疑即孟庄子，虞仲为仲雍；“南辱于楚”，据《战国·楚策》以补《史记·齐楚世家》之缺。诸条俱极审核。又“阙党童子”，引《汉书·儒林传》“有邹人阙门庆忌”注云：“姓阙门，名庆忌。”《后汉书·献帝纪》“下邳贼阙宣”注：“阙党童子之后。”亦可以广异闻。其于朱注亦多所匡正，如辨公叔文子非公孙枝，“枝”乃“拔”之误字；“史鱼”非官名，乃其氏；曾西为曾申之字，系曾子之子，非曾子之孙。此例尚多。凡四子书中，稍涉疑难者，此皆有所折衷。乃经学家之千腋裘，非仅举业家之馈贫粮也。书刊于道光二十五年乙巳。(14-278)

四书说略四卷 道光三十年刊本

清王筠撰。是书盖为其友陈雪堂教其幼子而作。前有自序，言“当年所读儒先之说，遗忘殆尽，独存一己之私见。即其不背朱注者，亦皆肤浅。特不欲拂雪堂之意，粗略说之”云云。其书既为童子说法，故语取通俗，如“修脚”“翻薄饼”等，街巷俚言，亦取为喻，期于易晓也。又每引时墨为说，为他日认题作文地也。然其所说，虽曰不背朱注，往往就朱注翻深一层。如“格物”之物，“朱注云：‘物犹事也。’物是实底，事是虚底。而曰犹也，盖经举物者本末之物，注即兼举事有终始之事，乃是朱子补经”。“无情者不能尽其解”，谓“情者实也。曾子曰‘如得其情’，与此一义。孟子曰‘物之不齐，物之情也’，亦同。不得认作‘性情’之情”。此类甚多。筠素精小学，于书中本字与假借字，辨之尤晰。

又引张先生说:"道学也,'学'字兼格物致知、物格知至。自修也,是诚意正心修身。恂栗是意诚心正,威仪是身修。"张先生,沂州府人,忘其名。�得其批本四书,所引尚有数条,俱精。自序又言:"其有背注者,名曰'臆说',别书于后。"今刊本不见。兼及经史群籍,其说四书者,宜录附本书,以究一家之说。又是书后附《教童子法》一卷,亦宜删归别类。书刊于道光三十年庚戌。(14－279)

四书述要十卷　乾隆二十五年刊本

清杨玉绪撰。玉绪字诞斯,安徽桐城人。首有玉绪自序,略谓"于当代诸贤著说,随见随录。散者聚,迂者切,晦者显,疑者决。约而能该,脉络接续,故曰'述要'"云云。其书亦分上下截,下截全列经注,上截详阐书旨。大抵折衷群言,意取简径。惟不载所采者姓氏,未免蹈掠美之嫌,而使阅者茫于于自出也。书刊于乾隆二十五年庚辰。(14－280)

读论孟笔记三卷　同治四年刊本

清方宗诚撰。卷首有宗诚自序,称"程朱于孔孟之经,真深思力践,而有得于心。其见之于言者,真能发挥圣人之蕴。间有疏略,仅名物训诂之小者,后贤据所见以补遗质疑,未为不可,而不得肆为诋讥"云云。是书大旨就《集注》而推阐其义,不及名物训诂。于佛老庄列之不同处,严为分辨。又多引象山、阳明之说,而证其非。又谓"《集注》无一章不补出圣人未发之覆,而达其言外之旨。夫朱子与孔孟既非授受一堂,且相距千有余年,其所补孔孟未发之覆,与达其言外之旨者,虽经深思力践而有得于心,然未必与孔孟之意吻合。此《集注》所以为宋儒之学也,犹之宗诚所推阐《集注》之义,亦不必尽合朱子之意"。虽其间非全无所得,而于论究未该也。然亦有确当不可易者,如"无友不如己者",谓"'己'字承上'重威忠信'而言,'己'字方有着落"。"邦有道危言危行","'危'训'高峻',高峻对卑鄙言"。谓"一毫不肯苟且",又谓"德行、言语、政事、文学,乃记者就当时弟子所长者而言,非圣人以四科设教。圣门言语、政事、文学,皆以德行为本"。历举圣言以证之。此诸条俱能补《集注》所未及,余多不免陈腐。题曰“笔记”者,宗诚授经山东,随笔偶记,又阅十余年而成书。刊于同治四年乙丑。(14－280)

读论孟补记二卷　同治四年刊本

清方宗诚撰。宗诚既成《读论孟笔记》,于朱注不少违,又以其所疑而待质者为《读论孟补记》。非补前书,乃别有所发明也。书中如“至于犬马皆能养”,用包咸注“犬以守御,马以负乘,皆养人者”,是以犬马比人子而言。而引唐李峤《为独孤氏请陪昭陵合葬母表》云:“犬马含识,乌鸟有情。宁怀反哺,岂曰能养。”马周上疏有云:“臣少失父母,犬马之养已无所施。”宋王丰甫《辞起复表》亦云“犬马之养未伸”。皆以犬马比人子。“事父母几谏”,谓“见几即谏,不待其过之露”。“食不厌精,脍不厌细”,谓“不厌是不求厌足之意”。引《玉篇》“曾子问郑”注,“厌”训“厌饫”为证。“如其仁,如其仁”,谓“‘其’字即指管仲言,如仲固有仲之仁也,语气甚轻。注谓‘谁如其仁,谁如其仁’,加一‘谁’字,扬之太过”。“不以兵车”,谓“自桓公九合诸侯,中国少兵争之祸者三十余年耳。《集注》云‘不假威力’,桓公兴霸何尝不假威力?”“邦无道则可卷而怀之”,《集注》引“孙林父、宁殖放弑之谋,伯玉不对而出”,以证此语。谓“此系左氏之诬,非实事。果如所载,是伯玉与闻乱贼之谋,何反为孔子所与?且以年考之,孙、宁出君在鲁襄公十四年,去孔子之生尚九年。使其时已为大夫,年必在三四十。孔子适卫反鲁,在六十八岁之后。然则伯玉与孔子交友时,已百余岁,必无是理”。“万乘之国”一节,谓“孟子引当时实事,以证‘上下交征利而国危’之说。万乘之国,谓当时大国,孟子所云‘以万乘之国伐万乘之国’是也”。“千乘之家”,谓“大国之卿,如三家分晋、田氏篡齐之类是也”。凡此诸条,俱极精确。惟宗诚于各条下,间注“后见某氏说同此”云云,则何不径删此条?大抵宗诚阅书似不甚广,其同他人之说而未及检举者当尚多也。书刊于同治四年乙丑。(14－281)

四书翼注论文三十八卷　乾隆四十二年重刊本

清张甄陶撰。甄陶字希周,福建闽县人。乾隆丙辰召试博学鸿词,未用。乾隆乙丑成进士,改庶吉士,散馆,出知广东高要县。是书首有蒋士铨、郑大进序,又有甄陶自序及凡例。是书遵守朱子《集注》,惟专以阐发注中所涵之奥与注外未尽之词。故不复述朱注,以朱注明白易晓处尽人知之也。前儒纷纭辨驳之说,亦概不及。以后儒于《集注》外另生枝节,以为有功于朱注,其实皆冗语赘词。如孔孟时无佛老,开口便诋虚无寂灭。朱子安知有王伯安、陈白沙,乃连篇累牍辟良知之非,斥主静之谬。皆无谓也。惟朱注于典物制度不甚详备,增纂者又多不注重于此。甄陶搜采甚博,芟繁得要,尽去《语录》《讲义》凡猥之词,以雅洁为尚。题曰"论文"者,以是书兼及制义法也。清儒陆陇其。① 凡例引陆清献、李文贞、方望溪,多以时文引证书理。按甄陶是书成于掌教五华、贵山两书院时,执业者大都应举之士,舍是几无以为教,亦不得已也。李富孙《鹤徵后录》,称是书在兔园册中为最有根据之学。甄陶尚著有《五经通解》一百三十四卷,凡前儒成说已定者不复述,所述者自汉以来无成说及有成说而彼此抵牾者,惜无传本。是书乾隆丙申刊于黔中,至乾隆丁酉甄陶又取初稿编整重刊,今所据即重刊本也。(14－282)

四书镜十九卷　乾隆十年刊本

清程天霖撰。天霖字济安,安徽新安人,诸生。是书首有王康佐序及天霖自序。自序称:"《大全》精言,其理过于深奥。《体注》备旨,其词近于繁冗。均无当于初学。因纂是编,大旨于义理口气反覆推求,而又务为显浅,不抄《集注》,亦不背《集注》。不用章旨节旨等分目,然或提明于前,或补结于后,亦自清晰。"题曰《四书镜》者,谓如镜高悬,无物不照也。章后附考典故,主简括不夹杂于解中。卷帙省于《章句集注》,而较之详明,于训蒙为尤便也。书刊于乾隆十年乙丑。(14－283)

学庸困知录四卷　道光二十三年刊本

清庄咏撰。咏字赓唐,山东城阳人,嘉庆己未进士,官至直隶沧州

---

① "清儒陆陇其",疑为衍文。

知州。是书首有乾隆甲寅咏自序，又有道光癸卯李汝峤序，则校刊时所作也。于经文后，首列《集注》，次以诸家之说，用双行小字。《集注》之旁及上方俱有小注，以推阐其义。所辑诸家之说，有全录成文者，有因成文而增删之者。以《大学》纲领条目甚显，故有辑解无序讲。《中庸》义理分合承注处，头绪较多较隐，故加序讲，以非此则脉络不清晰也。其所辑说兼及时文，此风始于明人，不合注体。然时文本名经义，其精者本与笺解无异，未可以其体卑而斥之也。特是书所收，下及本朝，较明人更广。方今八股罢废，存此以见一斑，较之陈言腐语剿袭满纸，似稍胜之。卷首列引用姓氏，汉二家，唐一家，宋十一家，元五家，明五十八家，清六十四家。又有未详世次名号者四十一家。此四十一家中之开首数人，程氏篁墩即程敏政，王氏簕林即王澍，陈氏百史即陈名夏。其姓氏与事迹俱甚著，何亦懵如是，则弥形其陋矣。书刊于道光二十三年癸卯。（14－284）

集虚斋四书口义无卷数①　乾隆五十三年刊本

清方楘如撰。楘如字文輈，浙江淳安人，康熙丙戌进士，官顺天丰润知县，因事落职。楘如学于毛奇龄，淹博群籍，工为文，制艺尤有名。是书大旨，就朱子《章句集注》反覆涵泳，审于义理精神虚实之间，以求其合，不参己见，不杂他说。初学读此，明白晓畅，最易领解。按楘如尝主讲紫阳书院，口授四书，令生徒笔录。有应增删之处，复口授改正。俾生徒入耳经心，易于记忆。解书外兼及作文。三年成帙，因名《口义》。是书未经楘如手订，展转传抄，难免漏误。卷首有姚任道序，又有姚一桂所拟凡例，皆作于付梓时，即乾隆五十三年戊申也。（14－284）

四书人物类典串珠四十卷　嘉庆十四年刊本

清臧志仁辑。志仁字韧斋，江苏上元人。是书前有自序，凡四书中人与物靡不备具。分门别类，为目六百七十余条，所采悉秦汉以前书。

---

① “无卷数”，中华本作“十卷”。

名曰“串珠”者，因有层次脉缕，或上贯某人之辞，或上贯某书之说，或解经而参以要语，或因类而联作骈言，异乎他类书之散碎不连缀者。为便诵读，非徒备检查也。至礼制大典及古人事实，众说抵牾者，亦折衷以求其是。书刊于嘉庆十四年。(14－285)

增订四书左国辑要四卷　乾隆三十五年刊本

清高其名、郑师成同辑。前有魏之柱序，又有凡例。大旨就四书中所载君公大夫、文人学士，生平事迹见于《左氏传》及《国策》者，胪列成篇。其中又有国别，卷一鲁，卷二齐，卷三卫，卷四晋楚诸国。各国行事先录其君，后及大夫士庶。所录之事，文词稍奥者，附以原书注解。若四书中有其人而《左》《国》无其事，概不旁采。书刊于乾隆三十五年己丑。(14－285)

增订四书贯解无卷数　雍正十三年刊本

清朱良玉撰。良玉先著有《释注大全》，以其过繁复，为采择而成是书。首有自序，用朱子《章句集注》原本。所谓“贯解”者，列于书之上方。有全旨有节解，大约于《或问》《语类》采录较多，于《大全》《蒙存》以后诸书，稍严取舍。行间附以单圈、密圈，以便阅者注目。盖讲章中之尤近俗者。书刊于雍正十三年丁卯。(14－286)

大学俟一卷　求志斋经说本

清陈运镕撰。是书晰理甚精，且多纠正朱子之误，如谓“明德”即《中庸》所谓“天命之性”，“明明德”即孟子所谓“扩而充之”。又谓“明明德、新民、止至善，不可分为三事。朱子三纲领之说，系袭孔《疏》之陋”。又谓“终始即在本末中，朱子以‘知止’为始，‘能得’为终，与先后近道，词意未协”。又谓“诚对妄而言，诚意者去其妄也。朱注释诚为实，何以处夫意之恶者?”又谓“格物致知，物即明德亲民之事，格为格式，因其格式而量度之，使吾之意不违乎格式。极其至，即孔子之心不逾矩。格致诚正，乃一贯事，非截然有条目之须逐节以求。朱子补传，外明德亲民,而泛求之天下之物,汗漫无归。阳明以为格去物欲,则格物即是诚意”。又谓“修身莫要于诚意,致知乃以知治意。故专释诚意,而致知即在其中,不必另补格致一传”。又谓“‘作新’二字连文,朱子破经文‘亲民’为新,因以‘新’属‘民’,‘作’为上作之,文意殆不然”。又谓“齐治平之条目,在《中庸》九经,非以齐治平为条目。格致诚正之条目,在博学、审问、慎思、明辨、笃行,非以格致诚正为条目。读《大学》者必先云其三纲领八条目之见”。以上所释,俱自抒所见。其对于《章句》,谓多参杂释理。并谓“朱子云‘二氏之学弥近理而大乱真’,其实二氏自为二氏之理,并不依附吾儒。而学朱子之学者,辄云复其性初,返诸太始,乃正是‘绵绵若存,如如不动’法嗣,所云乱真者,恐不在彼而在此”。亦自持平之论,自来攻朱子者所未及言、未敢言也。题曰“俟”者,俟有道就正也。书为《求志斋经说》之一种。① (14-286)

中庸俟二卷 求志斋经说本

清陈运镕撰。是书以《章句》之第一章为首章,第二章为第一章,又并第三、第四、第五章为三章,第六、第七、第八、第九、第十、第十一章为第四章。又以“诚者自成”至“纯亦不已”本为二章,亦并为一章。凡《章句》三十三章,定作十九章。上卷缺第八章,而第十章之下忽接第十六章,当是刊者之误。当以第九章改第八章,第十章改第九章,第十六章改第十章。以为脉络分明,易于寻绎。又以为《中庸》全书纲领,大指不外求诚以尽性,由尽性以达天。其要则在慎独,故其为教只在人伦日用之间。择善固执以求诚,天之至诚在于不贰不息。择善固执者,求几于不贰不息。末章从“潜虽伏矣”“相在尔室”推至于声臭俱无,无非欲令下学上达。宋后诸儒多舍其切近,求之高深,说愈烦而理愈晦。其大异于《章句》者,则朱子以“君子之道费而隐”以下九章,分释“费隐”大小,讲师因之纠缠不休,而运镕概置不取,殊有快刀斩乱丝手段。运镕素深于《礼》,于“宗庙飨之”句,辨孔颖达“舜七庙”之臆造。于追王、太王、王季句,证追王、文

---

① “求志斋”,中华本作“求志居”。

王与太王、王季实在两时。文王未尝有称王之事,《中庸》与《大传》俱无窒碍。皆援据俱甚精确。卷后有自跋,言脱稿后凡经八易,其矜慎可知矣。书为《求志斋经说》之一种。① (14-287)

孟子读法附记十四卷　乾隆四十九年刊本

清周人麒撰。人麒字衣亭,直隶天津人,乾隆进士,官翰林院编修。卷首有人麒自序,后有门人程凤聽跋。所谓"读法",仍用单点、单圈、密圈等作标识,行间书眉偶着评语,不出批读时文习套。其"附记"则参引诸家之说,并参已见,于文法与章旨反覆推阐,惟不作句解字释,以已详朱子《集注》,无庸赘引也。惟"得行道"及"离娄之明"两章,援引极博,以《集注》未及详也。按孟子生于战国,所论辨者未脱策士机锋,而借以明尧、舜、周、孔之道。其语言之妙与理义之精,并时无偶。后人玩索,浅者见浅,深者见深。人麒折衷群言,于旧解及朱注之不妥者,多有订正,显豁爽快,非他讲章所可并论也。书中如"万镒"之镒,注训为二十两。另一说又本《国语》,以二十四两为镒。人麒据谢济世说,"镒"与"溢"通,一合为溢,其重一两,盖二十四铢。汉儒误"铢"为"两",因谓二十四两为镒。按此说极是,宋、薛小国而馈孟子至五十、七十镒,岂有点铁烧铅手段乎?又"主司城贞子,为陈侯周臣"二句,人麒以为当是言主宋司城贞子,先为陈侯周臣者。按司城之官不但宋有之,若先事陈后事宋,安得谥为贞子耶?书刊于乾隆四十九年甲辰。(14-288)

七篇指略七卷　康熙十二年刊本

清王训撰。训字敷彝,山东安邱人,顺治己亥进士。卷首有宋继澄序、训自序及凡例。大旨仍仿苏氏评《孟子》,惟多用符号以作指点。如关于"头脑指趣""关目照应"之类,或用重圈,或用阴圈。其吃紧则用大圈,精华则用中圈,文采则用点,叙次传神、过接及叠句叠字则用尖圈,提絜对待事实则用双抹,大截则用钩,小截则用画。按此法虽使学

---

① "求志斋",中华本作"求志居"。

者入目醒豁,究嫌未能免俗。惟其中间有涉于经义者,如“王者之迹熄而《诗》亡”,谓指康侯废覲,王者废燕,朝享献纳之雅诗亡,非《黍离》降《国风》之谓。又如“《小弁》之怨,亲亲也。亲亲,仁也”。据《子贡诗传》,郑大夫闵尹伯奇而作,与周平王无涉。又如“君子不谅”,据书“亮采”之误,解作“明”字。《论语》“岂若匹夫匹妇之为谅”“君子贞而不谅”,俱非美词,不得借“谅”释“亮”。此数条俱足为朱注进一解。惟谓“齐伐燕有二,一在宣王时,《梁惠王》篇中所载是也。一在滑王时,《公孙丑》篇中所载是也”。按此说殆因伐燕事两见,故强分之。其实乃一事,非两事也。① 书后附《孟子字学考》,分一字独用、一字间用、二字并用、二字互用、二字不得通用、俗字难改诸类。辨别颇晰,亦甚便于学者。书刊于康熙十二年癸丑。(14－289)

删补孟子约说二卷 康熙间刊本

清孙肇兴撰。是书似仿苏氏评《孟子》而略不同,彼专以文法求《孟子》,不外起伏照应等等作用。此则于《孟子》一字一句,务得其着落。即如首章曰“孟子见”,可知非梁王能致之也。曰“叟”,尊之也。正远之也,“不远千里”。所谓前王,非王前也。“有以利”,直是下“王曰何以利”说话。曰“吾”,便不知有大夫等,已教以“遗”之“后”之矣。“何必”,直是不可言,非不必言。“王”字,便有下大夫等在。“有仁义”者,仁义为王心所固有,为吾国皆有。更洗却上“有以”,印合下“未有”各“有”字。“亦”者,见利实浸人,仁义终在。“利吾家”者,直从“王曰”始。各“何以”,便是“上下交征”。“弑”“夺”,即在“交征”内,非但形容国危。既曰“交征”,又曰“必千乘”等,正见上倡利。毕竟受亏还在上,仁义须从王来,括尽大夫等。“遗”只是不亲亲,“后”只是不急君,正不到弑夺处。两“未有”从弑夺拈来,作形勘指点语意。如此读法,可见古人立言,即一字必经苦心斟酌而出,不肯苟下。作者纵未必然,而读者不可不然也。他章皆如

---

① “按此说殆因伐燕事两见”至“非两事也”,中华本作“亦甚确,他家见及此者尚少”。

此。书中如“得行道”等章,说理精奥,讲章数千百语,越解越棼。此以一二语拈出,便已显豁,诚读《孟子》不可少之书也。卷首署门人王度传以渐杭齐苏订正。无序跋,亦无付梓年月,当刊于康熙间。(14－290)

孝经集注附增删讲义一卷　顺治十六年刊本

是书题“明天台陈选集注”,书之上方别题“宣城王期龄讲义”“白下张惠春增删”。按期龄字安又,余俱无考。陈选所注,循文敷义,亦甚详晰。《讲义》则仿《四子书讲义》而作。盖顺治间曾敕礼部颁行《孝经》,令士子肄习,科岁乡会,各命一题,期龄因之作此,惠春则增删而成定本耳。皆为举业计,无关要旨。卷首有期龄序,盖合《忠经》《小学》三书同刊。时顺治十七年己亥也。① (14－291)

孝经正解一卷　道光二十八年刊本

明徐大绅撰。② 大绅字见行,江苏通州人,诸生。明亡守节不仕,居家以孝友闻。事迹见《通州志·孝友传》。卷首有孙闳达序,称“是书删繁就简,去晦就明,俾读者易晓,以为初学津梁,有功于人心世道非浅”云云。按此序不署年月,当作于康熙初刊时。后有裔孙宗幹跋,即宗幹官台湾时所覆刊,时道光戊申也。大绅于是书,句上有解,书眉有评。其解“擗踊”,谓“‘擗’字从‘扌’不从‘足’,男子悲伤气盛袒而踊,女子不袒而发胸击心为擗”。辨别甚确。余俱言简意该,显浅而真切。孙序所云“非第以文教,其于《孝经》,殆于身之,殆于家之”,洵非虚语矣。(14－292)

汇订四书人物名物经文合考十二卷③　崇祯五年刊本

明张溥辑。卷首有吴伟业序、溥自序及凡例。按郭青螺考圣门人

---

① “顺治十七年己亥”,按顺治十六年为己亥年,“七”疑为“六”之误。

② “明”,中华本作“清”。

③ “汇订四书人物名物经文合考”,中华本作“汇订四书人物名物经义合考”。

物而遗七十二朝人物，薛方山考七十二朝人物而遗名物，陈牛杓考名物而遗七十二朝人物。至于经传及论注之异同，诸书更少论及。兹书合而考之，每页截分上下二层，上层汇集名物典故，下层汇集人物经义。循《学》《庸》《论》《孟》之次，相连编入，遇有疑义，为之标注。诸所援引，虽见该博，亦嫌泛滥。如《康诰》曰："克明峻德。"经文只一句，乃举及全篇"修身"之"身"字，至遍引《释名》《内经·六微旨论》《文子》诸书，多属无关要旨。他多类此。惟溥学本淹雅，虽偶意编纂，亦异俗书。至吴序所称"识大理明，见恢事历，镜览古今，包括人物"云云，则谀而过其实矣。自序有云："文运之否，世运亦因之，毋惑乎奴酉敢纵横"云云。盖溥生崇祯之代，痛心外患，不觉随触而发也。书刊于崇祯五年壬申。（14－292）

四书讲义日孜录十二卷　乾隆四十九年刊本

清李求龄撰。求龄字彭山，浙江山阴人，康熙癸巳举人。雍正初，总督李卫举充贤良方正，辞不赴。事迹见《绍兴府志·儒林传》。求龄尝受业陆陇其之门，以理学自任，教授生徒，先力行而后文艺。是书卷首有窦光鼐叙，及其子罍芝跋，曰："'日孜录'者，仿困勉而为谦词也。"大旨以《大全》为主，附以《蒙存》《浅达》诸说，复采群儒之说折衷于是。虽于义蕴无甚阐明，而体会周浃，于文法之错综，句意之隐显，语气之轻重，靡不斟酌揣摩，求其不谬。求龄虽遵守朱注，然于朱注之未妥者，如"泰伯其可谓至德"章，谓"以天下让，当主让商言。坐实泰伯当有天下，方见其让。但注'足以朝诸侯'句，勿泥看"。又"'太王有翦商之志'句，终当活看"云云。此类尚多。是即救正朱注之处，但不敢明诋耳，亦异乎他家之斤斤墨守者矣。据传，求龄卒年八十一，约在于雍正间。又五十余年，而其子罍芝始将稿本刊行，时乾隆四十九年甲辰也。（14－293）

四书论　光绪二十四年刊本

清王伊辑。是书专辑四书题论，自唐迄清凡百篇，不分卷。始韩愈

《颜子不贰过论》，终阙名《乡原论》，系从诸家文集录出。有就一书或一篇为题者，如《中庸论》、《二孟总论》及《乡党论》之类是也。有就一人一事为题者，如《舜帝无为论》《泰伯可谓至德论》之类是也。有就一句或二句为题者，如《忠恕违道不远论》《王天下有三重论》及《为君难为臣不易论》《王赫斯怒爰整其论》之类是也。① 有就二字或一字为题者，如《异端论》《格物论》及《性论》《道论》之类是也。所录者大都发抒理蕴，不涉考据，不为空谈。如王宏撰《象未必杀舜论》，谓"战国之士多为不必有之谈。孟子将以明道，极人伦之变，为万世立则"。顾栋高《孔子请讨陈恒论》，谓"孔子之对哀公，知己知彼，足征大圣人经济，不外寻常理势之中。而程子以义不以力之论，殆失之"。全祖望《孔子正名论》，谓"正名者正世子之名，将教辄避位而纳父"。吴嘉宾《弗扰佛肸非畔论》，谓"大夫无专国邑之义，二人不得称畔，况志在强公室乎？夫子欲往，殆阴折当日之知有大夫不知有国君者"。诸篇皆卓然伟论，为自来注家所未曾见及。其他类此者尚夥，不但程子之《颜子所好何学》，为宋学家所乐道也。明人录时文为讲义，此则所采皆古文，为说四书者别开生面，以补传解所未备，亦不可缺也。书刊于光绪二十四年戊戌。(14－293)

四书典故辩正续编五卷②

清周柄中撰。③ 柄中既成《四书典故辨正》二十卷，刊于乾隆四十九年甲辰。《续编》之成，则在嘉庆十九年甲戌，相距三十年矣。首有史炳序。盖于先儒异义，《前编》所未及致详者，又复详为考辨，以成此书。大旨在订正义疏之是非同异，犹前书例也。其较当者，如"师尹"一条，据张大亨说，"尹氏者，王官之长，宰辅之任。其曰氏者，犹侯氏、师氏"，以正毛、郑谓为周太师尹氏之误。"先公"一条，据戴东说④，引《史记·

① 《王赫斯怒爰整其论》，中华本作《王赫斯怒爰整其旅论》。

② 中华本称"正编乾隆四十九年刊本，续编嘉庆十九年敬仪堂刊本"。

③ "柄中"，中华本此条皆作"炳中"。

④ "戴东"，中华本作"戴东原"。

周本纪》"后稷之兴,在陶唐、虞夏之世,皆有令德"。盖世次中阙,莫知其名。由弃至不窋,是不一人,以正《吴越春秋》《帝王世纪》诸书谓"不窋亲弃之子"者之误。"击磬襄"一条,据《韩诗外传》"孔子学琴于师堂子京",《史记》虽作"作襄"①,而以学琴系之在卫时。是以师襄为卫人,以正司马贞"师襄子鲁人",即"击磬襄"之误。司马贞之误又沿于《家语》。又如"以五十步笑百步"一条,据《司马法》"古者逐奔不过百步"。"文王事昆吾"一条,据《帝王世纪》"混昆一作混。夷伐周,一日三至周之东门,文王闭门修德,而不与战"。俱足补注家之缺,而释学者之疑。然亦间有疏舛者,如"王驩"一条,据《左传》昭元年传"嬖大夫对上大夫言",即系下大夫。下引昭七年传、哀五年传略同。以驳赵注"嬖幸"之解。但下文明云"齐卿何故自为利谬",知与《左传》所云有不同也。又如"北辰"一条,谓"北极之帝非天之精,天之精乃天皇大帝"。"子入太庙每事问"一条,引《周礼》"辨事者考焉"。按郑《注》于上"凡辨法者考焉",乃以辨为争讼,"每事问"非辨事之谓。凡此皆于经义极谬者。然综而观之,参稽尚博,于考古者不为无裨也。(14-294)

四书大全汇正备解十六卷 康熙四十八年凭山阁刊本

是书题董喆、陈枚纂辑。董喆字二吉,江西金溪人,官训导。陈枚字简侯,浙江仁和人,诸生。盖喆先成《备解》稿本,寄枚参订。而枚亦有《正汇合解》之纂,因相为参证,而成是书也。卷首有宋衡序及喆与枚自序,并列先儒姓氏、明儒著述姓氏、本朝诸儒著述姓氏,凡数十家。书中首经文,下附朱注,次以全旨,又次以讲义。讲义未尽者,附以参补。所采顾梦麟《说约》、刘曰珩《纂序》、史以征《汇解》、吴荃《正解》诸书为多。大约去取不苟,考核矜慎,去繁芜而存精粹。且绝未涉及时文,与他庸滥讲义固有殊焉。又其所援引,不限于注解,如陈献章、湛若水、瞿景淳之说,亦间旁及。又如万经之《辨志堂集解》、戴名世之《大全》、陈锡嘏之《怡堂随笔》,今俱不传,一斑之窥,幸在于此。书刊于康熙己丑,

---

① "作襄",中华本作"师襄"。

署凭山阁定本，盖陈枚独力所梓也。(14－295)

读书笔记六卷　乾隆十五年刊本

清尹会一撰。会一号健馀，直隶博野人，雍正癸卯进士，官至吏部右侍郎。是书首有门人王击玱序。先《大学》，次《论语》，次《孟子》，次《中庸》。按朱子尝谓"人须先读《大学》，以定其规模；次读《论语》，以立其根本；次读《孟子》，以观其发越；次读《中庸》，以求古人之微妙"。会一所定次序，盖本于此。书中规抚指趣，亦不离朱子者近是。每条下间有王罕皆、王玉清等小注。罕皆，王步青字，会一同年进士也。玉清，王击玱字，会一门人也。书中参引旧说，亦及罕皆，盖同治四书而宗宋儒者也。其发抒己见，具征体验有得，然时不免于迂腐。于朱注亦间有存疑之处，不尽墨守也。惟"朱子论管仲及王、魏之功罪"一条，引刁文孝说，谓"'王、魏罪在事建成，而不在事太宗'。不知王、魏之事建成，实高祖命之。而惜其无诤谏建成之事，不思建成辈暗谋太宗，王、魏未必与闻。且以魏徵事太宗者推之，安知无谏诤建成之事？但史既缺载，莫从而考耳"。又"夏后氏一夫授田五十亩"一条，谓"'至殷增至七十，至周增至百亩，代代增加，田间疆理俱令更改'。蓄疑不解，反以为经论之活法，不知三代授田多少，乃尺度不同，非有更改也"。独"桃应问答"一条，谓"为臣执法，为子爱亲，各行其是而无所顾。分说便明，合看便差"，最为理正词严。彼袁枚辈之博辨，可以息矣。书刊于乾隆十五年庚午。(14－296)

四书易简录十二卷　康熙六十一年刊本

清刘葆真撰。葆真字眉峰，江西金溪人，康熙辛丑进士。卷首有郑任钥、周天祐二序及凡例。书分上下截，上列经文及朱注，下列讲义。其讲义则列章旨于前，次则顺文诠叙，又次则剖析义蕴。自谓"逐章逐句疏发文义，循其条理脉络，而汰繁即简，去难就易"云云。此"易简录"所由名也。今按其书，大旨多本之《或问》《语类》。其采用众说，又不注明姓氏，殊非著书之体。书刊于康熙壬寅。(14－297)

四书撮言十二卷　乾隆二十八年刊本

清胡斐才撰。斐才字蓉芝,福建龙冈人,诸生。卷首有斐才自序,称"自《或问》《语类》证以诸儒之说,于本文有字义未详者,特为阐为发。《集注》中有未训口气者,复畅其词,参互考订,而断以己意。繁不致滥,简不致略"云云。书签题"纪晓岚先生鉴定",盖纪昀督学临汀时,曾以呈质也。今按其书,本文之后先列注,次列讲,又次列解。而注下又有疏训,释较分明,脉络亦贯串。然亦寻常讲义而已。书刊于乾隆二十八年癸未。(14-297)

孝经详说六卷　光绪七年大梁书院重刊本

清冉觐祖撰。按《四库存目》有《孝经详说》二卷,冉觐祖撰。是本增多六卷。又《提要》称末附《朱子刊误》、《吕氏或问摘录》及《吕氏拟题》各种,是本俱无之,岂有前后两本耶?前有胡世藻序,又有觐祖自序及凡例,刊于康熙己卯。此本则光绪辛巳大梁书院重刊者也。其书遵用今文,于唐明皇《御注》全录之,邢昺之《疏》略有节删。自序极推元董鼎,明瞿罕、陈士贤、吕维祺之注。董、瞿之书不得见,书中录董说共六条,当是得之吕书,而瞿说无一字焉。于陈氏之说,谓其"立言纯正,不杂异学"。惟于吕氏之说,谓"能集诸家之长,以补经文之缺。惟涉阳明家言者,应悉芟削"。综此数家,旁及群言,参以己见,颇能畅达经旨。自谓"但求其详,不避其浅,故以'详说'名其书"云。(14-298)

孝经述一卷　光绪十五年刊本

清姜国伊撰。国伊,四川岷阳人,光绪丙戌举人。首有自序,以为"《孝经》乃夫子亲笔,其言孝皆原本于'德本教生'之旨,皆推行乎大者、至者、要者。弥纶天地而无际,举凡圣人时中之躬行,皆其孝也"。又以为"古书有篇无章,凡分章者汉儒也。旧本'开宗明义章第一',宜去'章'字"。其第二篇明孝终始,以为当名"五孝第二"。其下"三才第三”,以为“自此以下,旧本凡四章,杳无‘子曰’字。盖孔氏原本必上承‘天子’篇而为一。其天子、诸侯、卿大夫言孝而不言父言母者,以既为天子、诸侯、卿大夫时言之也。其为世子也,则孔子尝论‘士冠礼’曰‘天子之元子犹士’,故其未为天子、诸侯、卿大夫也,则皆‘士礼’也。子曰:‘资于事父以事母而爱同,资于事父以事君而敬同。’亦如是”。俱言之成理。又谓“是经首称仲尼,仲尼者夫子字,是为自著之证”。以《论语》门人所记称“子”,《家语》子孙所记称“孔子”为例。然下文“曾子侍”,何以不名曾参而称曾子?以为门人避讳而改,已近臆造。但《中庸》祖述尧舜,亦称仲尼,则又何说?于“庶人之孝”不引《诗》,以为“《诗》者乐也。乐所以行礼,礼不下庶人,故不引《诗》”。尤属牵强。窃以为古书称名,本无一定之例。缺文错简,亦恒有之,似无须一一为之比附。至于诠释字句,能详他人之所略,切而不冗。其分章遵司马光《指正》本,兼存“闺门”一章,谓“宜在‘事君’章之次,特不敢紊其先后,故附于末”云。书刊于光绪十五年己丑。(14-298)

孝经集注述疏一卷答问一卷

简朝亮撰。朝亮号竹居,广东顺德人,清诸生,隐居教授,卒于民国二十二年夏。首有自序,言成此书时年六十有八。盖朝亮授徒时,每开说此经,有答诸生问而辩旧说者,编为《孝经答问》一卷。及所著《论语述》义本毕,因思《孝经》为诸经之导,由是考之古义,酌于今时,以成此书。曰“集注述疏”者,“注”为唐明皇《御注》,“疏”则邢昺《疏》也。义蕴典制逐一诠释,于邢《疏》增删《御注》之处,训辨其得失,并及众注之得失,而推究其所从出。他若存疑正误,补阮元校记之遗;摘字定音,循陆氏《释文》之例。而精粹尤在答问诸条,反复援证,务得其安。其要者,如经曰“仲尼居,曾子侍”,谓据此知本经为曾子门人所记。谓曾子作,岂当自称子?谓孔子作,岂当自称字?又经曰:“故自天子至于庶人,孝无终始而患不及者,未之有也。”谓“无”字如《论语》“无小大”之无,谓无论也。其孝无论为终为始,不患其力不及焉,孝由天性故也。

其不曰“始终”而曰“终始”者,明乎成终以成始也。又经曰:“生事爱敬,死事哀戚,生民之本尽矣。”谓“生民者生人也,统贵贱尊卑而言。而旧说不及此,遂有疑‘亲丧’章不言天子之事”。又谓“本经有互文,有变文,有省文,有分应之文,有回顾之文,有主孝而递推之文,有重教而独承之文,有言政而微及之文。而旧说每忽略之,所以多失”。惟断“闺门”章为伪,据《大戴礼·本命篇》“女日及于闺门之内”,以为“女子居内男子居外,臣妾之臣应在闺门之外”。此似视“闺门”二字太狭。臣即家臣,臣妾犹言仆婢耳。全书未尝及此辈,正不可少。据此定“闺门”章为伪。窃谓“闺门”章之真当别论,惟“闺门以内”四字似不宜泥看。“孝治”章不云乎,“治家者不敢失于臣妾”,而况于妻子乎?是臣妾与妻子同属于家也。男子治外对内而言,乃一家以外也,岂一家之中又分闺门以内、闺门以外乎?然综观全书,发挥尽致,无一漏义。不但全经贯串,于他经亦无不贯串,非夫剽袭肤浅者所可比也。书无刊版年月。(14-299)

中庸注一卷 嘉庆二十五年刊本

清惠栋撰。是书为栋早岁所作,本名《易大义》。目录云:“《中庸》二卷,《礼运》一卷,阙。”盖未成之书也。栋弟子江藩得江艮庭手写本于张子絜,而子絜又得之于徐述卿者。栋为此注,盖欲著《易大义》,以推广其说。当时著于目而实无其书,其子汉光即以此为《易大义》。江藩刊附《周易述补》之后,沿其称不改。藩有序,述其原委甚详,今改题曰《中庸注》,从实也。栋注谓“此仲尼微言也,子思传其家学,著为此书,非明《易》不能通此书”。今观其书,不过取乾、坤、坎、离、未济、既济等卦名,间相比附,无甚发挥。盖栋素深于《易》,欲推之以说他经。然如有目无书之《礼运》,江藩已言反复求之而不能明,则此书可知矣。书中“体物而不可遗”,郑《注》云:“体犹生也,言万物无不以鬼神之气生也。”栋驳之曰:“郑氏精于《礼》,疏于《易》,神可言生,鬼不可言生,此说不通于《易》。若以乾坤言鬼神,亦可云坤生广生是也。”按此条最精。又“仲尼曰”,栋注引张禹说,“仲者中也,尼者和也。言孔子有中和之德,故曰仲尼”。此书专论中和,故称表德之字,则穿凿可笑矣。惟注语尚简括,犹有汉儒诂经之法。藩序称“七十子之微具在是”,亦溢誉也。书刊于嘉庆二十五年。(14-300)

中庸解辨一卷 同治六年刊本

清王緭撰。緭号无奇子,河北霸州人。首有自序,言:“解《中庸》者,汉儒失之支离,晋唐来弗敢违也。宋儒失之影响,元明来弗敢违也。”又言:“若舍传注而专对本文,思之思之,且重思之。思之不通,鬼神通之。将必有妙解神会”云云。是书义求通贯,征引众解而不囿于一解。秦以前则有《周易》《管子》《庄子》《文子》,宋以前则有文中子、韩子,朱子以前则有周子。他若宋元明诸儒之说,下至金正希、陈际泰等之时文,凡有合者,采摭不遗。如“修道之谓教”,谓“宜就施教言,不宜就受教言”。“戒慎乎其所不睹,恐惧乎其所不闻”,谓“‘其所’二字,当有实际所不睹所不闻,即指道之涵于性者言也”。“戒慎、恐惧,即存之之功,故君子必慎其独也”,谓“独者天理之萌,无人欲以偶之也”。“君子之道四,我未能一焉”,谓“‘一’对忠恕看,不对四看”。“君子胡不慥慥尔”,谓“‘尔’字作‘如是’用,不作助词用”。“素位而行”,谓“素者,无所与杂之义,不得以现在释”。“君子有三重”,谓“三重指动言行,不指礼度文”。“来百工”,谓“‘来’字作劝勉解,不作招来解”。如此之类尚多,俱能推陈出新。至如谓“性该仁义礼智,而篇中或专言仁,以仁统四端也。道该孝弟忠信,而篇中或专言孝,以孝首百行也。教该礼乐政刑,而篇中独重言礼,以齐之以礼胜于以刑也”。又谓“凡言物不对人民,则物中有人;凡言人不对己身,则人中有己”。又谓“‘问强’章两个‘君子’不同,‘素隐’章两个‘君子’不同。书中所称‘圣人’二字,亦各不同,不可泥看”。尤见通识。综观全书,体贴细腻,有窒皆通,无隐不显,殊非芜滥讲义可比。书后附补解三十条,再补二十五条,三补二十七条。刊于同治六年丁卯。(14-301)

中庸心法渊源一卷 同治光绪间刊本

无撰人名氏①,署"东海乐天翁著",又署"男彬桐校",究不知其何姓也。亦无序例。大旨以为,《中庸》一书为圣门传授心法,即"尧舜相传,人心惟危,道心惟微,惟精惟一,允执厥中"之旨也。而道统不自尧舜始,羲皇上承往圣心源,始作八卦。一画象天,谓人得一以立命也,中也;两画象地,谓人备其二,见诸用也,庸也。《中庸》一书,以"天"字冠其首,以无声无臭要其终。则知《中庸》初终本于大《易》:"大哉乾元,万物资始",中也;"至哉坤元,万物资生",庸也。此书该上古,统未来,性命治功在于比,心传亦在于此。子思述之以授孟子,孟子道性善,言必称尧舜。《易·系辞传》曰:"继之者善也,成之者性也。"性善之旨即本于此。又引周子《太极图说》及《通书》,始于诚终于止之义,以为孟子以后一人。他所阐发不越恒解,惟"小人反中庸"句,以为程子因王肃本作"小人反中庸",添一"反"字,于率性之义未圆。"素隐"二字,以为仍作"素隐"读,乃与"后费而隐"之旨合。《汉书》作"索",未为正论。亦自有见。书无刊板年月,当在同治光绪间。(14-302)

大学决疑一卷 万历四十五年刊本

明释德清撰。是书但取经一章,于朱注所谓三纲领八条目者作解,其涉疑处则设为问答以决之。按德清本以儒兼释,其说是书,参杂两宗,不袭恒解,时得妙悟。说"明明德",谓"第二个'明'字乃'光明'之'明',是指自己心体。第一个'明'字有两意,若就明德上说,自己工夫是'悟明'之'明';若就亲民分上说,乃是'昭明'之'明'"。说"至善",谓"善恶两头,乃外来的对待之法,与我自性本体了不干涉。善不到至处,虽善不善。今言至善,乃是悟明自性本来无善无恶之真体"。说"知止而后有定"一节,谓"'定'字乃指自性本体。寂然不动,湛然常定。'静'字与'定'字不同,'定'是自性定体,此'静'乃是对外面扰扰不静

---

① "无撰人名氏",中华本无此句。

说。‘安’字乃安稳平贴之义。‘虑’字不是‘妄想思虑’之‘虑’，亦不是‘忧虑’之‘虑’，乃是‘不虑’之‘虑’。‘得’字不是‘得失’之‘得’，乃是不渗漏之义”。其说“知与意”，谓“意乃妄想，知属真知，真知即本体之明德。”“内外洞然，无物可对”，引《易》“寂然不动，感而遂通天下之故”，“寂然不动，知体也；天下之故，外物也；感而遂通，格物也”。其说“修身”，引颜渊问仁，孔子告以“克己复礼为仁”，谓“此正是修身的样子。随告之曰‘一日克己复礼，天下归仁’，此便是治国平天下的实事。至颜子请问其目，孔子便告以四勿，四勿皆修身之事也”。凡此诸说俱见圆活。至谓“‘为仁由己’，此‘己’乃真己，即至善之地。故颜子隳聪明、黜肢体、心斋、坐忘，皆由己之实效”，则不可为训矣。首有自序，谓“自幼读孔子书，求直指心法，独授颜子以真传的诀，向不知圣人心法，尽露于二百五十言之间”云云。后有钱谦益跋，举张子韶晚造径山，以格物物格宗旨，言下扣击，顿领微旨，以附和其说。书刊于万历丁巳。(14－303)

四书浅说十二卷①

明陈琛撰。琛号紫峰，福建晋江人，隆庆进士，官部主事。② 以母老告终养归，屡征不出。事迹具《明史》本传。琛讲学务平易切实，不为穷高极远之论。其说四书亦同此旨，语求显浅而理甚醇正。尝学于蔡清之门，清著有《四书蒙引》。明侍御陈让赞评之曰：“虚斋《蒙引》，得圣学之精深，间有意到而言或未到，及其所独到，可以发晦翁之所未发。紫峰《浅说》，得圣学之光大，意到则言无不到，及其所独到，可以发虚斋之所未发”云云。按是书及《蒙引》，皆为举业而作，然琛尝有诗云：“选举乖三代，词章赘六经。”殆亦慨乎言之。由场屋之学引而入于圣人之道，亦不得已也。是书初刊为隆庆戊辰，有圣泉子序，即作德书堂主人

---

① 中华本称为“崇祯十年刊本”。

② “隆庆进士，官部主事”，稿本“进士”和“部”之前皆有空格，中华本作“正德十二年进士，官考功主事”。

也。又有崇祯丁丑刊本,有唐光夔序。至乾隆己酉,裔孙礼馨又为翻刊,蔡新为作序。(14-304)

四书发注十卷 雍正元年刊本

清朱奇生纂。奇生字亦人,拔贡生。首有奇生自序,以为"范氏《体注》纂辑精详,但采诸说存参,二三其解,未免骑墙疑似之见。至其他诸家,又苦浩博繁衍,难于遍阅。因录诸儒名论,质以《或问》《语类》《大全》《蒙存》《浅约》诸书,核其源流,辨其同异,撷其精华,略者详之,繁者简之"云云。今观其书,参引众说,折衷一是,不为骑墙疑似之见。于吕晚邨、陆稼书、仇沧柱各家之说,所采尤多。书中亦分上下两截,下截全列经注,上截详发书旨,则仍是坊行讲章习套也。书刊于雍正癸卯。(14-304)

二刻礼部增补订正四书合注篇主意 万历三十年刊本

是书题"前礼部尚书兼翰林院学士范谦、前礼部左侍郎兼侍读学士刘楚元、前礼部右侍郎兼侍读学士余继登全纂,礼部尚书兼翰林院学士冯琦证正,礼部右侍郎兼侍读学士李廷机删补"。盖《合注》为范、刘、余所辑刻,冯、李则取前刻而增补之,故称"二刻"。首有沈一贯序,称"阐发尽处再加阐发,剖析精处复加剖析,视前刻纯而又纯。盖前刻《合注》可以羽翼紫阳,而兹集补其《合注》,又可以羽翼前刻"云云。今观其书遵守朱注,辟众说之纷纭,一以朱注为准。所争者,大抵在一句一字虚实详略轻重之间。殆为举业家认题起见,故不得丝毫假借也。书中所引异义,概以旧说、新说、近说、时说等括之,不别标名氏。又孰为原刻,孰为二刻,漫无区别,俱属非体。书眉评语用醒眉目,明人讲义类多如此。书刊于万历壬寅。(14-306)

四书会解不分卷 嘉庆五年刊本

清綦澧辑。澧字汇东,山东利津人,诸生。首有戴均元序,又有澧自序及凡例。其书每章之前有全旨,每节之后有析讲。大旨以朱子为宗,至《或问》《语类》中未定之说,与注间不合者,则以《章句集注》为宗。或注无明文,讲家互有异议,则审白文语气,以说之较醇者为宗。虽无甚发明,而于经注具能融洽。惟援引众说,不详姓氏,使人昧所从出。盖沿俗本讲义之误,而不知其失也。书刊于嘉庆五年庚申。(14-306)

空山击碎一卷①

明陆鸿渐撰。鸿渐字行之,浙江吴兴人。此说《大学》《中庸》之书也。首有罗大冠、陈仁锡、闻启祥、管珍、刘贞诸序,又有鸿渐自序二首。又有引用名公语录书目,鉴定人名钱谦益等十二人,参阅人名闻启祥等三十二人,禅印人名云栖师等四人。是书不谈义理,不援训诂,本之禅机妙悟,而嬉笑怒骂以出之。每一段中间,作七言绝句以括其蕴。每段后又有诸人评语,以畅其旨。为说《学》《庸》者别创一格,虽属旁门,别饶妙谛。邵尧夫诗:"唐虞揖让三杯酒,汤武征诛一局棋。"已开其风矣。序题庚申,不署年号,盖泰昌元年也。(14-307)

论孟语录四卷②

明黄汝亨撰。是书附《空山击碎》之后,而主旨不同。盖汝亨门人王尔谏取而并刊者也。首有汝亨自序,盖汝亨校士江西时所作,系为举业家说法。然明人制艺,其上者多能发挥书义,讲家每引之以诂经。汝亨是书不无精粹,如"有朋自远方来,不亦乐乎",解谓"乐者,有以信人,不但坚自信,而以畅吾道公共之怀"。"小大由之,有所不行",解谓"'不行'与'由之'相反。行如流水之源,有所不行则泛滥之极,反成壅滞"。"多闻阙疑",解谓"证闻于心,不以耳听,阙非置疑不问"。"慎言其余",解谓"心证于口,不以口说,慎非强闭不言"。"据于德依于仁",解谓"德仁非两物,据依无二心,渐造自然也"。"有性善有性不善",解

---

① 中华本称为"明泰昌元年刊本"。

② 中华本称为"明泰昌元年刊本"。

谓“孟子所谓善，非对恶之善，乃继善之善。天命之初，不涉形气而为之，若对恶言善，即同有善有不善之说，而不可破”。凡此诸条，俱甚惬当。① 每条下间有陆行之、王尔谏评语，仍是《空山击碎》之机锋，于本旨无所发明焉。（14－307）

四书玩注详说三十六卷　康熙二十八年刊本

清冉觐祖撰。首有耿介、李灼然、孟鐈序，又有觐祖自序及凡例。自序言：“‘玩注’者，玩程朱之注，即所以玩孔、曾、思、孟之书，徐以《大全》《语类》《蒙存》《浅约》诸书为之羽翼。其说本详者，连类互见而不厌其详；‘本略’者，亦旁搜曲证而不憾其略”云云。此其大旨也。书分《论语》二十卷，《大学》二卷，《中庸》四卷，《孟子》十卷。《大学》列古本于前，谓不见古本不知程朱更定之有功。其书以朱注为宗，自序至注逐句逐段为之分释。所引证除朱子自著者外，兼采宋明儒之说甚博。其间有觐祖及孟鐈案语。孟鐈字公鼐，觐祖同学友，向亦有《四书辑本》未成。觐祖是书，则与其商榷补缀而成者也。其书多至二百余万言，可谓详且尽矣。要其指归一如大注之意而止。自明以来讲章充斥，其失蔓衍支离，莫衷一是。觐祖墨守朱注，判同异而归于画一，使朱注中一字一句条分缕晰，毫无滞碍，非反覆涵泳之深不能有此也。至其尊朱过甚，则彼时风气如此。觐祖治宋儒之学，素有心得，此书与所著《五经详说》同旨，惜俱不免伤于繁冗。然以视寻常讲章，固不可同日而语也。书刊于康熙二十八年己巳。（14－308）

大学中庸演义　民国刊本

廖平撰。平以《大学》为皇帝之学，专在治平。乃以修身为本，不过推修齐以比平治。旧说之误，在以皇帝为入德之门，成人之学。宋人之言格致，乃方名物理多识之事，与《大学》宗旨相去霄壤。《大学》之条目以此篇四传为主，言平天下而不言修齐，几于无本。故借身家以寓国与天下之

---

① “俱甚惬当”，中华本作“于义俱惬”。

理,齐家传与平天下相通,修身传与治国相通。又以"知止而后有定"五句,分为圣人、至人、化人、神人、真人五等次序。以"古之欲明明德于天下者"八句,为《大学》四传。而删"欲正其心者先诚其意"九字,及"意诚而后心正"六字,俱谓为后儒所加,以相连缀。又"知至而后意诚"下,删"意诚而后心正"六字。又谓"诚意"章,古本在经后,为《中庸》至诚说,朱子乃移与修身传相接。经文诚为天学,正乃人学,初甚不相连。他若训诂字句,尤与旧说绝异。如谓"小人为王伯以下""闲居为攘据国土""自私自大为不善""为功利富强刑名法术"之类,无一不新,无一不创,而又非全无所据。后附《大》《中》引《书》《诗》为人天学说界划表,其意以引《书》为人学,引《诗》为天学,以证《大学》为人学,而《中庸》全为天学。盖平素治今文家言,又略窥泰西新说,故拉杂附会,以成此书,治经者视为旁门别道可也。自记为丙辰四月作,盖民国五年也。(14-308)

孝经学凡例一卷①

廖平撰。是书仅成凡例,共二十七条。其中如谓"《孝经》所述礼制与《王制》有异同,此由传《孝经》弟子缘经立说之义。又孔子制礼,弟子有所参酌,差互亦所不免。今取凡与六艺不同者,以为《孝经专派》"。又谓"《孝经》汉有今古文异同,今以今文为主,而兼采古文异文,以为《孝经释文》一卷。班《志》《孝经》有杂传四篇,今仿其例,遍辑先秦以前传记子史言《孝经》者为旧传"。又谓"《孝经》说今仿陈氏之例,统辑汉人传注及余说《孝经》者,以为《孝经先师轶说》"。又谓"《内则》《文王世子》《曲礼》,此旧传仪节也"。又"《吕览·孝行》曾子说养有五之类,皆就事亲各立条目为本经,旧传仪节。今仿其例,将载籍所言事亲仪节汇齐,分立节目,将旧说依类分入。如《曲礼》之侍坐立居处禁忌之类,悉按经目归之,略如家仪之例"。又谓"言孝专就事亲而言,其道甚隘。而《孝经》之旨则以事亲为小孝,而归重于事君立身。凡一言一行,皆引归于孝。如战阵无勇、交友不信之类,皆归之。立目分类,以为《孝经广义》。至泛论《孝经》

---

① 中华本称为"新订六译馆丛书本"。

者,则归入《通论》"。又谓"《中庸》自'君子费而隐'至其'如示诸掌',皆《孝经》旧说,'孝其大孝'以下则旧《天子传》也。晋陶潜《孝传》,《御览》引师觉授《孝子传》,并仿其例,通辑秦以前旧事,依经分例五等,以为《古孝上篇传》。其外有心是迹非,与夫夺情失礼之事,既不可以入于孝,又不可以为不孝,当别为一门,以类归之,为《孝传中篇》。然如不孝之事,不加采录,无以戒恶,今更立门以示惩创。凡载范所称不孝之事,亦因五等,归汇为《孝传下篇》"。又谓"曾子传《孝经》,凡曾子言皆《孝经》说,不惟《大戴》十篇而已。班《志》有儒家曾子十八篇,今辑《大戴》《小戴》共十一篇。凡散见之文,通辑之以合十八篇之旧目"。按此诸条,俱关切要。《孝经》孔子称为"至德要道",先儒又以为"六艺总汇",自宜包举该备,成一巨典。凡例具存,依此纂辑成书,固非难事也。(14-309)

四书一得录二卷 同治二年刊本

清胡泽顺撰。泽顺字梅坪,安徽泾县人,诸生,候选训导,咸丰间殉洪杨之难。是书首有自序,作于道光十七年丁酉,时泽顺年未三十。殉难后,版毁重刊,而朱荣实为之序,则同治二年癸亥也。自序称"无门户意气之私,则汉儒宜崇,宋儒亦宜崇"。朱序谓"贯穿于郑、孔之笺疏,而要归于程、朱之义理"。盖兼参汉宋之长,不为墨守。且间出妙义,发前人所未发。如"贤贤易色",引刘申受说,谓指夫妇。按顾亭林已有此说,泽顺未之见耳。"至于犬马,皆能有养",引束皙《补亡》诗及马周"黄华"文,且下一"能"字,确以犬马喻人子。"十室之邑,必有忠信",引《大戴礼·曾子制言下》"过十室之邑则下,为秉德之士存焉",见此语非泛设。"伤人乎不问马",采王弼说,以"伤人乎"不为句,最合记事语气。"唯上智与下愚不移",谓"不移者非不能移,是不肯移,所以为下愚也"。"益者三友"节,据《集注》"三者指益正相反",则"便辟"当与"多闻"相反,"辟"正韵"陋"也。《学记》"孤陋而寡闻"句下,有曰"燕朋逆其师""燕辟废其学",此等友必不多闻。《说文》:"宴,安也。""便"亦云"安也"。是"便辟"与"多闻"相反之证。考证俱甚谛当,此类尚多。泽顺尝问学于族人承珙,故书中间引承珙《尔雅说》。卷末并附孔、

颜、曾、孟生卒年月表。《孟子年谱》俱无所订正，孟《谱》记游齐在游梁之前，则仍沿旧误也。（14－310）

中庸绎蕴三卷　道光二十二年刊本

清胡笴撰。笴字东潭，安徽桐城人。卷首有笴自序，言“初读《中庸》，无从理会，因求之朱子《章句》。读《章句》亦无能理会，因求之诸家讲义。即讲义而参互考证，遂渐通乎《章句》之说。久之觉诸家讲义之纷杂，虽欲有以阐发乎《章句》，终不足以尽《章句》之蕴，因转而求之《章句》。觉《章句》之依文训义，言简意该，真能阐发《中庸》。研穷玩索者久之，而又觉《章句》之阐发，亦犹未尽《中庸》之蕴。非《章句》不足以尽《中庸》之蕴，《中庸》之蕴固无穷”云云。是书名曰“绎蕴”，意在于此。其书经文之下次以注，又次以讲，低注一格，间附案语，则笴所下己见也。引用诸儒之说，概不标名氏，其自出己见若干条，则于凡例中特标之，亦异例也。大旨详于义理，惟“天下国家可均也”一节，谓“‘均’字与‘辞’字、‘蹈’字一类，均造瓦之具，旋转者也”。“设其裳衣”，谓“衣上饰，裳下饰。经传言衣裳者，莫不先衣而后裳。惟《齐风·东方未明》篇，有曰‘裳衣’，言《诗》已言其颠倒矣。此‘裳衣’当为‘常衣’，古文无‘裳’字，以‘常’作‘裳’。《说文》：‘常，下裙也。’今文作‘裳’”。此二条甚新而确。又解“君子之道造端乎夫妇”，谓“夫妇所与知与能，有大有小。男女构精即天地之絪缊化醇，道之大者；耒耜井臼，则道之小者”。语亦精辟。余所诂于文义语气间，多能体会。书刊道光二十二年壬寅。（14－311）

大学古文参疑一卷　道光十五年刊刘子遗书本

明刘宗周撰。是本就高攀龙所定本，次“诚意”一章于“此谓知本”之下。然是本不纯用古本，兼用曹魏石经本。其间或从古本，或从石本，即曹魏石经本。颇具斟酌。然据吴秋圃《大学通考》，则石本实赝本也。宗周以为，“戴氏之传《大学》，早以成一疑案。程朱之更本，皆疑案也。阳明以格致未尝缺传，从古本。石本与古本更异，而文理觉完整言而是,虽出于后人也何病?”又谓“不敢辄为之解,听其自解自明,以存古文之万一。疑而滋厖,因题曰‘参疑’”云云。书中解“诚意”节最新,谓“此章首喝诚意,而不言在致其知,以诚意为专义也。心所存主之谓意,非以所发言也。自之为言繇也,非己也。欺之为言罔也,非伪也。如恶恶臭,如好好色。言此心一于善,而不二于恶。所好在此,所恶在彼。两存而一机,如之云者,本乎天而不杂以人,诚之至者也。自好自恶故自慊,非对众言也。独之言自也,慎者敬德也”。又引阳明说“学问思辨行五项,学已是行了”。“如学书则必把笔伸纸,学射则必操弓挟矢,不是学问思辨后方行。诚意者行之始也,即在学问思辨时,即就格致中看出非格致了,方去诚意。可见格致、诚意二而一,一而二。”按此等说,显豁得未曾有。唯“仁人”节,谓“此上疑有脱简”,所见亦不谬。书刊于道光十五年,董玚所编《刘子遗书》本也。(14－312)

大学古记一卷　道光十五年刊刘子遗书本

明刘宗周撰。是书分“大学之道”至“国治而后天下平”为一章,谓统释“大学”之教。“自天子以至于庶人”至“此谓知之至也”为第二章,谓申格物在致知之义。“所谓诚其意者”至“故君子必诚其意”为第三章,谓申诚意之义。“所谓修身在正其心者”至“此谓修身在正其心”为第四章,谓申修身在正心之义。“所谓齐其家在修其身者”至“此谓身不修不可以齐其家”为第五章,谓申齐家先修身之义。“所谓治国必先齐其家者”至“此谓治国在齐其家”为第六章,谓申治国先齐家之义。“所谓平天下在治其国者”至末为第七章,谓申平天下在治国之义。其与古本不同者,则此本第二章古本原次于“诚意”章之后,此本则从梁溪高氏所订“正通修身”以下合为一章,谓“即此完格致之传,文理焕然,无须补缺”。其释“大学”,谓“大学之道,尽性而已,性量大,故其学亦大”。其他诂义亦多与《参疑》不同,盖《参疑》为晚年定本,此当是早年所属稿也。后附《大学三纲》及《八目》两图。道光十五年刊《刘子遗书》本。(14－313)

大学古记约义一卷　道光十五年刊刘子遗书本

明刘宗周撰。是书以《约义》为名，所论止《大学》、章句、经旨、止善、格致、慎独、絜矩，共七条。其说章句，谓“首言三纲，次言知止，次言知所先后，次言所先，次言所后。一开一阖，文理完整，更无欠剩。至‘修身’一条，明解物有本末之义，其为更端而释格致也何疑？”又谓“《大学》一篇，既可剖一而为六，则断不可不剖首段之一而为二，以厘正八目，分‘修身为本’以下为格致之传”。其说“格致”，谓“格致诚正不作二观，《大学》八条目递推之，以求主脑之所在，而归功于格致。所谓主脑者，止至善而已矣。止至善之功，知止而已矣。致知之功，格物而已矣。格物之要，诚正以修身而已矣”。又谓“经曰‘物有本末’，传申之曰‘修身为本’。此谓知本，此谓知至。可谓明白注疏”。按此诸条诂义俱精，余皆自抒己见，于朱子、阳明皆不附和，至其当处无以易之也。书为道光十五年刊《刘子遗书》本。（14－314）

大学杂言一卷　道光十五年刊刘子遗书本

明刘宗周撰。是书名曰“杂言”，随举标义，间作问答体，颇多妙义。如谓“德无明附心而成体，故曰明德。心无善即物以显，则是为至善”。又谓“《大学》认定始终本末，是入道之诀”。又谓“格物不妨训穷理，只是反躬穷理，则知本之意自在其中”。又谓“慎独是格物第一义，才言独便是一物，只戒慎恐惧，是格此物正当处”。又谓“小人无独，君子无闲居”。其辨朱王异同，尤见分晓，如谓“朱子格物之说置身于此，而穷物于彼，其知驰于外，故格致之后又有诚正工夫。阳明格物之说，置身于此，而穷物于此，其知返于内，故格致之时，即是诚正工夫”。又谓“朱子曰‘人心之灵莫不有知’，即文成所谓‘良知’，因其已知之理而益穷之，即所谓‘致良知’”。又谓“‘邦畿’四节，通之朱子补传，无不吻合。善会朱子补传，即古本之意，不必以支离而斥之”。亦可谓善于调停矣。其他说理，俱粹然无疵。书为道光十五年刊《刘子遗书》本。（14－314）

四书解疑二十卷　嘉庆十八年刊本

清黄梅峰撰。梅峰字一泉，浙江余姚人，诸生。是书原名《摘疑》，邵晋涵改为《解疑》。首有邵晋涵、徐坤二序，又有梅峰自序及例言，后有自跋。书为诏初学起见，用问答体。例言谓："观此书者，每遇一章，不可骤看问词。细思此章书意可解，何以生疑。思之已久，然后看问词，则知其辨是与非不敢蒙混处。既看问词，又不可骤看答词。细思此疑，亦关书意，如何打通，思之已久，然后看答词。则知其斟情酌理，务求亲切处。"书中述解处，多本先儒之说，以不背朱注为归。专用一说者，标明本某氏，参用数说者则否。书词易解者，则不及也。卷一至卷十七为解疑，《大学》《中庸》后，俱附详图。又以解疑专主义理，故于卷十八以下别为补典。首亦有门人符端扬序，及梅峰自作例言。大都取材经籍，大都加以审核①，异乎徒供獭祭者。书刊于嘉庆十八年癸酉。（14－315）

四书说约六卷　崇祯六年刊本

明孙肇兴撰。首有王绩灿、李邦华序，又有肇兴所为《看书摘训》及《弁言》。《摘训》称"以实字观义理，虚字审精神"。又称"言言能返证于自己，事事可实按之目前。忘言以解，而又不决裂。其文辞研几以入，而又增设乎意见"。《弁言》称"会神按脉，各从本章本句，讽咏玩味，觉指点开示，不啻详晰其长篇全文。自吸自应，逗泄既尽，即单节单句、字意位置、前后语气、铺叙侧落，入眼正自了了。是以或意尽于本句，或旨见于开口，或神注于转关，或影现于支意。余波互发于上下别章，总皆经文所已明已备，而不必他求者"。观此可悉是书之大旨矣。每章皆有说，语取简约，而意则透切清晰。虽仍宗朱注，往往于朱注深入一层。

---

① "大都加以审核"，中华本无"大都"二字。

又或显其所未明，补其所未及，绝不沾染讲章语录习套，明人说四书所仅见也。其说之“道之以政”章，谓德礼直在君身上。说“若涉在民”，仍是政刑了格正德礼之象。说“十世”章，谓“礼所以维世，殷周所因者此礼，所损益者亦此礼。夫子直以礼定往古来今之不容异”。说“夷狄”节，谓“伸中国非贬中国，‘亡’字下不着‘君’字，盖不忍言之”。说“卫君”章，谓“正名只是正其称名，使祖还祖，父还父，观末于其言句可见。若说‘更置卫君’，则是更其实非正其名”。如此之类，皆关义理之大，非他揣摩神理者可比。后附《题说》二卷，亦有自作小引。盖补约说所已载而未及详，或略而不及载者，非专为作文计也。书刊于崇祯六年癸酉。(14-315)

四书题镜不分卷　乾隆九年刊本

清汪鲤翔撰。首有自序及例言。按说四书者，宋儒专讲义理，以其时未有帖括也。明儒于义理外兼求口气，为帖括用不得不如是也。然于经传义蕴亦非绝无关涉，鲤翔是书即其类也。自序谓“作文为讲书表章，讲书为作文根本，源流一贯。体认各题理行文，即以行文各旨法说书，则书之曲折精微，与题之神脉口吻，无字不出，而道理口气两无遗憾”云云。故首列总论二十则，如标题旨、阐题理、正题解、清题界、辨题类等等。然亦间引新说，且有订讹正误之处，未可以概以俗本斥之也。书刊于乾隆九年甲子。(14-316)

四书广炬订不分卷　崇祯间刊本

明杨松龄撰。首有松龄自序。是书专论相题为文之法。先是好事者就宋羽皇所辑《原始录》，刊其评语，名曰“题炬”。松龄又因而广之，故名曰“广炬订”。书中取近代说书诸家，芟其繁冗，采其精要，间出己见以相引证。虽为简练揣摩之用，而于阐发书旨亦有不可没者。无刊书年月，大约在明崇祯间。(14-317)

中庸传一卷　咸丰元年海昌蒋氏刊本

宋晁以道撰。按晁说之字以道，此书盖以字行。书后自记云①："近世学者以《中庸》为二事，其说是书皆穿凿而贰之，于是本诸先先生长者之论作传。"②又云："是书收拾煨烬之末，简编不伦，文字混淆回舛。"末署政和五年七月二十二日己丑，直罗县驿中自校毕。其成在此月五日鄜州官舍山堂。按石𡼖《中庸集解》，采两程、游、杨、谢、侯诸家之说，朱子芟之为《辑略》，不取以道。而是书引及胡先生、刘侍讲、温公、二程、姚子张、张横渠诸人，除二程、横渠外，皆《辑略》所未取。胡先生当是胡瑗，刘侍讲当刘敞。③ 瑗所著《中庸义》，早佚。敞之《中庸说》，亦不他见。以道是书，大旨以"诚明"二字通释全篇，谓诚明即是中，又即是仁义。于"发而皆中节谓之和"句下注云："中之一物，于是乎有二名也。"于"中也者，天下之大本也。和也者，天下之达道"句下注云："是一物而不得二名也。"自记所称"近世学者以《中庸》为二事，其说是书皆穿凿而贰之"，盖谓此也。④ 于《诗》曰"嘉乐君子"节、"子曰无忧者"节、"武王缵太王"节、"郊社之礼"节，俱疑简编之谬。又谓"文字有误。社无与于上帝"。于"在下位不获乎上"节，疑其脱误。即自记所称"简编不伦，文字混淆回舛"，盖谓此也。此皆以道之独见，传甚简奥，理多矫异。其书流传甚希，海昌蒋氏刊于《涉闻梓旧》中，时咸丰元年也。(14－317)

读四书丛说八卷　嘉庆间何元锡刊本

元许衡撰。按此书已收入《四库》，据《提要》止有许谦《读四书丛

---

① "宋晁以道撰"至"书后自记云"，中华本作"宋晁说之撰。说之字以道，书后以道自记云"。

② "本诸先先生"，疑衍一"先"字。

③ "胡先生当是胡瑗"，中华本此句后有"学者所称安定先生也"。"刘侍讲当刘敞"，中华本此句后有"学者所称公是先生也"。

④ 中华本无"盖谓此"三字。

说》四卷，其中《大学》一卷，《中庸》一卷，《孟子》二卷，《中庸》阙其半，《论语》全阙。阮元《四库未收书目提要》，有《论语丛说》三卷，系依元刻影抄本重抄。又有《读中庸丛说》二卷，则从吴中藏书家得见元板《中庸丛说》足本二卷，合之遂成完璧。此本为嘉庆间何元锡所刊。元锡字梦华，浙江钱唐人，诸生。家多藏书，精鉴别。是本前有阮元作《何氏丛书序》，又有阮元作《何氏访书图题辞》。卷首有吴师道原序，首称"谦师金仁山，仁山师王鲁斋，从登何北山之门，北山则学于黄勉斋，而得朱子之传者也"。称"《丛说》之于《章句》《集注》也，奥者白之，约者畅之，要者提之，异者通之。画图以形其妙，析段以显其义。训诂名物之缺，考证补而未备，又详著焉"。又称"谦未没时，西州人有得其书而欲刊之者。君闻亟使人止之，且恐记录之差也。则自取以视，因得遂为善本"云云。观此可知谦师承所自及著书之旨，与刊本之足贵矣。《四库》及阮氏《提要》俱未言及此序，想俱未见之也。(14－318)

中庸说一卷

刘师培撰。师培字申叔，江苏仪征人。是书大旨据《春秋左氏传》以证《中庸》之谊。谓"孔子作《春秋》所以明中德，子思作《中庸》所以明《春秋》之用"。其"性道教"三项，引《传》"民受天地之中以生，所谓命也"。是故有动作威仪之则，以定命也。能者养之以福，不能者败以取祸。以为天地之中，谓阴阳是为天命，民受以生，是之为性。动作威仪，性所自秉。率而行之，是之为道。修而裁之，是之为教。而统归之于礼。引刘子骏《三统术述传义》，故列十二公二百四十二年之事，以阴阳之中而制其礼。春为阳中万物以生，秋为阴中万物以成，是以事取其中，礼取其和。又引《传》韩宣子观书，鲁太史见《易象》与《鲁春秋》曰："周礼尽在鲁矣。"又引许叔重《五经异义》，左氏说孔子作《春秋》，《春秋》者，礼也。子思赞圣述其绪言，首称天命，即子骏所谓以阴阳之中制其礼也。兼言中和，又子骏所谓"事取其中，礼取其和"也。其曰"君子时中，小人无忌惮"，则《传》所谓"能者养之以福，不能者败以取祸也"。

《传》言"《春秋》之称微而显,志而晦,婉而成章,尽而不污,惩恶而劝善"。又言"《春秋》之称微而显,婉而辨,子思赞之,则以语大语小为文"。又曰"君子之道费而隐,文显而尽,所谓费也;文晦而婉,所谓隐也"。复引孔子之言,以为君子以人治人,致而止,谓假褒贬示劝惩也。《中庸》言"武王末受命,周公成文武之德",所以明周礼之源也。礼莫重于祭,故说丧祭为独详。又曰"'优优大哉,礼仪三百,威仪三千'。三百者周官之数,三千者礼经之目"。故复引孔子说曰:"吾学夏礼,杞不足征也。吾学殷礼,有宋存焉。今用之,吾从周。"明《春秋》独宗《周礼》之义也。孔子匹夫,制作同天,故曰有德无位。其曰"非天子不议礼,不制度,不考文"。又曰"今天下车同轨,书同文,行同伦"。今谓《春秋》所垂之法,以明《春秋》为天子之事,惟素王乃克制作也。下记又曰:"王天下有三重,王兼上下通言,所以明时王素王之别者也。"仲尼以下直明《春秋》之用,故曰"祖述尧舜,宪章文武,上律天时,下袭水土"。其记哀公问政者,明《春秋》据鲁立言也。按师培素专《左传》之学,是说虽不免附会,而较康有为《中庸微》为有根据,亦较详备。惟说"至诚"引服子慎说"麟为中央土兽,土为信,信礼之子,修其母,致其子,诚之为言信也"云云,则太涉于牵强矣。(14-319)

孝经大全十卷 崇祯六年刊本

明江元祚辑。元祚字邦玉,浙江仁和人。是书前录崇祯六年正月上谕一道,次葛寅亮序,次元祚自序。书分甲、乙、丙、丁、戊、己、庚、辛、壬、癸十集。甲集:《孝经考》《宗传图考》《全孝图说》《经经始末》《全经纲目》《孝字释》《全孝心法》《诵经威仪》。① 乙集:汉《孝经》、唐《孝经》。汉《孝经》止一无名氏《今文直解》,唐《孝经》分齐古《进石台孝经表》、玄宗注《石台孝经》、元行冲撰《孝经注疏》。丙集:宋《孝经》,分朱申句解《朱文公较定古文》,董鼎注《朱文公刊误》,邢昺、杜镐等撰《孝经正义》。丁集:元《孝经》,分《吴文正公较定今古文》、《吴文正公刊

---

① 《经经始末》,中华本作《传经始末》。

误》、张恒撰《吴文正公较定今文孝经记》。戊集:明《孝经》,分朱鸿辑《孝经集解》①、孙本《孝经解意》、朱鸿《古文直解》、虞淳熙《孝经迩言》。己集:沈淮《叙次孝经会通》、梅鼎和抄《孝经疏抄》、朱鸿汇辑《四书孝语》。庚集:朱鸿汇辑《五经孝语》、元祚删注《曾子孝实》、元祚述《孝经汇目》。辛集:虞淳熙《孝经集灵》及《附集》。壬集:孙本《孝经释疑》、朱鸿《孝经质疑》、虞淳熙《从今孝经说》、孙本《古文孝经说》、孙本《古孝经大旨》。癸集:元祚汇辑《孝经集文》,自晋陶潜《五孝赞》至明江旭奇《进孝经疏义奏疏》,凡二十三篇。惟《孝经注疏》及《孝经正义》有录无书,俱注云"备疏钞"。其朱鸿《孝经集解》及《古文直解》、孙本《孝经解意》、虞淳熙《孝经迩言》四书,元祚辑为《孝经汇注》三卷,不别见。目录之后详记《古今羽翼孝经姓氏》,自魏文侯至梅鼎和,共一百八十七人。除是书所有诸本外,其他关于《孝经》撰述,具载于《羽翼孝经》本人姓氏之下,搜集可云大备。惟司马光《指解》,见于《羽翼姓氏》,而是书不收,未解何意。《羽翼姓氏》中,高丽、新罗及日本僧奝,宜别标外国,不宜厕列某代。是书搜集虽多,不同滥杂。甲集虽非尽属于《孝经》,意在阐发孝旨,亦未可少。书刊于崇祯六年癸酉。(14－320)

孟子集注指要二卷　道光间刊本

清董锡嘏辑。是书本朱子《集注》,而申其未显未尽之说。盖《集注》时有过于疏略之处,学者不得其指,不免以偏见相揣测。锡嘏以注证经,熟审于文气语脉之间,颇见融洽。又所求者义理,与他书讲读法者不同,且亦有时能见其大。如"齐宣王问"章,谓"孟子时,民困已极,故其告君论政,只重在制产足民。而建学明伦,则但举大略"。"所谓故国"章,谓"为齐王轻于进退人才而发,世主不知有民,莫不知有国,故以故国引起世臣,以世臣引起亲臣。末后说到为民父母,以见立国在得民进贤,原以为民之意"。"陈臻问曰"章,谓"君子辞受取予,与出处进退各是一事。若谓齐王不能用,故弃而不受,则孟子不应久于齐,非此章

① 《孝经集解》,中华本作《集解家塾孝经》。

正义”。如此之类，又非墨守者所能见及也。书中间及考证，如说“决汝汉排淮泗”，谓“汝泗入淮，淮自入海，惟汉水至大别与江合流。孟子所说与《禹贡》不合。考《禹贡》播为九河，同为逆河。盖河过大陆趋海，势大土平，迁徙不常，自播为九，又合为一，禹特顺其势而疏之分之耳。简洁为二，与蔡《传》不合”。按孟子所举不过泛论治水之概，偶有参错，不必曲为之讳，锡嘏之说是也。其他亦有关于典制，为《集注》所未致详者。书无序例，亦缺刊版年月，当在道光间。（14－321）

四书解琐言四卷补编一卷　道光元年刊本

清方祖范撰。祖范字香宇，江苏青浦人，诸生。是书首有汤运泰序，及祖范自序。大旨在订正《集注》，旁及元明诸儒，以至近代毛西河、王己山之说，俱能确指其失。所诂义理多精核，考核典故亦能折衷于是。其自创新解者具妙，如谓“‘请粟’章之冉子，疑非冉有。此篇首章，许仲弓可使南面，此章之下，又称仲弓之贤，则与粟或仲弓事，仲弓门人所记，故称冉子。即‘退朝何晏’一章，亦称冉子，安知非仲弓为季宰时事。有政之问与前问政本合，为宰与退朝又同在一篇内。郑康成谓《论语》仲弓、子夏等所撰定，可证也”。又谓“‘三以天下让’，‘三’字疑是‘正’字之讹。伯之采药去吴，正以天下让，于义固通。考佛经‘三’字有作‘正’字解者，可准也”。又谓“‘山梁雌雉’章，非缺文，乃错简。当云：‘山梁雌雉，子路共之，三嗅而作，曰：“时哉时哉！色斯举矣，翔而后集。”’书理自顺”。又谓“《左传》昭公五年四分公室，季氏择二，二子各一，而归贡于公。而有若告鲁君以行彻，可彻之地安在？先儒都未论及。考周之彻法，都鄙用助，乡遂用贡。助则收公田所入，以为君子之禄。贡则什一，自赋以充国用。意鲁此时郊外用助之地，三卿已尽征之，而归禄于公。其郊内自赋之地，以供国家祭祀宾客之用者，贡赋尚在于公所，即二之所从出也。如此方与《左传》及孔子所云‘禄之去公’不相悖”。凡此诸条，具见读书得间。综观全书，多有独到之处，固非他掇拾陈腐一知半解者可比。书刊于道光元年辛巳。（14－322）

四书朱子语类摘抄三十八卷 康熙四十一年刊本

清张履祥、吕留良辑。按《朱子语类》一书，多初年未定之说，又出于门人手记，参错不一，精而别之甚难。履祥、留良就《语类》中属于四书一部分相约抄辑。履祥先殁，未竟其事，留良亦抄至《论语·泰伯》篇而止。留良子公忠因合两家之所采汇而录之。公忠更为拾掇遗漏而成是书，附以凡例十二条。就中履祥所取稍宽，留良所采较严，不无出入。公忠不欲相混，各为识别。其他尚有句读等种种识别，虽无关大义，要于读者称便也。履祥、留良俱尊奉紫阳，深研有得。其抄此书，去取之间，具有精意，非同节录。惟公忠删履祥所抄"问尽心"等三条，谓与《集注》《章句》未吻合。且谓"理解必归画一，方足为学者笃信谨守。四书之有《集注》《章句》，所当画一者也"。按公忠此说，未免自作聪明。朱子成《集注》《章句》在先，晚年所见更进，有未及追改者，略见于《语类》及《或问》。《文集》中《语类》之异乎《集注》《章句》者，应细加审察，未可执一以绳也。公忠字无党，后更名葆中，康熙进士①，以第二人及第。书无刊版年月，据公忠自识，留良殁于癸亥夏，又十九年而刊行是书，盖康熙四十一年壬午也。(14－323)

孟子补义十四卷 咸丰同治间刊本

清凌江辑，凌奎增注。江，吴兴人，凌堃之兄，奎则其弟也。卷首有江自序，大旨以赵邠卿章句为主。自序称"与仲弟堃，条理疏解，芟繁补漏，隐者显，瑕者纯"云云。书中赵注之外，间引刘注孙疏，余不之及。亦间有订正赵注处，颇谨严有法。注下有双行夹注，当是奎增与注语互相参证。所引稍宽，自孙疏朱注下至近代阎若璩、何焯之说，每见采及，或纠其误。惟其中多有沿误而未加详证者，如孟子见梁惠王，据孙疏引《魏世家》云："惠王三十五年，以卑礼厚币招贤者，邹衍、淳于髡、孟子皆至梁。"不知惠王尚有后元十六年，孟子至梁当在后元十三年后，方与情

---

① "康熙进士"，中华本作"康熙四十五年进士"。

事相合。《史记》盖误于"西丧地于秦七百里,南辱于楚",亦未能指出实证。又夹注中引《诗谱》"孟仲子,子思弟子",不知孟子即与子思不相及,何况仲子。况注云:"孟仲子,孟子之从昆弟,从学孟子。"不应自为矛盾。又景丑氏夹注引《汉艺文志》有《景子》三篇,殆以景子即景丑氏,亦属无据。其他疏谬之处尚多,盖凌氏兄弟原不长于考据也。书无刊版年月,约在咸丰同治间。(14－324)

四书蠡言七卷　咸丰二年刊本

清谭光烈撰。光烈字松门,江苏吴县人,寄籍江西南丰,诸生。是书首有黄之晋、勒方锜、萧枢序及光烈自序、凡例,又有读《论语》《大学》《中庸》《孟子》各若干则。黄序称其"究心宋学,而不为宋学空虚之谈。其说四子书,期于贯串圣贤理道,为修己治人有体有用之实学"。萧序称其"或提纲挈领,或引彼参此,或发言中之义,或畅言外之旨,或援经传以证佐,或据史事以疏通"云云。今观其书,分条设论,特以经义供其驱使。又其所见大率空浅迂腐,体非语录,亦殊讲章。诸序所称不免溢美,而未始非说四子书者之一新方式也。书刊于咸丰二年壬子。(14－325)

四书典制汇编八卷　雍正十年刊本

清胡抡撰。抡字应麟,江苏武进人。首有抡自序,略言:"朱子为《章句》《集注》,其中大经大纬,如《中庸》之宗庙祭祀,《论语》之玄端麻冕,以及《乡党》一篇,《孟子》之五音六律,以及井田、学校、千岁、日至之属,未及详悉。朱子非不欲其详也,圣贤立言大体在挈其大纲,至于条分缕析,则在其人之考求而自得之。所惜坊间备考诸书,重复杂乱,肤廓无当。因遇经史之有关《学》《庸》《论》《孟》者,各以其类集之。通彻晓畅,累贯而无重复,详尽而不烦冗"云云。今按其书,援引经传仅具崖略,未尽精核。间有按语,亦无甚发明。又所引多不标原书,泛以"旧说""或曰"等浑括之,以视江永、凌曙诸人之书,不及远甚,然亦大辂椎轮也。书刊于雍正十年壬子。(14－325)

致知格物解二卷　康熙间刊本

清魏裔介撰。卷上录二程先生论致知格物三十三条、朱子致知在格物补传、格物致知或问答。卷下录近日诸儒论格物、论格物致知说,而附以己作《致知格物非物欲扞格辩》《致知格物非去不正以全其正辩》《与少宰孙北海论格物书答或问》,凡四首。大旨主明道格至也之说,而以明道、朱子之说补充其义。其录朱子补格致传,亦不以古本《大学》为非,但取其可与经传互相发明。所录其他诸儒之说,亦无非推阐程朱之义也。其独抒己见者,一斥司马温公之说,谓"彼以物为物诱之物,格为扞格之格,谓虽于理非有所悖,但不可以释《大学》之格物"。一斥王阳明之说,谓"彼以格物如《孟子》'大人格君心'之格,仍是袭温公之意,而稍变其辞。如其说,是犹正心之说,何取重复?"盖裔介笃信程朱,于其所谓"物即理""理即性"之论,持之甚坚,故不惜辟他说以成其是,亦适成其为裔介之学而已。书无序跋,亦无刊版年月,当在康熙间。(14-326)

孝经汇纂无卷数①　嘉庆四年刊本

清孙念劬辑。② 念劬字述甫,江苏昆陵人。是书首有自序,次凡例,次引用书目。又分卷首、正编、附录。卷首为《孝经源流》《孝经标旨》《历代表章》;正编为《孝经注说》《经注补遗》《孔曾论孝》《曾子孝行》;附录为《孝经或问》《孝经翼》《孝经广义》。其书遵用今文本,而削去章名。又以"昔者明王事父孝"章,旧列"谏诤"章之下者,移于"忠可移君"章之上。"父子之道天性也",旧与上文合为一章,古文则别为一章,此仍分两章。古文有"闺门"章,此亦存之,是又参用古文本矣。全书不参己见,书中于各章之旨,俱标于右第某章之下,总说则列之章末,纲领旨要标于上方,不参己见。所辑各家注说,又不著姓名。附录三种,一全摘吕维祺《孝经或问》,一全摘吕维祜《孝经翼》。其《孝经广义》,则

① "无卷数",中华本作"不分卷"。
② "辑",中华本作"纂"。

兼录《吕氏大全》、周氏《孝经广注》也。所採尚属精要，惟凡例称标题名目始于梁之皇侃，未免失考。书刊于嘉庆四己未。(14-327)

论孟考证辑要二卷 道光五年刊本

清赵大镛辑。按朱子《集注》于事迹名数多致忽略，金仁山为作《考证》补其未备，宜与《集注》相辅而行。大镛既撰《集注管窥》，复就《考证》采其尤要者刊为是本，以备读《集注》者取求之便。简而不漏，不无足取。首有沈培序，后有大镛自跋。书刊于道光五年乙酉。(14-328)

四书诠义三十八卷 道光六年刊本

清汪烜撰。烜为学专宗朱子①，故是书一依《集注》为说。自序谓"勉斋诸贤，躬承师说，虽间有发明，何、王、许、金、陈、胡、吴、史而下，已浸失微言之绪。明代《大全》之纂，成于胡广、金幼孜诸庸人之手，罔知抉择。至阳明、龙溪辈出，大畅陆学宗风。卓吾、龙江诸人，复援为三教一宗之说。其号墨守程朱，斤斤遵注，如蔡、林、顾、刘诸儒，或阴与注背而不自知，以故复会群言，辨讹纠谬"云云。序后又有例言，以为"讲章家有涉陆学者，不可不析有误，因外注而反背内注者，不可不辨。四书中疑文缺义，朱子未有成说而为之强解者，应还其旧。推之执一说以非他经，如毁《周礼》为伪经，及据《小序》而非朱子《诗传》之类②，亦连而及之。至佛老异说，为害圣学，尤所必斥。其他天文、地舆、鸟兽、草木等类，亦为备考其说"。观此可识是书之大旨矣。③ 自序作于雍正九年辛亥，又有江廷镛序，作于乾隆七年壬戌。至道光六年丙戌，书始梓行，又有汪守和序。守和即梓书之人也。(14-328)

---

① "清汪烜撰。烜为学专宗朱子"，中华本作"清汪绂撰。绂原名烜，为学宗朱子"。

② 《诗传》，中华本作《诗集传》。

③ "观此可识是书之大旨矣"，中华本无此句。

四书理话四卷 光绪三年刊本

清张楚锺撰。楚锺字石瓠，江西泰和人，布衣。是书为楚锺所著《务实胜窝汇稿》之一。《汇稿》有引，言"书中之理，必有相对相当之妙，必有至方至圆之妙，尤必有万殊一本之妙。辄就四书及朱子之解，澄心密勘，以此三言求之。而数理之妙，更与是三言者自然暗合"云云。又凡例言"有所见闻，或有所会悟，随得随记者，名曰'理话'"。今观其书，于训诂外别创一体，阐发名理，精粹处似格言。又每举算术方式为喻，盖楚锺素深与算术者也。① 惟逐章敷衍，每多浅泛无关要旨者，汰而去之，则更善矣。其中间有新解，谓"称名者疑皆自记，如宰予、冉求、漆雕开、陈亢、南宫适、牢宪皆是"。又谓"孔子不言管仲之非，疑在齐时之言，与为卫君、陈司败二章同例，视断为齐弟子所记者"。其说俱通。每卷后有总说，卷末又附"孟子渊源源于孔子说"②，谓"孟子愿学孔子，以孔子继群圣而已承之，书中多述孔子言行，其一动一言亦无不仿效孔子"。又附"孟子长于譬喻说"，备举诸例。又是书原题"碎语"，后更今名。刊于光绪三年丁丑。（14－329）

四书补义七卷 嘉庆十六年刊本

清陶起庠撰。起庠字虞上，湖北广济人。是书《大学》一卷，《中庸》一卷，《论语》二卷，《孟子》三卷。首有自序，以为"书有本义，有旁义，有余义，或考之经义，以求其理；或征之传义，以纪其事。道通为一，无异非同"。今观其书，于名物典制，援引甚备，虽欠案断，颇见简要。至于剖析义理，或标揭一说，或融合数说。惜搜采未甚广，间有翻新于旧解外者。如"父在"章，谓"是半上半下底事。言道者尊父之辞，如武继文，志则终身不改；宣承厉虐，则不待三年而改。若可继虽不若文，而当改又不如厉，则所谓三年无改者也"。"诗三百"章，谓"《桑中》《鹑奔》

---

① "盖楚锺素深与算术者也"，中华本无此句。

② "渊源源"，疑衍一"源"字。

等诗,岂尽出于性情之正？然知其为邪,即无邪也。若圣人必存正去邪乃为无邪,则大《易》不当设‘见金夫不有躬’之象,而《春秋》亦不当载‘姜氏会齐侯’之文矣”。又有释字甚谛者①,如“泄泄”节,谓“泄,水名,借为舒散之意。‘沓’字亦从水,水性濡,状怠缓”。“凯风”节,谓“水激石曰矶,横石当水,水激于石而怒,犹之子以义阻亲,而激亲怒也”。惟此等亦不多有。其搜采亦未甚广。② 夫书义之待补何限,非博学深思者,诚未足以语于此也。书刊于嘉庆十六年辛未。(14－330)

大学问答一卷　咸丰六年刊本

清赵承恩撰。承恩字省庵,江西金溪人。是篇大旨宗王阳明,以为“大学者,大人之学,所以使天下人明通公溥。‘亲民’,‘亲’字不作‘新’,以为视一家之人如一身,一国之人如一家,天下之人如一国,新民者特亲民中之一事。至善者,人心天然自有之中,学为大人者,欲明明德以亲其民。一事一物,皆当准之于心,以求不背乎天然自有之中”。后附“格物”说,以为“朱子谓穷至其事物之理者,欲人即物以存吾心也。阳明子谓格其心所存著之物者,欲人存吾心以明物理也。然外吾心以求物理,泛滥于形名器数之末,世俗之博物,非朱子意也。舍物理以求吾心,遗弃其人伦日用之常,佛老之绝物,非阳明子意也”。是虽附阳明,而仍不訾朱子,又异乎入则主而出则奴者。书刊于咸丰六年丙辰。(14－331)

读孟随笔二卷　民国十一年刊本

清王祖畬撰。③ 后有其子保譿跋。盖祖畬于辛未岁读汪份《孟子大全》时所札记也。大旨在析理,每条以经文或《集注》为标题,而阐发其义。于《蒙引》《存疑》《困勉录》《说丛》《说统》《翼注》诸书,及宋元明清诸儒之说,间亦有所纠正。惜持论多迂,如开篇“王何必曰利,亦有仁义而已

---

① “甚谛”,中华本无此二字。

② “其搜采亦未甚广”,中华本无此句。

③ “清王祖畬”,中华本无“清”字。

矣"一条,谓此先从理欲上分剖,不必说到功效,则以儒者修身事例之治国,殊乖书旨。又尊信程朱过甚,程子谓"师也过,商也不及","过于厚些","则渐至于兼爱,不及则便至于为我,其过不及同出于儒者,其末遂至杨墨"。按儒与杨墨,教旨迥殊。所谓"过不及",自是儒家之过不及,何至流为杨墨?不能不谓程子失言。乃亦为之曲护,似可不必。又如"齐人有一妻一妾",其事之有无,何关大义。乃亦哓哓置辩,未免空费唇舌矣。是书附刊于祖畲所校宋本《孟子》之后,时民国壬戌也。(14-332)

四书鞭影二十卷　道光二十四年重刊本

明刘凤翔撰。凤翔字嶰竹,署籍广川,按即今山东临淄县地。卷首有自序,又有周文德序,则刊书之人也。"鞭影"二书出佛书,自序及周序,俱以禅为喻。其自为说,往往杂以禅理。盖凤翔师事张侗初鼐①,故学亦似之。其书于经旨体会甚深,融会群说,发抒己见。《大学》不取格致补传,其他亦多与朱注牴牾。阅至透爽处,令人心目开朗。所惜著书之旨,为作制艺者说法,且每引制艺以佐其说。然仁者见仁,智者见智,制艺家言,未尝不可资之以说经也。书刊于天启七年丁卯,至道光二十四年甲辰三原李锡龄重刊之,加入路德一序。路盖深于制艺者也。序称其"经经纬史,义多创获,不泥古,不徇时,信为儒者之言"。其推许亦云至矣。(14-332)

孟子发微一卷②　民国十四年排印本

易顺豫撰。是书大旨以孟子实有王齐王滕之事,而人莫之知,盖为《史记》所误。最大者,缺魏惠王后元十五年,以其事属之襄王,致"西丧地于秦七百里,南辱于楚"二语,无有着落,后儒多据《竹书纪年》以正之矣。而齐宣王三年,又有不合,《通鉴》上增威王十年,下减湣王十年,乃以意为之,而仍有未合。顺豫据《索隐》所引《纪年》,谓"《史记·田完

---

① "张侗初鼐",中华本作"张鼐"。

② "一卷",中华本作"二卷"。

世家》已误桓公十九年为六年，又误威王四十六年为三十六年，致相差二十三年。于是威王后二十三年之事，前十九年不得不属之宣王，后四年不得不属之滑王。不知威王实卒于惠王改元后之十五年，孟子自梁至齐之年为宣王元年”。按此说最确，为自来注家所未及。顺豫又据《史记·秦本纪》，惠文王十一年，“燕君让其臣子之”。而《公孙丑》篇，沈同私问伐燕，孟子曰“子哙不得与人燕，子之不得受燕于子哙”，当在其时。是时宣王初卒，滑王新立，齐欲伐之，孟子所谓“以燕伐燕”者也。然则《梁惠王》章，宣王伐燕，孟子所谓“燕虐其民，王往而征之，燕民箪食壶浆以迎王师”，另是一事，不得相混。书中引援杜预《左传后序》及《史记·孟尝君列传》《田完世家》索隐所引《纪年》，证最坚确。又遍引《史记·秦本纪》《燕世家》《田完世家》《魏世家》《六国表》各条，一一为之辨其讹谬。若谓“孟子去齐，实因滑王不肯行三年之丧，而王齐王滕，则以宣王、文公皆行三年之丧，故发微之意盖在此”。书为民国十四年排印本。① （14－333）

中庸私解答问一卷　民国十二年排印本

此徐润第答静生之问也。问署静生，自称其名曰“鉴”，当是名鉴而字静生者。首条又称李楷亭所录本，似即一人。果尔，则姓李而又字楷亭矣。问语言有会心及疑处，谨疏己意，粘签请示。② 中分前解、续解，

① “又遍引《史记·秦本纪》”至“民国十四年排印本”，中华本作“惟谓‘孟子去齐，实因滑王不肯行三年之丧，而王齐王滕则以宣王文公皆行三年之丧。此则未有切证，不敢断其然否’。按滕文公自有专篇，而《梁惠王》篇中，忽杂以滕文公事，愚意终疑错简，而豫顺则谓‘失之记者，记于梁齐邹滕四国，得行其道也’。说殊牵强。至论‘知言’，论‘仁义’，论‘性善’，词虽繁衍，义究浅泛，未见所谓微也”。

② “此徐润第答静生之问也”至“粘签请示”，中华本作“清徐润第答问者，署曰静生。润第有《中庸私解》已著录，曰‘鉴’。卷末有徐登鳌跋，惜其年不永，推为徐门之颜。按静生姓张名廷鉴，山西阳曲人。嘉庆辛酉进士，改翰林院庶吉士，散馆，又改知县，援例就内阁中书”。

前解凡二十六段，续解凡十九段。问详而答甚略，间多妙谛。如问“无将迎、无内外”，答云：“千江有水千江月，无将迎也；万里无云万里天，无内外也。”又问“动于已发者意也，动于未发者念也”。“念则彼此两托，而未定平。心以观理，意则好恶一成而不变，骤发以应物。”分析极精，他条多类此者。至以太阴太阳少阴少阳释动静，更以之释意念，则其理甚微，乏象可指，不可穷究矣。按润第为清嘉庆进士①，官翰林典修，徐继畲之父。其为学杂儒释之间。卷尾有徐登鳌跋，称静生为舍人，而惜其事之不永，推为徐门之颜，当是曾官内阁中书而早殁。是书为《敦艮斋遗书》之一种，润第裔孙登鳌排印于民国十二年。②（14－334）

孝经直解一卷　道光二十七年刊本

清刘沅撰。沅以《孝经》为曾子门人所记，孔子言孝至多，不止此书。此书特与曾子问答数条，曾子没，其门人汇记成书，尊以为经。汉儒宝之，遂传后世。纬书附会孔子有“志在《春秋》，行在《孝经》”之言，不足信。孔子三岁丧父，弱冠丧母，自言事父未能，岂有自言“行在《孝经》”者乎？至于字句之讹，古文、今文之辨，按之文义，无大乖离，可无庸争论。故于仲尼闲居，曾子侍坐，援毛奇龄说以驳吴澄。谓明明有“曾子辟席”及子曰“复坐”，则“坐”字自不可少。居是居处，不是坐，不应删。又据《隋·经籍志》云：“河间人颜芝所藏《孝经》十八章，又有古文《孝经》，长孙有‘闺门’一章。其余经文，大较相似。篇简缺解又有衍出三章，并前合为二十二章”云云。颜芝所藏，即汉代古文《孝经》。何以云又有古文与《尚书》同出，疑古文《孝经》，至隋有二本。按此说为说《孝经》者所未注目。又删各章之名，谓为唐玄宗所加。夫删之未为无见，但“开宗明义”等章名，汉时已有之，不始自唐也。书末仍存“闺门”一章。又“曾子曰敢问圣人之德”，至“《诗》云淑人君子，其仪不

---

① “清嘉庆进士”，稿本“进士”前空两格。

② “按润第为清嘉庆进士”至“排印于民国十二年”，中华本作“按润第为清乾隆乙卯进士，登鳌为润第裔孙，是篇系就遗墨付印者”。

忒”,旧本一章,沅于“父子之道天性也”以下另分一章。此与他本微异。所解直诂本文,故名“直解”。解后间附论辨,自畅其说,不为旧解所拘。成此书时,沅年八十矣。书刊于道光二十七年丁未。(14-334)

孝经易知一卷 同治十一年翻刻本

清耿介撰。介字介石,河南登封人,顺治壬辰进士,官至少詹事。介讲理学践履笃实,学于孙锺元,与汤斌为友,尝为斌荐于朝。是书首列《洛学续编》所为介传一篇,无序例,署“睢州汤斌鉴定”。经用今文本。书题“易知”,故解极显浅。兼注异文,及音声所遗者,又于注于格上,盖为课学童计也。原刊本未得见,同治十一年壬申有翻刻本。(14-335)

大学解一卷①

清牛运震撰。运震所著《论语》《孟子解》,俱已刊行,独此书及《中庸解》,因梓书时觅稿本不得,久之始于敝簏检出,致未付订。见其子钧所为跋。② 运震去官后历主书院讲席,是书当为课生徒而作,故所解一遵朱注。然晰理甚清,语简而意豁。如谓“至善是万殊言,不就一本言,须随处看,这一事合当如此,那一时又合如彼”。又谓“定静安虑得是功效次第,非功夫节目”。又谓“明新两物而内外相对,故曰本末。知得一事而首尾相因,故曰终始”。又谓“诚意是人鬼关,致知是梦觉关”。又谓“不说穷理只说格物,要人就事物上理会。若遗物以为知,则为虚妄之学。逐物以为知,则为驰骛之学”。又谓“自欺是半上半下,知道善当为,却不十分为善;知道恶不可为,又舍他不得”。又谓“仁是孝弟慈之

---

① 中华本称为“道光刊本”。

② “运震所著《论语》《孟子解》”至“见其子钧所为跋”,中华本作“运震有《周易解》,已著录。其《四书解》亦已定稿,既而失《大学》《中庸》二解,乃先以《论语》《孟子》付梓。久之,乃于敝簏检出,其子钧为补刊,即是本也。后有钧跋。按”。

蔼然处，让是孝弟慈之秩然处”。又谓“好者情顺，恶者情逆，顺则安受而相忘，逆则不堪而易觉，故解挈矩独就所恶边说”。如此之类，尚未堕讲章陋习，不无足取焉。（14－341）

中庸解一卷

清牛运震撰。是书大旨同《大学解》，亦用三大支之说，惟诂义处，名理络绎。如谓“知性，则知《中庸》所自来。知道，则知《中庸》所在。知教，则知《中庸》所由成”。又谓“‘率’字不是用力字，必率其性之自然。循其仁之性，则亲亲仁民爱物皆是道。循其义之性，则事君敬长尊贤皆是道。循其礼之性，则恭敬辞让之节文皆是道。循其智之性，则是非邪正之分别皆是道”。又谓“‘不可离’，提醒人最紧切。如一事离道，这一事便不成事。一物离道，这一物便不成物。手容恭，足容重，道也。离了恭重，便不成手足。父慈子孝道也，离了孝慈，便不成父子”。又谓“视由内出，故曰戒慎。听由外来，故曰恐惧”。又谓“两端是举首尾以该中间，如极厚以至极薄为中间。极厚者是，则以极厚者为中。极薄者是，则以极薄者为中。厚薄之间是，则以厚薄之间为中。推之大小轻重，莫不皆然。非察其两端不同，但指其中间，如‘子莫执中’也”。又谓“凡载须出乎其外，道则无外，故莫载。凡破须入乎其内，道则无内，故莫破”。如此之类甚多。惟说“费隐”章，谓“与知与能，只在人伦日用上看，如事亲敬长，耒耜井臼之类。若以小男女交感当之，误矣。夫妇居室之间，犹云处家之常，岂舍交感之外，居处遂无事乎？且以夫妇之知能为道，亦必指事当其理，而后谓之道耳。若不问其当理与否，直指交感处为道，与告子‘生之为性’、佛氏‘作用是性’、禅家‘运水搬柴，无非妙用’者何异?”其言甚辨。不知此段不泛言，凡人而言夫妇，确指交感言。食色性也，交感卒性也，即夫妇之道也。有夫妇而后有父子，一切伦理，由此而生。非夫妇交感，安得有父子？故曰“君子之道，造端乎夫妇”。孟子言“男女居室，人之大伦”。男子治外，女子治内，今不云“治外”“治内”，而曰“居室”，非交感而何？逾居家独后其处子，是故非理能去掉交感，即何不当理之有。《大学》言“未有学养子而后嫁者”，所

谓夫妇之要,可与知与能也。运震视道过尊,视男女交感过亵,故为有此论耳。然足备一说。(14-342)

孟子七篇诸国年表二卷 光绪间南陵徐氏积学斋刊本

清张宗泰撰。是书就《孟子》七篇中,与有关系诸国分列年表,表非说则不明,故先为之说。其据《竹书纪年》以驳《史记》,极是。谓"见梁惠王必在改元之后,以来见之初即称之曰王,则为改元之后至梁无疑。既在改元之后,而惠王复胪陈三事以质之。又下章即接见梁襄王,非后十六年而何",此则确当不可易。又谓"孟子实三至齐,一在未至梁时,一在去梁以后,当齐宣王二十五年至宣王末年,一在湣王既立之后。此仍主《史记》先齐后梁之说。顾七篇所记所见,自《梁惠王》始。① 孟子逮事湣王,故篇前称宣王,后称齐王而无谥。中间曾以葬母故归邹,后又反齐"。此亦确当不可易。至因丧伐燕取十城,此在齐威王时,不在宣王时。而宣王时曾伐燕,湣王时又伐燕,一在《梁惠王》篇,一在《公孙丑》篇,可证。惟宣王伐燕,《国策》失载,载于七篇者毫无可疑。宗泰知齐伐燕有二次,惟以《梁惠王》《公孙丑》两篇所载者并为一事,此大误也。至以滕文公问齐将筑薛,及孟子为卿于齐,出吊于滕二章,事在至梁之前。不思七篇为孟子自记,应有次序,不应前后颠倒。出吊于滕,非吊文公,是否为吊定公,亦不可考。以《滕文公》篇次于《梁惠王》《公孙丑》二篇之下,可证孟子见滕文公在游梁齐之后。孟子为卿于齐之时,安得有文公之丧?此乃次序之不可紊者。至《梁惠王》篇末忽杂入"滕文公问曰滕小国也"四章,疑是错简,因《梁惠王》篇与《滕文公》篇止隔一篇也。不然,记滕事应归一处,又不应为世子之楚时在后,为君问为国时在前。此亦次序之不可紊者。他若辨邹即是邾、邹国邹邑之非一、《竹书纪年》载越灭滕之误,俱甚确。其所为表,以见经先后为序,不因国之大小,故首梁、次齐、次秦、次楚、次邹、次滕、次薛、次鲁、次燕、

---

① "此仍主《史记》"至"自《梁惠王》始",中华本作"此说亦不为无因,但游梁之前即至齐,而未尝仕齐,与七篇始《梁惠王》者固不相妨"。

次宋,而以任终焉。以费无他故实可据依,又事在孟子前,卫仅北宫锜一人见于篇。曹灭于哀公八年,无缘至孟子时犹存。赵邠卿"曹交"之注,实为谬误,均不之及。表依其说,有合有不合,惟尚简括不支耳。书为光绪间南陵徐氏积学斋刊本。(14－343)

四书续考四卷 嘉庆二十一年刊本

清陶起庠撰。首有起庠自序。书分四卷,卷一至圣、四配、诸贤,卷二帝王、帝臣、王佐、贤侯、天象、地图、逸民、良史,卷三诸侯,卷四诸臣、时人。虽亦荟萃群书,而颇有择抉。每条后,多附辨疑。如谓"'盖殡也,问于郰曼父之母'两句系倒置,故每滋后人之惑"。又谓"《家语》载孔子诛少正卯,是齐鲁诸儒造为此说,以夸圣人之权"。又谓"摄相非相礼,引成十五年《公羊传》云:'臧宣叔者,相也。'宣叔为司寇,谓之为相,即孔子摄行相事之证"。又"阨于陈蔡之阨,乃蔡邑,属楚,为叶公所兼治,与蔡国无涉"。诸条俱确,殊胜坊本备考诸书。书刊于嘉庆二十一年丙子。(14－344)

孟子外书一卷逸文一卷 道光十一年刊本

题裔孙经国辑。是书第四篇为正,较他本多八章,他篇亦间有异文。录熙时子注,而不为标明,又或删之,不言所据何本。据林春溥《孟子外书补证》,后附经国答书,言"得之梁苑老人,言家传此稿二十余世"云云。其事甚奇。《逸文》则经国所手辑,凡五十九条,搜采甚博,间附案语。经国,浙江会稽人,历充院道幕职。书首有韩克均序,又有吴荣光、恒豫二序,则为经国所辑《闲道集》四种作也。书刊于道光十一年,为《闲道集》之二种。(14－345)

孟子劄记四卷 宣统二年排印本

清翟师彝撰。是书首有师彝自作弁言,又有龙溪桑者序,鲁圣泉书后。书分内篇二卷、外篇二卷,大抵据近世新学理、新政制以考七篇。《内篇》言"春秋奖霸,非孔子初心。孟子卑管晏为不足为,盖与孔子之时异。春秋王迹初熄,赖霸功以维持之,犹得借华夏人伦之教,以治夷狄之罪。孟子时,霸已裂矣,功利之说遍天下,奖霸不足以销祸乱,故薄管晏而不为”。又谓“孟子言‘强恕而行’,‘恕’之一字,各宗教以之支配人心。孔子言‘老安少怀’,释迦牟尼谓‘众生一念,无他,仁而已矣’。① 仁者,恕之极端也”。又谓“黄老者,任侠之勍敌;任侠者,帝王之蟊贼。自汉以还,皆崇尚黄老以治天下,名虽统一孔教,罢黜百家,而其实则非也”。又谓“大义不明,而后小义乃见重于世。大义者,君君臣臣、父父子子、兄兄弟弟、夫夫妇妇是也。小义者,重然诺,轻死生是也”。《外篇》言“谋于燕众而置君,与今日选举大总统之制同”。又言“孟子称善战者服上刑,连诸侯者次之。仁人爱民之心,非策士弭兵之术”。俱能抉见精蕴②,余则不免支离矣。书为宣统二年庚戌排印本。(14－346)

四书讲义十一卷 道光十五年刊本

清王元启撰。卷首有自序。凡《大学》一卷,《中庸》四卷,《论语》三卷补一卷,《孟子》二卷。元启历掌福建、直隶、山东各府县书院,日与诸生评论书义,诸生各有记录,其子尚珏辑成此书。大旨宗朱注,而推衍其义。他说之稍违朱注者,则辨而正之。然亦不尽墨守朱注。铢权黍量,析理极精,尤详于《中庸》。经言“上祀之礼,下达庶人”,因推言庶人得祭始祖。经言“父为士,子为大夫,葬以士,祭以大夫”,但言父为士,不言父为庶人。经又言“大夫得庙享其祖”,而不言祖之为士为庶人。因推言“既已祭从生者,苟其子孙得跻于大夫之秩,即无论父祖之为士为庶人,皆得以大夫之礼祀之”。凡此皆补经文所未及,酌古今之所宜。《论语》辨颜渊之死,在鲁哀公十四年,实四十有一。据《史记》以驳《家语》,说甚确。说亚饭、三饭、四饭,引顾仲恭说,“据礼器,天子有亚饭,诸侯有三饭,大夫、士有四饭,俱无初饭。鲁有亚饭,僭也”。说甚新。《孟子》“主司城贞子为陈侯周

---

① “众生一念,无他,仁而已矣”,中华本作“众生一念惟仁”。

② “俱能抉见精蕴”,中华本作“俱能超出恒解之外”。

臣”，谓“司城贞子系陈大夫，司城亦陈官。注家当云‘陈大夫之贤者’，不知何故讹‘陈’作‘宋’。注家谓‘宋为王者后，仿天子制，故有司马司城之官’。不思陈亦虞帝后，与宋同备三恪。《左传》载曹伯阳以公孙强为司城，曹尚有司城，安见陈无司城耶？至‘为陈侯周臣’五字，则属孔子，与贞子无涉”。此解最的。惟《中庸》论鬼神，遍征群说，繁而鲜当。《论语》说“三以天下让”，谓“泰伯不顾有商之天下”。考太王之时，周之国势尚未强，人心亦未大归。况值武丁在位，商无亡兆，泰伯安得预料而不为？殆未深考也。书刊于道光十五年乙未。① (14 – 356)

孟子微八卷 光绪二十七年刊本

康有为撰。首自序，总论第一，性命第二，心身第三，仁义第四，礼智第五，孝弟第六，仁不仁第七，王霸第八，仁政第九，同民第十，政制第十一，外交第十二，战第十三，贵耻第十四，师友第十五，辨说第十六，论古第十七，辟异第十八。就七篇中，分类分条，各表其微言大义，所谓“微”也。总论一篇，揭其要领。② 其“滕文公为世子”章，曰“道性善”，言必称尧舜，曰“夫道一而已矣”。孟子言性主善，言道主仁，道一者，仁也。他章有曰：“道二，仁与不仁而已。”可证所法者尧舜，一切言学言治，俱由此推。有为颇能畅发其蕴，尤以“性命”“仁不仁”二篇最为精切。以为“孟、荀言性，大概皆同。但标名曰善曰恶，此盖诸子立义之常。后人不善体会，遂生讼端。告子‘杞柳杯棬’之喻，与荀子、董子合，与孟子亦无不合。特辨名有殊，而指归则一。即其‘喻水’之喻，亦即扬子所谓‘善恶混’，合于孔子‘性近习远’之义。为中人言之，本无可议。③ 其‘生之谓性’之说，尤得‘制’字之本义。孟子驳以犬性牛性不足以折之，可谓能持其平。‘仁不仁’篇，发明孟子恶战之旨，至以善

---

① “《论语》说‘三以天下让’”至“道光十五年乙未”，中华本作“书中说《孟子》，最简略，亦少阐明”。

② “总论一篇，揭其要领”，中华本此句后有“余篇各释一义”。

③ “为中人言之，本无可议”，中华本无此句。

战者服上刑，而归之于不嗜杀人者能一天下。此其理亘古今横东西而不可易”。又书中比附时事，如“国人皆曰贤”“国人皆曰不可”“国人皆曰可杀”，为授民权开议院之制；“民为贵，社稷次之，君为轻，是故得乎丘民而为天子”，为立民主之制；“舜为天子，皋陶为士”，为明司法官独立之制。俱于理无碍。① 惟据乱、升平、太平三世，乃《公羊》家言，乃专据之以说《孟子》。甚至执改制之说，谓“井田之法，三年之丧，为古所无，并尧舜亦系空名”，则涉于荒诞。② 又若戒杀乃释家教条，“自由”“立宪”等乃西学名词，叠引不穷，则有为之自为书，而非说《孟子》矣。要其深湛之思、宏博之辩，自有不可废者。书印于光绪二十七年辛丑。(14－357)

大学原本说略一卷大学原本读法一卷　乾隆十二年刊本

清王又朴撰。首有自序。不称“古本”而称“原本”者，以无今本可为配偶也。《说略》一卷，全录《大学》原文，次列朱子以下各改本及丰坊伪本之异同。其自为说，则以知行分配。格物属知，诚意属行，循文敷义，亦自成理。“读法”二字，虽沿朱子，而反覆引证自伸其说，以为诸本纷纷，皆未明格致之说。独毛西河据《文选》李善注引《苍颉篇》并《广韵》，释“格”为量度，确不可易。又以为“三纲领”止一修身，“八条目”亦不必执定八件。格致本一事，但言致知，即无庸更言格物。今以知止起，中间又言知所先后，而结以知本知之至，是“致知”一条，已甚明白，无待于补。又以为亲民非新民者，证以篇中言厚薄，言孝弟慈，言保赤，言恤孤，言民之父母，言同好恶而不专其利。若齐治平为新民之目，则“三传”何以无一语及“新”？又以为《康诰》言作新民，系言民之自新。康叔封卫，卫旧为纣地，新附于周，犹曰此新归附之民耳，其义止在“作”字。又以为“辟”即《中庸》“辟如行道”“辟如登”之辟。下章“所藏乎身不恕，而能喻诸人”，“喻”亦辟也。至平天下，则直以挈矩好恶，申明“辟”字，而与乎“天下”章“辟

① “俱于理无碍”，中华本作“虽近附会，而俱于理无碍”。

② “则涉于荒诞”，中华本作“近人疑古之风何啻导之”。

则为天下僇”之“辟”不同义。又以为平天下亦兼言德、言善、言忠信仁义者；格物以修身为本，明明德之始事也；诚意以格物者能知诚其身之为本，明明德之中事也；平天下仍以慎德为本，明明德之终事也，故曰明明德于天下。以上诸说，虽云背朱，然书中仍多用程朱之说。是书之旨，虽征引甚杂，大率以王阳明、毛西河之说救程朱之失，而又不尽以王毛为是、程朱为非。冶异质于一炉，亦一奇也。末附先儒诸论，语简而要。书刊于乾隆十二年丁卯。(14－358)

中庸总说一卷中庸读法一卷 乾隆十二年刊本

清王又朴撰。《总说》，顺经文畅其旨，无所阐发。《读法》，则朱子九条而广之。其解“费隐”，即取证本书。谓“因其不可离，则无处非道，无时非道，故曰费。因其费则瞻在前而忽在后，故曰隐”。又谓“《中庸》之名，始发自仲尼，不中必不庸，不庸亦必不中，二字分拆不得”。又谓“《中庸》全是说《大学》，‘中庸’即是至善，‘时中’即是止至善。其言诚一也。至于先言知，后言仁，即诚正修在格致也。其曰庸言庸行，无人不自得者，修身也。其曰父母兄弟妻子者，齐家也。其曰祭祀郊庙九经者，治国平天下也”。又谓“《中庸》全是说《易》之《乾卦》，如言强，言不息，即君子之自强不息也。言诚，即闲邪存其诚，修辞立其诚也。言时，即时乘六龙以御天，君子进德修业欲及时也。言戒惧，言谨独，即终日乾乾夕惕若也。言道不可离，即反复道也。言庸德庸言，即庸言之信，庸行之谨也。言遁世不悔，即遁世无闷也。言上下察，即本乎天者亲上，本乎地者亲下也。言居上不骄，为下不倍，即居上位而不骄，在下位而不忧也。言三重寡过，即圣人作而万物睹也。言暗然日章，即天德不可为首也。至于性命天地日月四时鬼神之言，又无不从《易》来”。按此条可与惠栋《易大义》相参证。惟《中庸》一书，言天道，言鬼神，极之于无声无臭，本与宋儒之有生于无，释家之真空寂灭，同为不可究诘。必强为分辨是非，是亦不可以已耶。书刊于乾隆十二年丁卯。(14－359)

读孟十五卷 乾隆十二年刊本

清王又朴撰。首有自序，依七篇之次，篇分上下，为卷十四，末卷附录。经文之旁,着圈点,注评语。扼要处,则圈围其字以别之。经文之后,自以所见,标其义法,又为之顺说,以畅其旨。视他本言读法者,较详较密。书中偶及义蕴典故,多采毛奇龄之说,亦颇订正毛氏之疏舛。《公孙丑》篇,加"齐卿相"一章,最不易分晓,盖纯用宾主法,然又有宾中之宾,宾中之主,主中之主。其析理也,朱注多未惬,又朴据毛说以补。朱、毛说有未惬,又据他说以补之,此章遂昭若发蒙。附录一卷,专考典故,亦非苟然抄袭。如"五亩之宅",朱注曰:"二亩半在田,二亩半在邑。"赵岐《注》多出"冬入城保二亩半"七字,朱注已删之。是赵误而朱不误,毛氏讥之,非也。又如"周公,弟也;管叔,兄也",赵《注》曰:"周公以为管叔弟也,故爱之;管叔以为周公兄也,故望之。"则谓周公是兄,管叔是弟。证之周公称公,而管叔以下称叔,可疑一也。周公先封周,既又封鲁,而管叔并无畿内之封,可疑二也。周制立宗法,以嫡弟之长者为大宗。周公、管、蔡皆嫡弟,而周公为大宗,称鲁宗国,可疑三也。又按《尚书·金滕》,孔《传》谓"周公摄政,其弟管叔及蔡叔、霍叔,放言于国,以诬周公"。以为殷法,兄终弟及,三叔疑周公有次立之势,故流言,则赵《注》非无据。又滕文公定三年之丧,谓"三年之丧,本周制。孟子之言,与子张之问,夫子之答,皆单指三年不言一事,并非谓'衰绖苫块皆不行'也。故下文特著'五月居庐未有命戒'八字之文"。按此诸条俱有见地,非苟然抄袭者也。书刊于乾隆十二年丁卯。① (14-360)

中庸私解一卷 道光十一年刊敦艮斋遗书本

清徐润第撰。润第字广轩,山西五台人,乾隆乙卯进士,官中书舍人,外放湖北施南府同知。是书乃润第于道光壬午馆太原张廷鉴家,与

---

① "故下文特著'五月居庐未有命戒'八字之文"至"书刊于乾隆十二年丁卯",中华本作"按本章父兄百官言'吾宗国鲁先君莫之行','先君莫之行'云云,则非三年丧,非周制明甚。或以为殷制,殆近之。《书》称'高宗谅阴,三年不言',谓不言政耳。居丧者岂以衔口结舌为尽礼乎?其谬不待辨矣"。

廷鉴共读《蕺山语录》,因成此解。廷鉴字静生,太原人,嘉庆辛酉进士,官中书舍人。① 按蕺山之学,出于姚江,故书中推论姚江、蕺山讲学宗旨甚畅。蕺山讲慎独,最与朱注异,润第衍之,谓"凡物莫不有对,惟太极无对,人之本心象太极,继善之性随之而成。纯粹以精,精则一,一则独,独者性之本体然也。然至感于物而动,则与声声色色为缘,而性之为物贰矣。惟不睹不闻之时,独体可还,故必戒慎恐惧,以严其出入起伏之机。使外欲不接,内欲不萌,而性乃可复"。又阐明阳明心体无善无恶之义,谓"人心不但不可有恶,亦并不可有善。人性本善,若再有善,反成滞塞。彼证父攘羊,从井救人,只因其心中有个直与仁耳"。全书大都推阐此旨。润第素深于《易》,故书中多援《易》理为说,颇有新义。如《易》咸卦彖曰:"咸,感也。"旧解咸感之分在有心无心,润第推谓"忠恕违道不远之'忠'字,与喜怒哀乐未发谓之中之'中'字,亦如咸之与感。忠是有心之中,中是无心之忠;中是君子分上事,忠是学者分上事。中字加心,著心功也。然人伦日用间,用或不能如其体,动或不能如其静,故又用心推之,使之一一如其忠焉。而谓之恕,时时而中,则中之即在庸处可知。何谓庸?子臣弟友是已。由是观之,忠即是中,恕即是庸。即是时,由忠恕即可以至于时中中庸,故曰违道不远"云云。他解比附多类此,惟析理虽微,究不免为宋明儒所囿。即如《大学》言诚意,未言念也,乃于"意"字之外添出"念"字,谓"动于已发者意,动于未发者念。念则彼此两托而未定,平心以观理;意则好恶一成而不变,骤发以应物",不知意有初起继起之不同。其不同者,仍属之意。"念"字创之宋儒,殊不典。所引"无念尔祖""克念作圣"等语,无以别于意也。书为道光辛卯,其子继畬汇刊《敦艮斋遗书》本。(14-361)

中庸释义一卷　民国八年刊本

萧隐公撰。隐公名炎,以字行,广东梅县人,诸生。宣统间以考职,官法厅推事。是书首有恽宝惠序,又有隐公自序及自书付印始末。隐公以

---

① "廷鉴字静生,太原人,嘉庆辛酉进士,官中书舍人",中华本无此句。

《中庸》为孔子自作,以孔子即有“民鲜能久矣”之叹,而经文内仅有“回之为人也,择乎中庸,得一善则拳拳服膺而弗失之”语。而哀公问弟子孰为好学,夫子曰:“有颜回者好学。不迁怒,不贰过。不幸短命死矣。今也则亡,未闻好学者也。”以闵、曾尚不能好此学,此子思能作此经?颜渊死后,夫子不得已述成此经,藏之于家。迨子思长成,乃出而布于世,遂有传为子思所作者。故《史记》云“子思作《中庸》也”。又以颜渊之“不迁怒”,即《中庸》未发之“中”。旧注解“不迁怒”,谓“怒在此不迁于彼,此常人勉强能之。喜怒哀乐,性所有也。惟怒加于物,而吾本性之怒,仍寂然在中而未发,此之谓不迁怒。推之人世,一切荣辱得失穷通顺逆,皆属外来境遇。而于吾学吾道,无丝毫亏损,曷足以牵动吾心之喜怒哀乐?此所以能素贫贱行乎贫贱,素患难行乎患难也”。按“喜怒哀乐未发谓之中”一语,最难索解。喜怒哀乐未发,是寂然无物,何以谓之中?其既发,何以不谓之中而谓之和?是未发时显有一物,与既发之和显为二物,无可疑也。隐公是说,自是优于旧解。其谓颜子传《中庸》之学,亦自言之成理。全书大都矫矫立异,不拾先儒牙慧,惟谓“武周称达孝与舜称大孝迥别。经举继志述事,文王事商,而武王伐商,其志事实相反。因及《春秋》托始周平、鲁隐,削武周而不载,《中庸》之褒贬予夺,与《春秋》一例”云云。按此论非是,“大孝”“达孝”,各有其义,同是褒而非贬。事殷伐殷,各因其时。果如其说,岂独夫亦不当诛耶?《春秋》托始周平、鲁隐,盖因鲁史之旧,又非删书断自唐虞之比。至云“‘武王末受命’,‘末’字亦属贬词”。按“末”谓末年,武王受命,未几即崩。此句连下“周公成文武之德”,盖谓武王受命未久,不及制礼而周公成之。文义甚明。且孔子素主从周,岂有非其先王先公之理耶?书刊于民国己未。(14-362)

潜沧四书解一卷　光绪五年刊本

清佘一元撰。一元字占一,号潜沧,山海卫人。明崇祯举人,顺治四年进士,官至礼部仪制司郎中。一元学于陈龙正,是书大都推衍师说,往往翻新于旧解之外。如谓“《大学》为诚意立单传,上不连正心,下不连致知,是格物致知本无传也。格致何以无传?盖格致乃小学之事,

《大学》不必详也”。又谓“《鲁论》首言学,未指所学为何事,继之以其为人孝弟,盖学为人子,学为人弟也云尔。‘学而’三节,终之以君子,而有子言君子务本,又申言孝弟为仁之本,其旨显然”。尤创者①,解“三以天下让”,谓“因吴事而发,吴泰伯之后也。寿梦四子,长诸樊,次夷祭,次夷昧②,札其季也。寿梦欲传位季札,与太王欲传位季历,因而及昌,其意相同。乃诸樊不知效法泰伯,托故而行,徒欲援兄终弟及之义。以次传位及札,迨三兄皆卒,季子亦垂老矣。况僚、光之流,方眈眈觊觎于其间,季子安得不辞?至光之弑僚,则志在得国,其让伪也,季子遂不得不去矣”。按此论比附甚当。惟论管仲,谓“仲不忠于桓,不忠于纠,而实忠于周天王。以天下大君,惟周天子一人故”。按此论殊谬,主臣之义,不惟国有之,家亦有之。岂周天子在上,诸侯之国遂可废臣节不讲耶?且当仲不死之时,何能预料他日兴江汉之师,责苞茅之贡耶?文人好奇,而不知其悖于理也。书为光绪五年己卯史梦兰所刊《永平三子遗书》之一。(14-363)

朱子大学章句释疑一卷 民国二十年刊本

题“顺德简岸读书堂同人萃编”,盖简朝亮之门人集朝亮所著《论语集注述疏》及《读书堂答问》若干条。又以朝亮之学出于南海朱次琦,次琦《九江集》中有《格物说跋》,《格物说》者,顺德吴昭良撰,凡三篇,附刊《九江集》中,一并引之。盖朱子《大学章句》,因王阳明别倡古本,学者多所致疑。次琦、朝亮,俱宗朱子者也,于《大学》无专著,而其说往往散见于文集及他著。门人更以尊师者尊朱,此辑录之大旨也。朝亮谓“朱子未尝改古本,其所移者,乃参程子定本,别古本而行。且经文一章,本无错简,无待于移。其释《大学》全书,实由经文定其义”。又谓“《章句》释格至也,盖本之《诗·大雅》《书·大诰》《尔雅·释诂》《易传》诸经义,视郑注格来之训远胜之”。又谓“传不必补,经则必注,何不

---

① “尤创者”,中华本无此三字。
② “次夷祭,次夷昧”,中华本无。

可视补传文为首章注文?”又谓“《大学》首无‘子曰’字,盖述古而传之七十子者,与《论语·尧曰章》同例”。又谓“《礼记》‘冠义’‘昏义’诸篇释《仪礼》‘冠’‘昏’诸经,若《仪礼》‘丧服’则经传同篇,何疑于《大学》之分经传?”又谓“《大学》引曾子曰:‘十目所视,十手所指,其严乎?’明慎独也。与引古圣贤人诸文异,如不连上文言诚意之慎独者,将何所视而何所指?此朱子所以云‘盖孔子之言,而曾子述之也’”。又谓“程子云‘亲当作新’,据下文《康诰》作‘新民’也。孟子之言曰:‘君子之于物也,爱之而弗仁。于民也,仁之而弗亲。亲亲而仁民,仁民而爱物。’如《大学原本》果曰在亲民,孟子何以云然?”至吴昭良、朱次琦之说,主于辟阳明,与朝亮诸说互相羽翼,皆所谓持之有故、言之成理者。书印于民国辛未。(14-364)

四书合喙鸣十卷 万历间刊本

明许獬撰。獬字子逊,福建同安人,万历辛丑进士,选翰林院庶吉士。卷首有张以诚序,又有池显方撰《许锺斗传》。锺斗者,獬之号也。又有獬季子镛识略。是书以朱注为宗,列作大字,其下附以释义、发明、剖疑、补略、参考、事实各目,俱作双行。释义者,字义所指,未及阐发,为释明之。发明者,讲说已完,但意之渊涵,愈出不穷。浅言之不足,又深言之。虚描之不足,又实证之也。剖疑者,或传注未有本旨,或旧说有戾传注,或章中前后,照应语意,涉于疑似,为之训释,使学者不疑焉。补略者,融贯之中,间有遗略,则别补之。参考者,义不限于一隅一事,其有可备采择者,若曰某可从,某可备览,某须详之类是也。事实者,人有行谊之实,事有度数之实,备载一二,以备操觚者所取资耳。按獬以工制艺著称,是书不脱时下讲章习套,惟解说较显豁,条理较清晰。其题“合喙鸣”者,取譬于鸟。人异其说,犹之鸟异其鸣。合众说而成书,犹之合众喙而为鸣也。晚明文士,竞尚纤巧,乃施之于圣经,不类甚矣。无刊书年月,当在万历间。(14-365)

大学文说一卷中庸文说一卷 嘉庆八年刊本

清康濬撰。濬字百川,陕西郃阳人,乾隆己亥举人,官乾州学正。

是书首有徐洪懿、安清翘序，又有濬自序并杂论。按《学》《庸》二书言理深奥，疏解者已苦其烦，从未有以文说之者。是书用说《孟子》之例，随文指点，亦自显豁。自序言"文章一道，自有至是者存，不当于无奇中求奇。杂论言《大学》全部无理障语，不过'定静安虑'数句，层折稍细。《中庸》'中和位育'之言，'川流''敦化''其渊其天'等句，按之皆极切实"。又言"《大学》以好恶为脉络，《中庸》以'诚'字为归宿"。又言"注家于《大学》'平天下'章，以理财用人反覆纠缠。《中庸》'道不远人'，以忠恕作主，皆不看朱注，而妄为臆说"云云。俱有会心，不徒说文也。此成于《孟子文说》之后，故不别著凡例。书刊于嘉庆八年癸亥。(14－366)

孟子文说七卷 嘉庆九年刊本

清康濬撰。首有黄靖本、岳震川序，又有濬自序、杂论、凡例。自序言："说书不说道理，直说圣贤意之所之。今以古文说《孟子》，亦所以说其意之所之而已。得其意，则道理不说自在。"杂论言："七篇中，前数篇率论为政治国王天下以及出处大头目，《万章》篇全是论古论事之文。《告子》以后，则随事开导人，与顺便讲究道理者，然亦姑即其多者言之。"又言："《孟子》是做成文字，问答或亦有因。但每篇主意结构，总是用意安排就的。"又言："《孟子》有四大篇，保民章、动心章、行助章、并耕章，四章章法不同，而精深博大，变化跳脱，各臻绝顶"云云。俱确有所见。岳序自抒所得，亦善读《孟子》者。全书则层段分合，批导令醒豁而已。书刊于嘉庆九年甲子。(14－366)

释孟子一卷 康熙间刊本

清金喟撰。喟字圣叹①，江苏吴县人，诸生。康间死于闹漕之狱。②廖燕作喟传，述喟名圣叹之义，谓"《论语》有两'喟然叹曰'，在颜渊

---

① "清金喟撰。喟字圣叹"，中华本作"清金人瑞撰。人瑞，原名喟，字圣叹"。

② "康间"，疑"康"后脱一"熙"字。

为叹圣,在与点为圣叹”。盖自比于曾点之流亚也。喟狂诞玩世,以批小说著称。是书凡释《孟子》四章,一“孟子见梁惠王”章,一“沼上”章,一“尽心”章,一“愿安承教”章。大抵以尖刻之笔,曲为摩写,妙义环出,令阅者解颐。惟于经义太疏,开首谓:“一部七篇,纯说仁义。故此章见梁王,劈面大声,便叫仁义。”说“孟子见梁惠王”,谓“不是梁王要见孟子,是孟子自见梁王”云云,开口便错。小说家以文为戏,固不能绳以考据也。书为《圣叹外书》之一,约刊于康熙间。(14－367)

四书虚字讲义一卷 同治十年刊本

清丁守存撰。守存字心斋,山东日照人,嘉庆进士①,官至广西布政使。是书首有何国琛序。大旨取四书中虚字七十五,先引《尔雅》《说文》《玉篇》《广韵》诸书,释其音义。继就行文之委曲变化,推阐其所用,而书中之精神脉理亦因之而鬯达。守存本工制艺,是书盖为课举业而作。同时潘维城著《虚字韵薮》,每一字下罗列类典,虚者实之,借供律赋家之采猎。此则以虚导虚,所用不同故也。然虚字亦为训诂所重。是书补小学家所未言,详笺解家所未备,治四书及诗文法者,亦宜有所资也。书刊于同治十年辛未。(14－367)

孟子说七卷 光绪三十三年刊本

清姜郁嵩撰。本姓郁,名嵩,湖北武昌人,诸生。是书首有李有棻序,又郁嵩自序及凡例。自序言“取朱子之意,发明《孟子》各章大旨,使学者由朱子之说以求《孟子》之意”云云。其书不录经文,以经文孩提之童无不习也。又不用训诂,以《集注》训诂已无不详也。今按其书,于每章檃大意,亦自清晰,然理解不出《集注》之外,大抵拾他人牙后慧耳。然约繁为简,在苦训诂之烦者,阅此自较便易,未可因书多陈说概以村学究斥之也。书刊于光绪三十三年丁未。(14－368)

---

① “嘉庆进士”,稿本“进士”前空两字格,中华本作“道光十五年进士”。

四书讲义一卷　同治八年小石山房丛刻本

明顾宪成撰。是书所讲止二十二章，就大处阐发，要处指点，精粹切实，使人不敢视讲学为无用。其讲“举直错诸枉”章，谓“‘直’明明是君子，‘枉’明明是小人。只觉下个‘直’字、‘枉’字更有力。谓之直，必然是曰是，非曰非，独立自信，略无依违。此等人，下面公论极归向他，上面人却最容易怪他，所以举之为难。谓之枉，必然是可为非，非可为是，曲意求媚，略无执持。此等人，下面公论极鄙薄他，上面人却最容易爱他，所以错之为难。乃知概曰用君子，犹未见其用之之实也。必连直者都用，才用得彻底，才唤得真能用君子。概曰去小人，犹未见其去之之实也。必连枉者都去，才去得彻底，才唤得真能去小人”。按此段议论，将启祯朝人才进退之局，曲曲写出，不啻自陈贤奸用舍疏于朝庙也。书中讲“鸡鸣而起”章尤警透，谓“人只有善恶两途，既曰孳孳为善，应曰孳孳为恶。舍曰恶而曰利，反觉放宽一步。何也？人本有善而无恶，亦本好善而恶恶，只缘他起了一点利心。凡事但问孰是利吾者遂向前，孰是不利吾者遂退后，更不暇问善恶耳。既不暇问善恶，自然善一边少，恶一边多。故为恶者为利之标末，为利者为恶之本根也”云云。读者及此，应不减听陆子静鹅湖讲喻利章矣。他若又讲“行己有耻”章，谓“夫子于子贡问士独提出一‘耻’字，这‘耻’字极有精神，极有气力。耻道德不如人，究不到圣贤不肯干休。其处心积虑，只知有是非。那一切利害，如何遏捺得他？耻荣华不如人，究不至富贵不肯干休。其处心积虑，便只知有利害。那一切是非，如何管束得他？两下所耻，不容并立”云云。按此段亦可为外饰道德而中慕荣华者下一棒喝，说四书到此方信句句字字有着实受用处，视彼治训诂、谈及空理者又高一等矣。书为同治己巳《小石山房丛刻》本。（14－368）

四书讲录五卷　顺治八年刊本

清胡统虞撰。统虞字孝绪，湖南武陵人，崇祯进士。入清，官国子监祭酒。是书一卷《大学》，二卷《中庸》，三卷《上论》，四卷《下论》，五卷《孟子》。盖统虞在金台社为诸子讲说，其子觐征录而存之者也。统虞学宗阳明，惟不甚驳难朱子。是书就诸生质问反复推阐，殊多心得。其讲《大学》，谓"明德是心体，至善是性体，新民是明德中事。性无不善，而有至有不至。止到那至处，是学问得力事，所谓圣之事也。知得那止处，是学问最初事，所谓智之事也"。又谓"心譬主人，意譬奴隶，心是体，意是用，'欲正'二字，是由体以发用。'先诚'二字，是由用以达体"。又谓"'皆自明也'之'自'，不当作'身'字看，犹曰皆自明明德始耳"。又谓"诚意功夫，尽在'毋自欺'三字之内，毋自欺便是慎独"。讲《中庸》，谓"此个'独'字，便是上边所不睹所不闻，便是下边喜怒哀乐未发时气象。即是天命本体，一落睹闻，便涉在七情交感一边"。又谓"庸者用也，时中便是君子用处。'庸'字不训作平常之理，亦非以'庸'字来换'和'字"。又谓"'中立'非联贯字，'中'字断读，'中'即喜怒哀乐未发之'中'，此'中'一立则不倚"。讲《论语》，谓"犬马有养是圣贤教人，说到极伤心处，不如此不足发人深省"。又谓"忠恕不是一贯，若然，则《中庸》何以云'忠恕违道不远'？时解将曾子'忠恕'二字看作悟后语，非也"。又谓"性相近是对习相远的人说，有了下句才有上句。孟子是占最初一着，不对习言，故说个'善'字。性要在习中看，相近就要在相远处看"。如此之类，俱见体认甚深，说理能透。然亦有过偏过奇者，但俱能自畅其说。书刊于顺治八年辛卯。（14－369）

成均讲录二卷　顺治八年刊本

清胡统虞撰。是书为统虞于顺治初年官国子监祭酒时，为诸生讲说及答诸生之问。有称"陈百史先生"者，即陈名夏也。为之纪录者，监丞王维城、博士萧谱元、监生吴就恒也。首有统虞自序，言"许鲁斋当大元定鼎之日，一聘辄起，曰'不如此则吾道不行'云云，盖自解也"。书中或说本体或说功夫，俱就四子书作指点。开首言"大儒体认心法不一其旨，如所云诚正、致知、慎独、主敬、行恕，各有本领。譬之升堂入室者，外来门户四通八达，各有涂路，新同登堂奥而止。虽然要看前贤毫厘差别处，此处看得的确，便能从前贤未着眼处，讨个自己得力功夫"。是此书之微旨也。书中于程朱与阳明俱致不满，谓“程朱开口言诚，而不先发明继善成性之本，以个‘诚’字从何处主得脚跟定。姚江所以有致良知之说也，致知自合在诚正之前。然姚江直从生人不学不虑处指点出一个‘良’字，其流极或使学者踏向空处”。其辨“无极”之理，谓“后来朱陆同异，亦为有一图，不徒供二氏谈柄而已，虽不用之可也”。其辨“异端”，谓“吾儒有吾儒之异端，学问同异，不于究竟。但于发端，不专指释老说”。惟书中多杂释家语，如“三语椽”之类，虽举彼说以破彼说，究嫌不赖。卷后附《原性》十章，曰星降，曰阴骘，曰生民，曰修道，曰万物，曰积善，曰原始，曰性善，曰乾元，曰为道。所引皆《易》《书》《诗》《论语》《中庸》《孟子》之说。又作《原性或问》，以申所主性善之说。于韩退之及宋儒、释氏诸说俱加辨正，与讲录可互为参证。又附《明善堂学规》，则仿朱子《白鹿洞学规》而作也。书刊于顺治八年辛卯。(14－370)

万寿宫讲录一卷 顺治八年刊本

清胡统虞撰。是书为统虞在南雅社为诸生讲举子业而作。其重要指点，谓“须以圣学做举业，莫把举业去仿圣学”，自是高人一首。故书中所讲，皆经义非文法也。统虞服膺阳明，兼信程朱。其讲义宗旨抱定“明善”二字，谓“阳明‘致良知’只说得‘明’字，某特指出‘善’字。阳明如登浮屠者，由最下一层登到绝顶处，不极顶不叫致知。某之‘明善’，则如立定在浮屠绝顶处直看其下，觉得历历分明，更无有与他齐等并肩而立者”。故其所说皆示学者以切实，下手功夫不徒明白大义已也。书中说“赤子之心”最妙，“既谓之赤子，便是出离于裹之时。此时去天命以前未远，此点虚灵，全是天命之性用事，全未落喜怒哀乐之后。过此以往，都是习气边事。所谓不失者，不失此一点本来面目耳”。又谓“‘失’字不对‘得’字说，除对‘失’字说，为人都是失却此心的，要作大人，只是不失此心。大人即是养其大体之大人”。可称明快。惟谓“未命以前有习象，例如生下来孩子，便有刚狠悖戾者。盖习于善，则既死之后，带去之习气，也是善。习于不善，带去之习气亦不善”。此则统虞之创说，近于佛家轮回。虽于理不为无因，较不如西儒传种之说，可证验也。又论孟子“舍生取义”，谓“不是取义者必要舍生；孔子言杀身成仁，必仁人之上，加‘志士’二字，与孟子‘志士不忘在沟壑’同。盖主气节一边说，而义者乃合宜之谓。可以死，可以无死，便不须舍生。则万分无复生理，方才合而而取之”。推其意，盖将成仁取义分而为二，而偷生轻节者，得以借口矣。统虞殆为己解臆耳。书刊于顺治八年辛卯。(14－371)

四书私解一卷 乾隆间刊本

清廖燕撰。燕字柴舟，广东曲江人，诸生。是书不依传注，自出新解。如“先行其言”章，若依注云“行之于未言之先，言之于既行之后，则而后从之”，“从”字须解作“言”字，否则“从”字下须添“而言”二字，解作“而后从而言之”。然孔子亦何必欲人之行之而必言之耶？燕则谓“‘从’字当作遵从服从看，谓能先行其言，而后天下遵服他为君子也，与‘天下归仁’意相同”。又如“君子无所争”章，诸说皆讲作无争、不争，燕谓“如此则‘所’字作何着落？况末句明说其争也君子，则病不在争，而在‘所’字可知。‘所’者，私心也。又小人偷心躲罪之尽头处也，故君子无之”。又如“观过斯知仁矣”句，世有仁人犹或疑其有过未闻，有过之仁而反决其为仁。燕谓“《鲁论》‘仁’‘人’多通用，如其‘为仁之本’与‘并有仁焉’‘殷有三仁焉’之类，俱以‘仁’为‘人’，此章‘仁’字亦如此。观其过之有心无心，斯知其为君子小人也”。又如“达巷党人”章，谓“党人开口便称‘大哉孔子’，与孔子称‘大哉尧之为君’何异？下句‘博学而无所成名’七字，正是极赞其大处。若如注云：‘盖美其学之博，而惜其不能成一艺之名。’若使孔子成一艺之名，尚何大之可言？又第二节注云：‘闻人誉己承之以谦。’果如注所云，党人之惜孔子，直是不知孔子，乃谤而非誉。且孔子并与党人对谈而与门弟子言①，何所用谦，且

---

① “且孔子并与党人对谈而与门弟子言”，中华本作“且孔子并未与党人对谈”。

谦而至于为人执鞭耶？不知上节著眼在‘大哉’二字，下节着眼在‘谓门弟子’四字。盖门弟子平日所欲求者在成名，今云无所成名，未免失望。孔子却教其不必成名，然又不欲直言之，故作委婉相商之词，使其自省御之不可执，便知名之不必成也”。又如“子绝”四章注云：“绝无之尽者。”下“毋”字又作“毋”解，岂不重叠？燕谓“此记者善识圣人心体处，子绝四云者，言不特意必固我四者为圣人之所绝无。即此四毋之心，亦举在绝中。如此解方是圣人自分”。按诸解俱甚惬当，然亦有过于纤新者，亦有见于先儒之说，不知而袭之者。其甚悖理者，则解“追王太王王季”句，援苏子《武王论》，谓“纣未灭时，文已称王，故不追王”。不知追王有先后，文王追王在前，故未之及，非文王已称王也。且文王受命称王之说，亦非创自苏子，燕所引适见其陋耳。① 书为在《二十七松堂文集》中，为乾隆间刊本。(14－372)

大学古本述注一卷　光绪八年刊本

清姜国伊撰。首有自序，以为“朱文公倡明绝学，而《大学》用程氏改本，以致继起大儒及海内有识之士往往疑之。② 而旁门邪说，转得窃古本《大学》，以疵诋吾道。今欲使文公之注不违孔曾之旧，乃次《大学》六篇，仍用朱注，叠附己说，明其述文公以合乎孔子”云云。③ 又于朱子原序后案云：“朱子于‘物有本末’注曰：‘明德为本，新民为末。’于‘物格而后知至’节注曰：‘修身以上，明明德之事也。齐家以下，新民之事也。物格知至，则知所止矣。意诚以下，则皆得所止之序也。’于‘壹是皆以修身为本’注曰：‘正心以上，皆所以修身也。齐家以下，则举此

---

① “如此解方是圣人自分”至“燕所引适见其陋耳”，中华本作“按诸解俱有妙义，然亦有过于纤新者，亦有见于先儒之说，不知而袭之者。且有极陋者，如文王受命称王见《史记》，燕乃援苏子《武王论》，谓‘纣未灭时，文已称王，故不追王’。是并《史记》亦未考也”。

② “以致继起大儒及海内有识之士往往疑之”，中华本作“致为后儒所疑之”。

③ “叠附己说，明其述文公以合乎孔子”，中华本作“而附己说以明之”。

而措之耳。'然则朱子固以物为知意心身家国家天下之物也,固以'古之欲明明德于天下'二节,为知所先后也"云云。是书于朱子原注用大字写,凡补说皆小字写。每节标明其旨,每章亦然。于"知止"节注云:"次节乃致知之事。"于"物有本末"节注云:"此节总挈格物致知之纲也。"于"古之欲明明德"节注云:"此两节皆明致知之近道也。"盖如此说,则格物致知,无须补传。其较朱补说中最要者。① 谓"意者始念也,凡人始念在胸,其时必但有一念而未贰也,所谓独也"。又谓"始念曰意,转念曰思,定念曰志。诚意者,正其始念也。正心者,慎其转念,持其定念也"。又谓"心统性情才意而皆善,意感伪而心身逆用,其情才乃不善矣。意感正,而心身顺用,其情才乃至善矣"。凡此诸说,析理甚精,可以救朱注之疏谬,亦朱子之功臣也。书刊于光绪八年壬午。(14-373)

中庸古本述注一卷 光绪十三年刊本

清姜国伊撰。首有自序,又有序例。依《家语》"子思子作《中庸》四十七篇",而易章为篇,所谓古本也。亦不用三大支之说,以为首篇挈其纲也。述孔子言凡十篇,谓《中庸》至也。"明道费隐"凡十一篇,前五篇人事,次三篇鬼神,次二篇国政也。"博学"一篇,极言择善固执之诚,辟中人以下学圣之道,《中庸》所以作也。自"诚明"以后十二篇,皆言诚也。"大哉圣人之道"以后八篇,皆崇礼也。"仲尼祖述"篇,时中之至也。"至圣"篇,致中和位育之极功也。"至诚"篇,终率性修道立教之旨也。末篇反复戒慎不睹,恐惧不闻,隐微慎独之学也。释古本而仍遵朱注,朱注用大字写,补说用小字写,俱与所著《大学古本述注》同。但补说未如《大学》之多,且不甚关于要旨。惟二十、二十一两篇,各有"子曰"字。以为古书篇幅繁重,每分上下篇。"问政"分二篇,亦此例,系其特见。又引"子曰:龙德而正中者也。庸言之信,庸行之谨,闲邪存其诚",为"中庸"二字所本。而朱子原序引《虞书》,但言中,未言庸,宜据补。书刊于光绪十三年丁亥。(14-374)

---

① "其较朱补说中最要者",中华本无此句。

四书亿二卷 民国二十二年刊本

清李仲昭撰。仲昭字天隐,浙江仙居人,同治庚午举人。是书首有自序,卷分上下,上卷《论语》,下卷《大学》《中庸》《孟子》。以"亿"名者,仿前人《老子亿》也。大旨好创新解,而说《论语》最详。其合者如"父母惟其疾之忧",谓"答人问孝,不应舍孝而言慈,以正旧解疾病使父母忧之非"。"夷狄之有君",谓"为吴楚争强,晋君偷安而发"。"则日月至焉而已矣",谓"日月至是一日尽在于仁,一月尽在于仁,非日一至月一至之谓"。"诔曰",谓"诔乃讄之误,《说文》云:讄,祷也"。"累功德以求福,于斯为盛",谓"'盛'字属周,不属唐虞"。"太宰问于子贡",据《说苑》子贡见太宰嚭事,谓"太宰即吴太宰嚭,非宋与陈"。"固天纵之将圣又多能也",谓"'固天纵之'为句,'将圣又多能也'为句"。"唐棣之华"章,谓"所思者非他人,乃兄弟"。"食不语寝不言",据《杂记》言而不语,及《诗·公刘传》直言曰言,《论难》曰"语"为"释"。"乡人傩,朝服立于阼阶",主《礼记》存室神之说。"后进于礼乐野人也",据《说苑》"苟可而行谓之野人"为释。"必也正名乎",据《史记》"南子恶蒯聩,子父易名"为释。俱甚允惬。余则瑜瑕互见。尤异者,前人攻错诸书不过及于传注,此则于经文亦不为曲护。如"子曰无违"是失言,子见南子不合礼,《论语》多言仁,何以云"罕言"?"桓公杀公子纠"二章非公论,"公山不狃以费畔"章、"佛肸召"章,必无其事。至于《大学》则云"教外别传",又云"非孔子之言"。于《中庸》辨《孔丛子》困宋而作之误,孟子则尤多诋斥。最要者,劝齐伐燕一事,应沈同以"可",即是供招确凿。天吏本无定属,以燕伐燕,特失望后之言。许行、墨翟、陈仲子俱未可厚非。又作《性善辨》,援孔子相近一语,以证无有不善之谬。虽所论不无过当,而自来非圣无法之例,因之而破。其立言之勇,诚足惊也。是书稿藏于家,至民国二十二年其曾孙镜渠始为印行。(14-375)

孟子章指二卷 玉函山房刊本

汉赵岐撰。岐注《孟子》,每章之后,各附以说,标曰"章指"。题辞所云"为之章句,具载本文,章别其指,分为上下,凡十四卷"是也。自唐陆善经合十四卷为七卷,删去"章指";孙奭作《正义》,并"章指"入疏,其中零落不少。余萧客始就毛扆、惠栋两校录本收之《古经解钩沈》中。至微波榭刊《孟子赵注》,乃还其本面目矣。赵注原本,末有《孟子篇叙》。《篇叙》者,言《孟子》七篇所以相次叙之意。其说绝附会。开篇首仁义之说,盖由于误信《史记》孟子先游齐后游梁,而本书次序不可颠倒,乃委折而为此说。后之注家遂相沿成误矣。其谓"篇所以七者,法天之七政。章所以二百六十有一者,法三时之日数。三万四千六百八十五字,则兼法'五'谓五常之道。'七'谓七政之纪。之数而不敢盈"。尤为无理。是本为马国翰玉函山房刊本,即余萧客辑本也。毛、惠二校,仍分注各条下。其篇叙则置之卷首,与赵氏原分开,为单行本。①(14-376)

孟子章句一卷 玉函山房辑本

汉程曾撰。曾字秀升,豫章南昌人。建初三年举孝廉,迁海西令。具见《后汉书·儒林传》。曾著《孟子章句》,亦见《儒林传》,惟不详卷数。《隋书·经籍志》不著录,则书已佚于隋以前矣。惟宋熙时子《孟子外书注》,于《孝经》第三"孟子去齐,子敖饯于荦门"下,引程氏曾云:"荦门,齐南门。"其时原书②,必据他书转引。其下又有"荦力博反"四字,断非曾之原文。盖后汉时尚未有反切也。马国翰辑此,一并引作曾语,误也。(14-377)

孟子注一卷 玉函山房辑本

晋綦毋邃撰。③ 邃字及里爵俱无考。裴骃《史记索隐》两引邃注《列女传》语。《隋书·经籍志》列其书于皇甫谧《列女传》之下、杜预

---

① "与赵氏原分开,为单行本",中华本作"与赵注本不同"。

② "其时原书",中华本作"其时原书已佚"。

③ "晋綦毋邃撰",中华本此句后有"清马国翰辑"五字。

《女记》之上，则邃为晋人无疑也。《隋志》邃有《孟子注》九卷，已亡。而《新唐书·艺文志》又载綦毋邃《孟子注》七卷，殆隋亡至唐后得之，而缺其二卷也。其书见于李善《文选注》所引凡五条，《通典》所引一条，宋熙时子《孟子外书》所引凡四条。其解"伯夷隘，柳下惠不恭，隘与不恭，君子不由也"一条，焦循《孟子正义》采之，亦据《文选注》也。是书为马国翰玉函山房辑本。(14－377)

孟子注一卷 玉函山房辑本

唐陆善经撰。善经字及爵里俱无考。《新唐书·艺文志》有陆善经《孟子注》七卷。其书宋代尚传，《崇文总目》云："善经唐人，以轲书初为七篇，因删去赵岐《章指》，与其注之繁重者，复为七篇"云云。不知佚于何时，惟孙奭《音义》每引之。其解"为长者折枝"，谓"折草树枝"。解"必求龙断而登之"，谓"冈垄断而高者"。遂为朱子《集注》所本。马国翰仅据《音义》，辑成一卷。其他训诂，已不可见。据奭《孟子正义》云："自陆善经已降，其训诂虽小有异同，而咸归宗于赵氏。"然则除《音义》所录诸条外，其他说固无以大殊于赵氏耳。(14－378)

孟子音义一卷 玉函山房辑本

唐张镒撰。镒字季权，一字公度，苏州人，官至中书侍郎、平章事、凤翔陇右节度使，赠太子太傅。新、旧《唐书》俱有传。《新唐书·艺文志》有镒《孟子音义》三卷，《旧书》虽未载而《传》中有之，卷数同。朱彝尊《经义》云"《唐志》三卷"①，盖朱氏之误也。《宋史·艺文志》载："《孟子音义》三卷，张谥撰。""谥"盖"镒"之讹字。此书佚于宋后，惟孙奭《孟子音义》颇收之。其"孟子题辞"一条，并见于《正义》。马国翰辑成一卷，将近百条，朱氏《经义考》有"子哙燕易王子"一条，而孙氏《音义》无之，当系误收。孙奭《正义序》讥其徒分章句，漏略颇多，可想见其书之大概矣。(14－378)

---

① 《经义》，中华本作《经义考》。

孝经义疏一卷 玉函山房辑本

梁武帝撰。《梁书·武帝纪》:“大同四年三月,侍中领国子博士萧子显上表,置制旨《孝经》助教一人,生十人,专通高祖所释《孝经》义。”《隋书·经籍志》载帝撰《孝经义疏》十八卷,新、旧《唐志》并同,当佚于唐后,间见于邢昺《正义》所引。开首释“仲尼”二字,谓“丘为聚,尼为和”,创凿无理。明人辑《梁武帝集》有《说明堂》一篇,虽非《义疏》之文,而明堂之义与《孝经》有关。马国翰就《正义》辑出,并录兹篇,不为无见。虽采掇无多,然实开唐明皇《御注》之先,不可没也。(14－379)

读四书大全说十卷 同治四年金陵刊遗书本

明王夫之撰。① 是书析理极精,于《大全》所引朱子之说,有绝非出自朱子,而为门人所假托者。有虽为朱子之说,而专诂某章,不可移之他章者。有的为朱子之说,而亦不可从者。或意甚是,而说不详者。而诸儒之说,又互有是非。皆一一为剖辨之,驳正之,引申之。至于释氏狂谬,解姚江偏见,分别尤严,曲尽洞达。词畅而理无不显,不徒为《大全》诤友也。最要者,如“《大学》正心之心,朱子但云身之所主,殊欠分明。将使卑者以意为心,而高者以统性情言之,盖心者即孟子所谓志也”。又如“致知在格物,致知格物,自是二事。譬之规矩之与巧,规矩物也,可格者也;巧非物也,不可格者也。然巧固在规矩之中,故曰致知在格物”。又如“‘中庸’二字,就体言之曰中,就用言之曰庸。将‘庸’字作平常解者非,时中之中亦体也,时而措之,则用也”。“孟子言性善,统之形色,程子气禀之说则分为两截也,不若孟子看得彻”。诸说俱极谛当。他如论“泰伯”,谓“太王不妨有翦商之志,封建之世,易侯而王,事甚寻常。必如金仁山之斡旋太王,是泰伯一让,阳辞阴取,兄弟协合,以成夺商之事。夫子何为称之,反悖圣言抑泰伯矣”。② 论“卫辄”,谓

① “明”,中华本作“清”。

② “反悖圣言抑泰伯矣”,中华本无此句。

“辄于义得立，灵公初薨，辄未称兵拒父。为天子之伯者，宜立辄。而仕蒯辄于王国，或迎蒯聩以终养。若蒯聩仍怙恶，膺天讨而后辄可逃。而君卫者犹有灵公之嫡孙疾在，以驳胡氏主郢之谬”。论“世臣”，谓“为战国游士危害人国而发”。论“封建”①，据孟子对梁襄王曰“定于一”，论封建之不可复。据孟子言“贡助彻”，论井田之不可行。则察于古今治乱之故，卓识宏议，非复经生所能道矣。其他条亦多参以后代史事。②盖夫之熟于论史，不觉连类及之。夫之为明遗老，茹痛易姓之际，书中于赵孟頫之仕元，许衡之讲学，深致讥诮。盖有为而发也。惟夫之颇不满足于《孟子》，谓“《孟子》七篇不言乐，自其不逮处。故大而未化，惟其无得于乐，是以为书亦尔。若上篇以好辨终，下篇以道统终。而一章之末，咸有尾煞。孔子作《春秋》，即不如此”。然《春秋》为记事之体，不可以例《孟子》。文章自以首尾完具者为美，以是别优劣，得毋过矫。书为同治四年乙丑金陵刊遗书本。（14－386）

四书考异一卷 同治四年金陵刊遗书本

明王夫之撰。③ 是书以许慎所引《古文九经字义》不同者为准。然自解散隶体，古文已隐，安所取准？其未经古文引据，而今文同俗书者，则以许慎、李阳冰、徐铉所定字正之。其中如“菉竹”之“菉”应作“菉”，菉从艸，训王刍也。而《诗》作绿竹，本是二物。“诔曰”之“诔”，应作“讄”。据《集注》云：“诔者，哀死而述其行之辞。”与《论语》作致祷之辞者自别。“子贡”之“贡”应作“赣”，“赣”训“赐”，与“训献之贡”者又别。又“无然泄泄”之“泄”，应作“詍”，“詍”训“多言”，与“泄”别。为“不若是恝”之“恝”，应作“忿”。“忿”，忽也，与“恝”别。“孔子辭以疾”，“辭命”之“辭”从𤔔，“辤受”之“辤”从受，不可混。又如“矧可斁思”，古无“矧”字，应作“矤”。“不逾矩”，古无“矩”字，应作“巨”，或作

① “论‘封建’”，中华本作“又如”。

② “其他条亦”，中华本作“诸所持论”。

③ “明”，中华本作“清”。

“渠”。“郁郁乎文哉”,古无“郁”字,当作“彧”。“饮水”,古无“饮”字,应作“歙”。“斗筲之人”,古无“筲”字,应作“籍”。“谓之躁”,古无“躁”字,应作“趮”。“深耕易耨”,古无“耨”字,应作“槈”或“鎒”。“数罟不入洿池”,古无“池”字,应作“沱”。“率西水浒”,古无“浒”字,应作“汻”。“沦济漯”,古无“漯”字,应作“溼”。又“小大甹之”,省弓不成字。“人焉廋哉”,“廋”不成字。“王曰叜”,亦同。“乌呼”,“乌”或作“於”,从口不成字。“与之釜”①,从父从金,既不成义,亦难下笔;省父从八,益不成字。“民以为将拯己”,“拯”当作“抍”,或作“撜”,从丞不成字。“其丽不億”,“億”当作“意”,加人作“億”,安也。从意之“億”不成字。“彌子”,“彌”当作“璽”,从弓不成字。“抱关击柝”,“柝”当作“欜”,从斥不成字。“君子不亮”,“亮”当作“諒”,从亮不成字。凡此俱所关至要。其误至显,而学人沿用已久,而莫之或察者。至于不涉字体,若“合外内之道也”,而今监本《四书大全》作“内外”,虽外内、内外随文先后皆可,而古本似不当改易。又“万章曰乡原,一乡皆称原人也”章,赵氏本“万章”作“万子”,注谓“其不解圣人之道,故称万子”。美之以责之,自是曲说。然屋庐、乐正公都皆称子,何独于万章而异之?似亦不必改。他所校俱当,然流俗传写讹谬尚多,有是书所未及摘者。书为同治四年乙丑金陵所刊遗书本。(14-387)

四书笺解不分卷　光绪十九年刊本

明王夫之撰。② 是书旧无刊本,光绪癸巳,夫之八世从孙之春始为梓行,并作序弁首。按夫之于四书有《稗疏》《训义》《读大全说》《考异》诸编,考核典故,发挥理蕴,亦既详备。是书盖病讲章时文,曲解混说,迷误学子。因取全书,随意笺释。其言曰:“讲章时文黑暗数百年,天下秀才无一通文理者,亦极愤恨之至矣。”是书虽为正讲章时文之谬而作,而体会涵泳深有所得。如谓“致知格物,变文言在者,以若云‘先格其

① “釜”,中华本作“釜”。

② “明”,中华本作“清”。

物’,则‘其’字不妥;若云‘先格物’,又不成句”。又谓“俗解慎独,或云在致知前,或云在致知后,俱错。若说在致知前,则已能诚意,何待致知?若说在致知后,岂致知时,任其意之恶而不慎。经云‘致知而后意诚’,非非致知而后诚意。① 其谬在将‘先’字作‘前’字解”。又谓“心不在只不在视听食耳,心不论在不在,只论正不正。此‘心’字乃好善恶恶之本志,非知觉之灵明”。又谓“天命之谓,程子以为兼人物言者非,物之性,无父子君臣等五伦,可谓之天生,不可谓之天命。至率性之谓道,尤不可兼物言。牛率牛性,马率马性,岂是道?若说牛耕马乘,则牛马之性,何尝要耕要乘?此人为,非天命也”。又谓“小人反中庸,乃尧时四囚与后世申、商、秦始皇之类。反中庸,是立意要反,亦自有济恶之才”。又谓“‘巧笑’章,子夏言礼后,正与夫子言仁言俭言戚之理合。而引《诗》相证,以见凡物之理,无不以朴质为先。言《诗》而可得性情之正,为人心风俗治道之要,方是诵《诗》有益,故曰可与言《诗》”。② 又谓“‘齐桓、晋文之事’,‘事’字乃其富国强兵之略。如齐之作内政、寄军令,晋之作原田、作州兵之类,正与保民之仁术相反,不得搀入会盟征伐”。又谓“道性善,盖言人皆有至善之性,则可与尽至善之道。称尧舜者,乃称尧舜平治之道。世子疑吾言乎,非如告子辈疑性之不善,乃疑国小力弱,不可以尧舜治天下者治之也。夫道一而已矣,时无古今,势无强弱,止有个道理”。以上诸解,特见清晰。又据孟子言“伯夷治则进,乱则退”,可证伯夷让国后尝仕于他国,战国时尚传之,可补史传之漏。其于朱注亦间有纠正,如“权然后知轻重”节、“舜往于田”章,俱谓注不可从。又于“为政以德”注云:“所以正人之不正也。”“道性善”注云:“性即理也。”以为此乃通释“政”字、“性”字,非本章之旨。又于“天命之谓性章”,谓“盖人知有性以下,乃朱门后儒据祝氏本编入,非朱子原本”。综观全书,义多精粹,实可与《稗疏》诸书相辅而行③,非他陈滥

① “非非”,疑衍一“非”字。

② “言《诗》而可得性情之正”至“故曰可与言《诗》”,中华本无。

③ “相辅而行”,中华本作“相羽翼”。

讲章所可同日而语也。(14-388)

四书训义三十六卷 光绪十三年潞河啖柘山房重刊本

明王夫之撰。① 是书无序例。道光壬寅,王氏守遗经书屋始为授梓,板毁于火。光绪丁亥,潞河啖柘山房重刊之,弁以刘人熙序。大旨以《集注》为宗,粹于经文②,每章下先列朱注,次列训义。亦有训义阙者,当以朱注义已备,不须训也。所训不参异解,亦不涉典故。夫之所著《四书稗疏》《读四书大全说》《四书笺解》,于朱注多所纠正,此书概不引及。其略涉典故者,惟"三家者以雍彻"章,云:"周天子禘于太庙则歌雍,大夫少牢之祀,无明日绎祭之礼。即于祭之日,有司彻馔,而更设以宾尸,所谓彻也。鲁之三家,于彻而宾尸之祀乃歌雍焉。"又"季氏旅于泰山章"③,云:"天子祭名山大川也,则曰旅,合群而祀之也。诸侯祭境内山川不得曰旅,况于大夫"云云。此外俱是敷演大义,主于闿达,无甚精粹,阅之如一篇经义,与刘序所称"阐邹鲁之宏旨,畅濂洛之精义,明汉唐之故训,扫末学之秕糠",又云"若心所独契,确然质百世而无疑者,则亦不与《集注》苟同",证之本书,殊不相应。疑是夫之早岁所为④,故不及他书之精博。湘乡曾氏搜刻遗书甚备,乃遗兹巨帙,得非有意汰之耶?(14-390)

孝经传一卷 玉函山房辑佚书本

周魏文侯撰。《史记·魏世家》云:"桓子之曰文侯都。"⑤司马贞《索隐》曰:"《系本》'桓子生文侯'。"斯两书系代不同,名又不同,而同称文侯,固一人也。文侯事迹具《魏世家》,其著《孝经传》,《汉志》无明

---

① "明",中华本作"清"。
② "粹于经文",中华本无此四字。
③ 中华本此句后有"亦乏特见"四字。
④ "疑是夫之早岁所为",中华本作"疑是他人伪托,或夫之早岁所为"。
⑤ "桓子之",中华本作"桓子之孙"。

文,《志》有《杂传》四篇,或在其中耶?隋、唐《志》亦不载,不知佚于何时。惟《后汉书·祭祀志》刘昭补注引之,又《通典》《旧唐书》颜师古议亦引之。贾思勰《齐民要术》引"民春以力耕,夏以镪耘,秋以收敛"三句,而不著经句。朱彝尊《经义考》云:"当是《孝经》'因天之道,分地之利'注也。"余萧客《古经解钩沈》因取属"因天之道"下。然《淮南子·人间训》载:"解扁为东封上计而入三倍,有司请赏之。文侯曰:'吾土地非益广也,人民非益众也,入何以三倍?'对曰:'以冬伐木而积之,于春浮河而鬻之。'文侯曰:'民春以力耕,夏以强耘,秋以收敛。冬闲无事,以伐林而积之,负轭而浮之河,是用民力不得休息也。民以敝矣'"云云。即此三句所出,显非注语。按《汉志·儒家》有《魏文侯》六篇,《淮南》所引,必出彼书中。然既是文侯之语即据为解经之传,不为赝造。文侯尝受业于子夏,其为说必得尼山之真传。且传《孝经》者,亦莫古于此。虽只鳞片羽,胡可听其湮晦也。书为马国翰辑本,刊于《玉函山房辑佚书》中。(14-391)

孝经后氏说一卷 玉函山房辑佚书本

汉后苍撰。《汉书·儒林传》:"苍字近君,东海郯人,通《诗》《礼》,为博士,至少府。"又《艺文志》"《孝经》十一家",有《后氏说》一篇。邢昺《正义》曰:"《孝经》遭秦坑焚之后,为河间颜芝所藏。初除挟书之律,芝子贞始出之。长孙氏及江翁、后苍、翼奉、张禹等所说皆十八章。及鲁恭王坏孔子宅,得古文二十二章,孔安国作传。刘向校经籍,比量二本,除其烦惑,以十八章为定,而不列名。"据此则苍所说今文《孝经》也。隋、唐《志》俱不著录,佚已久矣。考《汉书·匡衡传》上疏称引《孝经》,而《苍传》云"授翼奉、萧望之、匡衡",则衡乃苍之弟子也。汉人说经守师法,则衡说即苍说也。其引经文颇不同今本,如引《大雅》曰:"无念尔祖,聿修厥德。"今本"曰"作"云"。又引"德义可尊,容止可观,进退可度,以临其民。是以其民畏而爱之,则而象之"。今本"德义可尊"下有"作事可法"一句,而《疏》无之。是又考异者之所资也。书为马国翰辑本,刊于《玉函山房辑佚书》中。(14-392)

孝经安昌侯说一卷 玉函山房辑佚书本

汉张禹撰,清马国翰辑。禹字子文,河内轵人,官至丞相,封安昌侯。事迹具《汉书》本传。《汉·艺文志》“《孝经》十一家”,有《安昌侯说》一篇。隋、唐《志》俱不著录,佚已久矣。邢昺《正义》引刘瓛述张禹之义,止一节。其他有但称“旧说”者,国翰亦附入之。以为《汉志》《孝经》以“说”名者,禹之外有长孙氏、江氏、后氏、翼氏。禹之义既见于刘瓛所引,则其佚说在六朝时尚存。《正义》取裁齐梁诸疏,故得据而述之。按刘瓛所引,明指张禹,则称“旧说”而未指名者,似难一例。惟《正义》引“郑曰诸家”一条,统称诸家,内自有禹,此则不嫌硬断耳。书为《玉函山房辑佚书》本。(14-392)

孝经殷氏注一卷 玉函山房辑佚书本

晋殷仲文撰,清马国翰辑。仲文《晋书》有传,而字里缺如。《文选注》引檀道鸾《晋阳秋》云:“仲文字仲文,陈郡人,官至东阳太守。”其事迹则详载本传。《隋·经籍志》:“《孝经注》一卷。”云梁有,又云亡,盖亡于隋矣。而《唐志》复见著录,则唐时又得之也。其书殆佚于唐后。邢昺《正义》引三节第十四章“居家理故治可移于官”下,今注疏本有“故”字。《正义》曰:“先儒以为‘居家理’下阙一‘故’字。”《御注》加之。是唐以前本“故”字并阙,仲文注本亦应如是也。国翰据以增入一条。然国翰辑谢万注,于第十五章“昔者天子有争臣七人”,《正义》曰:“按孔、郑二注及先儒所传,并引《礼记·文王世子》以解七人之义。”按所云“先儒”者,当亦包仲文而言,则此条亦不可不增入也。书为《玉函山房辑佚书》本。(14-393)

集解孝经一卷 玉函山房辑佚书本

晋谢万撰,清马国翰辑。万字万石,陈国阳夏人,官至散骑常待,安之弟也。事迹见《晋书》本传。《隋·经籍志》:“《集解孝经》一卷,谢万注。”《唐志》则谢万注,不云《集解》,卷同。邢昺《正义》引四节,国翰又据第十四章"居家理治可移于官",《正义》曰:"先儒以为,'居家理'下阙一'故'字。"《御注》加之。第十五章"昔者天子有争臣七人",《正义》曰:"按孔、郑二注及先儒所传,并引《礼记》'文王世子',以解七人之义。"所云"先儒",万当在内,因增入二条。又第十一章"子曰:五刑之属三千,而罪莫大于不孝",《正义》引旧注及谢安、袁宏、王献之、殷仲文等说,云"不孝之罪,圣人恶之,在三千条外"。但谢安注《孝经》,不见隋、唐《志》。国翰以为安与万系一家之学,附录于后。书为《玉函山房辑佚书》本。(14-393)

四书教子尊经求通录八卷　嘉庆七年刊本

清杨一昆撰。一昆字无怪,河北天津人,举人。是大旨攻宋人,谓"宋人著书,非理不言,而《论语》二十篇并无一理字"。又谓"程朱注《中庸》,尽将其所学者一概搀入,以佛经道说愚混天下后世"云云。书中最服膺毛西河①,而不尽用其说。虽攻朱子,而不尽废其说。有关于名教至大者,如"子贡问孔文子"章,谓"夫子微词以示贬,勤学好问,无关齐家治国平天下之道,况谥文者卫灵公谥之。曰'是以谓之文',固谓卫灵公及卫人辈以是谓之文也"。"公山不狃以费畔"章,谓"此章记于'牛刀'戏言之后,盖亦戏言也。公山止图季氏,而夫子乃为东周,则公山不召而夫子亦不往可知也"。"佛肸召"章,谓"子路述'亲于其身'句,子曰'然有是言也'。一语便可了结此章,盖深是其说之不可易也。以下则曰:'彼召我者,欲磨我也,欲涅我也。'又以'吾为匏瓜,人无食之者,必无可用者也。而吾岂往为不善哉?'""高子曰小弁"章,依赵岐注,"为尹吉甫之子伯奇,遭后母之谗,被逐而作。若为宜臼之诗,或为宜臼之傅之诗,弑逆之徒,何得谓之孝、谓之仁?"凡此数章,注家不得其解,则肆为曲说,得此乃知圣人自无可议也。他若"哀公问社"章、"子游为武城宰"章、"阳货欲见孔子"章,俱按切鲁事为解。"孟子谓蚳蛙"章,谓"蚳蛙所谏,必士师所当言,非孟子所当言者。孟子所谓'官守言责',

---

① "书中",中华本作"一昆"。

即士师之官守言责也。否则,疑于卖友矣"。皆发前人所未发。至如冉子与粟五秉,及"欲洁其身以乱大伦"一语,虽圣贤之言行,亦不苟同,则无论宋人矣。其他妙义尚多。首有一昆自作弁言,谓"通者达也,达世情与世事也"。又谓"读书者第尊程朱之注,不暇尊孔孟之经"。又谓"天下后世必无信此书者,第以教子耳,命名之意本此"。书刊于嘉庆七年壬戌。(14-394)

四书求是五卷 道光元年刊本

清苏秉国撰。曰"求是"者,取汉河间献王"实事求是"之意。首有汪椿序,又有汪廷珍序,则专为《论语》作也。秉国于《论语》《学》《庸》《孟子》各有自题,书分《论语》二卷、《大学》一卷、《中庸》一卷、《孟子》一卷。大旨以先儒所注或未确实,不得不辨。又旧说可从及后来解义独得者,当并述之。又文字转写讹羡有可考者及所当存疑者,亦不得略。书中如"贤贤易色",用颜师古说。"贤贤"尊尚贤人,"易色"轻略于色,分为二事。按汉李寻论天象云:"少微在前,女宫在后。""贤贤易色"取法于此。是汉人已有此说,不始师古也。"民免而无耻",谓"'免'即免于刑戮、免于罪戾之'免'。乃政刑之实效,不得因而'无耻'一折,遂轻视'免'字。政刑德礼自有浅深,而圣人之言,初无偏倚"。"曾子有疾"章"吾知免夫"之"免"亦同。《关雎》"乐而不淫,哀而不伤",谓系就乐声言之。且谓"《论语》言乐凡五章,皆论其声,不论其辞"。"不患无位,患所以立",谓"'立'当读作'位',上二句两'位'字,与下二句两'知'字文法一例"。他章"知柳下惠之贤而不与立也","立"亦作"位"。"不念旧恶",谓"事过境迁,非其人已改许其自新之谓"。"今也则亡,未闻好学者也",谓"'今也则亡',答公弟子一问已了;'未闻好学者也',乃并详当时不在弟子之列者"。"有妇人焉",谓"'妇'为'归'字之讹。古谓死人为归人,盖虢叔也"。"子欲居九夷"章,谓"舜为东夷主人,太公居东海之滨,若少连大连亦东夷之子,皆君子也。圣人气象谦退,断非自谓"。"季氏富于周公",谓"周公指鲁君"。《鲁颂》"戎狄是膺",释之曰:"周公方且膺之。"此"周公",鲁僖公也。鲁为周公之后,故即以周公言之。《论语》书法可推而知。①“不能期月守也”,谓“期月是匝一月,非周一年。《中庸》‘不能期月守也’,亦同”。“郑声淫”,谓“‘郑’字非国名,郑声乃繁声”。凡此诸条俱确不可易。尤通者,谓“鬼神于阴阳二气外自为一项,必如此,则经书中言鬼神者方得其解”。其书虽不尽释全经,而阐发多关精要,亦治四子书而深有得者也。《论语》自题署嘉庆庚辰,《学》《庸》《孟子》自题署道光元年。书则道光元年辛巳所刊也。(14-395)

四书疑言十卷　光绪八年刊本

清王廷植撰。廷植字实丞,江西庐陵人,嘉庆进士,官至川东兵备道,罢官后寄居长沙。② 是书首有李元度序、陈三立序、毛庆藩序及书,又有自作凡例。疑者,疑朱注也。《大学》就旧释之,义未尽者别为说。《中庸》亦统释全篇,义多独得。如谓“‘回之为人也’,即‘回之为仁’,古文‘人’与‘仁’同。而舜之智,回之仁,由之勇,自文从而字顺”。“道不远人”,“道即五达道之道,人即五伦之人。以人治人,即以五伦治五伦之人。求乎子臣者,求君子为子臣之道于己,非求之人”。“博学”五“之”字,指五达道九经而言。“致曲”即致层累曲折之功,“崇礼”即崇此三千三百之礼。又谓“孔子作《易》,子思本祖训而作《中庸》,与《易》多所发明。《易》言‘大人与天地合德,日月合明,四时合序,鬼神合吉凶’。《中庸》言‘君子建诸天地而不悖,质诸鬼神而疑’。③ 如‘四时错行,日月代明’。故曰《易》其至矣乎?《中庸》其至矣乎?”于《论》《孟》则就一章一节或一句为释,义未尽者亦别为说。如说气质之性,至数千言,然不遍及全书。不疑者则不言也。其要者,如“殷因夏礼,周因殷礼”,谓“礼指吉凶军宾嘉,不指三纲五常”。“不如诸夏之亡也”,“亡”

---

① “《论语》书法可推而知”,中华本无此句。

② “廷植字实丞”,中华本作“廷植榜名廷柱,字实丞”。“嘉庆进士”,中华本作“道光甲辰进士”。

③ “疑”,中华本作“无疑”。

读本字,谓“诸夏之君出亡在外”。并举《春秋传》鲁昭二十二年景王崩,王室乱,王猛出居。王猛卒,敬王立,居狄泉,尹氏立王子朝。至昭二十六年,王子朝奔楚,王始入成周。周天子在外凡五年。又昭二十五年,公孙于齐,次于阳州,后如晋。次于乾侯,三十二年薨于乾侯。鲁君在外凡八年,为诸夏无君之证。“回也其心三月不违仁,其余则日月至焉。”谓“至”即“不违”之意。谓一日不违,或一月不违也。“自牖执其手”,引《诗》“天之牖民”注,“牖”与“诱”通,谓“伯牛疾已垂危,夫子以己手引诱伯牛之手,视其能举手与夫子执之否”。“不有祝鮀之佞,而有宋朝之美。”谓“专就卫事言,佞才也。祝鮀善应对,左氏定四年皋鼬之会,若非鮀援故典以折苌宏,几何不辱国?固宋朝而蒯聩出奔,出公继立,是后篡夺频仍,则宋朝之美贻之祸也”。“子见南子”章,谓“卫辄立,南子当国之时,夫子之见意在立郢。子路仕孔悝,属于辄党,故不悦”。夫子正告之曰:“吾所以为不可者,天亦弃绝之。”“天亦弃绝之”,谓“辄之罪上通于天也”。“有妇人焉”,亦主“殷人”之说,但谓“殷人”为箕子,以箕子陈《洪范》,为治天下大经大法所在,而又不得臣之。他日又言“殷有三仁焉”,可证。按他说有言“妇人”为“归人”之误者,《书》大序云:“乃遂伐纣克殷,以箕子归。”据此则“归人”亦可属箕子,惜廷植未考及此。“微子去之”,谓“去纣而还其封国”。凡此诸条,俱解新而理惬。其他虽于文义无关重要者,亦多订正。如《大学》“自谦”之“谦”、“义莫吾犹人”之“莫”、“游于艺”之“艺”、“天纵”之“纵”、“不占”之“占”、“非道宏人”之“宏”、“法而不廛”之“法”;“养气”章之“子夏”字、“缩”字、“守气”字、“集义”字、“勿正”字、“汙”字,俱于其字画相似者正之。至于“爪”不作“必”,“少”不作“坐”,“五十”不作“卒”,“三月”不作“音”,其原字较胜者,悉因之。又谓“注非衍义之比,朱注杂引史事为不合”。具见精审不苟。书刊于光绪八年壬午。(14-396)

大学解一卷 光绪十三年刊玉函山房续目耕帖本

清马国翰辑。是书搜采颇僻,如“明明德”引胡煦《篝灯约旨》云:“不专曰德而曰明德。乾卦‘乃见天则’,复卦‘克见天心’,此两‘见’

字,便是此'明'字。""至善"引贾联枢《尊经堂四书笔记》云:"至善,礼也。《论语》'动之不以礼,未善也'。是至善为礼之切证。""格物",引褚稼轩《坚瓠集》云:"兽有名格者,形似猩猩,而知吉凶。人有意害之则去不来,否则可援而狎也。格有前知,古人借作格物之格,意或以此。""康叔",引《尚书》孔《传》及《竹书纪年》,"武王封康叔于康,康乃畿内国名,故康子之子亦称康伯",可证康非谥法。又"汤之盘铭",引元好问《夷坚志》云:"安常从党承旨学大篆,多识古文奇字。太和末,曾见内府所藏汤盘,作白玉斗,近四寸底,铭九字,即'德日新、日日新、又日新'也。"按此条可证近人据新发见古器,谓作《大学》者不识字之妄。"淇澳",引唐蒙《博物记》云:"有奥水流入淇。"郦道元《水经注》云:"肥水谓之澳。"可为陆玑《诗疏》增一证。"人莫知其子之恶",引《吕氏春秋·去尤篇》云:"鲁有恶者,其父出而见商咄,反而告其邻曰:'商咄不若吾子矣。'且其子至恶也,商咄至美也。彼以至美不如至恶,尤乎爱也。"可证俗谚亦有所本。"见贤不能举"节,引《尊经堂笔记》云:"'命'当读'如'字,言见贤而不能举,举而不能先,如李广有功不侯,冯唐白首为郎之类,犹可诿之曰命也。若不善而不能退,退而不能远,安危利菑,岂非过哉?语意趋重下截。"按以上诸俱新而甚惬①,他条俱可备异解。书为玉函山房《续目耕帖》之一种,刊于光绪十三年丁亥。(14-398)

中庸解一卷 玉函山房续目耕帖本

清马国翰辑。是书搜采多僻,与所辑《大学》同。引公孙弘上书曰:"臣闻天下之通道五,所以行之者三,曰君臣、父子、兄弟、夫妇、长幼之序,此五者天下之通道也。智、仁、勇,此三者天下之通德也。所以行之者一也。故曰'力行近乎仁,好勇近乎智,知耻近乎勇'。知此三者,则知所以自治。知所以自治,则知所以治人。天下未有不能自治而能治人者也。"司马贞《索隐》曰:"案此语出《子思子》。"案《汉志》"《子思

---

① "按以上诸俱新而甚惬",中华本作"按以上诸解,俱新颖可喜"。

子》二十三篇",《文献通考》作十三卷,而不详篇数,《中庸》当即其中一篇之目,至宋尚存,《小戴记》盖重载之。而《中庸》为子思作,殆无疑义。又引张尔岐《中庸论》曰:"中庸者,赞礼之极辞也。《中庸》一书,礼之统论约说也。"又引贾联枢以"水庸"之"庸"训"庸"字①,谓"以中为范,与《礼·坊记》《表记》同义"。尤新。他若引汉刘耽《吕梁碑》:"虞幕生穷蝉,穷蝉生敬康,敬康生桥牛,桥牛生瞽瞍。"世次甚明,可正《史记》之误。证以《左传》载史赵言:"自虞幕至于瞽瞍无违命。"郑众注:"幕,舜之先祖。"又《书》曰虞舜,又曰嫔于虞,是幕为有功始封之君,虞为有国之号。舜祖虞幕,不祖颛顼甚显。而《祭法》所云"有虞氏禘黄帝而郊喾,祖颛顼而宗尧"者,古之所谓宗祖,乃古有天下之称。有功则祖之,如《书》所谓文祖、艺祖之类。有德则宗之,如《书》所称神宗之类。皆非己之所自出云云。此条最精惬。又朱注释"蒲卢"为"蒲苇",本之沈存中,以与"地道敏树"相应也。然旧注"蒲卢蜾蠃",谓土蜂,于《毛诗》《尔雅》皆有证。而《家语》载此篇"地道敏树"上有"天道敏生"语,则亦相应。又引《山海经》"青要之山有鸟名蒲卢",则蒲卢又为鸟名,彼作草名者特成孤证矣。此外若论性、论社诸条,广征异说,俱见赅洽。书为玉函山房《续目耕帖》之一种。(14-399)

逸孟子一卷 光绪十三年玉函山房续刊

清马国翰辑。是书仿《孔子集语》之例,于七篇外搜采群书,零章断句在所不弃。惟诸书所引《孟子》,或概括原文之意,或就原文而申解之,虽与七篇原文少异,未必全出七篇之外。且国翰所收遗漏尚多,如首条引《荀子·性恶篇》,孟子曰:"人之学者其性善。"而《荀子·大略篇》引孟子三见宣王而不言事,门人曰:"曷为三遇齐王而不言事?"孟子曰:"我先攻其邪心。"乃不之引,则其他可知。其引《俊英玑珠》,孟子曰:"江海异于行潦者深广也,泰山别于丘陵者高大也。若深不异于行

---

① "水庸",中华本作"中庸"。

潦,则孺子浴其渊。高不出于丘陵,则跛牛涉其颠。”此条仅见于陈士元《杂记》转引,而《俊英玑珠》,究何所据①,毋乃近滥。书中不及《外书》,以赵岐有依放而托之语也。按《北堂书抄》引《逸孟子》曰:“战者,危事也。”《孟子》称“逸”,岂六朝时《外书》尚存,至唐初而逸耶?又按周兴嗣《次韵千字文》有“孟轲敦素”语,李瀚《蒙求》又“孟轲养素”语,今七篇无其说,岂亦出于《外书》耶?书为光绪丁亥玉函山房续刊本。(14-401)

孟子郑氏注一卷 玉函山房辑佚本

汉郑玄撰,马国翰辑。按《汉书》玄本传,不载玄《孟子注》。而《隋志》载“《孟子》七卷,郑玄注”,《唐志》同。其书久佚,而他传记亦绝无征引者,无从考也。国翰从玄所著诸书中,引及《孟子》及概括《孟子》义者,辑录成一卷。虽非本书,但文字与今本异者,可准郑笺《诗》改字及注《鲁论》以齐古读正之例而训释之。得诸他经注者,固无以殊于本经。使玄于《孟子》无注而有注,亦一奇也。末二条,綦毋邃注《外书》引之,又可证熙时子本之非伪矣。书为玉函山房辑佚本。(14-402)

齐永明诸王孝经讲义一卷 玉函山房辑佚本

无撰人名氏。按《隋志》载齐永明三年《东宫讲》、永明中《诸王讲》及贺玚讲、议《孝经义疏》各一卷,梁而隋亡。又按《南齐书·文惠太子传》:“永明三年,于崇正殿讲《孝经》,少傅王俭以摘句令周颙撰为《义疏》。五年冬,太子临国学,亲临策试诸生。”下载太子问王俭、张绪及竟陵王子良、临川王暎问答十四条。《传》言“永明五年”,与《隋志》所称“永明中讲”决为一事。国翰即据《齐书》辑成此卷。太子与诸王,一堂辨难经义,于此仅见,不可没也。书为玉函山房辑佚本。(14-402)

---

① “究何所据”,中华本作“究据何书”。

李氏孝经注辑本一卷附曾子大孝编注一卷　咸丰五年刊浦城遗书本

清李光地原注。原题《孝经全注》，邵懿辰改今名，而以自注之《曾子大孝编》附之。是书异于他本者，则削去章次之目，以为本经之纲在"爱""敬"二字。《天子》章"爱亲者不敢恶于人，敬亲者不敢慢于人"，与下文"不爱其亲而爱他人者，谓之悖德；不敬其亲而敬他人者，谓之悖礼"，互相推阐，实为通贯五孝之旨。"标目"者，专归之《天子》章，而脉络遂不可寻。章句之间，所以有凌杂之可议也。其最精之论，谓"仁孝之理，得之最先，而统之最全。惟其得之最先也，故施由亲始。而二本而无分者，不足以言道也。惟其统之最全也，故事无终穷。而于万物为有外者，不足以尽仁也。孟子之距墨翟，韩愈、朱、程之辟释氏，其原本之差，正在于此"。又谓"本经中间，与《左传》文相出入，故先儒以为疑。然《易·文言》释四德处，亦左氏文。《左氏传》出最后，大抵采摭经史，杂以传授见闻，乌知非左氏撮《易》《孝经》之意而为之辞"。按此说极通。其附以《大孝编》者，亦本于朱子所云《孝经》宜附以《语》《孟》《礼》经诸论孝语之意。又以《小戴记·祭义篇》所载"曾子曰"数段即《大戴记·曾子大孝》全篇，而意义精深，出《事亲》《本孝》诸篇之上，因厘为六章，而《疏》所为与《孝经》发明之意。今按二注，俱粹于言理。咸丰五年，祝凤喈合刊入《浦城遗书》，并为之序，称"懿辰并辑光地语录、文集附后"，今取《全注》本相校，实无所附。其改《全注》为今名，亦不知何故。懿辰尚著有《孝经通论》四卷，咸丰辛酉殉杭州之难，其稿随失云。（14－403）

孝经引证一卷　崇祯二年刊本

明杨起元纂。是书杂采《小戴记》言孝者，凡中间杂以十余条，每条后引经以结之，所谓"引证"也。惟张子《西铭》一条已属佛类，末一条云"佛言凡人事天地鬼神，莫若孝其二亲，二亲最神也"。兰公曰："孝至于天，日月为之明。孝至于地，日月为之生。孝至于民，王道为之成。"

曾子曰:“夫孝置之而塞乎天地,溥之而横乎四海,施之后世而无朝夕。推而放之东海而准,推而放诸西海而准,推而放诸南海而准,推而放诸北海而准。”经曰:“孝弟之至,通乎神明,光乎四海,而无所不通。”援佛入儒,弥觉荒诞。按《明史》称起元学不讳禅,其以是欤?书刊于崇祯三年庚午。(14-404)

古文尚书辨[①] 旧抄本

清张文岚撰。文岚字风林,浙江萧山人,诸生。文岚学于毛奇龄,奇龄信古文《尚书》,同时阎若璩作《疏证》攻古文,奇龄因之作《冤词》。后于奇龄者有李绂、谢济世俱攻古文,胡渭与奇龄同时,所著《禹贡锥旨》,亦有攻孔《传》语,俱为奇龄辨驳所未及。文岚是书,犹奇龄志也。李绂谓“人心、道心二语出《荀子》,《荀子》则称‘道经’,非《尚书》语”。其说虽本之梅鷟,而引证较详。文岚驳谓:“二语果出《荀子》,则伪造《尚书》者,自必曾见《荀子》,何至以‘道经’为《尚书》?又‘道经’非道家所专有,周秦前不称老庄为道家,《荀子》必不肯引道家书。”绂又谓:“司马迁问故于孔安国,而所引之经绝不类。”文岚驳谓:“《史记》引《汤诰》《太誓》,并未言出自《尚书》。”又谓:“班固称司马迁从安国问,全书卷帙浩繁,所记几何。故当时止取百篇之序入史,其余惟《泰誓》篇仿佛原词约略填凑,至《汤诰》则另是一篇。若谓《史记》所引为真,晋宋以来所行者为伪,何以经传中凡引《汤诰》《泰誓》者,皆在今世所行书中,并无一字与《史记》合?”胡渭谓:“积石在金城西南,金城置郡在昭帝始元六年,非武帝时有。”文岚引《山海经》“积石山在金城河关西南境中”,则金城之名已古。渭又谓:“瀍水出谷城,魏始置谷城入河南,而《传》云‘瀍出河南北山’。”文岚驳谓:“汉初已有河南郡,见《汉书·地理志》。‘河南北山’者,言河南境内之北山耳。”渭又谓:“孟津在河阳之某地,东汉始移其名于河南。而《传》云‘在洛北’,似以为河南洛北。”文岚驳谓:“孟津在河北,至今未改。《传》云‘在洛北’者,正言在

---

① “古文尚书辨”,中华本作“古文尚书辨一卷”。

河北也。河北即河阳,不言河阳而言洛北者,以经言河之东至,《传》不必河北混之也。”凡此诸条,皆足关攻古文者之口。至谢济世则肆其狂说,谓:“孔壁何尝有古文?金石丝竹之声,科斗之书,及送官承诏遭巫蛊云云,皆安国伪造。”直抹煞《史记》《汉书》,斯不值一驳矣。文岚更得一古文不伪确证,谓“汉之‘邦’字、‘恒’字、‘启’字,魏之‘丕’字,蜀之‘备’字,吴之‘权’字,晋之‘师’字、‘昭’字、‘炎’字,皆直书不讳”,为自来考古文者所未及。惜洪良品、吴光耀诸人未睹其书也。书系旧抄本,取较文岚所撰《螺江日记》《续记》,俱在其中,岂著者初本单行,后乃并入《日记》欤?抑读者从《日记》汇而集之为专书欤?未可知矣。(14-407)

古文尚书賸言一卷 稿本

清洪良品撰。良品所著《辨惑》《析疑》《释难》三书,已刊布于世,是书成之在后,故曰“賸言”。盖良品门人萨廉官国子祭酒,于课士日,以孔《传》二十五篇、古文与孔《疏》二十四篇真伪辨命题,而以卷属良品评阅,良品乃逐卷剖示。又就课题自拟四篇,即此书也。剖示之语,各有发明。其自拟之四篇,则可补《辨惑》三书所未及。首篇谓“自来疑古文者,实缘于误会孔《疏》。故欲辨孔书真伪,须先辨孔《疏》。孔《疏》之误,以刘、班不见古文,而谓二十四篇即其十六篇。夫刘歆《移博士书》云‘古文十六篇’,又云‘《泰誓》后得’,是古文与《泰誓》,本区别言之。班固因于刘歆,虽以《泰誓》立学计入伏生书内,而其不得以今《泰誓》为孔壁古文自同。孔颖达既知伏生书内本无《泰誓》,而不知刘、班所云古文内亦不得有今《泰誓》,乃以二十四篇之兼今《泰誓》者,推之于刘、班,是诬刘、班也。张霸之徒,不知古文不容有伪《泰誓》,但见郑康成分《泰誓》为三篇,乃造足以充五十八篇之数。今梅、阎辈乃谓郑逸书有今《泰誓》与二十四篇,是又梅、阎辈之诬郑也。自颖达误以二十四篇为刘、班不见古文,致后世不信刘、班不见古文之语,因不信此二十四篇为伪书,而梅、阎辈即乘此隙,遂据刘、班所见,即此二十四篇,以为攻古文切证。但康成虽分《泰誓》,固云《泰誓》得自民间,则二十四篇之非郑述自见。张霸之徒,不以《泰誓》充数,即无以符五十八篇总数,更无以符四十六卷总数。而孔壁初出,断无豫知康成分篇之理。则二十四篇之为伪造,亦无以自解。于是攻古文者知伪书之证在《泰誓》,则自翻前案。一则曰《泰誓》又有遗漏,再则曰《泰誓》中下二篇未得,而不知此皆为马融所验、郑康成所分者。本据马、郑以攻古文,至此并马、郑之论而亦畔之,盖无往而不用其臆造矣"。次篇论郑注之乖舛,张霸书与纬书混淆,郑以纬注经,即以《百两篇》注《书序》。三篇论阎、惠诸家,莫不痛诋孔《疏》,实乃阳斥而阴宗之。既用其文,又违其旨,直以己意为古说。四篇则申首篇未尽之意,并谓"近世以辨古文,故诸家辄率臆改《书》以就己说。而局本《史记》《汉书》复沿其误,以改古书①,事久将不可辨"云云。卷首又有周绘藻序,李文田、左绍佐题词。书未刊,传者但录本耳。(14-408)

书序考异一卷　光绪间刊本

清王咏霓撰。咏霓字子裳,浙江黄岩人,举人,官江西知府。是书大旨,以《书序》非孔子作,孔壁所出十六篇之名,亦不可信。杂引诸经传、注疏、史志、各家之论,以证其异,异即伪矣。开首谓"孔子序《书》百篇,伏生所授只二十八。孔壁古文,得多十六篇,犹缺其半。何以伏生所授,绝无一篇出于其外?"按《史记·儒林传》云:"孔氏有古文《尚书》,而安国以今文读之。"《隋·经籍志》则云:"孔安国以今文校之,得二十五篇。"又云:"其余编简错乱,不可复读。"曰读曰校,盖百篇之书本全,特古文难识,幸有今文对校,乃能读之。既识此二十八篇,因之而通其他之十六篇,此外即所谓"篇简错乱不可复读"者也。窃意此二十八篇,岂无一二错乱?但既取证今文则缺者,直以今文补之可矣。理甚易晓,何至矜为千古未发之疑。至谓"以《书序》为孔子作,始于马、郑",引孔颖达《正义》为证。按《书序》为孔子作,见于《史记》《汉书》。《正义》曰"此《序》郑玄、马融、王肃并云'孔子所作'",盖谓三君亦以为是

---

① "以改古书",中华本无此四字。

云尔,非始之也。又引顾亭林说,谓“有《夏书》无《虞书》,而《左传》文十八年引‘慎徽五典’云云,明称《虞书》,则以为后人所改,或刘歆所窜”。《说文》亦多引《虞书》,又以许君为东汉时人,信口翻覆,何所不可?又引《孟子》“二十有八载,放勋乃殂落”,而谓之《尧典》,谓“序之别为《舜典》者非”。按古人引书原不尽拘,如《左传》僖二十七年赵衰引《夏书》曰:“敷纳以言,明试以功,车服以庸。”此《舜典》之文,而以为《夏书》,况又《礼记》引《太甲》篇又称《尹诰》,《咸有一德》篇亦称《尹诰》,《孟子》引尧事称《尧典》,亦同此例。即以《孟子》证之,《论语》“生事之以礼,死葬之以礼”,孔子言也,而《孟子》引作曾子,此又何说?又论《弃稷》名篇之误,按以《弃稷》名篇,实马、郑、王之误,古文则作《益稷》。《书叙》云“皋陶矢厥谟,禹成厥功,帝舜申之,作《皋陶谟》《益稷》”。不以“谟”字统《益稷》,下明谟本《大禹》《皋陶》二篇,《益稷》乃分出者。又明其非《益稷》之言,故不统入“谟”字上,不可混也。又论《五子之歌》,误以五观为五人。按《史记·夏本纪》:“太康失国,昆弟五人,须于洛汭,作《五子之歌》。”《离骚》:“启九辩与九歌兮,夏康娱以自纵;不愿难以图后兮,五子用失乎家巷。”王逸注引《尚书序》曰:“太康失国,昆弟五人,须于洛汭,作《五子之歌》。”此逸篇也。楚语称“启有五观”,又云“奸子”“贤不肖”,相去绝远,自是二事。书中惟论《泰誓》一条尚不误。全书大都拾人余唾,甚少独见,学与辨又不足以佐之,真韩昌黎所谓蜉蝣撼大树也。书无刊板年月,约在光绪间。(14-410)

书序答问一卷 光绪间刊本

清王咏霓撰。是书与所著《书序考异》并行,《考异》所未尽者,则设为《答问》以畅之也。中多牵强之词,甚于《考异》。按《史记·孔子世家》言“孔子序书,上纪唐虞之际,下至秦缪,编次其事”。所谓“编次其事”者,非作序乎?咏霓乃以为序者次也,谓“次其时代之先后尔”。然则百篇之序,何以多载于《史记》?至班孟坚《艺文志》云:“书之所起远矣,至孔子纂焉,上断于尧,下讫于秦,凡百篇而为序。”言其作意。又《儒林传》云:“孔子反鲁,究观古今篇籍,于是叙书则断《尧典》。”较《史记》更详更显。咏霓乃以为孟坚之言,乃袭刘歆《移博士书》语,不知其误。“叙书”之“叙”字,亦只是“叙次”之“叙”。《儒林传》为孟坚自撰,故不云言其作意。不思《艺文志》专为艺文而作,故言之较详,《儒林传》若再言之则复矣。且《儒林传》无“下讫于秦”一语,岂《尚书》亦不讫于秦耶?谓《儒林传》为孟坚自撰,岂《艺文志》非孟坚自撰耶?若伏生所传二十九篇有否《书序》在内,说者不一,亦不胜辨。但伏生固非未见《书序》者,证于伏生《书传》所说文义多与《书序》相合,可以决之。然咏霓则以为作序者取于传,非作传者取于序矣。书中又就陈寿祺《经辨》所举十七证逐一致驳,亦未中窾肯。其尤显者,如第三证据《儒林传》云“张霸分析合二十九篇以为数十”,又采《左氏传》“书序作为首尾”云云,因断霸所取《书序》出今文,极确。咏霓必委曲为之解,谓“霸所分析者固属今文,而亦未见《书序》者”。然传固云左氏传《书序》,岂欲删去“书传”二字耶?他说多无关要旨。按百篇之叙本不无错谬,司马迁之说原未可尽信。惟必有所受,有谓为秦汉间人所作者,则不可以欺伏生。咏霓徒据《书传》《史记》《汉书》以攻之,只见其失据耳。书无刊板年月,当在光绪间。(14-411)

立政臆解一卷 民国八年烟霞草堂丛刊本

清刘光蕡撰。首有自序,言“泰西宪法精理,《尚书》二十八篇已阐之。而《立政》一篇,尤重用法。克知灼见以任人,博采庶言以为法。王则罔兼罔知,勿间勿误。人法相维,自天子至于庶人各守其范。故终饬司寇之执法,胥天下而范之于道”云云。全篇就此意阐发,大意尚不差谬。而附会可厌,即如常伯、常任、准人,蔡《传》谓“有牧民之长曰常伯,有任事之公卿曰常任,有守法之有司曰准人”,本无不合,乃附会谓“常伯如西国之君相,及上议院勋贵为之;常任即西国行政之官;准人则西国下议院,以国人之公论议定宪法而行之,准人情以为法也”。试思成王时,岂有如上议院与下议院者耶?岂有定于国人公议之宪法耶?他附会多类此。然亦有较长于旧解者,蔡《传》谓“此篇周公所作,而记之者周史也”。然开首“周公若曰拜手稽首告天子王矣”,何以多“若曰”

二字？光蕡以此周公作书戒王，用书戒，不面陈者，欲王悬之坐侧，终身守之也。"拜手稽首"四字，即从周公口中说出，如后世奏表中有"稽首""顿首"语也。"艺人"，蔡《传》谓"卜祝巫匠执技以事上者"，光蕡谓教学之官，即教民以六德六行六艺者也。大抵光蕡为此，在援古以证今，但借伸其政论，不求合乎经旨也。经文"虎贲缀衣趣马小尹"下，脱"左右携仆百司庶府"八字，则校者之咎矣。书为民国己未《烟霞草堂丛刊》本。(14－412)

尚书微一卷 民国十三年刊本

清刘光蕡撰。是书所诂，止《西伯戡黎》《牧誓》《洪范》《金縢》《大诰》《康诰》《酒诰》《梓材》《召诰》诸篇，多自出新解。释《金縢》尤新，谓"武王知周公之圣，荐之于天祖，而天祖已默许之。故此周公由三王以请命于天，以为天下初定，须有神武之君临于其上，方能镇慑无事，非己之仁柔所能胜任也。与《逸周书》有武王有疾以位让周公事，可以互证"。又谓"践祚居摄，系唐虞以来君薨之定理，舜、禹、益皆如是，殷高宗时犹行之。人君命相，即是命为己副，即是荐其人于天。故尧、舜、禹有命舜、禹、益事，无立太子事。前篇前叙周公之祷，即是辞武王之让。武王既崩，周公不能不循常理，践祚居摄。如益于启、伊尹于太甲，成王为太子，居丧不言，三年之后，相其才可为君，则奉之。以为帝王御世之常，重天下不能不如是也。至再世无圣人，遂沿为父死子继之常。由夏至周，习为成例。以武王、周公之圣，成王之贤，而流言发于骨肉，此世变之大者。传贤之局，所以唐虞以后不再见也"。此论创辟，得未曾有。篇中"我之弗辟"，"辟"训"法"不训"避"，最当。法，用法于三叔也。若作"避"，则流言方生，避居以自全，谁与定畔乱者？按《纪年》武王崩年五十四，此云九十三，盖沿《礼记》之误。又谓"史言成王少，少不必在襁褓"，亦当。《大诰》一篇最奥涩，此依王莽所仿《大诰》读之①，顿觉窒处

① "此依王莽所仿《大诰》读之"，中华本此句后有"按王鸣盛《后案》即如此"。

能通。又谓“《书》经惟叙舜、周公特详,全书以舜、周公为主也。即《春秋》以文王始以尧、舜终之意”。如此解,方见孔子删书,不同史钞。否则,人将以丛残掌故视之矣。惟书中引龚定庵、魏默深之说,殊近于怪诞。至于附会泰西学说政制,尤非诂经之体。书刊于民国十三年甲子。(14－413)

四书讲义不分卷 崇祯四年刊高子全书本

明高攀龙撰。是书为攀龙平时讲学之作,拈某章或某节而为之说,中多体会有得之言。如讲“六十而耳顺”二节,谓“圣人之学全用逆法,如何为逆法?只从矩,不从心所欲也。立者立于此,不惑者不惑于此。步步顺矩故步步逆欲,到五十而知天命,方是顺境。故六十而耳顺矣,七十而心顺矣”。讲“一贯”章,谓“所谓‘一’不是只说一个心,是说这个心到至一处,‘一’便上下四方,往古来今,一齐穿透,何所不贯?曾子何以便拈出一个忠恕,假如人自为是一样,为人谋又是一样,便是不忠,不忠便不一了,如何贯得去?自待是一样,待人又是一样,便是不恕,不恕便不一了,如何贯得去?曾子平日精察力行,其心已到至一处,被夫子一点,当下便贯了。但悟前只唤做忠恕,是下学人事;悟后便是一贯,是上达天德。曾子悟处全在‘而已矣’三字。平日还认夫子有甚高妙,到此方知只是如此,别无余法”。讲“人之生也直”章,谓“人生何处有一毫不停当,何处有一毫不圆满,自家做得不停当,觉得不圆满,皆是有生以后,添出来勾当,添出来念头,原初本色何曾有此?但一直照他本色终日钦钦,不迷失了故物,便到圣人地位,也只如此。若迷失了,便叫做罔。人若罔了,真似投火之蛾、投网之鱼,撞来撞去,至死后已。其未死者幸而免耳”。讲“志于道”章,谓“人生只有个念头,自生至死瞬息无停,为圣为贤也是他,为禽为兽也是他,只看人安顿如何。若安顿在人欲上去,便把声色货利官爵等项,结果了一生。目前自谓快乐,不知丧失了自家性命。千秋万古,却在一生坏了。若安顿在天理上去,便把声色货利官爵等项一切摆脱。目前虽觉平淡,却全复了自家性命,这一生做了千秋万古的事了。所以圣人志必于道,据必于德,依必于仁,游必于艺。这志、据、依、游是人的念头,道德仁义便安顿在天理上了”。按此数章,讲得最警切悚动,虽解经之旨未尽合于儒先,而为学之方,大有益于学者。他章说理俱能透入深际。首有小引,谓“圣人之言,皆言吾之所以为吾也”,可以识是书之旨矣。书为崇祯辛未刊《高子全书》本。(14-414)

四书讲义四十三卷　康熙间刊本

清吕留良撰,其门人陈鏦编。留良字用晦,浙江石门人,诸生。留良学宗朱子,深疾禅学,以阳明之阳儒阴释也,并疾之。又留良虽举诸生,未几弃去,于满族入关,尤茹隐痛。国人甘心臣服而莫之异也,由于大义不明,蚩蚩者无论矣。号称读书之士子,溺心科第,时文之外,不知其他。留良有见于此,因而用之,故一寄其意于批选时文,与讲解四书,兴士子非此不观也。① 证之曾静之事,则留良又不徒言之而已。是书为留良门人陈鏦所编,凡《大学》三卷、《论语》二十卷、《中庸》六卷、《孟子》十四卷。先是,坊间有留良《四书语录》之刻,鏦以为中多混杂,且有妄意增删之处,因与同学蔡大章等及留良子葆中更互商酌,而成是书。留良之意,以为欲明孔孟之道,必求诸朱子之书。故书中悉就朱注发挥,然体会有得,多有比朱注更精更切者。时亦自出己意,不能尽合朱子。亦或过于回护朱子,不能尽衷于是。要之,自成为吕氏之书,非一般遵朱不敢失尺寸者所以同语也。其微旨所托,最彰明者,如曰:“天为生民而作君,君为生民而求臣。自秦人无道,上下猜忌,为尊君卑臣之礼。而君臣师友之谊,不可复见,渐且出宦官宫妾之下。”又曰:“君臣之尊卑虽定,而其递降,相去止一间耳。三代以后,君以为惟我之所欲为,臣以为生杀刑赏为君所制,于是尊君卑臣,相去悬绝。故其治也,以威力相慑;及其不能慑也,则篡弑随之。”按此段议论,与黄宗羲《明夷待访录》所见同,而更警切。又曰:“嵇、阮之放诞,正愤嫉之极,古来可悲,至饿死甚矣。饿死未尝无圣贤,只愁不称此一饿耳。”留良尝有诗云:“苟

---

① “兴士子非此不观也”,中华本“兴”作“以”。

全始信谭何易，饿死今知事极微。”与此相证，可以知其自处矣。又曰：“后世以诈利取天下，凡攀附与苟免，皆不仁也。”则骂尽时辈矣。其于明季政局，亦慨乎言之，曰：“启祯间门户之祸最烈，其时小人之党无论，即所称君子者，亦皆树私人而忘朝廷，争标榜而无实行，正和而不同之类。”①其论时弊则曰：“今之放生戒杀、斋供施舍，以为行仁，此直行不仁耳。凡感应、功过、劝善之书，皆劝恶之书。”殆为袁了凡一辈而发。论士习则曰：“秀才读圣贤书，却只为做文字骗科名计，毫不信圣贤可做。”观于此，知留良之选时文，非犹夫人之选时文也。要而论之，在清初服膺朱子，惟留良与陆陇其为最笃。此书亦略与《困勉录》《松阳讲义》相近，惟苦心孤诣，视陇其偶乎远矣。书无刊板年月，当在康熙间。（14－415）

驳吕留良四书讲义不分卷　武英殿本②

是书首录雍正九年十二月十六日上谕一道，次录文华殿大学士吏部尚书朱轼、礼部右侍郎吴襄等“崇正黜邪”一疏。先是，雍正七年，曾静案发，词牵吕留良，致兴大狱，留良所评著诸书亦悉禁毁。于是有编修顾成天者奏请将留良之讲义语录，派员查阅，将书中剿袭儒先及议论悖谬、引据舛讹之处，一一根究原委，详悉辨明。敕下直省学臣，遍示多士云云。有旨着朱轼、吴襄总阅，方苞、吴龙应、顾成天、曹一士查阅，逐条摘驳，抄录成帙。朱轼等之疏即为进呈御览，而详其原委也。上谕谓：“著书者之为醇为疵，与驳书者之或是或非，悉听之天下之公论，后世之公评，朕皆置之不问。”其意若廓然大公者。然乾隆间修《四库全书》，是书竟未著录，目亦不存。得毋以所驳尚不足以胜原书，因而并没之耶？按留良原书以朱注为宗，驳者亦援据朱注。惟朱子论一事，辨一理，往往有前后异说者，驳者乃摭拾以为创获，不知早为留良所吐弃也。然于词句之失检，考据之偶疏，亦非无一二有合者，惟大都肤末耳。其

① “和而不同”，中华本作“同而不和”

② “武英殿本”，中华本作“雍正九年武英殿本”。

义关重要，如留良谓："五伦惟父子兄弟从仁来，故不论是非。若君臣朋友二伦，却从义生。义则专论是非，是而义合。则为君臣朋友，非而义离，则引退。义绝则可为寇仇"云云。自是不可易之正论。乃驳者引《鲁论》"不仕无义"以相难，不思不仕无义即义合之说也。又以"寇仇"之语出于《孟子》，又援孟子"三宿出昼""惓惓""齐君"相难。不思孟子之"惓惓""齐君"，固以未义绝之故也，岂与"寇仇"之语相妨乎？又谓"孟子所言，乃战国之时之君臣，不可例一统至尊"。不思孔孟所言君臣，皆就列国言，其时固无一统至尊也。又引朱子曰："臣无说君父不是的。"程子曰："乱臣贼子只因见有不是处。"此正见程朱生于秦后，不免囿于世习，而岂能是程朱而非孔孟乎？其他牵强多类此者。盖诸臣意在逢迎世主，正陈孔璋所云："箭在弦上，不得不发也。"综观全书，虽所驳多有未当，而词气和平，视留良之痛斥禅学、王学者，尚觉优之。则以朱轼、方苞诸人，平时亦素讲理学也。书为雍正间武英殿刊本。（14－416）

四书简题四卷　桐阁丛书本

清李元春撰。首有自序，言"凡书悉有题，而题四书，简为最先。所题皆阅旧说未能了，思之而得者"云云。今观其书，无甚不可了之义。于旧说引《松阳讲义》《四书汇参》最多，虽遵朱注，间能持平。如谓"古本《大学》，确有错简。今所定，亦未知尽合原书与否。然以作程朱之书读去，自无渗漏"云云。亦有关于大义者，如谓："成子弑简公，在鲁获麟后，却正是修《春秋》时事，请讨正《春秋》之义也。记此亦读《春秋》之法"云云。其他大都陈言，然以视通行讲章，则特为简净，殊便省览。书无刊板年月，当在道光间。（14－417）

四书图史合考二十卷　明崇祯刊本

明蔡清撰。清字虚斋，福建晋江人。首有锺惺序，称"事采其正，物考其详，经不载者史备之，言不传者图绘之"。今观其书，不分门类，循篇章之先后。标题引证甚博，具注出处，文奥者附以简释。与《四书人物考》诸书异者，彼专供作时文者獭祭之用，此则主药空疏。惟征引之书，纯杂不一。所释大率浅近，又附圈点，未能免俗耳。书无刊板年月，当在明崇祯间。(14－418)

学庸示掌不分卷 雍正十三年刊本

清汤西箴撰。首有汤自超序，自超即西箴兄也。又有凡例。大旨遵朱注，兼参众家。惟不载朱注，以朱注人人熟读也。所采众家之说，亦不标明姓氏。间下已见，则以"按"字别之。逐字逐句，分疏意义，便初学也。于章首揭明书旨，章后申明章旨、节旨。虽欠阐发，亦较清晰。自超序称"言简意该，圣贤旨趣，直示诸掌"，此书之所由名也。据凡例，西箴于四书，已汇辑成编。因《学》《庸》尤旨奥理微，故先付梓云。书刊于雍正乙卯。(14－418)

孝经解赞一卷 玉函山房本

吴韦昭撰，清马国翰辑。按《隋志》："《孝经解赞》一卷，韦昭撰。"《唐志》同。玄宗《御注》两引其说，《正义》亦多引之。朱子《仪礼经传通解》引郑玄以祭法有周人禘喾之文，谓"变郊为感生之帝，谓东方青帝"云云。韦昭所著亦符此说。此节《正义》未引，按即昭之《孝经说》也。书久佚，国翰辑得一卷，并谓"据其诸说并诂义切实，与郑康成笺《诗》相似"。至"郊祀后稷以配天"，全用郑义。书名"解赞"，所赞或是郑解，姑备一说。书为《玉函山房辑佚书》之一种。(14－419)

御注孝经疏一卷 玉函山房本

唐元行冲撰，清马国翰辑。按《唐书》，玄宗自注《孝经》，诏行冲为《疏》，邢昺等撰《孝经正义》，谓"取元行冲《疏》，约而修之"。于是元《疏》混入《正义》，不复可辨矣。按朱彝尊《经义考》于唐玄宗《孝经注》下云："《唐志》作《孝经制旨》。"《制旨》即明皇《御注》。考《正义》引《制旨》一条云："君有过，则思补益。"而《御注》则云："君有过失，则思补益。"多一"失"字。又《正义》别引《制旨》三节，与《注》不同而说特畅达,是则为《疏》文无疑矣。行冲奉诏作《疏》,其述注意,宜亦可称《制旨》。原《疏》,《唐志》作二卷,《宋志》作三卷,久佚。国翰辑为一卷,刊于《玉函山房辑佚书》中。(14-419)

尚书辨伪五卷 嘉庆壬申果克山房刊本

清唐焕撰。焕字石岭,湖南长沙人,诸生。书题"辨伪",以古文为伪而辨之也。首自序,次伏《书》及孔安国伪《尚书》本末,又次伏生口授孔圣删录真《尚书》篇目,及孔安国伪撰《尚书》篇目。仍依五十六篇次第,逐段分释而有区别。所谓真《尚书》者,单行大字;所谓伪撰《尚书》者,低一格,双行小字。每段下,缀以"凑贴""支离""赘极""丑极"等语。序中引攻古文者吴才老、朱考亭、吴草庐、郝楚望、归熙甫。书末又录举其说为证,但止有吴才老、朱考亭、归熙甫,而缺吴草庐、郝楚望,当是未见其书之故。而忽添一谢氏,乃序中所未及举,当是不知其名之故。按所称谢氏即谢济世也。谢氏之言曰:"先儒谓壁书为伪作是也。其云东晋晚出之书,又云孔壁真古又不传,谬矣。孔壁何尝有古文?金石丝竹之音,蝌蚪之字,及送官承诏,遭巫蛊云云,皆孔安国诞辞,托言壁中有古文出,割《论语》,羼《孝经》,伪撰《尚书》,罪不容于诛也。彼亦恐其以伪获罪,故不敢献,而私其业于都尉朝。后人亦知其伪,故刘歆请立之,而师丹劾之,书几废矣。梅赜献之,而此书又兴。赜之书即安国之书,固不得舍安国首罪而专罪梅赜"云云。与焕序同一口吻,然后知焕之书,乃为谢氏补成之也。可谓无独有偶矣。自来攻古文者,诿之梅赜,或又诿之王肃,止矣。至诿之孔安国,是抹煞《史记》《汉书》也。焕一乡曲陋儒,并未读过《史记》《汉书》,不能识谢氏之妄,反附和之,以如此俭腹之人而敢于疑古,亦可哀矣。焕序作于乾隆丁酉至嘉庆庚午,其子仲冕刊之,而姚鼐又为作序。鼐序言"焕所辨多以义理文章为断,又惜其未见阎百诗书,故不能无误"。殆是微词。然鼐固亦攻古文者,序中以"韩昌黎有辨古书之正伪"一语,硬断为所辨者即古文《尚书》,其妄不让谢氏矣。(14-420)

禹贡本义一卷　光绪三十二年刻本

杨守敬撰。守敬地理之学，至深且博。是书以今证古，明乎分合变迁之故，广征群言，断以己意。如"治梁及岐"条，郑注以"美阳之岐山"当之，惟蔡《传》谓"即《水经》之狐岐"。守敬主蔡《传》，并驳《锥指》"狐岐去河三百里"之非。"恒卫既从"条，《汉志》：常山郡上曲阳"恒山北谷"。《禹贡》："恒水所出，东入滱。"灵寿，《禹贡》："卫水出东北，东入滹沱。"守敬以恒水当由恒山得名，主浑源州之恒山，非上曲阳灵寿之卫水，必同有传闻之误。"碣石"条，《汉志》："骊城县有大揭石，山象县有揭石水。"守敬谓："揭石水自以出揭石山得名，一山一水，分著两县，由于山大，非有两揭石。"胡渭创为小碣石之目，成孺又以《禹贡》之碣与《汉志》之揭非一石，俱误。"三江"条，本书导漾东为北江，导江东为中江，而无南江。后人有疑《汉志》之三江即以诠《禹贡》者，守敬谓"《汉志》之南江，非补《禹贡》，其北江、中江亦与《禹贡》殊"，并论《汉志》之分江水为驳文。"九江"条，后人多主下隽西北之九江，守敬谓"下隽西北之九江，乃荆州之九江，若寻阳之九江，上有江夏之西陵，下有金兰之东陵，于导江之义正合"。并推言九者极数，言其甚多，不必实限以九。"泾属渭汭"条，主易祓说，渭入河处谓之渭汭，渭至云阳而入渭，又至华阴之永丰仓而入河。此二百八十里间，泾与渭相连，故曰泾属渭汭。然泾入渭处，何以不言泾汭而言渭汭，则古时水道有互受通称之例。"衡山"条，本书衡山、衡阳再见，守敬以为荆州之衡阳，自当以《汉志》湘南之衡山为据。而导山之衡山，实即霍山。以霍山为南岳，由来已古。"黑水三危"条，经黑水三见，一在雍州，二在梁州；三危再见，一在雍州，一在梁州。守敬以为雍州之黑水即《汉志》羌谷水，梁州之黑水即今之南盘江。黑水之三危，本三苗旧地，及舜窜之于敦煌，仍以其所居名之。说者每合雍、梁之黑水、三危为一，遂不可通。"北过降水"条，守敬谓河之过降在斥章不在信都，《锥指》疑信都之降水是汉代一时之徙流，亦非。按诸条俱确凿不可易。书中有数条，并得之身历目验，宜乎与钻故纸者不同也。首有自序，历举

本书异地同名不能合一之证，治《禹贡》者所不可不知也。书刊于光绪三十二年丙午。(14-421)

书经问答八卷 光绪丁未刊本

清胡嗣运撰。嗣运字鹏南，安徽绩溪人，副贡生。是书设为问答，于本经要义，多所阐发。盖所讨有得①，与缀拾者不同也。如以四岳是一人，举三老亦一人为例。书之四罪，非《左氏传》之四凶。引《三国志·杜恕传》"殛鲧而放凶"，别鲧于四凶之外，自是两事。杜预即恕之子，以四罪附会四凶，乃悖其家学。伯禹之伯，乃袭父爵。鲧称崇伯，《传》云"鲧殛而禹兴"，是其证。"无若丹朱傲"，引《说文》"傲"作"奡"，丹朱与奡并举，又称朋淫，断属二人。"血流漂杵"，"杵"本作"卤"，卤是地发湿，血流地湿，不足为异，并可订孟子之误。惟"答元祀十有二乙丑"一条，据颜监注为说，谓"秦汉亦改月，因以推之商周"。不知秦不改月，有秦皇三十一年十二月更名腊曰嘉平为证。而秦必有所承，则本经又其证也。即颜监之注，亦自相矛盾。于汉元年春正月下注云："凡此诸月号，皆太初正历之后，记事者追改之，非当时本称。"于太初元年夏五月正历以正月为岁首，注又云："以建寅之月为正也。未正历之前，谓建亥之历为正。今此言以正月为岁首者，史追正其月名。"前注言不改月，后注又言改月，将奚从乎？书中亦攻古文，大率拾郝、阎余唾，无足辨。其谬者如驳《禹谟》，惟"影响"之"影"是伪古文之漏义，引高诱《淮南注》谓"影"字始此。然"影响"二字已见《尸子》《荀子》，且同条并引之，岂非出尔反尔耶？又谓"许氏《说文》称《唐书》为见真古文，不知今古文只有《虞夏书》，曷尝有《唐书》？许氏曷尝见古文？"真瞽言也。然亦不无持平之说，如谓"《禹谟》中多格言，朱子亦赏《伊训》诸篇，当取其辞之正"。又谓"孔氏注《汤誓》，以为古之用刑，父子不相及，先儒许为有功世道之言"。是则又与郝、阎之徒诋毁古文，使无完肤者，不同科矣。刊于光绪三十三年丁未。(14-424)

---

① "多所阐发。盖所讨有得"，中华本作"颇有所阐发"。

尚书补阙一卷　道光己酉家刊本

清华长卿辑，并集注。“补阙”云者，补《泰誓》也。自序言：“武帝时，民有得《泰誓》者，献之。合于伏生之书，并列于学官。今世所谓古文者，乃梅赜之伪书，非孔壁之旧文。自梅赜之伪《泰誓》行，而真《泰誓》反为所敚。因即即《尚书大传》《左传》《论语》《孟子》诸书所引《泰誓》之文①，裒辑一册，并集马、郑诸家之注，以诂其义”云云。按旧《泰誓》，马融《书序》辨之最详，曰：“《泰誓》后得其文若似浅露。”又曰：“八百诸侯，不召自来，不期同时，不谋同辞。及火复于上，至于王屋，流为雕，至五以谷俱来。举火神怪，得毋在子所不语中乎？又《春秋》引《泰誓》曰：‘民之所欲，天必从之。’《国语》引《泰誓》曰：‘朕梦协朕卜袭于休祥，戎商必克。’《孟子》引《泰誓》：‘我武惟扬，侵于之疆。取彼凶残，我伐用张，于汤有光。’孙卿引《泰誓》曰：‘独夫受。’《礼记》引《泰誓》曰：‘予克受，非予武，惟朕文考无罪。受克予，非朕文考有罪，惟予小子无良。’今文《泰誓》皆无此语。吾见书传多矣，所引《泰誓》而不在《泰誓》中者甚多，弗复悉记，略举五事以明之”云云。是融不信旧《泰誓》也。《坊记》引《泰誓》“予克纣”数语，郑注曰：“此武王誓众以伐纣之辞也。今《泰誓》无此章，则其篇散亡”云云。是康成以今文《泰誓》为非古也。攻古文者，奉马、郑为宗主，独论《泰誓》，反不信马、郑，何耶？长卿辑是书之意，盖窃取之王鸣盛，鸣盛之论最为荒谬。司马迁以《泰誓》并入伏书，故称二十九篇，明明以为今文，鸣盛乃谓司马迁从安国问故。按以“故”字断句，与孙星衍同。载《泰誓》于《周本纪》，是反以《泰誓》为古文矣。长卿所辑，惟开首“惟太子发上祭于毕”一段，确出《尚书大传》，余多杂乱拉凑。马融所举《春秋》《国语》《孟子》《孙卿》《礼记》，以为皆无此语者，皆在其中。又据融言“所引《泰誓》而不在《泰誓》者甚多，弗复悉记”，然则此外诸条，大都融所已见。而以为不在者，亦可谓徒劳而无功矣。书刊于

---

① “即即”，疑衍一“即”字。

道光二十九年己酉。(14－425)

尚书绎闻一卷　光绪三年刊本

清史致准撰。首有自识，言"服官于滇，苦无书籍。箧中尚存《尚书后案》一部，暇则取读，寻绎旧闻，间有新得，辄笔识于上方，辑录为一卷"云云。书中不少确见，论《书序》最允。谓"《史记》言孔子序书，上记唐虞之际，下至秦缪，编次其事。司马迁亲见孔子《书序》，而本纪列传所载，以序辞校之，往往不合。自《舜典》而下，《汩作》《稿饫》《大禹谟》《益稷》《厘沃》《疑至》《臣扈》《伊陟》《仲丁》《河亶甲》《祖乙》《旅獒》《旅巢命》《成王政》《将蒲姑》《亳姑》诸篇目，皆不见于他书。《大传》有《九共》，而不言九篇。《史记》有《咸艾》，而不言四篇。又《咸艾》下多《太戊》一篇。《说命》《太誓》之为三篇，亦不他见。《君奭》篇言'太戊时则有若伊陟臣扈'，臣扈非汤时人，今序与《夏社》并列。《大传》言《书序》有《揜诰》，云'遂践奄'。《史记》言：'东伐淮彝，残奄，迁其君薄姑。'不言'作将蒲姑'也。'周公在丰，将没，欲葬成周。公薨，成王葬于毕。'见于《史记》，而系之以作《亳姑》何居？大都《书序》亡于西汉之末，后人掇拾成篇，如'聪明文思'数语，岂足以括《尧典》？'皋陶矢厥谟，禹成厥功，帝舜申之。'《皋陶谟》一篇亦尽之矣，《大禹谟》《益稷》安在？当司马迁时，《书序》亦已残缺失次，而《多方》在《多士》前，而《本纪》叙在后。《多士》《无逸》非一篇，非一事，而《本纪》及《鲁世家》合言之。意《无逸》序文原阙，而经文烂脱，二篇相牵混为一。今序篇次依《史记》，而《无逸》以'周公作'三字系之，足见无据"云云。按如此说，则攻序与护序者，俱无庸置词矣。又致准官游于滇，熟于滇地山川，证澜沧江即黑水，谓"澜沧江自青海入云南，历丽江、大理、永昌、顺宁、普洱，走边外，历缅甸、暹罗、南掌诸国。而礼社江自大理历临安、开化来会，至越南之南策县入海。其源流视大金沙江、潞江较远，以当黑水近之"。又论"江汉水道，今昔有殊。汉水改流，当春秋以后。《导漾》篇曰：'南入于江，东汇为彭泽。'《导江》篇曰：'东迤北，会于汇。'盖汉水自南来，江水自北来，相触而成巨浸。古之江水当稍南，直接湖汉九江,九江先入江,而后汇为彭蠡。不得如今之江水,但东行,而彭蠡入之”。所见亦甚通。他如证二十二人之名①,定《洛诰》《多士》《无逸》之脱错,明“又”字及“矧”字之通例,具见读书得间。按是书因王氏《后案》而作,而书中不涉今古文一语,亦卓立而不惑者。书刊于光绪三年丁丑。(14 –426)

书传补义三卷 同治乙丑刊本

清方宗诚撰。是书卷一通论大义,卷二通论要义,卷三附论疑义。一、二两卷,言心、言学、言治,论平正而实迂腐。卷三,于蔡《传》所未详者,则引他说以补之;蔡《传》所未尽者,则以参己意以申之;蔡《传》之原误者,则推经意以正之。多有当者。所引证自宋元儒以迄同时同邑之戴钧衡,以戴说为尤多。其要者,论《胤征》据左襄四年、哀元年《传》曰“因夏民以代夏政”,又曰“寒浞取其国家”,又曰“浞因羿室,生浇及殪”,可证羿据夏邑而自立,及寒浞灭羿而代之,并灭相而夏统绝。后相未灭以前,太康虽废,仲康嗣位,与羿相距,命胤侯掌六师。此《胤征》所为作也。然不能移征羲和之师以加之羿者,殆势所未可欤?若如孔《传》以为羿废太康而立仲康,则仲康为虚位,胤侯为羿党。《胤征》之书,孔子奚取焉?按自后相之弑,至少康中兴,相隔四十年,《史记·夏本纪》略而不书,此论可谓得间。至论箕子陈范事,则高而不切。谓“惟箕子与武王则可,非箕子与武王则不可,以武王应天顺人伐暴救民,又大赉四海封纣之子”云云,全不合事理。按箕子去朝鲜,不臣于周,武王所访者乃治天下之道,故不妨告之。后来黄梨洲以《明夷待访》名其书,不免识者之讥,是箕子尚不足为训也。卷一称“‘人心惟危’数语,为论心精言,疑古文者以此为荀子语。荀子言‘人心之危’‘道心之微’二语,万不若《虞书》之粹,且安知非荀子袭《禹谟》耶?其意似右古文,然又以今文《益稷》合《皋陶谟》为是。益稷之事附载典谟之中,不必别为一篇。《尧典》《舜典》《皋陶谟》皆有史臣托始之辞,而《益稷》无之”。

---

① “证二十二人之名”,中华本无。

按此说虽见蔡《传》,实为攻古文者所借口。古书分篇,本无定例。即如齐、鲁《论》“尧曰”以下本一篇,古《论》又分“子张”为一篇。然则分不分各从其便,亦何系于真伪耶?宗诚是书外,并著《诗传补义》。首有自序,为二书作也。刊于同治四年乙丑。(14-427)

禹贡释诂一卷 道光乙酉家刊本

清孙乔年撰。乔年作《古文尚书证疑》,已著录。尚有《五经释诂》《尚书今文集说》《三正考》等书,稿藏于家,至其孙仝严始刊行。是书即《五经释诂》之一种也。首有乔年自序,言“少读蔡《传》,不惬于心。因集诸家之明白坦易,并数十年沉潜反复,有得于心者,著为《释诂》一书”云云。其书词意简净,惟于前人沿误诸条,未见订正。即胡渭《锥指》,亦似未曾寓目者,不可解也。首有《九州田赋指掌图》《禹贡九州全图》,为其子仝严所补绘。① 自序作于乾隆庚午,越六十年而布于世,时道光五年乙酉也。(14-428)

禹贡因一卷 光绪壬辰家刊本

清沈练撰。练字清渠,江苏溧阳人,道光辛巳举人,官安徽绩溪训导。是书杂采诸家之注,为之删润。谓之“因”者,因乎旧说,不自下一说也。其体与任钓台《尚书约注》略相近。惟注家释地互有得失,不明形势,曷辨纲条,练于此殊欠参酌。惟词句简雅便讽诵而已。书为其孙剑芙所刊,俞樾为之序,时光绪十八年壬辰也。(14-429)

禹贡锥指节要一卷 咸丰三年家刊本

清汪献玗节要。② 献玗字彦石,江苏元和人。是前有陈奂序,后有献玗自记。记言:“《锥指》采摭繁富,疏通证明。摘孔、蔡之谬,挦诸家之精。而卷帙繁重,僮幼未能遍观尽识。爰为擽柬节揞,归于说易明而

---

① “其子”,疑当为“其孙”。

② “节要”,中华本作“撰”。

词不费。”序称“言近乎雅,辞止以达”。今观其书,与尤逢辰《示掌》互有详略,亦便讽诵。惟《锥指》原书,不无小误,见于徐文靖所驳者,谓“《山海经》临渝、骊成已两存碣石之说,渭必谓文颖所指临渝为是。《汉·地理志》所指骊成为非,终无确验。又‘九江’一条,坚守洞庭之说,不思九江果在洞南,则经当曰‘九江孔殷,江汉朝宗于海’矣。见于《四库提要》所驳者。渭河水不知有重源,由其时西域未平,无由征验。又所引郦道元诸说,经注往往混淆,则由传刻舛讹,未睹善本”云云。献玗并未据以改正,至陈宗谊、杨守敬之书,献玗尚不及见,斯不足怪责矣。书刊于咸丰三年癸丑。(14-429)

禹贡示掌一卷 道光甲午家刊本

清尤逢辰撰。逢辰字霭庭,江苏元和人,诸生,尝为荥泽县主簿。是书前有自序,以为“注《禹贡》者,莫详于胡氏《锥指》一书。第书繁难读,因节其大纲,以己意联缀之成文,取便讽诵”云云。按就《锥指》节录而成书者,有马俊良、方溶二家。俊良之书,以今地释古地而略于故训;溶之书,熟于南北条水道而不载经文。逢辰是书,又不及马、方,然缩长编为小册,尚不大失原书之意,则亦大费心裁也。自序作于嘉庆乙丑,书刊于道光甲午,潘世恩为作序。(14-430)

四书说一卷 味经斋遗书本①

清庄存与撰。按存与之学,以西京为宗,郑康成以下蔑如也。其言曰:“孔子之言,魏晋人窃其近似者解以老氏之旨,附以释氏之家。② 后人悦老氏释氏之书,信为圣人所不及。儒者不察其本为魏晋谬解而附益之者,悉举其所窃六经之近似,而以为六经所自有,今反求而后得之。”又曰:“新说自郑康成始,莫巧于魏晋人。《正义》所笃信,实非《儒

① “味经斋遗书本”,中华本作“道光刊味经斋遗书本”。

② “按存与之学”至“附以释氏之家”,中华本作“按存与之学宗西京,谓孔子之言,魏晋人窃其近似者以解老释”。

林传》诸老先生古义。若《正义》之变为新经也，萌芽于元和，波涛于北宋熙、丰、元祐，卒成就于南宋孝、光、宁之世。朱子之学，宋之郑公也，皆非七十子所受之大义，况微言乎？”又曰：“见于《孟子》，若汤事葛、太王事獯鬻、尧舜授受、禹益避位，其文尽出孔氏，伏生《尚书大传》、大小《戴记》，皆自孔氏出。贾谊、董仲舒所著，及《盐铁论》贤良文学所称引、《白虎通德论》多三代遗言。毛公《诗》、何休《公羊传》学，有三代礼可考，无不自七十子所传”云云。即此可知其立说之大旨矣。是书与朱子言理显相矛盾者，朱子推阐濂溪太极无极之义，存与则谓“天为极，无极则无天”。朱子谓“性与天道，终日所言，无非此理”，存与则谓“夫子言性与天道，特著于《系辞》”。朱子谓“隐为体之微，无声无臭，具为天道之不显”，存与则谓“显也，非不显也。无声无臭，凡民所知也。圣人所不知所不能，其实皆不可不知不可不能。知人事亲之常道，非所隐也”。朱子分气质之性、义理之性为二品，存与则谓“夫妇之有愚不肖，类也，习也，非天也”。虽所说不免有流于空泛者，大体固醇而不杂。书后有门人蒋彤跋，称“归本六经，得汉人之学而深造之”，尚非溢美。① 后来宋虞廷、戴子高辈，亦自以为绍西京之绪，而支离荒诞，以视是书如外道之与正宗也。书为《味经斋遗书》本，刊于道光间。（14－439）

四书质疑八卷 同治家刊本

清吴国濂撰。国濂字莲渚，浙江东阳人，诸生。卷首有自序，作于嘉庆丙子。又有李品芳序，作于同治甲戌。书所题作鉴定者也。又有潘树棠序，作于光绪癸未。张振珂序，作于光绪甲申。又其孙世爔后跋，作于光绪丙戌，则刊板时所为也。自序称：“于群儒之说，参异同以求其要，不敢妄信为是，亦不可疑以传疑。其间或宗先儒之说，或参臆见之私，是者存之，非者去之”云云。卷一《大学》，卷二《中庸》，卷三至五《论语》，卷六至七《孟子》，卷八辨正。其中泛引诸家之说，择善而从，

---

① “尚非溢美”，中华本作“稍溢美矣”。

所采阎百诗、周柄中之说居多。尤朱注之是而伸述之者，亦有就朱注之误而辨正之者。尤详于礼制，自出己见。① 如说“缗蛮黄鸟”，引《禹贡》“三百里蛮”，“蛮”之言“缗”也。《正义》曰：“缗是绳，蛮者以绳束物之名。”他疏有训“縻”者，训“慢”者，并不涉语言。又古箕山歌云：“甘爪施兮叶缗蛮。”“叶”亦称“缗蛮”，则非鸟声可知。说“彼为善之”，谓“‘彼’字即长国家者。善之，善夫小人也”。说“太宰问于子贡曰”，谓“吴有太宰嚭，陈亦有太宰嚭，官同名同。楚亦有太宰，未可硬断为吴太宰”。说“不多食”，谓“不撤薑食不多食，与‘惟酒无量不及乱’为一例语。通章不食俱专指一物，何得于此而泛及”。说“为长者折枝”，谓“‘枝’‘肢’古通用，腰亦曰肢，折枝犹折腰，盖言为长者揖拜耳”。说“胶鬲”，引《韩非子》《吕氏春秋》，证为殷之贤臣。说“周公弟也，管叔兄也”，引《白虎通》《列女传》《邓析子》《傅子》，证周公兄而管叔弟。俱允惬。说“为长者折枝”，谓“‘枝’‘肢’古通用，腰亦曰肢，折肢犹折腰，盖言为长者揖拜耳”。② 可于赵注外备一解。③ 惟说“武王末受命”，引《玉篇》：“末，尽也。”《广韵》：“末，终也。”以“尽”字解，言纣恶至于尽而武王乃受命。按“末受命”乃言末年受命，盖武王灭纣，不久而崩，故云末受命。若以“末”为“尽”，又属之纣，不成词矣。所引《竹书纪年》云“武王年九十三而陟”，乃伪本也。辨正一卷，大都陈言。李序又补书义数条，惟谓“不图为乐之至于斯也”，“斯”指陈氏，亦可备一解。余俱习见。书刊于同治十三年甲戌。(14－440)

论语校议一卷孟子校异四卷　抄本

清姚凯元撰。凯元字雪子，浙江湖州人。是书《论语》止存卷三，从《先进》篇起，至《卫灵公》篇止，当缺卷一、二及卷四。《孟子》四卷不缺。是书与翟氏《考异》互有详略，即同据一书而详略亦有不同，可以互

---

① “自出己见”，中华本作“其特异者”。

② 此句与前文重复。

③ “可于赵注外备一解”，中华本作“俱可备一解”。

证。至所引近及李赓芸、段玉裁、钱坫、武亿、薛传均、朱彬、雷浚、徐养原、陈倬诸书,为翟氏所不及见,宜乎详于翟氏矣。其为翟氏所不及者,尤在究假借通用之例。如“铿尔舍瑟而作”,《玉篇》引“铿”作“掮”,《说文》无“铿”篆。段玉裁谓“铿尔”当为“硻尔”,作“掮”者,同音相假也。“异乎三子者之撰”,郑“撰”作“僎”,《说文》:“僎,具也。”义合,古亦通用。“咏而归”,郑“归”作“馈”,与古《论》同。《鲁论》作“归”,“归”“馈”音同,古通用。“棘子成曰”,《汉书·古今人表》“棘”作“革”,《三国志·秦宓传》亦引作“革子成”。《诗·文王有声》云“匪棘其欲”,《礼器》引作“匪其犹”。革亦急也,革、棘字异而音义并同。“硁硁然”,今读“硁”如“铿”,《说文》:“磬,古文作硁。”是硁、磬同物。“子贡方人”,郑“方”作“谤”,“方”与“旁”通,古或与“方”通借。“颁白者不负戴于道路矣”,《说文》:“顰,须发半白也,从须卑声。”段《注》云:“此孟子颁白文正字也。”按《广韵》二十六“桓”:“鬝鬝,头曲发为之不成髻也。”二十七“删”:“鬝,发半白。”此必《孟子古训》有作“鬝”者。“鬝”“斑”同声。“鬝”正字,“颁”假借字。“狗彘食人食而不知检”,《汉书·食货志》引“检”作“敛”,《隶续》载《成皋令任伯嗣碑》“奸轨检手”,“检”即“敛”,“检”“敛”为通用字。“放辟邪侈”,《十三经注疏》“侈”音义云:“丁作移。”按《考工记》“凫氏侈弇之所由兴”注:“故书‘侈’音‘移’。”又《仪礼·少牢》篇“侈袂”,《礼记》“衣服以移之”,是“移”为“侈”之假借字。“是罔民也”,《十三经注疏》各本同。《音义》:“‘罔民’,丁作‘司民’。”按丁本“司”当读为“伺”,“司”“伺”古通用。“举疾首蹙頞而相告曰”,《吕氏春秋·遇合篇》:“文王嗜菖蒲菹,孔子闻而服之,缩頞而食之。”《仪礼·乡饮酒礼》注:“古文‘缩’为‘蹙’通用。”按此诸条,翟氏未及遍举,即举之,亦不过以为异文或误字而已。他所援据优于翟氏者尚多。书未刊板,止流传者止抄本耳。①（14－441）

四书讲义四卷 宣统刊本

清安维峻撰。维峻字晓峰,陕西秦安人,光绪进士,官至给事中。

---

① “止流传者”,疑衍“止”字。

是书随意就一章或数章为说，不依书之次第。其说纵横泛滥，博而能切，非他讲章句解字释之比。其中有说四书而兼正他经者，如"陈成子弑其君"章，《春秋》书哀十四年六月"齐人弑其君壬于舒州"，注家于书人之例，多异其说，然皆不免矛盾。维峻谓"圣人因旧史以作《春秋》，旧史从赴告之文，有所损不能有益。弑君之国，每不以实赴，大都以微者当之。《春秋》欲正其诛，则赴告异辞；欲从其所诿，则真凶漏网。与其移辜以蔽狱，不若悬案以征凶。故书曰某国弑其君、某国人弑其君，此经所以书'齐人弑其君壬于舒州'也。《论语》记孔子告哀公曰：'陈恒弑其君，请讨之。'词严义正。而凡书某国弑其君、某国人弑其君者，即于此章道破之。《左氏传》亦记此事，但言'伐齐'而不言'讨'，'伐'字视'讨'字相去甚远。至章首书'陈成子弑简公'，则记者后来追叙之词，无关义例"。按此说甚当，并可以解《论语》者解《春秋》。又"子谓伯鱼曰女为《周南》《召南》"章，谓"圣人欲以文王刑子之化为家法。因辨孔门三世出妻，一世再嫁之说之诬圣。其谬盖沿于《檀弓》，《檀弓》但言'出母'，而郑、孔以为被出之母，出母即生母，其义与《尔雅》'生谓之出'、《左传》'康公我之自出'同。《檀弓》又言'庶氏之母'，庶氏者妾也，如伯氏、仲氏之称。他说谓'母姓庶氏'，又谓'嫁庶氏'，俱非"。并推论"经传但言'出妻'，不言'出母'。《仪礼·期服传》所云'则为出母无服者'，证之上文，'出'为衍字，或是'其'字之误"。按此说亦极当，并可以释《论语》者释《礼》。又书中每涉史事，如谓"孟子制梃之挞，至陈胜辈揭竿而验。不嗜杀人者能一天下，至沛公定秦楚而验"。又"尧舜禅让而尧都平阳、舜都蒲坂，是不居尧之宫之明证，更何有逼尧之子？曹丕辈不得借口"。又按维峻生光宣之代，新说渐输入，不免有所愤激。但隐约言之，仍不失说经之体。卷首有刘尔炘序及维峻自述，书刊于宣统辛亥。（14－442）

四书衬不分卷　乾隆家刊本

清骆培撰。培字坦轩，浙江吴兴人，官慈溪训导。是书首有邓锺岳、彭启丰、姚三辰、徐以升序及培自序，又有其子云仪作附言。自序言:“书有正义,有神气。正义在有字句处,神气在无字句处。神气得而正义自见,故说书者忌直。衬则曲,忌板。衬则活,忌支离节解。衬则筋联脉属,累字而成句。字有衬,累句而成节。句有衬,累节而成章。节有衬,或顺衬,或倒衬,或旁衬,或反衬,或引起于前作衬,或收岩于后作衬。总于无字句处着神,而于有字句处,一转便醒”云云。观此可识书之大概矣。附记者,云仪所补作例言也。言“本于朱子《集注》及《或问》《语类》,佐之于先儒之粹言,以成此编。于四声句读,尤详加校正”云云。今观其书,融合经注,成为一片,着语无多,条理分晰,于课举业者,诚不为无裨。但义理精博,岂神气间所能尽?明以来,言四书者竞宗朱,真能窥朱子之蕴者,且不多见,况上窥圣贤之心耶?书刊于乾隆八年癸亥。(14-443)

大学全文一卷 明刊本

明崔铣撰。铣《读易馀言》,已著录。是书先全文后通释,文遵古本。言“《大学》乃一篇,先举其目,而后详其义,非有经传之分。自《诗》云‘瞻彼淇澳’至‘此谓知本’,为解说‘格物’之义。切磋琢磨,格之工也。恂栗威仪,亲贤乐利,物之目也。仁敬孝慈信,物之纲也”。是与他家特异者。通释即阐发全文之旨。其释“格物”,言“格者通而至也,物者即一件而言。自心身以至天下,其事烦,其道广”。又言“近人谓‘格物’为正物,则‘致知’以上皆赘疣也。谓之至其理,则‘至善’泯注脚也”。又言①“格物者,即实而言,显而可据。穷理者,即虚而言,隐而难求。释正心言,正心者居中而待应也。鉴之照以空,有留景焉。虽临泰山而不内,故忿懥四者有一。则滞于一隅,发而中节者鲜矣。此指本心之体,非用之失也”。诂理俱甚精。书中独发抒己见,惟间采程氏之说。按铣尝著《程志》一书,宋儒中于程氏最服膺故也。卷首有铣自序。书刊于嘉靖丙申。(14-444)

---

① “又言近人”至“又言”,中华本无。

中庸凡一卷 明刊本

明崔铣撰。首有自序，录《戴记》原文，次以十论。文旁有注，所以联其相承之义。未尽者又标于上方。十论者，曰总论，篇分上下；曰道论，曰理论，曰性论，曰情论，曰忠恕论，曰鬼神论，曰诚论，曰尊德性论。序所云“考其文之所起，及其旨之所竟也”。其说不尽依宋儒。论“情”最新，谓“情者发于本心，可与伪对，而不以配性”。引《易大传》曰“设卦以尽情伪”，子曰“上好信则民莫敢不用情”，曾子曰“如得其情，则哀矜而勿喜”，又曰“自吾母而不得吾情，恶乎用吾情”，《孟子》曰“声闻遇情”，又曰“乃若其情则可以为善矣”诸语为证，而辟贺玚、韩愈之谬。论鬼神，谓“人骨肉归土，游魂之灵，应发于上为昭明。昔为人形，今形毙而灵存，故曰鬼。天则一气下运，变动亡方，本亡形滞，故曰神”。以视造化消长屈信之说高而不切者，较胜之。惟论“诚”，以诚为虚位。引《孟子》曰“士诚小人也”，证诚亦有恶。按此句“诚”字，乃活用，非谓小人亦有诚也，未免误读《孟子》。书题曰“凡”，谦言不能详耳。谓《中庸》“中”字，当读如中州方言“中”与“不中”之“中”。盖即读成《论语》“夫人不言，言必有中”之“中”也。说特新创。书刊于嘉靖庚寅。（14－444）

孟子附记二卷 畿辅丛书本

清翁方纲撰。方纲有《诸经附记》，此其一也。大旨尊朱处多，订朱处少。征他说多，出独见少。且所断断者，多在语脉文势之间，少及义理考据。即偶及之，仅琐细者而已。然亦不无可采者。“以遏徂莒”，《诗·大雅》作“以遏徂旅”。《毛传》：“旅，地名。”郑《笺》则训“旅”为兵众。孔《疏》两申之，朱子又专从郑说。方纲谓《孟子》引《诗》作“莒”，与《传》合，可证《传》义不误。“速于置邮”，注：“置，驿也。邮，驲也。”驿、驲本一义，以“驿”训“置”，误自《汉书》，而《广韵》《韵略》诸书因之。方纲谓“‘邮’字从邑，乃停止人之处所，即传舍也。置是设置，度其远近之间置之也”。“且比化者”，朱注：“化者，死者也。”翟氏《考异》

"化"疑当作"死"。以死为羽化、坐化,乃佛老说。方纲引《庄子》"叱避无怛化",庄子,周末人,语必有本,则翟说误也。"知好色则慕少艾",诸家多训"艾"为美好,惟程大昌《考古编》训"艾"为衰减之义。方纲主之。又引《左传》"夏未艾也",本书《万章》篇"自怨自艾",证成其说。"会计当而已矣,牛羊茁壮长而已矣。"方纲谓"'而已矣'三字非孔子语,乃孟子谓孔子当日只言如此也"。诸条皆援引甚切,体会有得。惟"齐人伐燕",方纲偏信翟氏《考异》,而非朱注。按"齐人伐燕"一见《梁惠王》篇,一见《公孙丑》篇,明是两事。见《梁惠王》篇者称齐宣王,则为宣王无疑。见《公孙丑》篇者,止称王而无谥,则湣王也。朱子疑是湣王,翟氏断为宣王,俱失之。且《荀子·王霸》篇有"齐闵北足败燕"之语,《齐策》有"司马穰苴为齐闵王却燕晋"之语。"闵"与"湣"同,方纲亦既引之,即其确证。① 乃又诿为别事,何耶?又《史记》载孟子谓齐王曰:"今伐燕,此文武之时,不可失也。"方纲谓不足信。按《梁惠王》篇孟子对宣王曰:"取之而燕民说,则取之。古之人有行之者,武王是也。取之而燕民不说,则勿取。古之人有行之者,文王是也。"《史记》即概括此数语,何言舛讹耶?② 又孟子对然友言:"三年之丧,齐疏之服。"按礼为父斩衰,为母齐衰,疏衰又次之。滕定公薨,文公当服斩衰,故或疑"齐疏之服"当依《檀弓》作"斩衰之服"。方纲则谓"孟子只述旧闻,'齐疏'二字,错互为文,不须别白"。按本文明言"三年之丧,齐疏之服",三年之丧,即斩衰也。"丧服"二字,乃错互成文耳。纷纷之辨胡为者。③ 又"《尧典》曰",朱注:"今此又见于《舜典》。"方纲谓"伏生所传《尚书》,舜事合于《尧典》,不另有《舜典》之目,孔《传》始分之。赖孟子此文,得

---

① "明是两事"至"即其确证",中华本作"朱子疑事,且以见《公孙丑》篇者,止称王而无谥,疑为湣王,本不误。证之《荀子·王霸》篇,有'齐闵北足败燕'之语,《齐策》有'司马穰苴为齐闵王却燕晋'之语。'闵''湣'同,其事更信而有征,方纲亦既引之"。

② "何言舛讹耶",中华本作"方纲乃谓《史记》不足信,岂《孟子》此段亦当删耶"。

③ "纷纷之辨胡为者",中华本无。

以证古未尝分”。按孟子引尧事故称《尧典》,古书多此例,孟子岂能见伏生《尚书》耶?方纲素信古文《尚书》者,此论未免自相矛盾矣。书刊于光绪间,在《畿辅丛书》中。(14-445)

大学集要一卷中庸集要一卷　光绪刊本

清萧开运撰。开运字淳斋,湖北黄陂人,诸生。是书恪遵朱注,不敢少畔。就注作解,章后又附总解。但学识庸下,循文敷衍,无所阐明,甚且不免谬误。即如“大学之道”,注云:“大学者,大人之学也。”开运于句下解云:“大学对小学看,此岂朱注原意乎?”解“明德”云:“不特善者真性昭然,即恶人亦有天良之现。”则为蛇添足矣。又“天命之谓性”,朱注云:“命,犹令也。”开运于句下解云:“天不言故曰犹。”“犹”字尚待解乎?书中绝未泛引他说,不知所集何要也。卷首有陈嗣龙序。书刊于光绪三年丁丑。(14-448)

郑注孝经考证一卷　光绪家刊本

清潘任撰。任字希郑,江苏常熟人。① 郑玄注《孝经》,自刘知几以来多有疑者。严可均辑郑氏《孝经》,其自叙剖辨甚力,学者韪之。任又广严氏所未及者,得证十五,一证之《礼》注而相合;二证之《诗》笺而相合;三证之宋均之言②;四证之王肃所难;五证之范蔚宗《汉书》、荀昶《孝经集解》③;六证之《唐会要》引玄《六艺论》;七《初学记》《经典》有玄《孝经》《论语》注;八王应麟《汉书艺文考证》,言“马融《孝经传》,玄为融传业弟子,注《孝经》系本师承”;九《正义》于“众人”章释“患”为“祸”,谓“本孔、郑、韦、王之学”,郑谓玄也;十诸书所引《孝经》说多据

---

① “任字希郑,江苏常熟人”,中华本无此句。

② 从“得证十五”至“宋均之言”,中华本作“所举礼注、诗笺、郑均之言”。此后中华本无“四证之”“五证之”“六证之”“七”“八”“九”“十”“十一”。

③ “范蔚宗《汉书》、荀昶《孝经集解》”,中华本作“范蔚宗《汉书》引荀昶《孝经集解》”。

纬,决为玄注;十一韦昭《孝经解赞》,说多同郑注,知玄注本名“解”,昭或为郑解作赞也。此十一证,皆确凿不可易。① 其他四证稍委曲比附,亦能自圆其说。任是书援引既详审②,其化异为同,征虚成实,尤为有识。如“孝治”章,“而况于公侯伯子男乎”,注“诸侯五年一朝,天子五年一巡狩”,此与玄《周礼注》不合。任据《王制》注云:“五年一巡狩者,虞夏之制,周则十二岁一巡狩。”孔颖达、贾公彦、皇甫侃、陆德明皆以《孝经》为夏制,证之此注益信。“诸侯”章引《诗》云“战战兢兢,如临深渊,如履薄冰”,注云:“战战,恐惧;兢兢,戒慎。如临深渊,恐坠;如履薄冰,恐陷。”《诗》笺未释,惟毛《传》与此注同。任谓盖据毛释经。“圣治”章引《诗》云“淑人君子,其仪不忒”,注云:“淑,善也;忒,差也。善人君子,威仪不忒,可法则也。”而《笺》则云:“仪,义也;淑,善也。”“善人君子,执义不疑”,一以“仪”为“义”,一又以为威仪,各异其训。任谓“古者书‘仪’为‘义’,仁义之字为谊。上章云‘其带伊丝,其弁伊骐’,正指威仪言。是则以‘仪’为‘义’,乃其正字”。按此诸条亦确凿不可易。郑注《孝经》经此论定,遂成铁案,真功臣也。书刊于光绪二十年甲午。(14-448)

四书辑释大成不分卷　元至正刊本

元倪士毅撰。首凡例,次引用姓氏书目。先是,士毅之师陈栎撰《四书发明》,同时胡炳文亦撰《四书通》,栎又摘《四书通》之说,附入其书,仅于《大学章句》发其端,而栎殁,士毅绍其师业,以陈说为主。胡说不全录,此外有所增入,先朱子《文集》《语录》《辑略》《集义》,旁及诸家所引之说。多有融贯删节,不尽依原文。注文之下,又增入音释。此其大略也。士毅谓“兴国间所刊四书,乃朱子晚年绝笔所更定本。惟祝氏附录依兴国本,他本皆依旧本,惟栎书遵祝本”。又尝著《四书考异》一卷,辨祝本与他本之得失,大节有三:其一则《大学》经中释“诚意”处;

---

① “此十一证,皆确凿不可易”,中华本作“凡此证,援据俱切”。

② “任是书援引既详审”,中华本无。

其二则《论语》"为政以德"章释"德"字处;其三则《中庸》首章第一节下断语是也。故以《考异》卷中要语,各附于本处,使观者相参而得之。① 按明永乐间修《四书大全》,即点窜是书而成。顾亭林所云"详简多不如倪氏,且间有舛误"者是也。乾隆修《四库》书时未得此书,馆臣仅见士毅所撰《作义要诀》一书,硬断是书亦为经义而设,实大谬也。士毅凡例作至元三年丁丑,刊于②,又五年而刊板时,至正二年壬午也。日本有仿元刊本。(14-451)

四书私谈一卷 逊敏堂丛书本

清徐春撰。春字可楼,江西宜黄人。是书首有黄传骥序及春自序。黄序称"春习梨园业,能诗",又称"是书虽未尽合圣意,而新颖之思,警快之论,有可悦者"。自序称"'私谈'者何?避讲学之名也。世之讲学者,类皆窃宋儒之唾余,讲程朱之学,非讲孔子之学"云云。可以知其指趣矣。书中各条,率与朱注相背。如解"先行其言"章,谓"'从'字当作遵从、服从看,言能先行其言而后天下遵服他为君子也"。解"君子无所争"章,谓"末句明说其争也君子,知病不在'争'字,而在'所'字。所者,私心也。若夷齐谏武王争天下万世之纲常,孔子作《春秋》争天下万世之是非是也"。③ 解"子绝"四章,谓"记者善识圣人心体处,言不特意必固我四者为圣人之所绝无。即此四毋之心,亦尽在绝中"。解"颜渊问为邦"章,谓"夫子明以帝王自命,斟酌四代之礼为新朝之规模,特借

① 中华本此句后至末尾作"按士毅作凡例,题'至元三年丁丑',阅三年,至正辛巳,重订补,凡例亦改作,弁以门人刘用章所辑源流本末。明永乐间修《大全》,当据此本。曾见明刊重订本,过于繁杂,当又有后人增入者,似不如原本之约而得要。顾炎武《日知录》谓《大全》详简不如倪氏,且多舛误。窃谓重订本,又不如原本,亦多舛误。《四库》乃取《大全》而遗《辑释》,徒以士毅有《作义要诀》一书,硬断是书亦为经义而设,实大谬也。兹特表章是本,使不为《大全》所湮没焉"。

② "刊于",疑为衍字。

③ "若夷齐谏武王"至"是也",中华本无此句。

颜渊之问而发之”。诸说俱妥洽。其解“致知在格物”句，谓“‘物’指意心身家国天下，‘格’指诚正修齐治平，‘明明德’即格物致知诚意正心修身，‘亲民’即齐家治国平天下。‘至善’则物无不格，知无不致，意无不诚，心无不正，身无不修，家无不齐，国无不治，天下无不平也”。以本文解本文，尤为爽快。① 惟春所自诩新义，多有为前人所已言者。但春读书不多，决非抄袭，盖冥心孤造，不觉暗合耳。书为道光戊申宜黄黄氏《逊敏堂丛刊》本。(14－452)

论孟考典不分卷 传抄本

清方桼如纂。桼如撰《四书讲义》已著录，惟《讲义》重说理，是书则重数典。征引甚博，绝无案断，有其书虽不相涉，而义可相发者。如“百姓足，君孰与不足”，引《国语》单穆公曰：“民失其资，能无匮乎？若匮，王用将有所乏。乏则将厚取于民，民不给，将有远志，是离民也。”“久要不忘平生之言”，引《公羊传》荀息曰：“使死者反生，生者不愧乎其言，则可谓信矣。”“惟上知与下愚不移”，引《汉书·古今人表》曰：“可与为善，不可与为恶，是谓上智。可与为恶，不可与为善，是谓下愚。可与为善，可与为恶，是谓中人。”“周有八士”，引《国语》胥臣曰：“文王即位，询于八虞。”贾唐云：“八虞，周八士，皆在虞官。”“罪人不孥”，引《诗·正月》曰：“民之无辜，并其臣仆。”“内无怨女”二句，引《诗序》：“黄鸟，刺宣王也；采绿，刺怨旷也。幽王之时多怨旷者也。”“域民不以封疆”，引《左传》沈尹戌曰：“郢不能卫城，无益也。古者天子守在四夷，天子卑，守在诸侯。诸侯守在四邻，诸侯卑，守在四境。慎其四境，结其四援。民狎其野，三务成功。民无内忧，而又无外惧，国焉用城。”如此之类甚多，搜采具有意旨。其书虽亦为举业而作，但与典制备考诸书，则远胜之也。书为传抄本，未知曾刊板否。(14－453)

---

① “诸说俱妥洽”至“尤为爽快”，中华本无。

古本大学解二卷 榕园丛书本

清温飏撰。飏字仲道，广东德庆人，嘉庆戊寅举人。是书首有自序。卷一《大学》注，卷二附论。虽以古本为主，而分章则自出己见。以“大学之道”节至“此谓知本”节，凡八节为一章。所谓“诚其意”节至“《诗》云於戏”节，凡六节为一章。“《康诰》曰”节至“《诗》云邦畿”节，凡三节为一章。“子曰听讼”节，自为一章。“所谓修身”节至“此谓修身”节，凡三节为一章。“所谓齐其家”节至“此谓身不修”节，凡二节为一章。“所谓治国”节至“《诗》云桃之夭夭”节，凡六节为一章。“所谓平天下”至末节为一章。其注参合众说，仍采朱注居多。首节“明明德”以“明明”二字连读，采毛奇龄说。谓“发明圣贤义理，惟其言云是，固无取毛氏之诘驳朱子，亦不以其人好与朱子为难，并其当理之言而弃之”，可征其设心之平允。① 释“此谓知本”二句，谓“上文凡三言‘知’字，知止者，知明德新民有至善之地而已。而本末之先后，犹未及也。知所先后，辨其本末，而知之在吾心者，岂可以虚见尽乎？格物以求其实，物格以极其功，则知至而修身为本之理始明，知本而吾心之知与家国天下之理始尽。此所以结言知本为知之至也”。按如此解说，则前儒欲将“此谓知本”二句随便移窜，或删其一句者，俱可不必。附论历举各家改本，而论其得失，谓“明道改本最善，朱子改本弊在过求整齐。既板立三纲领八条目之名，条目断不可先乎纲领，遂不得不退‘诚意’章，而越次抽‘《康诰》曰克明德’等节于前。既立三纲领之名，遂不得不割‘邦畿千里’三节，补以‘淇澳’两节，凑止至传。既立条目之名，遂不得不补格致传”。又以“‘此谓知本’句，碍于其说，遂不得以为衍文”云云。实深中朱子之病。书为《温氏家集》汇刊本，既而板毁于乱。同治甲戌，番禺李光垣重刊于《榕园丛书》中，并为之跋。（14－454）

---

① “谓发明圣贤义理”至“可征其设心之平允”，中华本作“是驳朱者亦所不弃也”。

四书劄记二卷 新铅印本①

清姚惟寅撰。惟寅，湖北随州人。首有叙论，谓“圣人之道，一晦于考据家，再晦于理学家。晚近竞尚新学，则概斥为空言。不知空言中，自寓实理。举而措之，莫非实事”云云。书分二卷，为目六十，为条八十，然棼而无纪。首章《大学》“格致”补，言“朱子取程子之意，补《大学》格物，但止格得半中之半。因程子不问家之为何如家，国之为何如国，天下之为何如天下，而欲以正心诚意包举之。验以家国天下之实事，多不相符”云云。亦是快论。余篇大率空衍，无精义。书亦无刊板年月。(14－456)

四书说十卷 道光刊本

清郝宁愚撰。宁愚字希柴，山东祝阿人，乾隆甲子举人。是书首有沈德潜、周玉章、柳继楻序，又有贾琰作宁愚传、宁愚自作凡例。凡《大学》一卷，《中庸》一卷，《论语》四卷，《孟子》四卷。笃遵朱注，揣摩于神理血脉之间，务求其合。其异于他讲章者，使连节白文，成为一气，不以分注隔。小注亦连节一气，不以白文及分注隔。其说义理，主简括清醒而已。盖为举业家作文而设，非治经之书也。书刊于道光己酉。(14－456)

大中遵注集解四卷 光绪刊本

清韩濬辑。濬字次山，安徽新安人，康熙戊午举人，历官许州鄢陵教谕。是书《大学》一卷、《中庸》三卷，大旨宗朱注。章有全旨，节有节旨，又逐句作解，以浅语说理，又注重虚字及神气。解《中庸》尤晓畅，不尽主四大支之说，而条理分晰，血脉贯注。其书至五世孙瞻斗始为刊行，时光绪丙申也。有高袖海序，称为胶庠中之圭臬，副其实矣。(14－457)

---

① “新铅印本”，中华本无“新”字。

大学总论一卷中庸总论一卷 光绪五年刊本

清唐圻撰。圻字静斋,安徽新安人。是书不分章节,使全书成一篇文字,道理融澈,脉络贯通。尤难者①,着语不多,而义不少漏。论"大学",谓"物有本末,结'明德'节,事有终始;结'知止'节,知所先后。则结上文两节,正以起下文两节"。"古之欲明明德"节,言"欲如彼先当如此"。"物格"节,言"能如此而后可以如彼。上则由外而内,下则由内而外。上则由末说到本,下则由本说到末"。论"中庸",谓"体物不可遗,释天命之性也,舜武周文释率性之道也,孔子对哀公则释修道之教矣。称文王曰'无忧',正对舜之'有忧'。以文之父子皆圣人,舜之父子非圣人也。称武王曰'缵',太王、王季、文王之绪,正对舜之匹夫崛起无绪可承也。曰'一戎衣而有天下',则以揖让对征诛"云云。妙义环生,道人所未曾道,亦奇作也。② 书刊于光绪五年己卯。(14-457)

孝经精义一卷孝经后录一卷孝经或问一卷孝经馀论一卷 乾隆潞河书院刊本

清张叙撰。叙字凤冈,江苏太仓人。是书首有宋寿屏序及叙自序。大旨经文遵注疏本,而刊去标目,划为十三章,又分为四支。首章为一篇体要,第一支也;二章三章详其文,第二支也;四章至九章探原而细释之,第三支也;十章至十三章推其极要,第四支也。于"夫孝始于事亲,中于事君,终于立身",截断以属上文。而以"大雅云"以下五引诗书者,各属五孝之起首。"盖"字、"此"字,乃释诗语。"诸侯"节之"一人",但指君言,天子诸侯俱可通。"庶人"节之"子曰",原为颜本所无。古文有"闺门"章。按严父即孝,严兄即悌,妻子臣妾即居家理,与第九章意同,宜删。"有觉德行"之"觉"字,上承明王作"先觉"解,此其特异于众家者也。其他依文立意,或别文发义,颇多精切。以本经不分经传,则别

---

① "尤难者",中华本无。

② "亦奇作也",中华本作"亦会心人也"。

录《小戴》曾子论孝四章、乐正子春语一章，益以《大戴》曾子所论二章，为《孝经》之传。题曰“后录”“或问”者，补精义所未详。谓“孔子取孝为天地之经意，而作《孝经》。盖自作之而自名之。‘经’者常也，有平常、久常二义。后人见‘经’字义精，乃取而加之凡圣人之典”。其论“心”“性”“情”，谓“三者本一物而微分，性尤为心与情之本。释氏所谓性，乃儒家所谓心。释氏所谓心，乃儒家所谓意。《中庸》天命之谓性，乃就流行而付予者言，是情而非性。孟子道性善，从继之者善、成之者性来，是心而非性”。谓“本经证之《中庸》《大学》皆合”，谓“本经孔子传之曾子，曾子传之子思，子思传之孟子”，皆言之成理，且有援据。后附《原孝》一篇，持说亦精。余论者，又补《或问》所未详，及本人著书要旨。其论本经引诗及称名法，论本经为言性与天道之书，俱出创见。末辩朱子《刊误》有六疑三快，亦甚当。惟谓“开宗明义”等目为梁皇侃臆造，按《抱朴子》有“仲尼以明义首篇”之言，则皇侃前已有之，非造自皇侃矣。书为乾隆四年潞河书院刊本，是书即叙长院时所撰也。(14－458)

孝经郑注一卷　郑氏佚书本

清袁钧辑。首有序，谓“陆氏作《孝经音义》，据郑氏解。凡经文外所释，皆郑《注》。唐玄宗《注》、邢《疏》，于袭郑者，曰‘此依郑《注》’。参之二书，往往而合。兼他所征引郑《注》，尚十可得七八”云云。不采《群书治要》。他所引亦较洪颐煊、臧镛堂二本为矜慎。惟“以显父母”下，引《释文》“父母得其显誉也”。按原文“也”下有“者”字，此乃删之。“刑于四海”下，引《释文》“刑，见也”，原文无“也”。“夙夜匪解以事一人”下，引《释文》“夜，莫也；解，惰也”，原文“惰”下无“也”字。此俱增之。又“甫刑云”下，引《文选》孙楚与孙皓书注。“引譬连类”四字，他本有移作“一人有庆”二句注者。同条引本疏“书录王事，故证天子之章，引类得象”，按《疏》云郑《注》以“书录王事，故证天子之章”，以为“引类得象”“书录王事”二句是《疏》申明郑《注》之文，止“引类得象”四字属郑《注》耳。此删去“以为”二字，以十二字全属郑《注》，非也。又“制节谨度”四句下，引“费用约俭谓之制节，慎行礼法谓之谨度，无礼为奢,骄泰为溢”。按“费用约俭谓之制节”,此依郑《注》释“制节”也。“慎行”以下,《正义》不云,此依郑《注》,当因下文“奢泰为溢”一句,并见《释文》《正义》,以致混淆。洪颐煊本亦同此误。又“不敢遗小国之臣”二句下,引“德不倍别优”。按此五字乃缺文,不可解,宜引《礼记·王制》疏“德不倍者不异其爵,功不倍者不异其土,故转相半,别优劣”一条以补之。惟“然后能保其社稷”下引“后土,社也”“句龙为后土”,出王肃《圣证论》难郑所引,为他本所未及。并证原文“稷”字为“社”之讹,又与“土”字误倒,甚确。书为钧辑《郑氏佚书》之一。(14-459)

大学还旧一卷 光绪刊本

清王廷植撰。廷植有《四书疑言》,已著录。“还旧”者,还圣人之旧,即从旧本也。亦不尽从旧解。以为“大学指古圣人之学,大学之道,圣人之道也。纲领圣人之学,条目学圣人之学。纲领在止善,条目在格物。纲领浑举圣功王道之全。传中所引帝典、汤盘、文王之诗,皆古之明明德于天下者。下此而欲学古帝王之明明德于天下者,则有入德之门,用功之序。‘大学之道’一句系纲领之总冒,‘物有本末’四句系条目之总冒。纲领以‘大学’言,条目以学中之事物言。纲领以道言,条目入道之门以近道言”。其说甚新而有理。惟以“物”兼内之物欲、外之物诱而言。格,正也,物有善有恶,格之而物之恶者不能遁。如下文各传中欺也,掩也,著也,辟也,贪也,暴也,争也,夺也,悖也,拂也,骄泰也,娼疾也,财也,货也,皆物也。按古书无以“物欲”“物诱”解“物”字者,若然,则“万物皆备于我”,又作何解?与下“正心”之“正”字有何分别?“格”训为“正”且如此解,则诚意、正心、修身三项,已该于格物中,又何必再赘言之?是不可通也。其他解大都与旧说无甚出入。末谓“《大学》言格物,《中庸》后半部亦言物,故《大学》《中庸》相为表里”。说亦有理。(14-463)

四书评本十九卷 同治十一年刊本

清俞廷镳撰。廷镳字昌时,浙江德清人,副贡生,俞樾之祖也。廷镳殁于嘉庆丁巳,书后有道光丙申其子鸿渐跋,而同治壬申江苏巡抚恩锡始为刊行。书首有恩锡序，书后又有其孙樾后序，并附鸿渐所为《家传》。后序称："是编为初学设，不务旁征博引，但就正文注文，逐章逐节，逐字逐句，一一研求。每下一语，使圣贤立言本旨，轩豁呈露。"又称："其书朱墨杂糅，以意联贯，使成片段。以小字双行，书于每节之后。其或及注文者，则节录注文，亦以小字双行书其下。注不全录，从省也"云云。今观其书，视传注为详析，视讲义为简要。虽以《集注》为宗，间能补其所略。如《大学》谓"意诚"指一时一事言，"心正"指全体言，"明命"即明德之本原，明到十分尽处，便是峻德。"苟日新"，对未新言，是不因循。"日日新，又日新"，承已新言，一是不中阻，一是不倦勤。《论语》"其为人也孝弟"章，谓"论孝弟非论仁"。"无友不如己"节，谓"无友，非拒之也，戒其乐与为友之一念而已"。"今之孝者，是谓能养"章，谓"说到不敬，便同犬马，使人闻而胆落"。"夷狄之有君"章，谓"'如'只作'似'字解，'亡'就心上说"。如此之类不少。至论"泰伯三让天下"，主让商，谓"其去也，所以潜孚吾父而挽其翦商之志，默喻吾弟而继其辅商之心，并隐示文王而终其忠商之节，说来恰是三让"。创而有理。① 惟间有因袭谬解反曲为之说者，如《集注》"大学者，大人之学"，谓"大人犹言成人，对小学言"。不知泛常之成人，何足语治国平天下之事？"贫而乐"，谓"不说出所乐何事，较说破更深"。不知古本"乐"字下，固有"道"字也。如此之类亦不少。又书每以"理"与"礼"对言，不知四书无单言"理"字者，"礼"即是"理"，别"理"于"礼"，出之后来讲学家，岂可以证圣言哉？惟其书本为初学计，殊不必深求也。(14－476)

古文尚书冤词补正一卷　原稿本

清周春撰。春字松霭，浙江海宁人。② 是书首有吴骞序及春自序，末有周广业序。春以为"阎若璩著书攻古文《尚书》，后宋鉴、王鸣盛继

---

① "创而有理"，中华本无。

② "春字松霭，浙江海宁人"，中华本作"春字芚兮，号松霭，浙江海宁人。乾隆十九年进士，官岑溪知县"。

之,江声又继之。其说愈巧,尤易惑学者而误后人。因就毛氏《冤词》,为之补正,意在卫道崇经"云云。但《冤词》归狱朱子,而春则尊崇朱子者,因又就朱子书中取其涉于古文者,为之辨白,以见朱子非疑古文者。次则举赵汝谈、吴澄、顾应祥、梅鷟、归有光之说,辟其非而存其是。虽附毛氏,尚谓功多过少。其补毛氏所未及者,则据《晋书·职官志》及《荀崧传》,谓"魏晋间已为古文《尚书》置博士,不始于东晋"。诋阎氏,谓为庸妄。举其论孙炎、沈约二条之失,并于徐乾学、顾亭林、朱彝尊、汤斌、朱鹤龄、方苞、齐召南诸人所论,各加评骘。综其大旨,则信古文非伪,而孔《传》仍属可疑。按孔《传》之善,焦循历言之,春似未尝细读,而斤斤为朱子洗疑古文之名,亦殊无谓。盖朱子不以疑古文,而失其为朱子;古文亦不以为朱子所疑,而失其为古文。至末引方苞箴、李刚主,以为诋朱子者,多绝世不祀,援王阳明、颜习斋、毛西河为证。是则舍理而论因果,不为公而为私,自独立不惧之君子视之,其气已馁,又不徒荒诞不经也。(14-497)

尚书辨二卷　青照堂丛书本

清王鸣盛撰。鸣盛有《尚书后案》,已著录。此二卷乃青照堂所刊,乃截取原书所附后辨,盖专攻《尚书》孔传并及孔疏也。其上有李时春评语,间及沈彤、钱大昕。鸣盛拾阎、惠之余唾,而乖谬过之。按安国卒年六十,见于《家语》。《史记》但言"蚤卒",蚤卒非夭年,乃惜之之词,且纪其时曰武帝末。鸣盛徒执"蚤卒"二字,硬以四十为断。又云"其卒当在元鼎、元封之间",独不顾及《史记》"武帝末"三字乎?又据陆氏《经典释文》称"永嘉丧乱,众家之书并灭亡,而古文孔《传》始兴",鸣盛乃硬断为古文亡于永嘉,不思陆氏所云"众家并亡"者,乃指欧阳、大小夏侯而言,众家既亡,所以古文独兴。若古文与众家同亡,何以又云"孔《传》始兴"。所引之书尚卤莽灭裂如此,他可知矣。时春之评,不尽附和鸣盛,时出冷语。如云"增多之篇,亡于永嘉,则永嘉前古文尚在,王肃、皇甫谧似不应伪撰"云云,可以关鸣盛之口。然其乖谬处,实驳不胜驳。然则时春之刊之者,亦何心耶?(14-498)

洪范后案二卷　西庄始存稿本

清王鸣盛撰。鸣盛有《尚书后案》，已著录。其《西庄始存稿》卷十九至二十为《洪范后案》，即《尚书后案》中之卷十二也。一为初稿，一系定本，微有异同，大约略于前而详于后。然是稿论《河图》《洛书》至三千余言，定本无之，当是后来所删，则未可以一概论矣。又定本于孔《传》每加以"伪"字，稿亦无之。据此可知鸣盛著书先成《洪范》，其异同与详略之处，亦正可参互而考其得失也。（14－498）

读诗管见十四卷　刊本无年月

清罗典撰。是书无序跋，每章下录集传集说，次以管见，间有辨说，有案，亦伸己见也。说义遵《小序》，每章之前，截取序之首二句，而自为说，或引他说以畅之，时有新义。说"二南"，谓"武王有天下立二伯，乃以文王时治化之见于诗，播之天下，为风之准。于是为领于周公之东诸侯示焉，亦即为领于召公之西诸侯示焉，即'二南'也。二十五篇，不可缺，亦不可分，作南之前后编观之可矣"。按此说创而甚圆。又谓"'二南'之诗，惟《何彼秾矣》，当属武王时作。然二章不称王之子而称王之孙，是仍推本于文王"。又谓"《汉广》诗，序特取于章内末四句，见是诗为汉南之人西入于周而作"。亦有理。说邶、鄘、卫，据《康诰》称"孟侯""朕其弟""小子封"，为武王实封康叔于卫。并证以《史记》三监无霍叔，《汉书》又言"康叔不从管蔡之乱"云云。按周公居摄，封康叔，两汉古今文无异义，前人但疑先封于康耳。先封卫，后益邶、鄘，一分为二绝无证。典所持说，有合不合，大率类此。（14－499）

用我法斋经说一卷　国粹学报印本

清江慎中撰。是书论古今文，颇能破门户之见，而持其平。谓"《书》《礼》古文，同出孔壁。《礼经》十七篇，今古文之异，今尽见于郑《注》中。不过字句小殊，无关大义。《礼》之古文如是，《书》之古文可知。学者不察，视古文与今文，判若鸿沟。其始起于《尚书》，其后遍及诸经。或震于古文,而慕其名;或力诋古文,而以为伪。① 彼此诟争,皆可已而不已。学者今日,但考家法,勿问古今,庶乎经学可得而治"。又谓"《费易》《毛诗》,并非古文,由东汉诸儒因费、毛二家未立学官,与博士异,遂强牵之为古文,范《史》因而传成其说。近儒又有以用假借字为古文,用本字为今文者。惟证之《毛诗》与鲁、韩《诗》,则《毛诗》有用本字,而鲁、韩《诗》有用假借字者,则亦妄说也"。又谓"近儒尚汉《易》,咸以王弼废象为罪。不知弼之学出自费氏,费氏本不言象。弼以义理为宗,正其善守家法"。② 其他涉于礼制者,如"六宗"说,作"三事"解。《周颂·雍》篇解"昏礼赞者",用"妇人说燕礼乐正复位说"。《禘郊辨》《服章说》诸篇,自抒所见,俱有据依,不同立异。惟论"文王受命称王改元",未免沿误。其据为称王的证者,引《大誓》"予克纣,非予武,惟朕文考无罪;纣克予,非朕文考有罪"等语,以为誓师之时已称文考,不不谥法作于周公③,"文"为追谥无疑。作史者由后改前,其例多有。且文而曰考,亦不足断其称王也。其尤谬者④,谓"《论语》言'三分天下有其二,以服事殷',是未称王以前事"。诚思孔子论定于数百年之后,岂能不观其晚节?果尔,王莽谦恭下士之际,曹操伏义讨卓之时,亦可据而褒之耶?⑤ 慎中尤专《穀梁》,著有《春秋穀梁传释》,其条例十余则,存卷末,未审有成书否。(14－500)

陈东之经说一卷 国粹学报印本

清陈潮撰。潮字东之,江苏泰兴人,中道光辛卯顺天举人。居京

---

① "而以为伪",中华本作"而抵其隙"。

② "正其善守家法",中华本无"善守"二字。

③ "不不谥法作于周公",疑后一"不"字当为"知"字。

④ "不不谥法作于周公"至"其尤谬者",中华本无,而中华本此处较稿本多"可为称王者证"一句。

⑤ "诚思孔子"至"据而褒之耶",中华本作"未免微误。商称帝而周称王,仍未失臣节。迨周代商有天下,乃以王为共主之称,文王时不尔也。若如慎中之说,则文王事殷,不几成为王莽下士、曹瞒讨贼之上半截耶"。

师，与大兴徐松善，馆其家。卒年仅三十五。友人杨亮辑其遗稿，即是书也。计《周易》《尚书》《毛诗》《春秋》跋各一篇，杂记三十四则。附《金山泉悔堂记》一篇。是时常州二庄之学，盛行都下，群与古文经为仇，故潮亦不免沾染风气。其跋《尚书》，谓“逸篇十六，既无训解，并不列其经文。疑马、郑古文，即取夏侯等经，采掇古文异字而为之说，本非安国所传。近儒专据马、郑以阐古文，未为知言”。按潮不径以马、郑所注为真古文，其识自高于孙星衍、王鸣盛辈。跋《毛诗》，断《小序》为卫宏所作，康成不能谌正，后儒以尊郑故并尊序。按康成与卫宏略同时，何至误宏为子夏？范《书》称“宏从谢曼卿受《毛诗》，遂作《毛诗序》，善得风雅之旨，今行于世”云云。“作”之云者，当于序有所阐明，故曰“善得风雅之旨”。考毛公之传，本据《小序》而作，其异乎三家而存《南陔》六诗之目，即其的证。宏治《毛诗》，又为《毛诗》作序，岂非倒置？况既云“今行于世”，何以当时不闻？有据宏序以驳康成者①，此误虽不创于潮，亦未免疏于考证矣。跋《春秋》，谓“左氏于经外自成一家言，离经以读以左，左氏实完书。传经以读左，左氏几破甑”。按此说既不袒刘歆“左氏传《春秋》”之议，亦不菲薄左氏，持论甚平。惟谓“传载刘氏出自士会，为附会本朝以希立学”云云。按眭弘上疏，即有“汉为尧后”之言，近人竟以诬经坐贾逵者，实误也。至杂记诸条，大都属于声音训故，精核居多。是书为刘师培所藏，末有师培跋，称刘逢禄所著《诗声衍》，半为潮所补苴。其条例廿一，潮补其三，并作跋文俱宜补入。又按刘本原题“文抄”，兹易为“经说”，从其实云。（14－501）

何氏学二卷　嘉庆刊本②

清何治运撰。治运字郊海，福建闽县人，乾隆丙子举人。阮元督粤，尝聘修《广东通志》。是书原四卷，前二卷经说，后二卷杂著，兹盖前二

---

① “作之云者”至“驳康成者”，中华本作“近儒谓范《书》‘善’字当作‘义’，即以此字断句。盖宏所作乃《毛诗序义》也”。

② 中华本作“嘉庆间爱日轩刊本”。

卷也。治运之学,深于《说文》。如"读《易》"条内,谓"'夕惕若夤'系古文,易'夤'作'厉'者乃今文。《说文》:'夤,敬惕也。'故《文言》言'惕',而'夤'在其中。惟作'夤'则上与田人乾韵,下与渊天人韵,若作'厉'则无韵"云云。可正王氏《经义述闻》之非。"读《说文》"条内,"瓬"读若"抵破"之"抵"。据《说文》"瓪,败瓦也,从瓦反声","抵破"当作"瓪破",可正钱氏《说文答问》"抵"作"柢"、段氏《说文解字注》"抵"作"放"之非。合之杂著内,《书段氏说文解字注后》二篇所论昏字、笑字、羿字、妄字、奂字、颮字、嬰字、崇字、韬字,《书钮氏说文新附考后》所举璒、琛、茗、呀、透、闹、鸭、剜、箹、篙、疃、昽、映、寘、倜、襖、觌、嵌、屿、庪、庱、驶、悱、恳、惹、瀛、潺、淼、漱、霎、鳐、妲、琵、琶、瓷、蜑、蚝、蜢、飐、鳌、螟、坳、塔、钏、酩、酊、件、借、峰、鼪诸字,俱援证甚确,可订段、钮二家之疏谬。其以籀文证石鼓,谓不必指为何、王之世。又以石鼓中"六""马"二字,宋本剥蚀中似作"州"字,与第九鼓"騳"字下一字相同,则作"六""马"者非也。天一阁本依别本割一"六"字补入,痕迹可按云云。此说未经人道。他所考正,亦有合者。惟读《尚书》诸条,扬梅、阎之焰,所见多偏。如是"观怪"而非"观德",信"堋淫"而斥"朋淫",俱悖于理。改"献禁"之"禁"为"势",引《说文》"势,健之训"。究指所献何物,尤为凿空武断。其读《孟子》一条,引或云:"《尧典》曰:'女于时。'郑氏《书注》曰:'不言妻者,不告其父,不序其正。'据此则帝女下嫁,皆当言妻。《说文》:'㛐,古妻字。'古文'妻'从肖女,'肖'古文'贵'字,从贵之义,即下嫁之义。后之妻公主者,皆曰尚,尚者,肖之讹也。《孟子》'舜尚见帝',即言既㛐之后见帝也。"按此说义创而精,乃治运不取,反援《汉书》晋灼注"娶天子女曰尚公主,娶诸侯女曰承翁主",谓"尚与承并称,当为尊尚之义"。又谓"舜妻见帝为不辞",不思晋灼之《注》绝无据,"承"字当因"尚"字而附会之耳,史籍上何曾有"承翁主"者。舜妻见帝,古书简质,文义本明。若"尚"字作尚公主,则去"公主"而留一"尚"字,亦不成辞。况尚主之名,出于汉后,周时王姬下嫁未见此称尚。若用作助词,更不成辞矣。治运所著尚有《公羊精义》《论语解诂》《孟子通义》

《周书后定》诸书①,今皆不传,于此可窥其一斑云。(14-502)

经谊杂识一卷 光绪刊本

清许克勤撰。克勤字勉甫,浙江海宁人。是书钩稽细密,颇有是正。尤善者,"昏礼不告庙"条,谓士昏虽无告庙明文,而《诗·齐风·南山》云"取妻如之何?必告父母",毛《传》云:"必告父母庙。"《仪礼》虽记称问名之词曰"将加之卜",言卜而告庙可知。《曲礼》称"斋戒以告鬼神",告鬼神非告庙而何?又《左传》隐八年"郑忽先配而后祖",杜《注》云:"礼逆妇必先告庙而后行。"可证春秋时皆行此礼。"郑有圃田"条,据郜晋涵引《竹书纪年》"乃居郑父之丘",证郑国未封之前,地已名郑。更据《水经·渠水·济水注》,证明圃田南北长二百许里,视《元和郡县志》所云南北二十六里者,十倍之。惟"齐人伐燕年代"条,徒据《战国策·燕策》,伐燕者属齐宣王,而以《齐策》以伐燕事列闵王篇者为非。按宣王与闵王皆有伐燕事,一在《梁惠王》篇,一在《公孙丑》篇,以为皆在闵王时,固非;以为皆在宣王时者,亦非也。又《左传》大武六章与《诗序》异条,谓《左传》依乐章之次第,《诗序》依诗篇之次第,所以异。不思三百篇皆入乐,诗篇即是乐章,《诗序》不同《左传》,明是篇次失旧,无所用其调护也。(14-503)

二李经说一卷 昭代丛书本

清李光墺、李光型同撰。光墺字广卿,光型字仪卿,俱福建安溪人。是书以《小戴记·文王世子》一篇原有错脱,为之更定。谓"前段乃历采异代教典为世子法,故每条用一'凡'字引例,而总结之曰'凡三王教世子,其义自见'。后段则举文王为世子之道,与周公抗世子之法"。卷首有序,以揭其旨。章后有说,以阐其义。一移易间,稍觉条理可寻,以视

① "治运所著"至"诸书",中华本作"治运所著尚有《公羊精义》《论语解诂》《孟子通义》《东越志》《周书后定》《傅子后定》《姓苑钩沈》《纂文捃逸》诸书"。

改经文以就己说者,似为胜之。于"周公践阼"四字,谓"非衍文,亦非缺文,是以冢宰摄行践阼之政,非居摄天子之位,新莽自不得援为口实"。其识解殊胜也。(14-504)

五经古文今文考一卷① 昭代丛书本

清吴陈炎撰。陈炎字宝崖,浙江钱塘人。是书于古文、今文之别,殊不了了。谓"由漆书蝌蚪而变大篆,由大篆而变小篆,由小篆而变隶,至唐卫包始改古文为今文",不思古文今文之说,起于西汉,今文即隶书也,岂至唐卫包而始改?论《易》,举费氏②、郑氏、王氏之异同,此古本殊于今本耳;论《尚书》,谓"古经十六卷,即张霸伪古文《书》二十四篇";论《诗》,谓"孔子删《诗》,有删一章及一两句至一字者";论《春秋》,谓"《春秋》原经为古文,'三传'混称《春秋》者为今文";论《礼记》,谓"《中庸》《大学》,子思、曾子之论,不可附于《礼》篇",尤为谬妄。其中且牵及朱子《诗集传》,胡氏、程氏《春秋传》,王氏《周官新义》,此何与古今文事?要之,陈炎全于经学懵然,信手摭拾,无怪其摸不着题旨也。(14-505)

诸经绪说八卷 刊本无年月

清李元春撰。③ 首有自序,称"阅诸家经解,喜其博而不尽当心。此所说,不敢袭前人,然亦有前人之唾余,姑以识一时心之所开而已"云云。是书卷一至二说《易》,卷三说《书》,卷四说《诗》,卷五说《春秋》,卷六说《周礼》,卷七说《仪礼》,卷八说《礼记》。《春秋》不及"三传",《礼记》不及《中庸》《大学》。大都主义理而略训诂,精语少而陈言多。又往往涉及文法,非解经之体。可以觇其毕生治经,所得甚浅也。(14-505)

---

① 中华本作"五经今文古文考一卷"。

② "费氏",中华本作"贾氏"。

③ 中华本此句后有"元春字仲仁,又字时斋"一句。

经传摭馀五卷 青照堂丛书本

清李元春辑。元春著《诸经绪说》外，复集是编。“绪说”者，自道所得。是编则辑前人类说。首有小引，称“所纂数纪典故中，有经艺一门，此摭其余”云云。于《易》，则有《易》同类句、《易》古义、《易》异义、《易》要义、《易》传授著述；于《书》，则有《书》古句、《书》古义、《书》异义、《书》要义、《书》传授著述；于《诗》，则有《诗》同类句、《诗》古义、《诗》异义、《诗》要义、《诗》传授著述；于《春秋》，则有《春秋三传》略例、《左传》摘释、《公羊传》摘释、《穀梁传》摘释、《春秋三传》总断；于《礼》，则有《周礼》杂释、《仪礼》杂释、《礼记》杂释。又有四书杂释、《说文》引经之异、石经字句之异。按是书题曰“摭馀”，当合他著经艺门参观。然时春于经学殊陋，即辑前人类说，其滥与漏自在所不免也。（14－506）

经义文要十卷 刊本无年月

清李元春辑。首有元春自序，谓“以文明经，犹之以经明道。汉人训诂不言文，自是文之一体。唐宋以后文，不尽说经，而说经之文为贵”。又谓“汉魏时郑、王便分门户，至宋每翻旧说，近则又多遵汉以斥宋，不敢以私见分左右袒。惟准经以断，取其合者。间有不合，亦附已说”云云。是书所选，《易》始孔颖达序，《书》始孔安国序，《诗》始大序，《春秋》始杜预序，《周礼》始贾公彦序，《仪礼》始贾公彦序，《礼记》始孔颖达序，以次及汇纂折中之说，参以元春自作。其《尔雅》、《孝经》、四书，并诸经古义考略，则皆元春自作也。按元春治经，不分汉宋，而主义理。参证欠博，所得亦肤浅。是编格上行间，俱着评语，圈点一如坊间。古文时文诸选本，尤近俗。别有蒙天庥一序。蒙即刊书之人也。（14－506）

经字正蒙八卷 光绪乙酉刊本

清李文沂纂。文沂字鲁南，广东吴川人，诸生。是书首有陈兰彬序,又有自序及凡例。大旨就十三经所有之字,用《字典》音义,分注其下。采其简切浅近者,而删其深奥者。《字典》未收《孟子》,则增入之。计四子书,除雷同字外,共二千三百二十八字。五经除见四子书外,共二千四百二十四字。以下七经,除已见四书五经外,共一千七百七十字。合共六千五百二十二字。每字皆就其先见于某书某句,注第一解,然后类引别解。其先四书而后九经者,凡为便童蒙诵习计。谓"课蒙者每日讲解五字,约四年可完"云。(14-507)

诸经纬遗一卷　青照堂丛书本

清刘学龙选。① 皆取之陶九成《说郛》者,为《易川灵图》《易通卦验》《尚书旋机钤》《尚书帝命期》《尚书考灵耀》《尚书中候》《诗含神雾》《诗纪历图》《春秋元命苞》《春秋运斗枢》《春秋文曜钩》《春秋合诚图》《春秋孔演图》《春秋说题辞》《春秋感精符》《春秋潜潭巴》《春秋佐助期》《春秋纬》《礼稽命征》《礼含文嘉》《礼斗威仪》《大戴礼逸》《乐稽耀嘉》《孝经援神契》《孝经钩命决》《孝经左契》《孝经右契》《孝经内事》《龙鱼河图》《河图括地象》《河图稽命征》《河图稽耀钩》《河图始开图》《洛书甄耀度》《遁甲开山图》《易飞候》《易洞林》《春秋后语》《五经析疑》《五经通义》,凡四十目。首有引云:"所不载者,以见于他丛书。"今以较孙瑴《古微书》,其《易川灵图》《诗纪历图》《春秋纬》《大戴礼逸》《遁甲开山图》《易飞候》《易洞林》《春秋后语》《五经析疑》《五经通义》诸种,皆孙书所无。其为孙书所有者,亦各有异同详略。然《春秋后语》乃全录《战国策》,且有两书相复者,又有一书前后自相复者,又有连录注文者。其脱误之多,更不必责矣。(14-507)

诗疑义释二卷　乾隆四十九年刊本

清胡文英撰。文英有《诗经逢原》,已著录。首有自序,称"《诗》义疑窦极多,《集注》每云未详。究心数十载,详考诸家,略有所得,恐致遗

---

① "清刘学龙选",中华本作"清刘学宠汇梓"。

忘,聊录数则”云云。按是书颇创新解,但凿空附会者居多。稍可取者,如《何彼秾矣》一诗,据《仪礼·士昏礼》疏云:“《何彼秾矣》篇,曰‘曷不肃雍?王姬之车’,言齐侯嫁女以其母王姬始嫁之车远送之。王姬指齐侯之妻。”又据《春秋》桓公三年九月,“齐侯送姜氏于讙”“诸侯不亲送女,今齐僖公送姜氏直至鲁境,故《传》云非礼也”“平王之孙,齐侯之子”,言“周平王亲外孙女,齐侯之女也”。按鲁《诗》,此篇序目载在《王风》,不入《召南》。文英此解,不为无理。“荇菜”条,据《说文》作“莕”,从艹从水从行,此草行于水中也,故曰流之。陆玑《诗疏》“根生水底”,另是一种。“蕨薇”条,谓“薇菜比蕨菜相似而肥,初生紫绿色,近根稍白。既长,有双须如野蒲桃,老则坚刚中作钏,京中名曰龙须菜。毛作‘荇’,盖隶省”。“言告师氏”之“言”,应作“言”,比“言”字少下一横,即古“俺”字。今西北及山东人多称“我”为“俺”,即此字。“钟鼓乐之”之“乐”,读如“涝”。“曷浣曷否”之“否”,读如“补”。凡此诸条,或据目验,或据土音。卷末又有《通释鸟兽草木》及《通释韵》二篇,所举尤详,虽未敢定其即确,视在故纸上强分辨者,究不同也。(14－508)

诗疏补遗五卷　乾隆五十三年刊本

清胡文英撰。文英有《诗经逢原》,已著录。是书首有自序,称“孔氏疏《诗》,较诸经独为详慎。然限于功令,虽有质疑辨难之处,未敢繁称,而遗音每寄之弦外。宋人说《诗》,多取《传》《笺》,然风、雅之体裁,字义之源委,远征近取,细入毫芒,舍《疏》终无由入。其有含意未伸,阙而不全者,据古籍及所闻见以稍补之”云云。按是书系据《诗疑义释》为底本,而又增之。故凡《诗疑义释》所有,全收无遗。而其中不无删润之处,而凿空附会之失,亦相同也。其就疏意而申其所未及,殊有可取者。如“窈窕淑女”,《传》云:“窈窕,幽闲也。”《笺》云:“则幽闲处深宫。”《疏》云:“淑女已为善称,则窈窕宜为居处,故云幽闲。”《集传》既取“幽闲”二字,又用扬子云“善心曰窈,善容曰窕”之义,故曰“幽闲贞静”。文英据许氏《说文》:“窈,深貌;窕,深肆极也。”又陶渊明《归去来辞》“既窈窕以寻壑”,以证扬说之异。“乐只君子”,《传》《笺》于此章未注

“只”义。《释文》据“南山有台”笺，作“是”义。《集传》以“只”为语助辞。文英据《左传》引作“乐旨君子”，注谓“诸侯有乐美之德”。孔《疏》云：“旨，美也。”《疏》云：“旨，美也。”孔《疏》于《诗》《春秋》分两义，是随字而释而作“旨”为优。“遵彼汝渍”，《释文》云：“《常武传》云‘坟涯也’。”《疏》云：“释水汝为渍。”文英据《尔雅》引作“遵彼汝渍”，知晋世《诗》本犹为“渍”。“遵”字是循水旁之岸，故仰则伐条枝，俯则见水中之鲂鱼。赪尾，鲂鱼赪尾。《传》云：“鱼劳则尾赤。”《疏》引郑氏说“鱼肥则尾赤”，其义似相反。文英考鲂鱼二种，其大者味美，极肥而尾不赤，其小者《尔雅》名鲂鲅，尾颊俱赤，不关于劳与肥。“于涧于沚”，下“于”字应作“之”。《疏》引孙炎曰：“蘩白蒿然，则非水菜。”《疏》之疑此极是。盖沼所止之处曰沚，可以采蘩，非谓采蘩于沼中也。与下章“于涧之中”一例，亦用“之”字。如此之类，持义多惬。是又在分别观之也。(14-509)

诗考异补二卷　乾隆三十九年刊本

清严蔚撰。蔚字豹人，江苏吴县人，诸生。书首有王鸣盛、江声二序。先是，严虞惇撰《读诗质疑》，后附《考异》一卷，盖补王应麟《诗考》所未备也。蔚为虞惇从曾孙，是书又补虞惇所未备。按应麟《诗考》，集经、传、子、史及《说文》《尔雅》所引，与《毛诗》字句殊者，并为一编，分齐、鲁、韩三家，各自为类。蔚则依经次序总录其与毛异者，而不拘于三家。其后范家相之《三家诗拾遗》、冯登府之《三家诗异文疏证》，依应麟例也。黄位清之《诗异文录》，依蔚例也。而蔚亦不能无所遗，不若黄位清搜集之备。惟亦有黄氏所未及采者，如“汝坟”一条；“南涧之滨”一条；“蔽芾”一条；“召伯所说”一条；“江有汜”一条；“威仪棣棣”一条；“寤辟有摽”一条；“终风且暴”一条；《终风》“悠悠我思”一条；“曀曀其阴”一条；“击鼓其镗”一条；“于嗟洵兮”一条；“睍睆黄鸟”一条；《雄雉》“悠悠我思”一条；“我躬不阅”一条；“不我能慉”一条；“既诒我肄”一条；“静女其姝”一条；“爱而不见”一条；“蝃蝀一条；“多锦絅衣”一条；“施罛濊濊”一条；“庶姜孽孽”一条；“有狐绥绥”一条；“君子于役”一条;"羊牛下来"一条;"逢此百凶"一条;"褰裳涉洧"一条;"缟衣綦巾"一条;"零露溥兮"一条;"子之还兮,遭我乎狃之间兮"一条;"东方之日兮"一条;"清杨婉兮"一条;"其谁知之"一条;"父曰嗟予子行役"一条;"河水清且沦猗"一条;"乐土乐土"一条;"见此粲者"一条;"生于道周"一条;"防有鹊巢,卭有旨苕"一条;"劳心慘兮"一条;"棘人栾栾兮"一条;"彼其之子"一条;"四之日举趾"一条;"曰为改岁"一条;"零雨其蒙"一条;"是则是效"一条;"六辔如丝"一条;"禴祀烝尝"一条;"伐鼓渊渊"一条;"振旅阗阗"一条;"啴啴焞焞"一条;"东有甫草"一条;"搏兽于敖"一条;"助我举柴"一条;"既伯既祷"一条;"麀鹿麌麌"一条;"其祁孔有"一条;"儦儦俟俟"一条;"鹤鸣于九皋"一条;"节南山"一条;"不吊昊天"一条;"亦孔之炤"一条;"晔晔震电"一条;"周宗既灭"一条;"莫知我勚"一条;"居河之麋"一条;"既微且尰"一条;"缉缉翩翩"一条;"周道如砥,其直如矢。君子所履,小人所视"一条;"眷言顾之,潸焉出涕"一条;"自诒伊戚"一条;"取其血膋"一条;"倬彼甫田"一条;"万寿无疆"一条;"兕觥其觩"一条;"茑与女萝"一条;"天子葵之"一条;"芃芃黍苗"一条;"烈烈征师"一条;"俾滂沱矣"一条;"娓娓文王,令闻不已"一条;"本支百世"一条;"凡周之士,不显亦世"一条;"常服黼冔"一条;"聿修厥德"一条;"曰嫔于京"一条;"上帝临女"一条;"捄之陾陾"一条;"左右趣之"一条;"不识不知"一条;"岂弟君子"一条;"凤凰鸣矣,于彼高冈;梧桐生矣,于彼朝阳"一条;"是用大谏"一条;"时无背无侧"一条;"殷鉴不远,在夏后之世"一条;"惟德之隅"一条;"诲尔谆谆"一条;"靡所止疑"一条;"大风有隧"一条;"耗斁下土,宁丁我躬"一条;"如惔如焚"一条;"维周之翰"一条;"既入于谢"一条;"柔亦不茹,刚亦不吐"一条;"不侮矜寡"一条;"民鲜克举之"一条;"四方其顺之"一条;"夙夜基命宥密"一条;"于缉熙单厥心"一条;"载见辟王"一条;"示我显德行"一条;"以车伾伾"一条;"食我桑黮"一条;"泰山岩岩,鲁邦所瞻"一条;"居常与许"一条;"百禄是荷"一条;"为政优优,百禄是遒"一条;"不敢怠遑命于下国"一条;"方斫是虔"一条。他若"宜鉴于殷,骏命不易"二句;"维此二国,维彼四国"二句;

"矢其文德,协此四国"二句;"商邑翼翼,四方之极"二句;"黄氏止采"一句,而遗其他,不若是书之全,殆未见是书也。惟是本多有讹字,如"陈锡哉周","哉"误"载";"不吴不敖","敖"误"傲"之类,则刊者之失校也。(14-510)

读诗辨字略三卷 嘉庆刊本

清韩怡撰。怡有《读易传心》,已著录。是书就经、传、《说文》诸书所引《毛诗》,别其字之异者,而定所从。尤严于字体,谓"字体之坏,始于程邈之《隶书》。凡《说文》所无之字,皆俗也"。颇多订正,如"哀窈窕",据《释文》引《论语》作"哀",而知改"衷"者妄。"在河之洲",《说文》作"州",而知加水作"洲"者俗。"君子好逑",他书多引作"仇"。"逑""仇"音义皆同,然是两字。谓"逑"本"仇"之正字,后人改从正字者妄。"麟之趾",《说文》无"趾"字,《汉书》引作"止",则"止"字是也。"惄如调饥",《传》云:"调,朝也。"后蜀石经"调"作"輖"。案《说文》"車"部:"輖,重也。"不从"朝"字解。而"心"部"惄"下引作"朝",则疑"輖"为"朝"之讹。亦有以意断者,"陟彼高冈",足利本引"冈"作"岗",《御览》同。但据《说文》"冈"已从山,而又加山,非也。又有以义断者,"淇奥绿竹",《传》云"萹竹也"。《韩诗》作"薄",汉石经同。《说文》:"筑,萹筑也;薄,水萹竹也。"《毛诗》作"筑",以为岸萹筑,"竹"是假借字。汉石经为鲁《诗》,是韩鲁同作"薄"字。经言"瞻彼淇奥",则言水萹筑,是韩鲁较毛为胜。其他所辨大都类此,不矜多斗博,而断制甚当。所辨者经文、序文之外不杂传笺,故体尤简焉。(14-511)

邶风说二卷 道光丙戌刊本

清龚景瀚撰。景瀚字海峰,福建闽县人,乾隆辛卯进士,官至兰州府知府。是书首有自序,称"成于乾隆戊戌,将以次及十五国风,而因循未暇。其说实有前人所未及者,不忍弃之"云云。今按其书,分篇为说,自出己意,按之情事,无一字不求其贴切。而议论畅快,行乎其所不得不行,盖雄于文者也。说《终风》篇,谓"庄桓之际,事在春秋前半,不可考。然诗篇具在,其迹自见。《柏舟》纪始乱也,其时朝野之人情可见。《绿衣》之作,盖与同时。《燕燕》《日月》《终风》,则乱贼得志,而忠义扼腕之秋也。至于《击鼓》之篇作,而州吁之衅成矣”。说《雄雉》篇,谓“合观《谷风》《泉水》诸篇,斯时卫之妇人,何多贤也。不独康叔武公之化未泯,亦由庄姜在上,其观感于人者深。《凯风》厕于诸篇之中,其非淫泆之思也审矣。至于《新台》恶宣,《墙茨》丑顽,而后《桑中》有葑麦之采,《蝃蝀》有昏姻之怀,卫之淫风乃流行”。说《式微》篇,谓“卫地而录黎诗,以见当时上无明主,下无方伯,小国微弱不能自立,而又以知卫之不振也”。说《旄丘》篇,谓“于此知东迁之后,齐桓、晋文之功不可没。虽其假仁假义,而既假其名,则人皆得以其实责之。先王礼乐刑政之遗,犹可存千百于什一。春秋之初,已有将为战国之势,而其后自庄僖以至襄昭,列国犹知以辞命为功,以礼义为美,以祭祀燕享、朝会聘问为事,以威仪揖让、周旋进反为能。未尝无篡弑,而有时犹能正其名而问其罪;未尝无吞并,而有时犹能礼其君而还其地;未尝无战争,而不至于杀人数万,流血百里。至于定哀之际,而世变复极,伯者不可作”。“《桧》之卒章,伤天下之无王,言春秋之始也。”“《曹》之卒章,伤天下之无霸,言春秋之终也。”按此等伟识,可以论世,可以论全《诗》,岂直说《邶风》而已哉。(14-512)

古邠诗义一卷 道光十二年刊本

清许宗寅撰。宗寅字吾田,初名畹,字芗韭,安徽桐城人。是书首有晁贻端序及宗寅自序及后序。大旨以邠之全诗,为周家先代所遗。据何楷《世本古义》,定为公刘之世。诗八篇,《笃公刘》《七月》《甫田》《大田》《丰年》《良耜》《载芟》《行苇》,公亶父之世。诗一篇,《鸱鸮》,公季历之世。诗五篇,《东山》《破斧》《伐柯》《九罭》《狼跋》。其诗散见于雅颂,雅颂中自有邠诗。而《周礼·籥章》所称“豳雅”“豳颂”,无烦别为分划。邠有亶父、季历诗,无公旦诗。而《鸱鸮》六诗与《尚书》不合,不须多事调停。按此说自来未有言及者。书中以史证经,以书证诗,俱能言之成理。惟开卷“邠”字辨一条,谓《尔雅》“邠国”,《说文》引作“汃国”,字从水从八。不知《说文》“汃”字原系“汾”字落下“刀”字,遂误“八”,而仍作府巾切。此可证也。又晁序言《大雅·绵》诗前八章为太王时诗,《旱麓》二章为王季时诗,以补宗寅之漏,亦可备一说。(14-513)

学寿堂诗说十卷附录一卷　影印本

徐绍桢撰。是书就毛、郑、朱三家而去取之,旁涉他家,近及俞樾与其父灏为止,又兼采日本大田元贞之《九经说》。于序则或遵或驳,时有新义。说《摽有梅》,不主男女及时为说。以“诗除‘迨其吉兮’一句外,未尝涉男女婚嫁。若摽有梅,则花已早落,惟摽其实,何所取义?况昏礼男下于女,此则屡言‘求我庶士’,是女求男矣。书有‘和羹盐梅’之喻,当取士为近”。又说《柏舟》,谓“孟子以‘忧心悄悄,愠于群小’比孔子,盖指人不遇。朱子从《列女传》,以此为妇人之诗,则孟子拟人不于其伦矣”。又说《凯风》,谓“妇人有生七子而夫死,忧不能自养,其子乃为此诗,以慰母心,不必论及卫俗之淫乱。所谓‘不安于室’者,亦可解作贫不能自养。前三章言母氏劬劳,母氏性善,母氏劳苦,末一章则云‘有子七人,莫慰母心’,明是孝子自责。若出自他人,则是刺而非美矣”。如此之类,极合情理。其他释字义较胜旧训者尚多。据《小星》“抱衾与裯”一语,证古人席地而寝,尤确。惟亦有微近诞者,若“简兮西人”,谓指西方极乐之国。虽陈启源亦已言之,但彼时佛尚未生,不宜附会也。附录说十一篇,多前人已论定者。中附时艺二篇,殊非体。又有绍桢自跋。(14-513)

多识录九卷　道光刊本

清石韫玉撰。韫玉字琢堂,江苏吴县人,乾隆庚戌进士,以第一人及第,官至按察使。是书以“多识”名录,盖取《论语》言《诗》,有“多识于鸟兽草木之名”一语。书中兼及虫鱼,则从徐鼎《名物图说》例也。大抵以毛《传》、郑《笺》为主,次及《说文》《尔雅》。他书所载,有关于物之名状者,亦采之。惟皆摘录旧文,不撰一语。所重在名,凡一物而多异名者,概胪列以备参考。又物各为类,不按经之次序,然多有欠分别者。如《召南·鹊巢》之“鸠”,《传》云:“鸠,鸤鸠,秸鞠也。”《曹风·鸤鸠》

传同《卫风·氓》之“鸠”。《传》云:“鸠,鹘鸠也。”孙炎注《尔雅》云:“一名鸣鸠。”显是二鸟。韫玉举《鹊巢》《曹风》之鸤鸠,而不及《氓》之鹘鸠,岂混为一物耶?是则引证虽博,反以滋惑矣。(14－514)

诗笺别疑一卷　旧抄本

清姜宸英撰。宸英有《湛园未定稿》,已著录。是书首有自序,言“读《毛诗注疏》,于郑义多所未安”。又言“康成质于训辞,其注《诗》《礼》语不逮意,于《诗》尤无涵泳玩味之意”。“论文王受命,与周公东征摄政之事,殆于毁纲裂常。又果于自信,破字一百余,非圣人阙疑之意”云云。其书凡四十余条,详略不一。附录一篇,则读汪琬《类稿》论诗语而辨之。其中亦有刊于《湛园未定稿》者,而残缺特甚,且多讹字。诸所驳郑义,不得谓非允当,而诋斥太过。匿其长而但翘其短,至谓识不如王肃,疏家屈此伸彼为不公,则傎甚矣。惟末谓“毛氏本为传,而冠其姓于诗。当因毛为训故,与诗别行,非姓何以别之”。所见极是。书后“云谷审定”印,又有“雷塘庵主”印,盖云谷为叶梦龙字,雷塘庵主为阮元号,盖曾经二家鉴藏也。(14－515)

诗绪馀录八卷　道光己亥刊本

清黄位清撰。位清字瀛波,广东番禺人。孔门论《诗》,曰“多识于鸟兽草木之名”,朱子以为绪余。录题“绪馀”,盖取诸此。然书中兼及虫鱼,则以《诗》之虫鱼亦多也。《七月》诗之喜与绹,一为食类,一属用具,亦所不遗,例斯滥矣。首有自序及例言,大抵以毛《传》、郑《笺》、《尔雅》、《说文》为主,次及陆《疏》,旁采不下十余家。所录以有关经义者为主,而有资闻见者,亦偶及焉。以风雅颂为次,而不分类。援引甚博,于同名而异物者,辨之尤审。如《鹊巢》与曹之鸠为鸤鸠,《氓》与《小宛》之鸠为鹘鸠,《鹑奔》之鹑为鹌鹑,《四月》匪鹑之鹑为雕。“薄言采芑”之芑,菜也;“丰水有芑”之芑,草也;“生民糜芑”之芑,白粱粟也;又《礼·表记》注引“丰水有芑”,枸杞也,则又为木类。《谷风》“荼苦”之荼,苦菜也;《东门》“如荼”之荼,茅秀也;《良耜》“荼蓼”之荼,陆草也。《将仲子》之"树杞",为柳属;《南山有台》之杞,与《湛露》"杞棘"之杞,梓杞也,为山木;《四牡》之"苞杞",与《北山》之"采杞"《四月》之"杞桋",枸杞也。《摽梅》之梅,为今梅;《终南》之梅,为楠。《定之方中》之桐,为白桐;《卷阿》之桐,为青桐。《唐·山有枢》之枢,榆统名也;"隰有榆"之榆,刺榆也;秦"隰有六驳"之驳,梓榆也;《陈·东门之枌》之枌,白榆也。如此之类,俱不得混。他若"睍睆",毛《传》"好貌",郑《笺》"颜色说也",是言其目非言其声,后人以为音者误。又"绿竹",绿、菉古今通字。《史记》"下淇园之竹为楗",盖淇上多竹,绿竹当如字,与《尔雅》称"菉王刍"者异。此俱为之分别。惟所引间嫌过杂,如汉武之蟠桃、楚王之萍实,说本荒诞,岂足据为典要?书后有其门人叶应阳跋,即刊此书者也。(14-515)

诗异文录三卷 道光己亥刊本

清黄位清撰。首有自序。位清既成《诗绪馀录》,于《毛诗》文字之异,《录》所未及详者,别为是书以辅之。于冯登府《三家诗异文疏证》外,另采范家相之《三家拾遗》、赵佑之《诗细》、阮元之《校勘记》、朱芹之《札记》,以至顾炎武、段玉裁、臧庸堂诸家之说,视冯氏为博。惟断制颇简略,无甚阐发。然有极精者,如"黾勉"条,引唐栾肇《论语驳》,谓"文,莫吾犹人也"。《说文解字》:"忞,彊也,从心文声。""慔,勉也,从心莫声。"《说文》二字相连,是"文莫"即是"黾勉"。又"假以溢我"条,《广韵》引《说文》作"誐以谧我",《左传》作"何以恤我",谓"许所称乃三家诗'谧',徐铉本作'溢',系用《毛诗》改。'何'者'誐'之转,'恤'与'谧'同部。《尧典》'惟刑之恤',今文亦作'谧'"。如此之类,不惟证《诗》,且裨及他经矣。(14-516)

诗经精义五卷附一卷 嘉庆七年刊本

清黄淦纂。① 淦字纬文,浙江仁和人,乾隆庚子举人。是书首有汤

---

① "纂",中华本作"撰"。

诰序及淦自序,末有门人汤春生跋。卷首总论,《国风》《小雅》《大雅》《颂》各为一卷。后附序传,为一卷。采集诸家经义,录其精粹者而不参己说。捃摭甚富,具征识鉴。如《燕燕》诗,谓“戴妫以先君之思勖庄姜,见姜与妫深心,迨妫归陈为内应。石蜡之谋,庄姜宁不佐之,其作用皆从塞渊淑慎中来”。又《将仲子》诗,谓“仲子指祭仲,叔段失道,而公不制。且与祭仲谋,欲待而杀之。诗人知其意,欲以天理感动之,公论开悟之。公纵不爱段,独不爱父母乎?独不畏公侯之议乎?独不畏国人之多言乎?”如此之类,多有妙义。淦意在供举业者沾丐,纂成《六经精义》①,此特其一耳。(14-517)

诗诵五卷 光绪乙酉刊本

清陈仅撰。仅字余山,浙江鄞县人。是书卷一论种种换韵之法,各为举例,力驳叶音之说。谓“后人之所谓叶音,实古人之正音。凡平上去之同纽者,依古音皆不须用叶,惟入声须略分别”。又考十五国疆城,均在直隶、山东、河南、陕西四省界内。今西北方土音无入声,今之北曲亦不分上去入,可以相证。卷二至四,就各篇为说。各卷中多引吴才老《韵补》,每有纠正。卷五专举朱子《集传》叶音字数,盖吴、朱二书甚有资于诗学也。亦论及作意,知三百篇之佳妙处,非后人所能及。而汉魏至唐之诗体参错变化,无不本于三百篇。义多惬当,大旨同牛运震《诗志》,而其说较备较深,谓之“三百篇诗话”可也。仅别著有《竹林答问》,论后世诗学最析,可与是书相参证。卷首有蒋湘南序及仅自序,于“《诗》取乎诵”之义,各有阐发云。(14-517)

诗序辨一卷 光绪刊本

清夏鼎武撰。鼎武字靖叔,浙江富阳人,震武之弟。书首有震武序。鼎武据《后汉书·儒林传》称“卫宏受学谢曼卿,作《毛诗序》,善得风雅之旨,于今传于世”,因断《诗序》为宏作。郑氏作《诗谱》,殆以宏

---

① 《六经精义》,中华本作《七经精义》。

不足取信于人，故深没其名，而远托子夏以为重。又据《汉书·艺文志》称“毛公之学，自谓子夏所传”。曰“自谓”，固已明其无所取信，何得有子夏之序？又以惠栋、段玉裁、钱大昕三家护郑氏说，亦并斥之，而归结于《小序》不可废。以其中不能无孔氏说诗之绪言，则仍是游移之见矣。末又引洪良品《诗序》为国史所作，子夏所传之说，而终疑之。按郑君大儒，岂作伪者？况与卫宏时又相及，况其书方传于世，郑君何能没之？郑君果没之，何以未闻有执宏序以攻郑君者？按《隋志》云，先儒相承，谓《毛诗序》子夏所创，毛公及卫敬仲又加润益，此说当据范《书》所云□，即《隋志》所云“润益”耶。总之不能因范蔚宗而疑郑康成，公论不可易也。震武序亦以为斥郑君太过，姑存其说，以备参考，创斯持平之见矣。（14－518）

诗经简要一卷 光绪活字本

清汪本厚撰。① 本厚，安徽六安州人，诸生。是书止有《国风》，从《周南》至《王风》以下阙。盖未完之书也。杂采旧说，多不标名氏。亦有较详析者，如说“关关”为雌雄相应之声。“窈窕”为幽闲意。言幽闲，又言贞静者，在内为贞静，在外为幽静。又云“《周南》王者事，系之以风，避纣也”。又云“《汉广》《汝坟》等诗，即楚诗也。夫子归之周，其意深远”。惜此类不多得。惟说邶、鄘、卫风，谓“得之邶者为《邶风》，得之鄘者为《鄘风》，得之卫者为《卫风》”，是不然。即如《绿衣》序谓“庄姜伤己”，《燕燕》序谓“庄姜送归妾”，何以不属之卫，而属之邶？故说者有谓“邶鄘卫者殷墟，又三监之旧封，而其后邶、鄘率并于卫。孔子伤殷之亡，故冠卫曰邶鄘”。虽出臆见，而理较可通。则本厚所本之说非也。② 卷首有本厚自序，书无付印年月，序署“六安州中学堂”，则当在光绪之季年也。（14－518）

---

① “本厚”，中华本此条皆作“本原”。

② “故说者有谓”至“所本之说非也”，中华本作“固知其说不可通也”。

释诗一卷　道光十三年刊本

清何西夏撰。首诗序，次诗说，次删诗论，又次国风、雅、颂分释，惟大小雅较详。间有精到之语，视《释书》为胜。论"淫诗"，引唐世子宏受《左氏春秋》，至世子商臣弑君，叹曰："经籍圣人垂训，何书此耶？"郭瑜对曰："《春秋》义存褒贬，以善恶为劝戒，故商臣千载而恶名不灭。"宏曰："非惟口不可道，故亦耳不忍闻，愿受他书"云云。义深哉此论。世之著淫书者，何尝不托意惩戒，而阅之者偏不在惩戒而在其事。故为风俗人心计，淫书不可不禁也。然则"存淫诗以示戒"之说，不可为训。而诋《春秋》为"断烂朝报"者，亦不为无见矣。自来驳朱子"淫诗"诸家，未有道及此者。书为《西夏经义》之一种。（14－519）

诗经评不分卷　明闵氏刊朱墨套印本

明锺惺评点。是书废弃一切传笺注，止就三百篇正文略拈数语，或着行间，或列栏上，或括题下，语简而弥隽永。大抵本其所撰《诗归》之旨，亦说诗者别一法门也。首有诗论，谓"诗活物也，说诗者不必皆有当于诗，而皆可以说诗"。又谓"解经者从极愚立想，而明者听之，不可以其立想之处，遂认为究极之地"云云。论虽杜撰，可谓妙于语言。书后附《小序》，有点无评。（14－519）

读尚书隅见十卷　光绪甲午刊本

清谢庭兰撰。庭兰有《古文尚书辨》，已著录。是书首有自序，后有其门人缪鼎臣跋。卷一至五说《尚书》，卷六至十历辨毛奇龄、段玉裁、王懋竑、孙星衍、江声、王念孙、引之、阮元、焦循、俞樾、戴钧衡并及明袁良贵诸家之说。按庭兰所撰《经说丛抄》，其卷一至二，即就《读尚书隅见》录其要者。此书后刊，凡见于《丛抄》者俱不入，合之乃见其全。又按庭兰信古文《尚书》，而颇不满于孔《传》。谓"惟厥攸居"二句，即禹言"安汝止"意，《传》未悉其义。谓"尔其戒哉"，宜续"同归于乱"；"康济小民"，宜续"以和兄弟"；《传》乃离之，世乃谓壁书为东晋作传者伪撰，安矣。其他条引孔《传》不曰穿凿，则曰非、曰误、曰不可从，即此可证经与传非出一手。然亦诋郑，独尊蔡《传》。盖庭兰读经，实崇宋儒重义理，薄名物象数，故其说类多陈腐。如论伊尹，谓"营于桐宫，即居庐之礼。即王未克变，尹必为微、箕、比干。若一再言之，不从而遽废之，已而复立之，是视万乘甚轻，易君如更戍长，乃乱世篡窃之所为。所传放桐之言，盖出于乱世好事者"。按此等议论，未免以臆见为事实，则专信义理之过也。所辨诸家之失，不无当者，而多空衍，毛奇龄、戴钧衡俱深信古文之人，不为曲袒，与纠孔《传》同，亦见居心之平恕。末卷驳袁良贵，以良贵有《蔡注考误》也。然如"四岳非一人"之类，良贵本不误，亦并驳之。余皆理涉两可，绝不及名物象数也。（14－520）

禹贡备遗二卷　明万历刊本

明胡瓒撰。瓒字伯玉，安徽桐城人，万历甲辰进士，官至江西右参政。《明史》有传。是书首有瓒题辞，盖本诸其父效才之《遗编》，而参以彭灿之《简备》，故题曰"备遗"。效才字用甫，嘉靖乙丑进士。灿无考，此称"乡贡士"，盖举人也。卷首有《禹贡》书法，地有疑者附以图。大旨遵蔡氏《集传》，而芟其繁复，提其精要，遵功令，便经生也。然亦有不同蔡《传》者，如"三江既入"条，蔡《传》以娄江、东江、松江释三江，瓒则谓南江、中江、北江，即本之郑康成注，而为苏轼所主者，但不详著其说耳。瓒别著有《尚书过庭雅言》，未见传本。（14－521）

禹贡备遗补注二卷　乾隆丁巳刊本

清胡宗绪撰。宗绪字环山，安徽桐城人，雍正庚戌进士，官至国子监司业，胡瓒曾孙也。瓒撰《禹贡备遗》，意主简括，又于蔡《传》少有辨驳。宗绪因为补注，援证较详，且间订蔡《传》之误。如"治梁及岐"，载"壶口""治梁"是一截事，"治岐""修太原""至岳阳"是一截事，蔡《传》混而为一。又《说文》："汾水出太原晋阳山，西南入河。"盖汾本西流，蔡《传》误为西入于河。覃怀之东有淇水，西有涑水，无涞水，蔡《传》误"涑"为"涞"。又蔡《传》论"贡道"，谓"辽濡滹易，皆中高不与河通"，不知辽水在青州，与冀无涉。易自涿郡至文安入滨，濡出高阳至鄚入易，滹沱出繁峙合漳卫入海，禹时河未南徙，舟楫直达大河，安得云“中高不与河通”？又“陪尾”，蔡《传》谓豫州山，不知泗水县亦有陪尾，为泗水发源处，淮泗相联，不得舍此而之他。又蔡《传》谓“岷山之脉，其北一支为衡山，其南一支即敷浅原，其间湘水间断”。不知二山之脉，来自五岭，与岷山无涉。其中间隔沫若、马湖、金沙、滇池、乌江、九江诸水，何独湘水。又江出潜沱，蔡《传》云“潜水未见”。宗绪举监利县北之潜江县自汉水出，复入于汉，名潜口，其流甚长，盖验之亲历者。又孔《疏》谓“漯水从漯入济，自济入河”。宗绪驳谓“漯自入河不通济，济亦不通河”。诸所考正俱是。惟蔡《传》所释“九河”之名，本于《尔雅》，而宗绪必以滹沱、滏水、清漳、浊漳、沤夷、涞水、易水、桑干、潞水诸河易之，则蔡《传》不误而宗绪误也。书中引证，兼及瓒所著《尚书过庭雅言》《泉河史》，洵可谓数典不忘祖矣。(14－521)

禹贡图说不分卷　乾隆端溪书院刊本

清马世良撰。① 首有世良序，称“既辑《禹贡》注，乃绘《锥指》原图，摘系其说于各图之后，间附按语，以疏通之”云云。今按是书，各图中间引史志及诸家说为证，而图后乃无之，岂图成而说未就耶？抑以已详于节注，不必复赘耶？即如第一图所引马融说，舜以冀州之北广大，分置并州。燕齐辽远，分燕置幽州，分齐为营州，是为十二州。又引郑康成说，亦略同。按十二州之称，虽见于经，究属疑问，其疆域所在，亦无可考。今本《竹书》有舜“三十三年春正月，夏后受命于神宗，遂复九州之文”。但其书辑自明人，不足为据。故《锥指》原图亦缺之，只宜置而不论耳。(14－522)

读书随笔四卷　刊本无年月

清吴大廷撰。首有刘熙载题词。《虞书》第一卷，《夏书》第二卷，

---

① “世良”，中华本此条皆作“俊良”。“世良”当为“俊良”之误。

《商书》第三卷,《周书》第四卷。第四卷又分上下。每篇题下注今文、古文皆有,或今文无,古文有。惟不涉今古文之争辨,且只说大义,罕及考据。独《洪范》篇自出心解,谓“专诵白文明白昭晰,一切传注可屏弃”,亦自有见。《金縢》篇居东采方苞说,谓“镐东乡郊之实邑,古者大夫有罪,自投于私邑以待放礼也。自陕以东,周公主之。公主东诸侯,邑宜在国之东。下言王新逆而出郊,是其证”。此说甚是。惜他篇义都肤浅,无甚高论。(14－523)

释书一卷 道光十三年刊本

清何西夏撰。西夏有《易经大意》,已著录。卷首有序,分虞、夏、商、周书,每篇或释大义,或释一字一句。不引他氏说,而意多肤浅,无甚阐发。惟《益稷》篇,谓“五帝官天下,三王家天下,非也。古帝王皆世及,尧舜之子不肖,而朝有圣德,故传贤耳。禹戒舜曰:‘无若丹朱傲,惟慢游是好,傲虐是作。罔昼夜頟頟,罔水行舟,朋淫于家,用殄厥世。’盖以不世为为恶之罚”云云。此论甚当,证诸《孟子》,舜避尧之子,禹避舜之子,岂闻有旧官已出缺,新官不接事,而汲汲避旧官之子者?则“德衰于禹”之说,又不待辨而知其谬已。书为《西夏经义》之一种。(14－523)

逸汤誓考校勘记一卷 宣统刊箧存草本

清叶廉锷撰。廉锷字勤诹,江苏当湖人,举人。是书盖读徐时栋《逸汤誓考》而作。其中字之误者,如“怀”作“坏”;韵之误者,如“畏”叶“坏”;援引之误者,如《泰誓》讹大明,文公讹文王,贞虫即蜎虫。又有为补证者,如引《逸周书》,见商时磨国非无稽;引《穷愁志》,知“积薪自誓”等语为有本。所校诸条,有为徐氏所采而改正者。其未采各条,别存于此,亦读徐氏书者所宜参考也。(14－524)

尚书离句六卷 旧抄本

清钱在培辑解。在培字苍益,浙江仁和人。首有雍正丁未汪惟宪、程川二序,又有凡例四则。卷一《虞书》,卷二《夏书》,卷三《商书》,卷四至六《周书》。大旨悉遵蔡《传》,其未详者,则旁采注疏、经解、《大全》诸说。惟以曾经朱子论定者为限,至句读之离绝,经文之分节,俱有依准。其蔡《传》音释未备者,则增入《康熙字典》、陆氏《释文》。盖为初学便诵习计也。(14－524)

经说丛抄四卷　光绪癸未刊本

清谢庭兰撰。庭兰有《古文尚书辨》,已著录。是书首有庭兰自序,末有缪之镕跋。先是,庭兰著《读尚书隅见》《读毛诗隅见》《读四书隅见》三书,以卷数繁,无力刊布,因择录若干条问世,命曰"丛钞"。卷一至二说《尚书》。卷一,辨惠栋、全祖望、臧琳、姚鼐、孙志祖、王鸣盛、段玉裁、孙星衍、江声、卢文弨、王引之、焦循、武亿、孔广森、朱彬、阮元、崔应榴、戴钧衡、俞樾之说。卷二,辨阎若璩、梅鷟之说。按庭兰所辨,多讲义理,但理往往有涉于两可者,所谓彼亦一是非,此亦一是非也。又以毛奇龄言古文之冤始于朱氏,因极论朱子实尊古文。不知古文之真伪,不以朱子一言定也。所说与《古文尚书辨》间有互见者。卷二说《诗》①,是毛而非鲁、韩,又申朱而抑毛、郑。以《郑风》为淫诗,本朱子之误,庭兰必曲护之。郑氏释"履帝武"句,以为"祀郊媒有大人迹"云云,说虽近诞,惟古帝王发祥之始,必托诸神怪以詟俗。托观班书记蛟龙与刘媪合事②,至汉犹然。朱子从郑,本不误,庭兰乃独议之,则偏于义理之过也。卷四说四书,痛诋戴震《孟子疏证》,又诋阮元,谓学术与戴同,并及臧琳、惠栋、陈鳣、刘台拱、王引之、俞樾、戴望辈。盖诸人素主考据,与朱子立异也。总之,庭兰持说拘于义理,而所称义理又以新奇为忌,故不免流于陈腐。辞又不能达意,令阅者不快。然观其书,信其为笃学守正之儒也。(14－525)

---

① "卷二",中华本作"卷三"。
② "托",疑衍字。

读俞氏经说随笔十卷　光绪刊本

清谢庭兰撰。庭兰有《古文尚书辨》,已著录。是书首有自序,言"经学在今日,不如不读经之为愈,且不如无经之为愈"。诚愤之也。"俞氏经说",系总俞樾所著《群经平议》《茶香室经说》《群经剩义》《四书辨疑辨》《达斋书说》《达斋诗说》《郑驳正三礼考》《续论语骈枝》《论语小言》《论语孟子古注择从如其仁如其仁解》《达斋丛说》《群书疑义举例》诸书而言。其书先四书,次五经,次《国语》,次《古书疑义举例》。又附录三则,则读《楚辞》、读《昌黎集》《湖楼笔谈》也。按俞氏说经,间标新义,仍本旧解,与凿空附会者不同。庭兰治经素主义理而仇考据,其于俞氏以为合者不及十一,余则概斥曰新奇,曰牵扯,曰舛,曰误,曰改经,曰非经旨。又不能举实证以折之,恐不足以服俞氏之心也。但其中亦不无合者,而所驳《古书疑义举例》,合者尤多。其攻击俞氏者,尚散见于其所著《经说丛抄》《读尚书隅见》二书。诸书刊布时,俞氏健在,当得见之,不知肯引为诤友否也。(14-526)

读经心解四卷　道光八年刊本①

清沈椺撰。椺字雪友,浙江会稽人,诸生。三十后,弃举业,幕游吴越滇楚。治法家言,兼研经学。著有《易书诗礼心解》,后多散轶,止存一百五十余条,分四卷。今按卷一解"讼九二"云:"讼而不已,必有废置之忧,其邑人亦有株连扰累之患。不克讼,不特二无眚,其邑人亦无眚也。"卷二解"赎刑"云:"轻刑怙过不悛而得赎,重刑情法可议而不得,于宥过刑故之义何居?"又云:"所谓疑则赎者,谓疑于情,疑于法,非疑于辞也。五辞不简,自有正于五过之法。若情法既孚,而犹论赎,则富者生而贫者死,开利路而伤治化。萧望之之言是也。"卷四解"分争辨讼非礼不决"云:"凡听五刑之讼,必原父子之亲,立君臣之义,以权之。今律犯罪亲属得相容隐,盗则服愈亲而罪愈轻,奸

---

① 中华本作"道光八年兼山堂集本"。

则服愈亲而罪愈重。若止以听讼言之,于义似为未尽。”如类之类①,俱以律意释经,非深于经并深于律者不能道也。卷二论古文《尚书》,谓“古文多平易,似属汉儒润色之书。如《礼运》出于《家语》,二戴所记多有不同,《史记》引《书》亦与今文、古文往往不合。以彼例此,安在不然,不得斤斤于字句间斥之为伪”。所见极通。他条亦多引证详核。卷首有贺熙龄、何绍基二序,卷末有谭光祜跋,又附百龄所为传。言“数十年中,平反大狱,准之例案,酌之经义,无不服其平允”云云,殆所称学以致用者欤。(14－526)

读经三卷　乾隆刊本

清姚培谦撰。培谦字平山,原名培本,后更名培谦,江苏华亭人,诸生。是书随笔札记,虽乏心得,而引证异同,尚知别择。如读《尚书》,谓“古文不伪,使出后人手意。主于以伪乱真,则必摹仿《盘诰》,诘屈聱牙,而后使读之者喙息。古文虽文从字顺,然《伊训》《说命》诸篇,岂后人所能伪造”。所驳郝敬“人心”“道心”诸条,俱足以关其口。读《春秋》,谓“僖十四年书季姬及鄫子遇于防,及僖十五年书季姬归于鄫,必系错简”。《左氏传》“以两之一卒适吴,舍偏两之一焉”。驳杜注之谬,谓“古人一车谓之一两,《诗》‘百两御之’,《孟子》‘革车三百两’是也。楚广之制,本用一卒,故云‘以两之一卒’。其云‘舍偏两之一’者,车之半边为偏,偏五十人,今留五十人也”。又读《孟子》,据《竹书》梁惠王、襄王在位年数,订《史记》之误。又谓“齐伐燕有二事,一《梁惠王》篇所载称齐宣王者,为宣王时事;一《公孙丑》篇所载沈同问燕可伐者,为湣王时事”。如此之类,具见折衷之善。惜全书多拾他人牙后慧,且不免有疏谬也。(14－527)

十三经字辨八卷　道光庚寅刊本

清陈鹤龄撰。鹤龄字瑶宾,江苏通州人。是书卷一校画,卷二至八

---

① “如类之类”,中华本作“如斯之类”。

校音，末附检字。辨画悉从《字典》，而《字典》首引《说文》，故辨画遵《说文》，而参以《正讹》《精蕴》诸书。辨音依书为次序，首四书，又《四书补遗》，次《易》《书》《诗》《春秋》《礼记》，又《五经补遗》，又次《周礼》《仪礼》《尔雅》，而尤详于四书。每章画断经载于前，传详于后。即习见之字，不厌重复。至五经，则或分卷，或分篇，不更涉习见之字，凡以便童蒙也。惟辨音必宗朱注，如"善""动""下""夏"等字，朱注未曾注音，则专读一音，不复详分上去，未免拘迂。又四书五经后别录字迹一项，如《大学》"后"勿误"後"，"壹"勿误"一"；《周易》"说"勿误"悦"，"财"勿误"裁"之类。此等无关要义，不过恐碍功令而加慎。又先四书而后五经，且置《周礼》《仪礼》《尔雅》于五经之外，则因尔时学塾诵读之先后、重轻而递及之，殊不可训。按坊间通行四书诸经，音释反切，诸本多互异，驯至讹以传讹。是书虽不为精深，而斠若画一，于初学习经，不无少禆。初刊于顺治间，继刊于雍正甲寅，又刊于道光庚寅，张桂卿叙之。（14－528）

读诗一隅四卷　乾隆刊本

清管斡珍撰。斡珍字松厓，后改名幹贞，江苏阳湖人，乾隆丙戌进士，官至漕运总督，被议免官。凡书凡总说一条①，《国风》七十条，《小雅》三十八条，《大雅》十九条，《周颂》十五条，《鲁颂》五条，《商颂》四条。大旨在知人论世，详大义而略训诂。书中以《周礼》《仪礼》《大戴礼》所举篇什，皆必不可删者，而今多亡佚，以证孔子必无删《诗》之事。据《春秋》所载嫁娶之文，其时有在夏及暮春仲秋者，以证霜降逆女冰泮杀止之说不可过泥。据《尔雅》、《禹贡》、孔《传》所释沱水，与江汉盖异势同方，不应一入周南，一入召南，以正旧说"采之周南为周南、采之召南"之说之非。据《韩诗外传》及刘向《封事》引《柏舟》诗，以证朱子属之庄姜之非。据《左传》吴公子札观乐，所称郑、卫之诗，与《汉书》哀帝诏所称郑、卫之声，证郑声之淫，在音调节奏，不在诗词。谓"东迁后诗，

---

① "凡书凡总说一条"，疑前"凡"为"是"之误。

大师不采，列侯不献，王朝不歌，诗虽存而其义已亡，故曰诗亡。其时季札观乐，已有王风"，以证雅降为风之说之非。谓"居东二年，即征东三年。二年者，指得罪人之年。三年者，指归宗周之年"，以证郑《笺》及蔡《传》之非。据《乡饮酒》载《南陔》《白华》《华黍》与《鱼丽》三诗闲歌，《鱼丽》三诗有词，不应《南陔》三诗无词，以证宋儒《南陔》六诗有声亡词之说之非。据"秋官掌讶"之文，又"礼天子不下堂而见诸侯"，以证郑以"鞗革忡忡，和鸾雍雍"为"天子车迎于门"之说之非。据《访落》《小毖》《闵予小子》诸篇，皆成王免丧后求贤之诗，以证汉儒"周公居摄七年"之说之非。凡此诸条，皆能自抒所见。然亦有近于固者，如《终风》诗，序谓"庄姜遭州吁之暴，见侮慢不能正"，榦珍从之，谓"'谑浪笑敖'，即石碏所云'骄奢淫佚所自邪也'"。不思州吁之暴，至于弑君，庄姜正思讨之，何暇正之？"谑浪笑敖"，只是轻薄，不算为恶。而"顾我则笑"之言，又非庄姜所可施于其子也。凡此之类，不免过信《序》《传》。书首有榦珍自作小序，不署年月，据《年谱》盖成于乾隆甲午。国史馆《传》称改名"幹贞"，在乾隆六十年。而是书仍署"榦珍"，则是乾隆六十年以前所刊也。至民国甲子，其来孙炳文重刊之，亦有序，于原书引用及写刊之讹，多所校正焉。(14-528)

诗地理考略二卷　同治甲午刊本

清尹继美撰。继美有《诗管见》，已著录。是书首有张维屏题辞，又有继美自撰凡例及前后二识。大旨在补王应麟《诗地理考》，而稍变其例。王氏依经文为次，此则国风以国为类，二雅始依经文为次。王氏随手抄录，不赞一词，此则翦裁繁芜，或列正文，或入注语。间有折衷，或有两存之说，则以位置之先后，示以轩轾。所据则《汉书·地理志》、《后汉书·郡国志》、杜氏《春秋左传集注》、《春秋释例》、《水经注》诸书，而参以他说。惟搜集尚嫌阙漏，有时又涉泛滥。考证尤疏，即如"汉有游女"，与地理何关？乃牵及《弄珠》《解佩》《莫愁》《襄阳》诸曲。"淮水汤汤"，说到咸丰五年淮流入海，而泥之与祢古音同，是一地，非二地。《说文》"溱"虽作"潧"，而《孟子》诸书引《溱洧》，仍与《毛诗》同。但溱水有三,除在新郑者,尚有朗陵之溱、中宿之溱。继美于此,绝未为之辨析。他如《豳诗》"东山""四国"之类,大率游移其见。至每国系之以论,解经之作流为史体,创而实谬。惟于古地名下,证以今名,详其沿革,使学者寓目了然,不为无益。又"戍申"条引崔述说,谓"申与甫、许,皆楚北出之冲,而申倚山据险,尤为要地。楚不得申,则不能凭陵中原,侵扰畿甸。是以城濮还师,楚子又居于申。宣王时,荆楚渐强,故封申伯于申,以塞其冲。平王时,楚益强而申渐弱,故发王师以戍之,非私其舅。不然,戍甫戍许,又何为者?"按具此深识,始可与论地理。书中于已《诗管见》者①,皆不复载,宜参观之。又题辞与名物考略并言,今亦未见,岂书成未刊布耶?② (14-529)

诗经集解辨正不分卷　活字印本

清徐天璋撰。天璋字睿川,江苏泰州人。首有缪潜、周莲二序,又有自序及例言。大旨据《左传》《史记·世家》诸书,以驳毛、朱,几于尽翻旧案。至谓"三百篇不特诗无淫风,且无民风。辅轩所采,太史所协,胥关列国政事之治乱"云云。③ 书于经文下,首列《小序》,次《集传》,次《汇解》,又次《辨正》。说未尽者,设或问以发之。中有极解颐者,《螽斯》篇,谓"螽非善类,盖喻顽民。周能子之而不伤害";《汉广》篇,谓"乔木喻纣,游女喻贤;汉广永,秋水伊水之慕;错薪秣马,弓旌姝子之招";《麟趾》篇,谓"三叔率叛周,不类其德,故吁嗟三叹之";《摽有梅》篇,谓"庶士是司徒选士,实七实三,即家七任三之义";《载驰》篇,谓"所唁卫侯为成公"。据《春秋经》僖廿八年有"晋人执卫侯""诸侯遂围许"之文,"大夫跋涉",盖以许围来告也。"不能旋反"者,不能反许,若云不能反卫,则夫人已至漕矣。且果为戴公赋,何以列定中之后?《渭阳》篇,谓"康公送公子雍,若晋文返国,康公时为太子,不得有路车"。

---

① "已《诗管见》者",中华本作"已具《诗管见》者"。
② "今亦未见,岂书成未刊布耶",中华本作"盖二书同时刊也"。
③ 中华本无"云云"二字,而有"其敢于立言如此"一句。

“悠悠我思”，虞有晋难也。按以上诸解，俱创而有理。其《大明》篇，据“大邦有子”诸句，谓“文王娶太乙之妹。其曰‘缵女维新’，缵，继也，犹《左传》‘惠公元妃孟子卒，继室以声子’之义。有莘诸侯以其女姒氏娣从，即太姒，实生武王”。按太姒即《诗序》所称后妃，后乃“先后”之“后”，盖继室也。若是“君后”之“后”，则言后又言妃，岂非重复？但其他穿凿附会甚多。① 每篇俱按合时事，几如钱谦益之注杜，太无谓矣。且以毛《传》、郑《笺》俱入之汇解。《申培诗说》，群识伪作，亦杂其中。至如武公弑兄代立，乃《史记》谬说，不为纠正，反弥缝之。以史证诗者何，乃拾其小而遗其大耶？（14－530）

诗谱讲义一卷 江苏存古学堂重印本

不署撰人名氏。是书不尽依原谱之次，首《周南》《召南》，次小、大雅，次豳，次《周颂》，次王，次秦，次邶、鄘、卫、桧、郑、齐、魏、陈、唐、曹，终《鲁颂》《商颂》。于谱下，释以正义，而自为说，或引他说以申明之。义多精实，尤详于礼制。其据《鸱鸮》诗序，以证《书》“罪人斯得”，注以“罪人为周公属党”，与知居摄者之不误。又据《柏舟》诗序，以证《史记》及《正义》卫武公弑兄之误，尤畅乎言之。惟据《乡饮酒礼》注，论乡乐，诸侯天子之乐，上取下就之例，按之经传，多有不合。如燕礼，用诗正歌，十有八，皆《小雅》，为诸侯正乐。而《关雎》《葛覃》《卷耳》《鹊巢》《采蘩》《采蘋》，乃汉儒所谓乡乐。大夫之乐，即郑说所谓下就也。然宾降奏《陔》，纳宾奏《肆夏》，则燕亦上取矣。《升歌》《鹿鸣》《下管》《新宫》，皆诸侯之乐。又曰“遂合乡乐，若舞则《勺》”，则下就复上取矣。穆叔曰：“肆夏，天子所以享元侯也。”《肆夏》为颂，天子用之。而以享元侯，则亦用于诸侯矣。“文王两君相见之乐”为《大雅》，而两君相见用之，则《大雅》不必于天子矣。盖汉儒考礼，每多矛盾参差，不得但宗一说。惜作者于此，未详论也。又论“文王受命改元称王”，既据毛、

① “但其他穿凿附会甚多”，中华本作“但此说已见蔡启盛言之，岂暗合耶？抑袭而讳之耶？其他穿凿附会，间所不免”。

郑不言改元称王，以驳《史记》《书大传》，而独信"受天命"之说，不知诗人言"天命"大都歌颂之辞，不知受命乃受西伯之命。天无言，何能有命？《史记》称受命之年称王、改法度、制正朔，事属相连，诬则全诬，安得信其一而疑其一。书中引《诗》笺释例，殆是一人之作。又引陈澧说，殆其所私淑也。至《王城》谱后，引《汉书·地理志》、干宝《晋纪·总论》，弥觉泛滥。此书盖湖北存古学堂讲义，而适用于江苏之存古学堂，因为之重印者。(14-531)

诗故考异三十二卷　道光辛卯刊本

清徐华岳撰。首有华岳自序及凡例。序引颜师《汉书注》①："故者，通其指义也。"《诗》虽不尽以"故"名，言"故"足以包之。"考异"者，事异、义异、字异，皆谓之异。是书全录毛《传》、郑《笺》，而节录孔氏《正义》，分注其下。齐、鲁、韩三家，见于王氏《诗考》及他书者，亦全录之，附于传、笺之后。陆氏《释文》，所据诸家之本，字多不同，录其异者注经文之下。又以毛《传》宗《尔雅》，《说文》称毛氏，而《尔雅》《说文》引《诗》，多有异同。其他《戴记》《左传》，及史汉百家之引《诗》亦然，俱从《释文》例。注异字于经文之下，其有异义，及非异义而足相发明者，分别录于传、笺三家之后。附以《诗地理考》，并划分经与传、笺，不使相杂，期复古时经传别行之旧。凡所援引，专取古义，间及惠栋、钱大昕辈，而无宋儒一字。惟《子贡诗说》《申培诗传》，明知其伪，以为其中颇有先儒遗说。不知二书浅薄无理，详见毛奇龄《驳义》，何有古义？不宜兼收，以自点污。且书中众说并陈，甚少折衷，虽博何益？后附"传诗考""伪诗辨"，亦是摭拾成说。其逸诗录，所采自《尚书》至《石鼓文》，裒然成帙，皆可征信，可补古诗之缺。视王士禛、沈德潜辈所录，殆有玉璞之殊。书后有其子宝琳跋，称华岳所辑注疏，系据毛氏汲古本，刊时则易以各善本，为之校定者谈师吉也。时华岳已前殁，距成书时十五年矣。(14-532)

---

① "颜师"，中华本作"颜师古"。

诗经言志二十六卷 嘉庆甲戌刊本

清汪灼撰。灼有《毛诗周韵诵法》,已著录。是书首有张节序。题曰“言志”,盖本孟子“以意逆志”之说。不明引序及毛、郑、朱诸家,而时订诸家之误。然如《终风》《凯风》诸篇,旧解沿误者,不能订正,反附会以张之。其他亦不离乎旧解者近是。惟说《河广》篇,谓“是诗作于卫已渡河时。卫与宋皆在河南,此第借河以起兴。朱子据未迁时,谓卫在河北,宋在河南,定以为赋者非”。说《黄鸟》篇,据《括地志》载穆公冢在岐州雍县东南,三良复有冢在雍县故城内,定为三良从死而非殉葬。证之本诗,只言从,未言死,可信。此二条皆极当,且发前人所未发。语都简净,绝不矜奇炫博,是其所长云。(14-533)

诗传孔氏传一卷 明刊汉魏丛书本

题卫端木赐述。考古今艺文志目,未见有《子贡诗传》,据黄虞稷言,是书为丰坊伪撰,托为传自远祖稷。毛奇龄则言是诗与《申培诗说》,在明嘉靖中,同出庐陵郭相奎家,云“得之黄文裕秘阁石本,字摹古篆,而附以楷体今文,用作音注”。按是书明人刻本甚多,此则《汉魏丛书》翻刻本,字系楷体,无篆文。其编次与他本异。改《小雅》为《小正》,《大雅》为《大正》。无《豳风》与《鲁颂》,而以《豳风》《鲁颂》合为《鲁风》,次于《召南》之后。又以《七月》一诗名《邠风》,杂入《小雅》,而以《小雅》《大雅》分为正续为传。即风、雅、颂中,前后所次,亦多错杂。书中多留缺字,以掩其迹。然《小正》篇中,有“凡为天下有九经修身则道立”以下十句。按《中庸》为子思作,子贡安得见之?则其伪不待问而自招矣。(14-534)

尚书涉传四卷 乾隆刊本

清戴祖启撰。祖启有《尚书协异》,已著录。是书首有朱珪序,后有门弟子跋。题曰“涉传”者,取《史记》“涉《尚书》以教”之意。专注今文二十八篇,仍阙《益稷》《顾命》《康王之诰》三篇。所采多马、郑、王之说,及诸经传古义。《史记》《汉书》《国语注》,间采孔颖达疏,而不及孔安国《传》。宋儒采程朱,亦间及他家,惟苏氏、林氏、吕氏、蔡氏、真氏、吴氏及近时胡氏、吴氏诸家注解俱弗及,以有专书行世也。古说缺者,间下己意。阮序称其"穿穴众说,而自标其所得,以成一家言"云云。按是书所引诸说,著其长而没其短,推其意,殆极不满古文孔《传》,及汉儒谶纬荒怪之说,一切置之,自无所用其攻讦。以视毛、阎诸家,其静躁殆不可同日语也。其自创新解者,谓"六宗之目,即《禹贡》六府。《春秋传》水火金木土谷,谓之六府。亦即《甘誓》《洪范》之五行,《周礼》《月令》之五帝五神。其配土以谷者,即《洪范》土爰稼穑之义"。其折衷异说者,如《左传》以诛四凶在宾四门时,《史记》以诛四凶在初巡守时,祖启据《洪范》"鲧则殛死,禹乃嗣兴",以为"鲧殛而后禹兴,禹兴而后有封山浚川之事。则流四凶族,当在正月受终之前,不当在二月东巡之后。左氏是也"。其校正旧文者,东汉水不出武都,养水不出氐道,《汉志》于此,皆有错误。祖启考为"氐道"下注十一字,本在"甸氐道"之下,"武都"二字是"葭萌"之讹。"武都"下注十九字,本在"葭萌"之下;而"甸氐道"注二十字,又本在"广汉"之下,皆为后人误移。凡此皆其荦荦大者。他条大都择善而从,不偏不泥,语甚简净,体亦谨严。惟于"肇十二州"条下,所引马融、孔颖达说与《尔雅·释地》之文,俱不足为证。即如《尔雅》"齐曰营州",以《檀弓》太公封于营丘证之,似觉可信。但齐都临淄,则临淄之地即营丘。《禹贡》纪青州曰潍淄,其道则临淄,又即青州之地。然则营州与青州,殆一地而异名,于辽东何与?祖启于此,既无所取正,又不复致疑。近人有疑"肇十有二州封十有二山浚川"十二字及下"象以典刑"二篇,为汉人窜入者。祖启之识,不足以辨之,固无怪也。(14-534)

经冶堂解义二卷　嘉庆癸酉刊本

清郭坛撰。坛字岱封,山东潍县人,诸生。是书首有邵懿行①、贾声

---

① "邵懿行",下文称"郝序",疑为"郝懿行"之误。

槐二序，末有陈汝庚跋。郝序称其"博综群言，时出新义"。按是书大旨主考证，尤详于地理。如"泥中"条，谓"即'饮饯于祢'之'祢'。据《韩诗》'祢'作'坭'，《释文》云：'泥，乃兮反。'依字作'尼'，又作'坭'。《仪礼·士虞礼》注引《诗》'饮饯于祢'。《释文》云：'祢，乃礼反。'刘本作'泥'，音同。盖坭、泥、祢三字，古通用。其地在今开州西北，即《寰宇记》所称'大祢沟'"。"琅琊"条，据《山海经》郭注，谓"齐之琅琊，与句践所都之琅琊不同。《括地志》所称'密州诸城县有越王句践琅琊台'，亦误。琅琊为邑，始于秦，朱注亦误"。此二条最详确。他条则有所断甚是而举证未备者，又有涉于臆断者。如"负夏"条，谓"负夏即负瑕，又即瑕丘。鲁、卫皆有瑕丘，《齐乘》以为一地者非"。但卫之瑕丘已见《路史》，《齐乘》之误，又沿《水经》，坛俱失引。"转附朝儛"条，据《后汉书·陈蕃传》"齐景公欲观于海，放乎琅琊"，以为是水名，非山名。按坛所说，亦空泛近臆断。"转附即之罘，朝儛即成山"，焦循所考说是也。"毕郢"条，谓毕郢即毕程，引《诗》《正义》《竹书纪年》为证，极是。惟谓"毕乃程之一邑，文王葬毕，即葬于程"，按毕乃程地之大名，程者，毕中之号。杜佑谓"王季都毕，通国内言之"，程者，王季所邑，而毕之小别，故系毕而言之曰毕郢。坛所说适得其反。"费惠公"条，谓"孟子所言费惠公当是战国时季氏僭称为公，以列于诸侯"，亦出臆断。按曾子书，有"费君""费子"之称，《说苑》又有"曾子辞于鄪君"之语，可证费惠公即费君。但三桓之后，泯然无闻，则费君似非季氏之后。薛方山为庈父之后，亦臆说也。他条若"公子庆父辨""公侯干城解"之类，亦多允惬。惟书中间有似袭他说，而未及删者。想由参考未博，致有雷同。至其的然错误，如"'羕'为'永'字异文"一条，"驳《康诰》非周公作"一条，"驳《左传》杜注'食'字"一条，则郝序已纠正之矣。(14-535)

经义亭疑三卷 宣统三年刊本

清蒋楷撰。是书专就经义说律，略仿汉人《春秋比事》。就《尚书·舜典》《大禹谟》《春秋左氏传》《周礼·秋官》《礼记·王制》《尚书·康诰》《吕刑》，取其涉于律者，遍引经子史传，并及泰西学说刑律。所引现行律，则宣统二年十二月所奏定者。考证虽详，但附会不少。即如开篇“象以典刑”一段，于五刑外，加以鞭、朴、赎、赦、贼五条，与后文命皋陶之词不类，显为汉人窜入。按刑之有赎，始于管仲对桓公，意在强兵，不惮变古；其后桑宏羊相汉武帝行之。证以《吕刑》止言罚，不言赎，安得唐虞之世有此弊法？蔡沈《吕刑注》以为《舜典》所谓赎刑者，官府学校鞭朴之刑，尤不近理，不可行于闾阎者，讵可行于官府学校？楷于此俱未为之参稽辨正，无论古之识，亦奚足以言通今耶？（14－536）

群经理话二卷 光绪刊本

清张楚锺撰。楚锺有《四书理话》，已著录。是书上卷《周易》，下卷《书》、《诗》、“三礼”、《春秋》三传、《孝经》、《尔雅》。盖以《周易》为主，独占一卷。至《公》《穀》《尔雅》《孝经》，各止一条。又“总说”一条，则备数而已。题曰“理话”，而理固不深，大都拾宋儒余唾，有趣语而乏精义。多以算术为喻，殆深于算术者。话《易》云：“言不尽意，象足尽意。不知其实形，虽千言万语，终属支离。一见其形，则理之经纬错综，无不包孕其中。”话《书》云：“以羿为射十日者，因十旬弗反，十日为旬，且日者君象，羿本善射，羲和又不救日，总四事而附会之。”话《诗》云：“诗人托喻以刺恶，刺加于微物，则不撄小人之怒。其实以刺加于微物，即以微物目小人，又未尝非惩之。”如此之类，俱前人所未发①，惜不多耳。（14－537）

五砚斋困知经说一卷 刊本无年月

清梁恩霖撰。恩霖字可孙，江苏江都人。② 书中论《左传》诸条，亦

---

① “俱前人所未发”，中华本作“尚可玩味”。

② 中华本此句后有“民国十四年修县志有传，云其弱冠补诸生，虽有文名，然困于场屋。复遭洪杨之役，客授四方。晚归里，年已八十矣。贫无聊赖，郡人陈文恪公彝、张学士丙炎等延司立贞堂事，又十年而卒”一段。

见读书之细,惟不甚关于要义。所举“则如勿生”“则如勿伤”“则如服焉”“则如无出”“则如违之”“则如与之”诸句,皆是“如”字上少“不”字。如即不如,齐人语也,出《公羊》隐公元年传“如勿与而已矣”注。然则左氏亦齐人耶?又一条,论僖公辛丑年晋公子重耳在秦①,“秦伯纳女五人,怀嬴与焉。奉匜沃盥,既而挥之”。左翼与杜异解,谓“穆公未告公子,一概收纳。后知为怀嬴,乃避嫌挥之”。恩霖以为于理甚是,但碍于二十四年“逆夫人嬴氏以归”。按左翼是也。秦女五人皆嬴氏,所逆夫人,岂必怀嬴?亦何必致疑耶。(14-537)

经书言学指要一卷 雍正十三年刊本

清杨名时撰。名时有《易义随录》,已著录。② 名时官云贵总督兼管巡抚事,雍正六年,坐事落职。居滇六七年,是书即作于其时。首有弁言,大旨言学者当知分别贯通之义,以诚敬为立体,以精义集义为致用。引《易》《论语》《中庸》《孟子》,以申其说。句下有注,旁行及上方亦有评语,皆名时自为之,盖得力之所在也。名时学于光地,得其传。所称师说,即光地说也。乾隆壬刊名时全书,是书亦收其中。臧镛堂跋称“名时讲论经义,以是书为第一。其平生学问大指,不出乎此”云云。但其书言“希天”,言“体坤合乾”,言“穷神知化”,仍属虚理,言虽简约,未见其得要也。(14-538)

五经赞一卷 半亩园刊本

清陆荣秬撰,徐堂注。荣秬字锡山,江苏青浦人。堂字左篁,江苏上海人。是书赞述原本,注详事义,足供初治经学者记诵之资,惟其中不免漏误。《易》尊程朱《传》,《春秋》遵胡安国《传》,《礼记》宗陈澔《集解》,皆非近代所尚。言《诗序》,断以为卫宏作,已误。又硬断两语

---

① “僖公辛丑年”,中华本作“僖公二十三年”。

② “名时有《易义随录》,已著录”,中华本作“名时有《周易劄记》《诗经劄记》《四书劄记》《程功录》,《四库提要》已著录”。

以外续而申之,世谓《大序》者,即宏语,尤无稽。大都摭拾陈言,未及广为考证,补而正之,不能不望于专精之儒矣。(14－538)

书经节解二卷　道光丙戌刊本

清蒋绍宗撰。绍宗有《周易观象》,已著录。是书首有自序,次总论,次《读书偶记》。上卷《虞》《夏》《商书》,下卷《周书》。绍宗亦攻古文者,但不依附梅、阎,专就二十八篇今文,节为之解。又取二十五篇古文与今文相比较,以为古文繁芜,不若今文之简奥;古文粗疏,不若今文之精密。然于今文之非者,则立心回护;于古文之是者,则曲意吹求。盖今古文本已划分,故持论如此。今文中,如《金縢》等篇,岂绝无可议者?若使其暗中摸索,恐未必如黑白之易辨也。其尤谬者,于《仲虺之诰》篇,谓"'惭德'二字,不可以加汤武"。不思以臣伐君为何等事,惟其内惭于心,所以为汤武,若居之不疑,与王莽所云"天生德于予"者何以异?又《多士》篇谓"'顽民'二字,不见于《康诰》《酒诰》《洛诰》《多士》《多方》等篇"。不知从其叛言之故谓之顽,从其服言之则谓之士。又谓"方纣无道,人戴周仁,则以诛纣为幸。及纣既灭,则人思先泽,则以亡商为愤"。果如所云,则民心反覆乃尔,圣人何以治之?然亦有自出新解无碍于理者,谓"经明言'周公避而居东',则得罪人乃成王之事,罪人得而《鸱鸮》作。斯管叔已死,蔡霍已放废矣,何得谓周公杀管叔?"又谓"《礼记·明堂位》'周公朝诸侯',误于《洛诰》'周公诞保文武受命惟七年'一语"。按此二说俱前人所未曾发。又绍宗虽屈解古文,而于今文不无疏凿之功。即于古文,亦不尽没其善,与唐焕辈一味诋斥者又不同。末有黄本骥跋,推是书甚至,殆贡谀之言,非灼有所见也。(14－549)

书经精义四卷补一卷　嘉庆刊本

清黄淦辑。淦有《易经精义》,已著录。是书首有特通阿序,又淦自序,次古《尚书》序,又次总论。卷一《虞书》,卷二《夏书》,卷三《商书》,卷四《周书》,末卷则补遗也。书中不参己见,大率节取诸家之说,而所采蔡沈、万经说居多。采阎若璩一条,惟未涉及古文《禹贡》。未胡渭一字。① 同时人惟采周柄中《四书典故辨正》一条,盖据《竹书》所载外丙、仲壬之事以证《伊训》,然此说不始于柄中也。大抵捃摭诸义,无非为制举业而设。卷末有其门人田穮跋,直以乡会试得售归功于是书,可以知其陋矣。(14－550)

然后知斋答问二十卷　嘉庆丙子刊本

清梅冲撰。冲字褒村,安徽桐城人,嘉庆举人。是书以答问之体阐发经义。卷一至十四书,卷十一至十二《易》,卷十三《尚书》,卷十四至十五《诗》,卷十六至十七《春秋》,卷十八《周礼》,卷十九至二十《礼记》。其为说不拘于汉宋,或独伸己见,或全引旧解,又或摘录他书,若江永《乡党图考》、阎若璩《四书释地》、方苞《春秋通论》、顾栋高《春秋大事表》之类。尤熟于《礼》,凡四书中涉于礼制者,及说《周礼》《礼记》三卷,俱精洽。其辨鲁未尝用天子之禘,及周以文王为太祖、后稷为始祖二条,尤为得未曾有。其他新义亦不少,如四书卷中,谓"孔子已开性善宗旨,同一善而有清浊高下之不齐,所谓相近也。自程子分义理之性、气质之性,强赘'之性'二字,而义理仍是义理,气质仍是气质。则无所为性,无所为性善,益无所谓相近"。又谓"曾子以忠恕解一贯,证之《大学》而了然。诚意以前,忠也;正心以后,恕也。尽己之谓忠,合致知诚意,而后为尽己。平天下以絜矩,恕也"。又谓"东周无王者之迹,而伯者假之。观列国之诗,类止于桓文之时。《卫风》终于《木瓜》,且《载驰》许诗也,何以载于卫? 以有控于大邦之言,属望于齐,故无其国而存其诗。秦之渭阳、曹之候人,皆与晋文相涉。以后唯有陈灵《株林》一诗,则以涉于楚庄,盖伯者欲天下歌咏其事,故令天下及当世以前之书,尽贡于天子,犹然王迹之意也。后此则迹真熄矣,真无诗矣"。又谓"唐虞以前,皆用夏正,殷周之改正朔特以新耳目,其实皆夏正也。周公所作之书,若《周书·时训》,若《周官》,莫非夏正。《豳风》凡月皆夏正,齐与晋皆自用夏正。僖五年十二月丙子朔,晋灭

---

① "未胡渭一字",中华本作"未采胡渭一字"。

虢,而卜偃称九月、十月之交。绛县老人言‘臣生之岁,正月甲子朔’,以长历推之,乃鲁文公十一年三月朔也。文十年,齐公子商人弑其君舍,经书九月,《传》作七月,皆可证。观周人用夏正之多,则殷之承夏可知。而究嫌政令之不画一,故孔子断以行夏之时耳”。又如《尚书》卷中,亦以古文非真本。惟谓“采集遗逸,编次成文,使虞、夏、商、周圣帝明王精言,借以脍炙人口,功莫大焉。传古圣之遗训,又不自居其名,固无见罪天下万世之处。必欲吹毛求疵,非君子之道”。按如此立论,变毁为誉,足令攻古文者咋舌。其反驳阎若璩数条,诋为锻炼、为曲说,俱平允。其辨“文王称王”,谓“夏、殷天子称帝,则王亦臣爵也。《史记正义》谓‘虞、芮二国相让后,诸侯归西伯者四十余国,咸尊西伯为王’云云。文王之受与不受未可知,而诸国必以是为称。《中庸》但言‘追王’‘太王’‘王季’,亦文王先已称王之明证”。按此说新而有理。王之号,当创于文王,故开国后承用之。民所向往谓之王,亦从此起义。商称帝,文王称王,未为失臣节。周以王为天子之称,故吴、楚为僭而非可论于文王时也。卷首有冲自序及胡克家序。(14-551)

新校郑志三卷附录一卷　嘉庆汗筠斋刊本

清钱东垣、钱绎、钱侗校。东垣字既勤,绎字以成,侗字同人,俱江苏嘉定人。是书据武英殿本郑《志》,每条下取诸经《正义》及唐宋说部、类书所引,为之补注出处,间或正其谬误。如《提要》所举“尧典注”一条,不载《正义》者,乃得之于《礼记·王制正义》中。又以“临硕难”一条,即《汉书》本传所称《答临孝存难周礼》,别是一书,与前录《答临硕孟子》云云一条无“难”字者不同,恐收之不可胜收。所见甚是。原书本有按语,故加“东垣按”“绎按”“侗按”以别之。另有标“鉴按”者五条,按鉴姓秦,字炤若,亦嘉定人,即汗筠斋主人,刊此书者也。后有附录一卷,记郑《志》之见于诸书者,亦鉴所录也。末有东垣与绎二跋。绎跋言①:“张逸、焦乔、汜阁、田琼、赵商五人,弟子也,故答而不问;崇精、崇翱、王权、鲍遗、

① “绎跋”,中华本作“东垣跋”。

陈铄、刘德六人，门人也，故问而不答。”又据本传称“赵商等自远方来就学，在何进辟召之后，时年六十，兹则商所问者十居其四。① 又诸弟子所问，历引《易注》《书赞》《书注》《诗笺》《周礼注》《礼记注》《仪礼注》《论语注》《禘祫志》《驳五经异义》，可证斯志成于诸书已成之后，为郑君晚年定论”云云。又按《四库提要》尚有《补遗》一卷，今刊本无之，岂后又有所删并耶？(14－553)

北海经学七录七卷　乾隆甲午写刊本②

清孔广林辑。广林有《周易注》，已著录。是书即郑《志》也。《易》《尚书》《毛诗》《周礼》《仪礼》《礼记》《春秋》，各分录为卷，故曰“七录”。题“郑氏弟子撰”。③ 按《四库》著录郑《志》三卷，无辑人名氏，题“魏侍中郑小同撰”，与此不同。广林盖本之《后汉书》郑玄本传及刘知几《史通》，视库本为有据。各条下具注出处，亦胜库本。以较库本，互有详略。即两本共收者，亦互有异同。亦有库本在《毛诗》类中而此入之《周礼》，库本在《周礼》类中而此入之《仪礼》者。标题之不一者亦有之。按是本刊于乾隆三十九年，库本颁行尚在其后。而馆臣乃未见是本，取以相校，甚属可怪。读者取两本而合观之，从而补遗订误，于治郑学者不无裨也。(14－554)

读经析疑二卷　嘉庆庚辰刊本④

清聂敏镐撰。⑤ 敏镐有《易解》，已著录。⑥ 是书首有自序。题曰

---

① 中华本此句后有“是在六十岁以后”一句。

② 中华本作“乾隆甲午古俊楼写刊本”。

③ “题‘郑氏弟子撰’”，中华本作“卷末有《七录之八杂问》一卷，总题‘郑氏弟子撰’”。

④ 中华本作“嘉庆二十五年思诚室刊本”。

⑤ “敏镐”，中华本此条皆作“镐敏”。当以“镐敏”为是。

⑥ “敏镐有《易解》，已著录”，中华本作“镐敏字京圃，衡山人。是书原附于所著《易解》《大学解》《论语中庸孟子说》之后”。

“析疑”，取陶诗“疑义相与析”意。其读《禹贡》二篇，一及治河，一及治漕。治河主疏下流，仍是常谈。治漕主陆运，辅以河运，而废海运，则迂儒之见。道光后，江浙行海运，大著成效，惜镐敏不及睹也。读《武成》，谓“本无错简，由于疑经者有所误认”，虽出臆断，可备一说。读“二南”，改《葛覃》首章“中谷”为“中谿”，使与“萋”“飞”“喈”相叶，不知“谷”自与“木”叶，不须改也。谓“《汉广》章，‘广’与‘方’叶，‘泳’与‘永’叶”，不知“广”叶“诳”，“泳”叶“旺”，“永”叶“恙”，“方”叶“放”，同是去漾也。谓“《行露》首章，两‘露’字相应为叶，‘夜’字不用叶”，不知“夜”叶“裕”，本与“露”为韵也。谓“《行露》三章以墉、讼、讼、从为韵，牙、家为韵”，不知“牙”叶“颙”，乃以牙、墉、讼、从为韵也。又谓“《殷其靁》首章，‘靁’与末句为韵”，不知中间“违”字亦韵也。谓“《驺虞》首、次章，不用以‘驺牙’‘驺红’分叶”，不知两章自以“乎”与“虞”相叶也。其有可采者，谓“《尔雅 · 杜甘棠》之文，应以‘杜甘’二字为句，‘棠’一字为句”“《采薇》第四章‘维常之华’，‘常’系‘旗常’之‘常’，毛《传》‘常常棣也’之训非”。谓“《十月之交》第三章云‘百川沸滕’，今本‘滕’作‘腾’，非。《易》咸象滕口说，字虽不误而解则非”。谓“《荡》诗之首章乃《板》诗之末章，《板》实九章，非八章”。俱援证甚确，大都从读书有得中来也。① (14 - 554)

经史辨论四卷　嘉庆乙丑刊本

清张均撰。均字坦斋，浙江江山人，官射州学博。是书首有自序，大抵论议多而考证少，所论议亦泛衍多而精实少。惟论二戴《记》，据《汉书 · 儒林传赞》、《艺文志》及《刘向传》，孝宣时二戴《礼》已列学官，后数十年至成帝，乃召刘向校经传。而《隋书 · 经籍志》反谓戴德删刘向所第为八十五篇，戴圣又删为四十六，马融增《月令》《明堂》《乐记》，合四十九篇，是为《礼记》。不知向著《别录》已有四十九篇

---

① 中华本此句后有“析疑外尚有‘谈经琐录’若干条，采择友朋商榷、门徒问答之语”一句。

书目,与今《小戴记》同,岂容有马融增入?《大戴礼》篇目,始三十九,止四十一,当为四十三篇。中间缺者四篇,重出一篇,其不见者三十八篇。统而计之,复不能合八十五篇之数,则《隋书》为不根之谈可信。又论"卫宣公烝夷姜",谓"卫宣公立于鲁隐公四年十二月,卒于桓公十二年十一月,在位才十九年。当其为公子也,尚出居于邢,国人杀州吁,始迎立之。若烝夷姜,当在即位后。急子之生,亦应在即位后二三年。至公卒时,尚未冠也。急子之婚,宜在宣公末年。公自娶之,生寿及朔,而公亦将殁矣。朔方在襁褓,安能构急?寿亦不过二三岁,安能窃旌先往?此事理所无者。殆左氏据传闻之说,未及统前后参观也"。按此二条,洵读书得间,前人尚未有及之者。阅是书者,节而取之可也。(14-555)

辨讹释义录六卷 嘉庆丁丑刊本

清张均撰。均有《经史辨论》,已著录。是书首有自序。所释先四书,次《易》《书》《诗》《三礼》《三传》,尤详于四书。大抵集昔人所已订正者,间亦参以己意,解多新颖可喜。释"四书出则弟",谓"弟以出言,不指兄。对师亦称弟,凡宗族乡党,年长以倍,及十年以长者,皆是"。"贤贤易色",谓"指妻若贤人之贤,交友已包之"。"好德如好色","可曰'如'不可曰'易','易'者就情于一人言之"。"犬马有养",谓"犬马以赅六牲。言今之孝者,以养为能。至于日用三牲,有力者皆能之,而不能敬也"。"媚奥",谓指南子。夫子所谓"天厌之"者,即获罪于天之意。"子谓仲弓"章,谓"仲弓为宰,不知举贤才。夫子既告以举尔所知,又恐所知者或为世类所拘而失之,故复谓之以此"。证诸"子谓颜渊""子谓子夏""子谓子贡",皆当面相谓,岂有对子面扬父恶之理?"加我数年"章,引《孔子世家》"四十四岁,阳虎专政,退而修《诗》《书》《礼》《乐》",不言《易》。又考孔子读《易》至《损》《益》,有喟然之叹。此章之言,当在此时。故他日又言"五十而知天命"也。又释《书》,断伯益非皋陶子;释《诗》,断《小序》非卫宏作;俱视常解为优。惟凭空臆断,及错谬显然者不少,其合者在今亦多成陈言,盖摭拾之余,与出于心得者究

不同也。均别著有《经史辨论》,其已见彼书者,不赘入。又是书原是十卷,七卷以下,别辨史子,兹略之。(14－556)

苏斋述学一卷　民国甲子刊本①

清钱文霈撰。② 文霈字汝霖,江苏元和人。是书首有自序,言"考据之学,贵乎以古书证古书,能会其通,绝不参以臆说"云云。故是书所录,或就误解而衷诸是,或本异说而证为同,且多发前人所未发。尤善者,如"老艾耋"条,使《曲礼》五十曰老,六十曰耆,七十曰艾,八十曰耋,九十曰耄,至百年曰期,各还其位。"新旧"条,断"旧"字从臼,即齿之古文。他如"俴驷"条,证毛、郑之同于《韩诗》。"厥兆天子爵"条,证逸篇之不同亡佚。"履无咎"条③,知履礼之训错倒。"七卜"条,知卜五之句误断。又如属于一字者"甓"之误"甓","䨓"之异"䨓","叔"之混"蔌","垂"之为"华","化"之为"銚",所援据俱确核。至"蓄兰药"条,以《夏小正》言蓄兰,《荆楚岁时记》言蓄药,各脱一字。引及《名医别录》,盖文霈兼治医,故取证及此也。自序又言"先梓十一,以存一斑",则其学又不尽于兹编矣。(14－557)

五经不二字音韵释文五卷　道光庚戌刊本

清庄缤澍辑。首有缤澍自序,盖继《四书不二字》而作也。就五经白文及传注计之,其字为《四书不二字》所无者二千二百有奇。先是,梁溪邹氏辑有《五经音韵合注》一书,但标音韵,不专主韵府,又不及字义。缤澍更定为是书,凡《易经》一卷、《书经》一卷、《诗经》一卷、《礼记》一卷、《春秋》一卷。每字大书,而音义环注其旁。其一字兼数音数义者,并举之,简而不漏。④ 于初习五经者为最便也。(14－558)

---

① 中华本作"民国十三年仁寿堂刊本"。

② 中华本无"清"字。

③ "履无咎",中华本作"履无咎言"。

④ "简而不漏",中华本无。

经字辨体八卷 道光癸卯刊本

清邱家炜纂。家炜字莲舫，顺天宛平人，嘉庆进士，官至湖南知府。是书首有祝庆蕃序，又有凡例。大旨在正经典之俗字，以《说文》为主，兼采《玉篇》。通行之俗字，以经典中之正字正之。经典中之俗字，以《说文》正之。其俗字为《说文》所无者，则从阙。全录《说文》偏旁部，俾知字之所由从也。于字之音同义异、引申假借、别体讹文，皆连类出之。其重文、古籀、大小篆，备收之，俾寻流以溯原也。声读依许书，字画依《康熙字典》。末附联绵字及豪厘字，则因张有《复古篇》、郭忠恕《佩觿》而加以订正者也。(14－558)

逸经一卷 观象庐刊本

清吕吴调阳述。① 调阳有《易一贯》，已著录。是书录《周书》"大匡"解、"皇门"解、"周祝"解、"王佩"解、"作雒"解、"王会"解、"文王官人"解、"谥法"解、"史记"解、"芮良夫"解，凡十篇。录《大戴礼·夏小正》《诸侯迁庙》《诸侯衅庙》《公冠》《武王践祚》，凡五篇。《管子·弟子职》一篇，《吕览》"辨土"篇、"任地"篇，凡二篇。题曰"逸经"，篇中略具注校语，无序例，未识何旨趣也。(14－559)

四书质疑五卷 乾隆甲子刊本

清陈梓撰。梓字古民，濮川人，布衣。是书首有梓自序，末有后序。又有谢秀岚跋序云："孔孟以后，折衷于紫阳。紫阳以后，折衷于杨园。"又云："期不悖于杨园，不获罪于紫阳而已。"其尊杨园也至矣。卷五附《读书记疑》，除朱子《语类》《或问》《大全》《精义》外，并及陆稼书、吕晚村、凌谕安。盖于杨园外，兼有取于三家也。论四书，谓"唯《孟子》易看，次之《大学》，次之《中庸》，唯《论语》极难看。圣人之言浑沦，极平淡处极精深，极严密处极从容"。又谓"孔子不说心，教人低头切实去

---

① "吕吴调阳"，中华本作"吕调阳"。

做,自然悟得,然后来便成行不著、习不察的流弊。孟子说心,教人察识扩充,从源及流,后来又成了遗弃事物、单求本心的流弊”云云。诸语俱未经人道过。他如释“粪土之墙”,谓“山东俗以驴粪和土筑墙,故曰粪土之墙不可污也”。① 释“夷齐不念旧恶”,谓“恶非善恶之恶,即周郑交恶之恶。与己不合者,不因前隙而终弃之,怨所以希”。又谓“‘季氏富于周公’一节,是夫子代门人记事,以见下文直斥‘非吾徒也’,有为而发。不然何以不说冉有而曰求也?”所解俱新而甚确。又谓“五岳独言华,以西北地厚,华是一块全石,入地最深,与他山不同”“‘折枝’二字为‘扶杖’之讹,以篆文适相类”。虽亦未是,而可备一解。惟误义理,间有过于拘迂者。但精到亦不少,盖体认既深,与泛涉者自不同也。(14－559)

洪范大义三卷 民国壬戌刊本

清唐文治撰。卷首有自序,又有后序。书分三卷,上卷《传注》,中卷《政鉴》,三卷《析疑录》。注以解字,多采黄式三《尚书启幪》、吴汝纶《尚书故》,而不录姓氏,以中多参杂也。传以释义,以黄道周、李光地为主。惟“惟辟作福”一节,谓旧解多误,概不录,别详其说于卷中“三德”篇。“政鉴”者,五行、五事、八政、五纪、皇极、三德、稽疑、庶征、五福、六极,各为篇,泛论治乱所以然,而深致慨于知有党而不知有政者,是其微旨之所在也。“析疑录”者,汇录朱子《皇极辨》、苏洵《洪范论》、王夫之《洪范篇》,并及《四库提要》三则。各篇后按以己见,究以朱子为归焉。(14－570)

柯山诗传一卷 旧抄本

宋张耒撰。耒有《柯山集》,《四库》已著录。按著录本《柯山集》,卷三十九有《诗杂说》十四首,而无《诗传》。蒋光煦《东湖丛记》载宋绍兴刊本《张右史集序》,为单父张表臣作,其序目亦未及此。是本有《抑

---

① “污”,中华本作“圬”。

传》《桑柔传》《云汉传》《嵩高传》《江汉传》《常武传》《文王传》,凡七篇,皆在《大雅》卷中。《抑》至至《嵩高》皆相连①,《江汉》与《嵩高》止隔《韩奕》一篇,《常武》与《江汉》亦相连。按《韩奕》已于《嵩高》中并论之,不宜再有传,实未尝隔也。惟《文王》篇本在《抑》前,今反列《常武》后,为不可解。窃意耒所为传,定不止此,特存者止此耳。《抑》与《桑柔》,《诗杂说》中亦有之,而与传不同。窥耒作传之意,当是讽切时政,故篇中惟阐大义,不释全诗。如《抑传》中,反复于"哲人之愚,亦惟斯戾"。盖为君者,至于使哲人皆愚,人才尽矣,而其原自不知修己,将使"无竞维人"者,乃在于"有觉德行",而"四国顺之",下无违德,则人才从上而作。《桑柔传》以为是诗大要,止于"告尔忧恤,悔尔序爵",而"忧恤"与不能"序爵",亦非两端。王不能使贤者在上,不肖者在下,各治其职事,故国至于可忧可恤。将使忧恤无至乎前,在反其本,本即序爵也。《云汉传》,就诗言"胡不相畏,先祖于摧",又言"天降丧乱,饥馑荐臻",又言"昊天上帝,宁俾我遁",知宣王虑患深,责已重,《序》所以言"内有拨乱之志"也。《嵩高传》并及《韩奕》,以为宣王之所能,乃止于褒赏申伯,锡命韩侯。盖周室至厉王而乱极,宣王始能行天下之职,故诗人乐其始治而美之,不计其善之大小也。《江汉》《常武》二传,论命将用兵。《文王传》论养士。诸篇托义既正,说亦条达,宜取集中《诗杂说》附载于此,以完成一家之作。又按《宛丘文粹》所收,与是本同,殆即周紫芝所云"网罗之未尽"者乎?(14-571)

诗义择从四卷 光绪戊子刊本

清易佩绅撰。佩绅字笏山,湖南龙阳人,咸丰戊午举人,官至江苏布政使。是书为告归后所作。有自序,言"《序》为先导,毛、郑为指点山川疆域、风土物宜之人,其有同归而必殊途。指点而未详未确者,则于孔、朱及各家,皆择其善者而从之"。此"择从"所由名也。又言"己所案有似独断者,因古义断之,非自创新义也。偶有推论者,亦从古义推之,

① "《抑》至至《嵩高》",中华本作"《抑》与《嵩高》"。

或借以证之”。其书不录经文,但录篇名章数。《序》或全录,或但录首句。以次及毛、郑诸家之说,案语则低列一格。虽不甚出己见,而别异同,判得失,亦有可取者。如《抑诗序》以为卫武公刺厉王,考《史记》卫武公立于周宣王十六年,卒于平王十三年,在位五十五年。其生年不可考,姑以寿百岁计之,除平王十三年,在幽王时则八十余,将近九十。九十曰耄,与《诗》“亦聿既耄”之句正合。若在厉王时,去耄尚远。佩绅据《史记》以订《序》是也。“昏期”之说,毛、郑互异,而各有所据。毛以十月至正月为及时,郑以三月以后为过时。佩绅调停之,谓“九月霜降,二月冰泮。《家语》‘霜降而嫁娶行’,自九月以后,即可嫁娶也。冰泮而始杀,杀者,减也。至于二月,始减其礼,而嫁娶者亦少也。《周礼》仲春‘奔者不禁’,以贫不能备礼,至于将过时,故不禁其奔,即杀其礼也。虽杀礼者亦止于二月,则过时实在三月以后。郑谓‘三月以后为过时’是也”。“展我甥兮”,《传》:“外孙曰甥。”《笺》:“展,诚也,姊妹之子曰甥。”言诚者,拒时人言齐侯之子。考鲁庄当齐襄之代,未尝如齐。其二十二年,如齐纳币。二十三年观社,其时齐襄已弑,文姜已死,齐桓立十二年矣。鲁庄于齐桓为中外兄弟,不当言外孙。按《尔雅》:“妻之舅弟为甥,姊妹之夫为甥。”佩绅以为“其云甥者,指鲁庄娶哀姜言之是也”。又有据朱以正朱者。《柏舟》,《集传》云庄姜之诗,而《孟子集注》仍用《序》说。考《集传》成于淳熙四年,《孟子集注序》作于淳熙十六年,佩绅谓“从古《序》者,是晚年定论”,可谓以子之矛,陷子之盾矣。至据《苌楚》诗“乐子之无知”“乐子之无家”,谓“以无知无室家为乐,为佛说入中国之渐”,视陈启源牵西方美人以说佛者殊胜之。惟《生民》篇,说履帝武,采王夫之、顾镇二说。王说直以臆想为事实,顾说亦附会。大抵史书纪帝王发祥,类涉荒诞,有未可以恒理断者。此诗《毛传》所释自平正,然诞而曷为弃之?毛亦强解也。就诗论诗,由隘巷而平林,更极之于寒冰,则郑《笺》似不为谬,存而不论可矣。(14-572)

毛诗补正二十五卷　光绪己亥刻鹄轩刊本

清龙起涛撰。起涛字禹门,湖南永新人。是书首录古序,次自作凡例，又次《国风》总论。每卷之端，冠以郑《谱》。每篇之端，冠以小序。于《谱》则征众说而以己见为折衷，于《序》则采首句，而以下文作附注。篇中先引毛《传》，间及郑《笺》、孔《疏》。《笺》《疏》所未及者，补以朱《传》。朱《传》未当者，又补以他说。于毛、郑、孔、朱之得失，各有所订正。篇末有论有评，而论以考时势，而取证于史传。评以发诗趣，而资用于文章。其涉于典制名物之纷烦者，别详其说，不与注语相杂。此其大略也。书中论郑《谱》次第，主欧阳修说，谓"殿王于豳末，使十五国，以二南始，以陈曹终，见天下大局之兴衰。又以豳先，以王后，见周室之自为兴衰。而桧居郑先，与魏唐之例亦画一"。论《关雎》忧乐，主尹继美说，谓"乐以三篇为一阕。所谓乐而不淫者，指钟鼓乐之言。所谓哀而不伤者，指维以不永伤言"。论邶、鄘、卫，谓"郑灭桧，不曰桧、郑；晋灭魏，不曰魏、唐；何独于邶、鄘、卫而异其例？盖邶十九篇，鄘、卫各十篇，史家以卷帙过多，史家姑就所采之地，以旧名分之为三，殆无意义"。其说俱可备一解。其他诂义①，大都平正。惟《草虫》章，《笺》意最明。"未见君子"，谓"在涂时，在涂而忧，忧不当君子，无以宁父母，故其心冲冲然"。"既见"，谓已同牢而食。"既觏"，谓已昏，并引《易》"男女觏精"为解。按此篇的系新婚诗，今习俗犹有于成婚之夕，以失贞而遣弃者。但贞不贞非有的证，因而起争义。至于涉讼者有之，故必待觏止，而后其心始降、始说、始夷也。《毛传》于第三章云"嫁女之家不息火三日，思相离也"，则亦以为初婚作矣。惟"见""觏"二字不为分别，朱《传》亦然。起涛引毛、朱而遗郑，岂以《笺》语近亵而讳之耶？抑思圣人于《易》不讳之，而于《诗》独讳之耶？其释物名，多出臆断。援引未甚博，评骘亦非体。后有自跋，称"声音之道通兵法"，益怪诞矣。(14－573)

学诗阙疑二卷　乾隆家刊本

清刘青芝撰。青芝字芳草，河南襄城人。是书首有雍正辛亥青芝

---

① "其他诂义"，中华本作"全书诂义"。

自识，大旨尊《序》，兼取《传》《笺》《疏》及苏辙《诗传》，而非《集传》。“君子阳阳”条，引朱子初解云：“君子知道之不行，相招为禄仕，虽役于伶官之贱，而阳阳自得。若诚有乐乎此者，其所以全身远害之计深矣。”是《疏》《序》意，而《传》《诗》又疑为妇人所作。“鸱鸮”条，谓“《集传》用孔氏书注‘弗避’之说，后来与蔡九峰辨其不然，以为当从郑氏，是朱子亦自为矛盾”。诸条多泛论诗意。其涉考证者，“甘棠”条，据《周礼》贾疏“茇舍，草止”之训，系以草释茇，以止释舍。孔《疏》所引，“舍”上去一“茇”字，未妥。“采芑”条，据陆玑《诗疏》“芑似苦菜，茎青白色”，曰“似”则非一物，曰“茎”则不及叶。朱子本陆《疏》，而删“似”字、“茎”字，亦未妥。此二条，俱有裨经义。(14－574)

经窥续八卷　光绪癸卯刊本

清蔡启盛撰。启盛字腥客，浙江诸暨人，光绪戊子举人，历官直隶湖南知县。是书首有汤寿潜序，盖续前刻《经窥》，距丙戌十七年矣。篇中间有署甲子者，则游宦时所作也。启盛肄业诂经精舍，为俞樾入室弟子。书中屡引樾说，但非墨守。遍征近代治经家言，而判其得失，然不肯一语蹈袭。惟文笔蹇涩，往往不能达其意。俞樾序其前书，称“人之既深，出之亦不能甚显”，诚谓其短矣。“隰则有泮”“淮有三洲”“夫人过市，罚一幕”诸条，皆补前书所未备。他条最惬经旨者，如“随山”条，谓“‘随’当读为‘堕’”，引《班书·沟洫志》贾让奏曰：“昔大禹治水，山陵当路者毁之，故凿龙门，辟伊阙，析底柱，破碣石，破天地之性”为证。① “同为逆河”条，谓“‘同’应训‘皆’，皆为逆河。因九者皆受海潮，以此句申明上句之未备”。“比年小聘，三年大聘，五年一朝”条，谓“郑许异义，会通之，则相合而不相背。据定四年传，言唐叔封于夏虚，启以夏正，此晋在春秋，所以独用夏正也。则朝聘之制，取于虞夏也何疑？”“事君尽礼，人以为谄”条，谓“事君在尽心不在尽礼。况着一‘尽’字，是其人专心一志于外貌，其处心可知。不直断为谄，而托之于人，词

① “破天地之性”之“破”，中华本作“堕断”。

婉而意愈深”。“自行束脩以上”条,谓“‘行’当为‘言行’之‘行’。‘以上’与‘中人以上’之词一例,‘脩’为‘修’之假字。其行约束修饬,乃狷者以上,则狂者与中行矣”。其附合新理者,则“民可使由之”条,谓“‘民’指民政,民政虽有不可废之利,亦有不胜防之弊。于是熟思审处,寓其迹于君政之中,是使由之也。不为显立民政之名,因不可使知之也”。其他补苴订正,可采者尚多。然亦有臆断而失者,如“肇十有二州”条,其三州之名不著,今注疏所云幽、并、营者,乃取之《周礼·职方》,与《尔雅·释地》而皆有所不合。且其下文接以“封山浚川”,古者于山,止曰望曰旅,《史记·封禅书》始有封泰山之说,经固无之也,浚川即《禹贡》篇“九川涤源”,何容特载于此?可信此三句系汉人窜入,启盛必委曲为之说,未免词费。又“令会男女,奔者不禁”条,旧说“奔”,指礼不备,是也。钱大昕引《内则》“奔则为妾”以释“奔”,已属添足。洪颐煊更据《内则》注“奔”或为“衒”,因谓“卖以为妾”。启盛更据《职方氏》列各州男女之多寡,荆一男二女,扬二男五女,幽一男三女,谓“女倍于男,非听其为妾,将终身为无夫之女”。不思《职方》男女多寡之说,本无稽,卖妾乃后世陋俗。语曰“婚姻论财,夷虏之道”,讵可以释经耶?“有虞氏官五十”条,《礼记》与郑《注》之误,核之《周官》篇“建官惟百”一语而益明。足为古文《尚书》非相袭之证,乃亦斥之曰伪。周内之曰“犹有鉴裁”,岂为公论?亦可见梅、阎辈锢人之深矣。(14-575)

穆斋经诂四卷 道光庚子刊本

清任均撰。均字子平,浙江鄞县人。是书有道光丙申均自序,后有其门人施世锡道光庚子跋。据自序,原题“经传正义”,今题“经诂”,则梓书时所更也。书中论周正,历驳改时不改月、改月不改时及改正朔不改时月诸说。虽列国间有用夏正者,而《春秋》所书皆周正。论文祖,谓“文祖尧之始祖,即颛顼。颛顼实出于黄帝。据祭法,有虞氏禘黄帝而郊喾,祖颛顼而宗尧”。《国语》“有虞氏禘黄帝而祖颛顼,郊尧而宗舜”为证。俱确不可易。论六宗,谓“为日月与白虎、朱鸟、苍龙、玄武之中星”,说甚新。论田赋,主班固《刑法志》,谓“核之《司马法》《周官》,其制皆合。盖融贯于匠人、遂人、小司徒之法。惟不可以较《孟子》《王制》,盖《王制》本出孟子。孟子明言诸侯恶其害己,而皆去其籍。是孟子未尝见《周官》,故曰‘其详不可得闻’”。因推论孟子所言“公侯方百里,伯七十里,子男五十里”,当是二代之制。“果如孟子之言,则列国公田之赋,将尽以具乘马而无余。而吉、凶、军、宾、嘉之五礼,除军礼外,其四俱废。又如孟子之言,则列国井田之数,只以授正卒而无余,而何有于余夫之二十五亩及卿大夫之圭田?”均自谓“潜心三载,易稿十次,刊落先儒之枝叶,表章《周官》之法度”,世锡谓“井田封建,立可施行”,盖亦刻意经营之作也。又说先天,谓先天之学,即伏羲之《易》。《连山》《归藏》不可考,《周易》则文王之卦辞、周公之爻辞,皆后天之学。其先天自然之法象,独详于孔子《十翼》。黄宗羲不信先天,岂能不信孔子?因举《十翼》,以证其说之失。所持辨俱极博。其他若论礼制、论水道诸篇,词虽简而理则甚惬。均最服膺朱子而嫉姚江,尤恶阎若璩,斥为心术不正,盖兼讲义理考据而实事求是者。(14-576)

读经劄记二卷　同治丁卯刊本

清单为鏓撰。为鏓字伯平,山东高密人。是书首有阎敬铭序。虽题“读经”,但止及《春秋三传》。大旨见所为凡例,其中有发明字义者,有驳正误解者,有更正刊本脱误者,有考证地理者,但不过摭拾细碎。而议论居多,尤详于文法史法。① 竟全抄方苞《左传义法》,实可不必。至于摘录注疏罕见之文,标识古今传诵之句,俱属无谓。顾炎武以杜《注》短丧为非,按春秋国君,皆以遭丧之明年正月即位改元,证以《孟子·滕文公》篇“吾宗国鲁先君莫之行”云云,疑三年之丧非周定制。杜解未谬,为鏓驳之,非也。又按《史记·宋世家》有“微子启持祭器造军门,肉袒面缚”等语,绝非事实,为鏓引以证《左氏传》,而不为置辨,亦非也。其采用诸家之说,亦未博核,且少案断。聊借以备检寻,殊无裨于

① “尤详于”,中华本作“泛及”。

研讨也。①（14－577）

卢本经典释文校记一卷

清钱馥撰。馥字广伯，浙江海宁人，布衣。是本校卢文弨刊本《经典释文》，虽寥寥无多条，且卢本之舛亦不止此，然所见皆确不可易。如"旝"字据《正义》及《五经文字》，证徐氏《说文》载之㫃部者不误。又"屡空"之空当作力住反，而诸书多作力从反，胡氏《论语通·先进》篇又作力纵反，殆误以为"空"字之音。不知"空"即读去声，亦当音苦贡反。"纵"自"从"字而来，其沿误已久矣。他若"郰，亡杏反"，谓"亡"字误，应作"古"。"君数"，谓"君"字乃"疏"之讹。又"缧，尤追反"，谓"尤"字误，当作"力"。非精研音韵者，不能审也。（14－578）

陆氏经典异文辑六卷经典异文补六卷　雍正乙巳刊经玩本

清沈淑辑。淑字季和，江苏常熟人。是书首有淑自识，盖就陆氏《经典释文》中摘其异文录之，间附案语。如"大人造"下，案云"见《刘向传》是也"。所据《经典释文》，不知何本，多讹脱。以校卢文弨刊本，如"嫌"下原注"郑作'谦'"，卢本则"谦"是"溓"；又"经纶"下注云"本亦作'论'"，卢本"经纶"是"经论"，注作"'论'是作'纶'"；又"象曰无往不复"，注云"一本作'无平不陂'"，卢本文与注互倒；又"而不荐"下，注云"王肃本作'而观荐'"，卢本"观"上有"不"字；又"皤"下，注云"郑、陆作'燔'"，卢本"燔"是"蹯"。即开卷三四页，其讹脱已如此。淑复据经传中文字互异，及注疏《史》《汉》《说文》诸书所引经传文异者以为之补。按唐后写刻诸本，可供参证者尚多，淑未一一备举。而《尚书》后附入逸书，《毛诗》中引及申培伪传，则俱可不必也。（14－578）

---

① 中华本此句后又有"阎敬铭抚山东日，延掌济南书院，因刻其书，并作序盛推之。盖重其人，不徒以学也"一段。

注疏琐语四卷 雍正乙巳刊经玩本

清沈淑辑。淑有陆氏《经典异文辑》，已著录。是书无序例，卷一《易》《书》《诗》，卷二《礼记》《周礼》《仪礼》，卷三《左传》《公羊传》《穀梁传》，卷四《孝经》《尔雅》《论语》《庄子》。题曰“琐语”，系就注疏中掇采一语至数语。有涉性理者，有关典制者，有为后世名例器物所本者，有雅言隽谑可资谈笑者，有僻事奇字可供挦扯者，殆以《太史华句》《文选锦字》之例而施之注疏者也。(14－579)

御案七经要说二十五卷 道光甲午青照堂刊本

清刘廷升抄。廷升字晋阶，陕西朝邑人。先是，《御纂周易折中》二十二卷，成于康熙五十四年；《钦定书经传说汇纂》二十四卷，成于雍正八年；《钦定诗经传说汇纂》二十卷，序二卷，成于雍正五年；《钦定春秋传说汇纂》三十八卷，成于康熙三十八年；《钦定三礼义疏》一百七十八卷，成于乾隆三十八年；所传《御纂七经》是也。板存内府，且卷帙繁重，贫士不易购读。廷升尝节抄成帙，其子际清拟刊丛书①，即取以冠首焉。(14－579)

学海堂经解缩本编目十六卷 光绪壬辰石印本

清凌忠照、张绍铭编。是书与《敬修堂编目》、蔡启盛《检目》又有不同。以十三经为序，每经为一卷，惟《春秋》一卷，另列三传，《大戴礼记》一卷，列《礼记》前。其天算各书，以及单辞只义不见十三经者，另编一卷，名曰《群籍分部目》。每经中，逐句标明卷页数。有一句之义散见数处者，则摘出统注于此句下，名曰《群籍汇目》。又有推阐一经要旨，如《日知录》中详三《易》，《潜研堂集》中论《尚书》，其卷页数注于《汇目》之末，名曰《杂录》。又全书逐句有训诂者，如《仲氏易》《尚书集注音疏》，叙明书名、篇名、卷数于《汇目》前。又发明经训，详论一字一义

---

① “其子际清拟刊丛书”，中华本作“会其侄孙际清拟刊丛书”。

者,如《周易述》《微言》《周官禄田考》,叙明书名、卷数于《汇目》后。其全书止解一篇一节之义者,如《禹贡锥指》,以列《禹贡》后。《声律小记》,以列《周礼·春官·大司乐》后。大抵分类别部,贵简而不漏,后起者自较胜于前也。(14－580)

抱润轩读尚书记一卷　原稿本

清马其昶撰。凡《尧典》四条,《皋陶谟》六条,《禹贡》一条,《盘庚》三条,《高宗肜日》二条,《洪范》三条,《大诰》七条,《康诰》五条,《酒诰》三条,《梓材》一条,《召诰》八条,《洛诰》五条,《多士》七条,《无逸》四条,《君奭》八条,《多方》四条,《立政》七条,《顾命》二条,《吕刑》二条,皆今文也。大抵多《尚书》中奥句、文义难晓者,前人以意属读,原不免牵强,其昶自出己见。惟"四岳"一条,引汪德钺《七经偶记》,据其《记》称:"禹、皋陶、契、后稷、伯夷、夔龙、垂、益、彭祖,谓此九人为九官,则四岳是彭祖,合之十二数,乃足下文一十二人之数。"其说甚新。他说多无甚关要者,且有不如旧解妥惬者。① 亦有参考未博,拾他人唾余而自矜创获者。书眉有朱墨笔评语。用朱笔评者为吴汝纶,其昶之师也。用墨笔评者不署名,未知何人,于其昶之说,颇有所阐明,且间指摘其失焉。(14－580)

读书随笔二卷　光绪乙未刊损斋遗书本

清杨树椿撰。树椿有《读易随笔》,已著录。是书上卷《读书集传》,下卷《读钦定书经传说汇纂》。是书考地理颇核,谓"郦《注》'南历冈穴',即经'逾'字。自潜至沔有一逾,自沔至渭又一逾,经但言'一逾'耳。由桓入潜,潜即西汉水。由西汉逾沔,由沔入东汉水,由东汉入褒水,由褒逾斜水,由斜水入渭。经'沔'字即指东汉水,其实二水"。又谓"朝邑入渭,此误为洛水。今漆沮经富平,名石川河,至临潼交口入渭"。

---

① "其昹自出己见"至"不如旧解妥惬者",中华本作"其昶所说不尽胜于旧解,且有不如旧解妥惬者"。

又谓“析城王屋，相接最近，经言至于，不可晓”。他如校正《集传》之误，如“庶民惟星”节“轸星好雨”，据《汉志》“雨”作“风”；“月行西南”，《汉志》无“南”字；“率汝敉功节传”，“周公”下缺“承”字。“二人雀弁执惠”节，解未分明；“乃受同瑁”节，说不合。又考定坊本之误，如“底商之罪”节所增圈外注，“列爵惟五”节所删三处，俱宜从之。(14-581)

诗经永论四卷　旧抄本

明方孔炤撰。是书于《风》《雅》《颂》之首，及《风》之各国、《雅》之大小、《颂》之周、鲁、商各有总论，余则篇目为论。但述大义，不涉训诂。句多骈偶，竟有演连珠者，则作文而非说经矣。每篇末引《周易》作收，义有切有不切，究不知仿何体也。其论秦，谓“积五百年而并天下，亦与周积德之数相仿。及其得之，不三十年，而复归于圣神之胤。汉唐亦几八百年，而岐丰王气乃歇，为宋、元、大明，趋中原而东北也”。论“终南”，谓“军国之故，假力于边徼者，终必畀之。平王委宗周于秦襄，其风美终南，固已历岐丰而南之。六朝资五胡，宋资金元，明资三卫，其究也畀之矣”。盖孔炤生崇祯季世，去满族入关不远，斯言若已券之，是又以论诗者论世论时事也。是本多讹夺，几不可句读，未考曾有雕板否。(14-581)

毛诗鸟兽草木考四卷　原稿本

书题“受业门人金溪黄春魁编辑”。卷首有小引，集经字为骈文。题衔同，署道光丁未冬十月。或是就正其师之作耶？书分鸟部、兽部、草部、木部，不及虫鱼。诸条除引注外，他所采甚略。有止引注而不及他说者，如玄鸟、蘩薠、藻龙、莫蕢、蒲芹、茆葭、卷耳、芣苢、薇葑、菲谖、萑萧、荷菡、荍兰、芍药、蔹茨、虻苕、鹝苹、苓台、莱荠、韭瓜、壶稻、穜稑、秬芑、糜菽、荏麦、来牟、秬秠、苴桃、李漆、木瓜、扶苏、椒蔌、栗椅诸条是。又有注无而但引他说者，如鹰、雀、鸡、鸱、鸾、马、驖、兔、鼠、犬、豺、象、豹、狸、牛、穗、粟、株、枣、梅、松、竹诸条是。春魁概无所辨证，每条下附见于经中某某篇名，殆陋书也。(14-582)

读诗集传随笔一卷　光绪乙未刊损斋遗书本

清杨树椿撰。树椿有《读易随笔》，已著录。是书颇有订正，其朱子原误者，如“吉日”条，解漆沮为洛水；“兔罝”条，仇叶渠九反；“南方之原”条，“原”下注“无韵未详”之类。其朱子原本不误，而坊本误者，如“汉广”条，“休思”作“休息”；“行苇”条，注“叶韵不谐”；“天作”条，“岨”作“徂”之类。又引《汇纂》一条，《桧传》“桓公”当为“武公”。方望溪二条，《绵》九章“四”“曰”字俱当作“日”。《旱麓》四章，前后义不相属，疑错简。俱可补《集传》所未及。(14－582)

经说二卷　光绪辛巳刊本

清丁午撰。午原名正，字奚生，浙江钱塘人，诸生，丁丙从弟也。尝肄业诂经精舍，年未三十而卒。其文散见《诂经精舍》三、四集。家富藏书，又身及俞樾之门，虽未竟所学，而稽古钩沉，多有心得。如《诗》“愿言则疐”，《传》云：“疐，跲也。”《笺》云：“当读为‘不敢嚏咳’之‘嚏’。”午解谓“跲本作‘劫’，‘劫’即《曲礼》‘君子欠伸’之‘欠’。人体倦则伸，志疲则欠。此诗皆庄姜自伤之词，谓思之不已，故言之。志倦则劫也。自王肃以‘劫’与‘劫’形相近，改‘劫’为‘劫’。‘劫’与‘跲’同音义，遂改从《狼跋》之‘疐’，训疐为跲。而《传》与《笺》遂异义矣”。又《礼·王制》言古者百亩，当今东田百四十六亩三十步。午谓“古者之步，皆准乎车。周惟田车之轮六尺有三寸，而兵车、乘车之轮皆以六尺六寸为定制，则今以周尺六尺四寸为步，乃六尺六寸之讹。以六尺六寸为步计之，古者百亩，实当今百四十六亩九十二步三尺七寸八分有奇”。虽未尽合，而大数已符。又《礼·王制》“祭用数之仂”，方悫《礼记解义》以“数之仂”为一年所用四分之一。午解谓“《说文》有‘仂’字，无‘扐’字，‘仂’即《易》言归奇之‘扐’。国用之法，三年余一，则一年余三分之一。而一年所用为四分之三，合之为四分。每年所入，以四分之，犹《易》筮之以四揲。其四分必取整数，则四分之外必有其零数，谓之仂，而取为祭用”。凡此各条，俱能不泥旧说，而惬于理。然亦有欠当者,如谓"鲁有周庙,是周公之庙,非文王之庙",篇中但举毛奇龄异说,不知顾炎武亦谓"诸侯若竟不敢祖天子,则始封之君将何祭?"盖同姓诸侯,其五庙之太祖,固以始封之君,而未尝不别有天子之庙。特《周礼》散亡,无文可考。观于郑有周庙祖厉王,何疑于鲁?然此犹持之有故也。其引韩宣子见《鲁春秋》,以为《周礼》在鲁,据谓《周礼》之名已见于传,不知《周礼》本称《周官》,王莽时始名《周礼》,春秋时何能便有其名?况韩宣子见《易象》《春秋》,而云《周礼》在鲁,乃《周礼》指《易象》《春秋》,非别有一书也。又引"朝以讲礼""聘以志业""享训恭俭""燕示慈惠"之文,以为《仪礼》已见于传,斯更牵扯之甚矣。书首有冯一梅、孙礼煜二序。(14-583)

静修堂诗经解五册 旧抄本

清仇景仑撰。是书不分卷,惟依风、雅、颂之序,有释全章者,有释一句至数句者,有释一物者。题下或称解,或不称解。此外曰说、曰义、曰考、曰辨,不一其例。又曰编次者,订旧次之失也。曰音读者,正诸读之误也。大抵以《小序》毛、郑、孔、朱为主,旁及他宋明清诸家,折衷一是。不取博证,亦不自出己见。所援引至戚学标止,知为道光以后人。但应试之作,亦厕其间,则甚非体也。(14-669)

诗经说六卷 求志居刊本

清陈世镕撰。是书首有世镕自序。其辨郑声非郑风,申吕东莱之说,谓"《乐记》言'郑音好滥淫志,宋音燕女溺志,卫音趋数烦志,齐音敖辟骄志'。四者皆淫于色而害于德,是以祭祀弗用,然燕享亦岂用之?春秋朝聘燕享,有赋诗之事。第举其诗之辞,非即以其诗被诸乐。声虽从诗出,而歌之则成声,不歌不成声。虽歌之成声,不播诸金石管弦,亦诗而非乐。又当其歌《关雎》《鹊巢》也,必不参以《缁衣》《蔓草》;歌《鹿鸣》《四牡》也,必不间以《风雨》《鸡鸣》,又何足以乱雅乐?朱子以郑声之淫,归罪二十一篇之诗。诗固有声,然亦有有声而无诗者。笙入之《南陔》《白华》《华黍》,间歌之《由庚》《崇丘》《由仪》,金奏之《肆夏》

《陔鹜》,皆无诗也。安见郑声之必皆有诗,又安见其声即此二十一篇之诗之声?"更据《汉书·礼乐志》,哀帝时诏罢乐府官,有"郑四会员六十二人,一人给事雅乐,六十一人可罢"。"著其为郑,而别之于雅,此必真属郑地之声。不知其歌曲,果此二十一篇否?然又有楚会员十七人,巴会员十二人,铫四会员十二人,齐四会员十九人,蔡讴员三人,齐讴员六人,竽笙钟磬员五人,皆郑声可罢,则不必悉出郑地,亦谓之郑声矣。云'乱雅乐'者,雅乐即笙入间歌合乐诸诗,以郑声歌之,遂为所乱"云云。按此论畅辟,得未曾有,使世之右朱子者无从置喙。其他若说风雅正变,说诗乐,说大雅小雅,说笙诗,俱有特见。其单说一篇者,多引《左传》为证,亦有合者。而附会穿凿,在所不免。若《雨无正》《瞻卬》之类,字字按切时事,同钱谦益之笺杜,而读者终以为疑也。有时自出己见,如谓"《溱洧》系君子之有志风化者叙其敝俗,冀以动在位之听,而思整饬之方",虽属臆断,较胜毛朱旧解。惟以从良择配之倡女释《丰》,以沈痼不悟之守财虏释《山有枢》,此类鄙浅之识,殊不足为训也。(14－670)

郑风考辨一卷　刊本无年月

清章谦存撰。谦存有《周诰考辨》,已著录。是书首就《论语》《孟子》之言郑声者,及《左氏传》季札论郑诗者,为释其义。次就《郑风·缁衣》、《叔于田》、《太叔于田》、《清人》、《有女同车》、《山有扶苏》、《箨兮》、《狡童》、《褰裳》、《子衿》、《扬之水》、《溱》与《洧》十三篇,取时事以证《序》,而为之辨。大意谓郑声即郑乐,乐即诗。郑人多失其是非之正,故见于诗者,如《缁衣序》云"美好贤",而《国语》载郑桓公以欲逃周难故,寄贿与孥,谋并虢郐,其子武公遂至通郐夫人而并其国。又叔于田,诗称其美好而又仁,而叔乃作乱之贼。又《清人》,《序》称"高克好利而不顾其君,文公恶而欲远之不能,使高克将兵而御敌于竟,翱翔河上,久而不召,诗散而归。公子素进之不礼,文公退之不以道"云云。据《序》所言,即可证失其是非之正。又《有女同车》《山有扶苏》《箨兮》《狡童》,或刺忽之失齐昏,或刺其不能用贤,或因臣专而归罪于君,或以弟篡而归过于兄，各出一意以相诋。合而观之，以见郑人无公好恶，徒有私毁誉。若《子衿》，《正义》谓"废于学问"，惟不崇学问，所以无一定之是非也。惟《溱洧》一诗，不妨如《集传》所云。其十三篇外，无可据者，置不辨。并附辨《春秋》所纪、名卿赋诗言志，及先儒之说此者，以见《集传》概断为淫奔之谬。又附论古乐不淫之故，并"淫"字本义，与郑声、淫声之别。总言之，谓"'淫'与'雅'对言，不较量于男女间。《说文》'水'部'淫'与'女'部'婬'不相溷。惟《左传》以'淫'代'婬'，他经传如《书·无逸》训'浸'，《大禹谟》训'过'，《周礼·宫正》训'滥'，《小戴·儒行》训'倾邪'，《孟子·滕文公》训'乱其心'，《尔雅·释诂》训'大'，《周礼·司农》注训'陈'。其他训'贪'、训'进'、训'久'、训'多'，皆无有作'婬'字解者"。诸所持论，创而甚有理，前人尚未有及之者。（14－671）

经剩一卷　刊本无年月①

清章谦存撰。谦存有《周诰考辨》，已著录。他所撰《郑风考辨》及《春秋比辨》，俱属专编。此外有《说礼》者十则、《书鲒埼亭凯风说后》一篇、《答友生问》十则，统归之《经剩》。如谓"明堂为郊天之所"，据郑康成说，以正贾公彦、孔颖达之惑。谓"《仪礼》之旅酬，不但与生人饮酒异，亦与宾尸之旅酬不同"，谓"孔《疏》解《凯风》，七子作诗自责，其母遂不嫁。七子有谕亲于道之功，而其母亦不失为贤母"云云。即序传之旨，不得以序传为非。谓"季氏舞《八佾》，夫子以忍加之，是昭公二十五年平子逐昭公时事。左氏云'禘于昭公，万者二人，其众万于季氏'是也。是年秋，平子逐昭公，禘必在夏，《传》系追叙之词"。谓"诸侯有废祭，无摄祭。大夫有摄祭，无废祭。士则无废无摄"。按此诸说，俱有精识。又谓"《春秋》书'公与夫人姜氏遂如齐'，复书'孙于齐'。孙者，与鲁绝也。然此后书会书享，不一而足，而未尝书至自齐之文，必《鲁史》有其文而夫子削之。夫非孙而以为孙，归而不书其归，此大义之所在。

---

① 中华本作"道光间强恕斋自刊本"。

于夫人之归鲁,知庄公借念母之心而因以解齐襄之疑”。按此论甚严正,而责庄公者未免过刻。庄公即位时,年仅十三,念母亦人情。齐襄即无人理,尚杀彭生以自解,更何辞以伐鲁?无待解也。他所说,则碎义而已。(14-672)

国学讲义二卷 乾隆刘氏传经堂刊本

清王兰生撰。兰生字信芳,直隶交河人,康熙辛丑进士,官至……①是书为兰生官司业时,与诸生讲论经义之作,故曰《国学讲义》。所说皆《中庸》,末附《孟子》二章。② 按兰生尝学于李光地,光地撰有《中庸章段》及《馀论》,兰生本其义,而推阐加详。谓“五达道为体要,三达德为纲领”。又先举全篇大指,而分一节一章或数章以论之。其说“夫子加齐之卿相”章,及“人皆有不忍人之心”章,义亦本于光地之《孟子劄记》,然俱不若光地之简而得要也。首有兰生自序,末有门人刘绍攽跋,即梓是书者,于光地为再传门人,盖不忘师承所自也。(14-673)

学庸述易一卷 光绪刊本

清华承彦述。承彦字屏周,直隶天津人。是书首有蒋兰畬序,称“承彦学《易》近二十年,晚乃求之《大学》《中庸》,悟其节次,上同于《易》,节节疏解而证明之。视以李光地等以《大易》说《中庸》者有别”。次则自署庸叟者所为《好古歌》,《歌》有序,称其“会通于《学》《庸》二书,举《大学》之本末始终。《中庸》之中和位育,实与《易》相表里”。次则承彦自序,但推论性命道教之原而已。次则弁言。中分释名、释上系下系《大学》《中庸》纲领、释象、释爻、释用、释图诸篇。次则古本《大学》全文、《中庸》全文。次则举《周易》诸卦,分配于《大

---

① “兰生字信芳”,中华本作“兰生字振声,号信芳”。“官至……”,中华本作“乾隆时官至刑部右侍郎”。

② “二章”,中华本作“三章”。

学》《中庸》诸纲领,而论相贯通之故。终以《周易》全文。亦说四书者之新法门也。(14－673)

大学直解二卷 乾隆刘氏传经堂刊本

明王建常撰。建常有《书经要义》,已著录。是书前有王钺序,称其"穷究四子之学",今所传者止《大学》二卷,岂他有所佚耶?大旨依朱子《章句》,首列经文,次朱注,低一格,次口义,次辑说。"口义"者,建常以己意绎注意,期于详尽明白。虽体似讲章,而无泛滥支蔓之弊。"辑说"者,采《或问》《蒙存》等书以证注,旁涉他家,亦取其足辅翼《章句》者,不尚博也。按建常著书颇多,又按王弘撰《砥斋集》者,尚有《复斋录》,今不知有传本否。(14－674)

孟子音义考证二卷 续经解刊本

宋孙奭撰,清蒋仁荣考证。仁荣字杉亭,浙江海宁人。是书就奭所为《音义》,为之校证。博考诸本,且采近儒之说甚备。于翟灏、周广业二书采取尤多,间有驳正。尝受经于陈奂,屡引其师说,时亦自出己见。中如"数罟"条,谓"网也"二字,当在"音"之下。"沮"条,谓"沮"当读"阻",不得各随字读,正原书之非。"夫恶"条,注疏本脱"夫"字。"死邪"条,注疏本作"死也",订注疏本之讹脱。"悻悻"条,谓"悻悻"当作"硁硁",斥赵注之乖。至若因梁惠王之名而辨《史记》多疏,因太子发之事而疑《泰誓》之非伪,则又不仅为宣公作注脚矣。(14－674)

孟子音义二卷附札记一卷 光绪四川刊本

宋孙奭撰,清缪荃孙校。荃孙字筱珊,光绪进士,官翰林院编修。按《孟子音义》,有徐乾学通志堂刊本、黄丕烈士礼居刊本,皆覆宋本也。又有孔继涵微波榭刊本、卢文弨抱经堂刊本、韩岱云本,俱有校订。阮元《孟子校勘记》,盖取孔、卢、韩本以校徐本,删讹订阙,尤为精善。是本为四川总督吴棠所刊,荃孙取阮氏所订卢本之讹者,参以己见,刊附

于后。各本异同,咸具记中。诚读是书者之最佳本也。(14-675)

孟子章句考年五卷　道光甲午刊本

清蒋一鉴辑。一鉴字存斋,安徽无为人。一鉴据《孟氏谱》,参以任钧台诸家诸家之考正①,以为孟子卒年八十四,实生于周烈王四年,终于赧王二十六年。大旨本之曹之升《孟子年谱》,证以《史》《鉴》《国策》及诸儒先之说,旁征姜氏《孟子篇叙》、陈氏《孟子时事考征》、施氏《读孟质疑》。其诸家所未惬者,则以《孟子外书》四篇定之。用周统纪年而置列国纪年于其下,次以列国时事之与孟子有关者。其纪孟子事迹,先纲后目。章句能确指某年者,特标之。其不能定为某年,则浑列于是年前后。数年或数十年者,则标曰"章句附"。自下己见,加以"按"字。前四卷从烈王四年起,至赧王二十六年止,综孟子之生及卒也。五卷从赧王二十七起②,至秦始皇二十六年止,终战国也。首列年表,则从周安王二十年起,迄于秦亡,从六甲核数也。其误在仍信《史记》先齐游梁,又将客邹之任置于游齐之前。更以游齐分前后二次,以前之游齐居宾师之位,后之游齐居客卿之位。而《梁惠》篇及《公孙丑》篇所分记之伐燕,乃遂并为一事。不知七篇之文,无论孟子自作,或门人所记,其次序先后万不可易,何得任意迁就? 一鉴成此,亦费斟酌。然一着之差,全局因之,其故亦不自一鉴始也。其稍具独见者,如据《外书》谓"孟子师子上",证以孟子言"君子之泽,五世而斩",又言"私淑诸人","人"即指子上。子上距孔子四世,孟子则身当孔子五世也。又据《外书》"孟子老于驺,昭王使乐闲迎之,孟子不往",此二事他书多未之及。至孟子之卒于赧王二十六年,则以鲁平公卒于赧王十九年而称谥,宋王偃卒于赧王二十九年而不称谥,亦见读书得间。卷首有陶澍、张怀涑序,又有一鉴自序及凡例。(14-704)

---

① "参以任钧台诸家诸家之考正",中华本作"参以任钧台诸家之考正"。

② "赧王二十七",中华本作"郝王二十七年"。

说四书十八卷　乾隆刊本

清韩泰青撰。泰青字南有，浙江萧山人。是书卷一至四《大学》，卷五至十《中庸》，卷十一至十五《论语》，卷十六至十八《孟子》。大旨义理宗宋儒，然谓“朱子为孔门嫡嗣，偶于解书处有未当，不害其为贤。或因其说之未当，别出一义以相咨诹，不害为遵朱”云云。故所说不墨守一家，且于朱注亦时斥其不当，如讨陈恒、议论彻法诸条。说《中庸》尤详，尤精湛，谓“天命之谓性，‘性’字单指人言，本文是从天顺说到人，若逆而溯之，修道是穷理尽性功夫，率性为道，则能尽其性者，尽性则知命而达于天矣。此间一条理路，乃神圣往来之所，常人不获阑入，何况于物。下文言万物育者，尽人性自能尽物性，人能统物也”。又谓“道比作路，但路有邪正，而《中庸》言性天之道，中有实理，非可拟以虚位无已，则以下文‘达道’当之。然‘达道’犹指其用处，而非体也。无已，则进而言其节与和，然节与和亦在已发处见，犹用中之体，非体中之体。无已，再进而求之中，此中非东西南北之中，乃隐体乎中之中，所谓体物而不遗，费而隐者是也”。又谓“修道之谓教，‘教’字不作教人讲。率性之谓道，由仁义行，性之之圣人，自诚明谓之性也。修道之谓教，由教而入，反之之圣人，自明诚谓之教也”。又言“无对之谓独，一杂动静内外之说，即不是独。独者空绝倚傍，此心浑然皆备。惺惺明明，灵光独照，于此操存，毋使或使或昧，是谓慎独”。说《论语》，谓“时习者，无断无续之谓，造次必于是，颠沛必于是，是时习之学。至于至诚无息，纯亦不已，是学之成”。说“其为人也”章，谓“有子以孝弟为仁之本，程子又以仁为孝弟之本，语相反而意实相成。有子以孝弟论仁，指事为言。若举仁之全体言，则仁道至大，子得之而成孝，弟得之而成弟。特其一节。程子又云‘性中曷尝有孝弟来’，亦因有子一‘本’字直推到大本之本也。大本为中，喜怒哀乐尚无偏倚处，安得有孝弟”。亦自善于调停。尤妙者，谓“不有祝驼之佞，为弥子瑕言之。然弥子亦幸而不佞，故祸止及身。孔子对哀公曰‘去谗远色’，告颜渊直曰‘远佞’，人佞人殆，弥子之不佞，卫国之

幸。顾不以不佞贺,而以难免吊,故决为弥子言之也”。他条虽不尽精惬,要之深研有得,多独到之见焉。(14-705)

郑本大学中庸说一卷 道光二十七年刊本

清包汝翼撰。汝翼字纪三,安徽泾县人,世臣之族兄,慎言之父也。首有世臣序,诋《大学》《中庸》二篇为周末汉初诸儒所记。又诋朱考亭为《学庸章句》,以尊信表章之功,归河南程氏,而不提仁宗书此二篇赐新科状头王拱宸事。并谓“以《学》《庸》配《论》《孟》,名曰四书,始自考亭,斯尤谬之甚者也”。汝翼说《大学》《中庸》各二篇,《大学》上篇说致知,谓“不囿于所知曰致,必达其所知曰致”,以诸条目悉纳于致知之中。下篇说诚意,以诚意为本,而归于以诚取信于民,理自平正。惟《中庸》上篇说中和,而谓灾变之告即天命。下篇说鬼神,而以天与性与道合鬼神为一,不思灾变之告于性何涉。鬼神情状,非理可究,翻不如《章句》尚无甚语病也。后附《宋县学设教谕考》。宋时县学设教授皆命于朝,《考》二篇,正《宋史》及《泾县志》之疏陋。虽考证尚核,然无关于本书,宜剔出之。(14-707)

孝经约解一卷 嘉庆十年刊本

清温汝能纂。汝能字希禹,广东顺德人,乾隆戊申举人,官中书。是书首有汝能自序,谓“石台正义本为最善,唐《注》、邢《疏》,经旨畅然,因撮其要而去其烦,融其义而集其说。此外复节采诸家,汇辑成书”云云。今观其书,解释详明,惟不标注家姓氏。其涉于考证及今古异同,别著于书之上方,不使相混。书后复申论今古文传授源流,谓“今文、古文,皆有改本,非孔氏之旧。然词义典核,多与古书符会。纵非旧本,亦何可废?”亦可云善读《孝经》者。(14-708)

孝经附刻一卷 嘉庆十年刊本

清温汝能辑。是书附刻《古文约解》后,凡《孝经》古文宋本一,日本信阳本《孝经》古文一,朱子《孝经刊误》本一,吴澄《校定孝经古今文》一，吴元徵《孝经古今文考》一。其《孝经》古文宋本①，吴澄不信古文，其说详《孝经题辞》。他四本，皆古文也。隆元则偏信古文，亦有说。(14－708)

说经三卷 乾隆刊本

清韩泰青撰。是书多主其乡人毛奇龄说，信古文《尚书》。谓“晋世秘府所藏，有其经文。梅赜所奏，特安国之《传》”。又谓“伪《泰誓》一篇，原系伏《书》，故《史记》载伏生壁藏之数二十九篇。传伏《书》者，为伏生讳，减去一篇，称二十八。不知太史公《周本纪》、董仲舒《天人策》即引用其文，何得云出孝宣时?”按此论为前人所未发。至谓“记难记易之语，后世攻古文者，皆起于朱子”，则与阎若璩适见其反，而出之宗宋学者，尤可怪也。其论“居东”即东征，虽未引奇龄说，而意实本之。然“《舜典》多阙文”条，乃不以奇龄补《舜本纪》为然，则亦非有所偏徇矣。至若“文王称王”，证以《诗》“咏灵沼”“周公践阼”，证以《书》“言复辟”，俱显而至切。说《诗》亦不取朱子“淫诗”之说，引宋黎以常《经论》云:“少时读箕子《禾黍歌》，怒焉流涕;稍长读《郑风·狡童》诗，而淫心生焉，出而视邻人之妇，皆若目挑心招，夫犹‘彼狡童兮，不与我好兮’二语。而一读之而生忠心，一读之而生淫心，则解之者之故”云云。是则《集传》之作，不免罪孽。自来反驳，未有如此之痛快者。说《春秋》，论三正时月俱改。说《礼记》，谓“系汉儒编成，可以合于义理与否为取舍”。洵是通识，其于众说抑可知矣。(14－714)

读经一卷 乾隆十三年刊本②

清方苞撰。书中论“三礼”诸篇，于意所不合者，硬以为刘歆窜入。其见于《书序》《荀子》《史记》，显然有证者，则概以为歆所窜入，从来说经，未有如此武断者。大旨崇宋而抑汉，奉程朱以压郑康成。

---

① “其《孝经》古文宋本”，中华本无。

② “乾隆十三年刊本”，中华本作“刊本”。

惟读古文《尚书》，不以朱子所疑为然。据《史记·儒林传》“安国以今文读之”及“安国自序考定文义，定其可知者”等语，谓“本文缺漫，及字体为伏生之书所不具者，不得不稍为增损，以足其辞，畅其指意。此增多二十五篇，所以独为易晓”云云，此则可为借朱子以攻古文者塞其口矣。（14－715）

读经八卷　嘉庆丁丑刊本

清戴大昌撰。大昌字斗源，安徽婺源人，官宣城教谕。与凌廷堪友，所著书屡引其说。是书通说《易》、《书》、《诗》、“三礼”、《春秋》，而于历象、水道、祀享、田制、服物等类不之及，以别详所著《四书问答》也。其为说颇多独到之识，亦不拘于汉宋。惟说“三江”，主《书》疏所引三江分于彭蠡，为三孔东入海，而以《初学记》引“左合汉为北江，汇彭泽为南江，岷江居其中为中江”，为别无明文足据，不知两书语似相左，而义实相成，未可泥也。说“小星”，断为征夫早行自咏之作，且援《容斋随笔》为证，似尚未考《韩诗遗说》。韩谓为劳使臣，章俊卿、程大昌俱从之。《白帖》引“肃肃宵征，夙夜在公”入奉使类，则唐宋时《韩诗》犹存也。然说《甘誓》“孥戮汝”，援《周官·司厉》“孥，男子以为罪隶”，谓“但没其身为奴隶，戮则杀之，两刑自分轻重”。说《秦风·无衣》，谓“非为秦君作。‘王’谓平王，盖日夜引领王师之西来，与之同袍而偕作，而惜乎平王自忘其不共戴天之仇也”。说《正月》诗，谓“此篇及‘数月之交’数篇，皆平王时诗。所云‘国既卒斩’‘褒姒灭之’‘周宗既灭’‘邦国殄瘁’，皆叹已然之词。其谓‘迁于王都，曰予未有室家’，正指东都”。又解“王日一举”“王三日一举”，据郑《注》“杀牲盛馔曰举”，所谓杀牲者非必太牢。“王齐日三举”，郑《注》引司农云“齐必变食”，盖谓齐日每食必洁，故三食必三举，以驳贾《疏》之非。如此之类，俱极惬当。他条属于议论者，亦能达其所见。惟引证稍欠精博耳，未足令人称快耳。（14－715）

经说弟子记四卷　咸丰八年刊本

清胡泉辑。泉字白水，江苏高邮人。是书就王阳明《传习录》《语录》辑出，按五经四书次序分为四卷，计《易》十六则、《书》七则、《诗》二则、《春秋》一则、《礼记》一则、《大学》四十则、《中庸》二十五则、《论语》四十则、《孟子》三十一则。"五经说"中，谓"孔子所定三百篇皆雅乐，安得有淫诗？此必秦火之后，世儒附会以足三百篇之数。所云'可以惩创人之逸志者'，是求其说而不得，从而为之辞"。论虽出于臆断，而可塞解《诗》者之口。《诗》何尝有淫？① 解者妄以为淫耳。"四书说"较详，亦较多精义。《大学》主复古本，谓"亲民'亲'字，不当作'新'，治《大学》者多遵之。② 虽处处粘合良知，而理足以达之，自成其一家独造之学"。泉于每则下间参按语，证合其旨，但无甚阐明。且书中皆讲学语，而题曰"经说"，又强五经以凑四书，殊无谓也。(14–716)

经说拾馀一卷 咸丰八年刊本

清胡泉辑。泉既取阳明《传习录》《语录》，成《经说弟子记》，又取集中书一百五十篇为之疏证。此外若序、若记、若说、若论、若书某卷，其中有援据经语者，因复删节其要，汇为此卷。除已引证在《弟子记》者，篇后各附按语，与书旨相表里。末篇论"元年春王正月"，据《论语》"吾从周"，不主改月改时之说，自是正论。纯然说经之文，仅此而已。(14–717)

经义录六卷 道光庚子刊本

清张维屏撰。维屏字子树，广东番禺人，嘉庆进士③，官至湖北黄梅知县。是《录》大率引先儒成说，或附已见，或否。引毛奇龄说居多，当是其服膺所在。所论断多未当，而采摭亦殊陋也。卷五录杨椿《周礼考》一篇，而不知为何许人。按椿字农先，江苏武进人，康熙戊戌进

① "论虽出于臆断"至"《诗》何尝有淫"，中华本作"按所言殊中解诗者之病，但三百篇何尝有淫诗，亦何尝有世儒附会"。

② "治《大学》者多遵之"，中华本作"极是"。

③ "嘉庆进士"，中华本作"道光二年二甲进士"。

士，官翰林。尝与修《一统志》《明史》《明鉴纲目》诸书，著有《孟邻堂文钞》，中有《周礼考序》及《后序》二篇。维屏所录即《后序》之一。《文钞》中尚有《与齐次风论周礼书》十二篇，其说尤详，维屏当未得见之。(14-717)

说经补遗一卷 乾隆刊本

清韩泰青撰。所补者止“生成”之义、“阴阳”之义、“教育”之义三篇。论“生成”，谓“生中自有成，成中自有生”。引毛西河说，而增以主客多寡之义。论“阴阳”，谓“阴阳如水火，相克亦相需”。引赵觐宸说，但易调济为低昂。论“教育”，谓“三代而后，选举辟召，诗赋帖括递相变，法愈变而弊愈深，其本要反之明人伦”。此其大旨也。(14-718)

说经杂录四卷 乾隆刊本

清韩泰青撰。是书杂辨释、道、老、庄，并及宋明诸子，大旨偏于陆、王。谓“朱、陆不相悦，由于朱子表章周、程太过，而陆子独否”，谓“朱、陆及他宋儒，皆曾学禅”，又谓“阳明主致良知，独探性源。嘉靖间忌其功者，借陆以陷王。而指陆、王为禅学者，实起于康熙年间某氏”。按所云“某氏”，指吕留良也。诸所辨论甚博，惟与经旨不甚相涉。中有“读经勿泥儒”一条，历引朱子旧说，谓“凡读经，不可但知尊畏前辈，左右顾瞻，曲意周旋人情”云云。斯则以虚公存心，可为学者治经之法矣。(14-718)

式古堂目录十七卷 光绪壬辰石印本

清尤莹编。莹字麓孙，浙江临海人，诸生。是书首有俞樾序，又有莹自序及凡例。盖就南菁书院续刻《经解》为之编目，以备翻检。仿《敬修堂目录》，惟《尔雅》改次《孟子》后，小学别为卷，略异。为卷十七，卷三、卷九各分上下，则以《诗》与《左传》卷帙较繁也。卷十七，另为群籍分类目，盖欲兼收蔡启盛之所长。惟别古文《尚书》二十六篇于《泰誓》之后，以示辨别，殊有妄作聪明之嫌。式古堂者，西湖诂经

精舍新筑之堂，莹书成于此，故名。时掌诂经者为俞樾，莹盖诂经肄业生也。（14 – 719）

诗说一卷　嘉庆庚申刊本

清管世铭撰。世铭字韫山，江苏武进人，乾隆进士，官至御史。世铭论《诗》，多以意为断。其言曰："《序》得则从《序》，《传》得则从《传》。《序》《传》皆不得，则求之自汉以来之众说。众说皆不得，则求之吾心。吾心又不得，则阙之。"故说《汉广》，说"江汉之间，必有抱道闲栖，可望而不可即者。公卿大夫与之为友，多方劝驾，而窥其意度深远，恐未可以爵禄勋名动焉，故作此诗"。说《摽梅》，谓"是志于开济之君子，亟思及时自效，而又必待聘礼之来，有'三月无君，皇皇如也'之意"。说《野有死麕》，谓"贤人在野，而友荐之于朝，其意已动，犹审顾迟回，而不肯轻身以出"。说《凯风》，据"汉章帝赐东平、琅琊二王诏云：'今送光烈皇后假紒、帛巾各一，及衣一箧，可时奉瞻，以慰《凯风》寒泉之思。'其引义不当若是失伦。可见东京以前，为《毛诗》者不如《序》说所云"。说《桑中》，谓"若以为淫者自言，一人之辞乎？固未必遍游沫乡沫北沫东，而窃三姓之妇、三人之辞乎？又安得比次为诗，而所淫者适皆为孟也？"说《氓》诗，谓"是淫者自言，圣人以其有悔过之诚而录之。使女子闻之，足销其淫佚之思；使男子读之，亦增其伉俪之重"。其说《溱洧》，则又以《集传》"淫者自言"为非，谓"'女曰观乎，士曰既且'，则显然转述之词。'维士与女，伊其相谑'，则隐然嚬蹙之道"。又谓"郑、卫之俗自淫，郑、卫之诗自正。以淫俗而犹有恶淫之诗，此天理所以常存。而圣人亟录之，以广无邪之旨"。如此之类，虽出臆断，殊胜于旧说之不可通。至说《生民》，仍主郑《笺》。处女生子，观之本诗"不坼不副"之文而有据。姜嫄立庙，证以《斯干》诗"妣先于祖"之语而益无疑。此条援据切实，又非因文求义者比矣。惟说《关雎》，仍遵"广选淑女"之说，不知诸侯之娶自有妾媵，何待他求淑女？又说《葛覃》，谓"后妃当文王嗣位之日，计年当近五十，不当尚有父母"。不知"后"与"後"同，后妃为文王继室，前人已有言之者，斯则尚未免有所沿误耳。（14 – 719）

学诗绪馀无卷数 原稿本

清潘锡恩撰。锡恩字醇甫，安徽泾县人。① 是书系就徐士俊所撰《三百篇鸟兽草木记》而为之释，惟所释止鸟、兽、鱼三篇。士俊原文，当有鸟、兽、鱼、虫、草、木六篇，此殆未完之稿也。士俊所撰，联络贯串，便于小子记诵，而缺注解，锡恩因为释之。先采毛《传》、郑《笺》，无传、笺者，旁证他说。征引甚繁，间下己见。其中如释"鹑"，谓"从鸟之鹑即隼，与从隹者不同物"。谓"鳣非鲤，当别有大鲤之称。故前人多以鲤、鳣互释"。又谓"鸮似鹏而实非鹏"，并谓"周公以之自比，文义难通"。所援据皆甚切，异乎徒以炫博为能者。（14－720）

诗经精义汇钞四卷 道光戊戌刊本

清陆锡璞钞。锡璞有《书经精义汇钞》，已著录。是书体例全同，惟所钞间采近儒之说，又彼书止载"御案"，此则兼及折中，是其微异者。其意主简要亦同。卷首有锡璞自序，及斥汉学为曼衍支离，可云不自量矣。（14－721）

诗经贯解四卷 光绪刊本

清徐寿基撰。是书仿《四书贯》之例，于每句之上下添入文义，使全章读成一气。题下括《集传》大意，标曰"诗柄"，而节《小序》之语，附于篇后。其名物训诂声音，别著于书之上方。卷首题"便蒙易晓"四字，旨所在也。（14－721）

禹贡郑注略例一卷 光绪刊一镫精舍稿本

清何秋涛撰。秋涛有《周易爻辰申郑义》，已著录。是书就郑《注》见义疏及他籍者，隐举其例，曰"援东汉图籍"，曰"驳正班《志》"，曰"辨正他地理书"，曰"地理证实"，曰"地理志疑"，曰"导山释义"，曰"导水

---

① 中华本此句后有"嘉庆辛未进士"一句。

释义”,曰“改读正字”,曰“明书法”,曰“政令”,曰“礼制”,曰“名物”,各援义以实之。又附订误二条。其要义,如考定郑氏所引《地理志》为东汉时书,既异班《志》,郡县虽与司马彪《续志》合,盖为《续志》所本。而中仍有不同,则《续志》尚在其后,又经更改也。其遗文实赖郑而仅存矣。驳正班《志》凡五条,得失显然。① “菏泽”“桑土”“海岱”三条,证诸《诗谱》而相合。他如考东原,核九江,和读桓,是训坂,皆足以释疑发滞,不仅三江之说为胡渭《锥指》所称重也。首有秋涛自序,称“王西庄偏执己见,多谬郑义,江艮庭鲜所发明,孙渊简略已甚,咸于地理无裨”云云,则是书不特钩郑氏之沈,亦可以补王、江、孙三书之缺矣。(14-722)

书经精义汇钞六卷　道光戊戌刊本

清陆锡璞抄。广东龙川人。首有锡璞自序,次总论。所辑多从钦定中录出。先《集传》,次《集说》。其诠释《集传》者,标“释传”二字,附于《集传》之后。其从他书辑入者,别以“附存”二字。御案语全载之,他说则多节录。或但录其断制之词,间下已见,标曰“窃疑”,未敢自以为是也。每篇后又有总论,亦简要便观览。但殊少心得,仅别于坊间讲章而已。(14-722)

尚书职官考略一卷附表一卷　光绪十三年刊本

清王廷鼎撰。廷鼎字羡瓠,江苏震泽人,诸生。尝肄业诂经精舍,师事俞樾。是书首有樾序。始《尧典》之羲和,迄《吕刑》之师,共五十五事。其间拾遗订异,不无所得。如谓“羲和即下文之仲叔四人,四岳为唐虞之相,分掌四方诸侯之事。《甘誓》之六卿,即《周官》六卿,孟侯即五侯之长,谓康叔”,皆可正郑《注》之误。又谓“虞,官名,云‘汝作朕虞’者,犹言‘畴若予工’。《史记》《汉书》作‘朕虞’者,亦误也”。惟“师锡帝曰”一条,郑谓诸侯之师,廷锡驳之,谓“若殷之父师、周之太师”,而条下录俞樾之说又以郑为确。按俞说是也。末附表一卷,系象山陈汉章撰。唐虞、夏、商、周,四各为分界,殊清晰。盖表成在先,而廷

---

① “得失显然”,中华本无。

鼎据以立说,故绝无抵牾不同也。(14－723)

读尚书日记一卷　光绪刊本

清余宏淦撰。宏淦,江苏昆山人,诸生。是书钩稽古义,颇有创获,亦间订江声、孙星衍、王鸣盛、段玉裁、王引之、朱彬、冯登府诸家之误。如谓"敬授人时"之"人"字,非必卫包所改"宅嵎夷"之"嵎"字,当作"堣";"有能俾乂"之"乂"字,当作"埶","贽"以"埶"为本字;"四岳"非一人①;"箫韶"之"箫"非乐器;"琴钺"之"琴"当作"镠";"文王殪戎殷","文王"当作"武王";"若翼日乙卯","若"字当训"及";"乃变乱先王之正刑","正"当作"政"。所援证俱甚确。虽亦以古文为伪,然如"君奭"一条,"多方"二条,"立政"一条,俱不没孔《传》之善,与故意吹求者又不同。首有林颐山序,谓"卫宏古文,为孔壁古文",又谓"须从伪古文中考定真古文",未免向醒人说呓语矣。(14－724)

诗旨纂辞三卷　活字印本

黄节纂。无序例,始《关雎》,迄《木瓜》,《国风》犹未完也。义主毛《传》,毛义缺者,以郑《笺》补之,低一格次经文下,与经文字同大,案语低经文二格。② 所据大率姚际恒、胡承珙、魏源、马瑞辰、陈奂数家之说,间附《韩诗说》以备参,不据以驳毛也。又次引《诗》,盖采经、子、史中引经语。又次《诗》辞,盖采汉魏六朝诗赋中用经字。末附重言、双声、叠韵等。自引《诗》以下俱低经文一格,自案语以下俱用双行小字。节在北京大学授《诗》,即用此作讲义。讲义例一年而易,故止于此。然引《诗》一类无所考证,《诗》辞一类徒猎华藻,俱于说经无与,不作可也。(14－724)

读经求义不分卷　嘉庆二十一年刊本

清张维屏撰。首有维屏自序,并录陈寿祺来书。寿祺,其座师也。

---

① "'四岳'非一人",中华本无此句。

② "案语低经文二格",中华本作"案语低二格次《传》《笺》下"。

所说止及《诗》《礼》,各为一册,而《诗》较详。虽欠精博,而不无新得。说《汝坟》,谓"父母谓二亲,不谓文王。证之《诗》言'民之父母',则先言君子;《书》言'作民父母',则先言元后。未有直称父母,并其比拟之意而隐之者"。此义甚确。后来魏源《二南答问》与之同,岂袭其说而讳之耶?又谓"《黄鸟》诗之'三良',皆是武夫。于《诗》言'百夫之特''百夫之防''百夫之御'知之",可云得间。又谓"风、雅、颂乃诗体,无尊卑优劣,何有升降。风先邶、鄘、卫,以其为殷之故都;次之以王,以其为周之东都",亦殊有理。说《礼》,惟"庙"一条最辨,谓"周世室不在七庙外,无九庙之制",可为康成功臣。其他持义虽不谬,大率碌碌因人耳。(14-725)

经字异同四十八卷　光绪五年刊本

清张维屏辑。维屏有《经义录》,已著录。是书专举群经异字,卷一至三《周易》,卷四至十《尚书》,卷十一至十七《毛诗》,卷十八至二十三《周礼》,卷二十四至二十七《仪礼》,卷二十八至三十四《礼记》,卷三十五至三十七《春秋》,卷三十八《大学》,卷三十九至四十三《论语》,卷四十四《中庸》,卷四十五至四十八《孟子》。其中《周礼》居《仪礼》之先,《中庸》次《论语》之后,《大学》《中庸》别出于《礼记》。泛题"经字",而不及《尔雅》《孝经》,殊可怪。而所列异字,或出于通假之殊,或缘于传写之误,概未之考。所摭拾亦绝不赅备,不知著书之意何居也。首有小序,作于道光庚子,其刊板则光绪已卯也。(14-725)

十三经源流口诀一卷　光绪十年刊本

清鲍东里撰。东里字古村,安徽和州人,诸生。是书就《易》、《尚书》、《诗》、《春秋》三传、《周礼》、《仪礼》、《礼记》、《论语》、《孝经》、《孟子》、《尔雅》,各述其源流,括以四言,以便初学。惟《尔雅》家泛及《小尔雅》《广雅》《埤雅》,而《礼》家独遗《大戴》。所引经说,止《春秋》家之程端学是元人,余经皆以宋人为限,元以后等诸自桧。故《尚书》不涉古今文之争。《毛诗》以《传》为毛苌所作,并斥《小序》。《论语或问》,朱子虽成于《集注》之后,然《集注》屡有修改,后益加精,不以《或问》为定论也。《孝经》有朱子《刊误》,开改经之恶习,世无遵之者。郑康成作《孝经注》,近儒已为证实。凡此诸大端,东里书中概沿旧误,亦何足以该括古今,导学者研经之径耶?(14-726)

宗孔编二卷 宣统元年刊本

江瀚撰。首有赵熙序。上卷《明伦》《谈道》《辨性》《述学》,下卷《修身》《应务》《论治》《杂事》《丛谈》,凡九篇。大抵以经为主,参以周、秦、汉、唐、明、清诸子群儒,并及欧美、日本学者之说。人伦,期于两方交尽,不偏于教忠教孝。辨性,主吕坤说,谓"性者理气总名,无不基之理,皆略之气"。谈道,谓"仁与公二而一"。述学,谓"考据及空谈心性皆有弊,而嗜新奇者患尤大"。修身,重信,重有耻。凡此皆意在援经义以救时弊,然未能务去陈言。其《丛谈》篇内,品评理学诸儒,徒事摭拾,不为定论。至于推崇唐鉴《学案小识》,斯失之矣。(14-726)

读经救国论六卷 民国丁卯活字印本

孙雄撰。首有雄自序,又有姚永概、江瀚、唐文治诸序。书分《政治》《伦理》《理财》《教育》《兵事》《外交》六篇,每篇以类相从,自分章节。大抵标经语为题,而博引群说,参以己意,为之疏通证明。光、宣之交,已有倡废止读经之论者。雄以为六经去,则中国无礼乐、无政刑、无史、无文字,国将不国,故以"读经救国"名其书,而援引滥杂,未必尽当于经旨。书刊于民国己未,修正于丁卯。盖七八年间,国情递变,故论旨亦随之而变也。(14-727)

五经博士考三卷 道光乙未刊本

清张金吾撰。金吾字月霄,江苏昭文人,诸生。是书孙原湘、李兆洛序,作于道光丙戌。又有黄廷鉴序,作于道光乙未。廷鉴为金吾之师,序则刊书时所作,其时金吾已殁矣。卷前列《覆陈君子准论五经博士书》及子准原书以当序例,读之亦可见金吾钩稽商榷之矜慎。卷一载置立博士之始、博士所领之事、前后辟举之法、增益之数，以至历代诏疏。卷二载说经诸家立学之始。卷三载建元以前博士，次之以五经博士，终之以诸侯博士。言必有征，宁略毋滥，间下按语，以释疑难，自非苟作者。(14－727)

读经指迷二卷　光绪戊戌刊本

清胡嗣运撰。嗣运有《书经问答》，已著录。是书分上下篇，上篇论《易》、《书》、《诗》、"三礼"、《春秋》三传，下篇杂论经学，涉及民主、民权及海外政教，斯非读经之体矣。上篇七言绝句一百首，下篇七言绝句六十二首。上篇较醇粹，涂径亦略备，若附以注释，可作为初学读经歌括也。(14－728)

十三经读本　民国甲子刊本

清唐文治编。① 是刻于诸经注解及版本，以意自为去取。《易》用宝应刘氏刻朱子《本义》，《书》用孙星衍《古文尚书马郑注》，而别置孔壁二十五篇于后，用任启运《约注》。《诗》用武英殿翻宋相台本，主毛《传》、郑《笺》。"三礼"主郑注。《周礼》据金陵局刊郑注本。《仪礼》据金陵局刊张尔岐《仪礼郑注句读》本。《礼记》据崇文局重刊宋抚州本，系以朱子《大学中庸章句》。《春秋左氏传》用乾隆钦定本。《公羊传》据金陵局刻何休注本。《穀梁传》据《古逸丛书》影刊宋绍熙刻范宁注本。《论语》《孟子》用王祖畬校淳祐大字朱子《集注》本。其《学庸章句》入《礼记》者，亦据王校本。《孝经》用明黄道周《孝经集传》。《尔雅》据乾隆四年武英殿刊注疏本。而别附黄以周《周易故训订》及《乾坤屯卦注疏》、陈澧《读诗日录》、王祖畬《礼记经注校证》《读孟随笔》、自著之《洪范四书》《孝经大义》于本经之后。诸家评点，别作札记，以便读者。按所取诸家经注，汉宋相杂，其中如《尚书》之取孙星衍，《孝经》之取黄道周，未为尽善。附刊黄、陈二种，尚非精诣。王祖畬及文治

① 中华本无"清"字。

自著诸种,大率空衍乏精义,讵能附骥以传耶？卷首有陈宝琛诸人序,又有自序并凡例、提纲。各序皆浅陋,不可加于经上,宜概删之,但存凡例,见去取之旨可矣。其《提纲》别著录。(14－728)

经义骈枝二卷　惺諟斋排印本

清喻长霖撰。① 长霖字志韶,浙江黄岩人。② 长霖说经,谓"诸经皆以康成郑《注》为长,惜唐孔颖达作《疏》,于郑氏仅取《毛诗》、'三礼'。其余诸经,概用他家,于是郑义渐微"。又谓"郑氏笺《诗》,大都遵毛。其易毛者,率有精义,非漫然易之"。以故诸所持说,申郑居多。然说《玄鸟》诗,则又驳郑而申毛,则于康成固非墨守矣。亦往往采近人孙星衍、王引之、朱骏声之说。其自创新义,如解"夕惕若厉",谓"此爻之义,宜证以孔子《文言》。《文言》两释此爻之义,俱云'乾乾因其时而惕,虽危无咎'。其曰'乾乾因其时而惕',是读'终日乾乾夕惕'为句矣。其曰'虽危无咎',是读'若属无咎'为句矣。'夕'字乃'日'之对文,'惕'字乃'乾'之对文。不言'终夕惕惕',而言'夕惕'者,省文耳"。又解"括囊",谓"此爻以阴居四位,本非以才见长。然有柔顺之德,故戒之以括囊。括者包也,言宰相求贤,无所不容,其象当如囊之无所不括。此即'一个臣休休有容'之义,旧解主缄口不言者非"。如此之类,何嫌翻旧？书中间有同题而异篇者,如"拔茅茹,以其汇,征吉"解、"庶明励翼"解、释"佩玉"诸篇既非异义,未尽之意,何妨章中分节？别而异之,似可不必。至以原《玉篇》四卷以传自日本,疑其为赝,其识殊陋。此书即非陈彭年、邱雍所修,自是相传别本。佚书之骤出于海外者,且日出而不穷,难为少见多怪者道也。(14－729)

学海堂经解检目八卷　光绪丙戌刊本

清蔡启盛编。启盛有《经窥》,已著录。是书首有俞樾序,又有启盛

---

① 中华本无"清"字。

② 中华本此句后有"光绪二十一年一甲二名进士,著有《惺諟斋存稿》五种。《经义骈枝》,其第四种也"。

自序及例言。是书以类为主，所分类自天文至杂语廿六部，古人七部，经总十四部，小学一部，后附缩本通用表。俞序谓："胜《敬修堂编目》，其不分经而分类，使学者以经证经，得触类贯通之益。"良然。原题《皇清经解检目》，兹改题"学海堂"，从其地也。(14－730)

文献诗考二卷 明刊格致丛书本

是书题"鄱阳马端临贵与著，竟陵锺惺伯敬阅"。盖从《文献通考·经籍门·诗类》摘录出者。上卷考采《诗》、删《诗》、四家《诗》源流、《诗序》真伪，各详其说。下卷考历代注《诗》家，亦附诸家之说。所采陈振孙、晁公武之说较多。(14－731)

七经掌诀一卷 道光甲午刊本①

清孟超然纂。② 首有序。始天子居明堂图诀，讫乡党公门图，凡七十八。其中涉及《易》《书》《诗》《周礼》《礼记》《春秋》《论语》《孟子》《尔雅》，而题曰"七经"，殊不可解。诸图诀，不尽属重要，尤欠明了。殆俗学之所为也。③ (14－731)

经术公理学四卷 光绪甲辰活字印本

清宋育仁撰。育仁字芸子，四川富顺人，光绪丙戌进士，官翰林院检讨。是书首有自序；中分《明德》《原律》《正辞》《知新》四篇，每篇为一卷。其说驳杂支离，于经学与时务，所得俱属肤末而好为大言者，不足观也。(14－732)

尚书质疑一卷 嘉庆辛酉望岳楼活字印本

清朱霈撰。霈有《周易质疑》，已著录。是书或采先儒成说，或伸己

---

① 中华本作"道光十四年重刊本"。

② 中华本此句后有"超然字朝举，号瓶庵，闽县人。乾隆二十五年二甲进士，累官至吏部郎中，归主鳌峰书院"一段。

③ "殆俗学之所为也"，中华本作"殆主书院时纂以授业者也"。

见，不无一得。其论《禹贡》诸条甚辨。“三江”不用康成说，以娄江、东江、松江当之，谓“松之黄浦，即古东江；苏之娄家河，即古娄江；吴淞，即古三江口”。证之《越语》子胥曰：“吴之与越，三江环之。”又曰：“与我争三江之利者，非吴也耶？”《吴越春秋》：“范蠡去越，乘舟出三江之口。”《晋书》顾荣语张翰曰：“吾亦与子饮三江水耳。”《南史·谢灵运传》：“使薛道双合乡里健儿篡之三江之口。”皆三江属吴地之证。又“九江”，蔡《传》取曾彦和说，故言九江者皆称洞庭。然考潇湘之源，皆出湖南，不受蜀水，何得取未尝合流之南派，剟而入之北派？况程泰于胡氏所举九水之外，更有微、资、沅、澧四水，皆同入洞庭，同注于江，何以不数此四水？盖九水所在，汉时已不能明指，而后人独泥认江西之九江，更是坐井之见。又“敷浅原”，旧说以为传阳山。考《汉志》，傅阳山在历陵，傅阳川在南。《说文》“原”字注云：“篆文从泉。”则敷浅原是指川，非指山。其考正经文者，谓《益稷》篇至“方施象刑惟明”已终，下节“夔曰戛击明球”至“赓歌之末”，另是一篇归结，其前已佚。又谓《康诰》本有两篇，当因残阙失次，误合为一。自“王曰外事汝陈是臬”至“则予一人以怿”，凡七节，乃初命康叔为司寇，告以祥刑之篇。自篇首“王若曰孟侯”至篇终，乃以殷民世享，方是康叔出封殷墟之诰。又谓《梓材》篇，今“王惟曰”一节，是《洛诰》文，应在“惟事其爽侮”之下。“惟曰若稽田”一节、“皇天既付中国民”三节，是《召诰》文。篇首“王曰封”三节，是《康诰》文。其他尚有移易，虽不必尽协，存备一案可也。（14－740）

书经绎二卷　明万历刊本

明邓元锡撰。① 是书不录经文，依篇绎义，大率肤浅。惟说“稽古”二字，谓“《书》，古书也，叙而次之者仲尼，故称稽古，非虞史之文。征之叙夏商者直以简，叙周致严，又间有微辞。史称仲尼叙《书》者，叙在篇中。今

---

① 中华本此句后有“元锡字汝极，号潜谷，南城人，嘉靖中举于乡，居家著述逾三十年”一句。

《书》别有叙，非也”。按此说未必即当，然实创而非因。又谓“危微精一，今言道者宗焉，而靳靳疑古文晚出，曰是伪书也，晋人能仿佛耶？今文艰棘，以熟复而行。古文稍平质，忘之，且是以形论也”。按其时郝敬、梅鷟之书甫出，元锡即驳之，则冤词之作，先乎毛氏矣。(14－741)

张氏诗说一卷　袖珍豫章丛书本

清张汝霖撰。汝霖，江西武宁人，字与行履无可考。① 著有《毛郑异同签》二十二卷、《说》一卷，曾以活字印行，而流布甚希，《江西通志》亦不著录。陶福履见其残本，《诗说》一卷尚完，因刊传之。其中惟《周召分圣贤后解》《何彼秾矣篇解》《郑氏昏用中春辨》《毛郑豳风年表》《释鹍》数篇。其解“平王之孙、齐侯之子”，谓“即武王元女，下嫁胡公。诗人盖揣度王姬谦损之意，但平等于王之孙，齐比于侯之子”。按如此解，则“王之孙”“侯之子”三字连读，虽似勉强，视解作“平正之王、齐一之侯”之望文生义者，当较胜之。若以平王为周平王、齐侯为齐襄公或桓公，则王姬归齐，在《春秋》庄元年者，其时襄公即位已五年，宜称齐侯，不得称“齐侯之子”；在《春秋》庄十一年者，桓公为襄公弟，宜称齐侯之弟，不得称“齐侯之子”。皆不可通也。解“毛郑昏期”，谓郑说屡变，而多附会。且证以《春秋》庄元年冬“王姬归于齐”，庄十一年冬“王姬归于齐”，庄二十四年夏“公如齐逆女”，八月“夫人姜氏入”，二十五年夏“伯姬归杞”，皆于昏用仲春之说无征。释“鹍”，引诸书言鹍与鶌鸼、题肩为三物，郑《笺》混而为一之非。惟《毛郑豳风年表》，毛以成王即位年十三，郑以为年十岁，各系事为表，而不加论断。其《周召后解》，则因欧阳修之说而申之，已成陈言矣。卷首有陶福履序。(14－742)

变雅断章衍义一卷　咸丰庚申刊本

无撰人名氏。② 卷首有自序，署“古伤心人”，盖不欲以名氏显也。

---

① “字与行履无可考”，中华本无。

② “无撰人名氏”，中华本作“清郭柏荫撰。柏荫字远堂，福建侯官人。道光壬辰进士，官至湖北巡抚”。

自序称“儿时读大、小雅诸篇，但觉其性情悱恻，辞致缠绵，初未悟古人之言皆有物。中年以往，阅历渐多，身世所经，千态万状，一腔烦懑，辄欲寄诸咏歌，而古人已有先我而言之者。其于事局之纷纭、人情之深阻，盖不啻书符契而决蓍龟。焫熅所及，时参谬论于简端。间有与本经之旨不尽相符者，亦赋诗断章之义”云云。其书就二雅中一句以至数句，以意敷绎其义，意极痛愤，而言则雅驯。其与注说小异者，注明条后，止有二处。绝不参入史事时事，亦说经之别一体也。至于录者杨用霖，校者吴穆，雕者宋钟鸣，则又著其名氏于卷末焉。(14－743)

诗古音释一卷　长沙胡氏刊本无年月

清胡锡燕撰。锡燕字伯蓟，湖南长沙人，诸生。尝学于番禺陈澧，是书卷首有澧一札，又有凡例四则。大旨就《诗》考古韵，以首见之字为目，即以此章之韵系之于后。按其次第通贯各章，有韵字已完而所系未尽，即以最前所见之偏旁系之。或韵字《诗》止一见，又非谐声，则各随其音，系之部末。其分部，自一得至二十皮，视段玉裁之十七部增其三而不改其序。又于本音合韵，各为识别，即陈札所称“丝牵绳贯谱”也。使初学读《诗》，即识古韵，其法甚便。(14－743)

诗经绎二卷　明万历刊本

明邓元锡撰。是书不录经文，章各有释，多空言，乏精义。惟说《王风》，谓“王为成周王城，即洛邑。幽王之乱，平王东徙于此。《国风》首二南，西都；邶、鄘、卫，殷都；王东都，各以其重地为次。二南为前王之风，曰王正风。王城次邶、鄘、卫，仍其旧，为王变风，不关乎升降”。按此条持论稍胜。书中采义，不标名氏。惟《鲁颂》条，引崔铣说，谓是颂之变，亦未当也。(14－744)

诗经质疑一卷　嘉庆辛酉刊本

清朱霈撰。霈言读诗论世，必求其情事之有合，不可为古人所欺，故是书多自出新解。如谓“刈葛”非后妃之事，国君夫人袒衣象服，亦非污浣之具。盖太姒于服成之时,作为诗歌,以诲三宫夫人世妇之俦。又据《左传》"嗟我怀人,置彼周行,能官人也",谓《卷耳》为文王作。又据《左传》献公初立,定姜"不纳酌饮,叹曰:是夫也,将不惟卫国之败,其必始于未亡人"云云,谓《终风》即定姜恶卫衎之诗。谓共伯为子伋,据《左传》:左公子泄、右公子职怨惠公之谗杀太子伋,攻惠公,立伋弟黔牟,谥伋为共。共伯非僖侯世子,武公亦无篡弑之行。谓"'氓'字从亡从民,流亡之民也。'氓之蚩蚩',盖异国之人,离其本土,而淫于外州者。诗言'以望复关',复关在今直隶大名府开州城西南,可证"。谓"深宫肃穆之地,安得来鸡鸣?古者后妃入御于君,太师奏鸡鸣于阶下,然后夫人鸣佩玉于房中。乐声或与苍蝇相乱,故诗人咏之如此"。谓"《无衣》为美武公,'岂曰无衣',泛指诸侯言。下云'不如子之衣','子'即指武公言。孔《疏》以'子'字属天子之使者非"。谓"《伐柯》美周公,序上句不误,其下句'周大夫刺朝廷之不知也',则由《九罭序》而误合之。'伐柯'比'伐畔';'匪媒不得',比欲得管叔、武庚,非公不能;'其则不远',言欲伐兴谤之人,即以其所受谤之人往而伐之。至'我觏之子'二句,则东人喜大难之平救其死亡,而欲报之以厚礼也"。据《左传》召穆公思周德之不类,故纠合宗族于成周而作诗,是《常棣》为召穆公作,非周文公作。谓"《抑》诗是刺王,非卫武公作诗,言'亦既抱子',与九十五岁之武公不合"。谓"《鲁颂》'戎狄是膺,荆舒是惩',上句指周公,证之《明堂位》;下句指僖公,证之本传"。谓"作《商颂》者是宋桓公,非宋襄公。正考父在戴武宣之世,去襄公远甚,《史记》之谬不待攻"。如此之类,俱有理。其纠正《集传》诸条尤当,惟太史公、郑司农、伏生辈,皆言文王受命七年而崩,霈概斥为惑于《乾凿度》《元命苞》之说。以郑司农例伏生、太史公可乎?以有宋诸儒之论理,驳两汉诸儒之据经可乎?《竹书纪年》言武王崩年五十四,霈据《周本纪》武王告周公旦曰"惟天不飨殷,自发未生,于今六十年",谓武王受命有天下,年六十岁。不知《本纪》言发未生,非言发初生。又论姜嫄,舍郑《笺》而别为臆说,则皆故深而反失之。(14-744)

文王受命改元称王辨证一卷 传抄本

清蒯光典撰。光典字礼卿,安徽合肥人,光绪癸未进士,官至淮扬海道。尝师事张之洞,之洞聘主两湖书院,有分教某君撰《文王受命改元称王》讲义,光典以为错误,因作驳之。分上中下三篇,上篇援朱子之说以证康成;中篇就某君讲义之论据,而正其谬;下篇准俞樾之说,而推论古今中外。无一定之论,大旨以改元称王之事,归之传疑。以文王不伐纣为至德,以武王不臣纣,故可以诛纣。不知文王称王,屡见诗人歌咏,篇中具引之。其未引者,尚在"王在灵沼""王在灵囿"二语。设未称王,国人何以共称之?称王则必改元,是以有"惟九年大统未集"之文。受命则因称王改元而附会之,其事本虚而无据,不足辨也。文王虽称王,并不失臣节。盖纣实称帝,王下于帝一等,篇中所举陈倬之说是也。惟此说并不创于倬。按《商书·说命》称"建邦设都,树后王君公",上文既言"明王奉若天道",则邦都者,明王所建,"后王君公"者,亦明王之所树,亦五等之诸侯而已。若如光典说,则曹操、司马懿之未篡汉魏,亦可为至德乎?"率土之滨,莫非王臣。"岂以未即位,即为未臣纣乎?且《书序》言武王十一年伐纣,即据《汉志》"文王受命九年而崩"。而礼,即位在君崩之逾年,安得谓武王未即位乎?即曰武王袭文王之年,岂未改元,即为未即位乎?光典拾宋儒腐说,恐未足以折某君也。篇后有《致张广雅尚书书》,尚书即之洞也。光典曾以是篇请正之洞,故附录之。是本为其门人程先甲钞藏,亦载《遗集》卷三中。(14-745)

皇清经解分经合纂二百一十三卷 光绪乙未鸿宝斋石印本

无纂者名氏。首有孙廷翰序,称其为"船山主人"。其书以十三经为纲领,而以《大戴礼》次三礼之外,《春秋》次三传之外。其《日知录》《养新录》等类,不说全经,仅有单文只句者,则以每经之字句为纲领,而以群说分列其下,附于各部之末。大指具所为凡例中。计分十六部,首《易》十九卷,二《书》十八卷,三《诗》十五卷,四《周礼》十九卷,五《仪礼》八卷,六《大戴礼》七卷,七《礼记》十二卷,八《春秋》十二卷,九《左传》附《国语》二十二卷，十《公羊》七卷，十一《穀梁》四卷，十二《论语》八卷，十三《孝经》三卷，十四《尔雅》八卷，十五《孟子》十一卷，十六群籍各种四十卷。纂者大率计举业家场屋检寻之便，视抉经室之《群经汇解》，又不逮也。（14－747）

皇清经解一千四百十二卷　道光至同治刊本

题阮元编刊。按元创编是书未成，移督滇黔，因属严杰成之，而刊于夏修恕，时道光九年也。首有修恕序，以著书人先后为次。所收顾炎武、阎若璩、胡渭、万斯大、陈启源、毛奇龄、惠周惕、姜宸英、臧琳、冯景、蒋廷锡、惠士奇、王懋竑、江永、吴廷华、秦蕙田、全祖望、杭世骏、齐召南、沈彤、惠栋、庄存与、卢文弨、江声、王鸣盛、钱大昕、翟灏、盛百二、孙志祖、任大椿、邵晋涵、程瑶田、金榜、戴震、段玉裁、王念孙、孔广森、钱塘、李惇、武亿、孙星衍、胡匡衷、凌廷堪、刘台拱、汪中、阮元、张敦仁、焦循、江藩、臧庸、梁玉绳、王引之、张惠言、陈寿祺、许宗彦、郝懿行、马宗梿、刘逢禄、胡培翚、赵坦、洪震煊、刘履恂、崔应榴、方观旭、陈懋龄、宋翔凤、李黼平、凌曙、阮福、朱彬、刘玉麐、王崧、严杰，凡七十三人，书一百八十余种。咸丰庚申续刊，增冯登府一人，书二种。同治庚午又续刊，增许鸿磐一人，书一种。自李福泰去粤，携《尚书札记》板归山东，故后印本缺末一种四卷。此其大略也。按阮元作《汉学师承记序》有云："元尝思国朝诸儒说经之书甚多，以及文集说部皆有可采。窃欲析缕分条，加以剪截，引系于群经章句之下。譬如休宁戴氏解《尚书》'光被四表为横被'，则系之《尧典》。宝应刘氏解《论语》'哀而不伤'，即《诗》'维以不永伤'之伤，则系之《论语·八佾》篇，而互见《周南》。如此勒成一书，名曰《大清经解》。徒以学力日衰，政事无暇，而能总此事、审是非、定去取者，海内学友，惟江君暨顾千里二三人。他年各家所著之书，或不尽传，奥义单词，沦替可惜，若之何哉！"按此序作嘉庆戊寅、道光间，阮氏督粤，江藩曾入幕府，不知是编何以不属之藩而属之杰。体例亦绝异，殆非阮氏本旨也。书版藏广州学海堂，故亦称《学海堂经解》。严杰字厚民，浙江归安人，诸生。夏修恕，江西新建人，嘉庆壬戌进士，

刊书时，官广东督粮道。(14－748)

皇清经解续编一千四百三十卷 光绪南菁书院刊本

清王先谦编刊。首有先谦序，又有"设局刊刻经解"及"经解刊成"两奏。例仿阮元《皇清经解》。所收作者一百十一人，书二百九部。其顾炎武、毛奇龄、万斯大、阎若璩、胡渭、江永、惠栋、庄存与、翟灏、胡匡衷、任大椿、孔广森、刘台拱、王念孙、张惠言、刘逢禄、陈寿祺、焦循、江藩、宋翔凤、胡培翚、冯登府诸人所著书，已为阮氏原刊及续刊所采，先谦更拾其所遗。原奏称"苏省尤人文荟萃之区，檄学官于儒门旧族，留心搜访，时有采获"云云。但《编》中除张成孙《说文谐声谱》、柳兴恩《穀梁大义述》、成蓉镜《尚书历谱》《禹贡班义述》《春秋日南至谱》数种，以稿本雕木外，寥寥无几。又考李慈铭《越缦堂日记》与先谦札，开示应刊各种，其中有茹敦和《周易二间记》《周易小义》、桂文灿《群经补证》，今皆不见是《编》。而茹氏《周易》二书，别刊于《南菁丛书》中。又记先谦复书有"《续经解》中，如洪北江《左传诂》、宋确山《周礼故书疏证》《仪礼故书疏证》、邵位西《礼经通论》、戴子高《论语注》，俱已刻。今以余言，去戴《注》"云云。当是慈铭于四人所著有不满。但诸书除戴《注》外，俱已刻就，不便去。① 慈铭又复陈蓉曙书，与商《经解续编》中当去之书，及移置次第，惟不载原书。故所云当去及当移置者，其究赞同与否②，亦不得知。而是编之不全惬于一时学者之意，则可断言耳。(14－749)

---

① "又考李慈铭"至"不便去"，中华本作"按先谦增刊辑编时，曾以目例商之李慈铭。据《越缦堂日记》所举茹敦和《周易二间记》《周易小义》、宋鉴《尚书考辨》、邵瑛《左传刘氏规杜持平》、雷镈《古经服纬》、夏燮《五服释例》、雷学淇《介庵经说》、胡绍勋《四书拾遗》、王煦《小尔雅疏》《说文五翼》、桂文灿《群经补证》等，今皆不见是编。茹、邵二书，别刊于《南菁丛书》中，慈铭所欲去者，洪北江《左传诂》、宋确山《周礼故书疏证》《仪礼故书疏证》、邵位西《礼经通论》、戴子高《论语注》。今惟不见戴书，其洪、宋、邵书俱在"。

② "其究赞同与否"，中华本作"与今刊本同否"。

皇清经解续编目录十七卷　光绪丁酉蜚英馆石印本

无编者名氏，盖书坊所为也。《皇清经解续编》有尤莹者为之编目，今通行《式古堂目录》是也。然详于缩本，而略于原书。是《编》仍仿敬修堂例，以十三经为序。《春秋》一卷，另列三传前。《大戴礼记》一卷，另列《礼记》前。而《尔雅》改次《孟子》后，《说文》别自为卷，则又与式古堂同。至单辞双字另编一卷，名曰“分部目”，则又“敬修”“式古”二目所共同也。卷首列《原编缩编对照表》，式古堂无之。(14 – 750)

经苑二百一十八卷　道光大梁书院刊本

清钱仪吉编。仪吉字新梧，浙江嘉兴人，嘉庆进士，官至给事中。①尝主讲河南大梁书院，是书即其在书院时所编刊也。首有仪吉序，大旨在补通志堂所未收。原编四十四种，刊成者，有司马光《温公易说》六卷，张根《吴园易解》九卷，杨万里《诚斋易传》二十卷，徐总幹《易传镫》四卷，黄泽《易学滥觞》一卷，郑伯熊《敷文书说》一卷，黄伦《尚书精义》五十卷，赵善湘《洪范统一》一卷，傅寅《禹贡说断》四卷，王质《诗总闻》二十卷，吕祖谦《家塾读诗记》三十卷，戴溪《续吕氏家塾读诗记》三卷，王安石《周官新义》十六卷、附二卷，李如圭《仪礼集释》三十卷、《仪礼释宫》一卷，陆淳《春秋集传纂例》十卷、《春秋微旨》三卷，苏辙《春秋集解》十二卷，朱子《孝经刊误》一卷，吕维祺《孝经本义》一卷②、《孝经或问》三卷、《孝经翼》一卷，郑汝谐《论语意原》二卷③，许谦《读四书丛说》七卷，熙时子《孟子外篇注》一卷，熊朋来《瑟谱》六卷，自唐讫明，作者二十二人④，书共二十六种。虽不如通志堂之多秘笈，而校雠精审，则

---

① “仪吉字新梧”，中华本作“仪吉字蔼人，号衎石，一号心壶”。“嘉庆进士”，中华本作“嘉庆十三年二甲进士”。

② “《孝经本义》一卷”，中华本作“《孝经本义》二卷”。

③ “《论语意原》二卷”，中华本作“《论语意原》四卷”。

④ “作者二十二人”，中华本作“作者二十三人”。

视通志堂远胜之也。编首列捐资者八人,海源阁主人杨以增与焉,时官江南河道总督。其他七人,亦显宦也。(14-750)

通志堂经解 康熙刊本

清性德编。性德姓纳兰氏,原名成德,后改今名。字容若,康熙壬子进士,官至一等侍卫,太傅明珠子。性德举壬午乡试,徐乾学为主考,乾学借以谄附明珠。是书乃乾学编刊,而让其名于性德者。首有总序,称书一百四十种,实止一百三十八种。各书中,自《子夏易传》至《书张文潜诗说后》,凡六十篇,并总序,俱见成德所著《通志堂集》中,亦乾学所撰也。乾学为性德撰《墓志铭》及《神道碑》,皆不及是书。其搜罗绝宏富,而不尽精粹,且不免有赝鼎。如《春秋类对赋》,本近类书,乃入之经解。底本亦未尽完善,且版取一式,不依原书行款。而合订删补《大易集义粹言》,署性德自编者,相传为陆翼王之稿。故丁杰谓乾学此书之刻,为一时好名之计,非实好古。然多数罕传之籍,得因其巨力以行世,亦未始非有功艺林也。(14-751)

书经字考一卷 嘉庆刊本

清吴东发撰。东发字芸文,浙江海盐人。是书说"陟方乃死",谓"方""放"古通,"放"又通"仿","陟"言治化上升,"放"言治化周遍。若如蔡《传》以"陟方"为"升遐",为"徂落",则不当复云"乃死"。说"铅松怪石",谓"怪"当作"圣"。古"墼"字,从又从土,象手击土,盖供治宗庙宫室之用。说"罔不寇贼鸱义",谓"义"读若"羲",鸱义即鸱鸮,盖顽凶之目。说"邦人大恐王与大夫尽弁",谓"弁"通作"变","尽变"与"大恐"语对。俱援证甚惬。其引钟鼎石刻,以见古字同异。如"分北三苗",谓"北"本"背"字,引石鼓文作,二人相背之象。"土爰稼穑","爰"字,引秬卣作,两手弄丸之象,有循环之义。《春秋传》"晋于是乎作爰田",注"易也"。"四曰司空",引《周司空鼎铭》作"司工"。郑氏云:"初,尧冬官为共工,舜摄位,举禹治水,改名司空以命之。"知"空""工"古字通。"厥子民养",引《晋姜鼎》,"民"作,象目有所蔽;《周养鼎铭》,“养”作。《孟子》“庠者养也”,“养”“羊”音义通,故“民养”当读若“芒羊”,犹《庄子》所云“迷阳”。凡此诸条,尤属义新而确。书中亦引王氏《后案》,亦间驳正之。王氏素攻古文,谓“夏侯等书‘心腹肾肠’曰‘优贤阳’,乃今文。郑传古文,故曰‘心腹肾肠’。孔本号称古文,乃反同于夏侯等书”。东发驳谓曰:“‘优贤阳’曰犹作也,言‘心腹肾肠’。夏侯等书作‘优贤阳’也,是梅赜本正与郑同。”此可以关王氏之口矣。东发别有笔记,其已见于彼者,则不复详云。(14-762)

禹贡图说四卷 同治四年刊本

清周之翰撰。之翰字翙廷,湖北广济人,诸生。游学四川,为学使何绍基所识。是书为授徒而作,不依经文,专说地理。凡冀州二十六条,兖州九条,青州十一条,徐州十四条,扬州八条,荆州十四条,豫十五条,梁州二十条,雍州三十条。各州之山若水,证实在今某省某府某县,如冀州治梁及岐之类。众说有异者,则阙而不举。大段尚少舛误,但有说无图,而诸说皆系就图指点,离图则殊不了了耳。第二卷,论《孟子》与《禹贡》之异,谓“《孟子》‘禹疏九河,瀹济漯,而注诸海’,系据兖州而言。疏九河而注诸海,是注诸北海。瀹济漯而注诸海,是注之东海。‘决汝汉’系据豫州而言,决汝入于淮之上流,决汉入于江之上流,此三字不连下文。‘排淮泗而注之江’,系据徐、扬二州而言,是淮与江之下流。《禹贡》四渎,分四段说。《孟子》四渎,合为两段说。河济漯入海有三处,不得因《孟子》,遂谓入海在一处。淮之经流,纳汝泗入海。淮之支流,纳汝泗入江。不得因《孟子》,遂谓淮先入江后入海”。此条最明晰。有何绍基、徐从枢、唐杰、毛国瑞、袁章诸序跋,分弁各卷之首,殊非体,文亦不工,宜删之。(14-763)

禹贡翼传便蒙一卷 光绪五年刊本

清袁自超辑。① 自超字崧生,江苏上元人。是书首有其兄汝超序,

① “辑”,中华本作“撰”。

末有自超自跋。大旨多与蔡《传》立异，而又不便违功令，故云“翼传”也。自超方以授徒为业，自跋云“义取其确，辞不欲烦”，“便蒙”之意盖在此。书中折衷成说，如“三江”从郑《注》之类，多有当者。然以三危非一，大别有二，昆仑、析支、渠搜、流沙之属，但纠缠于旧籍，则于今地理仍有未熟故耳。(14－764)

禹贡今注一卷　宣统三年活字印本

清阎宝森撰。是书于《禹贡》山水川泽，全释以今地名，删尽分歧之说，主于一是。盖说《禹贡》者晚出愈精，择善而从，故舛误较少。读者但观现行地图，即可得其会通。视芮曰松、周之翰二书，尚觉胜之。卷末附《则壤成赋图》《九州贡物表》，眉目尤晰。首有序例。(14－765)

禹贡选注一卷　光绪壬午刊本

清吴昔巢辑。昔巢，浙江海盐人。是书原无序例，其门人朱元庆访而刊之。增入元庆一序，止述刊书缘起。书中循文敷义，不重考证地理。间有案语，无关要旨。亦有援他书以驳蔡《传》者。字音别注于上方，盖为课蒙计也。(14－765)

诗经字考二卷　嘉庆刊本

清吴东发撰。书中多补毛《传》所未详，或纠正毛《传》。如“贻我彤管”，谓“彤管，韘也，《大射礼》所谓‘朱极三’是也。韘所以管指，色朱，故曰彤管”。“考槃在涧”，谓“考，安详也；槃，般旋也”。“蒹葭采采”，谓“‘采’同‘彩’，与‘采采卷耳’异，与‘采采衣服’同”。“有纪有堂”，谓“‘纪’即纪纲之纪，山之脉络前后拥护，为屏翰者，比臣下之拥卫”。“四之日举趾”，谓“‘趾’‘止’古通，言三之日有事于耜，四之日则举耜以耕也”。“朋酒斯飨”，谓“朋之为言朋也，造酒盛瓮中，封固之，故曰朋”。“六月栖栖”，谓“犹春日迟迟，‘栖’‘迟’音义同”。“君子攸芋”，谓“‘芋’当作‘竽’，隶从艹从竹无别。《老子》‘服文采，带利剑，厌饫饮食，而资货有余，此之谓盗竽’”。俱援义甚惬。书中引证金石文者亦多,如“被之僮僮”,引汉鲁峻石壁画像“小史骑持偅”,又“小史僮矛”,《释隶》云“以偅为幢”。“虢虢征夫”,引《周南仲鼎铭》“三古四字。虢南宫”。又古钟铭“追祖侊考”,“虢”“侊”义并作“荐”。荐,进也,盖进进不已之意。“雨无正”,谓“雨”古通“霸”。引《周伯克尊铭》“佳十有六年十月既生雨乙未”,《颂壶铭》“佳三年五月既死雨甲戌”,“霸无正”者,言天下自此有霸无王,将不复奉周家之正朔。即《诗》所谓“周宗既灭”者也。此诸条俱精。惟说“王于兴师”,既疑为秦哀公所作,而改“王”为“往”。强引《韩诗外传》诸书,而不思“往于兴师”四字为不词。按是时楚僭王已久,哀公与为婚姻,宜亦以王称之,不须曲解也。但果为哀公所作,不应次于康公前耳。(14－766)

毛诗名物考六卷　道光戊申刊本

清牟应震撰。应震字寅同,山东栖霞人,乾隆癸卯举人,官禹城训导,升青州教授。是书首有应震自序,称“自童年喜考较物类,于物之形色性情,或能得其一二。及反而证之《尔雅》诸书,多不合者。今古异呼,方土殊名,传写之讹谬,假借转注之变移,以物注《诗》,不如以《诗》注物”。又有孟广均序,称其“与族兄弟松岩、陌人讲解《毛诗》,互相发明,又复兼采众说,引古证今。凡《诗》所载一名一物,靡不折中异同,晰疑辨似”云云。按松岩名昌裕,乾隆庚戌进士,官至御史。陌人名庭,乾隆乙卯优贡,官观城训导。三牟皆以经学名。书分六卷,鸟、兽、鳞介、昆虫、木、草各为一卷。《诗》所未及者,附于其下以备考。亦有《诗》所已及,而缺以待详者。每大类有总考,每小类有分考,理精而语奥,可作《尔雅》读。盖精心结撰之作,非黄位清、尹继美辈可比也。(14－767)

诗韵字声通证七卷　光绪癸巳刊本

清李次山撰。次山字结甫,湖南常宁人,官龙山教谕。是书为《百果山房十种》之一。自叙在总目中。卷一至二《国风》,卷三至四《小雅》,卷五至六《大雅》,卷七《颂》。大旨以为先有谐声之字,后有协韵之诗。就字声之谐,可以证诗韵之协。以字证诗,以诗证诗,故曰“通证”。故首列《毛诗》韵表,以今韵平声三十部,母为七部,即用郑氏六部,而析东冬、江阳、庚青蒸为二也。依此读《诗》,则古音叶音之说,俱可以不用。其法虽创而颇有理,亦言声韵者所不得废也。至于《诗》中用韵之法,并篇法、章法、调法亦连及之。而书旨固不在乎此也。(14-767)

续隶经文一卷　道光刊本

清江藩撰。藩著有《隶经文》,已著录,是卷盖续成者。凡论《尚书》四篇,论《春秋》一篇,《与阮侍郎书》一篇。其《顾命康王之诰辨》,引申江艮庭之说以驳苏轼,甚当。《尚书今古文辨》,谓“今、古文者,乃篆隶之别,经文无异同。况刘向以中古文校欧阳、大小夏侯三家经文,自向校定之后,今古更合而为一。而近日儒生辨某句为今文,某句为古文,何所据而云然?”其说良是。又谓“安国先通今文,后得古文。以今字读之,其说必与伏生不甚相远。而今文家之倪宽,又受业于安国。宽之弟子门人,所谓欧阳氏学者,未必尽今文家说。又小夏侯氏之学,失其师法,不但合今古为一,其杂以诸儒之说”云云,则臆断矣。至谓“杜林所得于西州之漆书即中古文”,亦未必然。中古文自是安国之书,系五十六篇。欧阳、大小夏侯之书,仅二十八篇。刘向但取中古以校二十八篇,而中古文固非二十八篇。贾、马、郑所注古文,即传之杜林者,乃不出二十八篇之外。则杜林漆书,岂得谓之中古文耶?《书书叙后》,欲以《丰刑》《册命霍侯》二篇补足百二篇之数,不知百二篇《尚书》,出纬家言,本不足信,亦无须补也。《原命解》,驳江艮庭“原之言再”说;《与阮侍郎书》,驳程瑶田“倨句之形生于圆半周图”说。俱有理。(14-768)

阙里讲经编一卷　云麓山馆刊本

清徐天璋撰。① 天璋有《诗经集解辨正》,已著录。民国丙辰,曲阜

---

① 中华本无“清”字。

开讲经大会，天璋应招往，诸生笔录，汇为是编。十三经中，各说数事，率皆自出己见，阐先儒未发之旨。尤新者，如讲“方命圮族”，谓“‘圮’字从土从巳，象为障水防墉，古者民多聚族而居。鲧时献策，令筑防墉自卫，不求疏导，故帝吁咈之也。‘方命’，当如《诗》曰‘方命厥后’之义”。讲“纳于大麓，烈风雷雨弗迷”，谓“‘大麓’，泰坛所在，尧将逊位于舜，故使摄祭祀之礼。‘烈风雷雨弗迷’，雨旸时若，荐天而天享之也”。讲《鲁颂·閟宫》篇，谓“《閟宫》是僖公既葬，制谥立主，文公大事于太庙，跻僖公，合禘之乐歌”。讲“中春之月，令会男女，于是时也，奔者不禁。若无故而不用令者，罚之”，谓“周正建子，中春是建丑之月，今十二月。‘会’读音‘侩’。令会男女，正媒氏掌判总稽其数。‘不’作‘丕’，‘不禁’当作‘丕禁’。丕，大也。故谓变故，无故而不用令，未有不罚者”。讲“春王正月”，谓“春王者何？春朝王也，春岁始也。正，政也。王者春朝诸侯，而图天下之事。诸侯若不亲朝，必岁首为坛国门之外，望王而朝拜，送行人使贡祀物，如亲朝于天子，故曰‘春王正月’。平王东迁，诸侯放恣，朝贡不时。孔子因《春秋》奉若天道，鲁朝贡焉，书曰‘春王正月’；不朝贡焉，曰‘春正月’。观史所书，十二公有王无心之心见焉”。① 讲“宋人执祭仲”，谓“古者一命书名，再命书字，三命书行。祭仲时为三命之卿，例得书行，如书原仲季子之类”。他条都戛戛独造，奇而不失乎正。按天璋尝遍注十三经，未尽刊行，即此可觇其一斑矣。首有王易、陈重庆、陈庆年、缪潜诸序。（14-769）

养气斋稽经文一卷 光绪丁未活字印本

清陈文新撰。文新字石森，湖南邵阳人，诸生。是书多述其乡先辈王船山、魏默深、邹叔绩之说。其《周易》《诗》《书》《周官》《小戴记》《论语》诸篇尚能举其本末，惟说《中庸》，断作者是颜子，非子思。子思自有书，其《子思子》三十三篇，见《汉书·艺文志》。又《史记·列传》有《尸子》，其道理纯正，迥异诸子。“尸”“思”同音，《尸子》即《思子》。

---

① “有王无心之心”，中华本作“有王无王之心”。

殊觉附会。《中庸》即非子思作,亦无以证为颜子作也。又谓《噫嘻》《维天之命》《小毖》三诗,皆有错简,各为移正。虽亦言之成理,但古代乐章有不可徒以辞意求之者,存之以备一说可耳。(14－770)

分订皇清经解十六卷 光绪庚寅船山书局刊本

无编者名氏。依《易》《书》《诗》《周礼》《仪礼》《大戴记》《礼记》《春秋》《左传》《公羊传》《穀梁传》《论语》《孝经》《尔雅》《孟子》各次为一卷。其涉于群籍者,别编《群经汇解》。分天文、地理、圣贤、王侯、辅佐、政治、礼制、乐律、祭祀、丧纪、伦常、人事、性理、身体、经典、字学、音韵、武备、宫室、服饰、器具、庶物,凡二十门。各门下,别附杂录,共为一卷,都十六卷。与《敬修堂编目》略同,惟彼仅拟一目,此则改订全书。俾阅者展卷得之,省检查之烦,尤为便益。所惜刻工拙劣,纸墨又粗,故其书虽佳,而不甚通行也。(14－770)

五经备解不分卷 道光三年刊本

清周封鲁辑。封鲁字东山,湖北天门人。是书无序例。凡《易经》三百五十条,《书经》四百九十二条,《诗经》四百五十六条,《礼记》三百五十五条,《春秋》三百五十三条。凡涉于典故及义理者,择采一家之说,或兼采数家之说,惟不下断制,所取亦不尽当。体似类书,惟依经文先后为次。大旨在供试场獭祭,即俭腹者,亦未始不可资其益也。(14－771)

尚书讲稿思问录二卷①

清官献瑶撰。献瑶字石谿,福建德化人,乾隆进士②,官至司经局洗马。事迹具陈寿祺所为传中。稿系献瑶在分教太学日,为诸讲演之作③,谦不自是,故署曰“思问录”。首有自序,作于乾隆癸巳。又有汪

---

① 中华本称为“道光二年依园精刊本”。

② “乾隆进士”,中华本作“乾隆四年进士”。

③ “为诸讲演”,中华本作“为诸生讲演”。

廷珍序，不题年月，则献瑶卒后作也。所讲《尧典》、《舜典》、《汤誓》、《仲虺之诰》、《汤诰》、《伊训》、《太甲》三篇、《咸有一德》、《盘庚》上中下、《说命》上中下、《洪范》、《旅獒》、《金縢》，今古文皆有。惟《尧典》论治历一段尚明晰，余篇都沿旧说，循文敷义，难免浅陋之讥。汪序称其"融贯古今，通洽事理"，则誉过其实矣。（14－771）

尚书约旨一卷　道光三年刊本

清黄惟恭撰。惟恭字偶庄，安徽六安人。是书首有杨怿、曾梅冲、廖大闻三序。篇各为说，不分今古文。《太甲》《盘庚》《说命》《泰誓》，旧分三篇者，皆并为一篇。篇中撮举经旨，意主简括，备记诵。但皆陈言，且多参骈偶之句，视讲义又下一等。杨序称其尚有《七经总论》《易比卦义》《毛诗辨诂》诸作，皆未见传本，然可推想而知之矣。（14－780）

毛诗笺疏辨异残本二卷　原稿本

清李兆勖撰。兆勖，山东历城人，他无可考。① 是书据《叙》，成于光绪丙戌，原三十卷，此所存止卷二、卷二十三两卷耳。卷二中有《鹊巢》《周南召南辨》《郊祀后稷以配天辨》三篇。卷二十三中，止《旱麓》一篇，而次《毛诗笺疏辨异叙》于后。似是从全书单抽此数篇以质正于人，而非偶然阙佚者。其著书，其大旨亦见于《叙》。《叙》中详举毛、郑异义及毛义难明者六端，谓"冲远为疏，时有纰缪。或本异而合为一说，或相同而分为两义，或联章累句，只得郑氏之偏词，或随文树义，未究毛家之片语。谨究笺疏，辨其异同。但欲申明传义，上合经文，故多辨难。近世金坛段氏、长洲段氏②，皆为毛氏学，互有得失。辨其近是而实非者，附于各篇。至朱传、吕记，于毛、郑有所去取者，亦附见一二"云云。

① "他无可考"，中华本无。

② "长洲段氏"，中华本作"长洲陈氏"。

卷中以《鹊巢》以下四篇为王季诗,《鹊巢》《采蘩》序之夫人为太任。其辨《周南》《召南》,以《周南》皆文王诗,《召南》皆王季诗,系之周公、召公者,从后系之。其说虽辩,而苦于无证。又谓“郊天与郊稷,判然不相混”,举证甚多。惟谓“《公羊》家言,为方士新原平之属所傅合”,亦属臆断。惟《旱麓》篇,谓“《疏》承《笺》误,《笺》以‘岂弟君子’指太王、王季,而篇内无文王事,受福究将谁属?”所见极是。大抵兆勖之意,在申《序》《传》而绌《笺》《疏》。但《笺》之改《传》,不无所长,《疏》不破《笺》,是拘于例,似未可一概论之也。(14-781)

诗问六卷 嘉庆戊寅刊本

清牟应震撰。应震有《毛诗物名考》,已著录。是书句有解,章有说,又有总论。其旧有疑义者,则设为问答以辨之,故曰“诗问”。多阐发新义,间采《小序》《集传》,不过十一。如谓“《国风》是后世说《诗》者所题,‘南’统列国之诗,国无主名,故以‘南’概之。周主畿内,采自畿内者,系之周。召主列邦,采自列邦者,系之召。‘二南’者,犹今诗之合选,下十余国犹诗之专稿。‘二南’诗十之七八为后世所增入。《诗》有正变,以哀乐美刺为正变。乐者美者以为正可也,哀者刺者以为变可也,而非如《序》之所谓正变。王之为风,盖旧畿未并于秦之时所采之诗。《小雅》为畿内之民暨内小臣外诸侯之诗,《大雅》为公孤卿士之诗”。又谓“《关雎》,成婚礼也;《葛覃》,劝妇功也;皆与文王后妃无涉。《汝坟》,周公东征也,‘王室’指周室。《何彼秾矣》诗,‘平王’指东迁之平王。《燕燕》诗,别据《史记》《郑注》《坊记》《左传》,其为定姜或庄姜、厉妫或戴妫,不定谁属。《旄丘》,卫人责晋文公;《泉水》,长卫姬唁戴公;《河广》,卫人美宋桓公;《东山》,为周公西归,劳从行归士;《出车》,宣王劳南仲;《小旻》,平王谋东迁”。诸所持说,皆援据凿凿。其考证涉于《诗》之外者,谓“豳在镐京东北,黄河西岸,今延安府地,非唐所立邠州。因之定漆沮即古洛水,非《地理今释》之石川河。其石川河,即古汭水”。又据《诗》证《书》,郑氏解“辟”为“避”,《九罭》曰“公归无所”，是出避之证。又曰“公归不复”，又曰“无以公归”，是悔而迎之之证。又郑以东为东都，但管蔡未平之日，无所为东都。居东即居豳，东征是东行，非征伐。尤是破千古疑案。① 其解字亦多别义，如解“君子好逑”，“逑，来求也”。解“左右芼之”，“芼，冒也，取生菜覆牲上以荐神”。解“明星有烂”，“烂，是‘阑’衍文。阑，尽也。今以夜尽曰夜阑”。解“集于栩”“苞棘”“苞桑”，“栩”“棘”“桑”从“苞”字取义，苞，饱也，兴下文“何食”“何尝”。此类尚多。尤妙者，解“并驱从两牡兮”，“牡，牡雉也，以禽之中，一见而知为雌雄者惟鸡雉，故决之也”。可谓从无字处觅得解矣。书中屡引陌人说，陌人，牟廷相字也。然亦有过于拘者，如“履帝武敏歆”，不取郑《笺》。然祀溯姜嫄，其为有母无父之子，可不待辨，况屡置之隘巷、平林、寒冰，显见于《诗》，概以理断之可乎？首有自序，称“稿凡四易，而不敢自信”。要之，求是之学，固大异乎墨守者矣。（14－782）

毛诗奇句韵考一卷　嘉庆刊本

清牟应震撰。应震是书，成于《毛诗古韵考》之后。首有自序，以为“《诗》不独偶句见韵，即奇句亦无不韵。不独奇句见韵，分四字为二句，其为句中韵者，十之八九；分二字为二句，其为韵亦十之一二”。又谓“前考始于乾隆丁卯，卒业于辛未，凡六年。兹《考》始于戊寅夏六月，卒业于七月，匝一月有半。是知博采群书不如取证于经，以经证经不如取信于一己之口、一己之耳”云云。其书举《关雎》《葛覃》《卷耳》三篇为例，于某为双声，某为叠韵，某为通音，一一注明。且其用韵多不一格，有通章一韵者，如《卷阿》之后三章是；有一、三句一韵者，如《兔罝》之以罝、夫为韵者；有一、三句各本句为韵者，如《桃夭》全篇是。有一、二、四一韵，三句换韵者，如《击鼓》之前三章是。若六句为章，则多于五句换韵；八句为章，则多于七句换韵。《楚茨》三章十二句，则于十一句换

① “尤是破千古疑案”，中华本作“说亦蜕陈出新”。

韵。总之,换韵之句,非本句自韵,则与上下为句中韵。凡此皆应震自道其所得,为自来言韵家特创一途者。(14-783)

诗译一卷 船山遗书本

明王夫之撰。① 夫之有《周易埤传》,已著录。是书系取三百篇,以论汉、魏、唐、宋之诗。曰“译”者,通其邮也。其言曰:“汉魏以还之比兴,可上通乎《风》《雅》;《桧》《曹》而上之条理,可近译以三唐。”又曰:“艺苑之士,不原本于三百篇之律度,则为刻木之桃李。释经之儒,不证合于汉魏唐宋之正变,抑为株守之兔罝。故所论用字造命意写景,深浅宏隘之所由判,简繁工拙之不相侔。”语多探微,非锺惺辈所能见及也。其中亦有发明大义者,如谓“诗可以兴,可以观,可以群,可以怨,可以云者,随所以而皆可也。于所兴而可观,其兴也深。于所观而可兴,其观也审。以其群者而怨,怨愈不忘。以其怨者而群,群乃益挚”。又谓“‘美孟姜矣’‘美孟弋矣’‘美孟庸矣’,乃《国风》之怨而诽、绞而直者。夫子存而弗删,以见卫之政散民离,人诬其上”。又谓“《鲁颂》,鲁风也。《商颂》,宋风也。以其用天子礼乐,故仍其名曰颂”。如此之类,又不当作诗话观也。(14-783)

诗经蠹简四卷 道光刊本

清李诒经撰。诒经字星五,山东高密人。首有传,题“石桐先生撰”。按石桐乃高密诗人李宪暠号也。传称其“少孤,贾以养母,后改业儒。从宪暠学诗,辄能工,又进而窥六经二氏之书”云云。不及其殁,殆作于生时耶?亦不及是书,不解何以弁此于卷首也。书中逐篇为说,见解俚②,不可以评唐宋诗,况三百篇乎?题以“蠹简”,又不知何所采义。盖乡曲陋儒,昧于著书体例者之所为也。(14-784)

---

① “明”,中华本作“清”。

② “见解俚”,中华本作“见解俚俗”。

孝经合解二卷　康熙四十年刊本

清陈治安辑。治安字道援,浙江山阴人,官河南襄城县知县。是书首有治安自序,又有丛说七条,并举阐发经义者,周程张朱五子、司马光、陆九渊、刘翚、范祖禹、王祎、曹端、薛瑄、章懋、李继业、陈于廷、吕坤、吕维祺、耿介、冉觐祖,凡十九人。是本即合耿介之《孝经易知》、冉觐祖之《孝经讲义》为一书,题曰"合解"。《易知》实删吕维祺之《大全》而成,《讲义》即在觐祖自著详说之中别有辩论诸条,并不之及。盖为便于初学计。时治安正官襄城,即以训导其县民者也。(14－784)

孝经注一卷　刊本无年月

清杨起元撰。① 起元字复所,广东归善人。是书删除章名,屏绝一切旧注,本肫挚之情,达显浅之理,亦自可取。如谓"至德者,良知良能之出于天,而无复可加也。要道者,在迩而非远,在易而非难也"。说"身体发肤"一节尤警切,谓"始者初也,乃于婴儿验之。婴儿或屈龁其手足,则哑然啼,便是其身体不敢毁伤处。或为之剃发辄啼,或稍损其肌肤辄啼,又是其发肤不肯毁伤处。人情虽至愚不肖,无不爱其身体发肤者,亦无一人敢于毁伤者。水火知避,刑宪知远,疾病知畏,俱从婴儿一啼来。但人率以常情视之,不知此便是孝之发端处"。如此立说,方不致使人视经文为空廓。开首录《诵经威仪》一则,亦他本所无。(14－785)

孝经养正一卷　光绪己丑刊本

清吕鸣谦撰。鸣谦字吉垣,湖北广济人。是书首有李廷箫序,次鸣谦撰条议十则。其要者,谓"推广孝道,须立孔圣教堂,旁设曾子坐位。每逢房、虚、昴、星之日,礼拜先师。由教谕、训导两官主讲,绅耆士庶临期来听。讲毕,就在堂内演礼习乐"。按此事近人有倡之者矣。其讲解

---

① "清",中华本作"明"。

义理纯用白话,则又近人倡白话替文言之先声也。(14－785)

郑氏孝经解一卷　高密遗书本

汉郑玄撰,清黄奭辑。以《释文》《正义》为主,旁采群书,中引冈田本最多。冈田即日本冈田挺之。首据《群书治要》以辑郑注者也。《治要》为冈田本所自出,宜称原书,不得漫称冈田本。冈田辑本传至我国,则有洪颐煊、臧镛堂诸本。日本东条弘又取洪、臧二本,而订之补之,最为精博,惜奭未得见之也。书中未提及洪、臧二本,而所辑各条多与之同,岂不谋而合耶?抑有意讳之耶?(14－786)

经典释文附录三卷　嘉庆二十四年刊本

清陈昌齐撰。昌齐字海楼,广东海康人,乾隆辛卯进士,官至温处道。是书首有自序,称"仿陆德明撰《经典释文》意,凡《注》《疏》《史》《汉》《说文》诸书,所引经传与今所传本异,而未为陆氏所采者,录之为《经典释文附录》。已而稿本毁于火,重辑得《易》《书》《诗》各一卷"云云。按此云"附录",即补遗也。其《周易》卷中,引《丙子学易编》云:"'考详'古本作'考详'。① 按阮元《周易注疏校勘记》'不详也'条下,引古本足利本'详'作'祥',可以互证。盖古'祥''详'通用,'详'可作'祥','祥'亦可作'详'也。但郑及二王本并不如此,则古本必是唐后之本也。"又《尚书》卷中引及《纬书考灵曜》,《毛诗》卷中更引伪《申培诗说》,其间每引异说,多不定所从。而"五子之歌"条下,硬谓肃注《尚书》,其言多是孔《传》,疑肃见古文而匿之而不言,未免拾阎、惠辈唾余。惟"岛夷皮服"条,引《史》、《汉》、郑、王,并称"鸟夷",《疏》则云"孔读鸟为岛",则唐初亦作"鸟"字。今本作"岛",盖开元中所改。据此则作"岛"非古也。又"载驰"条,引宋苏氏作四章,朱子据之而实本于《左传》,亦古义也。然"七月"条,非郑《注》,而是朱《传》,竟采及宋以后说,则非补陆书之原旨,亦恐纷纷者不可胜收

① "'考详'古本作'考详'",中华本作"'考祥'古本作'考详'"。

矣。(14 – 786)

匏瓜录十卷　光绪甲申刊本

明芮长恤撰。① 长恤字蒿子,原名城,字岩尹,明诸生,国变后更今名。署籍濑北,溧濑为双声,水北曰阳,盖江苏溧阳人也。彭光斗作传,称其“甲申后,谢诸生,隐居荒野,幅巾裹发,终身不变”。又称其“学博而能醇,经史疑义,考证尤精”。是《录》藏家几二百年,至光绪十年,恽彦琦始序而刊之。首有自序,盖取《论语》“磨而不磷,涅而不缁,吾岂匏瓜也哉”之意以为名。自卷一至八,说《易》、《书》、《诗》、“三礼”、《春秋》、《论语》、《大学》、《中庸》、《孟子》。卷九以下,则纲目书法及杂记也。长恤学宗宋儒,尤尊朱子,而亦不尽从之。所持论皆自抒心得。于《易》,取《河图》,谓“《河图》之数,与《易·系辞传》第九章自天一至地十之数合,而不取《洛书》论卦变”。谓“程朱即自参错,朱子未免牵强”。于《书》,论舜罪四凶,据“天下咸服”一语,谓“舜全是公心。若如吴棫、朱子之说,无论四凶不服,即天下亦未必服”。解“弗辟”,主郑《注》,谓“周公避位而出,则心安理得,公既去,则安全调护,乃二公分内事,无烦公谋。故‘罪人斯得’,系于居东二年之后。若作‘致辟’解,试问仓猝疑虑之时,不识罪人为谁,将拟何人而辟之?”于《诗》,谓“季札观周乐,称‘自桧以下无讥’,盖以其国小而微之。若以《诗》论,则桧、曹之诗胜于齐、陈。其称齐以‘泱泱大风’,亦以国不以《诗》”。又谓“史迁称《国风》‘好色而不淫’,非通论。将使魏、唐诸国横被好色之名,郑、卫诸邦反得不淫之誉。且未有好色而不淫者”。于《礼》,谓“《冬官》不当补”,斥俞寿翁辈决裂之谬。于《春秋》,谓“为贤者讳,非《春秋》之义,不得援尊亲为例”。于《论语》,谓“泰伯与其仲适吴时,或未有子,或有之而不才。惟季实贤,又有圣子,故逃之。《左氏传》称‘泰伯不从’,意谓不得嗣守先祀,非不从太王翦商之志”。诸条俱持议甚正。亦有借经义而寓身世之感者,如谓“《洪范》陈自箕子,记之者必周史官。史氏

① “明”,中华本作“清”。

以箕子之故,改周年为商祀。箕子不肯臣周,则商虽灭,犹有箕子存焉”。长恤殆以箕子自比耶?又谓“《蒹葭》之诗,周之遗士所作也。《无衣》之诗,周之遗民所作也。使平王能因而用之,则君父之仇复,而国势亦不至不振。君忘仇而民反毅然不肯忘其仇,君弃民而民独殷殷不忍弃其君,此皆先王之遗泽”云云。又似为福、桂二王偷安不思光复而发。要之,长恤类王夫之一流,惟其学则少逊焉耳。(14－787)

乡党义考七卷 乾隆乙卯刊本

清胡薰撰。薰字兰亭,湖北蕲州人。是书首有陈诗序,又有薰自序并例言。盖昉江永《乡党图考》而加详。于各节本文下,先本义,次集证。本义以《集注》为主,而采《或问》《语类》及汉以下诸儒之说以发明之。集证以群经为主,经未备者,补以注疏,亦间及群书。于注《礼》家之聚讼,江氏仍沿误者,间为订正,微嫌泛滥。末附《孔子世家》,征引尤杂,然字栉句比,于省览者不无便益。陈序称其尚著有《四书辑说》《礼记纂录》二书,以帙巨尚未板行云。(14－788)

四书考异一卷 乾隆癸丑刊本

清武亿录。亿既成《经读考异》,复以翟灏《四书考异》,于句读离析,多为证明,足补未备。又其泛引群解,间与己见悬合,亦足证此理之同。因录其《大学》一条,《中庸》三条,《论语》二十六条,《孟子》二十二条,附于《经读考异》之后。所取不及原书十一,且有所删节,不尽依原书,宜别存之。(14－788)

四书蠹简六卷 道光庚寅刊本

清李诒经撰。诒经有《诗经蠹简》,已著录。是书首《论语》,次《大学》,次《中庸》,次《孟子》。《论语》《孟子》各分上下,卷首仍弁石桐所为传,又有其门人单伟志一序。盖是书及《诗经蠹简》,皆伟志所校刊也。其书逐章为说,大都陈言。尤可厌者,开首“学而”章,斤斤于两“而”字、三“不亦”字。其他所谓“明转”“暗转”“正笔”“反笔”等词,触

目而是。岂以为发挥圣贤义理,不外此等处耶?(14-789)

七经纪闻四卷附一卷 道光刊本

清管同撰。同所著原定为《五经纪闻》与《四书纪闻》①,校刊时,以《大学》《中庸》归之《礼》,而以《论》《孟》附五经后,故称“七经”。一至二卷说五经,《易》止一条,《公羊》止一条,又缺《穀梁》。惟说《书》《诗》稍多。三至四卷,说《论语》《孟子》。首有邓廷桢及方损之二序。损之即方东树也。损之述阮元,称“其中有精核者十之二三,有未妥者十之二三。有人所已透发,而此犹未透者十之二三”云云。未知果出阮元口否。而损之于每条下多附己见,与之立异。大抵同所致疑于朱子者,损之皆不以为是。朱子说之最害理者,《序》所云刺恶之辞,朱子多断为淫诗,且谓“淫者自为之”,而损之亦必曲为之解。然亦不无订误之益。同所说,如“流宥五刑”,引范蜀公《正书》,谓“舜制五刑,以宥三苗之劓、刖、椓、宫、大辟。故舜时四凶之罪,止于流放窜殛,则不用肉刑可知。‘象以典刑’者,正所谓画衣冠易章服以为戮,故命皋陶曰‘五刑有服’。既用流以代五刑矣,故即继曰‘五流有宅,五宅三居’,前后辞意明白”。又《盘庚》上篇“盘庚”与“王曰”并见,下篇但言“盘庚”而不言“王”。同据谓:“前所称王者,是阳甲。是时阳甲在位,盘庚尚为臣。故告众曰:‘我王来,既爰宅于兹。’盘庚既以此意告众,然后阳甲命众悉至于庭,而又告以己意。是以其辞前后相同,而不嫌于复。”又据《郊特牲》“大夫强而君杀之,义也,自三桓始也”谓:“是三桓子孙见诛于鲁,证之穆公时,公仪子为政,子柳、子思为臣,又四五传至景公、平公,则鲁欲乐正子为政,慎子为将军,而季孙为司徒,叔孙为司马。世执鲁权者,皆不见。夫子言‘三桓之子孙微’,其言验矣。”凡此诸条,殆廷桢所云“直破二千年儒先传注之误”者。他惬当者尚不乏。书中多引姚鼐《九经说》,则古文家相承一脉也。其《四书纪闻》,光绪间有刊本,已著录,此不赘论。惟《大学》《中庸》久与《论》《孟》相并,

① 中华本“同”字后有“字异之,江苏上元人,道光举人”一句。

且原书本自分帙,仍之为是。后附同文二篇,损之文三篇,皆论治河事,而与《禹贡》相涉者。(14-789)

抗心斋经解一卷 活字印本

清艾作模撰。作模字式成,湖南溆浦人。尝参左宗棠、郭嵩焘幕府,晚掌教卢峰正峰书院。所著有《十三经抉微》《古礼考》《古乐考》《六书正音》等书,皆溺于水。其弟子谌百瑞刊其遗集,仅得《经解》一卷,止《曰若稽古解》《尧舜禹汤名字谥号辨》二篇属《尚书》,余都解《诗》之作。其中颇多创见,如解"曰若稽古",据王充《论衡》,以"钦明文思"以下为孔子所言,此四言亦必孔子所加。解《河广》章,谓"为宋桓夫人作,夫人悯卫灭亡,欲桓公举兵救卫,宋桓卒具舟于河,迎卫君。与《载驰》《木瓜》二诗意同,故圣人取之以次"。论《凯风》,据《孟子》"过小"之说,谓"七子不同母,母爱不均,七子自责,故诗人美之。赵注以'母心不悦'释'过小',于'不可矶'之意最合"。解"韩城燕师",谓"春秋时别有南燕,姞姓,地在今卫辉之封丘。韩即'韩武子食采'之韩原。《郡国志》云'河东郡河北县有韩城',即其地。与南燕连姻,故城为燕师所完"。解"履帝武敏",从郑《笺》,但谓"姜嫄为帝喾元妃,值帝崩,故弃之以避嫌。谓无夫者误"。考"南仲",从郑《笺》,谓"常武之南仲,即出车之南仲,但以属文王时人则非。《笺》之误,盖因《采薇》《出车》《杕杜》三诗,错在正疋。而鲁、齐《诗》,则以三诗列《采芑》之下、《车攻》之前,则为宣王时诗无疑"。考《鸡鸣》诗,谓"为刺谗之作。以蝇比小人,虫飞薨薨,比小人众多"。解"嘒彼小星,惟参与昴",谓"参昴即上章之三五"。俱有理。其他则有拾前人之唾而不自知者。卷首有百瑞序。(14-790)

倦游楼经解一卷 活字印本

清谌百瑞撰。百瑞字立武,湖南溆浦人,诸生。尝问学于艾作模。作模有《留子国考》,信《序》《传》《笺》而非《集传》。仍未知"子国子嗟"为谁氏之裔,受邑在何王之世也。百瑞更据《公羊传》:"古者郑国处于留,先郑伯有善于郐公者,通乎夫人以取其国,而迁郑焉,而野留。”何邵公注《公羊》云:“迁郑者迁于郐也。”《地里志》孟康注:“留,郑邑,后为陈所并,故曰陈留。”此诗本郐人为郑桓公作,子嗟、子国,当是桓公、武公之字。父子施惠于民,故并思之。得此解,而是诗更无疑义。其考《河广》为何人所作,亦申师说。至解诗《硕人》尤切当,谓“诗言‘硕人’者,《简兮》《考槃》《硕人》《白华》,凡四见。《传》《笺》皆以硕人为大人。大人,君也。就诗《硕人》绎之,‘硕人俣俣,公庭寓舞’,谓释奠之君,于公庭观万舞。下云‘赫如渥赭’者,君容也。末章‘西方美人’,《笺》谓即硕人,错矣。《序》明言‘刺不用贤’,美人指贤者言。若‘硕人颀颀’,《笺》指庄姜,‘白华硕人’指褒姒,非也。《序》言刺庄公,公纵娱乐弛国政,故《诗》云‘在涧’‘在阿’‘在陆’,‘硕人之宽’,贤者去之,其为庄公明甚。‘硕人俣俣’,与考槃相项,当亦指庄公,即‘衣锦絅衣’,考之可知。《礼》:‘君衣狐白裘,锦衣以裼之。’颀颀,君体也,见《齐风》。《小雅》‘硕人’,盖指幽王。《白华》本申后作,玩‘维彼硕人,实劳我心’语意,口角恰有,则‘硕人’指君,殆《诗》之通例”。又谓“《有女同车》考,谓次《清人》,后决为文公诗。文公三十五年,楚伐宋以救郑,夫人芈氏、姜氏,劳楚子于柯泽。杜《注》:‘芈氏,楚女;姜氏,齐女。’是文公有二夫人。诗盖刺文公昏楚,贰中夏而事蛮夷也”。又谓“《黍离》而不在变疋,而在《王风》,非王朝卿大夫诗。据《韩诗》,《黍离》伯封作。伯封,魏源以为卫寿字,与《乘舟》诗可相证”。凡此俱言之成理。惟于《左传》与他经不合者,概归之国师公所窜乱,疑于周纳。以《尔雅》为孔子作,嫌于无证。又谓文王受命改元而不称王,说亦未圆。要是能传艾氏学者。首有自序。(14-791)

经典释文校勘记二十七卷 嘉庆刊本

清阮元撰。凡《周易释文》一卷,《尚书释文》二卷,《毛诗释文》三卷,《周礼释文》二卷,《仪礼释文》一卷,《礼记释文》四卷,《左传释文》六卷,《公羊释文》一卷,《穀梁释文》一卷,《论语释文》一卷,《孝经释文》一卷,《尔雅释文》二卷,《孟子释文》二卷。但诸经所据之本,除注疏本、卢文弨考证本外,各有不同。《周易》则据宋本、十行本、闽本、监本、郑本,《尚书》则据毛本、叶本,又有毛居正所见本。《毛诗》则影宋本、十行本、小字本。《周礼》则宋本、监本、闽本、毛本、十行本、余本。《仪礼》则宋本、监本、叶本、张淳本,而采张尔岐所定为多。《礼记》则檀州公使库本、十行注疏本、叶本、抚本、岳本。《左传》则北宋本、叶本、徐本。《公羊》则宋本、闽本、监本、十行本、毛本、叶本、徐本。《穀梁》则宋本、叶本。《孝经》止叶本。《尔雅》则宋本、叶本、徐本。《孟子》则通志堂本、韩岱云本、孔继涵本。此外如唐石经、《六经正误》、《五经文字》、贾昌朝《群经音义》、周春《十三经音略》,以及王应麟、山井鼎、臧琳及其孙镛堂、段玉裁、顾广圻等,亦间采其说,以证诸本之异同得失。然是书虽题阮元之名,而校者实不止一人,且其例亦不画一。如所校《毛诗》最疏,卷中屡斥卢文弨之名,而他卷则否,不知出幕中何人。所驳正文弨诸条,及自为考正各条,皆有当有否。所见诸本,亦未为备,后起者宜有以完成之也。(14－792)

释文问答一卷　嘉庆辛未刊本

清辛绍业撰。从益有《冬官旁求》,已著录。是书止有上卷,据陶福履重刊本,亦止上卷,且称赵扔叔兴修通志时,曾檄万载令诣其家,求得一册,亦无下卷。盖下卷未刊,且并稿佚之矣。但是卷,核其文,才完《天官》,此下必非一卷所能容,殆未成书耶?绍业序称"得卢抱经所校《经典释文》本,多考证之条,覃谿师按覃谿,翁方纲号也。以为未尽,集同志之士重校。绍业分得《周礼》,每有条问,师辄称善。其有'绍业曰'字者,师所阅而加也。其但注注疏之误,师无所加,亦遂仍之。而如'天官冢宰'条、'地官如比'条、'春官数谷'数条,皆师所改定。至'毴毬'条,师更为作答语"云云。今卷中惟存"冢宰",他俱不可考。盖《地官》以下原阙也。所据系通志堂本,其中有已经卢氏改正者。所校大抵援据《说文》,以定字之正俗通假。其中稍要者,如"胥"条郑读如"谞",谓其言才知为什长。据《说文》"谞"在"言"部云"知也",与郑《注》"合大行人"注"象胥"作"象谞",是其例。"腊人"条,原音"昔",据《说文》"昔"

在“日”部云:“干肉也,从残肉,日以晞之。”此“干肉”系“昔”字本义,作“古昔”者乃借义。今以“古昔”为要义,而“干肉”字从籀文作“腊”。此云盖未知古本即一字。“劓”条,据《说文》,“劓”正文作“臬刂”,云刑鼻也。引《易》“天且劓”为证。劓其,或文,今则《易》文亦改作“劓”。“刖”条,据《说文》“刀”部,“刖”云“绝也”。“足”部“跀”,云断足也。二字义异,今则但作“刖”,无作“跀”者。“所赒”条,《说文》无“赒”字,古只作“周”。《诗》“靡人不周”,《论语》“周急”,《孟子》“考周之”,皆然。从贝者后人所加。“辟于”条,谓此字通假最多,引证尤详。然他条多有原文即如此,如冢宰“冢”字、大保“大”字之类;又有卢氏已经考正,如“醫”字为“醫”之讹之类,必为之一一补证其义,则补不胜穷,且难免蛇足之嫌,无怪乎谓卢氏有未尽也。(14-793)

经心书院经解二卷 光绪己丑刊本

清左绍佐录。书院在武昌,绍佐时为掌教,录其一年课士之作,得经解二卷。其题目曰《郑君笺〈诗〉多以韩易毛说》,曰《禹河故道迁徙考》,曰《继善成性解》,曰《辟雍解》,曰《大别考》,曰《用九用六说》,曰《〈尚书·舜典〉存逸考》,曰《白虎通诗说考》,曰《千乘之国解》,曰《易书不尽言言不尽意说》。每题所选诸作,最少者二人,最多者十一人。诸卷后,不着一字评语。岂以名次之高下,定诸生之优劣耶?其中有各持异说者,将何所折衷耶?即如《大别考》,第一名李文藻,以为在今之汉阳,不在安丰。而第二名黄觐恩,则以为在安丰,其地当今安徽霍丘、河南固始之间。据《春秋·定四年》,蔡侯、吴子伐楚,《左传》自豫章与楚夹汉,楚子常“济汉而阵,自小别至于大别”。济汉而阵,亦必去汉百许里,始与吴兵相及。自小别至大别,盖自汉川而益东。若大别在汉阳,则为自北而南,中隔汉水,既不可阵,又非吴师所及,将谁与战?按觐恩说是也,则月旦为不公矣。其他若《郑君笺〈诗〉多以韩易毛》及《白虎通诗说》二题,意在引诸生研求经义,题好而文亦多佳。余题多有定说在前,略事捃摭,便可完卷,殊不足以征学识也。首有绍佐序。(14-794)

经义塾钞一卷　光绪刊本

清俞樾撰。按经义之体,创于宋人。然《韩昌黎集》有《省试颜子不贰过论》,是唐时已有之。此体至元而变,虽沿经义之名,而有破题、接题、小讲诸名目,则八股滥觞于是矣。清光绪二十七年,有诏废时文,改用四书义五经义,樾遂拟为是作,以资模范。凡《易》三篇,《书》二篇,《诗》二篇,《礼》二篇,《春秋》二篇,"四书"五篇。樾素专经学,诸篇发挥义理,周浃旁皇,且非宋人所及,真经义也。题曰"塾钞",即往年刻课孙草之意,盖谦词。首有樾自记。(14－795)

经义正衡叙录二卷　活字印本

雷廷珍撰。廷珍自云拟著《诸经正衡》,此二卷,其叙录也。大旨分经义为小学、士学、贤学、圣学,其中惟论小学,稍具独见,亦颇具条理。然谓六书之形声、象声,则未敢信。至所称士学、贤学、圣学,无非强为逼画,于经学亦只摭拾皮毛,助其狂议。其《正衡》诸书,大略可想而知矣。(14－796)

校元刊本韩诗外传十卷　仿元刊本

是本为吴门袁氏五砚斋旧藏①,原缺二十余页,黄丕烈据元本及毛氏汲古阁钞本补完。嘉善瞿中溶称"证以他书,见其精妙"。如卷一"差然乖久",与《御览》合,今本"然"讹"迟","久"讹"人"。"桷桑而为枢",与《新序》《庄子》合,今本"为"讹"无"。卷三"相地而攘正",今本作"正壤",证以《荀子》作"衰正",则元本第误"衰"为"攘"耳。"武王载发",与《荀子》《诗考》并合,今改"发"为"旆",非。"则莫我敢遏",与《荀子》合,今作"曷"去辵,非。卷五"行绝礼义",亦与《荀子》合,今加人旁作"仪",非。"则举错而定一朝之自",证以《荀子》,第讹"伯"为"自"。今本或脱"而"字,或"定"下增"于"字,尤谬。"天谓殷适",与

① "袁氏",中华本作"袁廷梼"。

《诗考》合,今改“谓”为“位”,非。卷六“远猷辰告”,与《诗考》合,今本改“猷”为“犹”,非。“是唐之所以象典刑”,与《御览》合,今讹“唐”为“君”。“告尔民人”,《说苑》《诗考》皆作“告”,今改为“质”,非。“子孙承承”,与《诗考》合,今本改“承承”为“绳绳”,非。“王者必立牧三人”,与《续汉书·百官志》刘昭注合,今讹“三”为“二”。卷七“丧亲三年”,与《说苑》合,今作“亲丧三年”,非。“莘莘征夫”,亦与《说苑》合,今作“征夫捷捷”,非。“鹤鸣九皋”,与《说文》、唐石经并合,今“鸣”下加“于”字,非。“兴兵而攻齐,栖于莒”,《大戴礼》卢辩注及贾子引,“栖”下有“闵王”二字,此本有“闵”字,而脱一“王”字。卷八“忘我实多”,下有“此忘我者”一句,与《文选》注引合,今本皆脱。“有弇凄凄”,与《诗考》合,今本改作“有渰萋萋”。卷九“为人子不孝也”,与《御览》合。今本“子”下加“不可”二字,非。“衣与谬与”,与《荀子》合,今本改为“衣欤食欤”,谬。“及其升少阳”,与《御览》合,今本讹“少阳”为“于高”。“而去苦少耳”,“而”上有二字少阙,似是“如量”,证以《初学记》《御览》所引正合,今本脱。卷十“澜然而涕下”,与《御览》合,今本改“澜”为“潸”,非。“天难訦斯”,与《诗考》合,今本讹“訦”为“忱”,非。又书中本有阙字,多以□记之,今本去□,直接使后人无从疑云云,见中溶所为跋。惟中溶所举精妙犹未尽,如卷九“粝荅之食”,《说文》:“荅,小米也。”今本则“荅”改“藿”。卷十“卞庄子”条,字句亦与今本异。中溶外,尚有顾广圻跋。书为江都秦更年所刊,更年别有序。(14-796)

校刻韩诗外传十卷补逸一卷　乾隆五十五年刊本

汉韩婴撰,清赵怀玉校。怀玉字亿孙,江苏武进人,乾隆四十五年诏试赐举人,官至青州府同知。是书首有卢文弨序,又有怀玉自序。其钱惟善、陈明二旧序,仍存之。别辑《序说》二十一条。据怀玉序,则文弨于是书有手定本,怀玉复取己所参校者,改窜附益,以成是本。文弨序则称怀玉参校数本,从其是者,而存其两通者。又诸书所引,出于此书之外者,复为之博综,以系于后,即补逸也。所据诸本,有元本、通津草堂本、林本、程本、毛本、唐本，又有浑称旧本者，则不审其为何本矣。所据诸书，则《左传》、《公羊传》、《穀梁传》、大小《戴记》、《国语》、《国策》、《尚书大传》、《荀子》、《庄子》、《晏子春秋》、《尸子》、《韩非子》、《吕氏春秋》、《说苑》、《新序》、《列女传》、《淮南子》、《孔丛子》、《家语》、《史记》、前后《汉书》、王应麟《诗考》、江几邻《杂志》、《初学记》、《文选注》、《太平御览》、《艺文类聚》等书，为之补阙正误。同时周廷寀亦作校注，而各不相谋。今观卷一，"促流而挹之"，"促"改"迎"。卷四，"纣作炮烙之刑"，"烙"当作"格"。卷五，"臣闻黄帝学乎大坟"，"大坟"系"大颠"之讹。卷五，"田畴"下补"甚易"二字。卷六，"船人盍胥"，"胥"多作"盖"。卷十，"齐桓公逐白鹿"，"桓公"，他作"景公"。凡此诸条，援证皆确，皆为周本所未及。至于"补逸"诸条，并不止如董氏斯张所举。则虽卷增于旧，而世所传《外传》非全书，自信而有征也。（14－797）

韩诗外传校注十卷拾遗一卷　乾隆五十六年刊本

汉韩婴撰，清周廷寀校。廷寀字霁原，安徽绩溪人，优贡生。是书首有胡赓善序，廷寀之师也。次录《汉书·韩婴传》。所据校之书，则《小戴记》《左传》《公羊传》《穀梁传》《尔雅》《国语》《尚书大传》《荀子》《邓析子》《韩非子》《吕氏春秋》《贾谊新书》《家语》《孔丛子》《淮南子》《说苑》《新序》《列女传》等。按赵怀玉校刊《外传》，在其前一年，而廷寀未得见之。赵氏所据最要者，如《初学记》《文选注》《御览》诸书，概未之见，诸异本更无论矣。惟他书虽赵氏间亦引及，而不及廷寀之详悉，正可补赵本之所遗。惟书中或称《吕览》，或称《吕氏春秋》；又杨倞《淮南子注》，或单称"杨倞云""杨云"，又或单称"刘云"，则不知为《说苑》，为《新序》，抑为《列女传》，皆非体。《拾遗》一卷，廷寀从子宗杭别从王应麟《诗考》辑。盖廷寀并《诗考》亦未见也。宗杭称"《诗考》所举《外传》异文，大半改从《毛诗》，诸刻略同，而毛本弥甚"云云，读者不可不知也。（14－798）

韩诗外传疏证十卷　嘉庆二十三年刊本

清陈士珂辑。① 士珂字琢轩，湖北蕲水人，乾隆丁酉举人。翰林院修撰沆之祖也。是书以《外传》为纲，取诸书互见者，备录于左。所录经部，有《尚书大传》、《春秋左氏传》、《春秋公羊传》、《春秋穀梁传》、《春秋繁露》、小大《戴记》、《礼纬含文嘉》、《孝经》、《孟子》、《尔雅》。史部有《国语》《国策》《史记》《列女传》《吴越春秋》。子部有《晏子春秋》《老子》《列子》《庄子》《文子》《尸子》《荀子》《韩非子》《吕氏春秋》《淮南子》《说苑》《新序》《孔丛子》《孔子家语》，大约本书二百九十余条，而互见于诸书者十有七八。不加案断，而详略异同，醇疵疏密，因之而见。但"疏证"二字，若例之阎若璩之于古文《尚书》，似未适用也。卷首另辑叙录十条，又有张映汉序。(14－798)

毛诗古韵五卷　嘉庆辛未刊本

清牟应震撰。应震有《毛诗物名考》，已著录。是书首有张鹏序及应震自序。大旨以古韵久亡，春秋以后之书，不足为春秋以前证，乃返求诸《诗》。凡读八十余过，而恍然于古韵之未尝亡。因之以经为主，经合用者合之，不合用者分之，旁及者通转之。合阳唐及庚之半，为阳字部；合东冬钟江，为东字部；合谈盐添严咸衔，为谈字部；合侵覃，为侵字部；合缉合盍叶帖洽狎业乏，为洽字部；合耕清青及庚之半，为清字部；合蒸登，为蒸字部；合元寒桓删山仙及先之半，为元字部；合真谆臻文殷魂痕及先之半，为真字部；合月曷末薛及祭泰之半，为月字部；合质屑，为质部；合宵及萧肴豪沃药铎锡之半，为宵字部；合尤萧豪之半，为幽字部；合尤有宥肴豪巧皓号各半，为黝字部；合凡从坴、从畜、从叔、从逐、从复、从奥、从云、从匊之字，为六字部；合侯虞各半部，为侯部；合鱼模及虞之半，为鱼字部；合铎药陌昔之半，为铎字部；合屋烛及觉之半，为屋字部；合歌文支佳及齐纸志之半，为歌字部；合锡昔，为锡字部；合脂

---

① "辑"，中华本作"撰"。

微及齐佳灰之半，为灰字部；合至未霁术队泰怪代物之半，为未字部；合脂及咍灰尤之半，为咍字部；合止及海贿有之半，为海字部；合职海及屋之半，为职字部。各部，首合部，次正音，次摘证，次通转，次附论。其通转一门，有本证，有旁证。本证以读本经，旁证备读他书。惟谓通韵非古人所尚，偶用之，不过一字而止。力辟沈约分部之滥，及所定四声之非。间采陈一斋、顾亭林、江慎修说，亦间驳正之。虽未敢信其果合古人，以视陈、顾、江三家，则诚进矣。（14－799）

毛诗古韵杂论一卷　嘉庆辛未刊本

清牟应震撰。应震有《毛诗物名考》，已著录。是书杂论古韵，不专属《毛诗》。盖因治《毛诗》而兼及之。中多创见，如谓"古时已有韵书，以三百篇证之，十五国之地，东西三千里，南北二千里，上自商颂，下逮陈灵，千数百年之久，而用韵未之或异。旁参帝舜、皋陶之赓歌，文王、周公之系词，以及老、庄、左、屈诸人，无弗同者。因知古人不以方音为韵"云云。此论新而极确。又谓"沈韵一书，系横割等韵而成，故其序韵亦仿佛三十六母之音。至其标韵目之字，不用公而用东，不用光冈而用阳唐，皆所以掩等韵之迹。若其两音并收之法，殆为通转计，如阳通庚清，故收庚以联络之；东通阳，故收江以联络之；寒删通真文，故收先以联络之。他多类此，后人不免受其所愚。又自沈韵行，而字有讹音。如格，本音读若古，假本音亦读若古，故二字同音得通用。今读格若革，读假若甲，则讹音也"。俱能深中沈韵之病。惟斥麻为西音，至欲去之，而代以合盍业帖叶洽狎乏诸部，诚可不必。其论六书，谓"以记命为本，岂在文义"。至谓"以义取文，为书之失"，亦不尽然。论转注，但引郭景纯、焦弱侯、程端礼旧说，无所折衷，亦未窥见转注真义。然于韵学，则可证其深有所得也。（14－800）

三百篇诗评一卷　咸丰癸丑刊本

清于祉撰。祉字燕受，山东潍县人，诸生。是书九十余条，即以评古唐诗之法评三百篇。但见解不高，评语亦近俗，尚不及其乡人牛运震之《诗志》也。自序云“不能篇篇而为之评,非必古人之诗有高下也。学识浅薄,不能遍索其隐,则阙之”云云。岂以所评者,皆已索得其隐耶?陋儒之见,亦可哂矣。(15-1)

书集传音释六卷　咸丰乙卯刊本

元邹季友《书集传音释》①,于蔡《传》有匡正疏证之功,曾覆刊于明正统间。卷首附《书图》《说书纲领》《书序》,最完备。明洪武时,刘三吾等修《书传会选》多资之。顾炎武《日知录》,称《书传会选》“若《尧典》‘天左旋,日月五星右转’,《高宗肜日》谓‘祖庚绎于高宗之庙’,《西伯戡黎》谓‘是武王’,《洛诰》‘惟周公诞保文武受命惟七年’,谓‘周公辅成王之七年’,皆不易之论。每传之下,系以经文及传音释,于字音字体字义,辨之甚详。其《传》中用古人姓字、古书名目,必具出处,亦兼考典故,有功后学”。不知《会选》即袭用是书,惟改“日月五星右转”之说耳。浦城祝凤喈先得正统刊本,嗣又得抄本,并元至正刊本及《书传会选》本、董氏《辑录纂疏》本,于蔡《传》原书及《音释》本之讹脱,一一为之订正,具注于凡例中。刊于咸丰乙卯,至光绪己丑,江南书局又重刊之,诚读蔡《传》者最佳本也。季友字晋昭,江西鄱阳人。(15-1)

诗经音韵谱五卷触解一卷　道光乙酉刊本②

清甄士林撰。士林字毅庵,河南汝州人,嘉庆进士,官平原知县。罢官后尝主讲临清之清源书院,是书即成于其时。首有同年马瑞辰序,又有自序、例言、四声指掌图、参定四声韵图、等韵图、《诗经》古韵、音韵谱读法、总论、三颂论略,末附触解。大旨依《御纂诗义》折中,分别章句,再参以《佩文韵府》《康熙字典》等韵诸书,而为之谱。其要义详于读法诸条,为例有三:曰通韵,曰互韵,曰叶韵。“互韵”者,即叶隔韵同

---

① 中华本此句作“元邹季友撰。季友字晋昭,江西鄱阳人。是书”。稿本将“季友字晋昭,江西鄱阳人”一句放在了文末。

② 中华本作“道光乙酉种松书屋刊本”。

母,先互本韵同母之法,前人所未及言者。互韵之外,更标举独韵、转韵、双韵、犯韵、悬韵、逻韵、隔韵、腰韵、逗韵、绾韵、不用韵、双声叠韵诸法,则随文指点,以见古诗用韵之变耳。“谱”之云者,以最简之符号,代平上去入四声,记于经字之旁,如度曲者之记工尺然。其一字之音,及全章之韵,则俱别注之。于诵习诚至便,亦可为音韵家备一格。惟《触解》卷中,除涉于音韵者外,大率陈言。其自出新解者,率不免于拘滞,勿作可也。(15 -2)

韩诗内传一卷 汉魏遗书钞本

汉韩婴撰,清王谟辑。首有序录。凡得《释文》一百五十八条,《诗正义》九条,《周礼正义》五条,《礼记正义》七条,《公羊传注》二条,《孟子音义》一条,《尔雅注疏》四条,《史记注》五条,《前汉书注》五条,《后汉书注》十六条,《文选注》九十三条,《水经注》一条,《说文》一条,《玉篇》三条,《广韵》一条,《白虎通》二条,《艺文类聚》二条,《初学记》六条,《北堂书钞》一条,《太平御览》十一条,《玉海》四条,朱子《诗集传》一条,董氏《诗故》一条。然挂漏尚多,见于王氏《诗故》者,亦未收入,他可知矣。他辑本多兼《薛君章句》,谟独不及。序录称“别撰《韩诗拾遗》十六卷,网罗诸内外传散失,并加疏解”云云,今未见传本,其属于内传者,岂尚有溢出于是本外者耶?(15 -2)

鲁诗传一卷 汉魏遗书钞本

汉申培撰,清王谟辑。明刻丛书有《申培诗说》一卷①,盖丰坊伪撰,前人已辨之。按《汉志》:“申公《鲁故》二十五卷,《鲁说》二十八卷。”《志》又称:“汉兴,鲁申公为诗训故,而齐辕固、燕韩生皆为之传。或取《春秋》,采杂说,咸非其本义。与不得已,鲁为近之。”据《隋志》,申公盖受《诗》于浮丘伯,传至西晋而亡。王应麟《诗考》云:“刘向《列女传》,谓蔡人妻作《芣苢》,周南大夫妻作《汝坟》,申人女作

---

① “明刻丛书有”,中华本作“明丰坊曾伪传”。

《行露》，卫宣夫人作《邶·柏舟》，定姜送妇作《燕燕》，黎庄公夫人及其傅母作《式微》，庄姜傅母作《硕人》，息夫人作《大车》。《新序》谓伋之傅母作《二子乘舟》，寿闵其兄作忧思之诗，《黍离》是也。楚元王受《诗》于浮丘伯，向乃元王之孙，所述盖《鲁诗》。”按《说苑》亦向所著，中有“诗说”三条，殆亦《鲁诗》，而应麟未引。谟辑此得六十一条，犹未备也。（15－3）

韩诗翼要一卷　汉魏遗书钞本

汉侯包撰，清王谟辑。按《隋志》：“《韩诗翼要》十卷，汉侯包撰。”《唐志》同，惟不著撰人。今本《隋志》误作“侯芭”，则扬雄弟子所称“载酒问奇字”者也。惟《汉志》无此目，其出处亦不可考。《困学纪闻》称“董氏举侯包言卫武公作《抑》诗，使人日诵于其侧，朱子谓不知出于何处”云云。盖其书亡于唐代，宋时说《诗》家已罕有能举之者矣。谟从《诗正义》辑得三条，《隋书·乐志》辑得一条，备传《韩诗》者之爪鳞可也。（15－3）

诗集传音释二十卷札记一卷　咸丰刊本

元罗复为《诗集传》作音释，于经传及音韵之文多异他本。而是书之至正刊本与正统本，亦复详略不同。是本为蒋光煦所刊，即以至正本为主，而据正统本及胡一桂《诗传纂疏》、朱公迁《诗传疏义》、许谦《诗名物钞》、史荣《风雅遗音》，为作校记。卷首附《诗序》，并朱氏《辨说》《诗图》《诗传纲领》。校记亦不苟，复经钱泰吉、邵懿辰、伊乐尧、许丙鸿、管庭芬、朱元炅、陈锡麒诸人参正，详光煦所为记。复字中行，江西庐陵人。（15－4）

诗说四卷　写印本

姚永概撰。首有陈朝爵序。说止《国风》，不及《雅》《颂》。于毛、郑、朱三家之说，各节所长，亦间采他说以辅之《集传》。《郑风》不采《集传》，而代以朱子初说。所采诸家，如钱澄之、姚鼐、马其昶、方铸，皆

桐乡人。其昶及铸,且并时人也。作序之陈朝爵,亦录其说。虽云折衷,殊乏精识,备初学诵习可矣。(15-4)

壁沼集四卷 光绪己丑刊本

清胡元玉撰。① 元玉字子瑞,湖南湘潭人,拔贡生,官教谕。"壁沼"者,学官所居,故以名集。元玉父锡燕,传番禺陈澧之学,而元玉又王闿运之甥也,故其治经,不主一家,精思独辟,或申旧义,或抒新得,而援据精博,不为臆断。如论"讳",谓"周人讳父不讳祖,然卒而讳之,为己不忍闻,更亦不欲父母闻之。故《杂记》称王父母世父叔父姑姊妹。②子与父同讳,盖指祖在时言。父与祖同讳,故曾孙得讳曾祖王父母。姑与世父叔父,父之姊妹兄弟也。父讳之,故子不得不讳。当祖存时,孙从父讳,故亦讳之。并因而推及从父昆弟大功之亲、从祖昆弟小功之亲,且及于母妻之父母。凡为令人感动亲亲之义,所推而出。而尊神故不名之说,非其朔也"。辨《诗序》,谓"创自子夏,而齐鲁韩毛诸家,各以己意为增损。即就《毛序》言,《小弁传》引高子之说,《维天之命传》引孟仲子说,故郑《志》答张逸云:'高子之言,非毛公后人著之。'即言此乃毛公所著,非毛公以后人所著也。至《隋志》谓卫宏有润益者,盖误据宏《传》称宏'从谢曼卿受业,因作《毛诗序》,善得风雅之旨'云云。此'善'字是'义'字传写之讹,且属上读。宏当撰有《毛诗序义》,如雷次宗、孙畅之之类也。《隋志》云:'《毛诗序义》二卷,雷次宗撰。梁有《毛诗序义》七卷,孙畅之撰。'"解"哀而不伤",据《吕览》高注云:"哀,爱也。""哀"之训"爱",犹"怜"之训"爱",见《尔雅·释诂》。《序》称"哀窈窕,思贤才,忧在进贤,不淫其色"。"贤才"即指淑女。"忧在进贤,不淫其色",即谓寤寐求此窈窕之淑女。"哀窈窕,思贤才",即谓求之不得,而辗转反侧以思之。"无伤善之心",即谓琴瑟、钟鼓友乐之。郑君注《论语》,以哀、乐

---

① 中华本无"清"字。

② 中华本"父母"后有"兄弟"二字。

分释，及笺《诗》，觉其不安，因破“哀”为“衷”，俱非。近人刘台拱见《卷耳》有“维以不永伤”之文，谓“古乐章皆三篇为一。乐而不淫，属《关雎》《葛覃》；哀而不伤，属《卷耳》”。不思《大序》明云“哀窈窕”，而圣人既专以此二语为《关雎》之义，则“哀而不伤”，断非指《卷耳》可知。他如考“三妃”，谓“娥皇为二人”；解“三归”，谓“管仲娶归姓三女”；考“武城”，谓“曾子所居，与子游所宰，同一武城”。俱见精识独到。凡此诸条，俱足以释疑解滞。余多惬当，惟断孟子曾师子思，订《史记》子思卒年六十二之误，甚确，但以为孟子生在鲁穆公初，则恐未然。又据魏惠王三十五年，孟子年七十，始来魏，不知魏惠王三十五年之后，尚有后元十六年。孟子十五年来魏，在惠王卒之前一年。证以《孟子》本书，若所谓“西丧地于秦七百里，南辱于楚”者，必在此时。始得闻之，岂时孟子至八十余而始出游乎？有以知其不然矣。首有元玉自序，言“刊落旧草，所取材什一”云。(15－5)

郑许字义异同评二卷　光绪丁亥刊本

清胡元玉撰。① 卷首有元玉自序，以为“世人习见郑《驳五经异义》，辄于郑、许遗说，强求其异，岂知笺毛驳许，固自同情，许实先师，郑非异党，未可以门户相判。因取郑君笺注说字义者，证以《说文》，通其所同，辨其所异”云云。书中先标郑说，次列许书，而以己见为之折衷，所谓“评”也。开首辨六书最精，郑君于此，从先郑，不从许。其象形、会意、转注、假借，二家所同也。处事与指事，虽名异而实同。惟形声与谐声则大异：形声者，依声以定名；谐声者，因声以测义。而皆源于转注。转注者，仍象形处事会意之文，转相灌注，而不师心别造者也。按此条不惟别形声、谐声甚晰，而论转注亦较诸家为胜。大率郑、许之异，除假借及义可相通者外，郑义皆优于许。盖许氏自成一家言，而郑君则博采众长，无足怪者。若元玉之深探窾要，能言其故，借以发明六书古义，非

① 中华本无“清”字。

欲为郑、许作调人也。(15－6)

东山书院课集一卷 光绪壬辰刊本

清胡元玉录。① 东山书院在湖南攸县,光绪壬辰,元玉主讲于此,是卷乃其课士之作。杂文数篇外,皆经学也。首有元玉自序,又有王闿运序。集中如谓"'夕惕若夤',他本'夤'作'厉',乃经师传本之异。'夤'即'厉'之通假字,非误文"。又谓"'地势坤','坤'乃'顺'字之误。王嗣辅注云:'地形不顺,其势顺。'足证晋时尚未误'顺'为'坤'"。又谓"'烟于六宗',据《尔雅》祭天曰燔柴,则烟于六宗,所祭为天神甚明。《大传》言'非天不生',即指天皇耀魄宝;'非地不载',即指黄帝含枢纽;'非春不动',即指青帝灵威仰;'非夏不长',即指赤帝赤熛怒;'非秋不收',即指白帝白招拒;'非冬不藏',即指黑帝汁光纪。六神至尊,故曰六宗"。谓"仲山甫非异姓之臣,实杜钦欲媚王凤,臆创之谬说"。谓"鼠只有当唇二大齿,而两旁之牙不具,虽有如无,以与'谁谓雀无角'对言"。谓"良冶之子必学为裘,古本'裘'止作'求',乃'銶'字之古假借。此句及下句'必'字上皆有'先'字"。谓"《高士传》以'接舆'为陆通之字,必有所据。《说卦》云:'坎为隐伏,为心病,为轮。'其于舆也,为多眚,为通。接舆志在高隐,迹若病狂。名与字又相应,决无可疑"。如此之类,俱惬古义。至订郭公之谬解,补孔广森、柳荣宗所不详,申"归余于终"之注意,释沈彤、梅文鼎所未达,尤见精识。所录有一题至二三篇者,义不必尽同。惟诸生童甫事钻研,恐未能深造至此。殆出于元玉之指示,或有所润色耶?(15－7)

授经簃课集一卷 光绪辛卯刊本

清胡元玉录。② 授经簃在会同县学官署中。会同属湖南靖州,地瘠民朴,元玉适摄教谕,于诸生除月课时文外,别设经课,而先以《论语》,

---

① 中华本无"清"字。

② 中华本无"清"字。

凡一年，录成此集。作者不及十人，得元玉指授，皆斐然可观。如说“揖让而升，下而饮”，《论语》与《射义》皆载此语。《论语释文》云：“‘揖让而升下’绝句。”郑君《射义注》云：“揖让而升降。”而《诗·宾之初筵》笺引《论语》云：“下而饮，其争也君子。”是郑君于此文有二读。《集》谓“‘揖让而升下而饮’，当作一句读。言揖让而升，揖让而下，揖让而饮也。射礼揖让之仪甚繁，特举七字以包括射礼之全”。又考仪地所在，或以为浚仪，或以为夷仪，或又以为仪封。《集》据“夷仪”之名见《左传》，本是卫邑，惟后又属晋，盖两国接壤地。孔子不见用于卫，将西见赵简子，至河而返，封人请见，当在此时。又解“宰予昼寝”，据《资暇录》及《韩李笔解》，“昼”作“画”。但何故而画其寝室，昔人未及言。《集》据礼“庶人祭于寝”，殆以祭故画之。春秋时，君则刻桷丹楹，臣则山节藻棁，相率僭天子庙制。习俗移人，予殆以庙饰为寝饰，故夫子责之。又说“正名”，谓“宋儒强就卫事立解，因有此说。不知辄之嗣位，命自灵公。蒯聩出奔，灵公无子，辄以孙嗣位。例无不合祖孙父子之名，何尝紊乱？本无祢祖事实，何待于正？”诸说俱惬当可取。首有督学使者张亨嘉序及试课经史告示，又有王闿运序。(15－8)

研经书院课集一卷 光绪乙未刊本

清胡元玉录。① 研经书院在湖南衡山县，元玉主讲于此，课试经业汇成一集。集中如说四门、四目、四聪，谓“‘四目’为‘四瑁’之假音。《说文》云：‘瑁，诸侯执圭朝天子，天子执玉以冒之，似犁冠。’古‘冒’字不作‘瑁’，冒、目声近，故古文假‘目’为‘冒’。盖杜注‘四聪’作‘四窻’，四聪既非人耳，则四目亦不得以人目为说也”。又解“五紽”“五緎”“五总”，据《玉藻》：“大夫素带辟垂。”《诗》“素丝”即指素带言。五，依陈奂说，训为“交午”之午。“紽”读如“拖”，“五紽”谓横束其带而从曳其绅，“緎”与“紽”同训。总，《说文》云：“聚束也。”五总，谓横束于腰之后，复聚两绅而约之，使从垂于下。解“六驳”，谓“六”当读为《庄

① 中华本无“清”字。

子·马蹄》篇“翘足而陆”之陆。《释文》引司马彪《注》云:“陆,跳也。”字书作𩣡,马健也。说《孟子》引“戎狄是膺,荆舒是惩”,为周公之事。谓“周公伐戎狄、荆舒,经传虽无明文,然据《渐渐之石》序,称幽王之时,戎狄叛之,荆舒不至。则周初之戎狄、荆舒率服可知。即周初之戎狄、荆舒,因周公膺之惩之而后率服亦可知。况荆自僖公元年已改称楚,诗人不称楚而称荆,其为述周公之事,更属明显”。又“五药”,谓指五方之药。“八边”,谓本无“枣枲桃榛实”五字。“宵雅肄三”,谓雅乐器名,据《周礼》,笙师掌教“舂牍、应、雅,以教祴乐”。郑君《注》云:“牍、应、雅教其舂者,谓以筑地,笙师教之。”“宵”当读为“捎”。《文选注》引韦昭云:“捎,拂也。”《说文》云:“拂,过击也。”“过”即“挝”字,即笙师所谓舂。“宵雅肄三”,谓捎击牍、应、雅三器,以习祴乐。又释“宋”字,《说文》云:“宋,居也,从宀从木。”读若送,于声未协。谓“《说文》当本作从宀,栋省声,‘东’旁磨灭,传写又脱去‘省’字耳”。诸篇义创而当。其释《说文叙》尤创,谓“《叙》云:‘其称《易》孟氏、《书》孔氏、《诗》毛氏、《礼》周官、《春秋》左氏、《论语》、《孝经》,皆古文也。’而孟氏《易》非古文,且许书未尝不用《鲁诗》、《公羊传》、今文《礼》”。因断《叙》中原文,止有称“《易》《书》《诗》《礼》《春秋》《论语》《孝经》皆古文也”十六字,“孟氏、孔氏、毛氏、周官、左传”十字乃读者所加。观《论语》《孝经》,不言孔氏,则加者未尽也。阅此,宿疑不觉顿释。惟集“有妇人焉”,并录二作,一以为归人为来归之人,指泰颠;一以归人为死人,指虢叔。俱似牵强。又辨“共和”,主《史记》,亦误。《史记索隐》引《汲冢纪年》云:“共伯干王政。”按《竹书》未出,《庄子》《鲁连子》《吕氏春秋》已载其事。《左传》虽未明言共伯,然云“诸侯释位以间王政”,固指畿外之诸侯。若如《史记》所云“周公、召公行政,号曰共和”,周、召乃卿士,非诸侯,卿士摄政,岂得云“释位以间”?篇中乃信今本《纪年》之文,而以《索隐》所引者为伪,则尤误也。卷首有督学使者张预序。(15-9)

十一经音训二十六卷 道光辛卯刊本

清杨国桢辑。国桢字海梁,四川崇庆人,官至闽浙总督,昭勇侯遇春子也。是书为其官河南巡抚时所刊，首有国桢自序及林则徐、麟庆、黎学锦、张坦、存业诸序，又有刘师陆撰例言。盖仿甘肃兰山书院所刻之《经训约编》。惟《约编》体例未善，如《易》《书》《诗》《春秋》外，余经非足本；又旁注所采，多不依本文；又上方载评语，论及文法，非说经体；又句旁着圈点，近于亵经。此皆矫之，以辨反切、训字义为主。《易》《书》《诗》《礼记》，遵功令，用宋儒传注。《春秋》则以《左传》为宗，而参以《公》《榖》。《周官》则以连氏《精义》为主。《仪礼》则以吴氏《章句》为主，参用张氏《郑注句读》、马氏《易读》诸说。《尔雅》以邢《疏》为主，间取姜氏《参义》、邵氏《正义》之说。《孝经》用清世祖《御注》。具见斟酌不苟。诸经之首，别有辑说义例。称"十一经"者，减去《论》《孟》，以《论》《孟》人人习读故也。虽未足以语博综，然简而易通，士子各手一编，亦可免荒经之陋矣。（15－10）

读经笔记三十六卷续笔记二十卷　传抄本

清管凤苞撰。凤苞字翔高，浙江海昌人，康熙己丑进士，官高阳县知县。是书首有陈世倌、惠栋二序。陈序称其辨北辰之星，夏时不冠周月，三门三朝，康为圻内国名，政逮四世，为文武平桓，薛君非奚仲后，曹交非振铎裔，匏瓜为星，羊枣为柿诸条。惠序又称其辨裼袭之衣，诠乘车之数，释乡遂都鄙之制，考之详而论之笃。大抵其学深于《礼》，书中于礼乐、朝会、祭祀、冠裳等制，皆能博引群说，反覆辨证，多有合者，不仅如陈、惠二氏所举也。凤苞父宏淳治《易》，著有《秋林读易》，未刊。宏淳字右民，康熙辛酉举人，晚号读《易》老人。（15－11）

经字正蒙八卷　光绪乙酉刊本

清吴文沂纂。① 文沂字鲁南，广东吴川人，诸生。是书首有汪鸣銮、陈兰彬二序，又有文沂自序及凡例。是书就《学》、《庸》、《论》、《孟》、《易》、《书》、《诗》、《春秋》、《礼记》、《周礼》、《仪礼》、"三传"、《孝经》、

① "吴文沂"，中华本作"李文沂"。当以"李文沂"为是。

《尔雅》,依字次第,为之注解。每字凡有几音有几解,并收之。盖删《字典》之繁且奥者,而归于简切浅近,是其旨也。卷首并附《四声韵目》及分画便查。陈序所谓"蒙师有所据守,童子易于习传",是其旨也。后印本增光绪壬辰启寿序,盖启寿令吴川,购其原板以去,而别为序以弁之者也。(15-11)

毛诗古音谐读五卷　民国五年活字印本

清杨恭桓撰。恭桓字穆吾,广东梅县人。是书有自序及例言。大旨以《诗》三百篇,无韵者惟《周颂》多见,余则字顺音谐,无句不韵。陈季立谓之古音,顾亭林则谓为本音。其实自后世言之则曰古音,自当时言之则曰本音,初无二致。故古音能全诗皆同,即周秦以上之音,亦莫不同。《说文》凡一字得某声者,其引伸之字音正相类。顾亭林不明字母,因多牵强云云。书中于谐韵之字,识以符号,凡双声叠字之类,各注于本字下。而于鱼、虞等韵及鱼、虞上去韵,人易误读作支、齐者,更正甚多。又以《说文》引经异字,必有所本。其同音假借之字,不经指点,读者未免生惑,并一一标于上方。卷末又附《反切详论》,以明反切之用。虽未为精博,而于童蒙诵习,则甚便也。(15-12)

诗经水月备考四卷　康熙乙酉刊本

明薛寀辑。寀字谐孟,江苏武进人,崇祯进士,官河南知县。国变后,为僧以终。寀为应旂五世孙,应旂著《四书人物考》,寀辑是书,例亦同之。依风、雅、颂之次,于各篇中涉于典故事迹者,征引群书,以备参考。训诂义理,概从略焉。别有史三长注,列于上方,补所未及。三长字绎心,亦晋陵人。其书先刊于明季,遭乱板毁。康熙乙酉,邑人陈鍊重刊之,并作序弁其首。(15-12)

孝经古本考一卷　湖北存古学堂活字印本

清王仁俊撰。是书历考《孝经》诸本:一春秋战国人所引古本,二两汉人所引古本,三鲁国三老所献古本,四刘珍所据孔氏古文说本,五王肃、刘炫伪造本，六唐玄宗御注本，七郭忠恕承讹本，八朱子删定本，九吴澄所定本，十日本伪孔传郑注本。其中既有两汉人所见本，许叔重、刘珍皆后汉人也，何为别之？其鲁国三老所献古本，既单据许叔重之《孝经孔氏古文说》，刘珍所引，又谓是《孝经孔氏古文说》，又何为分之？至于王肃伪造，其说始发于丁晏，绝无他证，乃信而据之，而丁晏谓刘未作伪，又不肯信。李阳冰科斗书《孝经》，仅见韩昌黎文，乃硬断为郭忠恕所据。朱子删定外，继之而起者，不止吴澄一家，乃遗而未举。日本郑注本，系从《群书治要》辑出。《群书治要》不伪，则郑注亦不伪。凡此皆考之未的。惟辨朱子删去"子曰"及引《诗》《书》之文，引《孝经钩命诀》，首仲尼以立性情，言"子曰"以开号，列曾子以示撰，辅《诗》《书》以合谋。纬书出于哀平间，而有"子曰"及引《诗》《书》之明证，以驳朱子，无可置辨矣。（15－13）

求益斋读书记六卷 光绪戊戌刊本①

清强汝询撰。汝询字荛叔，江苏溧阳人。② 是书卷一《易》，卷二《书》，卷三《诗》，卷四《仪礼》，卷五《周官》，卷六《春秋》、"四书"。惟《春秋》后杂入《小戴记》数条而不别标题，殆编者所乱也。汝询学宗宋儒而识解明通，不为墨守。论《易》，谓"汉初《易》学，皆言义理而不涉术数。据《儒林传》，汉兴，言《易》者本之田何，丁宽从何受《易》，其说惟训诂举大谊。孟喜、焦延寿、费直、高相，其学皆不出于田何。近儒收拾残剩，从而尊之者非"。论《书》，谓"今文《尚书》非传自朝错。据《儒林传》，伏生教张生及欧阳生，欧阳生授兒宽，宽授欧阳生子，由是有欧阳氏之学。张生之后，又有大、小夏侯之学。孝文时《尚书》未显，故使朝错往学。错能通与否不可知，然不闻以《尚书》授人"。以证卫宏之说之非。论《诗》，谓"风、雅、颂各以声分，南者二南，用南方之声为房中之乐，由汉房中歌用楚声。邶、鄘、卫其声不同，故分为三。豳又可雅可

---

① 中华本作"光绪二十四年求益斋全集本"。

② 中华本此句后有"咸丰举人，赣榆教谕"八字。

颂,故次于风之后、雅颂之前。雅有大小,亦其声则然,一切旧解皆非”。说俱翻空而有据。又说“鸟鼠同穴”,谓“实有其事。其山在万山之中,四望童然无树木。鸟力薄,不能远去,故与鼠同穴”。盖尝亲至其地,询之土人者。可以释前人之惑。又说“履帝武敏”,歆谓后稷始生,外裹白胞,浑然一物,故曰“先生如达,不坼不副”。既怪而弃之,及鸟来覆翼,啄破其胞,儿始出声,故曰“鸟乃去矣,后稷呱矣。实覃实讦,厥声载路”,明其先未尝呱也。自云“述之潘欲仁,创而近理,可备一解”。其余亦多妥适,虽间疵汉学,而不尚意气,洵足法也。(15-13)

经锄堂经说一卷 刊本无年月

不署撰者名氏。篇后有陈澧评语,疑为张维屏撰。以维屏尝官湖北黄梅令,篇中有“余尝自龙坪至黄梅”语,又素与陈澧善也。文止五篇,皆说《禹贡》者。说“彭蠡”,据《史记·封禅书》:“上巡南郡,至江陵而东,登礼灊之天柱山。浮江,自寻阳出枞阳,过彭蠡”云云。汉寻阳在江北,枞阳在今安庆东境,北去巢湖仅百里。曰“自寻阳出枞阳”,则北岸必有分江,可至安庆。然则彭蠡为巢湖无疑。旧解以为鄱湖,岂既出枞阳,复上溯五六百里而过彭蠡耶?说“云梦”,谓“云在江北,梦在江南”。据《左传》“楚子涉睢济江入于云中”,睢即沮水,在今当阳县境。涉沮济江始入云,是云在江南明甚。又《左传》:“郧夫人生子文,弃于梦中。”郧在今安陆县境,必与梦相近。是梦在江北明甚。二泽跨江南北,《禹贡》之云,即今之洞庭,与今云梦在汉东者非一地。说“三江”,据《汉志》:“芜湖县,中江出其西南,东至阳羡入海。”“吴县,南江出其南,东入海。”“毗陵县,北江在其北,东入海。”近人多本之,惟以石城县分江水为南江之始。考石城今属池州,分江水在池州西七十里,不可谓之南江。南江实出自中江,源近脉短,至吴越始分为二。经不言南江者以此。说“九江”,谓“秦九江郡,在今安庆黄州地。经书九江于江汉朝宗之后,盖江汉合流,为众山所束,逼迫不得逞。至黄州安庆之交,漭荡数百里,洲渚纵横,旁流四溢。古人数之多者,皆约之以九,不必实指其名。若如朱子说,以洞庭为九江,则长沙居洞庭之滨,当名之曰九江,何必远求之数百里下?”说“敷浅原”“东陵”,谓“敷浅原即今之庐山,《汉志》不误,姚鼐以为在今之和州六合间者非。东陵为今池州山,即以彭蠡为巢湖推知之”。诸说俱标异翻新,可备一解。澧所评语,推许太过,近于谀矣。(15-14)

经典释文补续略例一卷 宣统刊振绮堂丛书本

清汪远孙撰。远孙字小米,浙江钱塘人,举人,官内阁中书。是书为其弟迈孙所辑。先是,远孙欲就卢抱经刻《经典释文》本,拟补拟续。未及成,但存条例。拟补者,大约取书在陆氏以前,而《释文》未及采或采之不尽者,至唐人则择而采之。其宋人书中,有采汉儒音训者,亦所不弃。又以释此书自周显德、宋建隆、开宝、咸平、景德,递经修改失真,当悉据丁度《集韵》、贾昌朝《群经音辨》补入。拟续者,大约以陆氏书止于梁陈,而自唐末迄明,亦不可缺。且退去老庄,加入《孟子》,别出《学》《庸》。惟《易》《诗》《论》《孟》《学》《庸》《孝经》并以朱子为主,《书》用蔡氏,《礼》用陈氏,《仪礼》用朱子、黄氏,《春秋》《周官》《尔雅》仍依原书,而附以各家之说。其拟补者,又有更定条例,无大差别。末附应采书目,并远孙与陈扶雅、严厚民往复商榷诸手札,迈孙为跋其后焉。(15-15)

重刻宋本十三经注疏四百十六卷附校勘记七十二卷 嘉庆二十一年江西刊本

是书目录后有阮元记,书末又有胡稷记。盖元抚江西日,取家藏宋十行本《十一经注疏》,尚缺《仪礼》《尔雅》,以黄丕烈所藏北宋刻二经单疏本补足之。又取胡稷所得十一经,以补其藏本之残缺。复录《四库全书》十三经各提要于各注疏之前,《周易》并附释文。刻于南昌,功未竟,而元移任去,校者非其人,以致文字转讹,附录记语弃取且有失当。元不以为善,语见《揅经室三集附注》。汪文台因之作识语,所补正诸条极当。江西巡抚刘秉璋命江西书局刊附书后,以备参考。按王念孙亦尝手校是书,惟多证经文,不及注疏,稿亦不传。曾国藩从何绍基之请,亦尝设局扬州,改刊大字,仅刊成《毛诗》而罢。其后广东重刊是本,则并所加墨圈去之,遂与《校勘记》不相应,益乖元之本意矣。(15–16)

学庸真旨三卷 明万历刊本

是书签题"钱太史评点学庸真旨",卷一则题"龙锡手辑"。首有龙锡及吴天胤二序,则俱称为薛公宣辑。而卷二以下,别称龙锡评定。盖辑薛氏①,而刻书者重龙锡名而假之也。龙文字雒文②,江苏华亭人,万历进士,授职编修。崇祯初入阁,以袁崇焕狱,罢职系狱。旋遣戍。福王时始复官旋里,未几卒。是书称以太史,盖在万历时也。薛公宣即卷中所题薛士容余量也,亦华亭人,与龙锡为中表兄弟。卷首尚列参订姓氏多人。其书本之龙锡父某所纂合编,而参以他家之说。盖为举业而作,推勘颇细,而识实陋甚也。(15–16)

孟子大义一卷 四川敬业书院活字印本

唐迪风撰。迪风,四川宜宾人,清诸生。是书首有自序,中分五章,一辨义利,二道性善,三息邪说,四政教,五守先待后。每章又分若干节,虽亦贯串七篇,而理解平庸,未能畅发精蕴。惟论性善,溯源于《中庸》《论语》《周易》《左传》《尚书》,援引甚确。但以上知下愚为指气质,仍是拘于宋儒之陋说。不知此章重"不移"二字,不移于习也。习于善而不移者,斯谓上知;习于恶而不移者,斯谓下愚。非先有上知下愚之质,而后不移也。且孔子之意,欲人为知不为愚,故勉之以上,警之以下耳,仍与性近习远之旨不相悖,岂真有不移之人哉?宋儒见不到此,强分义理之性、气质之性。气质岂可为性哉?气质是性,而有善恶,称性善者岂不为所破哉?迪风他说,亦鲜独得。自非好学深思心知其意,论

---

① "辑薛氏",中华本作"辑者薛氏"。

② "龙文",疑为"龙锡"之误。

古诚不易也。(15-17)

大学质语一卷中庸质语一卷　石印本①

清胡德纯撰。德纯字敬一,直隶大兴人,以授徒为业,顺天府尹陈彝尝以“敦行励俗”旌其门。是书以俗话达义理,于经文及朱子《章句》俱添旁注,又于每节每章之后发挥其旨。虽未尽能曲当圣贤之意,然施之童蒙,较易了解。以言之无文,故题曰“质语”。《大学》《中庸》卷首各有自序,《大学》序后又有读《大学》法、读朱子《章句》法。语虽平凡,亦从用力中来也。《大学》序题“光绪丙戌”,《中庸》序题“光绪戊戌”,相距十二年矣。(15-17)

大学示掌一卷中庸示掌一卷　嘉庆己巳重刊本

清汤自铭撰。江苏武进人,诸生。是书首有秦宫璧、汤自超序,又有例言。是书幅取篇狭小,语取简该,以便随处展玩及临场检阅,故曰“示掌”。义理悉遵朱子《章句》,而不载朱注者,以人人熟读也。间折衷于《或问》,兼参宋明清诸家讲论,惟以合于朱注者为准。不别标姓氏,亦从省也。书刊于雍正乙卯,原稿尚有《论》《孟》,未刊,后竟失之,而板亦残缺。其曾孙贻汾重付剞劂,而为之记。(15-18)

古本大学分科详释九卷　民国五年活字印本

廖袭华撰。袭华字葆珉,贵州印江人。书分九卷,一释字义,二释章法,三释读法,四释炼句,五释炼字,六释炼笔,七释炼意,八释炼局,此关于作文者;九释诚意,此关于修身者。诚意以外,举无关轻重,不可以说经。前有自序,又有后序,有跋说,皆拉杂支离,不足取。(15-18)

学庸家训二卷　道光丙午刊本

清金崇城撰。崇城字卓峰,贵州黔阳人,道光进士,官湖北知县。

---

① 中华本作“光绪间石印本”。

是书首有王履谦序，又有崇城自序。题曰“家训”者，盖授自其父光旭，而又留以课子弟也。其书依朱子《章句》，复于句下引诸儒之说，以申其义。《章句》之后，有讲有解，别有章旨眉评，即为治举业而作，亦太芜杂矣。(15－19)

四书释文不分卷　光绪戊子刊本

是书首有王赓言序，称是书出何义门手订，而复以己意为之增补。其书依朱子《章句集注》，惟于一章之主脑，一节之关键，一句之虚实轻重，及每句之层次，一一识以符号。谓“授成童者读之，可尽举诸讲义，置之高阁”。然实陋书也。题曰“释文”，而实不着一字，亦未妥。赓言，山东诸城人，官至江西督粮道。(15－19)

四书闲笔讲义四卷　道光丁未刊本

无撰人名氏。卷一《学》《庸》，卷二至三《论语》，卷四《孟子》。就四书中，拈一句或一节一章，以俗语说之，理所不能达者，设譬以达之，至于再三。有甚切者，亦有泛滥而无当者。说“天命之谓性”句最详，至二万四千余言；次则“子曰学而时习”节、“主忠信”节，各七八千言；“形色天性”章六千余言。但义多粗浅耳。亦有似是而非者，如论“止于至善”及下二节，以为“‘止于至善’句下，即接‘知止’一节，明白补出一个所以明新。后来能得止于至善者，必先要知得至善之地而止之，然后德可以明到至善处，而民亦可以新到至善处。据此则经应先言止善，后言明明德、新民。且未曾明明德、新民之先，所云至善者，果何物耶？”他若拈“学而”章“子曰”二字为题而论之，尤觉无味。要之，讲者不惮烦言，意重在身体力行，与单为举业家说法者殊科，此则甚可取者也。(15－20)

书经考略一卷　道光刊海南杂著本

清张眉大撰。眉大字紫雨，湖南湘乡人，官广东儋州知州。是书多引前人成说，间亦自出己见，条下间有其子燊榊及栩桐按语。论古文，大抵拾阎、惠余唾，然谓古文虽伪，然缀辑遗书成文，无悖于理，宜附今文之后。如朱子补格致传之例，亦不敢径言废也。其谓古文最贻误后学者，惟《伊训》“惟元祀十有二月乙丑”之文，以为商正建丑，但改正朔不改月数，嗣是解正朔者，反援据之以启纷纷之疑。按论正朔者本有两说，一说谓改正朔不改月次，一说谓并改月次。魏了翁辈主不改月次而援古文为证者也。然《正义》明言“殷家犹质，逾月即改元年，以明世异，不待正月以为首”。盖此为变例，即如他说并改月次，亦不足以驳之也。又谓“孔叙称遭巫蛊事，未列于学官。安国卒在本初以前，巫蛊事发，在征和二年，距安国之殁已久，此语不应出安国口中”。不知武帝初元光五年，尚有一巫蛊大狱，不得以征和当之。他条所举，虽少心得，而涉猎较博，采择较当，亦可观也。（15－20）

毛诗多识十二卷 南浔刘氏刊本①

是书南浔刘氏刊本②，二卷，题“长白多隆阿著”，无原序跋，《豳风》以下阙。其刘承幹序，则刊书时所作也。别有辽阳张氏排印本，亦题《毛诗多识》，为卷十二，不阙，但下题“辽阳绣江张氏玉纶著释”。首有序二，一题自序，一题“岁次重光大渊献相月梦月轩后学张氏玉纶再序”。以后序称“再”推之，则前序亦玉纶作，时在咸丰元年七月也。然据前序末语，或又曰“此多氏之所识者”，显然属多隆阿著。亦因《论语》有“多识于鸟兽草木之名”一语，义取相关。则后序之题张玉纶者，乃郭象盗庄之类也。多隆阿可考者，书中屡称关左，当籍辽海，与所题长白者合。序有“余自燕晋游归”语，当是曾仕燕晋而归休者。刘序称“姓舒穆录氏，字又希。检阅道光乙酉同年齿录，知为是科拔贡，抑名氏偶同，疑莫能明”云云。按满人以多隆阿名者屡见，刘序所举，未敢遽定为一人。以刘、张二本互校，大段虽同，惟刘本详于张本，其不同处，又刘本每较张本为胜，似刘本系最后定本。又刘本条下每有程棫林校语，

---

① 中华本作“咸丰元年梦月轩刊本”。

② 中华本此句前有“清多隆阿撰，张玉纶释”一句。

多所引申订正,所缺恰是半部。是书大旨亦详原序,略为考据之学,尤贵多见。居近山川原隰之间,羽毛动植之物,日与耳目相习,留心察之,悉得梗概。其或如鹃不来北,橘不逾淮,为疆域所限者,则备载先儒之说,不加论断,以俟后贤折衷。其确有可据者,则为详细释之,著其古号,杂以谚名。又云:"此论之所是非者,于先儒之说,不必尽同,要期不戾于经。语近繁芜,则惟恐其不详;名杂俚俗,则惟恐其不实。于陆玑《草木疏》,尝病其简略;于蔡卞《名物解》,尝病其蹈空"云云。综观全书,援古证今,实视自来释物名者为胜。惟关左气候迥殊,似未可以例他方。而其中亦不免有考证偶疏者。始以张本《豳风》以下补刊本所阙,再得如程棫林者校完之,庶乎尽善矣。棫林字少珊,贵州人,光绪进士①,官至侍讲学士。(15－21)

诗表一卷　道光乙酉刊本

明黄道周撰。是书以经分部,以篇分卷,以传分表,以表系载。凡为部十二,为卷三十六。有篇序,无章句训诂。表始文王,迄春秋列国世纪,各以其公,从于本序。载始仲尼左氏,迄西汉硕儒之所述,各以其辞从于本篇。序以知诗之意,表以知诗之时,载以广诗之义。序不别大小子夏、毛公、卫卿,但称本序。表有先后,二南、十三国、二雅、三颂,年数不一,远近各异,故有定表。载止于西京,而于《礼记》、左氏内外传、荀卿、吕客、戴德、韩婴、贾谊、董生、孔鲋、刘向尤详。以未见辕公,则阙齐而存鲁。鲁者申公,存之者存疑也。韩见其外而阙其内,则从载而不从序。不取郑玄诸家,谓其诂也。大抵表以本序为主,其间有世次倒置者,则以为毛公之失。此其大较也。然序虽云古亦既知有增益,何可尽依?且世次淆乱,亦不止如篇中所举。又《申公诗说》,明人伪造,与序传故为差池。一例滥及,虽曰存疑,殊欠明辨。是书亦非完帙,诸表目下,仅附略说。三十六卷中,按数尚阙其一。至于卿、士、侯、伯、同姓、异姓等六表,则有目无说。所云载者,仅著引某书若干条,而无其文。

---

① "光绪进士",稿本"进士"前空两字格,中华本作"光绪十五年进士"。

后有道周门人胡梦鍹识，称"得之友人抄稿，未见原本。间有讹阙，无从订正。所见止此而大义已昭"。又称道周"作此书时，方在弱冠"云云，而诸家《年谱》俱不载。洪石秋收书序，以为已亡。道光间嘉义林希哲始以付梓，即是本也。(15-22)

许氏诗谱抄一卷 嘉庆拜经楼刊本

清吴骞抄。按元许谦《诗集传集名物钞》中附有自纂《诗谱》，首列《二南相配图》，而退《何彼秾矣》《甘棠》《野有死麕》三诗。谓"《甘棠》，后人思召伯也。《何彼秾矣》，《王风》也。《野有死麕》，淫诗也。皆不足以与此"。他诗亦有可谱不可谱者。卫诗可谱者二十二篇，不可谱者十七篇。王风诗可谱者二篇，不可谱者八篇。郑诗可谱者四篇，不可谱者十一篇。齐诗可谱者四篇，不可谱者七篇。唐诗可谱者四篇，不可谱者八篇。秦诗可谱者七篇，不可谱者三篇。曹诗可谱者一篇，不可谱者三篇。桧诗全不谱。豳诗全谱，惟次第异他谱，首《七月》，次《伐柯》《狼跋》《鸱鸮》《九罭》《东山》《破斧》。《小雅》，武王、成王时诗三十三，成王时诗一，宣王时诗五，幽王诗六，卫武公诗一，但作宣王、幽王、平王时，皆不可知，不可考者三十四。《大雅》，豳国旧诗一，成王时诗十七，厉王时诗四，宣王时诗五，幽王时诗五，卫武公诗一，作于平王时，不可考者一。《周颂》，武王时作一，成王时作二十七，康王以后诗一，昭王以后诗一。《鲁颂》无可考。《商颂》可考者三，不可考者二。盖自朱子不取《小序》，王柏欲黜《诗》三十余篇，谦师承有自，故所见亦复相同。惟所序诸国传世历年甚悉，骞以为可资讨核，因辑成此卷，俾与郑、欧二《谱》相参证，并跋其后。(15-23)

诗经考略二卷 道光刊海南杂著本

清张眉大撰。是书大旨，与《尚书考略》同。论《诗序》，据《范书·卫宏传》："宏从谢曼卿受学，因作《毛诗序》，善得风雅之旨。"遂疑非子夏所作。又引叶梦得云："宏《诗序》，有专取诸书之文而为之者，有杂取诸说而重复互见者，有委曲宛转附经而成其书者"云云。梦得殆亦因宏

《传》而为之说。但毛公先于卫宏,而《传》多与《序》合。郑君与宏同时,而不知《序》为宏作,显不足信。故近人有谓宏《传》“善”字,当系“义”字之误,且属上读,宏所作乃《毛诗序义》也。余大都拾前人成说,无得失可言。各条内间有缺字,盖眉大居海滨,偶有记忆,乏书可查,刊成遂不复补耳。(15-24)

诗谱一卷 道光刊汉魏遗书抄本

汉郑玄撰,清王谟辑。《唐志》:郑玄笺《毛诗训诂》二十卷,又《谱》三卷。孔颖达作《正义》,于国风、雅、颂卷首,皆引郑《谱》。欧阳修在北宋时,乃云“《崇文总目》、秘书所藏无之”,又云“所得绛州本首尾残缺,自周公已上皆亡”。然其文具引于《正义》,未尝亡也。谟辑是《谱》,仍从《正义》所藏录出。国风、雅、颂具全不缺,并弁玄自序于首,而图则从略焉。若朱彝尊《经义考》所载郑氏《诗谱》,乃欧阳修所订之本,非原《谱》也。(15-24)

毛诗笺音证一卷 道光刊汉魏遗书抄本

后魏刘芳撰,清王谟辑。《隋志》:后魏太常卿刘芳撰《毛诗笺音证》十卷。芳,彭城人。《颜氏家训·书证》篇引二条。本说无考,意其书必盛行于六朝,而亡于唐代也。谟引此,并钞出《匡谬正俗》一条、《文选注》二条、《御览》三条,为一卷。(15-25)

经学博采录十二卷 原稿本

清桂文灿纂。是书首有文灿自序,称“生长南海,壮游京师。当代通儒,或在私淑之列,或居请业之科,或闻声而相思,或捧手而有授。每得一义,受业已多。自顾寒儒,不能整齐众家。登之梨枣,聊欲摭其梗概,以广见闻。番禺陈先生取许君‘博采通人’之语,题曰《经学博采录》”云云。后署咸丰五年八月,盖成书之岁。番禺陈先生,即陈东塾澧,文灿所从问学者也。其体例,视江藩《汉学师承记》较宽,视张星鉴《经学名儒记》较详。其间或单录一人,或并录数人,又或只录一书一事。所录之人,每详其爵里行事间及轶闻。亦有从略者,则其人已著称于时,无俟详也。又所录之人,每详其撰著,或全录某篇某义。惟郑环、夏銮、何若瑶等独遗之。中亦不无错误。按王劼著有《毛诗读》及《毛诗序传定本》,各三十卷,而《录》言劼有《毛诗训纂》若干卷,盖未见二书而泛称之为《训纂》也。又孔广林所著《尚书郑注》,嘉庆间梓于金山钱氏;《北海经学七录》,乾隆间梓于古俊楼。而《录》云遗书俱未刊,则所见未广也。而阮文达"万柳堂"一条,全不涉经学,亦厕其间,尤所不解何以厕入。又《录》中时代错杂,不分先后,且第十二卷多与前卷多复出。① 岂是初成之稿,尚有待于整理者耶?然收罗甚博,如广东之张杓、梁国珍、周寅清、梁汉鹏、黎永椿、冯誉骢,福建之林乔荫、黄蕙田、张关和、汪光爔,江苏之江震沧,安徽之王佩兰、凌焕,满洲之寿昌,其名氏多半沈翳,赖此得见梗概。即已见他书者,亦可借以补所未详。固作《儒林传》者所必资也。(15-25)

经义说略一卷 道光刊娱景堂集本

清刘宝树撰。宝树字幼度,江苏宝应人,嘉庆十二年举人。历官赣榆训导、五河教谕。履恂子,宝楠兄也。是书说经,颇多新颖。如《洪范》"考终命",据《释诂》:"考,成也。"《左氏传》解扬对楚子曰:"寡君有信臣,下臣获考,死又何求。"终命,谓终其正命,以见"考"非老寿之谓。盖赴义捐生者,虽不寿,不得谓之凶短折。偷生忘义者,虽寿,不得谓之考终命。又《中庸》"禘尝之义",谓"专成禘尝者,盖谓明乎所以重之之义,则治国不难,非泛言祭祀。《祭统》云:'古者于禘也,发爵赐服,顺阳义也。于尝也,出田邑,发秋政,顺阴义也。'故曰'禘尝之义大矣,治国之本也'。朱子谓'四时皆祭,举其一',非是"。又《左氏春秋》"公矢鱼于棠",谓"古有射鱼之礼,惟于棠则嫌远地,故公闻僖伯之谏,但以略地为辞,不以射鱼为非。下有刘恭冕注,引唐皮、陆《射鱼》诗,以见唐时此风尚存。而序云'镞而纶之曰射',则其法亦可知矣"。又《论语》

① "多与前卷多复出",中华本作"多与前卷复出"。

“吾十有五而志于学”，据赵岐《孟子注》：“志，记也。”谓“志于学，即所谓多见而识之。若云圣人至十五岁而志向始专，则夫子为儿嬉戏陈俎豆、设礼容，其时已志于学，岂待成童时哉?”又“事君数斯辱矣，朋友数斯疏矣”，谓“‘数’当训为数君友之过儒林，其过失可微辨而不可面数也。谓不可面相责让，取夺相疏大抵由此”。说俱洽当。至以金石文证经，如引《古玉图谱》载“商王吉圭”，“吉”字作，以证《易》“包承，小人吉”为“小人喜”之误。又引《博古图》载“商父舟觚”，“舟”作，《周处敦铭》“周”作，以证《诗·有瞽》“舟人之子”为“周人”之误。别开证经之涂，尤足贯也。卷首有刘文淇、陈庆镛二序。(15－27)

经传小记续一卷 传抄本

清刘宝楠撰。宝楠有《经传小记》三卷，已著录，是卷系刊后续录。① 凡《诗》一条，《周礼》一条，《仪记》六条，《礼记》二十条，《尔雅》十六条，《大戴礼》七条。此外则《韩诗外传》《说苑》《新序》各数条，纠订讹谬，类多可取。惟《缁衣》“尹吉”注“吉”为“告”。“尹告”，伊尹之诰也，《书序》以为《咸有一德》。按注语不误，引经而不用本篇名者，古书有其例。宝楠乃谓亦《尚书》篇名之不见于序者，则拾攻古文者之余唾，非有特见也。(15－28)

论孟考略一卷 道光刊海南杂著本

清张眉大撰。是书亦多拾前人前说，惟据《御览》引无名氏《论语隐义》又文莫文云②：“卫蒯聩乱，子路与师往，有狐黯者当师，曰：‘子欲入耶?’曰：‘然。’黯从城上下麻绳，钩子路半城，问曰：‘为师耶，为君耶?’曰：‘在君为君，在师为师。’黯因投之，折其左股，不死。黯开城欲杀之，子路目如明星之光曜，黯不能前，谓曰：‘畏子之目，愿覆之。’子路以衣袂覆目，黯遂杀之。”又载《隐义注》一条云：“孔子至蔡，假于客舍。夜有

---

① 中华本此句作“刘台拱有《经传小记》三卷，是卷乃系后续”。

② “又文莫文”，中华本无。

人取孔子一只屐去，盗者置屐于受盗家。孔子屐长一尺四寸，与凡人屐异。”此二条甚怪。又文莫引《方言》云：“侔莫，强也。北燕之外郊，言努力谓之侔莫。”此条亦少引及者。又引黄震齐人伐燕有二事，一载《梁惠王》篇，一载《公孙丑》篇。极是。惟伐燕取十城，系齐威王时事，不可属之宣王。宣王时又有一伐燕事，仅《孟子》外他书无可证者，震与眉大俱不知也。又谓李觏《常语》非孟子，文意浅陋，疑他人剿入。按《常语》十七条，引于宋余允文《尊孟辨》中。其文桀悍不浅陋，似非杨升庵以其文集屡述《孟子》语。可以证其非不读《孟子》，不可以证其不攻孟子也。卷内则夹有论《孝经》《尔雅》数条。（15－29）

四书图表就正一卷 道光刊竹冈七种本

清赵敬襄撰。敬襄字竹冈，江西奉新人也，嘉庆进士。① 尝主讲广东端溪书院，是书即在书院时所刊也。为图十，为表三，曰辰居星共图，曰日月系天图，曰井地图，曰分田表，曰千乘图，曰军旅图，曰春秋列国舆图，曰鲁公族世系表，曰性习相近远图，曰五谷表，曰深衣裁裳图，曰明堂图，曰六律正五音图。其中说千乘，欲调和《孟子》《周官》，谓“孟子答北宫锜三等封国之制，皆乡遂用贡法之地，犹今《地志》云某州某县，田若干顷，编户若干里也。《周官》大司徒五等封国之制，合乡遂用贡法，都鄙用助法，并沟洫里居，山川附庸言之，犹今地志云某州某县，四到八到，广袤若干里也”。按此说盖本于《钦定周官义疏》。言封国里数，如今大州县，包络数百里，而计亩征赋，不过数十里。然以《孟子》百里较《周官》五百里，多少之数，差至二十五倍，殊难融合。况《周官》之真伪，已不一其议，而井田之虚实，亦难免于疑，徒见其词之费耳。论性善，斥《程氏遗书》“生之谓性”一节为禅学。朱子因师友渊源所渐，笃信不疑，遂启后人惶惑。按敬襄亦宗朱子者，此说自为墨守者所不敢言。又谓“下愚不移，是为没世后名之。一息尚存，不能预断”。义最

---

① “嘉庆进士”，稿本“进士”前空两字格，中华本作“嘉庆己未进士”。中华本此句后又有“官吏部主事”一句。

通。他图多本旧说,时亦有所折衷。天文诸图,说较新。按敬襄所著《竹冈杂缀》中,有《自书大学经注合抄后》一篇,义惬而畅,宜附入于此。(15-30)

学庸总义一卷 道光二十八年刊本

清许致和撰。致和有《说诗循序》,已著录。是书《大学》《中庸》各为讲义一篇,后附"时艺"七篇。谓"《大学》全书,蔽以知本。《中庸》大旨,在于尽人合天,一本于诚"。以下即就此为说,使通篇筋脉,联络融会,惟不似讲义之缭绕不了。"时艺"或以一章为题,或以数章至十数章为题,就题疏解,亦不似他"时艺"之排比无理。殆说经之别一体也。(15-31)

四书讲义参真十九卷 道光己亥刊本

清党瀛辑。瀛字海峰,陕西武功人,诸生。是书首有钱宝琛、凌泰封、张祖基三序。《论语》十卷,《大学》一卷,《中庸》一卷,《孟子》七卷。大旨遵朱子《章句集注》,兼集诸儒异同,间亦自抒所得。虽抉发未深,而斟酌颇善。四书卷首,各弁序说。所论孟子游历,虽主先梁后齐,惟以游梁在惠王三十五年,孟子年三十七,大误。因之释"晋国"章,亦傅合牵强,盖不知惠王有后元十六年故。此误亦不止瀛为然也。(15-31)

诗经能解三十一卷 明刊本

明叶羲昂纂。羲昂字岑翁,福建潭阳人。是书首有熊明遇序,及羲昂自作凡例。开篇有总括,每篇之前有全旨,篇后有"能解",有"指南"。"能解"者,释一字一句之义。"指南"者,释一章之义。大抵采掇众说,而融贯之。上方则载顾麟士《说约》、锺伯敬《总批》,而又增以《辨疑》,参以《大全》,其体全仿《四书讲义》。标曰"遵注",即遵朱子《集传》也。亦与功令四书遵朱子《章句集注》者同,殆俗书耳。(15-32)

读风臆补二卷 光绪庚辰刊本

清陈继揆撰。继揆字舜百,浙江镇海人。是书前有姚燮、徐发仁二序,后有陈继聪跋。又前有继揆撰例言,后有总评。盖补戴君恩《读风臆评》而作,评语低戴氏原评一格。原评于《国风》尚缺六十六篇,此尽补之。所评不尽出己见,例言中具著所引用书籍。然只采其引证诗赋及有关文妙者。如《卷耳》篇,引张子诗:"闺阃忧难与国防,默嗟徒御困高冈。觥罍欲解痡瘏恨,采耳元因备酒浆。"谓"卷耳可为麹蘖,后妃主备酒浆之事。故见卷耳而念使臣在途之苦,思酌酒以慰劳之"。又《静女》篇,引一说城隅,乃后宫幽闲之地,谓"贞静之女,处幽闲而待进御。张子云:'后宫西北邃城隅,俟我幽闲念妹。'"①又《采唐》篇,唐,菜名,本训蒙。而《释草》又训"蒙"为"女萝",女萝为菟丝,误二物为一。引《古乐府》:"南山幂幂菟丝花,北陵青青女萝树。由来花叶两同心,今日枝条分两处。"李白《乐府》:"菟丝故无情,随风任颠倒。谁使女萝枝,而来强萦抱。"以证实是二物。又遵《大路兮》篇,引宋玉赋:"遵大路兮揽子祛,赠以芳华词甚妙。"谓"宋玉去诗时未远,引用当得诗旨"。又《东门之墠》篇,引晋酒泉太守马岌求见宋纤不得,铭曰:"丹崖百丈,青壁千寻。室迩人远,实劳我心。"是古人以此诗与《杕杜》《缁衣》并用,不必作女忆男之词。又《山有枢》篇,引唐人诗:"黄金费尽教歌舞,留与他人乐少年。"魏咸阳王以叛诛,宫人歌曰:"可怜咸阳王,奈何作事误。金床玉几不能眠,夜蹋霜与露。洛水湛湛弥岸长,行人那得渡。"盖不劝及时行乐而转劝其行乐,词愈谲而意愈苦。如此之类,以诗证诗,别开一境,实不可少。又后世诗体,悉源于古,论者截经学词章为二,遂致昧其本来。书中一一傅合之,而三百篇为诗家之祖,益可信矣。(15-32)

诗考校注一卷 稿本

题"浚仪王应麟撰集,范阳卢文弨增校"。② 首列应麟原序。按文弨《抱经堂文集》卷二有《增校王伯厚诗考序》,卷八又有《王厚斋诗考跋》。《跋》作于乾隆庚午,《序》作于嘉庆庚子,相距二十九年。《序》

---

① "俟我幽闲念妹",中华本作"俟我幽闲念彼妹"。

② 中华本作"宋王应麟撰,清卢文弨增校"。

略称“曩余于此书，增其所未备。并以元本补遗，各归本篇，录成清本，为之跋其后矣。嗣又阅通志堂梓宋本《经典释文》，继又得日本国人山井鼎所为《七经考文》，其所传古本往往与《释文》所云一作某，或作某，及《正义》中所云定本作某者符同。今补采之，以广异闻”云云。是本序跋俱无，但于各条下增注出处，间有按语，且补入释文，当是后定之本。原序后有跋语一行，云：“壬午照抱经堂元稿录副，惟钞手不佳，错舛太多耳。”下题“仲鱼”二字，按仲鱼系陈鳣字。壬午，道光二年也。书上下方，皆有校语，丁晏最多，用红笔，余皆墨笔。姓名具者有徐鲲、曹文昭。有单署名而知其姓者，富孙当姓李，远孙当姓汪。惟署“柳桥”者三条，不知其为何人。亦有并不署名者。皆以补文弨所未及。文弨辑本未付梓，清本亦不传。是本幸留人间，兼得诸名家参校，殊足贵也。（15－33）

毛诗谱注一卷　汉魏遗书抄本

吴徐整撰，清王谟辑。《经典释文序录》云：“徐整字文操，豫章人，吴太常卿，撰《郑玄诗谱》二卷。”《困学纪闻》曰：“《经典释文序录》《郑氏诗谱》，徐整畅、太叔裘隐。”《隋志》：“太叔裘及刘炫注。”《古今书录》云：“徐正阳注。”《馆阁书目》谓注者为太叔求，而不考《序录》。徐正阳，疑即徐整，误以整为正，畅为阳也。按《唐志》无此目，殆亡于隋时，谟仅从《经典释文》抄出一条。（15－34）

毛诗序义一卷　汉魏遗书抄本

宋周续之撰。《南史》：“周续之，字道祖，雁门广武人。其先过江，居豫章建昌县。时豫章太守范宁于郡立学，招集生徒，远方至者甚众。续之年十二，诣宁受业，通五经五纬，号曰十经，名冠同门。既而闲居，读《老》《易》，入庐山，事沙门释慧远。时彭城刘遗人遁迹庐山，陶渊明亦不应征命，谓之寻阳三隐。征太学博士、太尉掾，并不就。武帝践祚，召之，上为开馆东郊外，招集生徒，乘舆降幸，并见诸生。问续之《礼记》‘傲不可长’‘与我九龄’‘射于矍圃’之义，辩析精奥，称为名通。续之素患风痹,不复堪讲,乃移病钟山,景平元年卒。通《毛诗》六义及《礼》《论》。注《公羊》,传于世”云云。《经典释文·叙录》云:“宋征士雁门周续之、豫章雷次宗、齐沛国刘瓛,并为《诗序义》。”按《经典叙录》,周、雷二人并有《毛诗序义》。又《释文》于卷首郑氏笺下云:“此题非毛公、马、郑、王肃笺题,相传云是雷次宗题,承用既久,未敢为异。”又按周续之与雷次宗,同受慧远法师《诗义》。而续之释题已如此,又恐非雷之题也,疑未敢明之。所云“释题”即“序义”说,则陆氏在唐初必见此书。而《隋志》但载雷次宗《毛诗序义》二卷,续之书独不著录,何耶?谟抄出《书抄》一条,《颜氏家训》一条,《匡谬正俗》二条,为一卷。(15－35)

毛诗答杂问一卷　汉魏遗书抄本

吴韦昭、朱育撰。《隋志》:“吴侍中韦昭、朱育等撰《毛诗答杂问》七卷。”《吴志》有《韦曜传》,裴松之注:“曜本名昭,史为晋讳改之。”昭字宏嗣,吴郡云阳人,封高陵亭侯,迁中书仆射,职当为侍中。又裴松之《三国志注》云:“孙亮时,有山阴朱育,少好奇字,凡所特达,依体象类,造作异字千名以上。仕郡门下书佐。后仕朝常在台阁,为东观令。遥拜东河太守,加位侍中。推刺占射,文艺多通”云云。《唐志》:“《毛诗答杂问》五卷。”卷数与《隋志》不同,亦不言何人撰。按即此书也。谟抄出《御览》三条,《类聚》一条,《初学记》一条,为一卷。(15－36)

毛诗题纲一卷　汉魏遗书抄本

《宋志》有《毛诗提纲》一卷,无撰人名氏,亦不著时代。朱彝尊《经义考》云:“当为唐以前书。”《御览》引有四条,谟辑为一卷,附《毛诗答杂问》之后。(15－36)

毛诗音韵考四卷　道光三年刊本

清程以恬撰。以恬字南都,陕西渭南人,官朝坂教谕。是书首有以恬自序,作于嘉庆五年庚申。又有李元春、卫璟二序,作于道光三年癸未,盖刻书之年也。是书参取顾炎武、江永、杨峒诸家之说,而以戴震为主,谓"震《声韵考》所分诸部,较之说文谐声,一一吻合,然亦不无小失"。其例于每章入韵之字先考其音,次考属于某韵,间及诗题有疑义者。所考如"仇""令"等字,并无两音。"鲜"不当音"犀"。"不敢不局",乃"蹐"字之讹。"不敢不蹐",乃"越"字之讹。《兔罝》"逵"与"仇"协,当音"鸠"。《杕杜》"睘"与"菁""姓"协,当作"甇"。他如"藲"讹为"枢","貐"讹为"貉","貉"讹为"貊",此类甚夥,皆有依据。大旨具括于篇首"略言"中。所举正诸家之失,尤切要。以恬尚著有《说文形声考》,未见传本。是书多援《说文》为证,知其得力于许学者深也。(15-37)

尚书注一卷 汉魏遗书抄本

汉马融撰,清王谟辑。《汉书·儒林传》云:"扶风杜林传古文《尚书》,林同郡贾逵为之作训,马融作传,郑玄注解。由是古文《尚书》复显于世。"按杜林所传,乃漆书古文一卷,得之西州者,非孔安国古文也。近儒王鸣盛专攻孔《传》,采马、郑、王三家注,为《尚书后案》,其中厕以伪《泰誓》一篇。按《经典释文·叙录》云:"汉宣帝本始中,河内女子得《泰誓》一篇,献之。与伏生所诵,合三十篇,汉世行之。"然《泰誓》年月不与《序》相应,又不与《左传》《国语》《孟子》众书所引《泰誓》同。马、郑、王肃诸儒皆疑之,鸣盛何以反取之耶?谟舍郑、王,而单辑马注,抄出《释文》二百九条,《正义》十四条,《史记集解》一百十条,为一卷。(15-37)

今文尚书说一卷 汉魏遗书抄本

汉欧阳生撰,清王谟辑。《汉志》:"欧阳生《尚书章句》三十一卷,《尚书说义》二篇。"《儒林传》云:"欧阳生字和伯,千乘人也,事伏生,世世相传,至曾孙高为博士,高孙地余长宾以太子中庶子授太子,后为博士,论石渠。余少子政,为王莽讲学大夫。由是《尚书》世有欧阳氏学。"《隋志》云:"晋永嘉之乱,欧阳、大小夏侯《尚书》并亡,然其轶时时散见他书。"谟抄出《书正义》一条,《左传疏》一条,《周礼疏》二条,《礼记疏》二条,《史记注》七条,《三国志注》一条,《北堂书抄》一条,《文选注》一条,《困学纪闻》三条,石经四条,为一卷。但其中"惟以亲九族"一条,"钦若昊天"一条,"肆类于上帝"一条,"禋于六宗"一条,"弼成五服至于五千"一条,"王曰封惟曰若圭璧"一条,"兹惟三公"一条,"假我一日"一条,"肝木也心火也脾土也肺金也肾水也"一条,显标欧阳氏说,余都泛指今文《尚书》。而"宅嵎佚"一条①,则但称夏侯等书。然欧阳与大小夏侯之同异,今亦无从辨别,总称之为"今文《尚书》说"可矣。(15-38)

增订禹贡注读一卷　光绪四年刊本

清徐鹿苹辑。② 是书首录《随山浚川图考》《九州考》《禽星分野图考图说》《九州田赋等数指掌图》《江汉淮泗入海图考》《九河图考》《伊洛瀍涧入河图考》《九州参看横图考》《尧制禹弼五服图考》《九州句读异同辨》《玄圭锡命备考》等,大抵抄袭他书。而《禽经分野图考图说》尤繁琐,既非说经所重,亦与课徒不便。上方标今地名,并及音义,以补注所未及,而中多漏略。据自识,则参合众书而成,何云补订?盖乡塾陋儒所为也。(15-38)

百两篇一卷　汉魏遗书抄本

汉张霸撰,清王谟辑。《汉书·儒林传》云:"世所传《百两篇》者,出东莱张霸,分析合二十九篇以为数十,又采《左氏传》《书叙》为作首尾,凡百二篇。篇或数简,文意浅陋。成帝时,求能古文者,霸以能为《百两》征,以中书校之,非是。霸辞按当作'传'字。受父,父有弟子尉氏樊并。时大中大夫平当、侍御史周敞劝上从之。后樊并谋反,乃黜其书。"又《论衡·正说》篇云:"至孝成皇帝时,征为古文《尚书》学,东海张霸,按百篇之序,空造《百两》之篇,献之成帝。帝出秘百篇校之,皆不

---

① "宅嵎佚",中华本作"宅嵎铁"。

② "辑",中华本作"撰"。

相应,于是下霸于吏。吏白霸罪当至死,成帝高其才而不诛,亦惜其文而不灭。故《百两》之篇,传之世间"云云。所记略异。按顾炎武《日知录》云:"汉时《尚书》,今文与古文为二。而孔氏古文与张霸之书,又自分而为二。霸书即所谓《百两篇》也。但如后人诸所指目张霸伪书,亦以意拟之耳。如今文《泰誓》,已出于武宣之世,在张霸之前,而说者并以入张霸伪书,非也。惟《论衡·感类》篇所引《百两》文乃是真本,以其时书犹传世,充及见之也。"谟辑是卷,抄出《玉海》数条,伪《泰誓》二条,而以《论衡》引《百两篇》文,弁于首简。(15-39)

驷思室答问一卷 南普书院刊本

清成蓉镜撰。蓉镜有《春秋世族谱拾遗》,已著录。蓉镜素治历学,据周历及三统历,定孔子生日是八月二十八日庚子,与众说主八月二十七者差一日,与其他论历诸条俱有见地。论《诗》诸条,亦精核。《四库提要》谓《集传》废《序》,成于东莱之相激,考之朱子《文集》《语类》,并无其说,殆沿杨慎《丹铅录》之误。欧阳修谓"齐鲁韩三家,皆以《关雎》为康王政哀之诗"。惜《齐诗》魏代已亡,修宋人,何从见之?后苍,传《齐诗》者,《大戴礼记》亦出于后苍,而俱传篇云:"《易》曰:'正其始,万物理,故君子慎始。'春秋之元,《诗》之《关雎》,《礼》之冠昏,《易》之乾巛,皆慎始敬终云尔。"又匡衡为后苍弟子,亦习《齐诗》,其说曰:"尝闻之师曰:'妃匹之际,生民之始,万福之原。'婚姻之礼正,然后品物遂而天命全。孔子论《诗》,以《关雎》为始,言大上者民之父母。后夫人之行不侔乎天地,则无以奉神灵之统而理为万物之宜。故《诗》曰'窈窕淑女,君子好仇',言能致其贞淑,不贰其操。情欲之盛,无介乎容仪。意私之意,不形乎动静。夫然后可以配至尊而为宋庙,至此纪纲之首,王教之端也"云云。是《齐诗》正与毛同。至《韩诗序》虽以为刺时,然考《韩诗外传》卷五云:"子夏问曰:'《关雎》何以为《国风》始也?'孔子曰:'《关雎》至矣乎!夫《关雎》之人,仰则天,俯则地,德之所藏,道之所行,大哉《关雎》之道也!天地之间,生民之属,王道之原,不外此矣。'"是韩亦不尽以品刺诗,修盖单据《鲁诗》以披齐律耳。又辟王氏《述闻》

三五即举昴之说，谓“昴宿以远镜窥之，得三十六星，不用远镜，亦见七星，则直用目验不烦辞费矣”。又“王事適我”，颜师古《汉书注》“適”读曰“谪”，责罚也，以正传笺之失。皆是也。至援《中庸》“今夫天日月星辰系焉”，谓“日月星辰聚于天，是日月星辰外，别有一天可知”，以证天有九重之说，非西人所创获。孔广牧《礼记天算释》采之。末二条，文完具，盖刘岳云援自他书补入者。（15－40）

群经地释十六卷　光绪癸巳刊本

清周翼高撰。翼高字厚生，湖南湘潭人。是书除《仪礼》《孝经》无地可释外，就王应麟《诗地理考》、焦循《毛诗地理释地》、毛晃《禹贡指南》、傅寅《禹贡说断》、程大昌《禹贡论》、蒋廷锡《尚书地理今释》、朱鹤龄《禹贡长笺》、胡渭《禹贡锥指》、徐文靖《禹贡会笺》、程瑶田《禹贡三江考地》、杜预《春秋土地名》、高士奇《春秋地名考略》、江永《春秋地理考实》、程廷祚《春秋地名辨异》、顾栋高《春秋舆图》、阎若璩《四书释地》、宋翔凤《四书释地辨证》，而考以《清一统志》、各史地理志、《水经注》、《元和郡县志》、《太平寰宇记》、《元丰九域志》、《舆地广记》、《通鉴地理通释》、《方舆胜览》诸书。摘经中地名为正文，录本句为注，但详其始末同异，而不别加考证。间及史事古迹，不纯为谈经而作也。（15－41）

大学古本一卷　明万历乙酉刊本

明来知德撰。是书首有知德自序，次列《大学》古本，又次辨说。释“德”字，谓“以五伦体之于身，即下文仁敬孝慈信之德。言齐家，孝弟慈之德也。言治国，宜家人，宜兄弟，父子兄弟足法之德也。言平天下，上老老长长恤孤之德也。曰‘明明德’，上‘明’字即‘人伦明于上’之明”。释“亲民”，谓“亲者九族也，民者万民也。‘亲民’二字，即亲亲而仁民”。俱极惬当。① 又谓“诚意功夫，只在格物。所以只讲格物，不言致

① “俱极惬当”，中华本作“俱极有理”。

知。然以格物为格去物欲,则未妥。经言'物'字多矣,何尝与欲相涉?宋人始言物欲,亦未以解格物之物也"。书中不满朱子,亦不满阳明。谓"注虚灵不昧为德,全在心上去了,未见之施为,何以能明德于天下?又解亲民为新其民,则修身齐家全空疏了。不能修其身,不能亲亲以齐其家,乃先去新其民,是所薄者厚,而所厚者薄也"。谓"阳明认知为良知是矣,但又教人悟良知,良知上做功夫,又错了,不知良知乃天理,做不得功夫。而阳明之错,又有朱子之错而致者。《传习录》谓闻见之知,已落第二义,惟当良知。不知孔子所云闻见之知,多闻则择其善者而从之,多见则择其善者而记之,亦必知之之真。惟有待于闻见,故居生知之次,而固非无知妄作者比。乃朱子解为'虽未能实知其理,亦可以次于知之者'也。若说虽未实知其理,则是无知妄作了。阳明讲良知,引此章为证,差矣"。他所论亦自畅快,而不免蔓衍。然在明人中,能并斥朱、王之失而不少讳者,诚不多见耳。(15－41)

答疑孟一卷　道光丙戌刊本

清陈锺英撰。锺英字英多,江苏吴江人。是书就司马光《疑孟》诸条,各为说以驳之,与宋余允文《尊孟辨》援义多同。盖锺英未得见余氏书故,而词亦不相袭也。其中"答齐宣王问卿"条,不若允文援《春秋大义》之尤严正。其不合理者,硬牵入司马光行事,谓"不杀吕惠卿、章惇、蔡京之徒,卒致养成巨奸,宋遂以亡"云云。不思主行新法者神宗,而王安石辅之,能专罪吕惠卿、章惇乎?若蔡京,则司马光方以为才而赏之,且以何罪诛之乎?微、箕、比干之不能易纣,当是力有所不能为,不可以经权论也。"沈同问伐燕"条,又牵及"箪食壶浆以迎王师"等语。按齐伐燕,据《孟子》考之,在《梁惠王》篇者,为齐宣王时事。宣王以问孟子,而孟子答以置君而后去之,"箪食壶浆以迎王师",即此时语也。篇中虽不详其始末,然证以燕之未亡,则宣王能听孟子之言可信也。一在《公孙丑》篇,为湣王时事。湣王伐燕,不问孟子,而沈同但以其私问孟子。安知沈同即以其语劝王,又王既未谋之孟子,孟子何从以有怀而未尽者告于王而止之?然司马光所疑,似亦并前后为一事,不特锺英未了了也。要之,仁智各随所见,是非本无定衡。允文之辨,已属多事,锺英可无须饶舌。而后来黄本骥、汪宗沂辈,益难免床上安床之诮矣。(15-42)

诗小说一卷　同治刊本

清蒋光焴撰。光焴字寅昉,浙江海宁人,纳资为大理评事,光煦从弟也。光焴治《诗》宗朱,已校校《诗集传音释》①,以《集传》所释名物,多从简略,乃旁征众说以广之,大都以不悖朱义为准。然如《集传》于蒹葭在《豳风》训为一物,在《秦风》则训葭似苇而细高数尺,前后互异,显有一非。又"十月之交",郑《笺》十月主周正,《集传》则主夏正。光焴两引之,俱未能折衷于是。所采惟海昌唐氏《释蘋》之说稍新,余多习见。卷首有李同寿序,于其书似有所未慊,非无故也。(15-43)

小辨斋说义一卷　明刊本

明顾允成撰。是书说《易》一篇,说《论语》四篇,大抵借经义以箴时事,励同人。其言至激切,如曰:"否初二,尚是君子的世界,故曰吉。六二是君子小人相持的世界,故曰吉曰否。六三纯是小人的世界,故曰羞。小人而不得志,则就身上者,亦自为吉,非特君子之亨也。小人而得志,则就他身上者,亦自可羞,非特君子之否也。"又曰:"人活的时节少,死的时节多,君子不以一时之生,易万世之生。"又曰:"自小人者君子,见他贫贱也不辞,夷狄也不辞,患难也不辞,在下位也不辞,却似做个难题目,自家只图富贵一边,只图在上位一边,似做个容易题目。不知难易不在外面讨,只在里面讨。以我处富贵、贫贱、夷狄、患难等项则易,要富贵、贫贱、夷狄、患难等项来处我则难。故君子居易以俟命,恰是难题目容易做。此认得自己与不认得自己之分也。"按此等议论,皆是有为而发。其说"管仲成仁"章,谓"子贡以管仲为非仁,孔子亦以管仲为非仁。'相桓'节,紧顶'又相之'句来;'岂若'节,紧顶'不能死'句

---

① "校校",疑衍一"校"字。

来。孔子道他相桓公,一匡天下,是恁么样功业,至今那个人不知道他。毕业当初欠了一死①,岂若召忽守匹夫匹妇之谅自经沟渎,不求人知,不失却本色”。又谓“召忽之死,留下三纲五常与当时后世作模样,这‘自经于沟渎而莫之知也’一句,形容志士仁人杀身成仁心事如画,下个‘自’字正与‘莫知’相应。大凡人要死节而先使人知之,死必不果。惟从方寸间直截果断,旁人一毫觊他不破,斯真能死节者也”。按此义的是此题妙解,即使孔子立说初心不如此,亦不可不作如此看,方见圣贤等语,于世道人心大有益也。(15-44)

愚一录十二卷 光绪四年啸园刊袖珍本

清郑献甫撰。献甫字小谷,广西象州人,嘉庆进士。② 献甫历主广东端溪越华书院,与番禺陈澧论学相善。是书首有自序,又有锺德祥、林肇元二序,葛元煦后跋。自序未署年月。肇元即初刊是书者,序作于光绪二年丙子。元煦又缩翻肇元本,则光绪四年戊寅也。献甫自拟何义门《读书记》,而于《日知》《养新》二录,则逊谢未遑。其书体似札记,遍及《易》、《书》、《诗》、《春秋》、“三传”、“三礼”、《孝经》、《尔雅》、《论语》、《孟子》。综其异同,别其得失,言皆有物。宋以下,篾如也。惟其中多录前人成说,不标所出,其原说有误者亦因之而不及正。所论古文《尚书》,大都拾阎、惠之余唾,至若订《鲁史》脱简,沿《困学》之讹,记梁惠改元,斥《竹书》为伪。如此之类,概欠详考。惟其中《论语》数条,甚精心得。如谓“宋人误以性为情,则不得强以理为性。此程子人性中曷尝有孝弟来之所本也。不知天下容有无仁义之理,断未有无孝弟之性”。又谓“子贡问君子,是问君子之人,非问君子之言。夫子示之曰:‘君子之人虽往,君子之言固在。先取其言勉而行之,而后于其人追而从之。’‘其’字指君子,‘之’字亦指君子”。又谓“‘默而识之’,两章当

---

① “毕业”,中华本作“毕竟”。

② 中华本此句作“献甫原名存纻,字献甫,别字小谷,避文宗讳,以字行。广西象州人,道光十五年进士,官刑部主事”。

作一章。上节'默而识'三句,承以'何有于我哉';下节'德不修'四句,承以'是吾忧也'。乃以自任衬起自勉之词"。皆是独抒心得,惜不多见耳。书眉有临桂周幹臣校语,或补所遗,或匡其失,颇矜慎不苟。但于"孟子葬母"条,献甫从周广业《四考》说,幹臣又广以王夫之《稗疏》说,两俱失之。要之,是书虽多稗贩,而诸经要义多在捃摭之中,以供治经者之参考,未为不善也。(15－45)

辟毛先声四卷附录一卷　传抄本

清蒋元撰。元字大始,浙江乍浦人。毛即毛奇龄也。奇龄所著《古文尚书冤词》《国风省篇》《毛诗写官记》《白鹭洲主客说诗》《四书索解》《大学证文》《大学知本图说》《论语稽求篇》《中庸说》《四书賸言》《圣门释非录》诸书,多攻朱子之失。宗朱者切憾焉,元故著此以辟之。"辟毛"即所以护朱也。所辟《论语稽求篇》,多至八十条,次则《四书賸言》二十六条,余则寥寥数条耳。然奇龄之《四书改错》,专为驳朱子而作,乃独遗之。盖通行本《西河全集》已削去此种,元未得见也。所辨率空理,有当者,亦有不当者。即如《集注》于"彻"字,解以"通力合作计亩均收",本无据,奇龄驳之是也。元亦知孟子不能详言,而元委曲为之辨,即其理可通,其谁信之?独"虞仲"一条,谓"虞仲自然属仲雍曾孙周章",则同于毛而异于朱。果尔,又何以云"辟"?且书中每肆毒骂,如云"下愚不移""一窍不通""梦魇未醒""驴鸣狗吠"等语,触处而见,甚至援"功令"二字,坐以大逆不道之名。是则非徒论学之偏,更露居心之险矣。篇末摭及师友优妓琐事,助其诋毁,究与书旨何涉?书眉有评,不著名氏,亦助元张目者,而于元说,亦不无纠绳。然俱不足以服奇龄,亦非所以遵朱子也。(15－46)

经解筹世九卷　同治浣红山馆刊本

清李扬华撰。扬华字溍先,湖南清泉人,同治庚午中顺天榜举人,官兵部主事。是书首有武廷珍序,又有自序及凡例。原名"经解条分",旋易今名,以为治经期于济世,老不获用,思托空文以自见,故改曰"筹世”。大旨期有裨于身心家国,而亦不废考据。所论《尚书》、《诗》、《尔雅》、《孝经》、“三礼”共一百三十八条,而《周官》多至八十四条,次则《尚书》二十三条。其辨经之真伪,惟以义理之当否为衡。谓“不特古文《尚书》不可废,即姚兴所得《舜典》篇首二十八字,亦存之而无害”。断《周礼》为秦汉人未成之书,《仪礼》为鲁诸生作,谓“二书俱伤烦琐,且多窒碍。惟《仪礼》止涉一身,《周礼》祸及天下,尤不可以不驳正”。又谓“清儒力辟古文《尚书》,而笃信《周官》,然《周官》言‘凡式贡之余财,以供玩好之用’,后儒知不可训,转生曲解。而《旅獒》则曰‘玩人丧德,玩物丧志’,又曰‘不宝远物,则远人格;所宝惟贤,则迩人安’,孰为可法?不于义理辨是非,徒于文法辨今古”。又谓“《洛诰》言庚戌攻位于洛汭,甲寅位成。五日位成,势所必无。《洛诰》为伏生所传,论者何以不疑今文而疑古文?”又谓“诋古文者,每摘‘辰弗集于房’一条,谓以《三统历》及中西法推之,仲康元年季秋朔,不入食限。不思中西法乃明以后历术,即《三统》亦汉人为之,况古有太岁超辰之法,每百四十年,则超一辰,尤不得以六十甲子硬排追溯而得之”。至所驳《周礼》诸条,尤要者,如说“诸公之地方五百里”,谓“不特与《孟子》悖,《易》震卦建侯,其文曰‘震惊百里’。《春秋传》子产引古制责晋侯曰:‘列国一同,同方百里。’与此所云‘公五百里、侯四百里’者不合。《尚书》曰:‘列爵惟五,分土惟三。’与此自五百里、四百里降而至三百里、二百里者不合。《论语》:‘子路治千乘之国。’盖指公侯百里,故冉求逊词曰‘方六七十’,则伯之类也。如五六十,则子男之类也。是皆可证《周官》之非周制,然亦非王莽所作。王莽于居摄三年奏曰:‘周爵五等,地四等,有明文。’五等者,公侯伯子男也。四等者,百里、七十里、五十里、不能五十里也。是莽正符《孟子》而异《周官》”。又说“不易、一易、再易之地”,谓“田愈种愈熟,愈休愈荒。所云不易、一易、再易者,不知何解”。说“奔者不禁”,谓“佞《周官》者曰:‘奔者,六礼不备也。’然古者娶妻,纯帛无过五两。五两,二十丈布也,虽至贫者亦能备之。奔者无媒妁之言,自鬻其身。如《左传》:‘泉丘人有女,梦以其幕帷孟氏之庙,遂奔僖子。’即《内则》所云‘奔则为妾也’。且礼不下庶人,而加以‘奔’字,刻矣”。他所驳,多类此,而亦有不尽是者。其说《书》《诗》《尔雅》诸条,亦多可取。不及《易》、《春秋》、"四书"者,以别著有《读易寡过》《春秋四传汇笺》《四书备检》三书。《四书》先梓行,余不知有传本否。(15－47)

经序录五卷　明最乐堂刊本

题"东陂居士睦㮮编",按即明宗室号西亭者也。睦㮮撰《授经图》,已著录《四库》,惟《经序录》流传绝罕。是本亦缺卷一,其卷二是《尚书》类诸序,则所缺者,乃《序例》及《周易》类诸序也。考归有光《震川集》有《经序录序》,称:"西亭公修学好古,有河间大雅之风。尝得唐李鼎祚《周易集传》,槧版行于世。又为《诸经序录》,凡为经之传注训诂者,皆载其序之文,使世之学者,不得见其书,而读其序,固已知其所以为书之意。庶以广其见闻,而不安于孤陋"云云。辑录之旨,略见于此。故所收诸序,上自周汉,下讫元明。《尚书》始孔安国《尚书序》,终刘三吾《书选会选序》,凡十八篇。《毛诗》始卜商《大序》,终翟思忠《诗传旁通序》,凡十八篇。《春秋》始何休《春秋公羊传解诂序》,终湛若水《春秋正传序》,凡三十一篇。"三礼"始孔颖达《礼记序》,终湛若水《二礼经传序》,凡十六篇。《论语》《孝经》《孟子》《尔雅》诸经,俱阙不录。睦㮮素以该博著称,而所录止此者,其中自具斟酌,非犹夫以多为贵者,不免有滥竽之诮也。(15－48)

四书过庭录十九卷　旧抄本

题"亹亹斋口授,白敏树述,兰陵庄捷月采氏参订"。所称"亹亹斋"者,不知其名,又不具籍贯,无可考。书亦无序例。《论语》十卷,《大学》一卷,《中庸》一卷,《孟子》七卷。大抵就朱注,而敷衍其义,尚不涉讲章习套。惟于朱注之明误者,不敢匡正,反为曲解。如朱注解"明德"曰:"虚灵不昧,以具众理而应万事。"其解"心"亦曰:"虚灵不昧,以具众理而应万事。"然则明德即心也,下文何以又言正心?讲者亦知其不可通,乃强谓明德即人心之本体,非别有一物,谬矣。又朱注解"思无邪"曰:"凡《诗》之言善者,可以感发人之善心,恶者可以惩创人之逸志。”所云恶者殆指淫诗,淫即邪也。《诗》既淫矣,那得无邪?然注犹泛言《诗》也,讲者更就删《诗》为说。诚思此等不好底诗尚且不删,则夫子所删者何诗?盖尊朱之过,往往至于如此,固不止是书然也。(15－49)

读大学偶记一卷 嘉庆甲戌刊本

清邱嶷撰。嶷字铸人,江苏吴江人,布衣。是篇随意涉笔,间有精切语。如谓“心意知即物而生,当身合下都到。才格即致,才致即诚,才诚即正,才正即修,总完一个‘藏乎身之恕’而已矣。先后与本末不可执一看,修身以下有本末,修身以上无本末”。又谓“为民父母,所与民同好恶者,孝弟慈也。惟财货与民同好恶不得,同之斯拂之矣。‘生财有大道’以下,力去一‘利’字,而后君臣父子兄弟,怀仁谊以相接,明德由此明,亲民由此亲,至善由此至。孟子导梁王、警宋牼本此,不得视为理财”。又谓“谬解《大学》者诚中形外,谓是恶诚于中。以‘诚意’‘诚’字对‘欺’字看,‘诚中’‘诚’字对‘形’字看,本一‘诚’字,竟解作两‘诚’字”云云。具见体验有得。惟以“致知”之知即良知,即“不学而知”之知,则经明言“致知在格物”,格物讵非学耶?是则笃信姚江之过矣。(15－50)

读中庸偶记一卷 嘉庆甲戌刊本

清邱嶷撰。亦是随意涉笔,但语多习见,理未深研。惟说“中庸”二字,谓“中庸亦言礼之书,中是体,和是用。有子曰:‘礼之用,和为贵。’用其中之谓中庸,庸,用也。致中和,则用中之谓也。无时不戒惧慎独之为时中,中和之所由致”云云。较见精恰,惜无多耳。(15－50)

读孟子偶记一卷 嘉庆甲戌刊本

清邱嶷撰。所说视《学》《庸》较详,惟无甚精义。谓孟子答齐王两于传有之,一是《诗》传,一是《书》传。非也。古时但口耳相传授,大毛公始为《诗传》,伏生之徒张生等始为《书大传》,孟子时讵有之乎?谓第一篇所记伐燕,为齐宣王事;第二篇所记伐燕,为齐湣王事。是已。

然以宣王伐燕，即乘燕丧取十城之一役，亦非也。是役系齐威王事，而以属宣王，亦考之未了也。稍可取者，惟“说《诗》”及“策滕”诸条，得言外之趣而已。(15－51)

四书互解一卷 嘉庆刊本

清范士增撰。士增字松崖，浙江临海人，官武都训导。是卷以四书解四书，有确不可易者，如“至于犬马，皆能有养，不敬何以别乎?”解以“爱而不敬，兽畜之也”。后儒多疑犬马不可以比父母，观此可爽然矣。他如“殷因于夏礼，所损益可知也。周因于殷礼，所损益可知也”，解以“考诸三王而不谬”。“子路有闻，未之能行，唯恐有闻”，解以“见善如不及”。“齐人归女乐”一节，解以“吾未见好德如好色者也”。若斯之类，义俱相发。又有语虽巧而涉于戏者，如“子告之曰：‘某在斯，某在斯。’”解以“吾闻其语矣，未见其人也”。又“夫妇之愚，可以与知焉”，解以“未有学养子而后嫁者也”。若斯之类，殊无当于经旨，何足尚也。(15－51)

周易解四书一卷 嘉庆刊本

清范士增撰。是卷以《周易》解四书，亦有确不可易者。如“君子周急不继富”，解以“称物平施”。“天下有道则见，无道则隐”，解以“知通塞也”。“不怨天，不尤人”，解以“遁世无闷”。“过也人皆见之，更也人皆仰之”，解以“不远之复”。“吾学周礼，今用之，吾从周”，解以“随时之义大矣哉”。“汤放桀，武王伐纣”，解以“顺乎天而应乎人”。“无罪而杀士，则大夫可以去；无罪而戮民，则士可以徙”，解以“君子见几而作”。若斯之类，义简而该。其涉于戏者，如“钻穴隙相窥，逾墙相从，则父母国人皆贱之”，解以“物不可以苟合而已”。此直侮圣人之言，宜删之。(15－52)

尚书解四书一卷 嘉庆刊本

清范士增纂。是卷以《尚书》解四书，其合者，如“及其使人也器之”,解以“无求备于一夫”。“夫子欲寡其过而未能也”,解以“检身如不及”。“如得其情则哀矜而勿喜”,解以“惟刑之恤哉”。“有罪不敢赦”,解以“今予恭行天之罚”。义皆足以相发。至若以“大统未集”解“三分天下有其二”,语虽切而意无余。至以“人无有比德”解“君和而不同”,则巧而纤矣。(15－52)

诗经解四书一卷 嘉庆刊本

清范士增撰。是卷以《诗经》解四书,其合者,如“行不由径”,解以“遵大路兮”。“后生可畏,焉知来者之不如今也”,解以“小子有造”。“南容三复白圭”,解以“慎尔言也”。“子生三年,然后免于父母之怀”,解以“恩斯勤斯”。若斯之类,义俱足以相发。至如以“匪教匪诲,时维妇寺”解“唯女子与小人为难养也”,以“夫也不良”解“与妾相与讪其良人,而相泣于中庭”,虽亦恰如其分,然乏言外之趣矣。(15－53)

礼记解四书一卷 嘉庆刊本

清范士增撰。是卷以《礼记》解四书。如“事父母能竭其力”,解以“外则尽物,内则尽志”。“三年无改于父母之道”,解以“不忘亲也”。“发愤忘食,乐以忘忧,不知老之将老”,解以“俛焉日有孳孳,毙而后已”。“而今而后,吾知免夫”,解以“父母全而生之,子全而归之”。“乡人傩,孔子朝服而立于阼阶”,解以“存室神也”。“有父兄在,如之何其闻斯行诸”,解以“示不敢专也”。“非礼勿视,非礼勿听”,解以“奸声乱色”。“不留聪明,驷不及舌”,解以“易出难悔”。“人人亲其亲,长其长”,解以“如此则四海之内,合敬同爱矣”。俱极精切。至“‘鼓瑟希铿尔’五字,注家所不能形容者”,解以“待其从容,而后尽其声”。直巧不可阶。至以“故人不独亲其亲”解“孝者所以事君也”,妙处即在假借。惟以“执轻如不克”解“为长者折枝,曰我不能也”,按“折枝”有释以按摩者,有以“枝”通“肢”,作折腰用者,二解俱通。喻解以执轻,似属望文生义也。(15－53)

禹贡辑注一卷　一经堂刊本

清余宗英辑。[1] 宗英字伯熊，安徽婺源人。是书所辑，以蔡《传》为主，惟蔡《传》有误者，则不从之。间附己见，别为圈外。有虽从蔡《传》，而仍正之者。蔡《传》谓梁即吕梁，岐即狐岐，二山河水所经，治之以开河道。如其实冀之吕梁，去河百五十里，狐岐去河三百三十里，则蔡《传》非也。又蔡《传》谓冀之北，辽、濡、滹、易诸水，皆中高不与河通，故贡赋之来，必自北海达河。今考惟辽水入海，不与河通，余三水皆合流入河，则蔡《传》又非也。又有蔡《传》前误而后不误者，如释"潍淄其道"，谓淄入济，仍沿《汉志》之误。释"浮于汶"，则云淄东北入海，则引后以正其前是也。他不从蔡《传》者，俱注明于条下。惟所据尚多未当，如云梦本分二地，故古本《尚书》作云土梦作乂，宗英必断云梦为一泽。蔡山，欧阳忞以为在雅州严道县，胡渭则谓即嘉定之峨嵋。似胡说较胜，宗英乃未引欧阳说而遗胡说。[2] 即蔡《传》之误者，亦未能一一尽正之也。(15－55)

大誓答问评一卷　中国学报本

方勇撰。前录龚自珍《答问语》二十六条，下录评语，亦如之。自珍以伏生二十九篇无《大誓》，勇则就其说而反驳之。所惜词不足以畅其意，而涉于古文者，皆拾他人之唾余。如谓"孔安国虽传古文，而《逸书》十六篇绝无师说"。又硬断王肃伪造古文，而归咎于马融之疑《大誓》，俱欠深考。后附勇上刘师培书，并师培答书。师培谓"今文无序，古文始有之。三十一卷，由析《盘庚》为三，非《大誓》分出二篇"。所见虽与勇异，而皆不满于龚氏之武断者也。(15－55)

禹贡纂注一卷　康熙戊寅刊本

清周天阶撰。天阶字象台，江苏长洲人。是书首有其门人吴一蜚

---

① "辑"，中华本作"撰"。

② "宗英乃未引欧阳说"，疑衍一"未"字。

序。盖刊书时，天阶已前殁矣。序称"汇集诸家，删繁摘要，何山何地，读者开卷了如"云云。按天阶未及见胡渭《锥指》，书中所释诸地虽亦本之旧说，惟多未确。后附《禹贡》九州总歌，便童蒙诵习而已。(15－56)

古文尚书疏一卷　嘉庆刊汉魏遗书抄本

清王谟辑，题梁吴郡顾彪撰。按《北史》本传："顾彪字仲文，余杭人，明《尚书》《春秋》。炀帝时为秘书学士，撰古文《尚书》二十卷行于世。"又孔氏《正义》云："古文近至隋，始流行河朔。其为《正义》者，蔡大宝、巢猗、费甝、顾彪、刘焯、刘炫。"今蔡、费、二刘书俱不传，惟《正义》颇引顾说，谟从抄出四十六条，为一卷。(15－56)

尔雅堂诗说一卷　旧抄本

明顾起元撰。所说止《国风》，大抵就朱子《集传》，而推演其义。亦有《集传》意未甚显，而补申之者。盖为《集传》作疏解，非徒说《诗》也。然颇善体贴《诗》意，如说《行露》，谓"'雀角'二句辞意，犹言雀能穿屋者也。人皆谓雀有角，故能穿我屋。谁谓雀无角乎？使其无角，何以能穿我屋也？言外便有虽能穿我屋，而实未尝有角意。"说《摽有梅》，谓"庶士未定其人之辞"。说《燕燕》，谓"燕之宿相向，飞则相背，故以'燕燕于飞'，为离别之诗"。说《日月》，谓"父母畜我不卒，重不得于夫上，是因见弃而言，父母岂有终养之理。庄姜亦非真欲父母终养，但疾痛之极，其词如此"。书中不乏妙义，殆如吴淇《选诗定论》之类。所不同者，彼以说汉魏六朝之诗，而此则以说三百篇耳。(15－57)

毛诗义疏一卷　嘉庆刊汉魏遗书抄本

清王谟辑，题梁吴兴沈重撰。[1] 按《隋志》："《毛诗义疏》二十八卷，萧岿散骑常侍沈重撰。"又陆氏《经典释文·叙录》云："近吴兴沈重亦撰《诗音义》。"惟《隋志》不载其书，究与《义疏》是一是二，未可妄断。

---

① "清王谟辑，题梁吴兴沈重撰"，中华本作"北周沈重撰，清王谟辑"。

谟从《释文》抄出四十九条，凡有音无义者不录，视马国翰所收较严。并采《初学记》十三条，《史记正义》一条，为一卷。（15－57）

毛诗异同评一卷 嘉庆刊汉魏遗书抄本

清王谟辑，题晋北海孙毓撰。而兼录王基《毛诗驳》十条，且所录《释文》七条，内有孔晁、马昭、张融数家说，未加删削。以视马国翰所辑三卷，漏略殊多，无足观也。（15－58）

孝经旁训一卷 芸居楼刊本

清孙传瀓订。传瀓字对涧，浙江宁波人。是书经文作大字，注作小字，列于经文之旁。“广扬名”章下，附古文“闺门”一章。又“庶人”“三才”“孝治”“圣治”“纪孝行”“五刑”“广要道”“广至德”“广扬名”“谏诤”“感应”“事君”“丧亲”各章后，俱附朱子《刊误》。首录《开元御制序》，又有成都府学主乡贡傅注序。殊陋略，止便童蒙诵读而已。（15－58）

絜苦斋杂考一卷 活字印本

清戴熙撰。① 是书所考，大率经义字学，间及金石文。说《大东》，依序意，为谭大夫供亿周人过境之词，惟旧注于首章不能贯串。熙谓“‘饛簋飧，救棘匕’者，供食也。‘道如砥，直如矢’者，除道也。‘君子’谓过境之周人，‘小人’谓谭人。顾之者，犹云‘予与褐之父睨之’也”。如此解，方与全诗旨合。说《猗嗟》，谓“通首无一抑语，而所刺在言外圣人不为之讳而取焉者。为‘展我甥兮’一语，与《春秋》书‘子同生’同旨”。说《鲁颂》实始翦商，据《毛传》《尔雅》：“翦，齐也。”谓“此‘齐’字即‘见贤思齐’‘妻者齐也’之齐。言周之规模，始与商齐等”。俱有理。《说文》“琼”注，各本作“赤玉”，谓“‘赤’疑‘美’字之误”。又《说文》无“刘”字，据“竹”部“劉”注云：“刘声。”“杙”字注：“刘，刘杙。”然则许氏原有“刘”字，而偶脱

---

① 中华本此句后有“熙字鹿床，号醇士，钱塘人，道光十二年二甲进士。咸丰十年，太平军陷杭州，投池死，谥文节”。

之。又据《说文》“鼎”字注云:“下象析木,左为爿,右为片。”然则应有“爿”部,而二徐本失之。又据邾娄公华钟之字,谓古人因音造字,邾国“邾”字无正音,在刍、邾、娄三字之间,故制字以朱居中。上从二艸者,“刍”省也。下从臼女者,“娄”省也。凡此诸条,皆见读书得间。熙以画称于时,而考据亦复精实如此,良足贵也。(15－59)

十三经古注二百九十一卷　明崇祯已卯永怀堂刊本

明金蟠、葛鼒、葛鼐同校。前有蟠题辞,并总目附考。内《周易》九卷,王弼注,附《略例》一卷;《尚书》二十卷,孔安国注;《毛诗》二十卷,毛亨传,郑玄笺,附《诗谱》一卷,郑玄撰;《周礼》四十二卷,《仪礼》十七卷,《礼记》四十九卷,俱郑玄注;《春秋左氏传》三十卷,杜预集解;《公羊传》二十八卷,何休学;《穀梁传》二十卷,范宁集解;《论语》二卷,何晏集解;《孝经》九卷,郑玄注;《孟子》十四卷,赵岐注;《尔雅》十一卷,郭璞注。其《毛诗传》原题毛公,《毛诗笺》《孝经注》原俱题郑氏,今改正。诸经所据,均非善本,又校勘未精,故不为学者所重云。(15－60)

经序录一卷　旧刊本无年月

清吴承渐辑。承渐字公仪,籍署天都,今甘肃固原人也。是书《周易》录王弼、孔颖达三篇,《尚书》录孔安国、孔颖达、蔡沈三篇,《毛诗》录卜商、孔颖达、朱熹四篇,“三礼”录孔颖达、贾公彦三篇,《春秋》录杜预、孔颖达、程颐、胡安国、何休、范宁六篇,《孝经》录邢昺传注、唐明皇三篇,《尔雅》录邢昺、郭璞二篇,《论语》录何晏一篇,《孟子》录孙奭二篇。① 而弁以归

---

① 从“是书《周易》”至“《孟子》录孙奭二篇”,中华本作“是书《周易》录王弼《略例》、孔颖达《正义序》及《八论》,《尚书》录孔安国《书传序》、孔颖达《正义序》、察沈《书传序》,《毛诗》录孔颖达《正义序》、朱熹序,‘三礼’录孔颖达《正义序》二、贾公彦《注疏序》,《春秋》录杜预《集解序》、孔颖达《正义序》、程颐《春秋传序》、胡安国《春秋传集传序》、子夏大序、朱熹《诗序辩序》、何休《公羊传序》、范宁《穀梁传序》,《孝经》录刑昺《注疏序》、傅法序、唐明皇序,《尔雅》录刑昺《注疏序》、郭璞序,《论语》录何晏《集解序》,《孟子》录孙奭《正义序题辞解》”。

有光所为朱睦㮮书序,谓"睦㮮书未得见,窃取其意而采集"。然睦㮮所辑,下至元明,每经自十数篇,以至三十余篇,而承渐止于唐宋,少仅数篇。又睦㮮不及《论语》《孝经》《孟子》《尔雅》,承渐乃无不备。此其同而异焉者也。(15-60)

论义肤说一卷 道光刊本

清唐兆扶撰。兆扶字鹿岩,四川绵竹人,官苍溪学训导。先是,兆扶成《论语注存》二十卷,嫌其说之棼也,爰列十有六字,一道,一德,一仁,一义,一礼,一知,一孝,一弟,一忠,一信,一敬,一恕,一权,一时,一政,一学,字系以说,义不深而词特奥。其稍精者,说"仁",谓"颜子问仁,子曰'克己复礼',列其目以礼,不列克己。《左传》昭公十二年'楚子狩于州来','不能自克,以及于难'。夫子闻之,叹曰:'古也有志,克己复礼,仁也。'不复叙礼,但叙'不能自克'。及考《大雅》'陶复陶穴'音义,'复,累土于地上',复与覆通。则克己即以复礼,复礼亦即以克己"。又说"义",谓"宋儒俯视百家,惟一'理'字,其言理者不一而足,其实不能离此'义'字。盖理之于义,如和顺之分合于道德,非义究无以为理"。按此二条,较具心得,余则敷衍而已。首有自序。(15-61)

大中合一三卷 光绪丙子刊本

清孙观光撰。观光字利宾,河南虞城人,嘉庆癸酉举人。是书前有毛昶熙、李用清二序,又观光自序。后有其门人蔡同春跋,书即同春所刊也。自序称"《大学》简明易晓,《中庸》奥博难窥,欲将《中庸》贯入《大学》内,使学者易于会心,易于下手"云云。书分总论及上下篇。要旨以明德之源,出于天命之性。朱子又言《大学》第五章乃"明善"之要,第六章乃"诚身"之本,因本此推而衍之,而《大学》之精蕴,又待《中庸》特为表出。盖《大学》之道,本教人之法。然《大学》自教说起,而未及性道源头,特于《中庸》发之。《大学》"格致"以后即言诚意在于慎独,是动而省察之事。至不闻不睹,未发时节,此静而存养之功。《大学》亦未之及,特于《中庸》发之。中和位育,乃明新尽头。《大学》浑言止至善，而不侈言功效，亦于《中庸》明揭之。语多精切，亦有甚肤泛者。要之，《大学》《中庸》，原相为表里，观光特以意贯串之，不得为别有所阐明也。(15-61)

中庸大义一卷 中国学报本

王树枏撰。是书要旨，以《中庸》一书，何者为孔子之语，何者为子思之语，古今传注，不为分别，读《中庸》者，宜先明乎此。书中有先引孔子之言，而引申其义者，有先倡明其义，后引孔子之言以证之者。大抵孔子之言简，子思之言繁，一一为之分晰。所称至诚至圣，皆专指孔子而言，非凭空虚拟之辞。自来说《中庸》，尚未有及此者。于《章句》之分合，亦殊有关系也。(15-62)

质盦经说一卷 光绪戊戌活字印本

清白作霖撰。作霖字振民，江苏通州人，光绪丁酉举人。作霖尝肄南菁书院，受经学于黄以周。是卷经说凡三十五首，皆院课之作，而经以周阅定者也。其治《毛诗》，致功颇深，次则"三礼"。卷中说《诗》，如《葛覃》篇，谓"诗言'归宁父母'，即《序》言'归安父母'。言归既为归文王，则父母自指文王父母"。又《楚茨》篇"或肆或将"，毛《传》云："肆陈将齐也。或陈于互，或齐其肉。"作霖为申其义，以"或肆"承上"剥"言，"或将"承上"亨"言。两句相次，或剥而陈于互者，谓豚解也；或亨而齐其肉者，谓体解也。说《礼》，如条狼氏誓辞，谓"为军行而设。其誓'仆右'诸文，即条狼氏命仆右等之词。诸誓之刑，非为刑所誓者而设，不必强分军旅祭祀言"。又舅姑既没，妇入三月有庙见礼。庙见必奠菜，故或谓之奠菜。其后又有祭祢礼，注家每以相混。作霖谓"庙见即奠菜，祭祢非庙见。其别尤在庙见、奠菜则舅姑异席，祭祢即当同几"。又《檀弓》"孔子少孤"章，作霖据《家语》"叔梁娶鲁之施氏，生九女"。必施氏死，乃娶颜氏。下文言"合葬于防"，则施氏墓实先在防，则叔梁纥亦当葬防。父卒，孔子年止三岁，故不知在防之墓。及颜氏卒，不便别葬，故权殡于五父之衢，以当时实殡而非葬，故曰其慎也，盖殡也。"慎"读如"填实"之填，"殡"谓仿殡制以掩覆其棺。诸解俱精核。他若《左传》“宾媚人”,杜《注》云“即国佐”,而《汉书·古今人表》两列之。作霖谓“宾,姓;媚,人名。与齐之宾须无一族,与国佐非一人”。《论语》“太师挚”,班固以为殷纣时人,郑康成以为周平王时人,孔安国又以为鲁哀公时人。作霖主孔说,并谓“四饭乃一食中之节。大师小同少。师等官,系周职。鲁盖承用周制”。类能以新义订正旧解。盖师承有自,故所援据多切当也。卷首附黄以周一札,称其“有《读诗札记》,拟入之《续南菁丛书》中”云云。但《丛书》续刊未成,此稿不知尚有传本否也。(15-62)

琐语一卷 嘉庆庚申全集附刊本

清章恺撰。恺字虞仲,江苏嘉善人,乾隆乙丑进士,官翰林院编修。是卷附文集后,凡《易》十七则,《书》十八则,《诗》三十九则,《左传》十二则。辨异正讹,斟酌不苟。尤可取者,如谓《泰誓》称“肆予小子发”,《牧誓》称“今予发”,《武成》称“惟有道曾孙周王发”,皆不讳名。而《金縢》之篇,独称“惟尔元孙某”。据礼称卒哭而讳,则生时不讳。《泰誓》《牧誓》《武成》作于武王之世,故不讳名。《金縢》作于成王之世,故讳名而称某。又谓“《书序》言‘祖乙圮于耿’,而不言所迁之地,显有阙文。据《史记》:‘祖乙迁于邢。’《竹书纪年》:‘自耿迁于庇。’无论为邢为庇,而耿后必有一迁,始足盘庚以前五邦之数”。又谓“《柏舟序》称‘卫世子共伯早死’,既曰世子,则非已立之君,其卒必在僖侯之世,故得谥为共伯”。以证《史记》卫武公弑兄之诬。又据《豳诗谱》,言“公刘自邰而迁于豳,而《国语》则言‘不窋失官,自窜于戎狄之间’。所云‘戎翟之间’者,即是有邰。弃本封邰,夏衰,弃稷弗务。不窋乃出而就国,并非奔匿。不窋迁邰,公刘迁豳,是二事”。俱见读书得间。其涉于考订者,如《东山》诗“有敦瓜苦”,传、疏皆以专专释敦①,谓敦、专同音,即“团”字。引韩昌黎诗“黄团系门衡”为证。又《江汉》首章传云:“浮浮,众强貌;滔滔,广大貌。”谓“义皆不协,疑浮

① “专专”,疑衍一“专”字。

浮当为广大,滔滔当为众强"。亦殊有理。他条有习见者,亦有嫌于拘滞者,分别观之可也。(15-63)

经解入门八卷 光绪戊子石印本

清江藩纂。藩有《周易述补》,已著录。首有阮元序,作于道光十二年壬辰,衔题"协办大学士两广总督"。按元于道光十二年九月以云贵总督授协办大学士。此题"两广总督",误也。而《揅经室文集》中,亦无此序。又据近人所撰《江子屏年谱》,藩实卒于道光十一年辛卯,年七十一。而序作于其后一年,若不知其已死者。就序断之,书为赝作,殆无疑也。序后又附凡例,分题五十有二,殊繁琐。括其大旨,不外三端:一群经之源流与经学之师传,二读经之法与解经之体,三说经之弊与末学之失。末卷,则选解考辨释各体,以为初学楷模。综而观之,似于治经一途,尚略知门径者,未可以其伪托而抹煞之也。(15-64)

五经正义表一卷 嘉庆抱经堂刊本

清卢文弨录。按是《表》今所行梓本俱缺,《文苑英华》亦不载。惟明钱孙保影钞宋本《周易注疏》首有之,文弨因为录出。其"勑"字,唐人皆作"勅",并提行,俱仍其旧。惟宋讳缺笔之字,则为改正,刊而传之,以弁《群书拾补》焉。(15-65)

尚书注疏补正一卷 嘉庆抱经堂刊本

清卢文弨录。① 自注称"所校者据宋本《正义》为主,书内文字是者,大书。凡毛本讹字,及小有异同,注其下以备考"。但宋本非一,未知所指。而"勑"字乃据元本以推宋本,是于宋本实未寓目,大抵据日本山井鼎《考文》所引耳。取校日本足利学所藏南宋本,即如首页言"序述《尚书》起讫",彼本"讫"作"记"。又"三皇以前",彼本"以"作"之"。其不同已如此,是又非足利本矣。其书兼著古本、宋本及释文本分卷之

① "录",中华本作"撰"。

式,并采及浦镗正字。文弨亦每附按语,然未尽精审也。(15－65)

礼记解尚书一卷 嘉庆己未刊本

清范士增纂。是卷以《礼记》成句解《尚书》,如以“过则称己”,解“负罪引慝”。“声音之道与政通矣”,解“予欲闻六律、五声、八音,在治忽”。“制国用”,解“底慎财赋,咸则三壤,成赋中邦”。“军法以治之”,解“不用命戮于社”。“所以警众也”,解“遒人以木铎徇于路”。“行爵出禄,必当其位”,解“德懋懋官,功懋懋赏”。“五行之秀气也”,解“惟人万物之灵”。“善则称亲,过则称己”,解“予克受非予武,惟朕文考无罪;受克予,非朕文考有罪,惟予小子无良”。义俱足以相发。至以“夏造殷因”,解“缵禹旧服”,尤见巧合。(15－66)

重订三家诗拾遗十卷 嘉庆庚午刊本

清范家相撰,叶钧重订。钧字石亭,籍题程乡,按即今广东梅县也。乾隆乡试第一人①,官直隶知县。是本首有韩崶序及钧自序,末有李士祯跋,其罗暹春及家相原序并凡例,俱仍之。按家相《三家诗拾遗》,《四库》已著录。惟自序称以《古文考异》及逸诗二卷附《拾遗》之后,而其书乃以二卷居《拾遗》之前,故《四库提要》据以驳之。钧是本即依原序移其次第,所称正讹补脱者,盖据保定奎画楼所藏抄本,而未见刊本。按范氏是书亦刊于嘉庆庚午,是本适同时授梓。据李跋,书尚梓于钧殁之后,故所据惟抄本也。所订正者,如《关雎》四句,原书引《韩诗内传》曰:“窈窕,贞专;淑女,奉顺坤德。”俱以“《文选》注”三字统之。按“窈窕,贞专貌”,见《文选》“秋胡”诗注引“薛君”章句。“淑女,奉顺坤德,成其纪纲”,见《文选》颜延年《宋元皇后哀策文》注引《韩诗》。而家相于“贞专”下,缺引“貌”字。钧虽补引“貌”字,而以“贞专貌”三字列为夹行小注,亦不合。且《文选》分见两注,而家相与钧俱混作一条,亦非也。如此之类,亦不多见。至家相援引之显然讹误者,举未及正也。惟

① 稿本“乾隆”后有两字空格。

李跋称“家相所著《诗沈》,本于《二间诗说》。二间者,皆隐于会稽山中,一曰茶间,业贩茶;一曰姜间,业贩姜。相遇则耦坐说《诗》,其说多创获饶理趣”云云。未曾经人道过,奇而堪传。(15－66)

诗经四家异文考补一卷　晨风阁刊本

江瀚纂。① 盖补陈乔枞《诗经四家异文考》而作。凡一百八十六条,条下各附按语,以证其正俗同异及通假传讹之所由然。其中,“自诒瞖阻”“室人交遍谪我”“王事譙我”“掎重较兮”“一苇航之”“毳衣如緂”“彼汾沮澤”“緰衣绣裳”“謕謕硕言”“仲氏吹龥”“缉缉缤缤”“不以其酒,或以其浆”“济济锵锵”“执爨碏碏”“卓彼甫田”“酌彼歁爵”“宣照谊问”“乃慰乃止”“受福不丧”“不长夏以諱”“诒尔孙谋”“陟彼在巘”“国步斯嚳”“秉心无倞”“即不我隕”“川泽诩诩”“惟其瀀矣”“对粤在天”“贺以谧我”“莫与甹蜂”“堕山高岳”诸条,引唐本《玉篇》。“爱而不见”“掩手踟躇”“椅桐梓桼”“氓之嗤嗤”“无食我椹”“无与士媅”“勿仕衔枚”“鸣雁于飞”“百川滕沸”“交交桑鳸”“假寐永勤”“潸然泪下”“万方之蔽”“缉熙敬止”“捄之濡濡”“戚戚兄弟”“乃告其曹”“诲示谆谆”“或辟四方”“省此淮浦”诸条,引释慧琳《一切经音义》。“逢此百罗”“二之日檕烈”二条,引释希麟《续一切经音义》。“一之日毕发”“一之日于狢”“六月食郁及奥”“惟魄惟蛇”“胡为蚖蜴”诸条,引《玉烛宝典》。俱为乔枞所不得见。余杂引群书,搜采亦博。至若“波涕涟涟”,王应麟之误。“新台有玼”“中心洋洋”“使我心疼”“俾尔蕑谷”“檀车幝幝”“蒸然罩罩”“肆率大商”,范家相误之。“海水有戳”,段玉裁误之。亦一一为之纠正,是又不徒为乔枞拾遗已也。(15－67)

影北宋钞本毛诗三卷　贵阳陈氏刊本②

清陈矩录。此《毛诗郑笺》残本,存《王风》第四至第六。矩得之于

---

① “纂”,中华本作“撰”。

② 中华本作“灵峰草堂丛书本”。

日本古寺中,云是北宋钞古本。四卷后,有“文治二年二月廿一日比校了大江公朝”一行。考日本文治二年,当我国南宋淳熙十三年,去北宋未远,当可信。又考《经籍访古志》,谓山井鼎《考文》,未见北宋写《诗》《春秋》,唯以南宋附释音本校之,是此残本在日本亦成久沉之珍秘。矩校刊行世,并为作序,称“视阮本,经序传笺所遗字句及异字,多至六百余言,各别以圈点”云云。其中属于经文,如“右招我由敖”“巧趍跄兮”“是以为剌”“不稼不啬”“谁之咏号”“白石皓皓”“我耸有命”“如此邂逅”“不能艺黍稷”“君子并坐鼓簧”等句,虽不免偶存俗体,而皆可供考异文者之参证,洵可宝也。(15-68)

诗经互解一卷 嘉庆己未刊本

清范士增纂。是卷即以《诗经》成句解《诗经》。如以“如此良人何”解“有女仳离”,以“不属于毛,不离于裏”解“谓他人父,亦莫我有”,以“信誓旦旦”解“有如皦日”,以“其毒太苦”解“胡为虺蜴”,以“岁亦阳止”解“十月之交”,以“置予于怀”解“出入腹我”,以“厌厌夜饮”解“乐酒今夕”,以“不屑髢也”解“绸直如发”,以“宜尔子孙,振振兮”解“太姒嗣徽音,则百斯男”,以“屡丰年”解“自今以始岁其有”,俱贴切有妙义。(15-69)

四书解诗经一卷 嘉庆己未刊本

清范士增撰。是卷以四书成句解《诗经》。如以“王道之始也”解《关雎》全旨,以“思之弗得,弗措也”解“求之不得,展转反侧”,以“从者病解,我仆痡矣,以一家仁”解《麟趾》全旨,以“恐惧乎,其所不闻”解“鸡既鸣矣,朝既盈矣。匪鸡则鸣,苍蝇之声”,以“戒慎乎,其所不睹”解“东方明矣,朝既昌矣。匪东方则明,月出之光”,以“亦可以成人矣”解“未几见兮,突而弁兮”,以“无罪而杀士”解《黄鸟》全旨,以“朝将视朝”解“夜如何其”,以“如不容”解“谓天盖高,不敢不局;谓地盖厚,不敢不蹐”,以“侍妾数百人”解“诸娣从之,祁祁如云”,以“则修文德以来之”解“既作泮宫,淮夷攸服”,俱贴切有妙义。(15-69)

周易解诗经一卷 嘉庆己未刊本

清范士增纂。① 是卷以《周易》成句解《诗经》。如以“妇人贞吉,从一而终也”解《柏舟》全旨,以“圣功也”解《淇奥》全旨,以“纯粹精也”解“如金如锡”,以“饮食必有讼”解“民之失德,干糇以愆”,以“几事不密则害成”解“君子无易由言,耳属于垣”,以“顺乎天而应乎人”解“燮伐大商”,以“圣人久于其道,而天下化成”解“周王寿考,遐不作人”,以“君子以恐惧修省”解《云汉》全旨,以“日新其德”解“学有缉熙于光明”,俱贴切有妙义。(15-70)

尚书解诗经一卷 嘉庆己未刊本

清范士增纂。② 是卷以《尚书》成句解《诗经》。如以“弗慎厥德,虽悔可追”解《氓之蚩蚩》全旨,以“时谓淫风”解《采唐》全旨及《溱洧》全旨,以“君子在野,小人在位”解《伐檀》全旨,以“乃心罔不在王室”解《鸱鸮》全旨,以“其克诘尔戎兵”解《车攻》全旨,以“怵惕惟厉,中夜以兴”解《夜如何其》全旨,以“在我后嗣子孙”解“似续祖妣”,以“人其代之”解“弗射弗亲”,以“官不及私昵”解“琐琐姻亚,则无膴仕”,以“天道福善祸淫”解“有皇上帝,伊谁云憎”,以“启佑我后”解“诒厥孙谋,以燕翼子”,以“尔身克正,罔敢弗正”解“不僭不贼,鲜不为则”,俱贴切有妙义。(15-70)

礼记解诗经一卷 嘉庆己未刊本

清范士增纂。③ 如以“后修女顺”解《葛覃》全旨,以“君子将营宫室”解“升彼虚矣”一章,以“登车则有光矣”解“星言夙驾”,以“君子比德于玉”解“如圭如璧”,以“一与之齐,终身不改”解“实维我仪,之死矢

① “纂”,中华本作“撰”。

② “纂”,中华本作“撰”。

③ “纂”,中华本作“撰”。

靡他”,以“婿亲御授绥”解“有女同车”,以“燕辟废其学”解《子衿》全旨,以“好贤如缁衣”解《有杕之杜》全旨,以“是谓君臣为谑”解《株林》全旨,以“问庶人之富,数畜以对”解“谁谓尔无羊,三百维群;谁谓尔无牛,九十其犉”,以“不忘其所由生也”解“有怀二人”,以“惧辱亲也”解“无忝尔所生”,以“所以善成王也”解《文王》全旨,以“王亲视学”解“于乐辟廱”,俱贴切有妙义。(15－71)

四书识遗二卷　心简书屋刊本

清程大中撰。大中有《四书逸笺》,《四库》已著录。按是书即《逸笺》之初名也。大中喜抄书,所为《别录》凡十种,《四书识遗》其一也。所引诸说,大抵散见他书旁搜而得之者,以非解经之正,故入《别录》。后改题“逸笺”,又析二卷为六,于原文无一字增删。然“逸笺”之名,究不如“识遗”之称其实也。(15－71)

大学原文集解一卷　光绪丁酉刊本

清胡清瑞撰。清瑞字辑五,河南襄城人。是书首有清瑞序,驳先儒错简之说。谓“献王所得古经,其文必接连写下,不应《康诰》曰‘克明德’至‘止于信’,适盈一简,与上下文绝无牵连,他简亦不应起讫适皆语足。错接此简,则移改者非也。然郑康成改‘谦’为‘慊’、‘命’为‘慢’,已为程朱辈作俑”。又谓“《章句》既称有三纲领八条目,则条目正所以释纲领,何烦更为纲领作传”。俱言之成理。题曰“集解”者,不过于郑孔注疏、朱子《章句》,各采其善,亦间及《孝经》《孟子》。以孝释“明德”,释“亲民”。引《孝经》“爱亲者不敢恶于人,敬亲者不敢慢于人”,释“所厚者薄,而所薄者厚”。引《孝经》“不爱其亲而爱他人,不敬其亲而敬他人”,谓之“悖德悖礼”。而释“大学”,则引《孟子》“学则三代共之”,谓即国学。义俱精切。盖《大学》首节,证之《孟子》而益明。《孟子》言学则三代共之,皆所以明人伦也。人伦明于上,小民亲于下,明人伦即明孝,亦即明明德也。小民亲于下,说亲民更显然。因是知《大学》与《孝经》《孟子》本相通,而宋儒妄以己意造解,适形隔膜。他所释,如谓"知即不虑而知之知，毋自欺则致其知矣。物即物有本末之物，如恶恶臭，如好好色，则格物矣。格致诚为一事，离诚意而言格致，则格致泛；离格致而言诚意，则诚意空。而诚者物之终始，故言诚意以包之。意者独知之事，非他人所能预。慎其独，即所以诚意、自谦者；戒自欺，而常觉其未能也"。凡此皆与旧解之异。所惜语简笔拙，未能畅发其旨耳。(15－72)

中庸原文集解一卷　光绪丁酉刊本

清胡清瑞撰。首有自序，以为朱子于《中庸》，虽无所增删移动，而所释多违经传。《中庸》两言"达道"，皆释首节之"道"字。曰喜怒哀乐皆中节，谓之和，和也者，天下之达道。又述孔子之言曰："以君臣也，父子也，夫妇也，昆弟也，朋友之交也，五者，天下之达道。而《章句》不肯承用。观其序，一则曰'忧道学之失其传'，再则曰'道统之传有自来'，是特借《中庸》以自表章其道学，非表章《中庸》"云云。按宋儒解经之失，在舍显而求之隐，强以其所自得之理，为即圣人之理。其以道学道统牵合道字，亦其一端。清瑞所斥甚是，而未能一一明辨之也。且清瑞自以为《中庸》系对隐怪立名，其释"素隐行怪"，谓"素"即"平素"之素。如天子之文章为显，性道为隐。道学者流，动言性命，是以隐为素。果如其说，岂夫子逆知数千年后有道学者出，而预为之防乎？其谬妄甚于宋儒矣。清瑞又以郑、孔注疏不尽善，而自为说，仍依旧解之间，无所创辟。惟解"舜其大孝"一节，引《孝经》"孝莫大于严父，严父莫大于配天"，又引《孟子》"孝子之至，莫大乎尊亲。尊亲之至，莫大乎以天下养"，的为此节切诂。而朱子《孝经刊误》，所疑为凡将之嫌者，亦可互证而释然矣。又解"身不失天下之显名"句，亦甚妥贴。武王伐纣，汤所称有惭德者也。然人悦其伐暴救民，不以为富天下而弑君。曰不失者，盖几几乎失之。然后知王者之师，非托名清君侧者所得附也。而圣人之言之妙于斟酌，无毫发憾，亦于此可窥见一斑矣。(15－73)

大学吃语一卷中庸吃语一卷　雍正乙卯刊本

清耿问翁撰。问翁字锡公，河南襄城人，官睢州教谕。是书首有问翁自序，又有其子论道序，及参阅姓氏。盖录于众门人之手，而问翁复为点窜。“吃语”二字，亦其所自题也。大旨就《章句》随文敷义。自序称“有总提，有过渡，有结束，有铺排，有剪裁，有正有侧，有虚有实。所注重者，如此而已。”论道序，称“问翁所著尚有《四书提耳》，亦为其一生精力所在，是书特其绪余”。顾乃急此而缓彼，不知用意果何居也。(15－74)

重订四书劄记不分卷　旧抄本

清王巡泰撰。巡泰字零川，陕西临潼人，乾隆举人，尝官山西五寨县知县。是书首有巡泰自序二，一作于乾隆乙未，一作乾隆丙午。盖屡经改易，至丙午则为最后定稿也。别有门人阎成化序，亦作于丙午，则巡泰寓望都时，成化读其稿而序之也。自记称“《集注》字字句句，与圣人之言相印合，一字亦不可易”，可以知其旨矣。书中间引他说，所称孙西峰者居多，盖其师也。谓“良知与人心之灵不同，‘灵’字该得‘良’字，‘良’字该不得‘灵’字。知爱知敬是良知，知是非知好恶之类，俱是人心之灵处，只可谓之知，不可概谓之良知”。按孟子言良知，凡四端皆该于是。今谓良知毕人心之灵，岂知爱知敬，是冥顽不灵者乎？知是非，知好恶，既由人心之灵而来，非良知而何？又谓“天地万物，只是一性”。天地之性，岂同于万物？物之性，岂同于人？而可一概视之乎？观其持论，似于宋以前旧说全未寓目，又似于四书以外诸书全未寓目。矻矻穷年，不离功令，弇陋亦殊足哂也。(15－74)

文照堂四书字音辨一卷　心简书屋刊本

清于光华录。是书以四书白文朱子未注音声者，坊本每为妄增，如“在邦必闻”之“闻”，增音去声；“庶民去”之“去”，增音去声；“使养其老”之“养”，增音去声之类，多有舛讹，因作此正之。字辨音释，俱遵《字典》。若"绪""序""犯""范""受""渐"等字,《正字通》皆读去声,而《字典》及他韵书则读上声。光华以为《正字通》虽非无稽,究以《字典》为正。而《字典》所有,则不复核其是非矣。书中于朱子已注音者,俱不复载。所补凡四百五十五字云。(15－76)

四书句读辨一卷　乾隆戊子心简书屋刊本

清于光华录。光华字惺介,江苏金坛人。是卷以俗师多不辨句读,句读一误,便失书理,因举此以正之。其要者,如《大学》"见君子而后厌然揜其不善而著其善",十五字为一句。《论语》"吾与女弗如也",上三字不可读。"逝者如斯夫不舍昼夜","逝者"一读,"如斯夫"不可读。《孟子》"叟不远千里而来","叟"非绝句,连下文。"我非爱其财而易之以羊也宜乎百姓之谓我爱也","我非爱其财"绝句,"而易之以羊也"一读。"孟施舍之守气又不如曾子之守约",两"守"字一读。"其妻妾不羞也而不相泣者几希矣",上十一字略读。"帝亦知告焉则不得妻也",十字为一句。他所举,皆易于沿讹者。然四书当辨者固不止此,特引其例,期使学者触类推知耳。(15－75)

四书字迹核一卷　心简书屋刊本

清陈瑶宾录。是书专究字迹,虽属无关紧要,而默识者每多混淆,亦场屋中不可不知也。如"后"勿误"後","壹"勿误"一","揜"勿误"掩"。又如"期"之与"朞","饑"之与"饥",不可互易。又如"唯"即"惟"也,而《孟子》七篇无"唯"字。以"兄弟"之"弟"为"孝弟"之"弟",四书所同也,而《上孟》特有四"悌"字。以"知识"之"知"为"仁知"之"知",亦四书所同也,而《孟子》前五篇俱从日作"智",后二篇又"知""智"杂出。凡此之类,俱宜切认于读书之时,庶不错用于临文之顷也。(15－76)

四书集注缓读辨一卷　心简书屋刊本

清于光华录。是书专就读《四书集注》说法,大旨以每章总注及说性理处，概不可缓。章内前后节脉络贯通，或前后章相承照应者，并宜细玩，不得随手点画，遗前忽后，抹煞先贤苦心。所辨凡二十四节，体会虽细，但俱无关紧要。盖其时蒙塾以《集注》与圣经同读，而《集注》及若重于圣经，故于读法亦详究及之，亦适形其陋而已。(15－77)

里如堂四书字体辨一卷 心简书屋刊本

清于光华录。是卷专为试场认清题字，免犯规例起见，因就里如堂坊本所辨四书白文中字体摘录若干，俱依《字典》校正，注明可从不可从。其有不尽载者，亦可依类而得，与通行《临文便览》诸书略同。惟楷书已渐失古意，所云点画无讹者，仍多俗体，不过习非成是而已。在科举罢废日，此类书不值一顾矣。(15－77)

书经互解一卷 嘉庆戊寅刊本

清范士增辑。① 是卷以《书》解《书》。其尤善者，如以"罔有攸赦"解"怙终贼刑"，以"元后作民父母"解"百姓如丧考妣"，以"天道福善祸淫"解"惠迪吉从逆凶"，以"弗询之谋勿庸"解"好问则裕，自用则小"，以"黍稷非馨"解"鬼神无常享，享于克诚"，以"润泽生民"解"若岁大旱，用汝作霖雨"，以"慢神虐民"解"谓祭无益，谓暴无伤"，以"惟德动天"解"天大雷电以风，禾尽偃，大木斯拔"，以"毖殷顽民"解《多方》一篇。如此之类，义俱贴切。(15－78)

四书解尚书一卷 嘉庆戊寅刊本

清范士增辑。② 是卷以四书解《尚书》。四书开首身修而后家齐，家齐而后国治，国治而后天下平，与《尚书》开首"克明峻德"一节，其义全同，适是确证。他若以"父母其顺矣乎"解"克谐以孝"，以"不仁者远

---

① "辑"，中华本作"撰"。

② "辑"，中华本作"撰"。

矣"解"流共工于幽州"四句,以"民之所好好之"解"罔咈百姓以从己之欲",以"君臣之义,如之何其废之"解"成汤放桀于南巢,惟有惭德",以"斯不亦惠而不费乎"解"散鹿台之财,发巨桥之粟",如此之类,义俱足以相发。至若以"比干谏而死"解"剖贤人之心",本是一事。又若以"降一等"解"厥田惟上中"之类,亦贴切可取。(15-78)

周易解尚书一卷　嘉庆戊寅刊本

清范士增辑。是卷以《周易》解《尚书》。其尤善者,若以"天下文明"解"光被四表",以"观乎天文,以察时变"解"在璇机玉衡,以齐七政",以"小惩而大诫"解"扑作官刑",以"交易而退"解"懋迁有无化居",以"箕子之明夷"解"囚奴正士",以"从妇凶也"解"牝鸡之晨,惟家之索"。如此之类,义俱精切。至若以"明两作"解"曰重华"之类,虽属巧合,不足以云解也。(15-79)

诗经解尚书一卷　嘉庆戊寅刊本

清范士增辑。是书以《诗》解《书》。尤善者,若以"锡尔介圭,以作尔宝"解"班瑞于群后",以"投彼有北"解"流共工于幽州",以"万邦作孚"解"彰信兆民",以"殷不用旧"解"播弃犁老",以"实始翦商"解"至于太王,肇基王迹",以"是用不溃于成"解"为山九仞,功亏一篑",以"缵戎祖考"解"以耿文王之耿光,以扬武王之大烈"。如此之类,俱见精切。(15-79)

秋槎杂记内篇四卷　道光元年刊本

清刘履恂撰。字迪九,江苏宝应人,乾隆丙午举人,即用儒学教谕。是书有履洵后序,在乾隆壬子,后毁于火,其子宝树重为荟辑,得内篇四卷,外篇一卷。外篇杂考群书,另著录。内篇主说经,所援据多古义。如《论语》"射不主皮,为力不同科",据《乡射记》,辨主皮之射尚力,前番不中,不复射,礼射不尚力,前番不中,后复射,故曰"为力不同科"。又据《乡大夫》《考工记》《乐记》,辨主皮非贯革。又管氏有"三归",据

《左传》杜注,诸侯取适夫人及左右媵,乃有侄娣,皆同姓之国。是取妻班次有三,适也,娣也,侄也。或后夫人而行,则本国妇女为一次,二国各一次,故曰三归,正包《注》取三姓女之非。又据《公羊传》"诸侯不再娶",以正鲍《注》三取女之非。又论"禘祫",据《左氏经传》,辨新免丧之祫合食,禘不合食,与郑《注》合,而常时禘祫皆合食,又与王《注》合,则宗二家无庸相难。又《大学》"汤盘",据《内则》:"少者奉槃,长者奉水。"《公食大夫礼》:"小臣具盘匜,在东堂下。"下云公降盥。《既夕礼》:"用器:两杅,槃,匜。匜实于槃中,南流注。"《特牲礼》:"尸盥匜水,实于槃中。"《小牢礼》:"小祝设槃匜于西阶东。"下云尸入门左。宗人奉槃一,宗人奉匜水,乃沃尸。盥于槃上,证为洗盥之盘,非沐浴之盘。他如据《穀梁》"西宫灾"传,知庙制横而非纵,以订朱子之误。据《大戴礼》《列子》,天子有驾六马之文,以补郑《注》之疏。据《士冠》《士昏》,辨《论语》絺绤,非禅非元。据《左传》辨黻冕之黻,非蔽膝。俱甚惬当。每条下间附刘文淇、薛传均、凌曙、杨大承按语,盖校刊时所增入,于原义亦多所引申焉。(15-80)

经学举要一卷　民国壬子活字印本

姚永朴撰。永朴字仲实,安徽桐城人。① 是书就十三经中标其概要,大都抄集成说,甚少断制。沿讹袭谬,亦所不免。于《周易》较详,亦未备也。《论语》《孝经》《尔雅》《孟子》各仅一条。后附读法十四诀,曰循序、识字、考音、玩词、明体、审例、求宗、广证、存异、辨伪、祛惑、复古、知今、绘图。虽未为醇备,尚不拘于桐城家法,专以佞宋为事。至所揭大义有八,则多空言而无当矣。(15-81)

孝经长孙氏说附考一卷　玉函山房本

汉长孙氏撰,清马国翰辑。长孙氏名字爵里,俱不可考。《汉书·

---

① 中华本此句后有"仲实先于光绪戊申作《十三经述要》六卷,继于民国壬子节为《经学举要》一卷,实一书也。为安徽高等学堂课本之用"一段。

艺文志》:《孝经》一篇十八章,长孙氏、江氏、后氏、翼氏四家。又《长孙氏说》二篇。盖汉初首传《孝经》者也。长孙所传为今文,据《隋书·经籍志》,长孙有《闺门》一章,是《闺门》章不惟古文有之也。其说隋、唐《志》不著录,不知佚于何时,亦无单文剩句可辑。国翰仅从孔安国古文中录存《闺门》章二十二字,并引汉、隋二《志》及孙本《古文孝经说疑》一则,附于其后焉。(15-91)

孝经郑注一卷 汉魏遗书本

汉郑玄注,清王谟辑。首有序录。所辑凡《释文》五十八条,《正义》三十二条,《毛诗疏》一条,《礼记疏》一条,《公羊疏》一条,《史记注》一条,《后汉书注》一条,《文选注》一条,《初学记》一条,《北堂书钞》五条,《通典》一条。搜采殊未备,且多讹误。即如首页,“曾子侍”之下,引《释文》“卑在尊者之侧曰侍”八字。按此陆氏本注也,安可混入郑《注》?然朱彝尊《经义考》已误于前矣。按郑《注》辑本,以袁钧、孔广林为最先,而二书并晚出,谟未得见。若洪、臧、严、丁诸本,则又在其后,宜不免于疏陋也。(15-92)

孝经郑氏注一卷 郑氏佚书本

汉郑玄注,清袁钧辑。首辨郑《注》不伪。引王肃难郑,引郑《孝经注》云:“后稷土也,句龙为后土。”足以订邢昺之《疏》。所采诸书,大致赅备。各条下每附考证,如“夫孝始于事亲”三句注引邢《疏》,而别补以“行步不逮悬车”六字。“甫刑云”注,引《春秋》“有吕国而无甫侯”,见《礼记·缁衣》疏,引作《孝经序》,但序文不得为此语,断“序”乃“注”字之讹。“然后能保其社稷”注,引“后稷土也,句龙为后土”,见《礼记·郊特牲》疏,谓“稷”是“社”字之讹,且当与“土”字倒换。“先之以敬让而民不争”注,补“上好礼”三字。“治家者不敢失于臣妾”注,引“诸侯称国,大夫称家”,见《春官·典命》疏,止称《孝经》,“孝经”下当脱“注”字。其他推测文义,以为应有之字,不敢径补,则以空格记之,而详其说于下。所见多是。其间或有异文,亦附著之,异夫徒辑成文,而

不知辨别者。(15-92)

齐永明诸王孝经讲义一卷　玉函山房本①

《隋志》载齐永明三年《东宫讲》②、永明中《诸王讲》及贺玚讲议《孝经义疏》各一卷。考《南齐书·文惠太子传》:"永明三年,于崇正殿讲《孝经》,少傅王俭以擿句令太仆周颙撰为《义疏》。五年冬,太子临国学,亲临策试诸生。"下载太子问王俭、张绪及竟陵王子良、临川王暎问答,凡十四节。《志》称"永明中",与《传》称"永明五年"者大抵相合。惟其书据《隋志》,并云梁有,又云亡,盖亡于隋也。故《唐志》即不著录。是卷乃马国翰从《南齐书·文惠太子传》抄出,并云"太子以长年临学,与诸王一堂谘论,皆前代所未有。录列一家,东宫讲义大旨,亦于此见其略云"。(15-93)

孝经刘氏说一卷　玉函山房本

齐刘瓛撰,清马国翰辑。瓛有《周易乾坤义》《毛诗序义》,俱已著录。其《孝经说》,隋、唐《志》皆不载,惟邢昺《正义序》称之,亦未详其卷数。国翰从《正义》辑得五条。其说"仲尼居",述张禹之义,以为"仲者中也,尼者和也",言孔子有中和之德,故曰仲尼。张禹遗说,赖此仅存。丁晏《孝经征文》取之,而国翰乃以为疵,何耶?(15-93)

孝经集注衍义一卷　注韩居刊本

是书题"新安晦庵朱熹集注,门人敬义童伯羽衍义"。考童伯羽,瓯宁人,师事朱子,朱子尝造访之,名其堂曰"敬义"。按朱子于《孝经》止有《刊误》行世,不曾作注,是本于《刊误》所削者皆具之。且《注》极浅略,断非朱子所为。又《闽书》记伯羽所著书,亦仅有《四书训解》一种,

---

① 中华本作"玉函山房辑佚书本"。

② 中华本此句前有"无撰人名氏"一句。

不及此书。尝见明成化刊《孝经大义》,其上方载伯羽说三条,一在“爱亲者不敢恶于人”节上,一在“曾子曰敢问圣人之德”上,一在“子曰孝子之丧亲也”节上。取校是本,前后二条,文句略同;中一条,是本独缺。大约伯羽原有《孝经说》,而书已佚。是本疑从采辑而成,而有所未尽。又伪造朱子《集注》置其前,不思其全无依据也。卷首弁以《孝经》全文,无序跋。(15-94)

孝经本义一卷 雍正十年刊本

清姜兆锡撰。首有兆锡自序,削去“开宗明义”等章名。旧本分《天子》至《庶人》为五章者,谓当合为一章。旧本合“圣人之德”至“其仪不忒”为《圣德》章者,谓当如古文分为二章,又加入古文《闺门》章。全经凡分十六章,又通为五段,各详其义。所释经文,义亦条达。其详他人所略者,如释“始于事亲”三句,谓“孝自天子下达,而以事君为职任者,惟公卿大夫士则然。所以始中终虽列为三,故首止言始终,而不及中,而下文孝无终始,亦不言中于事君”。又释“非先王之法服不敢服”三句,谓“下文说言行不说服,又继言三者备矣。盖服至卿大夫,有降而无益。益则是王侯,故只说言行不说服”。必如此解,方见圣人之言无漏义也。(15-94)

孝经章义一卷 方柏堂全书本

清方宗诚撰。宗诚学宗紫阳,而是篇不以《刊误》为是。谓“全书文理接续,血脉贯通,深浅始终,至为精密”。其间“曾子复问”诸章,尤见筋节。即“言思可道”一节,或是承用古语,与他书同,非出蹈袭。语俱有理。惟又不以孔子自著为是,谓“确是孔子传授曾子之言,而曾子门人编次之以为书”。考陈澧《东塾读书记》云:“此经是孔子所言,其笔之于书,但可谓之述,不可谓之作,故郑君以为孔子作。”按陈说是也。宗诚既断为孔子传授曾子之言,何以又断为非孔子自著,岂以述者为作者耶?(15-95)

读孝经日记一卷 学古堂本

清潘任撰。任字毅远,江苏常熟人,诸生。① 是《记》至“五孝”章而止,未竟全书。所援据古义,至详备。断《孝经》为孔子作,据《艺文志》:“《孝经》者,孔子为曾子陈孝道也。”孝道既是孔子所陈,则其书自是孔子所著。又《礼记·经解》云:“孔子云:‘安上治民莫善于礼。’”此系《孝经》语。如为曾子所作,则师不当引弟子之书。又《史记·仲尼弟子传》:“孔子以曾参能通孝道,故授之业,作《孝经》。”业者,业于是经;授之业,乃授之以孝使曾子业之。《史记》所云,盖倒文。又《礼记·中庸》,郑《目录》云:“孔子之孙子思伋作之,以昭明圣祖之德。”自“天命之谓性”至“万物育焉”,皆子思之言。先以己言开首,继引“仲尼曰”以明作述之义。如《孝经》为曾子所作,当如《曾子》十篇首皆云“曾子曰”矣。此乃以“仲尼曰”开首,非曾子所著甚明,最为不易之论。任又断郑氏解,确为康成作。举证十五,别见所著《孝经郑注考证》,另著录。他如据《汉书·匡衡传》云“《大雅》曰:‘无念尔祖,聿修厥德。’孔子著之《孝经》首章”,谓为古有章名。又据魏徵《群书治要》作“仲尼居”,谓“居”字疑后人因《说文》而改郑《注》。又据《释文》引郑《注》有“禹三王最先者”一语,谓先王指禹,不指文王。凡此皆关要义,说俱确当。又谓“郑《序》所称‘避难南城之山’,系因党事逮捕”,以正乐史《太平寰宇记》“黄中寇青部”之误,亦可采也。(15-95)

孝经管窥一卷 雍正乙卯刊本

清窦容邃撰。容邃字樗邨,河南朱阳人。是书不用旧说,握定经文“不敢”二字,谓是全书之枢纽。就“不敢毁伤”“非先王之法服不敢服”“非先王之法言不敢道”“非先王之德行不敢行”“不敢遗小国之臣”“治国者不敢侮于鳏寡”“治家者不敢失于臣妾”等句,切实阐发。又谓《诸侯》章引《诗》“战战兢兢,如临深渊,如履薄冰”,即前后章“不敢”字之

---

① “任字毅远,江苏常熟人,诸生”,中华本无。

究竟。他所释俱极显浅,而在本经教孝之旨,则不嫌也。首有容邃自序。(15-96)

孝经援神契三卷 古微书本

明孙瑴辑。以为"此言孝道之至,行乎阴阳,通乎鬼神上下古今,若执符"云云,殆亦望文悬断。书分三卷,大约以涉于天地时令者为上卷,涉于帝王礼制者为中卷,涉于六经及物理者为下卷。每条下多按语,又间有称"贲居子曰"者。贲居子,当亦瑴自号也。所辑不著所出,其中纬谶相混,且多讹脱。如"地以舒形"八字,"祭祀之礼"二语,"郊社后稷"三十三字,"封于泰山"二十四字,皆应入《钩命决》。"元气混沌"七语,应入《左契》。"鲁哀公十四年"一百八十一字,应入《右契》。瑴乃俱收于此。而"封于泰山"二十四字,瑴既收之于此,又收之于《含文嘉》,收之于《左契》,尤见游移失据。"故敕以天期"二十三字,见《周礼·冯相氏》疏;"周千八百诸侯"十二字,见《礼运》疏。皆泛言《孝经纬》,瑴亦收之于此。"伏羲画地"五十九字,分见张揖《博雅释地》《释山》两篇及罗泌《路史》。"月三日成魄"二十八字,见《白虎通》。"神农长八尺"二十四字,"黄帝身逾九尺"二十二字,皆见罗泌《路史》。"郊祀后稷"二十八字,见《礼大传》郑注。"麟中央也"二十八字,见《左氏疏》。皆未言是纬,瑴又收之于此。至于"故敕以天期"条,"皆由此术"四字,是《疏》语,非《纬》文,瑴乃连及之。"神农长八尺"条,"牛愿"讹作"牛头";"言若含泽"条,"含"讹作"合";"少昊乐曰兀渊"条,"大"讹作"兀";"郊祀后稷"条,"泛配"讹作"凡祀配"三字;"祭祀之礼"条,"地"讹"祀";"郊社后稷"条,"地"下脱"天"字。其按语,援引似甚博,而驳杂不切,徒见其赘耳。(15-97)

孝经钩命诀一卷 古微书本

明孙瑴辑。以为"纬书言命者,莫如《元包》。以'钩'言者,莫如《春秋》之'文耀钩',《河图》之'稽耀钩'。兹撰《孝经纬》,则直言'诀'矣。殆即元命钩耀之命,而参其奥以示人,故以'诀'名"云云,亦是悬断。所辑不著所出,又混杂讹脱,与《援神契》同。如“孔子海口”八字,㲄已入于《援神契》,又重收于此。“水性则信”九字,见《王制疏》,但作《孝经纬》,㲄亦收之于此。且《疏》引此文,作“土性则智,水性则信”,㲄妄为互易,殊失古训。“东夷之乐”条,见《周礼·春官·鞮鞻氏》疏,作“持矛”“持弓”“持钺”“持盾”。㲄除“持矛”与《疏》同,余则作“持羽”“持戟”“持干”,不知何据。按语驳而不切,亦与《援神契》同。(15-98)

孝经内事图一卷 古微书本

明孙㲄辑。按《御览》引此,无“图”字。以《春秋内事》例之,无“图”字为是。㲄则以为“天象玄隐,非图莫著,而终以其言隐也,名之‘内事’”云云,盖臆说也。不著所出,同《援神契》。所辑“大角为坐候”五字,“斗曲杓桡”三十二字,“岁星守心”三十字,皆已入《援神契》;“失义不德”三十三字,“彗五彗也”五十二字,皆已入《钩命诀》;又重收于此。按语驳而不切,与《援神契》同。(15-98)

孝经内事图一卷 玉函山房本

清马国翰辑。书有“图”字,沿孙㲄之误也。异㲄者,每条皆著所出。㲄所收“大角为坐候”条,“斗曲杓桡”条,“岁星守心”条,“失义不德”条,此皆不存。其“彗出北斗”条,于㲄书增十字,删一字,改二字。又据《御览》增一条,据《开元占经》增七十一条。惟诸辑本,皆兼引宋均《注》,此独删之,不知何意。各条下间附浅解,语虽甚略,亦胜于㲄之繁称博引也。(15-99)

孝经严氏注一卷 玉函山房刊本

梁严植之撰,清马国翰辑。植之字孝源,秭归人,官至中抚记室参军,兼博士。事迹具《南史·儒林传》。《隋志》有“梁五经博士严植之《孝经注》一卷,亡”。史称“植之习郑氏《礼》”,其注《孝经》,亦必以郑氏为宗。史又称“馆在潮沟,生徒常百数,讲说有区段次第,析理分明。每登讲,五馆生毕至,听者千余人”。今《礼说》不见著录,《孝经说》传

而复佚。国翰从邢昺《正义》录得三条,又《正义》引先儒之说二条,植之说自在其中,合成一卷。(15-99)

尚诗征名二卷 光绪三十四年刊本

清王荫祜撰。荫祜字子受,直隶正定人。"尚诗"云者,以三百篇为诗家之祖,宜援《尚书》之例,正其名也。首有《序说》,述"征名"之旨。篇分甲乙,甲篇六十,为已定之说;乙篇十五,为未定之说。总七十五篇。大抵据《小序》及齐、鲁、韩、毛四家、朱子《集传》,择善而从,而取《鲁诗》为多。《鲁诗》已佚,惟据刘向《列女传》,以向号传《鲁诗》故也。中如《柏舟》篇,定为卫寡夫人作。诸书作卫宣夫人者,"宣"乃"寡"字之讹。《燕燕》篇,定《燕燕》为卫庄姜作。诸书作"定姜"者,附存其说。《柏舟》篇,本《序说》,以正《史记》卫武公弑兄之诬。《大车》篇,谓"《列女传》之息君夫人与《左传》之息妫是二人,一守节自杀,一入宫生二子"。《无衣》篇,定为秦哀公作。引《左传》定四年传,秦哀公为之赋《无衣》。据《左传》他篇所书,如云"美而无子,卫人为之赋《硕人》也",又云"高克奔陈,郑人为赋《清人》",又云"皆秦之良也,国人哀之,为之赋《黄鸟》",以为"凡有事实在前,然后书为之赋某诗者,无一不指作诗而言,是诗亦其例也"。《常棣》篇,据《国语》定为周文公作,谓《左传》作召穆公者非。《小弁》篇,定为周平王作,谓"诗词凄怆,如'何辜于天''我罪伊何''我躬不阅''遑恤我后'等语,决非他人所能代"。《白华》篇,定为周幽王后申氏作,《小序》有脱误,郑《笺》据脱误之文为解,直以褒姒为幽后者非。《武》篇定为周文公作。《左传》称"武王克商作颂曰'载戢干戈'"云云,"又作《武》,其卒章"云云,谓"所云'武王克商作颂'者,言周公推本武王之克商乃作此诗,非谓此诗为武王自作。且篇内明著武王之谥,尤可证"。如此之类,具见论诗有识。荫祜谓"古人淳朴,本不以求名为务。《序说》有名诸篇,既偶有所传,转多可信,即当以《序说》为据"。说亦有理。至乙篇以为未定者,或于义不合,如《关雎》篇或以为毕公作,或以为康王夫人作。但《仪礼》以《关雎》为乡乐,又为房中之乐。是周公制作之时,已有此诗。果如其说,则《仪礼》不得为周公之诗，而周之盛时，乃无乡射燕饮房中之乐，而有待于后世之刺诗乎？又或不得主名，如《芣苢》篇，《列女传》云蔡人之妻作；《汝坟》篇，《列女传》云周南大夫妻作。氏族不著，便与缺名无异也。是书虽标征名，而于经义亦多所折衷，援引繁而得要。书中屡引其兄荫昌说。荫昌尝官山东武定州知州，著有《毛诗校议》，未见传本。荫祜所从受受业者也。（15－101）

毛诗经说二卷　道光甲辰刊本

清王益斋撰。益斋字吕谦，江苏高沙人，岁贡生，嘉庆辛未钦赐举人。是书亦题"郑篮田淫奔诗辨"。篮田，宋郑樵字，尝作《诗传辨妄》，斥毛郑之失，又诋《小序》非子夏作。朱子《诗集传》，所云"淫奔之词"，多从其说，益斋辨之。书分二卷，上卷就邶、鄘、卫、王、郑、齐、陈诸诗，辨其非淫，竟援伪《子贡诗传》、伪《申培诗说》，以驳毛《序》。下卷，论郑卫淫声，论朱子疑淫奔何意，论朱子辨《小序》，说朱子《集传》用申《序》，辨《申培诗序》真伪，论端木《诗传》非伪本。凡六首。尤谬者，以朱子《集传》多同申《序》，谓朱子实用申《序》。朱子果用申《序》，何以绝不言之？朱子时果有申《序》，隋、唐《志》何以绝不载之？适形其乡曲陋儒之见而已。卷首有益斋自序，作于嘉庆二十一年，又有张芾、杨德坚二序。其侄栻前后二跋，则道光梓书时所增入也。（15－102）

诗古微二卷　修古堂写刊本

清魏源撰。按源成《诗古微》上中下编二十三卷，刊于道光庚子，是本其初稿也。凡二卷，上卷《正始》篇二，《诗乐》篇四，《三家发凡》篇三，《毛诗明义》篇五；下卷《三家发微》篇三，《齐鲁诗发微》篇一，《鲁诗发微》篇二，《韩诗发微》篇二，《三家通义》《三家同义》《三家异义》《集传初义》篇各一。诸篇之目，俱不见于道光本。道光本有《通论四始》《通论诗乐》《通论毛诗》《毛诗义例》《四始义例》诸篇，即就《正始》《诗乐》《毛诗明义》诸篇而推演者也。其《三家发微》诸篇，道光本则散之各诗篇中，余篇盖为定本所删。其《三家发凡》篇中，所论十五国风之次第，六笙诗之有无，诗三百篇之删与不删，俱有新义，未可湮没。卷首有李兆洛序，又刘中受《礼部集》中亦有一序，道光本并遗之，当是晚年写定，自信自坚，不借重他人标榜也。（15-103）

审定风雅遗音二卷 乾隆庚辰刊本

清史荣撰，纪昀审定。荣字雪汀，浙江鄞县人。是书首纪昀序，又有史荣原序。荣序称"今本朱子《集传》，所载之音，非惟与释文乖，并《集传》中语，时或背之，决非朱子手定。因检释文及诸字韵书，为之考订，复分类条其所误之由。其当有音而阙者，与兼有他音者补之"云云。昀序则称"荣此书于《集传》以外，无所发明，且不知古音。说叶韵多所舛误，又门目太琐，辨难太激，亦微乖著书之体。因为之汰繁就简，弃瑕录瑜"云云。其书先列原目，次列新目。新目分类凡十，曰"音与传义背"，曰"《集传》用旧训义而无音"，曰"《集传》有异义而不别为之音"，曰"音切之误"，曰"误音为叶"，曰"误叶为音"，曰"泛去四声之误"，曰"补音"，曰"京本音切考异"，曰"俗音订误"。所删原目，凡十有四。昀于条下，间附按语，俱精要。又录戴东原一条，其时东原方主昀家。序云："去取之间，多资参酌。"宜其远善于原书也。（15-103）

汉学商兑三卷 道光辛卯刊本

清方东树撰。东树字植之，安徽桐城人，诸生。是书首有序例及重序，又有姚莹、朱雅、陆继辂、沈钦韩、李兆洛、毛岳生、陶澍诸家题辞。大旨斥考证而崇义理，义理又独宗朱子。朱子而外，亦多所斥，于阳明尤甚。按考证固治学之一事，非汉学所得私有。自惠栋治经标揭汉学，江藩因之撰《汉学师承记》，于是有汉学、宋学之分。东树所题，盖指专治考证者言也。书分三卷，首溯畔道罔说之源；次辨依附经义小学，似是而非者；次为总论，辨诋诬唐宋儒先而非事实者。历引黄震、焦竑、顾亭林、万斯同、毛奇龄、朱彝尊、阎若璩、臧琳、惠栋、戴震、钱大昕、段玉裁、王昶、阮元、汪中、江藩、凌廷堪、焦循、庄忻诸人之说，而一一辨之。所引大率为同时人，且有素尝论学者，阮元又其所客之府主也，皆断断不少逊避。于臧氏《杂记》、惠氏《古义》尤所憎恶，亦汉学家一大箴砭也。综观所论，不无当者。盖其时治汉学者志傲气骄，轻于发言，原不免授人以口实。而吹求周内，讵能无隙？而强词臆断，亦所不免。谓诸人多憎忌程朱，坚欲与之立异，不思已亦憎忌汉学，坚欲与之立异也。戴震谓称宋以来儒者，以己之见，硬坐为古圣贤立言之意。此说本不谬，古今之义理何穷，因时救弊，立言者何妨补六经所未及。乃硬以宋儒所言之义理，即是孔子之义理。且私造心传道统诸说，又举朱子以压倒群儒，恐不足以取胜，则援朝廷功令相胁制，见何陋也。其说又繁而不杀，如开首驳毛奇龄《道学辨》，既引叶適之疏，道学之名，出于小人所指目，而又为之力辨。其意无非炫博，而不知适形词费也。惟其中有云"为学而能堕于禅"，此虽为圣学之害，然大段已是上乘人物，若其余则皆溺于货色、忿欲、私曲、邪佞者也。如曰不然，请各扪心自反云云。其时治汉学诸儒，多于持躬行己有歉，此语殆有为而发也。（15－104）

汉学商兑刊误补义一卷　道光戊戌刊本

清方东树撰。东树刊《汉学商兑》成，其后续有所获，有堪与本条相发明者，应为补入，又有前说偶误，后忽发觉者，应为改正，遂成是卷。题道光戊戌，距刊前书时，越七年矣。所持论视前尤悍，如"儒"之训为需为柔，自是造字本义，乃曰姑阙之，而断以理，可乎？其斥汉学，至比之鸩酒毒脯，食之者必裂肠洞胃，狂吼以死。不思汉学家所考据者，典章制度、训诂名物也，即不适时用，亦何至有害于人耶？凡不合程朱者，如甘泉、白沙、景逸、念台，皆所痛贬。即素行不背朱子，如黄梨洲、顾亭林者，以其平日未尝言心言性，亦概訾之。盖东树记诵，本甚该博，佐以褊心粗气，老而益甚，遂至于此。惟中驳吴英及其子至忠所为《四书章句集注定本辨》，谓"《定本》并无其书，且所引皆朱子初说，不如今通行本之义周词当"。所见甚是，非研讨素深者，不能知之耳。（15－105）

汉学商兑平四卷　光绪戊子刊本①

清豫师撰。是书首有自序，后有徐桐“附识”八则，及金文同、玉庆、刘名誉诸跋。大旨以东树所辨虽是，惟徒争论于文字之间，以讼止讼，仍是空谈。不知圣贤道理，原无执着，苟能实力行习，功夫进一层，识解高一层，自可走到圣贤路上云云。豫师亦素究宋儒之学，主实践，记诵之博，不如东树，而于理学，所得较深。书中推阐东树之说，而亦间揭其失，如东树谓“执中”是措施允当意，乃用中，非执中，又引服膺为执中，固执为执中，俱差误。又东树指阳明良知为禅学，尤谬。良为固有之良，知为固有之知，即朱子所谓“本体之明未尝息”者。朱子为初学入门立论，故本八条目之格物说，大学始教也。阳明为半涂而废者立论，故本三纲领之明明德说，大学正意也。又谓“阳明满街都是圣人语，不过以粗浅语警醒学者，与孟子人皆可以为尧舜同意，而东树未可以此非笑之”。他条于东树之攻阳明者，皆为曲护。盖豫师之憎汉学，与东树同，而不薄阳明，则与东树异也。惟豫师腹笥无多，远不如东树之左右采获，供其佐证。尤谬者，谓“义理出于心性，训诂不出于心性。指训诂为异端，则可；指义理为异端，则不可”。不思训诂与义理，非可对言。义理亦从训诂出，则训诂亦义理也。且义理从训诂出者，方是六经古圣之义理。若离训诂而从心性出者，则非六经古圣之义理，真异端之义理矣。又谓“考音义，较脱简，乃末之末者。苟能由义理而通其悟，得心解于经传之外，方是学能得力”。果如是，则人人自谓得悟，人人自有心解，成何义理？此则东树所必不肯言也。(15－106)

十三经断句考补一卷　原稿本

是书前有序八篇，首篇撰者署祁寯藻，余七篇俱无撰者名氏。又书面题“《十三经断句考》十三卷，嘉定钱绎小庐先生著”，祁序同，他序皆称“既勤”。按钱氏《艺文志》，既勤名东垣，乃绎之兄，非绎也。诸序之

---

① 中华本作“汉学商兑赘言四卷，光绪十四年会辅堂刊本”。

下，开篇即是《十三经断句考补》。自记云："此书全录武虚谷《经句异读》，而详加辨论，更补其所未备，可云精博。浏览一遍，觉尚有遗漏。因就睹记所及，略为辑补。得百余条，敬呈钧诲。已见二书者不赘"云云。所谓二书者，当指武氏之《经句异读》及钱氏之《十三经断句考》。玩其词意，作者似另为一人，而非钱氏。所考，凡《易》十三条，《书》二条，《春秋》五条，《周礼》四条，《仪礼》十三条，《礼记》二十七条，《论语》一十八条，《孟子》十八条，《尔雅》四条，总一百一十条。其原书十四卷，不存一字。诸序所称，又与补不相应也。(15－107)

四书求是十六卷 嘉庆癸酉刊本

清王馀英纂。馀英字菊潭，山东福山人，嘉庆己巳进士，官湖南知县。是书首有邓显鹤、陈运镇二序，又有馀英自作凡例及题辞。大旨重释典制，而亦不遗义理。典制必据经传，不取凭臆独断之说。合者从之，不合者置不辩。自谓所采取者，孙夏峰《四书近指》、顾亭林《日知录》、陆清献《松阳讲义》、阎百诗《四书释地》《潜丘劄记》、李文贞《四书劄记》《榕村语录》、全谢山《经史答问》、江慎修《乡党图考》《群经补义》、惠定宇《九经古义》《禘说》《明堂大道录》、张惕庵《四书翼注论文》、赵鹿泉《四书温故录》、周理衷《四书典故辨正》为多。然同时如赵云松、钱竹汀诸人之说，间亦援引及之。又谓"惠氏言禘礼，毛氏言六律，人多目为新奇，然实有当于经训，故不惮却众说而独存之"。又谓"朱子初年不留心典礼，故仍古注而误者十居八九。至于位在'门屏之间'，朱子本不误，讲家乃误为'库门之外'。九河有简洁之名，朱子本分为二，蔡氏乃误合为一。他如'执圭''主皮'，朱子晚年所定《仪礼通解》辨析分明，特《集注》未及订正"云云。故是书不偏主汉宋，以是为的。惟涉览尚嫌未博，不少遗珠。摭拾殊欠折衷，稍虚心得。其异乎他讲义者，则于汇参体注诸本所收蔡氏《蒙引》以下百数十家，概芟剃之不少存，其识洵非俗士所能及耳。(15－107)

洪范数 雍正元年刊本

宋蔡沈撰，清张文炳校刊。首有文炳序。书分三帙：第一帙，沈原序、天台谢无楙《序说》、朱子《河图洛书图说》、朱子《皇极辨》、《范数筮仪》、《明筮歌》、《九畴吉凶之图》、《洛书范数》、《箕子洪范九畴之图》、《皇极居次五图》、《九畴虚五用十之图》、《九畴合八畴数之图》、《九畴本洛书数图》、《九畴相乘得数图》、《九九圆数循环之图》、《范数之图》、《洪范经》、《洪范畴解》、《序畴传》。第二帙,内篇,即《洪范皇极论》三篇,篇为一卷,有鳌峰熊宗立解。第三帙,外篇,即数八十一章。考是本与《四库》著录本微有不同,《四库》本系据《永乐大典》本,又云与《性理大全》同,二本外更未取证他本。是本刊于雍正初年,馆臣竟未得见之。次三帙虽同《四库》本,而首帙各篇则《四库》本无之。书题"洪范数",与《玉海》合。次帙小题曰"洪范皇极内篇",三帙小题曰"外编",又与王圻《续通考》作"洪范皇极内外篇"者合。疑王圻未见首帙,或虽见而不数之欤?《四库》本乃据之以改《玉海》,非也。《大典》本原无卷数,故馆臣任意并为五卷。至朱彝尊《经义》作《洪范内外传》七卷,又不知其何据。然《洪范》之下,去"皇极"二字,殊未妥。文炳序,亦不言是本所出。首帙中之"洪范畴解",又缺解者姓名。条下间有"朝雍曰"三字,当是附录他人之说,而缺其姓,与曹溶所称之余深解本,不知是一是二。是书阐发"皇极"之理蕴,不专言数,仍当依朱氏《经义考》例,入之经部为较允也。(15 – 108)

经解提纲残本四卷 原辑本

是书缺辑者姓名。盖以天干为次,每编又有分上下者。今存者,卯编之下,申编上下,酉编全,共四卷。卯编下,中录陈寿祺《上阮芸台请定经郛义例书》,附《经郛条例》,胡敬、赵坦、陶定山、钱福林论唐孔颖达《五经义疏》得失,汪家禧、钱福林、邵保初、胡敬、吴文健、徐鲲《六朝经术流派论》。申编上,中录臧庸《春秋经传源流考》、顾炎武《左传杜解补正小序》、惠栋《春秋左传补注序》、钱大昕《左氏传古注辑存序》、马宗梿《春秋左传补注序》、江永《春秋地理考实序》、焦循《春秋左传补疏序》、刘逢禄《春秋公羊经何氏释例目录序》《公羊春秋何氏解诂笺叙》《穀梁废疾申何叙》《箴膏肓评序》《论语述何叙》、臧庸《王门子公羊注》

《书宋椠左传不全本后》、钱大昕《论正义刊本妄改》《左传服杜之学》、臧琳《春秋左氏传序》、孙志祖《论何休公羊注谬》《郑引公羊异文》《公羊注引纬》、臧琳《论公羊注异字》、孔舒元《公羊传》、孙志祖《论范宁穀梁注》、臧琳《论穀梁失实》。酉编，中录孙志祖《论郑注孝经》、郑偁《孝经注》《孝经孔传》、臧琳《论孝经孔安国传》、孙志祖《论孝经疏》、冯景《读孝经》、臧琳《论孝经闺门章》《董仲舒孝经解》《孝经音义考正》《论语古文今文》、孙志祖《论孔安国论语注》《论语义疏》、钱大昕《论谯周论语注》、孙志祖《论赵岐注孟子》、钱大昕《论孟子章指》、孙志祖《论孟子章指》《孟子异文》《孟子异读》、臧琳《论孟子述老子》、钱大昕《论孟子正义非孙宣公作》《与黄荛圃论孟子音义书》《论孟子四考》《书孟子四考后》。大抵从诸人文集笔录抄出，多关精要，可补诂经专书所未及。然采集未博，且所录诸篇中，完粹者固多，亦不无醇驳互参者，未为一一辨别，又不但残缺不全为可惜也。(15-109)

卧雪堂经说一卷　石印本

清袁嘉谷撰。嘉谷字树圃，云南石屏人，光绪癸卯进士。甲辰举经济特科第一，官至翰林侍读学士。是本题曰"文集"，全是说经之作，因为改题"经说"。凡群经通说三，《易》说四，《书》说八，《诗》说十五，《春秋》说三，《左传》说二，《公羊》说二，《穀梁》说一，《周礼》说一，《礼记》说三，《论语》说二，《孟子》说一，《孝经》说二。其精粹者，如"《书》说"中，据《说文》"颇"从皮声，皮正协义，以驳明皇改"颇"为"陂"之谬。所援证甚博。又据《史记》"明通四方耳目"，以释"明四目、达四聪"。证以孔《传》"广听四方"之解，则史公问故于安国者，此其征也。又《尧典》"命官"禹、益、皋陶诸臣俱称其名，惟后稷独称以官。证以《论语》曰"稷契"，曰"禹稷"，亦称官不称名，盖孔、孟周人，以讳故，变而称官。据此知定《尧典》之文，在正雅颂后，故不惟称稷，且尊以后也。"《诗》说"中，如《野有死麕》卒章"舒而脱脱兮"，谓"而"指"汝"也，对下文"我"言，言当施展汝疏略之礼。并据敦煌石室古《诗经》"吠"字下有"兮"，以补经文之阙。又据《史记·匈奴传》："夏道衰，而公刘失其稷官,变于西戎,邑于豳。"谓古文《尚书》"平章",今文作"辩章",《史记》作"便章"。《戴记·礼运》"大夫死宗庙,谓之变",郑注:"变当为辩。"盖"平"与"便""辩""变"皆一声之转。"变西戎"即"平西戎",与毛《传》平西戎事及本诗"弓矢干戈"诸语方合。"《穀梁》说"中,据《穀梁·桓五年》传:"郑,同姓之国也,在乎冀州。"考于周烈王元年建国,都在冀州。《传》乃于春秋之初预言之,知穀梁氏著书,确在战国时。"《论语》说"中,据郑注"中庸","温"训"焻温",攻何晏引孔《注》"温"训"寻绎"之谬,谓"寻、焻虽通,惟古未有以绎训温者"。凡此诸条,义新而惬。其纰谬者,如谓"郑玄亲见《逸书》十六篇,所云无师说者,无师以解科斗"。不知《逸书》经孔安国读后,已非科斗,何不能解之有? 又所列《尚书表》,以杜林、贾逵、马融、郑玄分作四本,不知贾、马、郑之本,皆出于杜林,非各有一本也。又《西伯戡黎》是武王事,见《竹书纪年》。《纪年》非伪书,必属之文王。与《论语》所称"三分服事"者,理不可通,乃又造为"率叛悟君"之说,弥觉牵强。《无衣》为秦哀公作,说似可信,徒以诗中称王故而疑之。不知秦楚为婚姻国,楚称王已久,且对其臣称之,尤为近情。且《春秋》一书,未见有斥楚、吴、越称为僭者,讵可以后世之见论前史耶? 他篇多泛论,亦有义虽胜,而习见不鲜者,当由涉览未广,无意雷同。又篇中好骋文笔,每多剩句。而评者辄以批尾家套语谀之,尤非说经之体也。(15-110)

爱日精庐遗稿一卷 传抄本

清张金吾撰。金吾字月霄,江苏昭文人,诸生。是书说《礼》者五:《释冕》《释弁》《"季冬始渔"解》《"贵黍贱稷"解》《覆褚仙根问禘郊宗祖书》。说《诗》者七:《〈相鼠〉说》《〈木瓜〉说》《〈黍离〉说》《〈扬之水〉说》《〈伐檀〉说》《〈蒹葭〉说》《〈菁菁者莪〉说》。说《书》者二:《"殷人贵富"说》《〈康诰〉》解》。又有宋椠《经典释文》残本跋、宋蜀大字本《月令》跋,亦与经文考证有关。外有杂文四篇。以释冕、弁篇最巨。谓"弁者,古冠之大号,言弁可以统冕,言冕不可以统弁,所以析之为二"。参证群经,佐以汉儒之说,不加论辨。解"季冬始渔":冬令冰坚,何从得鱼? 据《诗》"潜有多鱼”,《传》云:“潜,槮也。”《笺》云:“冬鱼之性定。”按《释文》《小尔雅》谓积柴水中,令鱼依之止息,因而取之。又《周礼·庖人》注:“鱼雁水涸而性定。”所云“定”者,疑是“节耆欲定心气”之定,即不再孕育之谓。乘其不孕育而取之,仁之至也。此义至精,发前人所未发。其论“禘郊宗祖”,据《公羊》以驳郑君,并申论“四禘三祫”之义,不合于《公羊》者,辩而能晰。论《康诰》,谓“康是畿内国名,非谥”,甚是。而据马融说以难《书序》,谓作于武王之时,则非也。《殷人贵富》《贵黍贱稷》二篇,亦有特见。若《相鼠》诸诗说,则引申旧解,徒骋议论而已。(15-111)

经义积微记四卷 沔阳卢氏影印本

清姚晋圻撰。晋圻字彦长,湖北罗田人。首有晋圻自记,末有王葆心跋。记称“言积者尚有期于后来”,跋称“晋圻之学,受之于刘文怀。此《记》以师说为践履,皆辛、壬、癸、甲四年间在讲舍之作。以前逮以后说经之文,举不入此”云云。文怀者,宝应刘宝楠字也。书中说礼制居多,大都牵合《周官》经、大小《戴记》,参用贾谊、董仲舒、郑康成之说,而断以己见。如《记学制》《释泽宫》《释宗祀》《述庙祧》《述时朝》《记四阿屋》《记皋门应门》诸篇,虽不尽合,而言之成理。说明堂古制,援证驳杂,嫌于臆造。《释九江》以下八篇,据班《志》以证《禹贡》。《禹贡》地理诸条,除“沱灊”篇外,成蓉镜全采入所著《禹贡班义述》中,而没其名,赖此著之。又“释亳”条,据《秦宁公本纪》,别有亳王名汤者,以正杜预辈解亳地之误。“《式微》诗释地”条,据《水经·瓠水注》,但云泥中邑名,以辨今本训诂传又作卫邑之非。俱见精识。惟谓杜林《漆书古文》即刘向所校中经异字之本,按《范史·儒林传》止云林于西州得古文《尚书》一卷,并未言出自何人。且刘向校本即存,当储秘府,何由于西州得之?又谓“《唐书·艺文志》称《韩诗》卜商序,而韩婴亦字子夏,《志》盖因子夏而误为卜商”。按《毛诗序》亦托之卜商,《韩诗》应同一例。若《韩诗序》为韩婴作,岂《毛诗》亦为毛公作耶?① 殊觉武断无理。

---

① “岂《毛诗》亦为毛公作耶”,中华本作“则《毛诗序》究属何人”。

至"释文衷论"诸篇,谈理高而不切。今文家持论,往往如此,不独晋圻然也。(15-112)

鼓厓考古录四卷 嘉庆十三年刊本

清锺褱撰。字保岐①,江苏甘泉人,诸生。嘉庆甲子,举优贡生,未廷试卒。是书首有阮元、阮亨二序,又有焦循撰《墓志铭》,称"褱所著,有《春秋考异》《说书区别录》《论语考古》《祭法解》《周官识小》《汉儒考》《考古录》《兴艺塾笔记》诸书,刺其精华,统得四卷",即是书也。书中除"古诗用律句"一条外,余皆考证经义字义。其要者,如"卫辄据国"条,引何休《公羊》、江熙《穀梁》二注。而江《注》据蒯聩称世子,是灵公不命辄,尤为不易之论。又"彻田为粮"条,谓"助彻乃通名,贡之实亦是十一。《夏小正》称'初服于公田',可证。《孟子》论彻不举夏,盖因诸侯去籍,未由考之"。又"毛郑昏月"条,据束皙《五经通论》,谓"毛、郑说俱失之。春秋二百四十年,鲁女出嫁,夫人来归,大夫逆女,天王娶后。自正月至十二月,悉不以得时失时为褒贬"。二说自出特见,创而惬理。又《论语》"予有乱臣十人",《释文》作"予有乱十人"。褱据《左氏传》叔孙穆子谓"武王有乱臣十人",苌宏引《太誓》曰"予有乱臣十人",以证《论语》,知无"臣"字者是脱误。《家语》樊迟少孔子四十六岁,《史记》则云少孔子三十六岁,褱据《左氏传》哀公十一年清之役,"季孙曰须也弱",依《家语》计之,樊迟时正二十五岁。以《礼记》二十曰弱例之,则《家语》是也。此外,于名物训诂多有所订正,亦间有习见之说,未为芟削者。其辨两汉五经博士一篇,尤详而核。称"鼓厓"者,其号也。有《鼓字考》,载卷末。褱与阮元少岁同学,书即阮元所刊,间有讹字。近日有影印本,附鲍鼎所为校勘记一卷。(15-113)

群经补证十八卷 抄本

清桂文灿撰。是书无序例,凡《易》十条,《书》十三条,《诗》二十八

---

① "字保岐",中华本作"褱字保岐"。

条,《周礼》十三条,《仪礼》二条,《小戴记》二十四条,《春秋左传》一百四十条,《公羊传》一条,《论语》八条,《孟子》五条,《孝经》二条,《尔雅》六条,《说文》十六条。诸条引证不博,似是读经随意札记之作,而陈义多当。尤善者,如说"象以典刑",谓"《书大传》及《孝经纬》,以象为画象之象,皆因后世有肉刑而设为之词"。说"食哉惟时",谓"食为念字之讹。篆文'食'作'','念'作'',二者形近,时是也。食哉惟时,即《左传》云'念兹在兹'"。说"被孟猪",谓"与上文导菏泽为二事。'被'读为'陂',谓障陂也"。说"三危既宅",谓"三危言宅,知为国名非山名,盖今之卫藏喀木"。说"罛维鱼矣",谓"'罛'当作'罜','罜'即'鮏'字。鮏,鱼子也。'鮏维鱼矣'者,鱼子皆为鱼,故为丰年之兆"。说"有豕白蹢",《传》曰:"蹢,蹄也。"谓"'蹢'无'蹄'训。此云蹢,蹄也者,盖'蹢'篆作'','蹄'篆作'',形近。且篆文'商'即'啻'字,原不分二体"。说"自称于诸侯曰寡小君",谓"非夫人自称。与《论语》所云'称诸异邦曰寡小君'者,同为己之邦人,称于诸侯之辞"。说"檀弓名篇",谓"犹《论语》以公冶长、雍也、泰伯、颜渊、子路、卫灵公、阳货、子张名篇,《孟子》以梁惠王、公孙丑、滕文公、离娄、万章、告子名篇,以其人适见于篇首之故"。说"晋献公烝于齐姜",谓"《广雅》训'烝'为'淫',无上淫之说。《史记》云'太子申生,其母齐桓公女也,曰齐姜',亦晋献公之夫人。假令果为武公妾,则其生秦穆夫人、太子申生必在武公既卒之后。但武公于庄十年,始奉王命以一军为晋侯。庄二十三年,献公始见于《传》。申生之生,当在其前后。而庄二十八年,使申生、重耳、夷吾出居曲沃蒲屈,计其时方在十岁以下,事讵可信?"凡此诸条,具见折衷于是。又谓"孔注《论语》非伪,何氏所云'世不传'者,谓流传不广耳。书中称叔梁纥,犹之称孔子。孔子师表万世,非子孙所得而私。以圣裔释圣经,不必如家乘族牒之称某公某祖"。论尤正大,可以袪俗士之疑。此本亦经进呈,故篇首列衔称"臣",与《孝经集证》同。(15－114)

孝经集证十卷　抄本

清桂文灿纂。是书采集《易》、《书》、《诗》、《周礼》、《仪礼》、大小

《戴记》、《春秋左氏传》、《公羊传》、《论语》、《孟子》、《国语》、《荀子》、《吕览》、《新语》、《史记》、前后《汉书》、《春秋繁露》、《说苑》、《新序》、《列女传》、《韩诗外传》、《潜夫论》、《汉宫仪》、《五经异义》、《春秋说题词》及诸纬书等，以与经文相证。其间大义微言，足资发明者不少，而征引驳滥间亦不免。如开篇“仲尼居”条，引《白虎通义》“孔子首类尼山，盖中低而四旁高，如屋宇之反”。又“以顺天下”条，引《檀弓》“节丧顺变也”。又“上下无怨”条，引《尧典》“格于上下”。此等俱可不必。“夫孝，德之本也”条，引《延笃传》，论仁孝前后之证，自是汉儒见解，不足以阐经旨，至宋儒遂离而二之，谓仁里何尝有孝弟矣。惟“孝莫大于严父”条，引荀悦《家令》说太公论云：“《孝经》曰：‘故虽天子，必有尊也，言有父也。’王者必父事三老，以示天下，所以明有孝也。无父犹设三老之礼，况其存者乎？孝莫大于严父，故后稷配天，尊之至也。禹不先鲧，汤不先契，文王不先不窋。古之道，子尊不加于父母”云云。虽非诂经之文，而义至切当。是书前无序例，有按语者仅见三处。首题“举人栋发知县臣某谨纂”，按语称“臣谨按”云云，盖进呈之本，例应如此。书未梓行。(15－115)

孝经本义二卷　道光经苑刊本

明吕维祺撰。是书成于《孝经大全》之先，据《大全序》称“视南庾之明年，食足人悦，鞅掌小暇，不揣狂僭，下键脱草，成《本义》若干卷。又四年，成《大全》若干卷”云云。考维祺于崇祯庚午四月，升总督粮储南京户部右侍郎。其明年，则崇祯四年辛未也。而维祺门人施化远等所撰《年谱》，于崇祯四年条下不载此事，于崇祯八年乙亥条下特书曰：“正月，《孝经本义》成。”盖未考《大全序》，不知二书之成有先后，而误以成《大全》之年为成《本义》之年也。取《大全》相校，盖即就《本义》自为疏证，而冠以义例、羽翼、引证、姓名、节略等。又附以孔曾论孝、曾子孝言、曾子孝行、曾子论赞及宸翰、入告、述文、纪事、识余等。回视此草创之本，不啻已陈之刍狗。惟是本维祺自序，与《大全》之序全别。而序后同署“崇祯戊寅月正元日”，考戊寅为崇祯十一年，据《年谱》，维祺于是年正月,复订《孝经本义》《大全》,二序所系年月,或以此故。维祺复有《恭纪诗》四首,其三云:"孔门洙泗总断断,传孝独于曾子云。自古人皆存至性,只今天未丧斯文。心疑见处还非我,手欲拈来说与君。毕竟通神光海诀,其中消息迥难闻。"其四云:"心传消息问遗经①,绝学诸儒见未曾。尧舜可为惟孝弟,孔曾相授只渊冰。幸留斯道微言在,合有明王应运兴。想像东周真事业,谁当执此答升恒。"按此二诗,以韵语阐著书之旨,当与二序同读也。(15-116)

孝经翼一卷 道光刊经苑本

明吕维祜撰。维祜字吉孺,河南新安人,维祺之弟。曰"翼"者,羽翼维祺之说也。所说义多精切,如曰:"身,动物也,见异而迁,故曰立。道,定理也,待人而行,故曰行。"行道所以立身,故下文止曰"终于立身"。又曰:"夫子分别五孝,于'天子'四章,用'盖'字;于'庶人'章,用'此'字。'盖'者,审量之词,'天子'至'士'章,似非显言。养亲,实乃所以为孝,且其分量,各自不同,故用'盖'字。'此'者,直指之词,'庶人'章明言养父母之为孝,且其职分不过如此,故用'此'字。"又曰:"'卿大夫'章首节先服而后言行,次节乃申言行而不及服,盖服最显著,而言行次之。但服易而言行难,故申言行而不及服。故末节总结之曰'三者备'。"又曰:"政教虽并言,而教则可以化民。故先之以博爱、德义、敬让、礼乐、好恶,以身教也。身先之教,是谓德教。斯民从之,不以身先之,虽训诲皆至,德仍是政耳,则民弗从。"又曰:"德义可尊,德义岂有不尊者?如不爱敬其亲,而爱敬他人,虽亦博爱敬之名②,乃可鄙而不可尊也。"又曰:"将顺、匡救,各二意。美初萌,则将之;已形,则顺之。恶初萌,则匡之;已形,则救之。"凡此诸义皆能融会经旨,补《大全》《或问》所未及。盖维祜之学本传之于其兄,固亦深致力于《孝经》者也。(15-117)

---

① "心传消息问遗经",中华本作"薪传千古问遗经"。

② "博爱敬之名",中华本作"博德义之名"。

孝经本赞一卷 方壶斋丛书本

明黄道周撰。道周有《孝经集传》,已著录。是编系从手迹录出,经十八章,章各一赞,末又重一赞,凡十九首。题“崇祯辛巳仲冬书于白云库下”。白云库者,刑部狱也。辛巳为崇祯十四年。考道周于崇祯十三年冬,以解学龙荐,牵连被逮入狱。至翊年十一月,谪戍辰阳。此题“辛巳仲冬”,盖即作于十一月,书甫成而遇赦也。《年谱》记狱中事,但云“先生以清苦闻天下,诸狱卒皆不敢有望于先生,惟日奉纸札丐先生书。先生时时为书《孝经》,以当役钱。凡手书《孝经》一百二十本,皆为狱卒持去,散尽无余”云云,而不及作赞之事。观此知道周不徒书《孝经》也。卷末有二泉山人、阮恩海、姚元之、汤金钊、乔松年、张振声诸跋,又载李榕村语录一则,殆皆从手卷中录出者。(15－118)

孝经集灵节略一卷 宝颜堂秘笈本

是本系就虞淳熙《孝经集灵》而删节之者①,题曰《虞子集灵节略》,则节之者陈继儒也。按淳熙原书所集凡二百三十条②,附录二十八条。此本仅存三十条,皆子史中切于《孝经》本事不泛涉者。亦有条节其文,如“颜芝河间人藏《孝经》”一条,止存此八字。其下着议论者,悉芟之。略而尚得其要,亦未可废也。(15－118)

孝经援神契一卷 嘉庆刊七纬本

清赵在翰辑。所辑凡一百六十九条,附宋均《注》一条,逐条注明出处。他书互引,有同异者,皆详具条下,间下按语。有证经义者,如“稷乃原隰之中”条,谓“祇,地示。谓之稷者,能生五谷也。故亦谓之谷神,而配以后稷。郑君‘句龙配社、后稷配稷之说’,盖本于纬”。又“明堂之制”条,援杨应阶说,郑君“明堂五室”之说,亦本于纬。有征典故者,如

---

① 中华本无“虞淳熙”三字。

② 中华本无“淳熙”二字。

“郊祀之礼”条，所云“象天酒旗，坐星厨仓”者，援柳上娄南紫微垣东西诸星以释之。有疏奥文者，如“诸侯归各帅于国”条，谓“诸侯还归，帅行于国”云云。有正讹字者，如“丧不过三年”条，有云“五五二十五月，义断亡”，据汉《樊敏碑》“五五断仁”句，谓此文“亡”作“仁”。如此之类，深有功于纬学。惟开篇“天子孝曰就”一条，宜以《礼·祭统》所引为准。其“就之为言成也，天子德被天下”云，乃邢昺《孝经疏》语。盖为纬文作解，此连引之，非也。又篇中采证孙瑴《古微书》数处。按孙瑴亦由辑录成书，且多疏谬，似未可据为典要也。(15－119)

孝经钩命决一卷 嘉庆刊七纬本

清赵在翰辑。所辑凡七十八条。其第一条，“圣人不空生，必有所制，以显天心。其为木铎，则天下法”。其“圣人”二句，《诗·閟宫》正义引入《援神契》。第十四条，“仲尼海口，言若含海泽也”。《艺文类聚·人事部》引“孔子海口含海”入《援神契》。俱宜两存。在翰于条下皆注明出处，其他书互引有同异者，亦具详之。“郊祀后稷”条，援杨应阶说，谓“《礼》‘王后蚕于北郊’，无‘北郊祭地’之文。此云‘祭地北郊就阴位’，证以《汉志》引《逸礼》云：‘祭地于泰，折在北郊就阴位也。’可据以补《礼》文之阙”。篇中亦引《古微书》数处，惟“钩象星也”四字，《古微书》讹作正文，此订为注。按是篇所言“志在《春秋》，行在《孝经》”二语，经学家据为金科玉律。又以“《孝经》属参”一语，论者亦据为曾子传《孝经》的证，知是篇与《孝经》最有关也。(15－119)

孝经纬一卷 嘉庆刊七纬本

清赵在翰辑。以诸书所引泛称《孝经纬》，而不别其何书者，统入此类。所辑凡二十条，附注一条。中一条云“周有千八国诸侯，尽京师之地，不足以容，不合事理”二十字，《穀梁》杨疏统释为“孝经说文”。在翰据范氏《集解》引《五经异义》，文上有“若今诸侯，京师之地，皆有朝宿之邑”句，是此文惟“周有千八国诸侯”句为引用纬文，余非是。又“周有百八国诸侯”七字，已见《援神契》，则此文仍当入《援神契》也。

所附宋均《注》,引郑《六艺论》叙《孝经》云"玄又为之注",是郑君注《孝经》之的证。(15 - 120)

孝经援神契一卷　光绪丁丑刊纬捃本

清乔松年辑。所辑凡一百三十四条,条下各注出处,兼及他书互引之异同。其"《春秋》设三科九旨"条下,缺注出处,盖《公羊疏》也。间有考证,如《御览》诸书,引"谷雨后十五日斗指辰东南维为立夏,后十五日斗指巳为小满,芒种后十五日斗指午为夏至,大暑后十五日斗指西南维为立秋,白雪后十五日斗指酉为秋分,霜降后十五日斗指西北维为立冬"诸语,原引并未指为《援神契》,以其文与《初学记》所引"大寒后十五日斗指东北维为立春"云云,句法相合,遂连缀之。又《天中记》诸书所引,"春分之日日在中衡,夏至之日在内衡,秋分日在内衡"诸语,原引亦未指为《援神契》,以其文与《唐类函》所引"冬至之日日在外衡"句义相合,亦连缀之。又《御览》引一条云:"三者道成三,五者训于五品,言其能以善教己也。"其下尚有"三老五更,皆取有妻妾完聚者"十二字,考为应劭《汉官仪》语,删之。又《白虎通》引一条云:"仲春祈谷,仲秋获禾,报社祭稷。"其下尚有"以三牲何重功也"七字,是《白虎通》语,《唐类函》误引,亦删之。又《礼·祭统》疏引一条云:"天子孝曰就,诸侯孝曰度,卿大夫孝曰誉,士孝曰究,庶人孝曰畜。"而邢昺作《孝经疏》更申之曰"孝之为言成也"云云,诸辑家率误连为纬文,此不采之。又《御览》引一条云"上德至山陵,则根车应,载万物。金车,王者行仁政则出。虞舜德盛于山陵,故山车出。山者,自然之物也,山藏之精,与象车相似。舜时德盛,故山车有垂绥"五十八字,疑为"山出根车"之注,低一格存之。凡此具见矜慎不苟。惟中有引《渊鉴类函》一条,引《字典》一条,此二书皆成于近世,诸条必由转引而来,宜追求其出处,似未可径引之也。(15 - 120)

孝经钩命决一卷　纬捃本

清乔松年辑。所辑凡七十二条,条下各注出处,兼及他书互引之异同，亦间有考证。如《周礼·大司乐》郑注引“祭天于南郊就阳位”，但云《孝经》说，而《周礼·地官·牧人》疏引“祭地于北郊就阴位”，两文相俪，因亦入之此卷。又引《说郛》一条云：“作礼制乐，孝以事天，则景星见也。”谓当是制礼作乐。又《春秋左传》杜序疏，引《春秋》二尺四寸书之，《孝经》一尺二寸书之。而《通典·封禅门》引“六经册长尺四寸，《孝经》册长尺二寸”，疑杜佑括此意为之，非别有出处。所见俱是。惟引《说郛》一条云：“三皇步，五帝趋，三王驰，五霸骛。”据《御览》引，此“趋”作“骤”。按旧本《说郛》，原作“五帝骤”，此云“趋”者，不知所见何本。卷中亦引《渊鉴类函》一条。(15－121)

孝经援神契一卷　说郛本

题云阙名。文凡二十条，中一条云：“伏羲大目，孔子海口，言若含泽，斗唇吐教，陈机授度。”其“伏羲大目”四字、“斗唇吐教，陈机授度”八字，不见群书征引。又一条云：“奎主文章，苍颉效象，洛龟曜书，丹青垂萌画字。”《天中记》引“仓颉效象”下多“是也”二字。又一条云：“明堂之制，东西九筵，筵九尺也。”明堂东西八十一尺，南北六十三尺，故谓之太室。《御览·礼仪部十二》亦引此，“长”字作“丈”，盖误也。(15－122)

孝经钩命决一卷　说郛本

题云阙名。文凡十条，其中“国多孝则风雨时”一条，“孝旨如醴泉”一条，“作礼制乐，孝以事天，则景景见也”一条，“流深者其水不测，孝至者其敬无穷”一条，“正朝夕者视北辰，正性情者视孝子”一条，“不时谓之败岁，不孝谓之戮民”一条，俱不见群书征引。又一条云“三皇步，五帝骤，三王驰，五霸骛，或称帝王。接上称天子，明以爵事天。接下称帝王，明以号令臣下”。其“或称帝王”以下，亦不见群书征引。又一条云“父之所生，其子长之。父之所长，其子养之。父之所养，其子成之。其子皆奉承而续行之，不敢不致如父之意”。此条全见《繁露》第三十八篇，岂仲舒亦引纬文耶？抑误入耶？又一条云“春政不失，五谷蘖。

夏政不失，甘雨时。季夏政不失，地无荒。秋政不失，人民昌。冬政不失，少疾丧。五政不失，百谷稚熟，日月光明”。此条并见《尚书考灵曜》，不知谁误入也。（15－122）

孝经左契一卷　说郛本

题云阙名。文凡十条。其“不孝敬，痹在喉，寿命凶”一条，“天序日月星辰以自光，人序孝弟忠信以自彰，务一德也”一条，“孝之弥身也，犹春气之澹澹也”一条，俱不见群书征引。其“天子孝，天龙负图，地龟出书，景云出游；庶人孝，林泽茂”一条，《艺文类聚》引作《援神契》，而九十八又引作《左契》。盖《左契》是也。又“《孝经》者，篇题就号也，所以表指括意，序中书名出义，见道曰著，一字苞十八章，为天地喉襟，道要德本，故挺以题符篇冠就”一条，《御览》引作《钩命决》，而字句小异。又“孝顺二亲，得算二千。天司录所表事，赐算中功，祉福永来”一条，《唐类函》引作《河图》，则未知谁是矣。（15－123）

孝经右契一卷　说郛本

题云阙名。文凡六条。其开篇“孔子夜梦丰沛之邦”一条，“吾姓为赤松”以下，据《御览》云：“字时侨，名受纪。孔子曰：‘汝岂有所见乎？’曰：‘吾所见一兽如麇者，羊头，头上有角，其末有肉，方以是西走。’儿发薪下，麟视孔子，趋而往。麟蒙其耳，吐书三卷，孔子精而读之”云云。取校此文，知多阙误。又“曾子撰斯，问曰：‘孝文手较不同何？’子曰：‘吾作《孝经》，以素王无爵禄之赏、斧钺之诛，与先王以托权，自至德要道以题行。’首仲尼以立性情，言子曰以开号，列曾子示撰，辅诗书以合谋”一条，《御览》引作《钩命决》，而字句小异，亦未知谁是也。（15－123）

孝经内事一卷　说郛本

题云阙名。文凡九条。其“天子行孝，则景星见”条，据《御览》引，“孝”下有“德”字。又“王者远嫌别微，殊贵贱，抑骄臣，息乱子，则屏星为之明以润，章大也”条，《御览》引此，“润”字下尚有“帝座章而光”五字正文，此阙之。“章大也”三字，是宋均注，此误混。又“昆弟有亲亲之思，则钩钩入房”条，《御览》引此，“之”作“至”，“入房”作“不离房”。又“王者厚长幼，各得其正，则房心有德星之应”条，宋均注：“长幼厚则政著明。”《御览》引此，“政”下有“教”字。盖《说郛》传本，向多讹脱，不独是卷然也。（15－124）

孝经中契一卷 玉函山房辑佚本

清马国翰辑。引《路史》云：“孔子见《孝经》，文成而天道立，乃斋以白之天，则玄云涌北极紫宫，开北门，角亢星北落司命，天使书题，号云《孝经》，篇目元神辰裔。某知元命，使阳衢乘此麟，下告地主要道之君。后年鳞至，口吐图文，北落郎服，书鲁端门，隐形不见。子夏往观，写之得十七字。余文二十消灭，飞为赤乌，翔摩青云。”按《御览》亦引此段，而文字小异。国翰并为校注句下。又按孙瑴《古微书》，亦引此条而不注出处。乔松年《纬据》引亦同，而未校异文。盖《中契》之传世者，惟此一条而已。（15－124）

才兹经说一卷 光绪戊戌刊本

清王兆芳撰。兆芳字漱六，江苏崇川人。尝肄业南菁书院，为黄以周高足弟子，治经尤长于《礼》。“才兹”者，取“草木初生长益”之谊。书中说“稽古”，融会贾、马、郑说，贾、马言“考古道”，郑言“稽古同天”。据《周祝解》“天为古，地为久”，贾、马是从古字本谊，郑是从古字引申谊。考“稽”同“谊”，亦相通。又说“受享有迎礼”，据《周官·大行人》，言庙中将币三享，及飨献食举，而先言朝位宾主相去之步数。此节实贯庙中币享及飨食为文，可见宾立有车，主迎亦有车，飨食有车迎，币享亦有车迎。又说“移”字谊，《表记》“衣服以移之”，注“移”读如“禾泛移”之移。但“禾泛移”一语，他无见文。据郑云：“移，犹广大也。”又“郊特牲移民”注：“移之言羡也。”是“移”有羡衍饶余意，即犹广大之谊。《说文》释“移”本谊云：“禾相倚移也。”音假则为靡移，而谊皆生于禾，故

《注》以为“犹广大”，而读为“禾泛移”之移也。又考“宾媚人”，据《春秋》左、公、穀三传，证《汉书·人表》分二人之非。谓“系‘宾’于‘媚人’上者，以奉使致赂，能膺宾客之事，故杜《注》不连‘宾’字读”，以驳钱大昕“宾”为“族”或为“邑”之非。凡此诸条，于义俱当。又说“皆不及门”，郑《注》言“皆不及仕进之门”，据谓“门”即《尧典》“辟四门”之门。又据《文王世子》语郊之法，有德进、事举、言扬、艺誓四端，即德行、言语、政事、文学诸科也。郊学取士如国学，春秋学校衰，圣徒有此诸科而不得仕进。此申郑谊，更完密。又说“平王之妻齐侯之子”，据《序》言“王姬下嫁诸侯”，不言王姬之女，则郑说齐侯嫁女者非。因断为邑姜幼女嫁齐侯吕伋之子。并据《文王世子》，武王九十三而终，文王终时，武王八十三岁。又谓“邑姜归武王，在太公相周后，武王八十而娶，又十年而崩，而有十三岁之子”。见所引古《尚书》说。殊不近理。按《竹书纪年》武王崩年，实五十四。如此则武王幼女，不问为邑姜所出与否，自可以适吕伋之子。惜舍此，而误信《文王世子》也。书首有兆芳自序及黄以周序。(15-125)

山公说经辨疑七卷①　民国庚申活字印本②

清曹林撰。③ 林字山公，湖北武昌人。是书无序例，卷一《周易》，卷二《书》，卷三《诗》，卷四《周官》，卷五《仪礼》，卷六《礼记》，卷七《春秋三传》。书中参稽众说，时出独见。最善者，驳欧阳修“濮议”，谓“修引经曰：‘为人后者，为其父母报。以报，则降服而期。曰父母，则仍父母之’云云，其谬坐重‘父母’二字，而不细玩一‘其’字。又误‘报’本期服，而不知经直曰‘报’也”。又辨“管仲不死子纠”，谓“《春秋》书八年十一月‘弑襄公’，九年春‘杀无知’，下即书‘公及齐人盟于蔇’。纠果当立，齐大夫所与也，何以盟？何以不书‘纳齐子纠’？又何以书‘齐小白入于齐’？是明以小白当有齐也。八月书‘及齐师战于乾时，我师败

① 中华本作“山公经说辨疑七卷”。
② 中华本作“民国九年铅字印本”。
③ 中华本无“清”字。

绩’,是明齐之不受子纠也。九月书‘齐人取子纠杀之’,衡以《春秋》之义,是众杀之之辞也。则离经而争子纠、桓公之少长及仲之可死可不死者,皆无谓也”。又解“东汇泽为彭蠡”,谓“‘东’字当断,‘汇泽’二字当连,‘为彭蠡’足上为句。下经导江,‘东迤北’当断,‘会于汇’足上为句。犹言汉水东端,其汇泽曰彭蠡,江水至于东陵,东而又北,乃会于汇,非汇在江之北”。按此诸条,就经证经,义新而理惬。又《周官》“六年,五服一朝”,孔《传》谓“六年一朝会京师”。孔《疏》据《周礼》“侯服一岁一见,甸服二岁一见,男服三岁一见,采服四岁一见,卫服五岁一见,要服六岁一见”。蔡《传》因疑《周礼》与《周官》不合,而孔《疏》又引《左传》“诸侯岁聘以志业,间朝以讲《礼》,再朝而会以示威,再会而盟,以显昭明”。林据谓“六年一会”与经文“六年一朝”①,又六年王乃时巡事正相当。《周礼》之“一岁一见”者②,各以服数远近来朝。《周官》之“六年一朝”者,五服之内,无论远近,均朝会于京师。一详其目,一志其纲,不特二孔之说无不同,即《周礼》《周官》,亦无不同。所调解亦甚当。他条若论宣公蒸夷姜之失实,晋人从曲沃之误解,《诗》兼夏正、周正,孔氏非三世出妻,俱极条畅。但前人皆已及之,而不言所本,或讳之耶?抑所见未广耶?(15－126)

群经释疑六卷 原稿本

清黄维清撰。维清,广东梅县人。是书于《十三经注疏》及清儒经说之未安者,单以俞樾为准。樾之经说,散见所著群书中甚多,又单以《茶香室经说》为准。而是说尚有所本,及并时之同于是说者,不暇顾也。诸条大都引申樾说,惟《禹贡》“厥包橘柚”一条,谓“樾破‘贡’为‘澒’,甚确。惟《说文》‘水’部:‘澒,丹砂所化,为水银也。’按水银为澒之一,许氏举一以当全澒,其词偏,古本当无‘为水银’三字”。其意欲补樾所未及,而武断殊甚。水银乃通用之物,故许氏举之。若《淮南》所云“黄澒生黄金,赤澒

---

① 中华本“六年一会”后有“十二年一盟”五字。

② 中华本“一岁一见”后有“二岁一见”四字。

生赤金，白湏生白金”云云，人但见黄金、赤金、白金耳，谁则见为黄湏、赤湏、白湏所生者？不举，非疏也。又“亦既觏止”条，樾引《左传》杜注：“觏，成也。”谓既成妇礼。按樾所著《右台仙馆笔记》三，载“永平府某县之俗，嫁女必俟成婚次日，夫家相庆，而后即安。否则，并女之去留唯命。疑诗人之意固如此”云云，是又以郑《笺》“男女觏精”之说为然矣。维清岂未之见耶？要之，所举各条，义即未当，而皆新颖可喜。惟《孝经》二条，未引樾说，殆出己见。辨“形”“刑”条，已习见。他一条，谓《孝经郑氏注》是小同，非康成。按康成注《孝经》，严可均、潘任辨证甚详，维清岂亦未之见耶？首有自序，作于光绪癸巳。(15－127)

勉勉锄室经说四卷　光绪乙巳刊本

清祁永膺撰。永膺字百福，广西博白人，光绪甲午进士，授内阁中书，改官广西知县。永膺尝肄业广雅书院及朱一新之门。是书大旨在调合汉宋，而所得略浅。谓“朱子《诗集传》未尝攻《小序》，亦不尽从郑樵。因就《集传》之明用《序》说、隐用《序》意，及明引毛《传》、隐用毛《传》者，分条辑录，成书六卷，而存序例于此”。又拟重《三礼图》条例，取焦循之《宫室图》、程瑶田之《车制图》、张惠言之《仪礼图》，旁及江慎修之《乡党图》，依各贤之世次，汇为一书。以郑为主，后儒订郑者，为第二图。新说有精义者，为第三、四图。惟谓孙星衍、严可均《三礼图》刊本未出。按此图已刊于《问经堂丛书》中，永膺偶未见耳。其考皇氏《论语义疏》，据臧琳、余萧客、翟灏、卢文弨、孙志祖、阮元、马国翰、陈澧及山井鼎诸家所校，证今本之漏舛，最为详尽。他篇如辨南交非交阯、明农非归老，以及《周官》《王制》之异同，《大戴》《小戴》之弃取，大都见于他说，略之可也。首弁王树枏一书，无他序跋。(15－129)

十三经提纲十三卷　民国甲子刊本

清唐文治辑。① 文治有《洪范大义》，已著录。是书附刻十三经读

---

① “清唐文治辑”，中华本作“唐文治撰”。

本之前,其中《周易》最详,分学《易》大指、《周易》名义、四圣作述源流及《彖》《象》《文言》名义、先儒说《易》家义例、学《易》绪言,终以自作之《易微言》五篇。《尚书》分道政事、辨伪,其辨真伪尤尊王鸣盛《后案》,而用孙星衍补集古文《尚书》马、郑注,但不以其存《泰誓》为然,以斥古文为梅书,附今文后,而删孔《传》、《书序》。《周礼》分授受源流、精义、正伪、奇字、注释及文法。四书则仍以《大学》《中庸》入《礼记》,《中庸》分大义、微言、授受、注释、文法。《论语》不及注释,余同。《孟子》分要旨、注释、讲贯、评点,以殿十三经末。《孝经》分授受、大义、微言、实践、诵读。《尔雅》分授受源流、精义、致用、注释及文法。其他《诗经》《仪礼》《礼记》及所附《大学》《左传》《公羊传》《穀梁传》,止有杂论,不设题目。又《尚书》《诗经》《礼记》《左传》《公羊传》《穀梁传》,皆有选目。按是书名曰"提纲",乃绝无义例,搜辑诸说,瑕瑜互见。所持论大都陈言,无精义,且参以论诗文语,尤非体。卷首有陈宝琛等三序,又有文治自序及凡例,则为读本作也。(15-129)

经典释文考证札记一卷 小学庵遗书刊本①

清钱馥撰。馥有校卢本《经典释文》②,已著录。是书则就卢本详为考证,凡序录一条,《周易音义》二条,《毛诗音义》二条,《周礼音义》二条,《仪礼音义》一条,《礼记音义》三条,《春秋左传左传音义》七条③,《公羊音义》一条,《穀梁音义》三条,《论语音义》一条,《尔雅音义》三条。所考或为宋本之误,或为原引书之误,或为卢校之误。其间有陆氏用音作字,前后不一者,卢氏误疑后人所改。然如曾子名参,《论语》所金反,《孝经》所林反。又如"冠"字,文十二年音义,工唤反;宣十年音义,工乱反,又何从定为陆氏原本耶?诸条俱精核,读卢本《释文》者,不

① 中华本作"光绪二十一年小学盦遗书刊本"。

② "馥有校卢本《经典释文》",中华本作"馥字广伯,号幔亭,浙江海宁人,诸生,著有校卢本《经典释文》"。

③ 《春秋左传左传音义》,中华本作《春秋左氏音义》。

可不知也。(15－130)

群经考略六卷[①]　排印本

姚永朴撰。是书卷一通论,卷二至三《周易》,卷四至五《尚书》,卷六《诗》。[②] 通论分六章,一诸经义蕴,二诸经体例,三读诸经之法,四诸经授受源流,五诸经传注得失,六诸儒说经异同。诸经之分章亦同,惟《礼》以下缺如,《诗》亦缺第六章,盖未完之书也。[③] 征引群言,间加案语。然搜采未博,且挟偏见。其所称道者止李光地、阎若璩、惠栋、吴廷华、张惠言、江永、秦蕙田等数书,并推而归之朱子之绪余,断谓"清儒经学,源出朱子",可以觇其旨矣。(15－131)

四书条辨六卷　同治己巳刊本

清袁秉亮辑。秉亮字柳溪,江苏武进人。是书首有秉亮自序,称"凡遇注说,互有异同,以及考证之后先错出者,辄摘录之,以备采择。间出己意,折衷一说"云云。书中就一章一节一句至一二字,反复辨解。大都本之前人成说,而采崔述说尤多,不尽妥洽。关于礼制诸条,尤欠详博。然间有略新颖者,如"赤子"条,谓"'赤'古通'尺',引《礼》:'问天子之年,曰:闻之,始服衣若干尺矣。'""有所不行"节,谓"'知和'当属上'有所不行'作一句,'而和'当连下'不以礼节之'作一句。注中一于'和',即是不以礼节,不得分两意"。"子游问孝"章,谓"'养亲'之'养'去声,'犬马之养'上声,其义迥别。《束皙》诗:'嗷嗷林鸟,受哺于子。养隆敬薄,惟禽之似。'本此"。"八佾"章,引《左传》昭二十五年"将禘于襄公,万者二人,其众万于季氏",谓"本章即指此事而言。

---

① "六卷",中华本作"十五卷"。

② "是书"后,中华本有"为安徽高等学堂课本之用"。"卷六《诗》",中华本作"卷六至七《诗》,卷八至九《周礼》,卷十《仪礼》,卷十一至十二《礼记》,卷十四至十六《春秋》(缺卷十三,当系卷数误排)"。

③ "惟《礼》以下缺如,《诗》亦缺第六章,盖未完之书也",中华本无。

所谓‘孰不可忍’,正谓逐君也”。“观过”章,引旧注,党,偏也;观,自谛也。言人过各于气质之偏而生,能自省察,去其偏私,则知求仁之方矣。“归与”章,谓“《史记 · 世家》载‘归与之叹’于哀公三年。明年,孔子如蔡。又明年如叶。反乎蔡,居蔡三载。如楚,楚昭王卒。然后孔子反乎卫。孔子既思归,何反南辕而适楚?此叹当在反卫前一二年”。“武城”条,谓“阎若璩南武城之说,全无所本。《汉书》泰山郡无南武城,止有南成县,属东海郡。《后汉书》作南城县,至晋始为南武城,春秋鲁武城只一地”。“季氏富于周公”章,引《左传》哀十二年“季孙欲用田赋,使冉有访于仲尼。三发不对,而私于冉有曰:‘君子之行也,度于礼。’”季孙若欲行法,则有周公之典在,聚敛当指此言。观孟子言“赋粟倍他日”可见,所云富于周公者,谓过于周公之赋法耳。如此之类,亦不无可取者。(15 - 131)

四书随笔三卷 杨损斋遗书本

清杨树椿撰。树椿有《读周易本义随笔》,已著录。是书《大学章句》一条、《中庸章句》三条,为一卷;《论语集注》一卷,《孟子集注》一卷。大都杂举诸说,以证书义,所引程朱说居多。此外则考证注中所引名氏,别无阐发。中一条云朱竹垞《与胡解元书》:“欧子曰‘受业者为弟子,受业于弟子为门人’,《论语》为孔子而作,所云门人,皆受业于弟子者。”按此说前人已驳之。如“互乡难与言,童子见,门人惑”,此门人何所属耶?岂弟子皆不惑,而门人独惑耶?他如“子路使门人为臣”“门人不敬子路”等语,此门人即是弟子。即所称“子夏之门人”“子张之门人”,即是子夏、子张之弟子,非对于孔子而称门人也。又一条云“吴氏名棫,作《毛诗韵补》”。按吴氏作《韵补》,非单作《毛诗韵补》也。此二条俱误。(15 - 132)

四书证疑八卷 道光甲申刊本

清李允升撰。允升字蔼蹊,山东文登人。是书卷一至四《论语》,卷五《大学》,卷六《中庸》,卷七至八《孟子》。《论语》《大学》《中庸》各有辛从益序，《孟子》有刘登桂序。卷首又有凡例，不备举经文，亦不逐篇解说。于书中一节一句，以为有可疑者，则援义以证之。不主一家，亦不拘一例。《论语》诸条，多取注疏；《学》《庸》《孟子》，偶一及之而已。所说又偏于义理，然不无独到之见。如"子张问十世"章，谓"此章言因革者误，损益所以善其因。三代之礼，循之则治，失之则乱，可执此以律万世之天下"。子曰"吾未见好德"章，谓"此与'未见能见其过'章，皆为诸侯言。德者言也，不好德则不能用贤矣"。"子贡曰管仲非仁者与"章，因管仲而推论王珪、魏徵，谓"以圣人论管仲之例断之，王、魏以高祖命为建成傅，犹管、鲍以僖公命为子纠、小白傅也。建成之诛，高祖在焉，则谓高祖诛之可也。太宗为高祖所立，胜于小白之自立。太宗之用王珪、魏徵，谓高祖用之可也。故王、魏之终为唐臣，犹管仲之终为齐臣也，而义犹胜于仲。而论者执区区兄弟之义，责王、魏之不死。当攻玄武门时，有死建成者，高祖必以罪人律之，后世能以节义录之耶？且建成未诛时，高祖早以珪不能辅导流嶲州，乌从而死之？"按此论甚允。虽为王、魏辨，不啻为管仲辨矣。他条则义多习见，旧说已明，何疑须证，岂非徒费笔墨耶？（15－133）

四书考正讹无卷数 乾隆甲午刊本

清吴鼎科撰。鼎科字庭宝，江苏元和人。是书无序例，书口题"四书考正讹"。每篇首行或题"四书考正讹"，或题"四书乡党考"。共二十六条，大抵引群说以证经文。群说低经文一格，按语又低群说一格，亦有按语居经文之前者。近人采顾宁人、阎百诗、顾复初、何义门、陈见复、王己山诸家，每条多附以图。惟采集未博，折衷较少，未足与江氏《图考》作先驱也。（15－142）

书经管窥二卷 民国丁卯活字印本

清李景星撰。景星字紫垣，山东费县人，诸生。是书上卷《虞》《夏》《商书》，下卷《周书》。有自作弁言，并凡例。主发明各篇大义，间及文法。其分段分节处，自谓"融会经文，订坊本之错误，又多引史事为佐证。每朝书终，则总其治乱兴衰之故而论之”，大率皆陈言也。惟谓“《武成》改本，‘丁未’一节，当在‘恭天成命’以后。盖诸侯受命于周，必有命辞。‘王若曰’四节，即周之命辞也。既命以后，乃率诸侯告祭。‘丁未’一节，告祭也。告祭以后，乃有列爵分土诸政。故史臣叙之，以终此篇”云云。又谓“《伊训》五篇，皆今文所无。然皆言近而旨远，辞约而义博，迂儒何得肆口伪之”。又谓“夏商誓师，皆有孥戮之罪，盖古法也。惟《牧誓》言‘尔所不勖，其于尔躬有戮’，即文王罪人不孥之实事”。又谓“扬子《法言》，称《酒诰》之篇俄空，而《酒诰》今古文皆有，惟《大传》引《酒诰》曰：‘王曰封，惟曰若圭璧。’今无此句，或即脱简之一证”。若此之类，则亦未尝无独见矣。(15－151)

诗经条贯六卷 民国丁卯活字印本

清李景星辑。是书有自序并凡例。“条贯”者，取《汉书·董仲舒传》“同条共贯”之意。卷一总论，卷二周南至王，卷三郑至豳，卷四二雅三颂。总论又分源流、大义、读法、考异，大都辑录旧说，而考异稍要。朱子《集传》，《宋志》作二十卷，今本八卷，乃坊刻所并。其间经文传文皆有讹异，冯嗣京校正经文凡十二条，陈启源、史荣校正传文共二十四条。后来翻刻者未据补入，致读者多所疏忽。景星并举于此，不可少也。卷三以下，分篇为说，悉主《集传》，而录《小序》于前，使相参对。采引群说，偏重义理、文法。① 其自为论，则但及当时编诗之次第。② 惟所采录以与《集传》相发明者为限，既欠该博，至编诗次第，按之时代先后，原多不合③，必欲委曲牵强以就之，亦徒增词费耳。(15－152)

毛诗国风绎一卷 同治甲戌活字印本

清陈迁鹤撰。迁鹤字声士，《进士题名录》云“福建龙岩人”，据许

---

① “偏重义理、文法”，中华本作“亦以与《集传》相发明者为限，兼及文法”。

② “则但及当时编诗之次第”，中华本作“惟斤斤于编诗之次第”。

③ “惟所采录”至“原多不合”，中华本作“按之时代先后”。

祖涝《后跋》,则以为安溪人,未知孰是。① 康熙乙丑进士,官编修,入直南书房。是书无刊本,同治末,晋江黄谋烈得是本,为校而刊之,并为作后跋。先是,许祖涝亦有是书移校本,谋烈求之不可得,而得其跋亦附于后。卷首有迁鹤自序,谓"《毛传》《小序》,俱不可废"。而书中又引孔氏《传》、申公《说》,以驳毛《序》,谓"东迁以降,天子不巡狩。列国变风之诗,谁采之而谁陈之?"所疑甚是。然又谓"列国皆有史官,各采于其国之太史。《春秋传》称'赋不出郑志','志'者'誌'也。列国皆有志,故夫子得取而删之。然季札观乐于鲁,在孔子删《诗》前,而各国之风已备"。其说《豳风》且引及之,则前后未免矛盾矣。其稍可取者,谓"郑六卿饯韩宣子,所赋《野有蔓草》《羔裘》《褰裳》《风雨》《有女同车》《箨兮》,除《羔裘》外,皆朱子所谓淫也。然古人读《诗》取其意,不问其所作之由,反之于已,得忠厚焉,施之于人,得和平焉"。又谓"郑声淫,淫者过也,是声非《诗》。《汉书·礼乐志》言郊庙诗歌,内而掖庭才人,外而上林乐府,皆以郑声施于朝廷。至成帝时,郑声尤甚。哀帝诏曰:'放郑声。'郑声淫,其罢府官郊祭乐及古兵法武乐。然则郑声岂如今解《诗》者之所云?"又谓"《溱洧》之诗曰:'维士与女,伊其相谑。'士者即离学校而出游者是。及子产相郑,与人诵之曰:'我有子弟,子产诲之。'则学校重修,而人知教化矣"。至其调停毛朱之间曰:"从朱《传》以说风诗,于文义为顺。从毛《传》以说风诗,于诗意为深。"持论甚平,亦见其深有所得也。(15-152)

诗名物考略二卷 光绪庚辰刊本

清尹继美撰。继美有《诗管见》,已著录。② 是书与《地理考略》同时撰,而付梓稍后。有继美自跋,引张司马"有益初学"语。按张司马,谓番禺张南山维屏也。"爰采唐矣"一条,即引其说。跋言"多闻易而多见难。计偕北上,见乌集屋,始知'瞻乌爰止'之解。馆于大梁,食河鲤

---

① "迁鹤字声士"至"未知孰是",中华本作"迁鹤字声士,福建龙岩人"。

② "继美有《诗管见》,已著录",中华本无。

味美，始知‘岂其食鱼’二句之解。后游山东，始见黍稷与木李、木桃及白杨、青杨之属，由所见推所未见”云云。他所考，虽不尽出独见，而辨别尚细。如谓薇即野豌豆，菲即芦菔，谷即俗呼谷皮树，黄鸟即黄雀，鸤鸠即鸲鹆，亦即八哥。其正诸家之误者，如程瑶田之绘芄兰，陆玑之解勺药，郑樵之辨蓫，陆佃之说鹑，俱是。惟“南山有杞”一条，疑陆德明、陈藏器两引陆玑《诗疏》，而其文互异。按赵鹿泉陆《疏》校正本，两家所引俱有之，惟“其树如樗”四字，作“其状如栌”，不系之“南山有枸”句下，则非释杞也。又“赫如渥赭”条下，引“渥赭草名”三十三字，云与毛《传》异义，而不载何人之说，俱不免错漏，然固可资学《诗》者之参证也。(15－153)

重订空山堂诗志六卷　道光刊本

清牛运震撰，田昂重订。昂字伯频，山东安德人。首有昂序并例言，又有读法十则。读法推原诗教之本，谓“士气之弱，可以亡国。何以弱？由于不知自有性情，拘溺近习，怯于道义。此北宋所以败于金也”。又喻说《诗》之善，如人家有三代尊彝，向不置重。忽遇嗜古者为之论赞其美，则古器之神光，制作之精意，一时俱现。而其人亦宝爱摩挲，犹创获然。说《诗》者盖如是。其论运震是书，谓“专剖其意，故有依意不依语者，有务解语以得其意者。惟是书非经运震手订，原刻不免粗率，因为之删节繁冗，并于其中数篇有所附益”云。(15－154)

九峰精舍辛卯集五卷　光绪丁西刊本

清王棻录。棻字子庄，浙江黄岩人，光绪丁卯举人。先是，同治己巳，黄岩县令孙熹仿杭州诂经精舍意建九峰书院，以经解词赋课士。棻主讲于此有年，是编即其辛卯一年课士之经解也。题仅十七，而文多长篇，极其博赡。但求其是，不拘汉宋元明。其义新而确者，如罗嵘椿之《易·文言》首节非孔子所作说，始为此说者梁武帝，而人多忽之。嵘椿据《左氏·襄九年传》“穆姜引元者善之长也”下八句，在《乾·文言》首节，其时孔子尚未生，且就“文言”上下文观之，《乾·文言》首节释象词,次节释六爻,释六爻者,皆作问答语,显标子曰云云,独首节释彖词者不然,况"文言"之名,若非因首节是文王所作,义果何取?又罗藻新《太姒为文王继室考》,为此说者,始于明邹忠允,而人不信之。藻新据《诗·大明》云:"文王初载,天作之合。"初载乃即位初年。又据《书·无逸》云:"文王受命惟中身,厥享国五十年。"《孟子·公孙丑》篇云:"且以文王之德,百年而后崩。"与《小戴记》"文王九十七而终"说合。以九十七之数,除在位五十年,即位当在四十七之时。逾年改元,次年免丧,是娶太姒时年已近五十。又据《逸周书·度邑解》云:"发之未生,至于今六十年。"以此推之,其生武王当在五十一二之时。且太姒之前室,固可考。《诗·思齐》篇云:"思齐太任,文王之母。思媚周姜,京室之妇。太姒嗣徽音,则百斯男。"据此,明以周姜为文王之妻。故下即承之曰"大姒嗣徽音",即嗣周姜之徽音也。周姜贤而无子,太姒继,而能不妒忌,以得多男,故有则百之庆。因是而证之孔子所云"《关雎》乐而不淫,哀而不伤"。又证之《诗序》所云"哀窈窕,思贤才,而无伤善之心"。盖乐者乐太姒之得,哀者哀周姜之亡,俱可不烦言而解矣。① 又棻评金韶古文《尚书》、伪孔《传》多用汉儒旧考,云"孔《传》多本汉儒旧说,悬诸日月不刊之书也。近儒如江声变乱旧文,自我作古;孙星衍杂采旧说,无所折衷;王鸣盛墨守郑义,舍经从注。以视伪孔之《传》,似皆不及"云云,其识亦不可及。② 惟仍以作伪硬坐王肃,则未免偏徇俗见耳。③ (15-155)

九峰精舍壬辰集一卷 光绪刊本④

清王棻录。是集题十有三,惟文多短篇,故卷帙不及《辛卯》五之一。而不泥旧解,时出新义,则与前集同。如"居德则忌"解,取王注

① 中华本此句后有"各篇后皆有棻语"一句。

② "其识亦不可及",中华本作"洵是伟识"。

③ "则未免偏徇俗见耳",中华本作"犹不免有所蔽惑耳"。

④ 中华本作"光绪二十三年刊本"。

明禁之说。《杂卦》"大过"以下卦不反对说,参《虞传》而申其义。"予乘四载"解,据《说文》以正群书。"朕复子明辟"解,谓"明辟言明备之程式"。所引证俱确。惟"文王受命称王改元"辨,未能免拘迂之见。称王创于西伯,即民所归往之意,与"三分有二,以服事殷"不相悖。《大传》《史记》可信。篇中引《商书》及《竹书纪年》,称"西伯未称王之证,夫自纣视之,固西伯也。改元受命,与称王相因,不改元何以为称王?有魏惠王、后王可证。受命乃推本而言耳,俱不足异"。至"成王若曰"解,引孔《传》删去"成"字,是也。篇末又谓"周秦经师,恐后世有以周公称王者,特于《酒诰》称成王以发其凡"云云,意虽甚巧,而近于凿空附会矣。(15－156)

五经汇解二百七十卷　光绪戊子鸿文局石印本

题"抉经心室纂",按即赵贤也。贤字子进,浙江钱塘人。光绪丙子进士,授庶吉士,散馆改刑部主事,又改知县,分发江苏。是书本称"群经汇解",以场屋中止以五经命题,故鸿文局主人先索五经付印。即五经亦有补遗,未暇及也。其例以经文为经,以众说为纬。列经文为标目,然后取各家解说,以次系于其下。计《周易》四十卷,《书经》五十二卷,《诗经》七十六卷,《春秋》五十三卷,《小戴礼记》四十九卷,《中庸》《大学》二篇,仍归入《礼记》,以复汉儒之旧。所甄录,自顾炎武至张文虎,凡一百四十一家,为书二百八十七种。诸家姓氏书目,详列卷首。按阮文达《揅经室》一集,《国朝汉学师承记序》云:"元尝思国朝诸儒说经之书甚多,以及文集说部,皆有可采。窃欲析缕分条加以翦截,引系于群经章句之下。徒以学力日衰,政事无暇,而能总此事,审是非,定去取者,海内学友,惟江君暨顾千里二三人"云云。贤纂是书,即用其例,而较文达之意稍广。江藩、顾广圻所未及为者,贤竟毅然成之。徒以场屋中挟此为兔园册,大雅之士反鄙夷之不屑寓目。顾自科举罢废,此书即不易觅。其未印者,当更湮没不传,至可慨也。卷首有贤及俞樾二序,并凡例。(15－156)

浙士解经录五卷 嘉庆刊本

清阮元录。按元于乾隆五十九年,由山东学政调任浙江学政,是《录》盖课浙士之作也。元有序,谓"风檐短晷,无书可校。证据少舛,辄恕而存之。所录除《论语》'乡人饮酒'解,系拟作。据《礼记·乡饮酒义》:'乡人士君子,尊于房户之间。'郑康成注曰:'乡人,乡大夫也。'又《仪礼记》曰:'乡朝服。'郑又注曰:'乡,乡人,谓乡大夫也。'而试山左浙江,无有能举此以正谬说者"云云。余所录数十人,其中会稽顾廷纶,海宁陈鳣,归安杨凤苞,乌程张鉴、周中孚、施国祁,萧山王端履、汪继培、徐鲲,仁和孙同元,其后皆有著作行世。诸篇有长近千言者,亦有少至七八十字者。虽详略不一,而皆遵守古义,能举其要,未可以寻恒试牍等视之也。(15－157)

五经类要二十八卷 康熙刊本

清周世樟辑。世樟字樟民①,江苏太仓人,诸生。首有唐孙华序,称世樟"笃学醇行,专《春秋》之学。是书萃经传,以类相附,仿真西山、马端临、邱琼山例。惟彼兼述经史,此专于经"云云。书分十目:君道、治道、礼乐、制度、人伦、儒术、技术、天文、地理、物产。每目中又有小目。"封建"目下,注云"列国始末另集",盖别有记列国者与此并行也。所引经文不附传注,而以己意檃括作解。尤详于《礼》。小目之后,每附辨,或考,或解,援义多确。② 与他类书徒事抄撮者迥不同也。(15－158)

五经要义一卷 浮溪精舍刊本

清宋翔凤辑。按《隋书·经籍志》"《五经要义》五卷",不题撰人名氏。《旧唐书·经籍志》:"《五经要义》五卷,刘向撰。"《新唐书·艺文

---

① "樟民",中华本作"章成"。

② "援义多确",中华本作"具有斟酌"。

志》同。翔凤盖从《隋志》也。所辑各条，除“社必树之以木”条、“笏所以记事”条、“笏者臣见于君”条、“地有九州”条外，余俱不注出处。惟“社必树之以木”条，亦见《魏书》，不宜舍《魏书》而引《北史》。其“笏所以记事”条、“鞸者舜之所制也”条、“地有九州”条，又“天子藉田千亩”条后，有“藉蹈也”二十七字；“冠嘉礼也”条后，有“孔子曰”五十二字。俱为洪颐孙辑本所无。其“《春秋》说题辞”条，洪辑本在《要义》中。（15－158）

五经通义一卷　浮溪精舍刊本

清宋翔凤辑，不题撰人名氏。按《隋书·经籍志》“《五经通义》八卷，梁九卷”，不题撰人名氏。《旧唐书·经籍志》“《五经通义》九卷”，题刘向撰。《新唐书·艺文志》同。翔凤盖从《隋志》也。所辑诸条，除“八风者八卦之气”条、“士冢树槐”条外，余俱不注出处。其“天子有天下大号”条、“妇人无爵故无谥”条、“古者天子至于士”条、“功成作乐”条、“礼乐者所以象德”条、“受命而王者”条、“黄帝乐所以为咸池”条、“王者之乐有先后者”条，皆洪颐煊辑本所无。惟所引“震与霆皆霹雳也”下，洪辑本多“电谓之雷光也”六字；“士冢树槐”上，洪辑本多“诸侯冢树柏”五字。其他文字小异者尚多。（15－159）

刘向五经通义一卷　经典集林本

清洪颐煊辑。按《隋书·经籍志》“《五经通义》八卷，梁九卷”，不题撰人名氏。《旧唐书·经籍志》“《五经通义》九卷”，题刘向撰。《新唐书·艺文志》同。颐煊盖从《唐志》也。所辑诸条，俱注出处。见两书或三书者，同著之。其“青帝灵威仰”条、“王者诸侯所以三年一祫”条、“闰天道小备”条、“诸侯会天子”条、“泰山一曰岱宗”条、“五帝三王乐所以不同”条、“乐贵和而尚质”条、“受命而王者”条、“东夷之乐”条、“八风者八卦之风”条、“何谓声何谓音”条、“管匏为笙”条、“箫编竹为之”条、“圣人闻羽声”条、“邹衍言天事”条、“日中有三足乌”条、“日蚀者月往蔽之”条、“阴阳散为风”条、“阊阖风至则解县”条、“不周风至则修宫室”条、“寒气凝而为霜”条、“阴阳乱则为雾”条、“天道所以有寒暑”条、“夏至阴气始动”条、“中南一名太一”条、“颛顼者颛犹专顼犹悫”条、“有德则善谥”条、“谥者死后之称”条、“弁高五寸”条，皆为宋翔凤辑本所无。惟“《春秋》说题辞”条，宋辑本在《要义》中。他条文字小异者尚多。(15－159)

刘向五经要义一卷　经典集林本

清洪颐煊辑。按《隋书·经籍志》“《五经要义》五卷”，不题撰人名氏。《旧唐书·经籍志》：“《五经要义》五卷，刘向撰。”《新唐书·艺文志》同。《隋书》“梁有《五经要义》十七卷，雷氏撰”，别是一书。颐煊是本题“刘向五经要义”，盖从《隋志》。所辑各条，俱著出处。一条而见两书或三书者，同著之。其“太庙为太室”条、“立坛于田”条、“三代名腊”条、“王者田猎”条、“国君及元率”条、“凡乐音有八”条、“肆春秋传曰”条①、“磬立秋之乐也”条、“篪竹也”条、“太昊之世”条、“昏暗也”条、“终南山”条、“太一一名终南山”条、“太一山在扶风”条、“诸侯黼裘”条、“韠者裳之蔽也”条、“虞主埋之庙北牖下”条，俱为宋翔凤辑本所无。(15－160)

五经集说六卷　民国三年刊本

清张卫邦辑。卫邦字佛颠，湖南益阳人，布衣。卷首有王德基撰墓志铭。是书《周易》二卷，《书》《诗》《春秋》《礼记》各一卷。《周易》上卷全录《日知录》说，下卷全录李赓芸说。《书》除《禹贡》杂引他说外，余皆《日知录》。《诗》《春秋》亦全录《日知录》。惟《礼记》每条下，不注出处，未考录何人之说也。书眉间引异说以相证，惟不多。据墓志，“益阳有箴言书院，胡文忠藏书其中。卫邦尝入舍取群经笺疏、诸家别注，手自缮写，凡数十卷”云云，殆即此也。此何足言

① “‘肆春秋传曰’条”，中华本作“‘周礼钟磬皆编悬之’条”。

著述，而其妻与子必欲为不朽计，卷首至于倾薄产以付梓人①，亦至愚而可怜矣。（15－160）

尚书偶记一卷　嘉庆刊本

清汪德钺撰。德钺有《周易偶记》，已著录。是书随意掇拾，不乏妙义。如据称谓以论二典，谓"'格于文祖'以前称'舜'，至'命十二官'后，首称'舜曰'，继言'帝曰'。'帝曰'缀于'舜曰'之下者，别嫌也。后篇末，又称'舜三十征庸，三十在位，五十载陟方乃死'。则以书名《尧典》疑于备载尧之终始，故不称'帝'而称'舜'，亦别嫌也。使当日别有《舜典》一篇，史臣记载，何得于'帝曰'后复称'舜'？"又论《高宗肜日》，亦据庙号为说。谓"《金縢》一篇，其翼日乃瘳之上，则称曰王。其下王既殁，则称曰'武王既丧'。《顾命》篇，于成王初崩，则曰'逆子钊于南门之外'，其后则曰'王麻冕黼裳'，曰'御王册命'。成王未崩前则曰王，既崩后则曰皇后。是篇称高宗，可断为作于祖庚"。按此二篇，前人辨之详矣，此以本篇为证，语简而弥惬。又谓"《梓材》后半截，皆修德和民，祈天永命之说，与《召诰》篇中之旨吻合，宜取《梓材》'今王惟曰'以下，以续于《召诰》'用供王能祈天永命'之后"。又谓"《洛诰》'惟周公诞保文武受命惟七年'系倒语，即'惟七年惟周公诞保文武受命也'，七年乃指成王在位之年"。说俱有理。他如谓"厥民因，盖因田中以为屋，即《诗》所云'中田有庐'。'厥民夷'，即《诗》所云'八月其获'。其字义则秋官薙氏，夏日至而夷"。又谓"'怙终贼刑'，'贼'乃'则'字之讹。'则'字与上'肆'字对，'肆'作'遂'解。谓眚灾者遂赦之，怙终者即刑之"。又谓"'曰笃不忘'之曰，当读如'日月'之日。古文'曰''日'，音异形同"。又谓"'天畏棐忱'，'畏'当作'威'，'棐'当作'匪'，二字古文皆通用"。又谓"《顾命》'太保受同祭哜宅'，'宅'当作'咤'，'咤'乃'诧'传写之讹"。又谓"《吕刑》两'皇帝'，皆指天言，非天子之号"。凡

---

① "卷首至于倾薄产以付梓人"，疑衍"卷首"二字。

此诸条,具见精细不苟。(15－171)

尚书删补五卷　明崇祯壬申刊本

明汪康谣纂。① 康谣字唐徵,广东海阳人。② 万历进士,官漳州府知府,以不媚魏忠贤被褫职。崇祯初起用,备兵福宁,旋告病归。是书首有王佐序,又有康谣自序,及其鼎和纪述。③ 自序称"槜李、金沙之间,有袁、王二君子,天挺奇姿,夙秉异慧。其名言创论,皆发汉儒所未发,而于蔡《传》又多所针砭"云云。是本即取蔡《传》之冗者删之,而补以袁、王二氏之说。袁、王不著其名,所补又与蔡《传》相混。大抵蔡《传》被删者十之八九,凡涉于考证者,俱所不取。所补者,无非浮谈空义,一如《四书讲章》之例,便举业家诵习而已。书成付梓,而康谣适卒,其子鼎和继成之,因述其始末云。(15－172)

读诗偶记二卷　嘉庆刊本

清汪德钺撰。德钺有《读易偶记》,已著录。是书泛论诗义,不主一家,时出独见。如谓"《周南》言文王太姒之教,父母无统于子之义,终以《汝坟》,乃文王三分有二,以服事殷之时。'周南'之'周',乃文王之岐周,不得以周公汩乱之"。又谓"《螽斯》《麟趾》两篇,正指武周诸人言。《周南》统论文王文母子孙之盛,无专美周公之诗"。其论《关雎》也,谓"郑《笺》不如毛《传》,'君子好逑',非元妃不足以当之。不妒嫉之一端,不足以冒全诗。郑《笺》亦以《关雎》二句指后妃,惟以淑女为后妃所取之贤,则上下文不相联属"。所见亦是。按后妃即太姒,《序》不称太姒而称后妃,盖尊之,亦举其实也。后妃犹言后妻,文王尚有前妃。德钺尚未窥及此,故于乐淫哀伤及寤寐反侧之旨,仍不免于强解。论

① "纂",中华本作"撰"。

② 中华本此句后有小字注:"据《进士题名录》,乃直隶徽州府休宁人。岂寄籍耶?"

③ "其鼎和",中华本作"其子鼎和"。

《何彼秾矣》,谓"恃明文王太姒之教,与《麟趾》同。《麟趾》,德之及其子也,此篇德之及其女也。然不列于《周南》,而列于《召南》者,盖文王三分有二,冀、兖、青三州,时尚属纣齐地,在青州之界。此篇咏王姬下嫁于齐,乃武王既得天下后事。故《周南》至《汝坟》,以《麟趾》终之。所以明文王之子,皆有能得天下之才,是王道之始。《召南》至《何彼秾矣》,以《驺虞》终之。见诸侯皆代其布化,是王道之成"。① 又论《王风》,谓"不曰周而曰王者,非特以别《周南》,亦以既得天下,不可复称国号,以与邶、鄘、卫诸国等。《春秋》不称周而书王,即至东迁时,王朝无异侯国,而犹系以王,见名号之不可假"。又论"《鲁颂》无颂周公之诗,可知成王无赐伯禽天子礼乐之事。《吕览》载惠公时始请于周,孔子尝以周道伤于幽厉,舍鲁无适,而又言鲁之郊禘非礼。周公其衰,则郊禘出于幽厉后无疑"。诸说俱惬理餍心。其他权衡旧说,辨析引申,可采者甚多。② (15-173)

困学纪诗一卷　明刊格致丛书本

明胡文焕纂。③ 是书系就宋王应麟《困学纪闻》卷三《诗》一百五十七条,全录于此,而讹错不少。如开卷第五条"狸首"下注云"射丽勾大戴礼义马汉书注"十一字,便不可晓。取校原书,则"射""义"二字见"狸首"注,"丽勾"是"骊驹"之省字,乃正文。其下原注云"《大戴礼》《汉书》注",乃误为一,且衍一"义"字。胡不校至此。是卷较《玉海》多精义,然如"近世说诗"条,张超谓《关雎》为毕公作,出《初学记》"诮《青衣赋》",乃云未详所出。又云"或谓得之蔡邕"。按邕虽亦有《青衣赋》,并无此语。又"唐棣之华"条云:"《说文》有尺遮之音。"按《说文》

---

① "论《何彼秾矣》"至"是王道之成",中华本无。

② "其他权衡旧说"至"可采者甚多",中华本作"惟论《何彼秾矣》,以王姬为太姒之女,则平王不指文王。然曷为不列《周南》而列《召南》?则以下嫁于齐,乃武王既得天下后事,词特迂曲,嫌于臆造"。

③ "纂",中华本作"撰"。

无翻切,此后人所加耳。又"汉世文章"条,谓"引《诗序》始于黄初四年诏"。按司马相如《难蜀父老》云"王事未有不始于忧勤而终逸乐",系用《鱼袭序》。班固《东京赋》云"德广所及",系用《汉广序》。又《左传》襄廿九年"此之谓夏声",服虔解谊云:"秦仲始有车马礼乐之好,侍御之臣,戎车四牡田狩之事,与诸夏同风,故曰夏声。"蔡邕《独断》载《周颂》卅一章,自《清庙》至《般》,尽录《诗序》,何云"黄初始行"?凡此皆不免失检。至"诗小传"条,云"识者疑其付会为此",证以《六经天文编》,则所云"识者",即张行成也。(15-174)

玉海纪诗一卷　明刊格致丛书本

明胡文焕纂。① 文焕字德父,浙江钱塘人。是书乃就宋王应麟《玉海》中"纪诗"一卷,全录于此。按应麟素深于《诗》,所著有《诗考》及《诗地理考》,《玉海》不过供词科采猎之用。是卷所征引,多已散见《诗考》中,而此较略。其齐、鲁、韩、毛四家传授源流,亦举之不备。他如滱中翁、冯野玉、冯衍、刘方及翟酺之四世传《诗》,派别不明者,举未之及。宋人惟录《集传》,如欧阳修之《本义》、王质之《总闻》,亦付缺如。然大要已粗具矣。文焕是本,讹字亦不少,如"遭"讹"曹","名"讹"召","魏"讹"卫"之类,则校者之疏也。(15-175)

诗传题辞故四卷　嘉庆甲戌刊本

清张漪辑。② 漪字绿邨,直隶怀来人,诸生。是书无序例,单就诗传题辞作解,故首列总题,如《国风一》之类;次列分题,如《周南一之一》之类;又次篇题,如《关雎》之类。篇题下,首列《小序》、朱《传》,间引《论语》、《荀子》、司马迁、韩婴、刘向、毛苌、郑康成、杜佑、贾公彦、王安石、欧阳修、苏轼、程子、张子、辅广、熊禾、杨守陈、刘瑾、沈守正、范处义、陈鹏飞、李樗、朱善、廖刚、邓天锡、郝敬、唐汝谔等说;又次则列章句

---

① "纂",中华本作"撰"。

② "辑",中华本作"撰"。

字数。其总题、分题、篇题及章句之下,各夹以双行小注,详其原始、时代及诸家异同,所谓故也。不参己见,参引众说,既不详备,亦嫌滥杂。要亦说《诗》家之别体也。按漪杂著中有《诗三百解》一篇,系计篇名,不计重名,如《邶》《鄘》俱有《柏舟》,《王》《郑》《唐》俱有《扬之水》,《郑》《唐》《桧》俱有《羔裘》,《邶风》《小雅》俱有《谷风》,《小雅》重见《白华》,《小雅》之《甫田》重见《齐风》,《黄鸟》重见于《秦风》,《杕杜》重于《唐》,《无衣》两见于《唐》《秦》。除重名者十一篇,恰是三百。此说前人未曾发,宜可存也。(15－175)

诗传题辞故补一卷　嘉庆甲戌刊本

清张漪辑。① 前篇皆《毛氏诗说》,此篇则《韩鲁诗说》,故云补也。计补《蔡风》一篇,据《鲁诗》云:"《芣苢》,蔡女所作也。"补《申风》一篇,据刘向《列女传》云:"《行露》,申女作也。"补《黎风》二篇,据《小序》:"《式微》,黎侯寓于卫,其臣劝以归也。《旄丘》,责卫伯也。"《鲁诗》亦云:"《式微》,黎庄公夫人及其傅母所作。"补《许风》一篇,据《小序》:"《载驰》,许穆夫人作也。"补《宋风》一篇,据《小序》:"《河广》,宋襄公母归于卫,思而不止,故作是诗。"其事详于《列女传》。补《卫风》一篇,据刘向《新序》:"《黍离》,寿闵其兄也。"补《楚风》一篇,据刘向《新序》:"《大车》,息夫人所作也。"补《谭雅》一篇,据《小序》:"《大东》,谭大夫作也。"补《苏雅》一篇,据《小序》:"《何人斯》,苏公刺暴公也。"补《卫雅》一篇,据《小序》:"宾之初筵,卫武公刺时也。"又补《卫大雅》一篇,据《小序》:"抑卫武公刺厉王,亦以自警也。"惟颂无所补。卷首及末,皆有漪自识。其开篇所载各卷章句字数,疑属前篇之末,而刊者误入于此。(15－176)

孝经集注一卷　康熙三十三年刻本

清陆遇霖纂。籍署延陵雅步里,按即江苏丹徒也。尝官归德郡丞。

---

① "辑",中华本作"撰"。

书首有自序及凡例,后有门人张伯行跋。首载孔曾论孝、历代表章。大旨以《大全》《笺》《注》易知通俗诸书,或苦浩繁,或病俚俗,因就删取精粹,以成此书。谓"《庶人》章内'谨身节用',向来注本皆平讲,不知'谨'字即'敬'字变文,比'敬'字尤加切实缜密。一身是父母遗体,父母爱子之身,比自己尤加护惜。显亲扬名者此身,辱身败名者亦此身,谨与不谨故也"。按此论极痛切。自序述身世,亦令阅者堕泪。书刊于康熙三十三年甲戌。(15-176)

九峰精舍自课文一卷[①] 光绪刊本[②]

清王棻撰。棻字子庄,浙江黄岩人,同治丁卯举人。是书乃其掌教九峰精舍时自课之文也。其中说六宗,主张髦三昭三穆说,而增以四证。一考本经,再考群书,三考字义,四考礼文。其要旨,则古制天子有七庙,文祖以外,即是六宗。本经于受终文祖,遍祭群神,岂能独遗三昭三穆?又说"舜三十征庸"四句,谓"《虞书》舜生三十征庸,三十在位,五十载陟方,乃死。与《孟子》同。今文《尚书》传本,误三为二,上文二十八载,《史记》随意割截,以合'征庸'二十之说。而以八年属下'在位',遂减五十载为三十九载,合居丧三年为五十载。近儒王鸣盛等不纠史迁之谬,反信郑读之讹,甚可怪"。又谓"'陟方'当作巡狩方岳解,'征庸''在位''陟方'三句,皆纪生年,'乃'字承'陟方'言之,谓巡狩升方岳乃死耳"。又辨"七世之庙",谓"天子七庙,为唐虞三代之达礼。《吕览》言'五世之庙,可以观怪',对'万夫之长,可以生谋'言。对'万夫之长',乃诸侯也。则所引《商书》,必是汤为诸侯时之书。《丧服小记》所举,非常礼,且有错简"。又解"西伯既戡黎",据《汉书·地理志》,黎属商之冀州,非雍州牧伯所得而伐。西伯非文王,乃武王。证以《竹书纪年》载帝辛"四十四年,西伯发伐黎",益可信。篇中并详纠郑《注》及回护郑《注》者之误。又考"侵镐及方,至于泾阳",据经文以证

---

① "一卷",中华本作"二卷"。
② 中华本作"光绪二十三年刊本"。

地理,谓"'镐'即镐京,'方'即'往城于方'之方,泾阳在泾水之北,太原即宣王料民之地,在今甘肃泾州镇原县西,毛《传》、郑《笺》俱非"。此诸条皆援证精切。至解"犬马皆能有养",谓"犬马指田犬猎马,言犬马皆能驰逐禽兽以充父母之庖。但其能止此,不能致敬于人"。说虽近强而甚新,亦可存也。(15-177)

瓮天经义录一卷 汗筠簃抄本

清赵树吉撰。树吉字沅青,四川宜宾人,光绪己酉拔贡。是《录》凡经义三十余条,说《诗》者占二十六条。说《郑风》于《集传》所称淫诗者,一一辨之。谓"'将仲子兮',是庄公讽公叔段之词。《箨兮》《扬之水》,皆兄弟相儆戒之词。'彼狡童兮',为当时放逐之臣之词。'东门之墠',为思贤者而不得见之词。《郑诗》廿一篇,惟《女曰鸡鸣》《有女同车》《子之丰兮》《出其东门》《溱洧》,有男女情事。然《鸡鸣》《同车》皆美贤妇,《丰》是刺乱,《东门》则礼法之士,《溱洧》乃举其习俗,如近世《竹枝词》,绝无淫奔之诗"。按郑与卫不同,朱子徒以郑卫同称,连类及之。树吉所论,不为无理。又论《大雅·文王》篇所云"王之荩臣,无念尔祖"者,当指殷士。盖戒殷之孙子,永为周之荩臣,毋更念尔殷之祖也。论《齐风》"无佃甫田",谓"仍是刺襄公淫乱。前二章'远人'指文姜,'无思远人'是戒襄公。'未几见兮,突而弁兮',是指鲁庄初立时,齐人心目中时时料其复仇制母也,其次序又恰在《南山》《敝笱》之间。其赞美处,即是讥刺处。又'田甫田',即畋猎。《卢令》篇,亦刺鲁庄与齐襄田猎。篇中三言'其人美',指鲁庄尤显而易见"。诸解皆证虚成实,不问确当与否,而理固可通。在说《诗》家,自不嫌标异也。(15-178)

浙士解经录一卷 光绪辛卯写印本

清潘衍桐录。衍桐字峄桐,广东南海人,同治戊辰进士,官至翰林院侍读学士。是《录》乃其督学浙江日,选录士子解经之文也。两浙向有诂经精舍之设,诸生多习经学,故虽在风檐寸晷中,不乏考据详核之作。其中如罗衍鋆《汝后稷异文考》,江氏声据宋本《列女传》,作"汝居稷”。衍鋆引《閟宫》郑笺云:“后稷长大,尧登用之,使居稷官。”又《论衡·初禀》篇云:“弃事尧为司马,居稷官。”证郑、王所见之本,亦作“居稷”。黄家岱《食哉解》,谓“食哉句绝,为牧答帝之辞。《方言》及《广雅·释诂》并云‘食,劝也’,‘劝’‘勉’同义”。项咏《圭田说》,据《孟》言“卿以下必有圭田”,玩一“必”字,知为卿大夫士授禄之定制,非赏有功之田,亦非余夫之田。“圭”本作“蠲”,《毛传》“蠲”训“絜”,即“絜其粢盛”之絜。陆懋勋《陆氏释文师读为何人考》,据《新唐书·德明传》,曾受学于周宏正。又《陈书·儒林传》,张讥教授《周易》《老》《庄》,元朗传其业。但宏正卒于作《释文》之前,讥卒在其后,故宏正举其姓称师者,讥也。黄家岱《孝经郑注真伪辨》,据王肃《圣证论》“难郑后土”及“圜丘”二条,决为康成自注《孝经》,非小同。凡此诸篇,俱能力扫时解,申明古义,未可以试牍而薄之也。(15-179)

汉儒传经记二卷 嘉庆甲子刊本

清赵继序编。继序字易门,安徽休宁人。是书首有汪滋畹序,末有自跋。《跋》称“以两汉《儒林传》为宗,参以《经典释文叙录》,兼及他书有明征者。上溯周秦,不忘所自出也;下逮三国,尚有汉氏旧人也。晋以下,非关于经之大义者,不悉记”云云。按洪亮吉作《传经表》,毕沅经训堂刊之,事在乾隆辛丑。是书刊于嘉庆甲子,相距二十余年。继序似于洪《表》未寓目者。洪《表》五经横列,各为一格。各家传授,混淆不清。此则经自为表,较为清晰。惟不无漏误,如《易》类中,高相与其子康,据《隋志》称授自王璜,应属费氏。白子友即白光,传朱云,云为孟《易》博士,应属孟氏。此俱别而出之,非也。又梁丘临,既学于其父贺,又学于施雠,则亦属施氏矣。此于施《易》缺之,非也。《书》类中,杜林所传漆书古文,得于西州。虽非孔安国原本,亦非张霸《百两篇》。且杜林之学,仅传于贾逵、马融、郑玄、卫宏、徐巡,此乃并尹杨,盖周之学,概归之张霸《百两篇》,非也。《诗》类中,若高嘉、右师、细君、魏应、鲁峻、许晃等,皆传《鲁诗》。乐恢、崔发,俱传《齐诗》。《汉书·艺文志》有《齐孙氏故》二十卷,则孙氏亦传《齐诗》。薛方、张恭祖,俱传《韩诗》。虽皆不详所授,未可遗也。许慎则受《毛诗》于贾逵者,此皆不之及。《春秋》类中,邹、夹二氏外,尚有宣氏,见《张元传》。又第五元、郑玄、阎葵班等,俱传《公羊》。韦贤、夏侯胜、史高、梅福、尹敏等,俱传《穀梁》。扬雄、金子严、棠谿典等,俱传《左氏》。此亦未之及。《礼》类中,不及《大戴》,"三礼"传授亦欠详。《孝经》类中,孔腾壁藏《孝经》,见《释文叙录》。许慎上古文《孝经》,见许冲《上说文表》。是孔腾、许慎,不可谓非传《孝经》。此又未之及。且诸经中尚缺《尔雅》《孟子》,究未为备也。然视洪氏《通经表》,则远胜之矣。(15-180)

经义辨讹一卷辨疑标目一卷　康熙刊本

清周世樟撰。是编所举承讹诸条,大抵为普通作文者之通病,然不可胜举也。其中间有新解,如据《史记·吴世家》:"泰伯卒,无子,仲雍立。"至武王得天下,求仲之后人而封之。惟伯无子,而文王生有圣瑞,太王遂欲传季以及文王,不然太王岂无端舍长立少者?此说为前人所未发。他若谓周之九庙起于孝王以后。"有道曾孙","有道"属祖宗说,"曾孙"则武王自谓。"童子佩觿""童子佩韘",诗意本刺躐等,今人直作童子正面语。又如"有干有年",年者寿也,而以为丰年。"廉善廉能",廉者察也,而以为清操。如此之类,有必不可从俗者,亦有不妨从俗者。其辨疑标目,以见于所辑《类要》及《列国纪》为限。虽亦本于旧说,而抉择殊精撮,非徒资獭祭者比也。(15-181)

经解斠十二卷　道光刊小字本

是书题"长沙唐陶山夫子鉴定,及门诸子编次"。首有唐仲冕序。按陶山即唐仲冕也。① 序称"江南通州,号人文薮,如杨子述臣、王子凤沼、徐子沂舫手辑书成,邮质于予"云云,则及门诸子即杨、王、徐三人,而仲冕官通州时所取士也。述臣、凤沼、沂舫,殆是字而非名。是书卷一至二《易

---

① "即唐仲冕也",中华本作"即唐仲冕号也"。

经》，卷三至四《书经》，卷五至六《诗经》，卷七《周礼》《仪礼》，卷八至九《礼记》，卷十《春秋》，卷十一"三传"、《论语》、《学》、《庸》、《孟子》、《孝经》、《尔雅》，卷十二补遗。诸经详略不同，大抵皆本经要义、前人旧解，殆《十三经策案》之类，备场屋中獭祭者也。（15－181）

诸经略说一卷 康熙刊本

清周世樟辑。每经为一篇，凡《易经》一篇，《书经》一篇，《诗经》一篇，《春秋》合圣经、左、国、公、穀、胡传为一篇，《礼记》一篇，《周礼》一篇，共六篇。《仪礼》《孝经》《尔雅》俱缺。大都录前人成说，其未当者，多欠考正。如称卫、郑、虢、桧、陈，五国淫风流行，按《集传》止言卫、郑、陈有淫诗，未及桧。虢且无风，何得混而一之？《吕览》载鲁惠请礼乐于周，因之鲁亦有颂，然无美周公、伯禽之诗，则《吕览》可信也。此云"成王以重礼以重礼赐伯禽①，故有颂以祀周公"，亦非也。"三传"之有异同，如"邾仪父盟于蔑"，左氏以为"蔑"，公、穀以为"昧"。"筑郿"，左氏以为"郿"，公、穀以为"微"。此同声相假之例耳，乃以为无所适从，又非也。汉文帝时博士所议之《王制》，与今《小戴礼记》之《王制》，非一书。此云为后人附会，尤非也。诸篇中，独《周礼》稍详赡，余篇则以简净胜。（15－182）

历朝崇经记一卷 嘉庆甲子刊本

清赵继序编。首有自序，记由汉至明崇经之递变。盖崇经同，而所见不能无异。约分三期，一汉附六朝，二唐宋，三元明。大抵唐宋以前，尚遵汉旧。睹于朱子《学校贡举私议》，犹言今欲讨论诸经之说，各立家法，而皆以注疏为主。如《易》则兼取胡瑗、石介等，《书》则兼取刘敞、王安石等，《诗》则兼取欧阳修、苏轼等，《周礼》则刘敞、王安石等，《仪礼》则刘敞，二戴《礼记》则刘敞、程颐等，《春秋》则啖助、赵正等云云，是朱子未尝不重注疏，不采众说。自元延祐二年颁行《程朱经解》，而明因之，古注疏几于束

① "以重礼以重礼"，疑衍"以重礼"三字。

阁矣。书中归有光、顾炎武二氏之说,深致慨叹。千余年来,经学每降而愈下,读是《记》者,知汉学复兴之不容已矣。(15-182)

古大学注一卷　明崇祯跻新堂刊本

明乔中和撰。前有自序,后又有跋。自序言"晦翁更《大学》书本,乃犹存其迹,殆亦阙疑之虚衷。或疑所谓'诚其意'句,似涉自经自传。孟子所谓'人皆有不忍人之心'者,亦自经自传耶?当以曾子三守为经传分歧,语脉似觉明白。若作自引平日之言,何得自称'曾子曰'?孟子亦尝自引矣,'我故曰告子未尝知义',此其例也"。按是书虽从古本,而诂义多杂。如分经与传,"亲民"之"亲"作"新","身有所忿懥"之"身"作"心",俱依朱。"见贤而不能举,举而不能先,命也。见不善而不能去,去而不能远,过也。""命""过"俱读如本字,谓"命也者,以命相安;过也者,以过自咎",则依旧注也。其自出己意者,谓"大学"者,天子之学。"明明"二字,如《诗》称"明明在下""明明天子"之类,谓元子。"新民",如《书》称"新邑""新服"之类,谓庶秀。童年无染,如日未翳,故曰明明。如花初放,故曰新。育青宫,故曰德。居下位,故曰民。知止即格致,有定即意诚,静即心正,安即身修,虑即齐治平。知止者,君臣父子,各止其所。如此之类,殊近奇诡。末章论理财推本于忠信,以"彼为善之小人之使为国家"十一字为句,谓"惟忠信则所用皆忠信之人,所行必忠信之政。财自散而众自得,生财与聚财异。若孟子'五亩之宅'等语,皆生财也。若王安石青苗、转输,皆聚财也。自古为恶之小人,止于自丧厥身。为善之小人,乃能祸天下后世"。又云"大学之德,即德是财;大学之财,即财是德"。自是极快之论。书刊于崇祯十一年戊寅。(15-183)

四书证义笔记合编不分卷　明万历癸丑刊本

明钱大复撰。大复字肇阳,江苏太仓人,万历癸酉举人,知山东蓬莱县事。大学士龙锡父也。大复先有《四书证义》之作,后令蓬莱,与诸生论性,及解官后答问诸生,各若干条,别为笔记,其子龙锡合为一编。

首有邹元标序,为《证义》作也。次有孟时方、韩浚、孟一脉、张以诚诸序,则为《合编》作也。其书要旨在以阳明证紫阳,谓"致知之知,即是良知,朱注以虚灵不昧解之,非良知而何?良知便含得至善,致良知,即明明德,亦即止至善,而新民该其中。其实功在格物。良知之说明,则学问有所宗。无论《大学》大旨不外是,即《中庸》《语》《孟》大旨亦不外是"云云。按朱注"虚灵不昧"四字,不过偶然作训,与阳明之抱良知为讲学宗旨者不同。大复于致良知外,又添出止至善,便非阳明本旨,与阳明于"知"字外添出"良"字,非圣经本旨正同。论学而专事调停,多见其牵强无谓耳。(15－184)

临川答问一卷　光绪刊本

清李联琇撰,刘寿曾录。联琇字少湖,江西临川人,道光乙巳进士,官至大理寺卿。同治乙丑,曾国藩延掌钟山书院,寿曾即书院肄业生也。录讲授之语而为是书,曾经联琇审定。首有寿曾序,称仿郑《志》之例云云。凡《易》三条,《书》五条,《诗》六条,《礼》三条,《春秋》三条,《礼》九条,《尔雅》三条,他杂问八条。书中折衷群说,审义多当。其自出己见者,如辨"息夫人",据《左传》春秋庄十四年"秋,七月,荆入蔡",《左传》于是年叙"楚子灭息,以息妫归,生堵敖及成王",而未言及楚伐蔡事。息妫入楚甫半年,安得遽生二子?即系追叙庄十三年楚执蔡侯以后事,则二子当生在十二三年。至十九年而楚子卒,二子皆童稚耳。堵敖立五年,成王弑兄代立。成王年必更幼于堵敖,岂有未及十龄而能弑兄者?则二子必稍长,非息妫所生可知。则《左传》不无可疑。而《列女传》所记息夫人事,未必不可信。又辨"太师挚",据《史记》云:"读《春秋历谱牒》,至周厉王而叹曰:'师挚见之。'"是师挚事显见年历谱牒。下云"周道缺,诗人本之衽席,《关雎》作",言师挚即言《关雎》,与《论语》"师挚之始,《关雎》之乱"相合。"洋洋盈耳"之叹,当属旷代慕想之辞,如"郁郁乎文哉"之类。辨《尔雅》两牵牛,谓牵牛主牺牲,有牛象,故曰牵牛。河鼓象牵牛之人,故亦名牵牛。牵之者与所牵者,皆可云牵。不可因河鼓一名牵牛,转概星纪之牵牛为非牛宿。以上诸解,援据极确。惟诸解间有已入《好云楼文集》者,寿曾未及见《文集》,故不免重出。按寿曾序作于同治十二年癸酉,至光绪八年壬午联琇子翊煌始为刊行,时寿曾歿已七年。卷末有翊煌跋,言"寿曾尚未续辑,以未经联琇寓目,概不羼入"云。(15-193)

啰经日记一卷　光绪刊本①

清刘尔炘撰。② 尔炘③,甘肃皋兰人。是书首有自序,以为"治《春秋》,当治'三传'。'三传'互有得失,而左氏详于事实。事实明,而圣人之经旨自显。圣人作《春秋》,不过据事直书,其是非善恶,自在言外,并未尝容心于褒贬。其有意论断者,如成宋乱及宋灾之类,数条而已"。又以为"居今日而读《春秋》,当先其所急,如何国与周为同姓,何国为异姓,何国为华,何国为夷,华何以弱,夷何以强。或由于人才之盛衰,或系乎政治之得失,或兵谋战略之不同,或交涉往来之各异,皆当悉心考究。他如'三传'之异同,诸家之纯驳,先儒已有定论,略知梗概可也"。书中论《春秋》托始于隐,盖居定哀之际,追溯天下无王之始。左氏叙季札历聘历聘中原之事④,非表季子之贤,正以伤中夏之衰。俱能言之成理,作《春秋》史论读可也。后附大旨提纲表,即节左氏之言事实者为之。(15-194)

经学讲义一卷　光绪刊本

清王舟瑶撰。⑤ 舟瑶字枚伯,浙江黄岩人,光绪举人,官广东候补道。是编在北京大学堂课士之讲义也。首论读经法,大旨以学者读一经,必求其大义所在,不宜敝神于形声训诂、名物考据之末。次述经学

① 中华本作"光绪三十四年刊本"。
② 中华本无"清"字。
③ "尔炘",中华本作"尔炘字果斋"。
④ "历聘历聘",疑衍"历聘"二字。
⑤ 中华本无"清"字。

家法，分孔门传授、《易》家、《尚书》家、《诗》家、《礼》家、《春秋》家、《孝经》家、《论语》家、《孟子》①、《尔雅》家、小学家，共十一章，亦能备举源流。惟《尚书》章，《隋志》及陆元朗、朱竹垞，咸谓马、郑所传古文非孔氏旧本，本不误，而舟瑶非之。据《范书·贾逵传》，逵父徽受古文《尚书》于涂恽，逵传父业，则逵为安国嫡传。又《孝经》章，郑康成《六艺论》叙《孝经》云："玄又为之注。"是康成注《孝经》，无可疑，而舟瑶据王伯厚以郑氏为郑小同。此二条皆其小失。至《通变》《自强》二篇，附会新学说，乖经旨矣。(15-195)

五经合纂大成三十卷 光绪十一年石印本

无纂人名氏。盖为举业而作，以乡会试次场以五经命题故也。有注，有讲，有解，又间有案。大抵取《五经体注大全》《五经备旨》《七经精义》等书，撷精删冗，而证以《御纂七经》。其《春秋注》后，接以《左氏》《公羊》《穀梁》三家文，又附以胡《传》。又以《礼记》各本，但举大义，向无依经诠释者，因补为之，使与他经一律。其中亦费翦裁排次之功，而义不足以厕于著述之林也。(15-195)

尚书读记一卷 乾隆癸巳刊本

清阎循观撰。循观字怀庭，山东昌乐人，乾隆进士，官吏部主事。学宗程朱。与韩梦周善，尝共读书程符山中。是书及《春秋一得》，即成于其时。殁后，梦周始刊其稿，并为作序。其书大旨，仍袭梅、阎唾余。谓"禹言已见《皋陶谟》，不必别为《禹谟》"；谓"《泰誓》文多谐偶，如'焚炙忠良，刳剔孕妇''播弃犁老，昵比罪人''朋家作仇，胁权相灭''剥丧元良，贼虐谏辅''谓祭无益，谓暴无伤''斫朝涉之胫，剖贤人之心''崇信奸回，放黜师保，屏弃典刑，囚奴正士，郊社不修，宗庙不享'，都不类商周间文字"；谓"《牧誓》止有司徒、司马、司空，《太誓》则曰六师，同是史臣之辞，不应有异"；谓"《泰誓》三篇，详数纣

---

① "《孟子》"，中华本作"《孟子》家"。

罪，不出《牧誓》'妇言是用'数语之意。惟'牺牲粢盛，既于凶盗'，则自《微子》篇'攘窃神祇之牺牲'来"；谓"'时哉不可失'，非圣人之言"；谓"'观政于商'，从《史记》'观兵'来"；谓"'乃曰吾有民有命'，从《戡黎》来"；谓"'罔或无畏'四句，从《孟子》来，而失其义"；谓"《泰誓》下篇自'惟我文考'以下，与通篇意既不贯，亦不似对友邦冢君之言"。又据《金縢》"我之弗辟"，谓孔注误解"辟"为"杀"，《蔡仲之命》复有"群叔流言，乃致辟管叔"之语，疑古文《尚书》与孔注，同出一人伪作。凡此皆是囿于成见，有心吹求。又因《立政》，而斥《周官》《周礼》皆伪，则与程朱之旨悖矣。至若解"予则孥戮女"，谓"孥坐为奴也，罪轻者孥，罪者戮①，故云孥戮"。解"无俾易种于兹新邑"，谓"易治田畴，言不使得耕种于此，非族诛之谓"。虽于义未尽惬，而可备一解。惟谓"古书戮、诛、杀等字，非必置之死。'戮'多训'辱'，'诛'多训'责'。《尧典》'窜三苗于三危'，《孟子》变'窜'言'杀'，则'杀'亦可训'窜'"。此则能识其通矣。（15－196）

书经疑言一卷　刻本无年月

清王廷植撰。廷植字实丞，江西庐陵人。是书于旧解未尽惬者，自抒所见，说多可喜。如"纳于大麓"，谓"大麓者，太山之麓。古'太'字无点。麓，山足也。尧使舜行礼，而望秩于山川也。东方为雷雨所从出，二月又雷雨发动之时。弗迷者，言雷雨应时，毋或愆期也"。又"禋于六宗"，谓"'宗'字之义不可略。六宗者，祭五帝而加尊帝喾也，即太皞伏羲氏、炎帝神农氏、少皞金天氏、颛顼高阳氏、帝喾高辛氏也。《记》曰：'有虞氏禘黄帝而郊喾，祖颛顼而宗尧。'黄帝、少皞、颛顼、帝喾，系尧舜同姓之祖。又上溯伏羲、神农开创之帝，是为六宗"。又"有扈氏威侮五行，怠弃三正"，谓"《禹谟》称水、火、金、木、土、谷曰六府，越千年至箕子，以谷为稼穑，本生于土，故舍谷而称为五行，有扈时尚无其名。五行者，君臣、父子、兄弟、夫妇、朋友之

---

① "罪者戮"，中华本作"罪重者戮"。

伦,‘行’读去声。《洪范》‘汩陈其五行’,亦同,即《泰誓》‘狎侮五常’之意。夏之时,不能有三正之名,《尧典》已明言仲春、仲夏、仲冬,《舜典》又明言‘岁二月东巡守’‘五月南巡狩’‘八月西巡守’‘十一月朔巡守’,是即以建寅为岁首之证。则夏以前无子丑之建可知。‘三正’者,盖舜、禹受禅之正朔。有扈氏负固不服舜、禹受禅之三正,俱不来朝,《孟子》所云‘一不朝则贬其爵,再不朝则削其地,三不朝则六师移之’也”。按此诸条,援据并确。其论古文《尚书》,虽亦不敢以为非伪而痛斥阎氏,如孔子引《书》“惟孝友于兄弟”一条,阎氏谓孔壁之本以“孝乎惟孝”为句者非①,“乎”字是答或人口气,非书辞。又谓“‘人心道心’十六字,为唐虞历孔子思孟相传之统,必不伪”。其中亦有主见,固非随声附和者。(15－197)

书经大义一卷 广州排印本

清杨寿昌撰。寿昌字果庵,广东归善人,光绪举人。是书据董子说:“《书》记先王之事,故长于政。”谓政即民政。中分四篇:第一篇民政之原理,第二篇民政之纲要,第三篇民政之机关,第四篇民政之根本。每篇又分细目,而附会以经文经说,且杂以新学理、新名词。每段下又有案语,以阐发其旨。虽大乖诂经之体,亦可见经旨无所不包,即骛新者不必肆废经之喙矣。(15－198)

尚书副墨不分卷 崇祯辛未刊本

明杨肇芳撰,其子胤奇删补。肇芳字葆元,乡贡,官太仓训导。胤奇字公才,诸生,江苏金沙人。是书首有马世奇、杨廷枢、张明弼序,又有胤奇自序及凡例。所列引用古今人姓氏,多至二百七十余人,明人居十之九,同时人又居四之三,周廷儒、项煜亦与焉。自汉唐经解、宋明语录,历科程墨,融会其义,以成此体。似讲义,又非讲义,似时文,又非时文,又加之种种批评圈识,盖明人说经之最陋者也。(15－198)

---

① “如孔子”至“孔壁之本”,中华本无。

尚书诂要四卷　道光五年刊本

清龙万育辑。万育字燮堂,四川成都人。是书首有自序及例言,逐句为注。义遵《钦定传说汇纂》,其象数名物,则载之上方。论古文,不疑梅赜,而以安国《传》未见前后《汉书》,恐为郑冲以下所作,而托于安国,而亦不敢谓必无孔子相传旧义。论《禹贡》,谓蔡《传》于中州水道,但据桑《经》、郦《注》,致多缺缪,易以王氏《地理今释》及胡氏《锥指》。论《书序》,谓虽为朱、蔡所斥,然相传已旧,实出孔壁,录之以便查考。全书意主简约,于初学亦殊便也。(15－199)

书经讲义一卷　宣统写印本

清周嵩年撰。书口题"豫河客籍学堂",盖在河南,学堂课士之讲义也。书分六章,一章全经大义,二章《虞夏书》,三章《商书》,四至六章《周书》。大义中,又分纲领、源流、今古文分合真伪、书序。大旨在阐发义蕴,不斤斤于训诂。书中伏、孔并收。据《隋志》有王肃《尚书驳议》五卷,《唐志》王肃《尚书注》十卷,所释皆二十八篇今文。断为伪作古文者,不出于肃。视丁晏《馀论》之周内,尚为胜之。虽不《序》虽不信为孔子作①,谓"孔《传》未上之先,百篇序已著于汉代。司马迁且据以作夏、殷、周本纪,固说《书》之先河"云。(15－199)

诗经疑言一卷　刻本无年月

清王廷植撰。是书说多奇创,如谓南与雅、颂俱乐名,不应统以"国风"。《豳风》者,西周之风,不应在各国后。《黍离》既为《王风》,不应杂《郑》《卫》之间。《大雅》多朝会诸侯之乐,《小雅》多燕飨群臣之乐,不但政有大小,即声亦有大小。季札以《大雅》为文王之德,以《小雅》为周德之衰,由盛而衰,不能先衰后盛,是《小雅》不应在《大雅》之前,《鲁颂》亦不应在《商颂》之前。孔子言雅、颂各得其所,诏伯鱼以《周

---

① "虽不《序》虽不信为孔子作",疑衍前一"虽不"。

南》《召南》,其余统以三百而已,其删定次序,并无可考。后之编《诗》者,系本季札观乐,随太师所陈之先后。原《豳》《秦》二风在《齐风》之后,四始之义,亦本于此。因谓"诵《诗》宜首《大雅》而次《小雅》,次《商颂》而后《周颂》《鲁颂》,次《周南》《召南》,次《豳风》,而后《邶》《鄘》《卫》《郑》《齐》《魏》《唐》《秦》《陈》《桧》《曹》,而以《王风》终之。《文王》为雅始,《那》为颂始,《关雎》为南始,《七月》为风始"。按此论翻空而有理。他如论《周南》《召南》,谓"周、召皆指成王之时而言。《周南》《召南》,即周、召二国之乐"。谓"《关雎》为周公所作,后妃指成王之妃。《鹊巢》为召公所作,是成王后妃于归之诗,故各为首篇"。他条多独标新义,亦有沿用《序说》而引申之者。其论《大车》主《鲁诗》说,尤可释千古之疑。《左传》与《列女传》载息夫人事互异,左、刘是非各执一说,廷植以为皆是,息夫人与息妫是两人,《左传》称失节者明言息妫,《列女传》是息夫人,各举一事,不然,刘向岂不读《左传》者?果如此说,则后世称桃花夫人者,真大谬矣。(15-200)

诗触六卷　咸丰二年刊本

明贺贻孙撰。贻孙字子翼,江西永新人,布衣。是书大旨具于凡例。尊信小序,但止取发端一语,谓"汉儒于古序之外,往往牵合附会,有害诗意。惟《南陔》六诗,今所存者古序发端一语,汉儒未尝赘,故知六诗之序独古"。他所考释则斟酌毛、朱,标以己见,谓"朱子所训《雅》《颂》,圆转不滞,优于毛、郑。虽时与序意相背,正可互相发明"。于十五国风、二雅、三颂,首皆有论。其论《国风》,谓"诗无不可入乐",又谓"诗不妨刺论最畅透"。论《周南》《召南》,谓"采《周南》之诗者,在周公辅成王主内治之时,以其为文王而作也,则系之周公。采《召南》之诗者,在召公分陕佐天子为方伯长诸侯于召邑之时,以昔之诸侯被文王之化而作也,则系之召公"。说亦通融。论《关雎》,毛以为美后妃,齐、鲁、韩则以为刺康王,贻孙以为"古序一也,所谓刺讽者,非讽文王太姒,乃以讽夫不能为文王太姒者。所谓'周道阙而《关雎》作'者,盖奏乐亦谓之作,犹始作翕如之作也"。亦善调停。惟论二雅,据序称雅有大小,因

于政有大小。郑玄称《小雅》,诸侯之乐;《大雅》,天子之乐。说虽甚辨,究嫌委曲,聊备一说可耳。(15－201)

诗经大义一卷 广州排印本

清杨寿昌纂。① 是书分二篇,第一篇诗之体例,第二篇诗之义蕴。体例又分重言、韵言、曲言、直言,义蕴又分男女之情、父子之情、兄弟之情、君臣上下之情、朋友之情、忧时念乱之情、同精敌忾之情②,各引诗以证其说。其论体例,谓诗自为一种文体,非可以寻常按责义之法读之。不通其文体,不能得其指归。论重言,谓重言之体有前后只一意者,有前后略分浅深者。前后分浅深,寻常文体所同。前后只一意,诗之文体所独。论曲言,举陈古刺今、言美见恶、托物比兴、代言情隐诸例。义俱妥惬,可通古今诗学之郎。(15－202)

诗经嗜凤详解八卷 雍正癸丑刊本

清陈抒孝辑③,汪基增。抒孝字百先,江西新昌人。汪基字敬堂,江苏星源人。首有吴启昆序及基例言。书为举业而设。每页分上中下三简,下简题曰"绎传"。所解以朱子《集传》为宗,未详者,乃参用他说,或寻其绪而为之补释。字训注本字下,句义系本句下。篇后有讲,以阐全篇之旨。中简题曰"详解",专讲作意,分篇旨、章旨、句旨。上简题曰"备考",详于名物典故。卷端别有图说。"嗜凤"者,盖袭坊选古文之名,尤近俗。(15－202)

慕良杂纂四卷 活字印本

清庄有可撰。有可字大久,江苏武进人,诸生。④ 遍研群经,尤精

① "纂",中华本作"撰"。

② "同精敌忾",中华本作"同仇敌忾"。

③ "辑",中华本作"撰"。

④ "有可字大久,江苏武进人,诸生",中华本作"有可亦名献可,字大久,江苏武进人,诸生。尝客京师十年,与校中秘书,道光初卒"。

《春秋》。友张惠言、恽敬、左辅辈。左辅为作传,存集中。所著说经之书,凡七十种,《春秋》占三十种。其玄孙俞俱保藏未佚,先以此种印行。是书考证群经,多独创之解。尤新者,谓"风诗首篇,其题名,不曰'雎鸠',而曰'关雎'。盖'关关'古字,本作'丱丱','丱丱'犹两两也。'丱'字象鸟形,非鸟鸣声"。谓"卫徙河南,经传无明文。《左传》闵二年,'宋桓公以兵逆诸河,宵济'。《传》意谓宋师渡河而北,非谓卫民渡河而南。故漕也,虚也,楚丘也,皆卫地,皆在河北。证之《春秋》,宋襄公自即位至卒,俱在卫城楚丘之后,迁帝丘之前。而卫诗有《河广》篇,则卫未济河可证"。谓"鸟鼠同穴,只是见两山相接,一似鸟形,一似鼠形。有水源于其中,盖以象形取名"。又谓"桐柏山,本当作'同白','白',古'伯'字,长也。前此本名涂山,禹治水,合诸侯,遂更名同白。读者妄加'木'旁,且因此山名桐柏,遂移涂山于今之定远"。谓"世子无昏礼,上不可拟君,下不同大夫。即年至知色,只能纳妾,生子则为庶长,故虽诸侯必有兄也"。谓"'厥初生民,时维姜嫄。'《周官》'以享先妣',谓之追享。则始祖之母,本以无夫而生子。而始祖而尚有父,则追之且不胜追,何以断其为始祖?"其说《春秋》,尤多奇解。谓"'公伐齐纳子纠',子者,未成君之称,纠既书子,当为襄公之子。时襄公被弑,诸臣欲立长君,故背鲁盟而立小白。小白未奉王命,而又弑纠,是乱贼非仅争篡"。谓"三代置闰必于十二月之末,《传》所云'归余于终也'。《汉高祖纪》'后九月',颜监注曰:'据《汉书》表及《史记》,汉未改秦历之前,屡书后九月。'则知秦律至汉初,应置闰者,总致之于岁末,盖犹承三代归余于终之法"。其论《春秋》之义尤备。惟《传》所云"于字数得定岁差法",未见其说。惟求深而失者亦不少,如以西王母为指房后,二南为指终南山,《汉广》为豫著汉有天下之兆,《汝坟》著秦之所以继周。甚至释"周"字,谓"其外'冂'即山形,其中'吉'即卜吉"。释"鲁"字,谓"鲁为东国,文当从西者,省声;者,日光所映,者而从西,是反照。周都镐京,在中国之西。封伯禽以镇抚东方,使从西周之治,犹西照及东之意"。则巧而弥凿,殊不可训。书中历诋《古文尚书》《诗·小序》《周官·丧服传》《尔雅》，即并时张惠言之虞氏《易》，亦以拘滞概之，殊开后来疑经之渐。自云“学者治经，不妨各抒所见”，可以识是书之旨矣。① （15－205）

九经通假字考七卷　旧抄本

清钱坫撰。坫有《诗音表》，已著录。是书无序跋，按坫所撰《十经文字通正书》之未定稿也。存卷一至卷七，起“一”部，讫“帛”部。以校《通正书》，止得其半。《通正书》有三、小、犛、冋、巿、誩、艸、共、萑、雔、放、丂、可、兮、号、喜、青、巴、缶、高、冂、亯、啬、稽、巢、橐、䡨、有、毌、朿、韭、宫诸部，而是书无之，当是后来所增。是书有豆、冖、出、桼、毇诸部，而《通正书》无之，当是后来所去。而各部之字与注，亦多不同，当是后来所更定也。按坫博采群书，以证古字通假原委。然如形声之误，本不可通假者；传写之误，与通假绝不相涉者，坫亦一概收之。其他沿讹袭谬之处，亦复不少，疏略殊甚。初稿犹可恕之，而《通正书》亦未见有所订正，何耶？（15－207）

会辅堂问答记略二卷　光绪庚子刊本

署“亦畸编辑”。后有跋，籍题“三韩”，即今满洲也。跋称其祖于光绪癸未，建会辅堂，按期会讲。诸生有问答者，辄喜与之反复辨论，归必述诸家塾。所录盖口述云云。其祖为何人，未有述及。按其祖名豫师，曾撰《汉学商兑赘言》。是书分二卷，上卷四书，下卷五经。而《大学》又分入门、辨明知、纲领条目、要窍、辨止至、辨物德、辨本、章释各目；《中庸》又分心法、真诠、性命、道不可离、中是天机、天地万物、中庸、三十二章大旨、知仁勇、困勉、家国天下各目；《论语》又分开章、罕言仁、五行所统、五常七情、言行、小学大学、君子小人、名利、二论首章、礼乐、二论末

---

①　中华本此后有“是书于民国十九年由商务印书馆代印，同时尚印有《慕良杂著》三卷，第一、二卷考辩论解亦多说经之作，第三卷二十二篇为其各种遗书之序，读此可窥知著者之大略云”。

章、孔门语录各目;《孟子》又分语意、梁惠王、齐宣王、滕文公、门人问事、告子各目①;《易经》又分八卦、理气、理数、五行五常、五德三德、吉凶各目;《春秋》又分经义、传义各目。末篇则总论六经也。理解不出宋儒,而意特显浅,语亦条畅。然如论《易》而至金钱课、丹经、堪舆,且援及太上吉神凶神之说,则驳杂不经甚矣。其《书》《诗》《礼》《春秋》诸篇,略而又不切,当非其所素习,聊敷衍以备数尔。(15－207)

袁浦札记一卷　道光刊蛾术堂集本

清沈豫撰。豫有《皇清经解渊源录》②,已著录。是《记》皆考订经义之作,其"王肃《圣证论》"条,能持郑、王之平。若"孙星衍以肃与司马氏有连,有无君之心""康成之孙小同,为司马氏所鸩""肃谄事司马,故多诋郑学""高贵乡公与诸儒讲《尚书》,从郑说。因愤懑博士称扬肃言,卒致被戕"云云。牵扯诬罔,不足辨也。"书五经异义疏证明堂篇"条,遍引戴震、孔广森、金榜、孙星衍、汪中、阮元说。豫但诋孙氏之非,不知戴、孔诸说俱未当也。"邵氏《尔雅正义》引时贤"条,全祖望谓"鮆"即"鲥鱼",援粤谚"三鮆不上铜鼓滩"为证。按祖望曾至广东,故能诵粤谚。但粤人称鲥鱼为三危,不云三鮆。"鮆""危"尚属同音,然删去"三"字,则非此鱼矣。盖豫于经学所造尚浅,虽其间不无一得,仅如拾稊米于太仓耳。(15－208)

一辐集十八卷　乾隆庚戌刊本③

清项淳撰。淳字任田,安徽歙县人,乾隆庚辰进士。授中书,升吏部主事,假归不出。是《集》为其里居课诸子侄所作,前有其兄景及门人刘椿、项桂林序,又有淳自序。不分经而编年,每年自为一卷。从乙未至己酉,得十五卷。自十六卷以下为补录。自序称"本先儒论说,考核

---

① "告子各目"后,中华本有"《诗》《书》《礼》又分总论、分论各目"。

② "《皇清经解渊源录》"后,中华本有"《皇清经解提要》"。

③ 中华本作"乾隆五十五年殖荫轩刊本"。

明白,间附管见,首尾贯穿"。卷十八有一条云:"羽翼经传之功,宋儒最巨。"又引徐幹中《论治学篇》曰:"凡学者大义为先,物名为后。不能统其大义之所极,以获先王之心,此无异乎女史诵诗、内竖传令"云云。故其大旨,专宗宋儒,下及元明。书中论《礼》最详,亦以宋儒为准,每引后世史事为证。于声音训诂,概未之及。盖景生乾隆之世,程、朱之焰尚炽,许、郑之灰未燃,景所纂集,虽难语夫精博,尚不骛于新奇,其可取者自有在也。① 惟"不能五十里"一条,卷十三与卷五相复,著者纵不复忆,岂校者亦不及觉耶?(15-208)

读经如面一卷 道光刊蛾术堂集本

清沈豫撰。豫有《皇清经解渊源录》,已著录。是书凡《书》十六条,《诗》四十二条,《春秋》三十条,《周礼》六条,《礼记》四条。不及《易》者,以别著有《读易寡过》也。诸条大率约举义理,无甚精粹,其中有习见之解,而矜为创获者。惟"城阙"条,引《晋书》左贵嫔《离思赋》"彼城阙之作诗兮,亦以日而喻月",以证《青衿》非淫诗。"节彼"条,引《晋书·秦秀传》:"《诗》云:'节彼南山,惟石岩岩。赫赫师尹,民具尔瞻。'言其德行高峻,动必以礼。"俱可以备异解。其"不登于明堂"条,信杜《注》,谓明堂与祖庙为一处,谬甚。"夏,天王使宰渠伯纠来聘"条,下注"王小穀先生曰:'尚未确当。'"刻本存此评,亦是非之公心也。(15-209)

六经读六卷 乾隆己酉刊本

明陈际泰撰,乾隆己酉王洪序校订。按际泰撰《四书读》,崇祯刊本十卷,其子孝威、孝逸订正为八卷,曾孙奇刊于乾隆丁卯。至是洪序取与《五经读》合为一书,而去其卷数。其中文句,亦多删削,但分《大学》《中庸》《论语》《孟子》而已。《五经读》原五卷,未改。按四书不得视为一注。②

---

① "盖景生乾隆之世""景所纂集",中华本"景"作"淳"。

② "按四书不得视为一注",中华本无。

按际泰非专经学，而所说四书，似较善于五经。① 洪序必欲节为小册，使与他经相等，殊属卤莽。洪序于四书五经仍各为序，然则并之为六经者，殆坊贾所为也。（15－209）

忠恕堂读经记二卷　活字印本

清赵赞元撰。② 赞元字襄丞，安徽凤阳人。是书前系总论，上卷修己；中说四书者二十九篇，说《毛诗》者九篇；下卷治人，说四书者三十四篇，说《毛诗》者十八篇。③ 既题“读经”，而不遍及，其所敷衍，大都陈言。体似策论，弇陋殊甚。冠以严复、姚永朴二序。严序称其“考核精详，控颠引末”，姚序称其“朴实说理，发挥说理④，发挥精细”，似未细观其书，而漫为谀美者。（15－210）

温故录一卷　刊本无年月⑤

是书题满洲长庚，即纂辑之人也。无序例，先立题目，而引群经以释题。复引众说以释经，曰五教，曰三物八刑中和，曰教学之法，曰考校之法⑥，曰宾兴，曰六礼七教八政，曰四术，曰乡学简不率教，曰乡学升士，曰国学简不率教，曰辨论官材，大旨杂述古来兴学育材之法，以端学子之趋向。题曰“温故”，是其寓意之所在也。（15－210）

五经纂注五卷　明刊本

是书纂者非一人。《周易》题大学士李廷机纂，《书经》题袁宗道辑，《礼记》题王亶辑，《春秋》题萧良有辑，惟《诗经》不题辑者名氏。经

---

① “似较善于五经”后，中华本有“惟四书不得视为一经”。

② 中华本无“清”字。

③ “三十四”，中华本作“三十三”。“说《毛诗》者十八篇”后，中华本有“说《书经》者一篇”。

④ “发挥说理”，中华本无。

⑤ 中华本作“光绪三十三年刊本”。

⑥ “曰考校之法”后，中华本有“曰乡官书考之法”。

文多所删节,注亦不主一家。首有沈一贯序,称"馆中诸名公深于经者,各辑所习为一卷,刻之京师"云云,是刻者亦一贯也。按一贯及廷机辈,似不至如此庸妄,疑是坊贾托名,序者与纂者皆不足信也。(15-211)

诗经读钞三十二卷 道光乙酉刊本

清李宗淇辑。宗淇字味岚,江西临川人,嘉庆举人。是书首有周作楫序,又有自序及发凡。经文之前,全录《小序》;经文之后,节钞《集传》。每章之后又有集说、总论、附录,外附诸名目,而终以御案。上方又有评语,点出诗法与诗旨。其某章章几句诸条,另列卷前。叶韵未详于卷中者,亦另列卷前。大旨宗《集传》,所引毛、郑诸家,不过以备参考。乃至征及子夏、申培诸伪书,可谓不知别择。题曰"读钞",盖为自读计云。(15-211)

诗经定本四卷 明写刊本

明黄澍撰。澍字仲霖,浙江仁和人。是书无序例,首列引用先儒姓氏,自毛苌至朱义,凡六十家。章有释,句有解,字有音。意不尽者,标之上方。虽择不必精,而宋元以前之说略备。视墨守《集传》,或芜杂欠翦裁者,大有间也。(15-212)

说诗解颐续一卷 光绪十年刊本

清徐植之撰。① 是书系补前书所未及,自《采蘩》至《载芟》,凡四十篇,每篇前录《毛传》《小序》《集传》,后伸其说于章后,亦间着于格上与行间。所说多涉作法,亦偶及字义章旨。如说《采蘩》,谓"古者后夫人有亲蚕之礼。蘩以生蚕,《七月》诗'采蘩祁祁'可证。'公侯之宫',即记所谓蚕室。'夙夜在公',即所谓公桑"。说《羔羊》,谓"皮者,羔裘犹完好;革者,毛脱而见革;缝者,皮革绽裂处。细玩三节层次,便知节俭之义"。说《燕燕》,谓"'先君'二句,不但见仲氏之温惠,且有作用。

① "徐植之",中华本作"徐玮文"。

《左传》'陈人使莅杀州吁于濮',未必非其力,消息在其心塞渊内"。说《常棣》,谓"鄂不跗萼相衔也。脊令即雪姑鸟,凡一母所育者,必相聚不散"。俱有理。惟说《柏舟》,仍沿《史记》之误,以杀兄诬卫武,则欠博考之失也。①(15-212)

尚书通考一卷 嘉庆刊本

清式楹日撰。楹日有《周易通考》,已著录。是书题曰《尚书》类,所考止《禹贡》一篇,循文敷义,约而不漏。惟释则多舛误,如"治梁及岐",以梁、岐属雍州山。"三江既入",以三江为北江、中江、九江。"至于大别",以大别即鲁山。皆谬之甚者。"于至衡山",按此衡山即霍山也,若以为澧沅南之衡山,则何以南至衡山,而后北过九江乎?"导黑水至于三危",以三危在古瓜州,经传无征。因而黑水所在,亦出影附。他若"北过洚水""又东至于澧",俱未确指洚与澧之所在。其切当者大率十之一二而已。(15-213)

群经大义述一卷 活字印本

清王舟瑶撰。② 是书亦题《经学讲义第二编》,盖对于《初编》而言也。分篇为说,曰《通变》,曰《自强》,曰《合群》,曰《天人》,曰《进化》,曰《新民》,曰《古今》,曰《道德》,曰《明伦》,曰《嫁娶》,曰《学校》,曰《教育》,曰《原儒》,曰《礼乐》,曰《大同》,曰《君民》,曰《集议》,曰《惩惰》,曰《义利》,曰《公私》,曰《经权》,曰《矫制》,曰《复仇》,凡二十三目。其中《道德》《明伦》又分上下,共二十五篇。自序称"所言都半密切于见世情状,以六经皆圣人经世之书,士之通经,亦求经世。篇中并引东西学说相印证,则以经所言皆公理,公理无间于中外"云云。其首通变者,则以其时方锐意变法,即援《易》"变卦"为言。"变卦"内离外兑,离为文明,兑为和说。故必其人具有文明才德,出以和平手

---

① "则欠博考之失也",中华本作"则详说而欠博学之失也"。

② 中华本无"清"字。

段,始可以言变革。他篇亦都按切时事,以寓箴砭,而援古义以证之,所谓“六经皆我注脚”也。其《道德》篇发挥最透切,谓“国民道德欠进步,一由于老庄破坏,二由于陈义太高,三由于取士不重德行”,又谓“诸经多言私德者,少言公德,非放弃私德也。证之《大学》,言‘欲明明德于天下者,必先治其国’,以次推本于齐家、修身、正心、诚意,则公德必根于私德也”。惟《天人》篇,说多牵强。《集议》篇,尤觉附会。《原儒》篇,引证未博。《复仇》篇,无所取义。而驳杂肤泛,瑜瑕并陈,则诸篇所同也。(15－213)

赵氏孟子章指复编一卷 福州萨氏刊本①

清萨玉衡辑。玉衡字檀河,福建闽侯人。首有自序,作于嘉庆十九年甲戌。所辑赵氏《孟子章指》,全据余萧客《古经解钩沈》,与马国翰同,而例微异。玉衡于七篇中各标第几章,国翰则不标章而标句。玉衡于每章后兼校伪疏字句,证其增减,国翰则否。玉衡于《告子》下,多第十五章言“圣贤困穷”一条;《尽心》上,多第二十八章言“柳下惠不恭”一条;《尽心》下,多第十八章言“孔子见厄”一条。第三十六章言“曾参至孝”一条,国翰本无之。国翰于《万章》上,多“贤者为之乎”句下言“君子时行”一条;《尽心》下,多“无上下之交也”句下言“君子固穷”一条。玉衡本无之。其他文字小有异同,无关要旨。按国翰虽书成在后,但未得见玉衡本,两本正可互证。题曰“复编”者,以台卿书残而复完也。(15－225)

论语大学偶记一卷 嘉庆刊本

清汪德钺撰。德钺有《周易偶记》,已著录。是书敷畅朱义,颇有新得。其说《论语》,谓朱注以“效”与“觉”释“学”字,后人或肆诋病,德钺据《易》曰:“爻者,效天下之动者也。”又曰:“爻也者,效此者也。”“学”“觉”均从爻,从臼,从冂。《白虎通》曰:“学者,觉也。觉悟所未知也。”

---

① 中华本作“宣统三年福州萨氏刊本”。

"效""觉"皆声义相兼,言效而不言觉,则无心得;言觉而不言效,则无实据。又"子张学干禄",后人皆以"学"字与"干禄"字离析言之,德钺引《曲礼》"官学事师",郑氏曰:"官,仕也。"熊安生曰:"官,谓学仕官之事;学,谓学习六艺。"孔《疏》引《左传》"灵辄"曰:"官三年矣。"服虔曰:"官,学也。"是学职事为官,如钱谷刑名之事,习其一以干禄者也。其说《大学》,谓"朱注因其所发四字,指点最亲切。盖格物致知,明善而已矣,不于情之发观之,何以知性之本善而明之?诚意正心修身,为善而已矣,不于情之发验之,何以知性之本善而践之?故《大学》一篇,自诚意以至平天下,皆从发处教人,而不及本体"云云。理俱精凿,能申紫阳未发之蕴。(15-226)

尚书纂义四卷 嘉庆刊本

清关涵撰。涵字东皋,浙江仁和人,诸生。是书首录古序,次作总纲,卷一《虞书》,卷二《夏书》《商书》,卷三至四《周书》。自序"采录宋元明各家集解,旁及纬书子史,于经得所穿穴者,略用文条贯之"云云。惟所引有顾亭林、黄梨洲二家说,则不限于明。若《尚书后案》,则同时人矣。间下己见,申旧说之未尽。援据甚博,惟于同异之间,如四岳、六宗、五子之歌、七庙之制,如此之类,虽亦详举其说,究未能折衷至当。足以备典林,而不足以语经学也。惟循五十八篇之旧,无一语涉及今古文,尚不为同时习气所移耳。(15-227)

禹贡指掌一卷 嘉庆刊本①

清关涵撰。涵有《尚书纂义》,已著录。是书于孔《疏》、蔡《传》外,兼采吴棫、吕祖谦、黄度、林之奇、陈经、胡士行、陈大猷、金履祥、吴澄、陈栎、董鼎、薛季宣、黄镇成、陈师凯、傅寅、程大昌诸家之说及他记载,参错贯穿。其自己见,有十余条。惟论"达于河",据古文《尚书》,"河"作"菏"。《说文·水部》"菏"字下引书同,盖菏与河、济通,

---

① 中华本作"道光二十八年刊本"。

而泗则上可达菏,下可通淮。徐州当浮淮入泗,自泗达菏。他本改“菏”作“河”,则何以于青不言河,而于徐复言之?又据《水经·泗水》篇云“从淮阴入淮,即禹浮淮入泗旧道”;《泲水》篇云“菏从湖陵入泗,即禹浮泗达菏故道”。可为之证。第导沇水之东至于菏,是主泽言,即豫州菏泽之菏。此达于菏,又自乘氏至湖陵,为菏泽支流。按此说甚确。又论“河源”,于星宿海之上,黄金河之西,尚有天池,则前人所不得知也。他条虽详异说,考订尚疏。又全书绝未提及朱鹤龄、胡渭、蒋廷锡诸说,岂未见其书耶?抑以时近而蔑之耶?与《纂义》之引顾、黄说者,又何其不同也。(15－227)

毛诗异同四卷附一卷　同治丁卯刊本

清萧光远撰。光远有《周易》①,已著录。是书首有自序。卷一国风:周、召、邶、鄘、卫、王。卷二国风:郑、齐、魏、唐、秦、陈、桧、曹、豳。卷三大雅、小雅,卷四颂。附一卷:“郑氏改字”“《集传》改字”“《春秋传》赋诗汇钞”,又“杂说”上下篇也。大旨取《小序》毛、郑、《集传》异同,会其大意,择可而从,或系以说。义主比附,自云不作汉宋调人。惟《十月之交》,《序》以为刺豳王,《笺》以为刺厉王。光远引《汉书·谷永传》:“褒姒用国,宗周以丧,阎妻骄扇,日以不臧。”师古曰:“褒人所献之女,幽王惑之,卒有犬戎之祸。阎,嬖宠之族也。《鲁诗·十月之交》篇曰:‘阎妻扇方处。’言厉王无道,内宠炽盛,故致灾异。”褒姒、阎妻对举,证为郑氏所本。而“杂说”上篇,又言“十月之交,朔日辛卯,日有食之”,后人以历推在幽王之六年,则仍以《序》为是也。又《生民》篇“履帝武敏歆”,既以《笺》说为诬,而《鲁颂》篇中引《周礼》“大司乐以享先妣”注:“先妣,姜嫄也。姜嫄无所妃,是以特立庙而祭之。”按如此说,则《笺》义不为无因,且姜嫄“嫄”字从女,则后稷有母无父,尤可征信。光远于此,乃存游移之见,非也。“杂说”上篇论时令天文,下篇论义法。全书简而得要,非泛泛抄撮者。(15－228)

---

① 稿本“周易”后有空格,中华本作“周易属辞通例”。

说诗解颐二卷 光绪九年刊本

清徐玮文撰。玮文字植之，江苏宜兴人，光绪丙子进士，以庶吉士改部曹，历官四川广东知府。按汉匡衡有“说诗解颐”之语，于是明朱鼎撰《诗解颐》四卷，季本又撰《诗说解颐》四十卷。“解颐”云者，语杂庄谐，以阐《诗》旨，固说《诗》之一体也。玮文是书，不嫌从同，所说凡七十篇，独辟悟解，间发前人未发之义。如《凯风》之“母氏”，谓“指后母，欲去非欲嫁，不得牵入淫风。《左传》称‘庄姜美而无子’，卫人所为赋《硕人》，正意盖惜其无子。观结语‘庶姜孽孽’‘庶士有朅’二语自明。解家只赞其美，非也，有‘狐为征妇忧其夫无衣’之词”。《将仲子》为国人刺庄公之作，郑庄与叔段同气连枝，故以树杞树桑树檀为喻。《月出》指夏姬，“舒”谓夏征舒；《狼跋》比武庚、管、蔡；《楚茨》合《礼经·祭祀》之序。如此之类，又非徒涉笔成趣者可并论也。卷首有伍肇龄、许时中、顾复初、胡薇元、冯秀莹诸序。（15－229）

诗序非卫宏所作说一卷 清华大学排印本

黄节辑。《后汉书·卫宏传》称“宏从谢曼卿受业，作《毛诗序》，善得风雅之旨，今传于世”。《隋志》云：“《序》，子夏所创。毛公及敬仲又加润益。”敬仲，卫宏字，盖沿蔚宗之误也。节是卷，引逸斋《诗补传》、《读诗质疑》、《经义考》、曾朴《补后汉书艺文志考》、胡元玉《璧沼集》诸说，以证其谬。以范处义所举之二说，曾朴所举之七证，最为确实。而仍无以解范蔚宗《宏传》之所云。惟胡元玉谓《宏传》言“善得风雅之旨”，“善”字乃“义”字之讹，引《释文》及《隋志》所录诸家《毛诗序义》为证。节又考得《说文》“善”字下云“此与义美同意”。又《大雅》“文王昭宣义问”，《毛传》曰：“义，善也。”《礼记·缁衣》“章义瘅恶”，《释文》云：“义，《尚书》作‘善’。”是证此二字古来互训互用，而千古疑团，一朝冰释，诚快事也。（15－230）

诗说标新二卷 民国五年排印本

狄郁撰。郁自定界说，“以古人绝未道及，或虽道及，而义理未完。

或谬解相沿，决非作时情事。及作诗人本旨，或旧说似无可疵，而不适于今日社会教育之用者，不得不易以新义”云云。所说止于《国风》，而开篇之《关雎》《葛覃》《卷耳》《樛木》《螽斯》等篇从阙。《桃夭》以下，亦多不全，所说支离浅俗，言之不能成理。如谓“凡诗必有名，后人选订汉唐以来诗，未有不署题于诗之前者。独于古诗三百篇，仅系名于诗后，殊乖伦序”。不知古诗本无题，《汉诗十九首》犹然。三百篇之系名于章后，不过为引诗者之便耳。唐人乃以“无题”为题，误矣。郁之意，岂欲如功令中之试律，必有题乃有诗耶？其识如此，而全书可知矣。（15－230）

经传释词续编二卷　道光癸卯刊本

清孙经世撰。经世有《惕斋经说》，已著录。按陈金城撰《经世传》，称“见王伯申《经传释词》，因为《释词附录》八卷，较原书倍之”。今是本止二卷，盖刊书时有所删并。而改“附录”为“续编”，殆亦出刊者意也。卷一“而”至“即”，凡六字；卷二“与”至“末”，凡十六字。共二十二字。与王书同者，而、如、若、然、则、即、与、抑、庸、一、乃、尔、耳、将、者、诸、非、末，凡十八字。其中“而”字六例，“如”字六例，“若”字十一例，“然”字六例，“则”字八例，“即”字三例，“与”字一例，“抑”字一例，“庸”字一例，“一”字一例，“乃”字七例，“尔”字三例，“耳”字二例，“将”字二例，“者”字一例，“诸”字四例，“非”字一例。王书皆有之，则为之增其证。其他皆补王书所未有，例既备而证尤详。于王书宜与为辅车之依，岂徒资涓壤之助已耶？光绪间，蒋凤藻心矩斋刊其书，缺则、即、与、以、必、抑六字，又紊各字前后之次，强分补与再补。当是得其残本，继续刊行者，不足存也。（15－231）

惕斋经说四卷　道光癸卯刊本

清孙经世撰。经世字济侯，号惕斋，福建惠安人。道光辛卯举优行生，以试殁于京师。事迹详其弟子陈金城所为《传》。经世深研理学，而治经又穷探训诂，尝谓“不通经学无以为理学，不明训诂无以通经，不知声音文字之原无以明训诂”。据《传》,《经说》六卷,是本仅四卷,当是刊时所并。书中说虞周朝数最博辨,谓“朝礼所垂,其为非常之举者,不可以年计。而常礼则虞时分诸侯为四部,部各一岁,四岁而周。至周则分诸侯为六部,部各升降一岁,六岁而周。周以四岁者,合之巡守之岁,共五岁。统四部计之,则为五载四朝。自各部计之,则五年一朝”。盖据《尧典》与《王制》“大行人”为准,而辟马、郑、孔、胡、韦、王诸家之谬。解《关雎》,谓“如《传》《笺》说哀乐,指太姒求女言,则诸侯及世子女媵已备,何须别求?更如《集传》说,则文王未娶之先,不应豫有宫人。即日为王季宫人,亦应代为哀乐”。所见极是。而以为诗人追叙其事,代文王着想,亦近臆断。岂不闻鲁、韩及他家别有解耶?尤详于字说,如《诗》之还、罠、鹓、鸢、蒹、蘼字,《左传》泽、疥、薳字,《周礼》之稿、軓、轨、儥、齍字,《礼记》之腈、肥、巹字,《论语》之羿、逢、放、虙字,诸经之哀字,皆剖析至精。其订易《释文》与《说文》五十余条,分补备、删讹、考正、依定、据勘、参酌,兼存诸例,尤可证二书之得失。至《说文解字假借考》,搜摭之博,宜为专编。卷有徐树铭、苏廷玉二序,又有杜彦士挽诗六首,陈金城撰《传》一篇。廷玉即刊其遗书者也。距经世之殁,已二十七年矣。(15-231)

读经校语二卷　道光癸卯刊本

清孙经世撰。经世有《惕斋经说》,已著录。卷一《周礼》共九十八条,卷二《春秋左传》共一百六十一条。大旨于或字、借字、俗字、讹字、古今字、引伸字、小篆新造字,以至衍字、漏字,一一别之。亦间有涉及音义句读者。① 如“角不胜干”,《释文》“胜音升”,误,谓“胜”应读去声。“糊其口”,注云“糊,鬻也”,误,《方言》训“寄食”。“蔑死我君,寡我襄公”,谓即先轸所云“死吾君而弱其孤”。“诸侯以字为谥”,“为谥”属上“以字”读。② 纪

---

① 中华本此句后有“伯用将,谓乃‘埒’之误。‘说瓒’下云:‘侯用埒,玉石相埒也。’”

② “‘诸侯以字为谥’,‘为谥’属上‘以字’读”,中华本无。

伯姬来朝其子。① "能者养之以福",谓"之以"文误倒。俱甚妥治。至"天子使召伯来赐公命",闽本"赐"作"锡",《公羊》、《穀梁》及《曲礼正义》所引并作"锡"。据此与文元年经皆作"锡",而《传》皆作"赐"者,因证明左氏以训诂代经文之例,尤见得间。按陈金城撰《传》,称《读经校语》四卷,乃今本止二卷,当亦苏廷玉刊时所并。后附陈寿祺跋,称"发疑正读,多可为章句之助"云。(15-232)

蜕私轩读经记三卷 宣统己亥活字印本②

清姚永朴撰。③ 永朴有《群经考略》,已著录。是书首有自序,又有吴汝纶跋、马其昶序。卷一《周易》《尚书》《诗》,卷二《周官》《仪礼》《礼记》,卷三《春秋》,附"三传"、《论语》、《孝经》、《尔雅》、《孟子》。大旨不偏主汉宋,参稽诸说,而别其得失。颇有当者,而心得殊少。屡引姚氏鼐说,盖其私淑所在也。其说《礼记》"婿弗取而后嫁之"条,谓"甫免丧未可图昏。'而后'云者,言辽缓之,婿弗取,非竟不取也,特不遽取"云云。亦据姚说,意自不误。惟经之言嫁属于女氏,盖婿家遭丧甫毕,嫌于忘哀故弗娶,而女氏嫁之,犹曰"彼本不娶,而吾强之娶耳"。文本明白,无须强解。大约永概探研尚浅④,采摭亦隘,故所得醇驳互陈。自序言"去其与昔人同者",然三卷中同者固数数见也。至吴跋称其"精凿处,不减王怀祖父子,而无汉学碎琐复沓之弊",碎琐复沓,诚可免,若云精凿,何足以尤王氏父子耶?(15-233)

十六观斋经说一卷 传抄本

清何维栋撰。维栋字研孙,湖南道州人,光绪癸未进士,改庶吉士,

---

① 中华本此句后有"谓《释文》以'杞伯姬来'绝句,误,'来朝'二字当连读"一句。

② 中华本作"民国间铅印本"。

③ 中华本无"清"字。

④ "永概",中华本作"永朴"。

散馆，又改刑部主事。是编大半为其在江南惜阴书院时之课业，其子积祜所辑存。凡说《易》《书》《诗》《礼》《孟子》者若干篇。其中弃置注疏，自抒所见，多有当者。如引“儒行古人与稽”，释“稽”“古”二字，自胜同天考道等说。不但《尧典》之合于《皋陶谟》，即《周书》“武穆”解，所谓“曰若稽古，昭天之道，熙天之载”，《周颂谱》引《尚书中候·摘雒戒》“曰若稽古，周公旦”，罔不可通。又说“三江”，据《周礼·职方》“扬州其川三江”，与《禹贡》合，知三江皆在扬州。下文继以“震泽底定”，知其止于震泽。上文“彭蠡既潴”，知其止于彭蠡。解“王朝步自周”，谓“步自周者，步自周庙、告庙。以质明将事，故步必书朝。若解作‘步行’，无论《召诰》《武成》，俱不可通”。又解“周公居东”，谓“东乃岐山之东，《诗》之豳，公之采邑在焉，《括地志》所谓‘周公故城’是也。故曰‘我徂东山，滔滔不归’。曰‘徂山’，肥遁之所也。曰‘滔滔’，去国之词也。而‘东征镇抚’之谬，不待辨而明”。诸条虽援证未广，而理解颇新，不无可取。“十六观”者，释氏修净土之名也。（15－234）

东塾读诗录一卷　传钞本

清陈澧撰。澧字兰甫，广东番禺人，道光举人，学者称东塾先生。是书为其孙庆佑手录，盖澧晚岁课孙之本也。卷首题“精语常常读之”六字。书中不全录经文，略似摘句，有不着一字者。有之，语亦极简。意不在诂经，而在垂训。如《桃夭》章，于“宜其室家”“宜其家室”“宜其家人”句下注云：“谓凡妇人当与一家之人无不合者，乃为妇德。”又《小星》章，于“寔命不同”句下注云：“安命。”多如此类。而时有愤世之语，如“我有嘉宾，德音孔昭。视民不恌，君子是则是效”下注云：“今之士大夫，乃示民以恌，而则效者多矣。此风俗所以坏也。”又“琐琐姻亚，则无膴仕”句下注云：“今之大官，皆使其姻亚为膴仕矣。”亦多如此类。殆说《诗》之别一体也。①（15－235）

---

① 中华本此句后有“施肇曾刊《十三经读本》，有陈东塾先生《读诗日录》，即此钞本，仅数字不同耳”一句。

一辐集续编十二卷 嘉庆丁卯刊本

清项淳撰。淳有《一辐集》,已著录。是集为淳庚戌至甲寅间所撰。与前书异者,前书编年,此则分经,《易》《尚书》《诗》《春秋》《礼记》《周官》《仪礼》《大学》《论语》《孟子》《中庸》《性理》各为一卷。首有程瑶田序及《项先生祠堂碑记》,赵翼题五古诗,门人刘椿撰传略,并椿及淳子峤二跋。按淳笃信朱子,故于性理大都主程朱《遗书》《文集》,而参以宋元明诸儒。于制度治术,则主"三通"。《大学衍义补》兼及汉唐以来之说,其中且有陶靖节、邵尧夫、李泰伯、陆放翁之诗,李空同、朱竹垞之文,更引及程让堂《亦政录》。让堂乃瑶田字,淳之妻弟也。其本身琐事,如"青士双鹊"之类,亦厕入焉。盖举所亲切者以证经,不遗于一理一事,又不止求之子史而已。末篇论姚江良知之学,辟阳明以尊程朱,则其深旨之所在也。(15-236)

禹贡三江九江辨一种 拙尊园丛稿 光绪刊本

清黎庶昌撰。庶昌字莼斋,遵义人,廪贡生。同治纪元,应诏上万言书,奉命以县令发往安庆,交曾国藩军次差遣。中兴新政,多所建议,时颇采用之。国藩亦器赏其才识,出参英法德日四国使署,兼使日本有年。旋任川东兵备道,监督重庆新关。在日影钞唐宋旧籍,成《古逸丛书》,皆中土不传之本。裒所为古文辞凡六卷,自署曰《拙尊园丛稿》,兹篇为卷中之一。按辨《禹贡》"三江""九江"者,古今众矣。故首称"自汉以来,其说纷纭淆乱,莫可究诘。非山川形势之难明,穿凿者之为害也",可谓一语破的。又曰"篇中本无南江名,世儒泥于有中有北,必求南以实之,不得而索诸经外,由是聚讼断断莫止",尤足为辨正诸说之定论,一空前人。博引三江分为五,九江分为三,立学说者各殊,而主其说者亦各异。若郑康成之以左合汉为北江,右合彭蠡为南江,岷江居中为中江,其说仅一南江之误而已。惟九江之主洞庭者,至宋初胡旦而始明。晁以道、曾彦如、朱子从之。曾氏以沅、渐、无、辰、涂、酉、湘、资、澧为九江,朱子考定,去无、澧而易潇、蒸,于经为合。又指三江为中江、北江、九江，近儒李氏绂、秦氏蕙田之说为当。至其结论，谓“准以地望，证诸经文，先分荆、扬二州疆域。荆之疆域定，确知洞庭即为九江。而后南江之说，不攻自废。南江说废，而后三江明，则诸家之论亦息。并《禹贡》荆、扬二州，及导江、导汉之文，皆了如指掌，无复留疑矣”云云。考据精确，论断明允，当推名著，信足以传。若黎氏者，不诚读书得间者乎？（15－310）

孟子篇叙七卷　嘉庆间刊本①

清姜兆翀撰。兆翀字孺山，江苏华亭人，嘉庆举人。《孟子》七篇自赵氏《章句》后，接以朱子《集注》。按汉唐人解经，只逐字逐句解，朱子始逐节逐章解，仍未能合通部章数连属而贯串之也。赵氏有《孟子篇叙》，言七篇所以相次序之意，林之奇诋为迂阔。《孟子》一书，据《史记》列传及赵氏《题辞》，皆谓孟子自作。朱子亦谓“观七篇笔势，非补缀可就”。则一手撰述，岂无首尾贯串之处？特不当如赵氏所说耳。兆翀是书，仍用赵氏篇叙之目。首列孟子年表，更以七篇分叙。每篇中又各有叙，从上孟叙起。《梁惠王》篇记历说梁、齐、邹、滕、鲁事，诸君编次并不紊错。《公孙丑》篇重叙在齐事，《滕文公》篇重叙在滕及梁宋事。分国限断，绝不凌杂。其“以力假仁”五章，不言齐而可决其为齐者，则以全篇皆言齐为断，且与“牵牛”章相发。其“陈代”四章，不言梁而决其为梁者，则以周霄言晋国，与惠王合，且正是惠襄时人，自当是孟子游梁时问答。因之可见“景春”章，及“陈代彭更”章之属于记。其下孟每篇，各自著论，亦相联络。《离娄》章次似极散碎，然以行仁政兼责君臣，而归本修身，直推到君子深造。君子存之，盖事功学术相为一贯。其中具有纲领支节，而或整齐或错综，且有附见穿插之处。《万章》篇全是论古，虽似每章分载，而亦以类相次。《告子》章言性善，逐章衔接。其下章皆以阐发性善之旨，至叙入居邹，则以见著论之在居邹时尔。《尽心》篇零文碎语，随手撰记，是又册尾杂叙体裁。按如此立说，则前人所疑

---

① 中华本作“嘉庆七年刊本”。

滕文公为世子，尚在第三篇。而《梁惠王》下，先列《滕文公》三章，又“齐人伐燕”在首篇，而“沈同”两章列诸《公孙丑》，皆可涣然冰释。而自梁而齐而宋、薛，证之本书，无不较若画一矣。又如梁惠王之年从《竹书》，而孟子之见，在惠改元十五六年。齐宣王之年从《大事记》，而孟子之见，在宣二十四年。具见斟酌尽善。其他关于人物及制度，与夫文句字义之未晰者，靡不详考而明辨之。诚读《孟子》不最要之书也。① 书刊于嘉庆间，前有沈步垣、李宝泰二序。(15－370)

四书温故录不分卷 乾隆五十二年刊本

清赵佑撰。② 乾隆甲辰进士，改庶吉士，授编修。官至左副都御史。佑为此书及命名之意，于自序揭之。自序略谓“在四书，以五经为故，读四书不进之以五经，不足以通四书也。在四书《集注》，以古注疏为故，读《集注》不兼之以古注疏，不足以见紫阳采集之精，体经明道之功。凡诸儒之勤勤于注之疏之者，亦均自故出。而所见之分诣不同，至有纰缪显然之失。虽然，凡故之异乎朱子，而纰缪显然者，既非读之不足以见其有同乎朱子，而仍不及朱子，或较过于朱子。与夫虽异乎朱子，而未尝不足以备学者质疑析难，参今注所不逮者，初无碍乎遵朱”云云。盖功令四书遵朱注，故佑自为斡旋，其书固未非宗朱者也。③《录》中略于《学》《庸》，而详于《论》《孟》。其发人所未发者，如“重出”解，谓“《论语疏》言：‘篇中所载，各记旧闻，不为义例，或亦以类相从。’夫既由各记，自不免重复参差。既以类从，即非无义例。盖圣人原非一时一事之言，或前为彼而后为此，无嫌重也。是以古注未尝言重出，邢氏始间言之。自《集注》概以重出置之，而后人遂删不复读，过矣”。其“弟子门人”辨，谓“自欧阳永叔有亲受业者为弟子、受业于弟子者为门人之说，

---

① “诚读《孟子》不最要之书也”，中华本作“读《孟子》者当以此书为最善”。

② 中华本此句后有“佑字鹿泉，浙江仁和人”。

③ “固未非宗朱者也”，中华本无“未”字。

邢氏疏《论语》往往同之。近秀水朱氏别为仲尼弟子、孔子门人二考，举凡各章之言门人，而上下文有人可比附者，辄强属之。然'互乡'章，门人惑将谁属？《檀弓》'孔子与门人立'，又谁属？至孔子之丧，门人疑所服，其文大明矣。盖弟子、门人一也，以执礼之卑曰弟子，以受业于门曰门人，合言之则曰门弟子，约言之则曰徒。而记者书之曰门人，为其不可悉名也"。何晏、赵岐之注，皆未有此说。其于"小人鸣鼓而攻之"，郑曰："小子，门人也。""小子何莫学夫《诗》"，包曰："小子子①，门人也。"可见汉儒质直。② 又赵岐《孟子章指》，其全已佚。佑从伪邢《疏》中辑出一卷，其可疑者别为之案。于是赵书稍还其旧，尤为有稗。书刻于乾隆五十二年，卷首有自序。（15－371）

四书典故核不分卷　嘉庆十三年刊本

清凌曙撰。曙字晓楼，江苏江都人，布衣。按曙少习贾，后改习儒，为童子师。比及壮，识包慎伯，始知治"三礼"。既又识李申耆，承其指授，以为四子书言制度文物，胥与礼有关，乃先成是书。是书论《礼》者居大半。先是，张皋文尝辨四子书中，汉说之当从者数十事，慎伯举以授曙，曙更为之推广。捃摭经传，极其繁博，而意主审慎，不欲多所辨难。不及人物，以有陈禹谟《四书人物概》也。不及舆地，以有阎若璩《四书释地》也。书中如"菉竹"，据《韩诗》、《毛传》、汉石经、《说文》、《水经注》以订朱注"竹箭"之"竹"之非。又如"切磋琢磨"，据《尔雅注》"鹄鷽剒劘雕为治朴之名，镂刻切磋琢磨为治器之名"，则切磋琢磨皆物已成，而复治之也。亦驳朱注"既切复磋，既琢复磨"之无据。其解"日月星辰系焉""北辰天之高也，星辰之远也""千岁之日至"诸条，备采各家之说，于西法尤精。并言"星谓五纬，辰谓二十八宿"。此语千古未发。《左传》："日月所会，是谓辰。"而日月所会，必以宿度为纪。宿亦名舍，日所舍也。言辰者，二十八宿分十二辰也。十二辰即十二日，亦

① "小子子"，疑衍一"子"字。

② "何晏、赵岐之注"至"可见汉儒质直"，中华本无。

曰十二宫,亦曰十二次。日所次也,日之次舍,空虚而无所纪,故以经星纪之,因谓之辰,因谓之宿。前人乃云无星处为辰。按此乃邵子之说。无星之处,何烦考测?而《虞书》乃云:"历象日月星辰乎?"《中庸》曰:"日月星辰系焉。"若无星之处,即是天也,何所为系?又据《周礼》"致日兼冬夏",《虞典》"命羲和详二分",详古法与今法之合。又据《逸周书》"周月"解,证李光地古专主夏至,汉后专论冬至之谬。至于封地之制,《孟子》与《周礼》不合,折衷诸家,语简而当。惟解"三以天下让",泥定"三"字,不知"三"为虚数,犹言"三仕三黜"之例,"三让"者,极言其善让。泰伯止让国,归本为言,文武卒有天下,由泰伯之让开之耳。① 书刊于嘉庆戊辰,前有洪梧、贵徵二序及自序。(15-372)

四书遗义二卷　乾隆十一年刊本

清陈廷策撰。廷策字嘉谟,顺天大兴人,布衣。廷策穷居授徒,素讲程朱之学,尤服膺程伯子。是书题曰"遗义",意殆欲补程朱所遗也。朱子注四书,往往采二程子之说,亦时与立异。其自为说固多精粹,然亦时有不甚周浃之处,又时不免存骑墙之见。廷策于朱子之说多所匡正,于二程子之说多所引申。其持义温醇笃实,融会贯通,非躬行有得者,未易道其只字也。廷策谓"著作之难,莫难于解经,虽程朱注书亦不能无失。然所失者,不过圣贤立言之本意耳,却不离乎道。昔有人问于余曰:'朱子注书无误否?'余曰未可知也。其失圣人之意者或亦有之,但依朱子之注,学圣人则无误耳"。按此实通论,亦确论也。开篇谓"《论语》中'学'字多以学文言,如'则以学文''博学于文',学《诗》、学《礼》、学《易》之类是也。古者小学大学皆有书,如《曲礼》《少仪》《内则》《弟子职》,皆小学之书;《易》《诗》《书》《礼》《乐》,皆大学之书。未有入学而不读书者。既读书则知忠知孝,然须回家时方好孝,出仕时方好忠。程子所谓'学者将以行之',朱子所谓'素教而预养之',皆谓此也"。又曰:"学者将以行之也,一边学,一边行,不是读尽经书然

---

① 中华本此句后有"非泰伯真以天下让也"一句。

后再行。譬之知如目之所见，行如足之所行，见在先，行在后。然所见者不过数十百步，若行数十百步，又见数十百步，既见又行，既行又见，迭进不已。故‘学而时习之’一句，乃终身之学。”如此诂“学”字、诂“知行”字、诂“时习”字，旧说一切可废矣。其解“子在川上”章，谓“自汉以来，儒者皆不识此章之义。程子发之于前，朱子又申之于后。至《评语》《惭书》则发挥殆尽，无余蕴矣”。《评语》者，吕晚村所作《四书评语》;《惭书》，则晚村之时文也。是时曾静之狱已发，故廷策匿其名，然以时文而加诸汉宋传注之上，其推尊晚村至矣。书刊于乾隆十一年。(15－373)

孟子高氏章句一卷附程氏章句一卷①

汉高诱作《吕氏春秋序》，自言正《孟子章句》，惟不见《隋志》，盖佚在隋已前矣。又考《后汉书》无诱传，据诱注《淮南子》自序，知为涿郡人，从卢植学，建安十年辟司空掾，除东郡濮阳令，十七年迁监河东。其可考者止此。宋熙时子注《孟子外书》，引其二则。焦循撰《孟子正义》，以诱所著《吕氏春秋》《战国策》《淮南子》三注多及《孟子》，尚可考见，乃就三书中凡涉《孟子》者汇集之，语词多少，往往与今本不同。如以北宫黝为齐人，陈贾为姚贾，匡章、陈仲子为孟子弟子之类。按诱以卢植为师，与郑康成同门，其所依据必有古义。马国翰辑得三十五条。又《后汉书·儒林传》言程曾作《孟子章句》，不详卷数，亦不见《隋志》，久佚。曾字秀升，豫章南昌人，建初三年举孝廉，迁海西令。事具《后汉书·儒林传》。宋熙时子注《孟子外书》，引有一条，亦马国翰辑。(15－374)

论语发微一卷

清宋翔凤撰。翔凰字于庭，江苏长洲人，嘉庆五年举人。选泰州学正、旌德训导，俸满以知县注铨。历任湖南兴宁、耒阳知县。翔凤学于刘申受，治经主今文。《论语》旧传有齐、古、鲁三家，齐《论》多《问王》

---

① 中华本称为“玉函山房辑佚书本”。

《知道》两篇，迨张禹合齐、鲁二家为之章句，两篇被删。何休本注《公羊》，何时又注《论语》，而其《论语注》不传。① 今文家虚拟《问王》《知道》篇中当有素王之事，改周受命之制，而何休之注，亦必于微言大义大有发明，而惜其不可得而见也。②。翔凤撰《发微》即本此意。首论左丘明，谓其不传《春秋》，并断其书多战国附会，刘歆改窜，抑《左氏》以伸《公羊》也。借"五十而知天命"一语，推之大夫命于诸侯，诸侯命于天子，天子受命于天。又借《世家》言孔子年五十，公山不狃以费畔。季氏使人召孔子，孔子曰："盖文武起丰镐而王。今费虽小，傥庶几乎以为丰镐之起。"适发于五十之年，弟子记之，当必有据。孔子曰："如有王者，必世而后仁。"又自五十至六十，自六十至七十，阅三十年而作《春秋》。此推原孔子受命于天而作《春秋》，然五十至七十仅二十年，与"必世后仁"之语不相应也。又谓"《泰伯》一篇，明帝王有天下之法。舜禹禅让，不知周之天下亦出于让。让天下者，自尧舜至泰伯而三。《春秋》托始于隐，隐让国之君，故不书即位，有不与有天下之心焉。《公羊》说春王，王者孰谓？谓文王也。文王之受命本于泰伯之让，而《春秋》之受命亦本于隐公之让。《春秋》王鲁而托始于隐，故以'王'加'正月'，而当文王也。子畏于匡曰：'文王既没，文不在兹乎？'此孔子称素王之说也"。论颜渊问为邦，首言"行夏之时"。《春秋》先言"春"，后言"王正月"。《春秋》托新王，将以夏正变周正，故冠之以"春"。此明三统之说也。终之以"子思作《中庸》"，曰"仲尼祖述尧舜，宪章文武，以为《春秋》受命致太平之道，昭揭无遗矣"。此书为今文家以《公羊》附会《论语》之权舆。未几，戴子高《论语注》、康长素《孔子改制考》继之而起，愈演愈幻。然翔凤晚年定《浮谿精丛书》，不收此种，殆自悔其少作乎？③ (15－374)

---

① 中华本此句后有"未必当何旨也"一句。

② "而惜其不可得而见也"，中华本作"刘申受因之，作《论语述何》，未必当何旨也"。

③ "然翔凤晚年"至"其少作乎"，中华本作"此书附刊翔凤所著《四书训释》后，止寥寥数页。其后撰《四书纂言》，每附载于《论语》篇中，其说更长，当于《四书纂言》另论之"。

孟子刘注一卷 嘉庆七年刊本

汉刘熙撰,清宋翔凤辑。《隋志》七卷,《旧唐志》同。书久佚,翔凤辑为一卷,刊于嘉庆壬戌。序言"刘君,史佚名氏,惟《吴志·韦曜传》,曜言'刘熙所作《释名》,信多佳者'。今本《释名》题'汉安南太守刘熙撰',或谓二汉无安南郡,当为南安"云云。按熙《后汉书》虽无传,而附见《三国·吴志·程秉》《薛综》二传中。"熙"亦作"熹",《文选注》引李登《声类》"熹"与"熙"同。字成国,北海人。仕安南太守,尝居交州。汝南程秉与之考论大义,遂博通五经。沛郡薛综亦从之学。晋伏滔叙后汉青州人物,以熙居殿,在祢正平后。所云"安南"者,或是"汝南"之误,或是"南安"互倒,俱未可定。意熙罢官后即往交州,因授徒讲学于此也。翔凤序言"赵岐此书①,时病疏阔",以今辑刘注较之,颇多同者。赵注地理尤略,以刘考之,恒复相胜。所举四条,并详为考证,知其训诂概非疏浅。惟《文选·景福殿赋》注引刘熙《孟子注》曰:"献犹轩,轩在物上之称也。"《酒德颂》注引刘熙注《孟子》曰:"槽者,齐俗名之如酒槽也。""献""槽"二字,《七篇》不见,因无附丽缺之。按周广业所辑古注亦有此二条,以为"献"疑在"馈孔子蒸豚"下,"槽"疑"螬"字之讹云。(15-375)

孟子外书四卷附一卷 嘉庆二十三年刊本

汉赵岐《孟子注题辞》云:"轲自撰法度之言,著书七篇。"与《史记》同。又云:"又有《外书》四篇:《性善辩》《文说》《孝经》《为政》,其文不能宏深,不与《内篇》相似。"《汉·艺文志》则云:"《孟子》十一篇,并《外书》也。"然自赵氏斥之,其书遂不显。旧本有四家注,曰扬雄,曰韩愈,曰李翱,曰熙时子。扬、韩、李三家殆出依托。据马廷鸾序,熙时子者,即公非先生刘贡父。贡父因李泰伯不喜《孟子》,为此以示之。按此序不署年代,马廷鸾何人,无可考。刘贡父名攽,李泰伯名觏。《外书》,《艺海珠尘》尝刊之,而不识其由来。是本大兴金绍纶校刊后,多戛渊、胡震亨二跋。胡

---

① "赵岐此书",中华本作"赵岐注此书"。

跋云:"吾友叔祥客济南,得《孟子外书》见寄,惜第四篇《为政》残阙不全,真秘册也。"案刘昌诗《笔记》云:"新喻谢氏多藏古书异本,有《性善辩》一帙,盖即是书。宋以来留传绝少,虽断珪碎璧,尤当宝贵之"云云。绍纶序言:"受业于丁小山先生,先生得之周书昌太史家。卢抱经先生亟称之,共相订正,欲广为流传"云云。按自汉以来,传记征引《外书》者不少,晋有綦毋邃注《孟子》九卷,并注《外书》,今熙时子注尚引有四条。又汉刘熙撰《孟子注》七卷,唐丁公著撰《孟子手音》一卷。二书久佚,熙时子注各引其一条,则《外书》及熙时子注断非伪造可信。绍纶每句下附有案语,多所引证。又就《史记》《后汉书》注等所引,今书已佚者别为一卷,附于其后。① 书刊于嘉庆二十三年。② (15-376)

孟子赵注考证一卷　咸丰七年刊本

清桂文灿撰。文灿字子白,广东南海人,道光二十九年举人,选湖北郧县知县。自来疏家体例,凡注中名物制度古事古言,皆当为之博考详证,乃伪孙《疏》之于赵《注》不然。赵氏于每章之后,本有章指,孙氏竟删节其语,入之《疏》中,已乖体例。其《疏》又全无发明,且时有意与赵违异。文灿为此书,意在考群经传注为之证明,且纠正伪孙《疏》之失。如"齐桓晋文"章"为长者折技",赵注:"摩折手节,解疲枝也。"意颇涩奥。文灿释之曰:"此即《内则》所谓'疾痛苛痒,而敬抑搔之'也。"如《诗》云"刑于寡妻",赵注:"寡,少也。"文灿释之曰:"赵说虽与毛异,然《笺》云寡妻,寡有之妻,言贤也,当本三家说。是则赵以寡为少者,盖本三家诗也。"又如"燕人畔"章"周公弟也,管叔兄也",赵注:"周公惟管叔弟也,故爱也。管叔念周公兄也,故望之。"按《史记·管蔡世家》,文王长子曰伯邑考,次曰武王发,次曰管叔鲜,次曰周公旦。是管叔者,

---

① 中华本在此句后有"晏渊为朱子门人,籍四川涪州,故序自署涪翁。绍纶未及考出"。

② 中华本在此句后有"同时崇明施彦士作《孟子外书集证》,似未见此本也"。

周公之兄无疑。而焦里堂乃据《列女传》《白虎通》,以周公为管叔之兄,以证明赵说,不知赵氏意不如此也。① 文灿释之曰:“赵氏亦谓‘周公自以为管叔之弟也,故爱之。管叔自念为周公之兄也,故望之’。本与史迁合。”又如“非礼”章“非礼之礼”,赵注:“若礼而非礼。陈质取妻而长拜之也。”按陈质事无可考,文灿引《后汉·樊英传》:“英尝有疾,妻遣婢拜问。英下床答拜,陈实怪而问之。英曰:‘妻,齐也,共奉祭祀,礼无不答。’”陈质事与此同也。又如“曾子居武城”章“昔沈犹有负刍之祸”,赵注:“沈犹氏时有作乱者曰负刍,来攻沈犹氏。”赵氏以“负刍”为人名,本不误。而孙《疏》云:“有寇贼自负其刍,来攻我室。”文灿斥之曰:“刍草岂能攻人家室之具?”综观文灿所证,大率语简而理确。惟“孔子在陈”章“琴张”,赵注云:“琴张,子张也。子张之为人,踸踔谲诡,又善鼓琴,号曰琴张。”按《左传》“琴张”疏引贾逵、郑众之注,亦有以为颛孙师。② 按《家语》:“琴牢字子张,一字开。”此称琴张当即其人。若以善鼓琴之故,即以琴加其名之上,此惟乐工则然,未可以例圣门高贤也。书刊于咸丰七年,前有文灿自序。(15－376)

朱子不废古训说十六卷附朱注引用文献考略四卷　道光二十一年刊本

清李中培撰。中培字根五,广东梅县人,旧称嘉应州。诸生。中培尝肄业学海堂,堂课以“朱子不废古训说”命题,谓“世之学者,皆以汉儒训诂、宋儒义理分为两事,其实朱子何尝尽废古训?即以《四书集注章句》言之,其本于古训者多矣”云云。中培卷被总制首赏,既以课稿未尽发挥,乃复参稽群籍而为是书。首叙《论语》《孟子》,及《礼记》内《中庸》《大学》,各注疏源流。次叙朱子裒合《学》《庸》《论》《孟》为《集注》《章句》,引用古训诸说根柢,及唐宋诸儒解说书名,朱子编辑更改颠末。次

---

① “不知赵氏意不如此也”,中华本无。

② “按《左传》”至“颛孙师”,中华本无。

分引用古训之例凡五：一曰引其说而系其氏；二曰但称旧说一说或曰；三曰因其训诂而不标其姓字；四曰本其文义而稍有更易；五曰达其意旨，遂异其说辞。又以《论》《孟》《礼记》三经，历代笺疏不下数百家，自元明以来解说者尤悉数难终。大约言义理者十之九，言典故者十之一，而专门考证异同者又百之三四。于是说中加注，专为义旨、典制、名物、训诂诸说聚讼，及声音句读疑似混淆者，特为拈出辨论。又于制度、器物非可想像而得者，比附本文作为一图。而制度有等级，名物有数目，众说互异，难于枚举者，俱作一表。又自注者①，凡四百九十二条，附于各说下。另依四书次序作一总目，以便查检。又以朱子《四书章句集注》所引贤儒之说，子史之语，虽称其姓字标其书名，而读者于先正品学著述，古书传授源流，尚未缕悉，复从正史及他志传谱录中摘抄，汇为四卷。篇末系以朱子本传及贤儒从祀孔庙考。按是书用力甚勤，条理亦密。虽尊信紫阳，而后儒辨论与朱子异者，间亦采掇。诚读《四书章句集注》者参考所必及也。书刊于道光二十一年，前有陈继昌序及自序。(15-377)

四书因论二卷　道光十五年刊本

清许桂林撰。桂林字月南，江苏海州人，嘉庆举人。是书分十二篇：因勉强论曲直第一，因诚论欺罔第二，因平与中论成见第三，因权论平第四，因刚论和第五，因敏论缓第六，因性天不可闻、中人以下不可语上论下学第七，因为己为人论公私第八，因性论习第九，因命论死生鬼神第十，因名论虚第十一，因用论实第十二。复于目后自述其旨曰："圣人之教，曰仁曰智曰勇，为德之总名。恭宽敏惠，忠信公直，敬慎刚毅之属皆该焉。而统之以诚，不诚者不能入德。其入德者，有过不及之分。于是又示以至善之归，曰中，曰庸，曰平，曰权，曰时，曰义，名虽殊而理实一，皆所以定其极也。圣人之言反覆分明，而贤智愚不肖者，犹失之过不及。不及者无论，其贤智者以己之成见，读圣人之书，见东失西，一

---

① "又自注者"，中华本作"其自为考证者"。

误百信。乃以中人庸人平平无奇之称,用为鄙夷之词。而以时为逢迎阿容之称,以权为机械变诈之称,竟推之于小人。① 惟义之名,君子据之以自雄。于是遂愚不肖者为不足与于道。即有不自暴弃者,必以勉强鄙之。而斥绝小人,一以严厉。但矜性之刚正,不计事之成败。② 其所为义者,有过而无不及。又断不肯降心以求其中,以为如是乃异于平庸也。三代以下之君子,以此成名者多,以贻害者亦不少。将阐圣言以求至善,意在爱君子,且以励中材"云云。按是书融贯全经,识议通辟。既殊汉儒之训诂,亦非宋学之义理。论其指趣,颇类子流。至第十篇中,论及果报,虽意在针砭顽俗,究非儒家之旨。桂林别撰有《易确》一书,篇中屡涉易理,妙义玄言,弥足羽翼。书刊于道光乙未,首有白镕一序。(15－378)

经学质疑四十卷 道光十七年刊本

清狄子奇撰。子奇字叔颖,江苏溧阳人,嘉庆举人。③ 是书原名《四书质疑》,继以四书名目,起于宋儒,未为古义。即朱子《论孟集注》《大学中庸章句》,本各自为书,其合为一编者,乃出自后人之手,遂改题《经学质疑》。计《论语质疑》二十卷,《中庸质疑》四卷,《大学质疑》二卷,《孟子质疑》十四卷。前有陈銮题词、朱洊序。是书征引博洽,不拘汉宋,并及近人记述,断其合否,时出己见,无不精鉴。如解"道千乘之国",斥包、何、马、郑之说,别据《周礼》"稍人丘乘",谓"乘宜出十六井"。又引《司马法》,每乘甲士十人,步卒二十人,使《周礼》《左传》《王制》《孟子》可以相通。又援郑康成"槁人""朝士"二注及"受贽于朝"之说,并贾疏"升堂致命"之说,断天子诸侯外朝治朝皆有堂阶,以驳马充宗之失。又援《仪礼》"礼宾"一节,在"享"后"私觌"前,以驳旧解作"享之礼"之非。又解"奡荡舟",引《竹书》"帝相二十七年,浇伐斟鄩,大战

① "竟推之于小人",中华本无。

② "于是遂愚不肖"至"不计事之成败",中华本无。

③ "嘉庆举人",稿本"嘉庆"后有空格,中华本作"诸生"。

于潍,覆其舟灭之",《楚词·天问》"覆舟斟郭",谓"'荡'字如《左传》'荡公'之荡,谓摆荡其舟而覆之也"。又据《艺文类聚·帝王部》载孔融《周武王汉高祖论》云:"周自后稷至武王,积五十代,皆有鱼鸟之瑞。以夏十七世、商三十一世合之,加以唐虞百有余年,该有此数。即以周之后王计之,自武王至赧王,仅七百余年,已三十七世。推其先代,亦该有此数。"以驳旧说"周自后稷至文王凡十五代"之漏。以上皆发前人所未发。至其兼收并采自《古文尚书》《竹书纪年》《孔子家语》《孔丛子》《小尔雅》,以至毛奇龄《四书改错》亦所不弃。盖理求其是,以视束书不观,动以伪妄斥人者相去远矣。书刊于道光十七年丁酉。(15-379)

校正四书逸笺六卷 道光十三年活字本

清曾钊校。① 钊字勉士,广东南海人,副贡生,官教谕。② 钊湛深经术,为粤士治汉学者之先声。生平抱用世志,尤好兵家言。道光辛丑、壬寅间,广东与英法开衅,制府祁𡎴檄令修碉筑坝,募勇团守。已而议和,而所支帑不能报销者三十余万金,倾家不偿,坐此免官。藏书万卷,并质于人。是书系应城程大中撰,《四库》已著录,称其"援据详明"。惟"举其束带"一条,不引《玉藻》"肆束及带,勤者有事则收之"之文。"朋友死无所归"一条,引《白虎通》,而不引《檀弓》"夫子曰'生于我乎馆,死于我乎殡'"之文。"廛无夫里之布"一条,《集注》止引《载师职》,而此不引《闾师职》"凡无职者出夫布"之文以补之,未免疏漏。③ 至因"梦周公"一语,遍引尧、舜、禹、文补梦事。如《梦书》《六帖》亦为引入,稍涉泛滥云云。④ 按是书通行本有三:一于光华之增订杂录本,名《四书

---

① 中华本作"清程大中撰,曾钊校"。

② "副贡生,官教谕",中华本作"道光五年拔贡生,官合浦教谕,调钦州学正,咸丰四年卒于家"。

③ "惟'举其束带'一条"至"未免疏漏",中华本作"惟疵其束带诸条,尚多漏引"。

④ "至因'梦周公'一语"至"稍涉泛滥云云",中华本作"梦周公一语,所引又涉泛滥云云"。

识遗》,不分卷;一张海鹏墨海金壶刊本,一在《山堂集》家刊本,俱六卷。钊据诸参校,有原书误者,有刊本误者,如所引《宏明集》“予族”,不知其出《史记·列女传》;“舜妹系”,不知其为“击”之误,而误分“系”与“敤首”为二人。“击”实“敤手”之合体,师古注《汉书》已辨之。此其误之大者。又如于本“夫里之布”条,引孙奭云:“不知言布参即书者何见。”张本“者何”二字作“未之”。于本“小国井田之数”条,“三分去一,除田七十五万亩”,张本作“七千五百亩”。于本“记刑第五”条,引《汉书·刑法志》“完者使守积”,张本“刑者”作“刖者”。又“敤首”,于本作“敤手”,虽与《汉书·人物表》《史记正义》《初学记》合,而张本作“敤首”。“敤首”亦见《说文》。至于彼此同误,如“沽酒”条,引《周礼》贾公彦疏作孔颖达。“置邮”条,引《集注》作“集句”。此皆原本笔①,当为改正。此书经钊手校,遂臻完善。后有钊所撰跋。道光癸巳以活字本印行。(15-380)

四书章句附考四卷家塾读本句读一卷　嘉庆十六年刊本

清吴英及其子至忠撰。英字伯和,江苏吴县人。父子俱诸生。按朱子注四书,注成复改,且非一次,临殁前数日犹有改笔。但其本行世早,而世之得其定本者鲜,此注本所以有异也。然亦有因传写而误者,如《论语》卫大夫公孙拔误为公孙枝,《孟子》自武丁至纣凡九世误为七世之类。此等之误,无关重要,尚可忽视。② 若朱子所自改,则识随年进,虽一字之差,而义理之浅深广狭,迥乎不同。所惜读朱注者,浸不觉察。即偶然觉察及之,亦不辨孰为定本,孰非定本也。是书首有英自序,言“命其子忠遍觅借古本四书,求疏释四书之书,以求朱子《章句》《集注》最后改定本,及传写未误者,别录一部,而私记考证附于后,有疑则折衷于予”云云。次为英所撰《四书章句集注定本辨》,谓“定本句有不待辨者,有犹待辨者,有不可不辨者。不待辨者,如《大学》‘诚意’章,

---

① “此皆原本笔”,中华本作“此皆原本笔误”。

② “尚可忽视”,中华本无。

‘故必谨之于此,以审其几焉’,为定本,其初本则曰‘慊与不慊,其几甚微’,如此之类是也。犹待辨者,如《大学》‘圣经’章,‘欲其必自慊’,此初本,其定本则曰‘欲其一于善’。《论语》‘为政’章,‘行道而有得于心也’,此初本,其定本则曰‘得于心而不失也’,如此之类是也。不可不辨者,如《中庸》首章:‘盖人知己之有性,而不知其出于天。知事之有道,而不知其由于性。知圣人之有教,而不知因我之所固有者裁之也。故子思于此首发明之,而董子所谓道之大,原出于天,亦此意也。’此亦非定本,其定本则曰:‘盖人之所以为人,道之所以为道,圣人之所以为教,原其所自,无一不本于天,而备于我。学者知之,则其于学,知所用力,而自不能已矣。故子思于此首发明之,读者所宜深体而默识也。’如此之类是也。所为不待辨者,则坊本与定本相合,故不待辨也。所为犹待辨者,以虽有善本可证,又有朱子及先儒之说,然皆与坊本不合,故犹待辨也。所为不可不辨者,以既与坊本不合,为见闻所骇异,而善本及先儒疏释本,又但从善本而无所辨说,故不得不辨也。又推究坊本致误之由,盖源于明胡广之《永乐大全》本。而胡广又剿袭元倪士毅之辑释本,倪士毅又剿袭宋祝洙之附录本。祝洙之父穆为朱子母党,尝受业于朱子,实不知有定本”云云。其说甚长,书分四卷。其《家塾读本句读》,则忠所撰也,尤便诵读①,原附忠所翻刊宋本《四书章句集注》后。刊于嘉庆辛未。(15-381)

四书典故考一卷　咸丰元年刊本

清戴清撰。清原名避文宗讳,更名清,字静斋。原籍休宁,祖父始迁扬州,遂为扬州人。岁贡生。是书原分十二卷,自序云:“汉人谈经最详典故,宋儒视为粗迹空疏者,未必不有所借口。我朝名儒辈出,即四子书考据者,不下数十家。流览之下,勤加采录,垂二十载,得千余条。列孔、孟年谱及其弟子考于卷首,尊古圣也。列载记注疏引用沿袭之讹于卷末,砭俗儒也”云云。书成未能付梓,刘文淇就此书及其所撰《群经

① “尤便诵读”,中华本无。

释地》十卷各择数十条刊之,并为之序。书中如《论语》“子入太庙”注云:“孔子始仕,入而助祭。”清据《史记》孔子二十一岁为乘田,乘田属牛人等职,《周礼》“牛人掌养国之公牛”,祭祀共其享牛,故得入而助祭。又如《论语》“束带立于朝”,清据《周礼》“小宗伯掌建国之神位”,故书作“立”。郑司农注“立”读为“位”,立于朝者,即《左传》“有位于朝”也。又如《论语》“拜下”,清谓“臣之见君,当拜下者,觐礼九、聘礼四、燕礼十二、射礼四、公食大夫礼六,凡此五礼,所谓礼也。邢《疏》引燕礼酬宾及觐礼赐车服二事证之,未备其解”。又如《孟子》“不挟兄弟而友”,清据江氏永云:“古人以婚姻为兄弟。”清更证之《尔雅·释亲》云:“妇之党为婚兄弟,婿之党为姻兄弟。”然清所最精者尤在地理,如孔子去鲁至卫、去宋至陈,孟子之自邹至梁、去齐至滕,以及太师挚之适齐,亚饭三饭四饭之适楚适蔡适秦,太王之逾梁居岐,晋人之由虞伐虢,莫不核其远近,计其险夷。凡正路歧路之殊,陆行水行之别,皆一一书其古地,证以今名。此外如陈、蔡、长府、武城、中牟等关于地理者,三千余条,无不考证精审。惟《孟子》“置君”一条,清谓“燕世家子之死后,燕人共立太子平,是为燕昭王,无赵送公子职为燕王之事”。① 此误也,燕昭王非太子平,梁玉绳《史记志疑》辨之已晰。公子职之立,亦见《竹书纪年》,清偶未考耳。书刊于咸丰元年。(15-382)

四书贯解一卷 传抄本

清孙锡畴撰。山西阳武人,字与爵无可考。自序云:“道光丁亥春,授徒于封邑之安上集。时夙疴未除,性多疏慵,以笔代口,得八十余条,名曰《四书贯解》。”绎其命名之意,当是贯通全部或全章,不主一句一字也。所解间多妙义,如云“四子言志,与颜渊、季路侍章不同,尽各言尔志,不论穷达,皆可寄愿。若四子侍坐,则夫子明有如或知尔,则‘何以哉’之问,则志自是用世之志。故子路、冉有、公西华志在兵农礼乐,为用世计也。三子所言皆所优为,夫子实心许之。曾皙志在春风沂水,随

---

① “燕王之事”,稿本“燕”“王”之间空两字格。

时随地皆可自乐,可谓高矣,却与夫子'何以'一问针缝不相对。故先自言其撰之异,此正狂者嘐嘐之处。但三子所言,须见用于世,方可施行。当举世莫宗之日,二三子从夫子周流列国,栖栖遑遑,用者何人?虽有此志,不过与夫子之期月已可。三年有成,徒托空言已耳,反不如曾皙所言'操之在我'也。故夫子一闻其言,不觉喟然叹曰:'吾与点也。'言虽与点,意在三子。此是圣人一腔热血,殷然用世之心。盖此原是叹词,不觉鸾为喜词也"。按如此解,真能传出当日一圣四贤心事。其他解多类此。卷首有同治三年其侄笃之序,言锡畴仅享年四十,他所著尚有《四书广义》《四书正俗》《学官谱》《阳武县志》,已佚不全。是书系传抄本,想未曾梓行也。(15-383)

孟子要略五卷 道光二十九年刊本

宋朱熹撰。按《孟子》一书,自二程子始为表章,朱子更定为四书,荟萃诸家之说,成《孟子精义》。又采其尤者,成《集注》七卷。又剖晰异同,为《或问》十四卷。终又简择为《要略》五卷。惟自宋以后,志艺文者俱未著录,朱氏《经义考》亦称未见。王懋竑撰《朱子年谱》,谓亡佚已久。道光间,汉阳刘传莹始于金仁山《孟子集注考证》内搜出,复还旧观,以授曾国藩。国藩为之刊行,此书始传于世。今观其书,于《孟子》书二百六十章中,采入八十五章。自"滕文公为世子"起,至"万章问曰"止,共分五卷。据金氏所记,则朱子当日编辑此书时,别为注解,与《集注》间有异同。如"人皆有所不忍"章,金氏云"《要略》注尚是旧说"。"桃应问曰"章,金氏云"《要略》注文微不同是也"。又曾国藩谓朱子编次《要略》一书,于每卷之首,必有数语,发明大指。今其说不可得闻,想当金氏收入《考证》时,已被删去矣。国藩爰仿《近思录》例,于每卷之首,疏明分卷之大指,每章下亦间为附注,用资发明。其第四卷"公孙丑问曰"章,原书仅录至"而子为我愿之乎"为止。国藩以为朱子之意,特重在崇王黜伯,芟去后半。但此章后半言乘势待时,而归重于行仁政。可见圣贤谋国,未尝不顾时势。而政之本原,悉依于王道,非同于后世杂霸苟且一切,借口救时者之所为。仍录本章全文,而于"为我愿之乎"下,乙以识之,以存其旧。是书首有曾国藩二序,次《朱子语类》五则,《朱子文集》一则,《真西山文集》一则,朱竹垞《经义考》一则,王懋竑《朱子年谱》一则。刊于道光二十九年。(15-383)

孟子丁氏手音一卷 玉函山房辑本

唐丁公著撰。① 公著字平子,苏州吴人。官至太常,赠尚书右仆射。《唐书》有传。按丁氏《孟子手音》,旧、新《志》俱不著录,公著本传但言著《太子诸王训》十篇,而不及此书。《宋史·艺文志》载"丁公著《孟子手音》一卷",是宋代仍有其书,不知佚于何时。孙奭《孟子音义》载其说甚备,又宋刘攽《孟子外书注》亦引及之。惟丁书与《音义》时有异同,《音义》与伪孙疏所引亦间有详略。其内古义仅存,足证他本之讹者,如"然后收其田里"句,注云:"田,菜也。"菜,谓菜地,菜之言采也,故《礼》曰"大夫有采,以处其子孙"。而注疏闽本、监本、毛本,并作"乃收其田里"。田,业也;里,居也。廖莹中本、韩岱云本作"乃收其田莱及里居也"。孔继涵本、日本山井鼎《考文》古本并作"乃收其田莱及里居也"。足利本作"乃收其田里田莱及里居"。孙氏《音义》出"田菜",引丁作采地释。是古本作"菜",讹为"莱""业"耳。按孙氏序称"丁氏稍识指归,讹谬时有",考诸所引考证多当,堪与赵注相发明。盖经过删芟,渣滓去而精华存矣。是本为马国翰所辑,共一百八十余条,裒然巨帙。唐人经说传世者希,当与孙奭《音义》为骖靳矣。(15-384)

孝经郑注一卷 嘉庆七年刊本

《隋书·经籍志》:"《孝经》一卷,郑氏注。"《总论》称:"相传或云郑玄,其立义与玄所注余书不同,故疑之。"《释文》亦称"世所行郑《注》,相承以为郑玄"。按郑《志》及《中经簿》无,惟中朝穆帝集讲《孝经》,云以郑玄为主。检《孝经注》,与康成注五经不同,未详是非。迨唐时刘知几又立十二验以非郑。按宋均《孝经纬注》,引郑《六艺论》序《孝经》

---

① 中华本此句后有"清马国翰辑"五字。

云:"玄又为之注。"《大唐新语》引郑《孝经序》云:"仆避难于南城山,栖迟岩谷之下。念昔先人余暇,述夫子之志而注《孝经》。"又均《春秋纬注》云:"为《春秋孝经略说》。"皆当日作注之证。又按"郊特牲",《正义》引王肃《难郑》云:"《孝经》注云'社后土也',句龙为后土。郑既云'社后土',则句龙也。郑自相违反。"此王肃所难是,郑康成注明矣。自唐玄宗《御注》行世,郑《注》与孔《传》俱微,渐至于佚。宋太宗时,日本国僧奝然献郑注《孝经》于朝。按周显德中,新罗献别序《孝经》,即郑注也。而《崇文总目》以为咸平中日本国僧奝然所献,未详孰是。乾道中,熊复重为刻行,今亦不传。是本为日本冈田挺之从《群书治要》辑出,首有挺之序,题"宽政六年癸丑",即乾隆五十八年也。钱侗从贾舶得而刻之,亦有序,略言此本与《经典释文》《孝经正义》所述郑《注》大半皆合。初疑彼国稍知经学者抄撮而成,细读之,如《孝治》章以昔训古,见《公羊传疏》;"聘问天子无恙"诸语,见《太平御览》;《圣治》章"上帝者天之别名也",见《南齐书·礼志》暨《困学纪闻》。俱《释文》《正义》所未引,而此本秩然具载,恐非作伪者所能出云云。然焦里堂有《勘倭本郑注孝经议》,谓可疑者十二。刘寿曾亦沿其说,指是伪书。按《治要》所载,或经删削。而唐以前古本流传非一,传写多讹,似未可执一以驳一也。日本原刻经注,字句之旁多有点乙,殆为便蒙诵而设,侗亦摩而存之。挺之字新川,日本尾张人。钱侗字同人,江苏嘉定人,诸生。书刊于嘉庆七年壬戌。(15-385)

孝经郑注一卷附补证一卷 嘉庆六年刊本

日本冈田挺之辑,清洪颐煊补证。颐煊号筠轩,浙江临海人,乾隆辛酉拔贡生,官广东候补直隶州州判。挺之之辑是书,盖见知不足斋所刊古文《孝经》,以为中土已得孔《传》,尚缺郑《注》,乃从《群书治要》辑得一本,刊成以寄鲍廷博。廷博跋其后,有云:"不知所谓《群书治要》辑自何人,刊于何代,何以历久不传,近时始行于世"云云。盖其时《群书治要》尚未传入我国,故廷博有此揣测,无怪焦里堂辈对郑《注》多疑词也。颐煊补证,则取冈田本与《释文》《正义》诸书所引郑《注》,其同者为之证其出处,其未有出处者存而不论。其《释文》《正义》诸书所引而冈田本反略之者,亦为之考其有无,补其未备,并据《释文》增入音义。盖冈田草创,疏略尚多,经颐煊之摭拾,训义粗备。惟间有未及审择者,如"此庶人之孝也"一节,邢《疏》引郑曰:"诸家皆以为患及身。"又云:"《苍颉篇》谓'患'为'祸',孔、郑、韦、王之学引之以释此经。"又引郑曰:"《书》云:'天道福善祸淫。'"又曰:"惠迪吉,从逆凶,惟影响。"按此误也。果郑《注》,不应有"诸家"二字,且所引《尚书》乃古文,郑未之见。又孔、郑、韦、王并举,此岂郑氏原注耶?当是唐人主郑者问难之辞,可均竟滥收之,逊臧庸本之谨严矣。是本为鲍廷博所刊。与钱本微不同者,钱本字句之旁有点乙,而此去之。时嘉庆六年辛酉也。(15-385)

孝经郑注一卷 光绪间章氏式训堂刊本

清严可均辑。可均字铁桥,浙江乌程人,嘉庆五年举人,官建德教谕。可均成是书,盖从日本得魏徵《群书治要》,又证之冈田挺之所辑《孝经》郑注与《治要》同。惟《治要》仅有《孝经》十七章,缺《丧亲》章,于经注又有删节。可均于是遍搜孔颖达《诗》《礼记》正义、贾公彦《仪礼》《周礼》疏、佚名《公羊疏》、裴骃《史记集解》、刘昭《续汉志注补》、沈约《宋书》、萧子显《齐书》、刘肃《大唐新语》、王溥《唐会要》、甄鸾《五经算术》、虞世南原本《北堂书抄》、李善《文选注》、徐坚《初学记》、释慧苑《华严音义》、《白孔六帖》、李昉《太平御览》、乐史《太平寰宇记》、王应麟《玉海》所引《孝经》郑氏注,汇而录之,以补《治要》之缺。注明出处,间加按语。惟尚阙数十百字,以为无从校补。其与《治要》异者,《治要》无章名,可均据《释文》补之,且引"天子章"注云:"书录王事,故证天子之章。"以为郑《注》见章名之证。愚按首章郑《注》云:"方始发章以正为始。"亦其一证,则可均说是也。观其书,博于洪颐煊,而精审似不及臧庸。如"庶人"章"用天之道",据《治要》及余萧客所见影宋蜀大字本,改"用"为"因",按魏文侯《逸传》"用"亦作"因"。可均未引及此,自可备一说。其下两云"孝无始终",以为"无"当作"有",其作"无"者,系晋时传写承误,则嫌于臆断矣。“周公郊祀后稷”一条,据《仪礼经传通解续》引郑《注》“周为木德”,下有“以后稷配苍龙精也”八字,可均漏未及。“在丑不争”一条注云:“忿争为丑。”按今本《治要》无此句,未审冈田何据,可均断为《治要》原本如此,尚待证明。是书有可均前后二序,后序引郑自序及郑注“法服”“五刑”,以证《注》确为康成所作,其说甚辨。书为《四录堂汇集》之一,向有传抄本,光绪间章氏式训堂为之刊行。(15－386)

孝经郑氏解辑一卷　嘉庆辛酉鲍廷博刊本

清臧庸辑。庸字西序,原名镛堂,字在东,江苏武进人,布衣。庸治经,笃守郑氏。其辑是书,未见《群书治要》,故以《释文》及《正义》为主。盖以《释文》实依郑《注》而作,而唐玄宗《御注》亦用郑氏《注》甚多。元行冲等《正义》逐条举出,云此用郑义甚分明也。有《正义》与《释文》小异者,则推求其所以致异之故。又有《正义》但标旧注,而从上下文证之,确为郑解。又有原文经后人改窜,亦援据义例为之订正。凡兹之类,俱极精确。如首章“仲尼居”,他本“居”作“凥”,庸谓此因《释文》上云“《说文》作凥”,因并改。此以隶书写篆文,自称正体者,发端于南宋毛居正、岳珂等,而近时学者为尤甚。然唐石经具存,无此异样,可以之诬古人乎?其解“哭不偯”,引其高祖琳《经义杂记》云:“《说文》:‘㥲,痛声也,从心依声。’《孝经》曰‘哭不㥲偯’,盖‘依’之讹。‘㥲’‘依’古今字,《说文》《序言》《论语》《孝经》皆古文,则古文《孝经》作‘哭不㥲’,今文《孝经》作‘哭不依’。因本作依,故郑云‘声不委曲’。据此可证《释文》引作‘怒’,为转写之讹。”惟解“富贵不离其身”,据《释文》:“离,力著反,为离著之义。”断郑《注》无“不”字,其“不”字为后人所加。按《群书治要》郑注固有“不”字,不但《治要》,《吕览》引此亦有“不”字,则庸误也。庸于《释文》《正义》外,亦摭他书以佐其说;并全录《释文》所有音义,又引石台本唐石经、岳本等以订异字。惟尚未见《群书治要》冈田辑本。阮元为作题辞,见冈田本矣,然不甚信之,以为“旧引之注,与新出之书不妨并行”云云。书为嘉庆辛酉鲍廷博

所刊,与刊冈田本同时。(15－387)

孝经郑注疏二卷 光绪二十一年刊本

清皮锡瑞撰。锡瑞号鹿门,湖南善化人,光绪举人。锡瑞治经专今文,颇攻郑氏。而是书则笃守郑氏之说,尤详于典礼。以为"郑君深于礼学,注《易》笺《诗》,必引礼为证。其注《孝经》亦援古礼,自唐以来不明此义,明皇作《注》,于郑《注》征引典礼者,概置不取。按郑君先治今文,后治古文,而注《孝经》最早。其解社稷、明堂大典礼,皆引《孝经纬·援神契》《钩命决》文。郑所据《孝经》本今文,其注一用今文家说。后注《礼》笺《诗》,参用古文。陆彦渊、陆元朗、孔冲远不考今古文异同,遂疑乖违"云云。其书于郑《注》,引典礼为之疏通证明。诸家于郑《注》有驳难者,则解释其疑滞。如"社稷"一条注:"社,谓后土也,勾龙为后土。"王肃《难郑》引之,且明言《孝经注》。此可为郑注《孝经》的证。锡瑞据侯康谓"举配食者而言",而引申其说,最为得解。其他如法服、日祭、郊祀、明堂、簠簋诸条,俱能原原本本折衷至当。惟"始于事亲"一节,刘炫所驳不误,而锡瑞守疏不破注之例,曲为辨护,谓"经言常理,非为一人而言。郑《注》亦言其常,不得以颜夭为难",终嫌勉强。其"天子有争臣七人"一条,别据唐武后《臣轨》"匡谏"章引《孝经》"争"作"诤",与《白虎通》《家语》所引同。此则他辑本所未及者。书刊于光绪二十一年乙未。(15－387)

孝经大全二十八卷孝经或问三卷附孝经翼一卷 康熙二年吕兆琳刊本

明吕维祺撰。维祺字介孺,河南新安人,万历四十一年进士,官南京兵部尚书,罢职居洛阳。崇祯十四年,闯贼犯洛阳,城陷被执,骂贼死。维祺事母至孝,一生精力用于《孝经》,尝上奏谓"臣所以效愚忠报恩遇者,惟一部《孝经》"。又上表章《孝经八要》一疏。是书为康熙癸卯其子兆琳所刊,前有进表,称所撰《孝经本义》二卷、《大全》二十八卷、《或问》三卷。又有维祺自序,略言"愚既注《孝经本义》已,复栉比诸家同异出入。孔

《传》已亡，郑《说》无征，唐《注》浮谫，邢《疏》繁芜。涑水《指解》、紫阳《刊误》，疑非定笔。他如董广川、程伊川、刘屏山、范蜀公、真西山、陆象山、钓沧子、宋景濂、罗近溪诸君子，亦各有所发明，而或鲜铨释。又如吴临川、董鄱阳、虞长孺、蔡宏甫、朱周翰、孙本、朱鸿诸家，或是古非今，分经列传，牵合附会，改易增减，亦失厥旨。乃捃摭群书，又四年成《大全》若干卷。业已缮写，为表上之。会以恩放归田，不果。深山之暇，重加笺订，而《孝经或问》成"云云。按是书原缺《本义》二卷，盖付刊时已失之。其书全仿《永乐大全》之例，故亦以"大全"为名。卷首为《孝经节略》，列旧说为纲，后附案语，大都叙述《孝经》源流及赞论之辞。卷一至十三为经文，仍分十八章，而删"开宗明义"诸章名。所为笺释，融会旧注，而删取诸家说为之夹注。卷十四为"孔曾论孝"，卷十五为"曾子孝言"，卷十六为"曾子孝行"，卷十七为"曾子论赞"，卷十八至卷末为"表章通考"，分宸翰、入入、述文、纪事、识余五门。末附《孝经诗》十首。其《或问》三卷，设为问答，以畅笺释未尽之说。按维祺之学，兼有程、朱、陆、王，冉觐祖《孝经详说》颇讥之。然综观其书，十三卷以上纯粹居多，十四卷以下搜罗亦备。《孝经翼》一卷，乃其弟维祜撰，亦所以辑录《大全》《或问》之义也。维祜字泰石①，选贡生，官乐平知县，城破殉难。时称吕氏二烈，一门忠节，重其人益重其书矣。(15－388)

孝经释疑一卷

明孙本撰。本字初阳，学行无可考。黄虞稷言："本，钱塘人。"亦不详生何年代。是书设为问答体，一疑一释，以阐发其义，而破俗儒之惑。凡十八条，所见多当。自朱子作《刊误》，合七节为一章，疑所谓《孝经》者止此。其下则或者杂引传记以释经文。然曰疑曰或，朱子故非敢断以为是。故原本止于章下注云"此一节当为某章"，仍留古文旧编，未尝移易一字。后人因朱子之疑，辄为更置。谓某章释某句，某句释某字，不思若果杂引记传，则"甚哉，孝之大也！"曾子何所闻而发此叹？"圣人

① "泰石"，中华本作"吉孺"。

之德无以加于孝乎?”曾子又何闻而发此问乎?夫子尝言“无征不信”,故《表记》《坊记》,节节皆引经语为证,《孝经》亦犹是也。后人以所引《诗》,非《诗》本文,又不亲切,多删去,而仅存其四。不知古人引经,多属断章取义,非可以本文律之。本经引《书》者一,引《诗》者十。如论“孝之终始”而引《诗》曰:“无念尔祖,聿修厥德。”盖言孝在修德,当以立身行道为重,不徒沾沾于身体发肤间也。论“天子之孝”而引《书》曰:“一人有庆,兆民赖之。”可见孝感之机,系于天子,非诸侯以下可同。诸如此类,皆有奥义,岂徒亲切而已?又如“天经地义”“进思尽忠”诸句,具见《左传》,有似蹈袭。惟今古文之出,并经刘向诸儒校定,原有此语,若云窜入,究出何代何人?盖丘明作《传》时,《孝经》犹未行,必是采夫子之言以装缀其文。昌黎“左氏浮夸”之言,正谓此也。至如《闺门》一章,汉初长孙传今文即有之,载于《隋志》。按之文义,篇首论士之孝,言以孝事君则忠,以敬事长则顺。而此节又言“忠移于君”“顺移于长”,则“君”“长”二字不必指言矣。若“居家理,则治可移于官”,所谓“家”所谓“官”者,何所指耶?不释则不明。故曰“妻子臣妾,犹百姓徒役也”,妻子对百姓言,臣妾对徒役言。所谓“徒役”,如《诗》云“公徒”,《易》云“师徒”,指百姓之役于官者耳。观于朱子他章不注,独注此章,而以为凡鄙浅陋可乎?本于此等俱能详为考释,诚不刊之论也。本笃信古文,以为隋所得古文与今文增减异同不过一二字,断非刘炫伪造。五代之季,孔、郑二注皆亡,而经未尝亡。别撰有《古文孝经说》一卷。(15-389)

孝经义疏补十卷 道光九年云贵总督署刊本

清阮福撰。福字喜斋,江苏仪征人,阮元第三子,官候补郎中。是书全载《注疏》《音义》原文,其所补者以“补”字别之。据邢昺序有“翦截元疏”之语,又据《论语》《尔雅》二书,每卷前邢昺列名直书“疏”字,此独言“校”,特于陆德明《音义》下“宋邢昺校”上,补入“元行冲疏”四字。所见极当。书中仍以郑《注》为本,明皇《御注》,郑《注》半存其中,此外唐以前书凡可见郑氏旧注者,悉据以补之。而于陆氏《音义》所载郑《注》旧字旧义，为唐疏宋校所删者全行载入，以还郑氏旧观。惟偏信唐刘肃《大唐新语》，定郑《注》为康成之孙小同所作，不免沿误。先是，阮元注释《曾子》十篇，谓"《孝经》与《曾子》相为表里，因命福撰是书"。故于《曾子》十篇中，凡可以发明《孝经》及可以见孔曾授受大义者，分补于各章各句之下。书中多述元说。元谓《孝经》之郊祀即《召诰》之用牲于郊，《孝经》之宗祀即《洛诰》之宗礼宗功。福更备引各经，推明其义。又于"以顺天下"之"顺"字，全引《揅经室集》"释顺"；"敬亲者不敢慢于人"之"敬"字，全引《揅经室续集》"释敬"。其义最精。其自下己意亦多可取，如谓"口无择言，身无择行"，二"择"字，当读为"厌斁"之"斁"，即《诗》所云"在此无斁"；《诗·思齐》："古之人无斁，誉髦斯士。"郑《笺》引《孝经》"口无择言，身无择行"以明之。《释文》"郑作'择'"，此乃郑读《孝经》之"择"为"斁"，而读《毛诗》之"斁"为"择"，假借之例也。皮锡瑞驳之，谓"择"当读为"斁败"之"斁"。《洪范》"彝伦攸斁"，郑《注》训"斁"为"败"。又引蔡邕《司空杨公碑》"用罔有择言失行，在于其躬"，"择言"与"失行"并言，此"择"训"败"之证。窃以为两说俱通，不得主彼而驳此也。又福此本主正德刊本，字句有脱误，据元所撰《校勘记》补于其下。凡九卷，连卷首序目一卷，共十卷。刊于道光九年云贵总督署。(15-390)

孝经约注一卷　乾隆间刊本

清汪师韩撰。师韩号韩门，浙江钱塘人，雍正癸丑进士，官翰林院编修。师韩以《孝经》孔子作，出自谶纬之书，决属伪托，而以曾子弟子或子思作者为近。又以经之分章自汉儒始，后人求其分，不求其合，遂使一书前后不相联贯，故于今文、古文分章之异，及皇氏"开宗明义"等之名俱所不取。但就文义约略分为四大节：自"仲尼居"至"甚哉孝之大也"为第一节，总揭孝有始终之义；自"子曰夫孝天之经也"至"此大乱之道也"为第二节，大略明德之本；自"子曰教民亲爱"至"又焉得为孝乎"为第三节，大略明教之所从生；自"子曰昔者明王"以至终篇为第四节，大略明始中终之义。所分章段不从今文十八章之次，亦不从古文二十二章之次。谓"庶人”章不可无诗，遂以首章“无念尔祖，聿修厥德”移属下“天子”章，而以“一人有庆，兆民赖之”等诗书递属下章。并以“曾子曰甚哉孝之大也”为叹词非问词，系之“未之有也”之下。此其与他本特异者也。题曰“约注”，但疏大旨，不欲词费，较觉显明。其解“孝无终始”，谓“始”即“始于事亲”，“终”即“终于立身”，与前“孝之始”“孝之终”相应，“无始终”正明其“有始终”耳。亦觉成理。其解“周公郊祀后稷”一节，援《困学纪闻》，谓礼制自周公，非谓父必配天，可正议礼家严父配天之失。又古文《孝经》原有“闺门”一章，议者谓唐司马贞为国家讳，始黜之。师韩考司马贞所议，乃郑、孔并行，并未废孔，且在开元七年，而开元二十五年杨氏始为道士，至天宝四载方册为贵妃，岂能逆知后事而为之讳？可为司马贞雪诬。是书刊于乾隆间。(15－391)

孝经集解一卷　咸丰四年刊本

清桂文灿撰。文灿字星垣，又字子白，广东南海人，道光二十九年举人，拣选知县①，官湖北郧县知县。是书首有自序，据《困学纪闻》《玉海》引《国史·志》，谓“注《孝经》郑氏为郑小同”，唐刘肃《大唐新语》谓“序郑《注》者为康成裔孙”，皆可据。今但称郑氏以纪其实。按以《孝经》为郑小同注，唐以前无此语。宋均《孝经纬注》引郑《六艺论》叙《孝经》云：“玄又为之注。”此言最可据，不必遇事游移也。自序又言：“并征引王肃、韦昭、魏克真、刘炫诸家之说，是非兼收，长短互见。折以私意，以昭平允。”今观其书，多援他说以驳郑氏。所征引大率唐以前旧注，颇能择善而从。开篇引《抱朴子·仁明》篇，唐尧以“钦明”冠典，仲尼以“明义”首篇，证《孝经》本有章名，为自来注家所未及。“始于事亲”三句，刘炫驳郑氏曰：“若以始为在家，终为致仕，则兆庶皆能有始，人君所以无终。若以年七十者始为孝终，不致仕者皆为不立，则中寿之辈，尽曰不终。颜子之流亦无立。”按此论箴郑氏之失，可云畅快，然未言究应作何解也。文灿以为“言‘始于事亲’，承上文‘身体发肤，受之父母，不

---

①　“拣选知县”，中华本无。

敢毁伤'而言。言'中于事君,终于立身',承上文'立身行道,扬名于后世,以显父母'而言,即下文'孝无终始'之谓"。此解最妥。又"忠顺不失"一节,《释文》所引郑《注》,讹阙不可读。文灿据《辅行记》所引,补"食廪曰禄"一句,其下句"曰祭"之上仍空二字。文灿又据《说文》"手持肉为祭",谓当作"持肉曰祭",并当从之。按陈澧《东塾读书记》言:"《孝经》大义,在自天子诸侯卿大夫,皆保其天下国家,其祖考基绪不绝,其子孙爵禄不替。庶人谨身节用,为下不乱。如此则天下世世太平安乐,而惟'孝'之一字,可以臻此。亡友桂星垣尝与澧论此云:《论语》第二章言孝弟则不犯上作乱,即《孝经》所谓'至德要道以顺天下'。"今按,书中未及阐发此意,特为补入。书刊于咸丰四年甲寅。(15-392)

孝经十八章辑传一卷　光绪二十四年刊本

清汪宗沂撰。宗沂字仲伊,亦号弢庐,安徽歙县人。光绪六年进士,签分山西知县,告病不就。屡主安徽敬敷、芜湖、中江、紫阳各书院。是书首有自序,谓"孔子作《孝经》,见于《史记·仲尼弟子列传》,曰:'曾参少孔子四十六岁,孔子以为能通孝道,故授之业,作《孝经》。'《注疏序》云:'夫子说《孝经》一十八章。'《纬说》云:'孝之一字苞十八章。'是十八章之析已古"。序中引田子方、平原君及编《吕览》之群儒称述《孝经》,而《荀子》书中称述尤多,以为战国儒者讲习《孝经》之证。又引陆贾、董仲舒、刘向、班固等之著书及西汉名臣之章奏、东汉诸帝之诏令,不特长孙、江翁、后仓、翼奉四家之说咸具也。以为两汉上下皆重《孝经》,而断之曰"《孝经》有逸传而无逸经"。据许冲上表,但云"孝昭帝时鲁国三老献古文《孝经》,建武中卫宏所校"。今汗简中犹存《孝经》古文之字凡六,盖文字形声古今不同,非章句不同。郑本注伪而经非伪,孔本经、注皆不可据,且伪托实不止一本。因萃集古今众说,其义通于《孝经》者录之,不限于传注家。末仿赵岐注《孟子》例,每章之后作章指以发明本章之意。第六章"故自天子至于庶人,孝无终始而患不及者未之有也"一节,玄宗《御注》云:"尊卑虽殊,孝道同致,而患不能及者未之有也。"宗沂据陶潜《五孝传》云:"不敢毁伤,孝之始也。夫能敬慎若斯，而灾患及者未之有也。”以为最合古义。并断《五孝传》系昭明失编，决非伪作。具见精识。书刊于光绪二十四年。（15－393）

古文孝经荟解四卷附孝经别录四卷 光绪十六年活字印本

清洪良品撰。良品于经笃信古文，既成《古文尚书辨惑》，因又为是书。按现行古文《孝经》即鲍廷博所刊，日本太宰纯作序者也。刘炫之本，唐人已疑信参半。是书出自海外，人以为伪中又伪矣。按刘向校经籍，已云《孝经》古孔氏一篇为二十二章，后乃除其繁惑，定为十八篇，而去《闺门》一章。唐时与郑《注》并行，至宋犹存秘阁本，司马光为作《指解》，朱子校定悉依古文。惟鲍刻本与宋秘阁本微异，如“父母生之，续莫大焉”“亲生之膝下，以养父日严”，《指解》本仍作“续”，但注云“或作绩”，而鲍刻本则作“绩”；“亲生之膝下”作“新生毓之”，无“膝下”二字，与《汉书》合。良品以为与班固所见同为真古文，胜于刘炫所传。且安国此注与各传记所引历历皆符，如“身体发肤不敢毁伤”释作“形伤”；谓“三代之刑有劓刖及宫，为伤身，刵为伤体，髡为伤发，墨为伤肤”。所见甚当。故是书专主此本，博引诸家，附以案语，有同异者则折衷之，未竟者引伸之，纰缪者辨正之。其附录四卷：（一）《孝经》古今文章句增减异同；（二）古文《孝经》章段大意；（三）孙本《古文孝经说》及毛奇龄《孝经问》；（四）《孝经》古今文考述；（五）古文《孝经》条辨；（六）历代表章《孝经》及传习《孝经》。良品所考，类多精确，其中如古文“甫刑”，宋本作“甫刑”，今文同。良品据郑语“史伯曰‘申吕虽衰，齐许犹在’”，“申吕”即“申甫”也。史伯当幽王时，犹称“甫”为“臣”，可知“吕”乃古称。故《正义》引郑康成曰“《书》说云‘周穆王以甫侯为相’”，此自今文家说。而《汉书·古今人表》“甫侯”作“吕侯”，仍据安国古文。乃宋秘阁本“吕刑”反作“甫刑”，此亦如《尚书》传本之时杂以今文，非孔旧本。按此则“吕刑”有据，“甫刑”转无据，亦可以息攻者之喙矣。首有潘祖荫、饶登逵二序及良品自序。光绪十六年辛卯活字印本。（15－394）

孝经本义一卷　民国九年烟霞草堂遗书本

清刘光蕡撰。① 光蕡号古愚，陕西咸阳人。光绪己亥举人，历主泾阳、泾千、味经、崇实各书院。是书开篇冠以《读法十则》。最要者，如谓"《孝经》'经'字非'六经'之经，乃'天下大经'之经，即本书所谓'天之经也'。'天生万物，人为最灵'，即以裁制万物而为之主，而非人与人相接为群，不足以制物。孝者，人与人相接之始，所以能群之源也。以孝为经，而帝王之政治、圣贤之学问，皆以纬之"。又谓"此书论孝，与《论语》有子所述夫子答孟氏父子及游、夏两贤，《孟子》'良知良能''守身事亲'之语，无一不同，故为大道之渊源，儒家论学之宗旨"。又谓"万物本乎天，人本乎祖，祖亦天也。盖推及生人之始，必有不可知之祖，不得不归之天，则天为人人之大父，然天无形质可接。其可接者，惟天所生之人物，亦犹事父母者。拘于父母之身以为孝，则其孝甚小。必由孝而为悌，以敬爱其昆弟，然后能顺其亲。推之民为同胞，物皆吾与。天下皆一家，中国为一人"。义俱警辟。篇中诠"孝"字，谓"世俗之见，泥父母之身以为孝，养其口体，不及其他。而夫子与曾子论孝，开口即曰先王，曰天下，曰民，曰上下，盖此等语为圣门微言，汉时犹未大著，故其风俗多以庐墓持服为孝，而于立身行道忽略不讲，后世相传愈远而愈失。其诠天子之孝，谓此天子是以德言，非以位言。帝王与庶人非不同，惟帝王真能爱尽天下之人，敬尽天下之人，故惟天子能实充满孝量，下此则心存其理而已"。统观全书，不斤斤于句解字析，惟议论稍嫌空衍，且特不免附会，然精粹处亦不少。书为《烟霞草堂遗书》之一种，刊于民国庚申。(15－395)

孝经征文一卷　皇清经解续编本

清丁晏撰。自朱子作《孝经刊误》，删去"子曰"及引《诗》《书》之文，又谓"天经地义""进思尽忠""退思补过"等语出左氏，为取他书窜

① 中华本无"清"字。

入，开后人疑《孝经》之渐。晏因博采《孝经》本文散见古籍者，言《孝经》者，始于《吕氏春秋》，次及陆贾《新语》、董仲舒《春秋繁露》、司马迁《史记》、刘向《说苑》、桓宽《盐铁论》、班固《汉书》、王符《潜夫论》、许慎《说文注》、王充《论衡》、蔡邕《明堂论》、贾思勰《齐民要术》、应劭《风俗通》《汉官仪》、徐幹《中论》、范晔《后汉书》、司马彪《续汉书》等，原文具存，一一取以为证。又注《孝经》者，始于魏文侯，次及孔安国、郑玄、韦昭、殷仲文、魏真克、刘炫等，古义俱存，亦一一取以为解。搜采极博，辨别亦严。惟既斥孔安国《传》为伪，而篇中仍兼引孔《传》。开篇解"仲尼"二字，既据刘瓛述张禹之义，以为"仲者中也，尼者和也"，言"孔子有中和之德，故曰仲尼"，以《家语》祷于尼山为不足信，而又引《家语》以驳兄字伯尼之无据，未免出尔反尔。书末遍征众说以攻孔《传》，并以王肃之说多同孔《传》，硬断为王肃伪撰。夫肃注之同于安国，足为肃见安国《传》之证。若自撰一书，又本其解以伪撰一书，不嫌雷同，无是理也。晏又因孔《传》出于日本，推之《群书治要》《文馆词林》，并皇侃《论语义疏》、山井鼎《孟子七经考文》，凡出于日本者，一切伪之，则又妄而不足与辨矣。首有晏自序及盛大士序。王先谦得其稿本，刊于《续经解》中。(15-395)

孝经说三卷①

清陈伯陶撰。② 伯陶字子砺，广东东莞人，光绪壬辰进士，以第三人及第。授职编修，外放江宁提学使，署江苏布政使，以养母告归，不复出。辛亥后，避乱居九龙。伯陶少从陈澧学，告归后屏绝人事，专心著述。其成是书时年七十三矣。是书分三篇，首篇论《孝经》与《春秋》相表里。以为"《孝经》者，孔子成《春秋》后，因为曾子陈孝道，而曾子之徒记述之。《孝经钩命决》云：'孔子曰：吾志在《春秋》，行在《孝经》。'而孟子言'孔子成《春秋》，而乱臣贼子惧'。传注作《孝经

① 中华本称为"民国十六年香港奇雅铅印本"。

② 中华本无"清"字。

注疏序》,谓‘修《春秋》以正君臣父子之法,说《孝经》以明君臣父子之行’,最得其旨。《春秋》为乱贼作,实为鲁作。鲁之君被弑者四,被戕者一,被逐而死于外者一。《鲁史》讳国恶,书‘薨’书‘卒’,乱贼之罪不明,孔子以属词比事明之。夫大孝尊亲莫过于舜,而《孝经》不称舜而称周公,则为鲁作可知”。次篇言曾子学行传授皆本《孝经》,“开宗明义”章曰:“身体发肤受之父母,不敢毁伤。立身行道,扬名于后世,以显父母。”曾子一生即守此数语,以之自省其身,且以之教门弟子。《论语》、《孟子》、大小戴所记可证也。推之《论语》,夫子言“一贯”,曾子解之以忠恕。忠即一,恕即贯。故曾子之论孝,亦以一贯明之,《本孝》《立孝》诸篇可证也。推之《大学》一书,为曾子所作。《中庸》虽述自子思,而子思学于曾子,故二书皆本忠恕、一贯及《孝经》大义为之。末篇论孟子本《孝经》以辟杨墨。按《孟子外书》有《说孝经》一篇,汉儒贾、董及郑康成《礼记·坊记》注所引皆《外书》之文。是孟子之学出于曾子,而又传《孝经》者也。陈澧《东塾读书记》言:“《孟子》七篇,多与《孝经》相发明。”按之信然。孟子言杨墨无父无君,盖实有所见。虽杨墨书亦言仁义忠孝,要皆诐淫邪遁之词。篇末言孟子虽斥杨墨,世不之信。汉兴,《孝经》始出,与《论语》《孟子》同置博士。而汉之诸帝自孝惠后,谥皆先孝,盖深明治天下之道。光武中兴,令虎贲士皆习《孝经》,而汉制又复使天下诵《孝经》。三代以还,于斯为美。逮至末季,邪说复起,路粹奏孔融,谓融与白衣祢衡跌荡放言,云:“父之于子,当有何亲?论其本意,实为情欲发耳。子之于母,亦复奚为?譬如寄拘瓶中,出则离矣。”而向栩则谓:“遣将于河上,北向读《孝经》,贼自当消灭。”盖有激之言也。其后曹操竟公然下令,求所谓不仁不孝而有治国用兵之术者,遂启夷狄乱华之祸云云。伯陶盖见于今日邪说有甚于路粹所云,而学士大夫嚣然倡率,又不仅孔、祢一二人。然则神州陆沉,讵止如典午之祸已耶?其寄慨之意深矣。(15-396)

四书释地补一卷四书释地续补一卷四书释地又续补二卷

四书释地三续补二卷 嘉庆二十七年刊本

清阎若璩撰，樊廷枚补。廷枚，浙江山阴人，诸生。是书前有汪廷珍序。所云补者，约有三义：有补注于原文句下，详其出处是也；有补说于原文未及者，为之引申是也；有补正于原文谬误者，为之匡正是也。其中最要者，如“五亩之宅”，说者谓二亩半在田，二亩半在邑，阎氏疑而不敢决。廷枚谓“邑即今之村落。《论语》‘十室之邑’‘千室之邑’，一举其至小，一举其至大。孟子所谓‘五亩之宅’，大约即在此邑中，去田亦不甚远，就邑视田则谓之出，就田视邑则谓之入。若所谓‘中田有庐’，则在‘五亩之宅’之外，与‘五亩之宅树墙下以桑’之地迥别”。又如“夏后氏五十而贡，殷人七十而助，周人百亩而彻”，阎氏止论句法，而不及其制。廷枚谓“三代授田，异者尺度，广狭不同，故数有多寡。《王制》：‘古者以周尺八尺为步，今以周尺六尺四寸为步。古者百亩，当今田百四十六亩三十步。’所谓‘古’指殷时言，所谓指周言。① 殷周步皆六尺四寸，但殷尺大，周尺小。殷六尺四寸之步，以周尺应之已得八寸。而周以周尺六尺四寸为步，则短于殷步一尺六寸。故殷之百亩，当周之百五十六亩二十五步；殷之七十亩，为周之百亩有奇。夏之尺度虽不可考，然殷已广于周，夏又广于殷，从可推见”。俱确当不可易。又“阙里”一条，阎氏攻《肇域志》引《鲁世家》“炀公筑茅阙门”之误，且援朱锡鬯为证。廷枚则据朱锡鬯《答阎氏书》，以著其讹诬。“曾点鼓瑟”一条，阎氏谓“仍有口歌无徒瑟者”，廷枚即据阎氏《潜丘劄记补正》《日知录》引此条，作“有曲无歌”，以明其矛盾，阅之令人失笑。其他亦多可取。盖阎氏解经好大言，徇偏见，且每有自欺欺人之语。其《尚书古文疏证》，近人已尽发其覆。而是书之舛谬，亦不一而足。如以子路宿石门，为夫子出游遣归视家；以孟子遵海滨而处，海滨为王者政令所不及；以齐人伐燕，《孟子》《史记》不合，欲强移十年以凑之。又力诋孟献子为权奸，其不畜聚敛臣邀结民心，与陈氏厚施同，《大学》不过节取其言云云。惜

---

① “所谓指周言”，中华本作“所谓‘今’指周言”。

廷枚于此等俱未纠正,不无遗憾,然已不愧为阎氏诤友矣。书刊于嘉庆二十七年。(15－397)

四书改错二十二卷

清毛奇龄撰。"改错"云者,改朱子之错也。朱子作《四书章句集注》,自谓"铢两悉称,历数百年无异词"。自元仁宗以八比取士,明清因之,功令遵用朱注,其或小异于朱子者,例遭摈斥,以故无敢参异议者。然朱注详义理而略名物,而义理亦不能谓无谬误。奇龄治经,专主攻朱,是书更深文周内,杂以嫚骂,宜乎宗朱者之群相集矢也。卷首有唐彪序。先是,奇龄撰《四书正事》八卷,盖门弟子辑其经集及讲录之及四书者成之。续有补缀,晚年整理成此书,自"人错"至"贬抑圣门错",共分三十二门,计四百五十一条,合二十二卷。末卷附录,则借时人问答申其说之未畅者。奇龄虽辨才无碍,惟于学问之事不免隔膜。关于典礼者,亦时有疏舛。戴大昌作《驳四书改错》,所驳各条约占全书之半。然义可两通者,又约占所驳各条之半。至其未驳各条,俱精凿,实能纠正朱注,昌明经义,未可以瑕而废瑜也。按是书不见《西河合集》,盛庸作《西河先生传》,备列撰著,此书独缺。乾隆时修《四库》书,《著录》《存目》俱无之。此本系嘉庆辛未翻刊,有金孝柏跋,言"刊成旋毁,故流传甚少"。而戴大昌则言"毛氏初刻此编,其友人见而劝毁之,毛氏遂焚其板"云云,未知确否。岂以毁朱子之故耶?又按与奇龄同时如顾亭林、阎潜丘以逮李穆堂、全谢山,各有四书论说,于朱子亦多所纠正,何独于奇龄而绝之?即曰驳而不纯,亦宜节取。凌次仲曰:"萧山毛氏说经,廓除宋儒蒙晦。然间有矫枉过正,近于武断者。"斯乃平情之论。读者取是书与戴大昌所驳合参之,庶几无弊矣。(15－398)

驳四书改错二十一卷 道光二年刊本

清戴大昌撰。大昌字斗源,安徽婺源人,乾隆丙午举人,官宣城教谕。是书刊于道光壬午,前有白镕序及自序。自序谓毛氏非以阐书义为心,而以攻朱注为事。凡于朱子用注疏旧说者,则必以注疏为非;不用注疏者,则必以注疏为是。① 其或旁采《汉书》诸儒及宋人说者,则并訾其原说之失。且朱注依用《仪礼》者,则谓《仪礼》为战国时书。依用《周礼》《礼记》者,则谓二书为汉儒驳杂。至其自为解说者,以周公制《周礼》,父母本无三年之丧。以《史记》谓《关雎》之乱,为刺幽厉失道。以"巧言令色"为言甚好而色甚善,未尝绝天良。以北辰为紫微宫之纽星,以燕毛为行赐爵礼,谓"祭毕本无燕,以先传后倦,皆古符券传信之物"。以三思是善行,再斯可矣,并非贬抑语。以武子之愚,如晋卫瑾浮沉取容。以南子方得天,不见则天将厌之。以卫辄本不拒父,而解"必也正名",谓"或是正其不拒父之名,而雪其枉"。以夫子仕鲁时与齐卫同谋,助晋范中行氏与赵鞅为难。以"浴乎沂"如《周礼》"女巫掌衅浴",谓薰药草涂体而浴。以为人非小人儒,是能匡君济民,胜于为己者独善其身,不自知其错。书亦照毛氏分三十二门,先列四书原文,下附朱注,次载毛说,次加按语,计二百三十七条。大昌本深于礼学,其中关于礼制者居多。毛氏自负精乐律,大昌斥为强不知以为知。于"不以六律不能正五音"条下,辨之极精。其他剖析义理,尤能体会入微。大昌曾撰《四书问答》及《琴音标准》,与是书互相发明。而朱注未宣之蕴,亦因而阐之。即不为驳毛氏计,凡读朱注者不可不参证也。但其中仍不免小失,如"有妇人焉",毛氏谓古《论语》"妇人"是"殷人",韩愈指为胶鬲。惟其为殷人,所以有九人之叹。又"折枝",毛氏据赵《注》:"折枝按摩,折手节解罢枝也。"此卑幼奉事尊长之节。如此解,则与上"长者"二字有著,毛氏俱不错,而大昌亦驳之,则误矣。又按新城杨希闵有《四书改错平》,与大昌之旨略同。然说多空衍,逊此书远矣。(15-398)

四书偶谈内篇一卷外篇一卷　嘉庆六年刊本

清戚学标撰。学标号鹤泉,浙江太平人,乾隆四十五年进士。官河

---

① "凡于朱子用注疏旧说者"至"则必以注疏为是",中华本作"凡于朱子用注疏为是"。

南涉县知县,罢归,改宁波府教授。学标精于考证,首有自序云:“遇友朋聚会商榷则谈,生徒及门请业则谈。兴之所至,或纵己之见为谈。又或旁引他人之说为谈,又或篇谈其一章,章谈其一句,句谈其一字,无伦次,亦不取备。”又云:“分别其说之有醇有驳者,为内外编。”今观其书,详于制度名物,而义理亦剖析极精。殆合汉宋学之长而去其短者。内篇如“揖让而升下而饮”,谓“升下饮皆揖让,觯在堂上必升饮,不便以‘下而饮’为句。必如王肃七字作一句读,或如康成注‘射’义,以‘揖让而升下’为句,‘而饮’字又句,礼节始明”。“泰伯”节,引《尔雅释诂》云:“剪,勤也。”剪商,即王季其勤王家之意。《左传》“泰伯不从”四字,上承“泰伯虞仲太王之昭”,下接“是以不嗣”,乃谓“伯不从昭穆之次继立,委国而去”。“天下之恶皆归”,谓水亦有言恶者。《左传》有“汾浍以流其恶”。昌黎《池记》“虚以钟其美,盈以出其恶”是也。恶者,污也。《史》“越王勾践为吴王尝恶”,即尝污。《昌邑王传》“青蝇恶”,即青蝇污。明“恶”之为读,则下“流”字、“归”字,并有着落。外篇如“贤贤易色”,谓此即夫妇一伦。《易·序卦》:“有夫妇而后有父子,有父子而后有君臣。”此其序也。按此说奇而确。下文有“与朋友交,言而有信”,若“贤贤”又作“朋友”解,则复矣。又“深则厉”,《尔雅》以衣涉水曰厉,繇带已上为厉,古或作“砅”。《说文》:“砅,履石渡水也。”戴东原主《说文》,疑繇带已上,不免涉险。引《水经注》:“吐谷浑作桥,谓之河厉。”《卫诗》“淇梁”“淇厉”并举,意履石即桥梁。然有桥可渡,亦何烦测其浅深?学标以为今山间人往来,遇水浅竟涉,稍深视有石处走,或先举石置水中。证为《说文》“履石渡水”之义。诸如此类,妙义甚多。书序于乾隆己酉,而刊于嘉庆辛酉,即学标官涉县时也。(15-399)

四书续谈内篇二卷外篇二卷①

清戚学标撰。《偶谈》作乾隆己酉,《续谈》则成于嘉庆己卯,相去三十余年,时学标七十八矣。编分内外,犹前例。书中商榷义理居多,

① 中华本称为“嘉庆二十四年刊本”。

而晚年所见较深,持论更精。即如开首“学而”章,谓“学以为君子而已,悦乐不闻,何愠之有?首节见圣人愤乐相寻,次节诸贤侍侧子乐,三节为不怨不尤,俱夫子即身示教”。次“其为人也”章,谓“有子以世犯上作乱者累累,成一不仁之天下,孰是其为仁者,由不明本治也。‘其为人也’,‘其’字,及‘犯上作乱’二‘者’字,皆就天下举示,君子亦指主治立教者。《大学》‘上老老而民兴孝’,《孟子》‘人伦明于上,小民亲于下,人人亲其亲,长其长,而天下平’。皆此章注脚”。又“慎终追远”,引《檀弓》“子游曰:‘饭于牖下,小殓于户内,大殓于阼,殡于客位,祖于庭,葬于墓,所以即远也。’”“追远慎终,言是一串,事亲之终,即远之始,反哭练祔,皆所以致其追之之诚,不待后来霜露之感也。”义俱精切,余多类此。外篇多举异解,中多胜原解者,如开首“有朋自远方来”,谓“‘方来’非不定之辞,正见来之未已。《易》‘不宁方来’,朱芾方来,其读也”。又“君子周而不比”,谓“古人皆以忠信为周,见《诗》、《书》、《左氏传》、孔《疏》。‘忠信为周’,《正义》曰:‘鲁语文也。’此其证”。“告朔之饩羊”,谓“‘告朔’不以告庙为义,‘饩羊’因饩礼而名,不止一羊”。“吾自卫反鲁”章,谓“正乐乃正音律,非正诗”。此类亦甚多。首有陈中孚序及学标自序,又有校刊及门姓氏数十人,皆籍鄞县,则学标掌教四明月湖书院时所刊也。(15-400)

四书注说参证七卷　传抄本

清胡清聚撰。清聚字思平,安徽绩溪人,胡秉虔之祖。是书首有清聚自序,言“极尊信朱子,然意有所见,或与朱子不同,不欲锢没,故为参证以质之”云云。书成于乾隆辛巳,时年七十一矣。书中有秉虔按语数条,又有姚文田按语一条。书七卷,卷一总论,卷二《大学》,卷三至四《论语》,卷五《中庸》,卷六至七《孟子》。今按其书,仍未脱讲章气。惟论性、论鬼神数条甚精。其论性,谓“孟子言性,莫详于公都子,乃若其情,则可以为善矣,乃所谓善也。若夫为不善,非才之罪也。明即以才情为性”。又谓“气归于理,气之至处是理;性归于善,性之至处是善。性善即‘气理’两字。若云性即理,则‘性善’二字反成赘语。故气质之性,不须分别。性言其全,情是性中之一端。性即情,情即性,心统性情。'性其情''情其性'等语,将性情分作理、欲二项,是深求太过"。又谓"孔子'性相近'一语,性善之旨包于其中。孟子'性善'之语,亦不外相近意。'心'字、'性'字、'情'字,各顺本文言之,不甚分别。'岂无仁义之心哉?'即以心言性。'此岂人之情哉?'即以情言性。又'口之于味也,仁之于父子也',□□□□"。又谓"人受于天,有才与情两项。情以嗜好言,才以识力言,自有理存于其中。性则兼而言之,情有厚薄偏正,才有昏明强弱,此相近之旨。理则确然不易,此性近之旨"。其论鬼神,谓"以屈伸往来解鬼神,先儒之说,虽极精深详明,然圣人正未尝必根究到此。盖亦必不能根究到此。考经书中言鬼神者,并未及此。详玩本文,又夹祭祀两节,亦恐未有此意。且据'此则天地间共一鬼神',与'天子祭天地,诸侯祭山川','仁人享帝,孝子享亲',夫子戒'非其鬼而祭'等义,勘究难通。又分鬼神为二气,至将现在人物亦作鬼神看,于经书言鬼神处,并未有证据吻合"云云。所见皆高于宋儒。是书又有嘉庆己巳姚文田序,言其孙秉虔将付梓,究未知有刊行否。是本则传抄本也。(15-401)

四书问答二十四卷　嘉庆十五年刊本

清戴大昌撰。大昌字斗源,安徽婺源人,乾隆丙午举人,官宣城教谕。是书援引汉唐以来注家古义,下及当代,于朱注多所辨正,用问答体以畅其说,俱能折衷至当。其自下己意,发前人所未发者,亦数十条。最精者,如解"丧与其易也宁戚",谓"'易'当从简易之训。春秋时古意浸衰,其于他礼,俱以奢侈为尚,而于丧礼则以简易为尚。如粗衰疏食以迄祥禫之制,皆弗能如礼。故夫子云然,此救时之论也"。解"居蔡山节藻棁",谓"包氏分居蔡与山节藻棁为二者,非。《集注》以山节藻棁为藏龟之室,亦不合。当改'室'为'器',如今庙中之神龛,亦有节棁之类。因之刻山画藻,致其钦奉,盖龟藏于椟,椟藏于器,而器仍藏于室内"。并举陈琳《悼龟赋》"山节藻棁,既椟且韫"为证。如此则与《左传》所云"作虚器"正合。其解"抑为之不厌,诲人不倦",谓"首句'若圣与仁,则吾岂敢’。此二句分顶圣仁言,证之子贡曰:‘学不厌,知也;教不倦,仁也。’恰可为此节作注脚”。其解“使门人为臣”,谓“欲门人行家臣丧服之礼。盖弟之于师,心丧三年,于礼无服。惟《仪礼·丧服》篇:‘家臣之于大夫,斩衰三年。’子路以夫子尝为大夫,故使门人遵行此制。观于他日孔子之丧,门人疑所服。子贡曰:‘昔者夫子之丧颜渊,若丧子而无服。丧子路亦然。请丧夫子,若丧父而无服。’与此节正相发明”。其解“若由也不得其死”,谓“此句疑错简,当在‘抑亦可以为成人矣’之下。盖彼章子路以成人问,意在矜其所能。夫子告以须兼知廉勇艺,而犹必文以礼乐。正因其不足于中和之气,而勉其所未至也。乃子路自负其能,谓‘为今之成人者,何必然’。故次节另有‘曰’字,乃子路之言。‘见利思义’数语,正子路所能为之事。夫子见其悻悻如此,因叹曰:‘若由也不得其死然。’所以深警之也。其所以错简者,殆因‘侍侧’章有‘子路行行’而误也”。俱精确不可易。他条多类此。自序称“于九谷、六书、田制、水道、律吕、历象,并各项典礼,不厌诠释过详。凡五经疑义,靡不研究而臬据”。洵非虚语。后附四书字义不同,《集注》所未载者,及各本石经四书字句不同者,并考历代石经古今舆地,以备省览。书刊于嘉庆庚午。大昌尚有《续四书问答》十卷,未刊,未知海内有传本否。(15－402)

四书纪疑录六卷 道光二十六年刊本

清凌扬藻撰。扬藻字誉钊,广东番禺人,诸生。是书首辨书名,言“唐人统称四库书为四书,而天宝中,以老、文、庄、列四家列学官,谓之四子。《玉海·经解类》载开元详定传注四书,则《孝经》、《尚书》古文孔、郑注,及子夏《易传》、王弼《老子注》也。惟无垢张氏《中庸说》六卷、《大学说》二卷、《论语解》二十卷、《孟子解》十四卷,《宋·艺文志》统谓之四书。是四书之合,实始张氏。而朱子所注《大学》《中庸》,则曰《章句》,曰《或问》,《论语》《孟子》则曰《集注》,实未尝标题以为总书之名目。其称‘四书’者,则在元明以后”云云。是书仍以朱注为主,遇有疑义,随时札记,故曰“纪疑”。盖成书时扬藻年八十五矣。书中订正旧说，颇能择善而从。最要者，如解“哀公问社”，引韩非书“哀公问于仲尼曰：‘陨霜不杀草，李梅实，何为记之也？’曰：‘此言可杀也。’”云云。按斯时哀公与三桓有恶，此社主之问与宰我之对，君臣密语，隐衷可想。又社阴气主杀，宰我因即社主之义，以起哀公威民之心。夫子责之曰：“成事遂事，必主一事而言。”缘哀公与宰我俱作隐语，谋未发泄，故亦不显言耳。他如“子见南子”章，据韩愈《笔解》：“矢，陈也。否，当为‘否泰’之否。厌，当为‘厌乱’之厌。”言“我之否塞，实天将厌此乱世而无可如何者也”。按以“矢”作“陈”，当本于《春秋》“公矢鱼于棠”。惟以“厌”为“厌乱”之厌，不如解作《左传》“天其既厌周德”之厌。言“我之否屈，乃天之所厌”，以“否”属己言，于语气较顺。又如“作者七人矣”，旧本多通上“贤者避世”为一章。其七人，或指长沮、桀溺、丈人、石门、荷蒉、仪封人、楚狂接舆，或指伯夷、叔齐、虞仲、夷逸、朱张、柳下惠、少连。郑康成则并之，谓“七”当为“十”字之误。《集注》：“作，起也，言起而隐去。”按古无称隐士为“作者”，扬藻以“作者”之谓圣，解“作”字极妥。其“七人”则以作书契、开稼穑、作甲子、禅贤、在璇玑、平水土、放伐，皆开端作始者当之。并谓“文供臣职，武述汤职，不当在作之列”。按此看“作”字太泥，文武不得居作之列。然则文武不得居圣之列乎？向来论道统者，由尧、舜、禹、汤、文、武、周公而传之孔子，正合七人之数。而此语亦引出夫子自任之意，窃以为此解不可易也。书刊于道光丙午。（15－403）

论语直指四卷 嘉庆二十一年刊本

清何纶锦撰。纶锦字小襄，浙江山阴人，乾隆举人，官金华教谕。是书首有自序，言“覃精研思，旁引曲证，尽取前人二三之说，折中而归于一是。其或未经人道，则直抒己意，不以凿空白撰为嫌”云云。今观其书，颇与《集注》立异，见解尤多创辟。如“贤贤易色”，谓“凡专言色者，颜色也，‘色难’‘必变色而作’‘色斯举矣’‘其次辟色’‘色厉而内荏’‘王勃然变乎色’‘征于色’之类。若好色则必加‘好’字，‘吾未见好德如好色者也’‘如好好色’‘寡人好色’‘知好色则慕少艾’之类。惟

‘去谗远色’之色为女色,即好色之反对也。此易色即变色,见贤起敬,肃然改容之意”。如《书》云:“孝乎惟孝,友于兄弟,施于有政。”谓“《尚书·君陈》篇,文王若曰:‘君陈,惟尔令德,孝恭惟孝,友于兄弟,克施有政。’引者易‘孝恭’为‘孝乎’,‘克施’为‘施于’。征之他章,如《说命》:‘王宅忧,亮阴三祀。既免丧,其惟弗言。’子张引之作‘高宗谅阴,三年不言’。《诗》:‘衣锦褧衣。’《中庸》引之,作‘衣锦尚絅’。古人引书以旁理,非数典,撮其旨要,不必悉依经文也”。如“由也好勇过我,无所取材”,谓“《集注》‘材’借用作‘裁’,不知何据”。按“材”如字,“取材”者,取材于人也。子路之好勇且过夫子,又岂有人能为其所取材者?盖深美其勇也。如“伯牛有疾”章,“亡”之谓“亡”,当读“无”。言无致疾之由,故归之于命。孔《注》作“丧矣”,焉有圣人问疾,一见即谓其必死者?如“觚不觚”,谓“觚从角,酒器也。《诗疏》:‘一升曰爵,二升曰觚,三升曰觯。’觚实二升,于义为寡。而《考工记·梓人》则以三升为觚,非其实矣。‘无饮’,寡之义矣,此夫子叹世之意也”。其引申旧解,如“泰伯本不居让之名,即让亦止让国,而夫子言以天下让,又称以至德”;又如“论管仲者,多以为纠兄桓弟,而程注乃证成纠弟桓兄”。所论援引该博,辩舌澜翻,使持异议者不能置喙。① 他所解多允惬。书凡四卷,刊于嘉庆丙子,后有其婿何祖焯跋。(15-404)

乡党考一卷 乾隆四十二年刊本

清黄守儁撰。守儁字云石,福建三山人,乾隆进士,官余杭县知县。告归,教授乡里二十余年乃卒。江永撰《乡党图考》,守儁与永同时,似未见其书。是《考》共二十六条,并绘图十四弁于首。有朱仕琇、孟超然二序及守儁自序。是书搜采甚富,虽精密不如江氏,而翦裁颇费苦心,览者称便。其中“缁衣”句,以朝服而兼祭服;“素衣”句,以聘问而兼视朔;“黄衣”句,是“腊”非“蜡”。诸条俱精核。惟冕、弁、冠三制,本分等级,冕制又有五,而图中有弁、冠,无冕。又爵弁、韦弁、皮弁,不详言其

① “其引申旧解”至“不能置喙”,中华本无。

用。又冕制有冕服，弁有弁服，玄冠有玄端服，亦未细为剖析。车制亦未能详举，故图尤蒙混。然礼制至繁，孔《疏》即不能分明显之，为图何能悉合？篇中旁具圈点，盖为应举而作，读者节取其长可矣。书刊于乾隆四十二年丁酉。(15－405)

孝经述注一卷　咸丰七年刊本

清丁晏撰。是书集唐玄宗、司马光、范祖禹三家之注，以为玄宗《石台孝经注》。取郑君、王肃、韦昭、虞翻、刘劭、刘瓛、魏真克诸家，摘要翦芜，约文敷畅，在诂家为最善。其他注《孝经》者虽有数十家，而以司马光《孝经指解》及范祖禹《孝经说》尤为明白正大，粹然儒者之言。惜其误信古文，窜易篇章，增改字句，寖失其真。此本一依今文为训，采集众说，无所增附，比于述而不作，故曰"述注"。今观其书，汰冗祛烦，归之简易，是其所优。惟司马、范氏之注，本依古文，晏一例改从今文，难免斫方为圆之讥。且三家之注，于礼制概从疏略，借便蒙诵，未为不可。不若其《孝经征文》，尚能截断众流也。① 前有晏自序，后有其门人陶镶序。书刊于咸丰丁巳。(15－405)

孝经谊诂一卷　民国十二年秋浦周氏刊本

马其昶撰。其昶字通伯，安徽桐城人，光绪举人。② 是书为其所撰《三经谊诂》之一。自序谓"《孝经》为圣人已乱之书，人有血气则有争心，不夺不厌而至于残杀，天下遂大乱。于是明尊卑，列上下，制为天子诸侯以统御之。天子、诸侯、卿大夫，数之至少者也。以少御众，而能戢之使不争者势也。势不可以持久，于是圣人有以动其相爱之心焉。相爱之心生于爱父母，而推之及于天下，继之以君臣，导之以师儒之教。俾天下之人皆得相安相养以生，而《孝经》由是作"。今观其书，谊求其是，不主一家，不废唐以后说。其所征引，如宋司马光、范祖禹，元吴澄，

---

① "尚能截断众流也"，中华本作"截断众流，自成一书也"。

② "光绪举人"，稿本"光绪"后有空格。

明吕维祺,且及近人刘光蕡、陈汉章。其解“天之经也,地之义也”,引董仲舒《春秋繁露》:“河间献王问:‘何谓天之经?’对曰:‘天有五行,木生火,火生土,土生金,金生水’云云。王曰:‘愿闻地之义。’对曰:‘地出云为雨,起气为风’云云。”《玉海》引郑氏序云:“《孝经》者,三才之经纬,五行之纲纪。”即承用董义。又解“宗祀文王于明堂,以配上帝”,引《礼》“明堂位”疏引《异义》:“古《孝经》说:‘明堂,文王之庙。’”《疏》引郑玄云:“明堂居国之西南,是明阳之地,故曰明堂。”《史记·封禅书注》引郑《注》:“上帝,天之别名也,神无异主,故异其处,避后稷也。”按此二条,为向来辑郑《注》者取证所未及。书为民国癸亥秋浦周氏所刊。(15-406)

论语广注二卷 嘉庆五年刊本

清毕宪曾撰。宪曾字季瑜,江苏太仓人,乾隆乙卯举人,毕沅从子。是书首有彭元瑞序,又有宪曾自序。举采书之例有四,曰考异,曰拾逸,曰集说,曰互证。本经注疏及唐宋后专解不述。书中如“学而时习之,不亦说乎”,引《周易·序卦传》“入而后说之,故受之以兑”。兑者,说也。虞翻曰:“兑为讲习,敬事而信。”引《易·乾·文言》曰:“贞固足以干事。”何妥曰:“贞,信也。”君子坚贞,正可以委任于事。“有酒食先生馔”,引《吕氏春秋·尊师》篇:“视舆马,慎驾驭,临饮食,必蠲洁,和颜色,审辞令。此所以尊师也。”似本《论语》而不以先生为父兄。“先行其言,而后从之”,引沈括《梦溪笔谈》:“‘先行’当为句,‘其言’自当后也。”李治敬斋《古今黈》云:“‘先行’断句,‘其言’而后从之者,犹云‘而后其言从之’。”与《笔谈》合。“思而不学则殆”,引《释文》:“依义,‘殆’当作‘怠’。”“大车无輗,小车无軏”,引《考工记》,牛在车旁,牵者以曲木为軏,在辕内,则以辕端之横木为軏。故《注》云:“鬲,辕端厌牛领者。”“鬲”即《论语》之“輗”。曰“使民战栗”,引《礼》说“徐巡说木至西方战栗”。《说文》“栗”字注。盖古有是语,为宰我所本。“夫子之言性与天道”,引郑《注》:“天道七政,变动之占。”“三人行必有我师焉”,引邵宝《简端录》:“一人行不善,即恶师亦于是乎在矣。必曰三人者,一人行二人中。《易》复六四,所谓中行也。不然奚择之有。""肤受之诉",引《汉书·五行志》注,谓"初入皮肤,以至骨髓也"。"苟有用我者,期月而已可也",引《史记·儒林传》序曰:"苟有用我者,期月而已矣。"《世家》亦无"可"字。《唐书·卢怀慎传》曰:"孔子称'苟有用我,期月而已'。""邦有道,如矢;邦无道,如矢",引《汉书·贡禹传》注,言其壹志。凡此之类,皆极确当,有裨经训。彭序又举"君子耻其言而过其行",明人旧抄高丽本作"君子耻其言之过其行也",语义明白,足证今本之误。书二卷,刊于嘉庆五年。(15-406)

论语后录五卷　乾隆四十年刊本

清钱坫撰。坫字献之,江苏嘉定人,副贡生,官乾州州判。钱塘之弟。是书首自序,言有七例,一考异本,二校谬刊,三钩佚说,四补剩义,五正旧注,六采通论,七存众说,汇为五卷,五百七十余条。书中如"贫而乐道,富而好礼",补《集解》本作"贫而乐",脱"道"字。"十世可知也",引陆德明曰:"一本'也'作'乎'。""指其掌",引其父煌字永晖,通术数。曰:"古有指掌算术,见徐岳《术数记遗》,其术最易。指其掌者,谓如指掌而筭,不待烦言可决。故曰'示诸斯也'。""示"读如郑注《中庸》"治国示诸掌"之示。"事君数",引郑康成曰:"数,数己之功劳也。""愿车马衣轻裘",据《开成石经》,无"轻"字。盖后人以"子华使齐"章乱之。"子在齐闻韶,三月不知肉味",据《史记》《说苑》,"三月"上并有"学之"二字。"三分天下有其二",据陆德明本,"三"作"参"。"伤人乎不问马",以"不"字绝句,"不"读曰"否",言既问人而及马。"车中不内顾",引郑康成曰:"鲁读'车中内顾',今从古。"以《曲礼》"顾不过毂"之说言之,或《鲁论》为长。愚按张平子《东京赋》:"夫君人者,黈纩塞耳,车中内顾。"薛综注:"'内顾'谓不外视,臣下之私也。"崔骃《车左铭》曰:"正位授绥,车中内顾。"又《车右铭》曰:"内顾自敕。"李善《西京赋注》引《三略》曰:"将内顾,则士卒慕之也。"皆可以辅助坫说。"仍旧贯",谓"贯"读"闲之者贯之"之贯,引《汉书》元帝诏曰:"惟德浅薄,不足以充入旧贯之居。"应劭曰:"旧贯者,常居也。""不能专对",引阎若璩曰:"专,擅也。"即《公羊传》:"聘礼,大夫受命不受辞。出竟有可以安社稷利国家

者，则专之可也。”此类俱确当不可易。坫成此书，原拟附《集解》之后，故曰“后录”。刊于乾隆四十年。(15－407)

论语发疑四卷 光绪十八年刊本

清顾成章撰。成章字咏植，江苏武进人，诸生。是书前有金保泰序。中多创解，如“其为人也孝弟”，谓“为”读“去”声，“仁”作“人”，孟子曰：“尧、舜性之也，汤、武身之也，五霸假之也。”又答齐宣王曰：“无伤也，是乃仁术也。”皆为仁之义。“其为人当作‘仁’。也孝弟”，正与“孝弟也者，其为仁之本与”句相呼应。又子夏据《集解》引郑说“温国卜商”，温为晋邑，见《左传》，后属魏。证以孔颖达《檀弓疏》云“子夏魏人”，正合。《礼记·檀弓》云：“退而老于西河之上。”《史记·仲尼弟子传》云：“居西河教授，为魏文侯师。”而李萧远《运命论》云“退老于家”，盖归其本国也。以辨《史记》及《家语》“子夏卫人”之非。又有“酒食先生馔”，谓“先生非父兄，乃老而教学者。言侍食于父母之侧，如侍食于先生之前。则子虽能敬，反无温柔之色，何得为孝？故曰色难”。又如“曾参字子舆”，谓“‘参’乃‘骖’之通用字，古文名字文义相属。孟子名轲，字子舆。舆、轲皆从车，义相属也。曾子亦字子舆，而名参，盖取驾马引车之义”。尤精者，辨“参”之本字，当读曰“川”。而以《说文》之参、森同音，为周秦之言，非齐鲁之言，证以曾子之子名申，若“参”读若“森”，则父子之名同一音矣。又如“有妇人焉”，谓“‘妇人’当作‘归人’；‘归’‘妇’文相近，传写误也。归人为谁？伯夷也。”按“妇”字必不可通，此以为“归人”，自可于“殷人”外备一解。又如“子谓仲弓曰”章，谓“《论语》一书，如‘或谓孔子曰’‘子谓冉有曰’‘子谓子贡曰’‘子谓子夏曰’等，皆对其人以言之，断无对人子论人父之恶者”。犁，夏正黑色，《礼记·檀弓》云：“夏后氏尚黑，牲用玄。周人尚赤，牲用骍。”盖夏尚黑，别其牛之名曰“犁”，与周尚赤，别其牛之名曰“骍”同。《礼记·王制》云：“祭天地之牛角茧栗，宗庙之牛角握。”曰“且角”“幸其有角”之词，盖仲弓父有质无文，不乐用世，故以先代之正色喻之。仲弓年少，文质彬彬，言其适当用也。诸如此类，书中尚多，语必有征，尚异乎穿凿臆解以矜

新者。书刊于光绪壬辰。(15－408)

四书笺疑疏证八卷　光绪二十二年刊本

清徐天璋笺,其子浚仁疏。天璋字睿川,江苏泰州人。首有天璋自序,以为"文公《集注》,不免仍有疑义。既疑矣,则必确求古训,确证他经而又涵泳本文,揆厥情理,揣时度事,笔之于笺"。① 后有浚仁识,以为"笺本去疑,文宜征信,因节录经训分疏笺下"。② 其第五卷后附《大学厘订章句》,则天璋父昌龄字眉卿所作,而天璋为之释。书中辨《大学》一篇,不详何人所著。朱子妄分经传,云"经为孔子之言,其传十章则曾子之意,而门人记之"。若经为孔子之言,何以经首不冠"子曰",转于传中"听讼于"上加"子曰"?既云"传曾子之意",何以入传不冠"曾子曰",反于"十目"上加之?若云"十目"为曾子所论,此书即属曾子,则篇中有"舅犯曰""孟献子曰",何以不属舅犯、孟献子?又定《中庸》一篇为子夏所传。其可证明者,《中庸》次《孔子闲居》及《坊记》之后。孔子闲居,子夏侍,观其问三王之德,参于天地,其得闻夫子云云者,正与《中庸》相表里。更可证者,子夏习《诗》,《中庸》多引"《诗》曰"。子夏习《礼》,《中庸》多引《礼经》。其见于诸书所引,子夏文义与《中庸》相参证者极多。所笺分尊圣贤、正纪纲、扶伦常、明典制、原性天、防流弊诸类。如"与其媚于奥"节,谓"祭灶,老妇事。贾讽孔子与其结于君,不如阿附南子也"。"夫子矢之"节,谓"矢,去也"。见《庄子注》。夫子去卫,因语之曰:"吾道否而不通者,实天厌弃卫德也。""子在齐闻韶"章,谓"季札适鲁观乐,见舞《韶箾》。自昭公之乱,太师挚适齐。孔子至齐,正值其乱,'斯'指在齐而言,'不图为乐之至于斯',深伤鲁乱而叹之也"。"太师挚适齐"章,谓"昭公孙齐,太师追从乎公,故干缭诸人纷纷去国"。"在明明德"句,谓"明扬明德之人"。"父母使舜完廪捐阶"节,谓"捐阶,其廪既治,捐去其阶而不用也。焚,樊也。瞽叟于廪四

---

① "笔之于笺"后,中华本有"此笺疑所为作也"。

② "因节录经训分疏笺下"后,中华本有"此疏证所为作也"。

周,复自卫以篱也。浚,濬也。出,泉出也。掩,幕也。父母使舜,如今父母命子葺屋,其子承命招集工匠,不必躬为之。治之既成,父母遂得安享之也”。诸如此类,俱属创获。其他补正朱注,多有合者。书刊于光绪丙申。(15－409)

四书记闻二卷 道光二十一年刊本

清管同撰。同字异之,江苏上元人,道光五年举人。同少受业于桐城姚鼐,工古文,与同县梅曾亮齐名。是书名曰“记闻”,盖多得于平日师友绪论。其中述姚鼐说最多,而梅曾亮、孙星衍、钱大昕等亦间及之。引伸古训而折衷己意,大率精当不苟。如“子在陈”章,分“狂简斐然成章”为三。简非即狂,“斐然成章”,盖礼乐文学之士,子游、子夏、子张其人。“固天纵之将圣”,“将”训“大”。“与下大夫言侃侃如也”,从《集解》《正义》训和乐,而订朱注改从《说文》之误。“必有寝衣”,依孔安国《注》作“被”,引《左传》“秦复陶翠被”为证。《说文》“被”为寝衣,“衾”为大被,非古制,乃汉制。“必也正名乎”,乃夫子设为必不能然之事,以明吾之不仕卫。如胡安定说:“子苟得政,必将上告天子,下告方伯,废辄蒯聩,立公子郢,必无此理。”“齐桓公正而不谲”,证为《齐论》,非《鲁论》。以是书通例,于鲁君昭公、定公、哀公皆称谥称公,不以国举。他国之君,若齐景、卫灵皆举国。是篇载齐事,直曰“陈成子弑简公”,与他篇迥异,故知必齐人者为之。“有荷蒉而过孔氏之门者”,“过”训“过从”,不训“经过”。否则,门外之言孰传之?而孔子闻之,孔子之言又谁与语乎?“微子去之”三句,谓“微箕之谏,已贯于比干之谏之中,其文势蝉联而下。《论》《孟》此例甚多,若‘夏后氏五十而贡’‘殷人七十而助’‘周人百亩而彻’。‘彻’言百亩,则五十、七十皆亩可知”。“交闻文王十尺,汤九尺,今交九尺四寸以长”,言交长,则文、汤皆长可知。《诗·豳风》:“七月在野,八月在宇,九月在户,十月蟋蟀,而蟋蟀入我床下。”自七月至十月所言皆蟋蟀,而蟋蟀于十月出之,文法亦正如此。“狗彘食人食而不知检”,“检”作“敛”,主岁丰孰敛藏。言本《汉书·食货志》:“匍匐将往食之,将取也。”“王者之迹息而《诗》亡”,主《王制》“巡狩”。《陈诗》言不分风、雅、颂,正变皆亡。“接淅而行”,“接淅”作“滰淅”。白圭,战国时有三,一为魏文侯时取中山之白圭,一为《史记·货殖传》“乐观时变”之白圭,又其一则《孟子》书言治水之白圭也。按同所主诸说,与焦循《孟子正义》、黄式三《论语后案》多同。三人时代亦略相近,惟焦、黄二书同未及见。是书虽有传本,而流传未广,焦、黄亦未及见。故书中俱不之及。是书无序跋,刊于道光二十一年。(15-410)

经学质疑四十卷　道光丁酉刊本

清狄子奇撰。子奇字叔颖,江苏溧阳人,诸生。书分《论语质疑》二十卷,《中庸质疑》四卷,《大学质疑》二卷,《孟子质疑》十四卷。易之曰“经学”者,以为四书名目起于宋儒,未为古义。即朱子《论孟集注》《大学中庸章句》,本各自为书,后人始合为一篇耳。其以《中庸》居《大学》之前者,以《中庸》为《礼记》第三十一篇,《大学》为《礼记》四十二篇,故《中庸》应先《大学》。卷首有陈銮、朱溶二序,有总例。其书于《集注》《章句》无可疑者,不复置议。其未协者,则取诸儒之说,间及已见,为之疏证。所引异解,择善而从,即世所指为攻朱若毛奇龄,指为伪造若古文《尚书》、《竹书纪年》、《孔子家语》、《孔丛子》、《小尔雅》诸书,亦见采择。于朱注多所匡正,其发前人所未发者,据《礼》郑注、《周礼》干宝注、《觐礼》贾疏,以证天子诸侯外朝治朝皆有堂阶。据孔融《周武王汉高祖论》,周自后稷至武王积五十代,皆有鱼鸟之瑞。以夏十七世、商三十一世合之,加以唐虞百有余年,该有此数。“千乘之数”,不用包、马二家义,别援《稍人》“丘乘”,谓“乘宜出十六井”。又用《司马法》“甲士十人,步卒二十人之说”,使《周礼》《孟子》可相通。其他亦多精核可取。书刊于道光丁酉。(15-411)

四书说賸一卷　同治元年刊本

清黄之晋撰。之晋字铁禅,江苏丹阳人,官江西知县。之晋与绩溪胡绍勋、当涂夏燮善书中有与商榷语。盖绍勋曾入张芾江西学幕,而燮则与之晋同作令江西也。之晋精训诂,故书中详于字义。如“恂恂如也”之恂恂、“乡也”之乡、“盖阙如也”之盖、“夫子怃然”之怃、“僩兮”之僩，参互推阐，考之极博。又深于《易》理，书中如说“寡尤寡悔”，说“回也其心，三月不违仁”，说“仁者其言也讱”，举《易》以证《论语》，义亦极精。尤创辟者，则以“子张学干禄”为说。《诗·大雅》云“干禄百福”“干禄岂弟”。子张学《诗》至此，而讽诵叹慕之，如“三复白圭”之意。“禄”与“福”“祉”“祺”“祜”等字同，非斗升之谓。《假学》篇“干禄百福，子孙千亿”，下文言“威仪抑抑，德音秩秩”，即慎言慎行之意。又言“无怨无恶”，即“寡尤寡悔”之意。故知此章是与子张说《诗》也。“季氏旅于泰山”，以为季氏欲行封禅。盖封禅之说，盛于秦汉，而实始于管仲《封禅篇》。季氏生后管子百余年，当是惑而羡之。可征者《路史·论封禅》，引季氏之事，以为旅者封禅之细也。再征之光武诏称：“朕即位三十年，百姓怨气满腹。吾谁欺，欺天乎？曾谓泰山不如林放，何事污七十二代之编录！”则东汉已有是语。又征之《春秋繁露·王道》篇：“上言封禅，下言鲁舞《八佾》，北祭泰山，郊天祀地，如天子之为。”则西汉先有是说。他所解亦多新颖。书一卷，止二十九条，故名“賸言”。无序跋，刊于同治元年。（15－412）

四书说六卷 咸丰二年刊本

清吴嘉宾撰。嘉宾字子序，江西南丰人，道光戊戌进士，官翰林院编修。家居办团练①，粤寇陷南丰，殉难。嘉宾学宗阳明，工古文而好治经，于《易》《书》《诗》《礼》及四书皆有论述，统名“求自得之室读书记”。是书其一种也。《大学》一卷，《中庸》一卷，《论语》二卷，《孟子》二卷。首有自序。大学不用朱子《章句》，而遵旧本。《孟子》七篇，篇分上下，仿赵氏例，各有篇叙。《梁惠王》，云“是篇上下皆孟子所告当世之诸侯者”。《公孙丑》，云“是篇上下皆记孟子在齐时所论治国之道、立身之节”。《滕文公》，云“是篇皆孟子所与当世之士辨者”。《离娄》，云

---

① “家居”，中华本作“在籍”。

“上篇言仁,下篇言义”。《万章》,云“上篇言圣人行仁义之心,下篇言圣人居世之迹”。《告子》,云“上篇言性,下篇杂举问答之辞”。《尽心》,云“上篇言性,而推之事天立命;下篇总结七篇之大指,考其所说。虽偏于义理,而每与朱子立异”。其特创说者,则《论语》之两章连解,如“林放问礼之本”,连下“夷狄之有君”;“吾之于人也”,连下“吾犹及史之阙文也”;“可与共学”,连下“唐棣之华”;“见善如不及”,连下“齐景公有马千驷”;“宪问耻”,连下“克伐怨欲”。如此之类尚多。按两章连解,古注疏间有之,亦见于毛奇龄《论语稽求篇》。然未若嘉宾申说之详且明,而不流于穿凿为可贵也。书刊于咸丰二年。(15-412)

校正四书释地八卷①

清阎若璩撰,顾问重编。问字备堂,江苏高邮人,嘉庆庚乡举解元②,官河南知县。先是,若璩成《四书释城》《四书释地续》③,康熙庚辰宋荦序而刊之。至乾隆癸亥,若璩孙林复以《四书释》《又续》《三续》付刊④,程崟所序者是也。及乾隆丁未,丁杰再刊之,并《孟子生卒年月考》,凡五卷,而朱珪为之序。惟若璩原书有得即书,未加编次,不便读者,于是问为之重为编定,厘为三类,地理居首,人物次之,训诂又次之。各依章句先后,间有讹字冗文,亦有校正,仍名曰“释地”,从其旧也。书分八卷,首有张欣告序及问自序,末有问跋。问于原书无所参订,惟若璩作《孟子生卒年月考》所称引,俱与生卒无涉。问以为应定为生于安王丙申,顺推至赧王十三年已未,合八十四岁。按之事实相合,可补若璩之缺。其自序又言“若璩所著《尚书古文疏证》,嗜奇者乐道之。然以后人所引经文,翻谓古文从此附会,本末倒置,不敢阿好”。问固极倾服若璩者,独此不肯苟同,其识胜惠栋辈多多矣。(15-413)

---

① 中华本称为“嘉庆八年桐阴书屋刊本”。

② “嘉庆庚乡举解元”,中华本作“嘉庆庚寅乡试解元”。

③ 《四书释城》,中华本作《四书释地》。

④ 《四书释》,中华本作《四书释地》。

四书朱子集注古义笺六卷①

清李滋然撰。滋然字命三,四川长寿人,光绪甲辰进士,官广东新会知县。罢官后随出使日本大臣李家驹为学务专员,是书即在日本时所印也。按朱子注四书,于《大学》一篇,分别经传,改易旧次,《中庸》亦不从郑《注》分节,故称《章句》;《论语》《孟子》则称《集注》。其实皆荟萃诸家之说,与何晏之《论语集解》无异。所异者,晏所集限于八家,其注各标以姓;朱子则所集较广,自汉儒正注,以至经子古谊,罔不甄采,而选择折衷,至较精审,惟所引诸家之说,有标者,有不标者,不知者遂疑其多出杜撰,此大谬也。是书首有滋然自序及凡例。凡朱注与古注同者,先列经文,次列朱注,次列古注,而以己意为之笺。今观所列,有直用古注者,有用其义而变其文者,有参引异说者,有融会众说而成者。其中如《论语》"瑚琏"一条,与《明堂位》不合。《孟子》"曹交"一注,与《春秋传》不合。"夫子之墙数仞"注:"七尺曰仞。""掘井九仞"注:"八尺曰仞。"论者或疵其与经传相背,或讥其自相矛盾,不知"瑚琏"及"七尺曰仞"皆包咸注,"曹交"及"八尺曰仞"皆赵岐注。《论语》《孟子》,本各自成书,各存师说,不足异也。滋然所笺,如"夏时殷辂周冕""贡助彻""九一"诸条,俱足补朱子所未及。惟"故为政在人"一条,朱子引《家语》,亦是古训。而滋然必以《家语》出王肃伪撰,又以剿袭郑说附会之,未免多一转折。而"申枨"一条,又添出"公伯僚"以攻《家语》,愈显支离。所谓借他人酒杯消自己块垒,夫亦可以不必矣。(15-413)

四书通叙次一卷通疑似一卷 光绪二十年刊本

清胡垣撰。垣字紫庭,江苏浦口人,诸生。垣潜心四书,尝拟著《四书十六通》:曰通解字,以四书二千余字,通《说文》诸书数万字音义也。曰通校勘,明四书字句篇章各部有异同也。曰通体例,明四书记事记言书法有义理也。曰通节目,明五伦五常,分所当为,随时随地可以四书

---

① 中华本称为"光绪间铅印本"。

提撕警觉也。曰通旨趣，以四书解四书也。曰通汉宋、通别解，合注疏与朱子《集注》互勘，求其有纯无疵。又搜罗众说，取以折衷，而防邪僻也。曰通算理，四书有需学数十条，借以明中西算学之理，期道艺之有用无弊也。曰通文法，明圣贤语妙，即以正行文之法也。而先刊成《通叙次》《通疑似》二种。《叙次》者，明四书篇章，相接相应，以为《论》《孟》记言先后之序，未必有意为之，亦未必无意为之。第就每篇每章相接处，均有义理，且每篇首尾，亦复相应。如《易·序卦》，本乎自然。考黄之晋《四书说賸》，言铭东屏撰《论语解》，联章为篇，联篇为部，谓"一部之中，首尾相为呼应；一篇之中，章句皆有线索"云云。而其书不传，垣此书犹斯意也。其不及《学》《庸》者，以前贤已详之。《通疑似》者，取四书语义相矛盾者，明其相反相成之理，设为问答，仍以四书之理释四书之疑。中分六类，始家庭类，父子、兄弟、夫妇属之。次朝廷类，君臣、政治、征抚、用人、理财属之。又次师友类，又次心性类，又次学行类，又次出处类。其中虽不免有穿凿附会，要可为治四书者备一格。首有垣门人葛增祥叙。书刊于光绪甲午。(15-414)

四书纬四卷　道光十六年刊本

清常增撰。增，江苏泰州人，拔贡生。增端介，里居授徒，两江总督陶澍屏从造门，始得一见。欲延致幕府，坚却之。所著有《仪礼琐辨》及是书。是书首有自序，言"郑夹漈注《尔雅》，谓名物为经，义理为纬。名物应释，义理不应释。余幼喜读濂洛诸书，私幸闻道最早，故于夹漈所谓纬者，余则视之为经；夹漈所谓经者，余则视之为纬"。此是书之所由名也。其书考据居多，言制度者，如"屋漏""奥灶""主皮""沟洫""五亩之宅"诸条；考名物者，如"鸢蒲""卢撮""卷九百""稷茱"诸条；辨地理者，如"邦畿""淇澳""仪""汶上""水浒"诸条。俱极详核。他有关经义者，如"作亲民"，谓"古训'亲'本作'亲'解，程子始云当作'新'，仍是未敢遽定之词，不当从"。"壹是"，谓"古本'壹'作'一'，近人从《说文》，训'一'为'专'。则《晏子》'琴瑟专一'及《中庸》之'壹戎衣'，皆不成语"。"菉竹"，谓"《诗》本作'绿'，即所谓淇园之竹。孔《疏》析为二,‘菉’为王刍,竹为扁竹,非是”。“谓能养”,谓“‘养’指三牲之养,犬马从三牲类,古皆可食,后人不详字之义,遂至误解”。“而后从之”,谓“仍主行言,盖励行于无尽意”。“绘事后素”,谓“古注不特误解‘后素’,以‘素’为‘后’,并误解礼。朱子断章取义,不为误”。“二嫂使治朕栖”,谓“‘栖’当为‘妻’字之讹。欲二嫂治己妻,如姑之教妇。‘栖’谓之床,出《广雅》,古不名床曰栖也”。此类极有意理。书刊于道光丙申。(15-414)

四书说苑十二卷补遗一卷续遗一卷 道光四年刊本

清孙应科撰。应科字彦之,江苏高邮人,廪膳生。是书汇聚群言,有似刘向《说苑》,故以名编。首有钱栻、李周南、夏味堂、刘宝楠诸序,及应科自为例言。又列历代解四书名目,及引用书目二百零二种。①《续遗》又列引用书目十三种。凡经史子集四部中涉及四书,片义单词,俱行采摭,并及同时之人。其父齐所为《读书识小录》,亦所不遗。② 或两说异而互相发明,则俱存之。惟不自下断语。卷首录御纂五经、御制诸书,尊本朝也。书中如“反古之道”,据《问字堂集》,“反古”即言变古,非复古,观《商君书》可证。“贤贤易色”,据《掌故》及《朴学斋笔记》,主夫妇一伦。若贤人之贤,交友一伦已包之。“父在观其志”二句,据《潜研堂集》,乃观父之志行。然父之志行,容有未尽善者,不得概以承述为孝。但曰“观”,则包“诤过干蛊”之义。“夏礼吾能言”之节,据《野客丛书》,当于“言”字点句,“之”字各连下句。“人之过也”节,据《冶城客论》,“仁”是“人”字,与“井有仁焉”之仁,皆以字音致误。《史记·弟子传》:“曾参,南武城人。”“澹台灭明,武城人。”据《费县志》,非二邑,二传相连,不着“南”字,乃省文,俱即费之武城。“行不由径”,据《笔乘》:“古者道路在沟洫之上,行必由之。”《周礼》:“野庐氏禁横行者,修庐者禁径逾者。”皆其证。“当仁不让于师”,据《小仓山房集》,

---

① “四书名目”后,中华本有“其为此书列”五字,而无“及”。

② “亦所不遗”,中华本作“未有刊本,引之尤多”。

“师”作“众”字解。“狗彘食人食而不知检”，据《鹤林玉露》《扪虱新语》，“检”作“敛”，即后世之常平。“刑于寡妻”，据《读诗传讹》，“寡妻”，嫡妻也。妾为庶，则嫡为寡。“知好色则慕少艾”，据《炳烛堂集》，“少”当音上声；“艾”读如“夜未艾”之艾，止也。“于卫主痈疽”，据《潜研堂集》，即《史记·卫世家》为灵公参乘之雍渠。赵《注》：“医者之说盖臆造。”“而有宋朝之美”，据《经传释词》：“而，犹与也，及也。”凡此皆在《四书注解》之外，可以广异闻，备博采，为治四书者所必不少。又“汤之盘铭”，据《白田杂著》，谓“《内则》‘槃’字从木，乃木器，故可刻铭。而近人乃据新出土铜盘，其文字绝异，以证经误，当另是一器也”。又“二嫂使治朕栖”，据周栎园《书影》，于“二嫂使”绝句，谓“使女治朕栖，非使二嫂。”虽胜旧解，然未若近人周家禄《寿恺堂集》以“二嫂使治”为句，“朕栖”为句，谓“象以二嫂帝尧之女，都君之妻，习于政事，都人必听命。使二嫂治，象乃得据干戈琴弤，而栖止舜宫以为乐矣”。《诗》毛传：“栖迟，游息也。”尤觉词简义明，惜应科未及见之。书刊于道光四年。(15-415)

朱子论语集注训诂考二卷　光绪十六年刊本

清潘衍桐辑。衍桐，广东南海人，同治进士①，官至翰林院侍讲学士。朱子注《论语》，虽长于义理，而亦不废训诂。观其《论语训蒙考义叙言》：“本之注疏，以通其《训诂》《语类》言。某寻常解经，只要依训诂说字。”又《与吕伯恭书》言：“不读《说文》，训诂易谬。而世儒顾诋朱子不明训诂，盖未考也。”是书为衍桐官浙江学政时，命诂经精舍诸生，就《论语集注》详为寻绎，并考之群经子史注以证其所出，撮为二卷。其间义或简奥，则援某生说以申明之，书中所著邹寿祺、陈景篠、崔适、楼蔚然、王正春、袁尧年、汪昌烈、陆以增、杨誉龙、孙兆熊、袁宝忠、袁尧年、高辛元、项咏之说是也。② 其间偶有订正，如注云“《家语》记伯子不衣

---

① “同治进士”，稿本“同治”后有空格，中华本作“同治七年进士”。

② 此句稿本“袁尧年”重复，中华本第二处“袁尧年”无。

冠而处”,今《家语》乃无此文,而见《家语》后叙及《说苑》第十篇。又“柴也愚”章注云:“《家语》记其足不履影,启蛰不杀,方长不折。执亲之丧,泣血三年,未尝启齿。”乃《家语》“弟子行”篇,无“泣血三年”四字。其借引申而明者,如“尤罪自外至者也”“科等也”“裁割正也”“摄管束也”“栖栖犹依依也”“周服有五祭服之冠也”“和以处众曰群”“耦并耕也”,诸条盖非专以抄撮为能者。书刊于光绪十六年。(15－416)

论语足征记二卷　北京大学活字印本

崔适撰。适字适之,浙江吴兴人,清光绪举人。肄业诂经精舍,为俞樾高足弟子。其治经专今文。是书首有适自序,以为“汉宣帝时齐人王吉传《齐论》,鲁人龚奋传《鲁论》。西京末,《古论》始出,以蝌蚪古文作之。实则刘歆所造,托之孔安国所传。今得一确证,《古》者字少,一字恒莞数义,故多假字。后世各造本字分用之,故有古人用假字,后世易以本字者;未有古人用本字,后世易以假字者。《鲁》《古》异读,率《鲁》用假字,《古》用本字。如‘可使治其赋也’,《鲁》读为‘其傅’,则‘傅’假字,‘赋’本字;‘吾未尝无诲焉’,《鲁》读为‘无悔’,则‘悔’假字,‘诲’本字。然则《古论》之后出于《鲁》明甚,其为赝古亦明甚”。按适此说似是而非。按适既知《古论》系蝌蚪古文,而今之《古论》实由蝌蚪古文而译为今文,安有弃本字而尚从假字者乎?其文从字顺,亦奚足怪?适之为此,在援先秦古书,西汉师说,东京班固、何休、高诱、王充之言,《集解》、包《注》、《释文》所载,郑引《鲁》读,为之疏通证明,故曰“足征”。其中每以莫须有之事归狱刘歆,不脱今文家习气。然亦间存精义,最要者如“攻乎异端”,谓“异端即《书》《礼》所称‘他技’,本经所称‘多能’,害在‘攻’不在‘异’”。“哀公问社”,“社”作“主”。南容名适、《论语》。括、《史记·仲尼弟子列传》。縚、《礼记·檀弓》。韬、《家语》。说、《左氏》。阅,《礼记》注。而字容,实是一人。“说”古读如“阅”,亦如“脱”,“脱”“縚”一声之转。《诗·邶风》传曰:“阅,容也。”《吕氏春秋·似顺》篇注:“容,说也。”可信为一人之名字。而《史记·仲尼弟子列传》:

“南宫适,字子容。”非即一人乎?① 其论《泰伯》“三让天下”,尤见其大。谓“文王之有天下,泰伯让之。古者为天下朝觐讼狱之所归,即谓之有天下②,不必易姓改物。孟子言‘文王一怒而安天下之民’,与‘武王一怒而安天下之民’并称。如文王未有天下,何由安天下之民?孟子又言:‘以德行仁者王,汤以七十里,文王以百里。’明以汤、文并称,且言文王之王矣。《集注》让商之言,以后世私神器于一家之心,上测古人公天下之理,以保全臣节。观泰伯不免以窥伺神器测太王,太王之心既无异于曹孟德,泰伯虽能让国,不能禁武王之伐商。其德复有愧于田宏正,何以谓之至德耶?”“三分天下有其二”,谓“‘分’上有‘文王为西伯’句”。“瓜祭”,《鲁》读“瓜”为“必”。“直躬”,郑本作“弓”,非“弓矢”之弓,乃“股肱”之肱。俱关古谊。③ 惟“夷狄之有君”,所引皇《疏》之文,乃王亶望改,本与原意相反,盖未见日本刊本也。书为北京大学活字印本。(15-416)

论语古训十卷　乾隆五十九年刊本

清陈鳣撰。是书首有阮元序及鳣自序。盖以《集解》为本,于《集解》所载之外,旁搜遗说,辑为十卷。曰“古训”者,别于今也。凡经文从邢昺《正义》本,而以汉唐石经、皇侃《义疏》、高丽《集解》本、《经典释文》,及日本山井鼎《七经孟子考异》《物观补遗》校注于下。或见于他书,亦间援证。以邢本《集解》多舛误,甚将语助字删削,文义不属,则改从皇本、高丽本。以孔注《古论》,据何晏叙,世既不传,《集解》所采,说多不类,且与《说文解字》所称《论语》古文不合,反不如包氏《章句》之古,疑为后人假托,特以与《尚书》传文异,则姑从《集解》存之。以郑康

---

① 中华本此句后有“‘三分天下有其二’,谓‘其上有“文王为西伯”句’。‘瓜祭’,《鲁》读‘瓜’为‘必’。‘直躬’,郑本作‘弓’,非‘弓矢’之弓,乃‘股肱’之肱。俱关古谊”。

② “泰伯让之”至“即谓之有天下”,中华本无。

③ “三分天下有其二”至“俱关古谊”,中华本此处无。

成为汉世大儒，故《集解》之外，采郑说独多；且为之疏通证明，以补疏家之未备。马融，郑之师也；王肃，难郑者也。存马、王之注，意在发明郑注。此其大较也。至古训之善，阮序为条举之。如《书》云“孝乎惟孝，友于兄弟”，包读“孝于惟孝”句，汉石经及《白虎通义》等书所引并同，乃知“乎”为“于”字之讹。“绘事后素”，郑曰“先布众色，然后以素分其间”。此与《考工记》“绘画之事，后素功”合。“射不主皮，为力不同科”，马曰：“‘为力’，为力役。”此与“射”对言。“何有于我哉”，郑曰：“人无是行于我，我独有之。”此与“圣仁”章合。然阮氏所举尚未尽也，姑补数条，且申其说。“学则不固”，孔曰：“固，蔽也。”皇《疏》云：“孔训‘固’为‘蔽’。蔽，犹当也。言人不能敦重，纵学亦不能当道理也。犹‘《诗》三百，一言以蔽’之蔽也。”此解较他解为优。“游必有方”，郑曰：“方，犹常也。”盖于《曲礼》。① “所游必有常”，朱注解作“如告云之东，则不敢更适西”。其意已包在“有常”二字内，而“有常”则所该尚广也。“由也好勇过我，无所取材”，一读“过”字绝句。子路闻孔子欲乘桴浮海，便喜，不复顾望。故夫子叹其勇曰：“过我无所复取哉。”言惟取于己也。古字“材”“哉”同，视郑《注》“材”作“桴材”，朱注训“材”作“裁”，觉彼终是勉强。“窃比我老彭”，郑曰：“老，老聃；彭，彭祖。”按“曾子问”，载夫子问老聃事甚详，正与“窃比”意合。包则云：“老彭，殷贤大夫也，好述古事。”“我若老彭祖述之耳”，《笔解》引作“祖述之而已”。是包亦未定为一人也，朱注似未妥。“三军可夺帅也”，郑曰：“匹夫之守志，重于三军之死将者也。”将即帅也，必如此说，方见三军与帅别。若余人说，竟似三军即帅矣。“邦有道，穀；邦无道，穀，耻也。”孔曰：“穀，禄也。”邦有道当食其禄也；君无道而在其朝，食其禄，是耻辱也。盖“耻也”属下句，不属上句。若如朱注：“邦有道不能有为，邦无道不能独善，皆可耻也。”是于经文外添字也。鳣所征引及考证，简而不芜，尤见其善。书刊于乾隆五十九年甲寅。（15－417）

---

① “盖于《曲礼》”，中华本作“盖本于《曲礼》”。

皇侃论语义疏参订十卷　稿本

清吴骞撰。骞字槎客，浙江海宁人，诸生。皇侃《论语义疏》，乾隆间由日本传入中土，浙江布政使王亶望始为刊行，鲍氏知不足斋又刊之。未几，复由日本传入《孟子七经考异补遗》一书，亦为中土向所未有。骞乃据之以校勘皇《疏》之同异。其见于他书者，并为援证，且及于同时师友谈说。《疏》中讹误可疑，及名器事物章句训故间与先儒异说者，亦稍为诠订。首有骞自序及例言、附录。书之上方又有一条云："间有引诸君语而骞复作按语者。此系初稿，欲与高识商订，不得不并列之，将来定本另当斟酌去取，否则是显人之短，而炫己之长，亦非著书之体也。"据此知兹稿尚非定本，所以未曾刊行。此外又有周广业、周志祖校语，而广业最多，俱写在书之上方。广业字耕厓，海宁举人。志祖乃鲍廷博之伯子也。按"夷狄之有君"章，王本疏云："此章为下僭上者发也。诸夏，中国也。亡，无也。言中国所以尊于夷狄者，以其名分定而上下不乱也。周室既衰，诸侯放恣，礼乐征伐之权，不复出自天子，反不如夷狄之国，尚有尊长统属，不至如我中国之无君也。"据较大正刊本，竟全不同。大正本疏云："此章重中国，贱蛮夷也。诸夏，中国也。亡，无也。言夷狄虽有君主，而不及中国无君也。故孙绰云：'中夏有时无君，道不都丧。夷狄强者为师，理同禽兽也。'释慧琳云：'有君无礼，不如有礼无君也。刺时季氏有君无礼也。'如此解，方合内中国外夷狄之意。"又按《天顺日录》云："高庙每听儒臣进讲，必有辨说。因讲'夷狄之有君，不如诸夏之亡也'，辨曰：'夷狄，禽兽也，无仁义礼智之道。孔子之意，盖谓中国虽无君长，人亦知礼义，胜于夷狄之有君长者。宋儒乃谓中国之人不如夷狄，岂不谬哉！'"云云。按此数语，正括皇《疏》大旨，岂明内府尚有此本，而高祖得见之耶？王刊本所以如彼者，当惧触讳而改之。而骞亦未及校正，盖未见日本刊本也。又按王亶望所据，本为日本宽延中根伯修所刊，中多臆改。而日本流传固有他本，较之更善者，近日武内谊卿重刊此书，有校勘记。若再据之以补骞书，庶几复六朝之旧矣乎。（15－418）

集孝经郑注一卷　裕德堂刊本

清陈鳣辑。鳣字仲鱼，浙江海盐人，诸生。是书首有鳣自序，言“郑康成注《孝经》，见于《孝经本传》，《郑志·目录》无之。《中经簿》但称‘郑氏解’，而不书其名。或曰是其孙小同所作。按郑《六艺论》，序《孝经》云：‘玄又为之注。’序《春秋》亦云：‘玄又为之注。’盖郑注《春秋》未成，后尽与服子慎，遂为服氏注。详见《世说新语》。乃从来列郑注，更无及《春秋》者。其注《孝经》亦未写定，而其孙小同追录成之。郑《志》亦小同所撰，此或以先人未竟之书，不敢载入《目录》。《中经簿》所题，盖要其终，《范书》所纪则原其始也”。按此论甚通。鳣作是序，署乾隆四十七年，先于冈田氏所辑十有一年，未得见冈田书，冈田亦未见其书也。是书以陆氏《释文》为主，旁及群籍，仿王伯厚《郑氏周易》例，集为此编。凡玄宗《注》、邢《疏》以为依郑氏者，悉为收合。惟“甫刑”节下引郑《注》云：“引譬连类，以《书》录王事，故证天子之章，以为引类得象。”按“《书》录王事”二句，是《疏》申明郑《注》之文，非郑《注》。又“以事其亲”句下引郑《注》云：“小大尽节养。”按“小大尽节”为句，“养”字属下。注：“养则致其乐。”鳣盖沿《释文》之讹也。然鳣所辑诸条，有较洪颐煊《补证》为详者。岂颐煊未见此书耶？抑见而不收耶？是书为裕德堂刊本，流传甚罕。(15－419)

四书说略四卷　道光三十年刊本

清王筠撰。筠字箓友，山东安邱人，道光举人，官山东宁乡知县。是书《大学》一卷，《论语》一卷，《中庸》一卷，《孟子》一卷。自序言：“当年所读儒先之说，遗忘殆尽，独存一己之私见，即其不背朱注者，亦皆肤浅粗略说之”云云。按筠为此书，在其晚年为幼龄习举业者计，故语至显浅，且每就制艺说法。其所解说注重义理，周洽旁皇，一章之中，兼顾前后，一句之中，熟审上下，于神气语脉揣摩不遗。盖制艺本代圣人立言，其精者以之解经①，固无不可也。然筠素长于小学，是

① “以之解经”，中华本作“以代注疏”。

书亦不废考订。如“君子怀刑”，据汉石经“刑”作“荆”。《说文》：“荆，法也。”刑，到也。二字判然。“王孙贾”，谓“当读如‘古’。‘古’是古音，‘假’是六朝变音，由双声而变”。“归孔子豚”，郑本作“馈”，鲁读为“归”，谓“‘馈’为正字，‘归’则假借字。假借之途甚广，《四书释地》所驳‘如’字之误，不必拘”。“庾公之斯”，《左传》作“庾公差，字子鱼”。“差”者，“鲝”之同声借字。《说文》：“鲝，藏鱼也。”故字子鱼。《孟子》作“斯”者，“斯”“差”叠韵字，而“斯”又当为“鲜”之借字。“怨慕也”，谓“‘慕’别有‘哭’字一解，下文‘然则舜怨乎’，《万章》误以孟子所说‘怨慕’为‘怨父母而号泣’，故但‘怨’字”。说俱精确。锜又断《季氏篇》为《齐论》，以全书率称“子曰”，而是篇无一不称“孔子”，且“三友”“三乐”“三愆”“三戒”“三畏”“九思”皆排偶，其余各章之文法，亦无不排偶，与他章不同。盖鲁人皆师孔子，故但称“子曰”。齐人兼有他师，故称“孔子”以别之。此说发前人所未发。又案锜别有《臆说》一书，其解四书则多异朱注，当与是书参观。是书刊于道光庚戌。（15－420）

四书拾遗六卷　道光十四年刊本

清林春溥辑。是书无序例，凡《大学》一卷，《中庸》一卷，《论语》二卷，《孟子》一卷。摭拾群书，不参己见，颇多新颖之解。如引《解春集》：“《论语》二十篇，孔子七十以后之言居多。《史记》：‘孔子去鲁年五十八，凡十四年反鲁。’所云‘归与归与，以裁吾党小小子’‘七十从心’‘假我数年’之语可征也。又七十二弟子惟子路少孔子九岁，其曾、闵、樊、卜、颛孙、澹台皆少孔子五十以下。子渊、子羔、子贱、子游及原、冉、公西、端木之徒，皆少孔子四十上下。孔子七十时，曾子才二十四。而其书尚成于门人，且记曾子殁时‘启手足’语，其不能纪远断可知。”又引《小仓山房文集》：“《论语》皆与人议论之语，记者记其言，而不记其所以言。其答弟子问者，则详于师说，而略于问辞。孟懿子、孟武伯及游、夏问孝，圣人答之不同。仲弓、颜回、司马牛、樊迟问仁，子贡、仲弓问政，其答之均不同。盖当时问者各有其人之议论，而夫子为之折衷。记者统括问辞，则曰问孝问仁问政尔。”此二条，可为读《论语》者会其通。① 他如“有耻且格”，引汉《祝睦碑》，“格”作“恪”。“视其所以，观其所由”，引《穀梁传》：“常事曰视，非常曰观。”“鄹人”，引《札朴》：“治邑大夫，例呼为人。孔子父为鄹邑大夫，谓之鄹人。”“苟志于仁矣，无恶也”，据《论语拾遗》，“恶”读乌路反，谓“无所不爱，则无所恶”。“晏平仲”，据《史记索隐》：“晏婴谥平，字仲，居蔡。”据《太平寰宇记》：“蔡山出大龟。”“子罕言利与命与仁”，据《学斋占毕》：“子罕言独利而已。曰命曰仁，皆平日所深与。‘与’读如‘吾与点也’‘吾不与也’等字之义。”“季氏富于周公”，引《西堂日记》：“周公非文公旦，盖周公之次子，世为周公于畿内。周、召世为三公，犹鲁三桓世为卿。”“子谓卫公子荆”，引《蛾术编》：“鲁亦有公子荆，哀公庶子，特加卫以别之。”“揠苗”，引《小尔雅》：“拔心曰揠，拔根曰擢。”“夏后氏五十而贡”三句，引《日知录》：“三代取民之异，在乎贡助彻，而不在五十、七十、百亩。其五十、七十、百亩，特丈尺之不同，而田未尝易。”“君子上连，小人下达”，引《西畴常言》：“学成行尊，优人圣贤之域者，上达也。农工商贾各随其业，以成其志者，下达也。若为恶为不义之小人，只有败乱恶能达。”“虞仲”，引《日知录》：“古‘吴’‘虞’二字多通用，疑‘虞仲’是‘吴仲’之误。”“叔夜”，引《宣和博古图》，有《周叔叔液鼎铭》。② 叔液名不见经传，殆即其人。“知虞公之不可谏而去之秦”，引《义门读书记》，以“知虞公之不可谏而去”为句，“去”谓去位，“之秦”别为句。与《史记》所言“虏晋走宛，秦赎之授以政”乃合。以上各条，于义理事实，俱能切合。其搜采繁甚博③，且及时文批尾，可云不遗葑菲矣。书刊于道光甲午。（15-421）

---

① “此二条，可为读《论语》者会其通”，中华本作“按此二条所见极通，读《论语》者所当知也”。

② 《周叔叔液鼎铭》，中华本作《周叔液鼎铭》。

③ “其搜采繁甚博”，中华本作“其搜集甚博”。

四书训解参证十二卷补遗四卷续补编四卷

清张定鋆撰。定鋆字竹泩，江苏常熟人，诸生。是书首有朱洊、陶贵鉴、杨希铨三序、定鋆自序及例言，刊于咸丰壬子。《补遗》刊于同治乙丑，后有定鋆自跋。《续补编》刊于同治九年，前有定鋆小引。其大指在补朱注所未及，援引古义，下及近人，如顾炎武、陆陇其、阎若璩、万斯大、汪琬、何焯、臧琳、全祖望、惠栋、钱大昕、卢文弨、赵佑、赵翼、汪中、姚鼐、孔广森、李兆洛、赵坦、宋翔凤、戚学标、刘履恂、周炳中诸家，俱所搜摭。① 即攻朱如毛奇龄，亦节取之。或两说俱佳，则并录之。间参己见，别以按语。大约以义理为主，而典故稍从略，弥见矜慎。且所征引，颇能删繁就简，如"王孙贾"章，谓"'媚奥'之讽，指南子。后世所谓'奥援'本此。'奥'者，宫中深隐之地，灶即明处。谓借援于宫闱之中，不如求合于朝廷之上也"。盖从"子见南子"章悟出。② "子所雅言"章，引李申耆，谓"《诗外传》《书大传》《礼记》多引孔子语，记者恐人以不著于《论语》为疑，故特别之为雅言。言当于各经求之，而《论语》一书之体例，不能该载也"。"萧墙"，谓"天子外屏，诸侯内屏。季氏大夫例以帘，不得树屏，故以萧墙指鲁君言。其后哀公欲以越伐鲁而去季氏。此一解也。台门旅树，管氏归以大夫僭礼，季氏舞《佾》歌《雍》，何以不僭？制于季氏言，亦弃可。当日家臣屡叛，季孙之忧正在于是。此又一解也"。③ "饱食终日"章，谓"博弈非圣贤所为，何夫子不应以此立教。此章当是《齐论》，盖六博蹋踘，齐之习俗，故假托圣言以附益之，与'桓公九合'章极称管仲之仁同"。"五亩之宅"，注言"二亩半在田，二亩半在邑"，谓"邑不指都邑，大约去田不远，或止八家，或倍八家以上，置堡以相守望。举成数言，则曰十室之邑，千室之邑"。"举直错枉"章，引顾泾阳说，"谓之直，必是曰是，非曰非，独立自信。此等人下面公论极归向

---

① 中华本"赵佑"在"钱大昕"之前。

② "盖从'子见南子'章悟出"，中华本无此句。

③ "此一解也"至"此又一解也"，中华本无。

他,上面却容易怪他,所以举之为难。谓之枉,必是可为非,非可为是,曲意求媚。此等人下面公论极鄙薄他,上面却容易爱他,所以错之为难”。“郑声淫”,引李穆堂说,“淫”作“沾濦”解,非“淫冶”之淫。“余夫”,引赵同翮说,“在一家父子兄弟之外,另一单丁,依人佣作,至壮而有室者”。说极确当。① 盖定鋆用力于此五六十年,所得甚深,与泛滥浅尝者非可同日语也。(15-422)

论语实测二十卷 排印本

徐天璋撰。天璋字睿川②,江苏泰州人。是书首有天璋自序,以为“《论语》一书,门弟子记孔子言行。考其年月悉在司寇去官之日,自卫返鲁之时,定哀间居多,意各有指。盖孔子生当春秋,或因政治感言,或为君相托讽。质之《史记·世家》、《年表》、《年谱》、《弟子列传》、《春秋》三传、管晏诸子、大小《戴记》、《家语》等书,蛛丝马迹,皆可寻绎,因著《论语实测》。所谓‘实’者,经史子集显有明征。所谓‘测’者,比例参观若合符节。实以为注,测以为按”云云。今观其书开篇首章,谓“古者学校皆为官师,大夫七十致仕,老其乡里。大夫为父师,士为少师。孔子反鲁不肯从政,故任以国学之老,教士于杏坛。哀十一年《左传》:‘子为国老。’‘学而’三节,盖子莅国学,哀公行释菜之礼,因乞言而勉多士也”。次章记有子之言,谓“有子,鲁之国士。哀八年《左传》。学校之少师也。有若少孔子十三岁。孔子殁,弟子思慕,有若状似孔子,相与共立为师,如孔子也”。具有根据。“子禽”章,据洪颐煊历引《公羊传》,“其诸”是齐鲁间语,足证子禽为齐国陈子车弟。“是邦”指在齐。“是”字古训“此”,不训“列”。定公十五年,孔子再适齐,尼溪欲封,季孟间待,正在此时,故子禽疑而有间,必闻其政。言齐侯必用子从政耳。“《诗》三百章”,谓“孔子因删《诗》,言《诗》三千余篇,此言三百,实从删《诗》告成之数,总括其义理”。“道之以政”章,据《孔丛子》,谓“孔子在

---

① “说极确当”,中华本作“说俱通达”。

② “睿”,中华本作“叡”。

卫言”。“孟懿子问孝”章，谓“僖子卒于昭公二十四年，樊迟生于昭公二十六年，迟既能御，此章又次七十从心后，必在哀公十四年，武伯圉马于成时也。懿子见武伯违己之命，近于不孝。适孔子来，武伯在侧，懿子因以孝问，子曰：‘无违。’意与己合，故不复再问。证之下章孟武伯问孝，子曰：‘父母惟其疾之忧。’武伯之问，盖在懿子病时。《左传》哀公十四年，武伯将圉马于成，成宰曰：‘孟孙懿子。为成之病，不圉马焉。’武伯袭成，秋八月辛丑孟懿子卒，是懿子因武伯而病。孔子之答，隐讥武伯不知自反也，故两问连类而志。王孙贾‘媚奥媚灶’之问，贾为周灵王孙，见孔子适周，托奥灶为问，意以奥比敬王，灶比子朝。下章‘周监于二代’，又下章‘子入太庙’，太庙，周太祖后稷庙也，俱适周时事，可证”。“子语鲁太师乐”，谓“此《齐论》也，故太师加‘鲁’以别之。鲁太师者，即太师挚。昭公出逊，太师适齐，复为齐之乐官”。“居上不宽”章，谓“孔子自齐返鲁，因见哀公而讽言也”。“季文子三思”章，谓“文子使晋求遭丧之礼，出莒濮，言齐不可叛，皆思合于礼者。其逐东门氏，立武宫，取穆姜，椋琴薨，齐姜定姒薨，不成礼，君子皆讥之。夫子于修《春秋》日，综前后事迹论之，惜其前能思后不能思，故曰‘再思可矣’”。谓“《论语》所称之左丘明，与作《国语》之左丘明为一人，以《左传》终于悼公，而《国语》亦终于悼公十四年。丘明绝笔，距孔子卒时，止二十五年，足证与孔子同时。其书有为后人追改者，无疑也”。“苗而不秀”章，其上章为子颜渊①，证以牟融、祢衡、李轨所云，惜颜渊也。“德行颜渊”章，谓“此记在哀公十四年后，非专指二年四年。凡孔子在陈、去陈、迁蔡，数年之中，皆是从者，亦非止十四人。四科之分，亦非即在此时”。“子击磬于卫”，据《世家》载，此章于“佛肸召子欲往”下谓荷蒉之言，正为佛肸召子欲往而讽之。“子曰：‘已矣乎，吾未见好德如好色者也。’”谓“‘子罕’章为鲁君臣受齐女乐言，‘卫灵公’章为卫灵公与夫人同车，使己为次乘言”。以上诸条，俱确当不可易，其他尚多类此者。惟二十篇中，必一一证以事实，悬揣臆度，而牵强附会之弊，遂

---

① “其上章为子颜渊”，中华本无。

不可免。然开此途径，亦治四书者所不可少也。书为近时排印本，无年月。(15－423)

论语稽二十卷

清宦懋庸撰。懋庸字伯铭，号莘斋，贵州遵义人。监生，试京兆，得誊录，不就，历充江浙州县幕府。著述甚夥。此书乃其晚年所成，其子应清，字诲之，复为校注。叙例亦应清所撰。盖懋庸是书甫脱初稿，尝拟删改，未就，遽卒，应清为增饰之。是书以"稽"为名，意在述旧。悉录古注，各依原本载本经章节下，惟皇、邢二疏及朱注则从节约。又以各家章节互歧，仿皇《疏》体例变通之，以著其别。于古注、朱注各取所长，遍征近代毛、阎、黄、龚诸家之说，间下已意。其应清所增注，则加"清按"字以别之。首列《孔子世家》，稽以《史记》为主，参以他书。以为"说《论语》者，不知孔子出处时势，则不知发言之故；不知孔子衣冠礼节，则不知所论之事。往往以宋人及今时风俗好尚悬揣臆度"。其所辨订，不大都平允。① 自为说者，如"入公门"二十一句，训"由外朝而治朝，而燕朝通记之"。"千乘之国"，训"井田百里，合山川附庸六七百里"。"与其易也"，"易"训"变除之次"。"诚不以富，亦祗以异"，"富"训"富于见闻"，"异"训"异于流俗"。"章甫"，殷冠，周儒者冠之以相礼。"五十学《易》"，乃自齐返鲁，退修《诗》《书》《礼》《乐》时语。"不忮不求"六句，乃记者因缊袍语而类记。"原思为宰"六句，因子华事而附记。尤精者，言"'道'为从辵从首，乃人生当行之路"。言"孝为义在，以子承老，非称美之名"。言"仁则仁者，人也，人傍着二，谓之仁。如果之有仁，其萌芽二瓣，乃生生不息之理"。又谓"微、箕非国，皆殷圻内之地，以其食邑称之""子非爵，乃男子之美称"，可正郑《注》之误。其文集中，"微、箕非国""子非爵"说，辨之尤详，可参证。是书前有黎庶昌、王蕖中二序。宣统三年排印未竣，遭乱版毁，越二年补印成书。应清以孔子多尊君之言，与共和国体不适，别附新说。又著

---

① "不大都平允"，疑衍"不"字。

《论语不背共和意旨说》及《续例》，弁于卷首。又有他序四首，今概删之。(15 – 424)

论孟书法二卷附读四书一卷 光绪九年刊本

清张瑛撰。瑛字退斋，江苏常熟人。自来无以书法解《论》《孟》者，然古人载笔矜慎不苟，况《论语》成于孔门弟子，七篇为孟子自作，断非漫然为之可知也。是书首有瑛自序及凡例。最关重要者，如《论语》开篇，次以有子，以其似夫子，弟子尝师之。故首章书"子曰"，以见开宗明义；次章书"有子曰"，以示继圣立言。此外则曾子、闵子、两冉子，俱称子，盖皆弟子尊师之词。则《论语》为五贤之徒所记，可推知也。又如"孟懿子问孝"，懿子与南宫敬叔师事仲尼，见《左传》及《史记·世家》。而此乃书谥外之，与列国大夫等，盖罪之也。如"季氏富于周公"，谓"古无以富称周公者。以富称周公，不伦也。拟季氏于周公，尤不伦也。特笔书之，使国人皆知周公功德不可忘，则尊公室之义自明。季氏掊克过其分，则弱私室之义自见"。又"公山不扰以费畔"，谓"《春秋》之例，必大夫而后书'畔'。阳虎入于讙、阳关，书'盗'不书'畔'。此书'畔'者，畔季氏，非畔鲁也。至《孟子》一书，不削齐梁王号，其文与《春秋》异，其义仍与《春秋》同。东迁之世，吴楚僭号，夫子意在攘夷，故削之。七国称王，夷夏之防已紊。秦并天下，端倪已见，不削王号而以王政勉齐梁。一则曰挞秦楚，再则曰朝秦楚。犹是春秋攘夷之意"。凡此诸条，胥关大义，瑛特表而出之。其他尚多所发明，然亦不免有望文生义者。后附《读四书法》共四十三条，盖援杨诚斋以史证经例，就朱注引史十八条推而广之，为读四书者别开途径。书刊于光绪癸未。(15 – 425)

论语说四卷 道光十七年刊本

清程廷祚撰。多言义理而持论能见其大。时引旧说，以正朱注。不主一偏，如其为人也。"孝弟"，谓"有子之意，欲人君躬行孝弟以化其下，使民兴于仁。有以革其悖逆争斗之心，而国家长享和详之福"。此本主道生之说也。"思无邪"，就作诗说，谓"夫子不曰诵诗而曰诗，此明诗之本无邪。诗之无邪,以作诗之人本无邪也”。“吾十有五而有志于学”,谓“圣人所为之事,礼乐仁义是也,始以之为志,而终身以之为矩,修身则道立,尊贤则不惑。知命而后可以为君子,命谓穷达之分,见孔《注》。知言而后可以知人,此‘耳顺’正解。‘不逾矩’则熟乎仁之谓”。以视他注家于“不惑”之后多高远之论者远胜矣。“攻乎异端”,谓“何平叔解子夏之言,以小道为异端,当移以训此。小道即百家、众技、农圃、医卜之流是也”。“中人以上”四句,谓“此章上下,皆系以中人,则知圣人之道,唯以中人可知可行为准。故夫子之四教雅言,中人以下由是,中人以上亦由是。若克己复礼之告颜渊,敬恕之告仲弓,曾子之与言一贯,则语上也。若樊迟之先难后获,司马牛之其言也讱,是皆不为语上。此章系上下于中人,与有语上而无语下,其理最精。而后儒之高谈性天者也。①如用之,谓此章礼乐宜指宗庙朝廷、冠昏丧祭所用而言。若治身之礼乐,则斯须不可去者”。先已驳朱注解“己”为身之私欲,不惟古无此训,使经之“克己”“由己”,俄顷顿有异同。“知及之”节,谓“论居位临民之法,‘及之’‘守之’皆指民而言”。“道不同”,谓“如法道,则许行之并耕,不可以参常王经世之务。学术,则告子之义外,不可以乱空赞仁义之说”。② 以上诸说,其理俱长。是书刊于道光丁酉,首有廷祚自序,言“创始于乾隆乙亥,改定于丁丑及戊寅之春,凡四易稿”,盖钻研之功深矣。(15-426)

论语异文考证十卷　道光十四年刊本

清冯登府撰。按《论语》有齐、古、鲁三家,齐《论语》多《问王》《知道》二篇,凡二十二篇,为齐人所传。《说文》“玉”部所引《逸论语》即二篇中文也。古《论语》出孔壁,《子张》分两篇,凡二十一篇。孔安国、马融为之注。鲁《论语》为鲁人所传,安昌侯张禹受之夏侯建,又从庸生王吉受齐《论》,择善而从,号曰“张侯《论》”。包咸、周氏并为章句,郑康

---

① “而后儒之高谈性天者也”,中华本无。

② “道不同”至“仁义之说”,中华本无。

成又作注。就鲁《论》张、包、周之篇章考之,齐、古读正者凡五十事。魏何晏集孔安国、包咸、周氏、马融、郑康成、陈群、王肃、周生烈八家之说,并下己意为《集解》。梁皇侃又采江熙十三家之说,撰《论语义疏》。今所习者,盖奉鲁《论》之文,而参之齐、古。《释文》载郑《注》"鲁读某为某,今从古者",可证也。蔡邕《石经》为鲁《论》,与郑氏多不合,盖未经郑校者也。陆氏《释文》、皇侃《疏》、邢昺《疏》,同出何晏本,而各有异同。唐时郑《注》本尚存,而《开成石经》已多异同。宋时既遵用邢《疏》本,而《绍兴石经》亦多异同,至于日本本、高丽本之传授各别,其转写讹互,更不可胜举。至于汉魏以来,经史传注,子家文集,其所征引,每有增损窜易,使考古者目迷五色,无所折衷。登府为是书,博搜泛采,自本书流传各本外,参之群经子史,旁及唐宋文集、金石碑刻,以迄近儒顾炎武、毛奇龄、何焯、钱大昕、翟灏之说。凡一字之歧,靡不考订精审。其该核在翟灏《考异》之上,可以通古训广异闻。其书前有马应潮、李富孙、洪颐煊三序及登府自序。初为广东学使李泰交刊于广州学海堂,仅成六卷。而泰交殁,以板还登府补刊成书,时道光甲午也。(15-427)

论语事实录一卷　光绪末刊本

杨守敬撰。守敬《禹贡本义》,已著录。是书无序例,意在据事实以决疑问也。书中谓"《论语》不特非七十子所记,并非七十子之徒所记。盖数传之后,私淑者相与裒集,其智皆不足以知圣人,采之者既非一家,定之者又少抉择,转经丧乱,此脱彼复"。又谓"《论语》或书'子',或书字,又或书名,而字为尊。'子'虽有师道之称,然系于氏者,不过男子之美称耳。然《孟子》既称'孔子',又称'仲尼',则亦无例可说"。又谓"今之《论语》,称《鲁论》者,盖张禹参合齐、鲁,而篇从《鲁论》。《鲁论》二十篇,《齐论》二十二篇,《古论》二十一篇。康成虽兼校《古论》,而篇仍从《论》①,故其后仍之"。又谓"康成并未见齐、鲁原本,第就张《论》考之,

① "而篇仍从《论》",中华本作"而篇仍从《鲁论》"。

《古论》《齐》《鲁论》在康成时已亡,许氏《说文》所云逸《论语》者,即张禹删削之余”。又谓“汉文时《论语》虽置博士,其后旋罢。东汉之世,传者寥寥。又经董卓、李、郭之乱,经籍沦亡。夏侯、张禹诸说,或因是散佚”。又谓“《论语》有重出,乃后人羼入之误,非张、郑之过。证之各本,此有彼无,可信”。又谓“《尧曰》篇,疑皆断简无所属,故附之于末。《鲁论》以其少故合之”。《古论语·尧曰》分两篇。又谓“‘公山弗扰’及‘佛肸召’二章,为战国策士苟且求合者所托。据《公羊传》堕费出孔子之谋,据《韩诗外传》《新序》《列女传》《水经注》,佛肸畔系赵襄子时,事在孔子卒后,其诬显然”。以上各条具有理据。后附《三亳考》,据皇甫谧、郑康成以纠正孔冲远《正义》之误。说亦甚辩。无刊书年月,约在光绪末叶。(15-428)

孟子外书补注一卷

清陈矩撰。矩字衡山,贵州贵阳人,官知县。按施彦士、林春溥俱为《孟子外书》作注,矩俱未见。其征引群书与施、林二家大略相同,惟《邵思姓解》一书,为施、林所不得见,而矩引之。“千年一圣”,矩引《周礼》“大行人”注。徐辟,据赵岐《注》,引作孟子弟子。施、林俱未之及。其所申说,各抒心得,合者似较施、林为胜。卷首有自序,言“《班志》载《孟子》十一篇,乃兼《外篇》言之。胡元瑞谓‘七’字误分为‘十’‘一’两字,则应劭《风俗通》所载中外十一篇岂亦误耶?”矩又撰《孟子弟子考补正》,即根据是书,盖信之甚笃。自吴骞、金绍纶、吴省兰、李调元、钱仪吉迭为校刻,又得彦士、春溥及矩不相期而递为作注,传布愈广,探究渐多,庶几十一篇之旧可以复合矣乎?(15-429)

孟子外书补证一卷 道光间竹柏山房刊本

清林春溥撰。春溥先得姚士粦所传胡震亨本,既又得孟经国《闲道集》本。《闲道集》者,孟经国所辑,首《外书》四篇,校姚本,为正多九章。大抵旁见他书,惟字句增减,间有不同,注亦略。据云得之梁祠老人，为其先世所藏北宋旧本，春溥据以补入，凡十七章。因熙时子之注为补证，援引诸书，颇见简要。旧本戛渊①，考为四川涪州人，朱子门人。卷首有自序，谓“古书之亡，后人以不见为恨。其出也，后人又以晚见为疑，深致慨叹”。末附孟经国书，以证逸文来历。又附《外书考》，于翟灏《四书考异》所举伪迹八验，一一为之辨正。最要者，谓“‘三迁’‘出妻’等事出《外书》，而为韩婴、刘向所述。设无此书，彼何从而述之？季孙、公都子，《内篇》不见其名。今有‘季孙郊公都’，或二人之名赖以可考。公孙丑称丑子，亦犹匡章称章子，决非杜撰”云云。观此亦可释然矣。②书为道光间竹柏山房刊本。(15-430)

孝经疑问一卷 光绪元年咫进斋刊

清姚舜牧撰。舜牧字承庵，浙江归安人，其行事无可考。是书为咫进斋刊本，首有舜牧自序，后有男祚端、祚硕、祚敦、祚重、诈驯校，丙申仲冬曾孙男淳起校补，光绪元年三月十世孙觐元重校刊，共三行。就此推之，舜牧当为清初人。大旨笃信朱子，不用章名，不用旧注。谓“首章之‘开宗明义’，七章之‘三才’，十七章之‘事君’，不知何所见而立此名，宜从删削”。又谓“‘母取其爱’‘君取其敬’等语未必出于孔氏”。又谓“‘则天之经’以下等语，类于宋儒”。又谓“‘先之以博爱’以下等语多纷杂”。又谓“‘赫赫师尹，民具尔瞻’之语不亲切”。又谓“以顺则逆”以下等语，杂取《左传》所载季文子之言”。又谓“天经、地义、民行，何以名‘三才’？”又谓“至德要道本同一理，何以云‘广要道’‘广至德’，为之分割？”又谓“行成于内，而名立于外，何以云‘广扬名’？”诸如此类，因疑生问，此书所由作也。按疑《孝经》者，始自朱子所传《孝经定本》，仅删去“圣治”章数句，论者以为口实。舜牧拾其余唾，不求根据，徒于文理语气之间，轻决去取，又陋妄之甚焉者也。近代注家日盛，古

---

① “旧本戛渊”，中华本作“旧本作序之戛渊”。
② “观此亦可释然矣”，中华本无。

义复明,其疑问诸条,不足复烦研讨矣。(15－430)

孝经述一卷 同治二年刊本

清贺长龄辑注,傅寿彤述。长龄字耦耕,湖南善化人,乾隆进士①,官至云贵总督。傅寿彤字青馀,贵州贵筑人,官河南道员。是书章段依明黄道周更定本。案道周在白云库手写《孝经》百二十本,有依石台本,于“庶人”章末增引《邠风》“我稼既同”以下二十五字者,盖未定本也。其三十三本以“聿修厥德”移于“天子”章之首,即此定本也。道周尝言补《邠风》甚无谓,于是更定此本。然其所著《孝经集传》,又云“欲移《大雅》以发天子之端,推无忝以起庶民之例”。然于首章文义未终,于过节发端多碍。《小宛》之赋,虽通于“庶民有庆”之义,反疏于“侯国”,则道周亦不以定本为然也。长龄抚贵州日,得道周此本,为之辑注,刊版行世,时道光癸卯也。寿彤为长龄门下士,于注外又有申说,别之曰“述”,刊于同治癸亥。今按其书,注在句下,述在章后,而述尤详,语颇泛滥。后附黄道周《孝经辩义》及《书古文孝经后》《书孝经别本后》《孝经大传序》三篇。卷首有贺长龄原序、翁同书序、尹良琨序及傅寿彤前后二序。(15－431)

古文孝经直解一卷 光绪间刊本

清曹若枏撰。自宋司马光就古文《孝经》作《指解》,朱子就《指解》作《刊误》,元董鼎又就《刊误》作《大义》,然发挥尚未畅也。清初冉觐祖尝欲依《刊误》更作《训释》而未成,若枏为是书即本觐祖意。书中博引宋元明诸儒之说,引觐祖说尤多。与觐祖同时若陆桴亭、耿逸庵、汤潜庵、张杨园诸说,亦间引之。卷首有自序,次辑《朱子语类》七条,又次辑司马光、范祖禹、真德秀、熊禾、曹端、吕维祺、陈龙正、吕介儒②、冉觐祖说各一则。末附《孝经馀论》,谓“‘不敢’二字,是一部《孝经》骨髓;

---

① “乾隆进士”,中华本作“嘉庆进士”。

② “吕介儒”,中华本作“吕维祜”。

‘爱敬’二字，是一部《孝经》血脉；‘立身’二字，是一部《孝经》结穴；‘不敢毁伤’‘立身行道’八字，是一部《孝经》全功；‘昔者明王事父孝’一章，是一部《孝经》大效；‘五致孝’，是一部《孝经》全体”云云。颇能包举全书，融会精旨。刊书年月，大约在光绪间。（15-431）

礼记大学篇古微三卷　活字印本

清易顺豫撰。① 顺豫字叔田，湖南龙阳人，光绪进士，易顺鼎之弟。是书以《大学》为教太子之学，孔子七十子之徒，以《大学》将废，惧后世之为天子者，不复知以《大学》教其太子，致太子之明德不明，及其为天子也，乃不足以平天下，因述古《大学》，所以教王太子之大义微言，以告后世天子。故其篇中所述，一以平天下为极。所引《书》及《诗》，一皆诰诫天子。诸赞美天子诸侯之辞，凡皆天子言，为天子教太子言也。其本悉依《戴记》次第，分上、中、下三篇。篇中言“《大学》之教，在致学者之知，以诚学者之意，一格物之教而已，非举修身、齐家、治国、平天下之事业，而一一预为之教也。盖知所以修身，则知所以治人。知所以治人，则知所以治天下国家。心诚求之，而自得之者也。使必俟之身修而后可以齐家，必俟之家齐而后可以治国。是修身为一事，齐家又为一事，治国又为一事。王太子、王庶子及诸侯、公卿、大夫、士之子，及国民之俊秀者，何能同教？”又言“一家仁，乃至于一国兴仁。一家让，乃至于一国兴让。一人贪戾，乃至于一国作乱。所谓一人，非天子孰克当之？”俱足以证成其说。姑存之，以作《大学》别解可也。书系活字印本，无岁月。（15-432）

大学古本旁注一卷　明刊本

明王守仁撰。《大学》一书载在《戴记》，唐以前未尝单行，宋仁宗天圣八年，以《大学》赐新进士王拱辰等。拱辰为欧阳修同年，而程颢则为欧阳修所取士，意其书单行在二程之前。朱子作《大学序》，谓“至二

---

① 中华本无“清”字。

程子始表章是书”，盖推尊之言耳。自来注疏家未有言《大学》缺失者，至程颢始更张之，程颐又更张之。朱子因程颐之次，别以经传增补格物致知之义。明人本朱子《章句》为《大全》，用以取士。士子徒知奉功令，窃科举，日濡染于塾师之训，不复知有古本。郑晓谓“汉郑康成所注，唐孔颖达所疏，皆古本。宋黄氏震，元王氏柏、吴氏澄，明朝方氏孝孺、景氏星、蔡氏清、郑氏琼、潘氏潢各有说，惟王氏守仁尊信古本”。据此则《大学》复古之功，以守仁为首，故朱彝尊《经义考》极称之。今按是书，不过取郑《注》、孔《疏》本而旁释之。而张夏辑《雒闽渊源录》，于《守仁传》谓其叙古本《大学》倒置经文，反以是为守仁罪。诚如守仁所云，今之学者重于尊朱而轻于叛孔，洵可怪也。书首有守仁自序。明代刊本甚多，李调元又刊于《函海》中，多附录一卷。(15－432)

疑疑孟一卷 道光六年刊本

清黄本骥撰。是书为司马光《疑孟》作也。王充作《刺孟》，冯休作《删孟》，其书皆不传。今传者司马光《疑孟》一编，其持论虽辨而近于刻，转失圣贤之用心。朱子《或问》及《文集》已驳之。本骥此书盖仿《刺刺孟》《非非国语》之例。大意多与朱子同，如谓“孔子仕父母之邦。定、哀，君也；孔子，臣也；无论其庸与不庸，安有召而不往且他适之理？孟子传食诸侯，居宾师之位，尊己即所以尊道”。又谓“仲子以兄之禄与室为不义，避于於陵。然其母之晨馐夕膳，皆不义之粟也；居游寝处，皆不义之室也。是鹅也，兄受之，母杀之，而仲子哇之。固无以处受馈之兄，亦将何以处杀此馈物之母？”又谓“桃应杀人之问，原是设词，然以大孝之舜为之子，焚廪浚井无所不为，安保瞽瞍之不杀人。桃应之问意在两难，孟子之答意在各尽。执者原未尝知有窃，窃者原未尝俟其执。执者自执，逃者自逃。臣守法，子爱父，极天下难处之事，圣贤只以臣子常理处之”云云。俱精确不刊之论，虽温公复起，恐亦无以置辨。书刊于道光六年。(15－433)

四书琐言一卷 民国十三年刊本

清虞景璜撰。景璜字澹初，浙江镇海人，光绪举人。是书随意札记，颇多妙义。如"山梁"章，谓是错简，应将上下节易，读作"山梁雌雉。子路共之，三嗅而作曰：'时哉！时哉！'色斯举矣，翔而后集"。"楚狂接舆"，《庄子》作"孔子适楚，楚狂接舆游其门"。又"肩吾问于连叔曰：'吾闻言于接舆。'"则以接舆为人名。据皇本、高丽本、日本山井鼎《考异》本，"歌而过孔子"，下俱有"门"字。郑注"孔子"下句云："下，下堂出门也。"郑氏盖据古本云然，与《庄子》"游其门"句亦合。然则孔子非车中人，又安得云"接孔子之舆"？子使漆雕开仕曰："吾斯之未能信。"弟子于师前例称名，此何以称"吾"？据《汉书·艺文志》，孔子弟子漆雕启。知《史记》列传："漆雕开，字子开。"上"开"本"启"字，避景帝讳也。微子名启，世家亦避景帝讳，改作开。《论语》"吾"字本"启"字，形近致误耳。三危，据全祖望《鲒埼亭集·皇舆图赋》云："三危苗裔，诸说纷纭，昆明居延，人各有云。不知出乎甘肃，直接滇云。瓜沙西峙，缅甸南分。当年吐蕃之建节，铁桥所屯，三藏鼎足，以相为邻。斯即三危，得所未闻。"自注云："三危即今西域之三藏，番僧实苗民之裔。""夫公明高以孝子之心"六句，谓"六句作一串，下四句即申结上二句意"。以上诸条俱理解独辟，确不可易。书刊于民国十三年。（15－433）

四书解细论不分卷 道光间刊本

清李荣陛撰。荣陛字奠基，江西万载人，乾隆丙子举人。历官云南呈贡、恩乐、嵋峨知县。是书盖因辛廷芝《四书解》而作。廷芝号畹堂，乾隆甲子举人，官金溪县教谕，与荣陛同邑友好，晚年各解官归。廷芝以所著《四书解》寄荣陛商榷，荣陛因为此书。曰"细论"者，取杜甫赠李白诗"何时一樽酒，重与细论文"意也。卷首附荣陛寄畹堂书，辨《大学》实为曾子作。中间标"曾子"者，《系辞》《文言》夫子所作，其"子曰"皆布篇中。庄周、司马迁之书，篇中亦间出"庄子曰""太史公曰"，可以参证。又廷芝原书题曰"书解"，荣陛以为书者简册总名，必配以他字。如《化书》《兼明书》之类，四字必不可乙。持义俱当。书之大旨，仍主朱子，而引众说以折衷之。因原书多与朱子异趣，故疏其未协者若干条。其无可议者，有廷芝原书在，不加入也。最要者，如"泰伯"章，谓"朱子诬太王有翦商之志，泰伯不从，弃商之天下而不取。而陆稼书之论尤谬，至谓‘泰伯不去，高宗必不中兴’”。荣陛谓“太王崎岖避狄，自岐邑外，尺地一民皆商有，本非己物，何得加以让名”。又“舜有臣五人”章，主顾宁人说，“妇”字是“殷”字之讹，胶鬲是也。荣陛所著《厚冈文集》卷六有《论语至德节解》及《治臣十人有殷人即胶鬲证》二篇，其说尤畅，可以参证。愚按，《尔雅》“翦”训“勤”，“太王翦者”如“王季其勤王家”之勤。① 如此则太王与王季、文王同一盛德，似觉更当。惜荣陛未之及。卷首尚有黄河清一序，无刊书年月，当在道光间。（15－434）

孟子时事考征四卷　嘉庆八年刊本

清陈宝泉撰。宝泉字凤石，安徽泾县人，嘉庆举人。是书主《通鉴纲目》，但《纲目》一书即多抵牾。盖朱子止成凡例，而纲与目则分属门人，故宝泉以《纲目》为经，杂引《史记》《国策》《竹书纪年》，与夫诸家编次《孟子事迹图谱》，信而可征者，以为之证。成书在周广业《孟子四考》之后，故其说亦较广业为详。卷一至三遍考时事，从威烈王元年王命韩赵魏氏伐齐起，至秦始皇二十六年灭齐止。其事有在孟子前及孟子后者，而与七国相终始。读《孟子》者所应知也。卷四附考七国形势，取宋王应麟《通鉴地理通释》中“七国形考”三卷②，删繁就简，释以今地，并绘地图于前书中。如齐伐燕丧取十城，或以为宣王事，而以沈同二章为滑王事。然若宣王止取十城，孟子安得有“毁宗庙迁重器”及“劝王置君而去”等语？“西丧地于秦七百里”，据《史记》言，秦取少梁东地至河，惠王时未尝丧地七百里。至襄王五年，秦败我龙贾军于雕阴，围我焦、曲沃，予秦河西地。六年，秦取我汾阴、皮氏、焦。七年，魏尽入上郡于秦，秦降我蒲阳。八年，秦归我焦、曲沃。十三年，秦取我曲沃、平周。此正“丧地于秦七百里”之事，而系之于襄王，盖惠王立三十六年，又改元，后十七年卒，而《史记》误分为二王之年也。“南辱于楚”，即

---

① “太王翦者”，中华本作“太王翦商”。

② “七国形考”，中华本作“七国形势考”。

《史记》楚昭阳败魏于襄陵，取八城事。其系之襄王十二年者，亦不知惠王有后元十三年之误。孟子去魏适齐，据孟子“自范之齐”，范即今东昌府濮州范县，孟子去梁之所经也。大梁、临淄相距千里，故尹士曰“千里而见王”，孟子亦曰“千里而见王”。若由邹以往，仅得半耳。孟子去齐居休，休属颖川①，当在宋境。孟子闻宋王偃欲行王政，故观之。《大事记》谓“孟子去齐之宋”是也。宝泉于此等处，依据甚当。惟以孟子先事邹穆公，自邹如宋，滕文公之楚，过宋见孟子，亦在此时。又自宋归邹，至邹穆公卒，乃应聘至滕，在游梁齐之前，则与本书顺叙不合。又燕昭王非太子平，梁玉绳所辨甚明。而宝泉仍袭旧文，未为驳正，皆其小失。卷首有凌廷堪、赵良霨二序。刊于嘉庆八年。(15-434)

孟子辨证二卷 光绪六年刊本

清谭沄撰。沄，湖南湘潭人，官郴州学正。是书首有沄自序，谓“《孟子》一书，先游齐后适梁者，《史记》之误。以魏惠成王为有后元年者，《竹书》之误。以齐宣王移下十者②，《通鉴》之误”。又谓“熟玩《孟子》本文，参考诸家之说，益知《史记·六国表》之年为不可易”。今按，书中以“西丧地于秦七百里”系之梁惠王三十一年，引宋翔凤说为证，谓“七百里者，计其程涂，非量其四至，故不云方”。其说亦自可通。惟《竹书》系魏史，惠王有后元十六年，又有襄王无哀王，此为事实之必不可没者。沄不信《史记》先齐后梁之说，而独据此以驳《竹书》，误矣。《通鉴》以伐燕事属宣王，但按之《史记》不合，于是屈齐之年数以从燕，此亦有所不得已。与阎若璩屈燕之年数以从齐者正同。沄以齐伐燕有二事，一在宣王时，《梁惠》篇所载是也；一在湣王时，《公孙丑》章所载是也。所据《齐策》“闵闵与湣同。王”篇，有“三十日而举燕国”语。然《燕策》“燕王哙既立”章，有数“齐宣王”字，则又何说？必谓“宣”字为浅人因《孟子》而改，究亦无据。而“置君”一语，其为燕哙子之发，殆可想也。

---

① “颖川”，疑当作“颍川”。

② “以齐宣王移下十者”，中华本作“以齐宣王移下十年者”。

此自《史记》有误,不足为讳。惟驳黄本骥《孟子年谱》,孟子卒于赧王二十六年十一月十五日午时,其日为冬至日,谓“古人未尝以子丑寅卯纪时,而周正建子以冬至为岁首,即以此日为春之始。是日南至,在正月不在十一月,亦不名冬至”。又由“周以来七百有余岁”,江永谓共和以前,《皇极经世》及《通鉴纲目前编》因于刘歆《历谱》,有误衍之年。沄则谓“仅误衍十一年,无七十二年”。据《史记》以正《历谱》,俱极确审。书刊于光绪庚辰。(15-435)

孝经古今文传注辑补一卷[①] 同治五年刊本

清吴大廷撰。大廷字桐云,湖南沅陵人,咸丰五年举人,官至台湾道。是书首有自序,以为“古文、今文,其文字之或增或减,章句之或分或合,特所传微有不同,而大义固无弗同者”。又以为“近世丁晏《三家述注》,宋司马光为《古文指解》,范祖禹又为之说,是遵用古文矣。然句下仍备载开元《御注》,则又未尝尽废今文。因用吴隆元《孝经三本》之例,而稍变通之”。首列古文,次今文,又次列《述注》,后系总论。于文义增减,章句分合,得失之间,多所订正。按是书所集之说,仅限三家,以义长为准。然孔、郑最古,参以丁晏,殊觉不伦。惟删芟陈言,意简语净,亦其所优也。后有徐宗幹、孙寿铭、孙衣言三跋。书刊于同治丙寅,至同治癸酉复重订刊行之。(15-436)

孝经训注一卷 玉函山房辑佚书本

隋魏真己撰。邢昺《孝经序疏》以“真己,钜鹿人,作《孝经训注》”。《唐志》有“魏克己《注孝经》一卷”,列在贾公彦下。当是一人,真己、克己,一字偶误耳。唐明皇《御注》引用其义凡十二节,《正义》皆标明魏注,国翰据以辑录成一卷。惟“庶人”章注,“分别五土,视其高下”八字,宋本作魏注。考《唐会要》,司马贞议取此二语为郑《注》,与《孔安国传》所谓“脱衣就功”云云,较其优劣,则为郑《注》甚明。当是宋本之

---

① “辑补”,中华本作“辑论”。

误。国翰不收,具见矜慎。又按王应麟云:“明皇《序》谓‘韦昭、王肃,先儒之领袖。虞翻、刘劭,抑又次焉。刘炫明安国之本,陆澄讥康成之法’。又谓‘特举六家之异同’。”六家者,韦昭、王肃、虞翻、刘劭及孔、郑也。惟《经典序录》有孔、郑、王、刘、韦五家,而无虞翻。细检注疏,亦无依虞注、依刘注之文。而依用魏注,又出六家之外。国翰以为魏氏《训注》,或本仲翔孔才以立说,亦属无据,以之存疑可也。书刊于咸丰中,为《玉函山房辑佚书》之一种。(15－437)

孝经皇氏义疏一卷　咸丰间玉函山房辑佚书刊本

梁皇侃撰,清马国翰辑。侃所撰《孝经义疏》,《隋志》作三卷,《唐志》同。孙奭《序》讥其辞多纰缪,理昧精研。今见于邢昺《正义》所录,颇多精粹。如“士”章第五疏云:“称保者,安镇也。守者,无逸也。社稷禄位是公,故言保。祭祀是私,故言守。士初得禄位,故两言之也。”“谏诤”章第十五疏云:“慈者孜孜,爱者念惜,恭者貌多心少,敬者心多貌少。昔者天子有争臣七人,虽无道不失天下。”《疏》云:“夫子述《孝经》之时,正当周乱衰之代,无此谏争之臣,故言‘昔者’也。不言‘先王’而言‘天子’者,诸称‘先王’皆指圣德之主,此言‘无道’,所云不称‘先王’也。”《正义》所引共十八条,俱不见有若何纰缪,其殆披沙拣金乎?书已佚,国翰就《正义》辑录成一卷。咸丰间,刊于《玉函山房辑佚书》中。(15－437)

中文孝经一卷孝经外传一卷　乾隆二十五年刊本

清周春撰。春字松霭,浙江海昌人,乾隆进士。①《孝经》自朱子作《刊误》,又尝欲掇他书之言可发明经旨者,别为传,而未成。明黄道周本朱子之意,为撰《集传》,采取二戴《礼》、四子书而申以己说。其辞过繁,春为是书分别经传,大旨仍宗《刊误》,惟十八章之数则遵刘向所校定。《汉书·艺文志》“刘向以中古文校欧阳、大小夏侯三家经文”,“中

① “乾隆进士”,中华本无。

文"二字当取诸此。章后申释,不过片语,辞绝简净。按《孝经》事本庸近,言极显浅,本无俟训释而解。诸家各大肆其说,转益纠纷,诚不如斩尽葛藤,使愚夫孺子自然意会也。本经旧有外传,为诸家所辑,多亡佚,春特采经传以补之,凡二十四条。首有齐召南、查岐昌二序。刊于乾隆庚辰。(15-438)

孝经王氏解一卷　咸丰间玉函山房辑佚书本

魏王肃撰。《隋志》载:"《孝经》一卷,王肃解。"《唐志》作"王肃注,一卷"。不知佚于何时,而胡三省《通鉴音注》引及之,是南宋时尚存矣。今散见诸书可考者,《释文》引一条,《正义》引六条,唐明皇《御注》引十三条,《史记·封禅书》裴骃集解引一条,胡三省《通鉴音注》卷三十六引一条。按肃好攻郑学,诸书所引,不见有难郑之语,当是为唐明皇《御注》所汰。其解"孝无终始而患不及",引《苍颉篇》"以患为祸",与孔、郑义合。知此义至确当,虽好异如肃,亦无以易之也。国翰辑集诸条为一卷,十四章。"居家理,故治可移于官",《正义》曰:"先儒以为'居家理'下阙一'故'字。"《御注》加之。国翰据此,以唐以前皆阙"故"字,肃注亦应同。又增补一条。书刊于咸丰间《玉函山房辑佚书》本。(15-438)

古文孝经述义一卷　咸丰间玉函山房辑佚书本

隋刘炫撰,清马国翰辑。《汉·艺文志》:"《孝经古孔氏》一篇,二十二章。"《隋·经籍志》云:"古文《孝经》与古文《尚书》同出,有'闺门'一章,又有衍出三章,合为二十二章。孔安国为之《传》,梁代安国及郑氏二家并立国学,而安国之本亡于梁乱。至隋秘书监王劭于京师访得孔《传》,送至河间刘炫,炫因叙其得丧,述其议疏,讲于人间,渐闻朝廷。后遂著令与郑氏并立。儒者喧喧,皆云炫自作之,非孔旧本。"又《唐会要》载:"刘知几议以古文《孝经》孔传,为开皇十四年秘书学士王孝逸于京师陈人处买得一本,送与著作郎王劭。劭以示河间刘炫。"又云:"炫以所见率意刊改,因著《古文孝经稽疑》一篇。"隋、唐《志》并载

《述义》五卷,今佚。邢昺《正义》引之,其《稽疑》一篇,附著《孝经序》,《正义》据辑为卷。炫此书以古《孝经》“庶人”章分为二,“曾子敢问”章分为三,又多“闺门”一章。按《黄氏日抄》谓:“今文‘三才’章,‘其政不严而治’与‘先王见教之可以化民’通为一章,古文则分为二章。今文‘圣治’章第九‘其所因者本也’,与‘父子之道天性’通为一章,古文则为二章。‘不爱其亲而爱他人者’,古文又云为一章。”又云:“‘闺门’云云二十二字,今文全无之,而古文自为一章。‘圣治’分三章,与炫之说正合。惟炫以‘庶人’章分为二,而黄氏则谓‘三才’章分为二,微有不同。”至“闺门”一章,汉初长孙氏传今文即有之,其非炫伪撰又明甚。国翰就《正义》辑为一卷,咸丰间刊于《玉函山房辑佚书》本。(15-439)

孝经读本一卷孝经存解一卷孝经存解阐要一卷孝经存解析疑一卷读孝经刊误问答一卷 光绪十年刊本

清赵长庚撰。是书首、次《孝经读本》①,又次《孝经读本考证》,又次《孝经存解》,又次《存解阐要》,又次《存解析疑》,终以《读朱子孝经刊误问答》。《存解》及《问答》皆有自序。《读本》依朱子改定章次,而以古文为主。今文文字异者,分注各节下。古今文章次异者,分注各章下。但所谓古文,有从《指解》本者,有从《刊误》本者,又有从其他本之近似古文者,大约以义长为准。《存解》者,解释其文;《阐要》者,阐发其义;《析疑》者,设为疑问,反复申辨,以补前说所未尽。书之大旨,虽宗朱子,然仅以朱子分章序次说为有条理。至其所分经传与其所指驳之文字,甚至有欲删去者,乃是朱子未定之说。《问答》中,以为详味各章,皆自成结构。以为曾子有意编次,使前后互相发明则可;以为某当为经,某当为传则未可。以为后儒辗转传授,简编分合先后,或失之淆乱则可;以为首章门人记录为经,余章后人附会为传则未可。斯则信朱子而不曲阿朱子,为朱学者所当法也。书刊于光绪十年。(15-440)

---

① “首、次《孝经读本》”,中华本作“首列《孝经读本》”。

伦明纂续修四库提要稿（下）

罗志欢 主编
许起山 整理

齊魯書社

孝经章句一卷孝经或问一卷　光绪二十一年刊本

清汪绂撰。绂学宗朱子，以朱子于《大学》一书，分经别传为之《章句》，而《孝经》则止参合古今文为《刊误》，未及注释。是书题曰"章句"，意在配朱子之《大学章句》。自序言"《孝经》之有今文、古文之异也，不过分章之多寡，简册之先后，字句之增减。至经传之混淆，援引之失类，则今文、古文其失略等。而脉络之贯通，旨趣之渊微，则近儒鲜所发明"云云。开卷首《孝经》考据，述今、古文之源流。次章句，先校字句异同，节次先后。次阐其义，颇多精粹。所引诸家之说，亦见简净。另附《或问》，则意所不尽者，借此畅申之。如孝之称经，又自经一章，传首章至传十四章，各详其说。亦以朱子所删未尽洽，惟较胜于窜乱者。至谓"读书只求义理，无庸有彼此之见"，则折衷持平之论矣。绂序作乾隆二年，至光绪乙未始刊行。（15－440）

大学古本说故一卷　咸丰元年刊本

清劳光泰撰。光泰字榕坡，广东南海人，嘉庆庚辰进士。历官湖北蒲圻、监利、蕲州、随州、武昌同知。是书首有自序，言"读阳明《大学古本注》及《序》，所见稍有异同。此书字句一遵阳明之旧，而认意乃与之异。独知最尊朱子，而序次又不与之同"云云。书中谓"至善是未发之中，未发自是止"。又谓"人之意有明德斯有知，还用其知以明其明德，是谓先致其知。若致知则无所先焉，审明德所在而已。明德何在？在意而实意中之物也。意中之物是诚，所谓不诚无物也"。又谓"'在止至善''以至能得'，是体会理一也。'本末终始'一节，是体会分殊也。'欲明明德于天下'一节，是由分殊勘归理一。'物格而后知至'一节，是由理一安顿分殊"。又谓"意为心主，即心之专气为之，而好恶出其中。好恶之明，知则导之；好恶之用，情则达之；好恶之理，性则备之。而曰知曰情曰性，皆在意中"。以上诸说，俱能勘入至精。其经一章、传十章，皆依古本。谓"旧本实无错简，'格致'章不必补"。其以《淇澳》格物之诗，从阳明说；而分经分传分节，从朱子定本。又以郑《注》"本谓身也”，又曰“本谓诚其意也”。此数语较之宋儒以意为私意者为长。卷末复详申辩之。卷首自署“南海劳光泰榕坡学说”，引江声注古文《尚书》，“谦学”下系“说”者，学师说也。继即自叙其里籍官绩，例颇罕见。书刊于咸丰元年。（15－441）

大学臆说二卷 咸丰十一年刊本

清苏源生撰。源生字菊邨，河南鄢陵人，贡生。尝学于钱仪吉。是书首有方宗诚序，大旨笃守朱子《章句》，而别引《语类》《或问》等书，及其他诸儒之说，以补充其义。其朱子所说，彼此不同者，则参互而为之折衷已。其自为说，则引申之、融会之而已。方序谓其“深思力践，而实有得于心者，殆非泛然而作”。如云：“知止是知至善之所在，须是理会得透。十件事理会得一件透，是一件知止；十件事理会得九件透，是九件知止。若十件事均理会过，却只理会得半截，便不得谓之知止。”又云：“古人先于小学习其事，后于大学明其理，所以格致也易。今人小学未曾习其事，直待大学始欲明其理，所以格致也难。”又云：“‘敬止’二字，本无所不该。仁敬孝慈信，乃举其大者言之。故《章句》既言‘究其精微之蕴’，又言‘推类以尽其余’。所以体传者言外之意。”又云：“盛德即明德之至于极盛，至于极盛是谓至善，故曰盛德至善。非盛德之外别有至善也。”如此之类，具见精切。惟陈言过多，未能删削简净。又“咏叹淫佚”，“佚”字当为“液”，见《乐记》，而刊本仍沿误。源生据《困学纪闻》改正，此则有功于《章句》者也。书刊于咸丰辛酉。（15－441）

大学臆古一卷 嘉庆二十四年刊本

清王定柱撰。是书首有自序。大意以为，朱子于《大学》，尤殚精力。独“格物”一节，补经所阙，纷纷讥病。惟自宋以来，学欲至于圣贤，舍是无由。然朱子虽有启后学之苦心，未尽当于孔曾明大学之本朔。何也？孔曾之时，小学明备，自七年就傅以前，以至十有五年。陶铸诱掖，迨夫成童岐嶷，已俨然具圣贤之胚。汉唐以来，小学芜废，声誉利达之歆热，嗜欲沈溺之窞凿，如是而冀明德之明，何途之循？

程朱于此，特补“格致”之传，以为伥伥于学者之门牖途径。此于先圣贤之教，岂有僇哉？是故经首章之文曰：“欲诚其意者，先致其知。”此程朱补传之所以作也。而经次章之文，但云“所谓诚其意者”，不复如诸篇之例，更系以“先致其知”。此孔曾“格致”传之所以不必作也。沿诸汉唐而下，则程朱即孔曾之书；溯乎唐汉以上，则孔曾未必即为程朱之书云云。按定柱此论，最为明通。其书虽于程朱不尽合，而不致戾程朱，诚正轨辙。其分章取李光地所定古本，而亦不尽依之。如第二章李本连“淇澳”两节、“帝典”二章、“邦畿”三节、“听讼”一节，共为第二章，而此本不连，划此章为诚意正心中明德之事。其下自“淇澳”至“用极”，别为第三章，为诚意正心中明德以亲民之事。自“邦畿”至“听讼”，别为第四章，为诚意正心中明亲交致以申知止之义。而以李本之第三章为第五章，李本之第四章为第六章，李本之第五章为第七章，李本之第六章为第八章，每句下自下疏解，意所未尽，则为“客问”以阐明之。其中论理处颇精细，惟不脱宋明儒习套耳。书刊于嘉庆己卯。（15－442）

大学讲义一卷　光绪七年平陵书院重刊本

清芮城撰。城字岩尹，江苏溧阳人。是书无序例，大旨全宗朱子《章句》。按《章句》一书，诂义虽精，然间有过简之处，又似有不相连属之处。城于此书体会周洽，分章分节逐为解说。每章有总释，每节有分释，又有合数节总释者。“正心”“修身”两章有总旨，又有“正修”全旨、“修齐”全旨、“齐治”全旨、“治平”全旨。无非欲使一节之中，句句自为通贯；一章之中，节节自为通贯。合而观之，则全书无不通贯，不为钩深索隐，达意而止。其中悉依朱注，不敢稍违，且多涉及章法字法。讲章之体，盖遵功令①，且讲章之体然也。是书尚有原本，此为光绪七年平陵书院重刊本。（15－442）

---

① “讲章之体，盖遵功令”，中华本作“盖遵奉功令”，疑稿本衍“讲章之体”四字。

大学申义三卷　敬义山房刊本

清左钦敏撰。是书为正真德秀作《大学衍义》作也，别乎《衍义》，故曰《申义》。按《大学》言“自天子以至于庶人，壹是皆以修身为本”，而真氏序目分“帝王为治之序”“帝王为学之本”。而其所谓“帝王为治之序”者，杂引《书》《诗》《易》及子思、孟子、荀子、董子、扬子、周子之言。所引荀、扬，又非其精粹者，然仅证明《大学》纲领条目先后之序而已，未尝序帝王之治也。其所谓“帝王为学之本”，自尧、舜、禹、汤、文、武以至汉、魏、陈、隋、唐数君之学，亦未尝深切著明帝王为学之本也。至其推衍《大学》之义，又仅衍格物致知、诚意正心、修身齐家，而不及治国平天下。又并格物致知、诚意正心为两条，故丘濬疑其不备，而为之补。近人又疑丘氏所补未当，为之续补，其实俱未协也。钦敏是书，首有自序，述著此书之意。书分三卷，卷一“帝王为学之本”，引《书》《诗》《中庸》《孟子》所言尧、舜、禹、汤、太甲、高宗、文、武、成王、哀公①、滕文公之事。卷二“帝王为治之序”，亦引《书》《诗》所言尧、舜、禹、汤、伊尹、仲虺、傅说、公刘、文、武、周公、毕公之事，及《论语》《孟子》论政语，下至二程、朱子。卷三题曰“外篇”，引管仲相齐之事，而以子产相郑、孔明相汉、伯纪相宋继之，又殿之以许衡。每引一事，附以解说。所引诸书较真氏特为醇粹，解说亦颇详尽。篇分内②，亦见断制。惟李纲、许衡之议，仅属大纲，俱未及行。而许衡以道学自命，腼颜事元，尤无足取，似宜删削。书为敬义山房刊本，无年月。(15－443)

大学谊诂一卷　民国十二年刊本

马其昶撰。是书为其昶所著《三经谊诂》之一。博征众注，上自郑康成，下至同时之姚永概，而采朱子《章句》者较多，间附己见。意主平实，不矜新异。其诂“格物”，引《玉篇》：“格，量也，度也。”《仓颉篇》：

---

① “哀公”，中华本作“鲁哀公”。

② “篇分内”，中华本作“篇分内外”。

"格,度量之也。"古人用"格物"字皆是"度量"之义。并引朱子云:"格物须有缓急先后之序。如不穷天理,明人伦,讲圣言,通世故,乃兀然存心于一草木一器用之间,此成何学问?"朱子之格物何尝不知先后,使当日不分经传,即以首章论格致,而用其说以释此经,斯可以息后世之争矣。其诂"君子贤其贤,而亲其亲",谓"贤其贤者,后世之所贤,皆前王作育之贤也。《诗》云:'古之人无斁,誉髦斯士。'此之谓也。亲其亲者,后世之所亲,皆前王屏藩之亲也。《诗》云:'君子万年,永锡祚胤。'此之谓也"。诂"其心休休焉,其如有容焉",谓"言其如有容者,形容其休休之状也"。说俱曲当。又"身有所忿懥",据李光地说,"忿懥"之类,以心之发乎身者言,正程子改"身"作"心"之误。"若有一介臣",据唐石经、宋本、岳珂本,"个"并作"介",以正通行本"一个"之误,尤确不可易。书刊于民国癸亥。(15-443)

大学古义一卷　烟霞草堂刊本

清刘光蕡撰。是书大旨,以为《大学》者,以天地民物为一体,而学以讲明其理,然后实为其事。明德是道之本,亲民是道之量,至善学道之诣。亲民当如字读,后世一切猜防民之霸政,皆由视民不亲而生。至善是明德新民之极,故为大学所止之境。明德至善之地,仍在亲民上见。于是由自明说到自新,由自新说到作新民。不曰"古之欲平天下",而曰"欲明明德于天下",可见古人平天下,不过使天下之人皆为学,即是太平之治。治国是使一国之人皆学,齐家是使一家之人皆学,不是我往平之治之齐之也。不过为设学立教法,其教法即我修身之法,布之乡学中,使人人学之而已。古之欲明明德于天下,可见亲民亦是明明德。意即是明德,诚意即是明明德。析言之,则知是明,物是德,致是推极其明,格是方正其德。按如此解说,自见通贯。书中虽援古义,实新义也。光蕡亦不以《章句》分经传为失。惟以《大学》培养人材,为诸《礼》之本。如以此篇为经,升之《仪礼》中,较与《中庸》同列《论》《孟》中为稍胜云云。所论亦允惬。书无序例,为烟霞草堂刊本。(15-444)

中庸臆解一卷　光绪十二年刊本

清张承华撰。是书原附《中庸补释》后。首“诸家异训分章解”，次“首章解”，又次“喜怒哀乐未发已发解”，又次“中和解”，又次“尊德性而道问学解”。其中多推阐朱子之义，如谓“《中庸》与《大学》相为表里，率性即明明德，修道即新民。言性言道而非不言教，《章句》于致中和，谓修道之教亦在其中，朱子固以为言教矣”。又谓“《语类》载朱子曰：‘天地位，万物育。’乃是裁成辅相以左右民工夫，故唐虞之地平天成，草木咸若，乃位育之实效。其所以致此者，无非本人君之中和，发之于礼乐政刑者，无不合宜。而后治教休明，大化翔洽也。朱子又谓‘天地位，万物育’，诸家皆以理言。予独以其事论，《或问》尤为详明。又朱子本传有曰：‘《中庸》论修道之教，必先之以戒慎恐惧。则持敬之本也。’是中和为申‘教’字之义，朱子固已论定”。又谓“喜怒哀乐之未发谓之中，以未感于物而言，非谓心未动谓之中，以未萌于思而言也。人之喜怒哀乐未有无端而发者，皆感于物而后动，惟于未发之前有工夫。斯于当发之时乃中节，故未感物而动。不独庄敬涵养是未发，即读书穷理亦是未发。至既感物而动，则非但发于心而亦见于事”。所论足救程朱之失。又谓“‘寂感’二语，与中和意不相合。‘寂然不动’与‘戒慎恐惧’亦有别，以‘寂感’二语解中和，不如以‘廓然大公，物来顺应’解中和”。又谓“‘尊德性而道问学’下四句，皆问学之事兼知行言”。理解俱当。书刊于光绪丙戌。（15－445）

中庸补释一卷　光绪十二年刊本

清张承华撰。首有承华自序，以为“后儒解此书，类分三大支，而于修道之教似多无所发明。盖以未理会鬼神为德之解。积久有得，悟合鬼与神为教之至，益恍然于首末总论。中间分释，若网在纲，有条不紊”云云。其释“中庸”二字，引《周礼》“大司乐掌成均之法，以乐德教国子”，曰：“中和祗庸孝友，但言‘中庸’者，和从中出，祗止是敬。孝友皆庸德，言‘中庸’足该之。”最为切当。首章性、道、教并言，次章言“中庸”。全篇之目,三章言道,四章言教,第五章言性,亦甚清晰。言教必托始于鬼神,证之《易·象传》、《礼记·孔子闲居》篇、《家语·哀公问政》篇,而可信孝者,教之所由生也。故言教必先言孝,故引舜、文、武、周公为例,此教之本也。“哀公问政”,则言“教之事皆为上之施教者言也。其博学之以下,则补出学者之功,为下之被教者言也”。亦能自圆其说。又谓“《大学》《中庸》二书相为表里。《中庸》以道体言,故明由天而人之理。《大学》为学者言,故示尽人合天之功。“戒慎恐惧”,乃诚正修之始功;“天地位,万物育”,乃齐治平之极效。《中庸》言明善,《大学》言致知格物。《中庸》以喜怒哀乐言中和,《大学》以忿懥、好乐、恐惧、忧患言正心。子臣弟友,修身齐家之事备;九经三重,治国平天下之道全。至博学、审问、慎思、明辨,皆格致之方。《中庸》既详,则《大学》从略。同民好恶,用人理财,乃为政之要。《中庸》尚略,则《大学》宜详”。论尤创获。书刊于光绪丙戌。(15－445)

中庸章句质疑二卷　光绪十六年思贤讲舍刊本

清郭嵩焘撰。是书首有王先谦序并嵩焘自序。嵩焘以为:“《中庸》一书,汉以来儒者多明其义,而其辨之明而析之精者,始自程子。朱子阐发疏通之,其功尤深。惟求之过密,析之过纷,不免有憾。”是书要旨,谓“全书以慎独为主,以知、仁、勇三达德为纲,以至诚为归宿。大段分两截,由慎独以贯乎知、仁、勇之全,所以成德也。始条理者圣之事也。由知、仁、勇以合乎至诚之撰,所以尽神也。终条理者智之事也”。又云:“谓之性者,圣人与天合德,创制显庸,一依天理以为之则,而道皆其性。谓之教者,仁义之名立,而礼以生,圣人用之以为教,人皆得知其所以然,以求复其性。性者圣人所以自尽,教者圣人所以尽人之性。”又云:“成己成物,皆圣人分内事。故曰‘合内外之道,成己成物,皆所以自成也’。然成己有成己之功,成物有成物之功,条理秩序,随事而具。时措之宜者,于此措之己而宜,于此措之物而宜也。盖必有礼以为之节文,而后措则正而施则行。诚之行乎仁知,而措之宜者,礼为之也。”旧注于此颇多含混,不如嵩焘所解分明。又知、仁、勇三者并举,而《章句》

薄视"勇"之一德,亦乖经旨。嵩焘于此其说加详。嵩焘自称"沉潜反覆,十载于兹",宜其灼然有得,不同肤泛也。书为光绪十六年思贤讲舍刊本。(15-446)

大学章句质疑一卷 光绪十六年思贤讲舍刊本

清郭嵩焘撰。首有王先谦序及嵩焘自序。按朱子《大学章句》,改易古本而补"格物致知"一传。尝自谓《大学》用功最久,盖于明善诚身条理次第,深有体会,而验之躬行,非漫然也。嵩焘晚年治朱子之学,以为《大学》一书完具无缺,数百年之辨争,盖皆求之于外,而未究其中之要领。惟用其书以求朱子之学,深味而力行之,则可强《大学》之书以从朱子。比类而附之,循章以求之,则亦徒见其陵越而已。又云:"窃疑《章句》之书,纲目条领之分,未足以见圣经之全,而或失之纡曲。"此书之所由作也。其最要者,谓"'止于至善'一语,不得与'明德''新民'同为《大学》之纲领"。又谓"郑《注》以'致知在格物'别为一节,格物即是致知,故直曰'在'而不曰'先'。自'诚意'章以下,首言所谓修身在正其心,齐家、治国诸章并同此例。疑此云'致知在格物',而结之以'此谓知本,此谓知之至也',即朱子所补格物致知一章之义,经文本自无缺。然诚意、致知两项工夫,却是并进,不能划分先后。故云'致知在格物',即结之以'此谓知之至也'云。所谓'诚其意',即结之以'君子必诚其意'。经直析分两章,不更相为联属"。又云"《大学》所重,惟在致知、诚意。疑明德、新民,以止于至善,不必分章为释"云云。所见俱极精当。① 他条亦多纠正朱氏之失,然与攻朱者固大有别也。先谦序自抒己见,亦有发明。书为光绪十六年思贤讲舍刊本。(15-446)

四书遵朱会通不分卷 道光二十五年刊本

清杨廷芝撰。廷芝字仁圃,山东蓬莱人。是书既曰"遵朱",又云"会通",大旨详于自序,以为"朱子教人读书,无疑者须教有疑,有疑者

---

① "极精当",中华本作"亦近理"。

却要无疑。故《宪问》篇,'不患'章尝四见,而注云:'凡指同而文不异者,一言而重出。文小异者,屡言而各出。'《离娄下》'君仁'章,或谓重出,而注以'上主人臣言,下就人君言',则朱子于此已显示人以会通之例矣。故亦欲本朱子之例,引而申之,触类而长之"云云。书分四例,一曰错简,二曰重出,三曰衍文,四曰疑字。后又有附录、补录、重录各若干条。如错简例中,"此谓知本"句,谓"《大学》古本前后有两知本,前一知本是知格物致知为修身之本,后一知本是知慎独为诚身之本。其实皆切身之事,故曰'壹是皆以修身为本'"。"互乡难与言"章,谓"'与其进也'至'唯何甚',指互乡之童子;'人洁已以进'至'不保其往也',拓开泛言之,若离若合,语意与'君子可逝也,不可陷也'四句同"。重出例中,谓"《阳货》篇'巧言令色'节,为观人者言,与《学而》篇为学者本身下针砭不同。就下文恶郑声恶利口看自知"。衍文例中,"宰予昼寝"章次节"子曰"二字,"圣人吾不得见"章第二个"子曰",谓皆更端之词。"子曰好学近乎知"节,谓"'子曰'二字亦息而复起之词"。疑字例中,"见贤而不能举,举而不能先,命也",谓"'命'字不烦改读"。"子张问十世可知也",谓"子张意夫子必有十世可知之道,故特下'也'字,不是疑问"。"无所取材"句,据古注以"桴木"解"材"字,以子路不解微言,故戏之。"井有仁焉"句,据孔《注》"仁"字读如字,"井"盖喻言为仁之难,而忧仁心之穷也。"小人之中庸也"句,谓"'之'字直注'下无忌惮',正小人非中庸而自托于中庸处。若添'反'字,则泄漏下意矣"。附录中,"子夏问孝"节,谓"'色难'二字,正意已完,次却离开就旁面翻衬,如弟子之敬先生,以见敬与爱之有别。先生与弟子相对,非父兄。弟子亦与子弟有别"。"地不改辟矣,民不改聚矣",谓"两'不改'字断句,上'改'字指开垦言,下'改'字指招集言"。"好名之人"节,谓"'名'如'名义''名节'之名,言人能好名,则千乘可轻。苟非其人,箪食豆羹为重。以见人之度量,相越甚远"。凡此诸条,所解俱曲当。廷芝先著有《乡党约说》,后成此书,二书宜合参。此书刊于道光乙巳。(15-447)

中庸谊诂一卷　民国十二年刊本

马其昶撰。是书为其昶所著《三经谊诂》之一。《中庸》分章,诸家互异。郑《注》、孔《疏》分为三十三节,朱子因之,惟与注疏本第次不同。其昶则定为八章,而各申其说。其诂"中庸"二字,谓"'庸'字一文涵数义,《尔雅》:'庸,常也。'《说文》:'庸,用也。'用,可常行也。故郑《注》以'用'释'庸',又以'常'释'庸'。朱子谓'可常行',正本许、郑。又《一切经音义》引《广雅》:'庸,和也。''庸'有'和'训,故可该和"。其诂第三章云:"君子之道始于夫妇居室,有夫妇而后有父子,有兄弟。由父子推之君臣,由兄弟推之朋友,终于格鬼神祭天地,皆由于谨言慎行,积诚之所至,无非庸也。"其诂第四章,谓"教之本在孝,事亲事天无二理"。引舜、文、武、周公以立之极,皆始于孝弟庸行,而终于格天受命,飨帝飨亲之盛。其诂第五章,谓"言教之功用节目,自天子以至于庶人,壹是皆以修身为本。推之治国平天下,莫不原于学问之功。此自诚而明者之事"。其诂第七章,谓"此言性之功用,即在道教之中,性者未发之中。礼即发而中节之和,故尽性者不可不崇礼"。以上二章,总道教而归之于性,以申"天命谓性"之义,犹《大学》言明德、亲民皆止于至善也,于全书脉络自见通贯。其他解释字句,意主平实,与《大学谊诂》同。后有陈汉章跋。书刊于民国癸亥。(15 - 448)

大学补释一卷　光绪十二年刊本

清张承华撰。承华字蓉溪,安徽桐城人,诸生,尝主许州讲席。是书有承华自序,以为"《大学》一书,自朱、王异论,遂成聚讼。然朱子之可议者,更定节次耳,其义理则孔门之正传也。阳明之可议者,格物之解耳,其古本则《戴记》之原文也。今本、古本文异而理无异,古本不分经传,非有缺文,亦无错简。朱子补'格致'之传,为穷理之功。又补'敬'字,为穷理之要。乃细玩古本原文,则'格物'与'敬'之义皆已周备,惜古注未能尽明耳"。书中所释,如谓"《汉书·艺文志》'子思作《中庸》上下篇',今所传仅一篇,盖下篇即《大学》。《大学》以示入德之门,与《中庸》相表里。其曰‘在明明德’者,即率性之道,所以尽其性而成己也。‘在新民’者,即修道之教,所以尽人性而成物也。‘在止于至善’者,至善乃性之本体,而散著于事物,莫不各有至当之理。必止于是,所以全天命之性而为大人之学也”。其释“物有本末”一节,谓“物以德民言,意心身家国天下是也。事以明新言,诚正修齐治平是也。在物谓之物,处物谓之事,知先后则近道者,先本而后末,先始而后终。与《中庸》末章知远之近同意”。其释“致知在格物”,谓“物即物有本末之物。格,通也,言通乎诚正修齐治平之理,得其至善之所在也。言‘在’不言‘先’者,格物即致知之功”。其释第二章,谓“‘君子必诚其意’以上,言‘欲正其心者,先诚其意’。‘《诗》云“瞻彼淇澳”’以下,言‘欲诚其意者,先致其知’。其不分为两章者,致知即诚意之功,故叙于‘诚意’章之内。而意诚则心自正,不待更言”。按上所说,自较旧注通贯圆融。是书初刊于同治二年,复经删改,于光绪丙戌刊之。首有总序四篇,答问一篇,则兼为《中庸补释》及《大学》《中庸臆解》四书作也。(15－448)

大学臆解一卷　光绪十二年刊本

清张承华撰。是书原附《大学补释》后。首诸家考订经传解,次朱、王异说解,又次纲领条目解,又次古本“诚意”章解,又次“诚意”解,又次“格物”解,又次“敬止”解。其最精要者,如谓“‘致知在格物’句,经无明训,解者各以己见解经,而非以经解经。朱子之学得于博文,故以‘穷理’训‘格物’。阳明之学得于心悟,故以‘良知’解‘致知’。三纲领止明明德、新民二事,以止于止善为总。八条目亦只诚、正、修、齐、治、平六事,而以致知格物为总。止至善不在明新之外,致知格物不在诚、正、修、齐、治、平之外。‘格物’之物,即物有本末之物。格也者,研求乎意、心、身、家、国、天下之至善而知之也。‘所谓致知在格物’者,谓欲知止于明新之至善,在格乎诚、正、修、齐、治、平之至善也。后人不察,但知‘止至善’统乎明新,而未悟‘格致’亦统乎意、心、身、家、国、天下。又拘于先后字义,以致知在诚意之先,似别为一事,专为诚意而设。于是离意、心、身、家、国、天下以言格物，是以经旨不明也”。其解古本“诚意”章尤晰，谓“古人著书，但求义理之明，无取乎印板文字。‘诚意’二字已包举乎纲领之全，统贯乎明新之总。其引《诗》《书》之言，无非以证明新、至善。惟于明新、至善之理无不明，斯于为善去恶之功无不实。所谓欲诚其意，先致其知，知至而后意诚者，此也”。观此，而先儒所疑“诚意”章有缺文者，可释然矣。书刊于光绪丙戌。（15－449）

诗古音三卷 原稿本

清杨峒撰。峒，山东益都人，他无所考。① 是书首有峒自序，大旨以顾宁人《音学五书》、江慎修《古韵标准》为主。谓“顾氏始以偏旁求声，就二百六韵部分，考古音之离合。江氏精于等韵，所作《四声切韵表》，析二百六部，为百有四类，至啧而不可乱，所以能循末会本”云云。其书就三百篇入韵之字，分条标列，取其与异读者，合二家之音，注之于下，而证其得失。于二家之外，亦间下已见，补所未备，不斤斤墨守为也。（15－450）

诗经世本目一卷 闰竹居丛书本

明何楷撰。楷著《诗经世本古义》，以世为次，计夏少康之世诗八篇，殷盘庚之世诗一篇，殷高宗之世诗三篇，殷祖庚之世诗一篇，殷武乙之世诗五篇，殷文丁之世诗五篇，殷帝乙之世诗五篇，殷帝辛之世诗二十篇，周武王之世诗十三篇，周成王之世诗五十篇，周康王之世诗五篇，周昭王之世诗二篇，周共王之世诗一篇，周懿王之世诗一篇，周夷王之世诗三篇，周厉王之世诗十篇，周宣王之世诗二十篇，周幽王之世诗三十二篇，周平王之世诗三十四篇，周桓王之世诗三十二篇，周庄王之世诗九篇，周僖王之世诗二篇，周惠王之世诗十六篇，周襄王之世诗十五篇，周顷王之世诗一篇，周定王之世诗八篇，周景王之世诗二篇，周敬王

---

① “他无所考”，中华本无。

之世诗一篇。是本止录其目。其所分世次,虽不无可议,要是一家之学也。(15－451)

陆氏诗草木鸟兽虫鱼疏校正二卷　清献堂全编本

清赵佑校。① 卷首有己亥佑自序,又有辛亥自跋。按陆玑《毛诗草木鸟兽虫鱼疏》,《四库》已著录。但所据乃通行本,文多讹阙。佑取陶宗仪《说郛》本及毛晋《广要》本,并诸家别录,校其异同。而以《诗》《尔雅疏》《释文》为主。其中题目之失实,文字之误窜,颇有是正。条下间有丁杰校语,盖杰别有校本,佑兼取之也。据朱彝尊《经义考》,引沈重《毛诗义疏》多条,佑以为其中多同陆《疏》。沈书久佚,无可考,而《初学记》所引陆《疏》,皆以为《毛诗义疏》。朱氏因《毛诗义疏》之名,妄以属之沈重,实是一误再误。按《尔雅》邢疏引称陆玑《义疏》,《齐民要术》《太平御览》所引并称《义疏》,岂是书别有《义疏》之名耶? 而朱氏为失考矣。(15－451)

三百篇鸟兽草木记一卷　闰竹居丛书本

清徐士俊撰。士俊字野君,籍署西泠,盖钱塘人也。是书综鸟兽草木为一篇,不引出处,语简而核,为读《诗》者多识之便,而非释经之体也。颇似《事类赋》。潘锡恩曾为之释,亦同《事类赋注》。惟潘所据本,与此互有详略,而鸟兽之下,复有介属龟贝鳖鼍等,鳞属鲂鳣鲔鳏鲂鲤鱒鲿鲨鳢鲐鲦鰋等,此乃无之。岂传本不同耶? 抑潘氏有所增删耶? 其题“鸟兽草木记”则同。(15－452)

昌武段氏诗义指南一卷　知不足斋丛书本

宋段昌武撰。昌武字子武,庐陵人,官朝奉郎。是书不载《宋史·艺文志》,诸家藏书亦无此目。康熙甲子,朱竹垞于京师慈仁寺购得之,并为之跋,即是本也。昌武有《丛桂毛诗集解》三十卷,未见传本,此当

---

① “校”,中华本作“撰”。

是其中之一卷。盖为举业发题而作，语至简略，了无精义。以其撰自宋人，故传者亦以罕见为珍也。(15－452)

毛诗郑笺二十卷　万历甲午刊本

题“周卜商子夏叙①，汉赵人毛苌传，北海郑玄笺，明甬东屠本畯纂疏补协”。卷首有程应衢序，次孔颖达《毛诗正义序》，次郑玄诗并序。但所录传笺，字有讹脱。纂疏但详名物，所补协音，自陈第发明本音后，已无有用之音矣。(15－453)

诗传考六卷　嘉庆九年刊本

清陈孚编。孚，河南夏邑人。是书首“诗传提要”，引《史记》至成伯瑜《说》，共五十五条。次“诗考绪言”，自述所见，然亦多本旧说，共三十八条。以下章解句释，大抵以大小《序》、毛、郑、孔、朱为主，而参以汉、唐、宋、明诸家之说。取其善者，而逸其未安者，其可通者并存之。自称“不愿附会，亦不敢辄驳先贤”，是其旨。自出己见，申众说所未备，所谓“考”也。但所援证，至明而止。折衷未尽惬当，阐发亦殊浅近，无足观也。(15－453)

毛诗遵朱近思录二卷　乾隆丙子刊本

清宋在诗撰。在诗字雅伯，安邑人，康熙辛丑进士，官至鸿胪寺少卿。是书首有在诗自序，以为“孔、曾、思、孟之说《诗》，不泥本旨，断章取义，偶指其一章一句，皆足为箴铭鉴戒。得此意，虽专守朱传而近思之可矣”。书之本旨盖如此。然所说往往溢于《诗》旨之外，则非说《诗》也。既以“遵朱”为题，则不能废“淫奔”之说。故于《郑风》，止取《将仲子》。又特采王鲁斋说，以为淫奔改行之诗，则非尽遵朱矣。要之，《诗》本无邪，兴观群怨，各有其义。徒作格言观之，则《诗》道太隘。即朱子注《诗》之旨，亦不如是耳。(15－454)

---

① “题周卜商子夏叙”前，中华本有“明屠本畯纂疏”。

毛诗陆疏校正二卷　咸丰七年刊本

清丁晏校。卷首有晏自序,称"《疏》所引刘歆、张奂诸说,皆古义之仅存者"。又称"鲁国毛亨为《故训传》以授毛苌,徐坚因之,《初学记》载《毛诗》授受,悉同此《疏》,皆可证其为原本。但所释不尽依《故训传》,如易蒹王刍之传,谓菉竹为一草;易六驳马之传,谓六驳为木名之类"。所校据《诗》《尔雅疏》《释文》为主,与赵佑同。惟晏未见赵本,故不无异同详略。而所引《初学记》《御览》《类聚》《类证》《本草》诸书,则赵氏所未及也。序称"兼据王谟《汉魏丛书》本"。按王谟辑有《汉魏遗书抄》,不名"丛书",盖误也。(15－454)

五经要义一卷　玉函山房本

题雷氏撰。① 较王谟辑本,增引"终南山,长安南山也"一条,出《初学记》;"今人谓社神为公社"一条,出《书抄》;"先农立坛"一条,出《通典》;"太室经为太室"一条,出《类聚》;"《周礼》'大驭掌王玉路'"一条,出《后汉书注》;"昏暗也"一条,出《文选注》;"篪以竹为之"一条,出《书抄》。"冠嘉礼也"条下,增引"孔子曰正其衣冠"五十字;"笏所以记事"条下,增引"笏者臣见于君"十一字。又"王者受命"条,全同王辑。而王氏止引《初学记》,此兼引《太平御览》、宋敏求《长安志》。国翰谓"说禓裘彤管,详晰有古致"。盖承汉人遗说,固有可取者焉。(15－455)

经书卮言一卷　昭代丛书本

清范泰恒撰。泰恒字无崖②,籍署河内,即今怀庆府属之沁阳也。大率以文体论经,以古文《尚书》为伪。谓辨之气骨之间。谓《大学》《中庸》亦汉文,周人无此格,《考工记》亦汉人作。论《春秋》三传,取俞

---

① 中华本此句后有"清马国翰辑"。

② 中华本此句后有"乾隆十年进士"。

世宁《左传选本》。论《论语》,谓有似左史者,有似《国语》者。识陋如此,其他所论,抑可知矣。(15-458)

六艺论一卷 玉函山房本

汉郑玄撰,清马国翰辑。卷首有叙录,不标总论、经别。属于总论者二条,属于《易》者三条,属于《书》者二条,属于《诗》者七条,属于《礼》者六条,属于《春秋》者三条,属于《孝经》者二条。其《诗》论,"《泛历枢》云'午亥之际'"一条,出《诗正义》;"文王创业"一条,出《路史注》。《礼》论,"汉兴始于鲁淹中得古礼"一条,《汉书·艺文志》条下增。又按,"《儒林传》云"六十字,为他辑本所无。诸辑本总论、《易论》,书中所有者,此亦多阙之,殆未尝参证他本耶?(15-459)

六艺论一卷 通德遗书所见录本

汉郑玄撰,清孔广林辑。凡总论三条,《易》十三条,《书》三条,《诗》八条,《礼》十条,《春秋》五条,《孝经》一条。《易》论引"大昊帝包牺氏"一条,"宓牺氏为网罟"一条,"炎帝神农氏"一条,"神农氏斫木为耒耜"一条,"轩辕皇姓公孙"一条,"黄帝有佐官七人"一条,"轩皇有景云之瑞"一条,俱见《辨正论·三教治道》篇注,但不似《六艺论》,他辑本俱无之。《春秋》《孝经》,应皆有"玄又为之注"一语,此又缺之。余同他辑本。(15-459)

郑氏六艺论一卷 鄦斋丛书本

汉郑玄撰,清臧琳辑。不标总论、经别。属于总论者三条,属于《易》者三条,属于《书》者二条,属于《诗》者六条,属于《礼》者五条,属于《春秋》者五条,属于《孝经》者二条。又自叙三条,一引"遭党锢之事,逃难注《礼》。党锢事解,注《古文尚书》《毛诗》《论语》。为袁谭所逼,来至元城,乃注《周易》"。一引"凡著'三礼'七十二篇"。一引"赵商字子声,河内温人,博学有秀才,能讲难,而吃不能剧谈"。按此三条,为他辑本所无。又《春秋》论引《礼记正义》"右史记事,左史记言",不从《公羊疏》引“左史所记为《春秋》,右史所记为《尚书》”,弥见矜慎。余条都见他辑本。其中间有漏略,经玄孙镛堂为之补次,见嘉庆丁巳镛堂所为后跋。(15-460)

六艺论一卷 光绪刊郑氏佚书本

汉郑玄撰,清袁钧辑。凡总论三条,《易》五条,《书》三条,《诗》八条,《礼》七条,《春秋》六条,《孝经》一条。按玄于《春秋》《孝经》皆云“玄又为之注”,此于《春秋》《孝经》俱收之,是也。《易》论,“易者阴阳之象”条,末有“人皇即遂皇也”六字,非原文;“遂皇之后”条,“一百七十八代”六字宜删。① 《诗》论,引“《周诗》是孔子所录,《商颂》则篇数先定”,见《诗谱序疏》,他辑本无之。各条下校订疑义,标曰“考证”,亦为他辑本所无。(15-460)

五经然否论一卷 汉魏遗书抄本

晋谯周撰,清王谟辑。周字允南,巴西西充国人。仕蜀,历官太子家令,中散大夫。以劝后主降魏,《隋志》称“晋散骑常侍”,殆予夺之微意耶?据《蜀志·秦宓传》云:“宓见《帝系》之文,五帝皆同一族,为辨其不然之本。又论皇帝王霸养龙之说,甚有通理。谯允南少时数往谘访,记录其言于《春秋然否论》”云云。此但就《春秋》言之。原书《隋志》云五卷,久佚,群书征引绝少,《御览》亦不载其目。《经义考》止辑得三条,谟更从诸经疏补辑四条。卷首有序录。(15-461)

五经然否论一卷 玉函山房刊本

晋谯周撰,清马国翰辑。国翰增辑《通典》所引二十余节,其中标明《五经然否论》者三节,参以《后汉补志注》、刘恕《通鉴外纪》所引。又引谯周“礼祭集志”二节、“缌服图”“集图”各一节②,或称“蜀谯周”,或

---

① “一百七十八”,中华本作“一百八十七”。

② “缌服图”,中华本作“缞服图”。

称"谯周"。国翰以为省文,然亦稍区别之,以称书名者列于前,止称"谯周"者附其后。于王谟辑本所采者,惟《穀梁传注》一条及《通典》一条耳。(15 – 461)

五经通论一卷　汉魏遗书抄本

晋束皙撰,清王谟辑。皙字广微,阳平元城人。察孝廉,转佐著述郎①,迁尚书郎。《晋书》本传称其著有《五经通论》,而不载隋、唐二《志》。《册府元龟》《玉海》《经义考》虽列其目,惟不详卷数,且别无考证。盖亡佚久矣。谟从《通典》抄得二条,《初学记》一条,为一卷。(15 – 462)

五经通论一卷　玉函山房刊本

晋束皙撰,清马国翰辑。据杜佑《通典》引四节,又引其与步熊问答五节,皆发明礼服之义。合以《春秋正义》引二节,为一卷。说《诗·桃夭》《摽梅》二篇及《周礼》"中春会男女",谓"昏姻不限时",于理最通。说"夏封诸侯",谓"王据《月令》以非《祭统》,郑宗《祭统》而疑《月令》,俱未为得"。又说《左传》"五父佗",马迁分为二人之误,皆确。惜无多条。然于王谟辑本,止同二条,其引《初学记》"男十六可娶,女十四可嫁"一条,则未之采也。(15 – 462)

圣证论一卷　玉函山房本

魏王肃撰,晋马昭驳、孔晁答、张融评,清马国翰辑。孔晁说党于王,即元行冲所称王学之辈也。国翰所辑,凡四十余条,依经为次。所为驳、答、评,不能诸条悉具,即原书亦未必皆有。其今所存者,当略备于此矣。张融核定郑、王之臧否,谓"郑注渊深广博,两汉四百余年,未有伟于玄者。然'二郊之祭''殊天之祀',此玄误也。其如'皇天祖所自出之帝',亦玄虑之失"云云。所评亦允,而未尽也。如笺

① "著述郎",中华本作"著作郎"。

“鸱鸮”，谓“成王多罪周公属党”；论“昏期”，主仲春嫁娶。先儒多非之。马昭以《家语》为王肃增加，非郑所见，本无左证，后人遂据此以伪造《家语》坐王肃。至所辑诸条，绝无涉及古文《尚书》者，议者徒以其说多与古文《尚书》同，亦以伪造坐之。是此残余之仅存者，反为王肃之不幸矣。（15－463）

五经要义一卷　汉魏遗书抄本

《隋志》：“雷氏撰《五经要义》五卷，梁十七卷。”《唐志》亦作五卷，卷数各异。而诸书引《要义》，皆不著撰人名氏。余萧客《古经解钩沈》，以其序次在刘向《五经通义》下，遂以属之刘向，非也。王谟以雷氏即雷次宗，引《莲社高贤传》：“雷次宗字仲伦，豫章南昌人，博学明《诗》《礼》。入庐山，预莲社，与宗炳等并执奏承旨。慧远法师后著《义疏》，首称雷氏，宗炳寄书责之曰：‘昔与足下面受于释和尚，今便称雷氏耶？’”云云。按《传》称“雷氏”，不过随便举之，非以为次宗之定称。而《隋志》之称“雷氏”，必是已佚其名。谟所考，姑备一说可耳。所辑凡《后汉书注》一条，《北史》一条，《隋志》一条，《世说新语注》一条，《文选注》一条①，《类聚》六条，《初学记》七条，《书抄》二条，《通典》一条，《御览》三条。首有序录。（15－463）

五经疑问一卷　汉魏遗书抄本

魏房景先撰。② 景先字光胄，清河人。由太学博士迁步兵校尉，领尚书郎。《魏书》称其“有《五经疑问》百余篇，其言该典。今行于时，文多略举其切于世教者。符玺郎王神贵答之，名为《辨疑》，合成十卷，亦有可观”云云。隋、唐二《志》俱不著录。《经义考》徒据《册府元龟》，以房景先《五经疑问》、王神贵《五经辨疑》二书各十卷并列，而不详其本末，盖未检《魏书》故也。谟从本传抄出原文十有四条。（15－464）

---

① “《文选注》一条”，中华本作“《文选注》二条”。

② 中华本此句后有“清王谟辑”。

五经钩沈一卷 玉函山房刊本

晋杨方撰，清马国翰辑。校王谟辑本，增引“夫霜树落叶而鸿雁南飞，桃林披华而元鸟入宇”一条，出《御览》。国翰谓“其说生知玄照，稍涉道家谈。而文笔议论，与葛洪《抱朴》相近。贺彦先《报虞预书》称之曰：‘不图伟才如此，其文甚有奇分。若出其胸臆，乃是一国所推。’盖亦欣赏之至”云云。可以知其旨矣。(15－464)

五经钩沈一卷 汉魏遗书抄本

《隋志》①：“杨方《五经钩沈》十卷。”《唐志》作《钩沈》，卷同。方字公回，会稽人。司徒王导辟为掾，迁参军事，补高梁太守。在郡积年，著《五经钩沈》。《晋书》附《贺循传》后。按《文献通考》称：“晋杨芳撰《五经钩沈》，答难申畅，自谓钩取之沉义，篇第亡缺。今缺五篇。”又《玉海》称：“杨方撰《五经钩沈》，自序云：‘晋太宁元年撰，钩经传之沉义，著论难以起滞。’即此可知其大旨”。而《初学记》引作“扬雄《五经钩沈》”，盖误也。据《文献通考》云“缺五篇”，《玉海》尚引其《序》，知此书宋世犹存。迨朱氏作《经义考》，则云“已亡”，盖亡于元明间矣。谟辑得《初学记》四条，《御览》一条，首有序录。(15－465)

道统传经一卷 明抄本

明岳元声订。卷首有总叙，次道统总图，次孔门道统之传，次理学诸儒之派，次传经诸儒之派。《周易》《尚书》《诗》《公羊传》《左传》《穀梁传》《礼》《周礼》《孝经》《论语》《大学》《中庸》《尔雅》皆有表，各附以说。又有汉儒传经统派总叙。道统创于伏羲，递传而至孔子，孔子又递传而至孟子。理学创于周、邵、张三子，周子直接传至二程子，递传而至朱子，朱子又递传而至许谦。与朱子对立者，有陆子，再传而止。传经诸儒，则溯始于汉，而归宿于宋明，此其大较也。(15－465)

---

① “《隋志》”前，中华本有“晋杨方撰，清王谟辑”。

五经析疑一卷　说郛本

题魏邯郸绰撰。《隋志》:“邯郸绰撰《五经析疑》二十八卷。”《唐志》作三十卷。其书早佚,宋以后未见引及。《说郛》所收,亦非原帙。凡十一条,不注出处。惟“夫筮者法万物所生”条,《初学记》引之。“矢绝于弦不可追”条,《御览》引之。余不知采自何书。王谟辑本,多未引及。(15－466)

五经析疑一卷　汉魏遗书抄本

题宋邯郸绰撰。① 按《说郛》本,题“魏邯郸绰”,此题“宋”,俱无所据。谟据《北堂书抄》引云:“甲女子欲入门,为乙门所算死,以为当坐杀人弃市。意此书当如《春秋决事》,设为甲乙以科罪”云云。按是书《唐志》本入法家,证诸此条,可信。而诸书所引他条,则有不尽然者。谟辑得《初学记》四条,《书抄》一条,《御览》一条。(15－466)

说学斋经说一卷　艺海珠尘本

清叶凤毛纂。凤毛字超宗,江苏南汇人,叶映榴孙。以荫授内阁中书。是书说《易》一条,《书》四条,《春秋》二十二条。最创者,为文姜昭雪,谓“姜氏即淫,未有章明较著,盛其车舆仆从,设为宴享隆礼,而为一夕之淫者。襄公虽无道,未有身离国人,惊动国人。而淫乎其妹者,果如传者所云?则当初嫁之时,兄弟之年方盛,而旷隔至十有八年,逮至与夫同来,忽与之苟合,人情不应有是。或齐襄恶鲁桓之诬已及妹,而毙之乎?若后来之频会,或鲁人利其通好耳。至庄公十九年如莒,其时已六七十。总之,姜氏昧于‘妇人无外事’之训,所以招尤”云云。其论甚奇,可备一解。又谓“传言宋襄公执鄫子用于次睢之社,而襄公固不阨人于险,不重伤,不禽二毛者,岂其独不仁于鄫子?经言‘邾人执鄫子用之’,而不书宋,当是邾人所为”。又谓“许世子止以不尝药,书‘弑

---

① 中华本此句后有“清王谟辑”。

君'。'尝'字当解作'尝试'之尝,不当解作'未达不敢尝'之尝。古人所以有事亲不可不知医之感,除鸩药外,不能以一尝知其对症否也"。按此二条甚有理,诸治经家多未见及。(15-467)

郑记一卷 郑氏佚书本

《隋志》:"《郑记》六卷,郑玄弟子撰。"①刘知几云:"郑君卒后,其弟子追论师所著述及应对时人,谓之《郑志》。"又云:"郑之弟子,分授门徒,各述师言,更相问答,编录其语,谓之《郑记》。"《唐志》二书并载《郑记》,卷数并同《隋志》。钧既辑《郑志》,复取焦乔、崇精、王权、鲍遗、任厥、崇翱、桓翱、刘德、陈铿、陈铄诸人之问,及答者张逸、赵商、田琼、王琼、焦乔、汜阁诸人。盖诸人皆及事郑君,与于弟子之列。所谓"分授门徒,各述师训,更为问答"者,是不可混于《郑志》也。钧所采以《通典》为主,旁及经疏。至于《初学记》《御览》,间有疑义,别为考证,如钧所辑他书。(15-468)

五经通义一卷 说郛本

题阙名。按《隋志》:"《五经通义》八卷。"注:"梁九卷。无撰人名氏。"《唐志》亦有《五经通义》九卷,云"刘向撰"。后汉曹褒又有《通义》十二篇。究未定谁属也。是本凡十七条,文多不全,盖由辑集而成,惟不注出处。见于群书所引者:"郑国有溱洧之水"条,见《初学记》;"玉有五德"条,见《初学记》《御览》;"月中有兔与蟾蜍"条,见《类聚》《初学记》《御览》;"冬至寝兵鼓"条,见《通典》《书抄》引,连下"夏至"条,而文不全;"冬至阳动于下"条,见《类聚》《御览》;"寒气凝以为霜"条,见《初学记》《书抄》《御览》;"诸侯冢树柏"条,见《通典》,而文不全;"东夷之乐"条,见《通典》《御览》《初学记》,而文不全;"受命而王者"条,见《类聚》《初学记》《御览》;"王者所以祭天地何"条,见《类聚》《御览》;"王者诸侯"条,见《御览》,而文略异;"诸侯不观四方"条,见《类

① 中华本此句后有"清袁钧辑"。

聚》。“惟舞四夷之乐”条、“吴公卿奏曰”条、“汤作濩”条、“王者受命而起”条，未知所本。（15－469）

五经大义一卷 玉函山房刊本

晋戴逵撰。① 逵字安道，谯国人，义熙初以散骑常侍征，不起。事迹具《晋书·隐逸传》。《隋志》：“《五经大义》三卷，戴逵撰。”《唐志》不著录，其佚已久矣。庾蔚之谓其“申马难郑，而弥觉其踬”，可以想见其概。国翰从《通典》引“丧服”一条，从《书抄》引“杂义”一条，为一卷。（15－469）

七经义纲一卷 玉函山房刊本

后周樊深撰。② 按隋、唐二《志》，俱题作“樊文深”，此作“樊深”，盖据《北史》本传是也。国翰称深子义纲，与书名正同。或书成而子适生，因以其书命之？抑以子之名命书，寓以经遗子之意？俱未可知。国翰所辑，仍不外《经义考》三条。其“伯也执殳”条，增引“格论”二字。“孔子称天子之德”条，不引《类聚》，而引《初学记》，知《经义考》不误。此三条并增引余萧客说。（15－470）

七经义纲一卷 汉魏遗书抄本

题后周樊文深撰。③《北史·儒林传》：“樊深，字文深，河东猗氏人。周文赐姓万纽于氏，官至县伯中大夫，加开府仪同三司。”《隋志》：“樊文深撰《七经义纲》二十九卷、《七经论》三卷、《质疑》五卷，又有《五经大义》十卷。”《七经论》即《七经异同》。《唐志》惟载《义纲》《质疑》二书，而作“《七经义纲略论》三十卷”。书名卷数，俱视《隋志》稍异，岂《略论》别为一卷耶？据《北史》，文深系字而非名。隋、唐《志》俱题文

① 中华本此句后有“清马国翰辑”。

② 中华本此句后有“清马国翰辑”。

③ “题后周樊文深撰”，中华本作“题后周樊深撰，清王谟辑”。

深,非也。又据《御览》引作"樊文渊",知其因避唐讳而改。是书罕见他书征引,《经义考》拾得三条。谟谓"孔子称天子之德"条,《类聚》引作《帝王世纪》,非《义纲》。然安知非《类聚》误引耶?谟所辑于《经义考》外,无所增也。(15-470)

七经诗一卷　汉魏遗书抄本

晋傅咸撰。①《困学纪闻》曰:"傅咸为《七经诗》,王羲之写。"按《艺文类聚》《初学记》载傅咸《周易》《毛诗》《周官》《左传》《孝经》《论语》诗,皆四言,而阙其一。《经义考》以傅咸《七经诗》标目入群经门,谟因是从《类聚》辑五条,《初学记》辑一条,以备群经之一种。其《孝经》《论语》《毛诗》《周官》《左传》各二首,惟《周易》止一首,《尚书》全缺,即王伯厚所云"阙其一"者也。(15-471)

圣证论一卷　汉魏遗书抄本

魏王肃撰,清王谟辑。《魏志·王肃传》:"肃善贾、马之学,而不好郑氏。集《圣证论》,以讥短玄。孙叔然受学郑玄之门人,驳而释之。"《旧唐书·元行冲传》云:"子雍规玄数十百件,守郑学者,时有中郎马昭,上书以为肃谬。诏王学之辈,占答以闻。又魏博士张融,案经论诘。融等召集,分别推处,理之是非,具《圣证论》。"此王肃著《论》之大旨,及往复相寻之始末也。《隋志》"十二卷",《唐志》"十一卷",其书佚于唐后。谟所辑仅二十条,或录马融、郑玄说于前,或单录郑说于前,又或附张融评马昭难于后。肃之难郑,至于再三。昭之通郑,亦至再三。然谟采获未尽,且编次杂乱,不如马国翰辑本之善也。(15-471)

六经略注序一卷　玉函山房刊本

魏常爽撰。② 爽字仕明,河内温人。武成西征,拜宣威将军。置馆

---

① 中华本此句后有"清王谟辑"。
② 中华本此句后有"清马国翰辑"。

温水之右，教授门徒，学者称儒林先生。《北史》有传，称其“暇述《六经略注》，以广制作，甚有条贯”。惟隋、唐《志》俱不著录，遗文亦未见引他书，其佚当在唐以前。止其《序》载于本传，国翰录之，以备一家，并附本传于后，谓“独守闲静，讲肄经典，二十余年之深诣，即斯可想见焉”。(15－472)

香草校尚书四卷　光绪刊本

清于鬯撰。鬯有《校周易》，已著录。其《校尚书》四卷，最要者，如证四岳是四人，非一人。帝咨四岳者五事，其四事皆有“佥曰”字，是为四人无疑。惟“巽位之咨”，下接“岳曰‘否德忝帝位’”，无“佥”字，以为一人者据此。鬯谓“此实四咨四人，而四人四对，所对皆同也”。又说“烈风雷雨弗迷”，谓“‘弗迷’即前知，即《洛诰》之‘御衡不迷’，衡者，‘璇玑玉衡’之衡。大麓当是天文之府”。说“百僚师，师百工惟时”，谓“师在百僚百工之间，亦是官。《益稷》篇云：‘州十有二师。’郑云：‘师，长也。’师不一人，故曰师师，即十有二师”。说“至于碣石，入于海”，谓“此言导山，非导水。碣石本在海中，不在海岸之上，故‘必著此’三字以明之。此古文倒句法”。说“五子之歌”，谓“不得以五观附会。《序》云‘昆弟五人’，明是五人，非一人”。俱有理。惟谓“今之《书序》，非孔子之《序》。孔子《序》存今经文中，如《多士》篇‘惟三月，周公初于新邑洛，用告商王士’之类”。按书有叙事，有叙言，此特叙事之文耳。古人为文，必别有序，汉人犹然。不然，如《汤誓》《微子》《大诰》《立政》等篇，曷为缺之？书中多引俞荫甫说，且间有驳正之者。鬯与荫甫，盖同时也。(15－547)

正学堂尚书说一卷　原稿本

清王仁俊撰。仁俊于书，仍主伪古文说，而不全没其善。丁晏《尚书馀论》，硬断古文为王肃所造，此更为证成之。其牵强周内，尤无理。解“辰弗集于房”，以《左传》引太史语，即断为真古文。解“皇极王极”，以《史记》偶用“王极”字，又断为真古文。究何据耶？而解“南讹”，则谓"训'讹'为'化',实本古义"。说"不宝远物"四句,又称为谠论。盖未如阎、惠辈绝之之甚也。他惟考"六宗",由秦汉以讫近今,遍举诸说,判其得失,而独采于惠栋方明之说,谓与欧阳、夏侯相表里,所折衷差不谬耳。(15－548)

尚书古文注一卷　通德堂经解本

汉郑玄注,清黄奭辑。按郑注《尚书》,旧有孔广林、袁钧二辑本,奭所辑,详于孔本,而视袁本多合。按袁本虽成书在先,惟刊行于光绪十年,奭未得见也。然亦有不同者,即就卷一校之,如"乃命羲和"条下,袁本多"星辰二十八宿"六字。"日中星鸟"条下,此多"星鸟星火"五十八字。又"夏不言曰"十一字注,袁本注于"申命羲叔宅南交"下,此注于"辩秩南讹"下,而袁本于"平秩南讹致敬"条下多"司马之职"十四字注。又"日永星火"条下,此多"星鸟鹑火之方"九十字,又袁本多"寅饯纳日"注一条。"宵中星虚"条下,多"虚元武中虚宿"六字。又"日短星昴"条下,多"昴白虎中昴宿"五十六字。又"遍于群神"条下,此多"遍以尊卑次秩祭之"八字。又"象以典刑"条下,袁本多"三宥一曰弗识"十五字。又"流共工于幽州"条下,除"幽州北裔"四字外,二本所引全异。"此辟四门"条有注,袁本无之。袁本"四罪而天下咸服"条、"询于四岳辟四门"条各有注,此无之。又"五品不逊"条下,袁本多"举八元"十二字。又此有"敬敷五教"注,袁本无之。又袁本有"予击石拊石"注,此无之。其他卷之异同视此。至若疏举"宅嵎铁"三字,郑不同夏侯等书,为论今文者之要证,此亦漏未之及,何耶?(15－549)

尚书图不分卷　刊本无年月

清杨魁植辑,其子文源增订。魁植字辉斗,长泰人。文源字泽汪。是书无序例,亦不分卷,图凡一百十四,有附说者,有不附说者,说亦甚简。中如"作术离合""文体出处字例""冬夏风雨"等,亦为之图,殊无谓。以《浑天图》作《玑衡图》,不合。《闰馀》诸图袭陈说,未为精审。《禹贡山川名敷图》,不尽确。《商七庙图》,本无其制,以意附会。其他

属于器物,大都沿旧,聊备观览可也。(15-550)

祖述约义私绎一卷 原稿本

无撰人名氏。惟录《尧典》《舜典》《大禹谟》《皋陶谟》《益稷》五篇,又复删经文大半,亦不引训诂,而择义颇不苟。谓"《尧典》'钦明'十八字,系总括'帝尧之德盛化神',乃史臣之赞词。近儒谓言帝尧之修身者,非"。释"大麓",是孔而非蔡,谓"雷雨不惊,仅匹夫之勇,何得与五典、百揆、四门连叙?虽蔡氏亦本之《史记》,然马迁当诸经尚未立传之时就文起义,读者不必援为定解也"。亦不以攻古文者为是,谓"凡事理之荒昧难通者,有征亦属传疑。事理之切实不移者,无征亦足资信。以事理辨真伪,视以文理平顺艰涩辨真伪者,又进一解"。书有后序,言"典谟所记,如命官分职、授时宅土、敷教明刑、工虞礼乐、六府三事之功、仪象瑞节车服律度量衡之制、禋祀巡觐考绩之期,灿然大备。然备其目而不详其事,殆所谓不可为典要,惟变所适"云云。书题殆取《中庸》"仲尼祖述尧舜"意耳。(15-550)

诗经通解三十卷 民国印本

林义光撰。卷首有义光自序、略例、诗音韵通说。每篇下有篇义,有别义,有异文。篇义者,正解也。与篇义参者曰别义,与经文参者曰异文。义光说《诗》,每出奇解。如说《关雎》,谓"求匹偶而未得,可云寤寐思之,不得云寤寐求之。'寤'训'觉',不训'梦'。'求之不得'者,谓寐始觉而察视夫人,则既夙兴而离房也"。以此断《关雎》为美夙兴刺晏起之诗。说《葛覃》,谓"'归宁父母',承上'害否'言。归宁以后,既不宜浣衣于父母家,故于将归之日而浣濯之"。谓《邶》《鄘》两《柏舟》,为一人之诗。一为其母不谅而作,一为兄弟之怒群小之侮而作。说《匏有苦叶》,谓"'雝雝鸣雁,旭日始旦',言纳采也。'士而归妻,迨冰未泮',言亲迎也。亲迎必用昏,今则始旦而亲迎,且不及请期,而与纳采同日行之。盖仲春为嫁娶已尽之期,欲及冰之未泮,杀礼而行也"。说《雨无正》,谓"无正,即正大夫离居之谓,'雨'疑'周'字之误"。说

《雍》，谓“为武王事先祖之诗。‘皇考’‘烈考’，非分指二人，不得为兼祀文武之证，即不得为禘太祖之诗”。俱有理。义光谓“挽近三代器物，日显于世。学者得见真古文，因之识文字传写改易之迹”。故书中如“朱幩”“鸾旂”“入右”等义，皆取证于金文。惟义光于近世治经诸家，除高邮王氏、德清俞氏外，未及博采。又新出土之彝器，亦未得遍观，故其所得止于如此也。(15-551)

毛诗蒙求汇琐二卷　嘉庆庚申刊本

清薛韬光撰。自题云：“暇览经籍，有概于心，辄疏记之，或旁推交通之”云云。大旨补窾启所未备，亦有与窾启互参者。所引率传疏旧说，而稍折衷之。引陈氏《稽古编》尤多。地理诸条，证诸《禹贡》，较为审核。器服诸条，采自《礼疏》，无所订正。若“心性鬼神”诸条，微论若何阐发，总不出宋儒见解耳。(15-552)

毛诗蒙求窾启十卷　嘉庆庚申刊本

清薛韬光撰。韬光字少文，江苏上海人。是书首有自序，以为“《诗》中精义，经宋元诸大儒讨论，如日再中。其名物训诂，自《尔雅》外，诸子各有成书。兹集俱不多及，惟就诸说相持处，略标管见”云云。大旨于《小序》《传》《笺》《集传》，以至诸儒之说，择善而从，不主于一。于近人陈氏《稽古编》，尤多采用。义要而说繁者，另为考辨专篇。论邶、鄘、卫，据《班志》：“武王崩，三监叛，周公诛之，尽以其地封弟康叔。”谓“康叔封卫，既尽有邶、鄘之地，故《卫诗》可称《卫风》，即可称《邶风》《鄘风》”。论《郑风》，据《御纂诗义折中》谓二十一篇皆非淫诗。论豳雅、豳颂，据《大戴》及《杜夔传》，风可名雅；据《节南山》《崧高》，雅可名风、颂。谓《七月》一篇，备有风、雅、颂。若其自具新解，如据《草虫》笺云：“草虫鸣，阜螽跃而从之，异种同类，犹男女嘉时。”而郑于《出车》笺云：“草虫鸣，晚秋之候。”即此可证毛氏“季秋至孟春为昏期”说之不谬。又据《柏舟》诗“髧彼两髦”，考“髦”者，子事父母之饰。父死脱左髦，母死脱右髦，亲没不髦。今云“髧彼两髦”，是共伯死时，其亲俱在。

而武公弑共伯之诬，不辨而释。论《蒹葭》，谓“西土之人，怀东周故主”。谓脱稿后，始知陈子龙、李因笃已有此说，然无害其为冥思独到也。然亦有不当疑而疑者，如“文王受命称王”之说，《经》《传》《史记》皆有明证。徒拘于宋儒迂见，以论三代以上之臣节，安见其可？序作于乾隆三十七年，后三十年而刊行。曰“窾启”者，取《庄子》“为窾启之民”意也。（15－552）

诗识三卷　明刊格致丛书本

明胡文焕编。① 卷首有庄汝敬序及文焕自序，卷末有文焕侄孙光盛跋。盖择朱子《集传》中语，为之分门别类，曰天文、时令、占候、地理、封建、风俗、宫室、人物、人伦、人事、身体、饮食、称呼、姓氏、礼制、冠服、乐舞、官制、军旅、制作、器物、农桑、五谷、花木、飞禽、走兽、鳞介、昆虫、珍宝、声色、数目、事实、引用、比喻、辨析、要句、训诂，凡三十七目。题曰“诗识”者，取“学诗多识”意。所见甚陋。其区目之未善，又不必辨矣。（15－553）

毛诗古音述一卷　光绪己亥排印本

清顾淳述。淳字震盂，江苏金匮人，诸生。是书首有顾翃序及淳自序，作于咸丰三四年。大旨就陈第《毛诗古音考》、顾亭林《诗本音》、江慎修《古韵标准》、段懋堂《诗经韵谱》，取其确有据依者，删成是卷，便里师之诵习。虽述而非作，而大端粗具，要言不烦。究古韵者，借为入门之径可也。（15－554）

读诗钞说四卷　光绪丁亥刊本

清张澍撰。澍字鲁泉，四川华阳人，举人，官教谕，卒于同治间。是书为其再传弟子刘永镇所传，于光绪丁亥刊行，有高赓恩、黄云鹄、崔志道、伍肇龄诸序及永镇后跋。大抵多依《集传》为说，《序》及《传》《笺》

① “编”，中华本作“撰”。

不合《集传》者俱驳之。于《郑风》虽不敢明主“淫奔”之说，而不以为非。诸所敷义，肤而不切。不惟未能得诗人之意，恐朱子之意亦未必如其所揣拟也。(15－554)

毛诗正本二十卷　乾隆甲子刊本

清陈梓纂。梓字桐友，浙江钱唐人。是书以《序》为主，又以《序》为子夏与毛公合作，以《序》首一句属古《序》，次句以下属毛公。而郝京山则最信《小序》，据以为说者也。故于经文之下录古《序》，次毛公，次郝京山之说。而卷首则弁以郝京山读诗诸则，附以毛大可韵一则。又于《郑风》卷末，附李穆堂释“淫”字义一篇。但京山信《序》过甚，大可论韵多偏见，穆堂释“淫”，援义虽博而不切。郑声非郑诗，淫奔是淫行，非淫声。朱子之误解，固有不待辨者。其他与《序》立异者，非尽无理，不得概以为非也。(15－555)

香草校诗八卷　光绪刊本

清于鬯撰。鬯有《校周易》，已著录。其论《诗序》，分《序》与《续序》。又谓“序诗与作诗，其意不同。作诗者，即一事而形诸歌咏，故意尽于篇中。序诗者，合众作而备其推求，故事征于篇外”。说本胡承珙。按此特因序与诗不相切，强而通之耳。他无可证，惟谓“古《序》本为一篇，有异诗同序之例。如《日月序》云：‘卫庄姜伤己也。’《终风序》亦云：‘卫庄姜伤己也。’在古《序》必本作‘《日月》《终风》，卫庄姜伤己也’。《雄雉序》云：‘刺卫宣公也。’《匏有苦叶序》亦云：‘刺卫宣公也。’在古《序》必本作‘《雄雉》《匏有苦叶》，刺卫宣公也’。因而推之，《小星》《江有汜》两诗，亦必同序。曰‘美媵’者，兼两诗而言。其‘勤而无怨’，专指《小星》。‘嫡能悔过’，专指《江有汜》。而《小星序》上‘惠及下也’，应并入《摽有梅》。盖古《序》宜无不当诗意，而不能无错乱误系之处，毛公时已不免”。按此说甚有理。又谓“《南山》诗为鲁人作，而附于齐。如《黎风》附于邶，《许风》附于鄘之例”。并谓“诗有不成卷而以他诗附足者，亦有不成卷而附他风者，大率以十篇计。故《卫诗》多，则离为三,曹、桧原并为一”。说亦可通。其说诸篇,亦多创见。如《汉广》篇,谓“系殷纣之人慕文王之化,欲渡江汉而南,而又以为不可者”。《燕燕》篇,谓“‘仲氏任只’,‘任’为仲氏之姓,非戴妫”。又《载驰》篇,谓“归唁者,许穆夫人使许大夫归唁,非夫人自归唁。上文云‘载驰载驱’,下文云‘驱马悠悠,言于至漕’①,皆指许大夫言。下即承之曰‘大夫跋涉’,其义自明”。又《山有扶苏》篇,谓“‘子都’是古美女之号。《荀子·赋篇》:‘闾娵、子奢,莫之媒也。’杨倞注引《后语》‘子奢’作‘子都’。‘子都’与‘闾娵’并称,且以媒言,尤明其为女子”。凡此诸解,证之诗而皆切。其他妙义尚多,殆匡鼎之流也。(15-555)

正学堂诗说一卷 原稿本

清王仁俊撰。所为《诗》郑笺释例,于用三家申毛改毛之外,广举诸例,曰附传,曰补传。又有引他经例,与他经违异例,《笺》与《礼》注异义例,与郑自注《论语》异义例,《笺》义同郑志例,《笺》说未及而补于郑志例,《笺》说前后互异例,似《易》传而非《易》传例,各举证以明之,可谓备矣。他篇不甚关于要义。其驳陈氏《毛诗稽古编》有二,一单驳“西方美人”说,一兼驳解“捕鱼之器”,有“非大觉缘果之文,不能救物命”。按陈氏谓“西方美人”,似指释尊言,不始于陈氏。与“大善缘果之文”,亦涉佛乘。虽非解经之体,而义可相参。且《四库提要》已驳之,何须多赘耶?又其解“实始翦商”,引《尔雅》“翦,勤也”之训,亦是陈说。诗人推原王业所由成,归功太王,本无实事。为冤为诬,更不值一辨也。(15-556)

毛诗谱一卷② 通德堂经解本

汉郑玄撰,清黄奭辑。按王谟辑本,《王风》次《邶》《鄘》《卫》之后、《郑风》之前。此则《王风》称《王城》,次《豳谱》之后。桧、郑分二谱,次邶、鄘、卫之后。又《周颂谱》视王谟本多“礼运曰”以下一百九十四字,

---

① “言于至漕”,中华本作“言至于漕”。

② “毛诗谱”,中华本作“诗谱”。

其邶、鄘、卫、桧、郑、齐、魏、唐、秦、陈、曹、王城、周颂诸谱下，各引《正义》以证之。又群书引《谱》，有异文讹字者，各备注于句下。又《谱》有附录十一条，皆王谟本所无。欧阳永叔补亡本，详次时代与篇什于说后，此未之及也。（15－557）

五经讲宗五卷　明刊本

明颜茂猷撰。茂猷字光衷，福建漳州人。是书讲《易》主卦变，每近穿凿。讲《书》《诗》，以俗情达经旨，全是门外语。讲《礼记》，分孝弟之礼、男女之礼等，但就经文敷衍。讲《春秋》，分十二公，但取《左传》指点。总而观之，除《周易》外，大率以制艺家气脉，参之市井口吻，以言经义，离题远矣。（15－557）

汉碑征经补一卷　原稿本

清王仁俊辑。题"汉碑征经补"，而不言所补何人，亦无序例。凡《书》二十一条①，《书》七十五条，《礼记》四条，《周礼》一条，《春秋左氏传》十条，《春秋公羊传》三条，《论语》三十条。又附录《论语》一条，《孟子》三条，《尔雅》一条，《孝经》一条，《国语》四条。所辑虽似甚略，而视于氏皮氏诸辑，略有异同，存之以备考可也。（15－558）

六艺论一卷　乾隆四十九年刊本

汉郑玄撰，清陈鳣辑。《隋志》有《六艺论》一卷，《唐志》同，不知佚于何时。鳣从《诗谱》、《释文》、诸经注疏、《汉上易传》、宋均《孝经纬注》、《路史》、《辨正论》、《唐会要》、《北堂书抄》、《类聚》、《困学纪闻》诸书辑得四十六条。卷首有鳣自序，辨徐彦《公羊疏》称"郑君先作《六艺论》讫，然后注书"之非。引《诗论》云："注《诗》宗毛为主。"又《春秋》《孝经论》并云："玄又为之注。"是作于注书之后，本书即有明证。又孔颖达称《六艺论》有方叔机注，未详何时人。鳣从《礼记正义》引其

---

① "《书》二十一条"，中华本作"《易》二十一条"。

一条，亦足珍也。(15－558)

六艺论一卷 通德堂经解本

汉郑玄撰，清黄奭辑。凡《易论》十三条，《书论》三条，《诗论》八条，《礼论》六条，《春秋论》三条，《孝经论》二条。所采除诸经注疏外，有《释文》《路史》《世说新语》《辨正论》《山堂考索》《瑞桂堂暇录》《事物纪原》诸书。奭似未见陈鳣本，故所采书不尽同。以校陈本，如"易者阴阳之象"条，此多"人皇即遂皇也"六字，乃释原文"人皇"二字，非原文也。又"遂皇之后"条，引"伏牺始作十二言之教"，"二"字是衍文，陈本无之。又陈本引《辨正论》五条。又"太平嘉瑞"条，末多"是其变也"四字，陈本无之，疑亦《正义》所增。又"易之为名也"条，末多"据兹三义"十三字，系《易赞》，非原文。又"春秋演孔图"条，引多百八字，是《泛历枢》，非原文。惟"《易·系辞》云"一条、"礼其初起"一条，为陈本所无。又陈本分数条者，此往往并为一条，故数若少于陈本，而文实繁于陈本也。(15－559)

驳五经异义十卷 通德堂经解本

汉郑玄撰，清黄奭辑。按《后汉书·许慎传》："慎以五经传说，臧否不同，撰为《五经异义》。"《公羊疏》云："左氏先著竹帛，故汉时谓之古学。《公羊》，汉世乃兴，故谓之今学。是以许慎作《五经异义》云：古者《春秋左氏》说，今者《春秋公羊》说。治古学者，即郑众、贾逵之徒。"《礼记疏》云："凡异义皆同《穀梁》之义。许氏书可征者如此。"《隋志》十卷①，《唐志》同。郑君驳载本传，及《郑志·目录》、隋唐《志》皆连《异义》为书，不别载卷数。其书佚于唐以后，惟散见诸经义疏、《史记注》、《北堂书抄》、《初学记》、《通典》、《类聚》、《御览》等书所引。奭辑是本在诸辑本之后，故较他辑本为详。然亦不无舛误，所当参观而得其是也。(15－559)

---

① "《隋志》十卷"，中华本作"《隋志》作十卷"。

祚翰吟庵经学谭一卷　活字印本

常赞春撰。所论自汉以来，儒学七变，谓“汉重师承，其弊也拘。魏启玄风，间持异议；唐宋以来，其流未沫，其弊也杂。程朱继起，独研义理，摆脱汉唐，其弊也悍。宋末及明，偏于所主，驱除异己，其弊也党。自明中叶后，材辩聪明，激而衡决，其弊也肆。清初诸儒，学务征实，精密太过，其弊也琐。中叶迄今，骛新弃旧，其弊也荡”。又谓“乾嘉以来，考据学炽，理学渐微，经说多破碎穿凿。于是有倡今文黜古文者，且旁涉纬数及诸子，而经学之藩篱大决”云云。所论未尽当而颇切时病，近人废经疑之风，盖肇于此矣。附举诸经书目，殊未备，未足供治经者之需也。(15－560)

读大学记一卷　道光刊本

清范泰衡撰。泰衡有《读尚书记》，已著录。是书本遵汉儒，义从宋贤，而参以己见。分节为说，推陈出新。如说“格致”，谓“木长为格，则本末贯，贯观其达。木各为格，则本末分，分观其到。《君奭》曰：‘格于上帝，自下而上，无不达也。’《尧典》曰：‘格于上下，上上下下，无不到也。’《春秋》曰：‘致女，往致也。’《系辞传》曰：‘致天下之民，来致也。’《礼器》曰：‘有放而不致，极致也。’兼三义”。说“诚意”，谓“诚意非独善恶之分，乃好善恶不善虚实真伪之分”。说“挈矩”，谓“凡物之平，皆其方者。矩者方之至，好恶之正如方然，人主好恶之正如矩然。民从君之好恶，如方视矩然。君推民之好恶，如矩成方然。挈之而上下前后左右，无往不方，则无往不平”。说“德本财末”，谓“德之事，先君而后民，由本逮末之道。财之事，先民而后君，内本外末之道”。其说古本，既谓《大学》旧文原无阙误，无庸补定，而“亲民”乃从《章句》作“新”，则未免去取任意，驳而不纯矣。(15－560)

读中庸记一卷　道光刊本

清范泰衡撰。泰衡有《读尚书记》，已著录。是书大率本之《章句》，而稍参以《辑略》《或问》之旨。亦是分节为说，而理较显豁。驳《语类》言"戒惧是由外以尽于内，慎独是由内以及于外"，谓"经文首言'须臾不可离'，而归重于'不睹闻'与'隐微'。末章又以不漏、屋漏、潜伏、孔昭，一一相应，殆非第举此见彼，全体偏端之常言。此皆从源头用功夫，示人以最得力处"。而说"不睹不闻"，谓"非耳目之不睹不闻，乃心之不睹不闻"。"莫见莫显"，"非形色之莫见莫显，乃意之莫见莫显"。亦透深一层。谓"郑《注》：'庸，用也。'又曰'常也'。证以经文'庸德庸言'，则'常'义为当。中则庸，和则庸。但《广雅》直释和为庸，未尽'庸'义。果尔，则子思何为不以'中''和'名篇？"亦是的论。又"至诚"章郑注，"大经"谓六艺而指《春秋》，"大本"谓《孝经》。朱子不从之。按孔子一生作用，在于二书。郑指而实之，本不误。朱子素轻信《孝经》，故不从之。此乃谓《章句》有廓清之功，甚至疑《春秋》《孝经》，与至圣至诚无所与，斯失言矣。(15－561)

香草校孟子一卷　光绪刊本

清于鬯撰。鬯有《校周易》，已著录。是书止《梁惠王》《公孙丑》二篇，下缺。所校如"为其象人而用之也"，谓"'象人'之字，合为一字，即是'像'字。今肖生人之形貌而为之者，谓之'像'"。引《战国策》"秦王言宋王无道，为木人以象寡人"为证，非但空似人形而已。又"人皆谓我毁明堂"，谓"此明堂盖宣王自筑"。引《吕氏春秋·骄恣览》"齐宣王为太室，大益百亩，堂上三百户，以齐之大，具之三年而未能成"云云。其事亦见刘向《新序·刺奢序》。惟明堂有太室，此即宣王作明堂之据。又"孟施舍似曾子，北宫黝似子夏"，谓"两'似'字是'师'字之误"。又"隘与不恭，君子不由也"，谓"君子非泛言，即指孔子"。又"孟子自齐葬于鲁"，谓"葬鲁即是葬邹，鲁之并邹，即在孟孟子之世①，或即篇中称邹与鲁哄"。所举有司死而民莫救，年岁凶而君不闻，上慢残下，老填沟壑，壮散四方，皆亡国之道，宜为邻国所并。至穆公为亡国之君而有谥

① "孟孟子"，中华本作"孟子"，疑稿本衍一"孟"字。

者，则有宋康王之例在。凡此诸条，新而甚惬。惟谓“文王之囿百里”，“囿”是“国”字之误，即据《公孙丑》篇“文王方以百里起”为证。不知《公孙丑》篇以文王初起时言，非所论于三分有二、受命称王之时。于传有之，是明有其事，岂孟子而欺宣王乎？百里之国，及“国”“囿”互误，虽有他证，而此章则明白无疑义也。(15－561)

孟子节文七卷　明洪武大字刊本

明刘三吾撰。三吾初名如孙，以字行，湖南茶陵人。元末官靖江路儒学副提举，洪武十年以茹瑺荐，奏对称旨，授左赞善。屡迁翰林学士，后以罪戍边，建文时召还，卒。是书首有三吾题解，署官翰林学士、奉议大夫，时在洪武十七年。按明太祖览《孟子》，至“土芥寇仇”之语，谓非人臣所宜言，诏去配享。有谏者以不敬论，且命金吾射之。其憎孟子甚矣。三吾之《孟子节文》，殆为此作也。今观其书，《梁惠王》篇节存六章，《公孙丑》篇节存十三章，《滕文公》篇节存八章，《离娄》篇节存四十一章，《万章》篇节存七章，《告子》篇节存三十一章，《尽心》章节存六十七章。凡所删者八十五条，课试不以命题，科举不以取士。其节之之旨，以为魏惠王首以礼聘孟子，一见即问何以利便其国，非财利之利也。孟子恐利源一开，非但有害仁义，且将有弑夺之祸。仁义，正论也。所答非所问矣。及其欲为死者雪耻，非兵连祸结不可也，乃谓能行仁政，可使制梃以挞秦楚之坚甲利兵，则益迂且远矣。台池鸟兽之乐，引文王灵台之事矣。《汤誓》“时日曷丧”之喻，岂不太甚哉？雪宫之乐，谓贤者有此乐宜矣。谓人不得即有非其上之心，又岂不太甚哉？其他或将朝而闻命中止，或相待如草芥而报施以仇雠，或以谏大过不听而易位，或以诸侯危社稷则变置其君，或所就二所去三而不轻去就于时君。固其崇高节抗浮云之盛心，在当时列国诸侯可也。天下一君，四海一国，人人同一尊君亲上之心。学者或不得其扶持名教之本意，于所不当言不当施者，概以言焉，概以施焉，则学非所学，而用非所用云云。见于三吾所作题辞。又按，史称三吾博学善属文，尝敕修《省躬录》《书传会通》《寰宇通志》《礼制集要》诸书。惟是书独不见《传》，岂以负逢君之嫌，

获侮圣之咎，自为之而自讳之，故《传》亦不之及耶？观题辞抑扬委婉，未始不有调停之意寓其间也。(15－563)

大学古本一卷大学述一卷大学述问一卷 明刊本

明许孚远撰。首有自序，言“格物之义不明，而孔门之学晦。尝兀坐沉思，恍然觉悟，知此心不可着于一物，澄然无物，性体始露”云云。其说殆近于禅悟，故其释“致知格物”，谓“此所谓知，即明德之不昧者。意有真妄，知无不明，知至至之，无有蔽夺，是之谓致。即致即诚，无知行之别。格即格其非心，《易》曰闲邪曰洗心，《论语》曰克己，其义一也”。其释“慎独”，谓“欺曰自欺，慊曰自慊，一念之微，炯然不昧，是名为独”。盖本姚江之学，而又参以禅理者也。末附《答问》一卷，以申其未尽之意。说多微妙，但非经旨。曾见他本，多《支言》《杂著》二种，是本缺之，盖初印本如此也。(15－564)

四书引经纂五卷 明刊本

明邹巖纂。首页又题“四书白文引经释义便览”，无序例。《诗》《书》《易》《礼》《春秋》各为一卷，共五卷。《诗》称“葩经”，《书》称“壁经”，《易》称“庖经”，《礼》称“戴经”，《春秋》称“麟经”，词取新也。且所引《礼》文，有《周礼》《仪礼》，何得以“戴经”该之？巖以四书中所引经文每多单句，或浑括其事与义，故引其全诗及其事之本末、义之终始以证之。所引经文，并附浅释。然古人引《诗》《书》，大都义取断章，不在全文。《周易》一编，四书所引甚少，经文惟“五十以学《易》，可以无大过矣”“不恒其德，或承之羞”“君子思不出其位”。乃举《大过》全卦，《恒》《艮》全象，不已烦乎？其他数条皆朱注涉于《易》义者，而亦一例引经为证，则与所题“四书白文引经”者相乖矣。四书中惟《礼》《春秋》关涉最多，但引《礼》如宗庙之制、褅尝之礼、封爵之等，其说失之太略。所引《春秋》，如“孔子惧作《春秋》”“春秋无义战”，征不胜征，其事又失之太繁。又“郑人使子濯孺子侵卫”，《孟子》所引与《左氏传》贤否相易，正宜引之以互参，乃不之及。按旧曰教童子法，五经与四书并读，故

古人注书,凡涉于经者,皆不引证。以人所共习,无待引证也。然则是书诚赘疣矣。(15-564)

中庸四记一卷 道光刊榕村全书本

清李光地撰。光地有《中庸馀论》《中庸章段》,已著录。是书刊于道光乙酉。其玄孙维迪跋云:"嘉庆戊辰春,鬻书者以是请售。检视之,似是先公手书。其分章宅段,又与《章段》符。复检读《榕村全集》,始知'哀公问政'章、'仁义礼智'说,已摘刻在二十四卷《讲义》中。"又有吴贤湘跋云:"《中庸馀论》之成,在庚寅岁。《章段》之成,又在丙申。《四记》容出其后。"按光地一生著书之目,具详《年谱》。康熙丙申《中庸章段》成,是已七十五岁矣。次年丁酉七十六岁,成《论孟劄记》、《离骚》《九歌》《参同契》注。又次年戊戌七十七岁,成《诗所》。又注《尚书》,甫成七篇,遂绝笔。是书果为光地所作,不应《年谱》不载。即维迪、贤湘二跋,亦未敢确然断定。盖分章宅及仁义礼智说之相合,或有意采用,或不谋而符,俱未可知。再观开篇释"天命之谓性",大旨与《中庸馀论》首段同。但是书说较畅透,又微露不足程朱之处,不如《馀论》之精括无语病。乃知是书为光地治《中庸》之旧稿,其后成《馀论》,又成《章段》,其说遂散见于二书,且入之于《文集》也。题曰"四记"者,当是草创以来改易四次。若是最后定本,则"四记"云云究何谓耶?惟其为未定之本,故《馀论》《章段》既成则弃去之,因之不见于《年谱》矣。其书说理通透,以证《馀论》《章段》二书,可验学识之渐进,未可以椎轮而废之也。(15-565)

大学古本私记一卷 旧抄本

清李光地撰。光地有《大学古本说》,已著录。据《年谱》,康熙丙申光地七十五岁,《大学古本私记》成。又据光地族子馥序《四书解义》,言"戊戌还朝,乃手定其本,以贻子弟"。所云《四书解义》者,其一即《大学古本说》也。《年谱》称《大学古本私记》,刊本称《大学古本说》,名已不同。是本仍题《大学旧本私记》,取与刊本《大学古本说》相校,则刊本删削甚多。《私记》谓“经传之分,朱子固言无所考据,直以其辞气之烦简而意之。况首章虽备纲领条目,而尤反复于格物知本,以起下章诚意之端,故不可以经传离别”。又以知本释格致,谓“自身心意至家国天下,皆物也。格之者,将遇物泛然而格之,以资口耳乎?抑欲其切于身心,而可以举而措之家国天下也?又以朱子之言格物者参之,则身心性情之德,即经之身心意是也。人伦日用之常,以至天地鬼神之大,鸟兽草木之微,则经之家国天下是也。然身心性情之理,即人伦日用之理,是内与外之相为本末也。人伦日用之理,即天地鬼神之理,是近与远之相为本末也。天地鬼神之理,即鸟兽草木之理,是小与大之相为本末也。鸟兽草木之理统于天地矣,天地鬼神之理统于人伦矣,人伦日用之理统于身心矣。然则身心者本也”。按如此释“格致”,虽未为妥惬,然就朱子之说而反诘之,恐朱子亦无以答也。其他与朱异义者尚多。按清圣祖崇信朱子,曾有“跻之四配”之语,又修《朱子全书》,光地总其事焉。揣光地之意,背朱则势所不敢,宗朱又心所未安,乃私成此书。自云“袭之巾箱,不敢示人”,其意可知矣。故此等语皆不见于刊本,此《私记》与刊本之所以异欤?(15－566)

中庸馀论注一卷　道光刊安溪四种书注本

清李光地撰,宋懿修注。懿修,浙江归安人,尝官山阴训导。先是,康熙庚子,光地族子馥以光地所著《四书解义》刊于江宁,即《四库》著录本也。其《中庸馀论》一卷,据光地自序云五十二条,但《文集》载此序云四十六条,而光地更有最后定本,仅四十二条。盖成书后屡经改订,条数递有分合增损,文字亦微有异同。即懿修所据本也。懿修好理学,尤服膺安溪,就其所著别种中,取义理之可互相发者,参以己意,为疏通证明之。所采乃至制义自记,可谓细大不遗矣。按光地《中庸馀论》,说理本精,杨名时跋所称“为根极天人,囊括性命,搜阐无余蕴”。但杨氏仅据初本为言,不知后定本之尤胜。懿修于安溪一家之学,实能融会,故能遍探异同之故,而不失其旨焉。(15－567)

四书集说不分卷 乾隆乙酉刊本

清李道南撰。道南字静斋,江苏甘泉人,乾隆甲戌进士,官刑部主事。尝以母老乞养,家居教授。是书即其时所纂也。首有序,谓"四子书之精微,尽发于朱子之《大注》《或问》《语类》。是本所集,上自程朱语录之微言,下逮元明诸儒之名论,无不博采慎择。我朝李厚庵简而精,陆稼书质而醇,不失朱子之旨。其余诸家,纯杂各半,所择较严"云云。书中不录《大注》,经文后低一格录朱子之说,即《或问》《语类》之属也。朱说后又低一格,录诸家之说。间有案语,亦附诸家之后,作双行小字。书中亦引吕留良说,而不敢名之,称曰"语溪"者是也。又多引时文语,盖沿明人讲义之习。亦以为课生徒作时文计,指示较切也。所集众说,虽多陈言,尚能简净。其自出己见,如"管仲"章,谓"'器小'一叹,直从伊吕闳散,递及到仲,有多少慨惜意在。仲之僭侈,亦与三家异"。"景公"章,谓"景公兄庄公为崔杼所弑,而景公得位,杼犹为政,与夷齐兄弟因让国而卧,二事亦有关照"。如此之类,亦能发前人所未发,惜不多耳。惟说"孝弟为仁之本",谓"惟孝弟远于不仁,可悟仁为孝弟之本"。殊可笑。盖因《集注》引程子曰:"性中只有个仁、义、礼、智四字,曷尝有孝弟来?"于是谢道显言孝弟非仁,陆子静直斥有子之言为支离。王伯安言仁,只求于心,不必求于父兄事物。此为宋明诸儒最谬之见。道南于此不敢背注,又不敢违经,遂不得不多转一湾矣。但其误非自道南始耳。(15-568)

读孟子劄记二卷 光绪刊罗氏遗书本

清罗泽南撰。泽南字仲岳,湖南湘乡人,诸生。以军功保至布政使,殉难,谥忠节。是书专说大义,于宋儒中主程朱,而所得甚浅;尊濂、洛、关、闽,至等之孔、颜、曾、孟;斥陆、王,至等之佛老。不已甚乎?其最迂者,谓"封建胜于郡县,郡县行,则井田不可复;井田废,则学校不可兴"。最谬者,谓"理无定在,势之所存,即理之所寓,昧乎势即昧乎理"。然读"好辩"章,谓"吾人或出处,莫不有斯道之责,讵可以为不关己事,置而不顾?”此可见其一生得力处。至论士习之弊,谓“士当穷庐诵读,惟揣摩利世之文,博取科第。一登仕籍,则奔竞干谒,贪婪恣肆,朝廷之安危,生民之休戚,一无所顾惜于其间”。论治习之弊,谓“州县假权胥吏差役,此辈亦有妻子父母,岂能蔽口枵腹?代公办事,势不能不舞法弄弊,巧取民财。宰官若尽禁其弊,则衙门无办事之人。若不禁其弊,则为害于苍生”云云。不惮痛切言之,洵有心于世道者矣。(15-569)

大学补遗一卷　宣统二年写印本

清章钧撰。钧谓“《大学》古本、今本皆不全,古本于‘未之有也’下接以‘此谓知本’二语作结,语意不贯。今本以‘未之有也’作结,语意亦未完。应以《中庸·哀公问政》章内‘故君子不可以不修身’至末十五节补之,即其所阙之原文也。所以确知此十五节为《大学》原文者,以有此十五节,则大学之道即达道,明德即达德。‘明明德’之明,即好学、力行、知耻;‘亲民’,即子庶民、来百工;‘止至善’,即‘九经’第三节诸实功。末节愚明、柔强之实效,既使首节数言,句句皆有着落。而‘故君子’与‘知斯三者’两节、‘九经’三节,皆重三身,则于‘皆以修身为本’一语,亦发挥尽致。若在‘问政’章内,则除去‘九经’三节,余皆学问中事,非政治中事。后人于‘《礼》所生也’之下指为重出,自非无故”。按四子书中,其理皆互为贯通,自宜取以参证。必谓彼书即此书之阙文,则《论语》《孟子》何不可割截以相缉缀?且此书有阙文,必彼书有错简,而“哀公问政”章,与见于《家语》者全同,断无二书俱错简之理。卷首有钧自序及凡例,末又有自跋。钧并谓“首章以下诸章,疑其仍有脱误,故于其不可解者置之”云云。所解除袭朱注外,粗浅不足观,姑存之以广异说可矣。(15-569)

刘氏家塾四书解不分卷　光绪丙子刊本

清刘豫师撰。首有自序及凡例,又有其门人温怀璋、袁文焕二序。自序称“读李二曲《四书反身录》,喜其‘反身’二字切中时病。而所讲书理,又悉以人生日用寻常之事为言。爰仿其意,与子弟门人辈讲学,就人眼前情事指点,使圣贤言语,句句打人人心坎里去”云云。今观其书,无语录习套语。以浅俗之言,达精深之理,使人易能易行。视《反身录》又加切近焉。书中解“弟子”章,谓“弟子当孩提之时,天性未漓,知识未开,心中本含得一团天理在内。此时较文人学士,去圣贤之路为近。就此时教以孝弟仁爱等事,以培养之,天理可以渐充,圣功可以立至。正不必亟亟于文学,以开其识。‘行有余力’句,是推缓学文意。不然,孝弟仁爱,终身行之不能尽,岂有余力?”按如此解法,则读四子书,胜于读宋儒《近思录》。其注书之旨,亦就此而可见矣。(15-570)

大学札记一卷 雍正七年刊读书小记本

清范尔梅撰。所记无甚深义,惟重订“格致”传,添“所谓致知在格物者”一句,接以“物有本末”四句、“知止而后有定”五句、“自天子以至于庶人”五句、“子曰听讼吾犹人也”六句。直是妄作。反斥姚江之取古本为谬,而以表章《大学》、正其错简之功归之程子。抑思错简之说,本无考据;表章《大学》,非始程子。以为错简而改之者,又不止一程子。古本原在《戴礼》中,非姚江所创。然则程子何功,姚江何罪耶?(15-571)

中庸札记一卷 雍正刊读书小记本

清范尔梅撰。是书着语甚简,时饶妙谛。谓“‘喜怒哀乐’句,为延平先生得力处”。谓“‘至诚之道可以前知’章,为姚江之学所本”。谓“‘子路问强’章,为孔门一卷《金刚经》”。为“‘鬼神之为德’章,为太极动静之机”。俱领会在语言之外。又说理之语,每以五言小诗出之。如“仁者必有勇,勇者不必仁”“时惴博宽褐,不惴千万人”,又“正己真君子,怨尤真小人”“援陵非吾愿,自得终吾身”。似格言亦似歌括,亦创见也。(15-571)

孟子札记一卷 雍正刊读书小记本

清范尔梅撰。首有《读孟》数则,谓孟子以战国策士之口,而据圣贤中正之蕴,读之如壁立千仞峰头,高踞百尺楼上,足以扩人心胸,拓人眼界。浅人训诂,反掩庐山真面,故书中评文处多,解义处少,时有隽思,无涉经旨。惟说孟子不见诸侯,引陈后山诗:"当年不嫁惜娉婷,傅粉施朱学后生。不惜卷帘通一顾,怕君着眼未分明。"意极贴合,训诂家所说不出也。(15-572)

孝经启蒙新解一卷 光绪刊本①

清王泽厚撰。首有序,又有凡例。谓"学有精粗,义有深浅。兹特浅而言之,欲人易晓"。又谓"此解有与旧注同者,有与旧注异者,亦间有旧注所未及而及之者"。今观其书,语取通俗,顺文敷义。与旧解异者,解"口无择言",谓"无择其口之非而议之也"。"身无择行",解同。解"孝无终始而患不及者,未之有也",谓"始天子终庶人,各有所居之位,即各有当尽之孝。苟思各尽其孝,则天子非有所加,庶人非有不足,无贵贱一也"。俱能言之成理。惟涉于典制者,概略之。当以为浅人说法,不须如此也。(15-572)

字典校录一卷 光绪癸巳刊本

清英浩撰。英浩,高佳氏,字慕纯,号养吾,晚号人海拙叟。官礼部仪制司笔帖式。是书就《康熙字典》校录,约分二部,一拟增,一校误。拟增者二项,校误者十二项,析目琐碎。其稍紧要,即原书重出之字宜删一存一者、原书反宜更正者、原书考证中不及检正者。卷后附补音补字各一篇,搜集颇备。又附自序二篇,言尚有《补注揆选》二十四卷,未刊,故是书止题卷首。按是书虽不为赅博,然用心甚细,可弥原书缺憾,不徒供检阅者之便已也。(15-573)

字典校录外编四卷 钞本

清英浩撰,英浩姓字已见《字典校录》提要中。浩辑是书,首列清

① 中华本作"同治间刊本"。

帝庙讳敬避字样，与《字学举隅》相同。卷一分“楷体正讹”“楷体相承”“摘讹音”三篇。“正讹”者，正异体字，大书之，而注俗体字于旁。“相承”者，俗体字承用已久，骤难改革。“摘讹”者，字音讹读，摘出正之。卷二为辨似集，辨释字体相似，揭其已甚者，分画横列于前，而以相近之字列后。卷三为切韵入门法二十四摄图。卷四为字母切韵切法、等韵切音切字要法。此二卷大约多据司马光《切韵指掌图》而成。卷首有自序，作于光绪甲戌。又有后序，作于宣统辛亥。盖用力三十余年而成，可谓勤矣。惟摭拾琐细，殊少发明。后序言“与陈励之《释字百韵》大同小异，绝非相袭”。因陈书已行世，而是稿尚庋箧中也。(15－574)

四书图说不分卷 乾隆乙卯刊本

清王道然撰。道然字桓坡，山东新城人，乾隆元年举人。是书首有刘大绅、刘元锡、蓝嘉瓒序及道然自序。其所为图，自出己意，而说以明之。自序所云“不无臆见创论”是也。亦有无图而仅著其说者。《学》《庸》二篇最详。如《大学》篇，谓“敬统三纲领八条目”。“知止”节，以知止能得为主，定静安即在知止中。虑与得相连，定静安全不费事，虑则吃紧着力。“淇澳”节，以道学自修恂栗威仪，分配明德五条目。《中庸》篇，以“诚”为全部枢纽，谓“三大支表里相贯，道之体，即天命之性。性之未发为中，即是隐，即是天下之大本，即是敦化。道之用，即率性。性之发而中节为和，即天下之达道，即是费，即是川流”。如此之类，表以图而理自晰。刘大绅序，所谓“上士得图忘说，下士由其说以求其图，久之而图说可存，亦可不存”是也。《论》《孟》二篇，其图都不甚关重要，而说间有可取者。如“射不主皮”节，《仪礼》本云“礼射不主皮”，夫子删去“礼”字，则以周衰礼废，不尚礼射而尚武射。主皮不主皮，世之治乱为之。“丘也幸”节，谓“夫子答司败后，定有许多不安处。只承认一声错过，则君既尊而礼亦伸”。如此之类，亦能善会书旨。说“唐虞之际，于斯为盛”，谓“着眼在‘际’字，使唐不际虞，虞不际唐，则周才旷千古而独隆”。所见亦是。案人臣身事二姓而不失节者，惟唐虞之际为然。使殷周之际亦如此,则龙、比、微、箕皆在其列,安见不盛于唐虞?夫子于此,言外之意,殆不满于征诛,而慨然于禅让之不可再见。惜道然未见及此也。书中悉遵朱注,诂义即极深切,不过为读朱注及作时文者计其便。若云"精研圣贤义蕴",则未之逮也。(15-585)

论语发隐一卷孟子发隐一卷 金陵刻经处本

清杨文会撰。文会字仁山,江苏石埭人,曾参戎幕。晚年究心佛法,设佛学研究会,刻佛经甚多。早治儒学,尝欲就《论语》《孟子》二书详加阐发,仅有标识,属稿未竟,间有批于原书上幅者。其弟子撮而录之,即是书也。书中颇有新解,说《论语》,谓"默而识之"章,谓末"何有于我哉"句,证以下文夫子自许"为之不厌,诲人不倦",则此句疑传写之误。又谓"'厩焚'章,各家注解皆误。厩中本无马,马从朝中驾车而归,见厩已焚,只'问伤人'一语,绝无诘责之辞。门人异而记之,妄者添'不问马'三字,意味便索然"。说《孟子》,谓"'王曰何利吾国',是公利,非私利。孟子曰:'上下交征利。'则专指聚敛,与问意不合"。谓"燕人畔"章,以"弟兄"二字,为周公文过,不足以折人心。谓"大人者不失其赤子之心,专认后天,未达先天。故所谈性善,不能透切本原"。谓"'天与之',言天而迹涉有为,为西教之根据"。谓"告子与孟子俱不识性,惟告子以仁义分内外,是大错误。孟子以非外辩之,颇有理"。其他说诸章,多附合佛法,盖其本色。然亦有甚微妙可参者。(15-586)

周易大象应大学说一卷 光绪丁未刊本

清高赓恩撰。赓恩字曦亭,直隶宁河人,光绪进士,官至太常卿。是书首有傅世炜题辞、雷柱序,又有赓恩自序及序论。以《大学》八条目分类,以《易》八纯卦为纲,而附五十六卦大象于下。删去"君子以"字及一上"以一大人以"二后"以六先王以"字。每条下释其义,末复引《大学》为之证。序论称"格物主讲习为兑,致知主常而习之,不在格物外,肖坎。知有定而意无不诚,艮之思不出泣象之。兑一阴在上,为乾之下体。艮一阳在上,为乾之上体。二卦合而成乾,犹知意合而为心正心之功。以自强为本,以不息为极。一阳动而生雷,震之恐惧,修身之则也。顺德之行,自闺门始,坤则齐家之则也。申命于臣下,则欲其巽以入,风之行,常不遍于天下而各殊所向,以例治国。圣人治天下,以文明。《系辞》以向明而治属诸离,巽离同宫,为两仪之大用”云云。可以知是书之蕴。雷序称“读《易象》如读《大学》,逐条悉著力之端。读《大学》如读《易象》,随在悟上达之理。不远视乎《易》,引而即之于日用;不近视乎《大学》,推之而极之于性天”云云。可以知是书之用。虽着语寥寥,殆亦研二经而有得者,非夫徒割裂附会者所得而比也。(15-587)

四书杂考六卷　明刊本

明薛寀纂。是书依经次第,不分门类。《大学》一卷,《中庸》一卷,《论语》二卷,《孟子》二卷。所考以礼制为详,惟止引经典,不加考核。至如江海山水等类,引不胜引。又如“妖孽”,引《尚书大传》;“宝藏”,引《尔雅》。如此之类,而本是空名泛引,尤无当也。(15-587)

高子讲义一卷　嘉庆甲子刊本

清潘世璜辑。世璜字理斋,江苏吴县人,乾隆进士,第三人及第。授职编修,后改工部主事。奕隽子。高子者,高攀龙也。世璜从其遗书中辑成此卷。凡《论语》三十一条,《中庸》二条,《孟子》十九条。世璜自序言:“高子讲居敬穷理之学,大旨以反求诸身为格物之要。所著讲义,实能洞见圣贤心体,故其发明义理,精微透切。间有与朱子不合处,不必援为口实”云云。书中所说,平常之中弥见精实。若圣贤不难造到者,则所重者践履也。其最透警者,如讲“六十而耳顺”二节,谓“人生只有理、欲二途。圣人之学,全用逆法。何为逆法?只从矩不从心所欲也。立者立于此,不惑者不惑于此。步步顺矩,故步步逆欲。到五十而知天命,方是顺境。故六十而耳顺矣,七十而心顺矣”。讲“我未见好仁”章,谓“人自有知觉以来,无息不逐于外物。惟好仁恶不仁,方始反情复性。好仁恶不仁,总是一个仁。好之者至无以尚之,方无一念夹杂;恶之者至不使加身,方无一息间断”。讲“人之生也直”章,谓“人生何处有一毫不停当,何处有一毫不圆满?但一直照他本色,便到圣贤地位。若迷失了,便唤做罔。罔者,冥然罔觉、悍然不顾之谓。人若罔了,便似投火之蛾、投网之鱼,撞来撞去,至死后已。其未死者,幸而免耳”。如此之类,真足为学者棒喝。其显与朱注异者,讲“颜渊喟然叹”章,谓“喟然是叹夫子,不是叹道体。若说道体,是人人具足,处处充满。颜子乃云‘仰钻瞻忽’,是于道体,全是恍惚想象。况竭才之后,止见卓立。卓立之后,又叹末由。是终身与道为异,岂成个颜子?”至讲“知及之”章,谓“圣学由知而入,‘知’字最关系学术之大小偏正。惟圣人方有全知,此外便分两路,一者在人伦庶物实知实践去,一者在灵明知觉默识默成去。此二者之分,孟子于夫子,微见朕兆;陆子于朱子,遂成异同。本朝文清与文成,便是两样。宇内之学,百年前是前一路,百年来是后一路。两者递传之后,各有所弊。毕竟实病易消,虚病难补”。按此论于古今理学派别,言之最晰,亦最允。攀龙与顾宪成同属东林领袖,所学亦相类。是书与宪成《四书讲义》持旨亦同,在讲义中不多见也。(15－588)

孝经集注一卷　光绪丁未聚珍印本①

清潘任辑。首有自序,称“经宜就唐以前本十八章为定,注宜以郑氏为定”。故是书以郑《注》为主,兼采陆德明《经典释文》、邢昺《孝经义疏》所载古义,并及近人马国翰玉函山房所辑佚注。始魏文侯传,至唐为止,不录宋元以下。经文下,首列郑《注》,圈外则列古注。古注不标明出处,便诵读也。严可均辑郑《注》,于《释文》所载阙文处,悉存其旧,下注校语,任亦据之。惟严所未详,字不成句者,概为删去。所辑《释文》,引其义而不采其音,亦以便诵读也。文重简约,义取赅备,与所著《孝经讲义》相辅而行。任尚著有《孝经郑氏解疏》十卷,未刊行。(15－589)

---

① 中华本作“光绪三十三年铅印本”。

孝经讲义一卷

清潘任撰。是书分目四十,目各一篇。自第一篇至二十二篇,释《孝经》名义,分章名义,论《孝经》为孔子所作,《孝经》有今古文之别,历代《孝经》学之传授,古代以孝立教,历朝尊重《孝经》,《孝经纬》有微言大义,《孝经》郑注之真,《御注》、邢《注》之得失,《孝经》与《春秋》相表里,《孝经》与群经史传诸子相贯通,诸家《孝经》中古注之粹语,《孝经》引《诗》《书》之微义,《孝经》之典章制度与三代相同,《孝经》有关于政治,《孝经》为身心性命之本,孔子作《孝经》有杜渐防微之意。自二十三篇以下,分释各章。其有关重要,详他注所未及详者,如第二篇定《孝经》为孔子自作。所举八证中,引《艺文志》云:"《孝经》者,孔子为曾子陈孝道也。"孝道既是孔子所陈,则书应是孔子所作。又《礼记经解》云:"孔子云'安上治民,莫善于礼'。"此《孝经》语,如为曾子所作,则师不当引弟子之书。又《史记·仲尼弟子列传》:"孔子以曾参能通孝道,故授之业作《孝经》。"后儒据此,以《孝经》为曾子所作。不知孔子以六艺教人,如子夏传《诗》,子游传《礼》,皆谓之授业。授之业,乃授之以《孝经》,使曾子业之。《史记》云:"故授之业,作《孝经》。"乃古之倒文,正文为"故作《孝经》,授之业也"。又《中庸》云:"惟天下之至诚,为能经纶天下之大经,立天下之大本。"郑《注》"至诚"指孔子;"大经"谓六艺,而指《春秋》;"大本",《孝经》也。与第八、九篇,驳陆澄、刘知几之说,以证郑《注》之真,俱确不可易。第十九篇,引《孝经钩命诀》云:"辅《书》《诗》以合谋。"《汉书·匡衡传》衡上疏曰:"《大雅》曰'无念尔祖,聿修厥德'。孔子著之《孝经》首章。"以证《诗》《书》语非后人所加。且惟各章有引有不引,方见其真如为后人作伪,岂难尽加。亦足解朱子《刊误》及毛奇龄《孝经问》之惑。他如第七篇,举《孝经纬》之微言大义,第一篇发明邢《疏》之八善,具见潜研有得。其释本经,如第三十一篇,斥宋儒立经分传之失。第三十三篇,正邢昺引晋人不孝之罪在三千条外之谬。俱允惬。余亦援据该博,义备而理正,治《孝经》者以此书为南车可矣。(15-589)

孝经集义二卷 同治十年刊本

清曾世仪撰。世仪字鸿陔，湖北黄冈人，道光进士，官至知府。是书用古文本，而集经子成句，注经文之下。题曰“集义”，实集语也。所集自《易》、《书》、《诗》、“三礼”、《左传》、《穀梁传》、《大学》、《中庸》、《论语》、《孟子》、《尔雅》、《钩命决》，以至《国语》《家语》《孔丛子》《淮南子》《论衡》《搜神记》。惟于经文引《诗》《书》之下，概引顺治《御注》，即顺治十三年清世祖御撰《孝经注》也。所集经子诸语，有甚切合，并可与本经相发明者，亦有泛滥无着者。且所集经子中间有文义深奥者，则注下似不可无疏也。首有咸丰十年江夏彭崧毓序，末有其子锡龄撰《孝经述言》。以经注经，前无此例，姑存之，以备一体。(15－590)

孝经郑注附音一卷 光绪丙申刊本

清孙季咸辑。原名葆成，以字行，山东荣成人，同治癸酉选拔贡生。孙葆田弟。是书兼辑郑康成《注》及陆德明《释文》，故首列陆氏《孝经序录》及郑氏《孝经序》。经、注之后，附以音义。郑《注》但载旧文，不标所出，以已见诸家辑本，不必赘也。于陆氏《音义》，详载靡遗，而删去诸家校语，不欲使混淆大指也。亦取《群书治要》，同严可均，而异于臧镛。惟第六章注“未之有也”，“善未之有也”，《释文》“善”一作“难”，《治要》“善”作“言”。此不从《治要》。第十五章“又焉得为孝乎”，《释文》：“焉，于虔反。”《注》同。《治要》作“岂得为孝乎”。此不从《治要》。“五刑”，《注》谓“劓、墨、宫、割、大辟”，《治要》作“墨、劓、膑、宫、割、大辟”。盖据《吕刑》易其次第，“割”字衍文，当为“刵”字之误，陆氏亦误释，俱可据此以订之。经文有从《治要》者，第六章“因天之道”，与余萧客所见影宋本同。其异于严辑本者，严辑本第四章“是故非法不言，非道不行”二句，经、注并脱，此不脱。第十六章经文“光于四海”，严氏据石台本改“于”为“於”，此从《治要》及各本仍作“于”。第十七章“进思尽忠”，《释文》：“进，津忍反。”不云《注》同。下出“死君之难”四字，严氏据《文选注》“死君之难为尽忠”增三字，此不增。又《释文》误字，如“不戒而伐谓之暴”，“伐”当作“成”，此作“成”。他如第九章经文“续焉大焉”，他本上“焉”作“莫”，此从《释文》作“焉”。又经文“则而象之”，《释文》出“傚”字，邢《疏》“法则而象效之”，正用郑《注》。而诸家或以“效”为释“则”字，盖误。其以意增入者，如“公侯伯子男”注“公者正也”四字，《正义》引作旧解，此断为郑《注》。又删去章名，亦与诸本全异。书后有葆田二跋，言“季咸殁，年仅二十七，尝欲为本经作义疏而未成”云。（15－591）

郑氏尚书注九卷　郑氏佚书本

清袁钧辑。是书每条引书，下多附考证，辨诸说之同异也。所辑孔广林为备。有在经疏为孔氏所未及引者，有在他书为袁氏所未及采者。有诸书不言郑《注》，而证为实系郑《注》者，如“宅嵎铁”一条，“寅宾出日”一条，“申命义叔宅南交”一条，“平秩南讹致敬”一条，“帝曰畴咨若时登庸”一条，“曰虞舜”一条，“协时月正日”一条，“四罪而天下咸服”一条，“惟明克允”一条，“教胄子”一条，“州十有二师”一条，“厥土惟白壤”一条，“厥贡惟金三品”一条，“云土梦作乂”一条，“厥土青黎”一条，“予誓告汝”一条，“盘庚迁于殷”一条，“殷降大虐”一条，“初一日五行”一条，“巫咸乂王家”一条，“割申劝宁王之德”一条，“惟吕命”一条。其同条而文增于孔氏者尤多，皆搜自经疏者，如“九族既睦”一条，“厥篚元纤缟”一条，“厥包橘柚”一条，“下土坟墟”一条，“沱至于太岳”一条，“东别为沱”一条，“初一日五行”一条。其同条而文增于孔氏者尤多，皆搜自群书者，至“流共工于幽州”一条，可征者惟“幽州北裔”四字。钧臆补“崇山南裔三危西裔羽山东裔”十二字，盖据郑《吕刑注》“颛顼诛九黎，分流其子孙，居于西裔者为三苗”，是以三危为西裔。郑志答赵商云，鲧故居东裔，是以羽山为东裔。北、西、东皆与马同，知南必同马，故借录马注。“天明威自我民明威”条，《诗疏》引脱“明威”训，而有空方十一钩。据上文“天之所谓聪明有德者由民也”，臆补“所谓明威有罪者亦由民也”十一字。“峄阳孤桐”条，臆补“孤，特也，峄山之阳特生之桐中为琴瑟”十五字。以出《夏官》“山师”疏，与“青州岱畎”并举，定为郑《注》。"今予其敷优贤阳历"条，臆补"历，试也，谓扬其所历试"九字。据《魏都赋》《管宁传》二注并引，不称郑，但据《正义》云："郑注《尚书》，篇与夏侯等同，而经字多异。"夏侯等书，"心腹肾肠"曰"优贤扬"，是郑本不同也，刘渊林既引郑本，必用郑训。按此诸条皆甚的，所谓得悟解于无文字处者也。考《太誓》篇尤详而核。惟《皋陶谟》"宽而栗"条下，引"宽谓度量宽宏"百一十九字，此《正义》文也，而作郑《注》，与王厚斋同，岂别有所证耶？(15－597)

郑氏古文尚书十一卷 函海本

汉郑玄注，宋王应麟辑，清李调元补正。郑注《尚书》载《中经簿》，《隋志》作九卷。《北史·儒林传》称："南北章句好尚互有不同，江左《尚书》则孔安国，河洛《尚书》则郑康成。"而《隋志》又称"至隋，孔、郑并行，而郑氏甚微"。新、旧《唐志》犹存，《宋志》始无之。其书当佚于北宋时矣。王应麟辑成此书。按郑实未见孔壁书。范晔《后汉书》云："中兴，杜林传古文《尚书》，贾逵为之作训，马融作传，郑玄注解。由是古文《尚书》遂显于世。"云"古文"者，以林于西州得漆书古文，与伏书小异。虽时古文未发，学者即以漆书为古文。但其书仍是伏生二十八篇之旧，而析为三十四篇，并序为三十五篇。是本题《古文尚书》，盖杜林所传之古文《尚书》，非孔安国所传之古文《尚书》也。应麟所采郑《注》不备，且多讹舛，调元颇能订误补脱。如"内于大麓"下所引，全出《大传》注，非《尚书》注。"西土亦不静，越兹蠢"下所引，当有孔氏驳郑语，非郑《注》。皆为指出。又"咨汝二十有二人"下，脱殳斨、伯与二人；"臣哉邻哉，邻哉臣哉"下，脱"臣作朕股肱耳目，动作视作皆由臣也"数句；"王亦未敢诮公"下，脱"今又为罪人言，欲让之，推其恩亲，故未敢"十六字。俱为增入。其他字句琐细，补苴尚多。然误者未尽正，漏者未尽补也。按孙星衍《古文尚书马郑注序》，称"王应麟撰集《古文尚书》郑注本，李君调元曾刊于蜀中，误以《盘庚》'优贤扬历'为《大誓》之文，以《粊誓》次《文侯之命》"。按今本并不如此，不知何所见而妄说也。卷首有调元自序，卷一至三《虞夏书》,卷四《商书》,卷五至十《周书》,卷十一《书序》。调元以前,未见他传本,王鸣盛、孙星衍皆依据是本。惟王兼采马、王,孙兼采马,是本为单郑注本,故仍以著录焉。(15－599)

尚书郑注十卷 郑氏佚书本

清孔广林辑。广林字丛伯,山东曲阜人,官太常博士。首有广林自序及张海鹏后序。自序言:“郑注三礼,皆每篇为卷,故《目录》云:‘凡著三礼七十二篇。’则此注盖亦以篇分,不以卷分。”《史志》所云“《书注》九卷”,不知何人所定,亦不考如何别卷,辄以己意分之:《典谟》一卷,《夏书》一卷,《商书》一卷;《大誓》至《鸿范》为一卷,武王书也;《金縢》至《梓材》为一卷,周公初居摄书也;《召诰》至《立政》为一卷,周公作洛复政书也;《顾命》《康王之诰》为一卷,成康之际也;《柴誓》已下为一卷,《书序》为一卷,以合九卷之数。别以《书赞》一卷附后,凡十卷。广林是书用王应麟本,别取经疏、《史注》、《水经注》诸书,搜缀而广之。其中如“佥曰于”一条,“师锡帝”一条,“又东为沧浪之水过三澨”一条,“筱簜既敷”一条,“蔡蒙旅平连”七条,“至于龙门西河”一条,“天明威自我民明威”一条,“东为中江”一条,“五百里侯服连”三条,“予则奴戮汝”一条,“予若观火”一条,“微子若曰父师少师”一条,“若之何其”一条,“牺牲牲用”一条,“商容”一条,“武王左杖黄钺”一条,“古人有言”一条,“乃止齐马”一条,“不过四伐五伐”一条,“次八曰念用庶征”一条,“而畏高明”一条,“曰咎征连”二条,“周公居东二年”一条,“有斯明享”一条,“旁作穆穆迓衡”一条,“我不敢知曰”一条,“开厥顾天”一条,“王乃洮頮水”一条,“太保受同祭哜”一条,“皇帝清问下民”一条,“其罚百锾”一条,“简恤尔都”一条。至王氏原有各条,补其缺文者尤多。至王氏原误者,如“内于大麓”句下引“麓者录也”三十八字,“栗而宽”九句下引“宽谓度量宽宏”百一十九字,“厥土赤戠坟”句下引“戠,黏土也”,“天惟五年须夏之子孙”句下多引“是须暇五年之事也”八字,俱非郑《注》。《金縢序》引“凡藏秘书藏之于匮,必以金针其表”,乃“纳策于金縢之匮中”注也,而置之于《序》。李调元所未尽纠正者,广林皆不蹈其失。惟"度西曰昧谷"注下忽厕以"寅饯纳日"四字,乃下一条之题也。"女于时"下缺"观厥刑于二女"六字,当是写刊时之偶误。此书张海鹏刊于《学津讨原》中,时在嘉庆九年。《总目》题王应麟撰,误也。(15－600)

书绎一卷　榕园丛书本

清廖翱撰。翱字羽皋,广东南海人,道光丙戌进士,官山西定襄县。是书专说大义,不泥旧解,间有合者。如说《禹贡》"导汧及岐"以下十三节,谓"天下之水,以江河淮济为干流,在雍之渭,在豫之洛,在荆之汉,又支中之干。禹治水先治其干,以通疏泄之区。次治其支,以畅归附之势。至于支中之支,其名不可悉记,则以其所经之山举之。济为四渎,不详支流所附者,以伏见无常也。弱水、黑水,在西南边徼之外,不经中国,禹施功之所最后。而先言之者,先略而后详"云云。于治水次第,经纬了如,最为得之。惟说《泰誓》,谓"三篇中有附会之言"。说《梓材》,谓"有残缺"。疑古文果出于孔壁,不应与伏生所传同,是于攻古今文者见仍然未化。但于《微子之命》,又深信之,则非阎、惠辈一概抹煞者所可同论也。(15－601)

古文尚书辨一卷　忏花盦丛书本

清朱彝尊撰。① 是彝尊《古文尚书辨》,见所著《曝书亭集》,而他书多别刊之。是本为光绪丁亥山阴宋泽元忏花盦所刊,附以陆陇其《古文尚书考》,泽元又为之序。书中引班固谓迁书《尧典》《舜典》《禹贡》《洪范》《微子》《金縢》诸篇,多古文说。可知古文说仅此数篇,而他篇则非也。何以又谓《五帝本纪》载《尧典》《舜典》,《夏本纪》《禹贡》《皋陶谟》《益稷》《甘誓》文②,《殷本纪》载《汤誓》《高宗肜日》《西伯戡黎》文,《周本纪》载《牧誓》《甫田》文,《鲁周公世家》载《金縢》《无逸》《泰

① 中华本此句后有"彝尊字竹垞,浙江秀水人"。

② 疑"《夏本纪》"后脱一"载"字。

誓》文,《燕召公世家》载《君奭》文,《宋微子世家》载《微子》《洪范》文?为从安国问故而得者,乃孔壁之真古文耶?彝尊文谓"安国增多二十五篇之书,《史记》未载片语,惟《汤诰》载其词,是即《康诰》之真古文。又于《泰誓》载其辞,是即《泰誓》之真古文。合之安国作《传》之书,其文迥别"。按《史记》于古文不载片语,当是其时古文未出,故《班书》仅云"迁从安国问故",未云从安国受书。若谓本纪所载为真《汤诰》文,何以《书序》明言"汤既黜夏命,复归于亳,乃作《汤诰》",与《本纪》所载"维三月,王至自东郊,告诸侯群后"者不同?谓《本纪》所载《泰誓》为真古文,何以《礼记》《荀子》及马融《书叙》所引,《本纪》无其一字?彝尊又谓"《班志》于古文《尚书》云'遭巫蛊事,未立于学官',乃史氏追述古文所以不立学官之故耳。而伪作安国《序》者,乃云'会国有巫蛊事,经籍道息',竟出自安国口中。又荀悦《汉纪》于古文《尚书》、《论语》、《孝经》云:'武帝时孔安国家献之,会巫蛊事,未列于学官。'知安国已逝,而家献之,他书锓本脱去'家'字耳"。按司马迁作《史记》,其自序有"遭李陵之祸,幽于缧绁"等语,可为安国前例。《汉志》云云,当是见《序》而知之。彝尊引《汉志》独删去"安国献之"四字,显欲曲护其说,乃反引《汉纪》为证。不知《汉纪》所云"家献之"者,乃言安国自家献之。若安国已逝,而其子孙献之,必书其子孙之名,又无疑也。彝尊又谓,"许氏《说文序》云《易》称孟氏,《书》孔氏,《诗》毛氏。乃其撰《五经异义》说'六宗',并不引四时寒暑日月星水旱之义,是叔重未见古文也。又《正义》谓王肃注《书》,始自窃见孔《传》。又引《晋书》:'皇甫谧从姑子外弟梁柳得古文《尚书》,故作《帝王世纪》。'又《正义》云古文《尚书》郑冲所授。今证之陆氏《尚书释文》所引王肃注及皇甫谧《世纪》,冲与何晏所集之《论语解》,多与安国异说。是肃及谧、冲亦未见古文"。按叔重实未见古文。按皇甫谧见古文《尚书》及郑冲传古文《尚书》,皆见《晋书》。此《晋书》乃十八家旧《晋书》,唐时犹存,故《正义》引之。而攻古文者反以今《晋书》无其文,非也。王肃与郑冲同时,冲既传之,肃安得不见之?其书与古文异说者,盖古人著述不专主一书耳。彝尊是篇,当成阎若璩《疏证》之先,其说多为《疏证》所采而其谬已甚。

至陇其之《古文尚书考》，亦载所著《三鱼堂集》中，盖据朱子告辅广之言以证古文《尚书》之非伪，与彝尊各异其趣。泽元并为一书，岂欲聚敌人于一室，使之操戈相向耶？观其序意，殆窃附于攻古文者，乃谓“清献篇中引证尤中肯綮，大可互相发明”云云，可谓首鼠两端矣。(15-601)

禹贡水道析疑二卷 道光五年刊本

清张履元撰。履元字龢斋，安徽泾县人，岁贡生，尝官吴江县训导。是书首有石韫玉序及履元自序。书名盖取陶诗“疑义相与析”之意。大抵以孔《传》、蔡《传》为主，而参以胡氏《锥指》。谓孔安国注，后人或以晚出而疑其伪托。然真伪虽不可知，而其传已古。蔡九峰之《集传》，本诸朱子，世多宗之。胡氏则会先儒之说，发明甚多。履元择善而从，间下己意，其误者为之驳正，其是者加以证明，皆有援据。于石序所云无臆说亦无剿说者，尚为近之。书中考订蔡《传》处甚多，如引《水经注》，正汾水东入于河之非。引于钦《齐乘》，正九河地沦于海之非。引《汉志》，正睢水即沮水之非。引杨慎说，正三江于下流之非。引《正义》，正泾、渭、汭为三水名而汭入于泾之非。引《汉志》，正漆水入渭在澧水之上之非。诸条俱甚确。惟蔡《传》疑敷浅原不应在历阳县，所疑甚是。履元据朱子《彭蠡九江辨》驳之，则非也。乃又援明陈士元说，以为当在岳鄂之间，亦非也。综观全书，折衷异说，多允当。惟旧说俱误者，无所依准，因之亦乏灼见。然删去繁芜，简而得要，其可取者固有在也。(15-603)

禹贡九州今地考二卷 光绪湖南刊本①

清曾廉撰。是书考《禹贡》水道，以今证古，州各为篇。先举源流变迁，次分列今地，甚有条理。其折衷异说，或自出己见，皆有援据。如“冀州”篇，“梁山”不采胡渭“龙门”之说，而主蔡《传》；“碣石”亦不采胡渭“沦海”之说，别据《通典》言在卢龙，谓即今秦皇岛。“兖州”篇，言济漯皆可达河，斥胡渭禹时济无出河之说。“青州”，胡渭以高丽当嵎

---

① 中华本作“光绪三十二年湖南刊本”。

夷,顾祖禹又属之辽东。廉以为在今登州之东,秦时日主祠成山,正当其地。经以海为限,无逾海而东之理。“扬州”篇,“三江既入”,释者以江为中江,汉为北江,而缺南江。廉据魏源说,谓“南江即自震泽分出,由今嘉兴达杭州府海宁州入海”。“荆州”篇,释九江者,古文谓在下隽西北,今文谓在寻阳南。廉则定为下隽,而寻阳之九江亦包于东迤之中。又谓“云土梦为泽名,‘土’与‘徒’‘杜’皆通”。举《国语》“云连徒州”,汉江夏郡有云杜县为证。“梁州”篇,释“三危”,据《后汉书·西羌传》,谓“其地数千里,当有今安西及青海并前后藏喀木以北”。又谓“黑水为今怒江,南行至缅甸入海,所谓入于南海者也”。按诸条所考,具见斟酌。惟谓敷浅原即庐山,说虽本于朱子,究无所据。至辨“原”非高平之原,援“浙江出三天子都”非“都邑”之都为例,弥觉牵强矣。首有自序。据《隋志》,以南海、苍梧、始安、交趾、九真等十九郡均隶扬,证禹迹曾至南海,亦甚确。(15-604)

禹贡通释十三卷　陕西刊本①

清童颜舒撰。颜舒字霁山,陕西洋县人,道光举人,官学博。是书有颜舒自作凡例。首“《禹贡》总考”,次“山川总考”,次“九州分考”,次“赋贡总考”,次“山川附论”,次“理财附论”,而终以“问答汇存”。按自近世,证明三危即今西藏卫喀木三地,黑水即今潞江,昆仑即今阿里之冈底斯山,河源出于葱岭和阗,即昆仑之支麓。于是《禹贡》“导黑水至三危,入南海”,与《尔雅》“河出昆仑”之说相合。颜舒即本“昆仑”“三危”之解,以测《禹贡》之众山;本“黑水”“河源”之解,以测《禹贡》之众水。山分三界,水总两条,使全书脉缕了然纸上。诚说《禹贡》者一奇书也。其说汪洋透辟,大抵信经而舍传。又证之群经诸子,以史册笺疏,参互融贯,自成妙解。如说“四海”,谓“水中可居曰州,禹自言‘外薄四海’,使九州之地不外薄海,安得名之曰州?”考《禹贡》,“东渐于海”,嵎夷既略也。“朔南暨”,皆及于海也。不言“海”者,蒙上文“渐海”之海

① 中华本作“民国十二年刊本”。

而言。“西被于流沙”，西戎即叙也。三海统于各州之内，西戎附于雍州之外。雍边流沙，言叙西戎而即海者，被于流沙而暨之也。说“十二州”，谓“唐、虞、夏、商、周，虽有损益，而其中邦同，其成赋同，并无十二州。别建之三州，不当据幽、并、营之名。求之于九州中，当据《禹贡》九州之末，所谓昆仑、析支、渠搜三国，别之于九州外”。说“阳鸟攸居”，谓“阳鸟乃地名，据《天官书》，吴楚之强，占于鸟衡。南为朱阳，可曰朱雀，即可曰阳鸟。《舜纪》言‘鸟夷’即‘阳鸟’之鸟”。说“三江既入”，谓“三江即浙、闽、粤三江。三江本三口，任举一口，皆可曰三江。犹之三危本三境，任举一境皆三危”。说“具区”，谓“‘区’字古有‘欧’音，‘具’字与‘且’形声俱近。《王会》有且欧国，当即其地”。说“敷浅原”，谓“敷自为敷，浅自为浅，原自为原，各为一境。‘敷’与‘博’通，即博山。古‘溅’字多作‘浅’，音同‘渐’，即渐江。《尔雅》三农之地，隰平原以外，陵阜陵阿，可食者皆曰原。此原之名即金陵也。”说“篠簜既敷”，谓“篠簜地名，震之上源，其南派自苕溪来，苕即篠也。其北派自长荡来，荡即簜也。以篠、簜名川，犹以酸枣名邑、豫章名郡”。说“云土梦作乂”，谓“云梦江汉之中，首起郢纪，尾讫沔汉。其地总名土，沔水所经云杜故城，杜即土也。城名云杜，即书之云土。合汉北江南而言，则曰云梦。合汉北汉南而言，则曰云杜”。说“三邦底贡”，谓“箘、簵、楛三物之名，即三邦之名。浔阳九派，其第九之江曰箘江，江名箘，地必名箘。‘簵’一作‘簬’。《王会》‘路人大竹’，路人，邦也；大竹，贡也。楛当即古槃瓠氏之地，‘瓠’者，‘楛’之转音也”。他如以灃水为卫水，以卫为肥淇，以黔中为蔡，又即殷时之鬼方。其连类及本书之外者，如证大禹郊鲧之非私，孟子淮泗注江之不误，俱创而确。颜舒又以为书以“贡”名，而诸经所举画井授田制赋颁禄，诸多错迕，故于“贡赋”一篇考之特详。其“山川”“理财”二篇泛及后世治河、漕运、水利、屯垦、钱粮、商税、仓储诸政，则非但说经矣。其“问答”一篇，记与王锡禄商榷之语，盖借以阐发书中疑义也。凡例后署“咸丰庚申”，即成书之年。至民国癸亥始梓行，后有刘定铎跋，述刊板缘起。（15－605）

尚书大传注三卷　郑氏佚书本

汉郑玄注,清袁钧辑。依《隋志》作三卷。书中所举今本四卷,即雅雨堂本。又屡引《考异》,则抱经堂本也。钧据二本而校补其讹漏,每条皆注出处,间附考证,与所辑他书同。条下多有尧年案语,盖钧之族曾孙也。钧所录甚慎,尧年又据陈寿祺本为之补苴。其于陈本增删之处,颇有意义。所增者,如《尧典》篇有"君恩覆之臣敢进"七字注,"举事力"三字传,"《硕人》诗曰衣锦尚䌹"八字传,"庶人木车单马衣布帛"九字传,"《春秋传》曰鲁赋"八百十九字注,"一之三以至九年"三十八字传。《西伯戡耆》篇有"戡者克也"四字注。所删者,如《尧典》篇无"妇人八岁备数"十五字、"舜生姚墟"四字;《咎繇谟》无"舜弹五弦之琴"十五字、"舜之时"十一字;《禹贡》篇无"禹成五服"十字,"下湿曰隰"上无"夏传曰"三字;《帝告》篇"未命为士者"上无"殷传"二字;《汤誓》篇"书曰"上无"帝告篇"三字,"夏人饮酒"上无"殷传汤誓云"五字;《西伯戡耆》篇无"四友献宝"十四字;《洛诰》篇无"八家为邻"十六字。又陈本于诸书节录传文,略有不同者不惮复引,此概删之。其互移易者,如陈本以"尧为天子"条入《虞夏传》,此入《唐传》。陈本以"维元祀巡守"至"七始天统也"入《虞夏传》,此入《虞传》。陈本以微子殿《殷传》,此以微子入《周传》,次《金縢》之后。陈本以"高宗梁暗"条入《周传》,属《毋逸》篇,此入《殷传》,属《说命》篇。至若陈本以"维五祀定钟石"至"迁虞而事夏也",传文淆乱,为之更定,以《洪范五行传》次《洪范》后,此皆不录。又陈氏以《略说》连《大传》为第三卷,此陈出之。凡此,皆异于陈本者。书刊于光绪甲申,先于皮锡瑞作《疏证》十二年,惜皮氏未见之也。(15－606)

尚书大传疏证七卷　皮氏家刊本

清皮锡瑞撰。首有夏敬庄序及自序。锡瑞为今文之学,书中多申伏抑郑。虽用陈寿祺之本,而不尽遵其说。如"度西日柳毂",郑注云:"柳之言聚。"贾疏云:"柳者,诸色所聚,日将没,其色赤,兼有余色,故曰柳穀。”锡瑞采夏侯说“昧谷”为“柳谷”，“穀”乃“谷”之假借字。“在旋机玉衡”，郑注云：“浑仪中筒为施机①，外规为玉衡。”锡瑞以为非《大传》义，旋机、玉衡皆星名。古者诸侯之于天子，五年一朝。郑于《尚书·尧典》“五载一巡守，群后四朝”注云：“巡守之年，诸侯朝于方岳之下。其间四年，四方诸侯，分来朝于京师，岁遍是也。”锡瑞以为：“如郑说，则巡守之年，四方诸侯无一来助祭者。不如何休《公羊解诂》分四方诸侯为五部，部有四辈，辈主一时之说为长。”“致天下于大麓之野”，郑注云：“麓者，录也。”锡瑞以与《书》之纳麓不同，郑说误。“四岳八伯”，郑注云：“尧始得羲和，命为六卿。其主春夏秋冬者，并掌方岳之事，是为四岳，出则为伯。”锡瑞以为：“古者天子三公九卿，无六卿。羲和，司天之官，即是四子，非羲和别为二人。郑盖付会南正重司天，北正黎司地，羲近重，和近黎，故以羲和为掌天地，四子掌四时，即《周礼》之六卿。然《周礼》作于周公，不可以解唐虞之制。羲和司天之官，不得兼掌方岳。《大传》明以四岳八伯并列，是四岳以外更有八伯，注与《大传》显然不合。”“仪伯之乐”，郑注云：“仪当为羲。羲，仲之后。”锡瑞以为：“下文‘羲伯之乐’，郑注云羲伯，羲叔之后，郑何以知此仪为羲？又何以知此为仲后，下为叔后？皆出付会。”“天子三公，一曰司徒公，二曰司马公，三曰司空公”，郑注云：“《周礼》天子六卿，与太宰、司徒同职者，谓之司徒公；与宗伯、司马同职者，谓之司马公；与司寇、司空同职者，则谓之司空公。一公兼二卿。”锡瑞以为：“古者只有三公九卿，六卿是周制。若一公兼二卿，乃周大国三卿之制。郑以周制为夏制，以诸侯之官为天子之官，失之。”“百姓不亲”条，郑注云：“坐而论道谓之三公，通职名无正官名。”锡瑞以为郑所云乃周官之三公，非《大传》之三公。引《韩诗外传》《公羊传注》《白虎通》，三公各有所主，郑盖以古文解今文。“武王胜殷继公子禄父”，郑注云：“武庚字禄父。”锡瑞以为：“非《大传》义，今文说以武庚、禄父为二人。”“星辰莫同”，郑注云：“莫，夜也。星辰之变夜见，亦与昼同。”锡瑞以为：“郑义迂曲，疑非传旨。”“奄君薄姑”，郑

---

① “施机”，“施”疑为“旋”之误。

注疑为齐地。锡瑞以为:"是奄君之名,齐地不妨同名,郑所疑非。""古之帝王者必立大学小学",郑注引《礼志》:"小学在公宫南之左,大学在郊。"锡瑞以为:"系《礼记·王制》文。郑注《王制》云'此小学、大学,殷之制',此复引以解《周传》,则四代质文相变之说非矣。"其辨正陈说者,如以《畅训》即《略说》,"天子必有四邻"一节为《唐传》,"古八家而为邻"一节为《洛诰传》,"舜摄时三公九卿"一节为《夏传》。又如"旋玑"之引《考灵曜》,"上刑"之引《荀子》,皆以为误。其自序云:"西庄之作《后案》,阿郑实多。朴园之考今文,诋伏尤妄。"谓王鸣盛、陈乔枞也。此外于王引之、段玉裁、孙星衍、侯康之说,咸有所驳。书中屡引《玉烛宝典》之文,则近时新由日本传入者,他家所不及见也。至其考据之详核,为读《大传》者所必资矣。(15-607)

尚书正解十二卷　康熙刊本

清吴荃撰。荃字荪右,江苏丹阳人,诸生。是书前有刘梅序,又有荃自序及凡例。大旨因申时行会编,而加以荟萃。每篇有纲领,各段有节目。因于注解之外,分标"全旨""合参""析讲"等名,盖用举业家四书讲义之体也。卷首附《禹贡正解》节本,以便诵读。谱系天文诸图,以备参考。又有所谓类题辩异者,以《尚书》中异篇同句或句异一二字者,比而列之,使作文者不致误认经题。亦为举业家计也。(15-609)

尚书经解雕玉不分卷　旧抄本

清黄辕撰。是书无序例,书后附答问六篇。大约以蔡《传》为主,于汉晋唐宋元明诸儒之说,有与蔡《传》两歧者,则杂引而比勘之。其《答李仲衡书》,谓"若离却蔡《传》,单看经解,直是一派黑瞒瞒光景了。既会通蔡《传》,便看得经解是如此如此。后遂不须对原本《集传》,而解经自然雪亮"云云。可以知其旨矣。其于清代,只屡引圣祖《汇纂》,然释《禹贡》不涉胡氏《锥指》一字,于毛、阎二家攻辨古文之说,亦概不及。岂俱未见其书耶?书中援证虽博,案断甚少。或并存异说,无所折衷。惟于读蔡《传》者,不无多少参证之益耳。书为旧抄本,未知有刊板否。(15-609)

禹贡说一卷 乾隆刊本

清胡宗绪撰。宗绪字袭参，安徽桐城人。乾隆进士①，官至国子监司业。宗绪原著有《禹贡增注》三卷，未刊。是书自署"乾隆戊午春，病中杂记"，盖为《增注》作也。书中论四渎地势水性，论九河，论江汉形势，论三江震泽相因，论河源及三黑水，并及读经之要，旧注之讹。谓"《禹贡》是亲历，不似屋里人说纸上语。后儒释经诂传，聚讼益纷，渐离而远"。又谓"九河难求，遽去沦海；三江费解，辄欲芟经；黑水南海，竟尔蹈空；黄水遥源，漫言伏地"。其言深中说《禹贡》者之病，故书中所举，多系得之亲历，且诂以后世地名，取其易晓也。其论"九河"最详，以孟子言"禹疏九河"，为兖州下流之九河；《禹贡》言"播为九河"，为冀州上游之九河。"播为九河"者，大陆之九河自播了。言"地势不言人功，与疏九河之全属人功者不同。后儒将'播'字作'分疏'解，以'同为逆河'句费解"。又谓"既分为九，又合为一，但禹为河患费几许力，分作九道为甚又费几许力，合为一道"云云。足令阅者发喙。他皆亦凿凿言之，异乎凭空臆断者。(15-610)

召诰曰名考一卷 元和李氏遗书本

清李锐撰。锐字尚之，江苏元和人，诸生，素长算术。《尚书·召诰》篇："惟二月既望，越六日乙未。"郑注曰："是时周公居摄五年，二月三月，当为一月二月。不云正月者，盖待治定制礼，乃正言正月故也。"见《诗·大雅·文王》序疏及《周礼·地官·大司徒》疏。而孔《传》则曰："周公摄政七年，二月十五日，日月相望，于望后六日，二十一日。"孔《疏》曰："《洛诰》云'周公诞保文武受命，惟七年'。《洛诰》是摄政七年事也。《洛诰》周公云：'予惟乙卯朝至于洛师。'此篇云'乙卯周公朝至于洛'，正是一事。知此二月，是周公摄政七年之二月也。"按郑说实本于伏生《大传》，《大传》云"周公居摄五年，营成周"。《召诰》正是营成周事，故

---

①"乾隆进士"，稿本"乾隆"后有空格。

郑依之。而《史记·鲁世家》作七年,又为孔《传》所本。后来刘歆《三统历》依之,王鸣盛、江声于郑《注》皆致疑。惟郑君精于步筭,此破"二月三月"为"一月二月",断非漫然。锐是书据纬候入蔀数推算,从二十九年戊午起,至二十五甲申止,即作《召诰》之年也。又以一月二月相比为表,则一月十六日庚寅为既望,越六日二十一日为乙未,二月则否,证明郑《注》之确焉。(15-610)

尚书大传三卷补遗一卷 孙晴川八种本

汉郑玄注,清孙之騄辑。之騄未见旧本,仅从群书钞撮荟萃而成。《隋志》:"《尚书大传》三卷。"故之騄亦分三卷强合其数。开卷引"遂火为遂皇,伏羲为戏皇,神农为农皇也。遂人以火纪,火,太阳也,阳尊,故托遂皇于火。伏羲以人事纪,故托戏皇于人,盖天非人不因,人非天不成也。神农悉地力,种谷疏,故托农皇于地。天地人之道备,而三五之运兴矣"。谓为三五传,即不谬。卢文弨谓其《洪范五行传》,"不逮《文献通考》所载之详,其间反有以向歆之文阑入之者,与伏生书大不类。至若'饯耆甫刑',仍作'戡黎吕刑',殊不契勘"云云。阅之良然。惟是书为《大传》辑刊最早之本,搜讨苦心,究不可没。《四库提要》所称"杭州本"是也。(15-611)

尚书大传四卷补遗一卷考异一卷续补遗一卷 嘉庆庚申爱日草堂刊本

汉郑玄注,清卢文弨校补。首有自序,言"得孙之騄本,取与卢雅雨本相校,以卢本为详备。惟不免传写异同,因作《考异》若干条"云云。是书《大传》四卷,《补遗》一卷,系雅雨堂原本。《考异》及《续补遗》,则文弨所增也。按《考异》中,若"在璇机玉衡"条,载别本,有郑《注》云:"转运者为机,持正者为衡。"乃郑注《尚书》文。"白鱼入于舟中"条,载别本,有郑《注》云:"燔鱼以祭,变礼也。"亦郑注《尚书》文。"四年营侯卫"条,载别本,有郑注云"建侯卫是封卫侯"五十四字,乃《毛诗·豳风》正义文。"遂践奄"条,《诗正义》引此,出《多方》传,郑有注云"奄国

在淮夷之旁”三十字,乃孔颖达引《尚书》及郑注《尚书》文。《续补遗》中,舛谬者尤多,殊不足观。(15－611)

尚书大传四卷补遗一卷续补遗一卷　嘉庆刊本

书首题“济南伏生撰,北海郑氏注”,前载郑氏序。其《大传》四卷,《补遗》一卷,同雅雨堂本,而无卢见曾序。雅雨堂本《虞夏传》下有“唐传”二字,此本无之。其间亦偶有一二字不同。但雅雨堂本无《续补遗》,此本有之,盖取之抱经堂本也。而又不收其《考异》,未审何意。按雅雨堂本卢见曾讳所从来,序但云“得之吴中藏书家”,又未言为刻为抄。其书开篇《唐传》之上,先列《虞夏传》,不知引书自“唐虞象刑”条以上称《唐传》,“维元祀”以下称《虞传》,而《咎繇谟》以下始称《虞夏传》。今列《虞夏》于《唐传》之上,明系后人臆改。其他错谬尤甚。《四库》著录,即用是本。馆臣作《提要》,亦未指正其失。惟陈寿祺所作《辨讹》,举之甚详,宜附入此书中。是书系旧刊本,无授梓年月,当出于雅雨堂刊本后也。(15－612)

尚书大传四卷补遗一卷　嘉庆五年刊本

汉郑玄注,清樊廷绪校。首有卢见曾序,又有樊廷绪二序,后有沈粲跋。樊序称“是书有扬州本、杭州孙氏本、德州卢氏本、吴兴董氏本。董本采摭较富,而以己意诠次,先后乖舛。独卢氏一遵郑《注》,然节次混淆,字句讹误,亦所不免。因取董本略为校正”。又言“见仁和卢氏本,盖以孙氏本校德州本者,其《续补遗》一卷即掇拾于孙本者。而于吴兴董氏本未之采撷,但欲存德州本之旧,故于孙、董二家均不之及。偶有考订,加‘按’字以别之”云云。粲跋言“董本引《洪范传》,多非《大传》本文,郑《注》亦不尽出郑氏”云云。今观其书所下案语,有云董本作某者,有云原本讹某者,并不注明所据。所云“存德州本之旧”,用意何在,亦不可晓。(15－612)

尚书大传注三卷　学津讨原本

清孔广林辑,无序例,卷一至二传注,卷三略说,末附序目。分篇悉依《汉志》之旧，引传及注，俱注出处，视两卢本善矣。惟讹漏甚多。其误引者如“遂践奄”一条，应在《大诰》篇，广林入之《成王政》篇。“祭之为言察也”一条，《御览》引作《周传》，广林入之《略记》。“夏刑二百”一条，广林据《初学记》增“梦眉与发等”五字，《初学记》无此文，乃出《北堂书抄》。其误改者如“拊革装之以糠”，广林谓即“搏拊鼓振以秉”之讹。按此文“拊”字应略逗，谓“拊者用革而装之以糠耳”。《书疏》引郑《注》云：“搏拊以韦为之，装之以糠，形如小鼓，所以节乐也。一名相。”《乐记》云：“治乱以相。”注：“相，即拊也。装之以糠，糠一名相。”“明堂位搏拊”，注：“以韦为之，充之以糠，形如小鼓。”《周礼》“太师击拊”后，郑《注》：“拊形如鼓，以韦为之，著之以糠。”贾《疏》引此《传》文，据此，则此《传》所云“革”者，即郑所云“韦”。必改“装以糠为振以秉”，谬矣。至其漏略，更不胜举。惟陈寿祺极称其善，所辑《大传》注多从之，则其可取者固有在也。(15－613)

尚书大传三卷序录一卷辨讹一卷　古经解汇函本

汉郑玄注，清陈寿祺辑校，陈澧编定。书末有陈澧附记，言“陈恭甫辑校《尚书大传》，最为详核。但序云三卷，而刻本则五卷。又每卷内，刻板多不连属，案语之大小高下亦不画一。今并为三卷，缮写整齐而重刻之”。“辨讹”即序所谓“订误”。序又云“末载《汉书》五行”。按陈氏辑《大传》借以稽核者，有仁和孙晴川本、德州卢雅雨本、曲阜孔丛伯本，惟不及吴兴董氏本。尝取董本校之，可补入者约有十余条。澧既改编其书，惜未为重校而增入之也。(15－613)

尚书略说注一卷　郑氏佚书本

无作者名氏，清袁钧辑。按《略说》一卷，诸本多以附《尚书大传》之后，钧独别出之。征引诸条具注出处，间附考证。条下亦有袁尧年案语，与陈寿祺本全同。惟文之前后，略有移易耳。小注有增多数处，无要义。《旧唐志》有云：“《尚书畅训》三卷，伏胜注。”钧以为即《略说》之讹，陈寿祺与之不谋而合。按以《略说》即《畅训》，究嫌无据，且《略说》

止一卷，又与三卷不合。又按《路史·后纪·有虞纪》引《周传·考绩训》云云，当是《畅训》之文。《训》谓“赏有功诸侯”，与《王制》说同，未可混为一书也。(15－614)

尚书中候三卷尚书纬璇玑钤一卷尚书纬考灵曜一卷尚书纬刑德放一卷尚书纬帝命验一卷尚书纬运期授一卷　玉函山房本

汉郑玄注，清马国翰辑。首有自序。《尚书中候》分三卷，不依孔广林本，国翰似未见孔本也。其目，卷上首《握河纪》，次《考河命》，次《题期》，次《立象》，次《运衡》。卷中首《敕省图》，次《苗兴》，次《契握》，次《洛予命》，次《稷起》，次《我应》。卷下首《雒师谋》，次《合符后》，次《挞洛戒》，次《准谶哲》，次《义明》，次《霸免》，次《觊期》。其诸书引无篇目者，则归之杂篇。开卷首条，“伏羲氏有天下，龙马负图，出于河，遂法之以画八卦”二十字，作为纬文，他本则引作郑《注》。其下尚有“又龟书洛出之也”七字。次条引“文武成德俊乂在位”八字，《御览》明举《考河命》，此乃系之《握河纪》，未免太失考。他条窜误多类此。然亦间有为他本未及采获者，如次条“文命咸德”之上，引“尧励德匪懈万民和欣”九字，出瞿昙悉《开元占经》，惜不多耳。他所辑《璇玑钤》一卷、《考灵曜》一卷、《刑德放》一卷、《帝命验》一卷、《运期授》一卷，皆无序。按《隋志》于郑注《尚书中候》五卷外，尚有《尚书纬》三卷。注云：“郑玄注，梁六卷。”《七录》云六卷，无篇目。岂《中候》为一卷，他五篇各为卷耶？惟《后汉·樊英传》注备述五篇之名，首《璇玑钤》。“璇玑”者，帝王御运治历观天之器也。历之理，非数无以显；历之数，非象无以明。故第为先。《考灵曜》次之，王者观象治民，德为政本，政以弼教，斗华取象，庶狱哀矜。《刑德仿》又次之。《帝命验》《运期授》，则明五行相代之期，易姓而兴之理，故以终焉。特举其概，以补国翰之缺焉。(15－614)

尚书中候郑注五卷　乾隆刊本

汉郑玄注，清孔广林辑。按《正义》，《书纬》云：“孔子得黄帝玄孙帝魁之书，迄秦穆公，凡三千二百四十篇，定可以为法者，百二十篇。以百二篇为《尚书》，十八篇为《中候》。郑氏注《尚书》，如'稽同古天''禺铁''放勋'之类，盖取诸纬。"其书《七录》云六卷，无篇目。《隋志》："《尚书中候》五卷，郑玄注。梁有八卷，今残缺。"《唐志》载郑玄注《书纬》三卷，《中候》不著录，盖久佚矣。广林辑成是书，仍依《隋志》五卷之数。虽考得十八篇之目，惟昧于原次所在，不标第几。至其不能考出应附何篇，凡七条另录于后，其中篇目出处则详注于书后。惟《题期》《立象》二篇无注。据《宋均》云："尧得图书，舜禅后，演以为《考河命》《题期》《立象》三篇。乃诸书多引《考河命》，而《题期》《立象》无称。疑《题期》《立象》乃《考河命》中、下篇，故引者概称《考河命》。"按他本有据《御览》所引"文命盛德"条，称《考河命》者，疑是《立象》之文。文命，禹名。尧、舜、汤、文、武并有文，不应禹独无文，可为三篇无分之证。其无可附各条，另录于后。又附录之"鬯草生郊"四字，他本有置于《摘雒戒》篇"鸾凤见蓂荚生"之下者；"嘉禾茎长五尺三十五穗"十字，他本有置于《握河纪》篇"唐叔得禾异亩同颖"之下者。似无不妥，则无可附者仅五条耳。《稷起》篇引《诗·绵》正义"亶父以字为号"及"事之以牛羊"二句，又引《诗·天作》正义"一年成邑，二年成都，三年五倍其初"三句，不知正文何属。但皆说古公之事，正文宜标"亶父"二字。又"九夷、八狄、七戎、六蛮谓之四海"，凡两见，一在《我应》篇，一在《雒师谋》篇，乃书中正文，一标"四海"二字，一不标，皆其漏误也。后有张海鹏识，书亦海鹏所刊，附《尚书郑注》之后。(15－615)

尚书中候注一卷 郑氏佚书本

汉郑康成撰①，清袁钧辑。首据《诗谱》引郑《中候注》云："大名在下，断为十八篇，小名在上。"十八篇之目次，同孔广林本，而篇中文与注之次则稍异。每条下间附考证，同所辑《尚书》郑注。篇后又辑有《尚书中候序》三条，则孔本所无也。其详于孔本者，《握河纪》"比

① "康成"，中华本作"玄"。

隆伏羲”条下,多“伏羲氏有天下,龙马负图出于河,遂法之画八卦,又龟书洛出之也”二十六字。又“嘉禾孳连”条下,多“嘉禾茎长五尺三十五穗”十字。《考河命》篇“蓂荚孚”条下,多“其星得则蓂荚生”七字。原疏引俱脱“注”字,钧定为郑《注》。又《握河纪》篇“凤巢阿阁欢树”条下,“荣名”上,钧以为当有“阿屋”二字,于“屋”上当有“巢”字,而“出”上当有“衖门”二字,并以空方记之。此则证以上下文义而得之者也。又“临坛止”条下增“为临坛而止”,此则证以他书而得之者也。《立象》篇下,据《御览》引“文命盛德,俊乂在官,则芝草生,郊醴泉出山”十七字,称“《考河命》者,疑是《立象》之文。文命,禹名。尧、舜、汤、文、武并有文,不应禹独无文。此说禹事,其上当有‘曰若稽古大禹曰’七字”。所见亦是。要之,较孔广林为善,故皮锡瑞依是本为《疏证》也。(15-616)

诗益二十卷 乾隆四年刊本

清刘始兴撰。始兴字子彦,江苏金坛人。是书首有始兴“就正启”及总序,又有其弟辰骏所述要旨,即凡例也。凡“诗本传”八卷,“诗次问”二卷,“诗次补言”一卷,“诗表”二卷,“总辨”一卷,“杂辨”六卷。“诗本传”“诗次问”“诗表”“诗辨”各卷首又有序略。“本传”参采《诗序》毛、郑、孔氏及朱子传说,旁及近代诸家,不为墨守。“诗次问”推阐孔子编《诗》之意,以为“《诗》有诗人之志,有孔子编次之义。孔子之编《诗》也,凡列于《风》者,皆足以征国政之盛衰;凡列于《雅》者,皆足以考王道之得失;凡列于《颂》者,皆足以见古先王创制垂统之义。然而诗人之为义也显,孔子之为义也微。诗人之为义,存乎文辞章句之内;孔子之为义,存乎文辞章句之外。故或取诗人之义而进退之,升降之,或复连类之,或复假借之,或远而附托之,或近而援引之,或反而形容之,或比而讽切之,或同类而各著之,或异类而杂陈之。《诗》之辞浅,而其义之所系则深;《诗》之辞简,而其义之所系则博。《诗》不能有正而无邪,而孔子则一归之于正;《诗》不能有治而无乱,而孔子必要之以治。故借《或问》而发之,意所未尽,继以补言”。“诗表”者,按上述编次之义括之为表,表分前后,前表具本篇传指,后表详编次大端,分辨诗人、孔子之意。其法前有次叙,无升降,后则一纵一横。纵者著其诗之本第,依时代及尊卑上下为说。惟《二雅》“雅歌”篇、《周颂》“祀典”,则别其类。横则推校孔子编次所在,升降次第,表里条贯咸备焉。“诗辨”者,分别旧解疑似可否,于近人依附旧解诋讦朱子者,讨论尤详。先总后辨者,先凡而后目也。末辨“雅歌”义及左氏引诗录,以著纪传驳杂之论。综观全书,义例昭晰。书中辨《卫风》,不分属邶、鄘,据《左氏传》襄二十九年,季札观乐,歌《邶》《鄘》《卫》,《传》称《卫风》。又襄三十一年,北宫文子引首《柏舟》篇“威仪棣棣,不可选也”,《传》称“卫诗”,不称“邶诗”。最确不可易。又《左氏传》记季札请观周乐,杂郑、卫于雅、颂、二南之间。始兴以为出左氏附会,以证朱子“郑、卫不入雅乐”之说。惟坚信朱子以淫诗未解,郑、卫为淫诗,及郑、卫不入雅乐之说。① 因驳《左氏传》记季札观乐,杂郑、卫于雅、颂、二南之间者,系出附会。辩虽极博,究嫌牵强。惟他所考证尚多允惬,且阙疑多而臆断少,具见矜慎不苟焉。(15 –617)

三颂考三卷 同治十二年重刊本

清张承华撰。首有承华自序,后有阎承观序,卷二后有刘定敷跋。承华据《左传》“楚子告潘党”语,《大武》实有七章,因定《周颂》之《大武》本七章,《天武》为第二章,《昊天有成命》为第四章,《酌》为第五章,《桓》为第六章,《赉》为第三章,《般》为首章,《武》则卒章也。《振鹭》与《有瞽》二篇为一篇,《访落》《敬之》《小毖》三篇为一篇。阎序更为引申其义,谓“篇中‘成王’二字,解‘成’为‘成就’之成,不指谥”。又据《孟子》以“戎狄是膺,荆舒是惩”,因定《鲁颂》前三篇为鲁公之诗,后一篇乃僖公之诗。《小序》谓《駉》为颂僖公作,且云“季孙行父请命于周,而史克作颂”。考“行父”,文公六年始见《春秋》,至襄公五年卒,凡相

---

① “最确不可易”至“及郑、卫不入雅乐之说”,中华本作“自是持之有故。解郑、卫为淫诗及郑卫不入雅乐之说”。

三君，五十余年，僖公时尚是童子。《春秋》之例，大夫出竟必书，如周请命，何以不书？则无其事可知。他二章亦颂鲁公及群臣。《閟宫》言周公之孙，庄公之子，的是僖公。然尚有错简，“泰山岩岩”两节，乃是鲁公征淮徐，当在“锡之山川，土田附庸”之次。又据《国语》闵马父称“昔正考父校商之名颂十二篇于周太师”，以为校者，校正其辞句之谓。商本有颂以祀商先王，今则宋公校于周大师而改作也，《小序》误改“校”为“得”。所举证甚多，最要者，《周颂》称曾孙诗乃称汤孙，周以前称“荆”不称“楚”，诗乃言“荆楚”，且不曰“我先后”，而曰“商之先后”，不曰“实左右先王”，而曰“实左右商王”，显然系异代之称。按诸说俱持之有故，言之成理，而说《周颂》尤新。先儒有怪《周颂》篇短、《商颂》篇长者，得此可释然矣。（15－618）

诗绎二卷 榕园丛书本

清廖翱撰。是书专说义旨，采朱子《集传》居多，惟《郑风》不主朱子“淫诗”之说。谓“《遵大路》，为送贤者之诗；《野有蔓草》，为思遇时之作；《箨兮》《扬水》，伤国势之微弱，而讽其上下之同心；《褰裳》《子丰》，思大国之庇，已而自欲褰裳与驾；《扶苏》《狡童》，刺任用之非人；《有女同车》，咎辞婚之失助；《子矜》，刺学校之废弛；《风雨》，思君子之风度。《小序》旧说，皆有意义”。又朱子解“诗亡”，谓“《黍离》降为《国风》而《雅》亡”。翱辨谓，“《风》《雅》异体，《黍离》自是《风》诗，非降也。且平王之世，未尝无《雅》。《节南山》《正月》《雨无正》诸篇，玩其辞意皆东迁后之作”云云，则亦不尽遵朱子也。论《出车》《六月》诸诗，于宣王平戎事，按之时地，最为精切。其自出新解者，说《葛生》诗，定为妇人悼亡之作，谓“思远怀人，何须说到茔域之间、百岁之后？”又引白居易《燕子楼》诗相附合，创而非凿。书后有李光垣跋，兼为《书绎》作也。（15－619）

经图汇考三卷 道光刊本

清毛应观撰。应观字盥三，山西夏县人。是书前有祁寯藻序及应观自序，后有王鎏跋。全书原十卷，梓成者止三卷。卷一“天文祛异”，卷二“地理征今”，卷三“井田计亩”。“地理征今”又分前后卷。书中于天文列恒星、七政、二道、九行诸图，并详论岁差、斗差、里差等。著其所推测之度数，而驳正《天元历理》《天文大成》诸书之谬。于地理列《禹贡》《职方》之九州，春秋七国之疆域，下至秦汉以后郡县之变更，而注今直省各府州县于其下。于井田，用开方法，自一井至于万井分之合之，因及朝市廛里计军大阅诸事。图各有考。按应观言天文多本徐光启、利玛窦之说，独以诸天离地若干里，非目验不肯信。言地理，谓“九州之浸，惟扬曰五湖，其余八州则皆川也。《说文》‘通流谓川’，《集韵》《正韵》‘浸渍也’‘润也’，自有分别，‘川’‘浸’各有定名”。又谓“《孟子》‘禹疏九河’节，言自禹疏九河，瀹济漯以后，而泛滥之水皆注诸海。决汝汉排淮泗以后，而泛滥之水皆注诸江。‘而’字蒙上洪水来，孟子不是论水道，以为汝与淮泗皆注江也”。祁序又补充其说，谓“淮水无由通江，排挤也与推同义，见《说文》。排淮非导淮，乃推淮而注江耳”。言井田，谓“夏之五服方五千里，周之九服方万里，不可强合。《书》言‘外簿四海，咸建五长’，是禹于五服之外各建其长，以统辖蛮夷。而《周礼·藩服》‘北极沙漠，东入东海，南滨南海，西逾流沙’，五长更建于何地？”又谓“小国城方三里，三三九里，实有八千一百亩之地，则近城农民得居国都”。以上诸说，俱甚允惬。其春秋地理征今，简而得要，尤便学者。惟不信诸天距地若干里，谓非目验，未免拘泥。又徐、利诸说，在今日推验有更精者，亦不可尽据也。① (15 - 619)

经解指要十八卷② 嘉庆刊本

清陶大眉辑。大眉字又坡，湖北广济人，官安州教谕。书分《周易》

① 中华本此后又有“卷四曰律吕定音，卷五曰宫室辨位，卷六曰器用考形，卷七曰礼仪指画，卷八曰象数心诠，卷九曰衣服绘古，卷十曰饮食错珍。均待续梓，而毛氏自序已述之矣”。

② “十八卷”，中华本作“二十二卷”。

八卷,《书经》二卷,《诗经》二卷①,《春秋》二卷,《仪礼》二卷,《周礼》二卷,《礼记》二卷。系就《御纂周易折中》《书经传说》《诗经传说》《春秋传说》《三礼义疏》,节繁就约,汇录而成。按《御纂七经》帙巨文繁,披寻不易。大眉于此,虽欠阐发,而翦裁尚属不苟,"三礼"尤简而得要。首有其子起庠序。(15－620)

十三经心畬二十二卷　嘉庆庚辰刊本

清陶起庠纂。起庠字谨之,湖北广济人,大眉子。首有起庠自序,言"学先治心,治心之道,犹菑畬然"。此书所由名也。凡《易》六十七条,《书》八十条,《诗》七十一条,《春秋》七十五条,《仪礼》三十九条,《周官》三十条,《礼记》六十七条,《论语》四十六条,《大学》七条,《中庸》十五条,《孟子》四十四条,《孝经》十五条,《尔雅》二十条,各卷后间附存异、析疑、外义、补遗诸目。大抵杂采群书,而采《困学纪闻》《黄氏日抄》为多,亦有不标明某书某说者。卷一引洪容斋说,本出《容斋随笔》,乃不引《容斋随笔》,而引《天禄识馀》,殆未见《容斋随笔》耶?书中各题多无关要义,如《书》之日月星辰山川,《周官》之礼乐兵刑水土,《论语》之天道人道,《中庸》之义利诸条,亦何待于考证?观其体例,盖备近獭祭,非为说经也。(15－621)

尚书私说二卷　原稿本

清倪上述撰。上述,直隶乐亭人。是书尊信古文,惟不满意于梅本。首有自序,以为篇章字句之间,尚待辨证。其要者,谓"姚方兴所得《舜典》二十八字,决为伪造。据孔《序》,但云《舜典》合于《尧典》,不云篇首有脱字。梅本轶《尧典》之半,又失《舜典》发端之文,王柏所补殊牵强"。谓"《大禹谟》宜分三章,首章陈谟正文,次章受禅,三章征苗,皆附录。《皋陶谟》与《益稷》,为一时所言,本自相缘而起。然皋陶所陈,止于上篇,下篇乃帝与禹交儆者。末复有皋陶之《赓歌》,故史合录为

---

① "《诗经》二卷",中华本作"《诗经》四卷"。

篇,从附载之例。孔子特以篇秩之长而分之,此二篇俱无缺文。惟《益稷》篇‘夔曰’二节,宜移附篇末。‘庶顽谗说’一节,宜移置‘象刑惟明’之下。《盘庚》是四篇,各自有史臣之序。上篇从首至‘底绥四方’,是一篇。‘盘庚敩于民’下,又是一篇。惟中篇‘汝不谋长’一节,当移之‘奉畜汝乘’下。《泰誓》篇,首有脱简,中篇之末、‘呜呼乃一德一心’之前,有‘勖哉夫子,罔或无畏,宁执非敌,百姓懔懔,若崩厥角’二十字,与上下文意绝不属,而与《孟子》所引,文颇因依,义殊谬戾。其为乱简模糊,有所修润无疑。疑必下篇首简,错入前篇。开首或是‘惟二月哉生明’,或是曰‘壬戌’。‘勖哉’二字,曰‘壬戌’之似也。次云‘至于商郊’。‘夫子罔或’,‘至于商郊’之似也,此下更当有‘商人迎师’之文。如《孟子》所云‘其君子实玄黄于篚,以迎其君子;其小人箪食壶浆,以迎其小人’者,其下乃如《孟子》文云‘王曰无畏,宁尔也,非敌百姓也’。‘若崩厥角稽首’,再接‘时厥明,王乃大巡六师’,则与《武成》所云‘癸亥陈于商郊者’合。《武成》篇,惟‘四月哉生明’二节系大定后错简。《洪范》篇,‘初一曰五行’六十五字及各畴正文,皆《洪范》古经。‘皇极自敛时五福’以下,‘三德自惟辟作福’以下,‘稽疑自汝则有大疑’以下,‘庶征自曰王者惟岁’以下,皆箕子紬绎其旨,以告武王之辞。本文当悉在古经之后,自相首尾。《大诰》篇,‘惟若兄考’十五字,宜在‘尔亦不知天命不易’下。《多方》篇宜在《召诰》前,即《大诰》后,东归之所作。《多方》篇,宜在《召诰》前。其篇简有本篇自错者,有与《多士》互错者。‘惟圣妄念作狂’二十九字宜在‘尹尔多方’下;‘乃惟尔辟’十七字宜在‘罔可念听’下。‘今尔尚宅尔宅、畋尔田’,宜在‘图忱于正’下。‘尔乃惟逸惟颇’二十九字,宜在‘畋尔田’下。此其自错者也。本篇惟‘帝降格于夏’三十四字,及‘惟夏之恭多士’二十八字,宜在《多士》篇‘惟天明畏’下。而《多士》篇‘我闻曰’三十字,宜在本篇‘寅念于祀’下。本篇‘王曰呜呼,猷,告尔有方多士’至‘凡民惟曰不享’,凡百五十一字,及篇末又曰‘时惟尔初’十五字,宜为《多士》篇末简。又曰‘时予乃或言尔攸居’,宜为本篇结语。此其互错者也。《立政》篇,有错简四:一群臣进戒之语,‘虎贲缀衣’至‘三亳阪尹’,错在‘文武’章中;一告孺子王语,‘文王罔攸兼’至‘罔敢知于兹’,错在申说文王立政下;一亦告孺子王语,‘今文子文孙’至‘武王之大烈’,错在‘戒后王’章中;一告太史语,‘呜呼!继自今后王立政,其惟克用常人’,错在‘周公若曰’上。《召诰》篇,有‘王虽小’一节及‘其为王’二节,宜移于‘惟日其迈’下。‘若生子’一节,宜移于‘王其德之用,祈天永命’下。《洛诰》篇乱谬最甚,定为九章。《梓材》篇,宜移《康诰》之序冠其首,其首句又误衍《酒诰》之尾”。此上述改定经文之大略,余则无关紧要,及虽改而不敢定为必然者。按诸经中以《尚书》错简尤多,移易经文,蔡氏、金氏已开其例,但未若上述割裂之甚。顾割裂之余,转觉文从义协,即以侮圣言罪之,视彼议删难读之《盘庚》,废晚出之古文者,亦当末减。存其说,为《尚书》家备一案可也。(15-621)

尚书古文考实一卷 思贤讲舍刊本

清皮锡瑞撰。是书多袭阎若璩说,其显然谬误者,谓安国但传经文而无说义,其说义同今文家说。按锡瑞引司马迁亦从安国问故,迁书载《尧典》《禹贡》《洪范》《微子》《金縢》诸篇多古文说,故所谓“故”。按“故”字应属下,以“问”字绝句,锡瑞盖误。所谓古文说,非说义而何?“故”字犹可诿为今文说,但所举《尧典》《禹贡》《洪范》《微子》《金縢》五篇,皆今文所有,何以别之为古文说?恐其有所不可通,则谓迁书多古文说,或是班氏袭用刘歆之言,未足深信。果尔,则不利于己说者一切证据,可以抹煞矣。又谓武帝建元五年立五经博士,孔安国为博士,当在建元五年之后。按辕固生、韩生、董仲舒、胡毋生,皆于文景时为博士,见《史记》本传。《贾生传》,文帝时召以为博士,《汉书》同。又《汉书·晁错传》迁博士皆在武帝建元之前①,锡瑞又硬断安国当生于景帝初年,正鲁共王封鲁之时。按《汉书》载安国为谏大夫,而谏大夫系置于元狩五年。安国卒于元狩五年后,殆无可疑。惟由元狩五年,上溯至景帝元

---

① “又《汉书·晁错传》迁博士皆在武帝建元之前”,中华本此后有“则锡瑞说非也”。

年，止三十九年。安国卒年六十，何以证其为谏大夫必在四十前乎？锡瑞于此殊欠细考。锡瑞又谓安国蚤卒，不得见巫蛊事。按武帝时，巫蛊事凡二起，一在元光五年，一在征和五年。按《汉书·武帝本纪》："元光五年秋七月乙巳，皇后陈氏废，为巫蛊者皆枭首。"《外戚传》："元光五年，上遂穷治之，女子楚服等坐为皇后巫蛊祠祭祝诅，大逆无道，相连及诛者三百余人。"安国序所云"会国有巫蛊"，当指此时，去元狩五年为谏大夫时，尚先十一年，何得谓不得见？若征和元年之巫蛊狱，则迟三十九年，安国卒久矣。误元光巫蛊为征和巫蛊，始自刘歆，班固以下因之。锡瑞以班氏云"遭巫蛊，未立学官"，乃沿刘歆谬说。夫刘歆之谬，诚不必讳。若以为作伪欺世，则又非也。自来攻古文与护古文者，多未见及此，岂非怪事？是书亦不无一得，如谓"《班志》所云'武帝末'，乃'景帝末'之误"；谓"杜林古文，非孔壁古文"；谓"郑君《书赞》已言科斗书，非出晋人里语"。所见俱是。至以臆造孔《传》属之王子雍，则又袭丁晏之说也。（15－623）

尚书古文疏证辨正一卷　思贤书局刊本

清皮锡瑞撰。① 锡瑞亦攻《尚书》古文者，同阎若璩同旨。惟若璩所作《疏证》，实多疏谬，锡瑞恐为反戈者所借口，取而辨正之，非护古文，仍攻古文也。首有自序，比于若璩之驳朱注。书中所辨，谓若璩未了古今文家法，如以马郑所注古文为今文之类。谓若璩宋人臆说斥古义②，如信欧阳永叔说，而疑文王改元；信程伊川说，而疑武王观兵；信邵康节《经世书》，以推算年数之类。谓孔本不误，而若璩以为误。如孔《传》解《无逸》三宗有太甲，及《多士》《多方》再叛再征，必欲是蔡、郑而非孔之类。谓误考地理，如陪尾、嶓冢，每与胡朏明相同之类。说多确当。惟间有不甚关紧要者，又有伸其所未尽者，则正而兼补也。但其说亦不能无失，硬造西汉古今文一家之说，谓安国必以今文教授，然则兒

① 中华本此句后有"锡瑞字鹿门，善化人"。

② "若璩宋人臆说斥古义"，中华本作"若璩援宋人臆说斥古义"。

宽既受今文于欧阳生矣，何以又学于安国？既谓安国古文无训解，又谓于古今文多寡、异同处，或系以说，此谓古文说。“古文说”非训解而何，乃又谓其说古文与今文同，其训解必同今文，已是武断。然则今文所无者，将何以说之？展转缭绕，殊觉不能自圆。至如《尧典》“帝曰我其试哉”，王肃本无“帝曰”二字，而孔本有之，即孔本非王肃所伪之明证。乃谓王肃故留参差之迹，以欺后人，是则同者固伪，不同者亦伪，何锻炼若是？他如以《帝王世纪》有“帝挚”一事，即坐卫宏以创异说而诬今文。不知卫宏即马、郑所从出也。以《论语集解》一引安国注，即断为郑冲所纂入。不知郑冲与王肃同时，未至为王肃伪书所欺也。“康叔”之“康”为谥法、为地名，各持其说。必坚断为谥法，又碍于康叔、康伯父子同谥，则援今翰林出身者例谥“文”，常有数代同谥“文”者为比。不知今之例，未必同古。且谥文之下，尚有一字，如“文正”“文忠”之例，独遗之乎？胡陋至此！若璩论安国未尝迁及刘歆，锡瑞则痛诋刘歆矣；若璩说梅赜未曾疑及王肃，锡瑞则指定王肃矣。若璩时汉宋学未甚分界，故辄援宋儒为助。锡瑞专治汉学，则兼斥宋儒矣。若璩时汉学未有今古文之分，故又援马、郑为助。锡瑞专治今文，遂不满马、郑矣。惟锡瑞以为孔《传》优于马、郑，且优于蔡《传》，公允之言异乎周纳。惜为成见所囿，不能综诸家之得失，作平情之剖判也。（15－624）

今古文尚书授受源流一卷　湖北存古学堂刊本

清马贞榆撰。贞榆字贵立，广东顺德人，优贡生。是书就《尚书》考今古文授受源流。今文首伏生，以次及张生、欧阳生、朝错等，并后汉治欧阳《尚书》不知师承牟长等，后汉治大夏侯《尚书》不知师承张驯等。古文首伏生，以次及都尉朝①、兒宽、胶东庸生等，并后汉治古文《尚书》不知师承张恭祖等。末附《辨经义考》，谓贾逵、许慎、马融、郑康成未见孔壁古文之非。按贞榆所考多有疏谬，《论衡·正说》篇“朝错传于兒宽”，而贞榆举朝错之传，止引何比干，不及兒宽。《家语后序》言“安国

① “都尉朝”，中华本作“都尉晁错”。

受《尚书》于伏生”,疑出附会。据《史记》文帝十五年,朝错以太子家令对策,其受伏生《尚书》时,尚未为家令,当在其前。又《汉书》载安国为谏大夫,考谏大夫在元狩五年置,是安国为谏大夫当在其后。而安国终临淮太守,又在为谏大夫之后。元狩五年,距文帝十五年将近五十年。《家语》又载安国卒年六十,计安国是时未满十岁,安得从伏生受业?贞榆似知其误,而不敢改。又按刘歆在秘府,虽得见古文《尚书》,未必传古文《尚书》。《后汉书·郑兴传》云:“天凤中,将门人从刘歆讲正大义。”李贤注曰:“左氏义也。”盖刘歆以《左氏春秋》名家。而《兴传》又云:“少学《公羊春秋》,晚善《左氏传》,遂积精深思,通达其旨。”是歆之传于兴者,《左氏传》也。至《杜林传》云:“兴尝师事刘歆,林既遇之,欣然言曰:‘林得兴谐矣。’”泛无所指。贞榆乃据《林传》为兴传古文《尚书》于歆之证,又臆度歆得见古文《尚书》,即传古文《尚书》。殊属武断。至《经义考》谓“贾逵、许慎、马融、郑康成未见孔壁古文”,并不误。《后汉书·儒林传》:“扶风杜林传古文《尚书》,林同郡贾逵为之作训,马融作传,郑康成注解。”又许冲《上说文表》曰:“臣父故太尉南阁祭酒慎,本从逵受古学。”是慎之学又传于贾逵。四人之学皆出杜林,而杜林之古文《尚书》乃得之西州之漆书一卷。云得之西州者,则无师承可知。云一卷者,则非《艺文志》所载古文经四十六卷可知。《贾逵传》云:“父徽又受古文《尚书》于涂恽,逵悉传父业。”按逵既传其父之古文《尚书》,何以又传杜林之古文《尚书》?且既传其父之古文《尚书》,何以《传》又云“以大夏侯《尚书》教授”?辨者谓徽所传之涂恽,非《儒林传》之涂恽。盖一则“心”旁,作“整军经武”之军,一则“心”旁,作“咎单作《明居》”之单,或是二人。否则,悉传父业,当统指徽之《左氏春秋》《周官》《毛诗》《国语》等,而不及古文《尚书》。要之,贾、马、郑所注,许氏所引,无出二十八篇之外者,显然可证也。贞榆徒以马融尝校书东观,遂硬断为亲见孔安国所献本;又硬断马、郑所治之《尚书》皆孔壁本,非杜林本;更硬断杜林之漆书古文,亦从孔壁传写而得。但无以解于《儒林传》载杜、贾、马、郑传授之始末,反欲改范书以就其说。盖思标新于阎、惠、孙、王之外,而不自知其无据也。(15-625)

尚书要旨一卷　湖北存古学堂刊本

清马贞榆撰。是书分目细碎，大抵以“圣治圣学”为纲。属于治者，如知人、安民、天文、地利、农政、教官、刑官、工艺、山泽之利、商务、祀典、乐官、纳言之官、取士、择相、巡守、学校之类；属于学者，如逊志、慎非、几处人伦之变、执中之类，一一付以经义。所援引，除本经传注外，泛及群经诸史文集杂录。所称“东塾先生”，即番禺陈澧，贞榆之师也。说经之余，辄牵史事。而因“刑官”，而附论锺繇、陈群等言肉刑之非。因“择相”，而而附论后世废宰相之弊。① 诸所敷衍，大体尚平实。惟其中有绝陋者，如“克明峻德”一节，司马光谓即《大学》修身以下四条目，蔡《传》本之。洪汝登释以《中庸》之九经，孔广森、刘逢禄信之。所见虽各异，皆是也。贞榆必以孔、刘为未合，且以翻案之故，由于不知出自司马光，岂孔、刘有意难蔡、沈而压于司马光耶？又有绝谬者，贞榆明之燕王棣比管叔，已觉拟非其类。至以清之多尔衮比周公，则直以盗跖为孔丘矣。且亦何涉于书旨耶？(15－626)

漆沮通考六卷　光绪乙未周正谊堂刊本

清郑士范撰。士范字冶亭，陕西凤翔人。《禹贡》言“漆沮既从”，是书遍征地志，实考二水之所在。分为六篇，首漆水，次洛水，次故城，次山属，次水属，次附录。书中据《集传》引《地志》漆水出扶风县，《水经》“漆水出扶风杜阳县”。程氏曰：“杜阳，今岐山普润县之地，亦汉漆县之境，其水入渭，在沣水之上。与经序渭水节次不合，非《禹贡》之漆。”以正孙星衍说之误。而以乔世宁所言“耀州之漆沮入渭，在沣泾之下者”为是。又《集传》谓“漆沮从朝邑入渭，疑混于洛水”，据王复斋“自临潼交口入渭”之说以驳之。俱极确。他篇则以相涉而及之，故题曰“通考”也。惟杂引诸书，甚少断制，又无贯串，殊令阅者茫然，以资参考可也。前有张世英序，合士范所撰《旧雨集》而作，盖二书并刊也。(15－628)

---

① “而而”，疑衍一“而”字。

禹贡水道便览一卷　同治六年刊本

清张先振撰。先振字以厚,湖北汉阳人。是书略于山而详于水,于诸水之源流派别,言之了了。并及治之之法,使书中无字不晰。惟解“夹右碣石入于河”,谓“自海而南向,望碣石以接河滨,由右而西转,舟在左,石在右,转屈之间,视之若在挟掖之石,故曰夹石”。似属望文生义。解“泾属渭汭”,谓“泾水出汧头山,东入渭。渭水出南谷山,东入河。汭水出弦蒲薮,东入泾。泾上承汭,下达渭,故曰‘属’”。又于“会于渭汭”条下,谓“水内北皆曰汭。渭汭,渭水之内也。不以‘汭’为水名,未免两歧。”按泾入河处,谓之泾汭。渭入河处,谓之渭汭。泾至云阳而入渭,又至华阴之永丰仓而入河。其间泾与渭相连,故曰泾属渭汭。此前后二说皆非也。解“黑水”,谓“出汾关山”,而不言所据,殆本《汉书·地理志》注也。按本经“黑水”凡三见,一见梁州,一见雍州,一见导川。在汾关山者,梁州之黑水耳。究竟是一是三,亦未分别。凡此诸条,略欠精审。惟全书着语无多,删尽支蔓,甚便观览。书后有其子渠纯跋,言先振所著尚有《周易互卦图说》《周礼精义》《仪礼考》《律吕考》诸种,俱零落无存云。(15－628)

禹贡注节读一卷　乾隆五十四年端溪书院刊本

清马俊良纂。俊良,广东石门人。是书以胡渭《禹贡锥指》被取入《钦定书经传说》中,因节其要语,以为读本。其《钦定》所未采者,则用《地理今释》。首有自序,以为“由是编而进读原本,纲领既得,辨说易明,亦为绎《钦定传说》之一助”。间附案语数条,于“九河既道”条下,谓“河自大伾以西,利用合,倘流分行缓,下壅则上决。《史记》言‘厮为二渠’,一从大伾山南,下漯河而入海;一从大伾山西,下漳河而入海。嗣是至于大陆,则东方之地逾卑,入海之路逾近,所以疏为九河,利用分”云云。所见亦是。惟“泾属渭汭”条,既引胡氏说:“泾水至高陵县入渭,水之隈曲曰汭。”而“会于渭汭”条下,又引《地理今释》:“渭汭,渭水入河之处,在华阴县,今韩城县北,龙门山南。”据此则渭汭有二也,殊欠分晓。他若“九江”“黑水”，胡氏说皆不确，皆宜考正，未可盲从也。书中引《地理今释》止四条，余所引诸家之说，皆本之《锥指》，即题以“锥指节本”，无不可也。（15－629）

禹贡集注一卷 咸丰十年刊本

清刘崇庆撰。崇庆字德徵，原籍河南，以顺天籍中咸丰乙卯举人，官鲁山教谕。是书首有自序，以为“水患皆因下流壅塞而然，必先疏其下流，而后浚其上流，使下流有所归，上流有所杀。河始入于雍，而经于冀，冀当河之下流，兖又下流之入海处。故禹自冀而兖，疏河泲之下流；自青而徐，疏淮之下流；自扬而荆，疏江汉之下流。于是自荆而豫，浚伊洛之源；自豫而梁，浚江汉之源；自梁而雍，浚河渭之源”。所言禹先后施功之序，与蔡《传》略异，而理可相参。惟题曰“集注”，而所集何家，概未标明。于地理往往沿旧解之误，未能订正。如“治梁及岐”“三江既入”“泾属渭汭”诸条，其误之最显者。又如“恒卫既从”，以恒卫为小水，谓恒水东入于滱，卫水东入于滹沱，亦不免微误。按经言“既从”，不得以小水当之。恒即滱，卫即滹沱，特古今异名耳。他如黑水、三危、西倾、大别、嶓冢等，俱不能实指其地。盖所见之书，本不甚博，又欠精思明辨，故不免于疏略也。卷首有九州总分二图，又有九州田等、九州赋等诸诗歌十五首。卷末有徐际旦撰崇庆《行状》。（15－629）

禹贡山水清音一卷 咸丰十年刊本

明刘椿撰。是书用《泣颜回》等套曲，分述经文，自冀州始，至导水止，凡例“自导水止”，盖误。共七出。不及疆域田赋，以别有《疆域歌》《田赋诀》也。在导山导水尤详，山别方向，水记出入，并及所属州境。首有小引、凡例。自言“声分平仄，字别阴阳，颇费推敲。先熟读《禹贡》正文，后咏兹编，则传注之繁，筌蹄视之”。又云“厌呫哔之劳神，托讴吟而邑意”。殆亦精心结撰之作，与普通括歌括便记诵者又不同。后有其裔孙辉钊跋。书系辉钊以遗稿付刊，附于刘崇庆《禹贡集注》之后。（15－630）

稽古轩经解存稿八卷　道光十九年刊本

清赵逵仪撰。逵仪字衢斋，安徽泾县人，嘉庆癸酉举人。首有黄中模序，逵仪乡试座师也。卷一《易》，卷二《书》，卷三、四《诗》，卷五、六《春秋》三传，卷七"三礼"及《大戴礼》，卷八"四书"、《尔雅》、《孝经》。其中《周礼》《仪礼》《大戴礼》《大学》《中庸》《孟子》《尔雅》《孝经》各止一篇，似以足十四经之数者。其文大率书院课试之作，故多抄前人成说或发空套议论。每篇后皆有批语，尤为近俗，然亦不无可采者。如解"六宗"，主郑康成说，谓是星、辰、司中、司命、风伯、雨师。解"大夫孔父"，引郑大夫公子嘉字子孔，谓"孔父"是字非名。解"辟雍泮宫"，据《说文》：廦，廱也；廱，天子飨宴廦廱也。鲁有泮水，泮宫乃泮水旁之宫，俱非学名。解"公伯寮愬子路于季孙"，谓"愬，告也，《说文》引此作'诉'，与'谗'迥别。肆诸市朝，语同鸣鼓而攻，无害为仲尼弟子"。如此之类，自见精核，未可没也。(15-630)

鄂拊堂经解十二卷　道光十九年刊本

清吕伟山及其弟伟崝撰。伟山字松坡，诸生。伟崝字蓉塘。① 俱安徽旌德人。伟山兄弟俱学于赵逵仪，是稿即逵仪所订，又为之序。首录其父吕培《经解》一篇，卷一至十伟山撰②，卷十一至十二伟崝撰。诸篇题太宽熟，解亦薄浅，不如其师。亦不无可取者，如"平章百姓"条，郑《注》"平"作"辨"，训"辨"为"别"，与"平"字古文形声易混。自孔《传》讹为"平"，训作"和"，唐宋以来宰辅衔名，皆误用之。《周颂》"实始翦商"条，毛《传》："翦，齐也。"郑《笺》："翦，断也。"孔《疏》谓"齐"即斩断之义，后人遂滋疑议。按《尔雅·释诂》："翦，勤也。""翦商"者，当谓勤

---

① "清吕伟山"至"蓉塘"，中华本作"清吕伟山及其弟伟岸、伟岫、伟崝撰。伟山字松破，伟岸字云崖，伟岫字远轩，伟崝字蓉塘"。

② "卷一至十伟山撰"，中华本作"卷一至六伟山撰，卷七至八伟岸撰，卷九至十伟岫撰"。

劳于商。“翦”亦通“践”。左氏《文元年传》云:“践,修旧好。”《士相见礼》云:“不足以践礼。”皆是言“勤”。按此二条,援据最的。至“陈太宰嚭”条,遍征春秋时同名之人,无一挂漏。蔚成巨篇,可离本书而单传也。(15－631)

重校古经解钩沈三十卷　道光二十年刊本

清余萧客撰,柳荣宗校。① 荣宗《穀梁大义述》,已著录。按萧客是书早著录《四库》,刊板于乾隆六十年。其后板归丹徒鲁氏,至道光庚子重加补葺,属荣宗校勘。荣宗因据所有书籍,检萧客原注出典,凡正误字二百七十五,补脱字八十。又萧客原例,于经文之异者,以小字注于经文本字之旁,惟刊本或有或无,荣宗依例悉为校补。其书传原引舛错者,如《尧典》“至于岱宗柴”,《公羊疏》引郑《注》云:“柴者,考绩燎也。”“燎”上当脱“柴”字。“同律度量衡”,《史记集解》引郑《注》云:“同,音律。”“音”当作“阴”。《左传》襄十九年传:“诸子仲子、戎子。”《御览》引服《注》云:“诸子,妾生子氏。”“生”当作“牲”。又十一年“司慎司盟”,《仪礼疏》引失名注,至讹不可读。荣宗以为书阙有间,不敢意为增改,具见矜慎。卷首有陈维谦序、柳荣宗记,又列总校陈维谦等四人,分校陈以琮等八人,实荣宗一人之力也。(15－631)

尚书考六卷　道光刊本

清李荣陛撰。荣陛不特攻古文,谓今文亦有错误,《大传》亦是伪作。所考大都本经之要题,谓“伏生《书》先《金縢》《大诰》而后《康诰》《酒诰》,先《召诰》而后《多方》,先《洛诰》而后《多士》,皆失其次。后《大诰》乃周公命庶殷城东都所作,《诰》亡而《序》存;伐殷之《大诰》,则《诰》存《序》亡。篇名适同,伏生因系前《诰》之尾。而为伏学者,更跳篇引冠《康诰》之首,俨然以王临孟侯。汉魏诸儒,因据为摄位称王之证”。所援证甚博,其要者,谓“郑训‘寡兄’为寡有之兄,‘孟侯’为太子

---

① 中华本此句后有“萧客字仲林,号古农,长洲人,乾隆间以布衣终”。

之称，俱不可通。《左传》载祝鮀言‘武王克商，成王定之，选建明德，以藩屏周。故周公相王室以尹天下，分康叔以殷民七族，命以《康诰》，而封于殷虚’云云。说者引此，以为康叔不受封于武王，不知周公相王室，兼武王、成王言之。鮀所述卫、鲁、唐、蔡四国，得封非一时，故首举武王、成王以总之。三国之封，在成王世。康叔之封，在武王世。武庚灭，成王又分其地归康叔。《作雒解》所谓‘俾康叔宇于殷’，代霍叔者也。康叔既受成王增封，故传与四国并序，其《康诰》之命，自承武王克商，与成王句无与”。于此辨极确。又辨“文王受命”，乃受专征伐之命，无称王改元之事。据《纪年》，文王之殁，称“西伯昌薨”。《礼》大传：“武王追王文王昌。”改元起于七国之际，《纪年》于周显王三十四年丙戌下记云，“魏惠成王三十六年，改元称一年”，周初何尝有是？又据《纪年》“帝辛四十二年”，注：“武王元年。”五十二年伐殷，自为武王十一年，无蒙父年之事。俱极确。又解《金縢》“罪人”，谓“武王崩，武庚叛，无根之言播闻。然武庚思纪殷叙，而流言转为王计，若不相蒙者至二年，乃知其即出于管、蔡，故云‘罪人斯得’”。亦视郑《注》以罪人为周公之属党与知居摄者为优。荣陛明历算，如正月上日、月正元日诸篇，能言其故，且间订刘歆之疏。惟《召诰》以郑玄改经文“二月三月”作“一月二月”为迂曲，未若李锐所考之当，郑并不误也。其攻古文，自抒所见，不拾阎、惠之唾，然不免周内。所辨毛奇龄《冤词》诸篇，皆中其失，而不足以撼古文也。至考武王年岁，罗泌《路史》据《纪年》定为五十四岁，本不误。阎若璩引《作雒解》“惟天不享于殷，发之未生，至于今六十年”，谓是六十余岁，尚为相近之。荣陛乃引而驳之，转信《文王世子》《书大传》，谓武王七十六岁即位，八十六岁伐殷。则以不误为误，误为不误矣。其《禹贡》舆地诸篇，亦多发前人所未发，可与所著《禹贡山川考》《黑水考证》二书相参证，与阎、惠诸人专攻古文者又不同也。（15－632）

尚书篇第一卷 道光刊本

清李荣陛撰。首有黄河清序。大旨以今文为伏《书》，古文为晋人补

《书》,二《书》不可相混。而伏《书》中之《周书》多错误:一以成王之《金縢》《大诰》列武王《康诰》前;二以周公《后大诰序》足成王《大诰》;三并武王、召公两阙篇为《梓材》;四列《多方》于《多士》《无逸》后。一一更定之。而经文中《尧典》误衍"滔天"二字,又衍"夔曰于予击石拊石百兽率舞"十二字,《甘誓》误衍"予则拿戮汝"五字,《立政》误衍"今文子文孙孺子王矣。其勿误于庶狱,惟有司之牧夫"二十一字。又《禹贡》"恒卫既从,大陆既作"八字,应移在"至于衡漳"之下。"昆仑析支渠搜,西戎即叙"十字,应移至"三苗丕叙"之下。"织皮"二字,应移至"球琳琅玕"下。《盘庚》仍为一篇。姚方兴所上二十八字,与晚出二十四篇归之补篇,盖沿元吴澄《纂言》别出古文之例。然硬断《正义》称张霸之徒所增益二十四篇为孔壁真古文,犹是拾阎、惠之余唾也。(15-633)

尚书课程二卷　湖北存古学堂刊本

清马贞榆撰。是书上卷论《尚书》学之源流,下卷论伪古文之破绽及各家之得失。大抵摭拾宋元以来攻古文者之成说,尤主阎百诗,谓"至阎百诗,而其论大定"。其最谬者,如谓古文为王肃为伪,盖本之江声。按以古文伪自王肃者,如惠栋,非江声。声因陆德明有肃注今文《尚书》,而解大与古文相类。或私见孔《传》"而秘之"之语,而无解于同时之郑冲、皇甫谧亦引及之。于是贞榆造为肃戒郑冲勿言,皇甫谧则为所愚。不知所云戒者,其证何在?谧亦通儒,岂受人愚者?惠栋有云王肃注存于今者,按之皆与马融、伪孔合,可云伪孔出于马融乎?又谓古文《尚书》,亡于永嘉之乱,盖据《隋书·经籍志》。《志》云:"晋世秘府所存,有古文《尚书》经文,今无有传者。及永嘉之乱,欧阳、大小夏侯《尚书》并亡。"按《志》所言,自分两截,晋秘府本有古文《尚书》,梅赜止是孔《传》。以《传》合之秘府经文而不谬,故无人发异议。"无有传者",谓无人传授耳。所亡者乃欧阳、大小夏侯《尚书》,语意自明。证之《晋书·荀崧传》:"元帝践祚,已立《尚书》孔氏学。"何尝亡耶?又谓"郑康成所述《逸书》二十四篇,孔颖达横被以张霸伪书之名"。又谓"张霸所伪,乃百两篇,非二十四篇"。则并未细读《正义》。按《正义》云,"遂有张霸之徒，于郑《注》之外伪造《尚书》凡二十四篇，以足郑《注》三十四篇为五十八篇"云云，并详举其目。按此二十四篇，乃张霸之徒所造，何尝为郑氏所述？证之郑注《书·武成》云："建武之际亡。"注《缁衣》引《尹诰》云："《书序》以为《咸有一德》，今亡。"此自述之二亡篇，即在二十四篇中，则二十四篇岂郑氏所述耶？且所云"张霸之徒"，犹言"张霸之流"，彼造百两篇，此造二十四篇，自是二事。若张霸乃西汉成帝时人，岂能见郑《注》之三十四篇，而增益之耶？他如谓"贾、马、郑所传杜林古文《尚书》，即孔安国古文《尚书》。河内女子所献《泰誓》，为真《泰誓》。"俱沿误之甚者。殆于张崇兰、洪良品、吴光耀诸家之书，未曾寓目，入者主之，竟成不解之惑矣。（15－634）

尚书可解辑粹二卷　嘉庆乙未刊本

清潘相撰。相有《周易尊翼》，已著录。是书止有《尧典》《舜典》《大禹谟》《皋陶谟》《契稷》《禹贡》《甘誓》《五子之歌》《胤征》《仲虺之诰》《伊训》《武成》《洪范》《金縢》《顾命》《康王之诰》十六篇，殆以可解者止此乎？所辑诸说，有标名氏者，有不标名氏者，又统于一篇，不为句解字释，殆说经之又一体也。书中《尧典》言天文、《禹贡》考地理最详，次则《洪范》。说《尧典》，征及近世西人之说，并附夏至、冬至、春分、秋分诸图。说《禹贡》，谓"水道变迁，就后代地形水势，以考禹时之水，必不可通。惟以《禹禹》解《禹贡》"。① 九河主《尔雅》，分简、絜为二河。斥蔡《传》背师训。三江主郑《注》，谓"北合汉为北江，右汇彭蠡为南江，岷江居中为中江"。五湖主谢墉说，谓"五湖当在今苏州、嘉兴、湖州、松江诸郡境内"，俱合。以析支、搜渠即河套，则误矣。《武成》篇，谓"归有光读本，较蔡本为顺。惟'恭天成命，肆予东征，绥厥士女'三句，应上接'其承厥志'，下接'厎商之罪'。'惟其士女，篚厥玄黄，昭我周王，天休震动，用附我大邑周'五句，应在'血流漂杵'之下，'一戎衣'之上"。因别为考定。其说《大禹谟》，谓"谟言精粹渊醇，真非大圣人一堂

① "禹禹"，中华本作"禹贡"。

授受不能到。后儒果于疑古,试问汉晋诸儒,所传著述甚多,谁能伪为此?”又谓“尧授舜,舜授禹,有《尧典》,必有《舜典》,有二《典》必有二《谟》。《尧典》‘曰若稽古帝尧’,若无《舜典》‘曰若稽古帝尧’①,又无《禹谟》别之曰大禹,遽以二《典》为《尧典》,以‘曰若稽古皋陶’接于《尧典》,成何史体”云云。亦可为攻古文者作反唇之稽也。(15-635)

诗毛郑异同辨二卷 嘉庆刊面城楼三种本

清曾钊撰。首有钊自序,以为毛郑异同,大义有四,随文易说者不与。② 一昏期,二出封加等,三稷契之生,四周公辟居,皆毛长于郑。至“六天”之说,毛、郑故同。昊天上帝,《诗》有明文。五天即五德之帝,五德布为五行,助天生物,王者礼宜尊事。《周颂·我将》传:“将,大也。”是毛以“我将我享”为大享。大享明堂,五帝遍。而《正义》乃诬毛不信“六天”之说,与郑异。孔氏述毛,不得其理,多类此。若夫故训假借,传例简奥,笺所改读,非尽易传,《正义》亦有未达云云。书中大旨,主于申毛,义多精确。其辨《正义》“我之不辟”,谓“毛读‘辟’为‘辟’。据《史记·鲁世家》:‘周公乃告太公望、召公奭曰:“我之所以弗辟而摄行政者,恐天下畔周,无以告我先王太王、王季、文王。”’据此则《史记》用古文说,读‘辟’为‘辟去’之辟。《说文》书称古文‘辟’部‘擘’,引‘我之不擘法也’。据《金縢》释文引《说文》。‘法’当为‘去’之误。《说文》:‘辟,法也。父益反。’擘,必益反,音异,义亦异。《易·序卦传》云:‘井道不可不革。’《杂卦传》云:‘革,去故也。’故擘从井,其义为去,后乃省作‘辟法’之辟”。按此义历来蒙昧,至此始见日月。③ 又《猗嗟》三章“舞则选兮”,《传》:“选,齐也。”按《史记·周本纪》“百率”“五百率”“千率”,《集解》引徐广,“率”音“刷”。司马《索隐》“率”亦作“选”。郑司

---

① “若无《舜典》‘曰若稽古帝尧’”,中华本作“若无《舜典》‘曰若稽古帝舜’”。

② “随文易说者不与”,中华本无。

③ “至此始见日月”,中华本作“至钊始发之”。

农《周礼》"冶氏"注,"锊"读为"刷"。"率""选""锊"读皆同,则可通假。孟康云:"埒,等埤垣也。"《史记集解》引徐广曰:"埒,等也。""等"与"齐"同义,"选"即"埒"之假借。按此解委曲而切。又《鸨羽》首章"王事靡盬",《传》:"盬,不攻致也。"据《天官·盐人》"凡齐事鬻盬","鬻"即"练"也。盐不练,谓之盬。引申之,故物不攻致者亦谓之盬。《椒聊》首章"硕大无朋",据《尔雅·释诂》:"无,间也。"《诗》"无念尔祖"传:"无念,念也。"此"硕大无朋",犹言硕大又朋。按二解俱新而的。他所辨,毛不失而孔以为失者,如《硕人》四章"鳣鲤"之训。孔申毛而失者,如《南山》首章"南山""雄狐"之训,《蒹葭》首章"伊维"之训,《小弁》二章"捣""心""疾"之训,《頍弁》首章"皮弁"之训,《鲁颂·駉》三章"作始"之训。又郑不失而孔以为失者,如《著》首章"君子揖"之训,《杕杜》首章"湑湑"之训,《车攻》二章"甫草"之训,《菀柳》首章"蹈"读"悼"之训,《笃公刘》首章"不以所居为居,不以所安为安"之训。又辨传写之误,如"我思肥泉",《正义》引《释水》"泉归异出同流,肥",谓无"流"字。《水经注·河水》篇引吕忱云:"《尔雅》异出同流为瀵水。"疑《尔雅》本文当云"归异出同肥,异出同流瀵",后人误"溷流"字入"归异出同"下,而脱"异出同流瀵"句。"山有苞棣",《传》:"棣,唐棣也。"《正义》曰:"《释木》有唐棣、常棣。《传》必以为唐棣,未详闻。"按《兼明书》引孔氏《论语》解:"唐棣,棣也。"今本《尔雅》:"唐棣移,常棣棣。"盖误《小雅》"常棣之华"传:"常棣,棣也。"《释文》云:"本或作常棣,移。"非。盖陆氏据误本《尔雅》以订《传》,其实作"移"者为是。"食野之苹",《传》:"苹,蓱也。"据《尔雅》:"苹,马帚是也。"后人误加水,则与在野不合。按诸条俱不可易。其纠《正义》之谬各条,无不惬当。①惟"隰有六驳",《传》:"驳,如马,倨牙,食虎豹。"钊以上句"苞栎",下章"苞棣",皆木名,不宜此独举兽。据陆机《疏》"驳马,梓榆也",《传》以"驳马"释"驳木",似近牵强。《传》明言"倨牙,食虎豹",非兽而何?不可谓非千虑之失也。是书刊于嘉庆,《学海堂四集》又收之。(15-636)

---

① "其纠《正义》之谬各条,无不惬当",中华本无。

毛诗兴体说一卷 光绪刊本

清林国赓撰。赓字飏伯,广东番禺人,光绪甲辰进士,翰林院庶吉士。按《关雎序》云:诗有六义,二曰赋,三曰比,四曰兴。惟比显而兴隐。故刘彦和《文心雕龙》云:"毛公述《传》,独标兴体。"是书就各篇言兴者举其例。"兴"字有指首章而言者,有指首、二章而言者,有指首、二、三章而言者,有指通篇而言者,有指首章及三章者,有指首章及三、四章者,有指首章及四、五、六章者,有指首、二章及七章者,有指首、二章及五、六章者。总之"兴也"二字,俱在章首。又有章首非兴,而置"兴也"二字于二章三章者。又有明著兴之情者,如"采采卷耳"云"忧者之兴也"。更有一章中摘其一句为兴者,如《有駜》一章九句,前四句赋也,第五句"振振鹭",云:"鹭,白鸟也,以兴洁白之士。"惟此仅偶见而已。又据诗《螽斯》疏引郑《志》答张逸云:"若此无人事,实兴也。文义自解,故不言之。"是知毛《传》所标百十有六篇之外,仍多兴体,因就《笺》《疏》之有据者举之。又郑《笺》于毛公所言,往往引申之,隐易之,其例亦多。次论郑君注《礼·春官》解"兴"字之非,与笺《诗》不同。次论《正义》释先郑"比方于物"句,易混比体于兴。又次论《集传》兼说比赋,但所云比赋,往往与兴体无甚别。各篇举例甚备,为治《诗》者别开生面。又按,是书亦见《学海堂四集》中。(15-637)

毛诗兴体说一卷 传抄本

清黄应嵩撰。应嵩,广东梅县人。是书大旨同林国赓,惟分例少异。其为林氏所未及者,如《诗序》言"刺",《毛传》独标兴体例,所举"雄雉""匏有苦叶"之类三十四条。孔《疏》著明毛意例,所举"匏有苦叶"之类十四条。其林氏有例而缺证者,如郑《笺》自言兴义例,所举多《小雅》"采菽"一条。又郑《笺》不言兴义与毛同兴例,所举多《召南》"草虫",《王风》"兔爰",《魏风》"园有桃",《唐风》"山枢""绸缪""杕杜""葛生",《秦风》"晨风",《小雅》"伐木""杕杜""黄鸟""小宛""頍弁",《大雅》"棫朴"十八条。又《毛传》言兴而《笺》非兴例,所举多《邶风》"谷风",《魏风》"园有桃",《唐风》"绸缪",《小雅》"伐木""頍弁""车牵""采菽""采绿",《大雅》"棫朴"九条。又《传》《笺》兴同而义异例,所举多《卫风》"芄兰",《齐风》"东方之日",《陈风》"东门之扬",《豳风》"鸱鸮""九罭""狼跋",《小雅》"菀柳""白华""卷阿"九条。又《笺》《疏》申明《毛传》未标兴体例,所举多《小雅》"南有嘉鱼"四章、"我行其野"三章、"正月"十三章、"四月"八章、"北山"六章、"无将大车"、"小明",《大雅》"旱麓"六章、"凫鹥"五章、"荡"八章、"蒸民"八章、"常武"六章、"瞻卬"七章、"召旻"七章,《鲁颂》"泮水"三章。又用"犹"字为兴例,所举多《召南》"草虫",《鄘风》"柏舟""墙有茨""桑中",《卫风》"竹竿"五条。用"以""言"为兴例,所举多《小雅》"小弁"八章、"何人斯"七章、"巷伯"七章三条。又郑《笺》著明毛意例,所举多《周南》"葛覃",《召南》"摽有梅""江之汜""何彼秾矣",《邶风》"柏舟""凯风""旄丘""北门""北风",《卫风》"芄兰",《王风》"中谷""葛藟""采葛",《郑风》"山有扶苏""萚兮""风雨",《齐风》"南山""甫田""敝笱",《唐风》"鸨羽""有杕之杜",《秦风》"车邻""蒹葭""终南""黄鸟",《陈风》"东门之杨""墓门""防有鹊巢""月出""泽陂",《桧风》"隰有苌楚",《曹风》"蜉蝣""鸤鸠""下泉",《豳风》"鸱鸮""九罭""狼跋",《小雅》"南山有台""蓼萧""湛露""采芑""沔水""鹤鸣""斯干""节南山""小弁""巷伯""谷风""蓼莪""大东""瞻彼洛矣""裳裳者华""桑扈""鸳鸯""青蝇""角弓""菀柳""黍苗""隰桑""白华""绵蛮""苕之华",《大雅》"绵""卷阿""桑柔"六十四条。惟林本所有二条,此独缺之。书中未提及林本,岂见而不言耶?而精密则过林氏矣。(15-638)

读诗商二十七卷　光绪刊本

清陈保真撰。保真字怀甫,湖南龙阳人。首有保真自序,大抵辑采众说。自《小序》、毛、郑、王、何、《正义》、《集传》,以至《钦定诗经》,惟不及乾嘉后说《诗》诸家。其自为说,别之曰"商",或抒己见,或引他说而衷其是。所辑颇嫌驳杂,如"契阔"二字,既引《集传》"远隔"之意,又引《毛传》"勤苦也",更引《韩诗》"约束也"。《汉书注》:"久阔不相见,转觉无所适从矣。”其自为说，如《柏舟》，据《小序》“共伯蚤卒”，以正《史记·卫世家》和弑共伯代立之非。“定之方中”，谓“《史记》先言文公立，后言奔齐，乃倒叙语，无两适齐之事”。“文王之什”，谓“文王是没后追王，郑《笺》过信《易纬》诸书‘受命称王’之说，《正义》又为《笺》误”。① “宾筵抑戒”，谓“非武公悔过之作，乃惩当时淫酗之俗，而因以自警”。《素冠序》“刺不能三年”，据《礼》“一命缊韨，再命赤韨”，谓“刺大夫士，非泛泛之人”。所见俱是。书中于乡先正王夫之《诗稗疏》引之最多。如以雎鸠为鱼鹰；委蛇，本《山海经》之委维也；荼，引《古今注》“紫者荼，青者蓼”，非《月令》之“苦菜”；蚣蝑，即俗名蚱蜢；莎鸡，即《尔雅》“翰天鸡”。“葑菲下体”，谓“下体者叶，人从生，禽兽横生，草木逆生。根在下为上体，叶在上为下体。葑菲老时根可食，而叶为人弃，故云”。流离，据《盐铁论》注：“枭，流离也。”“枭夜则攫，昼为众鸟所逐。窜伏茫昧，无所容身，故曰琐尾。”说俱甚新。然亦间订王说之误，如王氏谓“木瓜、木桃、木李皆刻木为之，如今之座供”。又谓“葎即《山海经》言共水旁所生之葎”。又谓“琚瑀即玭珠，其珠形以人工为之，非《禹贡》淮夷所产之蠙珠”。其《尚书稗疏》，于“蠙珠”亦云“琢为珠形”，以三代南海未入版图，无蚌珠。保真一一驳之，亦甚是。通观全书，大抵拘牵于旧说。所考正者，仅义理名物之小小者而已。（15－639）

毛诗说习传一卷　广州刊本

简朝亮撰，女弟子简菉盈、简菉持同录。民国庚午，朝亮客南海忠义乡②，时年八十矣。为二菉女士说《诗》，二菉同录所闻，而朝亮为之酌定，即是书也。首有朝亮自序，言“五十时意欲为《毛诗集注述疏》，旋以义取断章，《诗》无达诂，遂销前意。今既耋思之，《诗》虽无达诂，惟当

① “文王之什”至“又为《笺》误”，中华本无。

② “民国庚午，朝亮客南海忠义乡”，中华本作“朝亮于民国庚午，客南海佛山，书称忠义乡”。

有《正义》之归。且以经考之,《毛传》犹有失者,则宜为说以明之,斯其始基"云云。今按所说者,仅《国风》八篇、《小雅》十六篇、《大雅》四篇、《周颂》六篇、《鲁颂》一篇、《商颂》一篇。大旨取《小序》、毛、郑、《正义》、《集传》,旁参吕祖谦、谢枋得、陈启源诸家,较其得失。往往一章之中,参用数家之说。然亦杂引他经、《国语》、《庄子》、《汉书》、《白虎通》诸书,以相考证。其《頍弁》诗"死丧无日"四句,且引杜甫《醉歌》"忽忆雨时秋井塌,古人白骨生苍苔,如何不饮令心哀",谓"以古人况今日,实近此诗"。又其说别见所著《尚书集注述疏》《论语集注述疏》《读书草堂明诗》者,此皆从略,宜互参云。(15－640)

东迁后诗世次表一卷 原稿本

清郭志正撰。志正字体吾,湖南长沙人,廪生。是书首有说,以为平王东迁后诸篇,说者纷如。① 如《召南·何彼秾矣》,朱子疑为东迁后诗,注疏以诗次《召南》,遂误解平王为平正之王。《小雅·十月之交》,郑氏以为刺厉王,解者以诗言"褒姒灭之",定为东迁后诗,朱子以为幽王时诗。江慎修谓"十月辛卯日食,为幽王六年乙丑,建酉之月,辛卯日加辰时正入食限,其为幽王时诗无疑"。又谓"平王之孙,明是鲁庄公时王姬归于齐之事,不入《王风》而入《召南》者,以此诗为有王者之化,异于《黍离》诸篇"。说同朱子。其谓"东周以后,有风无雅,不知《雨无正》《抑》篇,朱子亦尝疑之"云云。所列世次表,分平王之世、桓王之世、庄王之世、釐王之世、惠王之世、襄王之世、定王之世,而以邶、鄘、卫、王、郑、陈、齐、唐、秦、曹分系其下,并及《召南》、变雅、《鲁颂》。大抵本之《小序》、郑《谱》、孔《疏》。惟《抑》篇据朱子以为卫武公作此自警②,系之平王之世。《何彼秾矣》,从郑渔仲说,据考订篇义③,系之庄王之

① "说者纷如",中华本作"世多异说"。

② "惟《抑》篇据朱子以为卫武公作此自警",中华本作"其《抑》篇从朱子说"。

③ "据考订篇义",中华本无。

世。按是书皆本前人成说,无所阐发,汇诸篇于一表,不过便治《诗》者之稽览而已。① (15-641)

十三经独断一卷 光绪排印本

清赵曾望撰。曾望字绍庭,江苏丹徒人。首有自序,并揭"独断"大凡,一有洗伐无穿凿,二有援引无捋扯,三有箴规无毁谤,四有疆界无门户。其书自创新解,说多可喜,亦有极精惬者。② 说《论语》最多③,间及他经。说"祝鮀宋朝"章,谓"'免'字当训如《孟子》'未免为乡人'之免。祝鮀、宋朝,自皋鼬之盟,宋野之歌,声名藉甚。后生慕而效之,举世无非鮀、朝之徒也。夫子慨言之,犹'巧言令色'一叹再叹之意"。"周公才美"章,谓"'吝'字当如《周易》'往吝'之吝,'使'字当如《诗序》'卫庄公使骄上僭'之使。骄为才人通病,若曰周公才美,一经使骄,犹且获吝。其余不逮周公,更不足观"。"子罕言利"章,谓"命仁与利相反,'与'字当如'与女弗如'之与,与,许也;或如'吾与点也'之与,与,从也"。"色斯举矣"二节,谓"乡党附载羁旅之义,齐景叹老而行,卫灵问陈而行,'色斯举'也。于卫主颜雠由,于宋主司城贞子,'翔而集'也"。"雌雉"一节,则车过山梁,闲中评论之一事。"才难"二节,谓"《泰誓》曰十人,《大诰》亦曰十人,何至以母妻充数。'斯'字即指人才。唐虞之际,明不专属舜说。当日帝使其子九男二女事舜,九人者九男也,妇人指二女"。《诗·齐风·鸡鸣》篇谓"月出之光",谓"'月'字当是'日'误。鸡声始唱,东方渐明,蝇声随起,贤妃始告君曰鸡鸣。旋进之曰:非但鸡鸣,已有苍蝇之声矣。再告君曰东方明,旋进之曰:非但东方明,已有日出之光矣"。《大雅·桑柔》篇"仓兄填兮"一句,谓"'兮'乃'分'字。分者,忿也。怆、怳并省'心',此亦省'心'。'填'通'瘨'"。按此诸说,竟视韩昌黎"画寝"之解为胜。他条类此者尚多,然亦不无与前人

---

① "按是书"至"稽览而已",中华本作"终未敢据为定论也"。

② "亦有极精惬者",中华本无。

③ "说《论语》最多",中华本作"详于《论语》"。

暗合者，亦有求深而反失之者。《金縢》“我之弗辟”句，孔《传》作“擗”，治也，从井法也。郑读为“避”，谓“管、蔡之罪，宜讨而治之，作‘避’者误”。又谓“‘罪人斯得’，实‘擗’字注脚”。按“辟”与“擗”不同义，“擗”从井，其义为去。曾钊辨之甚详，郑读“避”不误。“罪人斯得”，有解罪人，即造流言者是也。罪人未得之前，尚不知流言出于何人，何能讨管、蔡而治之乎？《书·禹贡》“岛夷”二字，谓“古文‘岛’本作‘鸟’，应从‘鸟’训。《说文》以海中山为岛，禹时声教至海而止，义不可通”。按以禹时声教至海而止者，乃经生之陋说。既言“岛夷”，即可为不止于海之证矣。《孟子》“则臣视君如寇仇”句，谓“臣不当视君如寇如仇。寇仇云者，寇之仇也，岂有为寇报仇者？言乎必不报也”。按“寇仇”之喻，可以上句路人推之，盖视如草芥者，比犬马加甚。则视如寇仇者，自当比路人加甚。如此曲解，只可向明太祖辈开脱耳。要之，订误证疑，言皆有物，与搜奇吊诡者固不同也。（15－642）

十三经音义故例一卷　己学斋刊本

清孙葆璜撰。葆璜字仲岫①，浙江归安人。是书总例二十二条，凡例二十五条。故者，诂也。由今言以通古义，故曰“十三经音义故”。总例大旨分字体、音义。字体主《说文》，经有而《说文》无者，从《字林》《玉篇》《广韵》《集韵》辑补。注疏用阮元《十三经校勘记》，辅以严可均《唐石经校文》。若《易》之《子夏传》、京、荀、郑、虞诸本，《书》之《尚书大传》《逸周书》，《诗》之齐、鲁、韩三家诗、逸篇，《礼》之《大戴记》，《周礼》之《故书》，《仪礼》之《古今文异字》，“三传”外之《国语》，汉魏唐宋石经之不同今本，及《说文》《字林》《玉篇》之引经异字皆登之。音义主陆德明，用卢文弨考证本，参核影抄宋本、通志堂本。惟专经舍注，《释文》亦无须遍引。惟陆氏所称本或作某字，适与《说文》合，又为监本所不载者，必表而出之。群经中又以《尔雅》为主，用邵晋涵《正义》本，兼剌取《小尔雅》《广雅》《方言》。五经原疏，除《周礼》《礼记》《诗》外，《仪礼》用张尔岐《郑注句读》，

---

① “葆璜字仲岫”，中华本作“葆璜字仰岫，原名衍庆，字柳君”。

《易》宗李鼎祚《集解》,《书》引江声《今注音疏》、孙星衍《古今文注疏》,廿九篇外所不尚。廿九篇外之字为群经所无者,则一例登之书。序暨百篇逸经之附见于序者并及焉。其凡例分目,曰体,曰阙,曰逸,曰刊,曰补,曰通,曰别,曰存,曰释,曰形,曰重,曰滑,曰包,曰特,曰详,曰略,曰合,曰连,曰互,曰附,曰仍,曰约,曰緐,条下各系以说。按是书作嘉庆间,金日追之《仪礼正讹》、胡培翚之《仪礼正义》尚未出,实胜张氏《郑注句读》。书之江、孙二注,不为美善。尊二十九篇而弃古文,尤属偏见。凡例所举,微嫌于琐。后起者诚按是例,而斟酌其间,不难成一巨著,胜于《经籍纂诂》之徒供挦扯也。(15－643)

咫学读经记略一卷 光绪刊本

清杨澄鉴撰。澄鉴字伯衡,安徽桐城人。是书多能阐经意于文字之外,如推张惠言《易》合《周礼》之义,因就《易》象以征《礼》,见韩宣子言非空设。谓"《月令》本《吕氏春秋》,多搀秦制入周制。其迎春秋迎诸侯,迎夏冬不言诸侯,当是庄襄时代之制,非有阙文。据《公羊》桓十四年九月'宋人执郑祭仲'传:古者郑处于留,后取桧公国而迁郑,遂野留。储同人云'野鄙'也,此即武公取虢、桧事。《诗》言'彼留子'者,东迁之初,晋郑焉依,是时武公犹国留,故周公美其功者。因桓公死绥,武公复仇,迎立平王,尚犹在丧。'嗟'者,代悲留国之恤;'子'者,新君未逾年之称。'来施''来食',盖谓入觐燕飨。'贻我佩玖',亦《木瓜》美齐桓之意"。谓"《楚茨》诗所言'神保',似是庙中木主。初言'神保是飨',将迎主而先飨于本庙也。次言'神保是格',已迎主至太庙合食也。终言'神保聿归',送主还群庙远庙也。《楚词》'思灵保兮贤姱',灵犹神也"。凡此诸条,树义甚新。又据《康诰》蔡传驳《书序》,谓"篇内称'朕其弟'及'寡兄勖',又屡称文王,无一语及武王",定为康叔之封在武王时。又谓"依《孟子》《王制》,卫辉一府,地可兼封,与三监并列无碍"。俱甚确。① 惟以为受封于武王时,就国于成王时,史官追溯而作,尚未免迁就。盖《书序》次第本

① "俱甚确",中华本作"说虽可通"。

不可信也。李荣陛作《尚书篇第》,即以《康诰》列《洪范》之后、《酒诰》之前,得其序矣。又谓"郑《笺》'平王'作'平定之王','齐侯'作'齐一之侯'。诸儒多以康成改前王谥法为疑,因援《商颂》颂成汤曰元王、曰武王,如后世加徽号之例"。所见虽是,而"平王"二字,究嫌无出。愚按《国语》,周太子晋曰:"十五王而文始平之。"子晋语必有所本,即是《诗》所本也。至"齐侯",则不必作"齐一"解。他篇都不剿陈言,盖治经而好深湛之思者,惟惜着墨无多耳。(15－644)

读经志疑一卷 宣统元年刊本①

清韩晋昌撰。晋昌字西侯,山东潍县人。是书首有王文藻序,称其"笃嗜经学,博稽而能断"。今观其书,如解"血流漂杵",据《国语》云:"王以二月癸亥夜陈,未毕而雨。"《六韬》云:"武王东伐至河上,雨甚雷疾,太公率众先涉。"《吕氏春秋》云:"武王伐纣,天雨日夜不休,武王疾行不辍。"《淮南子》云:"武王伐纣,当战之时,风雨击于中。"而孔《传》、孔《疏》解上文"俟天休命"句,并据言雨毕而陈,倒戈之徒,与纣党相攻,血入水而漂杵。故史臣目睹其事而直书之。说《无衣》诗,据《左传》,秦哀公为之赋《无衣》。与卫人为之赋《硕人》,郑人为之赋《清人》,秦人为之赋《黄鸟》,语意无别。此诗断为秦哀公作。辨"周公用天子礼乐",据《吕氏春秋》惠公请郊庙于天子,天子使史角往止之,证《明堂位》之诬。解"五十以学《易》",谓"五十乃大衍之数,见孔子《系辞》"。说"子疾病,子路请祷",据《仪礼·既夕》记有疾,乃行祷于五祀。是古有其礼。《书·金縢》:武王弗豫,周公祷于三王,愿以身代。是古有其事。子路之过,不在祷,而在请。证之《金縢》,周公不惟不请于武王,并令二公弗及知。故夫子不直拒,而但告以无所事祷。解"凶服者式负版者",据郑注《仪礼》:"前有衰,后有负版。"负版乃丧服之最重者,夫子式之即见齐衰者,虽狎必变之意,盖以下句申上句。说"管仲不死",谓"先王之制,惟立嫡以长。桓与纠皆庶孽,长幼原不必论"。说

---

① 中华本作"宣统元年孤松斋刊本"。

"性近习远",谓"相远指美恶言,乃习使之然,非性之异。故不曰性相远而曰习相远,《集注》分气质之性者误"。考汤崩,太丁未立,外丙二年,仲壬四年。据《史记》《汉书》《竹书纪年》,谓汤崩,太丁尚在,以居丧,未及立而卒。时太甲尚幼,故立其仲父外丙,即位二年崩。又立其季父仲壬,即位四年崩。按诸解俱确切。虽有为前人所已及者,而援证之详,推阐之显,则则不可没也。① (15-645)

钦定七经纲领一卷 宣统元年学部图书馆刊本

清学部图书馆编。盖就《钦定七经》中割其卷首纲领而成是书。计《易》三篇,一论作《易》传《易》源流,二论《易》道精蕴、经传义例,三论读《易》之法及诸家醇疵。《尚书》三篇,一论删《书》传《书》源流、今文古文,二论《尚书》大旨体例及《书序》,三论读《书》之法及诸家《书》解得失。《诗》三篇,一论作《诗》删《诗》及传《诗》源流,二论四始六义、诗乐及篇次音韵,三论读《诗》之法及诸家说《诗》得失。《周官》二篇。《仪礼》三篇,一论本经源流及本经精蕴,二论本经义例及读经方法,三论诸家醇疵及后代礼仪。②《礼记》三篇,一论本经源流及本经精蕴,二论本经义例及读经方法,三论诸家醇疵及后代礼仪。《春秋》三篇,一论《春秋》经传源流,二论《春秋》大旨、经传义例,三论传注得失及读《春秋》之法。按各经所集皆诸家成说,大体平正,编此者意在导学子通经之途径。中多要论,未可以陈言视之也。③ (15-646)

古本大学释论五卷 明万历刊本

明吴应宾撰。应宾字客卿,万历进士,官翰林院编修。是书前有方

---

① "虽有为前人所已及者",中华本作"虽不无与前人暗合者"。"则则",疑衍一"则"字。

② 中华本此后有"《周官》二篇,一经传大行之语义贯全经者及兴废传授源流等,二论《周官》大体及行《周官》得失等"。

③ 中华本此后有"江楚书局印本,题《御纂七经纲领》,即此书也"。

大镇、周汝登二序。题曰“古本”，遵王阳明本也。首提纲，次释篇名，次释古本。以下分释首章及诚意、修身、齐家、治国、平天下，附辨石经新本。应宾以明明德为大学之宗，以亲民止至善为明明德之实。而其要在于知，实其知止之知，则善止，而明德之体不迁。其功在乎有定，以渐至于得，实其知本之知，则民亲，而明德之用不匮。其功在乎格物，格，来也，物谓身民，修身亲民之谓格物。身民归一，则物格而知至于家国天下。独者明德至善之体，发于意而为好恶，好恶之僻曰自欺。孝弟慈者，明德之大用，亲民之大端，至善之大经，修身之大务。其大旨如此。分释各篇，则又细阐其理，大抵推演阳明良知之说。阳明谓“至善者心之体”，又谓“无善无恶者心之体”，义本相悖。应宾为之辨曰：“无善无恶者，言乎心之无我也。心之可以为恶者，以其无善之我；心之可以为善者，以其无恶之我；心之可以止至善者，以其无善恶之我，而兼无为善去恶之我。”于善恶之外添出一我，已近强词。至所云“明德者灵知也，明明德者真知也。灵知之谓性，真知之谓悟，灵知逐境而妄知生，妄知返原而真知启”。又云“如日舒光，光还照日，悟真之明也。如水凝冰，冰还成水，破妄之明也”。则真入于禅学矣。其释治国而论受谏，释平天下而论理财，殆以经义讽时事。方序所谓“陈说治平，褎然可见之施行”者也。释古本，谓“《大学》一总而五别，首章总也，诚意、修身、齐家、治国、平天下者别也”。按注家有嫌三纲领八条目过于整齐者，此则不整齐矣。释篇名，谓“郑《注》读‘大’为‘太’，主教士之法。朱子云大人之学，则并及教人之义。郑说不谬，而朱训为优”。自是调停之见。辨新本，谓“新本即石经《大学》也。不言石经者，以非真石经也”。其说甚详。且核郑晓至欲以新本立学，首发其伪者应宾也。(15－655)

四书会要录二十八卷　康熙庚子刊本

清黄瑞纂。瑞字辑五，江苏上元人，诸生。是书首有车鼎晋、谈仕麟序，又有瑞自序及凡例。大旨宗朱注，旁及《语类》《大全》。惟《语类》《大全》与注不合者，则舍之而从注。注与本文不合者，则舍注而从本文。章首有旨，节有解有叙，旨与解皆采先儒及时贤之说，而附以己见。叙则融会众说,为之推衍。又有考,以明事迹。其析理有颇精者,如谓“心统性情,声色臭味之欲属耳目口鼻,理义属心。讲书因攻良知家言,未免将心说坏”。又谓“恕者以爱己之心爱人,以治己之心治人,所以去其有我之私,全其天理之公。事父而存有我之私,必不孝;事君而存有我之私,必不忠。五常百行,俱为此己私所隔,故以恕克治之。流俗市井以忠厚和平为恕,非圣贤所谓恕”。如此之类,非庸腐讲章所能及也。(15－656)

大学旧文考证一卷 道光刊本

清朱曰佩撰。曰佩字石民,江苏嘉定人,道光甲申岁贡。县有《传》,称其“苦志穷经,兼通音律、篆籀、金石”。是书首有周沐润序,称“精博过翟教授”,谓翟灏《四书考异》也。书中如“亲民”,引钱大昕说,谓“宋儒改‘亲’为‘新’,特因《康诰》‘作新民’一语。不知‘如保赤子’亦《康诰》文,保民同于保赤,于亲民意尤切。又亲之义大于新,言亲则物我无间,言新便有以贵治贱、以贤治不肖气象”。又如“格物”,引车清臣《脚气集》,谓“‘格’比方思量之谓。此为是,此为非;此为正,此为邪;此为轻,此为重。《玉篇》:‘格,量也,度也。’《广韵》亦然”。以此训“格”最合。按二句从来纷纷多异说,得此可作定解。他如“顾諟天之明命”,“諟”当作“是”。“汤之《盘铭》曰”,“盘”当作“槃”。“如切如磋”,“切”当作“齣”,“磋”当作“瑳”。“如琢如磨”,“磨”当作“摩”。“赫兮喧兮”,“喧”当作“愃”。“终不可諠兮”,“諠”当作“谖”。“身有所忿懥”,“懥”当作“疐”。“一人贪戾”,“戾”当作“吝”。如此之类,或为《考异》所未及,或即及之,而未有断制者也。大抵曰佩深于许学,故各条多援据《说文》,推明通假之例,不使全经有一讹字。其备于翟氏者在此。各条下间附赵翰案语,亦能补苴细碎。“一人贪戾”条下,据《公羊传》“登来”,郑《注》引作“登戾”,《春秋》隐十年经“时来”。《公羊》作“祁黎”,杜《注》以为“釐城”,《诗》“来牟”,刘向引作“黎釐”。亦声同通假字。此又补曰佩所未及。翰字西屏,亦嘉定人,诸生,为曰佩门人。(15－657)

中庸旧文考证一卷　道光刊本①

清朱曰佩撰。是书大旨,与《大学旧文考证》同,大抵援据文及近儒钱大昕之说居多。有为《考异》所未及举者,如"率性之谓道","率"即《说文》"衔"字之省。"索隐行怪","索"即《说文》"索"字之省。"和乐且耽","耽"当作"媅"。"期之丧达乎大夫","期"当作"稘"。有《考异》虽举之而不详其说者,如"不变塞焉",谓"塞、色声相似,故变文为色,又成一义。'不变色',所谓无喜色也"。"君子之道费而隐","费"通"拂",道拂则身隐,即申言上文"遁世无悔之义"。"人道敏政,地道敏树",郑《注》:"'敏'或为'谋'。""谋"古音谟悲切,音迷,与"敏"字声相近。有纠正《考异》之误者,如"施及蛮貊",翟氏引《诗》:"貊其德音。"毛《传》:"静也。"盖据别本非旧本。《韩诗》则作"莫其德音",莫,定也。《说文》作"貉","貊"乃后起字。又经文之异,为《考异》所未举者,如《白帖》引"其盛矣乎","盛"作"至"。引"视之而弗见"二句,两"弗"字皆作"不"。引"洋洋乎如在其上","如"作"若"。"惟一戎衣",郑《注》:"衣,读如殷。"《正义》云:"郑以十一年观兵,十三年灭纣,是再作戎衣,不得称'一戎衣'。"司马光已驳正之。而《武成》篇亦有"一戎衣"之文,正可为证。《考异》谓郑未见古文《尚书》,是矣。曰佩以为晚出袭《中庸》语,未免梅、郝之唾余。杜子美诗亦云"社稷一戎衣",无怪杨升庵又以趁韵抹之矣。(15－658)

考正古本大学一卷　康熙刊本

清刘道明订。道明字仁宝,江苏如皋人。是书大旨调停阳明古本与朱子改本之间,谓"'所薄者厚,未之有也'后,有'此谓知本'句;'大畏民志'后,又有'此谓知本'句,错简止此一处。但将古本前'此谓知本'句,依程子作衍文删之。'此谓知之至也',上依朱子作别有阙文。自'所谓诚其意者'起,至'故君子必诚其意'止,改置在'此谓知之至

① 中华本作"道光二十二年刊本"。

也'后。又经文三纲领在前,八条目在后,传文应先释纲领,后释条目。'诚意'章自应序在修身正心前。若先置'诚意'章于经后,而将三纲领杂释其下,则紊乱无次矣"。又谓"古本格物传之或有或无,不必深辨。而朱子所补,必当增入。因宋明以来禅教大行,深溺人心,若不表章'格致'之旨,学修无从入门,天理必至蔽塞"。又谓"朱子分古本前文为右经一章,为孔子之言,而曾子述之。其传十章,为曾子之意,而门人记之。但《大学》为曾氏之书,若前述孔子之言,后复为门人所记,则非曾氏之书矣。因断为古经一章,系曾子本古《大学》立教之旨以为言。其传乃门人分释经文,因书内两见'子曰'。子果经文系曾子述孔子之言,何不以'子曰'冠之?至传中复引曾子之言,则为出于门人无疑"。按道明所说,于诸改本外,别有见解,而亦言之成理。卷首题"大中丞仪封张夫子鉴定",谓张伯行也。道明殆张氏门人耶?(15-659)

四书记悟十四卷 同治辛未刊本

清王汝谦撰。汝谦字六吉,河南武陟人。是书首有李棠阶、毛昶熙序及自序。书题曰"记悟"者,记其所自得也。而义多陈腐,绝少新得。观其所引,止鹿忠节、孙夏峰等数家之说,盖乡曲陋儒,参证不广,亦未必有传世之意,其子孙及门生辈强为刊行耳。卷首列门生及门晚生数十人。作序之毛昶熙,方官工部尚书,即其子之门生也。书之上方,有李棠阶评语。棠阶以理学名而殊少阐发,且不多。自序作于咸丰二年壬子,梓书则同治十年辛未也。(15-660)

孟子读本二卷 同治甲戌刊本

清王汝谦辑评。首有自序,称"协用席先生,讲《孟子》不屑屑于字句,但指其握要处数语而毕。令生徒每日各批《孟子》数章,是曰是,非则非。言其非而不言其所以非,盖引而不发,欲其人之自悟"云云。是亦续《孟子》之一法。是书大抵本之席氏,有圈点,有旁注,有眉评,有总评。所分析者,不外主宾、开转、接应等语,盖读时文之故技也。自序亦作于咸丰二年壬子,别有毛昶熙、李艮先二序,则同治

间刊书时所为也。(15－660)

古文尚书音一卷　玉函山房本

清马国翰辑。按《隋志》载《古文尚书音》一卷,徐邈撰。又云:“梁有《尚书音》五卷,孔安国、郑玄、李轨、徐邈撰。”当是后人集四家音,合为五卷。梁代尚存,至隋则三家佚而邈独存也。按邈为东晋人,其时孔《传》已行,故其书有《胤征》《太甲》诸篇。所举诸家之音,有孔、王同者,有郑、王同者,有单孔、单郑者,又间及马本,而不注所本者居多。其书佚于唐后,国翰从陆氏《释文》,参之《集韵》《六经正误》等书,辑成一卷,并谓其书“音从郑氏者多,其不明言郑者亦可推见”云云。(中华本第212页)

尚书札记一卷　康熙刊读书小记本

清范尔梅撰。尔梅著《周易札记》,已著录。是书首有靳璠小引,称其“洞见大原,于训诂之外,别有见解,为五峰功臣”。今观书,论理治,所见俱平平。惟辨许西山尧建丑之误,谓“《月令》寅月参昏中,卯月弧中。弧犹不甚差,若参与鹑火,去之愈远。决为尧、舜、禹皆建寅”。又谓“舜陟方,当以《孟子》为据,百有十岁无巡狩之理。《家语·五帝德》《戴记》《山海经》之说皆非”。所考《禹贡》地理诸条,有合有不合,惟欲删《盘庚》三篇,谓其文晦涩,其事不足为后世法。此论殊谬,代易时移,古书不足为后世法者多矣。论者以文从字顺议古文,至欲废之。尔梅乃欲以晦涩废今文,抑何相反乎?近世有作《五经节本》者,大都祖尔梅之意,去晦涩而存平易,为习时文者便揣摩耳。(中华本第221页)

书义原古一卷　道光庚寅刊本

清张瓒昭撰。瓒昭字斗峰,湖南平江人。是书所刊,止有卷三,盖《禹贡》一卷也。首言“秦汉以后,儒者训诂局于见闻,不能推明圣人之意,表章此篇之实义,因推明经文,补旧说所未逮”云云。书中说多创辟,释冀州,据“岛夷”二字,以为州境外包今俄罗斯控噶尔诸邦。“覃怀底绩"，覃怀非地名，覃者覃以恩，怀者怀以德。"至于衡漳"，衡亦非水名，即长白山，漳即黑龙江、鸭绿江，江、漳乃音之转。"恒卫既从"，恒是铁岭，卫是医巫闾山。"夹右碣石入于河"，谓"夹即关口，即今居庸关、喜峰口。有右必有左，左碣石在今平谷"。"九河既道"，谓"河至兖境，播为九条入海，非又合为一乃入海。《尔雅》九河之名不可信，后人以徒骇为滹沱，尤谬"。"嵎夷既略"，谓"嵎夷即朝鲜"。释"华阳黑水为梁州"，谓"黑水入南海，州域亦当讫南海。海以内，缅甸葫芦诸邦，海以外，港口柔佛诸邦，皆属梁域无疑"。释"黑水西河惟雍州"，谓"州域自黑水海口之右，循海滨而西转，包有今伊黎、和阗、哈密、库伦诸城，外而暹罗以西，至大西洋英吉利、佛朗机诸国，皆属雍域"。释"至于敷浅原"，谓"敷浅原，即今苏杭一带"。释"导弱水至于合黎，余波入于流沙"，据《汉书》桑弘羊等奏"故轮台以东，捷枝、渠黎皆故园地，广饶水草，有溉田五十顷以上"云云，谓"即经言合黎、搜渠，兼可为禹兴水利之证"。又谓"西域之国"，"黎靬一曰大秦，流沙即今西洋人所称地中海"。凡此诸说，皆瓒昭所谓"推明经文"者也。瓒昭别著有《易义附录》，发挥尤详，可与是书参证。综观其书，不无影附过甚之处，然实为《禹贡》开一新天地。书中论"导河"，谓"南行不如北载"，引《史记》河渠作箴砭。论"搜渠"，论"沇水"，谓"除患不遗兴利，为《论语》沟洫添故实"。亦见读书有识，非寻常经生，徒钻故纸者所能见到也。（中华本第242页）

书经问答补七卷　鹏南书屋排印本

清胡嗣运撰。是书杂举经史，意似炫博，按之皆破碎琐细，无关典要。且有附会可笑者，如引《多方》云"乃惟成汤，克以尔多方，简代夏作民主"，谓"即西人民主说之所托"。又引《多方》云"天惟时求民主，乃大降显休命于成汤，刑殄有夏"，谓"即西人天主说之所托"。未免涉于荒诞。至引"简而无傲，刚而无虐"，为张子房、诸葛孔明考语，亦何与于经旨耶？末卷辨古文《尚书》，纠缠不休，大都拾前人已被驳倒之陈言，徒见其无聊而已。（中华本第256页）

尚书纪疑四卷　传抄本

清黄冕撰。冕字服周，湖南长沙人。冕于《尚书》，不论今古文，皆谓有错简脱简，随意牵凑补缀，视王柏尤狂妄矣。惟不以古文为伪，据《语类》，谓"朱子疑孔《传》，非疑经"。据《左传》"率彼天常"，《孟子》"造攻自牧宫"，谓"作伪者若扯拾经传，则当不遗一句，不易一字"。又谓"郝敬以二十五篇为清浅松泛，非知古文者。以其篇幅整齐，如揭日月行康庄，反指为伪。然则《尚书》必不解，不可读，而后为真耶?"论亦爽快。惟独斥《金縢》一篇为伪，谓"《汉志》所云'后又亡其一篇'者，即《金縢》。今之《金縢》，非伏生真本，乃其徒造以足二十八篇之数者，在当时已不能行，故《汉志》少此一篇。至梅赜，喜其多而误收之"。此则如观幻景，说呓语，不值一辨矣。（中华本第259页）

禹贡增注或问一卷　乾隆刊本

清胡宗绪撰。宗绪有《禹贡增注》三卷，已著录。是书署"乾隆戊午春病中杂记"，盖为《增注》作也。书中论四渎地势水性，论九河，论江汉形势，论三江震泽相因，论河源及三黑水，并及读经之要。旧注之讹，谓"《禹贡》是亲历，不似屋里人说纸上话，后儒释经诂传，聚讼益纷，渐离而远"。又谓"九河难求，遽云沦海；三江费解，辄欲芟经；黑水南海，竟尔蹈空；黄水遥源，漫言伏地"。其言深中说《禹贡》者之病。故书中所举，多系得之亲历，且诂以后世地名，取其易晓也。其论"九河"最详，以《孟子》言"禹疏九河"，为兖州下流之九河。《禹贡》言"播为九河"，为冀州上游之九河。播为九河者，大陆之九河自播之。言地势不言人功，与疏九河之全属人功者不同。后儒将"播"字作分疏解，以"同为逆河"句费解，妄谓既分为九，又合为一。但禹为河患，费几许力，分作九道，为甚又费几许力，合为一道云云。足令阅者发噱。他亦凿凿言之，异乎凭空臆断者。（中华本第275页）

葩经旁意一卷　万历癸丑刊本

明乔中和撰。首有鲁廷彦序。书中或引申旧说，或自出新义。如说《召南》,谓“《周南》声而《召南》响,《周南》标而《召南》影,故《关雎》也而《鹊巢》,《葛覃》也而《采蘩》《采蘋》,《卷耳》也而《草虫》,《樛木》也、《螽斯》也而《小星》《江汜》,《桃夭》也而《摽梅》,《兔罝》也而《羔羊》,《汉广》也而《行露》而《野麕》,《汝坟》也而《殷其雷》,《好逑》也而《何彼秾矣》,《麟趾》也而《驺虞》。《周南》如父,《召南》如子,一气相承”。说《邶风》,谓“邶、鄘之诗,卫诗也。不曰卫而曰邶曰鄘,不忘也。不忘邶、鄘者,不与卫也”。又谓“啥卫之作,载之邶、鄘,盖以明往复之机,恢恢不漏”。说《唐风》,谓“周之衰,齐桓伯而天下东,晋文伯而天下西。当时岂无歌其事、咏其烈者?而《诗》不录,非不可为训也。《诗》之旨,善使人感发,而恶使人惩创。二公之善,人知其假,何感之有?二公之恶,人被其泽,何惩之有?故孔子详定于《春秋》而《诗》则删之”。如此之类,发前人所未发,与凿空好奇者自别。他所说都不泥旧解,但无甚高论耳。(中华本第324页)

读诗小记一卷　康熙刊本

清范尔梅撰。首有孙宗楚序,又有说《诗》十一则。谓“《子贡诗传》,虽有残缺,要与《小序》相发明”。故所标各条,皆举其同于《序》者以相证。引《史记》不载昭伯烝宣姜事,但言国人立昭伯之子申,不云宣姜子。旧说但据《左传》,得此可为《墙茨》《鹑奔》备异解。又引黄梨洲讲学,言《豳风》即豳之《月令》,与《夏小正》互有出入。按梨洲《诗》说,他不经见,此亦一鳞爪也。其屡引郑世子《诗谱》,可证《诗》与《乐》未尝不合。惟书中所斤斤者,不在典故义理,而在章法字法之间,盖亦为习时文者说法也。(中华本第333页)

读诗经四卷　泾川丛书本

清赵良澍撰。良澍字肖岩,安徽泾县人。是书卷一至三就某章某句释其义,卷四就某卷发其大凡。良澍不信《小序》,亦不满于毛、郑。信《集传》,不敢抵牾,并其失亦回护之。《序》于《郑风》,言淫者止有五,而《集传》至十有四。马端临据《左传》“七子享武”“六卿饯韩”,谓

“不宜以淫辞渎嘉会”，自是正论。良澍乃以义取断章，曲为之解。不思断章之义，为引《诗》者言，非为赋《诗》者言也。《鸱鸮》之诗，《集传》遵毛，然朱子与蔡仲默论《金縢》，又曰“辟”读为“避”，当从郑氏。良澍引申其义，以从“避”为长，虽不宗《集传》，仍宗朱子也。其在不背《集传》之下，自出新意，殊有可采者。如《燕燕》之诗，“据《春秋》书‘戊申卫州吁弑其君完’，实隐四年春三月也。‘九月卫人杀州吁于濮’，则此诗当作于春秋之交，正玄鸟来归之候。妇人送迎不出门，庄姜独违礼远送者，以戴妫之归将借母家以讨贼。庄姜与之定谋于野，石碏遂得因陈以杀州吁。此非有塞渊之心，温惠淑慎之德，不见疑于贼党，乌能从容去国？为卫定难，终以先君之思者。不欲以州吁之宠，追怨庄公，所以勖姜者厚矣”。《新台》之诗，“国人刺宣公，曷为有取于籧篨、戚施？籧篨不能俯，见宣之有愧于伋也；戚施不能仰，见宣之有愧于庄也。两疾相反而适相兼，诗人之意微而显”。《木瓜》之诗，“朱子不取美桓者，不予卫人之以虚辞欺后世也。齐桓有大德于卫，乃桓甫殁，而卫文从宋伐齐，杀长立幼，琼琚之报何在？”他若《小戎》为美西岐旧人之赴义，而非咏秦俗之矜勇；《鲁颂》为存文武周公之遗泽，非取史克之谀辞。理解俱深一层。卷末有其侄绍祖跋，称“《序》于魏，属言其君，而莫能指为何君之世，与于郑、卫、齐、唐、秦、曹举其君某某者不同例。以诸国有载籍可考，而魏无考故也”。据此证《序》非国史所作。此又助良澍补其所未及者也。（中华本第 356 页）

毛诗集解训蒙不分卷　同治广州刊本

清郑晓如撰。晓如，山东曲阜人，以字行，官广东知县，是书即在广州所刊也。是书不主一家，于古今人说《诗》之异同，择其洽于心者录之。亦不辩各家得失，意在训蒙，无取纠缠也。所采诸说，不标姓名，大体平正，间参已见。如说编《诗》之次，谓“‘二南’居《风》首，周得天下，家齐而国治也。邶、鄘、卫次之，殷地尽为周有也。东都之风书王，明虽失旧国，犹为天下共主也。周之东迁，郑武公辅之，故以郑次王。齐桓公匡之，故以齐次郑。晋文公继行尊周之业，故以魏、唐次齐。平王晋郑是依，而以故国地与秦。周之所以不能复西也，故以秦次唐。周不复西，而先王所封诸国多为诸侯所灭，《春秋》尊王之法所不予也，故特存陈、桧、曹以示义。乱极思治，以《豳风》终，怀周道也”。按此说可与刘始兴说相参。又说《野有死麕》，谓“戒士女也。士女少年慕色萦情，莫能自已，不知丧德败名，招尤取祸，皆由于此，故南国诗人切戒之”。此解虽创，于训蒙之义极合。又解“彼留子嗟，彼留子国”，谓“留非地名，即‘丛桂留人’之留”。《叔于田》及《太叔于田》二篇，谓“下篇指段，上篇不定指段”。亦前人所未及。惟《兔罝》诗，美西土男子之多贤，见君德之化及草野。《墨子》引“文王举闳夭，泰颠于罝网之中”，必有所本，正可与诗相证。乃斥之曰附会，则以实为虚矣。《南陔》诸诗亡其辞，郑康成谓“古有其辞，及秦而亡”。晓如乃据朱子说，有声无辞，非亡。不思既无其辞，安得有篇目？《小序》亦何由按篇释之？凡此皆属偏见。首有自序。（中华本第405页）

韩诗遗说补一卷　传抄本

清陶方琦撰。方琦字子缜，浙江会稽人，光绪丙子进士，官翰林院编修。是书为补臧庸《韩诗遗说》作也。方琦既据诸书及陈乔枞本，校臧书而刊之，复辑此以补其所未备。所征引诸书，如唐释慧琳《大藏音义》、日本刻唐写《玉篇》零卷、《玉烛宝典》、《北堂书钞》等，皆臧氏所未曾见。其与臧辑同而补其句者，如“于以采蘋”条下，臧辑引《释文》：“沈者曰蘋，浮者曰藻。”又据王氏《诗考》，改“藻”为“薸”。此则引《大藏音义》二句同，而补“水中有文草，皆鱼鳖之所藏”二句，“薸”仍作“藻”。“施罛濊濊”条下，臧辑引《释文》：“濊濊，流貌。”此则引《大藏音义》：“濊，水漫流也。”“流”上补一“漫”字，其义方全。此条已据校于臧辑条下，互见于此。其与臧辑同而补其书者，如“爱而不见，搔首踟躇”条下，补引《大藏音义》：“踟躇，犹踯躅也。”与臧辑引《文选注》同。“子宁不诒音”条下，引唐本《玉篇》：“诒，寄也，曾不寄问也。”与臧辑引《御览》同。“横由其亩”条下，引唐本《玉篇》：“东西耕曰横，南北耕曰由。”与臧辑引《一切经音义》同。“我歌且谣”条下，引唐本《玉篇》：“有章曲曰歌,无章曲曰谣。”与臧辑引《初学记》同。“劬劳于野”条下,引《大藏音义》:“劬,数也。”与臧辑引《一切经音义》同。“或寝或讹”条下,引唐本《玉篇》:“讹,觉也。”与臧辑引《释文》同。“昊天不庸”条下,引唐本《玉篇》:“庸,易也。”与臧辑引《释文》同。“嬥嬥公子”条下,引《大藏音义》:“嬥嬥,往来貌。”与臧辑引《释文》同。小异而大同者,如“不素餐兮”条下,引唐本《玉篇》:“无功而食,谓之素餐。人但有质朴,无治民之材,居位食禄,多得君子加赐,名曰素餐。素者,质也。飧者食之,加恶小人,蒙君加赐温饱,故言也。”与臧辑引《文选注》“何谓素餐？素者,质也。言人但有质朴,而无治民之材,名曰素餐。尸禄者,颇有所知。善恶不言,默然不语,苟有得禄而已,譬若尸焉”文略不同,而义可相足。其全不同者,如“苟亦无信”条下,引《大藏音义》:“苟,得也。”与臧辑引《一切经音义》“苟,且也”异。“蹙蹙靡所骋”条下,引《大藏音义》:“骋,驰也。”与臧辑引《文选注》“骋,施也”异。又如“歌以谇止”条下,引唐本《玉篇》:“谇,谏也。”与臧辑“歌以讯之”条下引《释文》“讯,谏也”,则经不同而传同。又如“视不瞢瞢”条下,引《大藏音义》作“瞢瞢,乱貌也”,与臧辑引《释文》作“梦梦,恶貌”则经与传俱不同。至如同一书,而所引前后有异文,如“爱而不见,搔首踌躇”,《大藏音义》七十三及八十引作“踌躇,踯躅也”,而《大藏音义》六十七又引作“踌躇,徘徊不进也”。“忧心陶陶”,《大藏音义》九十五引作“陶,畅也”,而《大藏音义》八十四又引作“陶,养也”,此则或有一误。所补共四百一十条,合之臧辑。而韩说之漏在群书者,殆亦仅矣。卷末有方琦自跋,称“所引诸书无可比附者,往往阅他书而得之”。此其辑录所以特详欤。(中华本第448页)

论语注二十卷 同治十年刊本

清戴望撰。望字子高,德清人,县学生。一赴秋试,遂弃举业。性倨傲,诋諆宋儒。初游陈奂之门,嗣从宋翔凤为庄刘之学,故喜谈今文。其撰此书,以为何劭公为《公羊》大师,其注《论语》当依《齐论》,而孤文碎句,百不遗一。刘氏述何,宋氏发微皆约举,大都不列章句,遂依篇立注，隐括《春秋》之义例。故其书多本刘宋之说，而引申之，支离附会，殆尤甚焉。间亦袭用旧注，如“人不知而不愠”，训“愠”为“怨”，郑君之注也。“德不孤必有邻”，训“邻”为“报”，皇侃之言也。而皆不明其本，其他概亦类是。援引他书往往昧于源流，如“好古敏以求之者也”，注云：“孔子删书始自尧舜，皆冠之以‘曰若稽古’。三科五家取法不远，故当信好勉力以求之也”。又“奂乎其有文章”，注云：“上法唐虞，加稽古之文。”刘逢禄尝谓：“‘曰若稽古’四字，是孔子尊加之辞。”说本王仲任，然刘氏又谓“或周史臣所加”，意在疑信之间。戴则强定为孔子所加，不知今文二十八篇本无《舜典》，首二十八字乃姚方兴伪作，又非伪孔之旧矣。“寝不言”，注云：“高宗三年不言。”夫解释此经，何以得有高宗居丧之证也？《乡党》一篇同于《礼经》，戴氏不精礼制，又不师古，语意不明，诸多谬误。如“当暑，袗絺绤，必表而出之”，《注》云：“古者裘葛皆覆以缯，然后加以朝服。”夫衣服中外相称，礼也。冕服丝衣则中衣用素，朝服麻衣则中衣用布，戴说未晰。“非帷裳，必杀之”，《注》谓：“朝服连衣裳与深衣同。”考深衣，衣裳相连。余服则上衣下裳，不相连。戴氏所说于古无征。昔王先谦辑《经解续编》，原收戴书，以总目寄与李慈铭，李答之曰：“戴子高《论语注》，怪诞谬悠，牵引《公羊》，拾刘申甫遗唾，支离益甚，且多掩旧注以为己说，而殁其名。此种宜从删汰。”因未收入《续经解》中。今观戴书，知李氏所辨实公允之言也。（中华本第869页）

论语集注附考一卷　传钞本

清丁晏撰。此书仅三十三节。考订朱子《集注》，中间杂引群书，并无程限。且书未刊行，皆传钞之本，误字甚多，当重行校正也。朱子《论语集注》一书，其不可废者，盖因多遵古注，不弃旧说也。丁氏所考，殊有不足据者。如朱注：“北辰，北极，天之枢也。”此本于郑《注》，郑本于《尔雅》，而《吕氏春秋·有始览》《周髀算经》皆同，何可以异说驳之？“輗，辕端横木，缚轭以驾牛者。軏，辕端上曲钩，衡以驾马者。”此本于包《注》，丁必谓輗軏并为軶，不知包、朱分析最清，不可轻易也。“吉月，月朔也”,亦本于郑《注》。郑君注《礼》亦同,何得谓误?至于“月朔必朝服而朝”,朱子明云:“孔子在鲁致仕时如此。”言孔子如此,不必强人所同。其说最为圆通,何得以常情驳之?夏曰瑚,商曰琏,包、郑《论语注》,贾、服、杜《左传注》,皆如此。而朱注本之,实为至当。《明堂位》“夏之四琏,殷之六瑚”之说,或为杂说,或有误文,汉儒皆不援用,安得如顾亭林之说乎?大概丁氏此书,原为平日温读,随笔写记,本无刊行之意也。(中华本第869页)

论语集注训诂考二卷　光绪间刊本

清潘衍桐撰。衍桐一名汝桐,字峄琴,南海人。同治进士,官至侍讲学士。此为衍桐视学时,命诂经精舍诸生所撰者,嗣经衍桐细加搴采为二卷,故中间有援引诸生之说也。朱子《集注》有用古注者,有用诂训者,有用群经诸子转相证明者,非尽臆造也。其《论语训蒙考义叙》云:“本之注疏,以通其训诂。”《语类》曰:“某寻常解经只要依训诂说字。”又《与吕伯恭书》云:“不读《说文》,训诂易谬。”《答黄直卿书》云:“近日看得后生,且是教他依本子认得训诂文义分明为急。”故潘氏即本朱旨。考其训诂,条举件系,元元本本,然后朱子之学可以大明。因此汉学之士,不敢妄以空疏诋朱子。而宋学之士,亦不得妄借朱子以饰其愚陋,而知所归矣。(中华本第871页)

论语述注十六卷　同治十三年三山王氏刊羲亭山馆集本

清王景贤撰。景贤字子希,闽县人。述注者,述朱子《集注》也。昔程伊川尝谓:“十七八时读《论语》,已晓文义。读之愈久,但觉意味深长。”朱子亦自谓《集注》“如秤上称来,不高不低”。故景贤即本此意,寻绎经文以明朱旨,体认朱注以明经义。全用语体,盖重在力行,不重训诂名物者也。(中华本第871页)

论语古注集笺十卷　光绪七年江苏书局刊本

清潘维城撰。维城字朗如,吴县人。受业于夏文焘、李锐二人,皆钱大昕高弟子,故维城得闻经师绪论。以为《论语》为何晏所乱,晏学无师法,其所作《集解》,杂采古文今文家说。考汉儒注《论语》,惟郑君康成为兼通古今文,集诸儒之大成。其间若马融、王肃,古文也;张禹、包咸,今文也。至孔安国虽为古今文家之祖,其注已佚弗传。而何氏采之,证诸《说文》多不合,其为伪可知,而又谬附己说。郑《注》之存者无多,梁皇侃、宋邢昺皆用其本作《疏》。郑《注》日就沦亡,非绌去孔、何两家,搜辑郑《注》之散见他书者,终无以见汉儒家法。故潘撰此书,于《集解》删去孔、何两家,补辑郑《注》,又采汉魏古义及近儒之说为之笺。其于皇、邢二《疏》,非有申明驳证,概弗征引。笺说不必专申古谊,以申古谊者列于前,异谊列后,而己说亦附著焉。初维城笺语或列简端,或为条记,未及编次而卒。其子锡爵编纂成书,复就正于同里学者,以笺内多互相违伐之主语,遂亦略加芟薙。盖维城始则搜集杂说,既非亲手编订,则前后违伐自所难免。今共十卷,附《论语考》一卷。又仿陈仲鱼《论语古训》之例,附郑注《论语叙》及《论语孔子弟子目录》,皆维城所辑,锡爵所编也。惟绌去孔、何,删芟《释文》,不知伪孔多袭旧说,未可尽废,何《注》亦有可采之处。而笺中广引刘逢禄、宋翔凤之言,未免凌杂。既非维城手编,自无所用其苛责。然尊重汉儒,广搜勤讨,不能谓无功于此经也。(中华本第871页)

四书一得录二卷　同治二年刊本

清胡泽顺撰。泽顺字梅坪,安徽泾县人,诸生,咸丰十年殉洪杨之难。是书首有自序,刊于道光丁酉,经乱板毁,其友朱荣实重序而刊之,时同治癸亥也。按朱序,称"泽顺成此书时年未三十,其后所学更进,贯穿于郑孔之笺疏,而要归于程朱之义理"云云。则是书不足以尽泽顺也。按泽顺所采多在注解之外,如《礼》郑注、《易大义》、《大戴礼》、《韩诗外传》、《说文》,以至《示儿编》《资暇录》《扪虱新语》《困学纪闻》《呻吟语》之属。于当代则多引阎若璩、翟灏、曹之升、钱大昕、宋翔凤等。择善而从,间多允当,如"緡蛮黄鸟",据毛《传》:"緡蛮,小鸟貌。"《文选·景福殿赋》注引薛君云:"緡蛮,文貌。"以为诗咏黄鸟,当状其色,作貌解，方与“止”字关合。“贤贤易色”，谓就夫妇言，引《诗序》“《关雎》乐得淑女，以配君子；忧在进贤，不淫其色”云云，可谓切证。惟以为此说始刘申受，则未博考也。“三年无改于父之道”，引《大戴礼》“曾子本孝”云：“父死三年，不敢改父之道。”以为三年指在丧之证，亦甚确。“宰予昼寝”，“寝”读为“寝室”之寝，“昼”作“画”，引《资暇录》，可为韩愈《笔解》添一证。“唯上智与下愚不移”，谓“不移者，非不能移也，是不肯移”。如此解，则与《孟子》云“西子蒙不洁，则人皆掩鼻而过之。虽有恶人，斋戒沐浴，则可以事上帝”，《书》曰“惟圣罔念作狂，惟狂克念作圣”，两不相碍，具见读书有得。其他摭拾，大都习见。惟“死生有命，富贵在天”，引臧琳《经义杂记》，谓“在天如天有百官，有众星，天施气而众星布精，得贵则贵，得贱则贱，贵或秩有高下，富或资有多少，皆星位尊卑大小之所授”。按“天命”二字见于《中庸》，系连用而一义。分言之，则《孟子》所谓“莫之为而为”“莫之致而致”者，其实亦一义也。如臧氏说，殊近星相家言，讵可以之解经耶？书后附《孔颜曾孟生卒年月表》及《孟子年谱》。《孟谱》仍主先齐后梁说，余亦多误。（中华本第991页）

四书体味录残本 光绪十四年刊本

清宗稷辰撰。稷辰字涤甫，浙江会稽人。道光进士，官至东河道。是书为其晚年所作，原书二十卷，见于《全集》目录。身后散佚，仅《论语》卷一系手写定本。余稿有《论语》卷五，残缺不全。其子嫄咎并《大学新得》及《大学拟序测蠡》残稿付刊。后有稷辰门人王继香跋，及方宗诚《榆巢劄记》跋。按稷辰本工文，是书叙述雅洁，参汉宋之长，而引申辨析，时有惬当。其《大学新得》，以“《诗》云‘乐只君子’一节，与“好人之所恶”一节，移在“民不从”之下，而两节以后接“君子有诸己”至“未之有也”。帅仁至此，皆直接“絜矩之道”，仁恕一贯乃完密，亦自言之成理。其《大学拟序测蠡》，以“是故君子有大道”三句接“虑而后能得”下，以“道善则得之”二句接“则近道矣”之下。说尤独创。惜未睹其全也。（中华本第994页）

经传释义五十卷 嘉庆九年校字斋刊本

清陈炜撰。炜字星辉，浙江慈溪人，诸生，殁年四十五岁。是书分历象、舆地、封建、官制、食货、学校、兵刑、郊祀、宗庙、朝礼、朝聘、飨射、冠昏、宫室、服器、饮食、乐律、氏族、经籍各门。经籍别附图。大抵排比经传，各从其类，而杂采群说，注于其下。或他经与此经转相发明者，亦附入之。所采于注疏外，兼及诸史百家，后儒论说，阙误者间有订正。其与各类不相关者，时亦横见侧出，意在广学人之见闻，未为不善。惟舆地类，春秋地名遵杜氏，而废高、顾、江诸家。经籍类，不全录《汉志》，隋唐以下更略，不无少憾。然博观约取，甚费苦心，在类书中，自不可少此一体。无庸视之太高，亦不必责之过备也。王引之称其"绩学功深"，殆过誉矣。（中华本第1349页）

群经释地一卷 传抄本 咸丰元年刘文淇刊本

清戴清撰。清有《四书典故考辨》，已著录。是书原十卷，刘文淇作清传，载清自序，言"成《书经》《诗经》《周礼》《礼记》各一卷，《春秋》三传三卷，《尔雅》《论语》《孟子》各一卷，他经附见"云云。今抄本无此序，刻本有之。又刘文淇序清《四书典故考辨》，亦称"《四书典故考辨》十二卷，《群经释地》十卷，稿藏于家未能付梓，谨于二书中，各择数十条，编为两卷"云云。以后刻本即文淇编定之本也。凡《书》十一条，《诗》八条，《周礼》二条，《礼记》二条，《春秋》三传五十五条，《尔雅》四条，《论语》一条，《孟子》一条。于旧说颇有订正，且俱释以今地名，甚便检览。最确者，如"东山"条，《集传》泛云所征之地。清引《史记·吴起传》："殷纣之国，左太行，右孟门。"河北诸山，以太行为大。秦汉以来，谓"山东""山西"者，皆指太行。周师自西而东，故曰东山。"鬼侯"条，《集说》以为鬼方，清谓"孔《疏》引《周本纪》作'九侯'，'九'与'鬼'声相近。徐广《史记注》云：'邺县有鬼侯城。'案邺县故城在今临漳县西四十里，《集说》以为鬼方者非"。"阳侯、缪侯"条，孔《疏》以为两君之谥。清据《春秋》闵二年"齐人迁阳"，《后汉书注》"在阳都"，今沂州府沂水县南有故城。又据段玉裁说,“缪侯”即《淮南·氾论训》之“蓼侯”。而高诱注:“蓼,偃姓国。”则其地当在庐江。“平畤”条,杜注但云“平畤周邑”。清据《说文》,“天地五帝所基址”曰畤。颜注《汉书·郊祀志》:“祠之必于高山下。畤,命曰畤。”此邑必近周郊祭天处,当在洛阳县境。“有穷”条,《水经注》:“鬲县故有穷国。”汉鬲县故城,在今济南府德州北。阎百诗驳谓:“鬲县古有鬲氏之地,有穷氏不应并域而居。”清据《水经注》:“有穷水,源出安丰县穷谷,北流注于淮。”安丰故城在今颍州府霍丘县西南,穷水在县西,以为有穷之国,尚属可据。他条征实多类此,惟开卷“十二州”条,孔《传》:“分冀州为幽州、并州,分青州为营州。”蔡《传》因之。清又据蔡《传》而定其州域,殊觉未妥。顾炎武谓幽、并、营在九州外,近人有谓《尧典》肇十有二州之文,为王莽时刘歆之徒所窜入者,皆不为无见。清于此殊未深考也。(中华本第1359页)

玉函山房目耕帖三十一卷　同治九年济南皇华馆补刊本

清马国翰撰。凡《易》六卷,《书》六卷,《诗》十卷,《周礼》九卷。据《纫香草堂遗集序》,谓“《仪礼》、《礼记》、《春秋》三传、《孝经》、《语》、《孟》、《尔雅》,并创有初稿”。今刊本无之,想已散佚矣。是书大都考订经义之作,采集前人成说甚备,惟案断之语甚略,或竟无之。当是治经之暇,随手札记,以备遗忘,非精心结撰之著也。然繁征博引,搜讨不易,足为俭腹者所取资。拟之王氏《述闻》、俞氏《平议》,虽有逊色,要亦四经之义海也。原附《玉函山房辑佚书》之后,故与《辑佚书》并盛传于世焉。(中华本第1376页)

雪樵经解三十三卷　同治八年刊本

清冯世瀛撰。世瀛,四川人,尝官金堂训导。先是,世瀛成《五经集解》十五卷,既增为二十卷,后又成《续集》二十卷,《附录》三卷,最后乃定为三十三卷。凡《易经》五卷,《书经》六卷,《诗经》七卷,《春秋》六卷,《礼记》六卷,《附录》三卷。所解大率经中通义,或其要题,广征众解别其同异。但仍是前人成说，不甚下己见。《附录》三卷，于经义之外，别证他说。如《易》兼《连山》《归藏》，《传》兼《公羊》《穀梁》之类。世瀛著书之旨，在便士子临场答问，然沿流溯源，辨疑析异，考索甚深，搜罗甚备，移作初学治经之阶梯，固无不可。首有世瀛自序，在科举未废日，几于家有其书。翻刻缩印有数本，然讹错滋多矣。（中华本第1387页）

群经音辨二卷 光绪十八年小石渠阁刊本

清林庆炳撰。庆炳有《四书注解撮要》，已著录。是书以北音为主，推求经字。有字异音同者，以经书之字为首，其同音者叠列于下。庆炳，闽人也。于闽音堪注正音者，则以闽音注之。群经中，首《论语》，次《孟子》，次《大学》，次《中庸》，次《诗》，次《易》，次《书》，次《春秋》，次《礼记》，次《周礼》，次《仪礼》，次《左传》，次《公羊》，次《穀梁》，次《尔雅》，当以学僮诵读之先后为序。缺《孝经》，字已具于前也。后附《字音辨讹》《续录字音辨讹》，仍以经为次。又附《寻常音误》《续录寻常音误》，则与经字无涉。又附《千字文正音》《切字捷法》等，则为初学考音之始基。能辨一切之音，则不难辨群经之音矣。卷首有庆炳自序。（中华本第1400页）

汉碑经义辑略二卷 光绪二十八年济南刊本

清淳于鸿恩撰。鸿恩字君锡，又字稚鹤，山东黄县人。是书首有丁凤池序，又有鸿恩自作后跋。凤池，鸿恩师也，书中亦屡录其说。大旨就汉碑中涉于经义者，条而录之。或引他人成说，或自为考证。以经为次第，凡六十余条。其中可征古义者，如"东邻"指纣国，"鬼方"为西戎，"惇物"是厚物，"达聪"为牧者之事，"自公"有断私之义。可征古读者，如"刚健笃实辉光日新其德刚正而尚贤"，应以"辉光日新"绝句。"父顽母嚚象傲克谐以孝烝烝乂不格奸"，应以"克谐"为句，"以孝烝烝"为句，"乂不格奸"为句。可征家法者，如"介心如石"，得荀氏义。"乾为积善"，得孟氏义。"衅鼓祠兵"，得严氏《春秋》义。可订旧解之误者，如"天子负斧依南乡而立"，天子乃成王，郑《注》谓周公者非。"堑防门而守之广里”，广里即庞里，与防门俱地名。“季武子以公姑姊妻之”，古称女弟为姑姊，杜解俱非。“有朋自远方来”，臧镛据《白虎通》引作“朋友”，洪颐煊据《文选注》引“友朋”，俱非。可补传注之缺者，如《黍离》为伯封作，《小弁》为伯奇作。“述而不作”，出彭祖诗，且据此知彭祖为一人。“苗而不秀”，为孔子悼颜渊语。可证金石极有裨于经学。又据《曹全碑》称“武王秉乾之机，翦伐殷商”，证以《后汉书》：“太公辅周，受命翦商。”据此则翦商乃武王之事。《左氏传》称：“至于太王，实始翦商。”“太王”或是“太公”之讹。可息后儒之聚讼矣。鸿恩别著有《汉碑引经异文考》，书中屡及之。又有《汉碑通经姓氏表》，皆未见传本。（中华本第1409页）

史　部

新安全城定寇记一卷　旧抄本

明张鼎延撰。是书记崇祯十三年八月定新安土寇事。时新安土寇李永福、张石等，纠众约二千人，据城为变。土寇王之典等，蚁聚千人，与城中通，约八月初六日，引城汲贼。谋已定矣，有知者告密，悉就擒。邑令某与监司王某，审明正法，新安由之安堵。鼎延方为兵部侍郎，因记其事云。（14－70）

逸周书补注二十三卷末一卷　道光乙酉刊本

清陈逢衡撰。逢衡字穆堂，江苏江都人，诸生。是书首有顾千里、谢墉序，及逢衡自序。又存至正甲午黄玢①、嘉靖壬午杨慎、康熙己酉汪士汉三旧序。叙略集说，别为卷首。其五十九篇，大抵依卢文弨校本，而亦参订他本。惟《程寤》《月令》二解，仍从旧阙。而集诸书所引者，以存其概。《谥法解》，以卢本据《史记正义》删改，既失《周书》旧观，亦非《正义》目次，亦不依之。又《世俘解》，据《汉·律历志》引《周书·武成》篇“惟一月壬辰旁死霸，若翌日癸巳，武王乃朝步自周，于征伐纣”，又引《武成》篇“粤若来二月既死霸，五日甲子，咸刘商王纣”，又引《武

① “黄玢”，“玢”疑为“玠”之误。

成》篇“惟四月既生霸,越六日庚戌,武王燎于周庙。翌日辛亥,祀于天位。粤五日,乃以庶国祀馘于周庙”。谓此八十二字,皆见今《世俘解》。惟今本《世俘》,“壬辰”讹作“丙辰”,“癸巳”讹作“丁巳”,当依以改正。其“庚子陈本命”至“告以馘俘”七十九字,系错简,当移接“甲申”一条之下。亦异卢本。注则兼采王唐顺之①、胡应麟、周文归、徐发、冯景、惠士奇、谢墉、赵曦明、汪师韩、沈涛、梁玉绳、履绳、左暄、阮元、张惠言、凌曙、郝懿行、施彦士诸家之说。其自为说,循文敷义,不为牵强。最精者,据《克殷解》“立王子武庚,管叔相”,谓管叔监殷,乃武王之命。证以下篇《大匡解》“管叔自作殷之监”,盖管叔请于武王,而武因而命之。则陈贾所云“周公使管叔监殷,何尝有其事”。又据《作雒解》“建管叔于东”“俾中旄父宇于东”等语,谓“可证周公居东之东,是国邑而非东都,当在鲁卫之间”。按东当是鲁,周公居东,即出就国。此言鲁卫之间,尚为近之。又据《尝麦解》“其在启之五子,忘伯禹之命,假国无正,用胥兴作乱,遂凶厥国”云云,谓“五子,启之庶子,五观也。而太康与作歌之五子,乃嫡子,为同母弟。五子为启贤子,五观为启奸子。且武观是一人,作歌是五人”。可证古文《尚书》不伪。其他俱是补孔晁注之疏略。末一卷,其目有三,曰“补遗”,则辑诸书所引浑称《周书》而无篇名者;曰“诸书误引”,则引称《周书》,而实非《周书》者;曰“附录”,则诸书所引,不言《周书》,而疑是《周书》者。(14-107)

逸周书管笺十六卷　道光庚寅刊本

清丁宗洛笺。宗洛字瑶泉,广东海康人。是书首《疏证》,其目六,曰“书传不关《汲冢》证”,曰“得书亦自冢中证”,曰“卷篇存缺多寡证”,曰“《周书》证”,曰“《逸周书》证”,曰“《汲冢周书》证”。次《提要》,其目四,曰考原,曰辨诬,曰论体裁,曰论义旨。次《集说》,采录唐宋元明清诸儒涉于是书之说,而别其是非。次《本书》,为卷十。次《摭订》,为

---

① “王唐顺之”,疑衍一“王”字。

卷三。其目六,曰订逸句,曰订商周之际,曰订地,曰订事,曰订官,曰订人,曰订物。《疏证》诸目及《提要》之考原、论体裁,俱无关要旨。辨诬者,辨文王武王之受诬也。宗洛所夸为考古之一快者,《克殷》篇云:"适王所,乃克射之,三发而后下车。而击之以轻吕,斩之以黄钺,折悬之大白。适二女之所,既缢,王又射之,乃右击之以轻吕,斩之以玄钺,悬之以小白。"又《世俘》篇云:"太师负商王纣,悬首白旂,妻二首赤旂"云云。宗洛谓"商虽暴虐,非周不共戴天之仇,决无此事"。以"克"乃"就"字之讹,承上句言,就纣之死所而射其三方也。轻吕、黄钺之击斩,盖虎贲之士以剑钺虚作击斩之状。"折"与"摺"同义。摺,叠也。折太白之幅,悬之以遮纣尸,二妻则以小白全幅悬而遮之。盖袚除不祥之义。二"首"字皆"自"字之讹,言太师自所悬之白赤旂中,负出纣及二妻之尸来耳。据《墨子》云"武王折纣而系之赤环,载之白旂";《荀子》云"纣悬于赤旆";《尸子》云"武王亲斫纣之头"。皆可与本书相证。宗洛说殊□□□,尤不顺。按《竹书纪年》"文乙杀季历",而纣又尝囚文王于羑里,谓"无不共戴天之仇"者,又非也。其义旨诸条亦同此义。谓"纣不自焚,武王必请其复辟。其立武庚,即奉戴嗣君之意"。据《武寤解》所云"庶赦定宗",谓"定宗即立武庚,而武王仍退居藩服"。果如其说,则武王何为而伐纣耶?证之《武寤解》,其上文明言商不足灭,岂有再立武庚为君之理?即立为君,又何为使管叔监之耶?定宗者,言定天下之宗主,岂定殷之宗主耶?凡诸曲说,自以为得圣人之心,不惜采诸事而就己说。《集说》采录朱氏《经义考》、卢氏校本、陈氏《纪年集证》,聊备参稽。其笺本书,虽亦采卢校而多与立异。《世俘》一篇,多改倒,往往抱于成见,好作强解。《摭订》三卷,识大识小,则详他家所未详。综全书观之,去其迂而不切者,其可取者自在,固精心结撰之作也。中多入其弟如金说。本书有眉评,以释文义,附以续增意解,题曰外篇。卷前有陈钧、杨嗣曾序,又有宗洛自序及如金所为凡例。(14-108)

周书集训校释十卷附逸文一卷　道光丙午刊本

清朱右曾撰。首有丁嘉葆题词及右曾自序。据蔡邕《明堂月令论》,称《月令》第五十三谓"'解'字为孔晁所加,原篇但题某某第几"。又谓"《汉志》所注,今其存者四十五篇,系师古据唐本言之。盖孔氏注本,至唐而亡其二十五篇,师古之后又亡其三。故今孔注只其四十二篇也"。又谓"晋唐之世,《书》有二本,据孔氏解《克殷》'荷素质之旗于王前',云一作'以前于王'。解《大武》'三摈厥亲',云'摈一作损'。而刘知几《史通》云:'《周书》七十一章,上自文武,下终灵景。'不言有所阙佚,与师古说殊。《唐书·艺文志》:'《汲冢周书》十卷,孔晁注。《周书》八卷。'二本并列。其合四十二篇之注,于七十一篇之本,而又亡其十一篇,当在唐以后"。又谓"是书宏深质实,虽未必果出文、武、周、召之手,要非战国、秦、汉人所能伪托"。历举要证,又据《春秋传》称"辛有之二子董之晋",辛有当周平王时,为周史辛甲之裔,世职载笔。其子适晋,或以周之典籍往。观《太子晋》篇末云"师旷归,未及三年,告死者至",亦似晋史之辞云云。所见俱不谬。其释本书,据卢文弨本集诸家校订,复益以王念孙、洪颐煊二家。序虽未及丁宗洛,而采其说甚多。亦引孔《注》,盖节取之。其考定正文,如《文酌》篇"大武剑勇",据《释名》"剑,检也,敛也",当读作"敛"。又"树惠不痣",卢云"痣"字无考,右曾改作"瘱"。瘱,审也。又《籴匡》篇"企不满壑",谓"企"为"金"之讹。金,古文"注"字。又《程典》篇"商王用宗谗",读"宗"为"崇",谓崇侯虎也。又《文传》篇"土可犯材",读"犯"为"范",范土为器也。又《度邑》篇"亦不宾灭","宾"读"摈",谓"宾""摈"同。"泣涕于常",读"常"为"裳",谓"常",古"裳"字。又《谥法》篇"失志无转",谓"失"当为"矢"。又《本典》篇"均分以利之","利"为"秝",读若"算",明示之也。又《周祝》篇"事国",谓"事"当"事",古文"争"字。又《器服》篇"明器因外",谓"因"当为"茵",所以藉棺者。其考定训诂,如《大匡》篇"无播蔬",谓"播",弃也。本□词注注,今本讹为"推"。又《武称》篇"遂其咎",孔无注,右曾谓"遂,亡也",本《说文》。又《大匡》篇"展尽不伊",孔云:"伊,推也。"谓"推"当是"惟"。伊,惟也。《尔雅·释诂》文。其考定名物,如《王会》篇"内台",谓"台"即"坛",坛有未成。据郑康成说,上等为堂,内台是中等,下言外台是下等。又“操弓执矛”,谓矛为刺兵,非句兵之戟。《作雒》篇“画旅”,谓即旅树。《器服》一篇,谓皆明器之类。凡此皆本古训。其移考定篇第,如《世俘》旧第四十,移之三十七,使与《克殷》相次。《大匡》《文政》《大聚》则递移至三十八、三十九、四十,亦有理。所辑逸文与丁本有异同,而援证校博,诚读《周书》之最善本也。(14-109)

周书解义十卷 嘉庆十年刊本

清潘振撰。振字芑田,浙江仁和人,嘉庆庚申副贡生。是书首有吴锡麒、徐懋义序,又有振自序及凡例。自序称“解各有义,第即其解,以还其义,书所以题‘解义’也”。每题各为说,以拟《书序》。节采孔《注》,或标“孔云”,或不标。亦及卢文弨所收十九家校语,而全没其名氏。于制度器物悉本旧说,别无考证,且篇中每标章旨、节旨、发端、结构诸法,其识殊陋。惟依《汉志》,题曰“周书”,视诸家称“逸周书”者似较正也。(14-111)

王船山年谱二卷 光绪己丑刊本

清刘毓崧纂。首有曾国荃序、毓崧自序,又有《国史·儒林传》。盖毓崧为国荃校刊《船山遗书》,复就采录,而成是《谱》。曾序称“得之想像,不免挂漏”,自序称“船山所撰之《龙源夜话》《漧涛园集》《买薇稿》,皆不传。《姜斋文集》多阙略。其子虎丘所撰《行述》,亦是节本。其他可供参者,多未全备,仅成初稿,考订俱俟诸异日”云云。按自序所举,如《存吾文稿》《存砚楼集》,坊间皆有刊本,何以不见?未免太因陋就简。其中漏悬疏舛,不可胜举。如顺己丑事①,漏二月服阕。辛卯侨寓祁阳,丙申暂往兴化之类,皆误载。又己丑疏请终丧免阅试,癸巳三子勿幕生之类,皆失载。然体较善,大书小注,叙次简明,则较王《谱》为善也。(14-154)

---

① “顺己丑事”,疑“顺”后脱一“治”字。

王船山年谱二卷　光绪癸巳刊本

清王之春纂。之春字芍庭①,湖南衡阳人,以军功官至广西巡抚。是书首录《国史·儒林传》,次《行述》,次彭玉麟奏请改建船山书院片,次之春自序及凡例。《谱》前又有世系表。书分前后编,以桂王未执以前为前编,桂王既执以后为后编。自顺治元年至十八年,下皆注明福、唐、桂三王年数。然于时事间载间不载,且夹杂于叙事之中,殊属非体。按刘《谱》记元配陶孺人来归,系于戊辰,二十岁。盖据七十自定稿内侄敏五十七律二首作于丁卯,有云"吾方授室尔悬弧,一幅当年燕喜图"。是敏生于陶孺人来归之岁。康熙丁卯,敏年五十,回溯之,当生于崇祯戊寅,而此则移系于丁丑十九岁条下,不言所据。又刘《谱》记子攽生,系于乙酉二十七岁。盖据船山谒祖茔诗自注:"丁巳冬,同族众埽东洲上祖茔,并哭拜先孺人冢。攽甫二岁,而先孺人卒。"按陶孺人卒于丙戌,则攽当生于乙酉,而此移系于甲申二十六岁条下,亦不言所据。亦属非体。且往往引诗题为叙事,其下重列诗题,不如刘《谱》以事注于诗题下,特为清晰。又如刘《谱》庚申二岁条下记云:"十二月初一日,武夷先生诞辰,是日极寒。注:闻之先慈云'泰昌庚申大冻,杯盂凝冱'。"而此则记云:"十二月初一日大凌,武夷公五十齿满,杯盂凝冱。"而注亦称"闻之先慈"云云,岂非复乎?且杯盂凝冱不过偶形容其冻,记曰"大凌"足矣,何必多赘?则修辞不善之过也。惟叙述之详,倍于刘《谱》。卷末又附余廷灿撰《传》、唐鉴撰《学案》、邓显鹤辑《著述目录》,而编首之《行述》,复据异文为之校补。考船山事实者,仍不得不资于是编也。(14-154)

陆桴亭年谱一卷　光绪己亥刊本

清凌锡祺编。锡祺字葆斋,江苏太仓人。是《谱》后有孙寿祺、唐受祺二跋。孙跋作于同治癸酉,唐跋作于光绪己亥。盖锡祺稿成未刊,受

---

① "芍庭"当作"芍棠"。

祺辑遗书时得之,为之删冗补漏,而付之梓。大抵据陈瑚所为《行状》、世仪子允正所为《行述》,及世仪所著《文集》《诗集》《思辨录》《论学酬答》《志学录》《性善图说》《虚斋格致传补诂》《四书讲义》《淮云问答》《八阵发明》《月道疏》《分野说》《治乡三约》《制科议》《甲申臆议》《苏松浮粮考》《娄江条议》《桑梓五防》《常平权法》《家祭礼》《支更说》《避地三策》诸书,就其年月可考者,为之编次。旁采陈确庵诗文集、年谱,惟论《思辨录》刻本,引叶调生《吹网录》,而证其微说,此外绝未涉及他书。按桴亭与陈确庵同籍太仓,崇祯癸酉同入郡学,同谢社事,同好言兵,国变后同弃诸生。其为学互相辨难以归于是,而大旨则同。确庵后死,《行述》所具,足概生平。《谱》虽取材简略,尚不致失桴亭之真也。(14-155)

颜习斋年谱二卷 康熙刊本

清李塨纂,王源订。习斋,颜元号也。元字浑然,诸生。早岁为学,笃信宋儒,至尊周濂溪、朱子为圣人。既而觉其非,谓"静坐读书,乃程朱陆王为禅学、俗学所浸淫,非正务"。又谓"穷经明理,恐成无用学究"。乃上求之周公之六德、六行、六艺,孔子之四教,谓正学在是。既不见用于世,遂以授徒终老。李塨、王源,皆其门人也。是《谱》塨始创稿,而源为之删订。首有源序及所为习斋《传》,又有塨作凡例。大抵三十以前据习斋追录稿及塨所见闻,三十后至七十,则据习斋日记。按元坚苦卓绝,北方学者孙夏峰为其前辈,而旨趣不同。稍相近者,惟太仓陆桴亭。元自称生平父事者,包文孝、张石卿、王五公、张公仪、李晦夫五人。其掖善规过,亲切而最久者,则王法乾。习斋之论学、论治、订礼,皆与他人殊趣,一一具于《谱》。其特异者,则《谱》中功过并录,无少曲隐。又凡习斋所交游,见于《谱》者,各为之传略。盖塨为李晦夫之子,又为习斋之最高足弟子,钻仰之深,以成是《谱》,宜其详尽。而塨则尚以为过略也。又按习斋父泉,冒姓朱,崇祯间被北兵略至辽东。习斋年五十,出关寻父,竟得之,但已殁矣。其事甚奇。即此一节,亦足与《黄孝子寻亲记》并传也。后有张琡璋、郑知芳二跋。(14-156)

潘文勤公年谱一卷　光绪刊本

清潘祖年辑。文勤,潘祖荫谥也。祖荫字伯寅,江苏吴县人,潘世恩之孙,以钦赐举人成咸丰壬子进士,以第三人及第。光绪壬子,以刑部尚书□军机大臣。未几,丁父丧,服阕再起,终工部尚书,年六十一卒。祖年,其异母弟也。祖荫无子,以祖年子树孳为嗣,尚幼,故祖年为述是《谱》也。按祖荫早岁颇肯言事,如保用左宗棠、阻木兰巡幸、请撤各省团练大臣,又参统兵大臣胜保,参直隶总督文煜,《谱》言"疏参直隶督臣某",按即文煜也。皆重系大局。又按同光间京朝士夫,惟知写卷折,习试律,其高者如倭仁、徐桐辈,则借理学之名以饰其陋。惟祖荫稍知学,屡偕翁同龢司文柄,重视经策,积学者往往得售,文习丕变。性又爱才,得一士必欲培成之,出于识而非借以为名。其时,翁、潘并称,而深识者则谓同龢不如祖荫也。但其所孜孜之者,不过金石版本之学,而尤长金石。《谱》所述好刻书,得赵明诚《金石录》,广搜外域拓本,成《海东金石录》;得部钟四及史颂匽鼎,成《攀古楼款识》。又左季高辇致盂鼎诸事,略见一二。又如辑刊《士礼居题跋》,流布冯已苍、徐元叹,潘力臣、刘继庄、沈小宛、王南陔、李南涧、沈西雍、钮非石、江郑堂、龚定庵、许印林、吕世宜、张文节、刘贵阳、金诚斋、程稚蘅、程子准、陈苨斋、李鄦斋、吴顼儒、叶调生、胡仁圃、张秋水、叶润臣、许海然、石蔼士父子诸遗著,《谱》亦一一著其年月。其收藏亦甚富,《谱》止载得宋刻《金石录》一事。按祖荫曾编《滂喜斋藏书目》,梓甫成而毁其板,故《谱》亦遗之。然一时言金石版本者,无不推为宗匠,其流风讫清末而未丧。惜是《谱》未及详记。其轶往往在都人士之口,备有人拾而补之,尚能盈帙也。(14－157)

桂阳先贤传一卷　光绪庚子刊本

清陈运溶辑。《隋书·经籍志》:"《桂阳先贤画赞》一卷,吴左中郎张胜撰。"《唐志》作五卷,《御览》卷六百六引"胡滕部南阳从事"云云,《水经·汝水》注引"临武张熹字季智"云云,《御览》卷八百六十三引"程曾字孝孙"云云,《御览》卷四百二十一引"耒阳罗陵果而好义"云云,俱作《画赞》。《类聚》卷八十五引“成丁郴人,能达鸟鸣”云云,作《画赞》。《类聚》卷六十五引“苏耽常除门庭”云云,则作《记》。《御览》卷八百二十四引“苏耽尝闻有众宾来”云云,又作《赞》。他所引皆作《传》。此所辑,得十条。(14－158)

襄阳耆旧记三卷 乾隆五十三年刊本

晋习凿齿撰,清任兆麟校补。凿齿《汉晋春秋》辑本已著录。是书旧有万历癸巳湖广布政使司石孝议、陆长庚序,盖宋时郡斋刊本后,至此而再。按此书前载人物,中载山川城邑,后载牧守。《隋志》称“记”,《唐志》改称“传”,至万历刊时,则“山川城邑”已佚。兆麟得而传之,更为作序。称“脱讹颇多,为补正数处,以备史传记一家”云云。其书分代为次,人物托始于周,有宋玉;次汉,有王逸、王延寿、庞德公、庞统、庞林妇习、蔡瑁、杨虑、杨仪、习融、习询、习藹、习承业、习珍、习温、习承彦、马良、马谡、杨颙、向朗、向条、向宠、向充、廖化、董恢、张悌、李衡;又次晋,有罗宪、罗尚、蒯钦、习嘏。共二十七人。牧令托始于汉,有胡烈;次晋,有羊祜、杜预、山简、李重、刘洪、桓宣、邓遐、朱序。共九人。其马良、马谡、杨颙、向朗、向条、向宠、廖化、董恢、张悌,俱仕于蜀而亦系之汉者。即其作《汉春秋》黜魏帝蜀之见。惟向充仕吴,李衡仕晋,而亦人之汉者,当是不许同时有僭伪,义尤蔽矣。其人物、牧令中人是否与原书符数,无可考。兆麟所补正为某某条,亦无可考。(14－158)

晋刘彧长沙耆旧传一卷 光绪庚子刊本

清陈运溶辑。《隋书·经籍志》:“《长沙旧传赞》,晋临川王郎中刘彧撰。”按《水经·洛水》注、《北堂书抄·礼仪部》、《太平御览·天部》、《艺文类聚·天部》,并引作《长沙耆旧传》。盖《隋志》脱去“耆”字耳。《新唐志》四卷,《旧唐志》三卷,并讹作“旧邦传赞”。刘彧,《旧唐志》作刘成,《书抄》引“讚”或作“赞”。又《御览》卷六百六引“夏侯叔仁,氏族单微,丁母忧,居丧过礼。同郡徐元休弱冠知名,闻而吊焉。旬日积刺盈案”云云。《北堂书抄》卷一百四引“夏隆字叔仁,长沙临湘之人也,丁母忧,居丧过礼。同郡徐元休弱冠知名,闻而吊焉。旬日之中,积刺盈案"云云。当同出一传。则"夏侯"当作"夏隆"。又《御览》卷七百四十引"夏叔丁母忧过礼"云云,亦当同出一传,而脱"仁"字。运溶所辑得二十条。(14-159)

晋张方楚国先贤传一卷　光绪庚子刊本

清陈运溶辑。按《隋书·经籍志》:"《楚国先贤传赞》十二卷,晋张方撰。"《新唐志》无"赞"字,《旧唐志》作《先贤志》,题杨方撰。按《文选》应璩"百一"注引张方《楚国先贤传》云:"汝南应休琏作百一篇诗,讥切时事,遍以示在事者,咸皆怪愕。或以为应焚弃之,何晏独无怪也"云云。称"张方"不称"杨方"。又《艺文类聚》引张方《鲁国先贤传》云:"古者先王日祭、月享、时类、岁祀,诸侯舍日,大夫舍月,士庶人舍时"云云。作"鲁国"不作"楚国","鲁"应是"楚"字之误。又按《世说·德行》篇注引百里奚,《初学记·居处部》引熊宜僚,《御览·鳞介部》引宋玉,而裴松之、李贤注史所引,则皆汉魏晋时事。据此知其书上起春秋,下迄魏晋。运溶所辑,凡三十一条,又附《类聚》未著姓名、不知朝代者一条。运溶字芸畦,湖南善化人。(14-160)

武陵先贤传一卷　光绪庚子刊本

清陈运溶辑。《北堂书抄》卷六十六引《武陵先贤传》:"王坦字方山,为中庶子。时燕来翔,被令为赋。"又卷七十三引《武陵先贤传》:"潘景为郡主簿,太守赵伟甚器之,有辨对。"《续汉志》卷二十二刘昭注引《武陵先贤传》:"晋代太守赵厥,问主簿潘京曰:'贵郡何以名武陵?'京曰:'鄙郡本名义陵,在辰阳县界,与夷相接,为所攻破。光武时移东出,遂得见全,先识易号。《传》曰:"止戈为武,高平曰陵。"于是改名焉。'"《类聚》引《武陵先贤传》:"潘京为州辟,进谒,值社会,因得见,次及,探得不孝,刺史问曰:'辟士为不孝耶?'京举板答曰:'今为忠臣,不得复为孝子矣。'其机辨如此。"按隋、唐《志》俱无《武陵先贤传》,此就诸书辑得四条。(14-160)

零陵先贤传一卷　光绪庚子刊本

清陈运溶辑。《隋书·经籍志》:"《零陵先贤传》一卷,无撰人名氏。"《唐志》同。《水经注》《三国志注》《北堂书抄》《御览》《类聚》诸书所引,大都汉末人。运溶强分为汉、蜀汉、魏,非也。《周不疑传》,《御览》卷三百八十五引:"周不疑,字文直,长安人。始婴孩时,已有奇异。至年十三,曹公欲拜识,即以女妻之,不疑不受。时有白雀瑞,儒林并以作颂。不疑见操,授纸笔,立令复作,操异而奇之。"而《类聚》卷九十九引作"周不疑,曹公欲以为议郎,不就。时有白雀瑞"。以下同《御览》。当是各以意约之,非有异本。所辑得十五条。(14－161)

云间孝悌录一卷　道光癸巳刊本

清胡澜辑。澜字洪源,江苏华亭人。松江旧有孝子祠,道光间郡人士改建于学宫侧。凡郡邑志所载及榜门旌奖者,并置主于祠,并刊是《录》以传之。凡汉三人,晋三人,梁一人,唐一人,宋二人,元十五人,明八十九人,清自顺治至道光百五十三人。此类专编,他郡少有。即就云间言,亦恐不止此数。盖孝悌本家庭庸行,能副斯实者,本无邀名之心,人且不尽知,亦何能尽彰之简册耶?观是《录》者,但重其行可矣。首有知松江府事沈兆沄序,谓"尽孝弟而求闻于世,其孝弟必伪。然人于能尽孝尽弟之人而不爱之慕之,思有以传之,必其人本无孝弟之心而后可"云云。亦正论也。(14－161)

海宁乡贤录一卷　光绪癸卯刊本

清许潍祥辑。海宁属杭州府,即古盐官县,元升为州,清因之。是《录》所辑,起南齐顾欢,讫清许梿,凡四十八人,盖皆崇祀邑中先贤祠者。潍祥据史传志乘,旁证群书,各为小传,以备掌故。其中若顾欢,若褚无量,若许远,若颜真卿,若张九成诸人,固昭之在人耳目。其他名迹稍晦者,不有纪述。景仰曷由,若许梿则潍祥之父也。卒后,山东巡抚请祀名宦,浙江巡抚请祀乡贤。同时俞允,事属最近,《录》亦止此。首有俞樾序，称“海宁人之著名前代者，有顾黯、顾越、王禀、叶文荣、苏平、苏正、唐明德、祝渊、蒋心赤、刘瓆玑、萧文玺诸人，以未与从祀之列，不得典于是《录》，深有望于濉祥之补辑”云。（14－162）

武林人物新志六卷　道光乙未刊本

清施朝幹撰。朝幹字庭午，浙江钱塘人。是书首有严杰、王三畏序，又有朝幹自序。曰“新志”者，盖以补旧志所未及。所采自乾隆迄道光，各为小传。其目十五，曰忠臣、名臣、武功、循吏、儒林、孝友、义行、隐逸、文苑、书家、画家、方技、贞烈、闺秀、方外，又耆寿附于隐逸，孝女附于贞烈。凡二百余人。按忠臣、名臣、武功可归一类，孝友、义行可并称独行，书家、画家可并称艺人。且名臣中之钱琦，循吏中之陈鸿，书家中之梁同书，俱宜入文苑。文苑中之翟灏、江衡，俱宜入儒林。而各卷所收之人，与其人所系之事，亦似有所未尽，视为新志之《长编》可矣。（14－162）

中州朱玉集二卷　咸丰壬子刊本

清耿兴宗辑。兴宗字东山，河南襄城人。是书首有俞长赞序，有“亲惟桑梓，近在本朝；仰怀先正，兼述家风”等语。所录凡二百有五人，人系以传，以顺治、康熙时人最多，雍正、乾隆以次而减，至嘉庆则寥寥数人耳。《录》中如耿华国事，附载其弟震国传中，盖华国系明副贡，考授评事，顺治初，部催赴铨，不就，固明遗民也。如此之类，体例尚属谨严。然《录》中有彭始奋而不及其父而述，有孙夏峰季子博雅及其孙佺，而不及佺之父望雅。他如襄城诸刘，新安诸吕，著书传世者，漏略尚多，他可知矣。又《录》中屈启贤，止具里爵，别无事实与著作，不解何以入之。耿姓固为中州望族，所录乃多至十二人，且九人同籍襄城，所谓兼述家风也。但各传详略不一，且多泛语，大抵从他书辑集，而未经翦裁者。（14－163）

桐城耆旧传十二卷　宣统三年刊本

清马其昶撰。首有其昶撰《序目》，称“初欲拟阮文达公达公《国史·儒林传》例①,采掇旧文,悉注所出。既闻吴先生语,翻然改图。事皆有征,词必己出”云云。吴先生谓汝纶。按采掇旧文为传,防妄作也,亦陋者之藏其拙也。若能文之士,正以翦裁刊落、镕铸伟词为高,亦何必效东施之颦耶?传始王胜,终吴汝纶、萧穆。自元至正迄清光绪,有专传,有附传,凡九百余人,为卷十一。附列女一卷,凡二十七人。文亦雅训,惟浮泛语去之未净。其有传者采材未博,无传者遗漏尚多。即如戴名世、朱书之文学与方苞同时,名世所著《南山集》,苞为作序,书《墓志》,见《望溪文集》。马肇元为马瑞辰弟,著有《周书年月考》,瑞辰序其书,称“引据折衷,既精且博”。其昶俱遗之。又孙临妾葛嫩,从临殉节,见余澹心《板桥杂记》,其昶录临妻方氏而不及其妾。张令仪为张英第三女,廷玉之子②,工诗,著有《蠹窗诗集》九卷,其昶尽录廷玉诸兄弟而不及令仪。彰之者已如此,而潜德幽光,尚待阐发者,抑可知矣。(14-163)

敬止述闻一卷 同治癸亥刊本

清沈兆沄辑。题用《诗》“维桑与梓,必恭敬止”意。所述都天津人物,期备志乘采择者。凡见《津门诗抄》《畿辅诗传》者不录。首列“问津书院”“三取书院”“如是庵”“谢公祠”四条。然“问津”记张模、韩崧教诸生事,“如是庵”记周遇吉题石事,“谢公祠”记谢子澄歼寇全城事,所重仍在人也。次记名宦,有申允恭等六人。次记选举,有金相等七人。次记忠义,有周人骥等二人。次记王又朴、蒋玉虹,无所属,王当入儒林,蒋当入文苑。次记义行,有梅成栋一人。次记贞节,有王贞女等二人。次记侨寓,有查彬一人。诸传所叙事颇略。中如王又朴著书甚多,皆已刻行,此止举其《易翼述信》一种。查彬精于《易》,刊有《湘芗漫录》,此止言其工诗善画兰,皆欠详考。末论修志,称灵寿第一,欲奉为例,识殊陋。首有兆沄自序,末有孙元复跋。(14-164)

---

① “阮文达公达公”,疑衍“达公”二字。

② “廷玉之子”,当作“廷玉之姊”。

阎潜丘年谱一卷　道光丁酉刊本

清张穆编。穆辑《顾亭林年谱》,已著录。是《谱》首有自序。《元和郡县志》:"潜丘在太原县南三里。"阎若璩本太原人,而寄籍山阳,自署潜丘居士,示不忘本也。首有穆自序,称据杭大宗、钱晓徵所为传及札记,疏证诸书,排比岁月,助以丁俭卿、刘茮云、叶润臣、何愿船之搜采修订。其后又得若璩子咏所为《行述》,更事讨论,凡五易稿而后写定云云。然庚寅十五岁条下,有苗夔按语,则序未及举也。援引甚博,事之无年月可系者,则参证而得之。所涉之人,必一一具其梗概,且不但述若璩也。其父修龄为明末贡生,鼎革后,弃不就试。其子咏,康熙己丑进士,官中书,亦能文。《谱》中俱详著之,故所载倍于顾《谱》。惟据《行述》称"世宗在潜邸,以书币相礼致。其卒也,又亲撰祭文挽章"。按《啸亭杂录》谓是安郡王玛尔浑事,王为安亲王岳乐子,少封世子,俗呼安王府为四王邸,因致传讹。世宗居潜邸日,不与外人接见,况《御制诗集》中无挽百诗诗,可证也。杭大宗《传》误同《行述》,盖本于《行述》也。李光地作《小传》,即不及此事。穆必曲护《行述》,若以非出于雍邸,不足为若璩荣者,谬也。证据《疏证》为马氏《绎史》,从若璩说,改标今文古文,而今行《绎史》本无云,何秋涛臆断改定本藏于内府。按内府本即康熙九年原刊本,张玉书购进内府后,乾隆间仍印行,坊中多有其书,而今行之本亦从原本翻刊,并无分标今古文之事。盖若璩攻古文,每造硬造同于己者①,以厚其援。见于《疏证》者不一,无足辨也。又《谱》于康熙三十八年条下,记宋中丞以赈荒过淮,穆注引《国史·宋荦传》康熙三十八年疏,报苏松所属沿海地风雨成灾事。按《国史·荦传》系之三十五年,荦自记《年谱》同。误"五"为"八",此则编者偶失耳。按若璩一生以攻古文《尚书》为事,《谱》引札记《题古文尚书冤词》,自云"不复与毛氏辨,而付之闵默"。盖屈于毛也。故晚岁止

---

① "每造硬造同于已者",疑衍第一"造"字。

刊行《朱子尚书古文疑》,而《疏证》匿不肯出。后儒惠栋辈大扬其波,非若璩意也。以若璩所付之闵默者,而《四库》馆臣乃代之驳诘,种种强词无有是处,更非若璩意。而《谱》反全引之,又若借官书为定论者,斯更无识矣。(14-165)

阎潜丘年谱斠识一卷 香雪崦丛书本

汝南常庸撰。系就粤雅堂翻本,为之校误,共得十三条。其要者,如《谱》称"曾孙葵生、芝生,皆成进士"。校云:"吾山少司寇,举乾隆壬申乡试,未成进士。"按吾山,癸生字也。又《谱》称"坦庵入本朝为詹事,顺治十四年,因少为子章钺科场夤缘中式"。校云:"坦庵入本朝官少詹事,章钺系第四子,非少子。"又《谱》称"父名玺,字完璧,康熙十七年以工部侍郎典江宁织造"。校云:"李渔《一家言文集》卷四,有《赠曹完璧侍郎》,廷瑛联名,与此异。"其他诸条,或一字偶讹,或臆测无实证,略之可也。(14-166)

陆稼书年谱一卷 康熙戊戌刊本

清陆宸徵、李铉同辑,吴光酉编次。宸徵字直方,江苏嘉定人,陇其子。铉字枚吉,江苏金山卫人,陇其子婿。光酉亦嘉定人,陇其外孙婿也。谱陇其者以此为祖本。卷首有吴承芳序,后有宸徵跋。吴光酉《谱》例言,谓"原本出李君枚吉之手,同参者为赵鱼裳、曹星佑,时锦州椒亭公守禾,索李君索《谱》受梓①,李以草本进,郡公为之点窜,而舛误犹多,属为校订,因增芟其显然者数十条"云云。椒亭,承芳字也。据此则稿创于铉手,而光酉为之订正,特以宸徵为陇其子,而增入其名耳。是《谱》虽简略,而吴光酉重纂之《谱》、张师栻《谱》多因之。其中有涉吕晚村事数条,吴《谱》先采而后削之,张《谱》则全没之矣。《谱》首条称讳"龙其",后避嫌名,改"陇其"。按改"龙"作"陇",盖避于成龙讳

---

① "索李君索",疑衍第二"索"字。

也。成龙曾荐陇其，而后挤之，《谱》岂以此故不著其事耶？自吴、张《谱》行世，是本流传甚希。一刊于小石山房，削序与跋；一刊于武林，又增多乾隆五十三年、五十四条二条。① 皆非也。(14－167)

陆稼书年谱定本二卷附录一卷 雍正三年刊本

清吴光酉纂。光酉字丰在，浙江平湖人，陆陇其女甥婿也。是书首有陇其子宸徵小序，甥倪喆林述言，又有光酉康熙戊戌原跋，及雍正戊申重订例言。盖其书初据陇其婿李铉原本略事增芟，刊于康熙戊戌。既而觉漏舛尚多，于更加搜辑改定。复经梅安世、陆奎勋诸人之参互考正，又数年而书成，故曰"定本"，别乎初刊本而言也。最可征信者，则依陇其随记手稿，自康熙五年丙午三十七领乡荐之岁始，讫康熙三十一年壬申卒之岁止，事皆具焉。尤详于论学。盖陇其之学，专宗朱子，凡稍不合于朱子者，皆所排击，不惮曲为分辨。尤恶象山、阳明，因尚及高景逸、刘念台，辄于黄犁洲、孙夏峰、汤潜庵、陈确庵、陆桴亭辈，亦有微辞。于明儒最推者惟陈清澜，于同时人最契者惟吕晚村、李光地。《榕村语录续编》讥其"枯槁窄隘，人有骗之者，辄诣其处，痛骂姚江子静一顿，便敬为上客"云云。证之《谱》中，屡称许熊赐履。按赐履晚节，阿附权贵，毫无建白，盖伪学一流，陇其为所骗也。然其治行，实为一时之冠。宰嘉定、灵寿，俱受士民爱戴。及为御史，风节淳然。其去官也，以□捐纳，固是正论，而持之稍激，几陷于祸。《榕村语录续编》亦记其事，谓"陆稼书不晓事，当日上捐纳本，上发九卿议，已依行矣，而稼书竟要将已往选过的官，一概限年去之，抵死力争。振甲大怒，入奏，遂问死罪，减等为流，旋寝其事。是后捐纳之事，振甲一力担当。自壬申迄于今未已者，亦稼书之有以激之"云云。振甲为于成龙字，是危其身而无济于事也。是《谱》于陇其所交游，兼详其学行言论，间及时政，不少讳避。惟后印本有所刊削，或仅去其名，或并全条而去之，而痕迹尚约略可见。

① "五十四条"，疑"条"为"年"之误。

中多涉于吕晚村及子党者,盖梓书未久,而曾静之狱发故也。惟于于成龙主开捐纳,及倾轧陇其之事,隐约不肯切指,岂以成龙曾为荐主耶?附录一卷,载殁后祀典及《行状》原本。《行状》出门人倪淑则手,有人改易数字,窃入文集,故特表之云。(14-167)

陆子年谱二卷 乾隆乙丑刊本

清张师载纂。师载字西铭,河南仪封人,康熙丁酉举人,官至东河总督。张伯行子也。是书首有雷鋐序,又有师载自序及凡例。称"陆子",即陆陇其,子之者,尊之也。师载汇举诸年谱,有其子宸徵与侄礼徵本,有外孙曹焕谋本,有门人王素行本,又有失名草稿二本,皆未刊者。别有禾郡太守吴椒亭刊本,概未完善,难征信云云。按所禾郡吴椒亭本,即康熙戊戌吴光酉初成本也。而师载又云:"编辑既竣,始见禾中吴光酉《年谱》定本。"按光酉定本刊于雍正乙巳,下距乾隆乙丑且二十年,何至书成而后见之?岂欲掩其相袭之迹耶?是书仿《朱子年谱》例,首列纪元甲子,下系生年,每事大字书纲,又详其原委,细书于下。其下己意发明者,别为标识,殊简净便观览。所述学行治绩,大都不出吴《谱》外。惟吴《谱》全录《再答秦定叟书》及《汤潜庵来书》,一则详辨朱、王之异,为陇其一生造诣所在;一则箴其诋毁先儒之非,深中陇其之病。合而观之,得失自见,而师载俱置不收。至凡涉于吕晚村者,不存一字,则以禁毁之令方严,不足怪也。惟奉旨改补条下,引一抄本云:"总宪于成龙为直担时,曾疏荐先生,后亦屡加称许,至是乃分冰炭。说者谓于养志为总宪同谱,而夺情一事,先生抗疏论列,不为总宪地。又有谓先生曾为于公荐举,而先生持受爵公朝不可受恩私室之义,公亦不能无芥蒂"云云。按抄本所举二事,虽亦不能无涉,而成龙固主开捐纳者,陇其犹力持之,故借甄别以快其私。此其至显者也。抄本于此事始末似未了了。按陇其卒于康熙三十一年壬申,而是《谱》记至乾隆元年丙辰而止,盖欲终刻书、从祀、赐谥、赠官诸事也。从祀之举,成于张伯行为礼部尚书日,广刊遗书,亦自伯行发之。师载又为是《谱》,父子洵陆氏功臣哉。(14-169)

全谢山年谱一卷　附鲒埼亭集本

清董秉纯编。秉纯字小钝，浙江鄞人，全谢山门人也。是《谱》叙谢山行事若甚略，而生平梗概具见于是。所记作文著书之岁月，不能悉备，而皆可信也。世传谢山为钱肃乐后身，证之谢山举子诗，若真有其事。“吴门迎驾”一条可不必记，相传董浦因之得祸，而谢山亦多此一举，其《柬梁芗林》诗云：“故人为我关情处，莫学琼山强定山。”按《明史·庄㫤传》：㫤字定山，以母忧归，又丁父忧，不出者二十年。丘琼山濬素恶之，曰率天下背朝廷者，此辈是也。独不闻祖训乎？盖祖训有不仕之刑也。谢山本无希录用及赏赉意。秉纯记此，岂非蛇足乎？谢山适粤，在乾隆十七年，制府为永常，《谱》亦漏记。次年，永常召回京，谢山亦辞粤归矣。谢山在粤，盖得恶疾归，而《谱》讳之。董浦《哭诗》云：“采采歌《芣苢》，亡之命矣夫！”《韩诗》说：“伤夫有恶疾也。”《论语》：“伯牛有疾，孔子自牖执其手，曰：‘亡之命矣夫！’”《集注》：“先儒以为癞也。”又马曰琯募能医谢山疾者，皆可证。而所称文集归董浦，索之再三而终不应者，或亦秉纯过虑之言也。（14－170）

王在川行状一卷　乾隆刊本

清王希伊，字耕伯，号在川，江苏宝应人。乾隆辛酉举人，选陕西白水县知县，以病乞休。病痊，请改教，选青浦儒学教谕。致仕归，又四年卒，年七十六。《行状》为其子直所述。按希伊其祖懋竑，父箴传，皆治朱子之学，希伊承而勿替，尝取朱子文集，依朱子读程子书例，分门别类，为朱子小学、朱子近思录，又取朱子书分为读书须知、诲人须知、为政须知、四书须知、各类须知、女学须知，及读四书章句注例、集诂疏通证明诸书，盖王之效□□朱子三世矣。他所述，为县令教官时，便民爱士之政，亦甚具。（14－171）

王白田行状一卷　乾隆刊本

清王箴传撰。按王懋竑字予中，学称白田先生，江苏宝应人。康熙戊戌进士，选安庆府学教授。雍正初，召至京，授翰林院编修，为三阿哥授读。以老疾休致归，又十六年卒，年七十四。篇中述行事甚纤悉，大抵谨笃慈惠，而□于荣利。其学则专宗朱子，与朱泽沄同。所论朱子为学次第最详晰。又订朱子《年谱》，别为《考异》，与泽沄《朱子圣学考略》可相参证。他著还甚多，俱详著于篇。按懋竑有孙希伊，曾为撰《年谱》，未见传本。（14－171）

朱止泉行状 乾隆刊本

清王箴传撰。按朱泽沄字湘淘，号止泉，江苏宝应人，与同邑王懋竑善，同究朱子之学。箴传乃懋竑子，而学于泽沄，亦其女夫也。篇中所述详于学，谓"朱子之学，即居敬穷理之学，从来道问学者莫如朱子，尊德性者亦莫如朱子。彼为朱陆异同说，分尊道为二涂者妄也。然居敬不知体认已发未发，斯理流行之实，徒矜于貌言视听之间，未免昏愦纷扰，徒劳把捉。穷理不知推寻性情、体段、身心源头之实，遽遍观夫天下事物之繁，亦未免失却本领泛滥无归"云云。他所论，多自抒心得，不同墨守。著书甚多，所辑《朱子圣学考略》，用力尤专。卒年六十七。《状》附集后，箴传自谓仿朱子之状李延平也。（14－172）

李申耆年谱三卷小德录一卷 道光活字印本

清蒋彤纂。彤字丹棱，江苏阳湖人，诸生。申耆，李兆洛字也。按兆洛于训诂义理之学皆非所屑，而主于用。尝教人读《通鉴》《通考》。所深究者，地图天球之类。其论文，谓"散出于骈，即《报任安书》《出师表》，皆后来骈文所祖"。主暨阳书院垂二十年，蔚然为东南大师。其先宰凤台七年，兼理寿州三年，具有治绩。且于其间成《凤台县志》。彤肄业暨阳十余年，亲炙既久，故所记特为详切。卷首有例数则，盖采众家之长而为之。既借以考见兆洛一家之学，而涉于同时朋友生徒之事，亦兼及焉。其中所记，如曾为扬州鲍氏撰集《八代全文》二部，其一以时代先后相次，又其一则分数十门，以类相从。盖严可均辑本外，又有此二部也。又洪孟慈之《世本辑补》，曾请质于孙伯渊，伯渊以其稿付江都秦氏,秦氏不易一字,冒为己作而刻之。然则今通行《世本辑补》,题“秦嘉谟辑”者,实洪氏书也。又尝拟刊《卢忠甫奏议》,已定体例矣,蒋攸銛乃妄为删汰而梓之。然则今所行《卢忠甫奏议》,非善本也。又笺注《日知录》,资于钱竹汀、杨南屏诸家,而广其义例、分司其事者,吴育、毛岳生及肜也。黄汝成只任剞劂费,今刊本单提汝成名者,非也。又兆洛访求海外记载,辑有《海国纪闻》,书佚不传,实成于魏源《海国图志》之前。凡此皆艺苑之珍闻也。又肜于兆洛所著及所刊诸书,多全录序文,以见其书之大概。若在他谱,则嫌其赘矣。至于《代康中丞拟覆查办陋规折》及《盐政私议》,皆文集所遗,赖此以存。《小德录》所记皆其细行足法者。又按肜文抄中别有《养一子述》,可与是《谱》相参。又有《暨阳问答》,述兆洛学说尤悉。龚定庵《己亥杂诗》有云:“江左晨星一炬存,鱼龙光怪百千吞。迢迢望气中原夜,又有湛卢倚剑门。”①盖为肜作。则肜之学行可想,不独毕生惓惓于师门为难得也。(14－172)

鸿爪录一卷 道光刊本

清赵敬襄述。敬襄字司万,江西奉新人。嘉庆己未进士,改庶吉士,散馆,又改吏部主事。是《录》自记至道光八年戊子止,时七十三岁,即卒于是年冬十一月。见于其门人龚耀南所为《哀辞》。按《录》,敬襄十五岁举乡试,四十四岁始成进士,何其滞也。在京供职无多时,惟居广东颇久,掌端溪书院者五年,掌丰山书院者一年。其辑《端溪书院志》,题“丙子涂月”,即来粤之第一年。惟不载于《录》中。又按敬襄素治经,尤长于《易》,亦讲宋儒之学,而《录》中不涉一论学语。所记大率羁旅及家常琐细事,稍有趣者,即初次会试日,与同省钦赐举人李炜年一百岁者,一老一少,同诣南苑迎驾。其呈词有云:“寿届期颐,齿更加于大耋;年方丱角,名已列于贤书。弥彰仁寿之征,益显文明之瑞”云云。又临终口占一绝云:“魂归缥缈留形际,命在须臾顷刻间。只恐夜

① “又有湛卢倚剑门”,当作“又有湛卢剑倚门”。

台无纪叟,提壶沽去复空还。”语甚旷达,亦见龚耀南《哀辞》。所著《竹冈诗草》,早刻成,未补入也。(14－173)

潘星斋侍郎行述　光绪刊本

清潘曾莹,字星斋,江苏吴县人,大学士世恩次子也。道光乙未进士,改庶吉士,散馆,授编修。累迁至吏部右侍郎,以病请解职。逾年病痊,复出,历十余年,不补缺。卒年七十一。《行述》为其子福同所撰。福同,钦赐进士,翰林院庶吉士,以己未科场案,革职遣戍。篇中记世恩癸丑重宴琼林,适曾莹为会试总裁,世恩赋诗云:“大罗天上会群仙,子舍承欢忆赐筵。笑指新阴桃李盛,小门生认老同年。”洵词林佳语也。妻陆氏能诗,曾选入《闺秀正始集》中。钱塘汪端为赠“潘江陆海”小印以赠,事韵而切,亦足传。(14－174)

新编古列女传八卷考证一卷　嘉庆丙辰刊本

汉刘向编撰,清顾之逵校刊,顾广圻考证。后有之逵跋,谓“考《颜氏家训》,知曹大家注本已有羼入者。宋苏颂、王回又出己意更改,蔡骥遂散《颂》入《传》。而建安余氏勤有堂所刊,兼逸去《颂义大序》及《鲁师氏母》一传,迥非刘氏之旧,是刻悉仍不改”云云。刻既成,广圻参核异同,亦略补正讹脱,故成《考证》一卷附于书后。其中多采段玉裁说,且及其师戴震说,虽亦有所是正,而征引未博。谓“《传》与《颂》,皆刘向作,其子歆所作,别有《赞》一卷。《隋志》所载甚明,后人误读致混”。甚是。又谓“《序》称每篇皆十五传,今《母仪》篇止十四传。据《齐风正义》引《列女传》,鲁师氏之母齐姜戒其女曰:‘平旦缅笄而朝,则有君臣之严。’庄廿四年,何休注,其言与《列女传》同”云云。今本无此传,当即所阙之篇。按《师氏母传》,《御览·礼仪部二十》引其全文,广圻未之考耳。而《御览·皇亲部一》引《列女传》云:“黄帝妃曰嫫母,于四妃之班居下,貌甚丑而最贤,心每自退。”海盐吴骞据以补于今本之首,与广圻所言互异,究未知谁是也。之逵字抱冲,江苏吴县人,岁贡生。卷首有钱大昕作《小传》。广圻字千里,诸生,之逵族弟也。(14－174)

列女传校注八卷 道光振绮堂刊本

汉刘向撰，清女士梁端校注。端字无非，浙江钱塘人，梁玉绳女孙，汪远孙室也。是书首有梁德绳序，其姑母也。又有汪远孙序。依顾之逵本，而考证增于广圻。据《大戴礼》《御览》《类聚》《渚宫旧事》诸书，以校传注，又增引王照园补注及孙志祖、臧庸、卢文弨、黄丕烈、陈奂诸家说，皆广圻所未及也。单就卷一言之，中如《有虞二妃传》"事瞽叟犹若初焉"，"初"字旧脱，引《御览》补。《契母简狄传》"与其妹娣"，增引《御览》"妹娣"作"姊妹"。又"误而吞之"，引《御览》下多"有妊"二字。《启母涂山传》"涂山氏长女也"，引《类聚》下有"曰女娇"三字。《汤妃有㜪传》，引《御览·皇亲部一》："汤妃有莘之女也，德高，而伊尹为之媵臣，佐汤致王，训正后宫，嫔御有序，咸无妒嫉逆理之人。生三子，太丁、外丙、仲壬，教诲有成，丙、壬嗣登大位。"又引《后汉书·崔琦传》注："德高而明，伊尹为之媵臣。"《北堂书抄·后妃部一》："有㜪高明。"《后妃部二》："训正后宫，嫔御有序。"证今本有脱文。又"颂贤行聪明"，引《北堂书抄》"贤"作"质"。《周室三母传》"有吕氏之女"，引《类聚·后妃部》《御览·皇亲部一》，"吕"作"台"。"端一诚庄"，引《御览》"一"作"懿"。"耳不听淫声"，引《御览·人事部一》作"恶声"。"口不出敖言"，引《御览》作"放言"，又作"恶言"。"以一而识百"，引《御览》增"卒为周宗"四字。"坐不边"，引《大戴礼·胎教》篇"边"作"差"。"目不视于邪色，耳不听于淫声"，引《大戴礼》，无二"于"字。"自少及长"，引《类聚·后妃部》，增"常以正道提持之"七字。《鲁季敬姜传》"尽在经矣"之下，引《御览·资产部六》，增注云："经者总丝缕以成文采，有经国治之象，所以正曲枉也。"引《御览》，无"曲"字。"所以均不均服不服也"，引《御览》无"不均服"三字。"捆可以为大行人也"，引《御览》"捆"作"梱"，无"也"字。"综可以为开内之师"，引《御览》"开"作"关"。《楚子发母传》"攻秦绝粮"，引《类聚》《御览》"秦"下有"军"字。"士卒得无恙乎"，引《类聚》《御览》，无"得"字。"士卒并分菽粒而含之"，引《类聚》《御览》，无"并"字。"客有献醇酒一器"，引《渚宫旧事》

《类聚》《御览》,“器”下增“者”字。“王使人往江之上流”,引《渚宫旧事》《类聚》《御览》,“往”改“注”。“味不及加美”,引《渚宫旧事》“及”作“足”,《类聚》《御览》作“味不加喙”。“而士卒战自五也”,引《渚宫旧事》,“五”下有“倍”字。“而战自十也”,引《渚宫旧事》《御览》,“十”下有“倍”字。“非其术也”,引《渚宫旧事》,术,道。《邹孟轲母传》“学所至矣”,引《御览》“学”下增“何”字。“自若也”之下,引《御览》注云:“言未能博。”“今者妾窃堕在室”,引《御览》“堕”作“惰”。“而责礼于人”,引《御览》作“而责于妻”。“而明于姑母之道”,引《御览》“母”作“妇”。《鲁之母师传》“吾从汝谒往监之”之下,引《御览》注云:“谒,诣也;监,视也。”“少系父母”,引《类聚》《御览》,“系”下增“于”字。“天阴还失早”,引《御览》“失”作“太”。“夕而入”,引《御览》“夕”下有“待”字。“一日从北方来”,引《御览》“一日”作“母”。“至间而止”,引《御览》“间”下有“外”字。“良久夕而入”,引《御览》无“夕”字。“独与九子居腊月”,引《御览》“月”作“日”。“恐其酺醵醉饱”之下,引《御览》注云:“酺醵,合聚饮酒也。”“期尽而入”,引《御览》作“尽期”。“使明请夫人”,引《御览》“明请”作“朝谒”。如此之类,补正不少。其他考证训义,亦视顾本为增。卷二以下视此。盖端得素致力是书,而讲解商榷又得其父与夫之益,宜其优于王、顾二本也。(14－175)

广列女传二十卷附录一卷　同治己巳重刊本

清刘开纂。前有自序及阮元序、方宗诚序,并行状、杨传第后叙。刊于道光丙午,板旋毁于乱,重刊于同治己巳,增吴坤修弁言。而开之子继于两刊本皆有跋。传分目十一,曰皇后类,曰王妃类,曰公主类,曰母仪类,曰女范类,曰节妇类,曰烈妇类,曰贞女类,曰孝女类,曰奇女类,曰附录类。卷帙多者,或分二卷、三卷,以至四卷。虽因于刘向书,而目各不同,且向书善恶并列,此则但列懿美,而载恶行。① 至于所采诸书,或删易本文,又间引小说家言,殊乖体例。原开辑是书之意,因其母吴氏苦节抚

① “而载恶行”,据文义当作“而不载恶行”。

孤,以至成立,因成此以彰母德。其后开客死亳州,妻倪氏闻丧归,自经以殉。一门两代,并著节烈。故同治重刊日,复于卷后附入方东树、包世臣、梅曾亮、姚柬之诸志传,犹开志也。开是书征引过繁,中多讹错,校者腹笥过俭,沿而未正者尚不少。末附刊校员郑襄原禀,所用未见书一百四十二种,皆罕见。覆审者竟乏其人,殊可怪也。(14－177)

丹徒节孝列女传略四卷　乾隆壬子刊本

清冯锡宸辑。锡宸字艾圃,江苏丹徒人,乾隆丁未进士。是书首有署知松江府事王秉韬、署知丹徒县事杨兆鹤及邓梦禹、王文治诸序,又有锡宸自序,并凡例六则。书分四卷,卷一录前代节孝,起宋讫明;卷二录本朝节孝已见前志者;卷三分正、附二编,录本朝节孝未见前志,凡已与旌未与旌者皆入之;卷四录邑人章仲英所撰《节孝祠谱》,并及有姓氏而无事实者。意专为阐扬节孝起见,故虽旧志所记王庄妃宫闱之贵,徐悱妻文翰之工,皆摈不得与。王序称"凡志所载必有名宦、乡贤、节孝三门,然名宦世不多见,乡贤之流风余韵即一再传,尚昭之在人耳目间。惟节烈秉天地之正气,立纲常之大闲,往往散见于穷乡僻壤、瓮牖绳枢,此而不为之搜罗记载,则数十年之茹荼饮蘖,终归沦没"云云。是传之作即本此旨。凡例称"五年一续,按期增辑,以备邑志之参考"。而续刻杳如,则信乎盛事之难继矣。(14－178)

越女表微录四卷　乾隆庚子刊本

清汪辉祖撰。辉祖有《病榻梦痕录》,已著录。首有卢文弨、谈官诰二序。按辉祖少孤,赖二节辛勤抚育,以至成名。因体母遗意推之同族同邑同郡,录其梗概而章其姓氏。是《录》所由作也。书分五目,一曰录事,溯自清初,逮所闻见,年与例协,事可纪录。孝妇、贞女、烈妇以类诠次。一曰类聚,寻常旌节,合于年例,乏异可录,分立孤、抚嗣子、无子三条,类叙于篇。一曰述谱,见于家谱而县志不载者录之,断自前明,殊于他邑,本乎亲也。一曰外姻,录者四人附一人,亦亲亲之义。一曰识轶,前录所有,已汇册请旌,续称者不及补入而又不可轶之,随时采录,不分

邑里存殁。五目各为一卷，而以《征节孝事事启》《请褒节孝状》《请给旌扁并祠庑祔主状》三篇，弁于卷首。（14－178）

彤管阐幽录一卷　道光刊本

清许乔林辑。乔林字石华，江苏海州人。是《录》所载，皆其同邑近岁守节殉节诸妇女事。清制，凡夫亡守志，年及格者，例得之礼部赐金建坊。然穷贱之家，力或不能自建，又或以不及岁限，为例所格。而一统志及省府志所录，惟以曾受旌表为断，则湮没而不彰者多矣。乔林是编，表扬苦节，原刊及三次续刊，其得六十七人。乔林自为传者十人，其弟桂林撰二人，余篇皆具撰者名氏，其文笔率雅饬可观。按乔林辑有《海州文献志》，用备修志之采集。是《录》虽别行，亦其类也。首有黎世序序，末有其门人陶应荣跋。（14－179）

感旧集小传一卷　光绪铅印本

清卢见曾纂。按王士禛撰《感旧集》，见曾得其稿于黄叔琳，刊于乾隆壬申，集所收凡三百三十三人。凡例称“原本但列名字，距今才四十年，已多湮没不传。传之后世，不知其人，何以逆其志？因为各补小传”。所采集诸书，但述而不作，爵里之外，别采士禛所著。说部及他家记载与其人相涉者，分注于下。其曰“论诗”者居多，体宜尔也。然亦有竟缺爵里者。又所录如钱谦益，万历庚戌进士及第，官礼部尚书；吴伟业，崇祯辛未进士及第，官国子监祭酒。与记卢世㴶天启乙丑进士，授户部主事，同一书法。然世㴶之成进士授主事，皆在明代，而钱、吴之成进士在明末，而其官礼部尚书、国子监祭酒，则在清初。若记龚鼎孳，则称“崇祯戊辰进士，本朝官礼部尚书”，书法应如此，而前后不一其例。他若彭而述、高珩、熊文举、孙廷铨，所记亦同钱、吴，使阅者忘为身事两朝。又如冒襄、戴重、卓人月、王猷定之贡生，金俊明、徐夜、吴光承、李沂之学生，皆在明代，不为标出，使阅者不知为遗民。又侯方域在顺治初曾举副贡，此亦略之，使阅者与遗民同视，俱不可也。其增于原本者，如张笃庆素为士禛所赏，而集未录其作，见曾为补《浯溪摩崖碑》一诗，又于马之骦下补高风翰、祝应瑞二人。高、祝皆士禛后辈,士禛所不及见,见曾以其皆诗人而屈卑官者连类及之,偶尔破例,固自无妨。据凡例,采集多出张元、宋弼之助,而厉鹗、陈章亦与检阅,而见曾综其成。其案语当是见曾自出己见。至别于原本,以《小传》草行者,则仿钱陆灿《列朝诗集小传》例也。(14－179)

东轩吟社画像附传一卷　光绪丙子振绮堂刊本

是卷首费丹旭所绘《东轩吟社图》,图中画二十七人像。二十七人者,汪鉽、庄仲方、黄士珣、项鸿祚、严杰、汪远孙、费丹旭、高垲、诸嘉乐、吴振棫、夏之盛、汪阜、胡敬、邹志初、赵钺、龚丽正、赵学辙、张应昌、汤贻汾、陈善、钱师曾、汪适孙、张廷济、汪迈孙、汪秉健、释了义、吴衡照。像后录黄士珣所为记,时道光甲午岁也。吟社主人即汪远孙,同治甲戌,其从子曾出此图属诸可宝,各为之传。张炳堃序其首,末附张珍臬、陈奂诸人题跋,以可宝书后殿焉。与是社者七十六人,不能全举其名。此二十七人皆一时名彦,比之兰亭迹也,不没人间,殊足纪也。(14－180)

绳枻斋年谱二卷　道光十五年刊本

清蒋攸銛自述,其子霨远附注。攸銛字砺堂,汉军镶蓝旗人,乾隆甲辰进士,由御史外放江西吉南赣宁道,洊升至两广总督,调四川总督,内调刑部尚书,旋补直隶总督,授体仁阁大学士,在军机大臣上行走。又以大学士授两江总督,因办理盐枭黄玉林案未协,降补兵部右侍郎,时道光十年庚寅也。日记至此而止,即卒于是年十月,年六十五。所记止官事家事荦荦大者,而附注较详。嘉庆中,由浙抚授江南河道总督,自陈不谙河务,得旨仍回原任,深合陈力就列之义。惟会奏海运事宜,陈不可行者十二事。在江督任内,又请将已试行之海运撤销,然未几果行之而无碍,则诚不足以通时变也。任粤督日,夷务渐臻繁剧,所定《粤洋巡缉章程》《整饬洋行章程》《拿获鸦片烟奖赏章程》,恐亦徒成具文。曾不三十年,而鸦片战祸踵之起矣。(14－181)

一西自记年谱一卷 道光刊本

清张师诚记。师诚字心友,号兰渚,晚号一西居士,浙江吴兴人。乾隆癸卯南巡,应召试第一,赐举人,内阁中书,选军机章京。成乾隆庚戌进士,改翰林院庶吉士,散馆授编修,外放蒲州府知府,累升至江西巡抚,调福建,再调江苏,以擅离职守褫职。盖以父病情假,嗣闻病笃,不俟批讼而遽行也。随赏给编修,复以右春坊右中允,外放江西布政使,擢广东巡抚,调安徽。丁母忧,服阕,补山西巡抚,再调江苏,又调安徽,内召为礼部侍郎,调仓场侍郎。致仕归,逾年卒,六十九岁。是《谱》作于道光五抚安徽日①,家居时补成,起乾隆壬午,讫道光己丑十月,越三月卒。后有其子应昌附述。所记兴革诸大端,具见实心任事,以剿获海贼蔡牵,解散余党,功最著。其以擅离职守获谴,仁庙许其愚孝,所谓观过知仁也。按师诚朝考钦取第一,散馆钦取第一,考差又钦取第一,连试行在第一,事属仅见。朱珪汇刻为"四元卷",亦翰苑佳话也。附述盖补《谱》所未详者,中称师诚"在闽时,曾搜采《四库》未收之书,恭加按语进呈"云云。与阮元进呈《四库》未收书时同事同,惜其书目种数不传。应昌,嘉庆庚午举人,候选内阁中书。(14-182)

潘文恭公年谱一卷 咸丰刊本

清潘世恩自述。世恩字芝轩,号思补老人,江苏吴县人。乾隆癸丑进士,以第一人及第,官至武英殿大学士、军机大臣。致仕,食全俸,卒谥文恭。自述止于咸丰甲寅三月,时年八十有六,旋卒于是年四月二十日,则其子曾莹等所补述也。按世恩在清代词臣中,荣遇罕有其比。咸丰癸丑以致仕大学士再宴琼林,是科其次子曾莹以工部左侍郎为副考官,世恩赋诗有"子舍承欢侍赐筵,小门生认老同年"之句,别见诗集。先是,道光己丑,其伯父奕隽亦再宴琼林,时世恩正署礼部尚书,谢折有云:"臣伯父重登蕊榜,百五人之选,尚有一存。我圣朝再宴琼林,二百

---

① "道光五",疑后脱一"年"字。

年以来，于斯六见。”并世恩而数之，则七见矣。以仅仅七见之事，一家竟占其二，真词林佳话也。其简授大学士，不阶协办，亦是异数。一生绝少蹉跌，惟丁母忧，服阕，陈请终养，以不亲自进京，降补侍郎，而准其请。《谱》所述，除家事外，大率迁除赏赐，殊少建白。据曾莹，则升庶子时，按在乾隆三年。某相欲其往谒，世恩不肯往，致讲学缺迟半年未进。按所云某相，即和珅也。又据其子曾绶《年谱》，则咸丰初，曾保奏林则徐、姚莹、冯桂芬、邵懿辰，俱可补《谱》所未言。就此二端观之，在同朝中，进身之正，固异迹于阮元；荐贤之公，似同心于王鼎也。（14－183）

杜文端公自记年谱一卷　咸丰刊本

清杜堮自记。堮字①，山东滨州人。嘉庆辛酉进士，由编修官至礼部左侍郎，以病乞休，七十三岁矣。时其子受田方以左中允充四阿哥师傅，四阿哥即文宗也。堮就养京邸二十余年，卒年九十六。按受田于文宗登极后，方蒙优眷，以出差，卒于清江浦。帝悼之甚，以堮高年丧子，思所以慰藉之，于是赏加礼部尚书衔，又赏食全俸。于九十生日，又赏加太傅衔，赏戴花翎。其卒也，帝亲临奠醊，晋赠大学士，赐谥文端。恩礼之隆，旷代未有。又据《谱》，堮与子受田、孙三代继为经筵讲官，子受田、孙翻同时□阅试卷，长孙翰、次孙翻同时并为侍郎，翰且兼任军机大臣，亦仅见也。又据《谱》，六十以前多病，屡濒于危，而竟享高寿。致仕后，老懒益甚，而著书不倦，皆足异者。至其念念不忘父训君恩，于兄弟离合死生之感缠绵不尽，弥足征其性情之笃厚焉。（14－184）

栗恭勤公年谱二卷　光绪庚寅刊本

题“惜馀道人辑”，不署名氏，当是以州县官仕于河南者。后有跋，称“得《栗恭勤公行述》一册，叙录详实，因改纂为《年谱》。吴大澂督东河日，索稿去，欲为刊布，不果，稿亦不还，复重加排比而梓之”云云。按栗毓美字含辉，籍山西浑源，嘉庆辛酉拔贡，用河南知县，累升至河东河

---

① 稿本“字”后空两字格。

道总督，卒谥恭勤。《谱》所述历官治绩甚具，自宰武陟日，即从事河工。其用旧砖代埽，坚固耐久且省费，前人未之知也。因是以善治河□著声，骤擢用，至河督。《谱》亦载治河事特详。惟全录奏章公牍，不稍翦裁，盖编者系一俗吏，未谙著述之体，但就《行述》标别年月而已。其不署名氏及吴大澂之不为刊布，或以此故。然所记用砖法甚悉，足资治河者之考镜，究不可废。俗传毓美为河神，当以其有功于河而崇祀之，则是《谱》尤数典者之所资也。(14－185)

尚友记残本一卷 邃雅斋影印本

清汪喜孙撰。喜孙字孟慈，江苏江都人，嘉庆丁卯举人，官至怀庆府知府。按喜孙为汪中之子，亦擅文学，博掌故。据其子保和所作《行述》，称其著有《国朝名臣言行录》《尚友记》《从政录》《大戴礼记补注》《且住庵诗文稿》诸书。除《从政录》外，俱未刊行。按王藻序钱林《文献征存录》，称"稿存喜孙处，索之，色吝甚诡"云云。或者遂疑喜孙有郭象盗庄之意。今观是《记》，全是辑缀旧文，与钱氏录目为叙述者迥殊，则疑者过矣。《行述》不著卷数，此所存者，郑虎文、赵怀玉、焦循、丁杰、臧礼堂、孙星衍、程晋芳、刘台拱、李惇、任大椿、卢文弨、汪莱、李因笃、冯廷丞，凡十四传，体例全仿阮元《国史儒林文苑传》。闻原书系四卷，喜孙曾写以赠高丽柳得恭，今归日本文学博士藤冢邻云。(14－185)

畿辅三贤传一卷 光绪甲申刊本

清范鸣凤辑。鸣凤字岐岩，直隶肃宁人，道光壬辰举人，官临城教谕。三贤谓颜元、李塨、王源也。首有鸣凤自序，谓"颜、李以仁义礼智为性，子臣弟友为行，礼乐兵农为学，是为周孔正传。非他志为汉唐豪杰，或墨守宋明道学者所可比拟"。其《颜元传》，取之王源；《王源传》，取之李塨；《李塨传》，则鸣凤自作之。及王源者，源亦颜、李徒也。末附李国治上鸣凤诗并序。国治，鸣凤门人也，亦以河北巨儒推鸣凤焉。鸣凤序署道光十六年，至光绪甲申始授之梓。(14－186)

蕺山弟子籍一卷　道光甲申刊本

无编者名氏，弟子自叶廷秀以下，凡八十人；学人自万斯选以下，凡六十三人。学人者，盖尝从问学，而未受业于门者。各著其字与里，亦有阙之者，如董标、王开二人，俱阙其字；谢縠、吴调元、江浩三人，俱阙其里；董玚下但注原名瑞生，则字与里并阙之。玚即与姜希辙同编《刘子全书》四十卷，其后又自为改编者也。弟子中如叶廷秀、刘理顺、成德、金铉、祁彪佳、章正宸、熊汝霖、孙嘉绩、吴锺峦、陈子龙、彭期生、陈龙正、王毓耆、周鑣、祝渊、陈洪绶、黄宗羲、宗炎、恽日初、陈确、张履祥等。学人中，如万斯选、斯大、斯同、万言、李邺嗣、仇兆鳌、毛奇龄、邵廷采、黄百家等，皆以节义理学文章著称。惟魏学濂，传其曾受闯官，未免有玷师门。窃疑蕺山弟子不止此数。即如见于《年谱》者，有请别拥宗宣之张应熚、吕滋，见于《刘子语类》"问答门"内者有李明初、章晋侯、祁季超、秦履思与王右仲、董标、史子复、祝开美，各质所疑。王、董、史、祝俱著于籍，则李、章、祁、秦疑亦当在弟子之列。而黄宗羲序《全书》，所称"曩日之旅进者，才识多下一流，更不知有若干人矣"。又按籍中有来成去名藩，无他事可考。有《过东楼赠董玚》句云："经台寂寞垂桐实，与子相逢窗户阴。一座简书能裂眦，百年持论已开心。"亦为蕺山作也，见董玚所为抄述中，特录出之。（14－186）

濂洛关闽六先生传　道光二十七年刊本

清罗惇衍辑。惇衍字椒生，广东顺德人，道光乙未进士，官至户部尚书，谥文恪。惇衍尝督学安徽，书即成于其时。首有自序，称"取宋贤书，反复推勘，见研极莫精于濂溪，规模莫大于康节，运量莫周于横渠。纯公之纯，有似颜子。正公之正，有似子思。至朱子则析杪忽，贯天人，奄有诸贤之长，而综其成"。又称"考之史宬，参之传记，实有见于濂溪诸先生之学，非如世俗所诟病。因采其立行垂教之要，与其格君心、救民瘼之大节，汇而辑之，以与多士观感而向往"云云。按《大程传》，兼记其父伯温治行。自《康节传》外，余皆治行与学术并详。惟率抄撮旧文，毫无阐发。《康节传》不录天津桥闻鹃事,甚是。而《大程传》乃有“安石子雱囚首跣足携妇人冠以出”等语,此野史恨安石父子者丑诋之词,何足置信?乃亦采之传中,斯无识矣。又按《康节传》,应在首列,否则亦宜在濂溪之次。今以次二程之后,岂亦微存进退之见耶?此则大非也。(14-187)

儒林录约刻四卷 嘉庆庚午刊本

清张恒撰,黄培芳节录。恒字北山,江苏华亭人,布衣,朱彝尊表弟也。尝纂伏羲以来至宋五子,为《道传录》二十卷。又起春秋迄明季,选理学诸大儒纯粹要语,为《儒林录》,无卷数。止有浙粤明儒,盖雕板于粤东,尚未全也。培芳取其中黄双槐、黄粤洲、黄泰泉三传,别出之。双槐名瑜;粤洲名畿,瑜子;泰泉名佐,瑜之子。皆粤之香山人,且培芳之远祖也。复附录佐所撰郡志,自叙先世行状,殆以溯家学渊源也。首有培芳序,作于嘉庆庚午。又有恒原序,作于康熙壬午。(14-188)

王学渊源录二卷 活字印本

清邵启贤辑。首有启贤自序,称传阳明之学者,越中与江右最著。越中钱、王之后,流弊百出。江右学者务趋平实,故黄梨洲谓“姚江之学,惟江右得其传”云云。是书卷一全录邵廷寀《阳明传》《王门弟子所知传》《姚江书院传》三篇。其《阳明传》,较《明史》本传为详,他二传尤精审别。卷二为《王门学派表》《赣南王门弟子表》。《学派表》又分为二,第一表划浙中、江右、南中、楚中、北方、粤闽,各为一格,以浙中、江右为最盛,南中、北方次之,楚中、粤闽又次之。据梨洲《姚江学案》,而补以邵廷寀所记。第二表分丰城、泰州为二格,丰城者李材,泰州者王艮也。姚江之学,至李材特揭“止修”二字,以易“良知”。王艮复揭“自然学乐”之旨,故梨洲皆为别立一案,故表亦另出之。《赣南弟子表》分赣县、雩都、兴国、会昌、龙南、大庾、南康、宁都,以雩都为最盛,以补第一表所未及,亦有已见第一表中者。又第一表后,附有里贯未详者若干人,其中徐桢卿系太仓军籍,弘治乙丑进士,见题名题录。余人当亦有

可考者。又附日本治王学者若干人。启贤为廷案之裔,故祖述其说,又现宰赣南,故为治属增一表也。(14-189)

燕济名宦传二卷　道光乙巳刊本

清史朴辑。朴字文辅,直隶遵化州人,道光丙申进士,现官广东南海县知县。是书首有黄恩彤、韩凤翔及朴三序。是时直隶、山东两省官于粤者,合建会馆,名曰"燕济",满蒙汉八旗亦属之。因取二百年来两省先达官于粤而有称者,自督抚藩臬监司以及守令若人,入祀其中,而为是传。自卷一李率泰至卢坤,凡三十四人。李率泰逮孔兴琏二十八传,俱录自通志。富康安、百龄、松筠、蒋銛四人,有目无传,注云"俟补"。惟孙玉庭、卢坤二传系新增。卷二自贾棠至陆向荣,凡六十四人,大都采自府县志或采访册,亦间及名人文集。作序之黄恩彤,山东宁阳人,时官广东巡抚。山东章丘人,时官广州府知府。(14-190)

芦浦笔记一卷　刊本无年月

题"驴背逸民述"。按述者盖杨象济也。象济字利叔,浙江秀水人,诸生。尝参江忠源、张亮基军,自云"得庄芝阶中书所为《殉节诸公传》一册,因记其所及知者"。所记除葛云飞殉夷难外,他皆咸丰、同治间殉洪杨之难者。其中有显有不显,且有竟忘其名者,如记何游击是也。所记吴定州、鲍宗轼行动矫异,而皆功成不受赏,奇士也。又记韦允升妻率家丁余勇,为夫复仇,亦何□沈云英,则奇女子也。记粤产鳔胶,坚劲可御铅子,可备参。记杨文轩于武昌城破日,引常巡抚至其家,从容请其报国。常战栗,杨引带缢之中梁,俟其气绝,自缢于旁。按巡抚即常大淳也。若杨者,可谓成人之美矣。而常亦以殉节受恤,得毋强耶?记江忠源田家镇之役,由同乡首府某煽惑楚勇,致不力战而败。他记载未有及之者。别有《忠源传略》,特详。其《书高参军殉节录后》,谓"陆建瀛之罪不系于退九江,因壬寅夷祸以后,兵制尽弛,其出防也,迫于朝命,仅调护漕卒二千以行,本不堪战,即不退亦败。其咎在平时不知振刷,以备非常耳"。按此论甚允。《记》又全录陈庆镛奏剿贼情形疏及两片奏，以为洞见时势。又附自作《上唐方伯书》《致陈琴斋》二书，孙光裕、姚近宝答书，皆涉于其事者。方伯，唐训方也。记江忠源一诗，为编遗集者所遗，后又附题词数诗。（14－190）

逊国神会录二卷 康熙乙卯刊本

题“新安黄士良纂”。据蒋瑶芝后跋，知其字元寔，其父盖以国学生殉节者，而名不可考矣。其目为表忠圣谕、表忠纪序言、二亲臣传、殉难列传、死义列传、死事列传、死战列传、从亡列传、隐遁列传、后死列传、三不忠传。按即窃钱士升《表忠记》而易其名，其《表忠圣谕》即钱《记》首卷之《纶音》，《表忠纪序言》即士升原序，而删其后半。此外分目全同钱《记》，惟钱《记》有《正讹》及《附录》，此则缺之。钱《记》作十卷，此并为二。各类中，或目具而传不同，或传全缺，而仅存一赞。增于钱《记》者，每段有杨思本评，亦欠精切。题曰“神会”，亦不知是何取义。按钱《记》刊于崇祯癸酉，下距乙卯才四十余年，竟敢公然窜人所作，而授之梓。又删其所不当删，以视郭象盗庄，殆有甚焉。殆极妄庸人所为也。（14－191）

孟子年谱二卷 嘉庆十年刊本

清曹之升撰。首有之升自序，略言：旧辑《孟子年谱》未敢问世，自之官秦中，举嬴氏远交近攻之道，目验者半。又购得《孟子年表》数页，与《山东通志》《阙里文献考》诸说参互校订，缀集成书云云。所称《孟子年表》数页，未言为何人所作。之升于此书外，他所援据亦甚博。所考孟子四十以前尝客于邹，事邹穆公，皆甚确。惟谓孟子四十三岁，由邹之任，四十五岁去任，由平陆之齐，四十五岁为宾师于齐，至四十九岁去齐反鲁之宋，五十岁由宋之薛，五十一岁自薛反邹之滕，五十三岁去滕，由鲁之梁，五十四岁去梁自范之齐。惟其五十三岁游梁、五十四岁游齐不误，余皆出于臆断。十七岁游齐，盖之升过信赵邠卿先齐后梁之说，不知赵说实沿《史记》之误。《史记》载齐宣王喜文学游说之士一段，系之“末年”者，与之不相应。又硬改为“初年”，因又有二次游齐之事。至于游宋之滕，虽其不能确知其时，然孟子每称宋君为宋，必召王偃称王之后可知。考王偃称王，在慎靓王三年，孟子年五十五岁矣。又本书言齐馈为前日，宋馈为今日，而薛又在其后，是之薛又在之宋后可知。① 凡此皆可证之升之误。至之升定孟子六十一岁去齐归邹，时为周赧王六年，而以《纲目》书孟轲去齐于赧王元年为误。所具是。之升是《谱》，首周，次鲁，并附七国时事，以供参考。体例应如此。书刊于嘉庆十年乙丑。（14－305）

从亡随笔一卷　顺治元年刊本

明程济撰。是书为钱士升所刊《逊国逸书》四种之一。首有士升序，《逸书》之首又有士升总序。称《从亡》《拊膝》二书得之江右徐若谷司空，其书二十三页十四行云："乙卯春三月，师往粤西，济从；夏六月，师中毒，济以金线丸解之。师命镌此方于石。"其下接云："玉海子曰今犹存焉。"按此八字定非原文，殆玉海子阅此书时，所加之旁注，传抄者误以接正文也。玉海子者，刘琳号，即撰《拊膝录》者也。士升言二书同得于徐司空，则传此书者为刘琳明矣。钱谦益斥为伪书，以为庸妄小人踵《致身录》而为之，附和者据为定论，并谓程济实无其人。案王崇炳《学耨堂诗稿》有《皇回庵见让帝像》及《程济墓》二诗，《诗稿》刊于雍正辛亥，自序称"七十九叟"。崇炳为毛奇龄门人，盖康熙间人也。据此则建文出亡及归国实有其事，程济实有其人，即其书亦非伪造矣。书中所记自建文四年六六日燕师迫金川门起②，至正统五年建文迎养大内止。末云"纪其始末，以付了空"。了空者，其徒也。而王崇炳二诗，又可据以补此书之缺。盖济辞建文后，筑皇回庵以见志，殁即葬于其旁也。钱谦益因攻史仲彬《致身录》而及此书，以仲彬之名除自述外，止见于此书，故谓"为若疏通证明之也"。然《沈石田集》有《登小雅楼哭史仲彬》诗，沈诗作于万历前，则又何说？是仲彬亦有其人，即《致身录》亦非伪

---

① 此句后有数十字，字体甚模糊，不能认出。

② "六六日"，疑"六六"间脱一"月"字。

矣。士升序,刊是书为崇祯甲申秋八月,案即顺治元年八月,则在鼎革之后矣。(14－336)

孔子世家补订一卷　道光十四年刊本

清林春溥撰。按《史记·孔子世家》,系从《论语》、“三传”、《国语》、《檀弓》、《家语》、《晏子》诸书采辑而成。凭臆牵合,其间前后倒置,以及舛讹重复之处,俱所不免。如“孔子年十七”下,忽系“孟懿子学礼”一段;尝为季氏史,又系在母死之后,忽插入“由是为司空,已而去鲁,斥于齐,逐于宋、卫,困于陈、蔡之间,于是反鲁”诸句;□《历聘记》,孔子二十九岁,适卫,从师襄学琴,应系在居卫击磬之下;“去即过蒲”句下,应与“会公叔氏以蒲畔”一段相接,乃中间隔以五百余字;“孔子道行”下,接以“复如陈”。按孔安国注问陈年,曰孔子去卫如曹,曹不举,又之宋,宋遭匡人之难,又之陈,会吴伐陈,陈乱,故乏食,遽云如陈。凡此皆谬之大者。又若欲归与主蘧伯玉、蔡迁吴,俱前后两见。其他若一字之讹,如阳虎奔齐在定公九年,是时孔子年五十一,乃误作五十;为大司寇摄行相事,应在定公十四年,孔子年五十五,乃俱作定公十三年,孔子年五十六。春溥于此并一一为之订正,又广搜轶事,附入小注,而小注所引如“伯居”误“伯尼”,并“宣氏”误“开官”,并订其误,以补原文之漏略。卷首有自序,言“移并过蒲、去卫二节,本之圣裔彝轩先生”。按彝轩名广森,衍圣公某之子也。是书刊于道光十四年甲午。(14－337)

孟子列传纂一卷　道光六年刊本

清林春溥撰。案《北堂书抄》引《孟轲传》云:“轲字子舆,勤学不息,师事孔子,遂成天下名儒。”今《史记》列传无此文,是唐以前孟子有别传矣。元吴莱又尝本《史记》删荀卿、邹衍以下诸子,为《孟子列传》,今亦不传。春溥是书据《孟子》内外篇为主,而参以本传及他书错综成文,不加笔削。惟《春秋演孔图》云:“梦神人乘云攀龙凤自泰山来,将止峄,凝视久之,忽见片云坠而寤。时闾巷皆见五色云覆孟氏居,而孟子生焉。”又《列女传》云:“始舍近墓,孟子嬉戏为墓间事,踊跃筑埋,母曰:‘此非所居吾子也。’乃去舍市,其嬉戏为贾衒,母曰:‘此非所以居吾子也。’乃徙舍学宫旁,其嬉戏乃设揖让俎豆,母曰:‘此真可以居吾子矣。’”按此二条俱出附会,殊不应采。又“孟子至梁”句下,既注云时惠王后元十四年,而惠王之卒即在次年,乃《传》以为后三年惠王卒,亦误。案齐伐燕,一见于《梁惠王》篇,一见于《公孙丑》篇,两篇分载,明属两事,《传》竟混而为一,亦失详考。春溥尚著有《孟子时事年表》《孟子外书补证》,与是《传》互相参证。卷首有序,刊于道光六年丙戌。(14－338)

增删孔子世家一卷 道光间刊本

清龚元玠撰。是书分年隶事,较有条理于《史记》。《史记·孔子世家》有据原文,有据事增之者,有据理删之者。其应删之故,详所为《书史记孔子世家后篇》中。谓“有大谬者六,大误者十六,小误者十四。野合生孔子;颜氏讳墓,要绖与飨;为高昭子家臣;使从者为宁武子臣;病没世不称;欲自见于后世,而作《春秋》。此大谬者六也。襄公二十一年,孔子生,讹一为二;孟僖子病不能相礼,以病为疾病;不知孟懿子与南宫敬叔为兄弟,晋平公卒,敬叔未生,楚灵王弑,敬叔仅二岁,而记适周与晋平楚灵同时;孟僖子卒于昭公二十四年,孔子年三十五,而以为十七;昭公时,平王无东伐诸侯之事,而以为六卿擅权东伐诸侯;适周在定王元年,孔子年四十四,而以为昭二十年,孔子年三十;昭公出奔,祸始季公君,而以为季郈斗鸡故;定公九年,孔子由中都宰为司空矣,而载公山不狃载于此年;定十五年,哀元年,孔子在鲁,元年秋,至卫如陈,二年孔子复至卫,三年孔子在陈,而以为孔子居陈三岁;哀元年、二年,晋楚无伐陈之事,而云争强,更伐陈;孔子主颜雠由,而以为子路妻兄颜浊邹;又以为孔子之徒,子思为穆公所尊礼,穆公元年去孔子卒七十一岁,而云子思六十二岁卒;子产次子襄字子士,鲋之从孙也,为汉孝惠皇帝博士,而以为鲋弟名腾之子襄,遂遗二世。此大误者十六也。以晋乾侯为齐地;以齐景公待孔子为面语;阳虎逐仲梁怀,而以为执;蒲圃无执桓子之事,而谓公山不狃与阳虎共执,且以季寤等五人之事属之不狃一人;堕郈费,定十二年事也,而系于十三;孔子去鲁十三年事也,而系于十四;学琴师襄子,二十九岁事也,而系于哀三年;卫灵公卒,赵鞅纳蒯聩,蔡迁州来,皆哀二年也,而亦系于三年;灵公问伐蒲之年,四十五岁耳,而以为老;中牟叛,哀五年也,而以为三年;长尺有咫,石砮也,而以为矢;冉有与齐战于郊,以郊为郎;吊服加麻绖而出,弟子之丧孔子也,而沿无服之说,以为心丧。此小误十四也"。书中所删正皆据此,其所增者则防叔以前之世系;叔梁纥娶施氏,生九女,妾生孟皮;郯子来朝;齐景公田于沛;周景王崩;齐使人报聘;鲁侯会齐侯于夹谷;郳子朝鲁;子贡问为卫君;周使言庙燔;季氏将伐颛臾;将旅泰山;及增引《论语》言命、言仁、言孝、言敬数章。至末段详引历朝封祀之典,如寻恒作传状者之夸张荣耀,此则适形其陋矣。后附《书孔子世家后》《孔子生年月日辨》《书孔子生年月日辨后》《孔子诛少正卯辨》《孔子设教杏坛为国学师说》《孔子删述六经有王命说》,共六首。其谓孔子实年七十四岁,其生日为今之八月二十一日,独创异□□余篇意俱新。书为道光间刊本。(14-339)

孟子年略一卷　民国十四年刊本

易顺豫撰。是书所记孟子生卒年月,据孟氏谱与他书略同。所不同者,据《告子》篇:"孟子居邹,季任为任处守,以币交,受之而不报。处于平陆,储子为相,以币交,受之而不报。他日由邹之任,见季子,由平陆之齐不见储子。"据此证孟子始由邹迁居平陆,复由平陆迁居于齐。其居齐在威王之世,未尝仕,后乃应聘至梁。观于"梁惠王曰叟不远千里而来"一语,亦可为证。盖由邹至梁,不及千里;由齐至梁,始有千里也。其游梁在惠王后元十五年,是岁齐威王卒,宣王立,次年为宣王元年。乃去梁及齐,宣王就见聘为客卿,事以师礼,力行孟子之言,齐国大治。宣王四年,孟母卒,孟子居丧去位。宣王六年,孟子自齐奉母丧归葬于邹,是岁宣王卒,湣王立,孟子自鲁反齐。所云"于崇见王,退而有去志"者,见湣王也。是岁又云齐之宋,滕文王过宋见孟子,即在此时。湣王元年,自宋归邹,又自邹反齐。是岁滕定公卒,孟子为卿于齐,出吊于滕，即在此时。旋去齐，所云“三宿而后出”，盖是也。是孟子年六十一矣，是书所记止此。自云“以《孟子》证孟子，其有关时事者，更参以《秦本纪》《国策》《汲冢》《纪年》诸书，视他书之沿讹及臆断者，殊觉胜之”。尤不同者，谓齐伐燕，凡三次，其一则在宣王之世是也，又其一在①，其二在湣王之世，后之威王伐燕取十城，则四次矣。后三次，说者多混为一，此独考之甚晰。按是书与顺豫所著《孟子发微》相辅而行，彼此互有详略，宜参看。书刊于民国十四年。(14－340)

孟子年表一卷　道光十一年刊本

清孟经国辑。书中谓“三代所用岁首，虽子丑寅不同，但止以其月首岁，非新岁仪。故孟子四月初二日生日，不必改为二月”。又谓“据《孔丛子》言孟子字子车，而傅玄则称子舆。但孟子曾师子思之门人，子思又师曾子，古人虽不讳字，然亦何必以曾子之字为字？应以‘子车’为是”。又“邹非鲁邑，孟子非鲁人，即以七篇为证。孟子言‘吾之不遇鲁侯’，岂有本国之臣而敢斥言其国与爵者?”又“曹交言‘交得见于邹君’，既有鲁，何以又有邹君?”此三条俱确当。余则博引诸家之说，而不主一说，杂然并陈，又无断制，甚非作《年谱》之体。书刊于道光十一年，为经国所著《闲道集》之一种。(14－345)

建文年谱二卷　道光二十九年刊本

明赵士喆辑。士喆字伯濬，山东东莱人。是书纪明建文帝始末，从始生之年起，即洪武十年十一月也，迄迎居西内止，时正统五年九月也。皆据程济《从亡随笔》。后记建文之后无月日，盖得之传闻也。书分上下二卷，上卷止至出亡之年，下卷止于迎入西内之年。上卷大抵为《皇明通纪》为主，而参《吾学编》《昭代典则》《朝野汇编》《从信录》诸书。其洪武末及建文初，则以《朝野汇编》《致身录》为主。下卷以《从亡随笔》《致身录》为主，而参以《吾学编》、《续藏书》及《表忠记》。但引用诸

---

①　“又其一在”，疑后文有脱漏。

书，皆翦裁贯串，而不尽著其书名。惟《从亡随笔》《致身录》则直述全文。按建文逊国，为明史上一大疑案。按胡濙出巡天下十五年，名为求张邋遢，实访建文。李贤为濙作墓志，即隐约著其事，断非他传疑可比。从亡之臣史仲彬作《致身录》，程济作《从亡随笔》，纪之极详。二书未出以前，传者不过恍惚其词。至二书之出，则年经事纬，一一指实。议者又疑二书为伪，且疑同出一手，首发难者钱谦益也。然二书所记，实有足供人指摘者，如记出亡时事，《致身录》云："帝知金川失守，欲自杀。程济曰：'不如出亡。'少监王钺进遗箧，程济碎箧得度牒三，一名应文，一名应能，一名应贤。袈裟帽鞋剃刀俱备朱书箧内。应文从鬼门出，余从水关御沟而行。九人从帝至鬼门，牛景先以铁棒启之。出鬼门，而神乐观道人舣舟以待，且述昨夜梦高皇帝事。"《从亡随笔》则云："济请出亡，曰：'臣素习遁甲，出南方可免。'少监王钺以高帝遗箧进，发之，有僧牒衣具三，济袖出黄冠自易，帝独与济及吴良用潜出西华门，诣河出空舟，良用鼓枻而行。抵南门，良用赴水死，济掖帝出城，走神乐观，宿道士王昇轩。"据此则二书之言互有参差。故士喆即言"未可尽信，尽未可尽疑"。① 窃建文出亡，主谋者为程济，观《随笔》所言"济先请出亡，后发遗箧"，且袖中早备黄冠，盖定计于豫遗箧空舟，皆其所为。从建文行者济之外，止一梁良用，良用又赴水死，故此事惟济知之独真，未必举以告人，故传者不免神奇其说，《致身录》所以与大异也。《录》所云"从鬼门出"，即《随笔》所云"出南方可免"耳。二书之不同，实因其关系不同。惟其不同也，故知其非出一手，故知其皆非伪。钱谦益攻二书，实未细读二书也。惟士喆实未见《从亡随笔》，仅从嘉定钱氏所为济传，得见大略。其此传于原书多删节，尚当据原书以补之。史、程二书，自癸未后，止书甲子。士喆改书年号，每条下引证诸家之说，而附以己说。篇末又附《年谱》后事数则，亦关于建文者也。惟谓"仁宗后张氏为河间王女，其父死东昌之战，故于建文不释然"。案张后非河间王女，其父亦未死东昌之战，殆未细考也。书首有钱谦益、张遗二序及济自序、凡例。

---

① "尽未可尽疑"，疑前一"尽"字衍。

谦益非不信逊国事，惟以为建剃发者系僧溥洽，而力攻史、程二书。是序泛论逊国，于是书不赞一语。序例后附《山僧问答》《年谱传疑》，《年谱》之前又附提纲。士喆是书，不徒谱建文，兼寄亡国之痛，于《山僧问答》微露其志，其诗曰："沙陀雪耻真堪涕。"则斥言之矣。张遗作序，自署"旧京遗黎"，殆其同志也。士喆序系署二月初吉而不系年。大约书刊于顺治间，传本极罕。道光二十九年己酉，李文瀚得抄本，重刊之，分为四卷，多张祥河及文瀚二序。（14－347）

深宁年谱一卷 浙江书局刊玉海本

清张大昌撰。是书就钱、陈二《谱》分别取舍，又复广为掇拾，增益颇多。最要者，如钱、陈二《谱》俱不载应麟母姓，此从《宝祐登科录》应凤名下，知母为陈氏。钱、陈《谱》只言从王埜受学，此据袁桷《清容集》，知又曾传徐凤之学。陈《谱》御制诗缺四字、讹一字，此据《咸淳临安志》补而正之。陈《谱》试博学宏词，只有试题，此据《词学指南》分属第一场、第二场、第三场，其他以《四明文献集》所撰文目，分隶某年之下，甚关紧要。于钱、陈《谱》之舛误，亦有订正。然亦有以不误为误者，如钱《谱》系应凤生于绍定庚寅，陈《谱》订为与应麟同生嘉定癸未，援证甚确。此乃不从陈而从钱。陈《谱》系凤卒于咸淳戊辰，年四十六，盖据《家乘》。又证之陈合撰《陈太硕人墓志铭》为咸淳九年，云："子二，应凤官至朝奉郎、太常博士，先五年卒。"本不为误，大昌不信应凤生嘉定癸未，移后八年，故定为卒于德祐乙亥，由德祐乙亥推至咸淳，恰差八年。由一误而再误，势相因也。至据"文天祥荐为太常博士，甫入国门而卒"二语，谓"天祥在四年适为贾似道劾罢，彼时安有荐除?"不知同此一年，荐除在前，劾罢在后，有何妨碍。又于《至正直记》所载，以小册录秘府典籍异闻一事，注谓"秘府不必皆内府，公廨皮藏案牍亦得称之"，不知秘府自指内府言，未闻公廨可称内府。且公廨累赎，非当官不能阅，当官尽可调取，何须纳小册于袖中，后藏之而出乎?《谱》后记所著书目，著其存佚，并考应麟子昌世、孙原孙、宁孙始末甚详。复录陈著、袁桷、郑觉民、全祖望等文诗记述，皆钱、陈《谱》所未有。是书附刊浙江书局本《玉海》之首，不知尚有他刊本否。（14－349）

王深宁年谱一卷　道光八年刊本

清陈仅撰。是《谱》据王氏《家乘》与应麟子昌世所作《圹记》，参以他书，以钱《谱》为底本，于钱《谱》误者多所订正。有钱《谱》不误而仅反误者。大段固较钱《谱》详备，而未惬者尚多。如本传云："初，应麟登第，言曰：'今之事举子业者，沽名誉得，则一切委弃，制度典故漫不省，非国家所望于通儒。'于是发愤，誓以博学宏辞自见，假馆阁书读之。"据此则是条应系在淳祐元年辛丑之下，仅乃云："未知当在何时。"附于己巳作《广恩崇福记》下，未免失之目睫。又侍吏部公通判婺州，据《宋史》本纪及《宰相表》，实以避史嵩之而乞补外，应系于四年庚子。仅乃误系淳祐元年辛丑，因之史弥巩知婺州，亦误附同条之下。又"汤汉为太常少卿"一条，系于咸淳元年乙丑下，按《宋史》汉本传云："迁太府少卿，升太子谕德，改秘书少监。疏论台谏乞休致，擢太常少卿，补外，为福建安抚，改知隆兴府。度宗即位，召奏事，授太常少卿。"是汉两除太常，一在登极前，仅于此亦失考。同条又云："会汉髦年，遂荐先生于似道。"不知咸淳元年，似道已因授表而惊异，何烦汉荐。又德祐元年乙亥下，系四月造朝。其上又云："有旨令庆元守臣勉谕赴阙。"按《四明文献集》有《高达授少保制》，本纪在二月；加《张世杰授保康军使制》《唐震赠华文制》，本纪在三月；则二三月间，皆在掖垣当制，安得谓四月始造朝？又至元三十一年癸巳下，系八月作《鄞县重修儒学记》。按是《记》虽不署年月，惟文中有云："自绍熙庚戌迨今百有四年。"则作于癸巳，是有显证，盖差一年也。又如钱《谱》于淳祐三年癸卯下，系调衢州西安簿，注云"无年月可考，姑系于此"，仅移于淳祐二年壬寅，而不言所据，似亦测断。《谱》首附像，后附《宋史》本传、《浚仪遗民自志》、《圹记》、《四明文献集》、《小传》、《画像记》、《捐造祠堂引》诸篇，又有仅自跋及张恕跋。恕字铁峰，亦鄞，盖助仅核校是《谱》者。书刊于道光八年戊子。(14－350)

王深宁年谱一卷　嘉庆八年嘉兴郡斋刊本

清钱大昕撰。王应麟为南宋大儒，《宋史·儒林》有传。晚号深宁叟,见其子昌世所为《圹记》。是《谱》意主简核,采摭未博,中多舛错。绍定三年庚寅八岁下,系弟应凤生与先生同日。据《宏简录·道学》本传:"又拗同日双生二子,曰应麟、应凤。"按即俗称孪生也。言同日生者,不问而决为同岁。若不同岁而同日,乃偶然之事,曷为而特著之?不言所据。案《宝祐登科录》应凤名下称"年二十七,七月二十九日寅时"。大昕当本于此。不知应举年岁,多有减少,几成习例,殊不足据。又据《四明文献集》有应麟撰《浚仪逸民自志文》云:"先民擢第之岁,与弟太常博士应凤生同日,嘉定癸未七月也。"是同岁同日之的证。大昕想未见此文。而大昕之移后八岁,未言所据。按应凤与文天祥同榜进士,《宝祐登科录》应凤名下称"年二十七,七月二十九日寅时",据此以推,惟生于绍定三年庚寅。然应举者多减少其岁,此风至晚近犹然,不知始于何时,率不足援以为据,况别有灼然可据者乎?又宝祐癸丑三十一岁下,系丁吏部公忧,注云:"年月无可考。"按《圹记》云:"淳祐十三年,差浙西提举常平茶盐司,主管帐司,是岁丁吏部公忧。宝祐三年服阕,差扬州州学教授。"案吏部以十二月三日卒,年六十九。若卒于宝祐元年癸丑十二月己卯,则十二月方再期,不得除服赴差,皆舛误之大者。他如迁太常主簿及忤丁大全,应编在开庆己未;通判台州应在景定庚申,又俱误系宝祐戊午;又迁主管三省枢密院架阁文字,应在宝祐丁巳,乃误系宝祐丙辰;因人日雪奏言"春雪过多,民生多寒,宜谨感召",应在咸淳丙寅,乃误系咸淳丁卯;因冬雷奏言"命令不专,茹邪并进",在迁起居舍人后,应系咸淳丁卯,乃误系咸淳戊辰。此皆年序小之差失。盖大昕是《谱》多据《四明志》,而不知是《志》多失实也。然其允惬亦不少,刻创始者难为也。书为嘉庆八年嘉兴郡斋刊本。(14-351)

顾亭林年谱一卷

清吴映奎辑。映奎字止狷,江苏昆山人,贡生。按曾为亭林作《年谱》者,有桐城胡虔、湖州周中孚,皆未见传本。今所流传,成书最早者,则映奎是本也。先是亭林抚子衍生曾撰有《谱》,仅十余页,惟甚简陋。映奎与亭林同里,乃更掇拾遗闻,草成此书。中有其友潘道根校补数条。道根字确潜,亦昆山人。其书至光绪四年邑令金吴澜澜始为付梓①,展传抄②,舛误颇多。吴澜又同陈霄卓、王子兰、张铁崖、李芸谱、李子骅诸人为之重校。具见吴澜所作序中。按亭林游历遍燕鲁秦晋,所主训闻之士纳交,惟虽一至浙,未得见黄梨洲,晚年始通书问,《谱》亦漏载。及其书幸存于《梨洲思旧录》中。粤人则识屈翁山,皆可于《谱》中考见大略。自六十五岁以后,衍生随侍在侧,所记尤详,然亦不无小误。如母氏贞孝受旌,系崇祯九年事,见亭林康熙十八年《与史馆诸公书》,县志亦同,《谱》乃误系之崇祯十年。亭林于康熙十六年秋入陕,主王山史家。李因笃《受祺堂集》有《承问宁人先生中秋抵华下阻雨,尚稽省视,怅然有作》四首。《谱》乃系之是年冬十一月。他所考证亦欠详博,然于《国史·儒林传》及全祖望所撰《神道表》,且车持谦、张穆二《谱》,俱以是《谱》为蓝本。荜路蓝缕,创始者讵曰无功?《谱》有亭林像,又录《国史·儒林传》、全祖望所撰《神道表》、浙南顾氏世系。《谱》后附亭林轶诗一首,陈仲达、徐夜、王宏撰等诗八首,又映奎与潘道根书一首,道根题《年谱》诗二首。按《谱》载亭林抱族子衍生为后,又立从子洪慎之子宏佐为殇子诒縠后。今《谱》无衍生之名,车持谦谓"稽其家谱,为后者别名洪瑞,不详所出"。今亦不见洪瑞之名,岂车氏所见另一谱耶?是则不可知矣。(14-352)

顾亭林年谱一卷　道光十七年刊本

清车持谦补辑。持谦字秋舲,江苏上元人,贡生。首有陶澍序,后有持谦自序。据自序言:"创此《谱》,阅岁两稔,才及十之五六。后得吴映奎稿本,爰合未成之本,芟复补遗,按年纂入,彼此相同者仍之。己所增益及校正诚误者,注中以'谦案'为别"云云。今观其书,于吴《谱》增益及证正之处颇不少。引证之博虽逊张穆,然极矜慎不苟。惟据《馀集·从叔父穆庵府君行状》有"南渡初元,相与赴南京,寓朝

① "金吴澜澜",疑衍一"澜"字。

② "展传抄",疑当作"展转传抄"。

天宫,即先兵部侍郎之祠,而共拜焉"云云。谓"'南渡初元',盖指弘光元年,即顺治二年乙酉。而诗集编《拜祠诗》入辛卯年,殆因未见《馀集》之故"。不知赴南京拜祠,实前后有二次,乙酉年有《金陵杂诗·记得尚书巷》一首,可证辛卯年乃再至而再拜之,诗集并不误也。又谓"亭林丙辰岁《与黄太冲书》,辛丑曾至武林,并未渡江。而原《谱》乃谓'抵绍兴谒禹陵',未知何据"。案书中言"未渡娥江",此江在绍兴东嵊县,未渡娥江,非未渡钱塘江,何碍其抵绍兴谒禹陵?况集中明有谒禹陵及宋六陵可据耶。卷首录《国史·儒林传》、全祖望《神道表》、亭林像、沈兆沄《赞》,又有参校姓氏李兆洛等八人。持谦曾校刻宋王象之《舆地碑记目》行世,盖亦博雅好古之士。书刊于道光十七年丁酉。(14-353)

顾亭林年谱一卷 嘉业堂刊本

清张穆补辑。穆字月斋,山西平定州人,道光辛卯优贡。是书就车持谦、徐松二《谱》增删成书。徐《谱》别无刊本,书中所引凡八十余条,当是全收。车《谱》又本于吴映奎,故于每条下注曰"原《谱》""徐《谱》""穆补"。"原《谱》"者,即吴《谱》也。"穆补"者,据已见增入也。就《谱》而为之考证者,注曰"车按""松按""穆按"。又有何绍基、许瀚所加识语。《谱》后附入祀乡贤始末、著书目录、诸书所记遗闻逸事。书首有穆自记,刊于道光二十三年,其后穆续有改订,以朱墨笔书于印本之上。徐坊录得副本,缪荃孙又过录徐本,又新旧书误者旋略补之。附入牟房、陈鉴及荃孙诸人□□,后有刘承幹二跋,即嘉业堂刊本是也。松与穆引证极博,遍搜群书,旁及墨迹,故于《谱》及诗文所涉人名,几无一不能举其爵里行谊,某诗某句之意有所寓者,俱不难指时事以实之。惟黄培诗狱微有失实。按所云《启祯集》即《启祯遗诗》,为陈济生所辑,每人有小传,盖以续钱谦益《列朝诗集》所未及。是书今尚有传本,著书之陈济生绝非诬罔,"握发以终"一语,实是不剃头之证。书中涉及"宁人"二字,亦决非他人。因当道不欲再兴大狱,又得友朋调护之力,故亭林得免于难,反使沈天甫、姜元衡等自伏其辜。在清代文字狱中,惟兹事差快人意。但弄真成假,而真相终未大白,阅《谱》者难免迷惘。穆于此未有一言揭其覆,岂犹有所忌讳耶?此与荃孙所引《陆清献日记》适得其反。记言亭林有所冀于其仆,仆挟《金刚经》上私书以相诋,亭林惧,使力士入其家,杀之,取其所有。按通书海上,理或有之,他所言不类亭林行为。设果有此事,则其仆已死,宁人断不肯自供,谁言之?而谁述之?若出于仇家叶氏之口,岂可置信?贤如清献,何以轻信涂说,笔之于书耶?又校本"天启六年"条下引《潜研堂集·次山墓志》云:"未见所作《传》。"按次山著有《艮山文集》,《传》即在集中之一篇。荃孙未见此集,故未寻得,特为拈出补之。承幹后跋又言汝①,南常屡云又订有一校本,订张本之误入五事,俱允当。顾《谱》又得此,殆无遗憾矣。(14-354)

圣门诸贤辑传一卷 光绪十三年刊本

清查光泰辑。首有潘祖荫、孙诒经、高万鹏、薛福成序,又有凡例。是书凡传十八篇,有独传,有数人合传,有合数十人为一传。序次则颜子、曾子后,继以子思、孟子。有子似圣人,冉闵具体而微,故次之。宰我以次。同列四科,多合传。公西列于仲冉,颛孙列于言卜,子贱三子皆循吏,曾皙六子皆高尚士,各从其类。颜路、伯鱼,以父圣子贤而传。公冶、南宫及子篾,圣人戚族中之贤者,故又次之。樊迟、子禽,《鲁论》中问答颇多,可借其言论以窥圣人。朴商十子,或通一艺,或传一事,其无事实者,别为一传,传其姓名。又为左丘明立传,则补前史之阙,祛后世之疑也。名为辑传者,不杜撰一语,并不录记载中无稽之误。据《家语·弟子》篇共七十六人,《史记》无琴张、陈亢,而有秦冉、颜何、公伯寮,为七十七人。其姓名互异者,郑国疑即薛邦,鄡单疑即县亶,光泰去公伯寮,合薛邦、郑国为一人,鄡单、县亶仍二人,并益以牧皮、林放、左丘明,共八十二人。其主岁不同者,亦为考正。然主于传诸贤言行,不重考证异同也。书刊于光绪十三年丁亥。(14-355)

---

① "又言汝"后面应有内容,但原稿以曲线省略。

孔子门人考一卷 光绪二十二年刊本

清费崇朱撰。崇朱字敬庐,江苏浦江人,诸生。前有江澄序,后有邓钟玉跋,又有崇朱自序。辨欧阳修“受业者为弟子,受业于弟子者为门人”,不为定论。又有凡例,则辑是书之大旨也。按《史记·弟子列传》共七十七人,琴牢、陈亢、县亶、薛邦俱不在列。《家语》亦七十七人,有琴牢、陈亢、县亶、薛邦,而去公伯寮、秦冉、鄡单、郑国秀。朱彝尊又搜采群书,补《史记》《家语》之阙,然亦不无遗漏。是书正录八十人,补遗二十四人,存疑四人,正误三人,各著其里居、年齿、言行及唐宋封爵。然有无年可考、里名失传、封爵不及者,则阙之。其言行之过繁者,仅采存大略。诸贤名下,多附考证。关于人之误者如鄡单与县亶,薛邦与郑国,为二人而非一人,壤驷赤非见《左传》定十年之郈工驷赤。关于姓之误者,“邽巽”之“邽”不是“邦”,“后齿”之“后”不是“石”。关于名之误者,如巫马施不名期;樊须字子迟,不字子达;商瞿名瞿,非复姓;公皙哀,“哀”当作“克”;而南宫适又名縚、名说、名阅,字子容,谥敬叔,一人而有多名者,特不误。关于里居之误者,如曾参为费县人,非嘉祥县人。关于言行之误者,如《庄子》记颜回不愿仕之言,《家语》述子贡霸越之事。崇朱于此,俱为订正。至蘧伯玉前于孔子,左丘明后于孔子,公伯寮□谮孔子,常季仅见于朱子之书,然不敢竟删,则姑存其疑。孟武伯古无其说,阳虎、佛肸身为叛徒,则明正其误。据江序尚有应补者三人,《淮南要略训》有墨子,《吕氏春秋》有鄱人,陶弘景《真诰》有施存,孔氏及门人应几无遗漏矣。书刊于光绪丙申。(14-379)

孔子弟子考一卷孔子门人考一卷 康熙间曝书亭全集本

清朱彝尊纂。首有自序,书中分弟子与门人为二,盖本于欧阳修。修谓“受业者为弟子,受业于弟子者为门人”。但证之《论语》,“子路使门人为臣”,此子路之弟子也。“门人原葬之”,此颜子之弟子也。皆所谓受业于弟子者也。而“童子见门人惑”,此当为孔子之弟子。“孟子门人问曰:‘夫子何以将见杀?’”此当为孟子之弟子。又“子夏之门人问交于子张”“子游曰子夏之门人小子”，此皆受业于子夏，断非受业于子夏之弟子者。然则称门人何如再传弟子之为妥耶？彝尊为是书，以为杏坛设教，必先长幼之序，故先书三十二人，以齿为次，首秦商，末公孙龙，曾点无年岁，则次于子路之下，依侍坐四子伦序也。不知年岁者六十六人，首冉耕，末颜涿聚。凡九十八人。门人凡三十一人，后又附《孟子弟子考》十七人。诸人事实从略，而详于封爵，重祀典也。其书搜采甚博，考据亦详。然公父文伯之事，见《韩诗外传》；季襄为受业弟子，见《淮南》高注。而彝尊未收，则搜采不能无遗矣。南宫适一名縚，字子容，谥敬叔，实为一人。史记申枨，《史记》作申棠，《家语》作申续，亦为一人，彝尊俱分为二人。公伯寮诉子路，必非圣人之徒，《史记·弟子传》偶然误入，而《文翁礼殿图》因之，明人程敏政、薛侃皆疏请罢其祀。《史记》言“左丘失明，厥有《国语》”，《国语》记及战国时事，故王安石疑为六国时人。朱子谓“《春秋》三家皆非亲见孔子”，而彝尊必强为之辨，则考据亦有未审矣。其考孟子弟子，止据赵《注》，而去季孙、子叔二人，殊未尽也。书为康熙间《曝书亭全集》本。（14－380）

孔门弟子姓名表一卷　传抄本

清全祖望撰。是书以《史记》、《家语》、《文翁石室图》、苏辙《古史考》四书所记孔门弟子列表参对，计《史记》七十七人；《家语》今本七十六人，旧本七十人；《石室图》新旧皆七十二人，异三人；《古古考》七十九人。①《史记》《家语》《石室图》同者六十七人，《古史考》同。《史记》《家语》同者六人，《古史考》同。《史记》《石室图》同者二人，《古史考》同。《石室图》《家语》同者二人，《古史考》同。此外，《史记》之公伯寮、鄡单，《家语》之申绩、悬亶，《石室图》之蘧瑗、林放、申枨、申党、容蒧，止蘧瑗、林放，《古史考》同，余俱不同。其中陈亢、琴牢见于《论语》，而《史记》遗漏。苏辙补列传之缺，而见于《论语》之申枨亦遗之，鄡单、悬亶究为一人抑二人，无从辨据。郑国乃薛邦之讹，申党应即申枨，既转

---

① “古古考”，疑为“古史考”之误。

为"党",又转为"棠"。奚容蒧有作容蒧,皆传写之误。蘧伯玉亦非弟子。此皆祖望所附考于表后者。按鄡单字子家,悬亶字子象,姓名、字各异,断非一人。张守节《史记正义》谓"'邦'避高祖讳改作'国','薛'字乃'郑'字误"。然避讳改名,古虽有之,但郑、薛二字迥异,何致相混?其他所考俱确。又按记孔门弟子籍者,汉《艺文志》有《孔子徒人图法》二卷,隋《经籍志》有郑康成《论语弟子目录》一卷,唐《艺文志》作《论语篇目弟子》。今俱失传,不得与三书互证,为可惜也。是书系传抄本,未付刊。(14-381)

孔子世家后编一卷　光绪二十六年刊本

清张承燮纂。是书依《史记》为主,参以《家语》《孔丛子》《世本》诸书,分年编次。则考酌胡氏《编年》、江氏《年谱》,于诸家异说,颇有订正。《史记》之误而为后人所沿者,一孔子不知父墓。承燮辨谓"《史记》之误,出于《檀弓》,《檀弓》之误又本于子由之对魏王,造谤诬圣,不足据"。一昭公二十年齐景公与晏婴适鲁见孔子问对事。承燮据《左传》昭二十年"齐侯疥,遂痁,期而不瘳",十二月,痁瘳,而田沛未尝适鲁。设有其事,景公既与孔子言而悦之矣,他日孔子适齐,又何必屈为家臣以求通?显相矛盾。一齐景公欲以尼溪封孔子,为晏婴所沮事。一则为孔子去卫避匡,匡人以为阳虎,止孔子,孔子使从者为宁武子臣于卫然后得去事。俱辨其妄,概为删削。其有《史记》本不误而以为误者,如《史记》记孔子三十五岁适齐,又记四十五岁自齐反鲁,即诸在齐七年之所昉也。驳之者引《孟子》"未尝有所三年淹"为证。① 狄子奇主之尤力,承燮即据狄氏论在卫在陈,皆云不止三年,以反□狄氏,且言"《世家》纪适齐及鲁不过因事直书,事未明者七年,何待于纠"。又《史记》纪孔子反鲁与南宫敬叔适周在定公五年,而他家乃以适周系之昭公二十四年,承燮俱一一引证而衷于是。承燮据《庄子》言孔子年五十一南见老聃,考孔子五十一为定公八年,证之《家语》《孔丛子》所引孔子

---

① "未尝有所三年淹",今通行本《孟子》作"未尝有所终三年淹"。

在周与老子问答、苌宏与刘文公问答,大概相合,但不能确知为五年或八年耳。他如改“亓官”为“幵官”,证“阙里”非“闾里”,虽说或因乎前人,而义不离乎实据。又据承燮称“孔子去鲁凡十四岁,中间如卫、陈、曹、宋、郑、晋、楚、蔡,或数至或一至。《史记》类序,间或失次,已于年表为之订正”。而自序又言“冠两表于首”,今刻本乃无年表,岂未撰成耶?卷首有自序,则连《弟子列传补编》《孟子列传补编》而作也。书刊于光绪二十六年庚子。(14-382)

孔门弟子列传补编一卷 光绪十七年刊本

清张承燮纂。首有承燮自序。是书以《史记》为主,而参以《家语》,其事实则旁采《礼记》《左传》《论语》《大戴》和《孝经钩命诀》《汉书》《尸子》《庄子》《新语》《韩诗外传》《说苑》《新序》《论衡》诸书,以及郑康成、孔冲远之经注。盖援史公所云出于古文者为近是也。按《史记·弟子列传》七十七人,然止七十六人,与《家语·七十二弟子解》故有无相错。是书据两书而酌为去取,共得八十人。惟二十八人名年事实俱备,其名年事实不备而名字互见《史记》《家语》者五十二人。内《史记》有而《家语》无者三人,《家语》有而《史记》无者亦三人。至仲孙何忌、懿子、仲孙敬叔与惠叔兰,以父兄命而师孔子。左丘明观书周史,因孔子《春秋》而作《传》。颜浊邹学于孔子,而为天下名士以终其身。此俱见之《左传》、《家语》、《汉书》、《吕览》及《史记·世家》所自述者,惟以言七十子者皆未列入,则附论于书后。而仍阙之,意在示慎也。书中间有考正,如《史记》《家语》俱谓“宰我谓与田常为乱,夷其族”,《说苑》又谓“田成与宰我争,遂残之”云云。按《左传》阚止字子我,田、阚争宠,子我为田常所杀。诸书竟误“子我”为“宰我”。又《左传》哀公十一年清之战,冉求帅左师,管周父御,樊迟为右,季孙曰“须也弱”,有子曰“就用命焉”。按《家语》云迟少孔子四十六岁,则是时二十三,故曰弱。《史记》乃云少孔子四十六岁,则是时三十六,不得曰弱。自以《家语》为得实。此二事俱辨见李氏《尚史》,承燮援之是也。书刊于光绪十七年辛丑,为《孔孟志略》之一种。(14-383)

孟子列传补编一卷 光绪十七年刊本

清张承燮纂。首有自序，略云："史公为传简略，似于《孟子》七篇，亦未详求。若游齐适梁之后先，过宋如滕至鲁在邹之久暂，及齐宣伐燕，燕畔，梁惠称王，辱败，各时事之有关孟子者，传中曾未之及。而核各《世家》及《六国表》，又多自相矛盾，以致《孟子》一书之疑案，自有宋以至今日纷争迄不能定。"又云："兹编义主补阙，取赵邠卿以来言孟子者，释其尤雅，以资缀缉。而近世周氏《孟子四考》、狄氏《孟子编年》，视诸家较精审，亦取备一说。"今观其书，分段叙述，首幼学时事，次扣仕齐以丧去时事，又次复至齐致仕去时事，又次去齐归邹时事，又次归邹至鲁时事，又次归邹至滕时事，又次应聘至梁去梁归邹时事。除幼学时事之外，其他多乖谬。其谓孟子游历，先齐后梁者，盖沿赵《注》之误。赵注："孟子冀得行道，故仕于齐，齐不用乃适梁。"连篇先梁者，欲以仁义为首篇。此盖沿《史记》之误，而无以解于篇次之先后，乃为首仁义之曲说。即如其说，他所游历无关□旨，何以七篇居中，不按先后为记述耶？惟于游梁之年，不信《史记》而据家纪年①，惠王三十六年，改元曰一年，后十六年，而后惠卒，襄立。此十六年内，史言襄事，莫非惠事。惠之称王，并非追尊，自云丧败，亦非无著。只此一条，依据甚是。然又谓"孟子虽两至齐，仅事宣王，则于燕表注王哙子之，皆死于齐湣之十年"。证之本书所云"吾甚惭于孟子"，又不得其解，只得以疏舛之咎归之史矣。至据《外书》"孟子学于子思之子曰子上"，证之本书"君子之泽五世"及"私淑诸人"等语，尚无不合，可备一说。卷末附孟子弟子悉据赵《注》，而以浩生不害易告子，其季孙、子叔二人为朱子所非，仍未去也。书刊于光绪十七年辛丑，为《孔孟志略》之一种。(14－384)

宗圣志二十卷 光绪十六年刊本

题"湘乡曾国荃重修，东湖王定安编辑"。首有王定安序。据序，明

① "据家纪年"，"家"后疑有脱字。

万历二十三年曾子裔孙翰林院五经博士承业始为是书,崇祯二年海盐吕兆祥续修之。曾国荃督两江日,得吕《志》,复补搜崇祯以后二百五十余年之事实。又以吕《志》所载曾子言行多疏漏,体例亦不善,乃属丹徒贡生陈庆年依类编次。采诸吕《志》者,十不及二三。至于世系邑里,不少伪托臆撰,则属定安为之辨订,赝者纠之,漏者补之。曰"宗圣"者,从元至顺元年加曾参号宗圣公也。书凡二十卷,首图像,次传记,次世系,次邑里,次述作,次祀典,次祠庙,次林墓,次祭告,次荫袭,次祭田,次户役,次院第,次弟子,次私淑,次赞颂,次旁裔。按是书搜辑赅备,世系门,断自曾点、曾西,或云曾子之子,或云其孙,而皆有据,则两存其说。里居门,以前人多主南武城为嘉祥,而费县亦为武城,今费县有曾点墓,曾子墓则在嘉祥,父子异葬,古多有之,亦两存其说。述作门,采目至百五十有九,犹未尽也。弟子门,为定安创作,得十二人,惟吴起学于曾子,迹见《史记》,或以为此曾子乃曾申。《檀弓》则仅据宋胡致堂、王伯厚说,不为定论。然足与前人作孟子弟子传争美矣。私淑门,以论著涉曾子者为断,恐不可胜收,况私淑者岂徒在文字耶?旁裔门,亦无谓,殆为曾国藩、国荃兄弟地也。定安,湖北东湖人,官至道员,别著有《曾子家语》六卷,与是书并行。书刊于光绪十六年庚寅。(14-385)

重纂三迁志十卷　光绪十三年刊本

清孟广均原纂,陈锦、孙葆田重纂。按《三迁志》创于明史鹗。"三迁"之名,本《列女传》。序称孟子作圣之功,由于母氏蒙养之正者是也。厥后一修于胡继先,再修于吕元善,三修于孟衍泰,四修于孟广均。广均仅成草稿,藏于家,其后人昭铨献于陈锦,锦又引孙葆田等为损益而刊之,时光绪十三年丁亥,即今本也。首有张曜、陈锦、孙葆田诸序,又有孟广均原序。书分十卷,卷一世系年表,卷二事实,卷三经义佚文,卷四祀典,卷五从祀,卷六至九艺文,卷十杂志。卷首又冠以御制文、圣像诸图。锦称"事增于前,文省于旧,征信阙疑,力反沿讹之习"。今观其书,年表、事实二门考订甚慎。表不列生卒年月,但从安王元年起,至赧王三十三年止。上记周、鲁、燕、齐、魏之年,下记孟子出处时地,甚清晰。惟谓“梁惠称王在后元十年,孟子相见必在其后”。按《国策》卫鞅见魏王曰:“大王有伐齐楚从天下之志,不如先行王服。”魏王说其言,广公宫,制丹衣,柱建九斿之旗。此天子之位也,而魏王居之。于是齐楚怒,伐魏,杀其太子。此即马陵之败,在惠王三十年。据此则《史记》载三十五岁游梁,不为剌谬。而顾亭林诸人所定游梁在后元十四年者,亦不为确凿也。据《纪年》,梁惠后元十五年,齐威王薨,宣王立。是孟子游齐,应在宣王二年,而表乃系之宣王十八年。按宣王在位止四年,表云宣王十九年卒者,亦误也。又按齐伐燕,在七篇中,一见于《梁惠王》章,一见于《公孙丑》章,的然二次。《梁惠王》篇称“齐宣王”,《公孙丑》篇但称“王”,则湣王也。诸书多混为一事,或属之宣王,又或属之湣王,而皆不合。是书仍沿旧说,未能订正也。若经义、佚文二门,搜采虽详,犹有遗漏。又既袭《三迁志》之旧,则旧《志》史鹗、黄克缵、胡继先、潘榛、周希孔、贺万祚、吕濬、李日华、孔胤植、吕麟瑞、虞廷陛、施凤来、于斐诸序,似不宜全删也。(14-404)

是仲明年谱一卷 光绪十二年刊本

无撰人名氏。仲明名镜,号诚斋,江苏武进人。讲学著书,以布衣终,学者称舜山先生。年七十七卒。是《谱》前有柳商贤传,后有金吴澜跋。跋称据唐梦赉所撰《行述》,知作《谱》者为张敬之,仲明高第也。《谱》盖据仲明日记而成,然有详于《行述》而为《谱》所未及者,澜撮要注于分年之下。又《年谱》至戊子而佚,尚缺后一半,澜又依《行述》补之。按阮葵生《茶馀客话》云:“江阴是镜诈诡妄诞人也,胸无点墨,好其矜式,居之不疑。海宁陈相国为其所惑,高东轩相国亦信之。尹健馀侍郎督学江左,因二公之言,造庐请谒,结布衣交。镜遂辟书院,招生徒,与当时守令往还,冠盖络绎。常州黄永年亦与过往,其后因嘱托公事,不复往还。因于书院静室供陈、高、尹、黄四木主。”又董潮《东皋杂志》云:“澄江是镜字仲明,托名讲学,一时大老交章荐之。后为胞弟告发三十余款,常郡守宋楚望深恶之,毁其庐造书院”云云。《谱》于此事系之乾隆十九年,是年仲明六十二,澜引《行述》注于下,云:“邑令某,素无行,不见答于先生,恨之。乃与先生季弟铉为谤书,以达当道郡守。宋公劝移书院于郡城,风波乃息”云云。按邑令即圣宝也,事旋得白而谤仍未息。阮、董二书,不加深辨,遂据涂说而诋之耳。据《谱》,仲明早父死,庐墓以居。郡守黄永年过访,作庐墓记。早弃举业,学政尹会一两疏举其学行,大学士高斌、河道总督顾琮交章荐其经学。当时闻人如方苞、袁枚、戴震皆相推重,书问往来,见之各家文集中。不幸蒙谤,至于县志不敢立传,可胜慨叹。澜得是《谱》,为补成而刊之,发潜阐幽,用意至善。是光绪十二年丙戌也。(14-405)

郭令公遗事一卷 崇祯八年刊本

明朱棐编,其子文豸续编。棐字体忱,陕西华州人,尝官确山令。棐尝采郭子仪、寇准二公遗事,题曰《郭寇随笔》,又改《唐宋名臣笔录》,以二公同籍华州也。书分二卷,缺第二卷,其第一卷即是编也。因改题《郭令公遗事》。卷首有李烨然、孙绍统二序,棐自序,又有史文楷后序。是本止有第一卷,缺第二卷,而卷一之末即为后序,似卷二尚未刊也。虽列采用书目,而不注于每条之下,殊不便于检寻。后附《唐书》本传。诸遗事无甚重要者,惟微时为李白所识及屏姬妾见卢杞二事,可资麈谈。又一条云:“宋郭元亨,汾阳裔孙,庆历间诏为永兴军助教。”可借以考汾阳世系。至录秦观《郭子仪单骑见虏赋》,则与遗事无涉矣。书刊于崇祯八年乙亥。(14-406)

南畇老人自订年谱一卷 光绪七年刊本

清彭定求撰。定求字勤止,晚号南畇老人。康熙丙辰进士,殿试一甲第一,官至翰林院侍讲。定求素讲关闽濂洛之学,著有《密证录》、《姚江释毁录》及《南畇诗文集》行世。有《自订记年》一册,遗命不许锓板。至六世孙祖贤恐久而就湮,乃仿《昌黎集》例,区为四门,先纪年,次时事,次出处,次诗文著述,颇简括,便省览,亦《年谱》中一创格也。书刊于光绪七年辛巳。(14-407)

二渠九河图考一卷 嘉庆问经堂刊本

清孙冯翼辑。二渠之名见于《史记·河渠书》,九河见于《禹贡》,故道久湮。是《考》引《史记·五帝本纪》《夏本纪》《河渠书》《封禅书》《汉书·地理志》《沟洫志》《晋书·地理志》《水经志》《通典》《元和郡县志》《太平寰宇记》《元丰九域志》《舆地广记》《太平御览》《齐乘》《金史·地理志》《明一统志》《明史·地理志》《明万历恩县志》,并及《尚书正义》《郑志》。其中有同名异地者,并列编中,不加案断。自序略有考证,即不尽当。序言:“二渠者何? 大河与漯川也。”按漯川为一渠,始见孟康。但《史记》云:“河行半地,数为败,禹乃厮二渠北载之高地。”然漯川实平地,非高地,故论者疑禹之二渠或指邺东与贝丘。序又言:“禹河自大名已北,东走已南合清河,东走已北合漳水,至章武入海。故班固称为邺东故大河。周定王五年,东徙平原高唐之间,王莽时枯,故后人谓之王莽河,亦谓之大河故渎。”按定王五年河徙见《周谱》,河既徙于定王时,则王莽河非禹河矣。《沟洫志》未免失考,冯翼何亦沿其误而不察耶? 所考九河有笃马河、马颊河、徒骇河、太史河、覆釜河、胡苏河、简絜河、钩盘河、鬲河、迎河,与《尔雅》所举不符。《尔雅》无笃马,无迎河。郭注及陆氏《释文》均分简絜为二,冯翼乃合为一。按汉儒论九河,即不能实指其地。《汉书·沟洫志》引司空掾王横之言,谓九河之地已为海水所渐。郑康《书》注谓周时齐桓公塞九河并为一,故诸书所称九河故道,即不可信,况并其名而谬之耶。卷首附《二渠九河古今河道图》,殊不清晰。所云“涂朱涂黄”,概易以墨,未悉何故。书为问经堂刊本。(14-422)

九河故道考 光绪壬午刊本

清张亨嘉撰。亨嘉字燮钧,福建侯官人,光绪癸未进士,官至学部左侍郎。按九河见《禹贡》,而不详乎其名。《尔雅》详徒骇、太史、马颊、覆鬴、扶苏、简絜、钩盘、鬲津之名,而不能实其地。是《考》主许商、孔颖达之说。许商谓古说九河之名,有徒骇、胡苏、鬲津,今见成平、东光、鬲界中。自鬲以北至徒骇间，相去二百余里。《尚书》孔颖达正义云："九河所在，徒骇最北，鬲津最南。"许商上言三河，下言三县，则徒骇在成平，胡苏在东光，鬲津在鬲。《尔雅》九河之次，从北而南，既知三河之处，则其余六者，太史、马颊、覆鬴在东光之北，成平之南，简絜、钩盘在东光之南，鬲之北，可推寻而知之。亨嘉即据以为准，证以本书绳以当今地名，群书有不合者，则以地望定之。所考有极确者，亦有在隐约之间者。若谓求九河宜深虚，不宜征实，盖九河周时已亡其八，其经流亦日徙而南，今所谓某地某河即《禹贡》九河之一者，皆后人所开而附以旧名者也。按此论甚达。求九河故道者，止可如是。又按《诗·周颂》正义又云："徒骇是九河之最北者，鬲津是九河之最南者。"然则《尔雅》之文，从北而说也。太史、马颊、钩盘又在胡苏之上，则三者在成平之南、东光之北也。简絜、覆鬴又在胡苏之下，则三者在东光之南、鬲津之北也。此条亨嘉未引。与《尚书正义》异者，彼以覆鬴次马颊之下，此以钩盘次马颊之下；彼以彼钩盘次简絜之下，此以覆釜次简絜之下。岂所见《尔雅》不同今本耶？抑一时误记耶？则两河地望相易，所考即不能无失矣。又按汪份《黄河考》引《元和郡县志》"简絜在南皮城外十余步"，今本缺此文。据所引是以简絜为一河也。书刊光绪八年壬午。(14－423)

郑玄别传一卷　问经堂丛书本

清洪颐煊辑。原书无撰人名氏，佚已久，颐煊从群书中辑成此卷。开首郑康成以永建二年七月戊寅生，颐煊谓"各书引俱称名，此独称字，当云郑玄字康成，后人抄变其词耳"。又"年十二随母还家，正腊宴会，同列十余人皆美服盛饰，语言闲适，玄独漠然如不及"云云，见于《北堂书抄》《艺文类聚》《太平御览》所引，而《后汉书注》《太平广记》又引作"年十一二"。颐煊虽附注条下，而未加订正。按一事不能分属二年，幸有他书引作"年十二"者证之，则"一"乃衍字也。又按裴松之《三国志注》引《郑玄传》云："玄荐孙乾于州。"按松之注例所引必书名，从无引某人传者，惟引《别传》系专书之名，故称之。此条实出《别传》，但脱一

"别"字耳。颐煊不及深考,竟致遗漏。以是书可补本传所未及,其分年隶事,即后来年谱所由昉也。其较本传特优者,如《戒子书》云:"为父母群弟所容。"本传则"为"作"不为",甚为害理。阮文达所称"昭雪古贤"者此也。然亦不无小舛。书言"玄一子名益恩,年二十三,相国孔君举孝谦,府君以多寇屯都昌,为贼管亥所围,乃令从家将兵奔救,遇贼见害"云云。按《后汉书·融传》,融到郡时,黄巾复来侵暴,融乃出屯都昌,为贼管亥所围,乃求救于平原刘备。时为初平二年。《后汉记》是年九月,公孙瓒以刘备为平原相,可证也。而玄之《戒子书》中有"入此岁来已七十矣"之语,以生于永建二年证之,知此书作于建安元年,其时益恩固在。若益恩果死于初平二年,安得逮建安乎?再证以《后汉书》融本传:"建安元年,为袁谭所攻,自春至夏,所余裁数百人。城夜陷,乃奔东山。"据此则"管亥"乃"袁谭"之误也。范蔚宗当亦采及《别传》,而不能无疑。故《康成传》但云为黄巾所围,不知亦非黄巾也。又书云:"献帝在许都,征为大司农,行至元城卒。"按《后汉记》征为大司农在建安三年。本传:建安五年,袁绍遣其子谭逼玄随军,不得已,载病到元城县,其年六月卒。据此则征为大司农与病卒元城系两事,且相隔两年。此条《世说新语》所引,疑有脱文,原书似不应误至此也。书为《经典集林》之一种,刊在《问经堂丛书》中。(14-430)

郑司农年谱一卷 嘉庆十四年刊本

清孙星衍撰。按康成注《周礼》,屡引"郑司农",盖谓郑众也。康成虽曾被征为大司农,而未尝就。华歆《荐郑小同表》曰:"伏见故汉大司农北海郑玄,当时之学名冠华夏,为世儒宗"云云。称康成为大司农盖始此。然《朱隽传》亦有"博士郑玄"之称,以玄亦曾被征为博士也。按康成本高士,其对应劭言"回、赐之徒,不称官阀",皭然见志,岂可以未就之官爵污之耶?则题"郑司农"者,未为惬也。是书首有阮元序,以为较陈鳣所作《年谱》详备,并采陈《谱》为之补益。又以《太平广记》引《别传》康成以永建二年七月戊寅生,又《三国志注》引《别传》康成以太岁在丁卯生,因属谈泰以四分术推闰朔,知康成生于汉顺帝永建二年七月五日，与《别传》合，以后祀康成生日咸取准于是焉。书中颇有考正，如本传载《戒书》有“不为父母群弟所容”句，引《别传》与《史承碑》①，俱无“不”字为证。按之书意，以无“不”字为长，言徒学不能为吏以益生产，为父母群弟所含容也。又《戒子书》作于建安元年，时益恩尚在也，而《别传》则谓“死于管亥之难”。考《后汉书·融传》：为贼管亥所围，乃求救于平原刘备。《后汉记》：初平二年七月，公孙瓒以刘备为平原相。《三国志·太史慈传》：融欲告急平原相，慈自请行，遂到平原，刘备以平原相代陶谦为徐州牧。据《魏武帝纪》在兴平元年，是备相平原不能过是年。又后二年为建安元年，则《别传》之谬无疑。又《晋书·刑法志》言：“建安元年，应劭又删定律令，以为汉议。是时天下将乱，百姓有土崩之势，刑罚不足以惩恶。于是名儒大才，故辽东太守崔寔、大司农郑玄、大鸿胪陈纪之徒，咸以为宜行肉刑。汉朝既不议其事，故无所用矣。”按康成未就大司农，且被征又在次年，复肉刑又非儒者所宜言，当是《晋书》误记。星衍必为之曲辨，谓“此云大司农者，由后人追改”。又谓“欲复肉刑者，以汉末法重，欲减死刑之条入于肉刑，非增肉刑”。不思康成方为处士，安得建议于朝？且推《刑法志》无减死刑之文，由“刑罚不足惩恶”一语推之，是增重，非减轻也。书末附阮元《金承安重刻史承节汉大司农郑公碑跋》。承节之文，乃兼取谢承诸史，非蔚宗一家之学。所举与范《书》异文甚多，《谱》俱采入之矣。书刊于嘉庆十四年己巳。(14－432)

郑康成年谱一卷　昭代丛书本

清沈可培撰。可培字向斋，浙江嘉兴人，乾隆壬辰进士，官江西上高县知县，罢官后，掌教山东泺源书院。按康成幼为小吏，二十以后始从经师受学，四十而党事起，预禁锢者十有四年，五十八而避黄巾之难，讲学不其山中，六十遭父忧，六十四避难徐州，七十始归高密。是书事实根据本传，而岁月则参《别传》及他书，可培亦间有考证。如据本传“游学十余

---

①　“史承碑”，疑当作“史承节碑”。

年"及"年过四十乃归供养"数语,因以本传所云,西入关系之永寿三年,时康成年三十一。又据《灵帝纪》:"光和元年四月,以太常袁隗为司徒,中平二年二月免。六年四月以后,将军袁隗为太傅。"则隗为后将军,当在免司徒之后,因以本传所云"后将军袁隗表为侍中",系之中平六年以前。又据《孔融传》:"在郡六年,刘备表为青州刺史。"又云:"建安元年,为袁谭所攻,城夜陷,乃奔东山。"则融为北海相,当在初平元年,因以本传所云屣履造门诸事系之初平元年,时康成年六十四。并据《献帝纪》:"建安十三年八月,曹操杀大中大夫孔融。"融本传言死时年五十六,则融当生于桓帝永兴元年,至献帝初平元年当三十八,以正《续汉书》所云孔融迁北海相时年二十八之误。俱甚确。其荐孙乾于刘备一事,系据《三国志·孙乾传》,为他家著《郑谱》者所略。惟引《太平御览》孔融《与诸卿书》"郑康成多臆说"云云,可培谓非孔文举之言,或系王肃之徒伪托。"麟鼓郊天"郑注,诸书俱无其说。按钱大昕《十驾斋养新录》驳此与可培同,并谓"晋荀勖《中经簿》始有四部之分,以不见今书为解,安得称四部书"。尤足为证。而他说部书所记"麒麟呼冤"之附会,更不必辨矣。是书本在可培所著《泺源问答》中,沈楙德刊入《昭代丛书》中,以《拾遗记》"经神学海"之语出于拟仿,又以《世说新语》"曳婢泥中"一事亦伤盛德,非实录,改列附录。楙德并为之跋。(14-433)

郑君纪年一卷　袁钧郑氏佚书本

清陈鳣撰。是书原题《郑康成年谱》。钱大昕《潜研堂文集》卷二十六有序言:"北海郑君兼通六艺,集诸家之大成,删裁繁芜,刊改漏失,俾百世穷经之士,有所折衷,而后人未有谱其年者。海宁陈君仲鱼,始据本传参以群书,排次事实,系以年月,粲然有条,咸可征信"云云。惟鳣书未见传本,袁钧辑刊郑氏佚书,取附书末,改题今名,而不载钱序。又钧有"因加订正"之语,而书中未标明订正者何条,殆虚言耳。开篇首载唐史承节撰《后汉大司农郑公碑》,次纪年。书中据贾公彦《周礼》,玄为郑冲之孙,据钱大昕《潜研堂文集》卷八《答问五》有一条云:"阅《周礼疏》,以郑康成为汉大司农北海郡郑冲之孙。考《后汉书》本传,但称八世祖崇尚书仆射，不言其祖名冲。惟魏晋时有郑冲与何晏同修《论语集解》，乃在康成之后，且荥阳开封人，非北海人也。曰《礼记》《毛诗正义》《仪礼疏》，俱不云康成祖名冲，恐系《周礼疏》误”。按贾《疏》必有所本，《礼记》《毛诗正义》《礼疏》不言者，以已见《仪礼疏》，不重出耳。魏晋间之郑冲，则名姓偶同，不得证为误。孙星衍又以“冲”为“崇”之误。按贾氏《仪礼》“郑氏注”下疏云：“郑崇之后。”而《周礼》“郑氏注”下疏云：“郑冲之孙。”郑崇为八世祖，故曰后称孙。则冲乃曾祖，语意分明，非误字可知。又书中永和三年康成十二岁，“康成十二岁”引《别传》曰：“年十二随母还家，正腊会，同列十数人皆美服盛饰，语言闲适，玄独漠然如不及”云云。按此条见《太平御览》引《别传》，又《后汉书注》《太平广记》引《别传》同，惟“年十二”作“年十一二”，他作《郑谱》者多据之。按一事不能分属二岁，则所云“十一二岁”者，必衍一字无疑。而《太平御览》引作“十二岁”，知所衍乃“一”字也。鳣于此独不误。《别传》言“少好学书数，十三诵五经，好天文、占候、风角、隐术。”文本相连，鳣将“好天文、占候、风角、隐术”割弁次条“年十七见小风起，诣县曰某时当有火灾，至时果然”云云之上，意在与事相附，不知《别传》尚有“年十六，号曰神童”一条，亦见引于《御览》。鳣偶未检得，失此一条，因之割裂原文，使两条俱舛，此其疏也。综观全书，诚如钱序所云“粲然有条”，惟颇嫌简略，即郑君《别录》见于群书所引者，搜录亦未及半，或是未成之书耶？（14－434）

郑君年谱一卷 颐志斋刊本

清丁晏撰。自序云：“余夙好郑学，凡遗文轶事，必手录而存之。久之裒集既夥，次为《汉郑君年谱》一卷。”按晏是《谱》成于沈可培、孙星衍之后，但据序云云，似于沈、孙二书并未寓目者。书中排比简净，较他谱郑者独略。惟别据《通鉴目录》定为永建二年丁卯七月初五日生，可与孙《谱》推验所得，互相证明。又据《御览·人事部》引《别传》：“玄病困，戒子益恩曰：‘吾家旧贫，为父母郡所容。’”按“父母郡”者，犹言父母之邦，谓召署郡职也。范《书》改作“不为父母群弟所容”，颇为害理，当从《御览》为正。其详于他《谱》者,乃在康成注述及其弟子,惟定《孝经注》,为其孙小同所为,未免失考。按康成注《孝经》,见于范《书》,而《六艺论》序《孝经》云:“玄又为之注。”是其的证。《崇文总目》载咸平中日本僧奝然以《孝经》来献,与《大学》所立、陆德明《释文》相应。熊克、袁枢得之,刻于京口学。是此书南宋时尚有传本,非小同注明甚。又引隋、唐《志》:“《孟子注》七卷。”按康成注《孟子》不见范《书》,马国翰《辑佚书》于康成《孟子注》独不见一条,因致疑于或为郑学者所依托。其所辑《孟子郑氏注》一卷,乃取玄所著诸书中引及《孟子》及隐括《孟子》义者充其数。郑珍所辑,《史记·五帝本纪》“尧知子丹朱之不肖”,《索隐》称“郑玄曰:‘肖,似也;不肖,言不似人也。’”一条,安知非据玄所注他书为释?似宜存疑。此外康成所著,见于《郑学录》及《北海三考》,为晏所漏引者尚多。所考弟子亦未备,《吴书·程秉传》云:“汝南南顿人,逮事郑玄。”《魏书·崔琰传》:“公孙方从学于不其山。”皆其显著者。又《魏书》称“孙叔受学于郑玄之门人,称青州大儒”。按叔然名炎,盖康成再传弟子。至见于《郑志》者尚有十余人,康成既与问答,必当在弟子之列,晏俱未之及。则又不止事实之有漏而已。书刊于道光二十三年癸卯,为《颐志斋四谱》之一。(14-435)

北海三考六卷 湖南丛书本

清胡元仪撰。元仪字子威,湖南湘潭人,光绪乙酉拔贡。父锡燕,师事番禺陈澧。元仪自少传其家学。是前有元仪自序,作于光绪丙子。又有元仪后序,作于丁未。相距三十一年矣。又有孙又昱跋,则为刊板而作,时元仪已殁矣。书分事迹考、注述考、师承考,大率依仿郑珍《郑学录》。尽采郑说,并补其略而匡其失。其事迹考多所订正,其要者,如《太平广记》屡引《世说》,与今本《世说新语》不同。郑珍以为改易《世说新语注》,元仪据《太平广记》列所引书目,《世说》在《世说新语》前,盖别有一书。《别传》称康成在马融门下七年,郑珍证其不合。元仪据《融传》及他纪传,断为康成在马融门下,在延熹二年后,马融赦还之时,去融卒尚八年。又康成《戒子书》,阮元信《史承节碑》,反谓范《书》倒置事迹先后。元仪据书中"入此岁来已七十矣"之语,与《别传》生于永建二年相证,此书实作于建安元年,范《书》并未误。然亦有因仍旧误者,如引司马彪《续汉书》云"孔融迁北海相,时年二十八"。缪荃孙作《孔北海年谱》,系迁北海相于三十八岁之下。证之融本传,言死时年五十六,则融当生于桓帝永兴元年,至献帝初平元年,正三十八,则"二"乃"三"之误也。缪氏《孔北海谱》引《后汉纪》作"年三十八",盖臆改。其注述考最赅洽。诸书分为存及存而残缺者,及亡佚而为后人辑自群书者,亡无可考者,每多附列版本,兼论其善否。其自著亦缀于末。其中如据服虔《通俗文》、颜师古《汉书叙例》以正《经典释文》汉人不作音之误,据《六艺论》、王肃《难郑孝经注》,以辨康成未注《孝经》之非,俱极确当。其师承考,凡康成师四人,弟子三十一人,再传弟子七人,并及不折服康成者五人。其甄子然、临孝存,郑珍皆以为弟子,元仪以为甄、临与康成同时,年岁当略先,无为弟子明文,去之。然孙乾、刘熙亦无为弟子明文,似不一例。就全书论之,浩博精审,诚治郑学者不可少之书也。书中屡称"先师陈先生",即陈澧也。又书中附有善泽补订数条,善泽姓刘字腴深,湖南浏阳人,官学博。(14－436)

郑大司农蔡中郎年谱合表一卷　冠悔堂小字本

清林春溥编。前有杨浚序,又有春溥自序。郑《表》据沈可培所撰《年谱》,蔡《表》据正昶所撰《年表》。按《拾遗记》取康成称"经神",而邕亦有鸿都石经。又《范书·邕传》言:"邕死狱中,北海郑玄闻而叹曰:'汉世之事谁与正之。'"两表之合,盖取于此。其书横分三格,上格记时事,中格记郑,下格记蔡。二君行事撰述,与时事有关涉者,可以互相参照,法甚善也。玄长于邕六年,邕死先于玄八年,自阳嘉二年至初平三年,则二君所同也。玄治朴学,邕擅华藻,一时之声闻略同。玄少执高节,奈为袁绍所逼,带病随军。魏武歌辞有"郑康成行酒,伏地气绝"之语。邕屡谏董卓,亦非降志辱身者,奈为王允所恨,死于狱。其晚节亦无不同也。自序称:"郑《谱》征引稍繁,次第间有陵乱,略为订正"云云。取较原书,但有删节,俾与蔡《表》一例而已。原书具注出处,此概删之。

意主于简，而不知非体也。王昶辨邕死年六十，可正本传死年六十一之误。又据《羊祜传》：祜，邕外孙，讨逆有功，将进爵土，乞以赐舅子蔡袭，诏封袭为关内侯。袭即邕之子也。据此则邕非无子，而女又不止文姬一人，实蔡《表》中一要典也。郑《谱》除沈氏外，尚有多家，于玄之轶事遗闻，搜获亦不少。惜春溥未得遍览，为沈《谱》补所未有也。自序作于道光甲辰。其他著，有竹柏山房丛刻，惟此书藏稿于家，至杨浚始序而刊之，时光绪九年癸未也。（14－438）

亚圣年谱一卷　嘉庆刊本

清式檻日撰。首有自序，大旨主任钓台《考略》，但谓叙次犹欠详审，因取《史记》《通鉴》《竹书》及顾亭林、阎潜丘、汪武曹诸说，参究辨订，以成此书。按是书所考，虽有合者，而误处仍复不少。最大者，孟子至梁，在周显王四十八年，魏惠王后元十五年，檻日乃系之周显王三十三年，魏惠王三十五年。其致误之由，盖因《纲目》于至梁从《史记》，在惠王三十五年。又历后元十六年，至襄王立乃去。前后在梁，凡十八年，何以绝无建白？故不从任钓台而从阎潜丘。按如潜丘之说，则孟子至梁之年，止三十七岁，惠王不应称之曰“叟”。而“西丧地于秦七百里”，即入少梁河西地于秦之事。“南辱于楚”，即指襄陵之败。皆在其后，于是不得不以此丧地一事移之于前。于秦属之卫鞅败执公子卬，献河西地于秦者当之，而辱楚一事无可附会，则置而不言矣。又齐宣王位，立于慎靓王元年，薨于赧王元年，在位止六年。檻日则定为宣王立于显王二十七年，薨于周赧王元年，在位二十九年。所谓牵一发而动全身，一误则俱误也。按诸家考孟子者，动曰从《通鉴》、从《纲目》、从《大事记》，而不究其何所根据。即如减齐威之十年，增齐宣之十年，屈齐之年数以从燕，屈燕之年数以从齐，俱出臆见，不足为典要也。或参用两说者，则进退俱失之。是书亦其流也。书为《十四经通考》之一，刊于嘉庆间。（14－447）

安鼎名臣录不分卷　明崇祯刊本

明王都纂。都字介清，籍署安德，按即今山东陵县。曾知元城、沙麓等县事。是书首有卢世潅序，又有都自作凡例。所录皆守成名臣。唐太宗谓侍臣曰："创业之难既已往矣，守成之难方当与诸公慎之。"纂录之意本此。以为三皇五帝夏商周，为时太远，人事不同。列国南北朝五代，君非正统，即臣之披肝沥胆，无非问鼎奸谋。故所录止汉唐宋三朝，以享国较长且保大事务与今时大略相似也。附以晋者，晋非正统，但诸臣每以王室为念，一段忠义，不可没也。各臣事迹，或举其一端，或据其大概。其有疵可议者，如晁错、李勣、赵普、张浚等，俱斥去之。虽非王臣而有利社稷，如陈东、安金藏等，则破格取之。武臣战胜攻取与文臣用事，盖忠相等，故周勃、李晟、岳飞等亦所不遗。每人有评着语，传后与书眉，各着评语，然无甚特识。书刊于崇祯五年辛卯。(14－449)

历代寿考名臣录不分卷　文学山房活字印本

清洪梧辑。首有梧序，称"同人纂辑"，又称"宫保爵中堂方拟全辑寿考名臣言行以为完书"云云。所称"同人"及"宫保爵中堂"者，无名氏可考，不知何人。当时承某中堂之命纂辑此书，又非梧一人之力也。其书起周讫明，计周八人，汉三十五人，三国十人，晋十四人，南北朝十八人，唐八十八人，宋一百九十一人，辽金五十一人，元六十八人，明一百一人，俱依二十二史编次。例自七十岁以上，官至卿位以上，方得编入。诸人略具里居爵谥。又附录寿考诸臣一百三十二人，汉之张苍，晋之王祥，唐之屈突通，五代之张全义，宋之赵普、李昉，明之朱升、宋讷等俱入之，以诸人身事二姓故也。但采录仅据正史，不无遗漏，而名臣中间有碌碌无甚建白、不副其名者。宋之梁颢，俗传其晚年登第，按其卒年，止四十二，此云九十二岁，亦误也。梧序作嘉庆二十一年，书为文学山房活字印本。(14－450)

皇明理学名臣言行录二卷续一卷　明刊本

明崔铣辑。无叙目，始薛文清，共十三人。系据碑状序赞等辑录成篇。陈剩夫止布衣，陈白沙、胡敬斋皆未仕，何以俱入名臣，殊所不解。续辑一卷，不署名氏，首何柏斋，共四人，铣亦与焉，殆其门人辈为之也。

例同前,然采及诗篇,不免稍滥矣。考明儒理学者,以是为椎轮可也。无刊书年月,当在嘉靖间。(14－450)

华氏文献表不分卷　乾隆家刊本

清华孳亨纂。首有孳亨自序,后有自跋。是书纪梁溪华氏一家文献。据序,先有所称"天全翁"者,撰《华氏文献志》,尚多遗误,孳亨采其意,易《志》为《表》,人数倍前而帙仅五之一,盖又约繁为简也。书列五格,首讳号,次科第官爵,次品行,次著述,次闺范,眉目醒朗。始南齐孝子宝,讫雍正举人罗圻,自一世至二十五世。后附存疑五十一人。按华氏为江南望族,至明中叶最盛,名宦理学,代不乏人。清初则有殉节与高蹈不仕者。所著作亦甚夥,一一详于表中。后跋称:"始祖宜数吴徐陵亭侯覈,谓吴之武进,即该无锡。只以旧谱始孝子,不敢辄改。"旁及他支,所能言其始末,异乎数典而忘祖者。书刊于乾隆五年庚申。(14－451)

孟子年谱　赐砚堂丛书本

清黄玉蟾撰。玉蟾字芬桂,江苏太仓人。是书纪年依《纲目》,惟《纲目》于乙酉下书孟轲至魏,则以为非是。但《纲目》于齐伐燕分见《梁惠王》《公孙丑》二篇者,并为一时之事,未加辨正。书中引谭梁生《见圣》,谓"齐人伐燕有两事,《梁惠王》所载是宣王乘燕易王之丧而伐之,《公孙丑》所载是湣王乘子之之乱而伐之"。谭说不说,玉蟾乃引之而致疑。前人谓孟子事齐两君,书中不称"宣王"而称"王"者,皆是湣王。玉蟾谓"'庄暴'章亦单称'王',前承'齐桓晋文之事'章,下启'文之囿'以下十章,不应十二章中十一章俱属宣王,忽杂一湣王于其际"。按此说非也。"庄暴"章记庄暴见孟子曰:"暴见于王,王语暴以好乐"云云。出于庄暴之口,何能称?下文"他日见于王",系承上文来。此章夹于十二章之中,断然为宣王,不得以不称谥而吹求之也。他所考误处尚少,叙次简净,文省而事不漏,亦可取也。书为道光间赐砚堂丛刊本。(14－455)

岳鄂王行实编年二卷　旧抄本

宋岳珂撰。按珂所撰《金陀粹编》内有《鄂王行实编年录》六卷，今所传者惟元至正二十三年重刻本，有戴洙后序，称"佚阙，遍求四方，得其残编断简，参互考订，后为成书"云。故其书间有断缺，非完书也。是书乃旧抄本，题《岳鄂王行实编年》，删"录"字，并作二卷。按《宋史》本传系本此书而成，不及此书之详。《朱子语类》称飞早年为韩魏公家佃，此书载："宣和六年，贼张超率众数百围忠献韩琦故墅，飞奋然曰：'贼敢犯吾堡耶！'即乘垣引弓一发，贯贼吭而踣，贼众奔溃，墅获以全"云云。可以相证，而本传删之。本传载秦桧命何铸鞠飞狱，铸诘其认反状，飞裂裳以背示铸，有旧涅"尽忠报国"四字，深入肤理。亦为《纲目》所采，而此书无之。与珂同时尚书章颖别作《鄂王传》，上之于朝，亦不及此语。又《杭州府志》载飞被难时，其幼女痛父冤，抱银瓶入井而死。他说部亦有载之者，后人榜其井曰"孝娥井"，并庙祀之，多见名人题咏。而此书止载飞女安娘适高祚，不及其他。岂家亲所辑，亦有未尽耶？抑传闻之说不免子虚耶？不可知矣。(14－460)

建文帝后纪一卷　昭代丛书本

清邵远平撰。先是，陆棻作《建文本纪》，不载出亡事实，远平补之，故名"后纪"。惟所记自为太孙为帝，以逮出亡本末皆具，不续陆《纪》也。《纪》后附从亡诸臣叶希贤、程济等十七人。其书大抵取材史仲彬《致身录》、程济《从亡随笔》、刘琳《拊滕录》三书，间参以郑晓《逊国臣传》等书。而去取多失当，即如从亡一段，《从亡随笔》与《致身录》所记各异，而以《从亡随笔》近理可信。盖自出宫至神乐观时，程济从而史仲彬未从，故程济所记能得实。《致身录》"牛景先以铁棒启鬼门"等语，最极其荒诞，而远平采之。按鬼门即《从亡随笔》所云"遁甲法，出南方可免耳"。鬼者，无人之地，门者所从出也，岂真有其地哉？后来王鸿绪即据此等记载斥出亡之并无其事，亦所谓痴人前不得说梦也。其归朝也，《随录》载"建文题诗赤壁，有僧冒之，自诡为帝，广西藩司以闻诏执入京”云云，亦是实事。远平不据之而转据他，谓“与思恩土知州岑英遇于道，从者呵之不避，诘其牒曰：‘我应文也。’”云云。若以为《随笔》不得实，则书中不直据之，乃据不全据，东拉西扯凑集成编，适见其失据耳。惟书中记为太子时事甚详，可补《明史》本纪之缺漏。《明史》言太祖晚年，诸王携其子岁时来朝，游晏宫中，独伟燕王及其长子，顾太子父子意若未惬。及太子薨，诏谕廷臣欲立燕王为太子，因翰林学士刘三吾言而止云云。按太祖英明，立储大事，三吾一人之言岂能惑之？适证其诬耳。而远平所记又有燕王入觐行皇道，登陛不拜，为户部侍郎卓敬、御史曾凤韶所劾一事，亦属失实。按太祖崩后，建文止诸王临丧，燕王即未来京。不然，岂有齐、黄辈日谋制燕而肯纵虎还山耶？清康熙间开修《明史》，馆臣多主削建文出亡事，而远平独成是《纪》，洵矫乎不惑者矣。远平所著《戒山文存》中有此文，杨复吉刊入《昭代丛书》，而为之跋。(14－461)

顾亭林年谱补正一卷　群书斠识本

清常庸撰。是书与缪荃孙所录顾《谱》增校，互有详略，有可订张《谱》及有与缪《谱》同者、缪《谱》之误者，余则大都可补诸谱之漏。是书刊于光绪丙子，缪氏竟不得见，可怪也。与缪书同者，止“贞孝受旌在崇祯九年”一条。订诸谱之误者，如顾咸建授命，仕杭不在吴；江耿橘，顺天宛平人，非献县进士；薛寀自署衲米，号堆山，非号米堆山；陈芳绩字亮功，应移上《陈芳绩书来答之》一首下，传闻三首，诗集实二首；顾亭林诗非东坡作，乃王荆公作；归元恭觅兄德清教谕继登骨，是长兴非德清。诗皆是他琐细者，不及举其为诸谱所未及者。如“女兄弟”条，补有一适刘孝廉者。“诏用为兵部司务”条，补同吏部司务。韩范见事不可为，皆弃去。“东武四先历”，即“隆武四年”之隐语。又路太平为振飞第三子，年十七，赐名太平，官至广西按察司签事，复奉敕招讨。又钱行人邦寅，字驭少，丹徒人，著有《历代舆地征信编》。又楚二沙门，一为熊开元，一为释髡残。又黄职方师正，官监军兵部主事，尝参史可法军事。又永历三年，与钱钦光同取中八人，为刘茝、杨在、李来、吴龙桢、姚子壮、涂宏猷、杨致和及钦光共八人。尤要者,见“东武四先历”,人多不解,庸考得即“隆武四年”隐语。亭林于同时佚老,多有酬接,独不及船山,庸据集中与楚僧元瑛绝句,谓为船山作。得此以殿亭林诸谱,不徒为亭林之功臣,亦吴、车、徐、张诸人之功臣矣。书为香雪崦刊《群书斠识》之一。(14－462)

岳王年谱一卷岳王遗事一卷　道光间刊逊敏斋丛书本

清黄邦宁撰。邦宁字远亭,陕西同安人,官河南彰德府知府。是书《年谱》本之岳珂《岳鄂王行实编年录》,参以《宋史》本传。《遗事》亦本之《行实编年录》,而参以黄元振《百氏昭忠录》、家传《刘光祖襄阳石刻事迹》。大抵可纪年者,归之《年谱》;不可纪年者,入之《遗事》。《年谱》事繁而能简,《遗事》兼举细大而得要,自非苟作。书无序例,道光间为黄秩模刊于《逊敏斋丛书》中。(14－463)

黄梨洲年谱三卷　同治十二年刊本

清黄炳垕编。炳垕卷首有序,末有跋。按黄宗羲字太冲,号南雷,世称梨洲先生。生于明万历三十八年庚戌八月八日,卒于康熙三十三年甲戌,八十五岁。崇祯元年入京颂父尊素冤,袖长锥击许显纯。顺治二年迎监国鲁王,授兵部职方司主事,改监察御史。寻浙河兵溃,监国入闽,乃返故居。顺治六年监国还至海上,复赴行朝,晋左副都御史。既而再归再出。庚寅以后,遂伏处著书,凡四十余年,乃终。按宗羲尝自作《年谱》,以授门人郑梁,既而郑本与原本俱毁于火。炳垕是编,据碑传文集,及《行朝录》《思旧录》,益方志野史诸书,取材颇慎,繁简亦得中。其中乞师日本一事,据宗羲所作《日本乞师纪》,止载冯侍郎奉使始末,而不及己。而《避地赋》乃云:“历长埼与萨斯玛兮,方粉饰夫隆平。”又云:“返余旆而西行兮,胡为乎泥中。”则宗羲实尝偕行,而后讳之。《谱》引全祖望说补入此事,最不可少。而祖望所记宗羲他事,多有不可信者。如《小山堂祁氏遗书记》云:“南雷黄公讲学于石门,其用晦父子,俱北面执经。已而以三千金购淡生堂书,南雷亦以束修之入参焉。用晦之使者,中途窃南雷所取卫湜《礼记集说》、王偁《东都事略》以去,则用晦所授意也。南雷大怒,绝其通门之籍。用晦亦遂反而操戈,自托于建安之徒,力攻新建"云云。用晦谓吕留良也。按此事,祖望殆得之涂说,留良文集中有与宗羲书,直称为"太冲",可证无北面执经事。又诗集有《得山阴祁氏淡山堂藏书三千馀本》一首,中有"大担论斤换直银"句,则非三千金求购亦可证矣。是《谱》于癸卯五十四岁下止载"四月至语溪,馆于吕氏梅花阁",不言用晦父子执经事。后三年丙午五十七岁下,载"祁氏旷园之书,乱后迁至化鹿寺,公过郡,与书贾入山翻阅三昼夜,载十捆而出",不言与用晦同购及中途窃书事。可见炳垕于此,深有辨别。至庚申七十一岁下,载徐元文延其子主一参史局,宗羲以书戏之曰:"昔闻首阳二老,托孤于尚父,遂得三年食薇"云云。而留良有《梦伯夷求太公荐子》诗,极其丑诋,盖指宗羲。盖以他事致隙末也。是《谱》首有《世系图》,后及祀、府庠置墓田诸事,皆详他人所略也。(14-464)

张杨园年谱一卷　乾隆刊本

清姚夏辑。夏字大也,浙江桐乡人,布衣。按张履祥字考夫,居桐乡清风里杨园,学者称杨园先生。明诸生,生于万历三十九年十月一日,卒于康熙十三年七月十八日,年六十四。又按履祥虽师事蕺山,而其学宗紫阳,而辟阳明。国变后,隐居授徒以终。在同时诸遗民中,节尤艰贞。夏为其受业门人,据《谱》,在履祥二十五岁时,即依门下。《杨园集》中与夏书最多。是《谱》隶事颇略,不足以见履祥学行之全,且间有错误。如《谱》以履祥父明俊曾中浙闱副车,据履祥撰《先考事略》云:"补本邑增广生。"又云:"万历壬子,以母疾,不赴乡试。乙卯戊午,再试浙闱,不遇。"未尝有中副车之事。又《谱》于癸亥九岁下云:"从诸叔明董成先生受业。"据履祥自撰《言行见闻录》云:"天启乙丑,某初事诸先生于塾舍,时吾师陆子与先生善。"是癸亥尚事陆先生,非诸先生也。又《谱》于戊辰十八岁下云"遭王考丧",据《先世遗事》云:"年二十,先大夫弃世。"是"遭王考丧"在后二年庚午,不在戊辰也。又《谱》

于癸巳四十三岁下及甲午四十四岁下,俱云“馆澉湖吴仲木家”,据《集》是年答吴仲木与吴裒仲书,并云“寓居敝里”,而辞裒仲来岁之订。又《丙申与吴裒仲书》云:“以仁兄数年来恳恳之诚,只得今岁之赴命。”是癸巳、甲午并未尝馆裒仲家也。又《谱》于己亥四十九岁下云:“正月返杨园故庐。”据集《戊戌与姚大也书》:“今年正月仍返杨园故庐,与家兄同居,而身糊口于禾中。”则不在己亥也。其他文字之误,系者尚多。按履祥所著书,以涉吕留良,已刻者遭禁毁,未刻者不敢出。浙江学使雷鋐得是《谱》于履祥族孙继栻家,属陈梓校而刊之。首有鋐及梓二序,后有继栻跋。时乾隆癸酉也。(14-466)

张杨园年谱四卷附录一卷 道光甲午刊本

清陈梓辑。梓字古民,濮川人,布衣。先是,梓为雷鋐校刊姚夏撰《杨园年谱》,复自为辑补。又经钱氏馥、方氏垧、顾氏广誉为之订正增删。《谱》中著“梓按”“馥按”“垧案”“广誉按”以别之。卷首有凡例七条,卷末有乾隆己卯徐枨序,为梓原本作也。有道光壬午徐熊飞序、道光癸巳方垧序、顾广誉序,则皆为订本作也。又有道光甲午沈维鐈序,则刊书时作也。梓以姚《谱》未尽善,乃取《杨园全集》及平生见闻之足证者,以成是编。其文视姚本加详,而纪年系年尚多舛漏。馥与垧、广誉赓续校订,沈维鐈得其书于方垧门人钱廷翰,因付之梓。书分四卷,于原《谱》之舛者正之,漏者补之,所录文甚多。其评《传习录》云:“姚江罪之大者,诋朱子为异端,本释氏以为教。”又曰:“世以陆王并称,实则王较陆尤多欺己诳人之罪。”评《晚年定论》曰:“年之晚与不晚,论之定与不定,考之《年谱》自见。即此姚江欺己诳人之罪,虽有仪、秦之舌,不能为之解”云云。盖其尊朱,实为陆陇其、吕留良辈之先导。又载《见闻录》一条,有云:“已绝意进取,而教人举业,是嫠妇为人作嫁衣裳也。”又云:“蒙可训,成童以往;即不可训,以志俱在进取也。将以举业可为手,则身既不为矣。如以为不可,犹教人为之,是欺己欺人也。”而晚年所著《备忘录》亦有一条可以相证,曰:“程子云:‘举业不患妨功,只患夺志。’人苟志不为,富贵利达,岂无一事可为,何故而必为举业”云云。

即此一端,视张自烈、吕留良辈之以评选时文为业,钱秉镫、黄宗羲辈之使子弟应试入官,倜乎远矣。按履祥与吕留良最善,馆其家者数年。《谱》称"语水主人",即留良,盖讳之也。附录一卷,载未刻书目、文目、小传、遗诗,并同时诸名人文章相涉者。而梓所作二跋二诗一书,尤足见□□先贤及重辑遗谱之大旨焉。(14-467)

张杨园年谱一卷附录一卷 道光癸卯刊本

清苏惇元编。惇元字厚子,浙江桐城人。首有方东树序及惇元自序。自序称"陈《谱》漫冗,难见要领,因重为删补"。按是书大体俱依陈《谱》,所增无多。最要者,惟甲申五月闻京师三月十九日李自成之乱,缟素不食,去馆携书麓归杨园一条。若戊寅梦颜子一条,事涉妄幻,直不应存。其所删者,虽不关重要,但事实所在,不可没也。其中如丁亥三十七岁下载"感于孙子度、严颖生诸人语,因而谢举业之徒",正履祥高节不可及处,删之则全书无色。又己亥四十九岁下,履祥女为其夫与妾所鸩,履祥讼之官二年,褫其衿,逐其妾,婿遂郁郁以死,《近鉴》所由作也。惇元但述夫与妾谋鸩杀之,而删讼事一段,反使阅者不快。其他异于陈《谱》者,同一文字不过互易前后,以示不沿袭而已。惟《谱》末嘉庆、道光间,地方有司立祠修墓数事,附录末增陈宏谋、祝淦、朱坤数条。按履祥又字午祁,见于吕留良《东庄诗存》,有《喜张午祁携胡天木遗诗过访》及《题张午祁杨园竹屋》二诗,而三谱俱未之及。故知谱虽屡纂,而遗漏恐仍不能免也。(14-468)

汪尧峰年谱一卷 赵氏又满楼刊本

清赵经达辑。经达字尊三,江苏昆山人。尧峰姓汪名琬,生于明天启四年甲子正月十六日,卒于清康熙二十九年庚午十二月十日。顺治乙未进士,授户部福建司主事,改刑部河南司主事,升山东司郎中。因奏销案降二级,左迁北城兵马司指挥。丙午升户部山西司主事,己酉选榷江宁西新关仓,旋返京请告南归。己未召试博学鸿儒,取中一等十九名,授编修,与修《明史》。辛酉又请告南归。按琬工诗古文辞,宋荦尝刻其文,与侯朝宗、魏禧称三家。与龚鼎孳、陈廷敬、李天馥、董文骥、刘体仁、王士禛、程可则辈以诗歌相倡和。性恬退,到官未久即乞休。惟性刚使气,交友多隙末。经达搜采雅记遗闻,以成是《谱》,尚不简陋。按琬与王士禛最善,应召入都日,士禛以诗相谑,琬亦以诗报之。往复之间,致成芥蒂。然实雅事也。详见士禛《居易录》。是《谱》删采微嫌过略。《谱》后载《鸡窗丛话》:"叶横为琬所诋,不应鸿博之举。后因悔成恨,遂指摘汪文为报复"云云。以二人学行观之,决不至此,所谓以小人之腹度君子之心也,似宜删此一则。又言琬殁后见梦于宋荦,□更诞妄不经,则经达已辨斥之矣。(14-469)

黄山年略一卷　乾隆辛未刊本

清法若真撰。若真字汉儒,山东胶州人,明诸生。顺治丙戌进士,授翰林国史院编修。戊子典福建乡试,己亥补福建参政,康熙壬寅移浙江按察,丁未补安徽藩司,以丁母艰归。壬子服阕来京,年六十矣。若真自记《年略》止于癸丑,年六十有一。是后己未召举博学宏词,以疾不就征,卒年八十四,则其孙辉祖所补也。按有干济才,于典试途中以计脱山贼之险。守兴化,备敌安民,尤见策略。他若治狱理财诸事,亦皆准情切势,惜不获大展其用。若真工诗及画,自十一岁时已为之,乃记中绝少诸论及此。其文笔简劲,善状险境,于北兵屠杀之惨,不稍忌讳,可补《扬州十日记》《嘉定屠城录》所未及。泉州、兴化之役,系与郑成功交绥,记之特详,亦史料之所资也。书为乾隆辛未其孙辉祖校刊。(14-470)

焦南浦年谱一卷　光绪廿三年聚珍印本

清焦以敬、焦以恕编。按焦袁熹字广期,世居黄浦南焦家浜,学者称南浦先生。黄浦原属叶亭,后分为娄,又分为金山,故袁熹为金山人。生于顺治辛丑九月初三日,卒于乾隆丙辰,七十六岁。康熙丙子举人,乙未以王顼龄、李光地荐,特召来京,以母老辞不赴。王鸿绪里居修《明史》,尝邀之为助。平生笃守宋学,所著有《春秋阙如编》《诗礼左氏传说》《四书读注疏》《四书说》《经字韵编》《纪年略》,杂著、诗、文集等。以敬、以恕,其子也。《谱》中所载,涉于制义居多,令人阅之生厌,反不如张照所撰《行状》,详所著诸书之旨,深得要领。按袁熹长于经学,文事亦优,论曹魏诗,谓"魏文情味胜陈思",所见与王船山不谋而同。论诗余,首周邦彦,亦为后来周止庵所祖。俱见卓识,不为一时风气所囿。又论古文,谓"震川为上品,但穷寒老死,高文大篇多藏在胸腹间,其写在纸上者什才一二",盖知震川之深者。惟论唐诗,谓"右丞有天子之目,李、杜大家,但可为其辅弼"。置李、杜于右丞之下,斯乃偏见,不为公言。附录一卷,乃行状志铭之属,刊于乾隆辛亥。其增附一卷,乃门人吴光绪所辑,述著书总目及门姓氏,成于乾隆戊寅,至光绪己亥重印时始缀于后。并载《金山县志》小传于前,光绪中赎墓公禀于后焉。(14-470)

言旧录一卷　嘉业堂刊本

清张金吾撰。金吾字月霄,江苏常熟人,诸生。是《录》为金吾三十九岁所作,有其室季景和序。四十一岁,景和亡,至四十二岁而止。金吾卒年四十三,不及记矣。金吾喜藏书,撰有《爱日精庐藏书志》二十卷。其叔海鹏以刊《守山阁》《学津讨原》诸书著,金吾继其志排印《续资治通鉴长编》诸书。其手所辑录甚多,以《诒经堂续经解》一千四百卷、《金文最》一百二十卷为最巨。金吾亦精考据,通声音文字之原,其《能古读如台十六证》《皈骭质疑》《切韵指掌图音释》《论双声》《古人寝地六证》《读三礼疑义》诸篇,具载《录》中。前载黄廷鉴所作《传》。廷鉴,金吾受业师也。《传》载金吾年廿二补博士弟子员,省试一不售即弃去。考是《录》年四十二尚赴金陵应试,则《传》误也。季景和序不颂,而《规与录》载孺人语"予君之学问能博览而不专精,知为人谋而不知自为谋",语气全同,有诗人"鸡鸣交儆"之风。考妻为夫书作序者,止宋之李清照,惟彼作于死后,此作于生前,一极悽恻之情,一致肫诚之意,俱足相附以传也。末有刘承幹跋,则刊书时所作也。(14-471)

万晴轩年谱一卷　光绪丙午刊本

清张鼎元辑。晴轩,万斛泉号也。斛泉字齐玉,湖北兴国州人,笃守程朱之学，隐居授徒。曾国藩聘赴大营参赞军事，不就。胡林翼奏举隐逸，给七品顶戴。涂宗瀛又奏讲学进修，老而弥笃，给国子监博士衔。张之洞、端方又合奏学行端纯，一乡感化，给五品卿衔。卒年七十七。按斛泉倡理学于世衰风靡之日，诚不易得。尤可异者，平生未曾一应试，且不授弟子以举业。其弟子宋鼎、邹金粟，俱不求仕进，在清代理学诸儒中未之有也。《谱》言"授徒于高峰山房，有流寇过馆门，窥斛泉讲诵不辍，遂逡巡引去"，亦何异黄巾避郑康成耶？惜中岁名过盛，诸当道争相引重，使不求闻达之士，仆仆于酬接，未免反损其高耳。鼎元于斛泉学行标举甚略，而全录国藩聘书、林翼奏稿，仍未免有势利之见存。前有胡元吉序，称其"年九十二犹黎明即起，终日危坐，虽盛暑不去冠。仓卒作书，未尝不端楷。朔望必具公服谒家庙及朱子祠。退坐书室、几席，书帙必整必洁。往游之士，皆恂恂有礼"云云。可补是《谱》之略。鼎元字兼甫，湖北兴国州人。元吉字敬庵，安徽黟县人。俱斛泉门人。(14－472)

沈归愚自订年谱一卷　乾隆甲申刊本

清沈德潜撰。德潜字确士，号归愚，江苏长洲人。是《谱》乃其所自述，从康熙十二年癸丑起，至乾隆三十一年丙戌止，是年九十四岁。后四年卒，年九十八，赐谥文悫，则是《谱》不及记矣。按文人晚达，无过德潜。六十六岁犹为诸生，虽乾隆初一举鸿博，以失写题中字不合格被放。乾隆己未始成进士，年六十七矣。年七十始散馆，授编修。己巳年七十七，以礼部侍郎赐归。犹于辛未、丁丑、壬午、乙酉四次南巡迎驾，辛未、辛巳二次进京祝太后寿。在籍晋阶尚书、太子太傅，食正一品俸，可谓极人臣恩遇之荣矣。又按德潜以诗名世，一生瓣香王士禛，未及接见。师事叶燮，燮尝以其所作诗质士禛，士禛极称许之。此其渊源之所自也。通籍后，以诗结主知。晚年乃以选《国朝诗别裁集》，首钱谦益，受痛斥，亦全美中之一憾也。卷末附南巡诗并序，卷首有门人顾诒禄序，称其"六十年以前未尝以为否，六十年以后未尝以为泰"，读者称得体焉。(14－473)

谦山行年录一卷 咸丰五年刊本

清熊枚撰。枚字汝调,晚号谦山,江西铅山人。乾隆辛卯进士,官至刑部尚书,以五品京堂休致。是《录》乃枚自记其历官始末,至七十四岁止。后有其曾孙嘉澍跋。枚生于雍正十二年甲寅,三十八岁成进士,以刑部主事用,外放知府。历任平凉、汝宁、顺德、保定知府,济东泰武临道、江苏臬司、安徽藩司,内擢刑部侍郎,升尚书,调工部尚书。数年间凡三署直隶总督,三任都察院左都御史。以直隶藩司书吏假印舞弊侵盗库银案降补顺天府丞。又因京兆印卷迟误,以五品京堂休致,时年七十四矣。其卒于何年无可考,以跋未言及也。《录》中所记刑案为多,最大者松江营弁杨天相、沈长发冒功诬商船为盗船案,杨天相、沈长发俱正法,松江提督枷号示众三月。其他政绩大都平实,无矜夸,然非甚干练无以胜之也。晚年以细过受谴,亦见其时法令之严,于大臣宿望不少贷。而枚一生事迹,遂亦不纪于国史,遂亦不得宣付史馆。若斯《录》者,殆可补大臣列传之缺也。嘉澍跋作于咸丰乙卯,盖刊书之年也。(14-474)

杨蓉裳年谱一卷 光绪己卯刊本

清杨芳灿撰。芳灿字蓉裳,江苏金匮人,以拔贡试选甘肃伏羌令,擢灵州知州,旋入资为户部员外郎,丁母忧归,主讲关中书院,修《四川通志》,卒于蜀。生于乾隆十八年癸酉十二月十八日,卒于嘉庆二十年乙亥十二月二十一日,六十三岁。是《谱》其所自作也。按芳灿少负才名,受业袁枚之门,工诗及骈体文。宰伏羌,值田五起事,捍御危城,得不陷。以弟揆任甘肃布政引避。官京师日,与法式善、吴锡麒、马履泰、张问陶、李鼎元、赵怀玉、谢振定、陈用光、孙星衍、姚椿、陈文述、袁通辈以诗唱和,极一时文酒之盛,具见《谱》中。自赋词有"三十六年尘劫尽"句,倒读之为六十三,竟应卒年之谶,亦奇事也。书为其曾孙婿上饶卢绍绪所刊,时光绪五年己卯也。(14-475)

郑寒村年谱一卷 嘉庆十三年刊本

清郑勋辑。寒村,郑梁号。梁字禹梅,浙江慈溪人。生于崇祯十年丁丑十二月初五日，卒于康熙五十二年三月十五日，七十七岁。康熙戊辰成进士，时年五十二矣。馆选庶吉士，改户部湖广司主事，出知高州府。戊寅丁父忧归，未几病中风，右体废，因改名风，字声雅，号半人。又十余年而终。按梁为学宗黄宗羲，年三十一始见宗羲，其《文存稿》即始是年，颜曰《见黄稿》，以为陈后山年三十一见黄豫章，尽焚其稿而学焉，梁见宗羲亦年三十一，故云。梁父溱，崇祯己卯举人，鲁王时，起为按察副使。溱本与宗羲善，其后梁之子性述先志，建二老阁。二老者，溱及宗羲也。勋字简香，梁之玄孙，就诗文之散见者，推按甄综，而成是《谱》。微伤于繁，然师友渊源、乡邑掌故，不徒藉元家乘也。卷首有万学诗序，又录康熙三十六年诰命，后附梁高州家书一卷。刊于嘉庆戊辰。(14－475)

韧叟自订年谱一卷　排印本

清劳乃宣撰。乃宣字季瑄，号矩斋，晚更号韧叟。浙江桐乡人，同治辛未进士，历知临榆、南皮、完、蠡、吴桥、清苑等县事。晚充资政院议员、京师大学堂总监督、学部副大臣。清室逊位后，避居涞水，又迁青岛。是《谱》系自述，止于庚申七十八岁，次年辛酉六月十七日卒于青岛，年七十九。按乃宣宦直隶廿余年，颇著循声，尤以己亥、庚子在吴桥任，禁遏义和拳，称佼佼。亦不废学，讲筹算、等韵、合声、简字，不无心得。惟办杭州学堂，所拟教法迂腐可笑，乃以能办学名，则时为之也。《谱》后有自题十六绝句，又有其女夫陶葆廉跋。(14－476)

刘青天传　同治癸酉刊本

是书首列国史馆《刘清列传》，次《礼部覆议山东抚学请祀名宦疏》，次《贵州巡抚请祀乡贤疏》附《贵州士绅公禀》，次《热河奉祀刘公祠碑记》，次张邦泰辑《刘贤尹事略》，次梅曾亮撰《总公刘公传》，而终以蒋湘南撰《刘青天传》及《书刘松斋先生轶事》。按刘清字天一，号松斋，贵州广顺人，以乾隆丁酉选拔贡生，充四库馆誊录，官四川县丞，迁知县，数以乡勇破贼，由南充县骤迁建昌道。屡踬复屡起，以其后以云南布政司改登州镇总兵,又改曹州镇总兵。道光二年,以疾乞休。又八年,卒于家。清从宦县令时,人皆呼为青天。贼自为民时,即知其名,与战,众莫为用,故遇之辄逃。入贼巢,谕降者三四,贼不肯害。又爱士卒,人乐为死。川匪之平,皆其力也。其任山东盐运使日,又平教匪朱成良之乱,收复曹县、定陶。盖清以循吏而兼饶将略,在史传为仅见。仁宗御赐诗有"蜀民何幸见青天"句,则青天之名达宸听矣。其以布政使改总兵官,在清代亦为仅见。史馆列传仅据军中奏牍,不能件系,故不详。徒张、梅二传,亦简略。蒋湘南传夹叙夹议,奕奕有生气,谓"清讨功,尤在于抚散贼党且保全民命",所论甚的。但谓"考之传记,闻诸故老,殊多未具,仅觇大略"。其《轶事》一篇则得诸当幕中人所□,传所未及。是书为贵筑杨蔚文重刊本,后有蔚文跋。(14-477)

黄侍郎年谱三卷 乾隆写刊本

清顾镇辑。黄侍郎者,叔琳也。叔琳,康熙辛未以第三人及第,年仅二十。循阶吏部左侍郎,外放浙江巡抚,因案被勘罚修海塘,旋起用,官至詹事府詹事,又以公累罢职。乾隆辛未,重遇胪传,给侍郎衔。卒年八十五。是《谱》分三卷,上卷一岁至四十岁,中卷自四十一岁至六十二岁,下卷自六十三岁至八十五岁。其督山东学政日,孝子尹奇强报仇杀人,叔琳檄令出狱就试,因而得释,甚得扶植士类之妙用。主江南乡试,得知名士陈祖范、任启运、徐文靖等,亦擅精鉴。会试出张玉书、陈廷敬、王士禛、李光地门下,皆名流也。于王士禛契尤深,为刻其《渔洋诗话》《五代诗话》诸书。其自著则一一具载《谱》中,有《砚北易抄》《夏小正辑注》《文心雕龙辑注》《史通训诂补》诸书。盖镇为陈景范门人,后又执贽叔琳门下,渊源最深,叔琳之《史通训诂补》即其校订。是《谱》乃就叔琳子云门原稿为之编次,颇简要得体。后有镇跋。按镇别著有《虞东学诗》,《四库》已著录。(14-478)

尹楚珍年谱 道光五年刊本

清尹壮图自记。壮图,云南蒙自人。乾隆丙戌进士,授职刑部主事,补江南道监察御史，以云南乏大员，骤擢内阁学士。因言事降职回籍，嘉庆己未特旨起用，旋以母老许其归养。授给事中衔，并准在籍奏事。卒于嘉庆戊辰，年七十一。按高宗耄期，和珅擅权，公行贿赂，甚至督抚获罪，自请罚银若干万两即可免议。壮图上疏切言，致干帝怒，命户部侍郎庆成带同往山西、山东、江苏各地盘察仓库，坐无实据，几获重咎。至嘉庆初而情状尽露，至烦谕旨代为昭雪。盖彼时各该督抚等挪移掩饰，巧为蒙蔽，非壮图所言之不实也。此疏在当时为仅见，然嘉庆朝所陈各疏，亦尝屡受申斥，陋规一事，尤中时弊，亦格不用。盖朝政日非，在位虽少和珅之奸，而庶事安于苟且，正言视为迂腐，宜谔谔者之不能容也。壮图言事诸疏，除留中者，其要略见《谱》中。自记止于乾隆末年，以下乃其子佩珩等所续。刊于道光五年，距卒时十七年矣。(14－479)

弇山毕公年谱一卷 嘉庆刊本

清史善长撰。善长字诵芬，江南吴江人，诸生。毕沅督湖广，游其幕府，是《谱》即其时所作也。后有善长自跋，盖承沅命编次，未及半而沅已病，不及见其成矣。是《谱》文笔雅洁，翦裁公牍，不略不蔓，间引诗篇，弥见风趣。于沅编著诸书，粗举崖略，具得体要。惟语多谀颂，于过失处多为删削，殊失征实之义。如乾隆四十一年，以高朴在叶尔羌私采玉石案以审讯，朴家人供辞不实，有旨责草率，《谱》不载。又四十六年以甘肃捐盐州县，通同捏灾冒赈案，谕令沅自行议罪，沅请罚缴银五万两备官兵犒赏之用。《谱》不载，而误将四十七年失察甘肃冒赈案移于四十六年。又五十四年，以河南考城县移建城垣，非地靡费，奉旨严议。嘉庆元年正月以襄阳贼匪滋事，调度失宜，六月又以攻剿当阳旷日持久，两次申饬，《谱》俱不载。又按沅卒嘉庆二年七月，其后一月，上谕毕沅前在湖广失察过多，不必予谥。四年九月，又以沅任湖广总督贻误地方，且提用军帑，馈送领兵各大员，谕令革荫没产。《谱》更不之及矣。按洪亮吉《书事》言“沅宽平，官陕西久，诸细事或废弛”，又言“沅军旅非所长，又易为属吏欺蔽”云云，自是公论。然沅礼贤下士，如恐不及，一时江左人才，半归幕府。其轶事流传，亦有不宜没者。又惜善长未措

意及此也。(14－480)

孙渊如年谱二卷　光绪戊戌刊本

清张绍南辑，王德福续辑。绍南，江苏阳湖人；德福，江宁人。自一岁至五十九岁，绍南辑；自六十岁至六十六岁，德福补。光绪戊戌，星衍曾孙士廉得其稿，校而刊之，即是《谱》也。按星衍未第时，尝客毕沅陕西巡抚署，喜慢骂，一署中疾之若仇，严侍读长明等辄为公揭逐之。毕公因别构一室处孙，馆谷倍丰于前云云。事见洪亮吉文集，是《谱》未载，就此可见其负才尚气。其后不肯屈节和珅门下，见端于此。在刑部，深究刑律，每治狱多所平反。兴水利亦有成绩。所撰辑书甚多。晚年颇得顾广圻、严可均之助，《谱》俱明著之。据《谱》，尝采钟鼎文字为《说文翼》，至五十七岁始校定。无与严可均事，而《式训堂丛书》目有《说文翼》一种，题严可均撰。但书未刊成，学者颇惑。余十余年前，曾于南海盛氏见《说文翼》稿本，确题孙星衍撰，乃知《谱》不误也。《谱》又载义士左伯桃、羊角哀墓在山东范县之义城寺东，县令唐晟请考其事。则小说亦非尽诬也。按是《谱》不为详赡，似未星衍诗文集及集外文未曾为钩稽者。书后有士廉跋。(14－481)

洪北江年谱一卷　光绪丁丑重刊本

清吕培编。培字因叔，安徽旌德人，嘉庆癸酉拔贡生。北江，洪亮吉号也。按《谱》，亮吉四十五岁始登第，时为乾隆庚戌。壬子即放贵州学政，时尚未散馆也。培以为未散馆翰林为学政者，始亮吉及石韫玉。盖韫玉以第一人及第，与亮吉同庚戌，又同时放云南学政也。不知前乎此者，已有辛巳修撰王杰，于次年壬午即充湖南乡试副考官，又甲申提督福建学政，皆未散馆，培殆未之考也。又按，亮吉以嘉庆四年上书成亲王陈时政，几获严谴，后改戍伊犁。五年，京师久旱，祈祷无效，忽奉仁宗谕将亮吉原书宣示内外，并装潢成卷，常置座右，随赦亮吉回籍，是日即得甘霖。御制《得雨诗注》记其事甚详，乃《谱》不载原书，惟据上谕有"视朝稍晏，小人荧惑"等句。又据孙星衍作亮吉传，称"致书亲王大臣，累数千言，列某封疆误国，不恤民；某使臣婪索，亏帑藏；某号称正士，托迹权门；某列官清班，乞怜费要。又言部使出按章，辄瞻徇完结，不能伸理冤狱。凡指斥内外臣四十余人"云云。而亦不录全文。按此书既经宣示中外，又至尊常置座右，似无所用其忌讳，且亮吉立朝大节所系，《谱》竟略之，殊不可解也。又《谱》于亮吉所著之书，止记成书年月，于本书概略及一生著书全目，俱不详。培为亮吉门人，何疏略至此！后附诸传、状、碑志、遗事，与《谱》可相参证。书为洪用勤重刊本。用勤，亮吉曾孙也。（14－482）

竹汀居士年谱一卷 道光辛卯刊本

清钱大昕自述，其孙庆曾注。六十六岁以后，则庆曾续编也。大昕生于雍正戊申，卒于嘉庆甲子，七十七岁。乾隆甲戌进士，官至詹事府少詹事。乙未丁父忧，时年四十六，不复出。大昕仕不废学，归田后益肆力著述。是《谱》意主简质，独详于治学著书之年月。其《廿二史考异》《考史拾遗》《元史氏族表》《艺文志》《唐五代学士年表》《通鉴注辨正》《洪文敏》《陆放翁年谱》《疑年录》《鄞县》《长兴县志》《金石文跋尾四集》《三统术衍》《十驾斋养新录》《馀录》诸书，皆成于家居之时。亦有不著属稿年月者，如《恒言录》《四史朔闰考》《声类》之属。《谱》载大昕"为两湖总督毕公覆勘《续资治通鉴》，未蒇事而毕公卒，以其本归公子"。时嘉庆丁巳也。按《章实斋文集》有《代毕沅与大昕书商榷续资治通鉴体例》，末云"全书录副呈上，幸为检点舛误"云云。此书作壬子，则大昕校此书时当在壬子，《谱》于此漏载。又章实斋作《邵与桐别传》中有云："已故湖广总督镇洋毕公沅，尝以二十年功属某客续宋元《通鉴》，大率就徐氏本稍为损益，无大殊异。属君更正，君出绪余，为之覆审，其书即大改观。时公方用兵，书寄军营，读之，公大悦服，手书报谢。公旋薨于军，其家所刻《通鉴》，乃宾客初定之本。君之所寄，公薨后家旋籍没，不可访"云云。据是《谱》，言"以本归公子"，则毕氏所刻本与实斋所云"宾客初定"之本，乃大昕未蒇之本也。庆曾之注，就《谱》中所引人物、古迹，为之考证甚精核。尤详于家世，即作《钱氏家乘》观可

也。卷首有宝山袁翼序，后有庆曾跋。（14-483）

斯未信斋年谱一卷　同治刊本

清徐宗幹自述。宗幹字树人，江苏通州人。嘉庆庚辰进士，由山东知县洊浙江布政使，降调回籍，奉旨办理团练。旋擢福建巡抚，卒于任，年七十一。是《谱》记至同治五年六月二十一日“有大星自南而东下陨，至地有光”而绝笔。卒于是年十月二十日，所阙止四月。前录褒恤、上谕及宗幹遗疏，英桂、左宗棠代递遗疏奏，后有其子毓海跋。按宗幹起家牧令，以循良称。《谱》于所莅之县，备载治绩，具见实心为政。其纪冬赈，谓“秋末即按保甲册密查户口之极贫者记之，届期以票封与各地保及公正绅士，按户分给。另建栖流所收养流民，按日给薪米，令自炊。本境贫民皆得实惠，而城市亦清静”云云，可为后人取法。惟记略涉夸张，自其口出，尤属非体。晚岁在福建，值李世贤、汪海洋诸寇由粤入犯，连失汀漳及各要地。若非左宗棠提军来援，几为江浙之续。则勤吏治者，不必优兵略也。《谱》首别载族胄，由宋讫本人，不分代次，而题曰“世系”，亦非体。（14-484）

学案备忘录一卷　传抄本

清成蓉镜撰。蓉镜有《周易释爻例》，已著录。是书题下自注云：“随笔杂记，略无诠次，聊备遗忘。”即是书所由名也。又云：“国史《满汉大臣传》、《儒林传》及《国朝先正事略·名儒类》所已有者，悉删去。”所录止五十八人。开首录段玉裁，因及江永、戴震，谓“永之《近思录集注》，以紫阳之说注紫阳之书，大关学术。震所著《孟子字义疏证》及《原善》《论性》诸篇，于江氏论学之大指颇相违戾。如玉裁者，可谓干蛊”云云。殆欲援汉学入宋学，其旨可见矣。所录诸人，事迹不求备，惟采其涉于理学者，惟刘世謩、朱彬、苗之铤、刘宝楠、王瑶桢五人，籍隶宝应者，较详焉。（14-484）

越中先贤祠目一卷　光绪十一年刊本

清李慈铭撰。慈铭有《汉书札记》，已著录。是书首序先贤祠之缘起,次定崇祀先贤之例。大要在严界限,凡侨籍、改籍、流寓者,俱不得与;虽史有佳传,代负盛名,而易代之际有可议者,不得与;立言有违名教者,不得与;善虽称于志乘,而史传有瑕疵者,不得与;时代行事无可考者,不得与。德行事功虽可纪而世较近者,亦从缓焉。余于郡籍人物,亦多考核。所记自汉严光至清傅鼐,凡二百二十二人。书为慈铭写刊,甚精。(14-485)

陈句山年谱一卷 乾隆刊本

清陈玉绳述。按陈兆仑字星斋,号句山,浙江钱唐人。雍正庚戌进士,分发福建知县,旋荐举博学鸿词,未试,先考取内阁中书,复以词科授翰林院检讨,历日讲起居注官、侍读学士、顺天府尹、太常寺卿、太仆寺卿、通政使司副使,终于太仆寺卿。生于康熙庚辰,卒于乾隆辛卯,七十二岁。玉绳,其从子也。兆仑于乾隆癸酉擢太仆寺卿,阅十四年丁亥再为太仆寺卿,终于其官。《谱》中述早年曾梦迎驾,借戴张藻川之冠,时藻川方官太仆,丁忧家居,竟成终身之忏,亦一奇也。是《谱》所述梦境非一,虽有巧验,殊可不必。又按兆仑学有根柢,与杭世骏、齐召南同举词科,名亦相埒,其父亦为方苞所许。乃是《谱》于学问梗概、诗文年月绝不之及,何耶?卷首附顾光《墓志铭》、郭麐《神道碑铭》,与《谱》互有详略,可资参证。(14-485)

周稚圭年谱一卷 同治刊本

清周汝筠、周汝策辑。周之琦字稚圭,河南祥符人。嘉庆戊辰进士,由庶吉士授编修,历司业、中允、侍讲,外放四川盐茶道,升浙江按察使、广西布政使。丁母忧,服阕,补太仆寺卿。历刑部右侍郎、广西巡抚。生于乾隆壬寅,卒于同治壬戌,八十一岁。是《谱》大都搜集公牍、家书而成,繁芜不翦,殊无足采。按之琦素工词,所著有《心日斋斋词集》①,而诗无存稿。《谱》中凡有诗九首,其《八十生日志感》有句云:

① “心日斋斋词集”,疑衍一“斋”字。

“重吟冥报句，慎勿哂渊明。”盖之琦晚岁颇贫，至货屋助饷，读是诗可以见想其清操。汝筠、汝策，皆之琦子。汝筠，道光乙未举人，官至江西督粮道。(14－486)

叶石农自编年谱一卷 咸丰五年写刊本

清叶葆述。葆字宝田，山东东昌人，乾隆己酉举人。以授徒为业，门下士科甲甚盛，侍郎聊城杨以增以藏书著，即其高足也。《谱》中隶事琐细，惟每年详载来学弟子姓名。所撰《齐语考略》外，有《十二科墨选》，殆一老学究耳。是《谱》即以增所刊，后有高均儒跋。(14－486)

卜子年谱一卷 活字印本

清陈玉树撰。玉树有《毛诗异文笺》，已著录。是书首有自序。据《史记·仲尼弟子列传》子夏少孔子四十四岁，而《史记》称子生于鲁襄公二十二年，《世本》同，孔子四十四岁为鲁定公三年，即周敬王十三年，子夏实生于是年。又据《史记·魏世家》文侯二十五年受子夏经艺，计其时，子夏已百有八岁，其卒在何年，则不可考。是《谱》从周敬王十三年起，至安王二年，即魏文侯二十五年止。分年隶事，其涉于考证者，据郑康成云：“温国卜商。”玉树以为温本东周畿内苏子国，为狄所灭。狄不能有，地归周。鲁僖二十五年，襄王以赐晋文公。故子夏在春秋时为晋人，三家分晋，温属魏，子夏又为魏人。并证以《礼记·檀弓》正义引《仲尼弟子列传》：“子夏姓卜名商，魏人也。”复云“子夏，魏人也，居西河之上”。今本《史记》无“魏人也”三字。而以怀庆府之温县故城，旧属卫者为非。按《家语》以子夏为卫人，《经典释文序录》同，《文选·左太冲招隐诗》注引《尚书大传》：“子夏对夫子云：‘退而穷居河济之间。’”《艺文类聚》六十四引同。温县故城，正当河水之北，济水之南。然则《家语》亦不为无证。或者因子夏晚岁教于西河之上，西河魏地，遂因此疑为魏人耶？然玉树亦证明子夏曾居鲁，教授生徒，讵得因此疑为鲁人？两存其说可也。又据阎百诗《四书释地三续》，孔子厄蔡之岁为六十三，子夏年十九，以驳金鹗、郑环之说。按十九之年，即以文学著称，亦似过早。

注家有谓“从我于陈蔡”章与“德行颜渊”章原不相接者，则无须辨也。他如“为莒父宰”，据《四书释地》，莒父属鲁西鄙，非旧属莒国之莒州。今莒州有子夏祠，系附会。“教于西河”，据《史记索隐》系龙门至华阴之地，《寰宇记》误以为汾州西河县相传有子夏在者，亦附会。按此二条俱确。自序并考群经之置博士始于鲁缪公，博士有弟子始于魏文侯，亦发人所未发云。（14－487）

唐仲友补传补一卷 光绪金华倪氏刊本

清张作楠辑，其弟作楫注。作楠字丹邨，作楫字舫斋，浙江金华人。《宋史》以仲友曾为朱子所劾，不立传，宋濂私补之。《明史·艺文志》有其目，而书不传。《金华志》虽有其传，大都剽窃《论性》《论学》语攒凑而成，不足见仲友之真。作楠是《传》，用集句体，采集既博，贯串亦佳。其纪载互异，《传》所未详者，作楫又仿《考异》例，注于各条之下，亦极精核。仲友本究心经世之学，尤工于文。《传》中所录，隆兴元年上张浚书于战守机宜，最条畅。史称张浚视师江淮，招徕山东、淮北忠义之士，以实建康、镇江两军。万弩营所招淮南壮士及江西群盗，陈敏统之以守寿州。凡要害之地，皆筑城堡。其可因水为险者，皆积水为匮，增置江淮战舰，诸军弓矢器械悉备。金人闻之，亟撤兵归云云。殆即用仲友之言。他如二年《上四府书》，八年上书论时政，以至论理财论救荒，无不洞中窾要。其为学博通经史，惟不专谈性命。其《论语发题》有云：“近世释者各以己意为说，以为圣人之道尽在是，他所说者皆非，则过矣。”意殆指朱子。著述之多至八百余卷，今皆散佚，作楠具著其目。作楫所注，如据《辞学指南》以正道光金华举宏辞科之误。又据《上四府书》有“蒙被国家长养作成之恩”句，定仲友生于乙卯。据《夷坚志》知仲友知医，能以意治病。据唐氏《谱》，知朱子按仲友第三状所列仲友子士俊、士特、士济三人，皆误。据周必大《经世图谱序》，仲友卒年五十三，以订唐氏《谱》八十有二之讹。其于朱子与仲友互劾始末，言之尤悉。读此《传》者，可以持朱、唐之平矣。《传》后有论，亦系集句。卷首有作楠自识补宋《传》缘起，卷末有作楫及金萼梅跋。（14－488）

山阳录一卷　康熙患立堂刊本

明陈贞慧撰。贞慧字定生，江苏宜兴人，诸生。侍郎于廷子，清检讨维崧父。是《录》首《五君赞》。五君者，陈继儒、文震孟、张玮、黄道周、华允诚也。皆□□执冠以继儒者，殆寓真处士之意。次《乙酉四君子赞》。四君子者，侯峒曾、徐汧、夏允彝、黄淳耀也。皆有缟纻之谊，同殉难南□者。次《十子篇》。十子者，吴应箕、杨廷枢、钱禧、雷演祚、周镳、麻三衡、梅朗中、陈子龙、顾杲、卢象观也。次又《二子篇》。二子者，黄毓祺、张溥也，附一人陈裸也。此十三人学问，道同志同，平生多兄事弟事者。终以《伯仲篇》。贞贻、贞达皆其兄也。诸人或死国难，或死党狱，或死感愤，或死疾病。题曰"山阳"，用"向秀闻笛"语意。每篇先叙其意，而后赞之，词旨凄惋。首有衲米序，为补述若干人。盖不徒思旧怀贤，亦以寄沧桑之感也。(14－489)

陆放翁先生年谱一卷　嘉庆八年刊本

清钱大昕撰。是《谱》较赵翼所撰事实较详，考证亦多确。如父宰卒于绍兴十八年六月丙午。以右从事郎为敕令所删定官，在绍兴三十年五月。除大理司直，在绍兴三十一年七月。皆据《系年要录》。又如初娶妻唐氏，不获于舅姑，被出。放翁不能忘情，于绍兴二十五年春出游，相遇于禹迹寺南之沈氏园，为赋《钗头凤》词。绍熙三年偶过禹迹寺南沈氏园，又作诗，有"林亭感旧空回首，泉路凭谁说断肠"之句。开禧元年十二月二日夜梦游沈氏园，有"玉骨久成泉下土，墨痕犹锁壁间尘"之句。其长子子虡生于绍兴十八年，仲子子龙生于绍兴二十年。赵《谱》俱未载，大昕独详之。尤要者，《直斋书录解题》谓其嘉定庚午八十六而终，与《宋史》异。大昕据集中《题药囊》诗有"残暑才属尔，新春又及兹"之句，又《末题》诗云"嘉定三年正月后，不知几度醉春风"，则正月间尚亡恙，《宋史》盖误也。大昕所引《系年要录》《中兴百官题名》，皆赵氏所未见。然搜采亦不为备，即《家世旧闻》十卷，足本且未之见，他可知矣。(14－489)

陆放翁年谱一卷　瓯北诗话本

清赵翼撰。翼字云崧，江苏阳湖人。乾隆辛巳赐进士第三人，官至贵西道。《放翁集》向无《年谱》，其诗自入蜀以后四十卷，系出手定；四十一卷至八十五卷，则其子虡于放翁在日随年记录，故岁序略可考见。而集中碑记之类，多书年月官位，亦可借以稽其时位。翼是《谱》即据此为主，而参以《家世旧闻》《老学庵笔记》等书。并节时事之重要者，系于每年之下，以相印证。大致尚简净，惟系卒年在嘉定二年己巳，云年八十五，系沿《宋史》之误。按放翁实卒于嘉定三年庚午，年八十六，见陈振孙《直斋书录解题》。又记其父宰，云官位不可考。宰之卒，但于绍兴十七年条下注云："是年父尚在，而入仕后，未见有丁父艰之事，盖卒于此数年中"云云。按《系年要录》载："绍兴十八年六月丙午，知临安府、直秘阁陆宰卒。"是宰最终之官及卒年皆可考也。又庆元三年条下注，据《说郛》云"初娶某氏"云云，按放翁初娶妇系唐氏，与其母为姑侄，其姓亦可考也。又隆兴二年条下据本传"通判建康，寻易隆兴府"云云，按放翁无通判建康事，《宋史》误载。其官隆兴，在乾道元年，非隆兴二年，翼殆失考。又嘉定二年春被劾落宝谟阁待制，有"乞身七年罪未除，君恩尚许宽严谴"之句，具载诗集中，翼当见之，而《谱》未之及，此岂可删者耶？是《谱》首有小引，即附于所撰《放翁诗话》之后，无单行本也。（14－490）

陈恪勤公年谱一卷　道光乙巳刊本

清唐祖价纂。按陈鹏年字北溟，湖南湘潭人。康熙辛未进士，以知县授浙江西安知县，终于河道总督任，谥恪勤。历任县府，多惠政，得士民心。仕江宁日，为总督阿山所陷，几致不测，赖张英、曹寅力得解，旋命来京修书。参之《榕村年谱》，则为之请者李光地也。任苏州日，又忤总督噶礼，奏其《题虎丘》诗，以为阴蓄异心，几陷文字之狱。幸噶礼败，事亦得白。晚岁治河，亦颇著绩。当其被陷也，士民为呼吁者达数万人。其去任也，士民之挽留亦如之。亦见彼时直道犹存。鹏年与子书言："我一生绝无奇功伟绩，徒以‘不要钱’三字，上受知于先帝，下见爱于百姓”云云。按鹏年与张伯行俱以清官为百姓所爱戴，可见其时贪黩风行，得清官甚难，而在江苏为尤难也。又按鹏年有自订《年谱》一卷，今不传。祖价据国史本传及各方志碑传谱录等书纂成是《谱》，尚属详实，惟所记多涉神鬼，料出附会，似欠审择。又记四朝诗馆纂修诸员，吴暻、王铨外，惟刘西谷名未详。按西谷名灏，陕西泾阳人，见《清御史题名录》。《谱》首有鹏年像二，后有祖价跋。祖价字介人，亦湘潭人。(14－491)

焦里堂事略一卷

清焦廷琥辑。廷琥字虎玉，江苏江都人，诸生，焦循子。是书即纪循一生事略也，不依年谱例，随笔记述，而循持身交友、治学著书之梗概，具见其中。循以考据著称，乃其言曰："近之学者，无端而立一考据之名，群起而趋之。所据者汉儒，而汉儒中所据者，又唯郑、许。执一害道，莫此为甚。"为考据者，必嫉理学，乃其言曰："紫阳之学，所以教天下之君子；阳明之学，所以教天下之小人。为两家之学者，无庸互訾。"其论学经之法曰："不可以注为经，不可以疏为注。"其论作文之法曰："不学则文无本，不文则学不宣。"凡此皆得于趋庭时之所闻。至如同时交游各以所学相切劘，又成一书之先后难易及其主旨，记之尤详。其他烦要不甚切者，概从删略。盖酌于家传年谱之间，兼乎纪事纪言之体。又名父贤子，渊源传授，其言之亲切宜矣。书后附已刻未刻书目，亦使搜求遗著者可得所据依焉。(14－492)

苏溪渔隐读书谱四卷　光绪十五年刊本

清耿文光撰。文光字斗垣，山西灵石人。同治壬午举人，官平遥县训导。是《谱》分年隶事，与他年谱同。惟所记大都读书、购书、修目录诸事，其一生事迹，别详于《五十自序》及篇末所记。首有自序，称"以年谱之体，序读书之次。凡关于书者斯笔之，而事则从略。故名曰《读书谱》"云云。《谱》中语多泛衍，如因认字而遍举训诂、字书、韵书之属，因读诗而总述传授、流别、版刻异同之类。惟剿袭陈言者居多，发抒心得者甚少。于音韵、词章尤欠探讨,不免参以谬见。中有一条云:“昔来瞿塘居深山三十年,成《易注》,以为前古未有。然所说中爻之象,即汉以来互体之法。岂非伏处村塾,不睹遗文秘籍之故哉?”按此数语不啻文光自道。所购书亦皆坊间通行,绝少旧抄精校。而斤斤数之,亦所谓敝帚自珍者也。所记止于光绪己丑年六十岁,其人尚健在也。(14-493)

温壮勇公六合殉难事略一卷 光绪活字印本

无编者名氏。壮勇者,温绍原所赐谥也。有周长森撰《传略》,徐鼒撰《祠碑记》,绍原自作《乞援血书》及《六合军中纪事》七律四首。弁以御赐祭文、原籍督抚请合建昭忠祠奏折、同治元年二月十三日再恩恤战功卓著死事诸臣之上谕、光绪三十四年九月三十日军机大臣咨查功勋著二十三员有后嗣之名单,末附湖北按察使司梁鼎芬捐置墓田立案之原文。按绍原字北屏,湖北江夏人。入资为淮南盐大使,代理六合令。督练勇杀贼,又破平天长未安土匪,随官军攻克江浦。卒以坚守六合,城陷殉节。长森《传》甚略。劾绍原者为德兴阿,请开复者为何桂清,《传》中讳其名,何耶?惟兼及总兵吴全美事,得昌黎《书张中丞传后》遗法。鼒尝与绍原共事,故所言较详实。其英夷轮船至金陵,获其通贼书,绍原与鼒犒劳始退。互见鼒所记与绍原《纪事》诗。此着所关非小,绍原以一资郎,竟能杀贼殉职,谁谓捐纳中无人材乎?(14-493)

杜文正公年谱一卷 咸丰刊本

清杜翰、杜翻纂。按杜受田字芝农,山东滨州人。道光癸未会元,由翰林官至协办大学士,卒谥文正。受田傅睿宗于潜丘,历十余年,深受知遇。故睿宗继位后,宠眷最隆,其饰终典礼之优,为近代第一。自受田以师傅谥文正后,沿为定例,至孙家鼐而止。《谱》中所载,惟疏荐林则徐、周天爵数废员及主轻处薛执中案,不使酿成文字狱,是其荦荦大者,故论者颇以无所建白为疑。《谱》称“于召对时多所敷陈,未尝以泄于人,即其子亦莫由知”。证之上谕所云“每召见时,于用人行政,国计民生,造膝敷陈,深资匡弼”等语,知非虚饰。相传睿宗为皇子日,调护备至，即一言一动之末，亦为谆谆教导。故于其身后，震悼特深，非无故也。翰、翮俱受田子。翰，道光甲辰进士。翮，道光乙未进士。俱入翰林。受田卒时，其父堮尚在，先以礼部侍郎致仕。祖孙父子，同时任馆职，亦仅见也。(14－494)

恪靖公年谱一卷 乾隆刊本

清王永祺编。按胡宝瑔字泰舒，安徽歙县人。雍正癸卯举人，官至河南巡抚，卒谥恪靖。以从傅恒征大金川，由顺天府丞骤升府尹。其后历任山西、湖南、江西、河南四省巡抚。虽无赫赫之勋，而恪谨持躬，未尝少受挫跌，在乾隆朝督抚中不多见也。其以内阁中书考选御史，旧无其例，自宝瑔始。《谱》记生之前夕，梦王文成赠一金轴，曰："五十年后，送至吾乡。"至乾隆辛未，高宗南巡，果承命往祭文成。岂凡事真有前定耶？抑不免附会耶？永祺，华亭人。(14－494)

郭庆藩行述一卷 光绪刊本

清郭振镛所辑其父庆藩事略也。庆藩字孟纯，湖南湘阴人，郭嵩焘侄，诸生。纳资通判，由军功保知府，官至江苏候补道。篇中所述办盐厘海运诸事，自是干才。惟请恢复琉球，言之侃侃，未免不识时势。开矿行钞诸策，亦空言无实。独论六书中转注，创为三例，一曰举部首之字，与其部得声之字为转注。如"酉"注水而转为"酒"，"小"注丿而转为"少"之类。一曰举一部为纲，而以得声之字互为转注。如"坻"注一而转为"坻"，"空"以工注弓而转为"穹"之类。一曰举一部得声之字，而以分见异部得声之字为转注。如"不"注一而转为"丕"，"降"注生而转为"隆"之类。其说甚新，盖深有得于鄦学者。(14－495)

张朗甫行述一卷 刊本无年月

清张方泳等所辑其廷鉴之事略也。廷鉴字朗甫，山西阳曲人。嘉庆辛酉进士，改翰林院庶吉士，散馆以知县用，旋援例就内阁中书。居家读书授徒不复出，卒年四十八。是篇所记言行甚详，大率持身治家涉世，以古为则。平生服膺同邑先辈傅山，谓“其学直指心源而棒痕掴血，脱尽讲学门面，实从来所未有”。辑有《霜红龛集拾遗》并《年谱》。又师事徐润第，润第尝与参订所作《中庸私解》诸书。所交若王崧、陈履和辈，皆好学笃行士也。其通籍不求仕，志趣亦不可及。（14－495）

汪悔翁行状一卷　光绪刊本

清甘元焕纂。按汪士铎原名鏊，后改士铎，字振庵，晚号悔庵，江苏上元人。元焕，其门人也。士铎早治经学，尤深于地理。其为《水经注释文》，广辑群书，释以今地，订正縠水、江水、若水、沫水、延江水、存水、温水、叶榆水、夷水、沅水、资水、湘水凡十二篇，可补赵一清所未备。其书已亡于兵火，幸存其说于此。亦好言兵，上胡林翼书，极言楚勇之弊，且诋及当时统兵之文人，谓“新集之兵，特莠民之贪惰者。以罗、李之故，而统领必用文人，则未思间世之英，其兄弟父子有不能继其轨者，何可概求之占毕之士”云云。其言不必有当，然大异乎谄谀之士矣。士铎卒年八十八，然半生坎坷居多，继配沈尤不相得，有敬通、孝标之恨，其至形之文字，具见未刊稿中。元焕于此未赞一词，盖为尊者讳也。末附著书总目，惟佚者八九，殊可惜耳。（14－496）

黄公度事略　光绪活字印本

清黄遵楷述。按黄遵宪字公度，广东梅县人。光绪丙子中顺天籍举人，历充出使日本参赞官、美国金山总领事官、出使英法二等参赞官、新驾坡总领事官、奏派五省教案委员、苏州开埠事宜委员、出使德国大臣、湖南盐法长宝道署按察使。光绪戊戌派充出使日本大臣，未及行，遇政变，罢归。按遵宪自游日本后，颇谙悉列强情形及我国应付之方法，所言有行有不行，而皆有见地，在彼时无第二人也。其《日本志》成书太早，于其维新以后之政制未及详论。论主扫去词章家陈言，用今人所见之理、所用之器、所遭之时势，一寓之于诗。证之其所为诗，虽未臻绝诣，亦卓然自立者。惟是书所记多属空谈，笔亦俚俗，殊不足观。遵楷字幼达，遵宪弟也。（14－496）

李文正公年谱七卷　嘉庆甲子重定本

清法式善辑。式善字开文，蒙古人。乾隆壬寅进士，官仕读。文正者，李东阳谥也。先是，式善为东阳作《谱》，意主简核，以授唐仲冕，仲冕有所增订，与王芑孙同序之，刻于扬州。既而式善修书殿阁，多所采获，因就刻本重加厘定，即是本也。书分七卷，卷一起正统丁卯讫天顺丁未，卷二起弘治戊申讫弘治乙丑，卷三起正德丙寅讫正德庚午，卷四起正德辛未讫正德丙子，卷五杂纪，卷六至七附录。按东阳于弘治七年甲寅，始以礼部右侍郎专管内阁诰敕，遂与刘健、谢迁同柄政，至弘治十八年乙丑，遂同受顾命。其后刘瑾擅权，健、迁被斥而东阳独留，时论讥之。然健、迁未去之前，东阳之求退也，与健、迁同。健、迁得罪之后，东阳之求去也益力。己卯疏称“备员内阁一十六年，辞免者二十有四”，其非恋栈明矣。杨一清为作墓志铭，称“他人瑾前论事，唯诺无敢与可否，公独事事辨析。瑾不能平，每切齿焉”。则非附瑾亦明矣。李绂以狄仁杰比东阳，谓“起用杨一清，使偕张永平寘镭。因结永，遂诛瑾，为东阳之功”。意在为东阳辨护，不知一清结永，永诛瑾，皆不可必之事，断非东阳意料所及。即张柬之之诛武氏，亦非仁杰意料所及也。论者又谓“留其身以扶持善类”，亦非知东阳者。盖既求去不得，只可随事补救，岂必如康海之为李梦阳耶？本传称“罢相家居，至设客不能具鱼菜”，淡泊之致可以想见，无事更骋辩矣。是《谱》掇拾该博，几于巨细不遗。其《麻太夫人九十寿言册》所举大理寺右寺副兆延、尚宝司卿兆蕃，俱已一清所为墓志铭，俱东阳侄。兆蕃又后东阳者，芑孙喋喋考辨，殆未见一清文耳。式善并自录所作《西涯考》《畏吾邨墓记》《李东阳论》《韩邦奇见闻考随录辨》诸篇于《谱》中。其《西涯考》最核。书刊于嘉庆甲子。（14－539）

司马温公年谱八卷卷后一卷遗事一卷　求恕斋刊本

清顾栋高辑。栋高有《春秋大事表》，已著录。栋高据正史及光所作诗文，为之考订年月，参稽事实，字字有本。如光妻清河郡君，卒年六十,系元丰五年壬戌,因推知娶妻在二十岁。又光子康卒于元祐五年庚午,年四十一,见范祖禹所撰《墓志》,因推知生子在三十二岁。又如《祔庙议》《配天议》《宗室袭封议》篇中不著年月,则据《宋史·礼志》定之。大抵以苏轼《行状》为蓝本,而补其缺略,正其讹舛。又以光平生于国家典礼政事无不关预,于每条下附载当日施行何如,并同时朝士之意见、后代儒者之议论。又以《年谱》与文集分行,欲使读《年谱》者不须更阅文集。因是录奏疏书牍特多。其生年月日与营葬天章公及树碑之日月干支等事,则采之马峦旧谱。至于光卒后元祐之赠封赐谥,绍圣之削夺仆碑,靖康之追雪,建炎之配享等事,别载之于卷后。述温公者,至是无遗憾矣。栋高于叙事之下,时参论断,谓"《祔庙》《配天》二议,可法百代。虽为朱子所非,孙忭所阻,而可法百代"。谓"《罢陕西义勇议》,虽为韩琦不采,而验之十年,说多允洽"。惟与王安石争新法一事,新法之是否当别论,惟安石不免操切,光诤之于初行之时,未尝不是。至元丰末叶,则行之已久,人多习而安之,乃必不顾利害一切推翻,且于安石所用之人,无论贤否,概行斥逐,使之铤而走险。当时程颢即言须并用熙丰之党,而光不之听,致有绍圣之报复,则光亦不得辞其咎也。栋高于此,仍是为光曲护,斯失其平矣。卷首有栋高自序及凡例,并参订书目、《温公像赞》等。序作于雍正癸卯,阅百余年,吴兴刘承幹得其稿而刊之。(14-540)

司马温公年谱五卷附录一卷　明万历刊本

明马峦辑。以苏轼所撰《行状》为主,参以本传、《言行录》,兼采《传家集》、诗话、小说。所引诸书俱著出处,条下间附己见。惟考订疏略,不免讹误。如光服除授官,编在庆历五年乙酉,年二十七岁。考光诗自序,明云庆历庚申,光年二十六岁。又生子康,编在庆历八年戊子,光年三十七。考范祖禹撰康《墓志铭》,康卒于元祐五年庚子,年四十一。逆推之,当生于皇祐二年庚寅,光年三十二。光与王安石同为群牧判官,在至和元年甲午,见《宋史》安石本传及欧阳修荐安石札子。此乃系之庆历乙酉,与事隔十年之武成军判官同编一岁中,尤为无理。然亦不无所得，如据叶佑之《光山祠记》定生年月日，据《东莱诗话》补韩琦《安阳集》所遗之三书，据《传家集 · 邀子骏尧夫西街赏花诗》考出真率会画像所遗之二人。如此之类，则固有不可没者。峦于光为乡后进，卷首有峦自序及凡例、引用书目。又书署"温公十世孙露校梓"，露亦作序，别有王远宜序。露序称"光曾孙吏部侍郎伋，从高宗南迁，胡元僭窃，后人无一仕者。至明而有大司成恂、侍御垔、助教鞓，科第相望"云云。与开卷所举世系，后先参照，俱不可少云。(14－541)

司马文正公年谱一卷　乾隆传家集附刊本

清陈宏谋辑。宏谋字汝咨，广西临桂人。雍正癸卯进士，官至大学士，谥文恭。是《谱》首有自序，称"马峦所纂《年谱》，与史传、文集颇多舛遗，因为参订改正，删其繁冗，补其缺略"云云。按马《谱》以子康生系于庆历八年戊子，宏谋亦沿其误。惟服除补官，移之庆历四年甲申。其除群牧司判官，虽不见苏轼《行状》，然《闻见录》载光与王介甫同为群牧司判官事，证以《言行录》载："安石以至和中召试馆职，固辞，乃除群牧判官。"《宋史 · 欧阳修传》称："荐安石为谏官，以祖母年高辞。修以其须禄养言于朝，用为群牧判官。"其荐安石札子亦云"至和中"，可知确在至和元年甲午。宏谋于马《谱》系于庆历乙酉者，虽已削之，乃《谱》中全没其迹，殆未深考也。他所增入，大率据《长编》及《传家集》，于元祐改法诸事，仍嫌采集未备。按宏谋为是《谱》虽在顾栋高后，但顾书尚未流布，其中虽不无暗合者，而终逊其详且核也。(14－542)

宋广东制置使凌公死事本末一卷　民国甲寅刊本

清凌鹤书撰。鹤书字孟徵，广东番禺人，光绪举人。是书为宋凌震死事作也。按震字国威，吴人，登理宗淳祐四年进士第，知广州兼领岭南东路经略安抚使，改广东都统，旋升广东制置使。《元史 · 李恒传》云："恒进兵取英德府、清远县，败其制置凌震、运使王道夫，遂入广州。世杰等移屯厓山，时都元帅张弘范舟师未至，恒按兵不动。凌震等复抵广州，恒败之，皆弃舟走，赴水死。"《传》又云："越十六年二月，弘范直指厓山，恒率所部赴之。张世杰集海舰千余艘，贯以巨索，为栅以自固。恒断其汲路，捣其栅，索绝，世杰犹死战，弘范督南面诸军合击，大破之。陆秀夫先寻妻子于海，乃抱卫王赴海死。死者十余万人，后宫及文武之臣。其大将翟国秀、凌震等解甲降。”按《传》先言凌震赴水死，后又言凌震解甲降，互相矛盾，必有一误。证诸《宋史·二王附纪》载厓山之战，曰：“诸军溃，翟国秀、团练使刘俊等解甲降。”则与翟国秀同降者，乃刘俊也。刘俊恰与凌震姓名对音，致误或由于此。而《宋史新编》《南宋书》《续资治通鉴》皆沿《李恒传》后段之误，不为辨正。《广东通志》《广州府志》亦因之。鹤书系震裔孙，据宋、元二史反复驳难，意在为震辨诬，不特降非事实，即他书谓“战败愤懑而殁”，又有谓“宋亡隐于东圃”者，俱属不确。卷首有吴道镕序，颇佳。其他序跋题词，尚有多篇。(14－542)

孙玉庭自记年谱一卷　道光刊本

清孙玉庭自述。玉庭，山东济宁人。乾隆乙未进士，以翰林院检讨外放河东兵备道，历广西盐法道、广西按察使、湖北布政使，广西、广东、贵州、云南、浙江各省巡抚，湖广、两江总督兼体仁阁大学士。抚广东日，以英吉利兵登岸事，总督办理迟延，不即奏参，革职回籍。《谱》但“制军”而没其名，按即吴熊光也。熊光方以此获谴戍新疆，玉庭旋复起用。督两江日，又以河督张文浩高堰漫口事革职回籍，时年七十四矣，又九年而卒。其平黔苗农登联，歼缅僧张辅国，及不主招抚海盗等事，俱非碌碌者所能。惟议论有似是而极非者，如论讨安南事，谓“国家之于外夷，不以其国之顺逆为顺逆，而以其顺逆于我国者为顺逆”。论水师事，谓“从古治海疆者，论海防而未闻海战”，当时皆以为名言，不知实违谬于事理。至对仁宗论英吉利，谓“其富由于中国”，又谓“我能制其死命”，一段中全似呓语，阅之令人失噱，亦足觇彼时士大夫对外之识解。是《谱》首有自序，作于道光丙戌。一记于嘉庆乙丑为五十四岁以前之事，一记于道光丙戌为五十四岁以后至七十五岁以前之事。其后又接记至道光甲午九月止，卒于是年十月十六日，则其子善宝、瑞珍所补记也。后有跋。(14－543)

黄勤敏公年谱一卷　同治刊本

清黄钺，号壹斋，江苏芜湖人。乾隆庚戌进士，官至户部尚书，谥勤敏。是《谱》为其子富民所编。按钺四十一岁始成进士，授主事，乞假回籍者九年，岁五十矣。仁宗以朱珪之荐召对养心殿，自是洊历尚侍，入军机，道光丙戌以户部尚书致仕。又十五年而卒，寿九十二。其晚遇与老寿，略同沈归愚。以诗画受知仁宗，与德潜以诗受知高宗亦略同。至其恩遇宠眷，则过德潜远甚。宣宗命书仁庙碑文，谕曰："皇考待汝好，故命尔书，使在天之灵，见碑知出汝笔"云云。可见得君之深矣。钺词臣，殊乏建白，《谱》中少可述者。惟记庚辰光会试总裁日，入闱时，梦两广总督阮元来拜，是科榜首为陈继昌，以三元及第，始悟阮元字伯元，合姓名恰为三元，而"阮"字偏旁又为陈姓之半，阮任两广总督，继昌籍隶广西，一一关合。鬼神之巧，真非拟议所及。富民跋称《谱》经钺手自删定，八十六岁以后，则富民所续。刊于同治丙寅，距钺卒又二十四年云。(14－544)

卢厚山年谱一卷　道光刊本

清卢坤，字静之，号厚山，河北涿州人。嘉庆己未进士，官至两广总督，谥敏肃。是《谱》为其子端黼所编。按坤在嘉道间颇以干练著，抚陕西时，开水田、置社仓，深得治本。回疆张格尔之役筹画运输，湖南赵金陇之乱调度攻守，亦见应变之才。督两广日，以封舱事致英吉利兵船阑入虎门，几酿衅端。按此事在禁鸦片烟前，而前乎此者则嘉庆十四年英兵船曾占东望洋一带，总督吴熊光因之获谴。道光七年，巡抚朱桂桢毁英商公局，亦似过于强硬。盖其时当事者于外情与战具一切茫昧，上受朝旨之督责，下迫民情之愤激，非失之畏葸，即失之操切，无时不可以起衅。坤幸卒于道光十五年，阅三年而禁烟议起。以邓廷桢、林则徐辈当之，尚致偾事，坤更无论矣。《谱》后附宣宗祭文、碑文二道并端黼一跋。(14－545)

博野尹太夫人年谱 乾隆十年刊本

清尹会一编。会一字元孚，直隶博野人。雍正癸卯进士，官至左副都御史。是《谱》为其母李太夫人作也。自来文章家志，妇女不过举其族姓、生卒，并约略其德行为之铭，若志而已。编年作谱，当以会一为创始。太夫人年二十七而寡，授会一以经书，迨会一成进士，随官襄阳、淮南、豫州，所至恤灾振穷，建桥梁，设津渡。其在博陵原籍，则又赎鬻田，设义馆、义仓。皆其卓卓可纪者。然大率妇人庸德，必欲异之而为谱，则亦好名之过也。卷首有方苞序，又有苞《论编年谱书》。苞《望溪集》中亦有《尹母李太夫人碑铭》，与《谱》所记略同。《谱》载太夫人寄苞人参、地黄，苞受地黄而返人参，即此可觇苞之廉介，非夫受金谀墓者可同日语矣。(14－545)

江西忠义录十卷 同治刊本

清江西巡抚沈葆桢、刘坤一等修纂。咸丰间粤寇屡犯江西，将士捐躯，官民殉难，不可胜数。咸丰九年，有诏汇录死事诸人，奏请旌恤，于是巡抚沈葆桢设局采访，刘坤一继之，并网罗事实，编为列传。传凡八百余人，附见者七百余人，其仅有姓氏而事实不可稽者，则列为表，凡十余万人。传分守土、援军、江军、仕宦、绅士、练勇、列女，按年月为次，而各以府县为类。流寓次之，劳故官绅又次之。其援军，曾为江西守土，而阵亡殉难于他省者亦依类录入。其守援军内，如张芾、江忠源、忠义、罗泽南、李续宾、续宜等战功兼著于他省，则录其事之涉于江西者。仕宦籍隶本省者，则详录其平生。按是《录》体例妥慎，文亦峻洁。首录上谕二道，礼部奏咨一道，又有刘坤一序及纂修衔名、凡例等列卷端焉。(14－546)

桃溪杨氏先德录二卷 咸丰刊本

清杨希闵辑。希闵有《十五家年谱》，已著录。是书述先世言行，上卷祖德，下卷女德。是《录》以见于志乘及集部书者为据，每条下希闵自为考证，其中杨应和、杨居久、杨应兰、杨思爵皆于明末殉节。居久有《赠黄端伯》诗。杨思本高蹈以终，著有《榴馆初函集》，论者比之《太玄》，汤玉茗有思本诗，俱可传也。其他大都关于孝友慈惠之事，可以为训者。桃溪当是乡名，属江西新城。卷首有希闵序，称“尚有《别录》一书，为是《录》羽翼，稿草粗具”云云，未见传本。(14－546)

梁文定公年谱一卷　旧抄本

清梁国治自述。国治字阶平，浙江会稽人。乾隆戊辰进士，以第一人及第。由修撰升日讲起居注官，外授广东惠潮嘉道，特旨署都察院左都御史，补吏部左侍郎。以在广东粮道任内失察事落职，旋授山西冀宁道。历湖南按察使、江宁布政使、湖北巡抚。乾隆癸巳，内召在军机处行走，驯至户部尚书、东阁大学士。卒谥文定。按国治素擅书名，在官碌碌无建白，不敢有建白也。乾隆朝汉大臣类如此，不但国治也。惟所拔擢多知名士，如金榜洪朴及其弟榜梧、钱桀、顾宗泰、钱唐、李惇等，皆著作才也。在都寓魏梁胡同，吴梅村故庐也，识其旧联云：“傍人错比扬雄宅，异代应教庾信居。”他记载未有及之者，亦可备故都坊巷掌故。国治自记起雍正癸卯，止乾隆壬寅。自乾隆癸卯至丙午凡四年，则其子承云等所补。又于原谱下间附注语，并跋其后焉。(14－547)

陈可斋年谱一卷　刊本无年月

清陈大受，字咸占，湖南祁阳人。雍正癸丑进士，官至两广总督，谥文肃。是《谱》为其子辉祖等所辑。按大受以乾隆丙辰散馆，授职编修。次年丁巳，乾清宫御试，一等第一。嗣是四岁七迁，以吏部右侍郎外放安徽巡抚，旋调江苏，又调福建，内补兵部尚书、军机处行走、协办大学士，外简两广总督。卒年仅五十。治江苏最久，如缉盗、办赈、戒奢侈、修水利等，绩亦最著。其扬历内外，未稍挫折，在高宗朝亦不多见。是《谱》前有范时绶序，后有辉祖等跋。又附雍正癸丑、乾隆戊辰两馆选题名录，盖癸丑为大受成进士之岁，戊辰则充会试总裁之岁也。殿以《墓志铭》。辉祖后官至湖广总督。(14－547)

孙平叔年谱一卷　道光刊本

清孙尔准，字莱甫，号平叔，江苏无锡人，广西巡抚永清子。嘉庆乙丑进士，官至闽浙总督，谥文靖。是《谱》为其子慧惇、慧翼所编，后有跋。按尔准以翰林外放，洊历抚督，一生无赫赫之勋，惟于台湾兴学、开港、剿贼、息斗、举劾文武吏诸事颇费心力。尔准本长文学，所师友皆一时名宿。问业于王昶、邵晋涵，相酬唱者孙源湘、胡敬、徐松、姚元之、陈鸿墀诸人。游粤，交许宗彦、黎简。治闽，延陈寿祺、高澍然、冯登府、沈学渊辈修《通志》。又记李赓芸之丧，请崇祀黄道周于文庙，俱见《谱》中。皆可传者，不必汲汲与俗吏争建树也。（14－548）

龚文恭公年谱一卷　咸丰刊本

清龚守正自述。守正字象曾，浙江仁和人。嘉庆壬戌进士，官至礼部尚书，谥文恭。是《谱》为其自记，始乾隆丙申，止道光庚戌，后一年卒。其子自闿、自闳复据守正所著《艳雪轩笔记》《家乘述闻》，暨他所闻见附注其下。守正终于京秩，一生稳顺。惟以傅志隐郡王，有失于查察之事，由礼部左侍郎降补通政使司通政使。道光癸卯乞休，卒于咸丰辛亥，年七十六。龚氏一门科甲鼎盛，龚中书自珍，其侄也。卷首录赐恤上谕祭文、谕碑文各一道，后有自闿、自闳跋。（14－548）

明苏爵辅事略一卷附录一卷　民国己未刊本

清苏泽东辑。泽东字选楼，广东东莞人，诸生。苏爵辅者，明隆武绍武辅臣建明伯东莞苏观生也。观生不附永历，立隆武弟聿鐭于广州，改元绍武，致与肇庆构兵。未几，佟养甲、李成栋率兵破广州，观生与聿鐭同殉。《明史》观生本传多失实，盖作传者采之他野史，而永历诸臣对于观生辈每肆丑诋，野史多沿之。惟黄宗羲论隆武，谓“观生与黄道周皆有儒者气象，未尝非诸葛之亚。乃为郑氏所束缚，不能一展所长”。又谓“观生受前王特达之知，其主后王也，同荀息之不食言，非仅仅修魁楚之隙”。并特识也。邑人陈伯陶为观生作传，求得观生继子国祐所授

《易箦遗言》,更参互他记载以订《明史》及诸野史之误。尤要者,《明史》称观生"走梁鍙问计,鍙答以死。观生入东房、鍙入西房,各拒户自缢。观生虑其诈,稍留听之。鍙故扼其吭,气涌有声,且推几仆地,久之寂然。观生信为死,遂自经"云云。当采之《鹿樵纪闻》。按大臣身值危时,自处乃其素定,岂有问计于旁人者?且观生已死矣,所称虑诈留听诸情形,谁知之而谁言之者?此不足欺小儿,而正史乃据以入传,可哂也。伯陶据《明季南略》,观生实被执就义,非缢死。又据阮元《通志》,称"君臣冢在广州大北门外,绍武及苏观生稿葬处"。证以魏源《圣武记》,称"李成栋袭执聿鐭及明诸王宗室世子等二十余,戮苏观生"。源所记当据奏报档案,惟其同时被杀,故稿葬一冢。若一自缢,一被杀,时地又不同,何缘合而为一耶?《明史》之失,殆可无疑。伯陶并申论聿鐭贤于由榔,且监国又在前,理宜立。构争非观生所及料,罪在丁魁楚。所见亦是。并论推及观生所用诸人,如关捷先、梁朝锺、霍子衡,皆佳士也。此传载《东莞新志》。泽东为观生族裔。是编冠以隆武敕谕,次陈《传》,次国祐《易箦遗言》,次泽东自撰《观生里居世系考》,次观生遗著。附录中张家玉力保辅臣疏及陈邦彦上观生三书,俱可与陈《传》相证。邦彦始附观生,而后立异,桂王返肇庆,正大位,出其谋,故其子恭尹作《行状》,于观生多谤语,未足信也。他所录则凭吊诗文耳。是书卷首有观生遗像,又有吴道镕、张其淦二序暨诸家题词。卷末有苏兆元及泽东二跋。(14-560)

流芳录不分卷 刊本无年月

是《录》纪明工部尚书严震直事,创稿者为震直外孙工部尚书闵珪。书凡六卷,前有吴宽、胡承谋二序,及珪题后。刊于弘治癸亥。至万历癸未重刊,增正德庚午同郡陆崑题。康熙癸未三刊,又增康熙壬午周清原序。雍正、乾隆间,屡有翻本,删并不一。是本署懿字行孙魁、点、登等名,无刊书年月,又不分卷。首太祖恩旨,次郑□撰《政绩记》,次高逊志撰《历官记》,次曾凤韶等《书历官记后》八篇,次出使安南文牍,次王彦翚等撰序、记、赋、颂、诗、祭文等,而以震自作《家范》及遗诗、遗命杂厕其中。其《明史》及省府县志之专传,以见家谱,不复入此。编次殊紊乱无序。据陈崑称,震直以遗老奉宣德意,徙山西,卒于是。陆师又称“衔命巡方,吞金驿亭”。考《明史》《太宗实录》载震直以建文降臣,官工部尚书,卒于京。而《皇明通纪》则云:“永乐初,奉使安南,过西平侯第,见建文,夜吞金死于驿舍。”《吾学编》《从亡随笔》略同。所记差异如此。今《录》中有遗诗六首,中有“神驰凤阙只轻生”句。又有遗命云:“讣闻九重,必云遘疾,虽家间亦无庸逗漏。”则为吞金自尽无疑也。六诗中有《泽州书事》一首,以为卒于泽州者,岂即据此耶?诗作于此,未必即死于此。且是诗之后,尚有四诗,安知不又到安南耶?且遗诗遗命,究为原本所有,抑为后来所增,亦无可别。李清作《震直不遇惠宗辨》,并吞金事亦欲没之。不知吴宽序言“震直奉职益谨,卒能全其身,完其家,蕃其子孙”云云,于吞金事,意已在隐约之间。盖鉴于方景诸臣覆宗夷族之祸,故隐其事于遘疾,宽之言最可信也。至死泽州与死于京,传者即不一其词,安见使安南之全出虚构?至他书有载震直为北兵傳置布囊事,按震直洪武末已致政,且向未习军旅,此可以理断其必无也。(14－562)

孤忠录二卷　光绪五年活字印本

清袁祖志辑。是《录》纪吴可读尸谏始末也。首可读《誓殉记记略》,次可读遗疏,次吏部代奏疏,次光绪五年闰三月十七日两宫太后懿旨,次王大臣世铎等会议疏,次尚书徐桐、翁同龢、潘祖荫疏,次翰林院侍读学士宗室宝廷疏,又夹片,次翰林院侍讲学士黄体芳疏,次国子监司业张之洞疏,次掌陕西道监察御史李端棻疏,次光绪五年四月初十日两宫太后懿旨,次直隶总督李鸿章奏蓟州绅士请为可读建祠片,次书后三篇,不署姓名,当即祖志所作。附录可读绝命诗联句并诸人挽诗,而以劾成禄二疏终焉。按穆宗崩,无子,论序本有当立者。两宫太后乃舍之而别立德宗,闻为慈禧后所主,盖后素不慊于毅后,果立顺序者,则毅后当为皇太后,而已将为太皇太后,名虽尊而无权,故决然出此。而又恐无以塞臣民之口,故有俟嗣皇帝生于皇子即承继大行皇帝为嗣之谕,而不思祖制有不建储之训。若指定嗣统之人,实与建储何异?此可读疏中所云一误再误也。可读之意即因前谕而发,以为既可指定继统之人,即无妨明白宣示,以绝后日纷纭。盖亦未思及祖制也。按帝王立后,与臣庶异,凡嗣位者皆为子道,非如小民之家操田宅之券为血食之谋,必明立继书,定其称谓,以杜侵吞者比。诸臣疏中,独张之洞援引礼制甚博,疏中要语,谓"将来皇子,虽为穆宗之嗣子,仍无妨为皇子之嫡子"。又谓"承嗣承统之说,不过于礼制典册之中存此数字空文"云云。则亦何所用其争,而可读之死不成虚掷耶?然忠肫之志,固不可没也。后来德宗崩在慈禧后前,继统者果如可读言,而清社亦将屋矣。祖志,江苏上元人,袁枚曾孙,官上海县知县,殉刘丽川之难,卷首有其序。(14 - 563)

归安姚布政传略一卷 道光刊本

是书合严元肇《姚布政传》、蒋伊《方伯榕似姚公传》、吴世杰《书布政使姚公传后》为一编,附以无名氏《金坛公是录》。辑之者,归安姚文田也。布政名延著,字象悬,浙江乌程人,舜牧之孙。顺治四年进士,授扬州知府,李定国陷柳州,被执不屈,覆桂林。清兵复广西,调平乐府,升山东盐运司,升江南按察使,旋擢河南布政使。以失出史记青、管得胜案,按定例,承问失出,止降级调用,延著某提督有隙,为所构,竟至论死。后其子淳焘官中书,上疏讼冤,部臣以拟罪稍过,但事属既往,不得昭雪。延著江南日,值郑成功舟师下京扬,围南京,郡邑官民多望风归顺。事定而叛案以起,延著每从宽释。官兵威胁妇女千七百余口,延著尽放之归。其死也,民为之罢市。金坛之狱,其始官绅以郑成功且至,为畏兵计,公遣诸生八人通款,其后官与乡绅、诸生相讦,乡绅又与诸生相讦。案结,邑全论绞,乡绅、诸生死者各十人。是狱亦经延著讯问,拟从平反,案未结而他去。录中于延著多颂词,故取以附之传后。文田,盖延著六世孙也。(14 - 564)

历樊榭年谱一卷 嘉业堂刊本

清朱文藻辑,缪荃孙重订。文藻字朗斋,浙江仁和人,诸生。按樊榭为厉鹗号，籍钱塘，康熙庚子举人，乾隆初荐举鸿博，不售。文藻是《谱》，大抵据全祖望撰《墓碣铭》而参以他书，其生卒年月日时，则得之于栗主。惟《谱》稿止寥寥之数页，殆未成之作，故荃孙重为增辑，且有所订正。如据《公车征士录》得其父母与兄之名，据本集得其完娶之年壬戌。纳妾刘氏，原《谱》疑在南湖或溪□，别据马曰琯兄弟诗集定为在扬州。又据马曰琯诸人挽诗，知殁时老母尚在。又全氏《墓碣铭》云"享年六十二"，而汪沆《樊榭山房文集序》云"殁于乾隆壬申"，则是六十一。再据《瑞石山房集·哭樊榭》诗，编在壬申，则六十一是也。惟是《谱》于鹗所著书如《南宋杂事诗》《湖船录》等尚多漏载，又所采交游之诗止有全祖望、马曰琯、曰璐三家，亦未为备。《谱》后又就董汝熊《樊榭集注》、鲍鉁《稗勺录》补事迹、逸诗若干，并有刘承幹跋尾。(14－565)

遂翁自订年谱一卷 同治刊本

清赵畇撰。畇字遂园，安徽太湖人，乾隆辛丑进士，官至惠潮嘉道。赵存楷子，李鸿章继妻父也。是《谱》所记事较详尽，一事必具本末，稍繁者则先纲后目。《谱》中志蜀秦中之云栈，写滇地之偏槁偏槁①，则体类游记。议修《宣宗实录》，汇纂《夷务始末》，则例涉政书。至阻周天爵画淮之失策、吕贤基移舒之败，其治潮嘉也，虽无赫赫之功，而松源枫洋之役，调度得宜，不致滋蔓为患，殆亦谙于兵略者。惜不与胡、曾辈驰骋中原，及其离粤而归，则大局已将定矣。畇以同治壬戌去官，家居十五年。自记止于光绪丙子，阅一年卒，年七十。后有其子继元等跋。(14－565)

陈将军事实一卷 光绪己丑刊本

清尹琳基编。琳基，山东日照人，同治癸亥进士，官至翰林院编修。将军者，陈国瑞也。国瑞剿贼江苏、安徽、湖北、山东、河南、直隶诸省，以功升总兵。曾帮办僧格林沁军务，以与提督李世忠私争降都司，交地方官管束。又以前总兵詹启纶殴死监生胡士礼案牵及国瑞，遣戍黑龙

---

① "偏槁偏槁"，疑衍"偏槁"二字。

江,未几殁于戍所。琳基以国瑞大有造于东省,身后宜膺恤典,托给事中邓承修请开复原官,建立专祠。得旨准其开复,而建祠未允。琳基又联东省京官二十人联名,再以在山东立功地方建专祠为请,允之。又助国瑞遗妾迎骨归葬,并呈请嗣其侄观全,以绝觊觎。因撰《陈将军归骨记》,又就所闻见条其轶事二十则,而附以邓承修原疏,都察院代尹琳基等原疏,七月初二日、七月十二日二次上谕,礼部咨行立嗣原稿,王祖畬《陈将军家传》;其魏迺勷等歌咏之作,亦殿诸卷末焉。(14-566)

吴菘圃年谱一卷 道光刊本

清吴璥自述。璥字式如,号菘圃,浙江钱塘人。乾隆戊戌进士,官至吏部尚书、协办大学士。按璥在乾隆朝,称谙熟河务,一生官职虽或内或外,而在河工为多。自乾隆五十四年以安徽学政改授河南开归陈许道,嘉庆四年授东河河督,五年补江南河督,十一年授河东总河,十四年授南河正总河,十六年会同初彭龄、松筠查办南河,是年复以降员赴清江襄办王营减坝暨李家楼漫工,十九年授河东正总河,二十年以刑部尚书两权河督篆,二十一年赴山东曹河勘工,二十二年以刑部尚书署河南巡抚,阅勘山东运河,是年又命查勘南河,二十三年又署河南巡抚,堵筑沁河古樊村漫口,二十五年以吏部尚书、协办大学士署河东河道总督,时年七十四矣。阅一年乞休,又阅一年而卒。《谱》中叙治河之事,简而得要。后有其孙若准等识语。(14-566)

鸳湖求旧录四卷 民国己未刊本

清朱福清纂。福清字仙槎,浙江嘉兴人。考《舆地纪胜》,鸳鸯湖在嘉兴郡南,湖多鸳鸯,故名。曰鸳湖,省词也。福清之祖茂曙尝撰《两京求旧录》,经乱散佚,故袭其名。是书首有陶葆廉序,又有凡例。以嘉兴、秀水二县为限,本籍他徙者,他籍侨寓者,亦入之。凡已见郡县志者,不录。原委未详者,别为小传,附于各卷之后。每传或附论或缺,所采录大抵乡里布衣,绝无显宦商贾。僧人妇女,下至仆媪,一事足录,综其平生,所重在孝友、节义、慈惠诸事。惟文笔甚拙,卷中如王元松、王张氏、顾宝清、郭椿、郭照、徐吴氏、王宜穀、时宜吉、宋孝子、朱锡祺、顾仰臣诸传,全录他人之文。盖意在传其人,不必词自己出也。《传》中之人,率在道、咸以后,惟第四卷王士麟,乃顺治辛丑进士。又《带湖独叟传》,亦录他人作。在作者不过如《醉吟先生传》例,非有所讳,福清亦竟不补其姓名,则又何为录之耶?(14－567)

易笏山行状一卷 光绪丙午刊本

清易顺鼎、易顺豫撰。顺鼎著有《经义莛撞》,顺豫著有《易释》,俱已著录。笏山者,易佩绅字,顺鼎、顺豫父也。咸丰戊午举顺天乡试,寻以知县率军击贼,历官至江宁布政使。光绪丁亥乞病归,归二十余年而卒。按佩绅虽以军功起家,而战绩逊同时湘人远甚,惟官贵东道日,治苗擘画颇多中肯,如废土司通事,选苗民为保正团长,裁撤卫弁,改屯军为佃户,以租入养官,停止挽运采买,而折价给兵使自食,皆其著者也。佩绅亦喜著书,有《通鉴触绪》《老子解仁书》《诗义择从》等行世。惟状中语多夸诞,如"以天地为量,以万物为怀"等类,泛而无当,殆出顺鼎手笔也。(14－567)

庞文恪公年谱一卷 同治刊本

清庞锺璐自述。锺璐字宝生,江苏常熟人。道光丙午进士,以第三人及第,官至刑部尚书,卒谥文恪。按锺璐由编修大考升庶子,五转至内阁学士。咸丰戊午居父忧,在籍为团练大臣,旋以常熟失守引咎自劾。惟贻书曾国藩请派奇兵万人倍道急援上海,厥后李鸿章卒从上海以次划复苏常,其深识亦有不可及者。遍历六官,而任礼部最久,故于典礼最娴熟云。其自述止于同治壬申,时年五十一岁,命曰《知非录》。其后四年,则其子鸿文、鸿书所补。《谱》首录谕祭文及谕碑文,末附翁同龢撰《墓志铭》。(14－568)

大梦编年一卷 道光甲辰刊本

清江荆撰。荆字松樵,山东高津人。嘉庆丙子举人,历官高陵、宁陕、长武、山阳县知县。是编分年隶事,每事系以七绝一首,从起乾隆甲寅一岁,讫道光癸卯五十岁,凡百二十有八首,亦纪年之别开生面者也。所纪有甚雅甚趣者,亦有极琐极俚者。诗偶见佳句,而不叶律者居多。首有陆汝滋序,末有徐尔定书后二诗。(14-568)

陈布政行略一卷　咸丰刊本

清陈子辂撰。布政者,陈嘉树,即子辂父也,字亭玉,江苏仪征人。嘉庆壬午进士,以编修出为济东泰武临道,迁广东盐运使,再署按察使,一署布政使,调山西按察使,终于江西布政使。治广东,于鹾政吏治多所整饬。时值钦差大臣林则徐莅粤,初得外人所出新闻纸,有"此运司不收银钱礼物"语,因语大府,得署上考云。在山东定漕艘拒杀事,亦见机敏。惜方待大用而遽没也。(14-569)

清芬录一卷　光绪刊本

清陈文騄辑。是《录》纪陈大受也。首国史大受列传,次陈世倌《墓志铭》,次彭维新《神道碑》,次郭焌祭文,次石韫玉《过祁阳吊大受》诗,次方苞、鄂容安致大受书,次孙尔准、魏元烺、陈寿祺、陆我嵩、韩克均、朱桓、张鳞、吴鸴、陈銮跋,方、鄂二札文诗,终以文騄补作《成太夫人事略》。太夫人,大受继室也。文騄为大受十三世孙。卷首别有郭嵩焘序。(14-569)

左忠毅公年谱定本二卷　民国己丑刊本

马其昶辑。首有自序,大抵据左宰旧谱兼采左氏家谱、家传、《桐城志》、《明史》,旁及其乡人姚康、戴名世、萧敬孚之说。所引《画溪逸语》二则最佳,称:"光斗里居,尤究心当世之务,尝置《人材录》一册,其地有某人,某相材,某将材,某第一流,某少次,暗加圈识,云备朝廷缓急之用。尝谓元祐去乱法,不去乱人,毕竟是错。李伯纪于高宗议和上疏,皆争事而不争人。事之失只一时,人则贻祸无穷。"又称光斗于古寺庑下识史可法,招之署,亲教之学。据此二事,知延揽人才要有真鉴,尤须储之于平时。使光斗而得君当国,或有众正汇升,挽回末运之一日乎?视旧谱虽援证稍博,多非要者,亦不能谓采获已尽。题曰“定本”,谁定之耶?(14-584)

方孩未年谱一卷报恩录一卷祸由录一卷　嘉庆丁丑刊本

明方震孺自述。震孺字孩未,安徽桐城人,寄籍寿州。万历癸丑进士,由沙县知县行取为御史,巡按辽,为魏忠贤党诬陷下狱论死。庄烈帝嗣位,赦出,以守寿州功,授广西参议,擢巡抚广西。乙酉,清兵南下,走南雄,呕血卒。是《谱》记自万历乙酉一岁起,至天启丙寅四十二岁止。其时正系东厂,议大辟,待决。震孺自分无生望,因述行事,以示后人。详载得祸始末及诸奸倾陷之阴谋,亦可借考辽事之大概。按震孺于熊廷弼有师生谊,当时构震孺者皆曰党廷弼,而《谱》记筹辽语,谓:“经抚终日不算敌而斗口,经说话虽稳而不肯做,抚肯做而漫无实着。”据此知于廷弼并无偏袒意。惟又谓:“经抚皆乐于卸肩,两人皆望余一参疏,以便卸担。两人总非敌对手,余逐一人去,后来河西有事,必归罪于出疏者,且代经抚者实未见其人,是以未敢轻议去留。”按明知二人不胜任,何不并参之?预虑后来归罪,是重一己利害,而轻国事也,可乎?《明史·震孺传》称扬州守刘铎咒诅之狱起,并诬震孺,而不详其事。《谱》云:“有李承恩者,李戚畹也,大内所深恨,在狱连屋而居。李行贿大内之嗣肃宁伯,托刘知府介绍,事泄为东厂所访,诸奸遂密嘱审官诬震孺得三百金。”为居间与不及咒诅,盖传误也。惟《谱》中时称“余”,又时称“先生”,当出后人增润。而震孺卒于乙酉,六十一岁,上距丙寅十九年,未有补述。《酬恩录》记在狱时诸营救调护及为乞措赃金者,然传载罗卒夫妇恩最大,何以遗之?《祸由录》记魏应嘉、刘廷宣、吴淳夫、徐大化、郭兴治、李蕃、谢启光、高嘿、冯铨、崔呈秀十人,王在晋、薛贞则附见焉。二《录》与《年谱》,并一时所作。(14-584)

倪文正公年谱四卷　旧抄本

明倪会鼎编。会鼎字无功,浙江上虞人,文正公元璐子。是《谱》首有元璐小像及黄道周赞。《谱》所记详而确，条下会鼎自为按注，足以相发。中如据礼折德王之骄，移疾避魏珰之祸，又寇祸陈言及揭户部四事。任祭酒日陈造士规条，又陈雍务六事。任户部日，所称实做、大做、正做及十事条议、虚实五议、停开采议等，皆为《明史》本传所未详。若辛巳、壬午间，值江浙大饥，所拟赈灾诸策，无所不备，洵可为法后来，亦以见其干济之才，小用小效。惜其起用之晚，无所救于末造也。惟所记刘孔昭讦冒封事，语涉含混，不知何指。证之《明史》，盖讦其妻陈尚存，妾王冒继配复封，败礼乱法，卒以《登科录》，二氏并列为罪。在会鼎则为尊亲者讳，故不欲形诸笔也。按会鼎学于黄道周，唐王时官职方，尝参道周军。《谱》记道周论元璐癸未率敢死士勤王事，谓“视宗泽在卫，欲据金人归路，以邀二帝；张浚判建康，以小舟径抵北岸，其胆略实过之”云云，即驻兵信州时，所亲闻于道周者也。又赵告吉《寄园寄所寄》，称“元璐遗语家人曰：‘必大行殓，方收吾尸。’”按元璐自缢死，尚未得庄烈煤山之讯，安得有此语？《谱》不及此可证。吉士又称：“文正谥从未以赠死节者，其弟请曰：‘曾子云：“得正而死毙。”孟子云：“顺受其正。”何必不谥死节者？’”于是并刘詹事之名亦定。按詹事名理顺，亦以死节谥文正。所云其弟，殆即元瓒。此数语似宜补注于末条“谥文正”之下。《谱》后附顺治十年谕祭文，门下士徐倬跋。至咸丰间，伍崇曜始刊入丛书，后为之跋。（14－585）

陈忠裕公年谱三卷　嘉庆八年刊本

前二卷明陈子龙自述，起万历三十六年，至弘光元年止。后一卷王沄续述，起弘光二年，至顺治四年止。按子龙以崇祯丁丑进士为绍兴司李，洊擢兵科给事中，巡视两浙兵马城池。时在崇祯十七年，未履任而京师告陷。弘光监国，仍以原官巡视京营，旋见群小势张，惧祸乞侍养归。南都复陷，连同郡诸义士举兵，败走陶庄。自述遂止于此。既又随吴易起兵，易败，间行归里。值清提督吴胜兆谋叛，事泄被诛。主兵者欲乘此尽杀三吴知名士，逆及于祸。此沄所补述也。子龙所记，如赈饥、办漕、剿寇诸事，策划精详。平许都之乱，尤中机宜，洵干才也。

《谱》于马士英颇有怒词，谓“士英傥荡不羁，惟昧于门户之见，徒为阮大铖所挟，致与公义为仇。尝力解于士英，士英稍信之”云云。近人有作《马阁老辨冤录》者，惜未中见而引之也。续《谱》止书干支，无年号，盖陶潜书甲子意。记一子嶷，早卒。与杨荣《三藩纪事本末》所称“子龙死，其子时方五岁，亦论杀”者异。然证之吴梅村诗：“相看徐稚与陈郎，无家二子同哀郢。”又董得仲诗：“对此稽绍孤，中心良耿耿。”皆谓嶷也，则杨荣误矣。沄字胜时，娄县人，明诸生，从子龙学，晚节相依。收子龙尸者，即其人也。是《谱》每条下附有考证，援引甚博，则王昶所增入也。（14－586）

金息斋事实一卷　康熙刊本

清金之俊，字彦章，号岂凡，江苏吴江人。明万历已未进士，官至兵部右侍郎。降清，官至吏部尚书，中和殿内秘书院大学士。致仕，卒谥文通。《事实》为其子世濂、世渼所述。按之俊事迹具《贰臣传》，而《传》所传系断自顺治元年以后，据此则之俊成进士后，授中书舍人，为崔魏所挤，不得注上考。金陵为阉立祠置像，之俊适迁南仪曹，称病不往。历官所至，刻有《问心录》《续问心录》《定变录》诸书。庄烈帝登煤山，遥见昌平军容整肃，召见平台，慰勉奖赐，随授兵部右侍郎。所记可补《传》所未及。此称“京城陷后，援刀自刎，为同难所夺。寻复投缳，为贼拥去，械系贼庭，榜笞交下，既死乃释”。《传》则但称“李自成陷京师，之俊不能死，被拷索”而已。按之俊于清兵入关始，凡所建议多关要计。如蠲畿甸之租，赦土寇之罪，禁满洲官役需索驿递夫马，及所条漕政八事，俱见于《传》。此只浑括言之，不知所指。即刊本《息斋疏草》，亦未全也。又官左都御史日，因议总兵任珍罪坐党附论死，从宽削衔罚俸。致仕日，以送究匿名帖罪削太傅。此俱不载，斯为失实。按之俊七十岁曾自撰《年谱》二千余言，今集本无之。是篇首录谕祭文、谕碑、遗表并李霨所撰《墓志铭》。《志》称“世祖重之俊古文词，朝廷有大制作，多命属草。尝奉命为崇祯帝碑文，措词得体，尤被奖谕”云云。按之俊又尝奉敕撰《孝献皇后传》，而《志》及《行实》皆遗之。其文旧存集中，后亦

删之,岂为主德讳耶?世濂,康熙丙戌举人;世渼,侍卫。(14-587)

魏果敏公年谱一卷 雍正甲寅刊本

清魏象枢自记。象枢字庸斋,号环溪,直隶蔚州人。崇祯壬午举人,顺治丙戌进士,选内翰林国史院庶吉士,散馆授刑科给事中,升吏科都给事中。以不参陈名夏,降补詹事府主簿,渐升光禄寺寺丞,乞养母归。归十三年,以大学士冯溥荐,授贵州道监察御史,洊升至都察院左都御史,旋补刑部尚书。自以贪墨大吏尚多漏网,疏辞,愿留总宪。得旨,加刑部尚书衔,仍留原任。未几,仍授刑部尚书。康熙二十三年致仕,又三年卒,年七十一。自记至是年六月止。所记当官陈奏弹劾,皆直叙其人明指其人,不少避讳。象枢之以御史降级也,以大学士宁完我参陈名夏而连及之。记云:"因前所参之布政刘汉祚为宁完我亲,本年二月宁完我参大学士陈名夏疏内,一款言余与潞安牛商人为儿女姻家,与名夏为□门姻家,结为一党。票签本章有私等语,奉旨部院会详,查余尚未生子,止生一女,已聘与本州刘姓多年,且严讯名夏仆人,咸称余与伊主从无往来。至于票拟本章,大学士出班对众言曰:'是我票拟,非名夏。查议若有偏私,我当认罪。'故名夏以他事拟绞,余奉旨免议"云云。证以《贰臣传》,陈名夏辨诸款皆虚,惟留发复衣冠所言属实。然则名夏之死,亦枉也。此条所补正《贰臣传》之疏略,惟康熙二十一年壬戌记云:"五月二十日,会推浙抚,欺天欺君,奈何奈何,自愧自愧。"而不记所推浙抚为何人,考之乃王国安也。主于奏对之语,每用"失记"二字,当以事关机密,守昔人不言温室树之戒。综观所记,推见心地坦白,皭然不欺。然有可不必存者,则书上屡说奇梦,至有云"孔子为司寇,执弟子礼相从"。而又某中亦有梦谒孔庙记,与吴康斋《日录》屡言梦见孔子、朱子者同。于义殊无取,徒资笑柄。又全书不纪年号,但书甲子,岂以举乡试故,欲并泯其迹耶?此或出编者之用心。若开卷记天启丁巳,按丁巳为万历四十五年,非天启,偶误。卷首有李玉鋐、史圜序,末有吴廷华题词、杨二酉书后。除题词外,余俱不切,宜删。(14-588)

王文靖公年谱一卷　康熙刊本

清王熙自记。熙字子雍，宛平人。顺治四年进士，官至礼部尚书、保和殿大学士，卒谥文靖。按熙为王崇简之子，顺治间崇简为国史院学士，熙亦为弘文院学士。未几崇简长礼部，熙亦以礼部侍郎加礼部尚书。父子同时同官，朝士荣之。然熙特以精通满文，为世祖所眷。《谱》所记世祖临崩时事，证之《东华录》："顺治十八年辛丑春正月五日壬子，世祖不豫，丙辰遂大渐。召原任学士麻勒言、学士王熙至养心殿，降旨一一自责"云云。当即《谱》所称"奉天语面谕"者，关系重大也。《谱》又称"力持正论、自责之旨"，殆有所献替耶？熙以汉官而得预此，其被倚任可知。世人误读吴梅村《清凉山赞佛》诗，竟传世祖有出家之事，观此可释然矣。熙卒于康熙四十二年，年七十有六。立朝五十余年，居揆席者二十余年，恩礼始终，亦仅见者。（14－590）

汤文正公年谱一卷　乾隆庚申刊本

清杨椿辑。椿字农先，江苏武进人。顺治戊戌进士，官翰林院检讨。文正，汤斌谥也。首有椿自序及鲁曾煜序，又题"桐城后学方苞考订"。先是，斌门人钱塘王廷灿作斌《年谱》，详于讲学而略于立朝本末。斌之子沆不以为是，商于方苞，苞以属椿，椿因采旧《谱》，并行略墓，及他书之可据者，辑成是本。不录讲学诸语，以别有遗书在也。尤详者，康熙甲子至丁卯三四年间事，即外简江苏巡抚，至擢礼部尚书，管詹事府时事，系斌一生政绩及被谗构之始末也。按椿《孟邻堂文集》中，别有《汤文正传》，可与是《谱》相参。《谱》于余国柱、明珠、靳辅、龚其旋等，皆讳其名，《传》独著之。据《谱》，余国柱以治江苏布政使某狱及报泰州水淹民田案憾斌，又国柱、明珠以拒蠲漕四十万酬金，不驳靳辅治河议，力主董汉无罪诸事，憾益深，因摘斌出吴时示，有"爱民有心，救民无术"语，诬为诽谤。按李光地《续榕村语录》载此事甚悉，言："斌内召，系明珠、国柱引之，以敌徐乾学。及议海关事，斌稍持两端，而乾学力言不便。不便，将得罪，因是出斌在苏州安慰百姓告示。圣祖怒斌过则归君,善则归己,命詹事尹泰责斌,斌只搕头谢罪。明珠、国柱皆不知。”又言:“徐向汤云,此告示是国柱拿进,而他为之愤懑不平,一日一遍去安慰汤,汤至死不知其由徐”云云。据此则陷斌者徐乾学,非余国柱、明珠也。《谱》所云云,当是乾学嫁罪他人,设非光地揭之,讵惟汤至死不知其由,即撰《谱》者与后之读《谱》者亦不知其由也。又《谱》称“江苏布政某以亏库金为御史所劾”,此《传》证之,则布政使是龚其旋,御史乃陆陇其也。按陇其擢御史,在康熙二十九年,斌已卒于二年前,盖误也。《谱》后附录斌子溥、濬、沆、准等撰《行略》,汪琬撰《墓志铭》《崇祀乡贤录》,顾嗣立撰诗,尹会一撰《传》,方苞撰《逸事》,而又录国史列传弁于《谱》前焉。(14-590)

张文贞公年谱 光绪辛丑活字印本

丁传靖辑。首有传靖自序。文贞,张玉书谥也。玉书字素存,江苏丹徒人,顺治辛丑进士。康熙庚午,以礼部尚书授文华殿大学士。卒于康熙辛卯,年七十。旧无年谱,传靖据其所著《松荫堂集》,参以史传、行述,辑为是编。按玉书自二十岁通籍,服官五十年,登揆席二十一年,未尝少有蹉跌。盖一生谨慎,为圣祖所倚信。其时,明珠、余国柱、高士奇、徐乾学等结党相倾,惟玉书孤立无附。《谱》记在经筵,切言汉唐党锢之事,而盛称郭泰、白居易超然尘壒之外,殆以自喻耶?据《谱》,在礼部日,御史李时谦请行禘祭,词臣曹禾上封禅议,玉书俱阻止之。在内阁日,靳辅请增建高家堰重堤以防淮水,玉书力辨其无益。数事皆荦荦大者。他如三十五岁丧妻,终身不复娶,又不肯置姬侍,亦人所难能也。传靖亦间有考订,如本集记赐游玉泉山、畅春园,但云四月初四日,而不云系某年事。传靖考定为康熙三十七年。又国史传及《行述》皆云康熙三十九年冬诏促入京,传靖据《东华录》及本集,谓在四十年。又国史传四十年辛巳有扈从南巡之事,传靖谓是四十四年事,误属于是年。惟《谱》中屡引《先正事略》,按此书乃近人所辑,必有所出,不得徒据之。又按李光地《续榕村语录》言:“京江过于勤慎、淡泊,真是大难。其文其诗都是无气概,却句句稳当。自朝至暮,无片刻暇。自公事至读书应酬,每事必迟回审慎。”又云:“其读书却句句看过,如不看过一般,不识其大处要处。立意要读尽天下书,便不是。”按“京江”谓玉书也。所论似誉似谤,又非誉非谤,当是确自所见,惜传靖未及采之。卷后有玉书裔孙藻文跋。盖从传靖得稿,取以附刊于本集也。(14－591)

漫堂年谱四卷 康熙刊西陂类稿本

清宋荦自述。荦字牧仲,号漫堂,河南商丘人。内翰林国史院大学士宋权子,以荫为三等侍卫,除黄州通判。丁母忧,服阕,补理藩院院判,积资升直隶通永道佥事,年五十矣。未十年擢江西巡抚,调江苏巡抚。在江苏十四年,升吏部尚书,旋乞休,卒年八十。荦任苏抚日,曾三次迎銮,归里后,曾一次入都祝嘏,所记奏对语甚详。其居官,大抵持身务清廉,治事务安静,以故舆情甚洽,而主眷亦隆。《谱》所记诸治迹当是实录。又荦素宏奖风雅,一时朝野名辈咸与缔交。尤好刻书,雕写俱精。官辙所至,兴修胜迹,皆足传也。(14－592)

沈端恪公年谱二卷 浙江书局刊本

无编者姓名。按沈近思字闇斋,浙江仁和人。以钱塘籍补诸生,成康熙庚辰进士,选河南临颍县知县,升广西南宁同知。告归,以荐起用,发福建候补知府,旋特用吏部文选司郎中,渐升至左都御史。卒谥端恪。近思初为僧于灵隐,后返儒服。袁枚《子不语》记“石揆和尚”,即其师也。但中有舛误,如云“七岁丧父母,为人佣”,据《谱》则九岁丧父,十八岁丧母。又云“有项霜泉者,仁和学霸也,率家僮数十篡取公,为假辫以饰之,即以己妹配之”云云。据《谱》则二十三岁由灵隐回家,其娶项氏妇,在二十六岁,盖传闻之讹也。其后世宗尝问其为僧事,对曰:“臣少年潦倒时逃于此,及幸得通籍,方留心经世事,以报国家,日惧不给,不复更念及此。亦知皇上圣明天纵,早悟大乘,然万几为重,臣愿皇上为尧舜,不愿皇上为释迦。臣即有记,安敢妄言以分睿虑”云云。《谱》记此段,盖本之全谢山《题沈端恪神道碑后》,而谢山又得之李穆堂者。近思亦以理学称,早岁私淑应潜斋,晚服膺陆清献,思由程朱以上接孔盂。尝上书座师熊赐履，请其奏黜象山、白沙、阳明两庑从祀，犹稼书意也。《谱》又记其在世宗前，论耗羡归公，上曰："汝为令，亦私耗羡乎？"对曰："非私也，非是且无以养妻子"云云。考康熙朝，但有俸银尚无养廉，县令政治繁剧，俸银实不足供正用。又考黄维玉撰《陆清献莅嘉遗迹》，有除火耗革羡余诸事，而其后又记云："解任之日，亏空库银约千金。嘉民代公完纳，十日补足，公得脱然"云云。清献不借耗羡而不免于亏空，故知"养妻子"一语是实情。故世宗闻之，不以为忤。不然，近思素崇清献者，何至与稼书相反耶？又按近思起家县令，故所记查亏空、论耗羡、定调补差遣诸议，皆洞达情弊。若《论浙省十弊疏》，国史本传录之，然近于迎合矣。(14-593)

钱文端公年谱三卷 光绪甲午刊本

清钱仪吉初编，其孙志澄增订。文端，钱陈群谥也。卷末有钱应溥及志澄二跋。志澄跋称："见仪吉原稿纂有陈群事实十余纸，因据《香树斋集》，参以《钱氏世谱》《箨石斋集》《衎石记事稿》《甘泉乡人稿》，尹继善、沈德潜、汪由敦诗文集，《随园诗话》《忠雅堂集》《嘉兴府志》等书排比成帙。而张庚为陈群总角交，倡和最久，其《强恕斋集》，尚访求未得"云云。按陈群成康熙辛丑进士，累迁至刑部侍郎。因病乞归，时年六十七。家居二十余年，乾隆丁丑、壬午、乙酉三次迎銮，迭赏刑部尚书衔、太子太傅。辛卯来京祝太后嘏，年八十六矣。与沈德潜同以在籍词臣，蒙高宗宠眷。御制诗章，每命赓和，赐诗有"二老江浙之大老"句。卒于德潜殁后五年，八十九岁，时乾隆甲午也。身后之眷，视德潜为优焉。《谱》中详记恩遇，余事甚简。又按陈群母陈氏工画，屡承御赏，世所称南楼老人是也。亦详见于《谱》。又按《谱》于三十四岁以前，多据《年谱》残稿，不著编者名氏。又引及《半完圃集》《南野堂笔记》，志澄跋亦未及举。检所称未见之《强恕斋集》，惟诗抄卷二有《复归满城馆舍途中寄钱编修香树暨同人》一首。然志澄所采掇，实欠该博。依其所录，可补入者宜尚多。首列陈群像及赞，次御制怀旧诗、赐祀贤良祠加祭一坛文、国史列传、府志列传、神道碑、墓志铭等。应溥自称玄孙，志澄则来

孙也。(14－594)

诸城王侍郎年谱一卷　乾隆十六年世德堂家乘刊本

清王沛憻,字汝存,山东诸城人。康熙甲子举人,从户部尚书王鹭赈饥陕西,议叙,选漳州府同知。累升至广西布政使,内用通政使,数迁至吏部侍郎。告归,卒年七十七。是《谱》系其子棠所编。按沛憻父钺为广东西宁令,康熙十四年以行取入京,尚藩留不遣,钺窥其将变,托病回里。事详于钺所撰《水西日记》,是《谱》亦略著之。钺精干有吏才,而存心仁厚,所记鞠狱制船及赈荒诸事,可征也。晚为世宗所知,将大用而沛憻老且病矣。于其致仕,犹加都察院左都御史衔,盖异数也。《谱》称"官建南道日,忤四川巡抚,其后由广西布政内召,陕督实挤之"。陕督即前川抚。考之,盖年羹尧也,后数年而事败被诛,故作《谱》时犹讳其名。是《谱》首有朱轼、李绂二序、张廷玉撰传,后有唐执玉跋。棠,康熙庚子举人,仕至直隶口北道。(14－595)

相国三文敬公传一卷　道光刊本

清三宝,姓伊尔根觉罗氏,字树庭,满洲正红旗人。乾隆己未翻译进士,授内阁中书,迁侍读。随舒赫德征金川,迁湖北驿盐道,改补户部郎中,派经理达什达瓦游牧事,擢直隶布政使。旋因事左迁,以道员衔往哈密办事,授四川布政使。历调湖北、湖南、贵州,擢山西巡抚,调浙江,升湖广总督,晋东阁大学士,兼礼部尚书,仍管湖广总督事。调督浙闽,旋命来京,入阁办事,充经筵讲官,上书房总师傅。乾隆四十九年卒,年六十七,谥文敬。是卷有聂铣敏撰《传》,书通阿撰《世家序略》,大致略同。官阶之外,记载殊略。按三宝联姻帝宦,长女适郑恭亲王,三女指配五阿哥绵忞,未婚守志。五女适未入八分辅国公恒勋,七女适礼亲王昭梿。具详于《传》。而三宝抚浙江日,四库馆谕各省采访书籍,浙省进呈独多,有《浙江进呈书目》行世。今流传《四库》底本多有三宝钤记,士林宝之。《传》未载此事。卷末附三宝所为《天竺法喜寺梦泉记》并跋,卷首有李宷传序、吴杰赞。题曰"集",殊不类,因改之。(14－595)

时庵自撰年谱一卷 乾隆戊申刊本

清蒋元益撰。元益字希元，号时庵，江苏长洲人。乾隆乙丑会试第一，授庶吉士，散馆改编修。以兵部右侍郎致仕，里居十年，卒年八十一。时乾隆五十三年戊申也。自述至是年止，即卒于是年十一月十六日。后有其弟王翼跋。按元益以内阁中书，值总理初改军机，首被选入直，为鄂尔泰、张廷玉所知，将升擢，而元益必欲以甲科进身，竟达其愿。在台日，以参南河、河东二河臣足疾，得旨申斥，既而南河决口，河臣获谴。以此受知，渐向用，以位跻卿贰。其间两任山西学政，一任山东、江西学政，一典浙江乡试。山西首拔张佩芳，浙江首取翁元圻，尤知名。在山西试士，重诵经，命童子十五以下背诵，十六以上默写卷后，经熟者，文理清顺即入额，以奖读经之风，法甚善也。致仕后，二次南巡迎驾，一次入都预千叟宴，亦晚节之荣。《谱》所记有足识者，一乡举房师，为江西孝廉姜公，邻省进士举人入帘，始行于此科。后三科而罢，朝考日新进士各赐纱葛二端，前此未有其例。又长女嫁长洲褚廷璋，季女嫁镇洋彭兆荪，俱以文学传。(14－596)

朱石君年谱三卷 嘉庆刊本

清朱锡经编。石君，朱珪字。珪成乾隆戊辰进士，在翰林以文学受高宗特知，虽外简司使，仍令入翰林修书及上书房行走。又傅仁宗于潜邸，其后虽一擢安徽巡抚，犹以才情不开展为言。嘉庆初，擢两广总督，即以不能认真缉捕获咎，降补。旋以吏部尚书内召，渐擢至体仁阁大学士，卒谥文正。凡潜邸师傅，以后谥文正，自珪始也。珪好道家言，《谱》记其“通任督脉，召先天真炁，转河车，得《参同契》《悟真篇》，读之遂大悟彻。后数十年，夜坐不卧，老益精进不衰”云云。按此儒者之事，珪亦幸而不为罗有高，致损天年也。其末年恃元功调养，而疽发于背，岂其验耶？按恽敬撰张惠言《墓志》，言皋文断断以善相诤，文正言天子当以宽大得民，皋文言宜大伸罚以肃内政之政；文正言天子当优有过大臣，皋文庸猥之辈，惜全之，何所用；文正喜进淹雅之士，皋文言当进内治官府、外治疆场者。又敬撰《前翰林院编修洪君遗事述》，洪君即亮吉也。称"亮吉留书成亲王并当事大僚，言时事"。"当事大僚"当指珪。《谱》言"值门生洪亮吉投书，不敢求假"，可证。书中于文正多所责备，想见其晚岁不为清流所许。然雍乾以来，汉大臣遇事畏惧，随取容已成惯习。观于珪屡以小故被议，悉赖两朝宽宥，其敢振厉自表见乎？且其时大权属于军机，珪虽承优眷，从未一涉其地，似未可苛以高论也。锡经，珪长子，以一品荫生，官刑部广西司郎中。(14－597)

孙徵君年谱二卷 乾隆元年刊本

题门人汤斌、魏一鳌、赵御众、耿极编次，后学方苞订正。徵君，谓孙锺元夏峰也。首有方苞序及传，又有霍炳、戴明说二序，又有锺元遗像并自赞，及门人汤斌、魏一鳌、赵御众、崔蔚林、耿极、刘泽祖题词。末有吴维垣跋。自赞署"八十六翁"，盖康熙六年己酉也。霍、戴二序，俱署康熙乙卯。乙卯为锺元卒之年，是《谱》即镌于其年也。方序未署年月，而开首称"徵君既殁之三十有九年，其曾孙用桢以旧所编年谱属余删定"云云。按夏峰卒于康熙乙卯，又三十九年，为康熙五十三年甲午，至乾隆元年而刊行，吴跋即作于其年也。霍序称《年谱》为孙先生所自谱，门人魏莲陆合同学为之编次。今观是《谱》，有大书正文，有双行注文。其正文当是锺元自谱，注文当是汤斌等所增。而辛亥八十八岁条下注云："先生自叙谱至庚戌止，是年以后，俱系门人从谱中考入。"故是年以后，正文亦入门人口气，与前不同。惟所题方苞订正，以无例言，未知视原编次者何如耳。考锺元举万历庚子乡试，崇祯三年，御史黄鹤岭疏请征聘，奉旨着与核才酌用，锺元以疴辞。又八年，礼科王正志保举真孝真廉、有体有用，奉旨取用，锺元力辞。其后又以守容城功，经直隶巡抚张其平、恤刑员外郎胡向化奏荐，奉旨取选用加一级用，即方《传》所称"台垣及巡抚交荐，屡不起"者也。鼎革后，巡按柳寅东、兵部刘馀佑俱以人才荐，祭酒薛所蕴且请让贤，锺元皆以病辞。故徵君之名，在两朝皆可称之。其去容城而定居辉县之苏门，在顺治七年。卫河使马光裕赠以夏峰田庐，故学者称夏峰先生。其行事及早岁与鹿伯顺为友，好急人之难，近于侠。晚岁则绝去町畦，人无贤愚，一接之以诚，以故名在天下，人无忌嫉之者。其为学早岁宗象山、阳明，晚乃欲以陆王融合朱子，殊可不必。鹿伯顺曰："新安亦无朱元晦，姚江亦无王伯安，各存其心之所是而已。"此真英雄本色语。强为沟之，转嫌牵合。或疑门人汤斌、耿介等皆新朝显宦，不免为介节之累，不知锺元外宏容而中有所守。其辨刘静修《渡江赋》作于顺治元年，殆以寓其隐志耶？其《甲申大难录》一狱，与顾亭林《启祯遗诗》狱相类，幸而得解，实为清代文字狱之先声。今全书已削之，非是《谱》略存其概，几无人知之矣。是《谱》本之锺元自记，又经一再修订，繁简有条理。考锺元学行者，宜于是取资焉。(14－598)

刘忠介公年谱二卷　乾隆丁酉刊本

明刘汋撰。首题《先君子蕺山先生年谱》。按即董玚所称学人窜抹之本也。但玚谓"三十一岁戊申，赵令问疾，至太息而去"条下，注语"《先君子谱》，'御史某'下有'上章诋先生坚伪，欲置之殊劣'"云云，是本无此文，岂窜抹者另有一本耶？"至丙子始以《中庸》已未发之说示学者"条下，引作"动而无动，静而无静，性之所以为性，心之所以为心也"，与董本不同。玚所斥为不会诚意宗旨者，殆以此。取与董本相校，则"鲁王赠光禄大夫、少傅兼太子太傅、吏部尚书，谥忠端；唐王赠东阁大学士、少师兼太子太师、吏部尚书，谥忠正"，此俱无之。其"乙酉杭州失守"条，多所漏略。最要者，董本"为战守计"下，有"又寓书章格庵正宸及余姚熊雨殷雨霖趣入城共治守具"二十三字。又"晚始粒"下，有"遣人访石斋，谓黄石斋，时传其在近郊。复趣格庵雨殷急趋郡"十四字。又"出居郭外之水心庵"下，有"越数日，雨殷约期来会，曰：'为今日计，宜别拥贤王，画江自守，首则借资方藩，谓方国安。次则借援未孩，谓朱大典。若闽兵数十艘见泊蛟川，使其列防钱塘东岸，自足寝兵窥江，更从徽宁间道邀约左兵，梼虚建业，彼当退而自顾，如此则恢复可期矣。即当趋候指使于长者之前，不敢一字欺先生。'又以书邀之曰：'辱手谕，足尽今日措置事宜。门下若有意高皇一线，急宜捐躯入郡。吾辈断无生路，行亦死，往亦死，做事亦死，等死也，与其墨墨而死，毋宁烈烈而死，况事尚可为乎！若不做，便合速死矣。'随命汋以雨殷书上颖，不遇"一百九十一字，此俱不之载。又"汋不敢以书呈"下，有"时雨殷为邑人所觉，避入山中，格庵以书辞，踪迹石斋无所遇，而二生亦竟去"三十字，此皆不之载。而"答征书"条下，忽插入"先生曰：'吾所以隐忍至今者，以熊雨殷诸君不忘明室故，今已矣。'"云云，殊无着落。且著此一着，正见宗周因恢复绝望而死，不为徒死，何可少也。而请别立宗室之张应煇，以避讳故改为应兆，尤无理。又董本后附《年谱录遗》，此亦缺之。而"戊申三十一岁，叙赵令造榻"条下，注云："其详见《录遗》。"是明知有《录遗》也。其详于董本者，亦有数处，大都奏疏，具文集，董本但存其目，此则全载其文者。又按"忠介"系乾隆间赐谥，宗周原有"忠端""忠正"二谥，何为舍本朝之谥而用异代之谥？其书"大清兵"及"顺治"年号与董本同。卷首有梁国治序，卷末附邵廷采撰《刘汋传》，又附宗周玄孙毓德跋。《谱》即毓德所刊也。(14－600)

刘子年谱二卷　道光甲申刊本

明刘汋撰。汋字伯绳，浙江山阴人，左都御史刘宗周子。幼习父训，国变后杜门绝人事。时人高其节，与徐枋并称。刘子，谓宗周也。是《谱》董玚编入《刘子全书》中。玚称"宗周违世后七年，郡人祀之证人书院之后室。汋即居于室旁，取宗周日记、纪过格及私抄笔札、谱集种种手编之"。又称"汋戊寅殁后，录得谱稿二本，一曰《先君子蕺山先生谱》，中多窜抹，传自学人，不会诚意宗旨者为之，至不可认；一曰《刘忠正公年谱》，与前大同小异"云云。按是《谱》即所称之后一本也。又据汋自称："天启丙寅间，讹传宗周被逮，祸在不测，悉以平生著述寄友人。其后未及索归，故丙寅以前笔札无一存者。丁卯至乙亥九年著述，复为人窃去。汋年二十四，始留心抄录，存者十之七八，故末后十年行事独详"云云。今《谱》于条下，每注"稿佚"者，殆以此。然大致要不失为详备。按宗周在官，负清正敢言之誉。论学，标体用一原、显微无间之旨。其尽节也，又兼从容就义、全受全归之美。汋句摹字绘，举其大而不遗其细，盖见闻有素，而学与识又足以达之故也。其中亦有漏略者，汋于丙寅条下注云："行事之始末，学力之浅深，不可尽考。"按宗周作《日纪》，自云："始自志学日。"据此则壬辰十五岁宜书"作《日纪》"。又《学言》载"丙寅有三十年胡乱走，今日始知道不远人"语。丙寅，宗周四十九岁，则向道始二十岁。据此则丁酉宜书"是年始慕圣学"。又《代陈太母母徐安人七十序》①，有"承母夫人之教，志慕龙逄、比干之为人。一日登朝，即慷慨论天下事以去，去而倡道于稽山镜水之间者，前后十五年"云云。据此则"二十六岁旌母夫人"后，宜有"志慕龙逄、比干之为人"一句。"澄水澄里"后，宜有"倡道于越"一句。而《谱》皆缺之。又《谱》于辛亥载丁元荐致书定交，而与元荐遇于许初所在癸卯，见祭文。不载则定交无本。又己巳，汋遇册东宫，补官生，宜入己巳，而录之《谱》末，亦为失次。又有错误者，《年谱》录记"上书纠沈一贯，脱草以示友人，友人曰：'公有老亲，万一加以不测之祸，奈何？'先生默然。明日遂请终养"。而《谱》乃以拟纠沈一贯及论终养，分系万历三十二、三十三两年，非也。又《谱》载"甲申五月十日起复原官"，按邸抄系八日。又载"会推冢宰吏部疏，举宗周，已而枚卜阁员，吏部亦列宗周名以请，俱置不用"。按邸抄，三日点用，四日署吏部尚书事，兵部尚书史可法传单约诸臣会推吏部尚书。以在任南京吏部、户部尚书掌都察院事张慎言为正，以宗周为陪，点用慎言。五日，慎言传旨会推阁员，诸大臣推可法、高弘图、姜曰广。七日，复同九卿会推曰广、王铎、陈子北、黄道周、徐汧，无宗周名，则所载又非也。又《谱》于是月十一日拜疏辞下注云："自先生行，而内阁高弘图、姜曰广、太宰徐石麟、苏抚祁彪佳、给事章正宸、熊汝霖、陈子龙先后去职位。"按邸抄，曰广以十日告归，行在十五日，宗周出郡门在十六日，实后曰广一日。则所载又非也。又《谱》载："史可法先主立福藩，马士英持异议，使所亲为可法具言不可状。可法然其说，改拟潞王，遂以书报士英。书至，而士英拥主福藩之策已定。福藩立，仍士英宣言以可法书入告。可法惧，举士英自代。"按此条不见

① "代陈太母母徐安人七十序"，疑衍一"母"字。

他记载,恐是传闻之误。凡此皆其小失。是本间有董玚订正处。“丙子始以《中庸》已未发之说示学者”条下,引“动而无动,静而无静,神也,性之所以为性也。动而无静,静而无动,物也,心之所以为心也”。以校别本,“无静”下多“神也”二字,“为性”下多“也”字,又多“动而无静,静而无动,物也”十字。确为玚所增入,以玚自言之也。他条虽互有详略,玚未及之,则亦无以证之矣。至《谱》中书“大清兵”、“顺治”年号,谅亦后人所易,原本当不如此也。(14-601)

刘子年谱录遗一卷 道光甲申刊本

明刘汋辑。“录遗”者,录《蕺山年谱》之遗也。盖仿《范文正年谱》后附补遗之例。其中有正《年谱》之讹者。《谱》于甲辰二十七岁除授行人司行人条下载:“时四明沈一贯当国,与给事钱梦星朋邪乱政,楚狱妖书,相缘为械,贤人君子,无所措足。将上书极谏,既而叹曰:‘此身犹非我有也。’属草而罢。”又乙巳二十八岁拜疏请终养条下载:“念大父不置,去冬拜疏请终养。”而《录遗》则云:“在大行人,将上书纠沈一贯,脱草以示友人。友人曰:‘公有老亲,万一加以不测之祸,奈何?’先生默然。明日遂请终养。”是纠一贯与请终养事才隔日,而“公有老亲”一语,亦较“此身犹非我有也”为显。有补《年谱》之略者。《谱》于壬申三十一岁叙赵令造榻条下注云:“后丁巳京察,御史韩浚欲坐先生考功法,时赵公入为功郎,力争不可,乃获免。”而《录遗》则云:“江西巡按韩浚上疏参先生,比之为少正卯,乞赐尚方加诛,以为惑世诬民之戒。归子顾、刘廷元复相继攻之。盖为先生《修正学》一疏发难也。越丁巳,考察京朝官,主计者尽黜东林诸君子。浚入掌河南道,必欲以考功法处先生。时功郎为赵士谔,言于众曰:‘刘大行贞修拔俗,士谔昔令会稽,稔知之,非相倚为名高者也。’浚乃止。先是,浚以巡鹾按浙,行部至越中,修年谊,谒先生者再。先生正患病谢之,浚疑为伪。一日屏驺从,单车造门。苍头报按君至,而浚已入室,先生亟从帏后避之。浚恨绝之甚,故有此狂诋。”又《谱》载:“临终,属汋祠事要交代明白,不得容情,作不了之局。祠义田不可一亩分动,少存区区之心,以报祖宗。”而《录遗》云:“绝食中,有宗人数辈至床前,欲分散义田为己产。先生曰:'吾拮据一生,置此祭、义两田,所以上报祖宗之,不第为汝辈而设。'故遗言属汋者,首书祠事义田,要尽心经理,不得容情,作不了之局。"按此三条,所载事同,而《录遗》较详,以相证而益明。其他大都关于持身、治家、交友、事君之事,各有其义,无小非大。而所记倪鸿宝三谒不得见,至以朱元晦为比,又讥黄石斋气节有余而学问不足,阻其赴召,又避之别业,终至走诗箑讽其行。按二公亦负儒林重望,其后俱以死节者。此轶闻二则兼可补倪、黄《年谱》所未及。又按所录诸条,多有年月可系,即无可系者,亦可依类相从,例宜并入《年谱》。证诸《谱》有其详见《录遗》之语,则二稿之成,似无先后。岂以叙事各有体,固未可混而为一耶?要之,汋所录可信,无一字虚伪,得此与《年谱》相辅,而蕺山清卓之行,乃无所遗耳。(14-603)

王心斋年谱一卷谱馀一卷续谱馀一卷 明隆庆刊本

明王艮,字汝止,中岁悉心究学,自号心斋。江苏泰州人,布衣。其门人董燧、聂静同辑。按艮为王阳明高足弟子,正德庚辰年三十八始见阳明于豫章,但其学从不学不虑之旨,转而标之曰自然,曰学乐,视姚江殊趣矣。是《谱》致详于其学悟之始终及其出处之大概,而从学者之先后,亦分注条下,可与《弟子师承表》互参。卷末有燧后序。燧字兆时,江西安乐人,官南京刑部郎中。静字子安,江西永丰人,官兵部给事中。《谱馀》及《续谱馀》,盖艮卒后祭奠传记诸文,即附录之类耳。(14-604)

王一斋年谱一卷 明刊本

无编者名氏。按王栋字隆吉,号一斋,江苏泰州人,艮族弟也。嘉靖戊午,以贡生选南城训导,年五十六矣。以母艰去职,服阕,补泰安训导,迁南昌教谕。年七十致仕归,又九年卒。按栋早岁师事州守王嗣同,既又从其族兄艮受格物之旨,尝谓:"格物乃为把柄,良知人人自有自足,但为见闻情识所混,识认不清。故讲格物之学,以身度人,推心从矩,彼此皆是。内外无失,方是良知,洁净而不为见闻情识所混"云云。

盖合二家之学而一之也。《谱》仅寥寥十余条,盖以事系年,无事则缺其年故也。文笔殊俚,后附小传,亦无撰者名氏。(14－605)

明德先生年谱四卷 康熙刊本

清施化远等编。明德先生者,明吕维祺也。维祺字介孺,河南新安人。万历癸丑进士,由兖州府推官擢吏部主事,迁文选司员外郎。值熹宗嗣位,内侍渐欲干权,维祺遏抑于几先,致招所忌,幸以省亲回里,不及于难。观其后所陈《九忌三不负疏》,亦危甚矣。掌南京户部最久,绩亦最著。但其时计政已不可为,区区补苴,何救于败? 迨升兵部,赞机务,则整饬只托空言矣。六疏乞休,不许,旋以大计革职。崇祯十四年,流寇犯洛阳,维祺与当事者婴城固守,城破殉之。生平喜讲学,尤致力《孝经》,初成《孝经本义》,继成《大全》《或问》,几经修订,崇祯十一年九月进呈。是年十一月,复疏陈《表章孝经八要》,全书至康熙间而刊行。是《谱》编次者,题施化远、周景濂、袁应参、姚赓唐、黄基昌、李毓楠、石岳、陈榕、孟瑠、郭希铨,皆维祺门人也。每条标揭纲要而详其原委,类其散碎,以为小注,多录诗文章奏。大抵政学之外,不涉其他。称明德先生者,盖维祺晚岁尝建明德堂作讲会之所,故以称之。后有姚赓、唐孟琚二跋。(14－605)

吴聘君年谱一卷 光绪戊寅刊本

清杨希闵纂。卷首有希闵自序。聘君,吴康斋与弼也。与弼学宗程朱,主实践,不事著述。当道屡荐不起。英宗天顺初,石亨欲引贤者为己重,谋于大学士李贤,上疏称与弼学行之高,士类矜式,朝廷宜礼聘至京,重以禄位,俾展嘉猷。上乃命贤草敕,加束帛,遣行人曹隆赐玺书,赍礼币,征赴阙。既至,命以官僚侍太子讲学,授右春坊左谕德。寻以老疾辞归,命有司月给米二石。卒年七十九,时宪宗五年己丑也。旧无年谱,希闵就史传、《行状》、《明儒学案》诸书钩考成编。又与弼所作《日录》,章衮称为一人之史。希闵复就其有年岁可稽者,按年采入。于与弼受谤各事,如为石亨跋族谱,自称门下士,虽黄梨洲亦信之。但谓

“后人徒以成败论人，见亨他日以反诛，便谓先生不与作缘。岂知先生之不与作缘，已在应聘辞官之日，不宜求于屑屑语言文字间”。希闵则据孙退谷《益智录》称：“康斋过南京，士夫候之者多不见。有问者曰：‘先生何为不致君而还？’但摇手曰：‘吾保性命而已。’归未几，石亨败，凡与亨处者悉被重谴，而公不及。”是石亨之败，与弼洞若观火，岂有为跋族谱、自称门下士者？又谓：“公始至京，大学士李贤推之上座，以宾师礼事之。编修尹直至，令坐于侧。直大愠，出即谤公，所传公跋石亨族谱、自称门下士者，出于直所著之《琐缀》。”是造此事者尹直也。又有谓“与弼与弟讼田，褫冠蓬首跪诉府庭”者，希闵引杨端洁《传易考》谓：“抚州守张璝，因先生拒不见，欲坏其节行，令人讼之。久之无应者，璝以严法令他人代弟讼之。牒入，即遣人报牒拘之。门人劝以官服往，先生服民服，从拘者至庭，璝加侮慢，方以礼遣，先生无愠色，先生无愠色。① 亦心谅非弟意，相好如初”云云。此乃实录。又有谓“与弼因敕书聘以伊、傅之礼，至而授谕德，失所望，故不受官”。希闵引孙夏峰言：“舜且历试诸艰，而后纳于百揆。伊、傅亦岂初命为相？即世俗妄无如此校量官职之法，况在与弼？”凡此数事，俱足以关谤者之口，伸千古不没之公论也。（14－606）

胡文敬公年谱一卷 光绪戊寅刊本

清杨希闵纂。文敬，胡居仁谥。居仁，饶州余干人，学于吴与弼，布衣乐道，一生未受荐辟。惟曾应当道聘，屡主白鹿书院讲事而已。顾宪成《与子书》云：“吴康斋、胡敬斋二先生，只是布衣，却成了大儒，连科目亦无用处”云云。盖为理学家开一生面也。卒于成化二十年甲辰，年五十一。万历十三年，从祀孔庙，追谥文敬。希闵不得见其《行状》《墓志》，仅据本集、《明史》、《理学宗传》、《明儒学案》、《江西通志》诸书辑集成编。开篇止有生年而缺月日，《明史》及《学案》皆言与罗伦、张元祯友善，为会于弋阳之龟峰、余干之应天寺，又讲学贵溪桐源书院。然

① “先生无愠色，先生无愠色”，疑衍“先生无愠色”五字。

皆不系年月，因之仅取集中与罗一峰、张东白论学诸书节录于后。他行事俱简略，惟学说稍备耳。首有希闵序。（14－607）

曹月川年谱一卷 咸丰刊本

明张信民编。信民字抱初，河南渑池人。万历癸巳选贡，廷试第一。历知渑池、陇西县事。其妻为曹月川六世孙女，素私淑月川。月川旧有《年谱》，辑自门人谢琚，稍涉冗烦，信民与王幼真订正梓之。详载信民《年谱》，是本全略，但题信民，殊不合。《谱》起洪武九年丙辰，至宣德九年甲寅，盖端生及卒之年也。记端之生，有月无日，以下逐年隶事，有纲有目，意在阐其所学，而题多琐细。按端尊信宋儒，与胡居仁、薛瑄同时，所学亦略相同。大旨见所著《太极图说述解》《通书述解》《夜行烛》诸书中，而佚闻剩说，则间存于是《谱》，未可废也。是《谱》旧有正统六年翰林宋公、正统七年国子监学正鲍相、万历六年学博唐文辉、万历十八年山西提学佥事范守己、顺治十五年渑池令张璟、分守河南道右参政崔起鹏诸序。璟别纂自宣德十年至顺治十五年后贤论说及修理祠墓、刊刻遗集等，附《谱》后别为一卷。是本俱削之，还原《谱》之旧。止存孙锺元一序，盖刊于咸丰庚申，以端从孔庙之后也。（14－608）

陆文安公年谱二卷 光绪四年刊本

清杨希闵辑。文安者，陆九渊象山，宋嘉定十年所赐谥也。首有希闵自序，称就陆集旧《谱》，为之增删，大抵以本集为主而考用群籍。按临川李绂尝增订象山《年谱》，希闵未得见之，今取相校，大段多同。然如首条“绍兴九年己未二月乙亥生”，李《谱》“乙亥”下多“辰时”二字。又“辛酉三岁母夫人饶氏卒”下，多“葬乡之杨美岭”六字。又“壬午二十四岁丁父忧”下，多“葬饶州安仁崇德乡之毛源”十一字。又“辛卯三十三岁八月子持生”，“八月”下多“十七日”三字。又甲辰四十六岁，李《谱》有“在敕局春祀祚德庙为分献官”一条，此无之。而前一年，此有“九月享明堂为分献官”一条，亦为李《谱》所无。又壬子五十四岁，李《谱》有“二月九日之夜郡火灾”一条、“阅武”一条，此俱无之。他所录文字则互有详略。又象山诸兄弟事略,李《谱》录于谱前,此则附于谱末。至于陆氏之学,希闵亦综论及之,谓:"陆氏家学一准儒先,并非禅学。杨龟山、谢上蔡解经,直有糅儒释为一者。人都议陆,不议杨、蔡,一为洛学,一孤主无附"云云。论固甚允,然亦作谱者义所应然也。(14-608)

许鲁斋年谱一卷　光绪庚辰刊本

清郑士范辑。是书止就族谱、传记考得鲁斋生于金大安元年己巳九月丙寅,余都就《鲁斋集》附录一册,为之叙次前后。而引《元史》、《考岁略》、《神道碑》、薛文清《读书录》、《国学事迹》诸书,注于句下。然连篇一气,体似别传,非《年谱》也。末论鲁斋非宋遗民,又未仕金,不责其臣蒙古。按此说非也,鲁斋早应忽必烈伴读之选,其时见义尚未甚明,既知其非,而势不可以不出,是以召则往,往则陈其道,不可则止,未尝为期月留。身殁之日,命无以官爵题墓,曰:"吾生平为名所累,竟不能辞官。"不然,蒙古之政,狄道也,鲁斋亦知其不能行,而顾可滥食其禄耶? 张杨园谓:"吾于鲁斋,敬其人而未尝不悲其遇。"斯言允矣。同时刘静修以老氏相□,谓其"特主于万物之表而不受其责。自以孔孟之时义、程朱之名理自居,而人莫知夺",当即指其罢中书执政,就国子而言。至丘琼山则谓:"无能改于其俗,必不能行己之志。若以万世之道概焉,恐不能以无过斯。"亦至正之论,使鲁斋受之而不敢辨者。卷首有贺瑞麟序。(14-609)

寿者传三卷　乾隆乙巳刊本

宋陈懋仁撰。懋仁字无功,嘉兴人。是书不见前人著录,任兆麟求得之,为之订正付梓。书分三卷,帝王、国老、庶老各为一卷。每人一小传,各系以赞。帝王,则太昊氏、女娲氏、炎帝、黄帝、少昊、帝喾、帝尧、虞舜、夏禹、成汤、古公、季历、周穆王,凡十三人。国老,则彭祖、伊尹、吕尚、召公、李耳、张苍、范长生、张䔍、顾思远、罗结、曹宪、甄权、裴知古、张祜、刘元、童参、谯定,凡十八人。庶老,则王安、班壹、窦公、泰山老父、龙丘苌、华佗、赵瞿、梁顷、张元始、赵逸、于伯龙、轩辕集、李元爽、嘉祐黠卒、杨氏父子、刘珏、韦旻、龙光寒,凡十八人。传中引及叶石林语,盖讫于南宋也。首有女士江珠序,后有兆麟跋。序跋后并有赞,又有王鸣盛、许宝善、陈大文、朱奂、钱大昕“阅”“观”“读”等字。(14-610)

明良志略一卷 道光己酉刊本

清刘沅辑。沅有《周易恒言》,已著录。成都有昭烈庙,旁有丞相祠堂,所谓“明良”也。沅有记,论昭烈与关、张终身以讨贼为志,既得西川,遂兴义旅,人以为经营王业,而不知实本于忠勤之素。至于三顾之频,追踪莘渭,君臣契合,三代以下所无。又论祠庑所祀诸臣,旧有李彪、张虎,于传无征,即法正、刘巴、许靖辈,皆不得为昭烈纯臣云云。故于诸臣位次,以意为之移改。所定正殿侍臣四人:庞统、赵云、孙乾、简雍。关侯祠从祀四人:关平、关兴、赵累、周仓。昭烈偏殿祀张侯,从祀二人:张苞及其子遵。两庑从祀诸臣二十四人:周凯、董和、费祎、傅彤、邓芝、陈震、蒋琬、董允、秦宓、马良、冯习、程畿、张翼、马超、王平、姜维、黄忠、张南、傅佥、向宠、杨洪、廖化、马忠、张嶷,各为之传。卷首并有沅自序。(14-611)

李氏三忠事迹考证一卷 刊本无年月

此纪宜兴李用楫及耒、颀同殉忠事也。用楫,崇祯癸未进士,授广东琼州府推官,定黎蛮之乱,桂王时,行取迁御史。历太常少卿,尝出使安南,典广东乡试,旋擢兵部侍郎,巡抚肇、高、廉、雷、琼、罗五府一州。耿继茂率清兵入钦州,用楫御于合浦,师溃走灵山,自沉劳氏园池。耒为用楫同□弟,丙戌选贡,以中书封藩广西。桂王时,官监军道,从李定国围攻肇庆,定国败,耒殉于德庆州。颀于用楫及耒为大父行,亦丙戌选贡,桂王时官江西道监察御史。王在安隆,为孙可望所制。颀愤之,与吴贞毓等谋约李定国迎驾,事泄,为可望所害。所谓三忠也。安隆之事,传者异词,《胜朝殉节诸臣录》有林青阳,无李颀,而《南笼府碑志》及《行在阳秋》所载谳狱诏书,则有颀无青阳。若耒之死于肇庆兵败时,尤他书记载所未及。此考证所为作也。是编首列三忠像,次吴德旋序,次赵怀玉、谢阶树、储颐、毛燧传所为诸传。次乡评备考，次宜兴、常州、南笼诸志传，及《续黔书》墓论，次用楫《年谱》，次附录，而以题辞终焉。无编者名氏，亦无刻书年月，大约在嘉庆间也。(14－611)

徐徵君年谱一卷　光绪戊寅刊本

清杨希闵纂。徵君，徐稚孺子也。范《书》："稚，豫章南昌人。"故希闵据为豫章先贤九家之冠。是《谱》首有希闵自序，又有引用书目，多至二十一种。范《书》称："灵帝初，欲以蒲轮聘稚，会卒，年七十二。"盖建宁元年戊申也。因确知其生于和帝永元九年丁酉。惟范《书》叙事又多不系年，故传中所纪诸事不能切指，但依约计之而已。又旧有《徐稚别传》，已佚，希闵止从类书中辑得一条，至魏明帝甄表状，晋孙倬墓颂，殷允、王珣祭文，唐张九龄墓碣，宋曾巩祠堂记等篇，概属空言，附之卷后，仅资尚论而已。(14－612)

晋陶徵士年谱一卷　光绪戊寅刊本

清杨希闵纂。徵士，晋陶渊明也。希闵旧有《渊明年谱》，附《乡诗摭谭》中，时为咸丰丙辰。后二十余年，再成是《谱》，自云意趣不同，视前《谱》亦有所增删、改窜，而沿误诸处仍未及正。如谓生于晋孝武帝太元元年，卒于宋文帝元嘉四年，年六十三，即本之昭明太子所为《陶渊明传》。近人已辨其非，此处一错，则隶年之事，无不错矣。若镇军参军，系□□参刘牢之军，见陶澍《年谱考异》，援证甚确，反不从之。岂并未见澍集注本邪？惟辨在晋书年号在宋书甲子，主钱大昕说，谓指文不指诗，谓五臣误读《宋书》，斯真不易之论矣。(14－613)

龚安节年谱一卷　又满楼刊本

明龚绂编。绂字朝美，成化辛卯举人，官青县教谕。安道①，龚诩私谥也。其父詧，官兵科给事中，以言事获罪，卒于戍所。诩当补伍，初戍

---

① "安道"，疑为"安节"之误。

辽阳，调卫王宫。建文四年，守金川门，谷王橞以门降，诩操戈擿之者再，不中，亡去，变姓为王大章。周忱抚江南，条上宜兴草十余事，文襄以为贤，拟荐署淞江太镇卫学教授，皆坚辞。忱亲往劝之，始吐实。犹延之不已，乃曰："某固非食禄之臣，但不欲负往日城门一恸耳。"意盖终身矢忠于建文也。诩生于洪武十五年，卒于成化五年，年八十八。绂为诩族孙，亦其门人。诸所叙次，大都得之目见。与王执礼、张大复二传稍有详略。录诗甚多，为《野古集》所未载者至三十六首。所记有足与逊国事相证者，如建文四年，记靖难兵入金川门下，接云："见宫中火起，传言乘舆巽去。"又正统七年记云："旧君还京，有《落叶吟》寓意"云云。按诩亲为金川门守兵，所得建文出亡之传，的然可信。据《从亡随笔》记建文还京在正统五年，是《谱》系于正统七年下，盖流播至二年而后知之也。此事不但诩闻之，绂亦及闻之。又二十七年，为成化五年，而诩卒。卒后八年为成化十三年，而是《谱》成。其间若稍发觉所传之虚伪，何为存之？而或者乃以为《谱》作成化十三年，杨应能久已论定，不应有"旧君还京"之语。正惟在杨应能事论定之后，而仍作此语，乃更可信也。《谱》后有康熙十八年诩八世孙挺跋，称"重绎旁参，正其讹舛"。今不能考所正者何处。民国辛酉，其乡人赵诒翼重刊之，并补注十余条，不无细流土壤之功焉。（14－613）

傅青主年谱一卷　旧抄本

清张廷鉴辑。廷鉴字静生，山西汾阳人。青主，傅山号也。山生于万历间，为明诸生，国变时，年将四十矣，在诸遗民中，齿仅次于孙夏峰耳。廷鉴辑此殊简略，且有舛误。《谱》作青主生于万历三十四年丙午，今考本集六月十五日至十九日《即事成吟》二十一首之十六云："三十六未老，一兄不肯长。"按青主兄庚，卒于壬午。由壬午逆数三十六年，是丁未。又《甲申守岁诗》："三十八岁尽可死。"由甲申逆数三十八年，亦是丁未。又《览岩径诗示眉及两孙一百韵》："昨年吾七十，五十汝今年。"考眉生于戊辰，时青主年二十二。眉五十时，青主七十一，亦生于丁未之一证。丁未为万历三十四年，盖廷鉴误后一年也。其卒年引青主五世孙履巽所编《事实》，在康熙二十三年六月十二日，当可信。惟谓享年七十九，盖沿生于丙午之讹，致增一年，青主实七十八岁也。又顺治二年乙酉三十九岁条下，记是年避地武乡魏驷家，云据《武乡县志》。考《志》言："顺治初，求贤甚急，内外诸当路，稔悉太原傅山，征辟檄屡下，皆不应。夜潜出城，至武乡，止邑人魏驷家。岁余，迹者渐稀，乃返太原"云云。但言"顺治初"，不实指何年。而是年青主寓盂县，其《岁除》诗有"何除爆竹震仇犹"句，可证其居盂度岁。则《谱》所记又非也。廷鉴事迹无可考。（14－614）

傅青主年谱一卷　宣统三年刊本

清丁宝铨纂。宝铨，安徽山阳人，官至山西巡抚。是《谱》首有宝铨自序，每条下有缪荃孙、段朝端、罗襄、罗振玉等按语，仿《顾亭林年谱》例。自万历戊午至崇祯甲申，据《明史》纪分记清兵、流寇犯顺于每年下。于青主生卒年月及所流寓之时与地，颇费考核。亦有存疑不能定者，要亦十得七八矣。若举诸生在天启元年，正诸记载之误。居土堂山，非土穴。又袁继咸乙酉丙戌狱中贻札，正全谢山《事略》之误。皆有据。按青主参兵国事，止一应李建泰之聘，一生超然物外。然青主殆甘于沉冥者也。《谱》以游金陵、海州系顺治己亥，甚是。其时南中有舟山、台湾之师，己亥夏，张煌言方破金陵。据集中《朝沐篇》"怆臣心兮五百田客"句，知此行不无声气之涉。他时鸿博被征，以死拒入国门，直与文谢同其志节矣。顺治甲午太原之狱，据《朝沐篇》有："堪包羞被耻兮，重之以甲午之情事。忆使九日不食兮，溘此微气。"则《郭鋐传》称或劾其通南朝明赧帝。全谢山《事略》称其绝粒七日，可信。以视顾亭林济南之狱，殆又甚之，亦幸而得解耳。其早年交游如张履旋、郭新、曹良直、薛宗周、王如金、崔嗣达、曹伟、卫嵩、钱文蔚、李中馥、韩霖、桑拱阳、李木虎、毕拱辰、张忻、还阳真人等，并详其事实。晚岁往还如戴枫仲、张天斗、纪映锺、范云茂、周容、申涵光、孙锺元、顾炎武、阎若璩、李因笃、戴本孝、阎尔梅、潘耒等，并著其踪迹。盖用秦小岘谱淮海例也。（14－615）

归玄恭年谱一卷　又满楼刊本

赵经达辑。玄恭，归庄字也。庄少与顾亭林齐名，有“归奇顾怪”之目。与亭林同年生，而卒于康熙癸丑，年六十一，则先亭林九年。当弘光元年，昆山令阎茂才下剃发令，士民絷茂才，庄白众杀之，闭城拒守。城破，为僧装亡命，称普明头陀，往来湖山间以终。其志节并无愧亭林也，而自来未有谱之者。经达据邑志，参以文抄、《看花日记》等书辑成是卷，粗得大略。依顾《谱》，隆武二年以前兼记时事，其永历元年至十八年，顾《谱》未记者，间采《通鉴辑览》注之。崇祯以后，接纪弘光、隆武、永历年号，永历亡后，则纪甲子，而无年号。盖书成于易代之时，理势俱应尔也。诗文年月有可稽者，附记是年条下，亦如顾《谱》例。其较详者，于庄平日交游倡和，如杨彝、侯峒曾、诸嗣郢、万曰吉、陈芳绩、史孝咸、杨永言、张由、钱肃乐、顾天逵、天遴、杨廷枢、陈必谦、蒋遵路、袁骏、陈瑚、陆世仪、侯瀞、万寿祺、陈济生、顾梦麟、侯汸、汪沨、张适、蒋淑、金俊明、徐时勉、戴笠、潘柽、章耒、吴炎、路泽溥、泽淳、顾苓、葛芝、吴甡、咸默、陆元辅、徐芳、呼谷、孙默、李朴、叶奕苞、孙致弥、吴殳、徐枋、徐白、顾景文、俞仲蔚、孙竑、杜濬、宋龙、盛敬、陆义宾、吴兴祚、姜实节、魏禧诸人，一一著其略历，且多及其生卒年月，亦精有考订。如顾《谱》以陈芳绩为鼎和之子，《常昭合志》同，此则以芳绩是鼎和孙。《胜朝殉节录》称杨永言殉乙酉之难，此则以为永言依吴志葵败后，祝发为僧。如此之类，亦见取材不苟。按玄恭最受谤者，为师潘用微。然玄恭初见陆世仪，亦欲修弟子礼，世仪固不可与用微并论，而其好善之诚迫切而不及待，则一也。事见《桴亭年谱》，经达反遗之，遂无可解于用微矣。（14－616）

关圣帝君全书六卷　乾隆三十七年刊本

清彭绍升删定。按自元胡琦首著《关王事迹》，明吕柟续之，曰《义勇安武王集》。赵钦汤别辑《关公祠志》，焦竑为之订定。又绛州辛全有《关帝全集》，沈泰灏有《关帝纪》，李叶有《武安王集附录》，至卢湛乃汇而辑之，复列图志于首，名曰《关圣帝君圣迹图志全集》。乾隆间，彭启丰以卢氏旧本义例多所未安，命其子绍升删定之。绍升定为遗像考、本传考、发祥考、世系考、逸事考、翰墨考、法语考、坟庙考、封爵考、遗印考、遗迹考、灵应考、艺文考，余多从删削。启丰为之序，绍升述其例，弁于卷首。（14－617）

关帝事迹征信编三十卷补遗一卷　乾隆癸巳刊本

清周广业、崔应榴纂。是编首录乾隆四十一年上谕，次卢文弨、雷汪度序，又次例言。内分传、纪事本末、爵谥、追封、祠荫、将吏、墓寝、祠庙、祀典、辑闻、名迹、灵异、杂缀、考辨、评论、碑记、赞颂、诗词、书略，凡十九门。又弁御制于卷首，附补遗于卷末，搜辑该博。尤善者，则传与纪事本末及考辨也。按诸家纪帝事，率据稗官野史增入，芜无故实。陈寿之传，虽不免曲笔，尚是近古，兹编取之，惟间采他传记以补裴注所未及。又诸家所为年表谱系，按之正史，多有抵牾，兹编折衷同异，旁取《华阳国志》《后汉书》《通鉴纲目》等书，别为纪事本末，无妄作之嫌，有包举之美。又诸家所说氏族、祖茔、年岁、生卒等，率多臆造。而小说家流传种种故事，尤为不经。愚俗播为丹青，词人编成曲剧。兹编一一为之辨正，极不可少。广业、应榴本称博综，合成此著，亦足见考史之功，不徒不徒备稽神之典也。①（14－618）

文昌通纪八卷　乾隆戊戌刊本

清周广业辑。按文昌列祀典而记载缺焉弗详，惟乾隆四十五年三月，大学士阿桂等议吏部侍郎谢墉一奏，考据近理，谓文昌之神，《史记·天官书》载斗魁戴筐六星，曰文昌宫，六曰司禄。《春秋元命苞》云"司禄赏功进士"。又《五帝本纪》"禋于六宗"，注有文昌之名。又魁星之神，亦载《孝经援神契》，云"奎主文章"。《路史》载："史皇帝仰观奎星圆曲之势而创文字。"至朱衣之神，类书载："宋欧阳修知贡举，考试阅

---

① "不徒不徒"，疑衍"不徒"二字。

卷,常觉座后朱衣人点头,然后文入格。尝有句云‘朱衣暗里点头时’,可信非后人附会,足令入场士子安于义命,亦神道设教之意”云云。按《古今图书集成·神异典》内,有“文昌之神部”二卷,载星祀以至诞化奇踪甚备,广业据之以成是《纪》,云“通曰纪星兼纪神也”。首有序,有凡例。序称:“《化书》出自淳熙,而封号颁从元祐,当时必有依据。”书分原星、事迹、灵应、经训、佐吏、碑记、诗赞、辨讹,各为一卷。助其成书者为卢文弨、崔应榴,见凡例。(14-619)

汉汉寿亭侯世家一卷　嘉庆癸丑刊本

清郑环纂。首有环序,大意谓不称帝而称侯,成侯志也。侯之志,不忘汉。建安二十四年昭烈所表封之汉寿亭侯,侯之爵也。不称蜀而称汉,侯薨于建安二十四年,生于汉,薨于汉,百世后犹志乎汉云云。篇中并论《纲目》书侯曰“汉中将”为不当,侯志在匡翼汉室,非豫以昭烈为君而事之。其说甚辨。其称“世家”,亦本此义。叙侯事,至曾孙彝续封止。有正文,有小注,小注尤详。即所涉之人,亦无不各详其始末。大抵主《季汉书》,所引张镇《夏口考》、《乌林赤壁考》、《荆州考》、《华陀疗毒辨》诸篇,可补周广业、崔应榴考辨所未及。要者其历代封号,止附入小注中,甚得体。(14-619)

纪年草一卷　嘉庆刊本

清万庭兰撰。[1] 庭兰,江西南昌人。乾隆壬申进士,改庶吉士,散馆,又改知县,历宰怀柔、宛平、献县,题升通州,缘事落职下狱。在狱十五年,遇赦,年六十四矣。年八十九卒,时嘉庆十二年丁卯也。年各纪凡七律一首,而附注事实于后。诗凡八十首,盖八岁、二十四岁、五十一岁、五十三至五十八岁,此八岁皆无诗也。首有自序,作于嘉庆九年,即以付梓。其后每岁补刻一首,末岁有《元旦试笔》一首,旋卒于三月十日。所纪大官迹外,详于家事,其间惟校刻《太平寰宇记》《十三经初学

---

① “庭兰”,一作“廷兰”。

读本》，修南昌府及新昌、上高两县志颇足记。其下狱不记以何事故，上一年记修通州城工，有“总其事者欲速成，勉强完工，而周章至不可解”等语，当是以此获罪。按庭兰别著有《计树园诗文存》。卷首有梁同书题词，盖其壬申同榜，而老寿亦略相等也。（14－620）

法梧门年谱一卷　嘉庆刊本

清法式善，原名运昌，字开文，号时帆。乾隆五十年，高宗特改名法式善，满洲语，黾勉上进也。又自号梧门。蒙乌吉氏，蒙古正黄旗人。乾隆己亥进士，授翰林院检讨，屡起仆，终于庶子。其间曾一度升国子监祭酒，故世多以祭酒称之。卒年六十一。是《谱》乃阮元据其桂馨所寄杂稿为之删定。按式善在八旗中最号通博，素工诗，尝进所纂《八旗人诗》一百三十四卷，高宗为制序，锡名《熙朝雅颂集》。他如《宫史》《皇朝词林典故》《全唐文》诸书，皆与编纂之役。其自著则有《清秘述闻》《槐厅载笔》《明李文正公年谱》《诗集》《文集》等，具著于《谱》。惟《陶庐杂录》编刊于身后，故《谱》未及之。又按嘉庆三年《谱》记上书言事，几获重谴，旋赏给编修，原疏《谱》不载，亦未见《文集》。据上谕，知有论八旗在外屯田、请亲王领兵二事。又按言乾隆壬子，《谱》记有清理四库进呈遗书一事，其详亦记于《陶庐杂录》。每见旧抄佳本，其首页纸色字体特异，钤有“诗龛”印章。诗龛亦式善号也。原书首页当有翰林院印，当是清理时私易之，而不能没其迹也。又按桂馨成嘉庆辛未进士，官中书。《谱》成而桂馨已殁，以式善女夫国泰之子文锦为嗣，八旗以异姓为后始此，见《大学士三宝传》。国泰，三宝子也，为是《谱》所未及。（14－621）

陶园年谱一卷　咸丰甲寅刊本

清张家栻辑。家栻字小珣，湖南湘潭人。嘉庆己卯进士，历官四川峡江、万年、遂宁知县。诗人张九钺侄孙也。九钺晚营桃园，易“桃”为“陶”，并取以署集，故以称之。卷首录何绍基札，并《湖南通志》、《湘潭县志》、邓显鹤、戴熙所为传。《谱》前别详世系，年月先后大率据诗文集及杂著各种。按九钺在乾嘉间诗名甚盛，惟仕宦偃蹇。乾隆辛酉拔贡，廷试第一，改入成均肄业，旋考取八旗教习，期满得知县。乾隆癸未，中明通榜进士，年四十三矣。次年即以知县赴江西，丁艰归，改广东，在海阳任内以盗案镌级，不复起。前后入官不满七年，归后又二十余年而卒，年八十三。世传九钺前生系南岳一僧，幼时，其父携游衡山毗庐洞，寺僧瑞檀惊类其师，随出句属对曰："心通白藕。"九钺应声曰："舌涌莲花。"僧大骇，即聚徒膜拜，言师圆寂时，留此偶句，后有吻合者，即其后身云。证之九钺《岳麓六朝松歌》云："我昔六按当是八之误。岁时，家严携之谒岳灵。"又云："师惊拜我呼尊宿，五日留之饭松粥。黄精苗盛芋魁肥，白藕青莲对相属。"据此是有其事。《谱》又记殁时，其子世津自外入，见先生出怀中僧帽戴于首，疾趋而出，追之不及，已而伏枕如故，惟口吟云："担柴运米百无能，自读《楞严》自爇灯。夜半万缘钟打尽，前身南岳一枯僧。"尤足相证。盖文人慧业，自有夙因，有非可以恒理论者。惜家栻是《谱》弁于全集之首，征引甚繁，而中多讹误，不如家谱本之核实。末又附家栻所为《墓志》，可与《谱》参证云。(14－622)

张度西年谱一卷　道光己酉刊本

清张家榗纂。家榗字竹方，湖南湘潭人，亦张九钺侄孙，家栻族弟也。卷末有家榗自跋，称"据依诗文集及篋储遗稿并家集、当时名人诗集、文集、诗话数十种，参互编葺"。又称"与家栻本互异者多，此则较确"云云。据此，则是《谱》盖为家栻《谱》而作，但家榗序后题"道光二十九年己酉"，而家栻本则题"咸丰甲寅"，岂家栻《谱》编成在先，而刊成在后耶？今取与家栻《谱》相校，如从父河西公游南岳，家栻本系于丙午六岁条下，此则九钺《序戴净念游衡岳记》言"余自戊申至甲寅，三游皆以秋"，断游岳自戊申始，系之八岁。又此本癸丑十三岁条下，记潭邨公按家栻本称河西公，此本称潭西公，皆谓九钺父垣。补府学生，而家栻本遗之。又辛未三十一岁条下，家栻本记送姊丈曾谅臣之安西，即之云南，此则云"彭方伯家屏，由江西调任云南，邀公往游"。同是游云南，而所主不同。又丙子三十六条下，此云"冬至益阳柳大令牧人署，未几归"，家栻本是年无事。又家栻本戊寅三十八岁条下云“三月至京”,此则云“冬如京师”。次年己卯三十九岁条下又云:“春过苏州,同吴尧年、秦橘园探梅邓尉。”若戊寅三月如京师,其明年又何得探梅太尉耶?又此本甲申四十四岁条下,记潭郙公同赴任所,马太安人自湘携眷来署,家栻本漏不载,而戊子四十八岁条下突载马太安人卒于署,殊无所本。又家栻本丙午四十六岁条下记修《峡江志》,此则系于四十七岁。又家栻本壬辰五十二岁条下记正月抵广州,此则云“正月抵家,四月至广东”。又家栻本甲午五十四岁,记调知海阳县,又云“八月代南海县事,两月返”,此则系之乙未五十五岁四月,无代南海县事。又己亥五十九岁,此记归湘合葬潭郙公与马太安人于南塘,秋返南昌,家栻本则云“之扬州,病痁,寻愈”。二本全异。又家栻本记庚子六十岁四月痁复作,此则云“三月之杭州,至嘉兴、松江、太仓、苏州,秋至扬州,病痁,季冬稍瘥”,记病痁同,但无至徽州之事。又此本记主周南讲席,从乙巳六十五岁始,至己酉六十九岁止,家栻本则但著之六十八、六十九两岁。又家栻本记庚戌七十岁,固始谢畊于聘主临淮讲席,此则系之辛亥七十一岁。如此之类,皆视家栻本为核。又开卷记九钺字度西,引潭西公《易字歌注》,取东井西曲曰钺,在张度之西云云,此典甚僻,亦为家栻本所未及。(14－623)

彭甘亭年谱一卷　光绪己亥刊本

清缪朝荃辑。甘亭,彭兆荪字也。兆荪,江苏镇洋人,监生。少从其父礼官宁武、颍州,中岁以后,历客王秉韬、曾燠、胡克家幕,助曾燠选《本朝骈体正宗》,为胡克家校刊淳熙本李善注《文选》及元本胡三省注《通鉴》,皆为艺林所重。卒年五十三。是《谱》多据兆荪所著《小谟觞馆集》,其文有年月可考者附著其目,诗本编年,但著若干首而已。据《忏摩录》自序,知生于乾隆己亥,而缺月日。《墓志铭》称“嘉庆丁卯,所知者主江南试,必欲得君,君闻之,遂不复应”。考是科主江南试者为萍乡刘凤诰,兆荪娶侍郎蒋元益季女,而凤诰系元益督学江西时所取士,故必欲得之也。即此可知其介节。尝自注《小谟觞馆集》,今本题“孙培元”者,盖借名也,《谱》亦著之。朝荃于此,摭采虽未甚博,而叙次

井然，大体略具，亦可读也。（14－624）

瞿木夫年谱一卷 嘉业堂刊本

清瞿中溶自述。中溶字苌生，号木夫，江苏嘉定人。诸生，纳资为布政司理问分发湖南，曾署安福县知县及辰州浦市通判。年五十五乞休，家居十九年卒。是《谱》述至道光壬寅五月，逾月卒，年七十四。按中溶为钱竹汀长女婿，少从问业，治考据之学，于究心金石泉布之类，求之勤而辨之精，一一俱详《谱》中。归田后，与吴荷屋、刘燕庭、钱梅溪、黄荛圃、顾涧蘋、张叔未、冯柳东、盛大士、吴康斋辈相讨论参证，识尤该博。所著书亦夥，若《三礼石经辨正考》《春秋三传经文备考》《古文孝经辨误》《孝经释文辨证》《谐声表》《宋本汉书附录札记》《汉石经考异补正》《魏石经遗字举正》《蜀石经考异补正》《校勘隶释隶续大义拾补》《古泉山馆彝器图释》《古泉山馆金石文编》《吴郡金石志》《汉武梁祠堂画像考》《集古官印考证》《钱志补政》《古钱图录》《洗冤录详辨》《列代避讳札记》诸书，今皆亡佚，赖此得存其目。又佐钱竹汀校《续资治通鉴》，为翁凤西补《困学纪闻注》，为《湖南通志》撰《金石篇》，亦俱著之。晚境颇窘，至设长物斋以售其所有，与黄荛圃同。《谱》系日记兼体，学与学之外，于亲戚师友死生聚散推解酬答之事，所载尤悉，读者亦可以考见其生平也。（14－624）

无成录一卷 道光戊申刊本

清陆我嵩自述。我嵩字莱臧，江苏青浦人。道光壬午进士，分发福建知县，补莆田，调闽县，署南台同知。以监筑莆田木兰坡工程有功水利，升用同知直隶州。所述官迹之外，详于交游。其著者若邵堂、吕星垣、沈学渊、钱侗、倪倬、王初桐、盛大士、邹鸣鹤、郎葆辰、丁履泰、履恒、祝百十、李兆洛、季芝昌、潘眉、庄绶甲、任泰、赵怀玉、张祥河、潘曾沂、翁心存、朱为弼、陈寿祺、高澍然、张际亮、姚莹诸人。按我嵩素工诗，间数年而成一集，此俱详之。所述止于道光庚寅四十二岁，后八年卒，年仅五十。其间曾署邵武府知府。卷首自作小引，作于己卯三十一岁，时尚未仕也。又有顾元凯序，作于道光庚子，称其后八年中，教耕织，行保甲，筹防海，急攘夷，戢斗争，清讼狱，理盐课，裕仓储诸事，皆可补是录所未及。又有黄宅中撰祭文，亦题道光庚子，盖我嵩卒之岁也。(14－625)

潘功甫年谱一卷　咸丰刊本

清潘曾沂述，其子仪凤补述。曾沂字功甫，自号小浮山人，江苏吴县人。嘉庆丙子举人，报捐内阁中书，假归不出。自述至道光癸未止，时年三十二。卒于于咸丰壬子①，年六十一。甲申以后，则其子仪凤所补述也。按曾沂系大学士潘世恩长子，少为□节，居京师日，所交皆知名士。归里则杜门谢客，而心不忘乎民物。尝请于世恩，以分授田二千五百亩为丰豫义庄，备年荒平粜用。又仿古区田法，试行娄葑间，有效。浚尧峰湖，以溉民田。凿义井，以供众汲。举放生会，以惜物命。素好为诗，逐年编集。是《谱》前后异致，所自述者，涉笔间冷，寄慨遥深，如其诗境。仪凤所续，叙事而已，然亦有极风趣者，如绘饭瓮图，劝同人备饭干置瓮中，以济贫苦。又以诗及药丸易蟹，随手放之，且纪以句。赈荒放生，而以雅道出之，洵足传也。卷首有像并赞，又有吴嘉洤所为传。仪凤为世恩嫡孙，得一品荫生，不仕以终。(14－626)

鲍觉生年谱一卷　道光刊本

清鲍桂星自记。桂星字觉生，安徽歙县人。嘉庆己未进士，累擢至工部右侍郎，充武英殿总裁。以条奏武英殿事宜劾提调某副管某不职状，提调某讦其薄视满洲人，以莠言乱政，照溺职例夺官。逾五年，仁宗六旬万寿，赏复编修，渐迁至詹事。卒年六十二。是《谱》起乾隆甲申一岁，止道光甲申六十一岁，以后其弟珊补记。后附《黄海雪鲛传》，盖自传也，作时尚未复官。观其夺官之故，则满汉之猜防，此时尚未解也。(14－627)

---

① “于于”，疑衍一“于”字。

潘绂庭自订年谱一卷　光绪刊本

清潘曾绶自述。曾绶字绂庭,江苏吴县人,道光庚子举人,考取中书,补侍读。是《谱》记至光绪九年正月止,时曾绶七十有四,即卒于是月二十四日。按曾绶为大学士潘世恩第三子,工部尚书潘祖荫之父,《谱》中前半为其父所历各官,后半为其子所历各官,而参以家族间之生亡婚娶,甚少切身之语。其四十二岁,祖荫尚未显,自请开侍读缺,而不著其故,殊可怪也。(14-627)

王湘绮年谱六卷　民国十二年刊本

王代功编。按王闿运字壬秋,晚号湘绮老人,湖南湘潭人。咸丰丁巳举人,光绪戊申湖南巡抚岑春蓂奏荐耆儒,授翰林院检讨。宣统辛亥,以乡举周甲,加翰林院侍讲衔。卒年八十五,时民国五年九月二十四日也。闿运有日记,起同治八年三十八岁,迄民国五年七月朔日,距卒日才两月余。代功乃闿运长子。是《谱》三十八岁以后,多撮日记而成。其三十七岁以前,或得之身所见闻及家人传述。所记大率交游行止及著书之先后。咸丰己未,以会试居京师,户部尚书肃慎延教其子,至欲约为异姓兄弟。又欲代入资为郎,后谢去。其称肃慎曰:"才识开朗,日思欲延揽英雄,以收物望。"则肃慎亦非常人矣。考闿运一生,住成都稍久,自光绪戊寅至丙戌,主讲成都书院凡八年,育材亦甚众。又著书之外,每及论诗、论文、论学、论兵、论政、论时务诸语。其论诗、论文,语多造微;论兵、论政,大言不切;论时务,非迂则激。亦幸其以布衣终耳。所记"光绪癸卯,改会试于大梁,拟出游以观时变"云云,时闿运已七十二岁,尚欲赴大梁会试,至驻马店,其乡人官师张百熙等设计尼其行,致电确山令,以山水暴发阻之,乃改辙而南。实则并无山水暴发之事。闿运为所给,入之日记,《谱》亦沿之,殊可笑也。晚岁值袁世凯称帝,日记存致杨度及袁总统二书,《谱》多所删节。又日记云:"陈仲醇为我作符命,证成莽大夫也"云云。虽属晚节之玷,然不失为爽直。《谱》乃以窃名为诿,亦是曲笔。综观全书,始末包举,具有条不紊,固自

可取也。(14－628)

王祭酒自定年谱三卷　光绪戊申刊本

清王先谦自述。先谦字益吾，号葵园，湖南长沙人。同治乙丑进士，改翰林院庶吉士，散馆授编修，累迁至国子监祭酒。自江苏学政任满，请假回籍，遂不复出。时在光绪戊子，年四十七耳。光绪戊申，湖南巡抚岑春蓂奏进所著书，赏给内阁学士衔。宣统庚戌长沙闹米案，诸绅电达政府，首列先谦名，湖广总督瑞澂疏劾之，镌五级。湖南京官诉都察院，辨其诬，不报。逾年而清社屋矣。是《谱》所记，始道光壬寅一岁，讫民国丙辰七十五岁丁巳十一月。别据吴庆坻撰《墓志铭》，盖卒于作《谱》之后一年，未补记也。按先谦立朝，遇事敢言，其尤切直者，请罢三海工程、请严戒太监李莲英二疏。后疏上于光绪戊子，其时归志已决矣。凡历官所上章疏，皆全录于《谱》。又先谦一生，著书之外，所编刻之书亦多，如《东华录》《续东华录》《续古文辞类纂》《天禄琳琅书目前后编》《晁氏郡斋读书志》《皇清经解续编》《南菁书院丛书》《八家四六文抄》《湖南六家词抄》《荀子集解》《世说新语校正》《盐铁论》《养知书屋遗集》《畹兰斋文集》《合校水经注》《柈湖文集》《思益堂集》《汉书补注》《骈文类纂》《景教碑文纪事考正》《日本源流考》《尚书孔传参正》《庄子集解》《五洲地理志略》《诗义标准》《诗三家义集疏》《后汉书集解》《外国通鉴》等。以至李楨、丁蓉绶、毛贵铭、欧阳辂、毛国翰诸家之诗，所有序跋例言，亦全录于《谱》。若其自著之《虚受堂诗文集》，则转录他人之序。其七十生日以文诗为寿者，亦以小字双行录之，诚开谱家未有之例也。(14－629)

王文肃公年谱一卷　乾隆癸巳刊本

明王衡编，其子时敏补编。文肃，王锡爵谥。锡爵成嘉靖壬戌一甲二名进士，以吏部尚书、建极殿大学士致仕。再起用，未赴卒，年七十七。是《谱》为其子王衡编，衡先锡爵卒，其七十六岁以后，则衡之子时敏补成之。按锡爵以建储事，屡受言路攻讦，今读是《谱》，则委婉开陈，无意不到。不但此也,其箴切时政,维护善类及去身让贤诸事,无不于此详之。计请建储十七疏,请豫教三疏,请册立豫教三疏,阻三子并出阁一疏,又求去十六疏,请省亲二疏,乞终养三疏,因灾请罢免一疏,请解职避贤一疏。又请止内操、召谪谏、禁开矿、定国论、答东事、减免织造钱粮、论彭应期请罢减织造、论开买珠玉各一疏,又如马象乾、李沂、李材、饶伸、维京、王如坚、高攀龙、吴宏济、顾宪成诸人,或坐事,或坐言,俱赖解救,得免重谴。凡此皆不见本传及疏草者。盖锡爵以密揭纳宫中,宫中报以御札,或遣文书官传旨,并记明年月日期,即《谱》所云"紧要文卷一箱,锡爵曾录以进呈"者,外人概不得知,即修《明史》诸臣亦不及见,盖其书至乾隆间始流布也。又按宪宗虽暗惰,而于锡爵宠任特深,建储终以得请,他拂意之事,片言立即转圜,至其往复恳款,如家人,如良友。其疾也,至托灵济宫道官为之祈祷,垂十年之久而念之不忘,必欲起之。自古君臣契合,无其比也。《谱》记昙阳子事颇详,盖锡爵之次女。传者以为汤若士《牡丹亭还魂记》因之而作也。衡字缑山,万历辛丑进士,廷试第二,终翰林院编修。时敏字麓台,官尚宝司司丞,以画名。(14-630)

邱文庄公年谱一卷 光绪戊戌刊本

清王国栋辑。国栋字尧云,广东琼山人。文庄,明邱濬谥。是《谱》就《明史》、府县志、家谱、本集、诗话等辑录而成。摭拾殊未博,反有不应收而收者。如登第条下全抄是科题名碑录;蒋冕辑《琼台诗话》条下,既录冕序,又连冕四次上书,殊非体。按《谱》,濬登景泰五年进士第,年三十四。至弘治四年,始升文渊阁大学士,典机务,年七十一矣。卒于弘治八年,七十五岁。此数年中屡以病乞休。其相业无足称者,惟弘治五年五月上访求遗书疏,请敕内阁所藏书籍,检其有副本者,分贮一册于两京国子监。若内阁所无,或不备者,敕礼部行天下提学官,榜示购访,俾所在有司校录呈送云云。武宗纳其议,遂下诏求遗书。又官礼部日,上漕运议,谓宜寻元人海运之故道,别通海运一路,与河漕并行云云。虽不允行,而其识实有大过人者。按濬最受谤者二事,一阻陈献章，二去王恕。国栋俱辨之，谓吏部尚书尹旻称献章向听选京师，非隐士比。应檄召至京，令就吏部试，献章遂称疾不试乞归。其时濬方为礼部侍郎，与之无涉。又刘文泰劾王恕，史明言文泰自为奏草，示除名御史，吴祯润色之，于濬何与？至史言濬论好矫激，讥范仲淹多事，谓岳飞未必能恢复，秦桧有功再造，国栋亦援濬诗文，以证其诬。谓濬会试发策，达于治者，于唐专称陆宣公，于宋专称范文正。又题岳庙词，叹武穆能恢而害于奸相，而《大学衍义补·严武备类》引岳飞之言不一云云。为乡贤雪青史之枉，又不减蔡上翔之谱王荆公矣。（14－631）

明文正谢公年谱一卷　明刊本

题“门人倪宗正编，七世裔孙锺和重辑”。文正，明大学士谢迁谥也。迁举成化十一年一甲一名进士，弘治十一年以兵部尚书兼东阁大学士。正德元年告归，旋夺职。嘉靖六年起为户部尚书、谨身殿大学士。逾年，又告归。嘉靖十年卒，年八十三。按迁受孝宗宠任最深，言无不从，沮抑内侍尤力。孝宗临崩，与刘健、李东阳同受遗诏辅政，未几以焦芳谗构，与健同去。家居二十余年，及再召，而老成已尽，迁亦衰老，不能有为矣。《谱》所叙甚略，不足以传迁生平。而屡次循例之敕文，独详录不遗。当是锺和据家牒补入，以为光荣也。（14－632）

宋孙莘老年谱一卷　道光乙巳刊本

清茅泮林纂。莘老，孙觉字也。觉，高邮人，宋仁宗皇祐元年登冯京榜进士第，官终龙图阁学士。《宋史》有传，甚略。其著述传于今者，惟《春秋经解》十五卷，他皆散佚。是《谱》以史策所载为纲，别考群书以证之，采辑甚博，钩稽甚苦。按觉在神宗朝以敢陈名，早年学于李公择，请益于欧阳永叔，受知于吕晦叔，与王介甫、苏子瞻、刘贡父、秦少游、张芸叟诸人游，黄山谷又其婿也。泮林俱能证其踪迹。《谱》所录如《乞依天禧诏书疏》《近降指挥御史察官许言事疏》《水旱灾变乞赐宰相罢黜疏》《奏乞罢免蔡确韩缜疏》《又疏》《奏劾韩缜疏》《辞除给事中疏》《奏劾韩缜章惇张璪疏》《奏劾安焘疏》《又疏》《请刊定元丰编敕律令疏》《乞罢韩缜疏》《请体量灾伤赈济疏》《奏请旱灾宽减囚徒疏》《奏请定将将兵分路出戍疏》《乞留顾临在朝疏》《乞奖用陈师道疏》《乞令御史台弹奏四方使者不法疏》《恩榜请黜冗官疏》，皆从李焘《续通鉴长编》缉得，节其大略，而别载其全于《二孙奏议事略》中。按二孙，连孙升言，皆同郡中人也。行事之外，兼及诗文，如《王逢原杂诗》《过掘港营寨诗》《怀裴博士诗》《初至汤泉诗》《游龙洞诗》《题阎求仁虚乐亭诗》《斗野亭诗》，又《俞汝尚墓表》《春秋经解自序》《张氏十咏图序》，并他人题赠和答诸诗，咸具其中。其卒于元祐五年二月三日，则据陆游《老学庵笔记》，而生年之月日不可得。《谱》中并连及其弟览行事。览字传师，治平中举进士，官终待制，知永安军，后觉十年后卒，余则不及详矣。卷首有左晖春序，末有王敬之跋、泮林自识。别据《如皋县志》补王惟熙《墓铭》，据《古灵先生集》补陈襄《墓铭》，据《历代名臣奏议》补《请著本朝式一篇付有司议》。而觉著作之存于今者，大略无遗矣。(14－632)

李忠定公年谱一卷　同治丙寅刊本

清杨希闵纂。忠定，宋李纲谥也。清林侗尝为纲撰《年谱》，今不传。是书首有吴大廷序，又有希闵同治丙寅自序，称“就本集、正史及各家传说，缉为此编。但本纪与列传不合，《行状》与纲所自撰书又不合，推之各家传说，皆然。今以本集及纲自撰书为主，次正史，次《续通鉴》及各家传说，慎择其可据依者。其有关治乱之大者，作正书。资考镜者，节要作附注。有校正者，别为按语”云云。又有希闵光绪丁丑再识序，称“得见新刊《梁溪全集》，所附《年谱》缺略，反不如是《谱》”云云。按叙纲大事，一在宣和末、建康初①，策画汴京守御时；一在建炎初，高宗召用时。纲所撰《靖康传信录》《建炎时政记》《建炎进退志》，虽足征实，而首尾不甚完具。希闵贯穿翦裁，不支不漏。按纲所荐张所、傅亮，后人多訾之，甚且摭其措置，以为纲罪。希闵具详二人本末，更为亮释夺门出降之枉，揭所有识拔岳飞之功，则纲不为苟荐，而二人亦不负纲

① “建康”，当为“靖康”。

荐。所纠正者，如本传称“上手书《裴度传》以赐”，据邵二云说，删“手书”二字。又《行状》称纲曾提举亳州明道宫，据《建炎进退志》，断为刘珏之误。至议论之失平者，如吕本中谓纲以围城中事，中伤有怨者，则引《系年要录》以斥之；刘棐劾纲械系场务官，则录纲与政府书以明之；又以当时诬纲者甚众，惟张浚稍负时望，则辨之以例其余。末载陈庚焕《宋齐愈狱事辨》，称“张南轩述其父言纲以修怨杀宋齐愈，朱子则谓：‘罪如齐愈，岂小小刑杖可断？’是不惑于南轩之说。《宋史》无识，乃采其说于纲传”。此论殊佳。世谓朱子因南轩故，于张浚有偏袒，并可以雪其诬矣。(14－633)

宋胡少师年谱二卷　光绪壬午刊本

清胡培翚辑，胡培系补辑。少师名舜陟，字汝明，号三山老人。宋大观三年进士，历官广西经略，与运副吕源有隙，源构于秦桧，下狱死。事迹具《宋史》本传。培翚参以家谱及《新安文献志》，及舜陟遗集等书，为《年谱》一卷。其族弟培系复据《靖康要录》《建炎以来系年要录》诸书为之订补，体例依前。培翚所辑，仍于条下注明原谱，原补各有考证。而培系于原谱亦间有分并移易，且析作二卷。又培翚原谱题《三山公年谱》，培系改题今名。按舜陟在靖康末，如论宇文虚中、蔡攸罪状，请诛赵良嗣，请救中山，乞命康王为元帅，诋郭京不可用，责张邦昌退位反正；建炎间，劾刘正彦，论岳飞冤，皆关国家大计，臣子正义。而本传有“言者论其尝事伪廷”语，“伪廷”，谓张邦昌也。培系据邓肃《栟榈文集》，肃奏劾叛臣之事伪楚者，高宗谓肃在围城之中，因知姓名，令其具奏。当时诸执政、侍从、台谏称臣于伪楚及拜于庭下者，无不被弹劾，独不及舜陟。且其时舜陟方以正言被鞭，疮痏未平，何遽能供职伪廷？其诬不待辨也。又《宋史·高登传》载“舜陟为秦桧父建祠，且以高登不从，诬以专杀之罪”云云。培系据《宋史·秦桧传》，舜陟因语忤桧，以非笑朝政下狱死。又《宋史·刑法志》：“秦桧欲诛岳飞，命万俟卨锻炼成之，飞赐死。舜陟为广西帅，与转运使吕源有隙，源奏舜陟赃污僭拟。又以书抵桧，言舜陟讪笑朝政。桧素恶舜陟，遣大理官往治之。舜陟不服，死于狱。”本传略同《刑法志》。舜陟果有为桧父建祠之事，何至为桧所恶？且《宋史》即自相矛盾，何足置信？由此推之，则本传所称论宰相李纲之罪者，亦未必有其事也。卷首有俞樾序，末有胡廷桢跋。廷桢即刊是《谱》者。培翚字竹邨，嘉庆进士，官户部主事。培系字子继，诸生。皆绩溪人，与廷桢皆舜陟族裔孙。（14－634）

诸葛武侯年谱一卷　康熙戊寅刊本

清朱璘编。隶事甚简而不误，依陈《志》也。生于光和四年辛酉，盖推得之。《志》称建兴十二年薨于军，年五十四，故知其生于辛酉。《谱》于汉帝帝之废立①，昭烈之播迁，并同时僭窃诸雄，其举动顺逆之迹，亦并书之，以见侯兴复之难，而拥辅之正。别撰《武侯本传》附于卷前，可与张栻《诸葛传》相参。（14－635）

诸葛忠武侯年谱一卷　道光刊本

清张澍纂。叙武侯事略同朱《谱》，而所隶时事则较详。建安十二年以前事，有全无关涉者亦入之，殊可不必。于建兴五年丁未，记子瞻生，据在武功与兄瑾书“瞻今八岁”语，瞻战在景耀元年，年三十七，故知其生于丁未。又于建安十二年丁亥，记后帝禅生于荆州，则据“章武三年癸卯，太子禅即位，年十七”知之。此二条俱朱《谱》所无。（14－636）

诸葛忠武侯年谱一卷　光绪戊寅刊本

清杨希闵编。大旨依张《谱》，而嫌其略。凡言行政事，书疏条教，并详录之。其记劝诛刘封事，则据孟达与封书有“已立太子”语，知其死于立太子之后，即章武元年也。多引诸家议论，然未能尽也。惟《后出师表》引何逊说，谓“《赵云传》‘建兴七年卒’，‘七年’当为‘六年’”，证其不伪。此条甚要。后附《木牛流马考略》《八阵图考略》。（14－636）

---

① “汉帝帝之废立”，疑衍一“帝”字。

桓阶别传一卷　光绪庚子刊本

清陈运溶辑。《隋·经籍志》无此目,《北堂书抄》卷六十九引一条,《御览》卷二百六十二引一条,卷八百二十二引一条,卷二百六十二引一条,卷二百二十一引一条,卷四百八十五引一条,运溶辑成一卷。据《传》,则阶盖仕于文帝之世,尝擢赵郡太守,至俸尽食酱酵。后官尚书令,至诸子无裈。其廉可知,岂即晋诸桓之所出耶?(14-637)

罗含别传一卷　光绪庚子刊本

清陈运溶辑。含,东晋人,与桓温同时。《隋·经籍志》无此目,《世说新语·方正》篇注引一条,《类聚》卷九十引一条,《御览》卷二百六十五引一条,《世说·规箴》注引一条,《类聚》卷六十一引一条,《世说·方正》篇注引一条,运溶辑为一卷。据《传》,含尝为荆州刺史庾亮部从事,为桓温临州转参军,又以为别驾,屡迁散骑常侍、廷尉、长沙相,致仕。桓温至推为江左之清秀,其才品从可知矣。(14-637)

唐书魏郑公传注一卷　光绪癸未刊本

清王先谦撰。大旨以《新书》为主,附以《旧书》,各为之注。援引颇备,时亦自为案断。如《旧书》以迁尚书左丞系于贞观元年,《册府元龟》作二年,《新书》又作右丞。先谦据《玉海·官制门·尚书省》注,惟系魏徵于右丞下,则"左"字误也。又据《旧纪》徵元年已为右丞,三年自右丞迁秘书监,则作二年者并误。又《新书》册郑仁基女充昭华,《政要》系贞观二年,《通鉴》系八年十二月。先谦据《政要》《谏录》所书王珪等官,则作八年者是。又《新》《旧书》皆载高昌王麹文泰入朝,先谦据《高昌传》,武德初,麹文泰立,遣使来告。后五年来贡献,太宗即位复来。贞观四年,文泰遂来朝。前此无文泰入朝事。又据《谏录》,谏西域诸国入朝,引徵语"往年高昌主来贡,马才数百匹"云云,则"入朝"当是"入贡"之误。又《新书》系检校侍中于四年下,《旧书》则系于谏优长乐公主礼数后,七年为侍中前。先谦据长乐公主出降,《政要》《通鉴》俱系六年,《宰相表》六年五月"徵检校侍中",七年即真,差为近之,《新书》系四年下者误。又《新书》载后宴丹霄楼,《册府·帝王部·任贤门》云:"贞观六年闰八月乙卯,宴群臣于丹霄殿楼,帝甚欢。"又云:"帝大悦,夜分乃散,各赐钱帛有差。"而《帝王部·庆赐门》则云:"贞观六年八月,宴近臣于丹霄殿,夜分乃散,各赐钱帛有差。"先谦谓即是一事。又云:"闰八月,帝在岐州,皇太子来朝。丙申,宴东宫官属。乙巳,宴岐州父老。"是宴丹霄殿不在闰八月,《任贤门》误衍"闰"字。《庆赐门》又云:"六月三日戊寅,宴三品已上于九成宫丹霄殿。"可证丹霄乃九成宫中殿名,《醴泉铭》所云"南注丹霄之右"者是。按此诸条,所考俱确。其他采补罗士琳《旧书校勘记》者甚多,亦有数条引其弟先恭说。(14-638)

魏文贞公年谱一卷　光绪癸未刊本

清王先恭撰。是《谱》多据《通鉴》,参以新、旧《唐书》。谓"司马光得见《唐实录》,故《通鉴》编纪月日较他书为审。而亦间有疏失,《政要》多传讹"云云。中如本传载太宗即位,拜徵为谏议大夫,而《通鉴》则系于武德九年六月,在即位前。按是年军国庶事,悉委太子处决。《册府元龟》载:"七月,命谏议大夫魏徵宣慰山东。"又徵与王珪同拜是官,《通鉴》六月已书"谏议大夫王珪",合而证之,《通鉴》是也。他条具月日者,多依《通鉴》。若生于周静帝大象二年庚子,则据《旧书》载称"年六十四"推而得之。籍襄国郡唐县,《旧书》与《通鉴》同,依之而斥《新书》"魏州曲城"之误。皆是。稍不合者,其中多引自撰之《故事拾遗》。按《拾遗》所有,都从他书贩来,引书例从其朔,未可任便为之也。(14-639)

陆宣公年谱辑略一卷　乾隆丙寅奏议附刊本

清江榕辑。榕字荫千,爵里无考。有后跋,署"乾隆十一年丙寅",谱宣公者盖始此。《谱》称宣公生天宝十三年甲午十一月初八日子时,缺月日,丁、杨二《谱》依之,究未知所据。光绪丙戌淮南书局刊榕《谱》增注"诞生十一月初八日子时"十字,亦未言所据,殆妄造也。又记刺史张镒赠钱百万事,系之大历六年辛亥,亦误,丁《谱》已正之。八年癸丑条下记试禁中春松诗,贞元五年己巳条下记丁韦太夫人忧,杨《谱》皆不采,殆不信之也。宣公为中书令又在兴元元年十二月,见《旧书》本纪,《谱》乃连记于"七月从车驾还长安"下,是并《本纪》亦未寓目也。诸条皆不注出处,具大概而已。(14－639)

陆宣公年谱一卷 道光癸卯颐志斋刊本

清丁晏编。首有晏自序,称:"《奏议》,宋绍兴二年嵊县主籍某氏注,十五卷,为刊本最古者。"按"某氏"即郎晔也。晔注有二十卷者,注亦视十五卷较多。其刊当在绍兴二年前,晏未及举也。《谱》大抵据新旧《唐书》、《通鉴》,参以所为制诰奏议,排比年月而成之,亦间有考订。旧《谱》以寿州刺史张镒赠钱百万事,系于大历辛亥十八岁条下,此据《旧书·张镒传》,镒迁寿州,在李灵曜反汴州后。又据本纪,灵曜反在大历十一年,因移系之。编中隶事主简,惟贞元四年载征处士阳城为谏议大夫,贞元五年载以董晋、窦参同平章事,因参与贽相恶,而城则救贽者也。此则必不可省者。(14－640)

陆宣公年谱一卷 光绪四年刊本

清杨希闵编。首有希闵自序,亦是据新旧《唐书》、《通鉴》及制诰奏议排比而成,惟征引较详。以为"贽经国远猷,全在奏议,读者当考其行诵其言,于以知其表里。持是以读全集,已若食鸡取跖。即未见全集者,得此亦可揽撷大凡"。其旨如此。按《旧书》以窦参逐于公异,请罢翰林学士,指斥吴通玄、通微。希闵以为"皆出当日谗谤者之点污。帝本薄参,贽三次上疏为申理,其非相轧可知。诏归中书本旧□不为二吴。帝好猜疑,或中谗者'二吴不协'之语。观他日痛黜通玄,则贽之诬枉日明。公异之逐,以其少不容于父母,明见诏书。即逐出于贽,亦是恶其无行,绝非忌才"云云。以史证史,持论极正。书眉有一条,驳胡三省谓"贽自李泌相后,不复谏说"语,谓"泌谏说已善,何必傀论?"亦有理。(14－640)

韩忠献公年谱一卷　光绪四年刊本

清杨希闵辑。首有希闵自序。忠献，宋韩琦谥也。按琦著有《安阳集》，外有《家传》，有《别录》，有《遗事》，而年谱独缺。希闵即据之而参以史传及他记载。按琦历相三朝，定策于危疑之际，其镇定有足多者。其对西夏，力主攻战，虽乏成功，亦异乎偷安恇怯之辈。尝上疏言："昼夜泣血，以西北二虏祸衅已成，而上下泰然，不知朝廷之危，宗社之未安。"末言："和与不和，俱为大患。为今之谋，莫若择帅练兵，日计用武之策，以和好为权宜，以战守为实务"云云。语亦切要。何以知枢密后，即不复以此为虑？尤奇者，其奏阻王安石新法也，曰："致敌疑者近有七，一招高丽朝贡；一取吐蕃之地建熙河；一植榆柳树于西山，制其蕃骑；一创团保甲；一筑河北城池；一置都作院，颁弓矢新式，大作战车；一置河北三十六将。皆宜罢之，以释其疑"云云。然则将以释疑之故，弛一切备以听敌人之入耶？可谓悖矣。《谱》不录此疏，殆有意为琦讳。至刺陕西义勇事，司马光屡言之，不听。明言愎谏，亦曲护之，尤为失平。惟他所采录，尚属矜慎。如魏泰《东轩笔录》载好水川之役，云："全师陷没，魏公还至半途，亡者父兄妻子数千人号于马首，招魂而哭，声震天地"云云。希闵辨谓："自来军败，何尝有父兄妻子半途招魂、哭震天地之事？魏泰小人，言不可信。而《名臣言行录》《续通鉴》俱采之，非也。"序又言："《名臣言行录》载琦在延安，夏人遣刺客害琦，取金带置城上一事，小说家载把烛碎盏诸事，《家传》称殁为真人事，俱妄诞，删不录。"盖琦事迹繁多，作《谱》者不难于备，而难于得要也。（14－641）

欧阳文忠公年谱一卷　光绪戊寅刊本

清杨希闵辑。文忠，宋欧阳修谥。是书首列引用及杂采书目，凡三十余种，而以本集之碑志为主。修于仁宗天圣八年成进士，嘉祐六年，由侍读学士拜参知政事。英宗治平四年，出知亳州。神宗熙宁二年徙青州，寻徙蔡州，四年以太子太师致仕。卒于熙宁五年，年六十六。是《谱》于修行事，录大遗细，颇有翦裁。然濮议为英宗朝一大事，修所持论最允，且后之得谤，亦由于此，而《谱》未载一字。至修之受诬，一为甥女张氏犯奸事，一为妻弟薛良孺怨谤事，希闵博证诸书，求其始末，最为详尽。又洪容斋谓修中年以后意欲居颍，无一语及松楸之思，《泷冈表》可不作。王阮亭和之，至诋为不孝。希闵即援本集，前后表乞洪州至七次，表中明言"营葺先墓"。其作《泷冈阡表》，乃在熙宁四年，修年六十四矣，阅二年而修卒。洪、王二公全未博考，是修又受诬于身后也。希闵于荐吕惠卿事，亦为力辨。按惠卿才自可用，若后来得势时之狼狈，讵能料之？且朋党倾轧，不无溢恶之词。《宋史》以入《奸臣传》，殊未公也。《谱》后附记修所著书，并诸家评论，并祭文等，简有考证，可与《谱》相参也。（14－642）

忠节编四卷　同治壬戌刊本

纪明中湘王何腾蛟事也。腾蛟，贵州黎平卫人，崇祯十六年巡抚湖广，南都命兼抚湖南，寻以故官总督湖广、四川、云南、贵州、广西军务。左良玉反，为所胁，投水遇救。招集旧部，又收李自成降众数十万，次第收复失地。时唐王立于福州，腾蛟拜表出师，既而诸将逗留观望，不听命。清兵下汀州，唐王被执死，永明王立，进腾蛟武英殿大学士。清兵进长沙，腾蛟出走。既而金声桓、李成栋反正，腾蛟乘势再复湖南所失地。适堵允锡招忠贞营入湖南，诸将率空城避之，腾蛟止携吏三十人驻衡州。清兵突至，被执，不屈死。是《编》为腾蛟侄曾孙琮原辑，有康熙壬寅琮自序及陈法、赵炯二序。同治间，胡长新复取而重订之。首何氏世系，次《明史》列传，次琮所为编年纪略，次诸志所撰传，诸名人所撰传、志、祭文、祠记、论跋、祝文等，次腾蛟遗集，次后人题咏，汇为四卷。（14－643）

表忠录一卷　同治壬戌刊本

此纪明殉节莱州知府朱万年事也。万年，贵州黎平人，万历己酉乡举，守莱州。崇祯五年，登州千总孔有德煽乱，登州叛兵附之，围莱，诡降，当事命万年受之，被执，骂贼死。《明史》有传，惟称犯莱者是叛将李九成等，为孔有德讳也。别有莱人张谦宜纪死事状，与《明史》多异。至城下呼守者击贼事,《平叛记》所载,以月日系事,尤悉。陈文政摘为专篇,而万年殉莱之事益详。是《录》即文政原编,首有文政序并跋,并以朱氏世系考、万年寄宗人书、他家谱纪略序赞等,而汇记、传、状、志、祠记、家庙文、墓序、墓志铭、诗联杂记等为一编。同治重刊,增入胡长新序,彭应珠跋。(14－643)

莲花山纪略一卷　咸丰甲寅刊本

纪明殉节山阳知县董三谟事也。三谟,天启甲子举人,崇祯中知陕西山阳县事,有惠政。流寇攻县城,粮绝城陷,与其父嗣成、弟三元、妻李氏并子女皆死。《明史》附《庞瑜传》。三谟籍贵州之开泰,归葬莲花山下,子孙渐绝,墓遂被人侵占,墓碑亦埋没。乾隆间贵筑陈文政官开泰训导,始查出修复,并置守护。是编即文政所辑。首世系,次编纪,次杀贼图并墓考,次案卷,次艺文。有乾隆乙亥文政序及锦屏知县王达跋。重刊于咸丰甲寅,增入开泰儒学训导黎兆勋序。(14－644)

陆清献莅嘉遗迹三卷　嘉庆戊午刊本

清黄维玉辑。首有陈梦兰序,曹廷宿跋。是书陆陇其令嘉定者,所有居官自守、奉上爱民、宽赋听讼、疏河渠、修书院诸事迹,其中有可与《年谱》互证者。如记"巡抚公诞辰,公仅馈诗扇一柄,家机紫花布二匹,黄草凉鞋一双,竹刻一件。号扇以礼薄,又无使费,屏不收。抚宪查阅号簿,独嘉定县无名,不悦。会有推公福建按察使者,抚军疏更调"。又记"公解任,士民徒跣赴郡,昼夜绎络于道,请抚乞留慈母。抚军哀之,上疏乞还。秩命未下,制府连及讳盗落职"。又记"抚军闻俞鹤湖送公诗,有'圣代自来公论在,谁传消息到长安'句,内不自安,遂暗属地方官慰谕百姓,许题请留公复任"。按《年谱》止言抚军嫌其儒术迂缓,不及馈寿事,亦不及俞鹤湖赠诗事。又言"巡抚请复疏未下部,又引讳盗例落职,一若劾讳盗,亦出自巡抚者,不知又是制府也"。按其时巡抚为慕天颜,制府为阿席熙,此俱讳之。他所记多有与《年谱》同者,可互证而知其实。书中记清献上张素存书,自称"劝谕多而敲朴少,迹似纵弛,方愧不能尽用德教，乃以为宽厚之误”云云。真是蔼如之言。又记鹤湖赠句云：“有官贫过无官日，去任荣于到任时。”语亦贴切。维玉籍宝山，故嘉定所分县也，故能知之而述之。（14－644）

永宇溪庄识略六卷　乾隆刊本

清曹庭栋撰。字楷人，江苏嘉善人，诸生。永宇地在嘉善北郭外，庭栋营寿藏于此，就数年来工筑之役，与诗文之作，并及闲居著述，生平阅历，汇而识之。有自序。分卷六，一寿藏，二庄屋，三杂文，四题咏，五著述，六阅历。别以绘图弁诸卷首。阅历，即其自述之年谱也。寿藏营于六十二三岁时，自序则作于六十七岁时。卷六六十七岁下注曰“续”，至七十六岁止。按庭栋所著《产鹤亭诗》十集，序后署乾隆四十年，时年七十有七。疑所记系逐年增入，此本适印于七十六岁时，故如此。其卒于何年，当俟得最后印本定之。按庭栋家富有田产，又享高年，以著书吟咏为乐，凡数年而成一书。今所传《宋百家诗存》《孔子逸语》《琴学内外编》《昏礼通考》《孝经通释》诸书，俱载其始事与成书之年月。其《产鹤亭诗》，自一集续至十集，亦有年月可稽。他所记多山林逸士，风雅趣闻，与其淡泊品格相称。按卷六雍正十一年条下云：“时保举宏博，长安故人，贻书相招，我母促装就道。”又云：“抵都留匝月，疾作即南还。”是庭栋曾与乾隆宏博之选，惟未知已具题到部否，而李富孙《鹤征后录》遗之。据《后录》凡例中所举，如邬希文、陈章、马曰琯、李茹旻、戈溥、唐枢、沈荣儁、董熜、何晫、丁敬诸人，皆是欲举而未题部者，而亦不及庭栋，当由未见是书也。（14－645）

福慧双修庵小记一卷　活字印本

丁传靖辑。录锡山女尼韵香事也。韵香俗姓王，又号清微道人，能诗，工小楷，善画兰，所居名福慧双修庵。尝绘《空山听雨图》，一时名士题者几遍。因事气愤，小除夕日自经死。陆继辂有悼诗二首，《崇百药斋诗集》中编在道光八年戊子。其诗首句云“独客残春感旧游”，决为春日所作。戊子前一年为丁亥，其生日在正月，死时年四十九。俱见龚洤

《耕馀琐闻》。因推知韵香生于乾隆四十四年己亥正月。其《空山听雨图》相传为某相国所赚,亦考知为平湖孙尔准。合他所辑,共数十条。亦空门韵事也。(14－646)

济刚节公表忠录一卷 光绪刊本

清济昌,姓周氏,字普霖。其先世从龙,遂为正白旗内务府人。举道光乙酉乡试,以誊录议叙知县,历知江西之新淦、德化、南昌、湖口、瑞昌等县事。丁艰归,改发广西,署阳朔县事,旋调临桂,又调富川。值土贼朱洪英犯富川,城破,不屈死。广西巡抚劳崇光奉闻,有旨赠道衔,给世职,建专祠。光绪二十六年,两广总督李鸿章、广西巡抚黄槐森奏请列祀典,并付史馆立传。二十七年,两广总督陶模、广西巡抚黄槐森复奏请予谥,以彰忠节,得旨赐谥刚节。是编首录咸丰五年谕旨、先后请恤诸疏,及碑记、传赞、诗、状之类。盖其时济昌子庄山方以奉宸苑卿,监督粤海关,故粤中大吏为之旧事重提,一再申请,即撰文诗者,亦多粤之绅宦。然则褒扬忠烈,亦有待于后起之有人欤?(14－647)

病榻述旧录一卷 光绪刊本

卷后题“舫仙识”而略其姓。按即陈湜,舫仙,其字也。湖南湘乡人,以军功官至山西按察使。是《录》为其病中自述,起道光辛卯,讫光绪庚辰,即述从一岁至五十岁事也。《录》称献议曾国藩,谓“欲复江宁,非长围不可;欲合长围,非先得九洑洲,以断其接济不可”。其后竟以此制胜。既而防捻山西,为忌者掣肘,所议皆不行。以河防失事罪议革职,又以离防进省罪议遣戍。旋又从左宗棠赴甘剿贼,亦屡立功。肃州垂克,将报肃清,受殊赏,遽乞归。《录》中兼记鞫狱数事,殊快人意,殆彭刚直一流耶。其时,湘军勋旧名存,若稍失实,当必有证之者,故知其可信也。据所述,湜固善谋敢战,又平昔与曾国藩、国荃兄弟善,受左宗棠特知,而建树乃至于此。是《录》成而湜病,旋愈,惜后事无有补之者。(14－647)

右军年谱一卷 咸丰丙辰刊本

清鲁一同撰。一同字通甫,江苏山阳人,嘉庆举人。是书首有杨以增序,后有熊存泰跋。右军,晋右军将军王羲之逸少也。史称右军卒年五十九,而不著何年。一同据右军《与周益州帖》有"年垂耳顺"一语,考益州名抚,卒于兴宁三年。由是逆推之,则右军实生于晋怀帝永嘉元年,最确不可易。于其他诸帖,亦多能钩稽其年月,及所涉之人与事。其较要者,右军书《兰亭序》在永和九年,羊欣、王师乾以为时右军年三十三,黄长睿以为年三十八。一同据《晋书》传云:"羲之初渡浙江,有终焉之志。尝与同志宴集山阴之兰亭,为之叙,以申其志。"又据《通鉴》云:"永和四年,殷浩以江州刺史王羲之为护军。八年,羲之遗殷浩书,谏止北伐。十年,以前会稽内史王述为扬州刺史。十一年三月,羲之称疾去郡。"以此推之,永和九年,其时右军为会稽内史无疑,因以系之四十七岁。又右军书《黄庭经》,黄长睿据陶隐居《真诰》,黄庭降世在晋哀帝兴宁二年,而先三年为穆帝升平五年,右军已卒,安得豫书之?一同谓:"道家有《黄庭内景经》、《黄庭外景经》及《黄庭遁甲缘身经》、《黄庭玉轴经》,右军所书为《外景经》,与魏夫人所传不同。"按陶隐居有《与梁武帝启》云:"逸少有名之迹,不过数首。《黄庭》《劝进》《告誓》等,不审犹有存否?"后又启云:"垂旨以《黄庭像赞》等诸文,可更有出给理?"又《晋中兴书》,亦记羲之为山阴道士写《黄庭经》、举群鹅相赠事,尤为的证。一同更据右军《与殷浩书》谏再举北伐事,又《与会稽王笺》请令殷浩、荀羡还据合肥、广陵、许昌、谯郡、梁、彭城诸军,皆还保淮,为不可胜之基。使简文深源纳其言,内可销桓温篡弑之计,外可乘石氏内乱、羌姚输诚之机。其卓荦伟抱,为过江以还所未有。按此论前人未有发之者,右军何幸得此知己耶!其文笔俊雅,多作偶语,亦学晋人。末附《丛谈》二十则,有一条据本集与。按羲之七子,《晋书》本传止载其五:玄之、凝之、徽之、操之、献之。《从谈》首一条据本集《与郗家论婚书》,有子肃之;又据《东观馀论》,有子涣之。可以补史传之缺。(14-648)

曾文定公年谱一卷 光绪戊寅刊本

清杨希闵纂。首有希闵自序。文定,曾巩谥也。巩于嘉祐二年登章衡榜进士,终中书舍人,卒年六十五。旧传《南丰续集》附有《年谱》,系朱名辑,已随《续集》俱佚。希闵纂此,据本集、《宋史》、李焘《通鉴长编》诸书。其生于天禧三年己未,则据王荆公所为巩之祖谏议墓志,而不得其月日。按《宋史》载曾公亮对神宗言"曾巩行义不如政事,政事不如文章",以是不大用。希闵以为托克托等采谰语入史,特详其居家交友、当官治事之始末,以证史臣之失实。又《司马温公日录》载:"巩父坐赃编管英州,因死焉,巩不奔丧,为乡论所贬,王介甫作《辨曾子》以解之"云云。希闵考巩父为钱仙芝所诬失官归,非坐赃,亦未编管英州。后如京师,至南京病卒。杜祁公为之经纪其丧,巩亦在侧。见王介甫所为《墓志铭》。介甫亦无《辨曾子》之文。是死英州及不奔丧之说,皆无稽。惟《谱》据志称"会朝廷变法,公推行法意施行之有次第"云云。按所谓朝廷变法,即新法也。是巩并不反对新法。然他日巩对神言安石"勇于有为,吝于改过"①,又于介甫请于禁中坐讲,巩著《讲官议》以为讽。凡此皆巩不满介甫之实证,《谱》俱不之及,殆欲为介甫讳耶?又按《曾集》编次颇凌杂,希闵钩稽年月,于每年下载入文目,并附前人评论,于读《曾集》者殊有裨益。他亦间有订正,如魏衍《彭城先生集》记谓"陈无己年十六,谒巩于江汉之间"。希闵考无己年十六,为熙宁元年,巩方官京师,无己无由谒见,因系此事于知襄州条下。如此之类,知其下笔不苟也。(14-649)

元遗山年谱一卷附录一卷 嘉庆五年刊本

清翁方纲编。无序例。据凌廷堪《遗山年谱》自序,称"癸卯在京师,曾以草创质翁覃谿师,师甚喜曰:'昔者亦拟为此,今得子书,余可以不作。'"云云。然其后书竟先廷堪而成。按《谱》乙丑十六岁条下,注有凌廷堪

---

① "对神言",疑"神"后脱一"宗"字。

按语一条，而凌《谱》无之。盖廷堪早年注谱，方纲固未见凌《谱》也。盖谱遗山者之第一人矣。首载金章宗明昌元年庚戌生，而阙月日。其后凌、施、李《谱》俱因之。按遗山生日虽不可考，但据郝经《寿遗山》诗云："秋风飒飒吹庭梧，长庚吐焰横太虚。遗山先生曳长裾，醉鞭黄鹄来天隅。"其时当在七八月间，似宜引证及之。其书大抵据本集及郝经《墓碣》，而参以他书。惟考核多疏，未能订误拾遗。如乙酉三十六岁条下，引《木庵诗序》："乙酉冬十月，将归太原，侍者出《木庵集》求予为序。"按是时太原已属蒙古，何由得归？又按是序上段有云："近年《七夕诗》，予为之击节，惜杨、赵不及见"云云。若在是年，则杨、赵固未死，不应有此语。盖"乙酉"乃"丁酉"之讹也。又戊子三十九岁条下，引《涌金亭诗》石刻后题云"己酉清明日，嵩阳王赞立石"，谓《涌金亭示同游诸君子》七言古诗，即在正大戊子冬罢内乡时，其云己酉者，后来所补。按此盖误以半山亭为涌金亭。半山亭在河南内乡，涌金亭在河北苏门，地理悬殊，行迹何能相及？又壬辰四十三岁条下，引《寿阳县学碑阴记》："壬辰之冬，薄游燕赵齐鲁间，迹益穷，文益奇，名益大振。每一篇，京师为之纸贵"云云。按是时河北、山东，皆非金有，遗山安得游之？且一冬，亦何能遍游诸地？"壬辰"二字，属舛误无疑。又戊戌四十九岁条下，《千户赵侯碑》云："余往客平阳者六年。"按此"平阳"乃"阳平"之误。遗山踪迹从未至平阳，若果至平阳六年，不应诗文无一字。且阳平六年，屡见于诗。盖自癸巳出都，至此恰六年，可证也。乙巳五十岁条下，引《紫微观记》："乙巳九月落成，请予记其事。"又云："侯名天锡字受之。"此天锡为其太夫人建也。按《元史·赵天锡传》："戊戌征宋，驻兵蕲黄间，被病还，卒于冠氏，年五十六。"又集中《赵千户碑铭》："戊戌南征，驻兵蕲黄间，被病还。以庚子夏五月二十有四日卒，春秋五十。"与《元史》合，惟寿不合，必有一误。而庚子至乙巳，事隔六年，天锡何得再生？则"乙巳"当属"乙未"之讹也。又是《谱》兼记他人卒日，如赵秉文、王庭筠、党怀英、麻九畴、杨云翼之类，后之作谱者多袒之。其人往往毫不相涉，甚无谓也。即如《谱》中于崇庆壬申，记麻徵君九畴卒，按《金史·隐逸传》："麻九畴字知几，易州人。"隔十一年癸未，而遗山至郾城见麻知几，前后两引之,何不检至此?若认知几为麻革,则正大丁未始聚于内乡,又不应书其卒于三十余年前也。但亦不无所得,如据足本《归潜志》记崔立碑事始末,以证作碑系刘祁,非遗山。又考郝经诗中"林希"二字,谓指宋林希,因希有"坏了名节"一语,以证郭元釪《金诗纪事》之误解。俱是。卷后原有附录七条,复又增墓图、墓碣、世系略、重修墓记及跋、诗、词等为一卷,无刊书年月。据凌《谱》称"嘉庆元年十一月,覃谿师自都门寄示新刻"云云,知其即刊于是年也。(14-650)

元遗山年谱二卷　嘉庆刊本

清凌廷堪辑。首有廷堪自序,称"遗山出处本末,天兴甲午以前,虽具《金史》本传,而自乙未至丁巳,行踪靡定,本传及墓铭皆未之详。因杂采金元史、《中州集》、《归潜志》、《元文类》洎金元人文集撰著等,钩稽校勘,厘为二卷"云云。书成后,见翁方纲辑本,复求稿中所未备者补录于书眉。按廷堪所辑,视翁本较详核。辨为崔立撰碑事,亦据《归潜志》,而直以理断之。谓"《归潜志》乃京叔自著之书,载撰文始末甚详,而语皆游移无定。其曰'以是知扬子云《剧秦美新》,出于不得已',是以扬雄自解其撰文之惭也。其曰'欲以死拒,则吾二亲何以自存?'是以二亲自释其撰文之罪也。其曰'知不能辞,即略为草定',则已自承不讳矣。其曰'赍告身二通付余辈',则已受赏不辞矣。其曰'并无褒称崔立之言'。夫谀词非出己出,何烦代为末减?况《陵川集》有'极口吠尧'之语,为明征乎?良由当时迫于威势,事后物论不容,聊以此分己之谤耳"。又按《金史》言"好问意未惬,乃自为之",亦是惑于京叔之说,廷堪又驳之,谓"当时立碑撰文,不过畏崔立之祸,非必取文辞之工。既有京叔属草,已足塞立之请,何取更为之"云云,论极痛快。《谱》中兼详作诗之年,每以时事证诗语,如俳体《雪香亭杂咏》十五首,杨升庵以为咏宋徽宗时事,郭元釪又以为金亡之后重过汴宫而作,廷堪则断为作于癸未未北渡之时。与《癸巳四月二十九日出京》诗,皆句为之解,视施国祁笺注为详。其《续小娘歌》云:"黄河千里扼兵冲,虞虢分明在眼中。为向淮西诸将道,不须夸说蔡州功。"谓"讥宋人渝盟,自失辅车唇齿之计”,与施笺不谋而合。然亦有甚误者,谓“《元史》所称‘元裕’,偶脱‘之’字,即遗山。因而有北觐请世祖为儒教大宗师之说”。此与遗山大节有关。按《元史·张德辉传》:“北觐与元裕请世祖为儒教大宗师。”下又云:“德辉与元裕、李冶游隐封龙山,号龙山三老。”考遗山无隐封龙山之事,元裕自另有其人。又按张穆证以《四元玉录》,莫若序称“绛人元裕有《细草》”,而传碣记遗山著作无此目,尤可信也。惟又按此误不始于廷堪,元葛逻禄诗:“维时儒教师,矫矫真天龙。乾坤始开廓,鱼水欣相从。”自注:“世祖尝因金儒元好问之请,为儒教大宗师。”翁《谱》引之,而未考其致误之由也。又按同治间张穆刊《遗山全集》,附收是《谱》,并补入数条。中有一条引《续夷坚志》,误“曾大雨”为人名,赵培因驳正之。见光绪重刊全集本。(14-652)

元遗山年谱一卷　道光壬午刊本

清施国祁辑。国祁有《金史详校》,已著录。是《谱》横列四阑,而以纪年、时事、行事、文目四项,视他本较清晰豁目。其行事阑内,除据《传》《碣》外,于诗文词凡涉年月之语,悉割取以实之。既借以考年,而月日亦往往具焉。其涉于考证者,别见国祁所为《金史》本传本传及《大德碣铭》笺语中。① 其笺或据《碣》以正《传》之误,如《传》不言除镇平令,而《碣》有之。或据《传》以正《碣》之误,如《碣》称大兴初入翰林、知制诰,而《传》无之。又或据本集以补《传》《碣》之漏,如《集·昭禅师引》云:“正大初,予在史馆。”又《吏部》《巡警》二记,题末并云:“正大二年,乙酉五月,儒林郎权国史院编修官。”《上贾左丞诗》注“时官编修”,又有《帝城》《史院夜直》《出京》《史院告归》等诗。是遗山曾官国史院编修,而《传》与《碣》俱略之。有《谱》略而笺详之者,如“癸亥本生父东岩君卒”条、“辛巳登第同年”诸条、“戊子太夫人卒”条,皆是。又有《谱》未及而笺著之者,如再配毛氏在天兴元年,是。又有与《碣》不合而两通之者,如集《承奉铭》云:“祖春不仕。”而《碣》则称:“曾大父春,隰州团练。”笺谓:“团

① “本传本传”,疑衍“本传”二字。

练，宋官。春生靖康、天辅间，为此官。隰州入金，或挂冠去。《承奉铭》遂其终志，故讳言之。《碣》书原官，而去'宋'字，因以致异。"按此说，他《谱》尚未有发之者。《谱》中"案断"止二条，一条据《归潜志》记遗山崔立撰碑事及卷末见元世祖于潜邸事，俱欲曲为遗山开□，而不知二事本是子□也。若他一条谓："万户张柔于遗山为僚婿，当遗山拘管聊城日，其家必为张柔所扶护而出。柔之取亡金《实录》，盖阴受遗山之指。"按后说虽出臆断，而弥近理。是《谱》附《遗山诗集节注》，刊于道光二年。其时翁、凌二《谱》行世已久，国祁言于凌《谱》仅见其目，至翁《谱》则并未知之。宜乎于辨立碑诸论议，未一采掇及之也。（14－653）

广元遗山年谱二卷 同治丙寅刊本

清李光廷编。光廷有《汉书西域图考》，已著录。是书首有陈澧序及光廷自序。按光廷熟于地理，是书考元兵代金所至之地，及遗山奔走流寓之地至悉。又因地而考其时，凡遗山诗千三百六十一首，考得其时与地者千二百七十九首。其不可知者，仅八十二首。又因类而附之，而全诗皆有着落矣。《谱》以年系事，并系所作之诗，其中有总录，有附录，有总附，有辨正，有存疑，有附论。辨正诸条，考核俱当。存疑诸条，亦可备参。订翁《谱》之误者，于戊子三十九岁条下，谓翁《谱》误以半山亭为涌金亭。又于丁未五十八岁条下，据《寰宇访碑录》云："《涌金亭诗》，元好问撰。正书，定宗后称制元年三月立于辉县。"考定宗后称制在下年戊申，其诗之作，必在此一二年间。去年丙午，亦有彰德之行，而逆溯七年为庚子三月，则遗山方在家，无至黄华之事。而由是年溯辛丑，则书由东平回忻，取道了然。又考《重修真定学记》："王指世祖。以丁未之五月，召真定总府参佐张德辉北上。"与《题归隐图》诗注正符，诗自当作此时。此二条同证一事，援证最确当。他所纠尚多，则皆误之显然者。订注笺之误者，《玉溪》诗，张颐斋注"端氏"二字，据《金史·地理志》，端氏隶泽州，诗自当编入潞州。然首二句云："邂逅诗翁得胜游，烟霞直欲尽崧丘。"则明是崧山时诗，诗翁谓王德新。又在叶县诗："东南地上游，荆楚兵四冲。"据《纲目》："去年金遣乌库哩等南侵，本年宋李全却金兵于淮,孟宗政破金兵于枣阳,兵未息也。"下句"游子十月来",是此时事。施笺以三乡光武庙当之,不合。订本集之误者,《木庵诗序》:"乙酉冬十日予将还太原。"谓"是时太原属蒙古,乙酉当为丁酉"。又《兴福寺禅院记》称"正大庚辰",谓"'辰'是'寅'字之讹,正大无庚辰"。又《曹徵君墓表》"又五年"句,谓"'五'字是'三'字之讹。自癸卯又三年,正是丙午"。订郝《碣》之误者,据《为第四女配婿祭家庙文》称"得世官之子兴祖为婿",而《碣》讹作"霍维祖"。又《碣》称"天兴初入翰林、知制诰",史及本集无考。又据《元史·经传》:"中统元年使宋,居宋十五年,以至元十二年复还阙,秋卒。"墓碑作于使宋之前,其时振摠尚幼,不应所历之官已至此。且碑立于大德四年,距遗山殁又四十三年,不应诸子官衔依旧不进一阶,疑诸子仕履为后来窜入。说亦有理。据陈序,盖为广翁《谱》而作,而凌《谱》实踵翁《谱》而出,光垣未见之,故未及之也。(14-654)

归震川年谱一卷　乾隆戊申刊本

清孙岱撰。岱字守中,江苏昆山人。是书首有汪照、钱大昕二序。《谱》前有世系表,自一世至十四世庄止,盖归庄原撰也。有光属十一世。《谱》分年隶事,附以文目,简而不漏。按有光以制义名,年二十一补弟子员,二十三举乡试,六十始成进士,授长兴令,迁顺德府通判,升南京太仆寺丞,逾年卒,年六十六。未第以前,惟力辨安亭女子冤狱,冤竟得白。又撰《三吴水利录》,虽不行于当时,而隆庆间海瑞卒用其法。宰长兴日,有治狱、兴学诸善政。官太仆日,惟成《马政》《职官志》而已。中录王世贞、方苞《书文集后》二篇,所评有光文甚当。若王鸣盛《钝翁类稿序》,则门外语耳。卷末附《墓记》及著述目。光绪己卯金吴澜翻本,并增入邑令陈其元《重修墓记》,则同治辛未作也。(14-656)

施愚山年谱四卷　乾隆丁卯刊本

清施念曾编。念曾字得仍,江苏宣城人。贡生,历知新会、余姚等县事。施闰章曾孙也。闰章号愚山,生于明万历四十六年,崇祯九年补博士弟子员，顺治三年举乡试，六年成进士，授刑部主事，补员外郎，擢提调山东学政，按察司佥事。迁江西布政司参议，分守湖西道，缺裁，归里。康熙十八年，取博学鸿词，授翰林院侍讲，进侍读。病卒，年六十有六。有自编，佚不传。念曾就闰章所撰《家风述略》、诗文集及未刊遗札，益以《墓志》《行状》等编成四卷。按闰章试博学鸿词，原定一等，后改二等第四。《谱》据《示子札》："因诗结句有'清彝'二字，嫌触忌讳，阅卷诸公不敢录，得高阳相国争之"云云。高阳相国，谓李霨也。曾见此札墨迹，全句乃"王道荡清夷"五字，读之真骇目，若在乾隆朝，便成胡中藻狱矣。此改"夷"为"彝"。李集《鹤徵录》引此，并"清彝"二字亦删之矣。念曾参证未广，又隶事与诗文目录每混杂不清，其节录诗文中语，多属无关重要。如崇祯壬午条下，引《茂绿轩诗集序》"忆余因孟贞交与治"云云，不及其姓。顺治庚子条下，又引《茂绿轩诗集序》"予归见其病坐榻上"云云，并其名亦遗之。按孟贞姓邢，与治姓顾，今文集亦无此序，其粗率可知。首有杭世骏序。考念曾是《谱》成于宰新会日，世骏适掌广州越华书院，序盖作于其时。近有翻印本，首录校阅姓氏徐乾学等四十余人，后录康熙戊子梅庚跋，不知其皆全集而作，与《谱》绝无关也。（14－656）

翁铁庵年谱一卷　借月山房刊本

清翁叔元自记。叔元号铁庵，江苏常熟人。中康熙壬子一甲二名进士，以第三人及第，官至刑部尚书，以病乞休。是《谱》记至康熙丁丑六十五岁止，即乞休之年也。考韩菼《有怀堂文集》、叔元《神道碑》，称其卒于康熙辛巳十一月十九日，六十九岁。则乞休之又四年也。据《谱》四十岁始举顺天乡试，四十以前贫苦至不可堪，求死者屡。自忆所历，刻尽态竟类小说，为谱家别开生面。而通籍后，仅十二年，位至正卿，腾达又何其速耶。《谱》记张汧狱词连部院大臣，叔元不肯刑讯，意似宽恕。考张汧纳贿为郭琇举发，事涉徐乾学、陈廷敬二人，皆叔元座师也。叔元又素党于乾学，此狱实阴欲解之，而转似能持大体者，可谓巧矣。叔元又尝攻耿介，且及汤斌，为清议所弃，至门下士纷纷请脱籍，

其未老而乞休,或亦因是。《谱》末历述受掌阁某君、台中某君倾陷反报以德事,殆欲自解耳。(14－657)

随园年谱一卷　传抄本

清方濬师辑。濬师字子箴,直隶定远人,官至广东盐运使。随园者,在金陵之小仓山,袁枚去官后居此,世遂以是称之。按枚举乾隆元年博学鸿词,报罢,才二十一岁,旋成乾隆己未进士,选庶吉士,散馆改知县,历宰溧水、沭阳、江宁三县。乞休,寻改发陕西,丁父忧归,不复出,时年三十八。自是颐养林泉,专事吟咏,时或出游,逾时即还。年八十二卒。是《谱》据诗文集及《诗话》,分年隶事。按《随园诗集》,本编年体,但辛亥以后诸多舛误,其卷三十六是甲寅所作,而编入乙卯。《诗话》亦其所作,而讹误亦复不少。如适蒋氏女,后其婿四年亡,而《诗话》称"未半年,女与婿俱亡"。己酉得"落花扶不上枝头"句,以为金姬谶,而金姬实卒于壬子。如此之类,濬师俱为改正。惟《谱》记乾隆壬申三十七岁条下云:"旋发陕西,丁父忧归。"据王昶《蒲褐山房诗话》云:"再起至陕西,与黄文襄制府臭味差池。上书万余言,不省,遂乞病归"云云。按文襄为黄廷桂谥,廷桂以乾隆十六年任陕督,十八年去,随园赴陕在十七年,适当其时。集中有《送黄宫保巡边》,文集亦有《上文襄书》,但未必是此篇。况昶与随园同时交好,决不作妄语,岂乞病后适值丁忧耶?又己丑五十四岁条下云:"刘文清守江宁,以风言欲逐先生。先生闻信,偏不走谒。逾年文清托刘广文要先生作江南恩科谢表,备申宛款"云云。又按《蒲褐山房诗话》云:"今石庵相公在江宁时,将访而按之。子才投以二诗,阅毕,即请见,顿释前嫌"云云。是何尝不走谒?又集中有《将移滁不果》等诗,即是此时情事,亦张皇之至矣。至代作谢表,乃前嫌已释后事耳。《谱》所取材甚隘,即本集、《诗话》似尚采之不尽。大好题目,乃枯寂如此,殊觉不称也。(14－658)

诸葛忠武侯故事五卷　道光刊本

清张澍辑。首有钱仪吉序。书凡五卷,曰《诸葛篇》,曰《遗事篇》,曰

《用人篇》，曰《制作篇》，曰《遗迹篇》。搜采甚博。《诸葛篇》中引《晋书·陈寿传》："寿父为马谡参军，谡为诸葛亮所诛，寿父亦坐被髡。寿为亮立传，谓'亮将略非长，无应敌之才'，议者以此少之。"又引《后魏书》毛修之言："陈寿曾为诸葛门下书佐，得挞百下，故其论武侯云'应变将略，非其所长'。"可知《蜀志·亮传》不为实录。澍于诸篇亦间有考证，如《遗事篇》中，《太平寰宇记》引《蜀志》有"诸葛亮出屯江阳"语，澍考为出《华阳国志》，乐史误引，他书亦沿其讹。如此之类尚夥。（14－659）

魏郑公谏录校注五卷续谏录校注二卷　光绪癸未刊本

清王先恭校注。《谏录》，唐王方庆辑；《续谏录》，元翟思忠辑。先恭合而校之，大抵据《贞观政要》、新旧《唐书》、《全唐文》、《通鉴》，参以《册府元龟》所引。或即以本书及《续录》互证，于以别异同，考讹脱不可少也。先恭序引陈氏《书录解题》云"一名《魏文贞故事》"，以证《宋志》分《谏录》《故事》为二之误，甚是。又引《唐志》及王氏《玉海》、焦氏《经籍志》。《谏录》外，别有《魏徵谏事》，不可合而为一，则非也。《谏录》即《谏事》。诸书涉于郑公谏事者，王、翟二录尽收之，且有非谏诤之事而泛滥入之者。若另有《谏事》五卷，亦何所借以充其篇幅耶？或为传写之讹，或为后人改题，因而致异无足辨也。卷首有郭嵩焘序，其兄谦后序及先恭原序，并考证十余则。（14－659）

魏文贞公故事拾遗三卷　光绪癸未刊本

清王先恭辑。按陈振孙《书录解题》称："《魏郑公谏录》，一名《魏文贞公故事》。"先恭因以名其书。又以二录所收不全属谏诤之事，因而更广其例。首叙世系，次恩遇，次建言，次荐贤，次定礼，次编纂，次杂缀，次纪述。稍引诸书，证其同异。又以徵所撰著，分为二卷。上卷录诗文，下卷录《梁》《陈》《北齐》《隋书》诸论序。后有其兄先谦跋，为补"编纂门"三事，"杂缀门"二事，并谓柳宗元《龙城录》载"羊鼻公食醋芹"，张鷟《朝野佥载》记"职科由天"之类，皆所弗取。宋元以降，评论滋繁，概从芟弃，以示矜慎云。（14－660）

显忠录二卷续显忠录一卷　嘉庆十一年刊本

《显忠录》，明程枢辑，其子应阶订补。《续显忠录》，清程邦瑞辑。皆记明程通殉节建文，前后褒恤诸事也。按通字彦亨，绩溪人，洪武庚午举应天乡试，授辽王府纪善，进左长史，从王之国。靖难师起，朝廷遣人告急，通草上封事数千言进之。成祖知其事，诏械诣京师，死之，家人戍边。枢所辑，大都永历以来关于褒忠之举。卷首有天启辛酉吴应宾序。邦瑞续之，弁以《表忠祠图》，复汇《明史》列传、《胜朝殉节诸臣录摘抄》、四库《贞白遗稿提要》、乾隆六十年安徽学院详请设奉祀生公牍、明张芹《备遗录》一则，并附《明辽府左长史节愍公二祀会簿序》，而邦瑞为之跋。（14－660）

金氏世德记二卷　丁氏嘉惠堂刊本

清金应麟辑。纪其族祖应奎之事实也。应奎字拱辰，明嘉靖癸丑进士，授吏部文选司主事，以不谒严嵩，十年不调。嵩败，改河南道监察御史，出为山东按察使司佥事，以治河功迁四川按察使。因失察镌级，仍为佥事。有太监冯保家人某者，故川人，倚势侵占，杖之阶下，巡按惧，劾之，遂以原衔予休。家居数年，卒。子二，相继殁，无嗣。岁久，墓亦被侵，应麟既鸠合族人修复其墓，复就谱牒稽其事略，遍征时人撰记歌咏，以表扬之。上卷碑记、颂序。下卷古今体诗，作者百数十人，大抵皆时贤中之能文章者。按是《记》刊于道光，口题“吉云草堂”。随征随出，所流传者，多寡不一，此其最足本也。流落京师厂肆，丁立诚得之。按立诚，丁丙子，又应麟女夫。女未嫁，殉难杭州，故立诚为重编而授之梓也。（14－661）

袁石公遗事录七卷　同治八年刊本

清袁照辑。首有照自序。石公名宏道，举万历二十年进士，选吴县令，罢官，起授顺天教授。历国子助教，礼部主事。谢病归，复起故官。寻擢吏部验封司主事，改文选，移考功郎，迁稽勋郎中。复谢病归，数月卒。照辑是录，分著作、学术、高行、宦绩、游踪、异迹、杂记七目，俱就诸书记载，汇录成帙。按明季言诗文者，盛宗李何，其弊也剿袭摹拟，无真气。宏道起而矫之，举世从风，所称公安派是也。然平生好言理学，推之者至谓其见地过阳明。宰吴有惠政，去官日，吴民攀留者数万人。是又非徒以文学重也。《录》中所举，大率因文见事，殊多逸致，如读明人小品文字。世传宏道为东坡后身，兹《录》殆《东坡遗事》之类耶？其著作一门，尤可资读《中郎集》之取镜。照序称："今行集本中《暑谈》一卷，《狂言》三卷，俱是赝作。《瓶花斋杂录》亦然。"盖盛名所在，固不免多所附会也。（14－661）

明湖广巡按李公表忠录一卷 活字印本

清陈明盛记。李公名振声，陕西米脂人。崇祯七年进士，官湖广巡按。《明史·宋一鹤传》称："崇祯十五年十二月，襄阳、德安、荆州连告陷，一鹤趋承天，护献陵。贼犯献陵，巡按御史李振声、总兵官钱中选皆降。"明盛是《录》则称："闯贼陷承天，下令敢伤李御史者斩，因被护。贼闻公至，狂喜曰：'大兄为我得，天下不足定。'公厉声曰：'汝本一驿卒，奈何称乱，为灭族事？今晓汝以顺逆，若能知悔者，吾为汝请命。不然，当速杀我。'贼不忍闻其语，故迁之，公言益切厉。一日，两卒以骑至，公怡然上马，出南郊，至则北向九拜，复西向拜，自谢无状，亏忠孝。拜毕，引颈受刃"云云。与《明史》大异。按明盛所记是也。明盛与振声同系，亲见其事，而为之记。顺治七年，米脂令张禹谟将赴官，遇明盛于道，出是《录》，属访其后嗣授之。于是李氏子姓始知其先祖死事之详。按振声与自成同县同姓，故呼之为兄。至《明史》所以致误者，以贼入山西，榜列受职者名氏，列振声名，意在诳诱未降者。《明史》称"振声降"，又称"后复杀之"，果降矣，曷为杀之？其诬不待辨也。《录》首有张禹谟序，《录》后有明盛吊振声诗及节烈纪略，附以河滨逸老白曰可跋、朱之俊撰《李侍御忠烈传》、孙必达撰《墓志铭》、《陕西通志》《米脂县志》传。此旧刊本也。晚近其乡人宋伯鲁等为之具征文启，其王树枏辨论诸文，则又后来所增入也。（14－662）

翁氏家事略记一卷　道光刊本

清翁方纲撰。是《记》叙翁氏由莆田入籍顺天以来家事,起明正德二年丁卯,讫清嘉庆二十三年戊寅正月十二日。所记先代之事甚略,自乾隆六年以后,乃逐年不缺。盖方纲生于雍正十一年,其时方九岁,至嘉庆二十三年八十六岁,即卒于是年正月二十七日。按方纲于乾隆二年举乡试,年仅十五。十七年成进士,改庶吉士,散馆授编修。其间曾一任江西副考官,一任江西督学,三任广东督学,一为山东督学,未满任调京供职。所历官,中经降革。嘉庆九年,以鸿胪寺卿原品休致。十二年,重预鹿鸣宴,赐加三品衔。十九年,又重预琼林宴。所记历官之外,旁及家族,以至著书刻书之事。然亦粗具梗概而已。是《记》之作,盖由方纲耄岁止存幼孙,因写以是《记》,诒其门人大学蒋攸銛,攸銛以付英和,英和父德保与方纲善,遂为梓行。条下间具按语,且为之跋。盖即方纲年谱也。又按方纲督学山东日,与巡抚国泰、布政江兰有微嫌。二人和珅党也,故挤之,不得终任。方纲卒后,家渐式微,至于极窭。其孙妇光绪间犹存,见叶昌炽《督缘室日记》①,皆可补是记所未及也。(14-663)

尺五堂述祖汇略一卷　康熙丙子刊本

清严我斯及弟允斯记其六世祖凤之遗事也。首有严颢序。凤字季祥,号溪亭,归安人。举弘治乡试,初令分宜,转南昌同知,升工、刑二部员外郎中,补镇远守,致政归。是编述其持己、接物、服官、居乡诸善行,各条注明所出,不同夸侈。惟所记宰分宜日,牒城隍驱虎,次日果有三虎伏西门外,攫之不动,遂就获。又记岁除纵囚还里,无何,纵者各以期至,无一失。似是有所仿而言之。后附居巢令严觉死节事。觉字知非,亦举人,令居巢三年,考最,迁郡丞。将行,贼从寿州南逼巢,巢不守,胁觉降。不屈,死之。其妻莫氏,子百芑年十七,从殉焉。崇祯八年事也。张溥、黄道周、夏允彝、杨维岳、钱邦芑诸人各为文记之,并有蒋德璟、谭元春、

① “督缘”,应作“缘督”。

凌义渠、姚允庄、倪元璐、陈子龙、徐石麒、茅元仪诸诗。(14－664)

宣城施氏家风述略一卷续编一卷　康熙刊本

清施闰章辑，其子彦恪续辑。首有毛先舒、尤侗二序。李来泰所为《孝友传》，孝友谓施誉也，誉即闰章父。所述自高祖志和，曾祖尹政，祖鸿猷，以逮父誉，凡四世，而尤详于誉。大抵皆乡族间任恤睦姻之德，家庭中慈孝友共之行，而言之笃切。越琐细越见至性，能使读者感泣。《孝友传》当本《述略》而成，所述"惟爱而后教行，惟严而后情至"，可称名言。末有闰章自跋，谓"不敢溢一语"。彦恪为闰章子，《续编》述闰章也，兼及治绩。所述细行，可补愚山《年谱》所未及。其事叔父如父，尤罕见。惟所称为祖母祷神减算事，理究属于渺冥，《年谱》不采之，是也。(14－665)

游谱一卷谱馀录一卷　康熙刊本

明孙奇逢撰，其子望雅及门人马尔楹编。《谱馀录》，望雅辑。首有张镜心、张凤翔二序，又有奇逢自序。据《年谱》，锺元于顺治十一年甲午二月赴磁州张镜心之约，四月过东昌访张凤翔，七月归。是《谱》所记，起二月初十日，至五月十二日止。按镜心号湛虚，崇祯末官兵部尚书、蓟辽总督。十六年，丁艰归。顺治初，征召不起。深于《易》，著有《周易集说》。凤翔号蓬玄，素附东林。万历间，与顾泾阳、高景逸、冯少墟、邹南皋诸公讲习，崇祯末官兵部侍郎。唐王时，授浙江总督。投诚清军，官至工部尚书，顺治十年乞休。锺元之访，在其乞休之次年。所记有论学语，有世故语，有先朝遗事，有当地逸人，有诗，有文，有手札。《赠凤翔诗》云："言念真人天际看，天风鼓我入烟峦。紫云已卧东山谢，青海犹传西夏韩。道在岂虞天地老，心闲殊觉梦魂安。卅年仰止登龙晚，愿共沧溟理钓竿。"推许得无过当乎？《年谱》记张谆谆于姚江"无善无恶心之体"一语，不能无疑。先生曰："古人立言，意各有在。一人之言，前后不同"云云，此不载。《谱馀录》则记凤翔语云："历观禅家无善之说，全是打儒家'善'字；圣学至善之说，只是打禅家'无'字。"又云："至善无恶性之体，有善无恶情之动，知善知恶为良知，为善去恶为良能。"按此数语即其致疑姚江之所以然也。《谱馀录》记凤翔要语共十八则，大约多辨儒释之异云。(14－665)

颜氏忠孝家传一卷　康熙刊本

是《传》录颜胤绍父子孙三世事也。胤绍为颜子六十五代孙，崇祯辛未进士。令江都、邯郸，俱以扞贼寇著功，迁守河间。清兵攻城，胤绍纵火焚其梯，反风吹火，延烧城上人皆死。胤绍知不可支，归署，亦纵火自焚死。先一月，清兵犯兖州，城破，胤绍子伯瑜①、弟伯玠走，伯璟性肥，趋步窘，恐累弟，跃投城下。伯玠俯视恸哭，中流矢死。伯璟堕城伤左足，逻卒舁告其帅。适伯璟妇孟氏被掠，不肯行，被刃伤，四日复苏。敌帅知为颜子后，护之出垒。孟氏亦孟子裔也。伯璟赴河间，收父遗骸归墓焉。伯璟卒，私谥孝靖。其子光猷，康熙癸丑进士，翰林院编修，终河东盐运使。光敏，康熙丁未进士，终吏部考功司郎中。光斅，康熙丁卯进士，翰林院检讨，终浙江学政。是卷首魏禧撰《颜氏忠孝传》，次林璐撰《知河间府颜公传》，次王士禛撰《颜孝靖传》，次施闰章撰《颜孝靖诔》，次朱彝尊撰《颜孝靖墓表》，而以李克敬撰《曲阜三颜公传》终焉。光猷兄弟，亦以文学节行著称，宜附祖若父以传也。(14－666)

高邮王氏家传一卷　咸丰刊本

是辑汇高邮王氏一家事实为一编。首式耜，诸生，吏部尚书，谥文肃，安国祖也。次曾祐，诸生，式耜长子，安国伯父也。次曾禄，亦诸生，式耜次子，安国父也。次安国，雍正二年一甲进士，授编修，官至吏部尚书。次念孙，安国子，乾隆乙未进士，官至山东运河道。次锦孙，诸生。次引之，念孙子，嘉庆己未一甲进士，授编修，官至工部尚书，谥文简。次寿昌，引之长子，以恩荫补主事，官至广西按察使。次彦和，引之次子，官宁池太广兵备道。编中录史、州志诸传，兼采《半舫斋文集》，偶辑

---

① "胤绍子伯瑜"，疑"瑜"乃"璟"之误。

《从政观法录》《淮海英灵集》诸书，中并有安国及念孙两代入祀乡贤事实公牍等件。（14－667）

师友渊源录一卷　光绪十二年刊本

清陈奂撰。首有序，略称“承奉庭训，执业家塾，出内有交，资获闻见。兹所录师先之，友次之，游于内者又次之”云云。时咸丰五年乙卯，年七十也。所录凡六十六人，附见者若干人。虽无凡例，而《程同文传》下注云：“凡记中人虽附录，亦素识，唯梁方伯按即梁章钜。因春庐而及之。”是即其例矣。《录》中人最著者，如江沅、段玉裁、王念孙及子引之、姚学塽、严杰、钮树玉、程同文、郝懿行及妻王圆照、陈寿祺及子乔枞、徐松、吴志忠、胡承珙、朱洊、徐璈、金鹗、刘逢禄、曾钊、陈沆、胡培翚、汪喜荀、汪远孙、费丹旭、魏源、潘曾沂、郁松年、劳权及弟格、李善兰、陈倬等。诸传甚简略，爵里撰述而外，间及趣闻，而笔亦过拙，往往不能申其意。所记郝懿行《尔雅义疏》，其刻于粤东经解，及陆制军建瀛者，皆是王怀祖点阅之本，其原稿藏严厚民家。按原稿于咸丰六年杨以增刻之，宋翔凤为作序，与是书之成同时。又记金鹗所著《礼说》十六卷，尚佚一卷。按此佚卷，潘伯寅已刻入《滂喜斋丛书》中，在光绪间，奂俱不及见之。《录》中记王树获其家十九代举秀才不绝。又记郝懿行与其妻王圆照居都城东南隅，著书自乐。时有高邮王父子，栖霞郝夫妇之目，夫妇辄持论不合，交谪诤辨，或相对竟日不一语。此之类，殊足传也。（14－668）

先友记一卷　光绪仰萧堂刊本

清张星鉴撰。本名《怀旧记》，首有序，言取潘安仁赋意。所记凡十人，曰顾锡祉、钱绮、季锡畴、王振声、李可玖、马钊、何秋涛、叶名沣、顾瑞清、袁璥，皆记其里居、仕履、学行、著述、寿数。据《记》，顾锡祉为顾亭裔孙①，尝刊行《亭林宅京记》。钱绮曾著《南明书》三十六卷，今未见传本。季锡畴尝为常熟瞿氏修藏书志，今所传《铁琴铜剑楼书目》，殆出

---

① “顾亭”，疑后脱一“林”字，当为“顾亭林”。

其手。但所举著述,多有漏略,如钱绮著有《钝砚卮言》,何秋涛著有《一镫精舍甲稿》,叶名沣著有《读易记》《桥西杂记》,其《敦夙好诗集》尚有续刻,此俱未及。盖闻见偶疏。所致要诸人皆足传也。(14-669)

杭大宗轶事一卷　光绪十四年刊本

清汪唯曾辑。按杭世骏字大宗,号堇浦,浙江仁和人。乾隆元年举博学鸿词,授职检讨,以言事革职归,卒后无传状。是卷乃唯曾杂集诸记载而成,中以洪亮吉《书杭检讨遗事》、许宗彦撰《杭太史别传》、龚自珍撰《杭大宗逸事状》较详,稍具梗概。自珍称:“癸巳高宗南巡,大宗迎驾,名上,上顾左右曰:‘杭世骏尚未死么?’大宗返舍,是夕卒。”果尔,是杀之也。曾唯驳谓:“高宗六次南巡,辛未、丁丑、壬午、乙酉、庚子、甲辰,并无癸巳之年。”以自珍为误记。然记年或误,记事或不误也。又大宗以言事获谴,《遗事》以为:“特设阳城马周科试翰林,大宗语过戆直,末又言满洲官督抚者多,触上怒”云云。《别传》又以为:“时亢旱,举直言极谏,徐文穆公以太史应诏,遂上疏言部臣自尚书至主事,皆满汉并列,请外省自督抚至州县,亦如此。所言纰缪不中理”云云。《逸事状》又以为:“癸未,大宗以翰林保举御史,例试保和殿,大宗下笔为五千言,其一条云:‘朝廷用人,宜泯满汉之见。’”云云。《鹤徵后录》则云:“高宗仍纳其言‘天下督抚,汉人参半’,于四条中已行其一”云云。所言各异,当皆得之传闻也。按大宗生于康照三十五年,卒乾隆三十七年,盖七十五岁云。(14-675)

贾景伯年谱一卷　国粹学报本

清陈邦福辑。景伯,汉贾逵字也。《谱》据《后汉书》本传为主,参以《通鉴》诸书,略具本末。起建武二十六年庚戌二十一岁,迄永元十三年辛丑七十二岁。按由建武二十六年上溯之,实生于建武六年,宜从是年一岁起。中如本传称逵:“明《左氏传》《国语》,为之解诂五十一篇,永平中上疏献之。”此别据逵答神雀事,纪称:“永平十七年,神雀五采翔集京师。”因断在是年。又本传称:“帝以逵母常有疾,特使颍阳马防典以钱二十万。”此别据《马传》,防以建初四年封颍阳侯,因断在次年。本传无荐鲁丕事,此别据《鲁丕传》:“永元十一年,丕迁中散大夫,时贾逵荐丕道艺深明”云云。多增一事。如此之类,于旁证得之。首有邦福自序,兼为《马季长年谱》作也。(14－676)

马季长年谱一卷　国粹学报本

清陈邦福辑。季长,汉马融字也。亦以《后汉书》本传为主,参以《通鉴》诸书,与贾《谱》同。起建初四乙卯一岁①,讫延熹九年丙午八十八岁。所隶事较贾《谱》稍详。按赵岐讥融不持士节,其为梁冀草奏李固及作《大将军西第西第颂》②,年六十九矣。年七十,出守南郡,以贪浊称,后坐忤梁冀,髡往朔方。自刺不死,会赦归。盖经儒之最无行者也。《谱》于系年外,颇采僻事。如有妾约氏,据《元和姓纂》《七厉》之作,见傅玄《七谟序》。所考订者,如谓郑玄来学,孙星衍谓在和平元年,孙星衍谓在延熹二年,均不足信。③ 至郑珍谓在延熹七年,是年融八十六岁。考郑君本传,在门下三年,不得见。然则七年得见马融,四年即来茂陵,九年始归北海,而融殁已久矣。然邦福亦不能定其来学为何年也。首附世系,故《谱》中兼及其诸父昆弟,亦为其家世丰豪征实也。(14－677)

嵇康圣贤高士传一卷　怡兰堂刊本

清严可均辑。《隋志》:“《圣贤高士传赞》三卷,嵇康传,周续之注。”《唐志》,《传》属嵇康,《赞》属周续之。据康兄喜为康传云:“撰录上古以来,圣贤隐逸,遁心遗世者,集为《传赞》。自混沌至于管宁,凡百一十有九人。”据此则《传》与《赞》,皆出于康。《唐志》以《赞》属周续之者,非也。可均辑此,得《传》五十二,《赞》五,凡六十一人。取校马国翰辑本,多广

---

① “建初四”,疑“四”后脱一“年”字。

② “大将军西第西第颂”,疑衍“西第”二字。

③ 前后两“孙星衍”,必有一误。待考。

成子、襄成小童、巢父、壤父、石户之农、庚市子、齐子、老子、狂接舆、原宪、范蠡、市南宜僚、段干木、於陵仲子、庄周、田生、韩福、求仲、羊仲、尚长、禽庆诸人。光绪辛丑唐鸿学得其本,补於陵仲子、求仲、羊仲三人,又项索、安丘、邱望之各补引一条,为之校刊,并有序。(14-677)

嵇康圣贤高士传三卷 传抄本

清周世敬辑。世敬字子肃,江苏长洲人。卷后有跋,题"嘉庆戊寅"。序云:"明黄省曾刊皇甫谧《高士传》,叔夜作亦错杂其间。兼取《后汉书·逸民传》补缀删增,遂使嵇与皇甫氏混而莫辨。"又云:"《类聚·隐逸门》有魏隶《高士传》数则,不见史志。其词与《御览》所载叔夜语多同,盖'魏隶''嵇康'二字形似致讹"云云。所见皆是。惟云"周续之注,今无片言"。按《文选注》引:"孔子问项橐曰:'居何在?'曰:'万物流屋是也。'注曰:'言与万物同流匹也。'"按此当即周续之注,但未著其名氏,世敬引之而不知耳。书分三卷,意在存隋、唐二《志》之旧,而所得之人反少于严本。即"项橐及逢萌"条房①、李昙、王尊二传,唐鸿学所增者,此亦缺之。独孔休二则,为严本所无耳。后有附录五则,并篇目考。(14-678)

虞槃佐高士传一卷 传抄本

清周世敬辑。按《隋志》:"《高士传》二卷,虞槃佐撰。"《唐志》同,惟"槃"作"盘"。明焦竑《国史经籍志》尚有其目,不识真见其书与否。世敬从《御览》辑得皇甫士安、朱冲、刘兆、伍朝、郭文举凡五人。伍朝一条,并见王隐《晋书》。(14-678)

明高士传二卷 传抄本

清侯登岸撰。登岸字穆止,山东东莱人。是书首有王镇序及登岸自序。自序称:"《明史·隐逸》只列数人,余或列之《儒林》,或列之《文

---

① "房",或为"徐房",或是衍字。

苑》,要不过其卓卓者,所遗尚多。因搜采《明史》及群书中有高行者,得百人,录成一编”云云。其书始倪瓒,终徐宏祖,凡八十五人,附者韩奕等十五人,恰盈百数。传后各有论,惟各传不著所本,其中如友鹿翁、太笑生、溪渔子,俱出方孝孺《逊学斋集》,俱缺名氏,疑属寓言。唐寅者,狂士耳。又《马犹传》后附李天植,天植,康熙间犹存。然则如徐枋、杜濬辈,应收者多矣。然则若徐渭辈应收者亦多矣。且既录梁寅,则杨维桢不宜遗之。既录胡居仁,则王心一不宜遗之。其他未备者更不必论矣。所论之谬于理者,如谓“徐俟斋不见汤文正为已甚”。按俟斋,明遗民也,而文正为新朝显宦,故拒见之,非周璆与陈蕃之比。又引朱彝尊语,称“吴与弼一见征书,亟令弟子表迎恩之桥、彩云之山”云云。按张杨园称明人诬康斋最甚,皆一时趋时娼嫉之徒。为石亨跋族谱事,《明史》已辨之,彝尊所举又不知从何处拾来。要之,皆好事者为之,奚足以污贤者耶?自序后题“道光乙未”,盖书成于其时。王序称其尚有《掖乘》《西汉大节录》二书,俱未刊行,不知今尚有传本否。(14-679)

宋诗纪事小传补正四卷 十万卷楼刊本

清陆心源辑。无序例,其中补事实者有苏德等若干人。补里籍及登第之年者,有青阳楷等若干人。单补里籍者,有安昌期等若干人。正原书之误者,有李永等若干人。大抵据《宋史》、方志、《万姓统谱》、诸文集、某说部以至石刻,搜采极博。条下具注出处,而未注出处者多至数十条,岂刻木时遗之耶?抑以为不待注而可知耶?惜不得例言以证之也。(14-680)

国朝诗人征略六十卷 道光十年刊本

清张维屏辑。维屏有《经义录》,已著录。是书首有嘉庆二十四年维屏自序,又有道光十年再序。以为“海内诗人众矣,诗集繁矣,兹编所录,不过千百之十一。然百数十年以来,心藏心写师事友事之人,大半略可考见。且意在知人,本非选诗。其中或因题,或因事,或己所欲言,或人所未言,意欲无所不有,不专论诗之工拙”云云。大率远溯开国,近讫并时，师友之前卒者，各具爵里。诗文集目，并及居官行事之概要，诗文撰著之评论，附以标题摘句。综而观之，雍乾以前，多据选本；嘉道以来，稍见全集。而遗漏实多，诚如所云“录千百之十一”。其标题摘句，凭意去取，亦未尽善。虽援引皆注所出，而所见甚俭。其自著之《松心日录》《松轩随笔》《听松庐文抄》《听松庐诗话》，采入最多。然《别裁》《正雅》诸集，不详行事。《先正事略》之类，又不涉诗文。是书则兼之，亦浏览者所不可废矣。（14－680）

国朝诗人征略二编六十四卷　道光二十二年刊本

清张维屏辑。卷首有维屏自序，以为“海内师友耆旧，先后凋谢，《初编》已镌之板，不可羼入，势宜续之。而二百年来之人之事之诗，昔未见而今始见，昔未详而今始详，势又宜补。今并续与补，名曰‘二编’”云云。分卷虽逾于前编，而数卷占一人者居多，至卷十二、卷十四、卷十六，则并一人而无之。亦有目标某人，而卷中缺之者。大抵续者居十之九，而补者不过十一。其中又以粤人为多。其略异于《初编》者，如胡渭、惠士奇、崔述诸人，重考其学，不论其诗。惠本工诗，有《北征》《峥嵘》《东中》《红豆》《吃语》《谪居》诸集行世，维屏未之见也。崔本无诗，此仅举其楹联，则非标揭诗人之旨矣。卷二十五记阿桂，亦非诗人，因其奏中言及铸炮，遂博考诸书之言炮者。赵翼、洪亮吉已见《初编》，而卷三十三再记赵翼，因其《杂记》中言及银币，遂博考诸书之言银者。卷四十七再记亮吉，因其文集中有《西海释》一篇，遂缀以自著《老渔闲话》之话及海外者。盖维屏晚岁，蒿目时事，有所触而涉笔及之，不复如《初编》之谨严。序称“距《初编》之成二十年”，盖由嘉庆二十四年计之。但所掇拾无多，仍是“录千百于十一”而已。（14－681）

昭代名人尺牍小传二十四卷　道光丙戌刊本

清吴修辑。修字子修，浙江海盐人，诸生。是书有修自序。修少好旧人尺牍，就所蓄及见诸收藏家者，以清代为限，钩而刻之石，题曰《昭代名人尺牍》。凡六百余家，各为小传，以资考核，即是书也。其间大率理学、忠孝、名臣、逸士,其他皆研经、治史、考金石、工诗古文词曲、善书画诸家,间及平生师友之已故者。其人皆可传,不徒重其尺牍也。诸小传繁简不一,有仅著其爵里者。又卷一顾炎武等三十余人中,大半是明遗民,而亦入之昭代者。选录之书,不以史例拘也。(14-682)

琅琊诗人小传二卷 旧抄本

不题撰人名氏。首录《卧象山伐木记》,《记》后题"道光戊子桂月,其楼小子象滏挥涕书"。而《记》中有"南轩家学"四字,盖张姓,象滏其名者所辑,而成于道光戊子者也。按琅琊,西汉郡,今属山东青州府诸城县。是传凡四十,中惟杨公硕、漪青兄弟同传,《徐栩野传》附其季□,《邱海石传》附其二子龙标、霞标,《孙肯堂传》附其子藻如。又丁野鹤、孙肯堂、孙仲高、孙健之、孙淮东、孙扶南诸传,各附世系。除王锺仙殁于崇祯癸酉,余大都顺、康间人。传多采自邑乘,丁野鹤、刘子羽为最著。附"流寓"一卷,传凡十七,各著原籍。李象先、洪去芜、薛仪甫最著。仪名凤祚,精历算之学,传其能前知,似不可信。又称其遗编散佚。按凤祚所著《历学会通》诸种,今尚行世,编者未之见耳。传屡道其先人,而卷中无一张姓者,殆别有《琅琊张氏诗人小传》也?(14-682)

山谷年谱三十卷 明嘉靖刊本

宋黄㽦编。㽦字子耕,山谷诸孙也。咸淳进士,居官有惠政,尝学于朱子。事迹具《宋史》本传。是《谱》就山谷诗文,详稽岁月,并及其地其人。读《山谷集》者,不可少也。明万历陈以志并为十四卷,且欲改编之,所见殊谬。翁方纲重刊十四卷本,止辨正"咸淳已未"为"庆元己未"一条,殆未见是本耶?卷首有㽦序,又有《豫章先生传》,新增《太常寺谥议》《山谷祠记》《山谷先生别传》。末有嘉靖丁亥查仲道《书山谷全书后》。(14-683)

黄文节公年谱一卷附诗派图一卷 光绪四年刊本

清杨希闵辑。首有希闵序,并录引用书目。以黄㽦《谱》专为考证诗集，嫌于繁琐，因别为是《谱》详其行事。中多特见，如谓山谷倾倒东坡甚至，引山谷《跋荆公禅简》云：“吾尝熟观其风度，真视富贵如浮云，不溺于财利酒色，一世之伟人也。”又《次韵荆公题西太乙宫壁》云：“风急题乌未了，雨余战蚁方酣。真是真非安在，人间北看成南。”①谓上二句喻旧政新政，议论纷纷；下二句言一哄佐斗，实无真是非。据此则山谷并不满于元祐之改革矣。又谓“山谷生平极有道气，观其深契濂溪而知之”。《谱》中全录《濂溪诗序》，以见臭味相同。惟序称“黄罃作《年谱》二卷”，盖误。罃原《谱》三十卷，即万历刊本，亦十四卷，非二卷也。其元丰五年条下，引原《谱》论《戒石铭》事，原《谱》无之，不知为何人何时所妄增也。（14－683）

增订秦淮海年谱一卷　同治刊淮海集本

清秦镛原编，秦瀛重编，秦清锡重订。按秦观字太虚，改字少游，学者称淮海先生。登元丰乙丑焦蹈榜进士第，除定海主簿，寻调蔡州教授。元祐庚午，召至京师，应制科，除太学博士，校正秘书省书籍。辛未迁正字，寻罢，依旧校对黄本书籍。癸酉，再除正字，迁国史院编修。绍圣甲戌，坐党籍，改馆阁校勘，出为杭州通判，道贬监处州酒税，徙郴州，又编管横州，寻徙雷州。元符庚寅放还，道藤州，醉卒于光化亭。《谱》于宦游先后、诗文岁月、友朋赠答，钩稽略得其概。按《宋史》及《家谱》，皆言观五十三卒，旧《谱》系之建中靖国元年，而不著月日。镛据《东坡集》知为八月十二日，既系八月，则非建中靖国元年甚明。盖东坡即以改元七月二十八日卒于常州，使观后东坡十五日死，又安得悲伤道路，涕泪笔札，且取其诗词墨迹而赞叹之，笺注之？又查慎行《苏诗正表》于元丰元年条下，谓“观及黄鲁直识公始此”，不知先一年已候于彭城，各有赠诗，瀛亦据本集订正之。又钱大昕有订补旧《谱》若干条，清锡俱引注本文之下。而重编本有沿旧《谱》之讹者，清锡复为订正若干条。洵可称善本矣。又按观卒于元符三年，而《谱》延后二十年至建炎四年止，

① “题乌”，当作“啼乌”。

盖是年高宗追赠观直龙图阁学士故也。是《谱》旧入家谱中，同治间秦元庆取弁本集之首。（14－684）

米海岳年谱一卷　嘉庆戊寅刊本

清翁方纲辑。海岳，米芾号也。诸家所记及芾题跋，取其有年月可考者著之于篇。盖生于皇祐三年辛卯岁辛丑月，卒于大观元年丁亥，年五十有七，时方知淮阳军也。《宋史》本传称卒年四十九，《宋诗纪事》称大观二年罢知淮阳军，皆误。又据《王子敬帖》跋云："崇宁元年五月十五日，易装手装，时以芾字行，适一纪。"此云"一纪"，以崇宁元年计之，是写名作芾，在元祐六年辛。① 以此定芾所书之前后最可信。而岳倦翁犹有错互者。并附考其子友仁卒年八十二，官终兵部侍郎、敷文阁待制、提举神祐观②、奉朝请。又按方纲成是《谱》，成于嘉庆戊寅，年八十六，以寄广东藩司赵慎畛。方纲即卒于是年正月，而书于是年四月刻成，不及见也。（14－685）

宋文宪公年谱二卷附录二卷　民国丙辰刊本

清朱兴悌、戴殿江辑，孙锵增辑。兴悌字子悌③，殿江字襟三，皆浙江浦江人，贡生。锵字玉叟，浙江奉化人，四川同知，降补金华府学教授。文宪，明翰林学士宋濂谥也。按濂五十一岁始应太祖之聘，授江南等处儒学提举，为太子授经，旋以疾乞归金华。洪武元年，召还，兴为《元史》总裁官，升翰林侍讲学士、知制诰，再授承旨。九年，致仕。十三年，坐其孙慎党胡惟庸，徙茂州，至夔州，道卒，年七十有二。事迹具《明史》本传。旧无年谱，嘉庆中，殿江、兴悌创为之，有岳炯序，并殿江、兴悌二序及凡例。卷末有同治九年陈书跋，盖重刊时所作也。大抵据文集为主，参以本传，隶事颇略，而详于文目。锵所补较备，如原《谱》于十年、十二年，皆记朝京

---

① "元祐六年辛"，疑当作"元祐六年辛未"。

② "神祐"，当为"祐神"之误。

③ "字子悌"，疑"悌"为"恺"之误。

师,独十一年漏载,与每岁来朝之训不合。锵据《纂要》补十一年入朝一条,甚是。又濂徙茂州,原《谱》不记时月,《明史》系之九月,三编系之十月。锵据《逊志斋集》、濂子璲及孙顺《圹志》,一言其死于季冬八日,一言其死于十一月二十八日,盖在冬十一月也。他所订正尚多。其于原《谱》下所加注语,可广参证。附录原三卷,锵并为上下卷。上卷录锡典、祠墓、刊刻文集年,仍用编年体,从洪武十四年起,讫民国五年止。下卷录遗集书目,凡已入《潜溪录》者,概削之。卷首有锵自序。(14-685)

陶主敬年谱一卷　景紫堂丛刊本

清夏炘辑。陶主敬名安,元至正十五年,明太祖自和州渡江,至采石,主敬方为明道书院山长,与耆儒李习出迎。太祖克太平,授为太平兴国翼元帅府令史,官至学士。事迹具《明史》本传。是《谱》据主敬诗文集,参以《元》《明史》《太平府志》,排比而成。《明史》载卒于洪武元年,而生年无考。而集首载有龙凤十年二月授黄州府令旨一道,龙凤十年,即元至正二十四年。是秋坐事,谪知桐城,冬召还。集载《黄冈寓稿·服药诗》云:"阅世五十三,颇觉元气壮。"又《鹤沙小纪·读〈易〉诗》云:"静观大易九九数,忽觉行年五十三。"由至正二十四年至洪武元年,凡五年。由至正二十四年逆溯五十三年,为皇庆元年。是主敬生于皇庆元年,卒年五十七。并可正集首载国史云"卒年五十九"之非。又按明初典礼,多由主敬议定,而其文不载集中,炘尽采《明史·礼志》入《谱》,并以补文集之阙,不为泛滥。卷首有杨大容序,末有炘后序。(14-686)

何大复年谱一卷附录四卷　刊本无年月

清刘海涵编。海涵字怡宣,河南信阳人。大复,明何景明号也。卷首有邵松年、刘承幹二序。大复少以神童称,十六岁举乡试,二十成进士,授中书舍人。值刘瑾用事,上书太宰许进,言宜自振立,抑瑾权。旋乞病归,瑾恨之,免诸在告者,大复与焉。瑾败,以李梦阳荐,复授中书舍人,掌诰敕,升吏部员外郎,又升陕西提学副使。卒于任,年仅三十九。大复诗与李梦阳齐名,交谊尤笃。梦阳以劾刘瑾下狱,康海辱身救之,为之介者大复也。《谱》于大复行藏仅具大略,所订正者惟举乡试年岁一事。附录尽收诸家评语与所记序诗文,各为类别,溢于《谱》者几三倍焉。(14－687)

王弇州年谱一卷 嘉庆丁卯刊本

清钱大昕辑。凤洲,明王世贞号也。世贞,嘉靖丁未进士,官至南京刑部尚书。是《谱》多据《四部稿》排比年月。其见于《明史》本传者,如《传》载:"在锦衣都督陆炳家搜得阎姓奸人,炳介严嵩以请,不许。"又:"杨继盛下吏,时进汤药,代继盛妻草讼冤疏,为嵩大恨。"《谱》未载陆炳事。又《传》载:"其父忬,以滦河失事系狱,世贞解官奔赴,与世懋日蒲伏嵩门,涕泣求贷。两人又日囚服跪道旁,遮诸贵人舆,搏颡乞救"云云。《谱》仅言自乞罢乞罢入都①,他不及。惟给事中牛维垣、御史孙承南以昙阳子事,劾王锡爵并及世贞兄弟,《传》略之,而详于《谱》。按顺治间,世贞孙瑞国撰有凤麟两公《年谱》,记生于太仓州牌楼市,及幼岁受业诸塾师,此俱缺如。又记其父忬,嘉靖十七年戊戌成进士,大昕作二十年辛丑。考《明史》忬本传,辛丑是也。然大昕实未见是《谱》,而叙次有法,则过之也。(14－687)

天山自叙年谱一卷 传抄本

明郑鄤自叙。鄤字谦史,号峚阳子,江苏武进人。天启壬戌进士,改翰林院庶吉士。以上疏救文震孟降调,旋削职。崇祯初,以原官起用。言者讦其杖母,下狱论死。是《谱》从万历二十二年甲午一岁叙起,至崇祯十一年戊寅四十五岁止。后署"崇祯十一年戊寅八月十五日天山翁口授",盖其子珏侍鄤狱中,因授之也。叙被诬始末甚详。始结怨于陆完学,终触忌于温体仁,而诸人所挟以相讦者,则远在二十余年前,其父母游武林,皈莲池师,因而兴谤。有言其父披剃而母为尼者,又言其为婢妾争哄而起者。至是乃加之于鄤,谓其惑父披剃,迫父杖母,遂构成此惨狱。然证成

① "乞罢乞罢",疑衍"乞罢"二字。

之者，实其侄郑一谦。而《谱》未及之，岂为亲者讳耶？按鄤死于温体仁、陆完学去位之后，时庄烈帝必欲杀之，救者愈力而祸愈酷。鄤意中所疑，主害之人，亦恐未尽是也。按陈卧子自记《年谱》，有一条云："峚阳多才艺，依附正伦，与石斋师同馆交善。然其人贪险，内行不修，无乡曲誉，石斋师不知也。乌程知乡品秽，易乘，可使群正夺气，遂披抉其闺门，下之狱。石斋师闵之，且恶宰相以私意杀人，上疏称其才，得严旨。师更欲自直，予力谏，以为其人本公论所斥，诸君子误收之。今既为大奸所中，宜弃一人，以全善人之朋。其语微闻于郑，则大憾。于狱中作文，盛称予才侠，趋人之急，诸公在厄者，罔不营救。即已犯不测之罪，交游皆绝，急难之友，惟陈子耳。然予实无是事也。其意欲以相中，镂其文于板，且布长安中。幸大金吾吴祖洲与予善，见之为咋舌，属狱吏削去之"云云。自来论鄤事，未有引及此者，则鄤本不容乡评，即曰所谤全虚，而以一言不助己，竟欲拉其人同入陷阱，其设心亦太险矣。卷末附嘱妻训子诸条，又有《来无名先生传》，亦是鄤自作。书中屡言冤业，袁简斋说部中记猪道人事，殆又缘此而造耶？（14－688）

牧翁年谱一卷　传抄本

清葛万里编。万里有《别号录》，《四库》已著录。牧翁，钱谦益号也。万里是《谱》，搜采甚略，大率就诗文集有年可系者为之排比，而仍有未备。如《投笔集》自己亥至癸卯五年之诗皆入之，其己亥七月初一《金陵秋兴八首》，为郑成功海上兵迫金陵作也。如云"埋胡紫塞慰天心"，又云"黑水游魂啼草地，白山战鬼哭胡笳"，又云"沟填羯肉那堪脔，竿挂胡头岂解飞"，摅愤至矣。又云"枕戈席稿孤臣事，敢拟逍遥供奉班"，言已将待罪也。以下诸诗，中多寓事，而万里概未之及。岂所据者止刻本《有学集》耶？取校彭城退士编本，惟钱千秋案，此以举发者为章允儒，彼以为顾其仁，而职皆礼垣。又升詹事府少詹，此系于乙丑四十四岁，彼系于甲子四十三岁，未知谁误。旧无刊本，仅于《国粹学报》中一见之。（14－689）

钱牧斋年谱一卷　宣统活字印本

题"彭城退士撰"。当撰于乾隆中叶以后，牧斋所著书，严行禁毁，故作谱者亦匿其名氏。按钱氏《谱》称"有籛铿者封于彭城，即彭祖也。后去竹而为钱氏"。然则彭城为钱氏所自出，退士盖其宗人也。所叙殊简，而与葛万里辑本相较颇有异同，而稍加详焉。如丙子被逮入京，由于邑人张汉儒希温体仁旨，讦牧斋与瞿式耜居乡不法。其得解也，由于司礼监曹化淳自请按治，尽汉儒等奸状。又丁亥再逮，由于江阴黄毓祺谋举义被擒，而牧斋曾留毓祺宿，且许助资招兵。其得解也，以首告之盛名儒逃匿不赴质，毓祺病死狱中，总督马国柱为之申雪。此具著其事，而葛《谱》遗之。又己亥载《投笔集》于是年始，似曾见《投笔集》者，而葛《谱》又遗之。又甲辰载黄太冲提刀于垂绝之时，柳夫人殉节于已殁之日，事皆足传，葛《谱》俱遗之。则视葛《谱》为优矣。(14－689)

陶庵年谱纪事一卷　康熙刊本

清李浃自记。浃，德州卫人。陶庵，盖取陶诗"结庐在人境，而无车马喧"意，罢官后所自号也。崇祯七年充诸生，顺治三年成进士，除直隶延庆州知州，以失察逃人，降山西芮城县知县。总兵姜瓖叛，犯芮城，浃逃。事平，革职归。时顺治七年，浃年仅三十七耳。《谱》从万历戊午一岁起，至康熙丙子七十九岁止。末有论，称"前此八十年，如白驹过隙"云云，盖作八十岁时。而其后未有所增，殆即卒于其年也。所记治延庆、芮城政绩甚详。罢官后，或游或处，略识踪迹而已。纪事之外，并及吟咏。中岁而往，所作尤夥。盖《年谱》即诗集也。顺治初，兼纪流寇北兵事。庄烈殉国后，德州即拥立宗室朱帅欽为济王，在南都立福王之先。官绅仇陷，与南都同。至六月北兵至，挟之去。此事记载者颇少，可备小腆佚闻也。(14－690)

田蒙斋年谱一卷续一卷补一卷　康熙刊本

清田雯自记，其子肇丽补记。雯字子纶，晚号蒙斋，山东德州人。

顺治辛丑进士,康熙丁未考取内秘书院中书舍人,由工部郎中外简江南学政,补湖广督粮道,递升鸿胪寺卿,擢抚江苏,调贵州。丁母忧,服阕,补刑部右侍郎。累转至户部右侍郎,以病致仕。《谱》但纪干支,不标年号。初《谱》始乙亥一岁,即崇祯八年,止甲戌六十岁,即康熙三十三年。其后又续七年至辛巳,即告归得请之年。初《谱》后有论,《续谱》后有生志,皆出雯自记。归后三年卒,年七十。则其子肇丽所补也。据《谱》,雯于辛丑成进士,殿试二甲第四名,不与馆选,前此未有也。其以进士考选中书,亦是新例。任江苏学政日,督抚先荐而后扼之,自云:"凡督抚疏入,属官不求当于部,则嫌隙顿开,阻难日甚"云云。又述总督于成龙言:"尔不善取钱,无考满资,受人摧抑"云云。康熙初叶,弊政已如此,何怪末世。所披扼之督抚,讳其姓名,按即阿席熙及慕天颜也。所称"新抚余公",亦讳其名,按即余国柱也。雯自记参用四六文句,为《年谱》之创格。首有倪璠序,亦是四六,就《谱》敷衍,长近三千言,尤无谓。补编寥寥无多条。其身后恤典、行状、崇祀乡贤公牍等,别出之为附录可也。(14-690)

尤西堂年谱二卷年谱图诗一卷　西堂馀集本

清尤侗自记。侗字展成,晚号西堂老人,江苏长洲人,明诸生。顺治戊子选拔贡生,考授永平府推官,被诬罢职。康熙己未举博学鸿儒,考列二等,授翰林院检讨,告归。癸未,圣祖南巡,进侍讲。是《谱》系侗自记,从万历戊午一岁起,至康熙庚辰八十三岁止。据朱彝尊撰《尤侍讲墓志铭》,称侗卒于甲申六月日,年八十有七。盖未入《谱》者,尚有四年也。按侗少工文章,所作《临去秋波一转制义》《读离骚乐府》《西堂杂俎》,流传禁中,世祖叹为真才子,而未及登用。举鸿博日,年六十二矣。论齿居五十人之首,以子珍成翰林,告归,优游林下,又二十年而卒,足偿其早岁之蹇矣。所记雅擅才华,详略得中,惟中屡记杜真人降坛诸事,且涉及黄道周、徐汧,嫌语怪矣。图凡十六,曰寒宵伴读,曰春山携友,曰斜塘避难,曰北平听讼,曰卢龙赈饥,曰榆关观猎,曰小园偕隐,曰草堂戏彩,曰书斋教子,曰金门待漏,曰瀛台赐宴,曰玉堂修史,曰西湖泛月，曰西山筑圹，曰蒲团礼佛，曰玉局游仙，曰竹林晏坐。图各有记，附小影图四。有侗及诸名人题词，图作康熙甲戌侗七十七岁时。卷首有钱肃润序，高士奇跋。(14－691)

顾秀埜年谱一卷 道光刊本

清顾嗣立自记。嗣立字使君。尝构草堂，题曰秀埜，因以为号。江苏长洲人，康熙壬辰进士。散馆，革去庶吉士，仍归进士中教习。是《谱》从康熙四年乙巳一岁起，至六十一年五十八岁止。据《谱》，癸巳四十九岁，载自辑《闾邱年谱》一卷，其后十余年之事，当是逐年递增，而绝笔于五十八岁，当即殁于是岁也。据《谱》，嗣立于康熙三十八年己卯举本省乡试，主考李蟠、姜宸英，即世称己卯科场狱也。《谱》纪其事特详。又嗣立于己卯圣祖南巡，进诗及所选《元百家诗》。至四十四年乙酉，以宋荦荐，特召考试，列一等，命在内廷修书。迨五十一年壬辰，以搜落卷，得赐进士，一体殿试，年四十八矣。散馆落职，修书如故。又二年而归，漫游胜地，尝一至广东视其兄嗣协于新会官署。此其大略也。所叙游览酬倡居多，如记如序，间录雅吟，正如其诗饶秀逸之致也。(14－692)

方望溪年谱一卷 咸丰刊附文集本

清苏惇元编。惇元有《张杨园年谱》，已著录。方望溪名苞，桐城人，康熙丙戌进士。以为戴名世《南山集》作序，逮下狱论死，宥免治，罚隶汉军。以白衣入直南书房，旋移直蒙养斋，编校乐、律、历、算诸书，又充武英殿修书总裁。雍正元年赦归原籍，九年，授詹事府左春坊中允，累擢至礼部右侍郎。逾年解职，仍任教习庶吉士及修书事。乾隆七年，赐翰林院侍讲衔回里，年七十五矣。卒于十三年戊辰，年八十二。按望溪自授官后，屡上书言事，如请定征收地丁银两之期，请复河南漕运旧制，请备荒政兼修地治，请矫除积习、兴起人材，请定庶吉士馆课及散馆则例诸疏，关国计人材，录自本传、家谱，可补文集之缺。又望溪素治“三礼”、《春秋》、《管子》、《荀子》诸书，具录成书年月，并录其序。按诸序皆见文集，似不必又赘于此。惇元之为是《谱》，盖深契其学旨。盖望溪与杨园皆宗程朱，而惇元与之同也。然如《谱》中录望溪与李刚主书，谓“訾朱子者罚及后嗣”，殊为失言。又谓《南山集序》非望溪作，在事定百余年后，尚为之曲讳，尤可不必也。卷首有惇元自序，又有戴钧衡序。(14－693)

潜虚先生年谱一卷　旧抄本

清戴钧衡纂。钧衡有《书传商纂》，已著录。潜虚谓戴名世也。名世于康熙五十二年癸巳被文字之祸，所著书亦遭禁毁，故讳其名氏。潜虚犹云子虚耳。名世旧有《年谱》，藏其玄孙皋亭家，钧衡犹举其有一岁能言句。今佚不传，亦不知撰者何人也。钧衡就其文中所自道，并据里中吴氏藏手写文集目下系年者，参以家乘，而成是《谱》。其生于顺治十年癸巳三月十八日，当是得之家乘。狱发于五十年辛卯，在狱二岁，毕命于癸巳。《谱》书曰“卒”，亦讳之也。年六十一岁，距成进士日，才四年尔。《谱》中游处岁月，率从钩稽而得，粗具梗概。据全谢山撰《方望溪侍郎神道碑》称：“宗人方孝标者，故翰林，失职，游滇中，陷贼而归，怨望，语多不逊。戴名世日记多采其言，姓而不名。事发，吏遂以为公也。及讯，得知为孝标”云云。按《望溪集·教忠祠祭田序》云：“康熙辛卯，余以《南山集序》牵连赴诏狱。”是望溪之被牵连为《南山集》一序，不为日记也。钧衡据以驳正谢山，甚是。惟同时以作《南山集序》牵连获罪者，尚有宿松朱书，《谱》未及之。又《谱》以讳故，中多缺字。致尤云鹗刻名世之文，所题集名亦缺之，其文数亦但言百有十余篇。按尤刻实题《南山集偶抄》，文止百一十篇，中有《与方灵皋书》一首，为钧衡文集辑本所无。似钧衡尚未见尤氏原刻本也。(14－694)

檀默斋寿谱一卷　嘉庆元年刊本

清檀萃自叙。萃字岂田，号默斋，安徽望江人。乾隆辛巳进士，选云南青溪县知县。丁父艰，为谋葬费，游广东居数载，病归。再入滇，补禄劝县知县，被参，坐徙，久之得赦。盖滇藩某之子尝与诗会，萃批其卷，目以假西江派。某衔之，遂借端兴狱。萃未仕即以讲学为事，在官亦不废讲学。及被谴,聚生徒尤盛。徒满,主成材书院。时在乾隆甲寅,年七十矣。自叙生平,以当年谱。诸生绘为图,凡三十二,名《寿谱图》。是卷盖弁于诗集之端者。《谱》具而图乃缺如,兹始删去"图"字。考师范《抱瓮轩文稿》有萃家传,称萃于己未春辞馆归皖,主晴川书院。卒于辛酉之十一月,年七十有七,距作《谱》时尚七年。萃之获谴,盖以运京铜事挂迟缴故,而《谱》未言。俱可据传以补《谱》所未及。所称"滇藩某",乃谭尚忠也。谭江西南丰,故忌伪西江派之讥。此则《谱》与传俱讳之,意其时谭尚存耶?按萃工诗文,素以该博称,撰述甚夥,其居滇南,殆如文翁之化蜀焉。《谱》中称先生者,盖萃口述而门人辈笔录之也。(14-695)

国史儒林传二卷文苑传二卷　坊刊本无年月

卷首有阮元拟《国史儒林传序》,相传以为阮元所编,而序下又注云:"《国史传》无此序,今从《揅经室集》抄出。"据此则《传》与《序》非必出于一人矣。按阮《序》称"自顺治至嘉庆之初,得百数十人"。是本正传得三十六人,附传五十人,合之不足百人。又据李富孙自订《年谱》,壬申四十九岁有一条云:"阮师由翰林转少詹,为国史总纂,札令纂辑《文苑传》。以志传集序等联缀成文,不自加一字褒贬。自朱检讨以下二百余人,属编成寄呈备采"云云。是本《文苑传》始谷应泰,不始朱彝尊。正传四十三人,附传三十人,合之仅七十三人。且文皆连贯,无以志传集序联缀成文之迹,其非阮元原编无疑。其中位置不允,如颜元附潘天成,顾祖禹附胡渭,傅山附吴雯,胡天游附黄之隽,多所错乱,又不必论矣。大抵出于坊贾所为,从国史稿中截取《儒》《苑》之一部,与《贤良》《循吏》并刊,而读者多习,然而不之察也。(14-696)

船山师友记十八卷　光绪丁未刊

清罗正钧纂。按邓显鹤选《沅湘耆旧集》,尝集船山之友,别为一卷。刘毓崧撰《船山年谱》,于交游中有关涉者皆附于篇。然邓氏以诗存人,且例不得及湖外。刘氏征录仅据《遗书》,又以出处义行为主,而略于交谊。正钧此记,兼用二家之例而略广之。搜采较博,得百五十七人,人具爵里事迹,无可考者,但就《遗书》所纪录之。其《遗书》中仅见姓字者,则备论而仍阙之。凡《遗书》一话一言及于其人者,举摘录于各人小传之后。他书之可征信者,亦附详之。有疑难待稽,则自为按语,具于其后。记父兄者,列为卷首。当时提学举主,他若蔡忠烈诸公,有知己之言者次之。乡先达如伍学父诸人,会文之友如夏叔直诸人,及乙酉、丙戌避乱湘耒所为主诸人,在戊戌从王之先。惟岭外同僚,以名位相次,汇为二卷,躐置于前。至辛酉返楚而后,所过从多是遗民,稍以类从,共为四卷。又后进一卷,门人一卷,亲懿子弟一卷。其闻声相思如顾亭林辈,别为一卷。叙赞一卷,则自表著书之旨也。卷首有陈三立序。据叙有《补刘氏船山年谱》,辅是书以行。今未见刊本,岂以王之春辑本先行,遂谦让不肯出耶?(14-696)

历代儒学存真录十卷　咸丰丁巳刊本

清田倣辑。倣字乙亭,河南浚仪人。是书首有郭程先序,又有倣自序及例言。所云儒学,兼经史道德事功而言。所录自汉讫清,人始伏生,终胡煦。而闻见未博,去取不精。如唐无姚思廉、刘知几,宋无二苏,元无虞集、吴莱,清初无顾炎武、王夫之,至乾隆后汉学诸儒更无论矣。又汉无扬雄,当以其事莽故,而沈约之身行弑逆者,又何说?宋收裴松之矣,而魏不收陈寿,又何说?盖乡曲小儒,学疏识陋,妄欲厕身于著述之林,宜其成就无足观也。(14-697)

良吏述补一卷　道光己酉刊本

清钱仪吉辑。为补彭绍升《良吏述》而作也。首有序,并引绍升之言,谓"予虽无所效于世,使诸公所施设不泯于人心,其亦不异予之亲见之也;有闻诸公之风而兴者焉,其亦不异予之自效之也。故所述不必事不必出于已①,即其言亦不必出于已"云云。自王毅州天鉴至赵松年之

---

① "故所述不必事不必出于已",两"不必"疑衍其一。

鹤,凡十九人。其事都在顺、康间,大率采自诸家文集,间及方志、家谱等。篇下各标出处,亦用彭氏例也。(14－698)

中兴将帅别传三十卷　光绪丁酉刊本

清朱孔彰撰。孔彰字我山,江苏长洲人,举人。是书无序例,为卷三十。卷三、卷六、卷七、卷十、卷十一、卷十三、卷十四、卷十六、卷十七、卷十九、卷二十三、卷二十四、卷二十六、卷二十八、卷二十九,各分上下;卷十八、卷二十五,各分上中下。人为传,或一传占一卷,或数传共一卷,略以类从。传后有评,凡一百有六人,附传若干人。惟婿忠武部曲罗罗山弟子,别为专篇。卷一曾国藩、胡林翼、江忠源等传,中兴之功,曾、胡并称,江有曾、胡之才而未成者也。卷末华尔、勒伯勒东、法尔第福、戈登,以泰西人代我平乱,此例外也。孔彰父骏声,尝参国藩幕府,孔彰少闻诸论,熟于咸同军事,参以官报、家状等,撰成诸传,要之俱可征信。惟特详于湘军将帅,淮军次之。诸将帅特详,此外难免漏略,即如丰顺丁巡抚日昌、东莞张布政敬修,皆未采入。又如袁甲三、吴棠辈,皆以军功致通显,而皆遗之。而湘军中若陈湜、李桓者,乃不得比于罗山弟子之数,他可知矣。(14－698)

梓里表忠录五卷　同治己巳刊本

清玛佳恒秢编。恒秢,满洲正白旗人,官正白旗右翼翼尉。梓里者,就本旗言也。首有全庆序,又有恒秢自序及凡例。从咸丰初年金田发难以后,本旗死事诸臣,并为立传。或抄从国史列传,或采自家乘历略,或搜之旗储官册,或得之道路传闻。其科尔沁亲王僧格林沁、内务府大臣文丰,特录于卷首,以二人为本旗正副都统也。卷一至二,为多隆阿以下五十三人;卷三健锐营六十二人,圆明园三十八人,外火器营三十人,火器营三十三人,前锋营二十六人,护军营十五人;卷四特穆恩以下十三人,又健锐营十八人,圆明园三人,外火器营五人,火器营三人,前锋营一人,护军营一人,骁骑营一人。按卷四诸人当是补遗。各传或全录诏谕,或信笔叙述,绝无文采。又或仅隶某参领、第几佐领及阵亡之时与地者,甚或并阵亡之时地亦不可考者。然此数百人之名氏,湮没者居十九,赖此以传。此但满洲之一旗耳,且咸丰至同治二十余年间事耳,此外灭没者何限?视咸同间诸省采访忠义局录及黔黎匹妇者,抑何不幸也。(14－699)

二林居集二卷　正觉楼刊本

清彭绍升撰。序题《名臣事状》。凡十七篇,曰魏象枢、李之芳、汤斌、熊赐履、张贞生、徐元文、于成龙、李光地、陆陇其、赵申乔、蒋伊、张伯行、陈鹏年、杨名时、孙嘉淦、沈起元、雷鋐诸事状,皆采合诸书而成。以方望溪所记佚事数篇为尤要。大旨见所为《书后》二则。末附自撰其父兵部尚书启丰事状。按汤斌事状中所载斌示谕"爱民有心,救民无术"语以闻于上者,乃徐乾学,非明珠、余国柱也,见李光地《续榕村语录》。又按熊赐履伪理学也,事状所载康熙十五年,陕西总督有《开复疏防官员》一疏,"内阁误票"云云,即《续榕村语录》所云嚼签子事。此市井无赖所为,讵足以当名臣耶?赵申乔于康熙五十年劾戴名世《南山集》,致兴文字大狱,事状不载,其居心惨酷至此,他又何足论耶?至如沈起元、雷鋐辈,于名臣之称似亦未副。又按诸事状皆见嘉庆四年刊本《二林集》卷十二至卷十八,惟是本事状后多汪大绅评语,异于集本耳。(14－700)

祖孙殉忠录一卷　康熙辛酉刊本

此汇记明太湖令金应元殉节事实也。应元号尧门,浙江会稽人。中万历辛酉乡举,崇祯六年选太湖令,八年流贼犯太湖,太湖无城可守,应元率数百人御之。贼至,皆逃散,应元率数人冲阵,被执,死之。孙兆嘉才九岁,同殉。是《录》首列崇祯九年赠恤敕书,次应元陈"无兵无饷,以死谢朝廷"禀及批,次应天巡抚张国维诸恤疏,次兵部尚书张凤翼议恤疏,次姜逢元、王业浩、刘宗周、倪元璐、吴之芳、鲁元宠、金兰等公揭,次应元子汝宏乞恤典奏及吏部、礼部着语,次绍兴府祠祭咨县公牍,次省府县志传,次余煌所为行状,次钱象坤诸人题词,次康熙二十五年诸

生周继志等请崇祀学官公词并院县详文。首有秦宗游序,末有徐商聘跋,皆署康熙辛酉,是《录》即刊于其时也。(14－700)

二续表忠记八卷　康熙戊寅刊本

清赵吉士纂,卢宜辑。无序例,盖承《续表忠记》而作也。《续表忠记序》称:"记天启改元,迄崇祯甲申,诸君子之死阉祸、死国难者。"按国难兼流寇、清兵言。或一人独立一传,或数人共立一传,亦同前书。惟是书自五卷以下,记及南渡以后诸忠,又卷五、卷七中间及明遗臣遗民,皆不能备。而所记启祯诸臣,不必皆死忠者,谓之"启祯名臣记",亦无不可。卷二《袁崇焕传》,称"又获间谍,讹言崇焕密约通款"。按满洲纵间谍杀崇焕,清高宗于《御批通鉴辑览》始详之,而《吉士传》中已及此。又卷二《黄龙传》中记毛文龙死后东江变乱始末,而以杨嗣昌之撤迁其军民为是,东江牵制之为空言,论极公允。诛一悍将,又为国家岁省百数十万兵饷,则崇焕之于东江,洵有功而无罪。按是书成于陆翼王《争光集》、屈翁山《成仁录》之后,所记之人与事,可信者居多,而亦不能无误。如《徐汧传》中,言张采、张溥先汧卒,按张采之卒在顺治六年,在汧之后。又《叶廷秀传》言廷秀为僧匿山寺,后得危疾终。按廷秀于顺治八年殉节东昌,阎古之哭诗比之文山柴市,可证。如此之类,间所不免。诸传后多有附记及诸人评语,亦与前书同。(14－701)

孟子年谱一卷　嘉庆二十一年刊本

清管同撰。同以诸书所举孟子生卒年月不可据,故但考其事,所见甚是。《谱》从周安王二年魏文侯生子罃起,至赧王三年燕人共立太子平止。惟所隶事大都错误:以孟子游历先宋次滕,在梁齐之前;以《战国策》言"楚取睢濊之间",为南辱于楚之证;以孟子见梁惠王在惠王三十五年;以《梁惠王》篇所记齐伐燕为易王初立,齐取十城之事,皆谬之甚者。盖《史记》纪年多舛,不足征信,同徒依违其间。所引《国策》殊不相涉,且不及生卒,何以云谱?即表六国之年,亦不宜止于赧王三年也。卷首有阮元题辞,谓"同于顾亭林、江慎修、焦理堂、臧在东诸书,似未全

见”,意殆讽其陋耶?(14-702)

圣门十六子书百零一卷 道光甲午刊本

清冯云鹓辑。云鹓字集轩,崇川人。十六子者,四哲及十二配也。分辑其言行、古迹、世系,各为一书。颜子七卷,子思子四卷,曾子八卷,孟子七卷,闵子六卷,冉仲子四卷,端木子七卷,仲子六卷,卜子五卷,有子六卷,冉伯牛五卷,宰子五卷,冉子有五卷,言子三卷,颛孙子六卷,朱子三卷,皆别有卷首一卷,合一百有一卷。各有传有论有赞。颜子、曾子、孟子、闵子、端木子、仲子、有子、冉伯牛、颛孙子,皆有年谱或年表。朱子惟载本传及言行录,以为生平事实皆具也。子思子有世职,例以衍圣公之次子袭。除言子、朱子祠庙不在阙里外,其他皆有宗子世表。其间或袭用旧文,或从新裒辑,又或旧略新增,惟总不免疏漏。云鹓辑此时,方任曲阜令,得以备稽掌故,则书成亦非偶然耳。(14-702)

孔志补笺四卷 光绪辛丑刊本

清林昌彝补。昌彝有《三礼通释》,已著录。是书有昌彝自作后跋。按龚景瀚序《孔志》称“自过蒲适卫至卒,犹未详考”,故昌彝特为补之,而不限于此也。跋称:“凡众说纰缪,类于墨氏《非儒》之篇者则削之,其传闻未实者则辨之。其无年分可列,如欹器之铭、射于矍相之圃者则阙之。”其于景瀚,或申其说,或补其所未及。如《穀梁》书孔子生于鲁襄公二十一年十月庚子,《公羊》作十一月。据段懋堂说,《公羊》原亦作“十月”,作“十一月”者乃异本耳。又《史记》载齐景公欲封孔子尼谿,为晏婴所阻。据《说苑》:“孔子见齐景公,景公致廪丘以为养,孔子辞不受。”是孔子自辞,非阻于晏婴。又诸书载孔子适周之岁纷纷不一,此据《家语·正论解》,南宫说仲孙何忌学于孔子,在定公元年。而适周则据《庄子》称孔子年五十一南见老聃,时在定公八年,即阳虎将享季氏于蒲团之岁。孔子为问礼,亦以避乱,而敬叔与俱,亦以家难之故。凡此条俱关重要。他所掇拾,亦多有援据。惟微仲为微子之次子,有《檀弓》郑注可证。《汉书·人表》宋微中第五等,注曰“启子”,亦可相证。而第四等又有微仲，注曰“纣兄”，自是误衍。微子封微，断无其弟同封一国之理，此必曲为之说，非也。又《史记》载“纥与颜氏野合而生孔子”，江氏：“野合，谓年不相若。”亦有理。此据《家语》“求婚于颜氏”，辨非野合。不知求婚是一事，年不相若又是一事。盖习于后世以野合为非礼之合，故尤非也。又按景瀚原书，多采《家语》，昌彝亦然。跋乃斥为未尽可尽信，引马昭云：“为王肃增加。”颜师古云：“非今所有之《家语》。”不知马昭以王肃难郑多据《家语》，故以增加相诋，非有证也。即如其说，增加殊于伪造，师古亦止谓与今所有不同。至严氏《春秋》所引之《观周篇》，或别有其书，不得以《家语》篇名偶同而疑之。篇中辨大司徒一条，因《家语》而诬及《史记》，更属臆断。同一书也，合己见者则非伪，不合己见者即伪之，可乎？（14－703）

孔子纪年备要二卷　乾隆四十二年刊本

清周鸣翥纂。鸣翥字鹏南，湖南湘潭人。是书首有夏大观序，又有鸣翥自序及例言。纪年起微子始封，讫孟子。序称“本之《论》《孟》以纪其实，质之《春秋经传》以定其年。于《家语》《檀弓》《史记》《孔丛子》诸说，疑者阙之，讹者辨之”云云。今按其书，沿讹者正不少，即如孔子生于鲁襄公二十一年，见《公羊传》。此以为在襄公二十二年。又孟子见梁惠王，据《竹书纪年》在惠王后元十五年，此以为在惠王三十五年。他更不必论矣。（14－704）

孟子编年考一卷　光绪刊一镫精舍稿本

清何秋涛撰。秋涛有《周易爻辰申郑义》，已著录。是书以孟子生于周安王十七年四月二日。按《孟氏谱》云：“周定王三十七年四月二日生。”定王即安王。但定王无三十七年，故《礼乐录》改为十七年，而秋涛依之。然诸书皆定为生于烈王四年。又是书以孟子游梁系之梁惠王三十六年，不知惠王尚有后元十五年。孟子在梁止二年，则游梁不应在三十六年。又是书以孟子卒年九十七，而《孟氏谱》云八十四，诸书多从之。此俱不合。至其他诸侯之年，俱依《史记》《通鉴》。按《史记》于孟子游梁齐即已倒置,《通鉴》于所不合者辄任意增减,皆不可据。而秋涛沿之,亦非也。惟游历先后,依七篇为次,尚属不误。此殆其早年未定之作,未加博考,刊遗稿者漫取以充数也。(14-707)

褒忠录一卷 同治癸酉刊本

清王肇谦,字益之,直隶深泽人。道光甲午举人,选福建海澄县知县,调上杭县知县,升永春直隶州知州,署漳州府知府及延建邵道。因统领军务,积劳病故。由闽浙总督王懿德、福建巡抚庆端为之陈奏,有旨准照军营病故例,从优议恤。时咸丰七年十一月也。是《录》首录上议及督抚原奏,次录其子用臣所为《行略》,而附吊跋诗文于后。据《行略》,肇谦于治斗、剿匪、办夷务,具有成绩,亦一时能吏云。(14-709)

思补斋自订年谱一卷 宣统庚戌鹿邑徐氏排印本

清徐广缙撰。广缙字仲升,河南鹿邑人。嘉庆庚辰进士,改庶吉士,散馆授编修,补御史,外放陕西榆林府知府。洊升至两广总督,调署两湖总督,以武昌陷,革职拿问,旋赦出,交河南巡抚差遣,随又罢之。家居十二年,卒年七十二。身后由河南巡抚吴重憙奏请,开复原官,时宣统元年也。按广缙在粤督任内,以拒英兵入城受宣宗特赏,其时值粤民三元里之捷,顺机应付,因得苟安一时。而不悉外情,不修内备,徒以虚声恫喝为得计,固知不可以持久。广缙去,而叶明森遂承其祸矣。至武昌之陷,则以仓卒接事,调应不灵,咎不尽在广缙。然当粤贼围长沙时,大兵云集,乃止知注目长沙,不分兵遏其北去之路,致令窜出,如决川之不可御。此则失策之尤者,广缙亦不得辞其责也。是书首有许振祎序,谓"《谱》中于攘外事,其中曲折未尽载,盖出权变之事,自讳之也"。至援林文忠为比,则未免谀词矣。(14-709)

陆文慎公年谱二卷 民国癸亥刊本

清陆宝忠,字伯葵,江苏太仓人。光绪丙子进士,改翰林院庶吉士,散馆授编修,官至都察院左都御史。卒于光绪戊申,谥文慎。是《谱》首列世系,上卷自一岁至四十五岁,系宝忠自述;下卷自四十六岁至五十九岁,系其门人陈宗彝续编。其中多据宝忠日记,亦不啻其自述也。按宝忠居翰林,殊碌碌。其骤迁,以光绪甲午大考,名列一等第三。一等第一,则文廷式也。王懿荣以"侯"字失叶原列三等,翁同龢采望拔置一等末。则宰辅以爱憎为取舍,不特廷式夺标出椒房意矣。《谱》又记检查天禄琳琅及武英殿书籍,盖同治清查后,至此再见诸精本又多缺失。盖由于嘉庆二年乾清宫之灾,而武英殿所存未及全收大内,致成劫灰。此亦访古者所宜知也。(14-710)

万里寻亲录一卷　乾隆刊本

清刘弘甲,字天绳,山东单县人,诸生。其父兴邦,官云南澂江府经历,值吴三桂叛,音信隔绝。经十二载,弘甲与弟弘基次第入庠,乃留弟奉母,自往寻父。历遍险阻,得其父于腾越州之界头,遂奉以归。阅二年,父卒。其母卒于雍正三年,寿一百二岁。弘甲卒于雍正七年,寿亦当八十余矣。是《录》为弘甲季子瓒及长孙资深辑,首有康熙辛丑衍圣公孔毓圻、雍正癸卯曾尚溶二序。辑《单县志·孝行纪略》,袁以嶂《旌表刘孝子纪》,刘淇、卢锡晋、鞠逊行《孝子传》三篇,朱绂、黄求可《书传后》二篇,对联、扁额、名公诗词等为一书。末有资深续刻纪言,时乾隆五年庚申也。(14-710)

殷侍郎自订年谱一卷　光绪刊本

清殷兆镛撰。兆镛字序伯,号谱经,安徽歙县人。道光庚子进士,改翰林院庶吉士,散馆授编修,循资至礼部左侍郎。光绪七年,因病得请开缺,时年七十六,又二年卒。《谱》中所记,如咸丰庚申热河之狩、辛酉上海之乱,系其目击,述之较详。其当官建白,则戊午言夷务封奏,乙丑请军务已平省分停止厘捐也。戊午科场狱兴,派重勘者八人,兆镛与焉。其他大率迁职、派差、谢赏等事,旁及家常琐屑而已。(14-711)

文庄公行述一卷　同治刊本

清瑞麟,字澄泉,姓叶赫那喇氏,正蓝旗满洲人。由文生员补为太常寺读祝官,不数年,洊升礼部右侍郎,在军机大臣上行走。旋补礼部尚书,调户部尚书,擢文渊阁大学士。咸丰十年,因事褫职,旋起用,由广州将军调两广总督,晋文华殿大学士。同治十三年卒,谥文庄。是篇为其子怀塔布所撰,所述治粤之事最详。如治械斗、剿土寇、惩奸民,又助越南收复海宁诸事,俱可纪者。而粤人对之多所谤议。法越之役,给事中邓承修上疏请罚其家属出资佐军兴,而彭玉麟覆疏,力为申辨之,事获已,则诸所举不为私言矣。(14-711)

归安赵忠节公事实一卷　光绪八年刊本

清赵景贤,字季侯,浙江归安人。刑部侍郎炳言子。道光甲辰举人,选授宣平县教谕,改内阁中书,未到官。咸丰三年,粤贼陷江宁,景贤在籍办团练,屡战胜贼。其时杭城两陷,而湖州无恙,实赖景贤之力。积功授福建督粮道,加布政使衔。以粮尽城陷被执,不屈死。其子深彦年十二,闻变,仰药死。事闻,诏依巡抚例赐恤。此同治元年事也。是编首录谕旨六道,次国史列传,又次汪曰桢撰《别传》。汪《传》较详,后幅有所辨论,以解当时之疑,尤不可少云。(14-712)

徐辛庵行述一卷　道光刊本

清徐士芬,字诵清,号辛庵,浙江平湖人。嘉庆己卯进士,由编修历官至户部右侍郎。在顺天学政任,因病乞回籍调理,未几卒。按士芬积学工文,著有《潄芳阁文钞》行世。篇中所记《开垦天津水田疏》,最切用可行。又记其在直庐辟地半亩许植稻,采《农政全书》及《奇器图》所载恒升车,仿其法,以取后圃井中水,因浚小沟洫,使水曲折达稻所,以时灌溉。至秋杪获稻,得实数斗。又记尝于里中试行水田法,复植旱稻数亩。又尝以旱稻种寄其子,且手书种植法甚详云云。殆非空言时务者可比。惜所实验者未得试行于当时耳。是篇为其子元锡等撰。元锡,道光乙卯举人,官广西永安州知州。(14-712)

毕太夫人行述一卷　道光刊本

清衍圣公孔繁灏撰。太夫人为两湖总督毕沅女,适衍圣公孔庆镕。

其姑于太夫人,大学士金坛于敏中女也。沅为敏中门下士,巡山东时,诣谒林庙,并拜于太夫人,因订婚焉。沅殁,家被查抄,太夫人才八岁。婚后迎养其母于阙里。太夫人后庆镕卒,五十八岁。卒时,其母尚在也。繁灏为太夫人出。是篇述太夫人懿行及他琐事甚备,然可传者则在其家世也。(14-713)

徐青霞行述一卷　道光刊本

清徐玉举,字青霞,江苏甘泉人。嘉庆癸酉举人,纳资为刑部员外郎,升郎中。引疾归,卒年七十有七。玉举深于制举文,而不得一第,顾一生以此为业。篇中所剌剌不休者,多此类。时涉他事,每有闲情逸致。其子根、彦林、椽等所撰也。(14-713)

澄怀主人自订年谱六卷　光绪庚辰重刊本

清张廷玉撰。是书首有自序,题"乾隆十三年,时七十七岁"。廷玉为大学士张英子,康熙三十九年成进士,世宗登极,由吏部左侍郎升礼部尚书,自是眷遇益隆。雍正元年,入值南书房,兼翰林院掌院学士,调户部尚书。四年,授文华阁大学士,仍兼户部、翰林院事。五年,晋文华殿大学士,兼署吏部尚书。高宗登极,同庄亲王允禄等总理事务。乾隆二年,改为办理军机大臣。十一年,其长子内阁学士若霭病卒。十三年,上疏乞休,不允。十四年,令四五日一入内廷,备顾问,而仍不许归里。盖以廷玉承世宗遗诏,将来配享太庙故也。《谱》记至此而止,距作序之后一年也。所记大率历官迁擢,累朝宠遇,旁及家人子弟之事。惟雍正十一年详录《条奏刑部事宜折》,自云:"侍皇上左右十一年,内直趋承,无日不蒙召对,每有刍荛一得之见,或口奏,或具折,皆请特颁谕旨宣播于外,从未留片稿于私室。惟此次奏折,上命发九卿集议,虽欲焚稿而不可得"云云。按此折亦见国史列传,而列传所载乾隆二年三老五更之议,此乃缺如,其慎可知矣。按廷玉卒于乾隆二十年三月,此后十年之事不见续记,则以是年以后皆其失意之事。始以旋里得请,不亲诣宫门谢恩,继以定亲王之丧,朱荃之败,至受再四谕斥,不得以恩礼终。

固于高宗刻待旧臣，而廷玉素以谦谨自居，乃切切争身后之配享，夫亦不达之甚矣。书后有六世孙绍文跋。(14－732)

金正希年谱一卷附录一卷　民国戊辰思贻堂刊本

明金声，字正希，安徽休宁人。崇祯元年进士，授翰林院庶吉士。二年，北兵迫京师，声举刘之纶、申甫可任事，已而之纶、甫皆败死。声上疏自劾，有旨，金某不必引咎。寻告病归。十六年，以修撰起用。会母卒，未终制，而京师不守矣。南都溃，在本郡起兵。隆武初，加兵部右侍郎，兼都察院右佥都御史。旋郡陷被执，不屈死。《谱》为休宁程锡类撰。锡类字不匮，声门人也。隶事之外，并稍涉其学说，与熊开元所撰《传》互有详略。而皆得之身所见闻，较亲切可信。附录崇祯时敕命三道，及声家书一篇，及隆武时恤谥疏诏。是书向无刊本。后有叶世寅、金兆蕃二跋。书即兆蕃所刊，展转抄录，晚乃传世。兆蕃曾见别本，于跋中为补三条，又考证同难诸人甚核。(14－733)

金正希年谱一卷　光绪丁酉两湖书院活字本

无撰人名氏。校程锡类所撰《谱》全同，惟缺开篇总叙一段，又无附录。刘洪烈间据《明史》及他书为之考证。盖声著籍嘉鱼，亦湖北人也。光绪中张之洞督湖广，创经心书院，取乡先贤后裔入院肄业。有金承钰者，声之裔也，因出是《谱》刊之。洪烈适充监院，因加考证，并跋其后。按是《谱》先刊丁酉，距金兆蕃刊程《谱》时已三十年，兆蕃乃似未之睹者，何耶？(14－734)

郭中丞行述一卷

清郭梦星，字文兴，山东潍县人，道光癸未进士。由直知县洊升至山西布致使，旋署山西巡抚，以潞安、黎城两县失守褫职，卒于咸丰四年。是篇为其子襄之等撰，所记在山西布政任内，筹饷筹防等事，不无劳勚。去官未几即卒，否则或有当再起望也。襄之，道光甲辰举人，官平朔府知府。其三子绥之，有诗名。(14－734)

启秀事略一卷　光绪刊本

清启秀，字松岩，库拉雅氏，满洲正白旗人。道光乙丑进士，改翰林院庶吉士，散馆，改刑部主事，官至礼部尚书、军机大臣。光绪庚子，以庇义和团伏诛。是篇为其继妻颜札氏所撰。按启秀无子，只一幼女，未字，启秀死之次日亦死。事详附录。故《事略》由颜札氏具名也。所述居官事迹，尚能持大体。于庚子乱事，但云："五月十六日，派同赵大司寇往各使馆慰问，未几匪势益张，至七月宫庭震动，渐有西迁之议。"又云："二十一日入直，闻圣驾西巡，惊惶无措，惟有捐躯以殉国"云云。按启秀身为军机大臣，当大乱之起，未闻以一言救正，及两宫西狩，又不能拚一死以谢中外，其受诛也固宜。附录载日本翻译官所传临刑情形，称其谈笑自若，亦较胜于徐承煜辈而已。（14－735）

陈问山行述一卷

清陈克让，字谦吉，号问山，奉天承德人。道光癸未进士，改吏部主事，官至江安徽宁池太庐凤淮扬十府粮储道。粤贼陷金陵，与其弟克诚、子松恩同殉难，妻李氏亦在署自尽。无嗣，以其异母子玉章为后。是篇即玉章所述也。克让以京曹外授四川绥定府知府，经保荐四川吏治第一，盖不但以尽节传。金陵之失，由于陆建瀛弃师回省，粮储非守土官，本可借催漕出。篇中言："二月初十日，贼用地雷攻圮仪凤门入城，克让督勇接战，杀贼三十余人。贼却，随与祥将军堵筑缺口，贼之阑入者悉歼之。十一日，三面夹攻，城陷，克让率勇巷战，复杀贼数人"云云。据此则克让之死，视祁宿藻呕血而死者尤烈。文宗徒见陆建瀛之畏缩及金陵失守之易，故于殉难诸臣予恤概从其薄耳。（14－735）

三忠传一卷　光绪刊本

三忠者，塔斯哈及其二子长瑞、长寿也。瓜尔佳氏，满洲正白旗人。塔斯哈以笔帖式，积军功至喀什噶尔办事大臣。塔什干爱曼布鲁特、别什噶尔等倡乱，战殁，谥庄毅。长瑞由健锐营前锋随征喀什喀尔逆回，升至前锋校，以父荫赏三等侍卫，洊升至天津镇总兵。长寿以父荫赏蓝翎侍卫，官至凉州镇总兵。俱从赛尚阿剿贼广西，战殁，长瑞谥武壮，长泰谥勤勇。① 是编为长寿子荣禄所辑，首有全庆序，次录恭亲王以下诸人题词，次录圣谕六道、御赐祭文三道、御赐碑文三道、国史三列传、《庄毅公遗像赞》、《题庄毅公遗像》、《双忠传》、家传、别传、书传后诸篇，并荣禄所为《义仆》《义马》二记及跋。（14－736）

王文僖公行述一卷　嘉庆刊本

清王懿修，字勖嘉，号春甫，后更号春敷，安徽青阳人。乾隆丙戌进士，改翰林院庶吉士，散馆授编修，官至礼部尚书。嘉庆辛未，以原品休致，卒年八十一，赐谥文僖。按懿修以词臣受知仁宗，仁宗居藩邸时，送其校士江西，有诗十六韵，今存《味馀书室集》中。仁宗登极，懿修方养病家居，嘉庆七年，始销假入京。仅四年而擢至尚书，及以礼部尚书致仕，同日命其子宗诚为礼部右侍郎。若使其父子相承袭者，尤异数也。是篇即其子宗诚撰。宗诚，乾隆庚戌进士，以第三人及第，时方官礼部左侍郎。（14－736）

国史金学士传一卷　思贻堂刊本

清金福曾，浙江秀水人，附生，以军功保知县，历署娄县、南湛、吴江等县。其后屡次办赈治河，叠经大府保奖，再署永定河道。卒于光绪十八年，直隶总督李鸿章、浙江巡抚崧骏、山东巡抚福骏奏请议恤，并将事迹宣付史馆。按故事，国史馆有总纂、纂修、协修，翰林初入馆为协修，承辑史稿，宁详无漏。纂修、总纂，则要删润色之。福曾入国史《循吏传》，朱锦辑初稿，据奏牍、行状、墓志铭等，搜集最详。其后又有周爰诹、骆成骧二稿，以次就简。福曾子兆蕃抄得三传，汇而传之，并为之跋。（14－737）

---

① “长泰”，疑为“长寿”之误。

汾阳曹氏志传合刻一卷　嘉庆刊本

清曹锡龄辑。锡龄字定轩，山西汾阳人。乾隆乙未进士，改翰林院庶吉士，散馆授编修，擢御史。是书辑其祖英墓碣、墓表，父学闵墓志铭、神道碑、传、逸事、墓志后序，合裕、曹两先生戒台赞记为一编。英字彦杰，布衣。学闵字孝如，号慕堂，乾隆甲戌进士，官至宗人府府丞。为御史时，尝请考古制建辟雍，未及行。后高宗将临雍，忽忆及之，特旨嘉奖。以病请解职，卒于家。志传诸篇，撰者为钱大昕、朱珪、翁方纲、邵晋涵、纪昀、章学诚、曹锡宝，文率渊雅，可与人俱传。图先生，名图鞈布，字裕轩，满洲镶红旗人，乾隆辛未进士，官至翰林学士。卷首有翁方纲序。(14－737)

云翁自订年谱一卷　道光刊本

清王楚堂，字授方，号云树，晚年自号云翁，浙江仁和人。嘉庆壬戌进士，以知县用，历官至云南布政使，旋内用为大理卿。洊擢仓场侍郎，因病乞休，卒年七十。是《谱》从乾隆庚寅起，至道光戊戌止，绝笔距卒时仅一月余。所述居官事迹，据实直书，无夸饰。述其少时，且商且学，三十岁外尚贸易金衢一带。官福建日，曾审理布政司李赓芸补诬自尽案，云“周旋其间，颇难排解”云。(14－738)

冯桂山年谱一卷　同治刊本

清冯德馨，字桂山，山东济阳人。道光癸未进士，签分户部主事，官至湖南巡抚，以匪首脱逃，革职戍边，未几赦回。按所云“匪首”，谓李沅发。沅发踞新宁城月余，粮尽自去，德馨据报奏称收复，毙贼□，沅发燔死，而沅发实未死，以是获咎。逾年而广西有洪秀全之变。《谱》为德馨自述，至咸丰癸丑止。阅十八年，至同治戊辰卒，年六十八。自咸丰癸丑以后，其孙斯达补述。《谱》所述都平庸无奇，然可想见其朴诚。《谱》中极称郑梦白中丞，精勤谨细，诸凡练达云云。按梦白即郑祖琛字，时官广西巡抚，德馨以广西按察署布政，与之共事。而养成洪秀全之变至糜烂一十二省者,祖琛也。后亦被革职拿问。二人由知县以至开府同,末路亦略同。盖以凡材而膺戡乱之任,宜乎误国而身亦随败也。(14－738)

田寿荪行述一卷　光绪刊本

清田祚,字元持,号寿荪,浙江山阴人。道光甲辰举人,历官江苏吴江、丹徒、江都、嘉定县知县,以劳绩保知府,署常州、镇江府知府。任丹徒日,佐冯子材守御,江北借以保障。其兄湖南常德府知府祥家居,以乡团御贼,不克,奉其母依包村义士包立胜。包村陷,全家三十八口殉焉,亦惨劫已。是编为其子兆林述,言祚为丁日昌、李鸿章所善,中丞某中谤,劾祚去官。按其时督两江者,沈葆靖也,岂亦懵懵于黜陟大政耶?(14－739)

愧室事略一卷　宣统写印本

清高凤岐,字啸桐,号愧室,福建长乐人。光绪壬午举人,岑春萱督两广,尝佐其幕府,以平匪功擢知府,权梧州,创工艺厂、蚕桑学堂。于式枚以御史荐于朝,廷试列第一,记名未用。卒于上海。是篇为其弟而谦、凤谦同撰,时宣统初元也。(14－739)

张养亭行述一卷

清张浩存,字养亭,云南安宁人。乾隆壬子武举,历官至福建漳州镇总兵。其子琴,道光癸未进士,授职编修,浩存卒之日,方以给事中外补江苏督粮道。《行述》即琴所撰。其时其地,非可达烜赫之功,所得纪者尽职循分而已,亦因有文学之子而传之也。(14－740)

懿畜前编不分卷懿畜后编不分卷　旧抄本

明黄道周撰。无序例,前编有诸葛亮、魏徵、韩琦、魏相、狄仁杰、富弼、王导、裴度、寇准、张良、谢安、李泌,传凡十二。后编有杨士奇、李贤、彭时、商辂、王鏊、梁储、解缙、薛瑄、岳正、王恕、马文升、刘大夏、夏原吉、于谦、王守仁、黄福、王翱、梁材、倪岳、杨守陈、吴宽、陈选、吕柟、舒芬、宋礼、陈瑄、周忱、刘定之、杨廷和、杨一清、徐阶、胡宗宪、唐顺之、沈希仪、俞大猷、戚继光、刘显、高拱、张居正、靳学颜、徐贞明、吕坤、朱燮元、熊文灿、杨嗣昌、魏校，传凡四十六。内李贤、彭时、于谦传各两见，又附见者十余人。考庄起俦撰道周《年谱》，崇祯甲戌五十岁条下记："尝于历代史中，自汉迄宋，取十二人，自为传。三传为卷，每传各以行事相比，曰《懿畜前编》，首诸葛侯，终邺侯。又取明兴以来杨文贞而下得二十四人，所附见者凡若干人，曰《懿畜后编》。二编皆总厥大义，或详或略，非复史臣之所能到"云云。今以是本证之，与《前编》合。惟《后编》多至四十六人，与所称二十四人者不合。其中且有熊文灿、杨嗣昌，姑勿论薰莸不同器，而文灿死于崇祯十三年庚辰，嗣昌死于崇祯十四年辛巳，又岂道周著书时所得见？又《张居正传》后附其曾孙同敞，叙及顺治七年事，则道周卒已久矣。而诸传中屡称"我大清"云云，尤不应出诸道周之口。大抵《后编》多有他人附益。又证之庄《谱》，《后编》但言杨文贞以下，不能举其所讫，殆似未见定本。究为二十四人与否，尚难确信也。又据《黄忠端全集》卷首，所举郑白麓本《懿畜一编》，有诸葛武侯、魏司空、韩侍中、魏宪侯、狄梁公、富郑公六传。《前编》止得其半，而《后编》全缺，以故刊遗书者不之及。是本增出之传，其中必有赝作。其不分卷，或传写者为之。至于诸传不以时之先后为次，则作者自有主旨，《前编》固无可疑也。(14－752)

黄忠端公年谱四卷　道光九年刊本

明庄起俦撰。起俦字子鹤，福建龙溪人。起俦学于黄道周，尝偕道周出师至建阳。是《谱》记道周学事迹较他《谱》为详，可与《明史》本传互参，有可正《明史》之误者。本传道周字幼平，而《谱》云字幼玄。按道周第四子□子复名子平，不应犯父讳，则本传误也。又据《谱》道周于崇祯壬午遣戍，在途复官，即乞假还闽。乃本传载道周在途，疏称学龙、廷秀贤。既还，帝召见道周，道周见帝而泣："臣不自意，今复得见陛下。臣故有犬马之疾，请假许之"云云。全非实事。又本传载："福王监国，用道周吏部左侍郎，道周不欲出，马士英讽之曰：'人望在公，公不起，欲从史可法拥立潞王耶?'乃不得已趋朝,陈进取九策,拜礼部尚书"云云。据《谱》,道周于闻报后,止附疏陈赣闽形势,未至都,晋礼部尚书,则本传云云亦误也。又本传载从道周殉难者,中书赖继谨、蔡雍,兵部主事赵士超。《谱》于三人外,尚有别驾毛玉洁,而蔡雍则作蔡之溶,赵士超系司马,非兵部主事。其他所记若解学龙、叶廷秀之狱,衢州劝进以后婺源被执以前,皆可补本传所未及。至于著书讲学,本传不涉只字,《谱》乃详悉不遗,尤足资也。然亦不免少有舛谬,如开卷记道周初字螭若,引《续骚词》为证,门人某注《骚》,曾正其误。又崇祯庚辰条下云:"是时薛国观、蔡国用当国,而杨、陈俱用事,按谓杨嗣昌、陈新甲也。道周虞不免。未几,因江西巡抚解学龙之荐而逮命下。"而本传则云:"大学士魏照乘恶道周甚,则拟旨责学龙,帝遂发怒,立削二人籍,逮下刑部狱。"按本传是也。又《谱》记至乙酉止,丙戌正月十二日以后即叙在乙酉年后,与记道周自推年历至六十二岁止者尚缺一岁,亦不照。原稿藏道周裔孙鸣盛家。《谱》后附蔡夫人及韩、吴二妇诗,为鸣盛所增。按韩、吴二妇与《谱》无涉,宜删。道周在隆武时原谥忠烈,乾隆时始赐谥忠端。此题忠端,宜改。书为蔡世远校刊。编首旧列纂修弟子姓氏十五人。刊书时,弁以道光三年礼部议准从祀文庙原奏,及栗毓美、刘荫棠二序。(14-753)

黄子年谱一卷　道光甲辰刊本

清洪思述。思字浩士,号石秋,福建龙溪人。思与其父图皆学于道周,尝收道周遗书,为道周及蔡夫人作传,又成是《谱》。曰黄子者,尊师也。然书中有数处仍称先生,则义例未尽归一矣。中同庄《谱》十之九,无其繁。思与庄起俦同为道周弟子,所记同起俦者十九,然各不相谋,详博逊起俦,或过于简约。如十二年己卯条下所云"十朋",自管、葛、郑、董至梅、张、周、沈,凡二十六人;"九串",自屈、贾、鲁、李至张、赵、李、马,凡三十人。不为各注其名,孰知所指?其他关涉之人,亦多举姓而遗其名者。据庄《谱》,万历戊申二十四岁,初馆于浦中卢司徒家,是秋张公绍和乃言于太史高公,致书迎居于兰水之霏云室。此则缺戊申一年,而以其事附丁未年后,非也。其以丙戌正月十二日后事附乙酉年后,则与庄《谱》同。惟朱永明,庄《谱》以为绍兴人,此以为昆山人,未定孰是。《谱》记道周完节为三月五日,与庄《谱》同。而何羲兆《麟书纪略》作三月十五日,黄梨洲《明儒学案》作三月七日,各异其说,尚待详考。是本始刊于道光甲辰,间有脱衍讹误,悉仍不改。龙溪林广获据庄、郑二《谱》及他书所载若干条,识于书眉。中一条云:"时有疑子不讨贼者,诗云:'万国共传衣带诏,一人方诵水嬉诗。'今读与陈卧子书,知燕都之信尚未通。"按此条最要。燕都之变在三月十九日,而《水嬉序》尚作于夏五月三日,得此可以释疑矣。书后有广获跋。(14－754)

黄漳浦年谱一卷　传抄本

清郑亦邹辑。亦邹字居仲,号白麓,福建海澄人。康熙乙未进士,官内阁中书。是《谱》出庄、洪二《谱》后,视洪《谱》更略。惟隆武二年丙戌六十二岁,另列一条,不附乙酉之后,识胜庄、洪。他条可补二《谱》之阙者,乙丑四十一岁条下,洪《谱》有"讲筵获罪"语,而不详其事。此则云当魏珰时,经筵故事,展书官必奉书膝行。道周以为经筵道尊,不宜有此,独以平步进。魏珰目摄之,不能难也。又弘光元年六十一岁条下,庄、洪二《谱》俱不涉郑芝龙一字,此则云:"是时朝廷草次兵食大事,俱仰给郑芝龙。隆武虽拥空名,实为寄生,独倚道周为重。道周知事不可为,每陛见,相对泣下,辄请行边。翌日朝晏,又与芝龙争执朝班,上疏乞归,隆武慰留再三。道周又见芝龙不轨,复请行边。"按此二条所系甚要,不知庄、洪二氏何以竟忽之也。(14－755)

漳浦黄先生年谱二卷　道光刊黄忠端全集本

清陈寿祺辑。是《谱》以庄起俦本为主,而采洪思本以补之。其庄、洪二本全同或略同者,亦附注每条之下。庄、洪二本不纪丙戌,自正月十二日以下,即叙在乙酉年下。郑亦邹本独否,寿祺从之。他所采郑本,尚有数条。其庄、洪二本沿误者,亦未及校也。仍题"邺山弟子庄起俦编",则以资于庄氏者较多故耳。(14－755)

龚定庵年谱一卷　吴氏家刊本

吴昌授撰。昌授字印臣,浙江仁和人。定庵,龚自珍字。道光己丑进士,由内阁中书擢宗人府主事,改礼部主事,乞养归,卒年五十。绩溪程秉钊欲为撰年谱,创稿裁数十事,以授钱塘陈昌绅。昌绅为龚氏姻戚,又就其子姓访得若干事,以畀昌绶。昌绶复据本集,参以他记载,依年件系,即是本也。于龚氏先世事迹及自珍著书作文年月,考之甚详。惟以擢宗人府主事系于道光乙未,而注云:“迁官事,于诗文无征,惟结衔始见于丙申五月《送梁公序》,遂以为当在甲乙之间。”按此事当检道光甲乙丙三年《搢绅录》,何能随意臆断?又道光己亥条下,记以“其父暗斋年逾七旬,从父文恭公按即守正。适任礼部堂上官,例当引避,乃乞养归”,而注又引汤海秋诗自注,有“定庵忤其长官,赋归去来”语,未免矛盾。证之自珍只身出都,若迫不及待者,则汤注可信。但其时从父守正方为长官,所忤究何人,忤者何事,阙而不具。又按《己亥杂诗》有“定公四纪遇灵箫”句,灵箫,妓也,自珍后纳为妾,俗传自珍之卒,实因灵箫,乃亦削之不载。又道光癸未条下记:“五月自编甲戌以还文章为《文集》三卷、《馀集》三卷,又录少作十八篇,附《馀集》之尾。”注云:“曾获一册,无《馀集》,所附少作只五篇。”按此集题《定庵初集》,首有总目,《文集》分上、中、下卷,注云“道光癸未六月开雕,共四十六篇”。此外尚有《馀集》上、中、下卷,注云“未刻”。《馀集》附少作一卷,注云“开雕五篇”。又《诗》上、中、下卷,《梦草》一卷,《馀集》上、中、下卷,附少作诗一卷,俱注云“未刻”。又《别集》一、二、三、四卷,注云“开雕”。昌绶所得之一册,当是偶缺此页,故不知《馀集》原未付刻。其《无著词》《怀人馆词》《影事词》《小奢摩词》四种,即所称《别集》四卷也。又道光丁亥条下,记十月录辛巳以来七年之作百二十八篇,为《破戒草》一卷。又依乙亥、庚辰两例存《馀集》五十七篇,亦一卷,而不言及付刻。按《破戒草》及《馀集》,实于是年十月付刻,后有跋识,题“龚自珍,一名易简,伯定父自识”,昌绶作未引及。又道光乙酉条下注引程采钊说,谓曾宾谷为某官构陷,被召入都,坐盐课惰销,投秩永废。按曹振镛撰曾氏《墓志铭》称:"两淮盐政任满召还,以五品京京候补。"①则程说非实也。又《谱》中称"售飞燕玉印之估客何伯瑜",按即番禺何昆玉,精金石,又善雕印。所称恶《周礼》之张瓒昭,别著有《易义原则》及附篇、《书义原古》诸书。昌绶于此不无漏略。而乡会试八股文、试帖诗,全录不遗,尤属非体。又按昌绶刻成是书,旋悔之,意欲重加修改,故靳不印行。而传本已多,亦终不及为也。(14-756)

忠孝节义录不分卷 明万历刊本

明陶登辑。登字汝高,山西绛州人。万历壬辰进士,官运判。是《录》乃登纪其先德。首陶氏世系考,其先出于晋东乡侯侃,元时再徙绛。始祖贵,七传至铨,正统乙丑进士,官至陕西参议。铨第四子玺,天顺甲申进士,官至河间长芦运使。第五子琰,成化辛丑进士,官至兵部尚书,以老乞休,卒谥恭介。琰长子滋,正德甲戌进士,官至刑部河南司郎中。琰第二子治,以官生官运同。琰三子沐,沐长子祐,俱布衣。登即祐之长子也。铨父子四甲科,曾孙登又以甲科继起,一门鼎盛。而铨抗王振、琰忤刘瑾、滋争大礼,直节萃于一门。余则居官居乡,俱著令德。是书辑铨以下各像与传,并摘录当官奏疏、历任考语、身后旌奖,及一时题赠挽吊之作。书为万历辛丑五世孙重茂、六世孙世徵所刊。登传以下,当系重茂等补录。首有左春坊左谕德兼翰林院侍讲陈懿典序,末有吏科都给事中曹于汴跋。(14-757)

定盦年谱外纪二卷 镜娟楼活字本②

张祖廉辑。首有叶德辉、金蓉镜序及祖廉自序。是《纪》补吴昌绶《定盦年谱》所未备。先是,祖廉与昌绶同嗜定盦文,相约搜其轶事。已而别去,比相见,则昌绶《年谱》已刊成,而祖廉历年襞积所得,有为昌绶所未见者,因拟为之补遗。又昌绶所撰《年谱》原有后记,亦割以隶之。

① "京京",疑衍一"京"字。

② "镜娟楼",疑为"娟镜楼"之误。

迟之又久而书成,即是本也。上卷纪琐闻,下卷纪杂论。最要者,为《年谱》补生卒年月。他条都雅而有则。合《年谱》观之,龚氏一生,学行大略可见。至其取材矜慎,即昌绶后记亦多所弃,盖不以炫博为能者。(14－758)

家乘述闻一卷　石印本

清龚守正撰。守正有自述《年谱》,已著录。是书所述,自先世谱牒,下至伯叔兄弟,旁逮姻戚,中纪本身仕宦经历。其继室谢氏,侍郎谢墉孙女也。墉子户部郎中扬镇与诸兄弟不睦,无子,临殁,违例具遗折,不愿立嗣,奉旨允行,殆属仅见。书中间涉神怪,惟意主法戒者居多。(14－758)

续家乘述闻一卷　石印本

清龚家尚撰。家尚号跛叟,浙江仁和人,官至法部郎中。礼部尚书守正孙,光禄卿自闳子也。是书盖续守正《家乘述闻》而作,所述多其祖若父遗事。中有"礼部世家"一条,守正终于礼部尚书,其子自闳继升礼部侍郎,而守正伯祖敬身、兄丽正、侄自珍,均曾为礼部司员也。又纪龚、祁两姓交替学政一条,守正任江南学政,继者为祁嶲藻,时守正子自闳、嶲藻子世长各随侍,嶲藻笑谓:"汝曹他日亦如此交替。"其后自闳任安徽学政,其前任恰为世长,因赋留别诗,句云:"文字因缘传再世,宦游佳话岂三生。"按此二事,洵可作词林嘉话,不仅家乘美谈也。(14－759)

定庵年谱稿本一卷　邃汉斋定盦全集本

黄守恒辑。是书据定盦事实见于集中者,参以阳湖赵烈文《落花春雨巢日记》,排比年月,而成此《谱》。后题"己酉四月",即宣统元年也,在吴《谱》刊行之后一年,竟不之见,可谓无益费精神矣。《落花春雨巢日记》系未刊本,亦为吴昌绶所不及见,但无多可采。所引"定盦以不善书,不得入翰林,乃作《干禄新书》刺执政,且令婢妾皆学馆阁书以辱之"云云,当是齐东野语,奈何据之入《谱》耶?(14－759)

吴文端崇祀录一卷 康熙刊本

清吴琠,山西沁州人。康熙癸未进士,官至刑部尚书,保和殿大学士,卒谥文端。是书首《崇祀乡贤录》,次《庙祀录》,次《崇祀三立祠录》,次《崇祀湖广名宦录》,次《崇祀确山名宦录》。率皆一时缙绅文牍,铺张盛美者。(14－760)

张勇烈公行状一卷 同治刊本

清张树珊字海柯,安徽合肥人,两广总督树声弟。在淮军中,与兄树声及刘铭传、潘鼎新、周盛波、盛传同称健将。始则治团卫堡,贼不敢犯。既从李鸿章定江苏,福山一役,战功最著。既又从曾国藩、李鸿章征剿捻寇,战于德安,阵殁。先以记名提督,授广西右江镇总兵。及殁,赠太子少保衔,谥勇烈,年仅四十一。《状》为钱鼎铭撰,弁国史列传于首。(14－760)

福珠洪阿兄弟殉难事实一卷 宣统元年石印本

清福珠洪阿,苏完瓜尔佳氏,满洲正黄旗人。咸丰二年,洪杨军北犯,两江总督陆建瀛溃败,提督福珠洪阿率死士守江宁城,城陷殉节。其弟福珠诚阿更名福诚,先于道光末年,以陕安镇总兵殉难湖南石首铺,又后九年而其季弟金华协福昇,从巡抚王有龄殉难杭州,子咸山从死,一门妇女皆尽节。又三年,而福珠洪阿次子出后福昇者,以剿山东教匪死于高唐。是卷首录两江总督曾国荃请立专祠奏折,次国史列传,又次李映庚所撰家传。(14－761)

冯潜斋年谱一卷 嘉庆刊本

清冯承修,广东南海人。乾隆己未进士,改翰林院庶吉士,散馆,又改吏部主事,晋礼部祠祭司郎中。尝典试福建、四川,督学贵州,假归,不复出,卒年九十五。承修在母妊时,父远出,遂不归。承修遍访其踪迹,得官后,两次乞假寻亲,终不得遇。年八十七,计其父已百有十岁,乃持三年服焉。在贵州学政任，尝请试武生，改弓刀石为枪炮，被高宗申。《谱》不载，实不必讳也。《谱》为其门人南海劳潼编次，附以冯应榴撰《墓志铭》。(14－761)

古河考一卷 乾隆壬午刊本

清吴楚椿撰。首有楚椿自序，凡考十篇，附论二篇，图一篇。大旨主天津为大河入海故道，据《尚书》注云："九河在兖州界，平原以北。"一"北"字最的。又据汉成帝时，河堤都尉许商上书言："古记九河之名，有徒骇、胡苏、鬲津，今现在成平、东光、鬲县界中。"玩"界中"二字，九河当在成平南，鬲县北，今之南皮、东光、沧州，正其遗迹。盖禹河故道，由汲县东，临漳县东，又径肥乡、曲周之间，入广阿泽，又径南宫、冀州西境，入广博池，始渐分。由献县至南皮、东光、沧州分为九，至静海，又同为逆河，天津入海。此其大略也。次论禹治水所以分合之故，及九河命名之义。其论太史公"禹厮二河"一语，谓"犯河不两行之忌，贻万世患"，最为有识。附论畅前说所未尽，图后又附说。别周河故道与禹迹之同异，非熟于古今河道者不能知也。(14－763)

南涧先生易箦记一卷 瑞安陈氏排印本

清李文藻自述。文藻字素伯，晚号南涧，山东益都人。乾隆庚辰进士，历知广东恩平、新安、潮阳县事，升广西桂林同知，卒于官。文藻晚岁病痈，临殁前口授此《记》，使其甥蒋器笔录。《记》中除作病中痛苦语，则惓惓于平生未成之书，所亲厚之友，所交接之学人、文人。亦有涉于考据者，如谓"大毛公为毛亨，仅见《初学记》，岂有汉人所不能知而唐人忽知之者？"又谓"采石矶太白楼中萧尺木所画四大名山，有华岳而无衡岳，渔洋诗乃以为有衡岳而无华岳，不可解"。又谓"'桂海'二字，桂谓桂岭，海谓海。范石湖时，高、雷、廉、琼皆属广西，大海在所部中。所志多言海物，故桂海对举。近人以桂林为桂海，则不通矣"。其《邓谦持小传》及《疡厄自祷文》，皆病中作，存《记》中，潘祖荫刊《南涧文集》未收也。条下湘蕙识语六则，湘蕙姓闫，昌乐人。又有有经识语二则，益亭识语二则,俱不知其姓。别王献唐按语数则,则编时所记也。卷首有文藻小像及《琉璃厂书肆记》手稿,又附钱大昕撰《墓志铭》、翁方纲撰《墓表》。合而观之,文藻之学行政绩备见于此。据是《记》,文藻尚有自撰《年谱》,今不传。然《墓志铭》系撮《年谱》为之,亦可觇其梗概矣。(14-772)

艺风老人年谱一卷 文禄堂刊本

清缪荃孙自述。荃孙字筱珊,江苏江阴人。光绪甲戌进士,改庶吉士,散馆,授职编修。以反对纪大奎入《儒林传》,为大学士徐桐所憾,致甲午大考,抑置三等二十四名,罚俸二年,遂乞假归。宣统己酉,派充学部图书馆正监督。国变后,居上海,不复仕,卒年七十六。是《谱》所述迄于宣统辛亥,其以后八年之事,则其子禄保、僧保补述之。《谱》所记购书、著书、刻书及访碑之事甚详,有为人编刻而不出名者,如《续皇朝经世文编》、《偲进斋》《聚学轩》诸丛书、《常州往哲遗书》、《续遗书》、《东坡七集》等皆是。惟光绪乙亥三十二岁条下记云:“八月,执贽张孝达先生门下,命撰《书目答问》四卷。”据此则《书目答问》,荃孙所撰也。但荃孙作邵懿辰《四库简明目录标注序》云:“同治甲戌,南皮师相督四川学,有《书目答问》之编。荃孙时馆吴勤惠公督署,随同助理”云云。近见南皮与王懿荣书称:“弟在此刊《书目》一卷,以示生童,意在开扩见闻,指示门径,分别良楛。其去取分类及偶加注记,颇有深意。特自知谫陋,以职司所在,不敢谦避。其间舛漏必多,特寄上一本,请为补正。又一本,望转交缪小珊进士,望转交属其订正”云云。果为荃孙所撰,何以又须其订正?意者南皮拟撰此书,时或命荃孙为之创稿,而南皮以己意修改之,否则南皮自创稿而荃孙有献替,俱未可知。以南皮平日自信所学,目空余子,似无全听人提刀之理。而荃孙序邵书,在光绪戊申,南皮尚健在,故仅言助理。是《谱》成于宣统辛亥,南皮已前卒矣,岂以事无质证,遂欲篡为己有耶?然荃孙一生与南皮因缘最深,观是《谱》而可知已。(14-773)

张泗州事辑一卷 道光二十八年刊本

清张佩芳，字荪圃，山西平定人。乾隆丁丑进士，选安徽歙县知县，调合肥，升寿州知州。又移泗州，以父母年皆逾七十，请终养归。又十一年而卒，年六十二。佩芳，张穆之祖也。是书即穆所编，成于道光戊申，距佩芳之卒五十有五年矣。佩芳学于牛运震、胡天游，能传其学，所注陆宣公《翰苑集》极详博。莅官则兴书院、新学宫、修邑志、立社仓、禁淫祀、恤穷民，有足纪者。穆所辑，分年隶事，例同《年谱》。但专就佩芳所著《希音堂文集》及朋友赠言排比而成，自云“不敢以子孙私言阑入一字”，可为子孙撰先谱者法也。（14－774）

重定张泗州事辑一卷 稿本

清张穆辑。是书系就刻本有所增补，如乾隆甲戌二十三岁、乙亥二十四岁条下，各增引牛运震《空山堂集》各一条；丙戌三十五岁条下，增引《方盛诗注》一条；丁亥三十六岁条下，增引《殷煜诗注》一条；己丑三十八岁、辛卯四十岁条下，各增引《歙县志》一条；壬辰四十一岁条下，增引《吴钰诗序》；癸巳四十二岁条下，增引佩芳自撰《祠仓题词》。又《翰苑集注自序》下，别据道光四年宜宾令陆成本刻《陆宣公奏议》。题下文中皆有注者，即是翠岩精舍足本，为阮元所未见。其他小小补苴，尚有数处。末附任质淳撰《翰林院编修张敦颐及其妻王氏李氏合葬碑铭》、李曰茂撰《廪生张晋暹墓志铭》。敦颐，佩芳子；晋暹，敦颐子；即穆之父及兄也。未见刊本。（14－774）

会稽莫公事略一卷 道光刊本

清莫晋，字锡三，别署宝斋，浙江会稽人。乾隆乙卯进士，以第二人及第。历官至仓场侍郎，降为内阁学士候补。嘉庆癸未，因病乞休，阅三年卒，年六十六。《事略》为平定张穆撰。穆，晋外孙也，从晋次女得晋残稿，因合缀旧闻而成是篇。其中在江苏学政任，讦藩司鄂云布玩公护短；在仓场侍郎任，驳户部以放代盘，至于再三，皆理正词厉。他若请审案责成督抚惩诬罔兼防袒庇，请出继伯父为后，全公义并顾恩私。惟疏草恐不止于此。又晋中岁后专意理学，服膺姚江，尝重刊黄梨洲《明儒学案》，其宗旨具见所为《学案序》中。晋别有《来雨轩稿》行世，惟不录奏疏，又状志阙如，考其生平者，仅此而已。(14－775)

重订会稽莫公事略一卷　稿本

清张穆辑。是篇亦就刊本有所增易。其嘉庆元年散馆一等三名，二年充国史馆纂修，原本缺载，此特补之。充日讲起居注官，本在七年，而原本误系八年，此特正之。又十三年五月派充教习副总裁，十五年巡抚阮元聘主蕺山书院讲席，刊本皆遗之。原本载与满侍郎因议事不合，各执奏，陈辨上前，仁宗为和解之，而未著所议何事。此则著因常州帮武弁旗丁与办漕各州县互讦，牵控多人，满侍郎润祥议交刑部审讯，公议咨交两江总督就近鞫之。润祥持不可，公不为屈。其后仁宗命军机大臣传问，卒从公议，亦非和解也。又在仓场侍郎任与户部争议事，补录宣宗特谕，亦不可少。拾遗补阙，后胜于前，与张泗州事略同。惜改定后，皆未及重刊耳。(14－775)

高南阜研史年谱一卷附一卷　咸丰二年刊本

清高凤翰，字西园，号南邨，更号南阜。山东胶州人，诸生。安徽试用县丞，署歙县令，为卢见曾所重。见曾转运两淮，荐于制抚，将授仪征令，已而见曾因事坐牵连废斥。又十余年而卒，年六十七。凤翰善制砚，尝蓄研千余方，著有《研史》，诸研纪年月者十之七。钱侍宸据其所纪，并他事迹之可考者，分年排比，题曰《研史年谱》。殊简略，即其卒之月日，亦付阙如。《研史》原本为王相所得，属王曰申摹刻，未及半而曰申殁。吴熙载以枣板继成之，而远逊曰申之精。相因取曰申刻石时商榷之札汇为一编，题曰《子若手牍》，附于《谱》后。子若，曰申字，江苏太仓人，诸生，画承家学，兼精金石篆刻。(14－776)

戴友梅事实一卷附一卷　光绪刊本

清戴肇辰，字友梅，江苏丹徒人。历官浙江临兴场、中正场盐大使，山东登州、济南府知府，广东廉州、琼州、广州知府。告归，卒年八十有一。守登州日，值丁母忧候代，而捻匪围城，肇辰与官绅筹画防堵，城获全。事详《山东军兴纪略》，《登州府志》亦详纪之。守廉日，则剿灭灵山土匪及海面洋匪，亦有他惠政。去任，廉人以诗赠行，辑有《三廉赠别录》。治琼则有《琼纪事录》。而待铨知县时，别著有《求治管见》《续求治管见》。又辑本朝名公学士奏议书简之类有关治道者，为《学仕录》。殆极留心于吏治者。而在廉州延林昌彝掌海门书院，在广州延硕儒续修府志，亦足纪者。《行述》，其子燮元撰，后附志铭、碑铭、祭文、挽联等。别一卷为肇辰妻何氏《行略》，亦燮元撰，并志传、志铭、论赞、挽联等。燮元，咸丰己未举人，户部广西司郎中。(14－776)

锦里新编十六卷 嘉庆庚申刊本

清张邦伸撰。是书原名《锦里新闻》，因与段成式书同名，遂易"闻"为"编"。盖纪蜀中人物时事而作。首有邦伸自序及凡例。卷一名宦，卷二至三文秩，卷四武功，卷五儒林，卷六忠义，卷七孝友，卷八节烈、流寓、异人，卷九高僧，卷十贼祲，卷十一至十三边防，卷十四至十六异闻。所载人物，以清初为断，其已见《明史》或系前明科第，概不录。名宦门，录懋绩循声在人口及身所亲见者。其政绩可传而籍贯、科名暨升迁事故不及知者，阙之。武功门，录杨展而削李乾德，正《通志》之误。贼祲门，据海史《蜀碧》载张献忠于甲申八月十六日僭位纪元，正《明史》冬十一月之误。异闻门，题目两两相对，当是仿《谐铎》为之，殊无谓。全书体例严而搜采亦博，亦留心掌故而非徒以荟萃为能者。(14－777)

王壮节公年谱一卷 咸丰甲子重刊本

清王文雄，字殿宣，江苏太仓人。以行伍从大学士傅恒征缅甸，又随大将军阿桂征金川，积功补湖南施南协中军都司，累升至通州协副将。嘉庆元年，调湖北剿白莲教匪，又以功累升至固原提督。嘉庆五年七月，与匪战于山梁，以众寡不敌阵亡，年五十有二。得旨资给三等子爵，赐谥壮节。是《谱》，其子开云撰。开云袭爵，官至御史。《谱》后有

文雄弟士杰及开云二跋。初刊于嘉庆甲戌,再刊于道光甲午,三刊于咸丰,又有其孙凤翥跋。(14－777)

宋仁圃行述一卷　道光刊本

清宋如林,字华春,号仁圃,汉军镶红旗人。乾隆丁酉举人,历知山西平鲁、襄垣、绛县,浙江嘉善、余杭、临安、昌化、定海、钱塘各县事。升玉环同知,署嘉兴、宁波知府,补松江知府,调苏州知府。升常镇通海道,调苏松常镇太粮储道。继升两浙盐运使、湖北按察使,调贵州按察使,署贵州布政使。以老乞归,卒年七十有二。历官尚勤慎尽职,任松江至八年之久,惠政亦多,故知府县久任之制为最宜也。在松江日,延莫晋、孙星衍修府志;在贵州日,得程恩泽《橡茧歌》,因推种橡育蚕法于全省,皆可纪者。《行述》,其子鉴、铨同撰。鉴,官山东同知;铨,嘉庆乙卯举人,官户部员外郎。(14－778)

张濬川行述　乾隆刊本

清张渠,字濬川,顺天三河人。康熙辛卯副贡生,援例捐中行评博,选太常寺博士。再捐副使道,补兴平仓盐督,调大通桥盐督,补刑部郎中,仍管运务。旋以府道用,分发广东,署惠州府,升肇罗道、广东按察使、广东布政使,调江苏布政使。升湖南巡抚,调江苏巡抚,又调湖北巡抚。卒于官,年五十五。按渠以管运为世宗所知,五年间由知府洊历藩司。无他政绩,惟严综核戒纷更而已。是篇为其子彦烈所述,多浮词。(14－778)

庆诞记二卷　道光戊申刊本

清张邦伸撰,其子怀洵补注。邦伸字云谷,四川汉州人,官河南固始知县。怀洵,嘉庆辛酉举人,大挑知县,以亲老请改教职,终会理州学正。是书又名《稽古生辰录》,体略似钱大昕《疑年录》,但记其生,不记其卒。且所记凡帝王将相、圣神贤哲、佛祖仙真、忠孝节义,并及有功德于民之享祀者,而又摘录其事实,以备稽考。此皆异于大昕者。所据至佛道书,《搜神录》《桃园记》之类,未免滥杂。即开首第一条庆寿礼,不过淳熙十三年正月一日行之,并非高宗生日,亦未免自乱其例。邦伸创稿仅数人,怀洵广之,并为之注。首有姚莹、陈际虞二序。际虞为怀洵女夫,即刊是书者。序言怀洵"尚有《鼎元录》二卷、《蜀中经籍志》四十卷,藏于家"。而邦伸所著行世者,别有《锦里新编》十六卷,盖父子皆留心文献者。(14-779)

喻星槎行述一卷

清喻元升,字登瀛,广西南宁人。嘉庆己卯举人,由大挑历知直隶雄县、延庆州、灵寿、容城、大名各州县事。升顺天府治中,寻署东路同知,又署通永河道。篇中述治容城日,每村庄编其户口多寡,给以更牌及循环簿,五家一夜,轮流报更。村前后俱设木栅,一家有警,则群相呼应。又不时下乡夜巡,稽其勤惰,颇得古人守望相助之遗意。任治中日,正值科场舞弊事发,所拟预防誊录顶替、诸生修卷、水夫传递诸弊,后即纂入科场条例。《行述》,其子怀信撰。元升妻吕氏早殁,终身不娶,不置妾,亦仅见也。后附《吕恭人行述》,亦怀信撰。怀信,道光丙午举人。(14-779)

瓮芳录一卷　同治十三年刊

清高熊举,字渭川,江苏江宁人。业贾,以赈捐议叙从九品衔。咸丰三年二月,粤寇围江宁,熊举集乡勇守御。城坡,熊举移巨瓮入于庭,满贮水,与子德丰、德升、德丰妇谢及女孙三人同投瓮自尽。熊举年七十有一矣。大吏奏闻,赠熊举盐运司知事。是《录》为其嗣子德泰汇辑敕书、奏案、家传、府县志传、遗像并赞、墓志、征诗启、题词等而成,并附德泰业师叶德钧、妇翁徐以谐、未婚妇徐氏,皆同时殉难者。书题"瓮芳",从其实也。末有德泰自识,并诗十首。德泰以输饷官中书。(14-780)

大崎即大别说一卷　光绪二十二年刊本

清刘宝书撰。宝书字楚青,湖北江陵人。《禹贡》大别,《汉·地理志》以为在安丰县西南，郑康成注及《水经》《禹贡》山水泽地俱同。李吉甫《元和郡国志》始云："鲁山一名大别山，在汉阳县东北一百步。"乐史《太平寰宇记》、蔡氏《集传》、胡氏《锥指》并主之。宝书据《春秋左氏传》："定公四年冬，蔡侯、吴子、唐侯伐楚，舍舟于淮汭，自豫章与楚夹汉。史皇谓子常必速战，乃济汉而陈，自小别至于大别。三战，子常知不可，欲奔。十一月庚午，二师陈于柏举。"谓吴子伐楚，北会蔡唐之师，既舍舟于淮汭，则率师而南，必经淮南以至汉东。故《传》曰："自豫章与楚夹汉。"夫吴自东北向西南行而入楚，楚自西南济汉向东北行以拒吴，适会于二别之间。楚三战不利，二师又陈于柏举，是二别去柏举不远可知。《水经注》云："举水出龟头山。"即今麻城县六十里之龟峰山，相近有黄蘖山。《图经》亦云："举水出黄蘖山。""蘖""柏"声同，当即柏举。龟峰在大崎北仅数十里，举水自大崎北络其西，复西南流入江，称举口，去大崎亦仅数十里。盖直以大崎为大别也。按，据《左传》柏举之战，以大别之所在，前人有发之者而未确指为大崎。宝书复别援《水经注》《地理通释》《长江图说》及洪氏亮吉诸说，以广其证。末又录张子登释"崎"字之义，称："'崎'字，《说文》作'䧢'，入'危'部，从危支声，支有分义，即有别义。作'崎'者，乃汉隶之变"云云。说殊委折。夫考地理者，宜先明地势之所在，若地名之变迁，古今容有不同。宝书是篇，自可传信。即《长江图说》所指之长山，亦并存其说可也。篇后并附宝书所为《游大崎山记》及熊命官跋。(15－54)

王筱泉年谱一卷 深泽王氏刊本

清王用诰，字观五，号筱泉，直隶深泽人。咸丰己未选拔贡生，朝考用知县，改官主事，同治甲子举于乡。为学宗宋儒，于《易》《书》《诗》《礼》皆有撰述，尤深于《论语》。事父能养志，侍父疾，食必手调以进，夜必侍寝，息烛垂帘乃退，二十年如一日。卒年五十四。是《谱》为其子孝箴、孝铭、孝来同述，隶事之外，并详辑其学说，大抵抑二氏而尊儒，抑汉而尊宋，无甚特见。附贺涛所为《行状》，篇终忽缀以论，殊觉非体。而持义尤多失当，无足取焉。(15－81)

思补过斋自叙年谱一卷　同治刊本

清基溥自述。基溥字润野，先世赐姓李氏，内务府正白旗汉军人。笔帖式出身，官至吏部左侍郎，卒年七十五。是《谱》自述至同治六年丁卯二月止，即卒于是年四月初二日，见其子锺文、继芳所为后记。基溥以旗员服官几六十年，晚岁回翔五部侍郎，不得一升尚书，可以想其朴拙。《谱》中所记，官粤海关监督日，值广州定约后，英夷有入城之议，及庚申天津失守，文宗幸热河诸情事，可补他记载所未及。后记称"文宗朝深受信任，终为二王所抑"，二者，端、郑也。殆亦不肯移附权势者。基溥殁，妾吴氏以身殉节，故《谱》后以其节略附焉。(15－82)

蒋布政行状一卷　光绪刊本

清蒋凝学，字先民，湖南湘乡人。以儒士从军，积功升至陕西布政。于湖南、江西、安徽、甘肃等省，皆立有战绩。大抵善于以少击众，而以门牌司一捷为最著。寿川之役，苗沛霖已归命矣，而僧格林沁为所愚，推诚相待，曾国藩亦持两可之见。已而沛霖复反，国藩漫令还军南路，幸凝学坚持不退，沛霖不得逞，卒授首。此着关系颇巨。《行状》为其子泽沄、泽澍撰。二子皆诸生，俱以军功同补至道员。(15－82)

惕盦年谱一卷　光绪刊本

清崇厚自记。① 崇厚姓完颜氏②，字朴山。东河总督麟庆子，议俄约大臣崇厚兄也。道光庚戌进士，改庶吉士，甫散馆，即由编修升左赞善。又转侍讲，又二年而署户部左侍郎，因徇庇家人事降职。旋以内阁学士，派为驻藏正办事大臣。旋署四川总督，补成都将军。内用为镶白旗蒙古都统、刑部尚书，终于盛京将军，谥文勋。是《谱》乃其自记，至光绪二年丙子冬止，时年五十七，即卒于是年十月十九日。后有其子嵩申

① "崇厚"，疑"厚"当为"实"之误。
② "崇厚"，疑"厚"当为"实"之误。

跋。按崇实在四川总督将军任内,与骆秉章和衷共济,用收敉平之功,惟事事辄归功于己,殊近夸张。其于秉章亦间致不满之词,如谓秉章“清操优于才略”,又谓“末年神明已衰,几致声威稍灭”,当是实录。要其所记四川剿贼之事,正可与秉章之自述《年谱》互参。其在盛京将军任内,主定法改章,事权归一,请以将军兼总督事,府尹行巡抚事,即后日关东改省制之先声也。是记叙事周悉,如记咸丰三年勒令富绅捐款事,及两次查办四川大案,皆详具始末。又多录自作诗句,笔亦类雅。惟时涉神怪,言之凿凿,难免不学无识之讥耳。嵩申亦同治丁卯进士,时官翰林院检讨。(15－83)

仓布政年谱一卷 原稿本

清仓景愉自述。景愉原名景恬,避德宗讳,改今名。字静则,道光戊戌进士,以编修外简知府。历知江西抚州、湖南长沙府事,由贵州布政告归。自述止于光绪九年甲申,卒于十六年庚寅。后六年事,则其子所补也。自题云:“追忆生平事迹,据实书示吾儿,他日删繁就简,即可传信于家乘。倘于此外有丝毫溢美之词,以不孝论”云云。所述尤详于官湖南时事,方粤寇围攻长沙,景愉正摄长沙府事,筹办守御,随以长沙府知府兼署盐法长宝道。后为毛鸿宾、恽世临所扼,愤而去职。所记其时诸将帅,极推重潘铎、塔齐布、江忠源,而以粤寇北窜之祸,归罪于徐广缙。而曾国藩之枉杀,胡林翼、左宗棠之徇私,历历举之,不稍为贤者讳,则直笔及于他人矣。又称英国翻译官马嘉哩之被害,出于巡抚岑毓英之授意。其时景愉方藩云南,躬与其议,曾阻之而不见听,所言当可信也。《谱》后有其子植、尔桢后记云:“谨遵遗嘱,付之梓人。”而未见传本,岂拟刊而未果耶?(15－84)

胡文忠公年谱三卷 梅氏抱冰堂刊本

清梅英杰纂。英杰字殿芗,湖南宁乡人。是《谱》述胡林翼事迹,卷一从嘉庆十七年壬申一岁起,至咸丰三年癸丑四十二岁止。卷二从咸丰四年甲寅四十三岁起,至咸丰八年戊午四十七岁止。卷三从咸丰九年己未四十八岁起,至咸丰十一年辛酉五十岁止。盖林翼成道光丙申进士,入词馆,因故降中书,改捐知府。初试绩于贵州,旋回湖南,再调湖北。及克武昌,即以策画东南全局,而立中兴之基,其识略为同时将帅之冠。是《谱》因严树森所辑林翼旧谱而广之,刺取官私记载,并其宗谱、家书之属,排比成书,于一切练兵、命将、理财、荐贤、察吏,巨细不遗。其坚卓之志,沉远之虑,亦能曲为传出。即凡姓字之见于是《谱》者,无不详考其仕履,洵可谓尽心矣。梅英杰之祖锺澍,为林翼业师,而英杰其父又与林翼同厕戎行,故闻见特详,而推崇尤至。后序至引王闿运之言,以圣贤许之,则亦过矣。(15-85)

韩翰林诗谱略一卷　江阴缪氏刊本

清缪荃孙纂。翰林,唐韩偓也。偓字致尧,小字冬郎,京兆万年人。昭宗龙纪元年登第,天复二年擢左谏议大夫,旋迁翰林学士,又迁兵部侍郎,进承旨。三年,贬濮州司马,朱全忠恶之也。昭宣帝天祐元年,以兵部侍郎、翰林院承旨召,不赴。全忠篡唐,再以兵部侍郎、翰林承旨召,不赴。晚岁游闽,依王审知,卒年八十。是《谱》每年下,先系时事,次系偓事,又次系诗题。唐亡以后,但纪甲子。偓之生年,史无明文,则据李商隐赠诗"十岁裁诗走马成"句,冯集梧作商隐《年谱》,编入宣宗大中七年癸酉,上溯十岁,当生于唐武宗会昌四年甲子。可云得间。《谱》后复杂引群书,涉于轶闻及遗著者,以补《谱》所未及。云"诗谱"者,为读偓诗者作也。(15-86)

韩承旨年谱一卷　宣统辛亥刊本

清觉罗震钧纂。是书大段依缪《谱》,而所系时事较详。其特异者,谓:"《香奁集序》故为迷谬之词。《序》云:'自庚辰、辛巳之际,己亥、庚子之间所著歌诗,不啻千首。'又云:'自大盗入关,缃帙都坠,迁徙不常厥居,求生草莽之中,岂复以吟咏为事?'审如此说,则偓诗均作于未及第以前,咸通、广明之间矣。何以集中诗凡有年之可考者均在贬官以后,即《翰林集》亦始于及第之年?乃知其意在避文字之祸,都非正言。"

按震钧著《香奁集发微》,谓"偓诗无一非忠君爱国之忱",是《谱》即证实其事。故于天复元年下,标《香奁集》诗始于是年。又于天复三年下,谓"《香奁集序》云'大盗入关',应即指此年全忠举兵入朝事。明年全忠弑帝,故名之曰'大盗',纪实也。此后偓即贬濮州,贬荣懿,徙邓州,故云'迁徙不常厥居'"。诸所持说,亦自有理。其每年下所系诗,并推断为某人某事而作,则似有过于牵附者。(15-86)

郑桐庵年谱二卷　甲戌丛编本

明郑敷教,字士敬,晚号桐庵,取"居桐悔过"意也。崇祯庚午举人,与杨廷枢同榜,又同隶复社,声气之盛,亦复相亚。鼎革后,隐居教授,年八十卒,门人私谥贞献先生。是《谱》上卷讫弘光元年乙酉五十岁止,为门人徐云祥、卢泾材所记;下卷讫康熙十四年乙卯八十岁止,敷教自记。此本为其门人徐枋手录,道咸间归昆山潘晚香,后又归昆山马梅轩。上卷首册缺数行。从万历三十五年丁未十二岁起,而生于万历二十四年四月十□日,卒于康熙十四年九月初二日,别详于门人沈明扬所记。后并附同议私谥门人缪慧远等四十九人,及门人钦兰撰《私谥议》。民国甲戌,赵诒琛得而刊之,更附入《苏州府志·人物传》,而跋其后。(15-87)

鸿雪因缘图记三卷　道光刊本

清麟庆记。麟庆姓完颜氏,字见亭,嘉己巳进士。① 官至江南河道总督,革职,复以四品京堂授为库伦办事大臣,未赴任卒。按麟庆少随祖若父历官河南、江苏、浙江、山东诸省,年十九成进士,授内阁中书。旋授詹事府春坊中允,以京察外任,知徽、颍二府事,升开归陈许道、河南按察使、贵州布政使、湖北巡抚、江南河道总督。举凡山川游历,以至生平际遇,各为之图,而附以记,即创格之年谱也。卷一、二各八十帧,各冠以小照自题。据卷一郎葆辰序,称绘图者为汪春泉,而其子崇实

---

① "嘉己巳",疑"嘉"后脱一"庆"字。

《惕庵年谱》自记则云:“丙午葬事毕,即请从前绘图之陈朗斋专办此事。”岂补绘者为第二卷耶?然则始终其事者属陈朗斋,非汪春泉也。按朗斋名鉴,春泉名英福,皆尝客麟庆幕,或葆辰误记耳。《惕庵年谱》又云:“派人随往止扬州琼花观开局,延访江南名手开雕,越三寒暑而后成,刷印千部”云云。盖此书于麟庆在日,有门下士先刻成两本,有记无图,故其子崇实补刻之。其图绝精,所为记,文笔甚雅,诗亦工秀,颇似史震《西清散记》。① 其中且多涉掌故,足资观览。卷一有阮元、祁寯藻、郎葆辰、锺世耀、释了璞序,王国柱跋。卷二有赵廷熙、龚自珍、周际华、金安澜、释明俭序。两卷皆有弋载题词。(15－87)

鸿雪因缘图记四集一卷　稿本

清麟庆记。是《集》未付刻,且未有图,当是麟庆罢官归京后所作。题止三十,卷首亦有小照自题。所记游迹,京师之外,远仅近郊。《惕庵年谱》称麟庆罢官后,凡都城内外,古寺名区,无不造访,卒于道光二十六年丙午七月二十五日。而是卷《贤良待漏》云:“道光丙午,年五十六岁,因腿疾渐愈,谨于二月十一日,恭诣圆明园,出入贤良门,递折请安”云云。则所记终于卒年。合之前书,恰成完帙。其下又按云:“得旨,麟庆仍以四品京堂候补。”而《惕庵年谱》则载此事于前一年。盖《年谱》误也。其不刻之故,岂以一、二卷雕木在前,且此尚未足八十帧之数耶?一篑之亏,不能不为彼后人憾矣。(15－88)

魏文靖公年谱一卷　江阴缪氏刊本

清缪荃孙纂。按宋魏了翁,字华父,邛州蒲江人。父孝璹,本姓高氏,后于魏。登宁宗五年曾从龙榜进士第三,终于资政殿学士,知福州,兼福建安抚使。卒年六十,谥文靖。是《谱》即就《鹤山大全集》采掇钩稽,于了翁历史始末、从游名氏,略具梗概,亦间有纠正史传之误者。至于治学从政之大要,及遗闻轶事之见于他书者,俱未及详也。《谱》后有

① “史震”,疑当作“史震林”。

荃孙自识，盖四川总督吴棠拟刊《鹤山大全集》，因属荃孙为此，以弁卷首云。（15－89）

补辑李忠毅公年谱一卷　江阴缪氏刊本

清缪荃孙纂。是《谱》叙明李应昇事迹。应昇字仲达，江苏江阴人，万历丙辰进士，授江西南康府推官，行取为福建道监察御史。以讦魏忠贤，被逆党曹钦程劾为东林护法，削籍归。忠贤旋假苏杭织造劾周起元疏，厕入其名，逮锦衣狱，竟死狱中。福王时，追谥忠毅。应昇子肤公，尝作《年谱》，佚不可得。是《谱》乃荃孙据《明史》列传，《江阴志》，钱谦益、吴伟业两墓志辑成。按赵吉士《续表忠记》有应昇传，所记如缪昌期为应昇之姑夫，吴锺峦为其师，故释褐及被逮日有极痛切之训语。其死也，实许显纯承奄意，而丧于狱卒颜紫之手。凡此俱为是《谱》所未载。又《谱》记官南康日，决积案千六百余，而赵《传》止云"六百余"，未定谁是。《谱》后有荃孙自识，称"略存梗概"，其疏漏固无足怪耳。（15－89）

姜司寇年谱一卷　嘉庆刊本

清姜晟自述。晟字光宇，号杜芗，原籍山东莱阳。高祖埰，明礼科给事中，以言事谪戍宣州。埰子实节卜居吴门，遂籍元和。晟成乾隆丙戌进士，洊升至直隶总督，以永定河决革职。随复录用，又洊升至刑部尚书，调工部尚书，因病请开缺。旋因直隶总督任内失察事，议革职。准以四品京堂休致回籍，卒年八十一，时嘉庆十五年庚午也。自述讫于是年三月，其卒在四月七日，见其子廷璨等所为跋。所述事迹，自释褐日授刑部主事，升员外郎、郎中，屡迁光禄太仆少卿，仍兼理部务，且迭派往外省审办案件。外放江西按察，骤擢刑侍。解湖北巡抚任后，又还刑侍任。在两湖南任内①，又屡派审办云南、湖北、江西案件。在直隶总督被议革职后，仍回刑部。尤奇者，前后二十余年，再为刑部主事员外郎，又由侍郎至尚书，仍在刑部。综其一生，盖与刑务相终始。其间在

① "两湖南"，疑衍一"南"字。

湖南北剿办苗教诸匪,亦著劳勚。至其两次蹉跌,则所遭不幸,非其罪也。(15－90)

醇亲王使德始末记 排印本

无编者名氏。按庚子和约,以德国公使克林德被戕于拳匪,订有派亲王赴德道歉一条,醇亲王载沣之使德,即以是故。是《记》辑录中外报章,首纪事,次论说,次诗词。纪事从光绪二十七年五月二十七日起,至是年十月十八日抵保定止,中间纪去来行程及国内外接待之概况。最要者,为德皇欲迫醇王及各随员行拜跪礼,醇王因之濡滞不前,至于以死自誓。既闻德皇意忽改变,且委之谣传之无稽,醇王遂得终使事。此其大略也。编者于西报止译原文,惟易西历为俗历,便览闻耳。论说所见不同,皆可借镜,诗词则寥寥耳。(15－91)

周书年月考二卷 道光甲午刊本

清马肇元撰。肇元字六坪,安徽桐城人,马瑞辰之弟。首有瑞辰序及肇元自序。大旨以《周书》自武王克商下距春秋,惟共和以上二百余年为《史记·表》所不详,班、郑二家相沿讹阙。肇元杂采旧说,订其异同得失。如武王克商,据郑康成注,岁在辛未。又谓:"古文《武成》篇所称一月、二月、四月者,有殷、周正之别。武王改祀为年,以建子之月为正月,在《史记》所称'武王即位社南'之后。其一月、二月系在即位社南之前,仍用殷正;四月则在其后,改用周正。其实丑、寅、卯乃顺次三月也。"又谓:"《洪范》称'惟十有三祀',考'武王胜殷,杀受立武庚,以箕子归,作《洪范》',与《泰誓序》'十有一年,武王伐殷。一月戊午,师渡孟津,作《泰誓》三篇'词意相承,明是一时之作。《泰誓序》盖误'三'作'一'。"又谓:"《金縢》称'既克商二年',此'二年'是克纣之明年,武王即崩于是年。篇中所称'翼日乃瘳'者,盖瘳后而崩。《史记·封禅书》称'武王克商二年,天下未定而崩'可证。"又谓:"'周公居东二年',即是东征,即《大传》所云'一年救乱,二年克殷,三年伐奄'。郑《注》称'先居东而后东征'者□。"又谓:"《康诰》即《大传》所称'五年营成周'

时诰康叔之篇,封康叔乃成王三年事,书轶不传。”又谓:“《多方》所称‘丁亥’,为三年五月二十三日,王已灭奄归周之时。《费誓》所称‘甲戌’,则在《多方》‘丁亥’以前,疑在二年秋既诛武庚,《金縢》所谓‘罪人斯得’之时。”凡此诸条,所援据俱甚的。惟《召诰》所称“二月、三月”,郑《注》谓当为“一月、二月”,所见甚卓。元和李锐称其所考验,一一符合,而肇元乃斥为臆测,似欠细勘。殆未见李氏书耶?书中于《牧誓》《洪范》《金縢》《康诰》《召诰》《洛诰》《多士》《多方》《顾命》《费誓》,凡涉年月者,靡不考,皆今文也。其属于古文之《泰誓》《武成》《毕命》三篇,别附于后,亦有说。自序云:“不难于考核之精,而难于帝王年数之实。”又云:“折衷取信于经,而历为之证。”可以知其概矣。至其因年月而论“文王称王”“武王观兵”“周公践阼”,以及“岁星超辰”诸说,证其该博,虽非主旨所在,多可取焉。(15-100)

周书年表一卷　道光甲午刊本

清马肇元撰。是《表》取与《周书》年月相证,以周自共和以上仅著于《史记》世表,而缺略不完,班固《汉书·律历志》所说周年率依刘歆《三统》,而歆作《三统》多以己意推测,不可信,因据《诗·大雅》疏所引郑康成《注》及《史记·封禅书》《周本纪》《鲁世家》参互钩稽而为之表。其间周鲁并列,盖借鲁之年数以证周年之数。武王克商辛未之年,讫鲁慎公十三年,当厉王三十六年己未,凡二百二十九年;又《史记》共和元年庚申,讫惠公三十七年己酉,即平王三十九年,凡一百一十年;合三百三十九年。其明年庚戌,即杜预《春秋释例》所托始,得此可以相贯矣。自谓“于经可合,于历无违”,核之信然。书中兼详古历法,亦学者所宜知也。(15-101)

倪高士年谱一卷　宣统元年刊本

清沈世良辑。世良字伯眉,广东番禺人。诸生,选授韶州府教授。高士者,倪瓒也。世良成是《谱》,先刊于伍氏《岭南遗书》及《粤雅堂丛书》中。刊成而世良已殁,未及校勘。其子泽棠,据以重刊,于伍氏本讹舛者颇有订正。补录《四库提要》、《明史》本传于卷端，并附录《清闷阁集》中序、传、表、铭、撰人姓氏，以资稽考，视伍本殊胜之。按是《谱》以本集为主，旁及诸家书画题记，搜采颇博，考证亦详。瓒生于元大德五年辛丑正月十七日，卒于洪武七年十一月十一日，盖据周南老《云林墓志》。而《南濠诗话》称："洪武甲寅，元镇年六十八。秋七月始还乡里，不久竟以脾疾卒。"甲寅即洪武七年，与《明史》合。《明史》称卒年七十四，则云六十八者非也。他条如据本集《赠郯九成小引》，证《鹤林图》题"至正辛巳"之伪。据至正无癸亥，证《题赵松雪山居图》之伪。据陆友仁《隶书世说》，证洪谷子《秋山晚翠图》之伪。又如《清河书画舫》称："至正癸卯，元镇时年八十三，为进道写青绿山水小帧。"按瓒卒年止七十四，癸卯才六十三耳，"八"当为"六"字之误。《壮悔堂集·云林十万图记》，有与张伯雨论诗语，款署至正癸丑。按伯雨卒于至正八年戊子，距癸丑已二十五年，安得伯雨犹在？记并有携妻谒山事，疑皆出朝宗妆点。如此之类，具见精审不苟。至其荟萃之富，可视作云林画史。而题咏之不见于集者，又可视本集补遗也。卷首有泽棠序，卷末伍绍棠跋，仍存之。(15－134)

六安涂大司马行述一卷　民国庚申活字印本

清涂宗瀛，字海王，号朗轩，安徽六安州人。道光甲辰举人，同治元年大挑一等，签发江苏知县，曾国藩奏留安庆，办谷米局事。金陵克，又檄办金陵巡防保甲总局事。旋奏署江宁府知府，历苏松太兵备道、湖南按察使、湖南布政使、广西巡抚、河南巡抚、湖南巡抚，升湖广总督，时光绪八年也。逾年即乞休，又十一年而卒。是编为其子习恪撰。按宗瀛刚正有为，所措施具详篇中。惟王树汶一案，言之不详。顾家相《五馀读书廛随笔》记其事，谓："剧盗胡提安纠伙行劫，有王树文者，年十八九，为盗看守衣物。嗣因破案，捕胡提安不得，捕役遂迫树文冒顶，教令认供，已成招解省咨部矣。行刑日，树文忽呼冤，宗瀛命停刑，复发开封府鞫问，奈官幕交相回护。寻宗瀛移鄂，李鹤年继之，回护如故。后刑部请旨提全案至京，定案树文仅拟徒罪。李鹤年及原审府县均分别议罪，宗瀛亦以疏忽得革职留任处分”云云。编中又载陈宝箴去职时陈奏事，而不得其故。盖二次提审，陈宝箴与其事，而未受处分，为张佩纶所劾，降三级调用故也。编中载激变营兵之江夏县知县及劾奏之言官，皆讳其名。按知即蔡炳荣，言官即张观准、李鸿逵也。又按宗瀛为言官劾奏凡二次，皆由彭玉麟查办了案，编中漏载其一。玉麟于后案覆奏，末云：“深知其居官为人，办事勤慎，治躬清俭，居心正大，与人诚朴。廉于取财，亦未能惠以济众；严以守己，亦未免苟以绳人；爱民敬贤，而恶恶不无稍过；随才任使，而知人未能尽明；长于吏治，而短于兵事”云云。虽语稍抑扬，而情极推许，节之可作传赞，似不宜遗也。宗①（15－135）

何端简公年谱一卷　刊本无年月

清何世璂，字澹庵，山东新城人。康熙己丑进士，雍正元年放浙江学政，未终任，补两淮盐运使。三年，擢贵州巡抚。六年二月，授刑部额外侍郎。三月，转户部左侍郎。四月，转吏部右侍郎。皆兼刑部如故。五月，署理直隶总督。雍正七年卒于任，谥端简。据《谱》，世璂四十四岁始通籍，五十八岁补山西道监察御史，未三年而至巡抚，何其骤也。尤异者，世璂被李日更劾奏，世宗嫌其柔顺太过而内用，乃是年即授直隶总督。而世璂自审才短，管盐政日，具详督抚，愿还京职。在直隶任内，举张广泗自代，自荐张坦麟，皆不允。因见世宗之用人不可测，即世璂亦不解所以受知者何在也。是《谱》题俞正燮编次，于其父母之殁，全录王士禛、李绂、齐召南志传之文。于两度封赠父母，全录例撰制文。于去浙日，又全录浙士所立《去思碑》。而抚黔督直，政绩全无。正燮以精考据称，不宜详略失当若此，疑托其名以为重耳。卷首录国史馆列传、孙勷撰《墓志铭》、鄂尔泰撰《墓表》、张廷玉撰《神道碑铭》。（15－136）

张北湖年谱一卷　乾隆写刊本

清王朝晋，自号北湖子，浙江海宁人，诸生。是《谱》为其子京颜纂

---

① 此字在篇末，似别有他语。

辑。朝晋生于康熙壬子,卒于乾隆癸酉,八十二岁。年十二,为诸生,四十后,即不应试。平生研理学,尤服膺张杨园。《谱》中所记,从三十四岁始读杨园《训子语》,三十五岁抄《杨园全集》,三十七岁制棺赠杨园如夫人陆氏,三十九岁刻《杨园言行见闻录》,五十岁约同人筹资葬杨园后人五棺。又搜编杨园未刻稿。盖私淑杨园最深也。交硖川陈梓最深且久。梓曾编《杨园年谱》,盖道合而志同也。朝晋先代本陆氏,明吴元年,赘于张,遂姓张。《谱》载与梓论复姓事,谓"理虽正,而极重难返,不得已,刊诸家乘,令子孙勿与陆氏通婚姻"。按此议可为嗣异姓者取法。据《谱》,朝晋所著有《六有斋札记》《读书记疑》《陈几亭集摘录》《曹月川夜行烛疑义》,今俱不见传本。惟录诗文十余首,可借窥其蕴蓄之一斑焉。京颜,亦诸生。(15－137)

邓尚书年谱一卷补遗一卷　宣统元年刊本

清邓廷桢,字维周,江苏上元人。嘉庆辛酉进士,以编修外简延安府知府,渐升至两广总督。时值禁烟事起,林则徐以钦差大臣抵粤,相与制夷治奸,并筹战守之具,无不同心共济。廷桢旋调督闽浙,既而战局开,廷议中变,廷桢与则徐俱获谴,戍军台。未几召还,终陕西巡抚,年七十二。是《谱》为其曾孙女邦康所辑。据《族谱》《行述》《墓志》,益以他所记载。卷首附引用书目,殊嫌漏略。其道光十六年秋八月《覆奏鸦片烟情形疏》及冬十一月《论私运疏》,俱谓"今不可考"。按此二疏具存《道光夷务始末》书中,惜邦康未之见也。又按,粤人梁廷枏著《夷氛闻见记》,廷枏曾参廷桢幕,记廷桢筹粤事甚详,惜邦康亦未之见也。又廷桢所著《毛诗双声叠韵谱》《说文双声叠韵谱》《双砚斋诗抄》,皆有刻书年月,而《谱》俱不著之,非也。《谱》所著者,仅道光丁亥刻方绩《屈子正音》一条。按绩乃方东树之父,东树为廷桢客,廷桢于是书多所辨正,单题方绩者,殆谦词耳。《谱》不表而出之,亦非也。惟补遗数条,录自林则徐未刻公牍,稍可贵,但不甚关重要耳。后有邦康跋。(15－137)

朱文端公行述一卷　道光刊本

清朱轼,字可亭,江西高安人。康熙甲戌进士,以庶吉士改官知县，宰潜江，入为刑部主事，升郎中。放陕西学政，部吏劾报册延迟，降二级调用。士子七千人诣大吏跪留，事为圣祖所闻，特旨令复任。寻历光禄寺少卿、奉天府尹。超擢浙江巡抚，内升都察院大都御史。既丁父忧，圣祖令在任守制。疏乞回治丧，不许。请往军前效力，亦不许，只命往山西劝赈。旋准给假安葬。世宗改元，兼吏部尚书。乙巳，授文华殿大学士，偕怡贤亲王等及畿辅营田水利。丁母忧，诏以素服视事，寻因病解部务。庚戌，兼官兵部尚书事，又署翰林院掌院学士事。乙卯，命视浙江海塘。乾隆改元，召还，未几卒，谥文端。是编为其子必阶等所撰，虽未分年隶事，而记载较详。所录奏疏，首尾完具，足觇梗概。按轼受知三朝，所建白颇多。其大者，规画畿辅营田水利章程、预杜开垦、禁止滥刑、盐政去弊诸疏，俱切中时势，不稍涉迂腐。其请终制三疏，词旨哀楚，何减孝伯《陈情》。世宗朝以藏吕留良私书，部议革职，特旨留任。未几，赐还原职。而顾天成等请驳留良《四书讲义》，复命轼总理其事。而世宗之守秘调护于母死之时，高宗之降尊问视于病危之日，尤非他儒臣所能及也。必阶，以荫官通政使司右通政。（15－138）

周渔璜年谱一卷　陈氏听诗斋刊本

清周起渭，字渔璜，一字桐埜，贵州新贵人。康熙甲戌进士，官至詹事府詹事。起渭以诗称康熙间，而殁后无志状可考。是《谱》陈田辑。据起渭门人方婺如所撰《书桐埜诗集后》，得其生卒年月。又据《桐埜诗集》、日记，及同时吴滋大、陈廷敬、田雯、赵吉士、毛奇龄、李振裕、陈尧凯、刘青藜、缪沅、揆叙、王式丹、查慎行、乔崇烈诸集，查为仁《诗话》，得其交游倡和之大略，而未能详尽也。然亦颇有考订也。如据乔无功《学斋诗集》，得请出京应在康熙丁亥，而诗集《送无功还宝应》诗误系于戊子者。又如《分咏京师古迹》以下九诗，诗集误编在己丑。据查初白《敬业堂集》、王方若《楼村集》，则在戊子。田皆据以改正。又法梧门《清秘述闻》载，康熙四十六年，起渭以詹事任顺天学政。田考定起渭任顺天学政在康熙四十九年，时官侍读。则年与官皆误也。别搜得起渭佚诗

一首，删余诗四首，可补诗集之缺。田，贵州贵阳人，光绪丙戌进士，官至给事中。（15－139）

沈文节公事实一卷　光绪壬午刊本

清沈炳垣，字紫卿，浙江海盐人。道光乙巳进士，改庶吉士，散馆授编修，旋升右春坊右中允。乙卯，督学广西，道经梧州，遇艇匪来攻，助府镇防守。城陷，仰药未绝，贼拥之去，以骂贼死。诏赠内阁学士，兼礼部侍郎衔，谥文节。按道咸军兴以来，学臣遇害者，有湖北学政冯培元、安徽学政孙铭恩，并炳垣而三。冯、孙俱赠内阁学士兼礼部侍郎衔，予谥。炳垣秩较卑，而饰终相同，盖异数也。是本系其子守廉编，首冠谕祭谕碑二文、国史列传，次广西巡抚劳崇光请优恤原奏，次咸丰十一年上谕准劳崇光请在省城建立专祠并附原奏，次礼部请赐恤原奏，次御史吴祖昌请逾格加恩原折，次光绪十四年上谕准徐用仪等请在原籍建立专祠并附原奏，次《海盐县志》传，次家传、事状、诔文、挽诗、题词，终以其弟拱枢所撰《年谱》。于光绪八年付刊，距殉节时二十四年矣。后并有守廉跋。（15－140）

崔东壁行略一卷　嘉庆刊本

清崔述，字武承，号东壁，直隶大名人。乾隆壬午举人，以截取知县，两任罗源，一调上杭。在官仅六年，即告归，卒年七十七。其居官之前与后，皆著书之日。所为《唐虞考信录》《夏考信录》《商考信录》《丰镐考信录》《洙泗考信录》诸书，辨伪存真，自成一派。《行略》为其门人陈履和所述。履和识述于逆旅，事为师，问业止两月，乃至终身依慕，尽刻其遗书书八十八卷。① 是编所举治罗源、上杭之治绩甚具。卷后补一条，则在罗源时所释被诬为盗之林孙，后以功升至浙江提督，亦何殊李白之识郭子仪耶？于著事事记之尤详。② 而师与弟数十年

---

① “遗书书”，疑衍一“书”字。

② “著事事”，疑衍一“事”字。

眷眷之情,跃然如见,则履和亦足传矣。履和,云南人,以举人选知县。(15－140)

秋士自述年谱一卷　道光刊本

清徐元润,字云伯,号秋士,江苏太仓州人。嘉庆己巳举人,历官紫阳、宜川、渭南、白水知县。卒于道光戊申八月,年六十二。自述至是年四月止,五月至八月,则其子春祺所补述也。《谱》中自记,四十以前记交游,四十以后记仕履,质朴无夸辞,殆笃实人也。尝受业于钱竹汀门人陆学钦,受知于莫晋、朱珔,友盛大士、葛其仁、王宝仁、黄安涛,皆知名当世者也。其应秋试日,适祖母病殁,重孙例应持服,但闻讣时,三场已毕,院司以例无明文请部示,部议丁忧应以闻讣日始,著为令。按此事创未开之例,亦足记。又按元润长于诗,据《谱》有《琴思》《蓟门》《昌亭》《壶口》《灌园》诸集,他著有《居易肤诠》《禹贡图说》《春秋国名考》《经义图说》《说文凡例》《读经日记》《读史日记》《史贯》《史泊》《摘填丛钞》诸书,俱未见传本。(15－141)

丁松生年谱四卷

清丁丙,字松生,浙江钱塘人,诸生。是《谱》,其子中立辑①,凡四卷。每条下附小注,条文简而注语赅,法甚善。按丙一生以积书为事,有《八千卷楼书目》及《善本书室藏书志》,且淡泊不乐仕进,而尽力于地方事。凡赈粥施棺、育婴掩骼、浚河建桥、恤难民、旌节义,一切善举,无不倡助。并修复先代寺庙祠墓,而搜讨文澜阁散出之书,复成完本。及刻《武林往哲遗著》《武林掌故丛编》,至数百册,又助学使潘衍桐成《续两浙𬨎轩录》,得三千家。自又辑《杭郡诗》,得四千七百余家。尤为有功文献。其记杭城两次失陷,得之身历,亦考咸同兵事者之所资也。中立字修甫②,光绪辛卯举人。(15－141)

---

① “中立”,疑当作“立中”。

② “中立”,疑当作“立中”。

少司徒王公传一卷　明刊本

明郭正域撰。王公讳重光，字廷宣，山东新城人，万历辛丑进士。《传》称其守云中，与俺答议马市。又以法惩仇鸾部卒，定折值给饷卒之之法①，诛杀良冒功之卒。数事俱足纪。《明史》无重光传，可据此补之。惟是本四、五、六、七各页，文不衔接，中有脱简，而以其妻某氏传杂其中，而页数仍相连，诚不可解也。(15–142)

陶方之行述一卷　光绪刊本

清陶模，字子方，号方之，浙江秀水人。同治戊辰进士，以庶吉士改官知县，官至两广总督，卒谥勤肃。是篇为其子葆廉所述。按模一生宦迹，多在陕甘，由文县知县，历陕甘总督。新疆初设行省，模为巡抚，时值英俄争帕米尔坎巨提事，湘军在新疆者，咸愤激欲开战，时议和之，模独主修备守疆，据理力争。甘肃逆回之变，外顾邻封，内消反侧，其才识有过人者。篇中述此最详。而考证地理，如帕米尔，即唐人《西域记》之"波罗谜"，亦即乾隆《御制文集》所称之"叶什勒库尔"。罗布淖尔，即《汉书》"蒲昌海"，唐人《西域记》之"纳缚波"，音转为罗布。海北四百余里之都纳里等处，即郦氏《水经注》所谓"龙城，姜赖之墟"。海南一百四十里之卡克里克，有古城遗址甚巨。其东一百里密阮，其西二百里凹石峡，均有古废城，即《新唐·地志》所谓海南岸之七屯城，汉楼兰国、鄯善城、弩支城各地。盖葆廉素精地理，诸地其所亲历，撰有《辛卯侍行记》，可与是篇相参。又按模于同时督抚中，颇倡新学，如设舆图馆，诱奖治畴人家言者，教兵士以新操，晚将弁以窆沟伏地发枪之法，奏请废科举，办学堂。广东之有学堂，自模始之。抚新疆日，曾上《勉图补救》一折，所举革旧布新，凡十数事，尚先于戊戌三岁也。其裁制董福祥，防其以骄纵偾事，亦有先见。葆廉附贡生，分部员外郎。(15–143)

---

① "之之法"，疑衍一"之"字。

唐一庵年谱一卷 咸丰甲寅刊本

明李乐辑，清王表正重辑，许正绶三辑。按唐枢字子镇，浙江乌程人。嘉靖五年进士，授刑部主事，以言事斥为民。《明史》有传。是《谱》初稿，撰于李乐，表正因之，而有所刊落。惟李《谱》止抄本，字多讹误。正绶参二本而加以润色。《明史》本传，但载《论李福达第一疏》，其《请复大礼谏官疏》《请罢浙江太监镇守》二疏、《又论李福达第二疏》，俱缺，幸借李《谱》而存。又按枢自罢官后，虽日以讲学为事，而优于干济。出为郡守陈赞，条陈地方利病十事，及说降土寇江天祥数千之众。其关于防御倭寇者，巡按林应箕、赵炳然，郡守赵炳然、徐洛，兵部尚书张经，总督胡宗宪，皆就询方略，以为进止。不特本传不载，即其门人钱缜所为《墓志》亦不之及，皆赖李《谱》著之。正绶所考证者，据李《谱》载，安定书院改为颜祠，新庵改为曹祠，事在嘉靖十六年，以正府志属于嘉靖八年之误。又据李《谱》枢结岘山秋社，在嘉靖癸卯，时年四十七。阅六年，至丁未，汤世贤为筑堂名逸老社，府志即据是年为结社之始，亦误。又本传谓“粤蜀滇黔，无不视历”，而游录不载蜀、滇、黔，李《谱》同，或别有据。李《谱》止汉口，止潼关，亦非，当以《墓志》为准。止此三条。正绶又谓《木钟台集》有“有地”“有人”“有事”“有论说”诸条，本可编入，惜为李《谱》所遗，今无岁月可考，是则乐亦不能无漏略矣。李辑无序，王辑有宋瑾、吴光二序，康熙五年归安儒学详牍。许辑有凡例，卷首有枢遗像，正绶作赞，附《明史》本传、《湖州府志》传，又以钱缜《墓志铭》殿《谱》末。乐，桐乡人，隆庆二年进士，尚宝司卿。表正，宁海人，举人，归安县教谕。正绶，乌程人，湖州府学教授。（15－144）

纪慎斋行述 嘉庆刊本

清纪大奎，字慎斋，江西临川人，乾隆己亥举人，以四库全书馆誊录议叙知县。历宰山东之商河、馆陶、昌乐、栖霞、福山、博平，四川之什邡、合州。告归，卒年八十。是编为其嗣孙运沣所述。按大奎以理学而为循吏，明察而慈惠，为民所爱戴。在什邡最久，编中记其事尤详。然有近于语怪者，如述大奎在都时，得宋刻《元包经》，北周成都人卫元嵩撰，政和元年，什邡令杨楫刻，并作序言。莅官三日，谒卫先生祠，有茔域在县廨东偏，而省县志"祠墓"俱失载。大奎适补是县，若有先兆，犹可曰事出偶然，至述乩语称卫真人题诗有"惟有大奎清且良"句，且疑于诞矣。又述邑中洛水源出九龙坪，旧有禹母祠，此洛水见《山海经》，大禹生时，有洛出书之祥，当在此。洛水八方皆相对合十，秦置什邡县，义本此，犹可曰不妨臆解。至恐人不信，因设坛祷雨，以验否定此义之是非，又近于诞矣。编中述其与文为宪言学，谓"陆子称'宇宙内事，皆己分内事'，可见不是空讲心，便与朱子明德具众理应万事意同"。按大奎论学，不分朱陆，不分儒释道，几欲汇众流而归于一，是数语可觇其概。大奎本精术数，临川人尚传有种种预知之事，恐出附会，不足信。（15-145）

邻苏老人年谱一卷 石印本

杨守敬自述。守敬字惺吾，官黄州日，以城北即东城所游赤壁①，因筑园名邻苏，自号邻苏老人。湖北宜都人，同治壬戌举人，以景山官学教习期满选授黄冈教谕。是《谱》记至辛亥十一月止，其后应大总统之召为顾问，又为参政，卒于民国乙卯，则门人熊会贞所补也。按守敬授笔法于文昌潘存，由是善书，更进而推而究楷法碑帖。在日本得森立之《经籍访古志》，由是知藏书，并熟目录之学。自与熊会贞撰《隋书地理志考证》，推而及历代沿革，更上溯于《水经》。《谱》中于此数事叙之较详，惟匆卒写成，稍欠修饰。开端言日者推其流年，止七十三，故《谱》即作于其年，然卒之年乃七十七，则日者之言竟不验，删之可也。（15-146）

吴荷屋年谱一卷 嘉庆刊本

清吴荣光自述。荣光字伯荣，号荷屋，广东南海人。嘉庆己未进士，改庶吉士，散馆授编修。授湖广云南道御史，以稽察中仓失察革职。

① "东城"，疑"城"为"坡"之误。

再补刑部员外郎，以郎中外放陕安兵备道，洊升至湖南巡抚。因事降四品京堂，再授福建布政使，寻以原品休致。卒于道光癸卯，年七十。《谱》中除记居家居官事，尤详于金石、书画。盖荣光本善书画，兼治金石之学。平生得力于刘石庵、翁覃谿，而资助于黄本骥、瞿树辰。如摹刻《定武兰亭》《筠清馆法帖》，刻《辛丑消夏记》《筠清馆金文》，辑成未刻者《帖镜》《筠清馆石文》，俱著于《谱》。据《邻苏老人年谱》，《帖镜》曾归南海伦郎中五常，旋于京邸失之。其《筠清馆石文》，则不可考矣。(15－146)

童宗伯行述一卷　光绪刊本

清童华，字惟充，号薇研，浙江鄞县人。道光戊戌进士，改庶吉士，散馆授编修，官至工部右侍郎，卒年七十二。是编为其子德厚、秉厚所述。华虽官止侍郎，而屡奉命查办要案。其奏结四川东乡一案，牵涉总督文格、丁宝桢、李宗羲，而言官又劾其在华州途次失察家人需索之事。按王闿运《湘绮楼日记》亦言："两钦使需索供应，惟丁宝桢实有轻纵李有恒回护文格之嫌，华与恩承所拟大致尚允。此邓承修奏所云'弹疆臣如撼山，参廷臣如拉朽'，亦慨乎言之也。"王闿运党于丁宝桢，《日记》中于二钦使多有谤辞，亦不足置信。但朝廷处置此案颇善，除孙定扬、李有恒按律定拟外，文格革职，李宗羲降一级留任，丁宝桢以平日勇于任事，操守尚好，故改革职留任，惜是编未连而及之也。后附其妻盛氏行述。(15－147)

桃溪潘氏文献二卷　乾隆刊本

清潘书馨辑。书馨字汝潢，自称颍川逸叟，安徽婺源人，布衣。桃溪者，婺之一乡也。首有周曾培、汪基二序，又有书馨自序。人各系传，而附以诗文。计宋一人，明二十七人，皆曾登仕籍者。明经七人。惟节斋先生隐居不仕，盖值宋革命，秉节不履元地，楼居二十年，故以之弁首，景名贤也。后附廷试将军传，以武职而别之也。《桃源观纪轶》，则以地不以人也。《颍川先生略》，则书馨自传也。别附《桃溪潘氏世代纪

略》及《桃溪潘氏尺牍》。书刊于雍正丁未，至乾隆壬辰重刊，有曾孙联彩后跋。(15－147)

鹿樵自叙年谱二卷　道光刊本

清张大镛撰。大镛字声之，号鹿樵，江苏昭文人。乾隆甲寅举人，纳资为内阁中书，洊升内阁侍读，外放河东道，告养归，卒年六十九。是《谱》成于告养之后。分年编次，上卷自乾隆庚寅至嘉庆庚辰，下卷自道光辛巳至戊戌。是《谱》所记，一事必竟其事之原委，一人必具其人之本末，即毫不关涉者亦掇拾及之。其官中书日，多朝廷掌故及名人轶事，如高宗八旬万寿之铺陈，仁宗喀喇河坠骑之预兆，内阁稽察房改革之缘起，兵部帐房失印之由来，皆其重且要者。他若梁山舟却赠之清介，陈曼生刻印之敏速，亦挥麈之所资也。官河东道日，则盐务公牍居多。惟附录诗文，多关地方故实。归田后，大率家常琐事而已。要亦年谱中之别体也。(15－148)

徐寿臧年谱　嘉业堂刊本

清徐同柏，字寿臧，浙江嘉兴人，岁贡生。生于乾隆乙未，卒于咸丰甲寅，年八十。是《谱》为其子士燕编。按同柏为张叔未廷济之甥，少师事之，共治金石之学。与沈铭彝、张燕昌、钱梦庐、李遇孙、汪远孙、黄士珣、胡敬、赵之琛、陈均、徐楙、刘喜海、瞿世瑛、蒋光煦、陈介祺、瞿中溶辈，各以所学相订正。所辑《古履仁乡古器铭》三卷，若张氏清仪阁、古邨书屋、铜篆书堂、吉石祥金楼、沈氏雪浪斋、王氏清和堂、对山草堂、葛氏溪阳书屋、珠溪草堂，合之同柏之从古堂，天地古今之秘，聚于一隅；师友戚党之欢，同此一物，真罕有之盛事也。《谱》中所记，于考释之物，辑录之书，一一详之。虽多散佚不存，而其目具在，亦谱录中一雅典也。末附张叔未京邸七札、诗二首，沈竹岑七古二首，朱建卿、陈寿卿各一札。盖藏稿之仅存者。士芬字穀孙。后有刘承幹跋。(15－148)

卢霖生自述年谱一卷　道光刊本

清卢荫溥,字霖生,山东德州人。乾隆辛丑进士,改翰林院庶吉士,散馆授编修。辛亥,御试翰詹,列三等,降礼部主事。嘉庆庚申,补军机章京。辛未,以光禄寺少卿在军机大臣上学习行走,终于吏部尚书、体仁阁大学士。道光癸巳致仕,卒谥文肃。自述至己亥四月,顺天府奏请就近重赴鹿鸣而止,即卒于是年五月,竟未及赴也。后有其子本跋。《谱》中所记,前半多查案事,后半多阅卷事,大率稳练循谨人也。按荫溥为卢见曾之孙,见曾官扬州日,风流文采著一时。致仕后,为继任盐运使讦其在任内提引事,致受惨戮,家产籍没,子孙连坐,时荫溥才九岁。《谱》中所云"言之痛心,不忍备述"者也。后大学士刘统勋为之昭雪,荫溥父谦得复官,则见曾之死实诬也。《谱》记此事殊略,殆犹有所讳耶?(15－149)

张温和公年谱一卷　咸丰刊本

清张祥河,字诗舫,江苏娄县人。嘉庆庚辰进士,授内阁中书。道光甲申补军机章京,辛卯以户部云南司郎中外放山东督粮道,洊升至陕西巡抚,旋内召为内阁学士,洊升至工部尚书,致仕。卒年七十八,谥温和。是《谱》为其子茂辰等所编。按祥河早岁负诗名,入宣南诗社,与陶云汀、周稚圭、钱衎石、董琴南、鲍双湖、朱茮堂、李兰卿、潘功甫、徐廉峰、汪大竹、吴小縠、吴西縠辈相唱和,颇极一时之盛。《谱》所记晚年入九老会,又与陶凫芗、潘木君、陆稼堂、李朴园、何子贞辈相唱和,皆极一时之雅兴。历官内外,则官自为集。此外别无赫赫之建树,谏院至以诗酒风流、不理公事劾之,盖一词臣才具耳。曾见某说部,载其广蓄姬妾诸豪侈事。证之是《谱》,六十二岁同时生二子二女,则其言不诬矣。(15－149)

翁文端公行述一卷　同治刊本

清翁心存,字二铭,江苏常熟人。道光壬午进士,改庶吉士,散馆授编修。洊升工部尚书,兼管顺天府尹事务,以失察盗案事落职。未几起用,又洊升至体仁阁大学士,管理户部事务。咸丰己未致仕。穆宗即位起用,以大学士衔管理工部事务,旋命在弘德殿授读。是年十一月卒,谥文端。是篇为其子同书等所述,但详官职迁除年月。然开端云:"凡所规画,务崇大体。有以言利之说进者,必抗词执奏,不为少诎。"篇末云:"及官卿贰,为院长,荐达贤俊,不可胜数。其手疏密陈者,辄焚其稿。"又云:"今上初登极,即一再上封事,盖以人才为首务"云云。其中皆含有实事,体固宜尔。末又特著与肃顺廷争洋药税,几陷不测事。其时肃顺已伏诛矣。(15-150)

沧来自述年谱一卷 嘉庆刊本

清鳌图自述。鳌图姓于,字伯麟,号沧来,汉军镶红旗人,于成龙曾孙也。乾隆庚寅举人,以知县拣发江苏,洊升江苏按察使,以审办金山寺僧案降三级。终于江安粮道,年六十二。是《谱》自述至四十八岁至①,并自刻行。四十九岁以下,则其子定保等所续。据《谱》所载,大率治事稳练,尤长于折狱理河。又好作诗,与钱竹初、赵云松、洪稚存、王侪樵辈互相唱和,风雅有足称者。惟叙事中多参入夸谀无实之语,自述与子述其父,俱非体也。(15-150)

汤文端自订年谱一卷

清汤金钊撰。金钊字②,浙江萧山人。乾隆中乡试第一名,嘉庆己未进士,官至吏部尚书,署翰林院掌院学士。道光壬寅,缘事降四级调用,补光禄寺少卿。致仕,年七十一。又十三年而卒,年八十四,谥文端。是《谱》极简质,居官日但记官阶迁转,致仕日但记钞经先后,其余则儿女琐屑而已。自言"一生学问毫无实获,身后行述,称其善者未必真,真者未必可称,不如不作之为愈"。故所述止于此也。然如世系里

① "四十八岁至",疑"至"字衍。

② 稿本"金钊字"后空两字格。

居，三代名讳，俱略之。其子作后跋，且不自著其名，不但非体，亦可怪甚矣。（15－151）

谢皋羽年谱一卷　昭代丛书本

明徐沁撰。沁字埜公，浙江会稽人。是书首有张潮序，又有潮后跋。据《谱》，皋羽生于宋理宗淳祐九年，其月日时无考。生二十八年而临安陷。次年，端宗航海，又二年而宋亡，又三年而文信国死。皋羽哭信国凡三次，一在至元乙酉，一在丙戌，一在庚寅。皋羽死于元贞乙未，后信国十六年，年四十七。沁据诸书参订，谓"《西台恸哭记》所云'别公漳水湄'者，即赣郡西南章江，非闽之漳州。其过张睢阳所往来处者，乃永丰之睢阳庙。后皋羽祭信国文曰：'章贡之别，言犹在耳；水寒天空，老泪如霰。'可证"。又据《元史》，世祖至元二十一年九月丙申，以江南总摄杨琏真伽发宋陵冢，所收金银宝器修天衣寺，而宋文宪《书穆陵遗骼事》及邱文庄《续资治通鉴》皆云："至元二十一年甲申，僧嗣妙高上言，欲毁宋会稽诸陵，江南总统杨琏真伽与丞相桑哥表里为奸。明年乙酉正月，奏请如三僧言。"盖其谋始于甲申，而成于乙酉，故仍从宋、邱而系于乙酉之下。又甲午皋羽由鄞入越，遇邓牧于会稽，牧举在杭所知若干人，而不著其名。沁据戴表元《杨氏池堂晏集诗集》所举徐天祐等十四人以当之，俱是。沁别有《金华游录注》，盖沁亦遗民，身世之感，相同故也。（15－161）

葛壮节公年谱一卷　道光刊本

清葛云飞，字凌台，浙江山阴人，道光癸未进士。以守备用，改水师，积功至定海镇总兵。辛丑，英兵陷上海，战死，谥壮节。是《谱》为其子以简、以敦所编，有后跋。记定海战守事甚详，云得之生还之部曲及义勇徐保等口述。王之春《柔远记》称："英师退去，议筑定海外城，云飞欲包市肆于内，左右以山为城。有诤者曰：'天下无一面之城，敌若左右逾山入，即在城内矣。备多则力分，山峻则师劳。请环内城为郛，勿包市埠，勿倚外山，庶城足卫兵，兵足守城。'裕谦未亲勘，不以措意，至是失事,果如其言”云云。据《谱》,则云飞虽有此拟议,而当事者以费繁沮之,实未筑也。定海之失也,一由于吏议不许水战,将定海营船尽押过镇海,使敌兵登岸,毫无抵御;一由于陆地守兵少,炮不敷用。若尽弃山险,而待䖯城下,无是理也。诤者云云,实不知兵,况并无其事耶?但《谱》称云飞自发炮,击䖯第一大头目璞鼎查,亦非也。璞鼎查系领事官,亦不在前敌,盖传闻之讹耳。又《谱》记“处州镇总兵郑国鸿”,“处州”亦“严州”之误。云飞善论史,工诗词,且著书甚多,俱毁于定海之役。《谱》载读《史记》《汉书》《五代史》诸绪论,及《游赵氏园赠主人》《谒岳鄂王墓》《夜登金山》《书怀》《登第》《谒月湖张忠烈公祠》《送戴侍卫恩》诸断句,及《念奴娇》词,略见一斑。又尝著《名将录》《制械要言》《制药要言》《水师缉补管见》《全浙沿海险要图说》诸书,幸《谱》尚存其目,殊可贵也。以简、以敦,以云飞荫,一赏举人,一赏武举。以敦后亦殉难,人称小葛云。(15 – 162)

恩福堂年谱一卷　道光刊本

清英和自述。英和姓索绰络氏,字树琴,德保子,内务府正白旗人。乾隆癸丑进士,嘉庆末充军机大臣。道光初元,撤出军机,拜协办大学士。戊子,以孝穆皇后陵寝地宫水浸革职,籍没,发黑龙江充苦差。辛卯,赐环①,遂不复用。按英和在嘉道间,所建议多关大计,最要者,如道光乙酉南河淤滞,力主改行海运。所陈四难四善,洞中窾要,果著成效,遵行不废。如历陈开捐之奖,谓:“于国家经费,未见实有裨益。为节流计,莫如停止各项工程,并暂停谒陵、秋狝之典及各项无名之费。为开源计,莫如开采新疆金银各矿,取弃置之物,以济生民之用。且以赡养贫民,虽聚多人,而多人即借以谋生”云云。其言虽不见用,而其识岂尔时臣工所能及?又所记其父德保谢和珅缔婚,至受谤于生前,抑遏遗折于身后。仁宗言之,阿桂知之,亦可补国史之阙漏。英和自述讫于己亥之冬,其卒在翌年庚子六月,详其子奎照、奎耀所作后跋。英和卒时,奎

① “赐环”,疑“环”为“还”之误。

照官都察院左都御史，奎耀官詹事府右庶子。(15-163)

青城山人年谱一卷　嘉庆戊辰刊本

清关槐，字桂生，晚年自号青城山人，浙江仁和人。以举人应乾隆丙申召试，授内阁中书。庚子成进士，历官至礼部左侍郎。是《谱》署受业李钧简、陈希曾、沈学厚、吴廷琛编次。钧简，丙午进士。希曾，癸丑进士。学厚，乙卯进士。皆槐所取士。廷琛，则槐于癸丑荐而未售，后壬戌以第一人及第者也。槐素工画，卷首录高宗题槐所作画诗十五首、仁宗题槐所作画诗九首，并槐五旬小像、李钧简题词。而《谱》中亦关于画之故实居多。亦谙国语，纂成《辽金元三史国语解》。乙巳，高宗试翰詹诸臣，钦定一等第一。以和珅奏劾逸官韵，坐黜。可为非和党之证。他若奏请覆试加经、科场回避增孙女婿，俱因其请而定。又任广东学政日，成《粤东使轺纪闻》一百二十卷，皆其荦荦可纪者。(15-164)

杨忠武公年谱一卷　道光活字印本

清杨遇春，字时斋，四川崇庆人。乾隆已亥武举，拣选入伍，积功至固原提督。道光乙酉署陕甘总督，旋实授。己未，以病乞准开缺，晋封一等侯爵。阅二年卒，年七十八。按遇春以武举从征，历平台湾林爽文、廓尔喀、黔苗、川楚教匪、豫省教匪、陕南股匪、回疆张格尔之变。其间川楚之乱，转战最久，豫陕之乱，奏功最迅，为当代第一良将。其以提镇任督抚，自雍正初年以来所仅见，盖异数也。然以宣宗倚任之深，而不肯令独当一面，回疆张格尔之役，遇春一人了之有余，乃以扬威将军长龄总理军务，而遇春及武隆阿为参赞。倘非遇春冒险过河一击，后路一败，前方必受牵动。又始则纵张格尔不急追，其后又欲穷追于三千余里戈壁之地。《谱》所云"有以贪功相刺者，公胸次气塞，疾发不能督兵"云云。而朝旨责以措置乖方，又令遇春先赴京陛见。其时将帅不和之情况，亦可想矣。直至后来洪杨之役，胡林翼以交欢官文而成功，而平定金陵之奏，仍□官文领衔也。遇春一生，无甚磋跌，固由仁宣二主不若前朝之猜忌，亦遇春立心之忠诚，持躬之清洁，有以致之。遇春所长,能以少击多,一经其训练,即疲兵亦立变为精兵,所以能百战百胜者在此。是《谱》为其子国桢所撰,颇详悉。惟叙南山兵变事有所漏略。按是役,德楞泰为钦差,官兵大败于叛首蒲大芳,遇春仅以亲兵数十殿后,幸叛兵皆旧部曲,见之即反走。其后由杨芳往谕降,事后廷议,卒戍降卒二百余人于新疆,全为松筠所杀。盖此事始终处置未善,故讳中亦若讳之也。① 国桢字海梁,官至闽浙总督。(15－165)

杨宫保中外勤劳录一卷　嘉庆刊本

清杨芳述。芳字诚村,贵州松桃厅人。充兵营书职,杨遇春拔补把总,终于湖南提督。是《录》即述遇春之战绩,从乾隆四十三年遇春入伍时起,至道光元年止,时正遇春以固原提督入觐时也。所记视《年谱》互有详略,而简净胜《年谱》。即如叙平定川楚教匪经十余年,其事相连,此所记者,首尾完具,若编年则散碎矣。其南山兵变一役,芳身与其事,且因此获谴戍军台,故所记较《年谱》稍详具原委,而于□□□及事后处置不之及,亦有所讳也。《录》中称武举为举人,称巡抚朱、汉中镇吴、长制军,皆不著其名。于此之类,俱非体。又所记首逆徐安幗,据《靖逆记》,"幗"作"国",未知谁误。其他讹字尚多,则校者之疏也。(15－166)

杨海梁自叙年谱一卷　道光刊本

清杨国桢述。国桢字海梁,四川崇庆人,杨遇春子。嘉庆甲子举人,纳资为郎中。外放颍州府知府,洊升山西巡抚。擢闽浙总督,未到任,因病乞准开缺。又八年卒于己酉,年六十八。《谱》中多涉其父遇春事。遇春卒于丁酉,其时国桢方卸河南巡抚事,侍养于家。服满后,任山西巡抚。仅二年,即以足疾罢废。如所记连战阵式之类,皆《忠武谱》中所未及也。国桢谙练持重,故一生无过失。晚岁拜闽浙之命,方膺艰巨,已病不能行矣。幸耶,抑不幸耶?己酉末一段及遗折,则其子炘所补也。(15－166)

---

① "故讳中",疑"讳"为"谱"之误。

康茂园行述一卷　嘉庆刊本

清康亮钧述。按康基田,字仲耕,号茂园,山西兴县人。乾隆丁丑进士,以知县分发江苏,洊升江南河道总督,因事革职。旋补太仓州知州,又升至江宁布政使。后因事镌级,补户部郎中,加太仆寺少卿衔。旋致仕,年逾八旬矣。基田负干才,熟河务,自守怀庆,调开封,历河南河北道、江南淮徐道、河东江南河道总督,不离河工。中间三任按察,两任布政,仍命兼理。其后摄松江府,则重浚刘河及七鸦浦。擢广东布政,则开六脉渠、玉带河。镌级后,又以知府衔随长麟、戴衢亨办理南河工程。致仕后,又以南河改建山盱五坝,仁宗特谕令入朝与议,可谓与河务水利相始终矣。所著《河渠纪闻》《晋乘搜略》,俱关掌故。卒于嘉庆癸酉,年八十六。亮钧,其次子也,以荫生官顺德府知府。(15-167)

梅庵年谱二卷续编一卷　道光刊本

清铁保自述,其子瑞元续。铁保字梅庵,满洲人,生于乾隆壬申,卒于道光甲申,七十三岁。乾隆壬辰进士,授吏部主事,官至两江总督、吏部尚书。其间屡起屡仆,一在两江总督任内,以失察山阳县谋毒冒赈案,谪戍乌鲁木齐。一在吏部尚书任内,以前在喀什噶尔参赞办理回民敛钱滋事案革职,发往吉林效力。居五年,授司经局洗马,回京,又三年致仕,年七十矣。保自述至六十止,以下则其子瑞元、恩元所续。《谱》中所记,以在漕运山东、两江、喀什噶尔任内事为多,尤详于漕务河务。其为喀什噶尔参赞大臣日,犹条陈河工漕务事。然保固词臣,工书,擅书法,其中有论诗一条,谓“诗贵说实话,一作虚语敷衍,必落前人窠臼。欲不雷同,惟有直道其实”。又论书一条,谓“近日丰者无骨,瘦者不腴,气魄胜者剑拔弩张,风韵胜者柔姿媚态,皆非书家正格”云云。俱非浅得者所能道。瑞元,道光辛巳举人,刑部员外郎。卷末有后识。(15-167)

吴文节公年谱一卷　咸丰刊本

清吴文镕,字甄甫,江苏仪征人。嘉庆己卯进士,以礼部侍郎授福建巡抚，至湖广总督。咸丰甲寅殉难，谥文节。是《谱》为其子养原所撰，所叙述征引公牍，时失之繁，而重要者或略之。如抚浙江日，识秀水令江忠源，其丁忧也，预畀养廉银五百两，后又特疏荐保荐。督云贵日，识黎平守胡林翼，使练兵除土寇，得便宜行事，并奏擢监司。及移督湖广，又擢林翼帅黔勇来楚会剿。凡此诸事，后来中兴之业，实萌兆于此，而《谱》俱未之及。又文镕战殁，实掣肘于巡抚崇纶，其后曾国藩疏陈文镕死事情形，并追论巡抚倾陷状，有诏逮问，崇纶服毒死。而《谱》乃讳崇纶之名，且未及其被逮伏毒事，亦非也。养原，副贡，官主事。文镕之死也，却浙盐商八千金之赙，其清介亦不可及。(15－168)

通介堂徐氏传略一卷 同治刊本

无编者名氏。书分国史列传及先世事略。列传四篇，徐湛恩、徐绩、徐锟、徐泽醇。湛恩传，目下注"阙"。事略五篇，首徐国琛《墓志节略》，次吴荣光《书宝鸡令徐公遗事》，次徐锟《先振威官迹记》，次王元启《副河督徐公家传》。此四篇，皆记徐万诜事，万诜即湛恩父也。又次殷如璋《大宗伯徐恭勤事略》，恭勤即泽醇也。据所记，徐氏出明中山王达，明季其别子有世职关外都指挥者，家于辽阳，后从清军入关，遂为正蓝旗汉军人。湛恩为宝鸡令，于吴三桂兵逼宝鸡时，有大姓潜与通，各村寨从之。大将军图海，拟先灭各寨后剿贼，湛恩争之不得，则身当炮前，多方解说，卒获保全。此其最可纪者。湛恩以诸生纳粟为教谕，旋弃教谕应武科试，得蓝翎侍卫。后又以和圣祖诗称旨，对品补兵部员外郎。及在两曹及广西周全李绂事，俱足流矣。泽醇次子桐，后为大学士。是书当为桐所编刊。(15－169)

曹俪笙行述一卷 道光刊本

清曹振镛，字怿嘉，号俪笙，安徽歙县人，曹文埴之子。乾隆辛丑进士，官至武英殿大学士、军机大臣，卒谥文正。篇中所记，无非迁官、校士、阅卷、修书之事。惟振镛在乾、嘉、道三朝著遇最隆，如以汉大臣加太傅衔，为前此所未有。他若官翰林时以编修而擢侍讲，官通政时以总纂而授副总裁，官尚书时协揆未五日而拜大学士，官宰辅时入阁甫三月而晋太保，皆异数也。虽无赫赫之绩，而篇中所云"恪守成宪，小心慎密"八字，足以定之。所以能容身保位，并膺身后之美谥欤。篇为其子恩濙所述。恩濙官刑部员外郎，赏给四品卿。（15－169）

翠微山房自订年谱一卷　原稿本

清曹锡龄自述。锡龄字受之，山西汾阳人，乾隆乙未进士，改翰林院庶吉士。庚戌，授江南道监察御史。乙丑，转吏科给事中。是《谱》作于嘉庆戊辰，锡龄时年六十八矣，讫于壬申七十二岁止。卷首有蒋予蒲、李銮宣二序。蒋序未署年月，李序署上章敦牂，盖即庚午，前于壬申二年。又无后跋，不知其卒于何时也。锡龄学于朱笥河、纪文达、钱竹汀，而友翁覃谿、邵二云、洪稚存、朱沧湄、法梧门、何兰士、张船山、罗雨峰等。《谱》中时论经、论理学、论文、论诗语，其中记《魏象枢年谱》梦关帝论一贯，因类及孚佑帝君吕纯阳真人，可不必存。锡龄以特四十年老翰林，上转止到给事中，官运蹇滞至此，亦可异也。（15－170）

刘帘舫传辑　同治刊本

清刘衡，字蕴声，号帘舫，江西南丰人。嘉庆庚申乡试副榜，由教习八旗官学俸满，以知县用。历知广东四会、博罗，四川垫江、梁山、巴县等县事。洊升至开归陈许道，告归。卒后数年，垫江、梁山、巴县及博罗县同请入祀名宦。同治丙寅，四川学政杨秉璋奏举衡历任政绩，请将事实宣付史馆，编入《循吏列传》，上谕允许。是编首录《国史·循吏传》，次录吴嘉宾撰《循吏刘公家传》，又次录杨秉璋奏折及上谕。附咨国史馆文二，一四川学院咨呈衡所著诸书，一礼部咨送广东道监察御史刘庆所呈其祖履历行状也。是册当为庆所汇刊。（15－170）

江阴季氏家乘一卷　同治刊本

无编者名氏。盖江阴季氏父子孙一家之事实也。中有梅曾亮撰《季谐寓先生墓表》，李兆洛撰《季晴郊先生家传》，又钱仪吉撰《季先生家传》,钱仪吉撰《季母史太夫人墓志铭》,曾国藩撰《闽浙总督季公墓志铭》。按季熙字谐寓,布衣,以授徒终身。子麟,字晴郊,拔贡生,历知直隶南乐、沧州、西宁、巨鹿等州县事,坐不身捕妖民,革职遣戍。妻史氏有贤德,教子芝昌成立。芝昌字云书,道光壬辰成一甲三名进士,官至军机大臣,外任闽浙总督,因病乞退,卒于家。又按芝昌有子念诒,芝昌殁时,官翰林院编修。是册当为念诒所汇刊。(15-171)

渔洋山人自撰年谱二卷 乾隆刊本

清王士禛自撰,惠栋注补。后有士禛子启汧跋,称士禛"著于康熙乙酉,未几婴痒症,时作时辍。丁亥以下,乃病中口授"云云。按乙酉为康熙四十四年,士禛七十二岁,乃罢官之后一年。又二年为丁亥,士禛七十四岁。自记止于辛卯七十八岁,而不记其卒。栋据王氏家传补之,盖卒于是年五月十一日也。士禛于顺治乙未成进士,由扬州推官入为礼部主事,又由户部郎中改官翰林院侍讲。清制,入部曹改词臣,自士禛始。清制,推知不行取台省及部曹特改词臣,皆自士禛始。后洊升至刑部尚书。甲申,以王五一案失出,罢归。庚寅,复还原职。是《谱》于士禛一生仕宦、交游、撰著,具见梗概。惟本文与注补略无标别,顶格者皆本文,低一格者,中有本文,有注补,须分别观之。而小注中,或称"案",或称"栋谨案",亦不一例,殊属非体。本文于崇祯十一年下,载是冬左使姚永济入觐一事,而考功《年谱》称"方伯公于崇祯十年致功归",则此事当属九年,栋已驳正之。然如注称"戊午典顺天乡试,得王泰杰等一百八十六人",按是榜乃武闱乡试,盖脱"武闱"二字。又本文称"己未在翰林,充明史馆纂修官",据《行状》则充明史馆纂修官系在其前一年,栋注未之及。又按鲍鈖《稗勺》称士禛字贻上,贻系地名,唐司空图隐居禛溪上,即此。栋未引及,殆未见其书也。他书记士禛轶事,为栋所漏采者尚多,但无甚关重要,不以求备为贵也。栋之祖周惕,尝学诗于士禛;其父士奇成辛未进士,又出士禛门下。以有累世之渊源,故不惜以研经注史之力,为《精华录》训纂,并补成是《谱》,非偶然也。(15-184)

渔洋山人年谱一卷 乾隆刊本

清金荣编。荣字林始,江苏吴县人。是《谱》系就惠栋补本改编。分纪年、时事、出处、诗文著述四项,混本文与注而为一。如纪年内,顺治十八年云:"谳海寇大案,于良善力为保全。山人独获无咎,有天幸焉。"康熙四年云:"拜别两大人,偕叔兄上京师。"二十八年云:"葬祭酒府君。"三十四年云:"在户部七年,得全清白,举朝皆能谅之。"四十三年云:"以王五一案失出罢归,兹以微罪行,幸矣。"四十八年云:"奉旨纂修《广群芳谱》,仍存先臣自序"云云。此皆出士禛手笔,故其言如此。乃于五十年云:"山人卒于五月十一日,葬于系河北岸祖茔之次。"与前语如一口气,可笑孰甚。且于惠《谱》外不能增一语,盖庸妄人所为也。(15-185)

郭华野年谱一卷附一卷 康熙刊本

清郭琇,字华野,山东即墨人。康熙庚戌进士,选吴江县令,行取为江南道监察御史,升至左都御史,坐与山东巡抚钱珏私书,降五级调用,寻令休致。己卯起用湖广总督,癸未罢归,卒年七十八。是《谱》为孙若彝撰,有若彝序,云:"据自叙历履及多方搜访而成,据事直书,不似他谱之多所隐讳。"所记与明珠、高士奇党人构隙事最悉。按琇为御史,再疏劾罢靳辅。辅,明珠党也。随即劾大学士明珠、余国柱、左都御史葛思泰、户部尚书佛伦、傅腊塔、席珠诸人。既又劾詹事府少詹高士奇、左都御史王鸿绪诸人。据李光地《榕村语录续集》,则参明珠、余国柱之疏,主之者徐乾学。乾学先以珠与国柱声势奸利状告圣祖,因自具参稿,先呈御览,而后令郭琇上之。又称"琇受知于汤斌,乾学谓斌之死由高士奇诸人,因又激琇劾士奇。其实谗斌者,乃乾学,非士奇"云云。据此则琇殆为乾学所愚而利用之。其时乾学之罪,不亚士奇,而琇无一语及之,则光地之言殆可信也。后琇为佛伦及士奇之侄高承爵所构,几陷不测。报复相寻,殆乾学贻之害矣。若彝未窥其隐,故止就事论事,即此亦足知其时朋党倾轧之为祸烈矣。琇宰吴江,有惠政,圣祖南巡访得之,以故骤起用,亦以见其时直道未泯,下情上达之易焉。《谱》中存文二首,诗七首,奏稿外此其片羽。附一卷,则《墓志铭》《行述》也。(15－186)

于襄勤公年谱二卷 道光戊戌重刊本

清于成龙,字振甲,奉天盖平人。以恩荫授直隶乐亭令,升通州知州,皆有惠政,得民心。历知府、按察,督理下河,以持开海口、放积水议,与辅所主东水注海议不合,以阁臣九卿多助辅,两议俱罢。旋命巡抚直隶,又内擢都察院左都御史,又外出为河道总督。丙子讨噶尔旦,命督运粮饷,再巡抚直隶,再为河督。卒于任,谥襄勤。是《谱》为宋荦、李树德同撰,叙事记言,详而不冗。尤详于与靳辅议治河事,不俟下断语,而得失自见。按成龙力主,居都察院日,以夺情及主开捐纳二事,犯清议所不韪,陆陇其两参之,至欲借端杀陇其。李光地谓其做总宪失人望,决裂无所不为。而《谱》中绝不之及,殆有所讳也。然其清德直节,实足为一时矜式。且所至皆以抑制旗民为事,至谓"王子贝勒公侯伯家人有不法,要执法重治,即皇庄之人亦不瞻顾"。此岂他臣僚所敢言耶?后附王士禛撰《墓志铭》,多所讳饰,至并议治河事而亦略之,则尤不足征信矣。(15－187)

李文恭公行述一卷 咸丰元年刊本

清李星沅,字子湘,号石梧,湖南湘潭人。① 道光壬辰进士,以翰林院编修外放陕西汉中府知府,洊升至两江总督。乞归养母,寻以广西会匪滋事,授为钦差大臣,驰往剿办,卒于军,谥文恭。《行状》为其子概等所撰,于星沅历官事迹叙述详悉。按星沅治事勤能,在任滇抚日平定回匪,任江督日筹办海运,颇著成绩。惟在广西,值金田贼势初张之际,与巡抚周天爵各持意见,未能奏功迅速,事机一逝,驯至燎原。虽事后是非不一,均不可辞其咎也。又道光二十八年,因御史曹楙坚奏参江苏保举卓异府县各员劣迹,派侍郎福济、庶子骆秉章查覆,周沐润、狄

① "湘潭",疑当作"湘阴"。

家丞等分别革职遣戍。部议星沅降二级调用,改降四级留任。篇中竟不提及此等事,岂可讳饰者耶?首载咸丰元年赐恤上谕及谕祭、谕碑二文。(15－188)

骆宫保年谱一卷　同治刊本

清骆秉章自述。秉章字吁门,广东花县人。道光壬辰进士,官至四川总督,协办大学士,卒谥文忠。记至同治六年十一月十二日因病请假而止,其卒当在是年十二月,竟缺补记。亦无序跋。后附奏议三篇,其一上于为御史时,陈广东文武讳匿情形;其二上于四川总督任内,一陈生擒石达开、剿灭发逆大股情形,一陈擒滇匪逆首情形。据《谱》所记,官御史时查库事,可见其操守清介。其在湖南、四川,除保境外,更以兵饷协助他省,如援江西,援浙江,援广西,援贵州,援陕西,援甘肃,援云南,遂成中兴之功。所长尤在任贤使能,屡见上谕褒嘉。在湖南,军事专倚左宗棠,并保荐宗棠由在籍郎中,赏加四品卿衔。《谱》但载宗棠因樊燮控案出署事,不载保荐之事,殆不敢居荐贤功也。其他诸将帅由其简拔而成名者不可数计。《谱》记洪秀全攻长沙不克,始北窜。其时在长沙办贼,共六七万人。城内有一中堂、三巡抚、三提督、总兵十一二员,城外有两总督,竟不能遏其北窜,以至溃决,真是恨事。而向荣堵贼河西,尤不得卸其责也。又记吴文镕田镇之败由于失助,王珍之军始调而中阻,误于吴坤修之利口,皆他书所未及。于四川军事尤详,考咸同军事者宜必资之也。(15－188)

魏秋浦行述一卷　嘉庆刊本

清魏银河,字星槎,号秋浦,浙江钱塘人,诸生。受知于窦东皋,请业于齐息园。工诗,与陈玉几、杭堇浦、吴西林、汪槐堂、丁龙泓辈相酬唱。翁覃豁赠以诗云:“湖山几个论耆旧,及共齐杭唱和来。”其子成宪以郎官谳案扬州,适银河方游宝应,侍舟中数日,罗两峰为作《官舫侍膳图》。覃豁复题诗云:“画中邗浦交淮口,画中郎官今太守。谳狱淮扬二载前,欢叙初追十年后。”盖其时成宪以郎官出守扬州也。是篇即其子成宪等所撰。所记大都琐事,惟记丁龙泓子佺耿介,不屑受人怜,独银河造庐赠衣,佺以诗谢云:"绨袍解赠情何限,记取年时戊子冬。"又贷扬州阎京顺千金,其孙隔三十五年而来偿。皆古谊,足传也。(15－189)

仁庵自订年谱一卷 道光刊本

清魏成宪自述。成宪字宝臣,号春松,又号仁庵,浙江钱塘人。乾隆甲辰进士,殿试二甲四名,以大学士兼管刑部阿桂奏刑部需人,改派刑部行走,洊升郎中,外放扬州府知府,擢江南江安督粮道,以丁忧解任。补山东兖沂曹济道,再以丁忧解任。因察仪征私枭案,被议降级,以六品员外郎用,补户部四川司员外郎,补山东道监察御史,告归。所记止于七十六岁,主讲紫阳书院,不及卒年月日。按成宪出身刑曹,仆而复起,官皆不达。《谱》中所记,如在刑部日,杖歌郎陈盈官,减释新疆等处遣犯共六千四百余名;在扬州日,鞫实副将杨天相诬良为盗案;在户部日,奏请豁免积年应追未完违例地价、花利漏税银两案,覆核山西省二十州县照成案丁银归入地粮案,皆其荦荦之可称者。又按成宪工诗,刊有《清爱堂集》,所作间附见《谱》中。(15－190)

徐相国年谱节略一卷 排印本

清徐桐,字荫轩,汉军籍。道光庚戌进士,历官至体仁阁大学士。光绪庚子,拳匪肇乱,桐与载漪、刚毅等袒之。联军入京,桐自缢于私第,年八十二矣。是《谱》为其从侄右翌所撰。首有其门人魏元旷序,序称"《年谱节略》,体实列传,不编年"。所记同治六年谏止两宫临幸;七年请两宫召对枢臣,皇上入座,以扩聪明而广闻见;八年因武英殿灾,奏请停止一切大小工程;光绪二十一年,疏陈厘剔各省冗费。凡此诸事,尚能持正,其他大率迂疏之见。其《陈大计疏》中,谓"邪说潜兴,凡荒唐无稽之徒,皆得逞其浮游不根之论,以希诡遇而言自强"云云,盖指维新党人言也,不知适为义和团写照。然事败尚知死殉,则视载漪、刚毅等为贤矣。《传》中但云"二十六年,以拳匪之乱,敌军入京师,弃西幸,殉节于私第"云云,此外不着一字。至其子承煜,监杀袁昶、许景澄,助虐

尤甚，又不随其父同死，卒就显戮。《传》乃以为忌者入其罪，斯可云不辨黑白者矣。（15－190）

重刻骆文忠公年谱二卷　光绪乙未刊本

清骆秉章自述。是本系张荫桓重刻，首有荫桓序。增入御祭文、御碑文、国史馆本传，而删其后附奏疏三篇。又分为二卷，上卷起乾隆五十八年癸丑，止咸丰六年丙辰；下卷始咸丰七年丁巳，止同治六年丁卯。亦未补入卒年之月日。于原刻仅校正讹字，并删去闲字数处。除校正讹，最谬者并其"年谱"二字下小注删之，使阅是《谱》者不知为何人所撰。何疏略至此！所增国史本传最善，盖本传与《年谱》于事实互有详略，宜参观。序称"秉章为政，在一'诚'字"，极有见。人亦以此推曾文正，然文正犹间用权术，独秉章无之。虽无赫赫之战功，论心述度量，实为中兴名臣第一人也。（15－191）

王阮亭行述一卷　康熙刊本

清王启涑、启汸、启汧述。三人皆士禛子也。书系蓝印，当是士禛初卒，以讣同人者。惠栋修士禛《年谱》，未得见此，故所述事实，多可补《谱》中所未及。如理维扬日，直李应轸之子而惩州役，访诗人邵潜夫而感邑令，昭雪居民烈妇。主戊午顺天武闱乡试，得罗淇、徐宪武、缴煜，后皆成武状元。又遇吴天章，诵其佳句，吴诗名遂噪于都下。未识邢孟贞，托高淳令李松客恤其妻子。凡此诸事，皆卓卓足可传。是本流播极罕，当与惠《谱》参观。（15－191）

秦宥横事略一卷　排印本

清秦树声，字宥横，河南固始人。光绪丙戌进士，以工部主事，历员外郎、郎中，截取知府，出守云南曲靖，调署云南，旋护迤东道，调护迤西道，擢迤南道，迁云南按察使，改提法使，又改广东提学使。辛亥革命，避居上海，旋来京师，卒年六十六。按树声在工部日，因德宗召见询部务，面劾枢臣蒙蔽状，为权贵所忌。在迤东道日，与英人争边界，代滇督锡良草奏,言不可许者六,必可争者九,为英人所畏。晚居京师,以鬻文字为生计,袁总统曾征为河南提学使,弗应。亦清季士夫中之矫矫者。是篇无撰者名氏。(15-192)

罗提督事实一卷 光绪刊本

清罗逢元,字旋吉,湖南湘潭人。武生,从征粤寇,积功至提督。是书合《行状》、国史列传、通志列传、县志列传、《别传》、《墓表》、《墓志铭》、《去思碑》、《翰飞楼记》为一编,而附以湖南巡抚李瀚章奏请附祀本籍昭忠祠,并家世出身、事迹、战功清单,及礼部覆奏原折。所记战功,以《行状》及清单为详。其守金柱关,以少击众,最见勇敢。江宁平,列头等功。惟刚直好嫚骂人,曾国藩称其性太憨,故终身不获持节。盖湘军中酬功最薄者。《行状》称"逢元在军,尝冬月日课士卒浣浴,或令更番解衣验虱多寡,准杖数。及围金陵,诸军疾疫大行,独逢元军无传染"云云。逢元不学,而暗合医术上卫生之理,抑亦奇矣。(15-192)

赐恤纶言一卷 咸丰刊本

是本汇载李星沅传志诸文。首录咸丰六年四月廿七日赐恤上谕,次谕祭、谕碑二文,次国史馆本传,次何栻撰家传,次熊盛旸撰《墓志铭》,次张金镛撰《神道碑铭》。除国史馆本传外,他文大都因《行述》而成,惟多增谀词耳。(15-193)

杜东原年谱一卷 光绪二年刊本

明沈周撰。据《谱》,东原生于明洪武二十九年丙子十二月初五日,卒于成化十年甲午十月戊申,年七十九。始号五坞山人,又号东原耕者,又号延绿亭主人、鹿冠道人。其一生事迹,则永乐庚子以讲读《大诰》率生徒朝于北京;洪熙乙巳,本府延纂永乐事迹;宣德乙卯,本府修《宣宗实录》,又延为七县总裁;又景泰五年,朝廷修舆地志,郡守请修辑郡中事以应。此外郡邑举贤,请乡饮,皆固辞。所著诗文,题曰《学言》,今亦不传。周为东原门人,故得记其概。按史鉴《西村集》有《东原诔》,

吴宽《家藏集》有《东原墓表》。据《墓表》,东原得宋朱长文乐圃而家其旁,自号东原,吴人因称东原先生。王鏊《东原诗集序》称:"乐圃在吴城西,其东有原焉,故世称东原先生。"所述较《谱》为详。是《谱》原附石田《东原图卷》,故顾文彬刊之《过云楼书画跋》中。然丁日昌持静斋有是《谱》抄本,罗振玉《云窗丛刻》又有影印本。(15-203)

周草窗年谱一卷　光绪二年刊本

清顾文彬辑。文彬字紫珊,江苏元和人。是《谱》据朱存理《珊瑚木难》载《弁阳老人自铭》,生于宋理宗绍定五年壬辰五月廿一日。又据赵由礽跋老人所遗王大令《保母帖》卷,定为卒于大德二年戊戌,年六十七。他条大率本之《癸辛杂识》《齐东野语》《蘋洲渔笛谱》《志雅堂杂抄》,而参以《剡源集》《清容居士集》《珊瑚网》《云烟过眼录》《绝妙好词》诸书。惟李日华《六研斋笔记》载:"周公谨,名密,号草窗,又号弁阳老人、泗水潜夫。残元时,流寓吴中,目见伪吴张氏狂图不遂,城破国亡,皆由任用非人,淫乐自恣,竟歼天戈,有足叹者。于杂记中得其诗数绝,皆追悼之作"云云。按老人实生于宋绍定五年壬辰,而张氏起于元至正十三年,至二十七年而殁。若目见吴亡,当在百三十六岁以外。文彬谓:"日华所称潜夫,乃钱塘陈振祖,明初为国子监学正。其诗所云'次卢先生韵'者,当是卢熊。《列朝诗集》潜夫有《卢公武鹿城隐居诗》,是其确证。"又吴修《疑年录》注称:"老人至大戊申,年七十七,尚无恙。"文彬考知系本于《癸辛杂识》别集,录高炳如《与妾银花帖》有云"事余七十七岁",盖指炳如,而修移之于老人也。并可据此以正二书之误。又按《笔记》所载潜夫数诗,今宋本《草窗韵语》固无之。文彬未得见,故未及援引耳。是《谱》刊在《过云楼书画跋》中。(15-204)

吴氏家乘一卷　同治刊本

是本记吴昌寿事实,一曰《名宦录》,一曰《乡贤录》。昌寿,浙江嘉兴人,道光乙巳进士,历官广东连平州知州、阳山县知县、韶州府知府、广州府知府、南韶连兵备道、广东按察使、广东布政使、湖北巡抚、河南巡抚。缘事降调,重授广东布政使,署广西巡抚,卒于任。其治连平、阳山、韶州、广州各地,颇致力于剿匪、赈灾、训士、筑堤、治狱、平械斗诸事,故卒后各地士民呈请入祀名宦,而邑绅又同时兼举其敦行励学等事,呈请入祀乡贤。是编即汇各地及本省公呈并礼部议奏而传之者。(15-205)

玉池老人自叙一卷 光绪癸巳刊本

清郭嵩焘撰。嵩焘字筠仙,号玉池老人,湖南湘阴人。道光丁未进士,改庶吉士。丁忧回籍,以赴援南昌功授编修。还朝,直南书房。咸丰九年,参僧格林沁军。僧格林沁主战,谏弗听,引疾归。同治元年,授江苏粮储道,迁两淮盐运使,擢广东巡抚,罢归。光绪元年,起为福建按察使,旋擢兵部左侍郎,充出使英法大臣。任满,又引疾归。家居十余年而卒,时光绪辛卯也。是书系七十后所自述,始作于己丑,再作于庚寅,三作于辛卯。最末题"三月二十日",嵩焘即卒于是年六月。其平生出处志事,略具于是,且多人所不及知之事。如湖南之筹兵筹①,皆发端于嵩焘。曾国藩初奉帮办团练之旨,已力辞矣,赖嵩焘力止之。左宗棠为总兵樊燮所讦,已奉旨归案当讯矣,又赖潘祖荫据嵩焘语入奏,事获解,而宗棠且大用。李鸿章之再就曾国藩,亦嵩焘代为之策。此其最快意者也。其在广东巡抚任内,则扼于左宗棠。在英法公使任内,则扼于刘锡鸿。篇中所称"某公"者,即指宗棠也。宗棠折参凡四次,最后则为潮州厘务,嵩焘竟因此去职。宗棠之意,殆欲保蒋益澧为广东巡抚,遂不得不劾去嵩焘。其集中有《留别广东》诗云:"谁言肺腑戈矛起,惭愧平生取友心。"盖指宗棠也。至于刘锡鸿,则斥言之不少讳。锡鸿之参嵩焘以十款,据自叙,则锡鸿因营求为随员,不遂,乃阴以为报复计。其时嵩焘所著《西征日记》因之被禁,以事涉政府措施,篇中未之及。按嵩焘以精于洋务,为李鸿章、丁日昌所推,当时言洋务者实无第二人。家居时,所上《为误定俄约筹补救》一疏,尤见通识,政府亦采其议,亦篇中亦不之及。盖素

① "筹兵筹",疑当作"筹兵筹饷",脱"饷"字。

以此得谤,至死而不敢尽表襮也。亦可哀矣。卷首有自题画诗二首,其一云:“世人欲杀定为才,迂拙频遭反噬来。学问半通官半显,一生怀抱几曾开。”除“学问半通”四字外,皆实录也。别附李鸿章《请将事实宣付史馆疏》及所为《墓表》,王先谦撰《神道碑铭》,黄嗣东撰《墓志铭》,及冼宝幹记平发逆汪海洋事,各有详略,大都可以互证。(15－214)

江忠烈公行状一卷　咸丰刊本

清江忠源,字常孺,号岷樵,湖南新宁人。道光丁酉举人,甲辰大挑二等,得教职,以协剿会匪功,叙知县。旋署浙江秀水县,嗣从赛尚阿剿贼广西,又从和春追贼湖南,积功保至道员。以援守南昌城功最大,随擢安徽巡抚。庐州陷,殉节,谥忠烈。是篇题左宗棠、郭嵩焘撰,叙忠源历战功绩甚备,其中有他记载所未及者。如以洪秀全之北窜归罪向荣,盖围永安时,官军多贼数倍,深沟高垒以困之,贼食尽援绝必死,乃向荣泥围城缺一之古法,欲纵贼出击,其时忠源与乌兰泰力争不得,贼果由此路窜出,遂不可制。及贼围长沙,忠源又请守土墙头、龙回潭要隘,张公檄向荣扼土墙头,不答,土墙头旋为贼踞;复檄其扼龙回潭,时荣方被议褫职,答曰:“身是已革提督,贼从此窜,不任咎。”据此,则荣不得辞纵贼之咎矣。其论荣曰:“识略故非所长。”又曰:“乌兰泰、向荣,皆任意气。然乌忠勇而向刻深。”又曰:“是犹知以讨贼为义,为贤于他将耳。”若他记载,则多为荣讳矣。又按忠源奋迹行间在曾、胡之先,使其不死于庐州,成就当不亚于曾、胡。篇中不徒详叙忠源,于尔时战事成败得失如判黑白,亦非左、郭不能为也。首录谕祭文、国史馆本传,后附其弟忠济《行状》。忠济,以功补至即选道,殉难通城,谥状节。①《行状》为新化邓瑶撰。(15－215)

绵竹杨先生事略一卷　民国二年写印本

清杨锐,字叔峤,四川绵竹人。以优贡生考取知县,未就。又考取

---

①　“状节”,疑当作“壮节”。

内阁中书,充会典馆帮总纂官。书成,晋侍读。由湖南巡抚陈宝箴荐,德宗召对,特命在军机章京上行走。戊戌政变,与刘光第等六人同被难。是篇为其门人黄尚毅所撰,中载德宗手诏,略言:"圣母意旨,不欲退此老耄昏庸之人,而进用英勇通达之人,亦不欲将法尽变。虽由朕随时几谏,而慈意甚坚。若必强以行之,朕位且不能保。尔与刘光第、谭嗣同、林旭等,详悉筹议,必如何而后能进此英勇通达之人,使新政及时举行,又不致少拂圣意。即具封奏以闻,候朕审择施行"云云。与所传王照在日本笔谈一则,大致略同,殆非德宗本意。锐之覆奏,见于其子庆昶所上都察书。则以遇事将顺太后,变法宜有次第,进退大臣,不宜太骤为言。据此则召外兵以胁太后,殆非德宗,亦非锐与其谋。异罪同刑,清廷之懵懵可知。方锐被祸时,尚毅与之同居,同受逮系,宣统初又与锐之子庆昶同缴手诏于都察院。传中所述,以居京师时事为多,尚毅皆得之目见耳闻,确切可信。虽文未甚工,亦足传也。尚毅亦绵竹人,光绪丁酉举中书科中书。(15-216)

林文忠公传一卷　同治刊本

无撰人名氏。首题《楚疆三文忠传》,此其一也。后有江阴李念诒识语,称为眉公。按李鸿裔,字眉生,岂即其人耶?《传》中叙则徐始末,尤详于广东禁烟事,有他记载所未及者。广州府余保纯、洋商伍某知则徐不久留,与义律勾结,愿缴在海土二万一千箱,而阴由洋行分其值。此后日条约所以有代偿洋商欠款二百万一项也。如此,则和局何能持久?大约则徐处此,过于操切,迫义律具人即正法之结,不知西洋刑律即重谴无殊死者。不思乾隆时,英使入觐不肯行跪礼,高宗尚恕而遣之。使则徐据以入告,予以变通,未必不可就范。盖英人非不知鸦片害中国,违背正义,惟解决须有途径。此次战役,所谓无事自扰。一着之误,遂至不可收拾,则徐不能辞咎也。其后家居时,尚倡驱夷议,几为刘韵珂所劾,《传》讳其事,但云"持论侃侃,洋人畏公逡巡避去",非实录也。《传》又称:"英畏中国势盛,无敢以用兵请。惟英商嗜咤以失烟土最巨,愿罄己资千万助军,遂定大举"云云。和战大事,岂能听命于一商人？亦是捉影之设，非实录也。他所叙，尚多可信。晚岁起用，赴桂林办贼，若迟数月不死，乱当已。论嘉道名臣，自当首屈一指。不幸当中外交通之局方开始，而则徐适当其冲，非可以前朝驭夷之道例之也。（15－217）

周文忠公传一卷 同治刊本

此传周天爵也。天爵字敬修，山东东阿人。嘉庆辛未进士，由知县荐擢湖广总督，以罪革职，戍伊犁。寻起用，署漕运总督，兼摄河道总督。丁母忧，服阕，请休致，年七十一矣。文宗登极，杜受田首荐之，授广西巡抚。罢归，寻又起，治安徽军务，署安徽巡抚。殁于军，年八十二。按天爵为政，似海忠介，当时颇有弹其苛暴者，而刚正殊不可及。其对宣宗谓："今之督抚，其清谨者，但知拘文法，循资格；中下者，更惰废苟且，贪与廉皆不能办事。"实切中当时吏治之病。对文宗，又力陈中外蒙蔽状，穆彰阿、耆英之革职以此。惟在广西日，欲以不练之兵，驱使灭贼，诚不能免轻进之讥。其时李星沅亦肯任事者，徒以意见不协延误事机。未几，星沅殁，而赛尚阿来，天爵亦去职，而燎原之势遂不可救矣。至其以重兵扼宿，使寇势不得直趋徐州，借以遥保近畿，所系甚巨。向荣江宁大营为中外倚重，而天爵特疏参之，谓不可当大事，其深识亦有不可及者。又按天爵未入翰林而特谥文忠，亦属异数。是《传》叙述甚详，惟不著撰名氏，为《楚疆三文忠》之一。（15－218）

胡文忠公传一卷 同治刊本

此亦《楚疆三文忠传》之一。叙胡林翼事，能见其大。篇末颇寓惋惜之意。其论当时局势，谓："江南北兵十三万，军饷六百余万，所剿之贼，为金陵、浦口、芜湖诸城垒。湖北兵六万，军饷五百余万，所剿之贼为九江、安庆、楚皖连界。皖北兵不及三万，军饷仅数十万，所剿之贼为张落刑等巨捻十数股，弥漫千余里，悍贼陈玉成且逼其南。诸帅皆参商，互讦奏。以贼势最重之地，而兵单饷绌，将帅乖违，故师久无功，仅杜其北窜而已。江南饷与楚埒，而兵数倍之，给战士月粮仅为楚兵三分之二。德兴阿与和春不洽,和春又与张国樑不洽,驯至庚申大乱。楚中有川盐为来源,汉口为总汇,抽厘助饷,兵皆腾饱。而林翼与官文、曾国藩、骆秉章,皆以至诚相契,下逮诸有司、群将领,如共一心,故能聚两楚之精神气魄,吞百万狂寇而有余。”又谓:“林翼吏治勤敏,不如其用兵之坚定。而用兵,又不如筹饷之精能。至于爱惜人才,护持大体,又迥出筹饷、用兵、吏治之上。”篇中记保全左宗棠事,及排解杨岳斌、彭玉麟事,极其委曲。至其交欢官文,别详薛福成所记,可补《传》中所不及也。独怪以林翼勋业资望,中朝可知,而不得一摄兼圻之任。金陵功成,小将校不知名者亦列爵五等,膺双眼花翎黄马褂之赐,而林翼一不得与。而所创借川引,改折漕,抽牙厘,不过权宜济变,今因仍沿袭,反尸作俑之名,为林翼之不幸。诸所持论皆极公允。他所叙述,视林、周二《传》尤详,盖极经意之作。惟陈玉成、四眼狗,本是一人,而篇中时异其称,则偶欠检点耳。(15-219)

王壮武公年谱二卷 光绪刊本

清王鑫,字朴山,湖南湘乡人,诸生,为罗泽南弟子。咸丰二年,从泽募勇备防守,湘勇之名始此。以功累保至道员,加按察使衔。咸丰丁巳,以劳卒于军,年止三十三。是《谱》为罗正钧纂,据遗集、日记、家书、家谱,其父宗麓所为事略,何应祺、冯崑、左枢、李元度、罗汝怀所为传,而参以《湘军志》《湘军记》《湘南通志》,骆秉章、曾国藩、江忠源、郭嵩焘、刘蓉诸家之文集、奏议。记载详悉,于同学及所交游,俱存其概,以至湘勇首事诸人之名氏,巨细靡遗。平生战绩,数粟木街、西涧桥、郴州城、布邨墟之捷为最。位虽不甚达,而胡林翼称其所部百战之余,精锐不可当。曾国藩采其所著《练勇刍言》,以为营制。左宗棠出领师,凡其部曲,悉委用。其推许可知矣。至在营中,教军士夜诵《孝经》、“四书”,并与讲明大义,则尤罕见也。惟左宗棠与其兄书,述相者言,谓“功烈虽高,名望虽重,然不得过三品,与中丞时为忧之。故屡欲保擢显秩,辄复中止,不料竟以是止”云云。所称中丞,即骆秉章也。宗棠非庸识,乃竟袭汉武数奇之说,致使李广不侯,抑何惑

耶！卷首附国史本传，无序跋。（15－220）

郑徵君行述一卷　宣统元年刊本

清郑珍，字子尹，贵州遵义人。道光丁酉举人，历官古州、镇远、荔波训导。有大臣某荐之于朝，以知县征起，分发江苏，未行，病卒。《行述》为其子知同所撰，已刊行。是本为赵怡重刊，后有识语，言从知同文稿中钞出，其中字句多有异同，如原刊本云"适大臣某荐十四人于朝，相国祁公寯藻以先子弁首"，是本删"相国祁公寯藻"六字。他异同尚多，大率无关重要。怡似未见原刊本本①，故未一为校对也。篇中详于治学之次第，盖珍早岁好程朱，壮治许郑，然但求明注说，不尚诘难。尤究心于文字，所为诗，由眉山而进规韩杜，然横肆遒逸，不持一格。于文亦步趋方姚，然以为失之窘，尤喜朱竹垞之春容雅洁。按珍在挽近崛起西南，为儒苑中一巨子，读是篇者亦可识其大略也。（15－221）

陈安道年谱一卷　光绪壬辰刊本

明陈瑚，字言夏，号确庵，江苏太仓州人。崇祯壬午举人，私谥安道先生。是《谱》为其孙溥所述，缪朝荃为补世系。书刊于光绪壬辰，首有吴镜沆序，题"光绪癸巳"，则作刊成之次年也。按瑚与同邑陆世仪同为明清间名儒，《谱》记其初与世仪同行袁了凡功过格，年二十四，始悟与程朱之道尚隔一层，因更相约为圣贤之学。至却南都诸公之聘，辞白使君之荐，拒王周臣端士邀入社，其深识有非时贤所及者。所著《经义录》《治事录》《开江书》《讲学全规》《典礼会通》《治纲》《周易传义合阐》《续正气集》诸书，今多不传，赖《谱》中尚存其目，并详成书之年。所讲学如淮云寺、蔚洲村、隐湖、鹿城、印溪、玉峰，俱著其地所交友，如文介石、李映碧、屠暗伯、陆冰修、毛子晋、顾伊人、徐昭法、陆元圃、宗子发等，俱识其人。②　又按瑚卒于康熙十四年，而《谱》记十五年，州人请宗

---

①　"原刊本本"，疑衍一"本"字。

②　此后有十二字，模糊难以辨认。

祀乡贤，二十五年，汤斌改安道书院之事，直至乾隆十六年立石于墓而止。溥为瑚第四子舆所出，不及见瑚，《谱》中所述当得之其父，而笔之于书则在乾隆十六年以后也。(15－222)

邓忠武公荣哀录一卷 光绪刊本

此记邓绍良湾沚殉难事实也。汇录谕旨、谕祭文、谕碑文、国史列传、事略、折稿、家传、墓表、祭文、挽诗等为一集。绍良字臣若，湖南乾州人。由屯兵拔为把总，擒逆酋李沅发，擢都司。嗣从向荣军至广西，又至湖南、金陵，累保至江南提督。北固山之败，褫职。嗣以黄池、婺源之捷，赏回提督衔，命在德兴阿营帮办军务。寻又命督皖南军务，调浙江提督。又以失援黄池降三级调用，既而收复，仍复原职。湾沚之役战殁，谥壮武。① 按绍良战绩，以守长沙城为最著，湘人称之，无异词。其败也，虽贼率大股合围，实由于饷缺兵单，援师不至。其湾沚告急，遗折备陈危急，旋即捐躯，亦可哀矣。国史多讳词。事略不署撰人名，记死状，与国史同，不及家传为得实也。(15－222)

王烟客年谱一卷 光绪二年刊本

明王时敏，字逊之，号烟客，晚岁号西田主人，又称西庐老人，江苏太仓人。祖锡爵，父衡，累世清贵。孙原祁，又传其画法，世人并石谷所为三王者也。生于万历壬辰，崇祯己卯以太常寺少卿册封岷世子。旋里后，遂不复出。南都起升太常卿，疏辞。卒于康熙庚申，年八十九。是《谱》为其七世孙宝仁所辑，原四卷，未刊。顾文彬缀其大凡，载《过云楼书画记》中，大抵属于登览交游者居多。壮岁接董玄宰、唐叔达、娄子柔诸公。沧桑后，所过从者则黄摄六、陈确庵、陆桴亭、苍雪法师等，皆胜朝遗老也。七十七岁始识王石谷，八十九于病榻识恽南田，皆具《谱》中。其原本四卷，未知今存否。(15－223)

---

① 《清史稿·邓绍良传》载"谥忠武"。

沈鼎甫侍郎年谱一卷　道光刊本

清沈维鐈,字鼎甫,浙江嘉兴人。嘉庆壬戌进士,官至工部左侍郎,以两耳重听开缺。又十年而卒,年七十二,时道光己酉也。是《谱》为其子宗涵、宗济撰。维鐈起家翰林,一为辛未会试同考官,一为福建乡试主考,历任湖北、福建、顺天、安徽学政。在安徽且连任六年,以故得士甚盛。最著者,疆臣有林则徐,言官有陈庆镛。其后李鸿章为中兴功臣,则《谱》未及载矣。又维鐈孙有曾植、曾桐,曾植字子培,尤著闻于时,作《谱》时尚未生也。《谱》中所记,安徽乙未科江宁府举人入闱筵宴,时维鐈为安徽学政,正主考卓秉恬、总督陶澍、江苏学政龚守正,皆为维鐈会试同年,副主考单懋谦、巡抚林则徐,则维鐈门下士也。陶澍为绘《乙未入帘图》,各赋诗以纪盛。此又闱中韵事,足传者矣。(15－223)

骆文忠公事实一卷　同治刊本

是书合李光廷撰《行状》及苏廷魁撰《神道碑铭》为一册,而弁以谕祭文、谕祀京师贤良祠祭文。行状、神道碑,皆本之秉章自记《年谱》而简括有法。光廷论秉章以楚南一隅备筹全局,援鄂、援江、援粤、援黔,助饷分军,独遣将不相遥制,故出境各以功名自见,而己反无赫赫之勋。廷魁论秉章,谓:“粤逆之平,湘军功为多,而用湘人、募湘勇,实自秉章始。湘军东征,独完全湘以应其急。而又以其间辑邻固圉,以一隅而为天下计,亦自秉章始。其所识拔,朝廷多倚以办贼,名臣循吏,良将劲兵,布满海内。而世俗或以将略少之,岂知古大臣识量所以异于人者,固在此不在彼”云云。皆深知秉章者,亦盖棺之公论也。(15－224)

杨龢甫家传一卷　写印本

清杨调元,字孝羹,号龢甫,贵州贵筑人,原籍湖南清泉。光绪丙子进士,授户部主事,改知县,历官陕西之紫阳、长安、华州、渭南。辛亥武昌革命军起,九月陕变继作,有张士原者,矫军政府命,率众至渭南宣谕,并索饷,辱调元,调元怒投水死。城中民大愤,执士原磔之。是《传》为李岳瑞撰。篇中并举其造士、疏河诸惠政,及其平日治学著书之概。篇末更致慨于忠孝大节之不为时重。岳瑞字孟符,陕西咸阳人,光绪癸未进士,官户部主事。(15－224)

精忠录二卷 光绪二年刊本

是书记湖南绥宁县知县殉难事也。卷一有弟熙所撰《年谱》及《行略》。卷二有胡凤丹撰《精忠录序》,徐有珂撰《行状》,张士宽撰《墓志铭》,俞承宗撰《神道碑》,张建基撰《传》,俞凤翰撰《传赞》。按熊字戴仁,号朴安,浙江乌程人。道光庚子举人,由宗学教习期满拣发湖南知县。历任麻阳、通道,后调绥宁,会粤匪攻城,缮完未竣,而贼已至。城陷,中飞石死。其宰麻阳、通道,于治盗安苗亦有政足纪者。诸篇撰者不一人,互有详略,合之而巨细不遗矣。(15－225)

堵文忠年谱一卷 道光癸卯刊本

明堵允锡,字仲缄,江苏无锡人。崇祯丁丑进士,授南京礼部主事,升南京户部郎中,升长沙府知府。山贼掠安化、宁乡,破灭之,又杀醴陵贼魁。福王时,摄湖北巡抚。唐王继立,降李锦、高一功部众,屡复失地。闽部溃,桂王又命为兵部尚书,总督军务。旋以何腾蛟战死湘潭,失助,入朝广西,授吏部尚书、文渊阁大学士。卒于浔州。按允锡自著有《年记》,惟止于甲申二月,其后有邑人任源祥为之续,而邑人张夏合之而为是《谱》。以较《明史》列传,多所补正。如李锦系自成义儿,英淑夫人高氏系锦亲母,而《明史》谓锦为自成兄子,又谓高氏为自成妻,高氏封英淑夫人,又误"英淑"为"贞义"。又胜草坪,复常德、辰州,复衡州、湘潭,胜麻河,皆允锡功绩,俱被《明史》删削,幸详于此。《谱》又称"有欧阳典者,为允锡亲吏,在浔州送终,有《粤西实录》一卷,专述允锡事迹"云云,夏所掇拾大率据此。卷首有俞德渊序,末有潘光序跋,并附潘士超祠碑记及静日轩跋。(15－236)

成山老人自撰年谱六卷附录一卷　宣统二年活字印本

清唐炯自述。炯字鄂生，贵州遵义人，湖北按察使、殉难金口树义之子。道光己酉举人，纳资为四川县令，升至云南巡抚。革职逮问，旋赦罪，赏给巡抚衔，督办云南矿务。以年老准开差回籍，卒于宣统戊申，年八十。自述止于光绪丙戌出狱之岁。附录一卷，为其子坚所编，始丁亥，迄戊申，补《年谱》所未及也。《谱》所记较详者，一其父树义殉节金口事，一贵州剿匪事，一四川改革盐运事，一云南出师防法事。按勒树义兵饷，使陷死地者，乃湖北巡抚崇纶，后为曾国藩严劾伏罪。而《谱》讳其姓名，盖其时崇纶子裕禄、裕庚官骤显贵，即国藩奏稿内亦削此疏，殊失直道。四川盐运，改商为官，总督丁宝桢主之，实炯成之。《谱》所述利弊沿革及群谋构陷情事，亦掌故之所系也。贵州剿匪，功垂成而不终。在云南巡抚任，徒以未经奏报，擅回行省受篆，致被严议。盖时值广西溃师，因而迁怒，非其罪也。丁宝桢曾为乞恩，虽有旨切责，而朝廷旋悟其非，因得赦罪复用。炯所撰《丁文诚公年谱》别详之。附录所记，仅就陈牍，依年撮要而已。(15－237)

卢忠烈公年谱一卷　乾隆辛卯刊本

清卢安节编。安节字亨六，江苏宜兴人，明督师卢象昇曾孙。忠烈，象昇谥也。象昇，天启二年进士，主事，历员外郎，迁大名知府。崇祯二年，在大名府任，以兵卫京师，由是为大名、广平、顺德三府兵备。抚郧阳，总理湖北等七省军务。总督宣大，屡摧寇氛。十一年，北兵入寇，命督天下援师，时杨嗣昌、高起潜阴主与满洲讲和，帝为所动，而象昇力持战议，遂为所扼，以致战殁。杨廷麟为作《传》，最详。是《谱》大率据之，而增入未仕时事，以所为奏议、诗文系于年下。惟其时所得奏议、公牍，自崇祯七年至十一年，尚缺而不全，《谱》亦因之。其中有不依刘《传》者①，如进兵部尚书在崇祯十一年，杨《传》则在九年。而《明史》

---

① “刘《传》”，疑“刘”为“杨”之误。

本传与《谱》同,当是《谱》从《明史》,非别有据也。又以斩高迎祥功让洪承畴一事,杨《传》有而《谱》无之。考吴伟业《绥寇纪略》,以此事属孙传庭,《谱》不载或即因此。然《纪略》于擒闯事,已两存其疑,且许德士《卢公遗事》所记与杨《传》全同,似不宜信彼而疑此也。象昇死四年,刘宗周为颂冤,始得复官。福王时,始赐谥忠烈,至康熙二十七年而建祠,《谱》连及之,并附世系表及从祀录,以资考焉。(15-238)

戎车日记一卷 旧抄本

明许德士撰。德士字雪城,籍贯无可考,曾参卢象昇军。此篇象昇贾庄殉难事也。此篇及《卢公遗事》,原名《钜鹿野史》,杨廷麟作《象昇行实》即据之。明遗老薛寀作《象昇集序》云:"公友许君雪城,千载伟君子也。以经笥武库,游天下名公卿间,受知于公,与之周旋患难。爰著《戎车日记》,一一写出公之须眉、性情"云云。可以知其概矣。德士以病留保定,故不与贾庄之败。事后与杨廷麟同象昇尸,且与象昇弟同赴郊清丘。篇中记杨嗣昌、高起潜齮龁以至于败,至详悉。其斥嗣昌书及向嗣昌告急书并见嗣昌集中,可证也。惟记虎大威,谓"溃围出,寻以重创,号踊亦殒"。据《明史》,大威在崇祯十五年,与寇战死,尚在四年之后,则传闻之偶误耳。(15-239)

卢公遗事一卷 旧抄本

明许德士撰。德士既撰《戎车日记》,著录象昇死事大节,是篇则录其遗事也。篇中记崇祯九年授尚书阶,杨廷麟《传》同。而《明史》则此时尚位少司马,至十一年始进尚书。又记"部帅祖宽败斩高迎祥,象昇谓之曰:'洪制台旦夕获罪,吾不克救。今关门制台辖地,以今日首功让之,可保全也。'至于下拜,宽乃从命。洪以此复官阶、承宠眷"云云,杨《传》亦同。洪制台即承畴也。而吴伟业《绥寇纪略》乃以此事归之孙传庭,象昇《年谱》及邵长蘅《传》因之并削其事。按士德于崇祯十年入象昇幕,自云"公历叙生平,讫督抚日,不遗一事"。而廷麟亦以十一年赞画军前,所闻宜俱可信,不必以他书之舛误而致疑也。(15-240)

忠节全编不分卷　乾隆己未刊本

清卢豪然编。豪然字杰夫，江苏宜兴人，雍正癸卯举人。其曾祖象晋，为明宣大总督象昇之弟。象昇有弟二人，曰象晋，曰象观。象昇殉难贾庄，时议尚诬以不死，象晋疏讼之，并请祭葬。既又伏阙请死边事，庄烈帝以为率妄。国变，象观起兵，事败，死震泽，宗族赴难者百余人。象晋奉母匿深山不出，后为仇家诬陷，守迫令剃发，不肯，则缚而髡之。释出，因并削顶发为僧。母卒，会葬毕，远遁。忽一日返，自言将死，且示葬处，遂终，年七十三。是编首有豪然自序，中录《明史·象昇传》、邵长蘅《明大司马卢忠烈公传》，又附《书忠烈公遗事》、胡宗绪《卢象晋传》、任启运《卢象晋传》、无名氏《卢象同传》、《常州府志·卢象观传》、《宜兴县志·卢象观传》、何溥《题象昇纪实并纪象晋象观诗》、豪然自撰《先曾祖锡侯公遗书后序》、任启运《卢劬山传》、任启运《杰夫五十寿序》，而终以《生斋学言》。按锡侯名励，劬山名本植，乃豪然之祖若父。《生斋学言》，则豪然文稿也。豪然于《明史》及长蘅所为《象昇传》，俱略有改正处。又所搜集传记尚多，列其目于卷首，以俟续刻云。(15－240)

华凤超年谱二卷附一卷　康熙刊本

清华衷黄述。凤超，华允诚号，生万历十六年戊子二月三日。成进士后，受学于高攀龙。既与攀龙同去，攀龙寻被难。崇祯初元，补官，旋上疏，讦温体仁、闵洪学之奸，仅罚俸，遂请养回里。福王立，起吏部文选司员外郎，改验封司员外郎。未三月，引疾去。后避地泰伯乡，为杨镇标兵所执，以全发被祸。时顺治五年戊子四月十四日也。按允诚以遗老居田间，不与起义诸役，竟死于满官草□之下，其残贼无人理可想见。开卷录汪琬撰《传》、严觳撰诗并序、徐枋撰《墓志铭》并允诚小像，后附《入祠事略》《宗谱传赞》。末一卷，则汇记丙寅建祠事也。(15－241)

高子年谱一卷

明华允诚纂。允诚字汝立,江苏无锡人。天启壬戌进士,官至兵部职方司员外郎,告归,顺治五年殉节。允诚学于高攀龙,攀龙于天启六年闻缇骑来苏,自度不免,以为大臣不可受辱,因作遗表,投水死。是《谱》于攀龙为学层次,悉遵《困学记》。至其从容尽节,叙之尤委曲详尽,可以传攀龙矣。据华衷黄撰允诚《年谱》,允诚于崇祯初拟请崇祀攀龙,其兄允谊贻书谓:“从祀一事,侧目者必以门户相诋。且真知灼见,以为当然者亦无几人。此时宜极力表章攀龙之学,使大明于世,而后可议及此。”允诚因搁疏不上,退而辑其《年谱》,盖成于崇祯八年乙亥云。(15-242)

高忠宪公年谱二卷　康熙刊本

清高世宁编。世宁字季远,攀龙少子也。首有吴兴祚、严縠、朱士达、华允谊、陆世仪序,崇祯恤赠制词、崇祯谕祭文、小像、文震孟题词,董其昌、倪元璐、吴桂森像赞。按是《谱》实华允诚所定为蓝本,作序之华允谊,即允诚兄也,而书中绝不之及,岂以允诚曾抗清殉义,因而讳之欤?所叙正文之下,附以小注。较华《谱》为详,亦有华《谱》所有,而此独缺之者。如壬寅辑《朱子节要》成,壬午有《戊午吟》,辛酉入京,以会讲事拜属叶闲适、吴觐华主盟。此诸事,不知何故削之。惟世宁所记其父名梦龙,子名攀龙,似是雁行。盖由其继父恐觉为抱子之故。此则属于隐事,允诚或无由知,抑知而故讳之。然非特揭于《谱》,则易滋后世论者之疑,尤不可也。(15-242)

高忠宪公事实不分卷　明崇祯刊本

明高世儒、世学、世宁编。首崇祯元年十一月诰命,次崇祯三年十二月谕祭文,次礼部札付祭文、祭品、工部发给造坟工料,次国史本传,次小传,次遗墨,次文震孟、鹿善继、倪元璐、钱士升、吴桂森、邹期桢、徐遵汤赞,叶茂才、许令典跋,次朱国桢撰《墓志铭》,次钱谦益、钱士升撰

《神道碑》，次叶茂才撰《行状》，次其子世儒撰《行述》，而终以祭文。以《行述》为最详，即两年之所本也。① 国史《传》言“丙寅三月十七日，缪昌期、周顺昌同逮”。按顺昌被逮，在攀龙投水后，盖误。是卷共两厚册，开卷称“奉母命安厝谕茔”云云，殆其时讣告亲友所用，流传至今，祭品清单及造坟价目俱可考见，于此至可宝也。(15-243)

知非录一卷 咸丰壬子刊本

清孔昭杰撰。昭杰原名昭辰，后改今名。字汉瞻，号俊峰，山东曲阜人，孔子七十一代孙，宪彝父也。嘉庆辛酉举人，历官沧州批验大使，越支场大使，升盐城县知县，以完漕迟延，得降级处分，遂不复仕。是《录》为昭杰自述，即《年谱》也。自乾隆庚子一岁起，至咸丰壬子七十三岁三月止，逾一月卒。其子宪阶、宪彝、宪庚，复据所知，补注其下。大抵述居官政绩及家人生育、婚嫁、任官诸事。其六十岁时，预立遗嘱数条，以为治命，亦达观之士也。(15-243)

理学张抱初年谱一卷 乾隆四年刊本

明张信民，字孚若，号抱初，陕西渑池人。隆庆癸未选贡，廷试第一，历官陇西、怀仁县知县。少私淑曹月川。在关中，交冯少墟。尝创正学会，从学者甚众。生于嘉靖壬戌，卒于崇祯癸酉，年七十二。是《谱》为其门人冯奋庸所编。奋庸字则中，宜阳人，于万历己未从学，就所见闻撰成是《谱》。讲学详其地，来学、商学、表学、观学详其人，著书详其岁，即学谱也。惟“印绶暴长”一事，殊近神怪，似非宜存。他亦有过于琐者。首康熙壬寅陆求可序，吕维祺、郭光复《传》，雍正丙午王箴舆《洗心祠碑记》，又有像并像赞。后有乾隆己未张凤翮跋。(15-244)

德仁圃行述一卷 嘉庆刊本

清德元，字仁圃，姓索绰罗氏，满洲内务内正白旗人，尚书德保之

---

① “两年”，疑当为“两年谱”，脱一“谱”字。

弟。乾隆癸酉举人，官至内务府畅春园郎中。嘉庆癸酉，乡举重逢。殁年八十。《行述》为其子英贵所撰。中可记者，乾隆甲戌新定大臣子弟不准会试之例，其时德元兄德保已官至侍郎，因此别考由笔帖式入官。戊申，因所属庄头互控，为和珅所奏，致降级。盖和珅与德保不合，因迁及之也。然入仕五十年，犹然郎官，则不止冯唐之戚矣。(15－244)

汪穰卿年谱一卷 排印本

清汪康年，字穰卿，浙江杭县人。光绪壬辰进士，殁于宣统辛亥。是《谱》为其弟诒年所编。康年于光绪丙申与梁启超创《时务》于上海，丁未又设《京报》《刍言报》于京师。按康年为诸生时，尝受知于瞿鸿机，既而鸿机入军机，与庆亲王亦劻互树党。《京报》暗承鸿机意，故于奕劻父子讥切不稍避忌。鸿机卒以交通报馆为奕劻排去，《京报》亦同时被封。《谱》于此特讳之。康年之卒，在辛亥武昌革命军起后。据《谱》称，因政府将起用袁世凯之信，默不一语，是夜遂病，遽卒。殆先忧之甚而致然耶。(15－245)

李古馀事略一卷 民国元年排印本

清李滨，字古馀，江苏上元人，纳资官浙江通判。晚岁为曲阜经学会讲师，故是书题曰"清儒士经学讲师"。卒年六十二。滨虽非出身科目，而好治学，甚勤。工书画、刻印，著述甚夥，颇为俞曲园所称许。今行世者，有《中兴别纪》六十一卷、《急就章草法》九卷、《急就章偏旁表》二卷。是篇分段记述，迥殊旧体。中有论心性、论文、论读书、论画、论作书、论金石、论刻印语，其余则官私诸事而已。其子遂贤、齐贤所撰也。(15－245)

史尚书行述一卷附一卷 光绪刊本

清史致俨，字容庄，号望之，江苏江都人。嘉庆己未进士，改庶吉士，散馆，授职编修，官至刑部尚书，因病请开缺，卒年七十九。是篇为其子丙荣、悠、辰、璜所述。致俨以词臣起家，屡司文衡，为主试者三，为学政者三,为同考官者一。所述大率清介持身,勤慎奉职而已。按致俨为嘉庆己未会元,是科得人之盛,为清代□□□科第一。经学如张惠言、王引之、陈寿祺、郝懿行、张澍;词章如鲍桂星、吴鼒。名位通显,自汤金钊以下,凡数十人。主试者为朱珪、刘权之、阮元、文宁。相传是年五星聚奎,朱珪因作《五纬联珠图》,是可纪也。后附其子丙荣《传》、璜妻王氏《墓志铭》、《甘泉山阡表》。丙荣字桂材,道光戊戌进士,官至亳州知州。撰《传》者赖椿,时丙荣尚在也。璜殁于四川酉阳知县任,其妻王氏抚遗孤久常、念祖成立,念祖后以军功擢布政使。《阡表》盖追述璜在酉阳擒啯匪田毛狗事,皆其子念祖作也。(15－246)

辰州府志八卷　明万历四十三年乙卯刻本

知府马协重修,通判吴瑞登纂,推官侯加地参订。协字寅所,陕西同州举人,四十二年任。瑞登字云卿,武进人,二十三年任。加地字庆宇,解州举人。万历二十五年丁酉,瑞登倅辰之三年,于修废举坠之余,搜采故实,从事重编府志。适丁艰讣至,于苫次聊以草辑,成稿若干篇,授其门人钱春。谓续前成化太守易贵所修志而作也。贵字天爵,贵阳进士。越二十年,钱春巡按湖广,乃举其稿属加地,删订而润色之。加地跋尾有谓:“旧稿数十余万言,今势异时移,详略应有异宜之处,爰汰其十之六七,以毕瑞登未竟之业。”由沅陵知县王恭己督刊而成。书无凡例,卷端仅钱氏春、吴氏瑞登两序及目录、纪名而已。为卷八,一卷曰地图、沿革、星野、灾祥;二卷曰山川、形胜、古迹;三卷曰城郭、宫室、田赋、物产;四卷曰风俗、户役、祀典;五卷曰秩官、武荫;六卷曰荐辟、选举、人物、流寓、貤封、耆寿;七卷曰边防、方外;八卷曰艺文。辰州之名,肇自隋开皇中,其时领沅州一州,沅陵、卢溪、辰溪、溆浦、黔阳、麻阳五县。所为舆图、图经及山川、形胜、古迹诸志,率皆简略,不能如后来方志考据之精博,殆亦时会之不同欤。田赋正供,秋征粮,夏税麦,辰沅粮额多至一万四五之巨,余亦数千不等。尚有杂税暨土物之贡,率皆折银输之。岩疆边哨,仰给烦多,况自条鞭法行,追迫尤甚。其时民力憔悴,从可知矣。物产纪载颇详,当时采取麸金之苛扰,赖御史薛瑄、参政游震先后陈请得蠲免焉。其秩官、武荫、荐辟、选举、人物、流寓诸志，或能见其政治之贤否，或能悉其人物之盛衰。至以善卷、屈原改隶流寓，正旧志纪于人物祀诸乡贤之误谬，及辨刘禹锡之非黔阳人之类，尤为荦荦大端之可称者。艺文一志，亦撷择精审。其记序诸文，每有关一郡建置兴废之事，足资故实之征考。诗歌则多唐宋名贤之作，流风余韵得以长存。中有元蔡明《麸金》一章，记征淘金户税课追呼之酷，尤堪与《春陵》两章《示官吏》一作并传也。是书惜其第七卷边防、方外二志阙而无存，不能无遗憾焉尔。(15－246)

凤凰厅志二十卷　清道光四年甲申刻本

同知黄应培主修，孙均铨、黄元复等纂辑。应培字竹庵，浙江仁和举人，以道光元年任。均铨字秋崖，辰溪进士，前永顺府学教授，时长敬修书院。元复字柳桥，为仁和监生，盖应培之同族也。按厅治僻处湘边，峒苗错据，溯其沿革，在汉为武陵郡，隋为沅陵郡，唐初为锦州，旋置麻阳县，厅地属之。逮元置五寨长官司，属思州安抚司。明因元制，隶保靖宣慰司，永乐初增置筸子坪长官司，至清康熙四十六年，裁革各土司，以地内附，始置之官长，籍其人民，正其疆里，析为乾、凤、永诸地而立之厅。建设肇兴，政令制作基于此矣。洎乾隆十八年，黄凝道慎斋以岳守来绾分巡道篆，悉改设已五十余载，典册阙如，乃搜采故实，属乾州潘丞曙编辑，至二十一年丙子草创成书。文献之征，亦其权舆也。黄丞应培为凝道从侄，检阅前修，不无简略，且时逾甲子一周，应有续纪，爰属均铨等秉笔，越七阅月而成此编。书为卷二十，首一卷曰新旧序、姓氏、目录、凡例，以次一曰星野、舆图、沿革、城池，二曰疆里，三曰山川，四曰坛庙、田赋，五曰典礼，六曰学校，七曰风俗，八、九曰屯防，十曰兵防，十一、二曰苗防，十三曰职官，十四曰名宦，十五曰乡宦，十六曰人物，十七曰列女，十八曰物产，十九、二十曰艺文。篇首图说，特详各乡碉卡、岩疆险要，如在目中，极为有识。惟相沿陋习，繁绘八景，且系以诗，无裨史要，甚无取也。沿革分条而志，附及废土司考，详实有据，而尤以屯防、兵防、苗防三志最称明备，征录靡遗。其屯防之于建碉练勇、筹防绥辑诸大政，兵防自汉迄清，用兵置军设官之故实，编年纪载。苗防之安定治理诸情事，户口、弁兵、义学之数额，及苗民居处、习俗、语言，罔不纤悉，足资传信者。他如于人物之外，别立乡宦一门，独标斯格，异于诸志。物产搜采綦详，于货之属更能分列行销四方诸品，俾觇物产之丰啬，即知民力之兴衰，洵非无谓之作。艺文首列清高宗宸翰，以庆云见苗疆献赋为颂，和声鸣盛，共仰天章。其余文艺诗歌，多关地方典制。卷末有黄崇政之《春鼓行》一章，但湘良《五箪留别》四律，均光绪七年辛巳所作，不审为何时补刻附入者。（15－247）

永绥厅志三十卷　清宣统元年己酉铅印本

署同知董鸿勋修。鸿勋字湘舲，直隶开州人，以副榜继其先人仕湘。光绪末年，初权古丈坪同知，即创修志乘。宣统元年，调权厅篆，复独力而撰此篇，可谓惓惓文献，善于修辞者矣。全书为卷三十，首一卷列门八，分目若干，于凡例、总凡例之外，复逐门各缀凡例，以明其旨，是其变例，盖示详审也。卷首新旧序例、纪事、目录；以次天文门为目三，曰星野、气候、灾祥；地理门为目十四，曰建置、舆图、疆域、山川、形胜、关隘、水利、津梁、铺递、义冢、古迹、风俗、苗硐、六里语言；营建门为目十四，曰城堡、碉楼、学校、坛庙、公署、官厅、仓廒、屯仓、军局、卡房、育婴堂、养济院、塘房；食货门为目三，曰户口、田赋、物产；武备门为目三，曰兵制、屯防、剿抚；秩官门为目三，曰官制、职官、政略；人物门为目十，曰选举、封赠、忠烈、难荫、孝友、笃行、义行、文苑、方技、列女；艺文门为目三，曰经制奏疏、屯防奏疏，以丛谈等终焉。按厅志创自乾隆初梁丞璨，而成于段丞汝霖，嗣嘉庆中袁丞廷极续纂，稿成未刊，咸丰初被但丞遗失几尽，逮同治元年周丞玉衡再续成书，至四年王丞起衔，始克付梓。出举人杨瑞珍手笔，书仅六卷，不无简略。董丞此作，续周志也。永绥本六里苗地，清初即输诚向化，自雍正初改土归流以来，绥辑有方，日臻治理，其事之有足纪者日益繁多。兹篇别类分门，一仍前志，但增其卷而五倍之。搜采故实，纤悉靡遗。舆图不仅详于疆域、城垣、水道、山脉、里团之巨，即城堡、碉楼、公署、学校、局所，悉各为备列。其形胜、关隘、风俗、苗硐、六里语言，以及兵制、屯防等志，最称详赡。至易他志之“名宦”而为“政略”，每传皆缀以论赞，颇能得龙门八书序赞之遗意。于人物之孝友诸志及列女各传，亦如之。又若艺文之不滥收无关典要题咏之作，其所录经制、屯田等奏疏，莫匪诸大臣经邦致远，绥辑之宏谟，防边之大计，令读者于前人规画之苦心，得所征考，有裨史实。即丛谈一卷，摭拾遗闻逸事，暨所附诗赋书铭等篇，亦要皆苗疆之治乱攸关、名教之本源所系，绝非芜泛之选。综其全作，洵令人服膺其考证之精确，体例之谨严。目虽多而不病其杂，文虽富而不伤于繁。且于前志悉存其原文，或为增益，或加按注，能不没人之善，斯亦难已。惟卷首已有序言纪事之述，而卷末复为《五十初度自序》，并取各目分系以词，又另缀自跋自评。其所为文，多原道于天人之际，尽功于事物之征。如斯巨帙，不一月而观成，何其敏也。既有涉于重叠之嫌，复不免蹈夸炫之病，良为可惜。虽然，是役也，不设局，不派费，董丞于民事之余，精心结撰，一手而成，其勇于任事，人所共知，又不得而少之也。（15－249）

澧志举要三卷　不著刊年

安乡潘相撰。相字润章，号经峰。乾隆辛酉拔贡，举庚辰顺天乡试，癸未成进士，授山东福山令，调曲阜令，迁濮州牧。历官勤教养，修废坠，学贯经史，著作名海内。其时，澧州牧何璘已有《澧州志林》之辑，潘氏于濮阳公暇取而读之，苦其卷帙浩繁，因仿各志通编之例而撰兹篇，不分目类。据考地理，断自西汉高祖十二年丙午，讫于《志林》告成，编年大书，依次分注。于历代有关全澧之治乱、政法、休戚、利病，以及名宦、乡贤、荐辟、科甲、忠孝、节义，俱按史传与名家专集考辨详实，并举有清以来之大恩大典，纪述明备，义精而核，文简而赅。其中以辨范文正公父生母鞠之岁，决非随继父适安之年，且并未尝读书安乡，指为厚诬昔贤，凿凿有据。又逃官金许增等之难附名宦，同名戴君恩之媚珰，不可以混诛贼之晋抚。守道周应锺等捐置供田积储，施德于安士、安民，历数百载湮没无闻者，得一朝而阐扬之。荦荦数端，有裨名教纲常之大，是尤可称述者也。他若于诸志之正其讹讹，补其疏漏者，详尽弥多。例目分类而列举之,亦云审矣。且谓:“惟于星野风景之虚,丘阜汉港之细,仙释巫祝之诬,鱼虫华实之琐,无关体要,姑从阙省,命名举要,以便检阅。”盖崇实也。其同年友,前湖南学政长洲褚廷璋序言,极为赞服斯作,并谓王文庄公总裁《四库全书》之日,尝亟称之,断其必传无疑。潘氏时年将耄,第一、二卷付其次子承炜校雠,因命续辑第三卷以完成之。三卷继原编自乾隆十六年辛未至五十七年壬子,并附补编三页。按是书不识刊刻之年,惟另一部以补编置卷首,第三卷讫于六十年乙卯之岁,余无差异。卷端署有“古歙程红圃先生鉴定,嘉庆二年丁巳经腴堂校刊”等字。岂卷尾之三年,即为程氏所增补欤?(15－250)

直隶澧州志二十八卷　清道光元年辛巳刻本

州牧安佩莲主修,孙祚泰等纂辑。佩莲字玉青,贵定人,壬戌进士。贵定,盖黔之邑也。祚泰字文冈,州举人,前任宁远县训导。安牧以嘉庆二十二年莅任,下车即励精图治,百废具兴,以志乘阙修已七十余载,适大府议修通志,檄饬调取,乃延祚泰秉笔,未成而没。复属举人安乡训导陈融观心泉继之,始蒇其事。续乾隆庚午前牧何璘《志林》而作也。是书为卷二十有八,首三卷序文、纂修姓氏、凡例、诏谕,以次卷一曰星野志,二之五曰舆地志,六曰水利志,七、八曰食货志,九曰学校志,十曰武备志,十一之十三曰职官志,十四曰选举志,十五之十六曰祀典志,十七曰人物志,十八曰列女志,十九曰祥异志,二十之二十五曰艺文志,二十六曰金石志,二十七之二十八曰杂类志。又分目凡九十七,繁不具录。按澧之得名,肇于《禹贡》,置州则自西魏始,由是为郡、为军、为路、为府、为县,或隶人或隶于人,代有因革。至清雍正八年诸土司归流,始升直隶,先后以安乡、石门、慈利、安福、永定五县属焉。篇首裒录诏谕二卷有余,盖匪仅尊王,意在举有清之大恩大法备登于册,使民毋忘。不知非关一州政典,与夫星野之繁为图说,皆属有乖体例,甚无取也。山川于澧水源流考证详确,且能辨析茹、温、溇、渫、黄、涔、澹、道并澧为九水之源委。搜采有据,精审可观,颇为有识。至水利一篇,多因《志林》之《河渠志》为之增益,所附何氏《澧州水道图说》并各家水利说,尤为有裨史要。艺文亦多仍《志林》而续增,更称富有。惟冠以天章,皆非有关澧治之选。兼收唐、明两代敕、诰、表之类,尤涉芜杂。至附以关系全澧之公牍文词,暨其他文艺,或有益世道人心,或足觇稽其政学、山川、风俗利弊者,差为允当。金石于古有征,杂类之摭史事、纪闻、辨讹、丛谈诸作多存故实,足补阙疑。卷尾有《田赋说》一篇,系钞补者。其文中纪述明清两代全澧田赋,情况甚悉,及雍乾间减除额数,乃地方切要之大政,堪资传信于方来者。卷端安牧自序及岳常道长白多赉序言,皆题曰"续修澧州志林",凡例亦谓仍其旧称,示不忘渊源所自。何氏十樵之前作详赡,固久名于时,而安牧之钦承亦可见矣。(15－251)

石门县志十四卷　清同治七年戊辰刻本

县令林葆元主修,陈煊接修,申正飏等纂辑。葆元字树香,顺天大兴人,同治五年任。煊字春皆,贵州湄潭进士,七年任。正飏字旭亭,邑贡生,候选训导。按石志创自明天顺间,久佚无考,清康熙时邑令张霖、许湄前后搜辑,简略不备,均未授梓。至嘉庆二十三年,苏令益馨属邑举人梅峄编纂成书,而石始有志。阅五十余年,是为初续,仅五六年而藏板被人抽攫。甲戌,郑令立诚亟为镌补,复成完篇。书为卷十有四,首一卷新旧序、姓氏、凡例、目录。以次,一天语志,为目二,曰诏谕、宸翰。二星野志。三舆地志,为目十八,曰地图、建置、沿革、疆域、城池、古城邑、关隘、公署、养育、镇市、山川、湖堰、津梁、水利、景物、古迹、陵墓、义冢、风俗。四食货志,为目六,曰户口、田赋、徭役、税课、积储、物产。五学校志,为目七,曰学宫、典籍、弟子员、乡饮酒礼、书院、义学、学田。六武备志,为目四,曰兵制、塘汛、筹饷、铺递。七职官志,为目三,曰文职、武职、名宦。八选举志,为目二,曰科甲、荐辟。九祀典志,为目五,曰文庙、武庙、文昌、坛壝、寺观。十人物志,为目十,曰孝友、忠义、儒林、文苑、位望、武功、隐逸、流寓、方技、耆寿。十一列女志,为目五,曰贤淑、节孝、节烈、贞女、寿妇。十二祥异志,为目三,曰灾祥、荒歉、兵难。十三艺文志,为目三,曰文辞、诗古、著述。十四杂类志,为目三,曰摭史、纪闻、辨讹。以纶章冠首,诸志相沿,兹取天语列为专志。其凡例谓:"弁诸纲首,用表尊无二上之意。”所录诏谕宸翰，非关一郡一邑之典章，复附前代诏敕。意若借为冠冕，不知有失体裁，迹近恭而无礼矣。星野图考，力求详尽，亦属无关体要之作。县志无雉堞之周环，无阛阓之启闭，大有异于他邑者。其说称：前临河水，复带溪流，势难浚筑。前令许湄有联云：“以峰为城，以溪为池。”其形势概可想见。艺文所辑，多有关于地方建置之文词，足资征考故实。杂类之摭史、纪闻，能引史以补阙疑，订其传闻异辞之说，纪闻甚鲜怪诞不经之事。辨讹之末，有《石门名考》一篇，引证详实，可补沿革之未尽。综其全帙，颇能因旧志而或正其讹讹，补其疏漏。惟诸志既缀小序，复按目为说，不无冗复之病。举梅《志》小叙汇列卷端，俾览者得资参检，备悉修续始末。不没人善，良足多也。若以著作言之，文笔平庸，较逊于梅氏之前修远矣。(15－253)

安福县志三十四卷　清同治八年己巳刻本

县令姜大定主修，前任县教谕尹袭澍编纂。大定字可堂，安徽怀宁人，五年来任。袭澍字雯轩，益阳举人，咸丰七年任。姜令莅任伊始，取阅旧志，悉阙修垂五十年，思有以续辑。适奉大府饬修之檄，商之邑绅，时值尹学博乞休归里，群推其司秉笔之任，大定即致聘焉。设局从事，经岁而观成。书为卷三十有四，分类三十有一。首一卷为序文、修辑姓氏、目录、凡例、诏谕，以次一曰星野，二曰沿革，三曰疆域，四曰山川，五曰水利，六曰津梁，七曰城池，八曰公署，九曰户口，十曰田赋，十一曰积贮，十二曰蠲恤，十三曰典礼，十四曰学校，十五至十六曰秩祀，十七曰武备，十八曰职官，十九曰政绩，二十曰选举，二十一曰封荫，二十二曰人物，二十三曰列女，二十四曰风俗，二十五曰物产，二十六曰祠庙，二十七曰寺观，二十八曰古迹，二十九曰祥异，三十至三十三曰艺文，三十四曰外纪。按安邑本秦慈姑边境，自汉迄元分隶靡常，明为九溪、永定二卫地，逮清雍正八年始裁卫，改九、永、益、慈、澧地，而置今县，将历百年。至道光癸未，田令敏耕甫修志，是其权舆也。其书出沅陵潘永盛、道州黄彝二君之手。潘字松田，黄字蕴山，先后官邑训导，皆才识宏博者。虽为创制之作，殆明备足称，堪资传信。兹又旷久无续，故实之待编者自多。斯篇之作,固诚不容缓也。以旧志缺卷首诏谕一门,仿通志例,取有关湖南事实者备录无遗,连篇累牍,不知非关一邑典要,殊失体裁,甚无谓也。星野一仍旧志,无所增损,差为有识。至若关隘中之新安镇与新安屯堡误分为二,及疆域之错杂、山水之纷歧,皆能分别考证以正前修之讹舛。又如增详文庙之位序源流、礼器乐舞诸图说,与夫以田赋、屯漕、杂税入于积贮之芜乱,旁注当年选举之原籍,节删历职之繁互诸类,亦能见其远大。折衷精审,断制谨严,有足称者。流寓特增西汉之纪信,并以晋之车允、唐之李群玉二人,安、澧各欲私为己有。今安邑纵有墨山平台之胜,岂容再与相争?从《志林》载之于此,亦称允洽。各门小序,雅洁清通,切于事类。综而论之,斟酌损益,于旧志之补苴罅漏,良非浅鲜,堪称佳构。姜令惓惓文献之心,讵非得尹氏之笔而益彰欤!(15-254)

桂阳直隶州志二十七卷 清同治七年戊辰刻

州牧汪敩灏、署州牧吴嗣仲主修,王闿运总纂。敩灏之字与籍不详,《官师表》仅纪同治中署任者六人,或敩灏补授斯缺,而尚未来任也。嗣仲字春谷,保山举人,六年权任。闿运字壬秋,晚号湘绮,湘潭举人,后特赐进士,翰林检讨。年登大耋,逢重乡举,晋荣衔。学贯经史,海内外罔不知其名。时当同治初,州人士御寇安定,由在籍前江苏按察使陈士杰俊臣与绅耆等复修州志。网罗散缺,补掇旧闻,编撰稿成,上之闿运润色而纂订之。厘为卷二十有七,分十有五篇。是书一变通常体例,其叙述之次类,从事之职名,详于叙志。凡为志十,为纪一,为列卷百四十有三,为表三十有六,为图六十有六。第一曰疆域志,次曰事纪,三曰赋役,四曰工志,五曰州官表、官师列传,六曰学校志,七曰礼志,八曰兵志,九曰人物志,十曰货殖传,十一曰水道志,十二曰天文志,十三曰洞徭志,十四曰艺文志,十五以叙志、匡谬、小说终焉。按近世修志乘者,咸拘于奉颁条格,首重天文,抑相率固执天先乎地之义,罔不以星野冠篇,而次地理或疆域。不知郡县志,于目录家属地理,顾地理志之本也。而其最要者,尤莫舆图,若兹篇以疆域列首,即崇斯义。首建制之缘始、疆域之方位、四至八道、都里之名，次及沿革，为表而明之，开方计里，以图城乡凡十七，分图历代之形势凡三十。又附历代正史地志以资考证，何其审也。事纪自汉迄于当时，举一州之大政有关治乱者，编年纪述。赋役、工志，于地方古今民生优绌之情，建置盛衰之迹，与夫学校、礼、兵诸志之化民成俗，靖乱保疆，乃大经大本之常规，尤称详赡，足资征考。至官师、人物所为传赞，一宗龙门。货殖祛数纪物产名类之陋习，州故以农惰工拙、商贾鲜通称，宜乏所纪。然临蜡蓝油，货倾领表，犹其小焉。有清康乾盛时矿盐之利，号称大州。且大凑煎炉，出产宏富，定课置监，权舆唐宋，由来久矣。特详其盐引运销之利弊、矿产兴废之始末，亦饶卓见。他若志水道，则分图纤悉，穷钟、深之二源，明溱、洭之会注。志天文，缘五行而识其占候，征物变而详及休祲。述洞徭，以格化有方，鲜闻逆命。辑艺文，知士风笃朴，自古多才，金石有传，典籍可考。又以汉自班《书》迄明顾氏，言桂阳者多有舛差，作匡谬以正其误，并采民物方俗及其遗闻为小说，次其目曰伽蓝记、轶事、赋咏三篇，意谓稗官之言，亦本史家所掌。综斯鸿篇巨制，条贯古今，非老师宿儒，岂能道其万一？应推湘志中之名作矣。至主修牧令，均不掇一言，以述始末，殆郭氏《湘阴图志》之一例欤？（15－256）

靖州直隶州志十二卷 清光绪五年己卯刻本

州牧吴起凤主修，劳铭勋接修。起凤字才九，武进进士，同治十三年署任。铭勋字芗林，鹤山人，光绪二年授任。起凤下车日，即奉省檄催修志乘，因有续纂通志之举也。乃集州人士商之，有廪贡生黄炳燮南丁者，愿董其役。敦请举人唐际虞赞廷、廪贡生李廷森介卿同司秉笔，补苴旧志。五阅月而毕稿。迨铭勋来，闻未蒇事，亟督士民筹费纂订付梓，越年余告厥成功。吴牧自序谓“急就章”，润色文明，以臻完善，则后来之责。盖前之草率促事者，聊为搪塞大府之具，其疏略不言而喻矣。书为卷十二，首末各一卷。首曰舆图，次一曰地理，二曰建置，三曰祠祀，四曰贡赋，五曰学校，六曰武备，七曰秩官，八曰选举，九之十曰人物，十一曰艺文，十二曰事纪，末曰杂识。图不计开方计里，复无说明，殊形简率。繁绘十景,相沿陋习,徒费篇章,甚无取也。按州境位湘西极边,接壤黔桂,苗瑶杂处,素号要区。其形势则山溪重复,关隘险阻。其沿革则自秦置黔中郡后,其因革代相递嬗,奄及五季之末,杨氏以十峒称徽、诚二州,宋崇宁初杨晟臻纳土贡,始复版籍,改曰靖州,即领永平等三县。自是升降隶属又更易靡常,讫于有清乾隆,始得定制,仍以绥宁、会同、通道三邑隶焉。星野取史册征引略述,仍其旧志,聊备一体,颇称允当。建置所纪,全属苗寨及烟民户额学额,得存故实,足资征考。赋税极详审可观,惟盐茶钱诸法暨矿厂木政之类,既无事实可采,强略敷陈,大可省其繁芜之作。殆限于当时所颁程式,不得不奉行尔。州之文化,自宋魏文靖公了翁流寓讲学始,濂溪奥窔主静立极之旨,即已灿然大备。一时从游之士不远江浙而来,靖得为文教渊薮,被化早而遗泽深。是以人物志中,博雅淹通之学、孝弟忠节之行,代有其人。艺文所收,类多传作。即事纪之兵燹,于历代军事綦详,有裨史要。休祥、灾异,分而书之,力求明晰。杂识虽仅数篇,迥非俚俗诡诞之语。靖志创自明万历州人唐宗元,清肇修于康熙甲子祝锺贤,嗣吕宣曾、冯大贤、戴保豫、徐凤喈、魏德畹、隆恩诸牧,先后均有续辑。斯篇盖续隆《志》而成,斟酌损益,有功靖之文献匪浅。论其著作,词旨亦简净可称。卷端吴、劳两牧均有序。(15 - 257)

靖州乡土志四卷 清光绪三十四年戊申刻本

州牧金蓉镜纂辑。蓉镜不详其字,秀水进士。时当光绪末造,清廷革新政学,三十一年夏,特允学务大臣之请,命编译馆通令各直省郡邑,咸修乡土志,意在使人民由爱乡而知爱国。金牧督同学正刘世駡、训导江昌言及州士绅储世铎等而编撰之,自任秉笔。惟奉令纂修之由,及颁定例目之式,未能诠述,仅于自序中约略言之,殊不若邵阳陈令吴萃丁未所修志叙述綦详之允当也。按当时颁定门类例目,以历史、人类、地理三大纲统之。历史首建置,次政绩,次兵事,次耆旧。人类首民族,次实业,次宗教。地理首疆域,次山脉,次水道,次道路,次物产,次商务。而是书为卷四,首一卷曰例言、人表、舆图。卷一曰沿革、政绩、兵事、耆旧;二曰人类、户口、民族、实业、地理、山水、道路;三、四曰物产、商务。以附录终焉。易历史之纲为沿革,人类增户口而遗宗教。又于耆旧类之末,而增名宦、乡贤、忠义、节孝等祠。志地理而增古迹、祠庙、坊表、桥梁、市镇、学堂诸目。程氏不遵颁定,纲目亦多舛淆。虽云乡土,究属官书。准诸义例,有未安也。特援班固《人表》、蕺山《人谱》之例,作《人表》一篇冠首,画分圣、贤、儒、士、农、工、商、役、盗九等。意以人道之大防,圣贤盗跖,相去几希,值此五洲竞争,优劣显判,强弱各殊,此书十四目,皆吾人心理所镕裁,世道之隆污,系乎人心之邪正,令观此《表》,知其等差。复附以证人六事功课、过格,暨应用书目。揆诸金牧之用心,至良且厚,深得濂溪、紫阳性理之旨。殆欲借以明其学道爱人之怀抱欤!政绩、兵事、耆旧,虽录自史册诸书及旧志,尚颇详赡,多所补苴,正其遗误。人类能悉纪苗寨户口之数,风俗语言。世族分其姓氏,征以谱牒,于世系支派记载明晰,足资考镜,有关故实,良匪鲜也。惟疆域、山水仅叙其界至源流,实业徒纪士、农、工、商之数,则不免疏略。物产举其常、特,别类纷陈,占全帙之半,得觇其土地之肥瘠,民力之兴衰,具有卓识。附录诗词,皆咏土风之作。自谓"体全宋制,义兼竹枝",堪被采风者之撷取,亦足多也。例言称"人类、道路、物产、商业,全资新纂,与学正刘世焉再三审定,始著于篇"。及观自序,谓"全书旨趣,一衷大道,不加褒贬,不见设施,或于学者身心提其纲领,知此书不空作,是则区区编定之义"云云,于以知金牧之用心,当不失为今之循吏矣。(15-259)

桂东县志二十卷 清同治五年丙寅刻本

邑令刘华邦主修,邑绅郭岐勋等编纂。华邦为江西泰和进士,其年夏奉权邑篆,莅任时,省大吏以将续通志,属重修邑乘以备采择。既抵县,即取阅旧志,知距前修已五十余稔,乃会同教谕李俨山、训导戴埏暨岐勋等而纂辑之,并以邑之耆绅廉正者相与采访,逾半载而即观成。书为卷二十,首一卷序例、姓名、诸图,以次曰星野,曰沿革,曰疆域,曰建置,曰田赋,曰学校,曰秩祀,曰兵防,曰物产,曰风俗,曰古迹,曰祥异,曰职官，曰选举，曰名宦，曰人物，曰节烈，曰艺文，曰寺观，曰仙释，曰杂志。按桂邑本为郴县地，在东晋升平初析置汝城县，自陈迄于后周，或曰卢阳，或曰义昌，或曰郴义，或曰桂阳，至宋嘉定间始析桂阳之零陵、宜城二乡而立今县，遂无更易。文献之征，创制于明洪武，永乐、万历复两修之，经兵燹蹂躏，残佚无考矣。逮及有清，肇修于康熙之田国辅，续于乾隆之洪钟、嘉庆之曾钰诸令，而要以曾志体例堪称完善，出于邑绅李克钿希濂手笔。兹篇重修，一循其例，其辨讹析疑之处，虽岐勋等编校之力，盖华邦润色订正亦多焉。如以旧志不载隘要，举咸丰时所筑堡垒而备书之。其形势险夷，了如指掌，有裨史要。艺文虽多仍旧述，而于地方建置故实攸关者，增所应增，严为决择。其中录及李克钿与何积之复魏墨深书二篇，具有省察克治之功，洵为辅益学子之选。惟纪职官以周元公冠首，不知元公之令邑桂阳也，非桂东也。在未分县之先，为令者代不乏人，于陈则有邓平直为卢阳令，于宋在元公后令桂阳者，亦有璩重等十一人之多，悉佚其名。原为旧志之失，而《职官志》结论既考证明晰，应亟诠次而补入之，乃谓不书诸人例也。书周子，尚绩也，且尝亲至宜城，留有遗迹，县治之宜城、零陵二乡，沐泽实久，今以桂东重周子，非引周子为桂东重也。与夫以殉难并义行诸人仍括为一类，庆贺等典礼多迁就原本，杂附各门，皆殊失允当，不免瑕瑜互见之讥，良可惜尔。卷端刘令序言，称"邑处万山中，土沃风厚，秀读朴耕。昔韩昌黎所云：'郴当中州清淑之气，蜿蟺扶舆，磅礴而郁积，意必有魁奇忠信材德之士出乎其间。'桂为郴属，于兹益信"。今证以夙被濂溪化导之泽，愈足想见其然矣，不诚懿欤！（15－260）

澧州志六卷　明嘉靖四十年辛酉刻本

署州事胡容主修，知州水之文汇正，州人李檠删润，李献阳编辑。与修者尚有同知陈仲弟等。容为新安人，以岳州同知权任。之文，鄞县举人，庚申来任。檠为前工科给事中，献阳则光禄寺监事也。湖广布政使司分守上荆南右参政丰城雷逵暨之文、檠均有叙言弁首。雷叙谓："州故无志，余驻守荆岳，知前分守刘见峰公命州率属草创。前给谏汇湖李公，研心摛藻，润色加详，越再稔编成。知州水子之文，偕僚贰师生以叙请。”是兹篇为州志创制之作，前刘分守经始，以瓜代不及观成，水守之文能卒其事，亦云幸矣。书为卷六，首叙言、修志名氏、宸章纪、凡例、州境、图谱、目录。卷之一曰郡县沿革大纪、分野灾祥大纪、郡县世表、封建世表、秩官年表。卷之二曰藩守表、人物表。卷之三曰地理纪、食货纪。卷之四曰建置纪、学校纪、正祀纪。卷之五曰兵防纪、名胜纪、宦迹纪。卷之六曰人物纪、方外纪、物异纪、外志、杂录。首宸章，为明初澧州慈利土酋单垕负固不服，党结诸峒蛮夷为乱，太祖命湖广参政杨璟帅师讨之，敕谕二道，观其谓“蛮贼恃险，乘时击之，但使远去，不必穷其巢穴”，又谓“限以日月，平其小寨，仍抚绥慈利等处人民，俾安生业”云云。岩疆边鄙，行师深入其阻，已犯兵家之忌，况值中原甫定，鼎命新膺，尤当极事绥辑，不宜穷兵黩武，洵雄主开国之睿谋。李棨赞其仁至义尽，非过颂也。图谱虽未能开方计里，要亦足明当时之形势，未可以疏略少之。纪郡县沿革，断自唐尧，而先之以表，与分野灾祥均用编年法为之，详实有征，自堪传信。封建籍故有稽，于澧尤关重要。作者溯古审今，明其世系，为之年表。于旧志之藩封次第其名，藩贤述如列传，讥为僭录，削而不书，允符体制，尤足多也。秩官历代不一其制，得而表者，仅始自李唐，其官其人，分类而条列，亦云备矣。是书残阙过甚，仅存其第一卷三纪三表而已。惟迄今读之，能概其全作之精审，应推湘邑志中之佳构，可胜惜哉。（15－262）

宝庆府志一百四十三卷　清道光二十五年乙巳刻本

署郡守黄宅中主修，郡守张镇南接修，前宁乡县学教谕即选知县邓显鹤总纂，邵阳县学训导彭洋中、郡廪生邹汉勋同纂辑。宅中字惺斋，山西河曲进士，前一岁以古丈坪同知来权郡事，殷心文献，毅然倡之。显鹤字湘皋，邵阳人，博学耆儒也，时主濂溪书院讲席，亦慨然自任。汉勋实怂恿之，遂相与援翰。甫逾年，宅中被擢大定府去，继摄者为郴州吴牧士俊傅岩，天津进士。汉勋，字叔绩，博通经籍，擅良史才，适又为黔中大吏招往，事几中辍，幸三阅月而孝义张守镇南授任来郡。张字俪卿，与宅中有桑梓谊，闻而力持前议，复得学博彭洋中相助，肇乙巳迄己酉，四历寒暑，始底于成，厥惟艰哉。是书纪事编年，一宗史例，立纲八，曰纪、表、图、记、书、略、录、传。以序及总目、例言、纂辑衔名、全书目录汇列卷端。首曰诏谕，曰公典，弁冕全书，不入于卷，示尊崇昭限断也。以次为纪一，曰大政；为表十，曰沿革，曰疆里，曰藩封，曰世职，曰职官，曰武职，曰巡历官司，曰选举，曰世族，曰士女；为图二，曰形胜，曰疆里；为记三，曰形胜，曰疆里，曰山川；为书六，曰吏，曰户，曰礼，曰兵，曰刑，曰工；为略二，曰五行，曰艺文；为录五，曰政绩，曰武功，曰良翰，曰使岷，曰残明；为传四，曰先民，曰胜朝耆旧，曰国朝耆旧，曰列女。卷末曰摭谈。综首六末三，大凡一百五十二卷。首纪大政，循史法之编年，振一篇之纲领。沿革、疆里，明古今分合之情，备方城形势之要。藩封等表之详赡，固无论矣。其中巡历一表，为诸志所无，殆以非守土之官，概从阙略。兹分九目，断自汉桓，别具卓识。且有召伯巡行南国之遗迹，虽年湮代远，邈不可追，要亦得有可述者。他于选举，特详有清科举之法制，附录考官之姓氏、题目，及第者之字履、名次。氏族，分列爵次、勋卫、军民编户，备述其族有职官、膺选举、科第、列庠序者各若干人。何其审也。形势、疆域之纪，分次乡都，匪仅能纤悉山水之脉络源流，塘铺、书院、寺观、亭台之兴废。而末附名都之大姓某氏，尤足与氏族一表互相参证。至所绘各图，开方计里，全郡次第衔接，了如指掌。别为图说，见诸艺文略中。邹氏汉勋，亦本舆地专家，出其手制，自非凡品。六书之作，本《周礼》"六官"之遗意，于一郡之典章故实分类毕陈。又如良翰、使岷、残明诸录，先民、耆旧诸传，搜求古今人物，求无或漏。士女有表，复为列女之传，存其事行，抑昭慎钦。萃陶士行、欧元功之治行，周茂叔、张九韶之教泽，柳公绰、李公素之诘戎，曾烈愍、李节愍之殉难，而政绩、武功之录得以尽之。摭谈八门，多裨风化，亦足多焉。邓氏斯作，体虽变而不失夫雅，文虽富而不伤于繁。至其综核之精密，断制之谨严，洵非老师宿儒三长兼备者所能道其万一。足推为湘邑志中之冠。吁！其伟矣。卷端湖广总督裕泰、署按察使盐法长宝道杨炳堃，暨黄、张两守，皆有序，盛称述之，

余读之而益信。(15－263)

郴州总志四十三卷　清嘉庆二十三年庚辰刻本

州牧朱偓主修,署州牧至善、常庆、徐凤喈接修,陈昭谋总纂。偓字右佺,四川兴文进士,嘉庆十四年授任。至字宝庭,庆字誉堂,俱旗籍,摄篆仅经岁。凤喈字芗坪,安徽青阳进士,亦其年权任。惟朱牧莅治几十年,适有续修通志之举,奉大府檄赍志乘,用备参稽,爰集州人士,采访故实,延州绅前甘肃文县知县陈昭谋剑奚秉笔。编辑将成,正待五属志稿总而续之,朱牧忽奉调权岳郡而去。幸至、常两牧能踵其役,四易岁月,至徐牧始得告成,不綦难乎!按郴志肇自元总管王都中,有明一代亦凡三修,然皆佚而无考。迨清康熙间陈邦器、范廷谋,乾隆中谢锡佐三牧先后重修,始称完备。兹编盖续谢《志》而作也。是书为卷四十有三,分类三十有五,于序、例、姓氏、目录而外,首一卷曰皇言,仍旧志例,尊王也。以次曰星野志,曰舆考志,曰沿革志,曰疆域志,曰山川志,曰关隘志,曰古迹志,曰城池志,曰公署志,曰学校志,曰典礼志,曰祀礼志,曰赋役志,曰积贮志,曰盐法志,曰矿厂志,曰蠲恤志,曰风俗志,曰苗瑶志,曰名宦志,曰流寓志,曰职官志,曰兵防志,曰选举志,曰人物志,曰节孝志,曰典籍志,曰艺文志,曰仙释志,曰寺观志,曰物产志,曰事纪志,曰杂志,曰附考。其时司颁条目繁多,篇中能以边防、屯练、茶法、木政、隐逸、方技、故宫、僭窃诸目为郴所无者,毅然去之,而补旧志阙如之关隘等类,亟为允洽。图考明备,较旧滋全。八景不列图绘,别具卓识。沿革、疆域、山川,悉臻详实。备录何达宪《古桂阳郡考》、齐召南《水道提纲》等篇,足资征考。附以陂、塘、坝、堰,水利亦得尽之。他若增文庙之典制,举贡之名额,厘订赋役之数,以及职官、选举之舛漏,流寓、古迹之疏略,补缺正讹之功,良非浅鲜。矿政于郴素为大患,坑冶邕旺蒙利之时少,邻省暴徒侵入为害之时多。封禁不严,贻祸为烈。兹特列专志,采喻春山十害之论,征引无遗,并矫前修以此不恒有之五金列诸物产之失,亦云审也。又观人物所纪,有刘平章瞻之鲠正,邝司徒埜之忠烈,朱总宪英之勋业,何吏部孟春之文章,数人者，固不仅为志乘之光荣，早已名垂史册者。斯殆昔昌黎所云："郴当中州清淑之气，磅礴郁积，必有忠信材德之士出乎其间。"洵信然欤！是志也，搜采故实，颇称宏富，序论诸作，典赡渊雅，文简而事赅，自堪传信。陈氏昭谋跋尾，有谓："曾叨分校续补通志，上成一统志之役，今以治省志者治州志，因以报诸贤牧者报郡人。"其忠勤文献之心，昭然若揭。得良史才为之精心结撰，抑朱牧之礼贤任能以致之也。四牧各有序弁首，备述始末焉。(15－264)

乾州厅志十六卷 清光绪三年丁丑校正同治十一年刻本

同知林书勋主修，张先达编纂。书勋字麟阁，粤东人。光绪元年来任，取阅厅志，知为同治十一年壬申前厅丞蒋琦溥续修，甫脱稿即解任去。继者罗丞行楷，因续修通志奉檄索甚急，未暇校雠，遂以付梓。为厅人拔贡张汉槎等所辑，历时三阅月，讹漏颇多。爰就其原作校正而重刊之，属厅贡生候选教谕张先达秉笔。先达字行可，亦壬申前修分任纂辑者。书为卷十有六，首一卷曰新旧序言、姓氏、目录、凡例；以次一曰星野、舆图、沿革、城池、公署，二曰疆里、山川，三曰坛庙、田赋，四曰典礼、学校，五曰风俗、兵防，六曰屯防，七、八曰苗防，九曰职官、名宦，十曰乡宦、选举，十一曰人物，十二曰列女、流寓，十三曰物产，十四之十六曰艺文。按厅本沅溪地，自汉以来，故属辰州沅陵郡，唐析置泸溪县，而沅溪属之。乾之得名，则肇于明嘉靖，因苗疆要隘，设置军哨以羁縻之。万历间始建城，为屯粮之所。逮清康熙时，初设厅治，仍隶辰州。嘉庆二年，复升为直隶，与凤凰、永绥二厅同隶辰沅永靖兵备道，制崇而圉固矣。虽归流设官未久，而文献不无可征。厅志创修于乾隆三年厅丞王玮，嘉庆二十三年赵丞文在续之。蒋丞之修，其再续也。篇中图绘精而且备，惜八景之相沿陋习未能免焉。典礼之末所列三神，不仅详其祀典前后封号，并附以杂识纪闻诸篇，得资征考苗疆故实，足裨史要。其兵、屯、苗三防之志，有独异者，他邑有兵防而无苗防，乾则苗强于民，安危所系，兵防不足，济之以屯，兵屯皆以防苗也。防苗之术，不仅兵屯，然足以征兵屯之效，故各列为专篇。兵屯但载其法度，苗防则治乱可稽，并悉其户口、语言、风俗。乙卯之变，三厅同然。详略之分,尤为得体。时当兵燹之后,凡职官、乡宦、忠义、节孝,前修采访未周者,遂一搜求编入。艺文之选,皆古今人士有关厅治,能正人心,厚风俗,及兴利除弊之述作。综观全帙,于原志体裁,虽因其旧,然能取其讹谬者正之,遗漏者补之,简略者详之,繁冗者汰之,讵不堪称为信今传后之佳乘欤?卷端蒋丞无言弁首,仅罗、林两序,得存始末。惟于旧志序暨其小序,与夫两续作者之姓氏,胥为纪录,俾供后之参检,更可以备遗佚,亦足多已。(15-266)

邵阳县志四十九卷 清嘉庆二十五年庚辰刻本

邑令唐凤德主修,黄崇光等编纂。凤德字梧庄,河南邓州人,前一岁由辰州粮捕调权斯邑。崇光字谦山,安化人,以翰林庶吉士改官任宝庆府学教授。是役倡修者,为前府学训导尹荣组等数人。荣组,鄘县进士。秉笔者则崇光也。崇光曾充武英殿纂修,其学擅三长,堪备良史才之选,不问可知,殆任得其人欤。惟凤德自序,仅谓"来摄县篆,适修志成,幸藉留名于弗替"云云,不具详其始末。肇修前令,当为陈宸书,亦不纪其名,未免失于疏略。按邵置县最古,秦汉曰昭陵,仅三国吴、五代晋有昭阳、敏政之两易,今名自宋迄清,未尝或改。宝庆置府,附郭为治,则肇于宋,由来旧矣。文献有征,创明嘉靖,逮清康熙颜令尧揆首修之。未几,张令起鹏即为之续。乾隆甲申,萧令聚昆再续之。阅六十年,兹三续也。是书体例殊于旧志,缘其时司颁格式未便显达,虽首尾遵循,而于钱法等门邑所无者,能变通从阙,诚为允当。为卷四十有九,除首列新旧序、凡例、目录、姓氏而外,以次曰星野,曰建置沿革,曰疆域,曰城池,曰山川形胜,曰古迹,曰户口,曰赋,曰学校,曰典礼,曰兵防,曰积贮,曰蠲恤,曰职官表,曰宦绩,曰选举表,曰人物,曰列女,曰艺文,曰风土,曰祥异,而以杂识终焉。篇中于建置沿革之后,次以藩封,是有异于他志者。盖析昭陵而置侯建国,远肇汉初,自路陵、夫彝、都梁而后迄于有明,史不绝书。虽封爵之名位各殊,要有足纪,依其时代而悉为裒录,颇关典要。至以邑为附郭,凡公署、营伍、粮饷、秩祀之系于法制者,例得备考,量为增入,不无僭越郡志之嫌,有乖志例。但故实繁征，论列详尽，抑当曲谅作者之深心。职官选举，亦所同然。首纪历代设官分职之制，次列年表，断自汉兴，类叙而题其名。选举则副拔岁贡，与夫封荫、恩赐、乡耆，胥井然无漏，纠正萧《志》或有传无表，或羼以纪传芜杂之失，有足多者。其他人物、列女、艺文均搜采宏富，纤悉靡遗，纵卷帙浩繁，未尝冗滥。各门小序，摛辞简朴，殆重以纪事而不尚文藻之铺张，期于信今而传后也。黄氏崇光，未掇一言。卷端郡守潘毓珽、翟声焕为序，述始末焉。(15－267)

宜章县志二十四卷 清嘉庆二十年乙亥刻本

邑令陈永图主修，龚立海、黄本骐汇纂。永图字固庵，涪州人，以翰林散馆来宰斯邑，检阅旧志，知阙修阅六十载，亟应补辑。庠生宋中行等，咸请续修，诸绅亦踊跃捐费，从事开局。永图乃驰书延龚、黄两君来秉笔。龚字云涛，为巴陵贡生。黄字花耘，宁乡举人。盖知其学识素裕，具有良史才者。相与发凡起例，网罗故实。永图自序，谓"曾供职庶常，读书中秘，仰窥册府煌煌图籍"。是文饰润色之功，永图为多也。是书为卷二十有四，卷首为新旧序、姓氏、凡例。卷一曰舆图，二曰沿革志，三曰象纬志，四之五曰疆域志，六曰建置志，七曰风土志，八之九曰田赋志，十之十一曰学校志，十二曰祀典志，十三曰兵防志，十四曰秩官志，十五曰选举志，十六曰名宦志，十七曰人物志，十八曰列女志，十九之二十二曰艺文志，二十三曰事纪，二十四曰外志。另分子目一百六十有奇，繁不具录。图绘二十，颇称明备。于黄沙、栗源、笆篱、三堡暨莽山各图，尤裨史实之大者。宜为郴属之一，地处极边，为楚南之关键，岭表之门户。县初名义章，始于隋大业间，萧铣据有荆州，析郴而置。至宋太平兴国初，改定今名，迄无更易。其形势之要，自古然也。谓"志乘家多遵《一统志》例，列天文于沿革前，揆为不合，特仿徐青藤《会稽志》、孙豹人《扬州志》二书之作，以象纬次沿革"。别饶卓见。至搜求回龙新峰一钟，知乡名沿于唐代；考证召募飞虎二寨，悉兵制备于宋时；益以蒙岩洞石，得存宋元风雅遗迹；偰世玉之题词，而于赵希逾《平寇纪事》磨崖之镌，一洗从来承袭余嵘露布之误。皆能本一物一韵之微。博引繁征,参证确凿。险要无逾三堡,而三堡首推笆篱,自明戍兵扼西莽峒以来,久称重地。篇中于图绘外,复将堡城分纪建置,关隘附列疆域,防守备载兵防,虽不厌求详,要未可以冗复目之。传人物不分款目,只期无遗,亦诚允当。邑之炳然史册者,惟明之邝忠肃埜、邓司徒庠二公,今读邓公《劾廖珰弟鹏》一疏,及《闻逆刘瑾伏诛》五律,忠肝正气,可贯日星,犹足想见其为人矣。又其他续旧增新订讹析疑之处,更难枚举。即以小序结论言之,亦雅洁简净,堪登著作之林。复以历修姓氏序跋汇集卷端,得存始末,不抑资异日征文考献者之一助欤。(15-268)

南岳总胜集三卷 清光绪三十二年丙午重刊长沙叶氏丽廔丛书本

宋陈田夫撰。田夫字耕叟,莫详其里贯。自署曰"隆兴改元重九日九真洞老圃庵苍野子",又拙叟序称之曰"阆中道人"。是书分上中下三卷,不为总目。其上卷首峰峦灵迹,次岳祠,次历代帝王传经受道;中卷为观寺兴废,并得道异人高僧,附以岳中所产灵异;下卷为唐宋得道异人高僧洎隐逸。末终之以叙古跋。上卷峰峦灵迹之后,别为目,曰岳有一洞天、四福地、二境、三涧、六源、六门、九溪、十五洞、十六台、十四塔、二十三坛、三十八岩、二十五泉、九池、八堂诸胜。篇中凡山岳之邃隐,寺观之始末,古今之题咏,搜纪靡遗;而于前古异人高僧之灵踪秘迹,考录尤为详尽;并兼采及隐逸之士,珍奇之产,可云详赡。按陈氏庵居岳之紫盖峰下,往来七十二峰之间,历三十余年,不倦访求,始成斯作。其自序略谓:"衡岳之记,有《寻胜》《证胜》大小二录,《胜概集》《衡山记》皆近代好事者编集,不惟疏略过甚,且各执一隅。两教互存门户之见,彼削此阙。爰合前四记广为修之,可为寻幽赏胜之司南也。"盖其时南岳本无专志,兹集之名"总胜",固足以当之。余意陈氏其人,必一博学通儒,穷性理之功用,悟三教之同归。高隐于衡,逃名遁世,殆怀葛、巢、由之流亚欤?惜此书元明以来久无传刻,致清《四库书目》不及著录。得长沙叶氏德辉校勘重梓,数百年欲绝未绝之书,复流传于世,殆亦非事之偶然者矣。(15-270)

衡岳志八卷　清康熙刊本

衡山县令朱衮修，袁奂辑。衮字青崖，蜀之阆中人。奂字参岚，鄂之襄阳人也。按衡岳之有专志，自明嘉靖中衡山令彭簪始，嗣提学姚弘谟、枢巡邓云霄复两修之。是《志》修于清康熙甲辰，体制取裁邓本，盖其时名山历劫，鼎命肇新，巡祀礼隆，待光典册，爰搜集六七十年间兴废之迹及艺林故实，为之删繁补阙，斟酌损益而成。凡为卷八，其一曰星野、图考、山水、书院，二曰寺观、物产、田赋、灵异、古迹、碑碣、游屐，三曰仙释，四曰祀典、祝辞、御制、特记、歌颂、骈议、径路、说，五、六曰文艺，七、八曰诗章。衡星为北斗玉衡，主荆州，岳为天南巨镇，而长沙一星在轸之中，主寿，岳旧属长沙郡，衡故又为寿岳。其方为离，南宫赤帝，其精朱鸟，衡之为义，有所从来矣。篇中首详星野，极称允洽，图考择要而绘，明晰简当，祛旧志鄙俚之作，亦云审也。其他易名贤为游屐，厘正其祀告文辞之冗杂，使祀典祝辞判别。御制特记攸分，目无混淆，尤为得体。至若歌颂另列专门，以示不容偏废。骈议用存已说，姑有待于后人。路径之增，能补图经之不备，了如指掌，深便游观，未可以繁芜目之也。文艺按时代而编次，诗章恐采录之多遗。作者惓惓之心，于斯可见。综厥全志，堪称体例谨严，网罗宏富。其著作亦斐然雅洁可诵，洵足与名山并寿已。尝考尚有《南岳图志》一书，为明崇祯间吴懋材所撰。兹编不一述及，殆以其谫陋而摈之欤？(15－271)

洞庭湖志十四卷　清道光五年乙酉刊本

清陶澍督修，万年淳撰。澍字云汀，以翰林编修洊擢皖抚，历江督十年，文章经济，伟烈宏谟，为一代名臣，殁谥文毅。尝持洞庭即九江之说，谓洞庭为海内巨浸，合辰、沅、渐、溆、沅、酉、澬、湘九水潴之以会江，并引《禹贡》所言九江者四，皆指荆州，无及扬州者，以辟历代诸家相沿之误。援古证今，辞义精确。年淳深然其论，以为发前人之所未及。年淳字弹峰，华容举人，亦博学多闻士也。嘉庆乙亥，文毅在都官侍御时，有前长沙郡守沈廷瑛，举綦世基所辑《洞庭湖志稿》，乞为删订。因巡城鲜暇，转付年淳,属代笔削。嗣越十年,始得撰竣。正讹补缺,倍于前书。其时文毅已抚皖,而年淳亦铨六安州丞,适为属吏,喜其功竟,亟醵金而梓之。前后七十余年,始克成斯巨帙。盖洞庭旧无专志,兹为创举,其难其慎,不言可知。全书分卷十四,目曰舆图、皇言、星野、湖山、水道、洲港、堤垸、税课、兵防、风俗、物产、古迹、祠庙、游览、事纪、捃摭、艺文,凡十有七。图说详尽,了如指掌。而首列之三府一州八县四大水入湖全图,尤称精审。源流既晰,分合斯明,洵能得其纲要。湖有专神,隆以祀典,石台之建,帝德靡涯。次纪皇言,亦符体制。其他湖山、洲港、堤垸之形势方位,流者峙者,巨细毕陈。课税以下诸门,或政令民命所攸关,或商旅游观所难喻,以及事纪识既往之天时人事,捃摭采相传之怪异神奇,皆有足多者。大凡山川之志,往往以铺张胜景,广集二氏之仙踪佛果为指归。虽所谓"巴陵胜状,在洞庭一湖",而兹编之作,有独异焉。群流综汇,其地险扼滇黔楚蜀之咽喉,百物滋生,其水利资长岳常澧之蓄洩,所关至巨,载笔者应别具有眼界也。艺文搜罗,亦最宏富,殆视郡县诸志所裒集者,当倍屣也。能不推为名著欤?卷端陶、万各为序,详其始末。湖南布政使长白裕泰亦有序,备极推许云。(15－272)

浯溪集二卷 明嘉靖刊本

明黄焯辑。焯字子昭,南平人,正德进士,时官永州知府,后洊擢至湖广参政。是书分上下两卷,其目上卷曰古颂、古跋、古铭、古碑记、今碑记、古赋、续古千文、古诗长篇、今诗长篇、古词、今词;下卷曰古诗五言七言、今诗五言七言、浯溪十景律诗。首为图一;次为浯溪小志,叙溪、亭、台、堂、桥、宅、坊、院、祠、寺、镜石诸胜;再次纪浯溪十景。以"集"名者,盖取述而不作之义。焯自撰小引,谓"浯溪旧有元颜书院,余为葺而广之,以便游观者。顾石中诸刻,不可以不传,乃命邑生集之,邑尹刻之"。而重刊者,则邑人陈斗也。浯溪僻在湘水之涯,得次山之品题而卜居之,始名于世。复有中兴之颂,鲁公磨崖之书,遂成胜迹。由唐以来,名公巨卿,山人墨客,游踪所寄,歌咏所遗,曷可胜纪。盖其时本无专集以广流传,黄氏斯作当为创制,亦固优已。但以视清初王士禛之《浯溪考》,乾隆时宋溶之《浯溪新志》,又何如耶。其必曰世易时移,详略自异。独兹册下卷又全阙佚,更不禁令人有遗憾焉。(15－273)

濂溪志七卷附遗芳集一卷 清道光刊本

周浩撰。浩字午桥,周子二十四世孙也。按濂溪为周子营道故居,后流寓江州庐阜,临流结屋,亦以濂溪名。志濂溪,本志阙里之遗意也。旧志创自前明李牧嵊慈,鼎革后殆无余烬。清康熙间,吴牧大镕复纂,岁久板复漫漶,浩乃校讹补阙,益以国朝褒崇优恤之典而重修之。书为目七,卷亦如之,首遗书,次杂著,三年谱,四祠墓,五褒崇,六优恤,以文录终之。举晚近名流诗赋,别为《遗芳集》一卷附后。篇中事状本传,得详先生之始末,而读遗书杂著,其穷理尽性之旨,光风霁月之怀,暨月岩之奇,溪桥之胜,千载后犹能想像及之。先贤遗泽,感人深且至矣。惟于旧志原有之宗图,缺而不纪,谓"以杜他族窃冒",不知世系之载录,所以明统绪于一脉,资后代之参稽,关系至巨,焉能以杜窃冒去之?于义实有未安也。后有续者,其抑得而补正之耶?晚近诗赋,别为集录,尚称得体。卷端有前湘学使汤金钊及道州牧延禧为之序,盖亦足彰其一省一邑之文献已。(15－273)

衡岳游记一卷 昭代丛书本

清黄周星撰。星字九烟,江苏上元人。明崇祯进士,官户部主事。少育于湘潭周氏,后疏请归宗。盖复姓黄周,星其名也。国变后,遁迹江湖以终,著有《刍狗斋集》。是编自序其首,述生平旷适之性,衡游告成,聊托纪咏。谓"稍稍破蜂房出蚁穴,信如王谑莽之言,署曰汏沃主人"。又谓"自总角时即有五岳之志,顾生钟山草堂间,距五岳青翠遥遥,每于缣素中缅怀云气。曾狭策走山东道,瞻望岱宗葱郁,穷旅尳隤,仅从驴背上延颈注盼,黯然告别,徒感惭惶。若南之衡,自辛未入楚,又十二年,始践斯约"。于以见寻山不辞远而怅其迟,其襟怀之旷达可想见矣。古今南岳之游,有纪述者,何可胜数?能不失之纤琐、流于冗杂者,殆不多觏。兹《记》于行程气候,草木泉石,历历如绘,而山灵奇闻逸事,则多于善问得之,有前人所未及者。至若言祝融之高,方广之幽,水帘之奇,尤悉探其蕴奥。以清健之笔,描写游踪,极称简净。今取作衡岳图经,卧游读之可也。附录题咏诸诗,即事寄情,隽逸有致。余意凡名山奇景,朝晖夕阴,气象万千,游者目遇神领,各有不同。其所为文,自亦各异其趣。末有杨复吉为之跋,谓“星著述最富,惜梓行者不及什之一二,良可喟也。兹《记》亦散刊之本,当与王氏《五岳草》、潘氏《鸿爪集》可称鼎足”。其信然乎！按星斯游在壬午秋杪,距甲申之变仅两稔,所谓五岳之游,请从衡始,似莫得竟其志,能无遗憾欤?(15－274)

使楚丛谭一卷　春融堂集本

清王昶撰。昶字德甫,号述庵,江苏青浦人。乾隆进士,从征缅甸及两金川,前后在军将十年,官至刑部侍郎。湛深经述,娴于政事韬略,研穷性理,时号通儒,学者称兰泉先生。有《春龙堂诗文集》《金石萃编》等书。兹编之作,以乾隆庚戌七月,有湖南湘乡民童高门控书吏等折色重征诸弊之案,奉旨著偕同觉罗吉庆驰往鞫谳,并以许兆椿从。自八月朔衔命出都,讫次年二月还京复命,按日记录其行程情事。一小小日记尔,似无足纪述,惟皇华载涂,柳往雪来,王事鞅掌,古昔风人,曾抒歌咏,非无谓也。其中途在湘在鄂,屡奉谕旨,以应城县民李杜赴京控告,暨江陵县民赵学三控吏书何良弼等侵冒堤工,长沙民王泽远告知县勒买常平仓谷,又提督衙门奏湖南永顺县民蒲太圻具控等四案,先后命顺道分别前往提审,往返纡程亲谳,駪駪靡盬,半载有奇。其沿途之气候,原隰之风物,日必有书。而于民生利弊有关,官吏职责所寄之大者,尤多咨察,以求其隐。殆侵侵乎有召伯巡行南国之遗风焉,读之可想见其为人。斯作之可重者在此,故为之诠述以俾永其传云。(15－275)

游金牛山记一种　小方壶斋舆地丛钞本

清潘耒撰。耒至龙阳,闻邑令余若山、学博申宫雍言金牛之胜,欣然往游。山在县南,相距六十里,志载其景凡八,类多琐细,不足尽之。入山夹道,枫楠三十余里,斐亹不绝。时当十月之杪,经霜红叶,如行云锦中,饶有佳致。秋光之盛,有如匡庐春色。其山径蒙密,路殊幽峭,几过小岭,忽平原大开,遥山连绵包其外,隐隐如大环,环中村落相望,鸡犬桑麻,别一世界。寺在山半,无边胜概,一望能收,可称绝境。金牛本古名道场,载在《灯录》者,形势之雄伟轩豁,宜乎为历代祖庭,然芜废殆已百年,僧迹几绝。时住持鹤宕,与耒同籍江左,二十七年未曾下山,一坚苦笃行老僧,来主其寺,始稍稍修葺殿宇,虽规模宏远,而旧制复未二三,盖綦难矣。登山巅所见益广,周遭皆数层,近者钟釜帖伏,不可算数。循崖东下,有风雨二洞,一石下垂如鼻,中分二孔,咫尺间燥湿迥殊,亦一异也。耒为斯记,不纪甲子,观其首述"浮湘涉沅,数百里烟涛浩然,水观颇畅,独未及登山"云云,是兹游当在衡永前也。(15-276)

游永州三岩记一种　小方壶斋舆地丛钞本

清潘耒撰。耒尝于康熙己卯春正,偕其甥陈周纶、表侄吴勖初同游南岳。其游记中有云:"余来南楚,专为游观。"斯《记》仅纪二月上旬,是此游在衡游之后可知矣。三岩者,芝山、朝阳、澹岩是也。首叙江行入永,始见石山棱棱露骨,与潭衡诸山绝异。郡郭之西,诸山不高,而石锐削挺起者,即柳州《记》所称西山也。问于零陵葛令,知岩则芝山最佳,朝阳最近,澹岩差远。有绿天庵为怀素故迹,余则柳子厚之遗迹,略存一二。有若愚溪桥,其溪流入于潇,水清石瘦,为子厚故居,今有祠。溪中又有所谓钴鉧潭,及西北谷中之柳子岩者,似无足称述。至岩故自奇,而临望佳绝者为芝山。朝阳一岩,元次山曾作铭,而柳《记》中独不及。相隔廿余里之澹岩,其形初如覆釜,继有悬崖,如狮蹲伏,洞开其口,一刹藏焉。复有洞深高而通明,岩石巧异,内外各殊。耒谓:"殆列仙之居,非蛟龙之宅。永山多奇,以此为冠。"其称许可谓至矣。又谓:"永州山水之胜,以柳司马《记》始显。余来只寻《记》中所述,不意旧迹皆湮没不可见,见亦平平无奇。其奇绝者,乃在后出之芝岩、澹岩"云云。岂当时无是二岩欤?抑柳司马未知之欤?人间陵谷,亦同仙源之隐见有时耶?令人惑之甚已。(15-276)

游桃源山记一种 小方壶斋舆地丛钞本

清李澄中撰。澄中字渭清,号渔村,诸城人。康熙时举鸿博,授检讨,典试云南,著有《卧象山房集》《滇程日记》等书。是《记》即庚午秋澄中由滇试竣回道桃源,便游之所作也。桃源山在桃川宫东,距常郡不百里,郡附郭邑曰武陵,故陶《记》中首有"武陵人捕鱼为业"之句。兹山得渊明一《记》而传。澄中以读其《记》,谓洞中阡陌交通,鸡犬相闻,颇如外人,未尝谓其为仙,亟欲一究其真相。从而入山,仅有八卦亭、遇仙桥之胜,不独求所谓鸡犬桑麻杳无可得,且溪口皆崇山峻岭,即渔人舍舟处亦无从问津。岂山川陵谷,今古变迁,有若是之甚耶?惜亭前虽多古碑,率斑驳不可读;平台之石床、石几,恍惚若鬼物。抑岂渊明之旨,无足深辨?至土人所述南峰下故有洞口,其中乃秦人隐处,前为深潭,今沙砾日积,又岂沧桑有以致之欤?澄中寻胜无获,意兴索然,遂谓陶《记》非渊明所作。又疑高岸为谷,深谷为陵,古今异势,抑渊明好奇,偶有所闻,率而漫笔。又或痛义熙之乱,欲得所为不知魏晋者而逃焉?深有恶于士君子,以文辞垂后世,靡所据而徒快意一时,致使传闻异词。痛下针砭,义正词严,言近于理,读者当不得以妄诋古人目之。(15–277)

前游桃花源记一种 小方壶斋舆地丛钞本

清陈廷庆撰。廷庆字兆同,号古华,奉贤人。乾隆进士,官辰州知府,有《谦受堂集》。是《记》为廷庆于乾隆庚戌秋七月莅辰阳过桃源时初游之所作也。方其抵沅江,即舍舟而陆行,经桃源山下,适雨余积阴未散,乘舆至八卦亭,会云松上人导登山腹,入大士堂,瞻谒敬礼,攀萝而登,北折至洞口,但见两旁绝壁,石扉双扃,洞前泓然为池,窈然为溪,洑流涓涓不绝,泉籁悬空,绿阴夹路,万缘为之俱断。由遇仙桥而下,回瞻林岭,愕眙恍惚,迥出尘表。所叙洞之崖略如是而已。谓"今按白马江距洞口数十丈,古今陵谷海桑之变,故自不同,无从征信。读渊明之《记》与《诗》,当秉其自言'读书不求甚解'之旨以解之,则渔人之真伪,神仙之有无,疑信均不复置辨"。洵具有卓识。又谓"摩诘之因陶《记》而为诗,昌黎则斥为荒唐。形诸讽咏,一作诗中之画观,一与辟佛同其旨”。亦属通论。廷庆曩曾司铎淮上之桃源,今领郡符而来溪峒。昔临大河之奔浑,今探古洞之幽胜。毋乃拟非其伦,溯洄境异名同,不免萦怀梦毂,大有愿为武陵渔者之慨。廷庆心志之澹泊,从可知矣。(15－278)

后游桃花源记一种 小方壶斋舆地丛钞本

清陈廷庆撰。乾隆癸丑夏五,廷庆守辰之三年,归棹星沙,小泊朗江鼎城下,循驿路行。是日为竹醉日,其夜束火宵征,至桃源候馆息焉。思乘明月再访桃花源,以补前游所未逮。因贺建亭访其大沅于县幕不果,翼日晨挈贺氏竹林暨冯心白伯仲之客于桃者,与之俱往。山僧出迎,殷倍畴昔。导由遇仙桥入,竹香泉韵,翳如洒如,琐碎琮琤,移情如昨,而小白蔫红已不可复睹矣。又历禅关,憩新葺之陶祠,汲泉瀹茗,具黍烹蔬。题诗相诒,情豪兴逸。重游之乐,殆不可殚述也。回溯曩者秋山新沐,独领清佳。前后两渡问津,虽风景不殊,而气候之阴晴与游人之众鲜,故自有别,廷庆固不能无感焉。但所谓他日者,仅为一夕之淹,禅床梦觉。载寻揽船洲、归鹤峰诸胜,则又补兹游所未远,胡仍不穷其源而尽其胜耶?反观其引东坡诗云:“桃花流水在人世,武陵岂必皆神仙。”又叙云:“世传桃源事多过其实,渊明止言先世避秦乱来,则渔人所见,似是其子孙,非秦人不死者也。仙源何地无之,而仙骨不尽人而有。盖必具此理解,然后可与读渊明之文、识渊明之时,而后可以得渊明之意”云云。洵可谓读书得间,发前人所未发,堪称妙喻。至《记》中于后游情事,叙述清晰,笔亦清健,又岂不足与坡公之前、后《赤壁赋》同永其传哉?(15－279)

游天井峰记一种 小方壶斋舆地丛钞本

清罗泽南撰。道光丁未,泽南馆于左氏之芭蕉山馆。夏四月,久雨新霁,谢子绸斋、康子斗山自涟滨来访,因偕馆中诸生作天井峰之游。峰似在馆之左近,山高水深,时际清和,古木修竹,翠色欲滴,幽禽惊人至,飞鸣上下,与泉声互答。其境之胜若此。山巅有僧寺,寺有井泉,深而清洌,上映天碧,峰之得名,盖以此焉。泽南踞峰巅远眺,南则龙山,西极褒中,缥缈隐现。东有衡岳诸峰突兀天际,北望潇湘洞庭,远在若有若无之间。四顾徘徊,一目千里。思虞舜之南巡,怀禹碑之奇石。或则为迁客骚人栖迟寄迹之处,临风遐想,宜有情不自禁之感矣。至答谢子之言,谓:"兹游之乐,固人之幸。若山之幸与不幸,则在乎人。或道明德修,继往哲之坠绪;或扶危定难,挺不朽之功勋于宇宙。后之慕其人者,为之凭吊,则山与人方同不朽。否则肆意登临,瞬成梦幻,曾何与于山?"余读泽南所为游记,罔不托词山川,寄慨身世。其终也,毕竟捐躯报国,良有以夫。观所纪是日少长追随,或先或后,洎归涂日影西斜,暮烟苍翠,望之不尽,大有浴沂风舞雩咏归之志。是又深得圣贤乐天知命之旨者欤。(15－280)

游连云山记一种 小方壶斋舆地丛钞本

清李元度撰。元度字次青,平江人。以连云在县东南,其家面山而居,准诸虚空鸟道,不过十余里。其巅则路纡折,远且三倍。同治庚午展重阳,约毛生萼屏游焉。连云古称纯山,朝晖夕霭,四时异状,每久晴山巅出云必雨,其峻极可知。所纪自卑而登,先历雪峰之单椒秀泽,刘君镜蓉有草堂在其麓,与元度之居遥遥相对。愈上磴窄,几不受趾,斗折螺旋,经十数息,一峰突起,号棋枰石,巨石阁岩端,危若累棋,类仙者所置。再陟尚有三峰,高插天半,奋臂造其巅,若不知人身之小天地之大者。其登也,不信前峰有路;其降也,不信身自绝壁回。其险巇又可想见。兹山之脉,来自桂岭,径茶陵折入万载、浏阳,蜿蜒盘曲而崛起是峰。水则汨水东来,淮川西注,登临可极目二百里,众山累累如蚁垤。其尤异者,既无古刹,复无民居。风劲不能树木,飞鸟绝音,蓬蒿没人,境皆兽内,此荒野之又足骇怪者矣。惟所述归途,循纯水出灶门洞,有飞泉自绝涧堕千尺潭,以视庐山之青玉峡、三峡泉诸胜,未必过此。而彼独名天下,何显晦各殊耶?然在唐有田先生游岩隐居,已见史志。宋有方先生遁居山麓,尝问业朱子,学者称连云先生。是山虽居地不同,顾亦早传闻于世,当又未可夷为不足置论之列。元度斯作,能悉阐其蕴

奥,且俯仰今古,感喟系之,信非无谓也。(15 - 281)

登天岳山记一种 小方壶斋舆地丛钞本

清李元度撰。天岳在平江县境东北,距元度之居百二十里,有族人蓉村者住山麓,招之游。以光绪三年九月己卯造其家,辛巳偕游焉。首述南纪之山,高千百计,衡山外天岳为最,高千八百丈,丹岩为最,是高峻之度几与衡埒。由麓跻丹岩尚二十里。游之日值阴雨,初径丁家洞,见危峰插天际,相接如是者数。飞泉行山脊,成沟坎,深及仞,水流坎中,谾谾然,为他山未见之景。久之,白云起峰巅,弇其顶,寻合山腰而顶露,若泛洞庭,银盘内承青螺十二,行云气中,历绝巘。亡何云散,凡山之峘、峄、蜀、冢等等诸形,一览胥尽。宿太平庵观缆船石,传为神禹维舟处,是耶? 非耶? 未可知也。次日十月壬午朔,雨霁云敛,出寺陟危岩,忽又云起,如兜罗绵四山。别有云自远飞来,渐飞渐逼,可搴可揽。自是径益险,山益奇,久之,始达丹岩,殆为葛勾漏烧丹处故名。山体遒厚,平壤宽广,矫首四望,呼吸通帝座,葛稚川所记,道家称为第二十五洞天即此。俄忽罡风起,乃下寻沸沙池、漱飞泉。有王山人,年七十五,岩栖五十余载,谈山中事甚悉。癸未,导观石田三亩,暨扫坛竹、堑字岩诸胜。顷之,云复大起,改道普济庵,觅别径穿云而归。元度谓"兹山之游,宜秋高日晶,余来晚,未能开云。然三日中奇诡百出,变态几尽,转以云胜"。又谓"山有禹篆,未能搜岩剔藓,一睹真迹,他日当裹粮住山求之"。莫审终竟其愿否。宋孟珙摩崖书"洞天幕阜"字尚可辨,故是山亦名幕阜云。(15 - 282)

游南岳记一种 小方壶斋舆地丛钞本

清金之俊撰。之俊字岂凡,吴江人。明万历进士,官至兵部右侍郎,降清后仍原官。康熙间以秘书院大学士致仕,卒谥文通。有《金文通集》。斯《记》所纪游踪,至详且悉,用笔清健,词无烦冗,允推杰作。先修谒庙礼者,盖循官仪也。履芒鞋,曳竹杖,遴道士之不恶游者为津梁,信能得游山之法。行甫五里,至玉板桥、宝善庵,有老僧从石罅中出迎,长三尺许,状如山猴,询其年八十有一,扪萝如飞,殆异人欤!至飞来船,为蜀僧所构小庵,题额曰"筏庵",足称嘉会,能并贯道泉上石壁,定林祖师题诗之笔痕常鲜乎,恐莫伦也。宿上封寺,观日月上升,导游羽衲击节称快,谓望日者十不得一,望月者百不得一,望月而兼望日者,尤从来希有奇遇。与夫过鸡公岩,行薜萝深处,为三十余年游屐罕至之地,非天特假以胜览,抑三生缔有前缘,曷克臻此?惜《记》中不识其年月,惟观首述"屏去舆从,策蹇作山游状",及末谓"还岳庙,屈指游境,十未二三。欲再商问奇处,忽一邮卒持公牒来。余喟然曰:'我犹俗吏也!'遂带星而归"云云。按之《湖南通志》,之俊官佥事分巡下湖南道时,当明熹宗朝,是之俊此游在天启间明矣。(15-283)

登南岳记一种 小方壶斋舆地丛钞本

清唐仲冕撰。仲冕字六枳,号陶山,善化人。乾隆进士,初知荆溪县,累官陕西布政使,权巡抚,后引疾归。性至孝,以其母没父任所,贫不能还,葬肥城之陶山,因以自号。尝结庐墓侧,孜孜著述,有《岱览》《陶山文集》。此作首谓"衡山为寿岳,岁九月往祈亲年,裹粮步行"云云。每至岁之仲、季二秋月,往岳庙顶礼者,相望于道,昼夜不绝,或禳亲疾,或祈亲年,盖湘俗由来旧矣。顶礼者率皆斋戒沐浴,必诚必敬,非谒毕罔敢游观。故斯《记》不曰"游"而曰"登",所以别于常而示敬,非无谓也。中涂过昭山,远见一峰,东南屹立云端,询知为紫盖,引少陵句云:"紫盖独不朝,争长業相望。"其瞩目营心,已有独异。所至多识前人题石,如纪上封寺为昔朱张所谓板屋者,今一名蓝巨刹。祝融峰寺右,循泉枧而上里许,见泉发峰背石罅中,涓涓流入上峰斋厨,饭可数百人,虽盛暵冱寒不醮。盛宏之《荆州记》云:"峰上有泉,飞派如一幅绢,分映青林,直注山下。"殆尔时上未有枧之类。发考古之幽情,多悉陵谷变迁,古今异势,洵为有识。唐氏出仕苏秦时,以嗜修治古迹称,观此益信。宿上封未得观日出,颇恨缘悭。与夫邺侯书院、黄庭观、方广寺诸胜,莫罄游踪,犹留遗憾。以相距十数里或数十里之遥,恐劳扶鸠倚门之望,其慕恋之忱,可敬也。惜《记》中不纪甲子,未由考悉,其在读书里

闾之岁欤？（15-284）

重游岳麓记一种 小方壶斋舆地丛钞本

清李元度撰。元度字次青，自号天岳山樵，晚又号超然老人。道光举人，咸丰间转战皖浙，卓然儒将，为曾文正公国藩所重，以功累官云南按察使，终贵州布政使。工文辞，谂掌故地理，著述颇富。是《记》为同治壬申夏四月八日，与罗研生、郭意诚、张力臣重游岳麓之作也。此山为衡岳之麓，峙长沙湘江西岸，以书院而名著。岳麓居四大书院之一，旧为宋贤朱、张二子讲学咏歌之地，流风遗泽，由来尚矣。故登赫曦台、风雩亭，而有晦庵、南轩之名迹在焉。其入万寿寺，观僧众浴佛，登云麓宫，视湘流如带，橘洲出没巨浸中，长垣十万户，缕缕可数，襟怀旷达之致，饶于笔端。至若抚六朝松、摩挲北海碑，兼宋嘉定间何致所摹刻禹篆，憩道乡台，一以见神物之隐显无常，一以念宋邹浩之名无终极。与夫望射蛟台，谒屈子庙，皆油然怀古，一往情深。洎更追述未冠时读书斋舍，又七年，偕桃源令景君舟游。甲寅夏，曾文正屯军城南妙高峰，相随步月往，归且达曙。景君既死寇难，文正亦不可作。其俯仰今昔，人事变迁，大有感不自胜之慨。是殆苏子所谓"自其变者而观之，则天地曾不能以一瞬"欤，又奚不回视宇宙山川，悟物我之无尽藏也！（15-285）

游南岳记一种 小方壶斋舆地丛钞本

清罗泽南撰。泽南字仲岳，号罗山，湘乡人。少苦力学，尤笃志性理。洪杨乱作犯湘，以诸生率乡勇与战皆捷，积功官至布政使，曾文正公国藩甚重之。后援武昌，中炮卒，谥忠节。道光戊戌秋，泽南偕陈子乔、林固庵之衡山，与行两日抵其麓。阴雨骤注，咫尺晦冥，此昌黎所咏"阴气晦昧无清风"也。诘朝云开，祝融忽现天际，旋露旋灭。山行崎岖，各蹑草履以上，憩半山亭，上则云深不可测。经羊肠屈曲，瀑布奔流，怒下万仞，尤奇险可怖。秋日上蒸，云气五色夺目，历境恍惚，不可名状。俄一岫见，以为凌绝顶，奋登之，则闻钟磬声、鸡犬声、行歌互答声，倡和天半，仰之不见其处。攀跻达上峰寺，云忽划然而断，峰巅挺现云中,如螺如髻,如大海孤岛,绝无依傍。风动云舞,山岳俱摇,令人眩悸。夜半大风作,殿宇铁瓦欲飞。晓视云散,遂攀危石凌绝顶。近瞩荆襄,远览宇宙,一目万里,洞然无蔽,此又昌黎所谓“须臾静扫众峰出”乎?斯数景者,乃岳之常态,而罗氏窃有感焉。盖其学深性理,所见有独到处,故于名山胜状,了晤人之显晦穷达。其所谓“凡人于天地间,始多蒙昧而未开”者,殆初遇之阴霾冥晦境也。“而其本体之高峻,未尝不时发露”,殆继见祝融之旋露旋灭,与夫半山以上之奇险可怖,云气恍惚也。“不因其所明而求之,遂至茫然而莫辨”者,则俄一岫见,奋登得闻诸声而不见其处也。“且卑而近者,其境易窥;高而远者,其妙难见”者,乃上峰寺,云断峰现,云中俱景,令人眩悸也。“天地蕴奥,每多秘藏,不可骤知。使因偶有所得而遂快然自足”者,则风作云散,登临绝顶,一目万里,洞然无蔽也。必毋自弃自画,“尽乎人复得乎天,而后此心庶无憾”。大哉言乎!至所谓将遍访岳中昔贤曾游之幽洞异岩,欲有以尽其细者,似又适证其终有所不能达之旨矣。余观罗氏之论,始知其效命疆场,竟厄于眩乱者,天也。其具有临大节而不可夺之志者,尽乎人也。噫!微斯记恶得以知之?(15-286)

游石门记一种 小方壶斋舆地丛钞本

清罗泽南撰。道光辛丑,泽南馆于洲上,石门矗其南,冬日偕诸生游之。由山北造其巅,以多不可名状之巉岩恶石,又有毒草恶木从而蒙蔽之,令人心悸目骇,废然欲返。幸得山人相告,山麓有岩,幽邃可探,乃循石磴下,陏厉陟绝。其岩有三,下曰水岩,因山南水注,多泥不可行。入中岩,始则荒甚,旁有穴而黑,持炬进,其洞深宏。石多白,上悬者,若镛,若磬,若鸾凤,若虎豹、熊罴、旌旗,等等;其凝于下者,为磩,为几,为床,为槛,可坐可凭。再入里许,溪流有声,中有洲,下有桥,坐听琮琮琤琤,幽静凄切。又上有数重,掘其土可粪田,农人利之。是尤可异者也。至上岩则多温风,炎气拂入,炬几欲灭。山人又告曰:此为风岩。划然长啸,风喁喁和之,众窍皆应。洞又数重,层递而下,所见益奇。最下有圆窍,坠以石,声礀礀然,历时始尽。凡此种种所见,泽南以为奇异，幸山人之来告，而又惜相赏者之稀。从来山川蕴毓，象人物、鸟兽、草木之形，秘藏于幽岩曲洞者，殆所在多有。泽南通儒，宁未及知耶？及观其所记，或曰："此地之人类桀骜不驯，其得山之粗气欤？"曰："其气禀使然，亦习俗有以致之。然其所受于天，未尝不善。特未有以启其窍者，何遽以其俗而弃之"云云。是泽南秉施教无方之旨，欲有以尽化其野犷之质。君子之用心，可概见矣。(15－287)

游龙山记一种 小方壶斋舆地丛钞本

清罗泽南撰。道光壬寅秋九月，泽南以天高气清，经旬不雨，偕谢子春池、李子察庵，往游龙山。谓时馆洲上，去山百里许，盖方家居授徒也。按龙山在县治之西南，罗山峙其东，高逾四十里，与岳之祝融峰埒，并跨湘乡、邵阳、安化、新化四邑境，涟水之源出焉。越二日，宿白水，始登山之半，忽平田广数十亩，烟村相望，水循石硖出，飞悬瀑布数百丈，故以白水名。俗传其间旧有龙，盖山之得名亦以此。余意幽壑潜蛟，理所固有，龙则难信也。其俄而寒风作，阴云出岩穴中，瞬遍布山谷，攀履之境骤灭，如泛大海，如立太虚，人前后行，以行歌互答验远近。竟日之力得跻其巅，可谓劳而险矣。其巅有祠，石壁铁瓦，凭轩望之，楹庭外即无所见。若此之阴霾四塞，应隳败游兴，气馁而神疲，乃不出此。有樵者笑问："何故汲汲而来，不于清明之时，而于秋阳久暴、阴凝潜伏之候？知几者神，宜悬车息足以待。"是讥之甚也。泽南独以道喻之，所谓"虽险易殊涂，雨旸异候，心与道凝，即神与天游，无入而不自得。今既不获极宇宙之大观，揭造化之奇秀，而我心自若。彼浮云舒卷，初何与哉？乌知今日之昏昏，不可易为昭昭者乎？又安忍是山之高大，终蔽锢于尘雾中也。樵者闻言，负薪而歌，曲终而去，莫知其向"。读此可知泽南性理之学纯邃，托樵者为问答，以寓物理之显晦有时，人生之穷通有数。与陶靖节之《桃花源记》、苏东坡之前后《赤壁赋》诸作颇相类。其结句之飘忽欲仙，尤惟妙惟肖已。(15－288)

罗山记一种 小方壶斋舆地丛钞本

清罗泽南撰。泽南家故居湘乡县百里外之罗山，尝以罗山自号。

为是记者,所以形其美善而自得也。罗山以群峰钩连,四面罗列故名。山势远自西来,最大者曰黄龙山,横亘数十里,屈曲变化。相接盘绕北下者有荆紫峰,一峰独秀者则颜子岭,横列若屏者则龙破石。又有桃林一山,峙其北之麓,诸溪之水汇之,夹岸多桃树。由黄龙逆折而南,曰石屋岭,并有所谓蕉芭天使诸岭,联亘西南隅,峰多种竹。忽而奇峰迭起,与荆紫峰对峙者为九峰山。黄龙折至此为衡山干脉,一支东趋祝融,一支东北趋历城洞,为双峰屹立水滨,与桃林汇为罗山门户。周百余里,中径五六十里,居中望之,如城如垣,如藩蓠,如旌旗环侍,如臣僚笏立。又有笔山等三峰并立其中,泽南之居,在其下焉。其间田宜稻,圃宜菽麻,宜瓜蓏,山宜松、杉、桐、梓、竹箭,鸟多黄鹂、慈乌,人多淳朴,水最清冽,罗山之美备矣。泽南谓"人于修业之暇,时相眺览,足以涤尘垢,宣堙郁,条达其广大高明之气。是山据湘之上游,磅礴郁积,巍然于外也,万仞壁立,闳然于中也,宽平舒泰,无一物凝滞。投之不能得其间,窥之不能尽其藏。殆有类于有道者欤?复有衡岳东去不百里,龙山亦高峙其西,又若重翼于外,成为一家者"。伟哉论乎!其视罗山亦至矣。余以为泽南之学识与夫贞毅不挠之志,捐躯取义,大节凛然,不即此山清淑之气,钟毓于其一人也耶?(15－289)

九疑山志四卷　清康熙严陵詹氏刻本

清詹惟圣撰。惟圣,浙江人。康熙元年以江华令来权宁远县事,次年即成斯作。按九疑,旧固无志也,有之自明万历间邑令蒋镄始。创制之作,仅三阅月而告成,当不能无简略之病。惟圣取而重辑之。书分卷四,一为形胜之属,其目曰山、峰、岩、岭、江、溪、池、洞、井、湖、洞石、图画;二为古迹之属,其目曰神异、建置、人物、游寓、仙释、山瑶、土产;三为祝颂之属,其目曰碑铭、表状、祭文、图记;四为留题之属,其目曰赋、诗、歌颂、乐章。殆多仍前例也。其所纪山川、形胜、图绘、疑山八景,较详郡邑志乘。然亦仅搜集旧闻,以期传信而已。九疑,《汉书》作"嶷",上古沦于荒服绝徼之外,以舜葬而名焉。究之帝陵何在,终古存疑。相传舜峰渺无真迹,不过以其特立中宫,九峰环抱朝宗尔。即朱明、石城、石楼、娥皇、舜源、女英、箫韶、桂林、杞林,九峰之名,亦不能详其所自。不过峭壁高深,佳气葱郁,人迹所不能至之处,或为帝舜藏真之所欤?读蒋向荣《志序》云:"九疑之名,昉自庸众。岳山以虞狩而名传,此山以虞藏而名疑。惟不求信,故令人疑。惟疑者传疑,故亦见知希之贵。圣人存神过化,视此山若堂奥,视万古若一日,视此身之浮沉隐显若大造之生长收藏,何为疑?更何为九疑也?疑不疑之间,虞帝其神行乎!"大哉斯言,所以形帝灵者至矣。篇中古迹、祝颂二志,多存故实;留题之诗赋乐章,类皆昔贤名作,均称允当。惟人物之录李郃、乐雷发二人,与疑山何涉?游寓之始自许由、彭祖、皋陶,亦荒渺难稽,殊无谓也。后四十三年,邑令徐旭旦复有再续,当较兹篇精审也。(15-290)

楚游纪略一种 小方壶斋舆地丛钞本

清王沄撰。沄字胜时,华亭人,著有《瓠园集》,一博学多闻风雅士也。是作首述壬子在都,先后得林子安国、徐子野公二良友。癸丑暮春,偕徐子游武昌,登黄鹤楼。未几,蔡公毓荣有湖南之役,乃得登南岳。按蔡公毓荣者,为清初汉军正白旗人,字仁庵,顺治间补刑部理事官。滇藩吴三桂叛,拜为绥远将军,率兵定滇黔,遂授云贵总督。沄与徐野公,盖同参毓荣戎幕,故得而从游焉。所署壬子癸丑,当在康熙十一二年间。其纪游踪,自荆南涉江抵岳阳,时楼已毁,倚舷远眺,洞庭茫茫,君山隐见而已。越湘阴,溯湘水,过长沙而至衡山,纵览全岳。篇中描写胜境,至详且悉。如记嘉应门内庭中之铁香炉,为崇祯间桂藩物。僧言南天门下有石船,辛卯春,一夕大雷雨,忽失所在之类。器物流传,陵谷易位,足供后人征考。时当鼎革方新,大乱甫戢,名山古刹,半沦劫灰。所叙除峰峦林壑胜迹依然而外,其庙宇寺观之属,仅存荒残余烬,似沧桑之感,有不能自已者焉。斯衡游所独异于人者,时为之也。并述浮湘下长沙,访岳麓,摩挲北海碑字与隋文小石幢。谓"俯视湘江,近在襟带,怀屈贾之遗风,与徐子有同志",其胸心旷达可想见矣。于是浮沅流而上达常澧,折而之荆,复溯汉水而上,趋襄樊,游武当。夷考其时,湖广统治分上下荆南二道,湘鄂固无畛域也,联而纪之,良所应尔。其末与林、徐二子综评蜀之峨眉,楚之衡岳、武当三山之胜,以“眉山高寒,土毛不殖,可游而不可居。林壑之美,琳宫之盛,莫武当若。惜第祈年望仙之伦,非嘉遁之幽栖也。至可车可骑,亦可杖。靡地勿泉,泉及为田,不及则圃。僧厨举炊,不汲而至,溆湍作舂,起止自然。上药名香,珍果奇卉,名笋蔬蕨,四时咸具。虽松杉之伟不逮武当,而美箭佳林亦可娱目”。其惟衡山乎!信能于名山之真意,心领神会,独有所得,洵笃论也。又谓“卫夫人之石,让迁二祖之塔,二氏所宗,翳彼唐之李、韩。其游焉息焉者,亦宋之朱、张、胡、林,洎先朝罗、湛诸公问道讲学之区也。高山仰止,景行行止,微衡山我谁与归?”其跂慕前贤之甚,又何如乎?若王氏者,可谓善于游者已。(15－291)

游南岳记一种 小方壶斋舆地丛钞本

清潘耒撰。耒字次耕,号稼堂,吴江人,有《类音》及《遂初堂诗文集》。康熙己卯春正,偕其甥陈周纶、表侄吴勖初同游南岳。时阴雨连旬,私祷开霁,盖欲效昌黎之精神感通而未能也。踏雪登祝融,投宿上峰寺,暖酒烧榾柮。夜分月上,披衣起视,光景奇绝。晨兴眺望,千峰万岭,一白无际,深沟大壑,处处平填,枯树变作琼林,荒榛化为瑞草。复鼓勇登绝顶,俯视山河,融成一片。七二峰纵横高下,若琼台瑶岛,出没于白银涛浪之间。以视昔诗人王冕,大雪中赤脚上会稽山顶,瞪目叫绝,谓世界一白玉合成。此峰高会稽十倍,故当胜之。生平观雪,无逾此者。十日始竟,其胸怀之清快何如耶!读之令人神往。从来记衡游者夥矣,山川风日,气象万千,所遇之景既殊,其所得之趣亦自异。状雪如斯奇绝者,得未曾有。抑潘氏之笔善于摹绘欤?观其首叙:“五岳,惟衡最远。唐以前名贤无至者,杜少陵望而未游,韩退之仅至山麓。宋之朱、张,始登祝融,至方广。元明以降,亦无几人。余来南楚,专为游观。”其自许为古人所不及,可概见已。(15－292)

游大云山记一种　小方壶斋舆地丛钞本

清吴敏树撰。敏树字本源，号南屏，巴陵人。道光举人，官浏阳训导。工古文，曾文正公国藩称其“字字如履危石，落纸乃持重绝伦”。生平淡于名利，文正延参军幄，辞之。惟以读书吟咏为乐，有《柈湖诗文集》。是《记》作于道光壬寅冬十月也。大云山在巴丘之下游，首曰“立吾村而东望”，又曰“去此可百里”，盖指距其所居而言。所谓“仿佛翼然起于云中”，其高峻可知也。吴氏欲游，将廿年不果，至是其友郭建林来践旧约，乃偕其从弟伯乔，三人同游焉。其过鹏湾望悬泉自四山下，响泉崖之其声淙淙，如松风走万壑。涧侧大石如宿龟，响泉自其下出。此水之胜也。陟峰下视万山，如走马，如驱羊，如滚波涛，如千万人军旌旗鼓戈，鱼丽鹅鹳，升堂而指麾。其尤奇者，卓笔如笔，青笠如笠，横剑如剑，围屏如屏，此峰之胜也。山祀真武，其神甚灵，远近走祷者众。列宫凡六，进香者可百许人。道士告以八月之望为最盛，此仙灵之胜也。大云诸胜，略云备矣。吴氏斯游，步而即路，三日始得登山。游凡八日，得诗十有一首，当具存于集中。又谓“凡所称峰、崖、泉、石，向未有名，名之自余。以大云之居境盖远矣。近县鲜好事者，四方之人莫至，游者自余三人始”云云。是兹山登临者绝鲜，其胜隐闷。曾几何年，得吴氏一游，锡以名而传于记，岂非山之幸也耶？（15－293）

乾溪洞记一种　小方壶斋舆地丛钞本

清张九钺撰。九钺字度西，号紫岘，湘潭举人。早负才名，年十三登采石矶，赋长歌，人呼为太白后身。历官江西南昌及广东始兴知县，讲求农田水利不少懈。著有《陶园诗文集》《历代诗话》《晋南随笔》等书。乾溪出辰溪县西南，水势迅悍，洞承其下流，深窈莫测。后洞在洪江浒溪，水所由入沅处也。九钺是《记》不书其年，仅谓游以四月之望而已。所纪兹洞之胜在水，而其奇尤在石。谓“峰如覆釜，左右两阜夹翼，阜巅各峙一亭，左下而右上。初下瞰覩驳桀削，水石隐辚，骇人心目。

洞中无径，九钺独愤，而必欲穷其奇。循岩下，彳亍不及踵。断处绠藤以身如瓶掷，磎然堕岩沚。又遇两石，虎牙对向，各长五六丈，末锐不受趾，以手为跖。匍匐穿一穴，以腹为趾。复有怒流，辊雷电掣，不得逞。徐转轂行，若与之斗”。如此冒险，可谓特殊，令人折服。然洞中狮骧、象濮、龟涨、熊斗诸石之奇，以及怪树寿竹，穿疏筋突骨中垂下。诸景之异，非九钺之奋勇，不避艰危，又乌得而睹也？至遇怪风之冲袭，闻怪蛇之唬声，则尤绝险。余尝侍宦游牂牁，由湘之黔屡矣。频经岩疆溪峒，谂知其山川多险恶。九钺首称“辰阳以西，山益峻，石益诡。乾溪一洞，尤最雄谲”。今读之而益信。（15－294）

桂阳石洞记一种　小方壶斋舆地丛钞本

清彭而述撰。而述字禹峰，南阳人。明崇祯进士，授阳曲知县，入清官至云南布政使、贵州巡抚。所为诗文，皆雄奇峭拔，著有《读史亭诗文集》。按而述当康熙初，且曾历上湖南道、湖南提学诸职，斯游似在此两任之间，惜《记》中不纪甲子尔。兹洞在桂阳邑四十五里官道之南，所谓远望之层冰峨峨如雪，山石逗青霭中。由径盘屈而上，岩岩硌硌者，山外之胜也。然炬而入，暗泉瀌瀌，堞牖宽豁，天光隐透。上悬石乳，如蜂房下垂，大者如金刚杵，再大者如车轮。其下流水如促织鸣，如摇环佩。又三里外，水啮石为泽，距数丈，必假小艄而后得渡，厥深无际。此洞中之胜也。然是洞不以石奇，不以水异，其所足记者，厥为外狭而中阔，能容数万人，山泽通气，可为室家，有若天生以拯救斯民于危难者。两崖狼戾之遗穗陈仓、柴床竹篱诸物，皆当时鼎革大乱，避兵逃匿余生之所弃也。且去此不十步，庙门有石刻云“元人避乱之所”，则武陵桃源又何地无之耶？而述因广其说，谓“桂阳为东南楚尾，扼江岭之喉，为闽粤右臂。中州山川，平易芊眠，杀伐之气，至此且终。若值英雄逐鹿时，中原为血国，天苟不生此等洞壑于巑岏巃嵸中，为孑遗寄生之乡，则人类将无遗种，是大造之不仁也。”至哉言乎！洵可称斯《记》中扼要之论矣。（15－295）

湘行记一种 小方壶斋舆地丛钞本

清彭而述撰。是《记》专纪由长沙至衡州湘江之所见也，故以“湘行”名。首谓：“湘与潇并著，长沙而上，统于三湘，潇不复名。小臣于大，不独潇矣。”末又曰：“抑郦道元曰‘潇者清深也’，如是则前云潇湘二水或妄也。”是辨潇湘之流域至严且晰，独惜一如《桂阳石洞记》，不系甲子，仅述“湘之游以七月十八日，又于廿五日抵衡”云云。按之《游浯溪记》所称“己亥六月，余以校士事卒入祁”，洎斯《记》中所述“自四月抵长沙，凡五阅月”诸语观之，此行当为而述提学湖南莅临之始矣。综其全作，于沿江之风景、两岸之山势，以及树木、花竹、杂草、鸟兽之属，摹写俱曲尽其致。复俯仰古今兴亡治乱之迹，湘江一水，足扼南北战伐之喉。时值鼎革方新，大乱甫定，居民甚鲜，间见颓垣，感宋玉悲秋之语，于风雨扁舟中，无酒无肴，客况索甚。独觉其山灵眷恋，云物追随，有恨负于湘流者久矣。噫！而述之去国怀乡、思君忧民之心志，油然见于字里行间，盖读之不能无跂慕焉尔。(15-296)

游浯溪记一种 小方壶斋舆地丛钞本

清彭而述撰。是《记》作于康熙己亥六月，维时而述方膺湖南提学之任，以校士事卒入祁，会分藩关东胡公养忠亦至，相与订游浯溪，以邑令浔阳孙斌为前导焉。溪之名肇于唐元结次山，经其品题，始显于世。《中兴》一颂，得鲁公磨崖之书，与夫石镜之奇，号称三绝。其胜以此，自永其传。旧之纪载咏歌，固已夥矣。但人之处境及所遇之时，各有不同，其怀抱感念发于文辞者，亦各异也。而述来游，适鼎革方新，大乱甫戢，故独怆然于古兴亡之数，抚兹磨崖，低徊遗迹，感叹歔欷，不能自已。谓“忆古帝王盛德大业，必有歌颂以彰不朽。若以灵武而言中兴，则其变例。道州诗中有颂而无规，是一恨也。毋亦哀定微词，漫郎故宜云尔乎？灵武已矣，渔阳之羯鼓已息，马嵬之香魂久散。晋阳旧业，已付断烬寒烟。惟兹楚南荒徼，山角水涯，尚有岿然片石流传于天下后世，是此颂又曷可已也”云云。并读其首述“出南门，邑新灾，瓦烁焦烂，人处

煤炭间”之语，可知而述之心臆，岂能无感喟存乎其间？是大有异于人之游者欤。（15－297）

泛潇湘记一种　小方壶斋舆地丛钞本

清黄之隽撰。之隽字牧石①，号唐堂，华亭人。康熙进士，官编修，坐事罢归。喜蓄书，著述甚富，尤工诗。所著《唐堂集》，能别开生面。之隽以某岁由湘之桂，泛舟潇湘，溯江而上，揽其全景而为是《记》。按湘为水之最著闻于楚南者也，故以三湘见称，潇湘、沅湘、潇湘是已。永以上为潇，以下为湘，潇不及湘之长且巨。读彭而述之《湘行记》中曰：“长沙而上，统于三湘，潇不复名。小臣于大，不独潇矣。”然欤？否欤？彭氏过于苦为分明尔。之隽此行，似在仲冬之月，所叙江流曲折旋绕，舟行乍左乍右，东南西北，步步易向，故行程日久。水澄澈，经冬缩潦，清激弥甚。又谓“红叶翠柯，浓染密缀，不因寒损。其余平沙荒溪，浅芜衰草，皆具楚骚之象。时则积雪襞积于遥峰连阜之间，峭蒨邃泠，描绘转胜”云云。从可知矣。篇中分纪全江山水之形形色色，靡不曲尽其妙，可作《潇湘八景图说》读之。以视昔之郦《注》、柳《记》，当不得让其专美于前。至读其结论，有“大抵潇湘之间，水纹石皴，岸容树态，真化工之为画工。余舟泛其中，悔未学画矣”诸语，则之隽于山水之真意，其领会别有独到处耶！（15－298）

浯溪记一种　小方壶斋舆地丛钞本

清黄之隽撰。之隽谓“稚时爱诵《元次山集》，见所铭浯溪山水之胜，尝神慕之”。以康熙五十年十一月某日，舟过祁阳，始获游焉。诘朝晓发，值大风雨，与同人登岸，先观镜石如漆，经役夫汲湘水磨拭之，竟隔岸人物照澈靡遗。循岩西入子亭，断崖如双阙，飞桥跨其巅。过桥憩古右堂，次陟最高处，有亭，亭前大石，方广可坐，上有圆坎，即窊樽，因以名其亭也。再次过元颜祠，为峿台故址。又次北行数十武为唐亭。

① “牧石”，多作“石牧”。

此皆次山所自名而为其所有者。后人遂刻其岩为“三吾胜览”，而祁阳之驿亦名三吾。地以人著，有如是耶。复于雨中遍观石刻，以次读而识之，可谓嗜古不懈者矣。又终乃抚摩崖碑《中兴颂》，次山所撰，鲁公所书，文雄字庄，令人起敬。虽大雨濯衣，而立石壁间，仍徘徊不忍去。舟子以矶激不可久泊，遥呼返而解缆。斯游也，天独不假以风日之缘，致不得游目骋怀，以罄其兴，吾甚为之隽惜之。(15－299)

三滩记一种 小方壶斋舆地丛钞本

清陆次云撰。次云字云士，钱塘人。康熙时召试鸿博未遇，官江阴知县，有惠政，著述甚富。惜次云浮湘涉沅之始末及作是《记》之年月，莫由考悉尔。三滩者，五溪之险滩也，其名曰猛虎跳涧，曰满天星，曰大王滩。五溪之险，曷可胜计？此则仅记其尤。盖自武陵而西，迄黔之㵲阳，舟行者时时相越，但有有名之大滩，而不极形险峻者，如清浪等滩是已。篇中所述船之名与形，洎舟夫之勇健、溪流之曲峻横急，言虽简易，靡不尽之。至三滩之险状，各有不同，其骇人耳者为猛虎跳涧，乱人目者为满天星，慑人魂者为大王滩也。扁舟逆上，须举数十百人之力，挽坚绠而犯怒涛。倘或舟触乱石，或绠断舟回，则危险立至。此秋冬水落石出上驶者然也。次云谓“乘风破浪，快事也，而不胜其险。然不泛瞿塘，不知滟滪之异；不浮云梦，不识吕梁之奇”，洵至论也。余于清季侍宦游黔，三滩曾所数历，至今思之，犹令人心悸，读斯《记》不能无感焉。(15－299)

游永州近治山水记一种 小方壶斋舆地丛钞本

清乔莱撰。莱字子静，号石林，宝应人。康熙进士，官内阁中书，举鸿博，授编修，累迁侍读。中蜚语罢归，治废圃曰纵棹园，读《易》其中，著有《易俟》《直庐》《使粤》《归田》诸集。按永治山水之胜，以柳州《记》而始显。其奇绝名于世者，乃厥惟三岩。潘耒《记》中谓“三岩为后出之胜，而芝山澹岩较朝阳尤胜”，叙述详赡，已为著录。莱之记此，仅纪永郡近治山水之名，与夫可游胜迹曲折之致，殊为简略。且于最著之澹岩，尤不悉详及，斯可异已。亦谓“若柳子《记》中之所称道者，皆没于荒榛密箐，土人不能识焉”。又曰：“使余得休暇于此，蹑崇岩，穷洄溪，铲恶木，凡名泉奇石如石城、石丘、石渠、石涧之类，不难搜而遇也”云云。观此，殆莱维时使粤，道经湘南，以皇华载涂，骁征鲜暇，姑抒此寻幽揽胜之怀抱欤？（15－300）

游静谷冲记一种　小方壶斋舆地丛钞本

清罗辰撰。辰为临桂人，莫详其字与历。是《记》也，仅纪甲午重阳前七日，偕友人三四辈自中湘游南岳归，舟次闻榜人语以静谷之奇，游而作也。静谷即在衡山邑南里许。所谓“冲”者，乃湘人土语，称山之深处曲折幽邃尔。其中山林田土，为郑氏楚之私有之业。初入其境，枣林茂密，畦陌交错。土山之半有亭迎路，舟入则亭桥相望。溪涧清泠，有小石洞，就石干九曲，甃以方池，可供羽觞随波之用。洞后直上，有屋三楹，祀麻姑小像。左数武有张、王二仙祠，自右崖下，有吕祖阁，又后高峰之半西南有洞，云昔王十八仙人曾栖息其间。其层峦叠嶂，鸟道回环，颇绝尘嚣，亦云胜矣。辰首述“平生性嗜山水，凡足迹所经，或便道流连，或纡涂游览。得之耳者，必欲证之目，而后始快于心”。是谷一区区幽境，得辰之一记，亦足以传。信夫“山不在高，有仙则名”，况以初览祝融之胜而还者耶？（15－300）

登君山记一种　小方壶斋舆地丛钞本

清陶澍撰。澍字云汀，安化人。道光时官至两江总督，谥文毅，为有清一代名臣也。尝持洞庭即九江之说，援古证今，发为文辞，论义精确。且任皖抚时，曾督修《洞庭湖志》，人称名著。于诸水入湖图说，尤为精审。是熟谙全湖之状况者，莫文毅若矣。斯说为登君山之作，所谓“余往来洞庭数矣，未及登也。会有事常德，而岳守陈公亦专人相迓”云云。惜于其甲子洎经行始末均不得详，令读者不无遗憾尔。按洞庭本海内巨浸，其峙立于中者，东则扁山，南则磊石青山，西则明山、寄山、团山，独君山苍然贴湖心，为沅、澧、澬、湘之砥柱，居十一福地之列。山中有若二妃之墓与庙,有若洞庭君祠,有若崇胜寺,有若轩辕台,又有若酒香亭、柳毅井、龙虎二洞及朗吟亭诸胜之事迹景物,靡不详其源委,阐其幽异,可作一《君山图说》读之。虽其境周仅七里有奇,然有关历史足资征考之处,则至繁且巨。又如于郭璞释《山海经》“洞庭之山,帝之二女居之”,谓为天帝之女,谬误滋甚。轩辕之台傍有飞升亭,谓黄帝铸鼎荆山,未必即此。崇胜寺僧堂下所列铁鼎二,为孟珙所遗无疑。柳毅井旁有大刺橘,即毅为泾阳妇人传书处。事见小说《虞初志》,流俗遂誓为洞庭之神。朗吟亭旧有石碣,刻“朗吟飞过处”五字,谓“神仙踪迹,实之以‘处’,得不贻回道士笑耶?”之类,皆能博引典籍,正诸前人之傅会舛讹,独具卓识。至叙山奥一刹,榜曰“有缘”,盖言山非有缘者不至也。蓬莱三岛,自在人间,然名利两航,去来如织,逆风则不能至,风顺又不肯至。其有欣然襆被蜡屐思游,而尘心未化,见远山灵,往往阻以风波,或临岸而引之使返。如今日之游,不谓之有缘不得也。观夫文毅过此登临,信非偶然事,其斯《记》宁亦不与之俱重也耶?(15-301)

郴东桂阳小记一种 小方壶斋舆地丛钞本

清彭而述撰。是《记》亦不纪甲子月日,似为而述任上湖南道或提学时之所作也。楚南之山,以郴桂一带为最雄峻,而多诡谲。而述輶轩所至,靡不萦情,载笔摛辞,垂诸简册,有由然也。兹以《郴东桂阳小记》名篇,仅记其一隅之山尔。故谓“郴四面皆山,东尤剧。至罗汉岭,斗绝横亘,岭半东望,烟雾苍茫。俯察则柔芜如掌,田界历历,如楸枰局。一溪潆洄如练,红树渥丹,弥漫川谷”。此种情景,似在春融之候,不然,何妩媚之若是耶?又谓“久山者忽见平壤,如游子归故乡,如行穷漠海外忽见中国人”,洎赤石司之夕阳、新月诸景,其旷望爽适之襟怀,从可知矣。他若文明司之山复怒作险狭轧出之状,殊堪栗栗。山前后皆瑶居,昔悍今驯,材勇喜斗,性固然也。近桂水曲石头伸出,如虎豹鼋鼍之异形。隔岸太保坊之遗迹,俱所足称述者。而述复慨及桂居炎荒之徼,不若大江以北,为英雄王霸所必争之地。故山如蜀道、孟门、井陉之险,衡以南不著焉。更为桂阳之山,惜其不生于中原齐鲁,止以仙佛见长。

噫！斯论亦允已。(15－302)

湘水记一种 小方壶斋舆地丛钞本

清王文清撰。文清字廷鉴，号九溪，宁乡人。雍正进士，官岳州府学教授。乾隆初，以荐为三礼、律吕各馆纂修官，补内阁中书，考授御史。告养归，主讲岳麓书院，于士林多所成就。少工文学。著有《仪礼分节句读》《周礼会要》《锄经馀草》《考古源流》等书。从来三湘之水，著闻南服，潇湘、蒸湘、沅湘皆纬流，经流则湘水也。其源出阳朔，考之者往往详其流而略其源。且阳朔一山，或以为属零陵，或以为属兴安，其说莫衷一是，学者病焉。文清亲至粤西，呼土人为前导，探其源，始知发于海阳，即《志》所谓"阳朔"，属桂林郡灵川县。其山下有洞门，广约二丈余，深入一潭，广仅三十余步，即漓、湘二江之始源也。洞口石涧，水流才尺许，渐下渐阔。中别有两大水，东西来助，蜿蜒至九十里。中横一洲，北复有大天平坝，南亦有小天平坝，为楚粤二水分界处。南流为漓，北流为湘。由此至永，而潇水入焉，曰潇湘。达衡蒸水来会，曰蒸湘。过长沙合于沅，而三湘争汇矣。次复详及潇、蒸、沅三水来源之所自，谓此一经三纬，皆出深崖幽邃中，行二千余里，以合于江而达于海。其渊源有本，其流行有渐，其支派有条，其分合有序。毕综之后，而浩荡之势极。是《记》也，可作《湘水源流图经》读之，惜仅一纪甲子，莫悉其之粤之始末。又谓"究其滥觞，不过三十步之潭，潭外之涧，不过尽余细流，而涓涓绵绵，遂至于此。天下事由浅而深，积小成大，下而善受之不穷者，固如斯乎？"观此，文清寄慨于物理巨细之功用，至深远矣。(15－303)

漓湘二水记一种 小方壶斋舆地丛钞本

清乔莱撰。莱之字贯与所历，已详于著录《永州近治山水记》中。漓湘之源，始自阳海山，亦名海阳山。山在兴安县境，县初名始安，曰始安峤者，即五岭之一也。水出峤之阳，北流曰湘，南流曰漓，二水实同源而异流。莱以之合而为《记》，亦固宜也。漓南注于粤，径番禺而入海，无用叙述。兹仅以其湘水详之，所谓"湘水出峤东流，苍崖翠壁夹峙，数百里不绝。其巅多枫、楠、松、栝、杉、桂,其趾多香草,其腹多藤萝下垂,其鸟多翡翠、鹧鸪、杜鹃,其村多结屋青嶂白云间,荫以篁竹,艺以兰芷,钓艇系绝壁下。其江多狼石蹲踞,穿急滩,下旋濑,顷刻百里”。是皆粤西境内之流域。惟其写景如画,令读者心旷神怡,不能无所慨慕矣。又谓“至全灌水注焉,至永潇水合焉,至衡蒸水会焉。洎与茶陵河合,江渐广,流渐缓,滩渐平,而山渐蜿蜒盘礴。下湘潭,历长沙,有浏、涞、罗洋、瓦官、三石、汨罗、黄诸水,皆合于湘阴县,凡三十六折,入青草湖,汇于洞庭”云云。乔氏斯《记》,于三湘之汇独遗沅流,何耶?揆诸支派分合,义有未当,且不能辞疏略之病。以视王氏文清《湘水记》之作,又岂得免上下床之别哉!(15-304)

永州纪胜一种　小方壶斋舆地丛钞本

清王岱撰。岱字山长,号了莽,湘潭人。明崇祯举人,入清,官随州学正,康熙中举鸿博。能诗文,工书画,著有《且园近集》《且园近诗》《了莽文集》等。是《记》取永州近治之胜,分段为文,首纪澫,次朝阳岩,次凿谷,再次冉溪,又次鸡冠石,而以新岩终焉。按永州山水之胜,厥推三岩,而三岩尤以后出之芝岩、澹岩为最,而岱仅详朝阳一岩。所谓新岩者,或即澹岩,述亦甚略。惟芝岩素称绝佳,讵即所纪之胜欤?土人呼逆流曰澫,中有石,厥状奇绝,水次上则鸥鹭之飞影,下则鱼鳖之游鳞。潇水之源,至此清极,澄澈不波。其情景从可知矣。至五松雷氏之凿谷,柳子故居之愚溪,亦诡异特甚。又若鸡冠石之以声籁胜,新岩之以幽僻胜,奇趣横生,令读者更有飘然出尘之想。兹种种胜概,固天然如是耶?抑作者之笔能描摹入画,有以致之耶?王氏斯纪,不仅写景生情,尽其逸致,而其造句之清颖豪隽,亦足并永之山水以俱传,与苏子之《赤壁赋》、欧阳子之《秋声赋》《醉翁亭记》诸作,殆相伯仲,当称游记中之佳选矣。末段新岩一纪,有“七月杪,易无画、金友石、彭次明、雷简叔拉舟至焉”云云,差得审其同游之侣尔。(15-305)

乾州小志一种　小方壶斋舆地丛钞本

清吴高增撰。高增,浙之秀水人,莫详其字历,为乾州同知吴镄父也。镄以乾隆戊戌之夏六月,奉特旨擢授乾丞,翼年迎养其父,高增以路远不果行。适有客自永绥来者,于乾之山川风景甚悉,具言乾有八景,可供游览,因得周谘其形势之险夷、风俗之情况、气候之寒燠、治乱之因由,与夫种植树艺之土宜、抚绥导化之得失,靡不详且尽焉。于是笔而书之,成兹《小志》。名"小志"者,类纪其概略尔。按当时乾州同知,尚为辰州府佐,其体制虽不若后来直隶专厅之崇,而统辖军民、管理刑钱仓谷已固然也。苗疆重寄,久成奋武卫之边区,膺斯任者,监司必慎选良材以资治理。高增以镄承职边要,时值红苗初定,向化输诚,绥辑善道,当抚之以恩,感之以诚,不喜事以滋扰,无拂情以启衅,谓"当邮寄至乾,俾奉为官箴"。此种义方之训,仁厚之心,堪资矜式,垂诸简策,信足以永其传。至若其他之纪疆界、沿革、官制,洎八景之名胜、苗俗之冥顽诸类,已有乾隆三年王丞玮创修之《乾州志》在,应毋俟赘述。故高增自谓书之以当卧游,可知其用心固在训子之励精图治,非徒意于为志乾也明矣。(15－306)

永顺小志一种　小方壶斋舆地丛钞本

清张天如撰。天如字念斋,会稽人。以拔贡生官永绥同知,旋擢永顺知府。本经术为吏治,有造于一郡者匪轻,洵湘之良二千石也。按永顺自雍正五年,永顺宣慰司彭肇槐献土归顺,始以其地设府,而辖永顺、保靖、龙山、桑植四邑。天如以乾隆二十四年己卯来治郡,相距设治已三十余年。闻文献无征,即毅然创修郡志,四载而成书,典章名物,得有所考矣。既已创为郡乘,而兹复有《小志》之作,何耶?盖举全郡之故实有未尽者,别为纪录,以补郡志之未备,故以"小志"名篇。其体列段而分叙,文约而质实,意简而事赅。首综述其沿革,以次气候水土、土著之居处、苗民之心性,及种植时期、婚丧礼尚、祭神祭鬼诸习俗、客户贸易、土苗语言,再次则四邑,而以物产终之。虽非巨帙鸿篇,以较《蛮司合志》《峒溪纤志》诸作,又何多让焉?即天如之关心民瘼,德化政成之效,亦得于兹见之,允足并其创修之郡志同永其传已。(15－307)

桂阳风俗记一种　小方壶斋舆地丛钞本

清某氏撰。按是《记》原著录阙名，撰者未由考悉也。桂阳为荆南古郡，风俗故以朴厚名。宋陈傅良亟称桂阳民同居、丧祭之俗，朴而近古，不其然乎？篇首引《汉书》言桂阳郡南四县，颇有南海之风，以今州之四境所界，北衡西永南连东郴，连为粤属，郴居五岭第二，亦固宜然。州前隶于衡，风亦多与衡若。蓝山徭封，今其俗率同内民，自是涵濡向化之效。至谓"临武习越俗，由于溱水通涢，嘉禾分州临武之地，别自为国"，其论似未尽洽，惟指其病在安贫恋土，不尽地利，如陈傅良"拙惰苦窳"之说。今日治桂阳，当以教农事为最急，可谓洞中肯要。列举州大姓氏族今昔之盛衰，习尚之同异，极称详审。于其婚祭丧礼，有异于列郡者，尤多叙述。如血葬，谓即春秋传渴葬，葬急曰渴，"血""渴"声近，释义诚允。家各有祭田，清明上冢，于族中子孙贫者多资之。又有老人会，丧则更递相助，皆最善之俗。婚者前一日冠于祖庙，择宾训戒之，族人字之，以及丧不受赙之类，犹存三代之遗风，洵可贵也。他若节候农畴，岁时景物，祈禳报赛之礼，饮食衣服之规，靡不纤悉，足补志乘纪载之阙漏。是皆斯《记》之可传者。中有"州节候多暖而少寒，然播种莳稻后长沙半月"之语，作者或为长沙人欤？（15－307）

奉使纪胜一种　小方壶斋舆地丛钞本

清陈阶平撰。阶平，泗州人，名安魁，以字行，号雨峰，又号鹿岑。乾隆间从军，道光时官至福建水师提督，英人入厦门，以统兵拒战有功。寻罢去，迨厦门陷，复起为提督。和议成，假归，卒。是纪也，首称"道光九年己丑孟春，皇上以西域荡平，八方安谧，恭上皇太后徽号，粤稽典礼，遣文武臣工祭告岳渎及历代帝王陵寝。阶平职守镇筸，承命恭捧祭文香帛前往"云云。所谓"职守镇筸"者，盖官镇筸总兵也。以二月初六日祭南岳，十三日祭炎帝陵庙，二十三日祭虞帝陵庙，至三月望之前一日回署，就沿途经过山川，略纪名胜，而成此篇。按清例，奉使命者，须驰驿遵陆行，毕，始可航也。篇中为文，起由凤而麻，迄自省转棹上溯常辰而归，依次叙述，凡形胜古迹有所稽考者，罔择巨细，靡不探厥本源，详为记录。有如舜陵之祀，瑶长率男女伏谒道旁，祭告时分行笙鼓舞跳，揖让有礼，可知向化日久，能循三代来格之风。三处礼成，均值光天霁日，霭气和风，允聿昭其诚敬。惟惜于炎虞陵庙，衡岳高峰，以使命在身，莫罄登临瞻眺，不无遗憾尔。复谓“前历戎行三十余年，于江左一带名迹，均足迹所经。既而来楚，上溯湘沅，以山水之壮观尽矣，不知衡、永且有胜于是者”。有清盛典祭告，向遣文臣，阶平得膺斯役，可称异数，抑与名山大川有夙缘欤？末又谓：“署中旧有斗室，形颇似船，归而葺之，因额曰‘斯安航’，联曰：‘敢诩涉川能作楫，但期素位若乘航。’”用以自勉，并副纪胜，纾其恪恭寅畏之怀抱，几有古大臣风，雅不失为彬彬儒将矣。斯记宁不得而传哉？（15－308）

湖南方物志一种　小方壶斋舆地丛钞本

清黄本骥撰。本骥字虎痴，宁乡人。道光举人，官教谕。著有《圣域述闻》《嵰山甜雪》等书。按方物之志，昉自《禹贡》，《洪范》八政，食货居先，《周官·职方氏》并及于鸟兽谷种之属，由来尚矣。隋有诸郡土俗物产书，亦其遗意。故史家之志食货，肇自班氏，而后世之为省志、郡县志者皆因之，良有以也。若私家之自志方物者，则不数数觏。本骥以博闻强记之士，勤于著述，尤留心全湘物产，有闻必录。首为总纪，以次依九郡四州四厅顺序骈举，集而成篇，以言湘中物产。其品类固不及他省之富且巨，然亦恒有天然佳产，如零陵君山之斑竹，沅之芷，澧之兰，浏之苎布，辰之楠木，等等，皆名满海内，不无可屈指者焉。但其他尚多奇葩异卉、禽兽虫鱼之属，或不常闻见，或他地所无，及产造为物理之所难喻，而事实之所竟有者，省志、郡县志中不能免疏略之病。本骥斯志，巨细靡遗，足补其缺漏，抑堪备采风者考镜之资，殊杰作也。本骥不诚有心人欤！（15－309）

九江考一种　新化邹氏敩艺斋遗书本

清邹汉勋撰。汉勋字叔绩，新化人。咸丰辛亥举于乡，以博学名，于《易》《诗》经训、史家地理、音韵小学、金石书画，靡不研究。洪杨乱作，以知县从江忠源守庐州有功，叙官直隶州同知。援绝城陷，歼贼死之。著书三十年，言数十万，自名其斋曰“敩艺”，后人梓其遗书焉。从来言“九江”者，不一其说，自古至今，聚讼纷纭，莫可究诘。惟其所在，约分为三，一曰彭蠡，一曰寻阳，一曰洞庭。宗者不外乎是，而要以《汉志》与《水经》为各有当尔。故篇中首揭《汉志》曰“在寻阳南”，《水经》曰“在下嶲西北”，一谓湖汉，一谓洞庭，二者皆是。断以入洞庭之水四，沅、湘、资、澧；入湖汉之水五，修、赣、盱、鄱、馀。二者合而为九，乃本刘歆之言。九江谓湖汉等九水，而为专说以明之。《水经注》固引其说，摈郦道元，不善读之，以入湘之水有九，殊失刘意。至宗儒胡旦，谓湘、沅、资、澧、酉、辰、无、溆、渐为九江，皆入洞庭。朱子考定，去无、澧而益以蒸、潇，亦认为非是。谓“大小不伦，沅、湘、资、澧，汇洞庭之大水也，无即沅，与辰、潇皆次之。无、辰入沅，潇入湘，不宜亚正流而目为九。若渐、溆之属，何止十百？故二说皆不可从”。但准诸《禹贡》先言澧而后言九江之义，似又不合。乃释澧为地名，并谓“大抵荆州江南之地，其水皆萃于湖汉与湖湘。地之广狭，水之大小，并同。故合而称为九江。《山经》洞庭山在九江之间，明二湖皆是九江，则《水经》与《汉志》各得其一”。邹氏邃于舆地考据之学，创为斯说，足征其独具精心。考证明确，良可补言水道者之所未逮也。（15－311）

五溪考一种　小方壶斋舆地丛钞本

清檀萃撰。萃字默斋，望江人，乾隆进士，官云南禄劝县令，著有《法书》。按五溪之名，由来不一其说，要以《水经注》为近是。萃官于滇，而楚黔为必经之途，故于水道得详察焉。兹《考》谓“五溪各书不同，而以雄溪、樠溪、无溪、酉溪、辰溪为是”。其说亦本《水经》。五溪之流，皆汇沅而达洞庭。沅之源远出且兰，在黔之平越州境，所汇诸溪峒水甚众，五溪特其大者，故独别而名之。无溪或作“沅”作“潕”，今镇远称潕水以此。樠溪上流为柱水，即天柱县。其所自则在清水江，皆源于黔属，亦云远矣。篇中斥《地理今释》以清水江为沅水之源，洎志称“其名凡九,而雄为众水之汇”诸谬误,颇为精确。又引西溪导源故武陵之充县西源山,东南流经无阳、迁陵、酉阳故县,又东流经沅陵入沅。今沅陵城北有大小二酉山,小酉山石穴中旧有藏书千卷,相传避秦者隐此。因述闻近时酉阳牧某,登高见穴中藏棺无数,疑为金宝,遣役往启,探之皆书,手出灰散,未几,牧与役均死之事,谓“彼其心不在书,若求书得书,必不至死”。此种不经之谈,殊悖于理,迹近齐东野语,不审萃何据信而录入篇章,不亦涉于谫陋乎！至首纪“辛卯之春,沿沅溯湘,逾郴入粤”云云,不详其始末,抑萃由滇迁粤,致有此黔湘之经行耶？(15－312)

五溪考略一种　清风室文钞　民国二年刊本

清钱保塘撰。保塘字铁江,海宁人。咸丰举人,官四川定远、大足、什邡等县令。少肆力于诗古文词,后究心形声、诂训、考证、舆地之学,人称为朴学君子。所著诗文集,自署曰“清风室”。其子剑虹,录其遗稿若干卷梓而行世。是篇于五溪源流、分合次序,考证精确。辨正其名,本诸《水经注》,亦最允洽。惟《水经》沅注,武陵五溪为雄溪、樠溪、力溪、无溪、酉溪、辰溪,保塘按唐章怀《后汉书·马援传》注引《水经注》无力溪,与《宋书》所说五溪合,谓“力溪”当是衍文。洎驳《荆州记》之增一沅水去一熊水之误,尤为有识。又举《太平寰宇记》据《舆地纪胜》引《新图经》云:“巫、无、氿、舞、潕,一水五名,为声之变。”并顾氏《方舆纪要》、《元和郡县志》诸书所云,五溪环流,为于今沅陵、辰溪、泸溪县境,而注于沅,皆辰州县。足证今之辰、沅、永、靖诸郡邑,皆汉武陵郡地。以溪名者,无虑数十。五溪之说,当时第举其最大者,故古今微有不同尔。余读保塘斯作,虽曰“考略”,而征引有据,洵可为言水道之一助也已。(15－313)

游浯溪记一种　遂初堂集本

清潘耒撰。耒之字贯与所历,已详于著录《游南岳记》中,无俟赘述。浯溪之胜,据乎湘流,自次山居而铭之,始闻于世。复有《中兴》一颂,鲁公磨崖一书,遂与之俱传不朽。读浯溪专志、新志诸作,亭台故迹，兴废靡常，陵谷沧桑，令人感喟。独元、颜二公之遗文遗字，亘古常存。于以知其名节风裁，实足与山川同永也。由唐洎清，游者众矣，而记其胜者，亦何可以数计？惟游者所遇之时与所处之世，各殊其趣，是以寄慨于林壑，思慕乎前贤，文辞诗歌，亦莫不各异。耒之斯作，首纪湘江两岸之景物，与溪之岩石流泉清绝幽胜之致，次及摩挲临眺，且得洗尘剔藓，尽拓其前人题咏，洵尤快意之举。其从祁阳携拓工来，维舟二日，从容而竟，抑何幸耶！至于人所称诵之山谷一诗，意谓肃宗不当攘取大物，上皇西内凄凉，次山有痛于中，而以颂托讽者，反复辨论。次山初无此意，《序》言"大业"，《颂》言"盛德"，二文互见，亦复何疑？谓"文人喜翻案，山谷为此诗，亦一时树异尔。后人辄祖其说，致题浯溪者，往往诟及肃宗，与元、颜颂扬国美大书深刻之意，实相背谬。两公有灵，当愀然有所不乐也"云云，为从来记浯溪者所未道及。耒之识过人远甚，岂徒断断于峰峦泉石，称述元、颜之遗迹者所可同日语哉？（15－313）

游祁阳浯溪记一种 校邠庐光绪刊本

清冯桂芬撰。桂芬字林一，号景亭，吴县人，道光进士，官詹事府右春坊右中允。精古文辞，兼通算学，著述甚富。其《校邠庐抗议》一书，尤传遍海内，名闻于时。所为诗文，则为《显志堂稿》。是《记》亦其遗文中之一。盖使粤时，道出湘江，游而作也。篇中叙述浯溪胜迹极清简，能一祛繁冗。惟不纪游踪始末及其甲子，不无疏略之病。谓"其字从吾，或以三字皆次山自造，非是"，良为有识。但谓"㾈亭"，《次山文集》作"㾈庼"，"庼"为"高"之或体。其"㾈"字古书不见，指为唐时俗字，似涉于臆度。独称鲁公功名气节，即无书名亦传。谓次山为诗人尔，则不免近于薄视。读其《中兴》一颂，《春陵》《示官吏》两诗，其忠君爱民之忱，为何如人乎？及其首称浯溪为"元次山吟咏之地"之类，斯亦过矣。至寄慨于"石壁上镌诗题名，不可数计，今皆无恙。然试举一二名字，则群诧以为谁何。文章功业，无所表见于世，妄思附青云以自显，庸讵可得"诸语，冯氏宁能无抑郁沉愤之怀耶？（15－314）

九江考一种　大云山房文稿　涵芬楼影印光绪十年刊本

清恽敬撰。敬字子居，号简堂，阳湖人。乾隆举人，历官富阳、江山知县，迁江西吴城同知，以事罢去。为人负气，矜尚名节，所至以振兴文学为务。自言其学，非汉非宋，不主故常。治古文得力于韩非、李斯，与苏明允相伯仲，近法家言，世称阳湖派。梓其集曰《大云山房文稿》。按古今九江之说，纷纭聚讼，各执一词，然不外乎浔阳、彭蠡、洞庭三者而已，篇中首即辨此三者。述陆氏德明《音义》引《浔阳记》所称九江之名为一说，其地在浔阳江之北。又引《太康地记》之名，乃刘歆所主湖汉入彭蠡为一说，其地在彭蠡湖之南。曾氏旦曰："《楚地记》巴陵在九江之间，今巴陵上即洞庭。"又申之罗氏泌曰："《山海经》洞庭之山，在九江之中，《吴录》岳之洞庭，荆之九江也，其名为一沅、二渐、三沅、四辰、五溆、六酉、七澧、八资、九湘。"朱子去沅、澧，易潇、蒸，为一说，其地在洞庭湖之南。并驳蔡氏沈《书传》以浔阳九江属扬州之非。准古今地理形势，与《禹贡》导水导山之文皆不合。敬主宋儒之说，良有识者。复申言浔阳为秦始皇之九江，彭蠡为王莽之九江，洞庭乃《禹贡》之九江，尤考证精确，论断明允。力辟自汉初诸儒说经之误，至曾氏、罗氏始大反之。今揆之经文，洞庭在彭蠡西南，于导水之文合。衡山并洞庭趋敷浅原，于导山之文亦合。是据经以折传，据三代以折汉唐，不可谓之叛古也。故曰"《禹贡》之九江也"云云，可谓不失为言九江者之正宗矣。（15－315）

九江考一种　汪梅村先生集　光绪刊本

清汪士铎撰。士铎字振庵，别号梅村，江宁人，道光举人。初治"三礼"，后精舆地，朴学渊邃。著述累数十万言，有《水经注释文》等，半沦灰烬。胡文忠公林翼抚鄂时，聘入幕府，所论议多裨时局。旋归金陵，筑屋曰"砖丘"，隐居以终。兹篇，其文集中之一也。首分九江为三，曰有《禹贡》之九江，有秦之九江，有汉之九江。而汉又有二说，一为刘歆之谓湖汉，一为孔、班二氏之以为在寻阳南。秦在江淮间，自为郡名，不足辨。湖汉则入彭蠡，地属扬州。经言九江者四，皆在荆州，且彭蠡以东，无地可当东陵者。据此以非刘说。寻阳则朱子辨之,胡东樵申之。今士铎复详引经文,而更辨其非有四,仍以经文"九江孔殷""九江纳锡大龟",在荆州以定之。并以导山之文在衡山东敷浅原西,导水之文在澧东东陵西,则在今澧州东岳州九江西,当为洞庭。而以洞庭为九江,因所纳之水凡九:湘、澧、资、沅,入湖者也;渐、沅、溆、辰、酉,附沅以入湖者也。又举《山海经》"洞庭之山,帝之二女居之"二语,释洞庭之义以明之。举经所谓"东迤北会于汇"之文,按今之地形测之,巴陵实在其处。故断以巴陵为东陵,洞庭为九江。士铎通才,号精舆地,于水道当所谙悉。斯作然汉宋诸儒寻阳之说,引经为证,言之凿凿,义固审矣。而独不及朱子考定去无、澧而益潇、蒸,复全辟刘氏湖汉之论,宗《禹贡》而信《山海经》,准诸地形方位以为断,似又颇涉于按图索骥之嫌也已。(15-316)

三江彭蠡东陵考一种 新化邹氏敩艺斋遗书本

清邹汉勋撰。汉勋已为九江一《考》,谓九江之所在,《水经》与《汉志》各得其一。兹复举三江、彭蠡、东陵而考正之,谓"不知东陵则不知彭蠡,不知彭蠡则不知三江",可知其意首重东陵,辨东陵与彭蠡而定三江也。三江为北江、中江、南江,其名固昉于《禹贡》,然古今来为之说者,淆乱纷纭,靡所底止。黎氏庶昌所谓"非形势之难明,穿凿者之为害",其言是矣。按之经文,汉水入于江,东汇泽为彭蠡。东为北江,入于海。又江水至于东陵,东迤北会于汇。东为中江,入于海。并无南江之目,然又有三江既入之文。汉勋谓:"《汉书·地理志》南江在吴南,东入海。又曰中江在芜湖东,至阳羡入湖。二文相备,乃为南江。"又谓彭蠡,巢湖也。《水经》及《汉志》,皆以东陵在庐江金兰东北,后世以巴陵为东陵者非,班氏以彭蠡在汉彭泽县西者亦非。因以释经之义,彭蠡之水导而东行,名为北江,则彭蠡在江北明甚。而东陵以东,江北之泽,巢湖最大,故知是巢湖。又引《水经》所谓彭泽北者,亦即巢湖。并举郑康成《书注》之三江,《水经注》湘水为南江,汉为北江诸说,皆非《禹贡》之义。汉勋断彭蠡为巢湖,以非宋儒言东陵之处。乃执古之经文,证今之地理,固不得谓为臆说。但若以《山海经》郭注、《水经注》、《元和志》诸书所云,及蔡沈《书传》与罗氏泌之说，则沅湘诸水亦足以当。而巴陵之为东陵，亦岂得谓为误？由是言之，汉勋似又不免存泥古之见矣。（15－317）

九江考一种　璧沼集　光绪刊本

清胡元玉撰。元玉字子瑞，湘潭人。绍承家学，博通群经，以诸生游京师，所为文辞署曰《璧沼集》。卷端自题辞中有"金门待试，璧沼相羊"之语。盖上国观光，读书太学，惜未得膺贡举，其才不见用于时。所著尚有《驳春秋名字解诂》等书。是篇其集中之一也。首即揭橥"说九江者，言人人殊，今参考众家，惟刘、班、郑三君所说最确，余皆后起之臆说也"。又引《淮南子》云"禹凿江而通九路"，太史公云"余南登庐山观禹疏九江"为证，谓"自是判然九水距庐山不远明矣"，以为定案。于是据以悉举《释文》引《太康地记》云刘歆以湖汉九水入彭蠡为九江，《汉书·地理志》所云湖汉九水在寻土南，皆东合大江。班《志》即本刘说，而郑《注》亦即本其说以释《书》。乃王西庄分郑、刘之说为二，殊误。孙渊如舍庐水而以湖汉经流当九水之一，亦误。又应劭注《汉书》，创九江自寻阳分为九之说，与夫《寻阳地记》，洎张须元《缘江图》所称九江之名，妄指溪涧小水，实为舛谬。惟朱子《九江辨》，颇足正应说及二书之失。但宋儒胡旦辈，以洞庭为九江，义不合于古，数不合于今，仍斥为臆说。又谓湖汉即九江，不得仅以入大江处为九江。宋儒误据《山海经》，沿讹袭谬，后人莫能抉其致误之由，或反疑古本有是异说，则非窃所敢信者云云。元玉精于考据，引证详实，信非无见。然又不若新化邹氏汉勋之以入洞庭之水四，沅、湘、资、澧，入湖汉之水五，修、赣、盱、鄱、馀，二者合而为九之义似较允洽。总之，自古言九江者，各持其说，莫衷一是。元玉斯作，辨论明确，多前人所未道及者，抑岂得而少之也耶？（15－318）

保安湖田志二十四卷续编二卷　民国四年乙卯刊本

曾继辉撰。继辉字月川，新化人，廪生。卷端自序谓："性孤僻，然早岁颇自负，不甘以农夫自命。"又谓："清戊戌政变后，恐株累所及，避祸此间。久之，邑陈石擎学博，由澧释铎归，与谋筹巨资，购荒亩，作湖上耦耕之计。修筑堤堰,名曰保安,同任董事,而期成其业。”盖一识时务之俊杰,不得遂其所为,而遁迹于湖滨者也。书为卷二十有四,首自序、凡例、目录、洞庭全湖、沅江淤洲、保安垸诸图。一之二曰南洲垦务章程,三曰南华澧安各属垦务章程,四之六曰沅江垦务章程,七曰保安垸垦务章程,八至十五曰保安垸卷宗,十六之二十曰保安垸田册,二十一之二十二曰筹办疏浚洞庭大江案牍,二十三之二十四曰湖上草堂浪笔。又《续编》二卷,为学田堤费、钉塞河道二大案呈词。按洞庭湖滨淤洲,强豪争夺垦殖,械斗讼讦,积岁不休,由来久矣。光绪初元,省大吏委员查勘南洲地亩,由官招佃,明定章程,害始稍戢。保安一垸,在沅江县境,继辉等顶佃其中官荒若干亩,惨澹经营,纠纷百出,爰著此篇,以资传信。图精且确,为说亦明。以淤洲垦务,昔自南洲经始,各属均仿其成案办理。此篇搜集章程,首南洲,次华容,次澧州安乡,再次沅江,均依先后之序。其所列之章程、卷宗、田册、案牍,悉全录原文,无所增减。自谓“仿前清委员文炜所辑《查办南洲善后事宜》一书之例而广之”,良为有识。以“志”名篇,殆纪实也。故记载述录,悉存其真,可备后人取法乎上之用,有足多焉。惟附其文诗,刊于卷末,似近矜炫。然例诸撰方志者,以己作编入艺文,足俾觇其才学,相与并传,又岂得为过哉。(15－319)

三楚考一种 汪梅村先生集 光绪刊本

清汪士铎撰。三楚之说,纪载各殊。按楚之立国,自周成王封熊绎于荆蛮始,至春秋而称王,战国时为七雄之一,灭于秦。其境广袤五千余里,初都丹阳,楚文王徙都郢,顷襄王又徙陈,考烈王徙钜阳,又徙寿春。《寰宇记》以楚文王徙郢为西楚,汉封元王交于彭城为东楚,又封厉王胥于广陵为南楚。孟康注《高帝纪》曰:“旧名江陵为南楚,陈为东楚,彭城为西楚。”士铎谓:“以《史记·项王本纪》,引孟注所云,则当如孟说。”又谓:“项王自称西楚,应以项王之地定之。在《货殖传》云淮北、沛、陈、汝南、南郡为西楚;彭城以东,东海、吴、广陵为东楚;衡山、九江、江南、豫章、长沙为南楚。其界甚明,与《水经》之孟注不合,与《史记》之孟注合,当以此为定。”而以《史记·高祖纪》,项王自立为西楚霸王,王梁楚地九郡。然则项王之地,不仅西楚也。班《志》不书楚郡,九少其一。胡东樵谓盖分为九江、鄣、会稽三郡,全谢山讥班氏之略,兼及东樵之谬。士铎又谓:"秦分天下为三十六郡,本无东海,东海乃汉高所立,安得以足九郡之数?"而据以斥全氏误解之非。并引《史记·始皇纪》注及《晋志》,释秦之州十六郡地与以王者,洎东楚之九江,以王英布;西楚之南郡,以王共敖;南楚之长沙,以奉义帝。而吴芮王衡山,高祖王巴蜀汉中。又梁地余东、砀二郡,楚地余鄣等六郡,楚梁之交余颍川一郡。于梁楚九郡,详且晰矣。士铎今本《货殖传》而分三楚,可无疑义。人称之精舆地之学,不其然乎?(15-320)

汉长沙零陵桂阳武陵四郡考　新化邹氏敩艺斋遗书本

清邹汉勋撰。汉勋,湘人,精舆地学,故于湖南境地之沿革多考论焉。按秦废封建置郡县,始皇分天下为郡县三十有六。汉兴,于荆州复分置七郡,故篇中首称"两汉荆州七郡,而江南居其四,曰长沙、零陵、桂阳、武陵",于以知此四郡之境为广。谓上世统谓之江水,引《山海经》《大戴礼记》《始皇本纪》《汉书·邹阳传》所载,为今之祝融峰,为青阳,以为证。虞夏谓之九江,春秋谓之江南,战国谓之洞庭之野,亦谓之洞庭五都,亦谓之江旁十五邑。而《货殖传》、《项羽本纪》、杨子《方言》诸书,又谓南楚。数易其名,几无从考定。惟兹四郡,其名最著,其地可考。长沙为秦置,汉曰国,莽曰填蛮,其县十三。《逸周书》:长沙国,成王时献鳖。《国策》亦有其目,由来久矣。零陵,武帝九年置,莽曰九嶷,其县十。太史公书舜葬苍梧,曰零陵,《山海经》亦载其事,则零陵自舜始也。桂阳,高帝置,莽曰南平,其县十一,应劭谓以桂水名,或曰桂山,即《水经注》所云桂水,出桂阳县北界山者,是其得名亦古。武陵,亦高帝置,莽曰建平,其县十三。《续汉·郡国志》谓秦昭王置,曰黔中,高帝五年更今名。汉勋引《史记》秦昭王拔楚巫黔中,仅一年即仍复为楚,故班黜之。又引《楚辞》"朝发辰阳兮夕宿枉渚""入溆浦兮余邅徊",可知武陵之辟久矣。并于诸县今昔之名,罔不详晰。此四郡所在地之大略也。又引《水经》而辨其疆域:长沙南极衡山,西兼宝庆,北苞岳州。零陵则南兼全桂,内薄衡邵,西逮靖州,东与桂阳接壤。桂阳该郴桂之全,南越岭峤诸州,幅员几千里。武陵最广,西有贵州半省,北规湖北施南、四川酉阳,南尽岭,号称雄郡,不亦宜乎? 读邹氏斯作,以今视昔,其古今版舆分合之异,与世变之殷,能不憬然而感喟耶!(15 - 321)

宝庆疆里图说一种 新化邹氏敩艺斋遗书本

清邹汉勋撰。汉勋邃于舆地之学,其籍新化,宝庆全郡亦其乡里焉。所作疆里之图,其尽美尽善,从可知也。故为之说,考据之详核,研讨之精审,无与比伦。首谓"作图之法,古有成规,必明于勾股,深知形势,更能测星测景。又有指南、记里、准表、重测之器,成图方能精绝。自暴奏灭法①,知者甚鲜。晋裴秀作《禹贡图》,条陈六法,尚存其彷佛。贾耽诸人,犹略能宗仿。迄于国朝,胡朏明渭,又申明六法,而以鸟道为要,自是踵效者多。然取鸟道之说,未有详者。而朏明所撰《禹贡图》,不画支川,亦未精妙。至近世为地志者,大半委之画工书吏,安有善图哉!"信洞见症结之确论也。又谓"今作斯图,深鉴诸弊,增益六法,讲贯既明,方举郡内俊髦转相授受,按方搜讨。既成全图,始一一分划,裂为小图,以著于篇。又缩为六图,冠之篇首。其指揣方向,钩心斗角,以明形势;寻历川途,辜榷远近,以明分率。用心良苦。惟记里、表准之器,末由造具,不逮于古,未快于心"。复举其为图有五病,今循分率,皆能祛之。再申以不能明方隅者,其病八;不能取鸟道之法而用者,其病六;不能记道里者,其病七。兹图诸病既除,取古人六法,约为四要,曰分率,曰方隅,曰鸟道,曰道里,而察其要害,抉其包蕴。富哉说乎! 为图之能事毕矣。以视近今之西法测绘,号称精确者,又岂得而让焉?(15 - 322)

潇水有是水名说一种 汉孳室文钞 光绪会稽徐氏铸学斋刻本

清陶方琦撰。方琦字子珍,会稽人,同治进士,官编修。穷经好古,督学湖南时,号称得士。著述甚富,有《淮南许注异同诂》《汉孳室文

---

① "奏",疑为"秦"之误。

钞》等书。按潇水一名泥江，源出永州宁远县南九疑山，北流经道县会沱水，又北经零陵县南，折而西北入于湘，其源流明且晰矣。然《汉志》《水经》俱无潇之名，至唐柳宗元《愚溪诗序》始称“谪潇水上”，宋祝穆始称“潇水出九疑”，《清一统志》尚引伸其说。方琦兹作，谓“‘潚’即‘潇’字，《说文》从‘萧’之字多作‘肃’，并训‘潚’为‘深清’。今《说文》从水，肃声，下敚去‘一曰水名’四字。故后儒皆谓有湘无潇，而引罗含《湘中记》为证，窃以为非”云云。信有卓识。又谓“庚辰按试永州，道出潇水，一碧澄澈，余漪莹瀞，与‘清深’二字适合。《湘中记》云‘湘川清照五六丈’，即潇水也”。是又不然，所谓“湘川”，当指湘水而言，不过潇湘皆同澄清澈底尔。又举“潇”字篆在“演”字上，“演”下有“一曰水名”四字，释“演”为“长流”。经籍中无以“演”为水名解者，且“演”与上“潇”字通，“潇”下无水名之说，则“演”字不得有水名审矣。据此以断为《说文》“潚”字处之脱简。释义良为精确，足以正前人据今本《说文》之误。更引《玉篇·水部》：潇，水名。《广韵》二萧下：潚，水名。《集韵》《韵会》“潇”下亦有“一曰水名”四字。皆本之许书。是盖《说文》旧本如是，而不得以“清湘”解“潚湘”，遂谓潇无水名。洵定论也。全篇反覆详引《说文》，仅一举《中山经》洎《水经注·湘水篇》“潇湘之浦”为证。其潇湘之名，居三湘之一，尚不之及。殆方琦服膺于许氏《说文》至深邃耶！（15－323）

海阳山湘漓水源记一种　铜古书堂遗稿本

清查礼撰。礼字恂叔，一字俭堂，号铁桥，宛平人。乾隆间以农部郎外任道员，随征金川，专司督运。擢四川布政使，迁湖南巡抚，未至任卒。精绘事，尤善画梅。其子淳守桂林时，搜罗所作诗文，为《铜古书堂遗稿》若干卷而行世焉。① 按湘、漓二水之源，出粤西之海阳山，即桑钦《水经注》所谓之海阳山者是也。② 山下有邃窦，窦北向，外有小溪，宽仅尺余，清流从窦中出，涓涓不绝。罗君章《湘中记》曰：“湘水之出于阳朔，则觞

① “铜古”，多作“铜鼓”。

② “水经注”，疑衍“注”字。

为之舟。”言其源之小也。水出溪东北流，九十里至兴安县之始安峤，始分为二，北为湘川，南为漓水，同源而异流。乾隆甲戌之秋，粤督杨应琚有疏凿湘漓水道、修复南北诸陡之役，檄礼往勘陡门之圮败，探江源之巨细。礼谓“见山势巍峨崒嵂，高可千尺，四围无嶂岫，无冈阜，矗起大荒中，群山避以远走，而莫敢与之附，似讶其奇”。余以为如宁远之九疑、桂林之独秀诸峰，皆平地壁立，高耸千仞。盖楚南讫于桂林省一带，山多类此，无足异者。惟窦内之潭，其光澄渟若镜，冲融窍窕，莫测渊深，窥之魂悸。乃深秋波敛涛收之候，厥状若此，虽岁焊阳，亦无耗竭。时当春夏阴霖，则喷薄泛滥，环山漫野，遂成鸿川巨渎。下流更长津骇浪，浩然无涯。灵泽如斯，四时异态，良足奇矣。礼以九月之望，具羊豕酒果，虔祭山神。同往者尚有兴安令梁希贤也。礼之斯《记》，仅明湘、漓二水之源，至修复灵渠工事，另有记详其始末云。(15－324)

重修濂溪志序一种　寸心知室存稿

清汤金钊撰。金钊字敦甫，一字勖兹，萧山人。嘉庆进士，道光间官至协办大学士，吏部尚书。卒谥文端。其学以治经为务，主敬为本，不立门户，不争异同。大约本明道敬义夹持，而兼有取于良知即慎独之说，以刻意励行为宗。督学湖南时，得士称盛。其遗著有《寸心知室存稿》，此《序》为道州拔贡生周嗣徽而作。嗣徽名浩，元公二十四世孙也。濂溪故有志，创于明，修于康熙廿有四载，岁久漫漶，州牧延禧有志重辑，浩乃校讹补阙而重修之。旋至京师，以志序为请，金钊慨然为之，以识在湘时展平生瓣香景仰之忱，乐附名于简末，足以昭崇仰濂溪之至意。观其篇中，首称“圣天子重道崇儒，化民成俗，躬精一执中于上，而期天下学者以仁义中正之归。曩者承乏司成，蒙恩召对，谆谆训谕，以教导士子，宜讲明圣贤性命道德之旨，使躬行实践，然后士习端而民风可移。大哉皇言，万世立教之圭臬。圣贤之道，备于四子五经。经书之精，阐于关、闽、濂、洛。二程、朱、张之学，开于濂溪。天生周子，盖以承先圣之秘，而教后学于无穷也”云云。具见其上体国家端崇正学之深心，下慕先贤之遗泽，蔑以加矣。(15－325)

桂阳汇水说一种 青学斋集本

清汪之昌撰。之昌字振民,苏之新阳人。膺同治丁卯副贡。后遂谢举业,以闭户读书为事。崇尚实学,博通经史。其著述有《青学斋集》三十余卷。主讲学古堂,负经师人师之望,为后学之津梁焉。斯说为其集中之一,考证桂汇水之“汇”字,诸家所谓为“滙”字或“洭”字之误,征引详实。按汇水一名桂水,又名卢水,源出广东连山县西北,东南流会洭水。又按洭水一名湟水,又名光水,源出郴县黄岑山,南流经广东连县,东会汇水为连州江。是汇、洭二水各异其源明矣。篇中首述《汉书·地理志》桂阳郡桂阳注:“汇水南至四会入郁林,过郡二,行九百里。”应劭曰:“桂水所出,东北入湘。”王念孙《读书杂志》:“‘汇’当为‘滙’字之误。《说文》:‘滙水出桂阳卢聚南,出滙浦关为桂水,从水,匩声。’又曰:‘溱水出桂阳临武入滙,‘滙’字或作‘匯’形,与‘汇’相似,因讹而为‘汇’’”云云。之昌谓“《水经注》之汇水自误,而《地志·桂阳》下之汇水,不定为‘滙’字之误,以滙水虽出桂阳,而桂阳非必止一滙水”。又谓“应劭注释含洭,与师古所见同,亦未可信汇必‘洭’之误”。并举庾仲初曰:“峤水南入始兴灌水入于海,北入桂阳湘水注于江。灌水即桂水,灌、桂一水,汉时通称。”故注灌水,劭言桂水以实之,与诸引劭说之文亦合。且劭谓“洭水所出,东北入沅”,于此云“东北入湘”者非一水明甚,安得谓汇必洭误哉?其征引有据,释义亦极精审,自足正诸家歧误之失,而为读《水经》者之一助也。惟徐广有曰:“湟水一名洭水,出桂阳,通四会,亦曰灌水,桂水其别名也。”而劭又何得谓“洭水所出,东北入沅”耶?则又惑之甚已。(15-326)

与吴南屏舍人论罗水出巴陵一种 养知书屋文集本

清郭嵩焘撰。嵩焘字筠仙,其里贯与所历已详于《湘阴县图志》著录中。吴氏南屏,名敏树,其贯历亦已备述于《巴陵县志》洎《游大云山记》等著录,无烦赘也。篇中首谓“昨论罗水出巴陵,阁下颇以为疑,因属检方志,以资讨论”。意者此书或为二公时当纂修方志,而互相参考,以资证订欤？按罗水本属湘阴之罗汭，《左传》昭公五年“楚子以驿至于罗汭”，又“楚师济于罗汭”，今其地犹名曰罗内是也。兹嵩焘举《水道提纲》所谓“北得伏井驿一水”，即罗水，行百余里，至小江口入濆水。又谓《水经注》混汨、罗为一，别濆水为二，而云湘水北会东町口为濆水。盖郦道元以湘水之东，惟汨之名最著，因而牵合濆、罗二水为之说。不知《说文》“汨”下云“长沙汨罗渊者，为屈原所自沉”，即今名之屈潭，实罗水经行处。独《隋书·地理志》“罗”下云有湄水，源发白鹤山，出东町口，并《水经注》所谓之汨口、罗口而三，分注洞庭。其间经行曲折，错综经纬，皆可考悉。然古罗城环带三水，而汨、罗久经混合，苟非《隋书》记载，则濆水源盛，不几并湄水之经流而亦夺之。实《水经注》不能叙其源流分合之咎也。自郦氏混罗为汨，以东町口属之濆水，而湄水之委遂失。又并汨、罗为一，而夺汨水之名以与濆，罗水之源亦失。承讹袭谬，遂以终古。致昔之罗县，因罗水而得名，为湖湘间一巨川，言水道者莫之能及，亦考古家之一憾也。嵩焘论次濆、湄二水，与罗水相发明，其考据之详确，断义之精审，洵发前人之所未发，又岂仅得明濆、湄二水之源委，正郦注之舛误也哉！（15－327）

重修南岳志序一种　养知书屋文集本

清郭嵩焘撰。嵩焘是《序》，为平江李元度氏次青重修《南岳志》成而作，时光绪五年癸未秋也。衡山庙殿以同治十二年毁于火，粤六年光绪己卯，次青独任修复。又五年告成，乃历览其名胜古迹，研考方志与人文物产之丽于山者，重辑《南岳志》，编次成书若干卷。嵩焘称其“体大而物博，例严而辞雅”，从可知矣。按衡山为南岳，远肇《虞书》，自舜南巡加礼而后，久沦荒服。篇中首述《尔雅·释山》云“霍山为南岳”，缘于楚考烈王徙都寿春，移衡山之名于六，移九江之名于寿春。是以秦名《禹贡》衡山曰湘山，名灊霍山曰衡山，盖仍袭楚之旧。而汉武亦承之，径名灊霍为南岳，实《尔雅》传流之误也。迄乎南宋，仅衡尚存域内，祭告独隆，殆山灵显晦各以其时。于兹山沉郁彰明之数，详且尽焉。又谓“衡山之志，代有专书，而讫无传世者。惟顺治初元，船山王氏纂辑

《莲峰志》,莲为衡之一峰,其事典则,其文雅驯。次青斯《志》,其体例犹受成船山,为功于衡尤大。有若衡之为山,晦于秦,显于宋,而大昌于今日。世运之变迁,人文之升降,若隐系于其中。岂惟兹山之灵异,沛然伸于知己?餍饫乎吾楚,而甄觊无穷,亦将有资于来叶也”云云。于以见深幸次青既劳工事于前,复成典籍于后,得与名山并寿。寄俯仰感喟之余,而推许亦备至矣。(15－328)

湖南疆域驿传总纂序一种　养知书屋文集本

清郭嵩焘撰。按是书名曰《湖南疆域驿传总纂》,为悭碒蒋君所编官书也,嵩焘为之序,以明其旨。谓“汇辑今湖南七十四厅、州、县之地,类编而分次之。为目三,一曰接壤限行程途,一曰铺递程途,一曰湖南四至水路程途,则极十八省方位道里、袤广远近,皆若列眉。是所记者,湖南一省之地域,而通之各省,亦皆得其道里之大凡焉”。其书之详备精审,从可知矣。篇中首辨《周官·职方》之掌,为王政之大经。秦汉以后,邮政益详,至元世设水陆二驿,又设通远铺,置铺兵传递。洎及后世,疆土日广,法日密,而纪录日繁,要皆官行文书,由州县自记其道里所至,司之典吏,存之官府云云。余尝考之,置邮传命,自古已然。惟其立法常疏,良不若后世之密。驿丞之设,昉于有明。各省以按察一司兼管驿传,实□清制。凡驿程马递,上自封奏,下迄官书,靡不计时刻而驰传,罔或延误。其不值驿程之厅、州、县治,悉有塘铺,置兵传达,亦称便也。盖立法之善,莫逾于此。蒋氏斯作,当即条列其法制之成规,并纤悉其一省疆域广轮之数,故嵩焘亟称其“虽为官书,而使家置一编,以为考览地势之助,亦学者所宜尽心”,意深远矣。(15－329)

湖南通志地理沿革考列洪亮吉三国东晋疆域志洪齮孙梁疆域志并自补陈疆域志举例一种　养知书屋文集本

清郭嵩焘撰。按湖南分省虽在清初,而通志之创修,则始于乾隆丁丑,足备一方掌故。较前之湖广合撰详于北而略于南者胜矣。嘉庆庚辰,续有纂辑,典章文献,均告灿然。至光绪乙酉,再事续修,为嵩焘及李元度等秉笔,此补陈举例之作,盖即董是役时也。所谓地理沿革,史所不详,而方志之纪,最关重要,故嘉庆庚辰之作,允称详审。其《地理沿革考》中所列洪亮吉《三国东晋疆域志》、洪齮孙《梁疆域志》,足资考证。《三国志》不详州郡,而荆湘隶吴,多仍《汉志》。《两晋疆域志》已有参差,其间又多侨置。然荆湘以南,鲜所变更,仅增营阳、平阳二郡而已。梁世建置最繁,广立州郡,《梁》《陈书》皆不著。《隋书》备六代之制,略具裁并之由,其他多缺而不录。洪氏亮吉,精于史地,其子齮孙,能绍其学,所为二《志》,于前史所未详及所缺遗参错见之,数百年中,皆可推考而知其略。曰"疆域志"者,不敢袭州郡之名,以别于正史也。是洪氏父子之著述,有足多焉。又谓陈氏建国,视梁又有增省,而无能续为之志。其因革损益,备具于《元和郡县志》《太平寰宇记》中。其间小有裁并不备列者,稍取证府县方志,亦洪氏之例。五代楚疆域,不列《五代史·职方考》,而列吴氏《十国地理表》,以《职方考》惟举分州大略,而《表》为加详。详历代沿革之数,而中有阙,则于体为不备。陈改梁天门郡为石门郡,又增置通宁、卢阳二郡,皆因革之大者。洪氏举其例,循而求之,可推知其始末。地志之书,务在征实,损益轻重,因时制宜,又未可一概论也云云。足谂嵩焘当时之预斯役,斟酌悉臻美善,忠事求实之心,卓然可信,又匪独《补陈疆域》一志之举例已也。(15-330)

秦始皇南渡淮水之衡山乃天柱山考一种 质疑删存本

清张宗泰撰。宗泰字登封,号筠岩,临海人。乾隆时拔贡,官天长、合肥等县教谕。著述甚富,有《周官尔雅注疏正义》《孟子七篇诸国年表》《天长县志》《质疑偶存》等书。① 是《考》为《质疑删存》中之一,于秦始皇南渡之衡山为天柱山,征考綦详。其所依据《秦始皇帝本纪》,参之《正义》引《括地志》所云衡山之所在地,而证以《封禅书》,可知《正义》之误。允称精审,惜其义实犹未尽也。按衡山为南岳,肇于《虞书》,无足置辩。其后世相沿紊乱之由,乃自楚考烈王徙都寿春,移衡山之名

① "质疑偶存",当作"质疑删存"。

于六,移九江之名于寿春始。《尔雅·释山》因以名霍山为南岳,是以秦名《禹贡》衡山曰湘山,名灊霍山曰衡山,至汉武更径名灊霍为南岳,滋谬甚矣。宗泰兹篇,不一及此,仅谓《始皇本纪》于"过彭城"下云"乃西南渡淮水,之衡山",洎申引二十八年始皇东行,上太山,并渤海以东,穷成山,登之罘,南登琅邪,遣徐市入海求仙人,还过彭城,西南渡淮水,之衡山、南郡,浮江至湘山祠,自南郡由武关归,举以参校《封禅书》中所谓"登礼灊之天柱山,号曰南岳",及"先渡淮,而之衡山,之南郡,又次登礼天柱,而后至琅邪"诸文,则可知《本纪》之衡山,即《封禅书》之天柱,不得为衡州之衡山。其说固当。惟于其所以致淆误之由,阙略过甚,殊疏漏也。《正义》诚不得其说,而《本纪》亦仅明始皇当日东巡,西南至淮水,之衡山、南郡,不过其下文接言"浮江至湘山祠",湘山祠者,即洞庭之君山也。故宗泰谓"太史公以汉人言秦汉事,其次序如此,当必无误。依文读之,自可得其实,不必曲为之解"。殆专释《史记》之文,而准诸古今地理之形势,为之信据而已。(15-331)

读尔雅释山论南岳一种 皇清经解学海本 经韵楼集

清段玉裁撰。玉裁字若膺,一字懋堂,金坛人。乾隆举人,官巫山知县,引疾归。师休宁戴震,讲求古义,尤精小学,有《说文解字注》《六书音均表》《周礼汉读考》《仪礼汉读考》《古文尚书撰异》《毛诗训诂》《经韵楼集》等书。是篇为《经韵楼集》中之一也。玉裁读《尔雅·释山》而论南岳,首谓其书不出于一时一人之手,且又备采众说以俟折衷,故一篇内时有自相违戾者,立辞似为之恕。及读其所记五岳之文,一则曰江南衡,一则曰霍山为南岳,二说均已失当。孙炎之注,信《尔雅》前说,谓霍为误,应作衡。郭景纯之注,则兼信二说,谓霍与衡皆南岳。又引《风俗通》谓衡、霍如太、岱,一山有二名。孔冲远《崧高》正义文,亦谓衡山亦名霍山,汉武移其名于天柱。乃刑昺作《尔雅疏》,不知据《崧高》正义以补郭注今本之脱落,为甚昧。综合证论,释义良允。复申述毛公、伏生两大儒,《训诂传》举衡山,《尚书大传》主霍山,汉初说已乖异,故谓"孙氏注疑而易字,未为失;郭氏注失之过信,未能核实古者南岳衡山非霍山”。断制尤为精审。至称伏生之举霍山,为“《大传》不出伏生之手,其徒各论所闻,或袭用元封后名号”云云,殆玉裁邃于考据,对汉儒或存曲谅之心欤?然而亦未可薄为臆说也。(15-332)

霍山为南岳解一种　筠轩文钞　邃雅斋丛书本

清洪颐煊撰。颐煊字筠轩,临海人。精研经史,为孙星衍门人。嘉庆间客星衍山东粮道署,取平津馆所藏碑读之,成《平津馆读碑记》,后益以自得各碑,成《续记》《再续》《三续》。又有《读书丛录》《礼记宫室答问》《汉志水道疏证》《诸史考异》等书。此篇为《邃雅斋丛书》中《筠轩文钞》之一。按“霍山为南岳”一语,本出《尔雅·释山》之文。其述五岳,一云江南衡,一云霍山为南岳。篇首并引李巡曰:“衡,南岳衡山也。”郭璞曰:“霍山,今庐江灊县,灊水出焉,别名天柱山。汉武帝以衡山辽旷,故移其神于此,今其土俗,人皆呼之为南岳。”又引《汉书·地理志》,应劭《风俗通》,孙炎、郭景纯二氏之注《尔雅》,李善注《文选》,《水经》记山水泽地所在及《沘水篇》诸家之说,互相考证,谓孟坚作《志》,在武帝移易衡山以后,故注岳祠于天柱下,并未以天柱为霍山。独郭景纯注,以南岳本以两山为名,而驳孙炎以霍山为误当作衡山之说为不合。且衡山在江南,天柱在江北,若霍山即天柱,则《尔雅》所举,不应前后互异,故当以应仲瑗之霍山即衡山,不分为二。与《汉志》《尔雅》相符,视景纯为核实。此解固亦精审,然不知南岳之说,为衡为霍,或以为一山两名,或以为两山同名,或以为名号各别,众说纷歧,莫衷一是。推原其故,乃自战国时楚考烈王徙都寿春,移衡山之名于六始,而其流传之误则实滥觞于《尔雅》。由是秦名《禹贡》之衡山曰湘山,灊霍曰衡山,至汉武则竟名灊霍为南岳,殆仍沿周秦之误,非必以衡山辽旷,移其神于天柱也。颐煊通才博学,不及于此,抑岂其疏漏耶?(15-333)

霍山即衡山考一种　十经斋文集本

清沈涛撰。涛原名尔政,字西雍,号匏庐,嘉兴人。嘉庆时,未冠领乡荐,由知县历官江西道员。洪杨之役,随巡抚张芾婴城拒守四十九日,围解,授兴泉永道,未至任卒。生平学尚考订,兼嗜金石。其著述有《论语孔注辨伪》《说文古水考》《常山贞石志》《铜熨斗斋随笔》《交翠轩笔记》《十经斋文集》《柴辟亭诗集》等书。是《考》为《十经斋集》中之一也。从来言衡、霍者与南岳之名,淆乱纷争,各为其说,然莫不宗于《尔雅·释山》之"江南衡"暨"霍山为南岳"二语。而郭景纯注云:"在衡阳湘南县,今在庐江灊县西,即天柱山。汉武以衡山辽旷,因谶纬皆以霍山为南岳,故移其神于此。今其土俗,人皆呼之为南岳。南岳本以两山得名,非从近也。"又云"从汉武始乃名之",涛摈此注殊不明了,致邵二云疑此句为后人附益。考之,殊大不然。引《风俗通·巡狩》篇曰:"衡山一名霍山,言万物霍然大也。衡山之一名霍山,犹泰山之一名岱宗。"谓其说确不可易,盖霍山即衡山,一山而有二名。又引《尔雅》"大山宫小山霍"之文,及"汉武移神于灊之天柱亦名霍山"之注,谓"衡、霍之移名天柱,殆犹上曲阳之恒山。自辽祭北岳于浑源州后,人遂以恒山在浑源。是不得以三代以前之霍山专指天柱而言,更不得以三代以前之霍山不得为南岳。且霍山之名,不仅此二山"。举郭注《中山经》、《白虎通·巡狩》篇为证。由是驳郭注为未免疑误后学,断其言南岳者,当以仲瑗之说为长。洵具卓识。惟所指崔灵恩之谓"唐虞以衡山为南岳,周氏以霍山为南岳",谓为"不得其说,而强为之词,余以为实有未合",盖莫能征及楚考烈王徙都寿春,移衡山之名于灊霍之事,或沈氏之疏也。不过仅云"周氏以霍山为南岳",不甚明晰耳,不得谓之"强为之词"。用申其义,愿与精考据者更商之。(15-334)

跋浯溪志一种 带经堂集本

清王士禛撰。士禛字贻上,号阮亭,别号渔洋山人,新城人。顺治进士,由扬州司理官至刑部尚书。后避世宗讳,改名士正。乾隆中复赐名士祯,谥曰文简。诗为一代宗匠,与朱彝尊并称朱王。善古文并工词,皆为诗名所掩。有《带经堂集》《渔洋山人集》《渔洋诗文集》《精华录》等数十种。此《跋》为《带经堂集·蚕尾续文》中之一也。浯溪本湘南名胜,以唐元结次山名,得鲁公摩崖书而益张之。纪溪之胜者,明嘉靖间黄焯旧有集二卷,并有李仁刚、綦光祖两集,惜无传本。兹所跋志,殆即士禛撰《浯溪考》自序中所诋钱邦芑之所编者欤?谓"溪有山谷题《中兴碑颂》后诗刻,世谓之小磨崖,与颜书并重。顺治初复有县令媚其上官,乃磨去一角,刻其诗,过者惊惋。引观欧阳詹《吊九江驿碑材文》云'美玉抵禽,高冠藉足',又'与有道而黥,无罪而劓。投四裔魑魅,何以别耶?石不能言,其岂无冤'诸语。因而反复其言而悲之。先颜后黄,其揆一也"云云。士禛吊古之深情溢于言表,可为摧毁古迹者资其警惕。其事虽细,其文足传,惜不著某令之名氏,用彰厥罪耳。(15-335)

船山记一种 姜斋文集 清同治湘乡曾氏金陵刊本

清王夫之撰。夫之字而农,号姜斋,衡阳人。明崇祯举人,瞿式耜荐于桂王,授行人。寻归,居衡阳之石船山,筑土室曰观生居。康熙间,吴三桂僭号于衡,乃逃入深山。郡守馈粟帛请见,以疾辞,未几卒。其论学以汉儒为门户,宋五子为堂奥,尤神契张载《正蒙》之说。学者称船山先生。所著《船山遗书》,凡三百二十四卷。是《记》为其遗书《姜斋文集》中之一。山在衡阳县境,名曰石船山,故篇首即曰"船山山之岑,有石如船,顽石也。所谓名其冈,童其溪,溺其木。其草癯靡,其田纵横,其沼凝浊,其前交蔽,其右平芜,其良禽过而不栖,其内趾之狞者与人不忌,其农习视其塍埒而不修,其俗旷百世不知琴书之号"。如斯云云,其僻陋可知矣。"顾独于此阅寒暑者十有七,而将毕命焉,因曰此吾山也",此夫之有安贫乐道,君子居之,何陋之有之概也。又推而论之,古人之居与游皆有选,古之所就,亦人之所欲。然有则虽欲选之而不得者,虽欲选之而不能者,虽欲选之而不忍者,虽欲选之而又奚以为者。夫如是,船山者即吾山,奚为不可?夫之之志与气节,从可知矣。复谓"无可名于四远,无可名于末世,偶然谓之,欻然志之,老且死仍还其顽石。严之濑,司空之谷,林之湖山,天与之清美之风日,地与之丰洁之林泉,人与之流连追慕,非吾可者,吾不得而似也,吾终于此而已矣"。嗟夫!夫之以命世特立之儒,生地老天荒之日,苦其心志,养晦著书以终。兹之记船山,即所以自记也。讵非孔子所谓"求仁得仁""不怨天不尤

人”者乎！（15－336）

小云山记一种 姜斋文集 清同治湘乡曾氏金陵刊本

清王夫之撰。按小云山者，大云之支干也。大云在衡阳之西百一十里，一名耶姜，一名白云，又名七星，接祁阳、宝庆二县界，为衡岳七十二峰之一也。篇首述“湘西之山，自耶姜并湘以东，其复数十，以北至大云。大云之山，遂东其陵乘十数，因而曼衍以至于蒸湘之交。北麓有溪，并山而东，以汇于蒸，北又东其复数十，皆渐伏而为曼衍。登小云，复者皆复，而曼衍尽见。为方八十里，遂逾湘南，尽晋宁之洋山，西南尽祁之岳侯题名，东尽耒之武侯祠，东北尽炎帝之陵，陵酃也，北迤东尽攸之燕子巢”。此详叙其山蜿蜒四至之处也。其次所述之“天宇澄清，平烟幂野，飞禽重影，虹雨明灭，皆迎目授朗于曼衍之中”，则山之上下形形色色所可名者。“其北有南岳西峰，簇如群萼初舒，寒则苍，春则碧，周乎曼衍而左函之，小云之观止矣”，则登高远瞩之状也。而“春之云，夏之雨，秋之月，冬之雪，种种变态奇异，气象万千，山之观奚有止”，则又四时之各殊也。再次述“小云之高，视大云不十之一。大云之高，视岳不三十之一。而岳之峻极，又唯祝融”，意谓小云又何足称。自湘西群山观之，逮小云而尽，视大云则庞然大也。是盖“登东山而小鲁，登泰山而小天下”之概欤。至谓“或曰道士申泰芝，修养生术于大云，以小云为别馆，故小之。然尽湘以西，终无及者。其山自麓至胆，皆高柯丛樾，阴森葱蒨。陟其巅则古木百尺，皆俯以供人极目。养生者去，僧或庐之，下莳杂花，四时萦砌。右有池，不雨不竭”。此罄其小云之美，纵犹不能与大云争其雄，而他则无可与之若者，记之固宜矣。其终也，谓“自甲辰始游，后岁一登之不倦。友人刘近鲁居其下，有高阁藏书六千余卷，导予游者”。刘氏拥书岩阿，殆亦时之隐者。不然，夫之奚恒恋于兹山也耶？（15－337）

与魏默深舍人论漉水一种 邹叔子遗书敩艺斋文存本

清邹汉勋撰。汉勋邃于舆地之学，于全国之山川脉络源流，靡不考证精确，不厌求详。默深名源，邵阳人，道光进士，以内阁中书外授高邮州牧。文笔奥衍，亦精舆地之学，与汉勋交笃，故相讨论。按论潇水者，有曰有湘无潇，有曰潇非水名，或又以《汉志》《水经》俱无其名，聚讼纷纭，莫衷一是。然其源出永州宁远县南九疑山，一名泥江，经道县会沱水，又北经零陵县南折而西北入于湘，故潇湘之名著焉。汉勋谓"前岁修《宝庆府志》，以邵水当之。近作《湘中考古录》，复觉昨非，兀坐思之，知潇即资水也"。而首引《山海经》"澧沅之风，交潇湘之浦"，以澧、沅、湘三者例之，潇宜为水名。柳子厚谓潇即《水经》及《汉志》之营水，似未榷。又谓"《说文》无'潇'字，但有'潚'字，'潚'训'深清'，徐氏音子叔切，郦氏读《山海经》为子叔反。考'潚'字古书在尤幽部，尤幽部之字如逵、龟、轨，今皆入脂微韵，'潚'盖亦对音读'资'。湖湘四大水曰沅、湘、资、澧，而'资'正当《山海经》'潚'之次，则'资'即'潚'。《水经注》：'湘水又左会清水口，资水也。'是资水亦名清水，与'深清'之说又合"。并述"武冈呼资为济，及'潚'又有桑郁反之音。今人云'冷潚潚''风潚潚'。《广韵》收'潚'字于萧韵下，苏雕切，此音转萧。'潚'是本体字，又作'潇'，如'州'之于'洲'。《山经》《水经》《诗经》所用之字，未必一依《说文》，哝其源一也"云云。汉勋此说，纯本群经音韵反切为断，于义固允。然考资水之源有二，西源出武冈之唐纠山，南源即夫夷水，出自广西兴安，蜿蜒径新宁县合，至益阳仍分二派，一经王家村趋瓦石矶入湖，一通林子口入湘，似又不应直指为资水矣。余尝谓论潇水者，良不若陶氏方琦，所谓今《说文》"从水肃声"下，敓去"一曰水名"四字，不得有潇无水名之说之为愈也。姑两存之，以俟后之深明水道者详考正订，俾质其疑，则幸甚已。(15-338)

书浯溪新志后一种 存吾文稿本

清余廷灿撰。廷灿字卿雯，号存吾，长沙人。乾隆进士，官检讨，充三通馆纂修，以母老告养归。家贫，取予不苟，居丧以孝闻。精天文、律历、勾股、六书之学，所为诗文，有《存吾文稿》。此篇代前零陵令某君所作。按《浯溪新志》者，祁阳令宋溶怀山之所辑也。浯溪旧有志，故以

"新志"名。抑以邑乘方续于钱塘李令莳,时仅两载,乃搜采继康熙间丹徒钱邦芑所为专志而成,凡十有四卷。故首称其"荟萃剪截,镕冶成书。浯溪幽遐邃邈,怪特瑰富之胜,搜抉骈罗,轩豁毫楮。非笃于嗜古者,能勤恳至到,绸密典实若兹乎?"推许备至。其著述之超越旧志,足与溪山之名贤遗迹同永其传可知。况钱氏前作,当时渔洋山人王士禛已诋其总杂泛滥,今相与较其优劣,自更易判别矣。"某君与怀山同隶籍西蜀,复同宦游湖湘,而怀山令祁阳,某君令零陵,邻封毗连,仅百里耳。知怀山负干局,兴废举坠,阴折其才。至庚寅乡试,复祠与分校文字,得过从弥月,促膝谈心,官烛风帘,相视莫逆。无何怀山以吏议罢免,明年相遇长沙,屯蹇拓落,出是书草本,珍重属予。因作而叹曰:'文吏非可学而至也。予于文事,亦结习难忘。作吏零陵,管领黄溪、愚溪、钴鉧、石渠诸胜,私幸当为柳子一一收拾润泽。用识向往,而簿书填委,竟不暇及。独怀山从容考古,仰止元颜,搜证文献,整齐一书,何其博综尔雅,恢恢有余裕耶!'因梓之于清泉官舍,以成怀山之用心,而志予之不逮。"读廷灿斯文,今虽世异时移,浯溪之胜当依旧也,能令人无感喟焉?而零陵令某君为谁,莫由考悉,是则又其疏略者,惜哉!(15－339)

桃花源志序一种　退补斋文存本

清胡凤丹撰。凤丹字月樵,永康人,同光时官湖北道员。工文辞,性伉爽,以培植后进为己任。其著述有《退补斋集》。致仕归,设退补书局于杭州,所刻精审,号称善本。按桃源之以名县者有二,名胜地者有四,而脍炙人口、称道不衰者,则莫武陵桃源若也。凤丹,浙人,仕于鄂而未尝游于湘,因跂慕武陵桃源之名,为之志序。故首曰:"宇内胜地,以桃源名者,未易更仆数。即以吾浙论,新昌、浦江皆有之,杭之包家山与金华赤松山,皆号小桃源。但仅称其名,不一道及胜景,岂徒虚有其名而无足道者耶?"凤丹又谓:"家居永康桃溪数百年,其村前桃花万树,时届仲春,丽若绮霞,落如红雨。溪半青松绿柳,掩映蔽亏。野老扶犁,稚子叱犊,鸡犬桑麻,与桃源相仿佛。则其幽胜之致,以视武陵之秦人洞里,又何多让焉?诚如所谓世称桃源,大率皆追慕仙踪,袭嘉名也。

淮安以桃源名县之由，无由考悉，虽东道通衢，名亦不著。惟常德之县，自晋迄今，艳称不绝，比之洞天福地者，以靖节先生一《记》之文，传而不替。”至又谓：“地以人传，岂独桃源？古来名贤韵士，偶焉寄迹之区，后人企想芳徽，无弗托诸金石，形诸图画，争相咏歌记述，恐或就湮。是盖秉彝之好，莫能自已，固不无假神仙之说，以惊世炫俗。名教多乐地，桃源所在有之。人人可游，自不游耳。”凤丹斯论，其襟怀之恬澹，悠然自得，有类于曾点“舞雩归咏”之志。非乐天知命之君子，焉能道及？故末谓“因靖节之记而慕桃源，因慕桃源而为之志”，抑深有契于靖节之高风微旨也夫。（15－340）

岳阳君山志序一种　退补斋文存本

清胡凤丹撰。按岳阳君山之胜，自古艳称，惟其胜又在洞庭，故范希文为《岳阳楼记》，首即曰：“予观夫巴陵胜状，在洞庭一湖。”而岳阳一楼、君山二墓，又为名迹中之特著者。欲罄湖山之大观，又必须登楼而远眺也。凤丹首称：“岳距鄂不数百里，余需次鄂垣，每湘中朋旧自洞庭道武昌，为述岳阳君山之胜，辄眉飞色舞，恍若御清风乘云气，置身十二峰顶，俯瞰八百里洪荒，而吞云梦于吾胸焉。”其企想之情，何其殷也。又谓：“海内名山，在大江东南者，皆得携筇策蹇，躬揽其胜。独岳阳君山，未遂裹粮之愿。”凤丹维时听鼓武昌，似无官守羁身，何竟不能一偿兹素志？盖重湖浩淼，其时尚无轮航之迅驶耳。至君山峙立湖心，至者更鲜。陶文毅公澍游记中所谓“名利两航，去来如织，风逆则不能至，风顺又不肯至，非有缘者不至也”，于以见名山大川，游踪之得而历者，信非偶然事矣。至叙述：“因念宗少文，性爱山水，凡所经历，皆图斋壁，自谓名山恐难遍睹，惟澄怀观道，卧以游之。余亦抱少文之癖，老病侵寻，求买醉岳阳，朗吟飞过，知不可必，爰考图经、搜故实，缀辑斯篇，聊当游记。湘君有灵，当不以予为好事也”云云。然则凤丹之遗文足永其传，以视少文之图于斋壁，骋快卧游于一时者，讵不又优越孔多耶！（15－341）

沅水泛舟记一种　穆堂别稿本

清李绂撰。绂字巨来，号穆堂，临川人。康熙时翰林，官工部侍郎。

其学原本象山,在先立乎其大者。博闻强识,下笔千言,论者谓集江西诸先正之长。著有《穆堂初稿》《续稿》《别稿》等多种。绂以康熙五十六年为户部尚书赵申乔所举,特简云南正考官。试竣,于十月下旬归途出黔之镇远,登舟东下,而作是《记》。自㵲水泛舟始,按日纪其行程情事,类日记也。大凡所经之地,于大小诸滩之险夷,洎沿江胜迹,或于历史可考,或于苗蛮有关,及其风景之足流连、物产之资记述者,靡不笔之于书,极称详尽。如谓马王滩之五溪,人称伏波将军为马王之误,以伏波未尝封王,疑为楚王殷,曾遣将平飞山洞酋,今靖州尚有马王庙,此盖其昔所经营处也。又谓泸溪县境之辛女崖,传为高辛氏女配槃瓠。今山头有石类人,及其石罅有丈余木船,土人呼为沉香船。辨槃瓠衔吴将军头事,出自小说,鄙诞不经。古无吴姓,吴即虞也,古字多从“虍”,如“乎”作“虖”,“彬”作“彪”,“処”作“處”,“柤”作“樝”,皆是。《史记·吴世家赞》亦以吴、虞为一。汉吾丘寿王,《两都赋》作“虞丘”。美、吴、虞一音,故吴、虞非二字。公孙以王父字为氏,故虞仲之后为吴氏,古安得有吴将军哉?妄为此说,以辱诸蛮可也,其污蔑帝女甚矣。引证精当,良为有识。至沅陵令馈鲤,其事虽细,亦足以志方物之美。过浑水滩,怀伏波武溪壶头遗迹,谓“虽世运休明,瘴疠少减,而川之险如故,不禁令人思乡”。吊古深情,溢于言表。是《记》讫于常郡之鼎江而止,盖以沅水将汇湘流入洞庭耳。皇华摛藻,文足以传,视王昶之《使楚丛谭》,又何多让焉!(15-342)

九江辨一种 慕良杂著本

清庄有可撰。有可一名献可,字久大①,武进人,一诸生。博通经传,尤致力于《春秋》。客京师十年,得校书中秘,道光初卒。著有《春秋注解》等多种,其所为文曰《慕良杂著》。此辨凡三,为《杂著》中之作也。其一谓“九江与江汉,其难治略同,故《禹贡》于荆州,首曰‘江汉朝宗于海’,即继之曰‘九江孔殷’。诸侯春见天子曰朝,夏见曰宗,殷见曰

① “久大”,多作“大久”。

同。是九江与江汉之归海,皆以诸侯之见天子为喻”。引朝觐之文,以释“朝宗”“孔殷”之义,未免强为牵合。又举《水经》于九江不言水而言地,《越绝书·金气》篇所云荆州全楚之地,与分野之文,判荆扬吴楚之交,因据以摈班《志》。更繁征《周官·保章氏》以星土辨九州之地,所封之域,皆有分星。不知周天列宿宫度,进退移易,每若干年即有变更,岂得而胶柱考验者?若谓班氏以九江等地为吴郡,辟其卤莽可也。至全不明九江之源委及主何说而定是非,徒举疆域星野,而以人体气色及医术为譬喻,实近于不伦之甚者矣。其二则称“《禹贡》之九江九河散漫为患之势,并江河而言,在夏时当洚水泛滥,其洪流之性与疏浚之迹,居今日孰得而知其详耶?”又引九河言“道”,九江言“孔殷”者,以“西有敷浅原,东有彭蠡之口”。于大江又曰“过九江至于东陵,东迤北会于汇”之文,断以自大别而南入江,又东汇彭蠡者,汉水也;自东陵而东迤北会于汇者,九江也。释“汇”为九江与彭蠡江汉交集回旋、相哄相解之名,不过徒胶执其文,自为之说而已。其三谓“九江之流,在江北归海者,现皆湮塞无考。若其源在江南,至今犹昔”。咎班氏漫无别白,仅于寻阳下云“九江在南,皆东会为大江”。又谓“湖汉即今赣江,由鄱阳湖入大江,为今江西大泽,与洞庭无异,故《禹贡》屡言彭蠡,而不言洞庭。洞庭当治水时,即能受湖南诸水,安流入江。若彭蠡虽汇九江,而未能不泛滥于敷浅原东陵,洞庭不待治,则《禹贡》不书。江汉与彭蠡,相遇横荡,因而于朝宗殷汇过至,自不得不一再详书也”。有可斯说,未免泥于《禹贡》之文,而拘牵以释其义。禹迹茫茫,在数千年后,焉能知当时洞庭不待治,而彭蠡之横激逆荡耶?又谓“古之九江,无不于江北分流入海,则可以知秦郡名九江之意。后于江南分流入鄱湖,可以知莽郡于汉豫章改名九江之意。且汉时犹名湖汉,又可知禹时九江在南,大江在北,中与湖汉为汇之势”诸语。按自古九江之说,约分为三:一《禹贡》,一秦,一汉。而汉有二说:主湖汉之水入彭蠡者,刘歆也;主寻阳者,孔安国也。乃班《志》宗刘说,而郑《注》亦本其说以释《书》,是不得为班氏咎矣。至宋儒以洞庭为九江,据《山海经》澧、沅、潇、湘在九江之间为证,恽氏敬尝谓“揆之经文,洞庭在彭蠡西南,于导水之文合;衡山并洞庭趋敷浅原，于导山之文亦合”，是据经以折传，据三代以折汉唐，不可谓之叛古。至哉言乎！不解有可擅名通博，而于此前后三辨，专本《禹贡》之文以释其义，胡不能旁搜博采而正订之？(15－343)

舜陵考一种 存吾文稿本

清余廷灿撰。按舜陵所在，为今湖南之宁远县境，即古之营道郡也。其山曰九疑，位县郭南六十里。其峰凡九，曰朱明，曰石城，曰石楼，曰娥皇，曰舜源，曰女英，曰箫韶，曰桂林，曰杞林。清詹惟圣所撰《九疑山志》，称："九疑，《汉书》作'嶷'，上古沦于荒服绝徼之外，以舜葬而得名。究之帝陵何在，终古存疑。相传舜峰，亦淼无真迹，盖以其特立中宫，九峰环抱朝宗尔。即九峰之名，亦不能详其所自，不过峭壁高深，佳气葱郁，人迹所不能至之处或即为帝舜藏真之所欤？"其论良为允洽也。廷灿兹《考》，征引繁博，断制谨严。首述本始于《尚书》，详核于《礼记》，杂见于《墨子》《离骚》《史记》，又通考十三经古注，《汉书》《汉纪》各注，暨《竹书》《山海经》《淮南子》《风俗通》《世纪》《皇览》《舆地考》诸书，俱各往往称舜南巡崩，葬苍梧九疑，历三千年无一异辞者。独昌黎韩子，孤据《竹书纪年》云"帝王之崩曰陟"，谓"陟为上升，舜南巡，则地势东南下，宜言下方"，乃断"陟"为读，而以"方乃死"为释文。后儒又援《孟子》"卒于鸣条"一语，遂置经传而不信。然姚姒典谟，简古浑噩，从无赘文自释之例。惟《商书》有"陟遐自迩"之文，则"陟"亦不尽训"升"，而训"行"，"方"则"省方"之方是。廷灿谓"五十载书其年，犹《尧典》二十有八载乃死书其崩，犹《尧典》'乃殂落'，中错'陟方'二字书其事。是年适巡行南方，有事于苗民尔。何以知之？以《吕刑》'皇帝亲问下民鳏寡，有辞于苗'，而知之也"。又复条释《吕刑》诸文，而得《舜典》《禹谟》之通证，并得"五十载陟方"之确诠。"陟方"之解定，则舜陵定矣。洵千古卓识。又谓"'鸣条'之说，不必一一求详而为之考。至九疑封树无稽，不知《易·系辞》曰'不封不树'，盖因山为体，亦其时制。南方之人，信古而质，必无妄有增益者"。又辨苍梧于古为山名，本荆州南境，属岭外之说为妄。及古今析置郡县之始末，于九疑即苍梧，苍梧即九疑，辨之尤审。惟谓“舜陵在舜源峰”一语，与《九疑山志》洎郡县志之纪载，不无歧异之点而已。末谓“湘乡萧副车智瑚，作《舜陵考》，征引甚博。予以古文法，著其援据之正、断制之确者，而削其不合者。至以经证经，窃谓差有一得，以待通经学古者是正”云云。是此篇实出叶氏手笔，其润色审订，厥惟廷灿任之。其不矜已能，不没人善，尤有足多者焉。（15－344）

建朱子祠记一种　存吾文稿本

清余廷灿撰。按渌水源出江西萍乡，经湖南之醴陵而汇湘流，其地曰渌口。瑞渌池者，醴之名胜也，有朱子遗像，而名益彰。廷灿首称：“朱子过醴陵讲学，醴陵人审像伐石，图碑于瑞渌池上，葺亭覆之。池故醴陵灵迹，水绿可绘字，而朱子遗像在焉。越七百余年为乾隆甲午，又新亭甃池，作祠堂以奉主祀。堂成岁约为会，明年三月某日，邑人肃衣冠而至者约数十百人。盖道德之辉光，昭被于斯人精神心曲，愈远则愈有耀，而不可遏佚蔽掩。斯因其名迹遗像而建祠，隆以禋祀，垂为典则，其惠泽感人于微，深且至矣。”又谓：“世之好异同者，动党护陆文安、王文成为有用之学，以诋訾朱子。不知朱子主静敬极性命之功，广博精深，用无不具。而讲陆王者，乃谓其纡回幽渺而不乐道。然以法迹论，观其前后上孝宗书，六劾唐仲友之风节，及为政崇安、浙东、潭州之为民请命，如疾痌在身而务去之，遇非道非义，虽三公之贵、一介之细，较然不欺其素政。使学陆王者，径约切实，发于身心，见于家国天下，复何以加兹？夫学在诚以自治其身心，陆王何异，胡独异于朱子？然若仅猎取其绪言妙义，藻绘文字，或阁束其书，取腐烂无根之游言，掇拾呫哔，则于朱子讲学宗旨，茫乎未闻，是岂得谓学朱子者哉？”廷灿学养素裕，于性理盖亦深纯，故于世之偏党陆王而诋朱子者，能道厥本源，不惜痛下针砭，良为有裨名教之作。所谓“今宗朱子者遍天下，乃有清一代甄才取士之文，以朱注为正宗也”。末谓“醴陵山水清淑，士气淳正，后之登堂而仰遗像，思所以学朱子之学者何在，则正学于是乎盛昌”。廷灿之景仰先贤，尊崇正学，惓惓之私，亦昭然若揭矣。（15－346）

补修石鼓书院记一种 存吾文稿本

清余廷灿撰。按石鼓山在湖南衡阳县北二里，当蒸湘之会。《水经注》所谓“临蒸县有石鼓，高六尺，湘水所径”是也。俗有谓鼓鸣则主有兵革之事。唐李宽建石鼓书院于山半，宋朱子曾为之记焉。廷灿斯《记》，为补修书院而作，谓“是山斗然拔岸，驾入二水，如艨艟万斛，衔碇下垂。书院蟠其腹，门前蒸湘分泻，中间隔地不多，仅仅见界画如牵一缆，矢直刀削，线脉最奇”。此山雄峻突兀之状，非廷灿之笔奚足以形？“厥初门其左隅，以上势直也，利曲受之。无何中有徙者，表里洞穿，左右激射，风气疏泄，讹言屡腾，郡大夫曰：是不可不还其初。急转移之”，乃胶执于风鉴之说而致其然也。至谓“遮蒸冲突，迎湘溶漾，则天台、回雁诸岭尽拱秀效奇，心目则辽朗轩举”，或抑其山之势所宜然者欤？次叙“由门入，最高当中座者曰大观楼，楼左右二祠，一祀汉诸葛武侯，一祀赵宋李忠节，岁久板瓦腐剥，不足揭忠敬、壮高明。又墙舍中几榻斋厨之需，缺如不具，寝兴无凭。郡守与衡阳、清泉两令，次第筹画，不废不侈，有则有经”，良不解于先贤创建之名山讲舍，任其颓废至此，祠祀亦将阙焉弗修，何幸而得贤守令之兴废举坠也！末乃侈陈其工讫而后之胜概，称“俯仰周遭，引背为向，展旷得奥，则造化之灵秀始呈露焉。濯黯为鲜，抽脆补致，则神人之栖息倍肃整焉。陈列充庭，从容资藉，然后体气得夷愉，神志得清宁焉。其畴不裒裒咨嗟感激，奋自兴于学乎？”洵守令之功也。赞其“急所先务，尤不可喧。书于石，非贺是山也”，宁得谓为谀词也耶？惜郡守暨两邑令之姓氏，莫得而附传之，是抑疏矣。（15－347）

重修湘西万福桥记一种 东洲草堂文集本

清何绍基撰。绍基字子贞，号东洲，一号蝯叟。道光进士，官编修。博涉群书，于六经子史皆有著述，尤精小学，旁及金石碑版文字。凡历朝掌故，无不了然于心。书法具体平原，上溯周秦两汉古篆籀，下至六朝南北碑，皆心摹手道，卓然自成一家。草书称一代之冠，海内罔不知名。凡得其一文一字者,靡不珍弆。其著述有《惜道味斋经说》《说文段注驳正》《东洲草堂诗文集》。斯《记》记重修万福桥工事而作也。桥位湘江西北牯牛山之右,由长沙渡江,仅约三十里耳。所谓“上通省城,下达宁邑”,盖往来孔道也。是兹桥当驿程之冲,关系至重且巨,虽重修工事之微,自不能无所纪述。然桥之所跨,并非大江洪流,而仍易被其冲刷坍毁者,昔之料质与构造之法不良也。故篇中原其始建自某年,洎某年重修,近复倾圮。昔人之工非不坚也,河西数十里沟浍之水,悉汇此以达于川,每值大雨,山水盛长,而桥势平夷,无以御其涨而氐其澜,是其所以易毁。于以见山洪暴发,其势迅奋,未可以沟浍之水,其涸可立待而忽视之。又谓“今乡里醵金重修,商度甫定,畚筑遽兴,近取云母石,以其质本坚,特易为拱桥,令其上隆然以高,而其下窕然以深。桥面宽平,而其南北下垂之处又广为坡陀,以资壮固,庶几可久。足见乡之人乐善急公,不斤斤于近小之图也。修之培之,有基使勿坏,是所望于后来者矣。斯役也,易其旧制,工坚而料实,想见长虹相望,岂徒驿邮是利,而民永无病涉之虞,其盛举也”。工竣,得绍基为文纪其颠末,洵足昭示来兹,传之不朽。其旧碑仍立桥之北岸,以志不忘,用心亦良厚已。(15－348)

敦大中丞重修城南书院记一种 存吾文稿本

清余廷灿撰。按城南书院者,宋张栻讲学之所也。栻家潭州时,建书院于长沙南门外妙高峰之阳,凿池以汇息泽之水,故号曰城南。名以纳湖等十景,与朱子互有题咏,后废为僧寺。有明一代,兴废不常,至清乾隆十年巡抚杨锡绂、四十七年巡抚觉罗敦福先后重修之。此名贤遗迹之大略也。廷灿斯《记》,代巡抚敦福所作。首述“前中丞清江杨公抚湖南,以岳麓书院隔湘涛,往往颠风断渡。期会不远,稽图考典,知有宋张魏公就妙高峰筑城南书院,是时晦庵、南轩两大儒会岳麓外,多就城南讲论酬倡,游止其中。湘东之有城南,故与湘西岳麓岿然并峙者。而旧迹既化为僧房,不可复,乃选得都司废署地,筑屋八十楹,以居学徒便讲习。前堂摹悬赐额,东南隅作御书楼,藏经史数千卷,即合祀晦庵、南轩两先生于中,附祀陪护书院诸贤。额仍旧称,不忘初也。兴废继绝,锡绂之功,有独多矣”。又谓:“后十九年,桂林相国来抚湖南,通筹两书院事宜,城南按岁支销,始与岳麓并定经费。”又:“十有二年,余摄抚军,因相国经画既久,略通其变,增酌规条,详备慎密。且时率僚吏来城南,与诸生崇奖德义,考评文章。见其地气脉交聚,突怒拗起,收纳隔江峰峦入轩窗几席。而曩时所种树,根干磥砢,柯叶蓊郁,上通灵气,读书者多成业发名,人材辈出,收效与岳麓等。此地灵人杰之谓欤?”再纪:“书院历岁年多,栋楹宊桷渐腐,砖瓦渐缺,赤白漫漶,乃与廉使观察筹费鸠工,换脆以致,绘黯以鲜,并重新雄控湘城陪卫书院之天心阁。用壮登临,非徒求复清江中丞之旧观,亦庶几存晦庵、南轩两大儒遗泽于勿替。泐石嵌壁,俾后之守土者,有所考而共护之”云云。其感慕先贤之胜迹,与夫期望于湘人士者,至深且切。是廷灿代敦公立言,亦能以敦公之心为心者也。(15-349)

叙建爱莲池亭题额一种　存吾文稿本

清余廷灿撰。胡南邵阳县境有爱莲池,池故隘,其葩甚繁,宋周元公所手植也。盖旧故有亭,不知圮于何时。邵阳贾令,殷心于兴废举坠,而名贤胜迹,有廷灿斯作,益足以彰。首谓:“是地周遭不百弓,然宋大儒手泽存焉。岁岁翻红播绿,噪蛙黾而唼凫鹥。一任仙根自开自落,诚不得与牡丹之爱等。”廷灿斯言,深有默契夫先贤道脉之旨。可见虽山陬僻壤,区区一池,而繁卉清泠,芬芳不绝,千载后犹得承其流风余韵,何其伟也。又谓:“贾令曩官城步时,每到是间,则必曰‘此濂溪先生一瓣香也’。盍复旧亭,以寄仰止,闻者若为不知而过之。既移治邵阳,以簿领填委,依次勾稽。越明年夏,乃践盟息壤,即凌波作亭。亭成举酒,面面蓊葧葳蕤,与回风摇荡,收纳栏干。憩中而望,环其外者,远莫能即,无犀断尘。始知光风霁月中,别有琼岛瑶洲,不必出人间而求海上矣。”描摹景物之清绝,尽其旨趣,读之令人低徊慨慕而勿能自已也。复有郡守孟公,嘉贾侯治古,载咏新诗,醮笔题额,属廷灿叙之,以纪颠末,讵不懿欤?因有慨夫前贤精爽所依凭,既寿名于壤地,贯性于草木,诚不以一亭削损，顾弥望清池翠盖，风义攸关，而待片瓦于守土。侯之古心直行，为政知大体，故事事入手一新，能缓所急而急所缓，大类如此。噫！此濂溪瓣香手泽，非贾令之治无以存其迹，非孟守之笔无以彰其亭，非廷灿之文无以传其胜，亦岂事之偶然者哉！（15－350）

黄陵庙志序一种 退补斋文存本

清胡凤丹撰。黄陵庙者，祀舜之二妃也，在湖南湘阴县北四十里。《水经注》："大湖水西流径二妃庙前，世谓之黄陵庙。二妃从征，溺于湘江，故民为立祠于水侧。"凤丹为《志》，以析古今之疑，辨众说之异。兹《序》则所以明斯《志》之大旨也。首述"在昔翠妫南巡，卒葬苍梧之野，今湖南道州九疑山是也。其上盖有帝陵云。按九疑山舜陵，据《九疑山志》《湖南通志》暨郡县诸志，均谓在今宁远县境，道州之说盖误。顾虞夏之书，不识二妃相从事，而史传所记及骚人韵士所咏歌，往往喜称二妃灵迹，余窃疑焉"。凤丹兹说，固诚允当。然吾意虞夏之书不识二妃事者，盖当日史臣记载，仅及在位之年，陟方乃死之事。典谟简朴，或以二妃相从南征，非关天子巡狩之大政，阙而不书，未可知也。至谓"考图经，湘阴黄陵山有舜二妃墓，洞庭湖口其庙亦号黄陵。二妃果从舜九疑，其卒也，胡不附葬于彼，而相望于数百里之遥者，何也？且湘阴、岳阳两地俱存妃墓，毕竟孰为同穴，孰为疑冢？岂皇、英之卒，后先异时，一瘗黄陵，一瘗君山耶？是皆不可知也"。良为通论。三代之事，荒渺难稽，正不必泥古文而妄加悬揣。孟子所谓"尽信书则不如无书"，于《武成》犹然，遑论上追虞纪乎！又称"大舜圣德神功，沦浃湖湘，五载时巡，翠华不返。后人哀慕讴思，尸而祝之，因帝及妃，理有宜然。若必欲强分为湘君，为湘夫人，或以黄陵为是，君山为非，又或以君山为真，黄陵为伪，争执附会，均通人所弗取"。千古卓识，凤丹诚不愧为通才也欤。（15－351）

楚地今名考一种 沅湘通艺录本

清曾朝祐撰。朝祐，衡阳人，不详其字历。按古之楚地甚广，湖南仅其一隅。兹篇所谓"楚地今名"，乃举楚国都城山水在湖南省者，释以今地也。朝祐谓:"楚地当以春秋时为主,战国时次之,秦汉之间又次之。而自后儒有言楚地当春秋时不到湖南,学者几疑楚之都城山水无在湖南者。然以《尚书》《尔雅》证之,则虞夏以来,湖南已入中夏版图,安有楚地不到湖南者?况楚都郢,距湖南甚近,《传》所谓'抚有蛮夷,奄征南海',岂楚能尽汉阳之诸姬,而不能服近郢之熊湘乎?"引证精确,辞简而义赅,足以正《春秋大事表》立说之妄,堪称别具卓识。因以据《春秋传注》及《国策》《楚辞》《汉·地理志》《淮南子》诸书,条列详注,亦纯洁可取。至谓"其他后儒之原据旧志,或以形势按图悬断者,概不录入",则尤断制谨严也。其所条列者,为都域二,一曰麇,举杜注楚地湖南岳州府巴陵县有麇城,顾氏谓麇当为今郧阳县地,且与《传》文"战于柏举"云云吻合。不知柏举固今黄州地,当楚之东北,吴居楚东,及五战及郢,楚乃奔随,随居楚北。盖吴师由黄州地柏举。西南至武汉,因上溯至荆口,即古郢都。所谓"五战至郢"也。居麇乃南据其上游,故楚向北而行,如顾氏说麇为郧阳,已截楚之北,楚何以反北向而奔乎?准古之事实,而证今之地理形势,诚允当无疑。二曰罗,《后汉志》:枝江侯国本罗国,后乃徙长沙,谓之罗川。今湘阴东、平江南皆有罗城,即一地之接壤处。山一曰苍梧,引《国策》苏秦曰"楚天下之强国"及"南有洞庭、苍梧"。《山海经》注云:"苍梧,九疑山也,今宁远县境。"水四,曰洞庭,曰沅,曰湘,曰汨罗江。见《国策》苏秦谓吴起曰:"三苗之国,左洞庭,右彭蠡。"《淮南子》曰:"楚地南卷沅湘。"《楚辞》屈原投于汨罗,即地志所谓之罗川也。究之楚地之属于湖南者,又岂仅此数者已耶?不过择其灼然可举者言之耳。谓朝祐为博古通经之士,谁曰不宜?(15－352)

楚地今名考一种　沅湘通艺录本

清左全孝撰。全孝,清泉人,不详其字历。按楚,于古为蛮荒,立国自周,为成王封熊绎于荆蛮始。春秋初称王,战国为七雄之一。西有黔中巫郡,东有夏州海阳,南有洞庭苍梧,北有汾陉之塞郇阳。地方五千里,故苏秦曰"此霸王之资也"。全孝谓"'春秋楚地不到湖南',考湖南楚地断自战国始，楚悼王时，南并蛮越，遂有洞庭、苍梧”。引《淮南子》“楚地南卷沅湘”，因释沅水出贵州镇远府境，至湖南常德东境注洞庭。湘水出广西兴安县南海阳山，至长沙北境入湖，复释洞庭在岳州。苍梧，《山海经》云即九疑山，在宁远县境。黔州为今辰州、常德、澧州、靖州、永顺诸郡地，巫郡在川省。又引苏代约燕王、秦王正告楚曰：“乘夏水下汉，四日而至五渚。”刘氏谓五渚在宛、邓间汉水上，胡氏以为西汉水，惟程恩泽据《水经注》及裴骃《集解》，定为近洞庭地。其说确凿无以易。秦时荆王献青阳以西地，为今长沙府，所述战国楚地之大略如此。至谓“或以《方舆纪要》‘岳州有麇城，平江有罗国城’，《左传》有‘南海’之文，欲据以破‘春秋楚地不到湖南’之说，不知郧与绞罗地本相近，春秋之战，自应以在郧阳者为是。古称四海皆无实证，南海、北海，在春秋犹浮辞”。征引有据，颇称详核。惟余意若举楚地而言湖南，则舜南巡狩而崩苍梧之野，君山、黄陵均有二妃祠墓。《禹贡》“岷山之阳至于衡山”“荆及衡阳惟荆州”，是楚地之及于湘以南者，在虞夏时已入中夏版舆，毫无疑义，又何得谓“湖南楚地断自战国”耶？若《春秋大事表》“楚地不到湖南”之说，更不足据矣。(15－353)

洞庭湖创设浅水商轮有益无损说一种　沅湘通艺录本

清杨仁俊撰。仁俊，巴陵人，不详其字历。按洞庭一湖，为楚南巨浸，汇沅、湘、资、澧诸水而达于江汉，从无横溢淤塞之苦。有之，自同治间藕池决口始。仁俊谓“有明以来，江水至荆岳之间，西来北转，日徙而东。西岸自江陵以降淤洲二百余里，东岸则夏水故道今皆淤塞。而白螺诸山之脉，自东来转在西岸，此亦见江流之久狭也。若夫江水之东通洞庭，则始于同治时，江由石首南决藕池，建瓴而下，直贯洞庭，怒流奔泻，而挟泥沙。于是淤洲隆起，湖身愈蹙，沅湘水涨，而城陵口隘，迂缓难消，石首、安乡、龙阳、沅江、益阳、华容、临湘、巴陵均被其害。故光绪壬辰，朝庭谕湖广督臣，详察堵塞藕池利害，欲复江水故道。因之有议挖沙洲者，可仿明代河工广设残船；有议复梳船之制者；有议假机器以浚湖者，如英人之教吕宋开河口，欧罗巴之浚穿红海口，是其成法。然前二议，则器小而功难就，后议则费巨而事难成。众说纷纭，迄无定论。近始有创设浅水商轮之议”。又谓“商轮固为商务计，湖多暗礁，多淤洲。浅水之制，驾驶通利，其飞轮迅激，大有益于洞庭激荡泥沙，不似假机器浚湖之为功巨也”。反覆辨论其利害，权衡诸法之得失，良为允当。至谓“议者又以西人狡焉思启，昕夕不懈图南之志，商轮若设，恐反通西人之运载，而我船为彼用矣。此有损于南者”。读仁俊所述时论如此，足以见当日风气之闭塞、民智之谫陋，令人忍俊不禁，抑可为长太息者。复引“杨太曾设飞轮于洞庭，岳武穆有以制之，成法可考，何患彼之有？且不独无损于洞庭，即沿江一路，得商轮以激动其泥沙，挟之东下，湖流愈畅，虽藕池不塞，又何损之有？故知今日之洞庭，固远不及昔日之洞庭，然欲使他日长有今日之洞庭，舍斯议其又何策”云云。损益利害之情，详核精审，持论正大，仁俊亦不失为识时务之通才也欤。（15－354）

湖广水利论一种　古微堂外集本

清魏源撰。源字默深，邵阳人。道光进士，官内阁中书，后外任高邮州牧。文笔奥衍，熟于掌故，尤精舆地学。治经以西汉今文为宗，与仁和龚自珍齐名，人并称龚魏。生平著述甚富，有《圣武记》《海国图志》等多种。其诗文有《古微堂文集》《清夜斋诗集》。此篇为《古微堂外集》中之一也。按湖广水利最著，从来号称鱼米之乡，利多而害少。乃近百数十年来，堤垸溃决，灾祲见告，时有所闻者，何也？人为之也。兹篇首述“历代以来，有河患无江患，河性悍而江流驯。河之所经，地多平衍，江则狭处有山以夹之，宽处有湖以潴之，宜乎永无溃决。而今几与河防同患，揆厥其由，自明季张贼屠蜀之后，赣人入楚，楚人入蜀，今承平日久，生聚繁殖，沿江沿汉沿湖诸省，皆筑圩捍水，成阡陌，治庐舍，于是平地无遗利，湖广无业之民，迁黔、粤、川、陕交界，刀耕火种，于是山地无遗利，堤垸愈宽，沙泥壅积愈广，人与水争利，水与人争地，相因为患，至于不可收拾之情事”。辨论极称详审，此犹统言湖广者也。其专言湖南者，有曰：“又如君山自昔孤浮水面，今则三面皆洲，水涸不通舟楫。岳州城外，昔横亘大沙滩，舟楫距城甚远，今则直泊城下。他若洞庭西湖之布袋口,今亦不通舟。此由乾隆至今,判然不同,皆西涨东坍之明验也。洞庭上游,如龙阳、武陵、长沙、益阳、湘阴,下游南岸巴陵、华容等属之私垸,宜编勘孰碍水之来路或去路,应不问其垸之为官为私,但问其有碍无碍,而定修毁。且湖南地势高于湖北、江西、江南,举数垸之流离,孰轻孰重?况一遇大潦,诸县私垸之人民,漂溺亦同无算,不但以邻为壑,并己亦复损之。”源之斯作,指陈两省水之利害,洞见本源,了如指掌。其结论谓:“欲兴水利,先除水弊。除弊如何?曰除其夺水夺利之人而已。”洵可谓不刊之名论。此夺水夺利之人,又岂独湖广一隅有如是哉!余故曰人为之也。(15-355)

洞庭湖淤塞于常德有何损益说一种 沅湘通艺录本

清戴丹诚撰。丹诚,武陵人,不详其字历。所为兹《说》,谓“洞庭为沅、湘、资、澧所汇,湖南全省咽喉,春夏水涨,借以蓄泄注江,古大禹所经营之云梦也。自沧桑互易,陵谷变迁,洞庭日徙日南。洞庭狭则湖南之咽喉梗,由是而沅、湘、资、澧下游滨湖之水灾甚,而常德更为可忧。何也?盖沅、湘、资、澧之上游,万山巩固,居高临下,自可无虞;湘、资之下游,犹足捍御;澧虽平衍,然有潮沙;独沅水下游,较澧无潮沙,较湘、资无山势,顾氏亭林所谓南干山脉一支,止于武陵者也”。丹诚立论,能道厥本源,诚非臆说。又谓“山脉既尽,则平衍之地胥倚堤防,堤防多则水径日梗。况自藕池决口,江水挟沙而来,淤塞湖身,广袤数百里,竟成村落。四时旱潦,救治两穷。水口塞则咽喉梗,年胜一年,使不求疏泄,恐全省卑湿之地,皆将其鱼,常德特其甚者耳”。因而推及欲湘省烝黎粒食,非会同湖广督抚与滨湖州县,筹款劝捐,用泰西挖泥机船疏泄河身及洞庭隘口浮沙,更非用人力坚筑藕池决口不可。并推述西人筑堤之法,急宜行于湘省今日洞庭淤塞堤防众多之时。然款巨工繁,则又须移植耐水与月熟之禾稻。详为考辨,不遗余力,以期讲求农业而资补救。如是,则湘省滨湖之民庶可稍苏,而常德之为害尤甚者亦同受其庆。丹诚此作,于湘省水道之形势源委,与夫疏浚淤塞、树艺耕种之法制,极称详审,读者又安得视为迂远难行之议也哉?(15-356)

洞庭湖淤塞于常德有何损益说一种[①] 沅湘通艺录本

清蔡锺潜撰。锺潜，武陵人，不详其字历。所为兹《说》，首谓“常德之水患，洞庭之淤塞为之。洞庭之淤塞，藕池之溃口为之”。此四语为一篇纲领，乃洞庭淤塞有损于常德之定案也。其故为何？大江出巫峡，直捣荆州，泛溢四出，荆民转徙，屡患其鱼。自同治八年，江水暴涨，藕池溃口，直趋洞庭。今沅、澧诸水逆流横涌而上，由是荆地之患减，常郡之患殷矣。高岸为谷，深谷为陵，切肤之恨，隐于腹心。往者常、岳、澧各属，合议堵塞藕池，以工程浩繁，加之比岁不登，资绌议寝，而漫口日宽，为患尤甚。常郡当沅江壅流之冲，更恐沦为泽国，固应早为之计者。尝考禹之治河先于兖，治江先于扬，以下流不治，则上流不畅。欲缓常德之水患，其惟仿疏治下流之法，而稍加变易乎？曷为仿其疏治下流？曰疏治北架子口、团山一带，俾湖水由布袋口流出大江，则可弭淤塞之患。曷为稍加变易？曰堵塞藕池溃口，俾江水不致挟泥沙冲入洞庭，则可弭逆壅之患。故常郡之水患，不在上流之泛滥，而在下流之淤塞。治下流之淤塞，莫善先堵而后疏也。目今省治拟造浅水小轮，拖带商船，常郡亦拟造若干。其议果成，可调四五轮，于春潮暴涨时，各尾蒺藜，或专用挖河机船，由北架子口一带逐次震刷，至布袋口，使沙泥流畅，法善而工省，郡城受利无穷。此疏治之法，又不能缓于塞池后也。又谓“藕池之塞固益郡城，而溃口处等于荆州江面，疏治恐难有成，则莫若堵塞藕池口内之鲇鱼须焉。欲澹郡城之水灾，必疏西湖之淤塞。欲疏西湖之淤塞，必除外入之泥沙。欲除外入之泥沙，必塞横冲之江水。合上下大局筹之，恐非疏塞兼施不为功也”。至哉言乎！富哉言乎！综而论之，锺潜以堵塞之方，宜于藕池之鲇鱼须；疏治之法，宜于北架子口、团山一带。探本穷源，敷陈条畅，其明朗处如绘图指掌，无一肤泛之词。

---

① 此条与前一条题名相同，稿本有删除痕迹。查《沅湘通艺录》卷五，确实有此文，且与前条戴丹诚所撰者相连。或因此条提要上交后，由总编处误认与前条重复而删除。现收录此条。

祛常德之水患，岂别有他策哉？非独以文辞为优胜者矣。（15－357）

汉路山考一种　敩艺斋文存本

清邹汉勋撰。路山在今湖南武冈、城步界连之地，为汉之都梁县治，资水所出，又名唐纠，山之甚著者也。汉勋兹《考》，盖以山脉广袤，交错之境绵远，古今纪载各殊，欲一为之辨正耳。故以"汉路山"而名其篇焉。首引《汉书·地理志》："都梁有路山，资水所出。"《水经》："资出零陵都梁县路山。"注云："资水出无阳之唐纠山，路山之别名也。"《明一统志》："唐纠山在武冈州境。"康熙《武冈州志》："唐纠山在州西南百里。"而今武冈西南无百里之地，计程已入城步境。城步旧本为武冈辖，州志仍据旧文而未更正也。是山之属于两境明矣。又举资水之源而证山，谓"自武冈溯资而上，凡有三原。西出广福山，在城步、安化二都之西北，四都之西南，水名路溪。东注其中者，出茅坪坳，其东者出唐子畛，近安化之威溪乡，水名申溪。北注三原，合为资水，入武冈西南畛，始纳威溪。西原有路溪之名，盖路山之名所衍也。则广福当是路山，东北以唐子名，似又唐纠之转变。以道里计之，唐子去武冈八十里，与所谓'西南百里'者差近，则唐子当又是唐纠。此山与水之名相合，而方位道里均得以参证者欤"。又谓"嘫以山势论之，自大古山而西北，为黄泥山等诸山，皆资、沅间山也。自大古山而东北，为青角山等，皆威溪西山，尽于威纳。自萧家山而北，为车田岭等诸山，皆九溪东山，尽于武冈。凡此一干二支，古人皆呼为路山。广福之溪存路名，则其西麓也。就原之长与山之干而论之，则茅坪为路山之正。青角又单名角山，或亦路之声转也。后人不识古人命名辽阔，徒指一处为言，则唐子角山其近是，嘫不足以尽路山矣"云云。汉勋故邃舆地，复精音韵之学，路山更密迩乡邑。是以兹篇所述，征引详确，形势宛然，如读图说，又岂恒流以博闻考据擅长也哉！（15－358）

李大中丞修江神庙记一种　存吾文稿本

清余廷灿撰。廷灿是《记》，为代湖南巡抚李世杰而作，斯文存于集中，故冠以“大中丞”之称焉。江神庙者，湘江之神也。庙祀之始，肇自雍正八年，世宗下诏湖南，以江神职司江渎，利赖舟楫，云雨井牧土田，宜秩祀。所司选橘洲尾作神庙，奉春秋。庙貌既崇，上关国典，与名楼并峙，奠定中流，橘洲益严整壮丽矣。此叙述创制之情事也。而篇首即称：“湘江滥觞阳朔山，迤逦潇、蒸诸水，北折而下至长沙，江澜澄涵不怒，则橘洲浮其中。《水经》所注‘橘洲子戌也’。考湘江清照五六丈，下见石底为樗蒲齿，宜若空明净彻，千里一碧者。独橘洲匹练曳水面，如荇菜牵风，湘人传其初无根蒂，能与波上下。盖江之瑰奇灵异谲诡正于是乎聚。此水与洲之足纪者。昔人尾洲建拱极楼，雄视俯瞰，所以陪护墉隍，夹辅形势，与岳阳、黄鹤名胜相望也。岁既久，栋柱摧折，瓦泐甃破，上雨旁风，无以崇明祀，饬巨观，叠议撤新，不克兴事。今大司空刘公驻节长沙，政通民和，有输金百两，呈请劝众捐修者。遂犖材遴匠，起庚子，讫壬寅，工成而值世杰奉简命巡抚是邦。展庙翼翼，凭楼言言。所谓栖湘灵于恍惚，壮气象以万千。水之蛟宫蜃窟，陆之隩皋神区，与夫湖岳之精英灵淑，皆贡献轩豁，收纳在岛屿、橘柚、轩棂、墙屋间。是以阴阳和，风雨会，老幼蕃祉，年谷连熟，鱼虾菱芡，物土之产，阗溢街衢。于以见当时治世休明，百神效顺，太和祥洽之盛，蔑以加焉。”至又谓：“是役也，典制严重，神人欢喜，固为天子守土吏所宜不得简陋者也。而公皆先余为之，余则何幸而承其乏乎！”按所谓大司空刘公者，乃先世杰而抚湘者也。殷殷然归其善于旧使者，抑以示谦让之意欤！故纪其颠末于石，志美也。而廷灿之摛词润色鸿业，亦足并永其传，懿哉！（15－359）

小淹石路碑记一种　印心石屋文钞本

清陶澍撰。澍之字历，已详《登君山记》《洞庭湖志》诸著录。澍籍湖南安化，为一代名臣，殁谥文毅。按小淹在安化北九十里，资江东岸。修小淹之石路成，文毅为文，勒碑记之。谓：“滨茱萸江皆山峡也。其水自绥宁路山发源，行一千三百里，至安化之小淹，汇为石门潭，壁立万仞，土人谓为石龙渡江者也。其南岸曰城墙崖，尤陡峻，行者危之。”此叙资江之滩高流急，岸石巉丛之险状也。又谓：“而小淹地当冲要，有市集，行旅往来，与夫纤缆而上者，赓续不绝，实为必问之途。”此明石路之兴修，有不容缓者。“里中父老，每思治理，以力微五丁，功非一木，未克举事。丁卯之夏，余伯父羡周公暨同志诸君子锐意任之，自城墙崖上，距淹市四里有奇，险者夷之，阻者通之，泥洼低陷之处，则甃以石，俾坚固而平。所谓‘道如砥直如矢’者，足以当之。从兹山确既辟，水啮无虞，可永庆康衢，而履之坦坦矣。工既竣，命余记之”云云。余尝考之，石门潭有印心石，即文毅蚤岁读书处也。后文毅于道光时，摹清宣宗御书“印心石屋”四字，镌于南岸之西崖，与小淹相距甚近。名臣遗迹，永千古矣。不然，小淹区区一市集耳，石路之修亦仅数里，奚足为记以寿贞珉耶？盖得文毅斯文，是以传而弗替。丰碑屹立，当更与“印心石屋”互相辉映已。（15－360）

重修石城桥记一种　印心石屋文钞本

清陶澍撰。按石城桥在湖南安化县近郊，肇建于有明，名桥也，故澍为是《记》。首述“邑西十里有桥曰石城，正德中家七世祖修武令石城公所建。旧有木桥在稍东数十步，石城公移置今处，而易以石。是桥即以其人之名而名之，明矣。后圮于水，毁东岸石墩，里人复架木以度。万历甲寅、乙卯间，仍甃以石，邑令杨君以杰为《记》，称桥名石城。其创始靡得而考。时距始修仅八九十年，而木石数易，变迁既屡，传闻而已无征。于以见陵谷沧桑之甚，即一桥之兴废，不及百年，而基始者，其名已泯，令人感喟”。又谓“事有必至无足怪者。嘉庆辛酉夏大水，山溪暴涨，斯桥复圮，并及西岸石墩。时石城公始修之碑，魄然藏其中，而后知杨《记》失于考据也。岁癸亥，邑人以地临孔道谋修复之，白其议于邑侯陈君。乡人亦皆踊跃从事，毅然复其旧观。洎树碑桥右，刊厥捐名，问记于余。余惟水涸成梁，王政所重，贤令尹纳沟念切，不以其事无关考成，而首为之倡，此邑之福也。至捐资成美，伐石鸠工，成以不日，则邑人之好善有足多者”。复引语云：“莫为之先，虽美弗彰。莫为之后，虽盛弗传。石城之迹几湮，得诸君而名赖以不朽。余知心怡而神泐者，当不独往来病涉之民已也”云云。噫，斯桥之屡圮而屡复者数也。石城之名，微旧碑之复出无以知，亦微兹澍为之《记》无以传也。且其远祖就湮之遗泽，得显于其嗣孙，又岂天下事之偶然者欤？（15－361）

衡山考一种　晦明轩稿本

清杨守敬撰。守敬字惺吾，鄂之宜都人，晚号邻苏老人。同治壬戌举人，官黄冈县教谕，以屡试春官不第，乃绝意进取。笃志力学，著述等身，薄海知名，士林翕服。书法亦上追汉魏，见重于时。民初，袁世凯当国，畀以参政，未几卒，人咸惜之，时年已近大耋矣。按从来衡山之说，一主湘南，一主江北，又有一名二山者，聚讼纷纭，终鲜定论。守敬是作，谓"《禹贡》衡阳、衡山，两见荆州之衡阳，自应以《汉志》湘南之衡山为据。若导山之衡山，说者亦主湘南。无论《汉志》之九江在浔阳，湘南之衡山在其南，不得南至衡山，而后北过九江至于敷浅原，即宋儒指洞庭为九江，湘南之衡山亦在其南，亦不得先至衡山，而后过九江至于敷浅原"。守敬以导山之衡山，指为灊之霍山，为定说矣。又谓"敷浅原在历陵，为今九江德安县地。今由衡山东北出醴陵、万载、义宁、武宁，径至德安，何缘西北走洞庭而后东出德安也？宋人亦知由衡山过敷浅原不经洞庭，以越洞庭之尾附合之，不知洞庭之尾但有湘水耳，何得以统九江？"此守敬据今之地理形势而为之说。然洞庭之尾何止湘水？独未知沅、湘、资、澧已得九江之四乎？此说见邹汉勋《九江考》。又分引《尔雅》"江南，衡""霍山为南岳"，郭璞注称"汉武以衡山辽旷，移其神于天柱"，并谓《尚书大传》有"中祀霍山"及"奠南方霍山"之文，是霍山之载祀典实出三代，非汉武凭空指实也。而不知《尚书大传》亦汉儒所为，又何得定其祀典实出三代耶？至谓"因博考先秦古书，而知霍山实名衡山"。繁征博引，立五证以辨明《禹贡》导山从霍山过九江，至于敷浅原，并惜郭氏但以《尔雅》为古，未尝以《禹贡》证之也。又称"或问若以荆之衡阳指岣嵝，导山之衡山为天柱，是有两衡山矣"。曰岐山则冀、雍各一，荆山则荆、雍本殊。雍州三危，黑水三危，实为两地。求之《禹贡》，已有其例，是亦何伤？复以霍之为衡，自孔颖达、张守节已不能证，何尤乎后人？是又深为汉以后之诸家恕也。守敬为近今海内鸿博之儒，精于考据者，兹篇所主五证，悉宗《禹贡》之文，以绳地理形势。自谓其“道理径直，不烦解说”，抑能无过于固执己见之病欤？（15－362）

贻庆桥碑记一种　印心石屋文钞本

清陶澍撰。按贻庆桥者，在湖南安化，澍之故里小淹左近也。澍为是《记》，谓“古有梁无桥，及梁与桥之制，亦古今为义各殊”。首述“《毛诗》‘在彼其梁’‘造舟为梁’，《尔雅》‘梁莫大于溴梁’，《孟子》‘十二月舆梁成’。其以桥名者，如《史记》‘禹山行乘桥’，则直辕车也。《尚书》‘发巨桥之粟’，则储粟仓也；《士昏礼》‘笄加于桥’，则横格架也。《戴记》‘奉席如桥衡’，则井上桔槔也。其以梁为桥者，自秦昭王五十年初作河桥始。盖即今之浮桥，以木为之，非石也，故其字偏旁从木。惟《尔雅》‘石杠为徛’，注：“石桥也。”《集韵》：‘杠通作杠，聚石为步渡水也。’既曰‘聚石为步’，则非今之架石水上，作弓虹半月形者比。《齐记》载‘始皇作石桥，欲渡海观日出处’，其语荒诞，然则架石为桥，其起于秦以后乎？”其征引宏富，释义精确，良为允当。又谓：“余里小淹之东曰南牛洞，其水从石峰山蹦腾而下，皆石也。凡数里喷薄相陶，以注于茱萸。江之岸，又石也，篑以土则啮，彴以木则颓，行者危之。”此纪其水之汹涌澎湃，而山石搏击以使其然也。又谓：“里人杨君公弼始桥之以石，往来称便。乾隆癸巳圮于水，修之者，其嗣允升。嘉庆丙寅复圮于水，修之者，其孙某某等也。”此述杨氏子孙之善于继志，而全一方之利涉也。复称：“余惟断潢绝港，咫尺天堑，是以成周有司险之官，以通川泽之阻。至于易梁为桥，支桥以石，固良于古，而尤不免于屡坍。是则缺陷所留，非一手足之烈。”澍为斯《记》，有不能无感慨系之耶？而称“杨氏子孙毅然肩其劳，再三修之不少怠，可谓难已。昔先太史尝名此桥曰‘贻庆’，盖取‘积善余庆’之意。贤哉杨氏，不弃其先，善贻厥后，余故乐为道之，以为乡里好义者劝”。斯桥也，圮再而复亦再者，杨氏祖孙父子之力也。能识其颠末，寿之贞珉而不朽者，陶氏之文也。（15－363）

沅江县尊经阁记一种　印心石屋文钞本

清陶澍撰。澍以一代名臣，尊崇正学，通经致用，勋业烂然。故其成已也阂,而其作人也亦巨矣。况邑处洞庭上游,当沅水入湖之会,其邑人礼聘澍至,商榷志乘之辑,而为兹《记》。因述"沅之有尊经阁,始于教谕骆僎孔,与其学之贤者成之。据学宫之后,崇圣祠之前左偏,制恢而高,由其中以望,则衡麓之胜,隐隐如席案之横于前。资江、沅水环抱前后,兰芷之芳可撷而数也。而洞庭一湖,浩浩汤汤,尤有学海文澜之观焉"。盖僎孔司铎于沅,而得以创建是阁,览山水之胜概,其棫朴作人之效,亦从而可知。乃谓"阁成于嘉庆八年,未有记者,微澍为之文,讵得有闻于后耶?"故首即曰:"经者常也,所以纲纪人道之始终,而轨一世于和平者也。初未尝以为典籍之称,自《戴记》有《经解》一篇,言《诗》《书》《易》《礼》《乐》《春秋》之教,而六经、五经、七经、九经、十三经之名由此起焉。盖尝论之,古之所谓经者,致治之理也。惟天下至诚能经纶天下之大经,而凡为天下国家,皆不外九经之目。若典籍,则所以发明此理者也,名之曰经。而典籍中若有古人守纲常名教之理,实经之用宏,而经之名亦于是乎尊矣。"澍之斯论,于经之大义,阐发无遗,抑知此始得知之尊经之本也。又谓:"秦火而后,知尊经自董仲舒始,故汉治浑浑犹为近古。洎宋儒崛起,经旨昭然复揭。顾时君不能知,或知而不能用,用而不能尽,亦未可谓为能尊经。盱衡古今,立言悉当。乃推崇清之圣圣相承,精一之心传直接尧舜,宋儒所讲求者,始咸见诸施行。盖以清制直省学宫,皆有御制及钦颁诸书,例得建阁储之,以彰尊经之化。"是僎孔之建斯阁,亦循典制,固其宜也。末谓"顾名思义,愿与诸君子共勉之",澍之有望于沅之人士者,又何其诚且至也。(15-364)

新宁形势说一种　敦艺斋文存本

清邹汉勋撰。按新宁者,汉之夫彝侯国也。其地险峻,民瑶杂居,为湘南之要区也。盖时当蓝逆窜扰边境,故汉勋为此说以明其形势,借供军备之采择耳。故谓"新宁为县,本以控制苗瑶,内为武邵之藩捍,外接全桂之声援。其境内为邨二十有八,为洞八。邨者里民之所居,洞者瑶民之所居。以瑶较里民仅五之一,而皆聚处于县之西境,宋于水头立治,势虽偏于西南,以夫彝故址,据水陆之通津,握溪洞之要害,以镇压瑶疆也”。又引《宋史·诸蛮传》云:“兴安之大通虚,新宁之盆溪、八十里山,永州之东安,皆可径达溪洞。”而盆溪一大邨镇,今犹为群蛮之关键,楚粤之门户。往时立四隘以制诸洞,即自此以达石门,从可知矣。又详述昔胡海洋之征飞山蛮,破名鹤、金竹、万数诸寨。考金竹在今大绢洞,而名鹤、万数未闻,或即茅林之茅穴、上富之万自,瑶语有异也。并引万历中城步知县谌廷锦亦谓“城步居洋洞之北,当麻林之冲”。然嘉靖中古田蛮乱,又得麻城瑶邀挈歼除,可为东西犄角之用,而其要隘仍在盆溪。复申论新宁在明代不为通衢,而八十里山则实为滇黔趋粤间道,遂引李定国潜师出新宁,而困恭顺王于桂林。顺治初,马进忠阻兵于盆溪,旋寇新宁,直由八十里山而下。可见盆溪、八十里山,均楚粤之巨防也。谓近日蓝逆直指武冈,置新宁于度外,騃竖无能,苟出劲卒于新宁以尾其后,内外夹击,亦必无噍类矣。由是言之,县之西南,楚粤之交界也。县与东安之间,又永宝之交界也。其境辽阔,崇山峻岭,在处可以容奸,讲求武备,实为今之急务云云。汉勋故精舆地,新宁密迩梓乡,于其形势尤得纤悉。兹说明晰详尽,且征引故实,极称宏富,洵推杰作。又岂仅足为当日言军备者得资考镜也哉!(15-365)

宝庆沿革一种　敦艺斋文存本

清邹汉勋撰。宝庆一郡,据湖湘之上游,接壤黔桂,形势险要,苗瑶逼处。其沿革有足考者,郡县诸志纪载固详,然亦恐不免间有疏略。汉勋之为此篇,盖亦以备补志乘之疏漏,而实有裨掌故,非浅鲜也。谓“宝庆本《禹贡》荆州之域,秦为长沙郡,汉置昭陵县,属长沙国。武帝时分昭陵为夫夷、都梁二侯国,属零陵郡。平帝又分昭陵为昭阳侯国,后汉仍之,但改都梁为县而已。两汉昭陵皆属长沙”。又引《元和郡县志》《汉书》《续汉书》所云昭陵、夫夷之属零陵、长沙,互有异同,盖汉末时一度之属耳。至吴孙皓始以零陵北部为郡,分昭陵置高平,改都梁为武冈。昭陵置郡领县五,曰昭陵,曰昭阳、夫夷、武冈、高平。自是以后,由晋而隋而唐,均有因革。洎宋绍兴中于夫夷江北立新宁县,宝庆元年升邵州为宝庆府,旋又升宝庆军节度。元至元间,先后分立宝庆、武冈安抚司，未几又改宝庆路总管府，升武冈亦如之。明洪武初，又皆改为府，其属县亦互有更易。入清仍明旧，领县三，曰邵阳、新化、城步；州一，武冈。而武冈亦领新宁一县，后改隶府。乾隆三年，以城步隶靖州，未几仍旧。于是并新宁而州一县四矣。此其沿革之班班可考者。汉勋复综而申述，“自汉以来，宝庆凡置郡二、县十，其故城之可考，及见为府州县志凡十有四，而陈湘东郡之新城，宋之溪洞中胜州，虽在府境，皆不数焉”。更分辨由吴迄梁之昭陵诸郡治，繁征博引，以水之流域、舆地之形势，两列三证以明之。详审精确，纤悉靡遗，实从来识沿革者无与伦比也，汉勋宁不得谓为存宝庆文献之功臣也哉？（15－366）

汉志阳山阴山考一种　晦明轩稿本

清杨守敬撰。按阳山在今湖南之桂阳县境，清之桂阳直隶州，即古之桂阳郡也。其地接壤粤边，故又谓在粤之连山县境者，非也。守敬以《汉志》“桂阳侯国”，又有“阴山侯国”，古今释义各殊，相沿疑误，爰为兹《考》而详辨之。谓“应劭于‘阳山’下注云：‘今阴山也。’师古曰：‘下自有阴山。应说非也。’独怪阴山即在此郡之末，应劭虽疏，何至眯目若此？说者见《续志》无阳山，遂谓后汉改阳山为阴山，故应说云尔。或又谓前汉并有阳山、阴山，后汉省阳山入阴山，且谓《汉志》有阳山侯，无阴山侯，‘阴山侯国’四字是衍文。之数说者，似是而非也”。因详释应氏于汉县之省并，注甚明晰。唯“固始”下云“故寝也”，与此文意同，则知此应说不为东汉省并之故。若云“阴山侯国”是衍文，岂“固始”亦衍文耶？又引《水经》“洣水，又西北过阴山县南”注：“县本阳山县，东北犹有阳山故城，即长沙孝王子宗之邑也。”以形家言其势王，堑山堙谷，而改阴山之说，当在王莽专政之年。是改阳山为阴山，即在前汉。班氏故两载之，而两注侯国。又谓“且汉封王子之例，宗之封阳山节侯，其地当密迩长沙”。更举《水经·洭水》注、《史记·南越王传》、《寰宇记》诸书之说，反复证论，是皆谓不明《水经注》阳山为孙皓所置，而谓长沙孝王之子远封于岭峤之南，是不惟于《汉志》例未悉，于汉王子封国之制亦未审也。守敬兹作，考据详确，断制明允，一空前人，不愧擅舆地之硕学名

儒也。(15－367)

邵阳重修龙神火神刘猛将军庙记一种　敦艺斋文存本

清邹汉勋撰。邵阳者,宝庆府之附郭邑也。立治最古,典章文物,罔或弗修,祀事孔明,礼固然也。五行列于《洪范》,为民生利赖之资,孟子所谓"民非水火不生活",故尤须臾不可离者。自古先王列于王政大经者有由然矣。龙、火二神,固为一邑之常祀,而汉勋斯《记》,非徒以庙之迁建、分合、废兴为有足纪,实明神之所由而崇其典制也。谓邵阳旧有龙神祠二,龙山之龙湫与城隅之濂泉。濂泉在郡城南隅,昔人祀龙神于此,雍正初颁神像于直省,令守土大臣虔诚祷祀。龙山在宋即赐庙额,元明以来,祈祷不绝。火神一庙,旧在郡南,清初移与龙神合祀。盖其时咸为无文之秩也。未几,先后皆列祀典,春秋礼制特隆。又述乾隆壬午,郡守郑公移濂泉龙神于城东砥柱矶石齐庙侧之注生夫人废祠,下临资水之深潭,龙、火二神始各有专庙。洎道光初,因庙剥落,又复与濂泉之火神一度合祀。甲申,翟守谋及郡绅,争相乐输,费近万缗,凡阅四稔,并刘猛将军庙而同新之。刘猛将军者,元代指挥,今颁祀典,为治蝗神也。于以见神有救灾捍患之功,而民祈报之殷有不容已者在也。复称:"然考之经记,火神者,荧惑星也,在周列于实柴之典,故与岁、镇、大、晨诸星同祀。其特祀而颁之天下,盖自宋崇宁军始。宋以火德王,故特崇之,而至今数百年相沿不替。且湖南特盛者,以南为火方也。龙神者,即《月令》所云名源渊泽也,并泉也,《史记》《汉书》之'朝那湫'亦其比。以吾邵论之,龙山,名源也,濂泉,井泉也,是皆于法应祀者。《诗》曰:'田祖有神,秉畀炎火。'猛将军其是欤?八蜡之祭辞曰'昆虫毋作',是蝗蝝者。八蜡之所司,猛将军宜祀于八蜡者也。若夫火神庙额,宋曰离明殿,近世曰乾元宫,殆以坎离为乾坤之用,离本乾体,乾元云者,谓乾以为元,非乾之元也。或曰邵之火神,独灵异于诸方,则以南岳配朱鸟为之宅,而南岳实邵阳龙山之所衍云。"汉勋于三神之名与位,及其为德之盛,探本穷源,言之有据,非博学多闻之斫轮老手,乌能有此作?未可以等闲庙碑读之。(15－368)

新化建火神庙记一种 敦艺斋文存本

清邹汉勋撰。新化,汉勋之故里也。火神之祀,典制所崇,庙位阙如,非礼也。道光二十五年,实维肇建,工竣之日,汉勋为文以记之。首原天生五材,民并用之,而水火最切。天一生水,地二生火,水位于北而幽,火位于南而明;水令于冬而藏,火令于夏而长。故火尤著于水。此火神所以有祀,而水神特少也。谓"顾世之言火神者,其说不一。考之经记,天有五帝,赤帝司火。地有五行,其一为火,曰祝融。五纬之中为荧惑。二十八辰之中,心为大火,味为鹑火,皆司火政。在周列于祀典,古帝王所创制也"。继述汉、晋、宋、明四朝崇祀火神之制,洎清之司火之祀,释其神为荧惑,庙曰祝融。五纬与五行之义,并引郑康成、贾公彦、陈祥道诸家之说以析其疑,极称精审。又谓"南楚火神,自乾隆时巡抚陈宏谋檄府州县岁时奉祀,皆为立庙,新化未遑也。先是,城中灾祲屡见,用术家言,于南门建水晶阁以厌之。近仍焚如频肇,议者谓不宜丹雘。或曰火神之祀不修。邑侯胡公恻然念澹民灾,二役并举,易水晶阁之丹雘为黝垩,择地奠基而兴庙宇。并识董其事者为李、晏二绅,输绅商之财,尽工农之力,既勤既慎,夙夜罔愆,数月而工竟蒇"。汉勋深有慨:"夫邑于斯举,悠忽不为者几九十年,其间亦尝更历循良令长,公勤士绅,而卒未能以终建是庙为言,逮至灾祲叠起而始憬然。甚矣!民之难与图始也。"复称"微吾胡侯之仁与李、晏二君子之能,则我新化之民,至今不获蒙祉福也。是乌可不记"云云。汉勋兹作,于火神之义理、庙号之异同,以及古今典祀之通制,靡不繁征博引,考证详确,洵为有裨宪典之文。而胡侯与李、晏二绅亦得附传于不朽,抑何其幸耶!(15-369)

孟子编年略一卷

清臧庸撰。庸字在东,江苏武进人,布衣。是书首录《孟子先见梁惠王考》,次《齐宣王取燕十城考》,又次《孟子编年略》。而《编年略》中又先叙孟子行事,不可不编之,故有六次□□。其《孟子先见梁惠王考》,谓"《孟子》一书,乃孟轲氏自著,故章次并之。第一篇首书孟子见梁惠王，是孟子始游梁，首见梁惠王也。次适齐，一系本书次第。据《史记》列传云：'道既通，游事齐宣王，宣王不能用。适梁，梁惠王不果所言，以为迂远而阔于事情。'盖误。《六国表》于惠王三十五年，大书'孟子来'。《魏世家》又书惠王三十五年'卑礼厚币以招贤者'。而孟轲至梁，《齐表》及《田齐世家》则无其事。如果先游齐，次适梁，则孟轲至当书于《齐表》及《田齐世家》以记其始，不当及书于《魏表》《魏世家》也。以此证之，知列传乃误。以'齐宣'及'梁惠'字互易之，则甚合"。按此论创而实确，惟以孟子至梁属之惠王三十五年，则仍误耳。其《齐宣王取燕十城考》，信《黄氏日抄》之说，谓齐伐燕有二事，一属宣王，一属湣王，引证甚博。不知齐伐燕虽有二事，而《孟子》书中之伐燕，则确在子之乱燕之时，且属宣王也。亦可谓词费矣。最奇者，其《编年略》自叙，竟谓"见诸侯，自齐宣王始，四十不动心之年也。复适梁，见梁惠王，惠王寻卒，去梁适宋"。与前《考》迥异，且与后《表》亦不相应。岂庸初有此说，后经考正，而刊书时误入初稿耶？其断孟子邹人，非邹国人，亦误。《表》书周显王四十八年齐封田婴于薛，殆亦沿《史记》之误。田婴之封于薛，当自成王始，此时所封者田文，非婴也。据《孟子》书称"孟献子，百乘之家"，反。① （15－384）

孟子弟子考补正一卷　光绪二十四年刊本

清陈矩撰。是书盖补正朱彝尊作《孟子弟子考》也。自来考孟子弟子者，人各异说。赵岐注："孟子弟子十五人，学于孟子者四人。"宋政和中，以程振之论，加入滕更，共十八人。朱子仅取十三人。吴莱《弟子列传》十九人，其书已失，止存一序。张九韶《群言拾唾》载孟子弟子十七人，去季孙、子叔、滕更、盆成括，增孟季子、周霄。宫梦仁《读书记数略》，则去滕更、浩生不害、盆成括，增孟季子、曹交、周霄。彝尊所考，本之赵注，而增滕更，去季孙、子叔。矩更据《外书》及群书之散见者，补入七人：告子、季孙、子叔、匡章、曼丘不择、孟季子、周霄，并朱氏原有者共

---

① "反"后当有缺文。

二十四人。其中定浩生子不害、告子胜为二人。盆成括学于孟子见赵注，朱子特以《孟子》有“死矣盆成括”一语而斥之，不知此语与孔子曰“由也不得其死”旨意正同。季孙郊见《外书》，赵注定孟子弟子，孙疏同。彝尊从朱子，反斥注疏为无稽，亦误。匡章为孟子弟子，见《吕览》高诱注，曷为赵岐所遗？《内篇》公都子以章子通国皆称不孝，疑孟子与之游，玩其辞意，实因章子已列门墙，故疑而问之也。矩一一为之辨正，可谓有识。卷首有何维棣、吴树棻二序，及矩自序。矩称“古籍无征而疑为孟子弟子者二人，若夷子、�子，皆弃墨而归儒。有古籍载之而可疑者五人，若陈仲子、公明高、公明仪、离娄、曹交”云云。按《内篇》书“后车数千乘，从者数十人”，今姓字之传者，寥寥如此，诚可慨矣。书刊于光绪二十四年戊戌。（15－428）

章午峰年谱一卷　光绪壬辰刊本

清章家祚编。家祚字锡卿，安徽铜陵人。午峰，其父邦元字也。邦元一诸生，咸丰六年，粤寇逼顺安镇，邦元与邑绅数人募勇守御。同治初，于安庆谒曾国藩。《谱》述其论古今治乱，并名法家之得失，谓“老庄申韩，不妨取其长以救世”。又谓“圣学之体，得宋儒而明。而其治世之用，亦不免以宋儒而衰。宽仁既恐入老庄，刚毅又恐入管商”云云，亦殊有见。又述“国藩屡欲荐授一阶，而邦元力辞，不欲以他途进。历南北乡试十余次，屡荐不售，夷然自若”云云。按其时以诸生从戎致通显者固不乏人，而守其拘迂之见，但长揖军门，不就保荐者，如王闿运、朱骏声辈皆是，亦不但邦元一人也。《谱》后有日记十余条，记侍病事。卷首有孙锵鸣、俸朝仁、张焕纶序，宋存礼书后，袁康、邵曾鉴、章燮理跋，沈祥龙、章鸿森《传》，侯绍瀛《墓志铭》，汪宗沂《墓表》，及挽诗、像赞等。（15－472）

孔志四卷　咸丰刊本

清龚景瀚编。景瀚有《邶风说》，已著录。是书首有自序，称“《史记》世家，博而多误。朱子《论语序说》未能节节辨正。江慎修《乡党图考》，谱年兼考事迹，犹有未详。因广采群书，举其要端，而证以经传史志之言”云云。其书正行提纲，次以引证，而详其说于小注。大约辨江氏之失者十之二，补江氏之不及者十之四五。或全削其文，而仍具其说与辨于篇。最要者，如《乡党图考》，沿《史记》之误。《世家》既以适周事叙于昭公二十年之前，又于昭公二十年云：“孔子盖年三十，齐景公与晏婴来适鲁，问秦穆公所以霸。”按景公适鲁事之有无未可知，而江氏遂意造三十一岁。当昭公二十一年，书齐景公遣使来聘，孔子适齐，三十二岁在齐辞廪丘，三十三岁在齐对釐公庙灾。且《年谱》皆从《世家》以庚戌数年，景瀚考之，皆有一年之差。此读江氏书者，不可不知也。书中考老子最核，谓“老子有三，曾子问所载之老聃为周守藏史，即孔子所从问礼者。《秦献公本纪》所载周太史儋，在献公十一年。魏文侯没十三年，而老子之子宗为魏将，封于段干，则为儋之子。《魏世家》：魏安釐王四年，魏将段干子请予秦南阳以和。是时孔子之殁二百一十年，言《道德》五千言者，老儋也。其见于《大戴记太傅礼·卫将军文子》篇，孔子所称者则老莱子也。《史记·仲尼弟子列传》亦载其说，所云‘贫而乐者’与本传隐君子之说又甚合。《汉书·艺文志》云老莱子楚人，即苦县厉乡曲里人也”。自来纷纷疑论，得此释然矣。(15－473)

魏默深事略一卷 咸丰刊本

清魏源，字默深，湖南邵阳人。道光甲辰进士，乙巳补殿试第三甲，以知州分发江苏，终高邮州知州。是篇为其子耆所述。按源早岁以贡生随其父入都，从胡承珙问汉儒家法，从姚学塽问宋儒之学，学《公羊》于刘逢禄，与董桂敷、龚自珍究古文辞。己卯、辛巳两中副榜，壬午举顺天乡试第二，旋捐中书。其间为贺长龄编《皇朝经世文编》，自撰《圣武记》。若《海国图志》，则成于母忧去官之日。其官江苏也，先署东台，次署兴化，皆有惠政。咸丰辛亥，特授高邮州知州。时粤寇已陷江宁，扬州继失守，源宅城守以待大兵，乃为谗者所构劾罢。继就周天爵军，击宿州匪，获胜。辞归，卒于咸丰丁巳。见于篇者略如此。末述著书二十余种，除《经世文编》《圣武纪》《海国图志》外，皆未记成书岁月，亦未言

其完缺存佚,不无憾焉。(15－474)

余黼山年谱一卷　光绪丙申刊本

清余祖香及其侄家鼎编。黼山,余龙光字。龙光,道光丁未举人,以大挑知县分发江苏,历宰昆山、元和、青浦各县,以要犯漏网革职。龙光为余元遴孙,元遴为汪双池高足弟子。龙光既为双池撰《年谱》,又亟表章其学,保守其遗书而传布之,具于《谱》者可考也。又尝撰《广唐书》三十余卷,于天祐丁卯以后同光建号以前,为《天祐续纪》。其《烈祖本纪本纪后论》《伪晋载记后论》《逆臣传后论》①,全录于《谱》,可借以知其义例。又龙光世传双池之学,于朱子尤笃信。《谱》中《跋四书释地》《读学蔀通辨书后》《汪仁峰年谱序》《与汪自修嘱抄双池书副本书》《与夏弢甫》诸书,论皆精凿有见地。其文集尚未刊布,即此可觇其学诣。祖香、家鼎,其子若孙也。(15－474)

朱鼎甫行述一卷　光绪刊本

清朱一新,字蓉生,号鼎甫,浙江义乌人。光绪丙子进士,改庶吉士,散馆授编修,补陕西道监察御史。以上遇灾修省疏,劾及内侍李莲英,中旨诘责,降补六部主事降补。② 遂以母疾请急归。粤督张之洞聘主端溪书院,移掌广雅书③,凡五年,卒于院。《行述》乃其子萃祥所撰,略具梗概。称其论学,谓"当于汉宋诸儒独到之处,融会而贯通之,不宜沟分界限"云。与陈东塾意皆相近。又谓"粤中多嗜学能文之士,但高才者务为新奇,未免乱学人心志"云云,殆指康有为言。一新尝与有为论学相驳难,其遗札曾有人刊之,而是篇未之及焉。(15－475)

汪容甫年表一卷　嘉庆庚辰刊本

清汪喜孙辑。首有自序,称"始为先君《年谱》,惟恐阙失,文繁事

---

① "烈祖本纪本纪后论",疑衍"本纪"二字。

② "降补六部主事降补",疑衍后"降补"二字。

③ "广雅书",疑"书"后当有一"院"字。

复。书成历二十年,虑失史裁,乃撷其大纲,缀为此书。谨依先君所撰《贾生年表》,以平生撰集,序次前后"云云。《表》分四栏,一纪年,二纪岁并纪事,三纪经史诸子,四纪诗文。读者可以识其游处之大概,治学之浅深次第,著作之存佚。如诸书之有提纲,有节本,特同出之一手为稍异耳。(15-475)

校经叟自订年谱一卷 道光甲辰刊本

清李富孙述。富孙字芗子,浙江嘉兴人,拔贡生,超孙弟也。生于乾隆甲申,卒于道光癸卯,年八十。是《谱》体同日记,事多琐细。所自著之《七经异文释》《说文辨字正俗》《鹤徵前后录》《汉魏六朝墓铭例》《曝书亭词注》等,但记其目或记其付梓之年而已。其假名他人者,如为阮元编《文苑传》,为汪士锺校《郡斋读书志》,非读是《谱》,不知其出富孙也。(15-476)

刘世谟行述一卷 嘉庆刊本

清刘台拱撰。世谟,台拱父也。以贡生选靖江儒学训导,年六十二乞乞休①,卒年七十七。按世谟为明刘永澄裔孙。永澄,万历辛丑进士,与顾宪成、高攀龙、刘宗周、文震孟友善,《明史》有传,亦见《明儒学案》。世谟请于当道,从顾、高之后,增祀道南祠,礼宜尔也。其论著书,云:"以明道,则古人备矣;以徽名,则去道已远,又何取焉?"所见甚超。又按近代宝应刘氏,世以学行著,自世谟始。(15-476)

刘端临行状一卷 道光刊本

清朱彬撰。端临,刘台拱字,世谟长子也。举乾隆辛卯乡试,由大挑铨丹徒训导。卒年五十五。彬论其学,谓"深于声音文字,其考证名物,研精义理,未尝离而二之。传注有未确,虽自古经师相传之故训,亦不为苟同。于汉宋诸儒,绝无依傍门户之见"云云。盖深知台拱者。惟

---

① "乞乞休",疑衍一"乞"字。

举所著书，谓“缮写成帙者，唯《论语补注》一卷，《汉学拾遗》《荀子补注》各一卷”。按今所行《端临遗书》不止此。而《念楼诗文集》亦编次成书，但未刊行耳。（15－477）

冯柳东年谱一卷　传抄本

题门人史诠编。诠爵里无可考。柳东，冯登府字也。登府，嘉兴人，嘉庆庚辰进士，改翰林院庶吉士，散馆考一等，用知县。选福建将乐县，以母老，引疾归，改为宁波教授。卒年五十九。《谱》横列四格，首纪年，次时事，次出处，次诗文杂著。凡国家大事、时贤宦迹，与有关涉者，以至父母妻子，俱属之时事。出处所叙甚略，惟诗文杂著，备著无遗，且皆具岁月，可供留心艺文者参考焉。（15－477）

汪容甫年谱一卷　嘉庆庚申刊本

清汪喜孙辑。喜孙字孟慈，江苏甘泉人。嘉庆丁卯举人，官至河南怀庆府知府，汪中子。容甫，中之字也。是《谱》首有喜孙自序，就中所著书及诗文排比岁月。序言：“先人同时文士，生不同道，谬托相知，传闻失实，谨以就正先人文章道义之交，审定抉择，十去二三”云云。因知《谱》中相涉之人，皆与中平素相知者也。其师事者，如朱筠、沈廷芳、郑虎文、谢墉辈。友事者，如刘端临、王念孙、程瑶田、凌廷堪、黄景仁辈。客门下者，如阮元、毕沅、曾燠辈。若杭州所主直指全德者，仍不失为知也。其不相知者，则去其名氏而称某，如主安定书院之某编修，即铅山蒋士铨也。《谱》不言娶妻生子事，按中自叙云：“孝标悍妻在室，家道轗轲。余受诈兴公，勃豀累岁，里烦言于乞火，家构衅于丞梨。蹀躞东西，终成沟水”云云。凌廷堪撰中《墓志铭》云：“初娶孙氏，不相能，援古礼出之。”是中曾有出妻之事，讳为亲者讳①，故隐之。而生子事，遂无从插入矣。而喜孙《行述》，但言妣朱氏，不及前母，岂知自叙与《墓志铭》皆有显证耶！又按中与翁方纲亦有倾盖之雅，而《谱》未及之。翁氏《家

---

① “讳为亲者讳”，疑前“讳”为“谱”字之误。

事日记》称:“乾隆四十四年九月十一日,扬州汪容甫来谒,来于秦淮旅舍,出所藏碑帖盈箧共赏。”是必喜孙未见此记,而非有意删之。然则搜集固有所未尽矣。(15－478)

戴氏年谱一卷 戴氏遗书本

清段玉裁编。戴氏者东原,名震,举乾隆壬午乡试。乾隆三十八年,以于敏中荐,充四库馆纂修官。四十年,命与乙未进士一体殿试,授翰林院庶吉士。玉裁受东原之传,故是《谱》尤详于学。凡所论著,考其年月,而别其先后详略异同。义稍晦者,则申明其说,非得于东原之深者不能为也。《谱》记乙酉四十三岁,定《水经》一卷。自记云:“夏六月,阅胡朏明《禹贡锥指》引《水经注》疑之,因检郦氏书展转推求,知朏明所以致谬之故,实由唐以来经注互讹”云云。又甲午五十一岁,记校《水经注》成。先是,赵东潜亦校是书,及四库馆开,赵书亦得著录。而所更定经注,与东原校本无异,论者遂兴窃庄之嫌。玉裁辨谓:“全谢全谢山七校是书①,深窥秘奥,两公交最深,或闭户暗合,或丽泽相取,而其说往往与先生同”云云。按东原与赵书同,无与全书,何能援以相证?况玉裁未全书,何由知之?若钱塘梁氏校刊赵书,多取正戴本,故大段不同者少。事容有亡,而著录之本当不然也。《谱》又记“戊子四十六岁,应直隶总督方恪敏聘修《直隶河渠书》,其清稿为王履泰者所得,益以乾隆己丑后事,易名《畿辅安澜志》。其书进呈,今刊板在武英殿”云云。此与世所疑东原盗赵者相反,惟亦有传东原之稿系得之陈学士仪者。究竟主名谁属,在今日更难证断。要之,有用之书,得流布天壤,已不没著者之苦心,不须断断为一人争也。(15－479)

汪双池年谱四卷 同治刊本

清余龙光辑。龙光字黼山,安徽婺源人。举道光丁未乡试,官江苏知县。双池,汪绂字也。绂终身不应试,亦未尝从师,其学宗朱子,所著

---

① “全谢全谢山”,疑衍“全谢”二字。

书一以朱子为归,详其门人余元遴所为《行状》。龙光,元遴孙也,述祖志而为是《谱》。卷首有夏炘序,又有自为凡例。叙事大率依《行状》,惟于双池所著诸书,全录其序。自以学浅识妄,不敢节删,亦因其时遗书未书刊布①,欲借以存其旨意也。又增录与江慎修往来书答五篇,盖慎修之学,亦宗朱子故也。而双池之学,又传于元遴,故于双池答远遴诸亦备载焉。《谱》后附《行状》《心丧稿》,皆元遴撰。并附《墓表》《呈书状》《请祀紫阳讲堂状》《崇祀乡贤题疏》等。(15-480)

李恕谷年谱五卷 雍正刊本

是《谱》卷一至四题"清苑冯辰纂,武进恽鹤生订"。卷首有辰及鹤生序,又有辰所为凡例、鹤生所为传。卷五题"威县门人刘调赞续纂",卷首有调赞序。卷一至五皆题"孙锴修订",有锴总跋,称"删繁补漏",盖非原本矣。按李塨,字刚主,号恕谷,蠡县人。康熙庚午举人,选通州学正,莅任三月,引疾归。其学传于颜习斋,而博则过之。除学礼于习斋外,学琴于张而素,学射于赵思光,学数于刘见田,学书于彭雪翁,学兵法于王五公,晚又学乐于毛大可。尝从万季野讲学京师,于时贵之贤而下者,如王颛庵、王阮亭、许酉山、徐秉义等,亦与之往还。门下士之作令者,时亦游其治邑,助其修政,一一见于《谱》中。按恕谷法颜习斋立《日谱》,《年谱》多据之。《日谱》记功过,《年谱》亦如之。辰创是《谱》,恕谷所命,时年五十二。调赞所续,成于雍正庚戌,恕谷时七十二,又三年而卒,则续而又续也。《谱》言行并录,关于辨学论道者尤所致详。师友各附小传,作学谱及先友传观,无不可也。(15-480)

裴光禄年谱四卷 光绪己亥刊本

清徐嘉编。嘉字遁庵,江苏山阳人,诸生。光禄,裴荫森也。荫森中咸丰戊午举人,是科适起科场狱,正主考柏葰罹大辟。庚申成进士,授工部主事。改捐道员,赴湖南,李鸿章调充西征营务处,补湖南辰永

---

① "遗书未书刊布",疑后一"书"字为"行"字之误。

沅靖兵备道。升福建按察使，授督办船政大臣，补光禄卿。以疾请开缺，卒年七十三。嘉，其老友也，归里后，过从尤密。故《谱》所述行事较详，凡奏疏、公牍、书序，俱撮其略，所涉之人必具爵里。按荫森官福建日，值中法构衅，《谱》记马江之败，于张佩纶、何如璋、何璟应付失当，各有责备。荫森旋代佩纶为船政大臣，以费绌未展其志。旋议停止制造，荫森去而督办大臣裁，船政归总督兼管矣。此区区一船厂，政府且视为不急之务，力摧阻之。读荫森与李少荃、张香涛诸书，可以兴感矣。卷末有嘉自跋。(15－481)

历年纪略一卷 康熙刊本

清惠龗嗣纂。龗嗣，陕西富平人，举人，李颙门人也。是书即颙年谱。纪年从顺治二年乙酉始，以前是崇祯之年，故以前者略之。凡纪年下，皆不注若干岁。据《潜确录》，康熙癸未，中孚七十七岁，由此逆溯之，盖生于明天启七年丁卯。顺治二年乙酉，时中孚十九岁也。考中孚卒年七十九，在康熙四十四年乙酉，是书止于康熙二十八年己巳，距其卒尚缺十六年事。按颙为学与处境，皆坚苦刻厉，能人所难，尤卓绝者，则其节也。龗嗣得之亲炙，言之特详。所记康熙十三年与十七年两次征召，颙以病坚拒。当道督促起程，至有舁榻抬验之怪事。甚至绝食五日，□白刃以自裁。尔时之征求隐逸，其事可想。而颙于此，直欲继叠山之节，不徒许衡、刘因辈见之而自愧也。惟记"康熙二十七年壬戌，顾亭林寓□下，倡修朱子祠堂，来书朱子冠服之制"云云。据《亭林年谱》，倡修朱子祠堂，系之康熙十九年庚申。若壬戌，则亭林于是年正月初四日病，初九日卒，必无来书之事，可信也。卷首有龗嗣序，末附颙手札及颙门人马稢土跋。(15－481)

毋欺录三卷 光绪六年刊本

明朱用纯撰，清金吴澜重编。用纯字致一，昆山人，明诸生。其父集璜，以贡生殉国难。用纯自比王裒庐墓攀柏，号曰柏庐。卒年七十二。所著《毋欺录》，始三十二岁，止七十一岁。旧有刻本而不全，澜得传抄足本,仿编年之例,据用纯所著《愧讷集》及《传》,其补撰三十一岁以前事;其三十二岁以后,则低一字缀于原录之后。按《录》出用纯口气,谱乃编者纂叙,相杂殊觉不伦。况行事有传可考,而《录》中自有事在,无须画蛇添足也。且所系之事,如以拒举鸿博系于康熙十八年下,不知考试鸿博在十八年,而荐举则在前一二年,不在本年也。惟是《录》以此为最全。澜虽妄编,未削一字,读者分别观之可矣。原《录》于自课之外,有谭经语,论学语,纪时事语,切实而不迂腐。有一条云:"每至坐困时,辄诵庾开府、傅燮之但悲身世,无处求生,袁安之每念王室,自然流涕。"读此可想见其心事。又有一条云:"名之隐见,当视时之盛衰。天崩地圮,波沸燎扬之日,名固可得而有者耶?犹龙之学,非吾所逮。若行已在清浊之间,苟全性命于乱世,吾辈当以是为法。"读此可想见其自处。卷首附用纯自传、杨无咎撰《传》、彭定求撰《墓志铭》及《苏州府志》传。其周荣植、金吴澜二序,则重编时所作也。(15-482)

王兰史年谱一卷 咸丰刊本

清王锡九自记。锡九字兰史,浙江山阴人。道光癸巳进士,以知县分发江苏,历知嘉定、昭文、丹阳、元和、青浦、华亭、长洲、奉贤、吴县事,升柘林通判。所记从嘉庆二年丁巳一岁起,至道光三年壬子五十六岁止,即卒于是岁八月。按锡九官江苏日,值陶澍、林则徐、裕谦相继为督抚,经裕谦保举,有"悃愊无华,措施有法"语。其时鸦片战起,英船犯江浙,锡九亦兴办防备供需诸事。后因病乞假,旋卒,年仅五十有六。卷首有李鸿章、郭柏荫、冯桂芬、汪祖绶诸序。末有其子宗濂跋,时宗濂方为上海令也。(15-483)

彭文敬公年谱一卷 同治刊本

清彭蕴章自记。蕴章字咏莪,江苏长洲人。道光乙未进士,授工部主事。先以教谕改中书,又由中书考补军机章京。至是仍留军机处行走,累升至工部右侍郎。咸丰元年,命在军机大臣上行走。六年,授文渊阁大学士，管理工部事务。七年，充上书房总师傅。八年，改武英殿大学士。十年，以病出军机，旋准开缺。十一年，病痊，署兵部尚书，调署都察院左都御史。同治元年五月乞休，是年十月卒，谥文敬。按蕴章为彭启丰曾孙，四十四岁始通籍。自福建学政回京，即入赞枢密。时值粤氛猖肆，继以英法联军犯阙，蕴章碌碌无所匡救。《谱》所记，惟咸丰十一年十一日，遵旨密陈时务六条，力请回銮而已。首录褒恤上谕及谕祭谕碑文，后有其子慰高等补述。(15-484)

罗文恪公年谱一卷 同治刊本

清罗惇衍自记，其子罗矩等补。惇衍字椒生，广东顺德人。道光乙未进士，官至户部尚书。卒年六十一，谥文恪。自记起嘉庆甲戌一岁，止咸丰辛亥三十八岁。三十九至六十一岁，矩等所补也。惇衍居官，颇以敢言称。其保林则徐赴广西剿贼，保曾国藩在湖南募勇，一洽东山之望，一储中兴之勋。至谓"筹纾国计，宜兼用布帛纳税"，则迂而不可行，但同时孙芝房辈亦为此论，则亦不创于惇衍也。(15-484)

曾文正公年谱十二卷 同治刊本

清黎庶昌编。起嘉庆十六年一岁，讫同治十一年六十二岁，而治兵之事特详。自道光三十年洪秀全起难金田为寇乱之始。咸丰元年，江忠源募楚勇赴广西，为湘军出境剿寇之始。咸丰二年，奉谕在籍办理团练，为文正督兵之始。其间援引同志荐任诸帅，以至筹划战守，近关一隅，远涉全连及川陕滇黔。咸同战事始末，咸具于篇，非但谱文正也。按文正以儒生克复江宁，称中兴元勋，其微不足于清议者，惟办天津教案，过于迁就，虽亦费尽调停，但其时法正丧师于德，若坚持，或能就范，惜是时朝野皆懵然于外情也。其讯马新贻案，疑亦随同讳饰，责备不得因贤者而宽也。至若上疏劾崇纶，见《东华录》，语极严厉，崇纶即因是伏法。《谱》仅存"办理不善"四字，而劾崇纶之疏，集亦删之，殆以崇纶之子裕禄、裕德方贵显，恐触其忌耶？又文正《克复金陵疏》中言洪福瑱已死，而左宗棠、沈葆靖皆言逃出，因是交讦。作《谱》时，宗棠、葆靖俱在，则置则而不书。① 刘锡鸿辈碌碌无所长，亦叹异为难得之才。此则编者别有用心，乖乎直笔也。然庶昌在文正幕府，多所闻见，叙次又详略得宜。其书后谓"道光中叶以还，人才之进退，寇乱之始末，洵时事得失之林。文正于此，或筹稍迂，而成功甚奇；或发端至难，而取效甚远；或用人立事为众听所骇怪，而徐服其精；或为国忘躯受万口之诋訾，而所全实大。凡若此类，皆不敢忽"云云。盖有所指，亦以见知文正之深而窥其全，非他泛泛辑录者所能为也。(15－485)

文文忠公事略四卷　光绪刊本

清文祥，姓瓜尔佳氏，盛京正红旗满洲人。道光乙巳进士，由工部主事官至体仁阁大学士、军机大臣，卒谥文忠。是书卷一谕旨、谕祭文、谕碑文、国史馆本传，卷二至三自订《年谱》，卷四《蜀轺纪程》《巴林纪程》。据《谱》，文祥于咸丰九年初派在军机大臣上行走，旋值天津海口失事，英法军长驱直入，文祥先阻巡幸木兰之议，不得，即派在京办理抚局，一时辑兵安民，颇赖其力。同治纪元以后，两宫垂帘听政，依阿而已，无可述者。其《蜀轺纪程》，在咸丰四年，奉命与载龄、崇实往陕西查办事件。《巴林纪程》则在咸丰七年，派往巴林札萨克奠故贝子多尔济萨穆鲁布也。(15－486)

马端敏公年谱一卷　同治刊本

清马新祐编。端敏，马新贻谥。新贻，道光丁未进士，以知县分发安徽，官至两江总督，为张汶祥刺毙，谥端敏。新祐，其弟也。《谱》详于居官治军事迹奏牍，直同政书。其记讯问张汶祥始末，虽亦纪实，殆非真相。世传新贻有害友占妻之事，汶祥为友复仇，实侠士也。当刑部尚书郑敦谨讯汶祥时，以誓要之，汶祥始吐实。既而曾国藩等坚不肯照实奏陈，敦谨遂佯病径归，不复命。国藩等之出此，岂以新贻方被褒恤，为朝廷体面计耶？此事闻之敦谨之孙沅。若《谱》所记汶祥供词，殊不近

---

① "则置则而不书"，疑后一"则"字衍。

理,不待辨也。(15－486)

斋威烈公年谱一卷 咸丰刊本

斋清阿,姓纳喇氏,字祝澄,满洲镶黄旗人。以马甲出身,洊擢至广东肇庆副将,会广西土贼滋事,斋清阿奉令与肇庆府知府蔡振武、督标参将左炘,督兵越境协剿。行抵贺县,与贼遇,胜之。穷追深入,贼反攻,遂遇害。同殉者六人,优诏褒恤。时咸丰元年,斋清阿已七十有一矣。四年,追谥威烈。是《谱》,其子常恩编。前录谕碑文,后李星沅、周天爵、向荣、徐广缙、叶名琛等奏报,并上谕。常恩,道光庚戌进士。(15－487)

李文忠公事略一卷 光绪壬寅日本印本

清吴汝纶辑。卷首有汝纶序,称"李文忠公薨后,门下士虑各行省请建专祠,不得公事实,属代撰事略,分寄各省,以备采择。其后各省皆自别撰,考核加详备,拙稿不足复存。今来日本,儿子自行箧检出付印。念文忠事迹,闻国家掌故,又海内外所赖共闻见"云云。其中有护理直隶总督周馥《胪陈忠勤功绩疏》、《山东请建专祠事略》、《江苏请建专祠事略》、《浙江请建专祠事略》、《福建请建专祠事略》、《河南请建专祠事略》、《上海请建专祠事略》、《天津请建专祠事略》、《京师请建专祠呈稿》。按文忠宦迹曾至广东,时值庚子拳乱,文忠倡东南互保之局,不为无功于广东,而粤人无以建祠请者,当以在粤主开赌禁,为粤人所憎也。(15－487)

曾忠襄公年谱四卷 光绪刊本

清王定安编,萧荣爵增订。忠襄,曾国荃谥也。国荃字沅甫,湖南长沙人,曾国藩弟也。以优贡生从国藩剿贼,克复金陵,功第一,封一等伯。历官至两江总督,卒谥忠襄。是《谱》叙次其治军居官事,而于围攻金陵一役载之尤详。案忠襄谋略优于文正,十九岁时,文正送别都门,有"屈指老沅真白眉"句。是《谱》所记,文正初起治兵,忠襄为画三十二策。又答文正谓:"淞沪财赋甲天下,筹饷易。然贼巢在金陵,急攻其巢,必以全力救护,而后苏杭可图。"又谓:"金陵为贼根本,恃江南北各城为屏蔽,江南北各城亦恃金陵为应援。今以一军直捣金陵,苏常各贼闻江宁急,必更来援。彼时遣别将间袭苏常,吾因而乘之,殄寇犁穴,即在此举。"文正皆从其计,因建中兴之勋。故是《谱》可与文正《年谱》互参,盖文正《年谱》亦成于定安也。惟卷三以下,全载公牍,漫无翦裁,岂即荣爵所增订者耶?(15-488)

彭刚直公行状一卷　光绪刊本

清王闿运撰。刚直,彭玉麟谥。玉麟以诸生从曾国藩剿寇,与水师相终始。靖港、田家镇、九洑洲之战,皆卓卓可纪。法越战起,派往广东筹防,拚决一战,而和议骤定,遂请疾归。平生誓不作官,屡次授职,皆坚辞。清正廉直,并时无第二人也。闿运是篇,叙次有法,写出刚直本色,可与所为《湘军志》并传也。(15-488)

鲍公年谱一卷　同治刊本

清李叔璠编。鲍公,谓鲍超也。超字春霆,四川奉节人,出身行伍,官至浙江提督,封一等子爵。是《谱》从道光八年戊子一岁起,至同治六年丁卯四十岁止。按超咸丰初隶向荣军,往广西征剿,以病还长沙,复隶塔齐布。自曾国藩练招水师,始拔为哨官,隶杨岳斌。《谱》于入水师以前事悉略之,所叙战功,与他记载无甚异,而言论增多,不无虚饰。按超卒于光绪十四年,当光绪六年,尝召授湖南提督。时俄人窥珲春,命统军从驻乐亭。和约定,撤军还蜀。卒谥忠壮。皆《谱》所未及也。据《谱》生于道光八年,盖六十一岁,亦可据补《中兴将帅别传》之略。惟未殁而他人为作年谱,古无此例,殆其部下不学者为此谀之。后有周霈春等二跋,则补述其内行也。(15-489)

年华录四卷　乾隆刊本

题"甬上全祖望绍衣辑"。卷首有序云:"丙子夏,余寄迹金台,斋头无事，惟与蠹鱼作缘。偶思人生自稚而壮，壮而老，其间升沉不同，彭殇各异。或妙龄而蚤遇，或皓首而成名，或盛德不获期颐，或庸材每臻上寿。于是采辑旧闻，考稽载籍，由一岁以至百余，咸备列焉。正史之外，佐以百家，广览旁搜，积而成帙，颜之曰《年华录》"云云。按祖望年谱不载是书，序文亦不类祖望作。又祖望生于康熙四十四乙酉，卒于乾隆十九年甲戌，前后丙子俱不及见，其为伪书，殆无疑也。（15－489）

艺林汇谱一卷续一卷　传抄本

清翁方纲编。是书题下自注云："纪载始于苏文忠公生，终于陆清献公殁，凡六百五十七年。又续一卷，接朱竹垞游广，止于查初白殁，凡二十六年而断。"盖未成之书也。所纪如苏东坡、黄山谷、王荆公、陈后山、司马温公、曾子固、米元章、陆放翁、朱晦庵、元遗山、赵子昂、虞道园、邓善之、张伯雨、沈石田、吴匏庵、李空同、王守溪、李西崖、王文成、文衡山、董文敏、黄石斋、钱牧斋、曹秋岳、吴梅村、高江村、王渔洋、朱竹垞、查初白，纪其生卒，并纪其事，惟甚略。余人但纪生卒而已。亦间纪他事及时事，如嘉定十七年纪"《文献通考》载事至是年止"，德祐元年纪"元伯颜入建康"之类是也。书无序例，古亦无此体，所标举又不能备，大抵读书之暇随笔偶记而已。（15－490）

四续疑年录一卷　原稿本

清朱燕昌辑。凡二百四十六人，除赵抝谦生元至正十年庚寅，卒明洪武二十八年乙亥外，大率始顺治讫光绪。其间先后，并无一定之次。惟条下各注出处，他他录不同。① 题"四续"者，盖继陆心源《三续》而作，不知尚有张鸣珂《赓录》也。与张氏所录诸人时代相同，而人亦有互同者，但不多耳。盖世愈近则人愈繁，譬之钓鱼于渊，取之不尽，在博览者自觅之耳。（15－490）

---

① "他他录"，疑当作"与他录"。

疑年赓录一卷　光绪戊戌刊本

清张鸣珂录。鸣珂字公束，浙江嘉兴人。拔贡，官江西知县。是书在吴、钱、陆之后，拾其所未备，得四百余人，大抵始顺治讫光绪。其补《初录》者，如张尔岐生明万历四十年壬子，卒康熙十六年丁巳。补《三录》者，高不骞生明万历四十三年乙卯，卒康熙四十年辛巳，年八十七，并正《三录》作八十四之非。正《续录》者，应㧑谦生明万历四十七年己未，卒康熙二十六年丁卯。证《续录》生万历乙卯，卒康熙癸亥之非。惟其中亦有缺如不具者，如法若真生于万历四十一年癸丑，卒康熙三十五年丙子，此但约计之。又有错误者，如冒襄生万历三十九年辛亥，卒康熙三十二年癸酉，年八十三。此乃以为生崇祯四辛未①，年六十三，何不考之甚耶？（15－491）

春秋疑年录一卷　光绪乙未刊本

清钱保塘录。首有保塘自序，称"'疑年'之义，取诸《春秋左氏传》。而钱氏所录，于春秋时人未之及，因取左氏所记及散见他书者，稽其生卒。有可考者，依次列之；有可约推者，分国类次。得二百七十六人"云云。其中多可据《左传》以订诸书之误，如晋文侯、郑祭仲、晋文公、公子庆父、晋平公、晏婴、襄夫人、楚成王、太子建诸条，皆是。孔子条，当段玉裁作年七十四，此依梁玉绳《史记志疑》，非也。（15－491）

四史疑年录六卷　嘉庆二十三年刊本

清女士刘文如录。文如，大学士阮元妾也。卷首有电塘庵主序，即阮元也。又有文如自序，称"钱辛楣作《疑年录》，前汉无一人，后汉止郑康成。因遍考各史传，算其年岁，史无明文者，则以前后事迹辗转推测而知之，或约计之"。计《汉书疑年录》一卷，《后汉书疑年录》一卷，《三国志疑年录》三卷，《晋书疑年录》一卷。其中灼然可信者十居八九，不惟补钱氏所未及，亦

① "崇祯四"，疑后脱一"年"字。

读史一新法门也。书刊于广州,在阮元督两广时。(15－492)

黄氏家录一卷 康熙癸未刊本

明黄宗羲撰。后有其子百家跋,称系宗羲四十岁以前之作,无序例。盖述其先世之遗事。始宋,有讳万河者,其父判庆元,失其名,值金人来犯,城陷殉节。《宋史》及《北盟会编》皆失载,幸见于《谱》。自宋至明,代有达人,或仕或隐,其间风义及韵事,有足传者。止于御史尊素,宗羲父也,所述尤详,可补《明史》本传所未及。如记任宁国推官时,执法惩奸人事,其擢御史,实出邹元标之荐。又为元标言追理梃击、红丸、移宫三案之非急。又杨涟具疏劾魏忠贤,尊素止之,不听。又请其削疏中涉宫嫔者,亦不听。涟疏入,尊素亦草疏助之。又万燝死,尊素上疏论廷杖,又劝杨涟宜去官全身名,本传俱遗之。盖尊素之见,与杨涟、魏大中辈稍异,意欲弥缝其间,不致遽裂,使善类一朝同尽。本传称"阉以尊素多智虑,欲杀之"者,殆以此。故宗羲特表出之。又尊素父日中,当尊素被逮日,同受榜掠。崇祯初,尊素冤雪,赠太仆寺卿,即以其官封日中。于是日遂以诸生骤膺太仆卿之荣①,亦罕见事也。又《录》中记其远祖玺,入楚寻兄,视路旁伞而得之,事尤奇。自来记寻父或母者有之矣,未有及寻兄者,洵足传也。(15－492)

傅史一卷 宣统元年刊本

明傅山撰。山字青主,山西太原人,诸生。康熙征博学鸿词,至国门,誓死不入,放还。是书成于甲申以后,抄史中诸传,而论其可否。开篇畅论君子出处之义,而极之曰"不幸而无所遇,龙蛇之蛰,存身之教而已矣。不幸而有所遇,反经合道,间关拨乱,毋论胥以溺。岌岌乎难哉!其旦暮遇之也"云云。殆自寓也。始傅说,讫傅友德,凡五十六人。原书有传有论,此止存论,当是刘霏削之。虽诸史中傅姓者未尽入此,而山之意亦不求备也。(15－493)

---

① "于是日遂",疑"日"后脱一"中"字。

万氏宗谱十四卷 乾隆壬辰刊本

明万斯大修。斯大有《学礼质疑》,已著录。是《谱》创作于万全,时在天顺二年戊寅。重修于万表,续修于万邦孚,至斯大盖四修矣。首有康熙己未魏禧序,次高斗枢、李文胤序,皆题康熙戊申。附旧序三,即嘉靖戊子洪贯序、全自序,又一后序,无撰人名氏者。次斯大所为凡例。书分内外集,内集为姓源、始祖录、世系图、宗子图、世传、世恩录、祟祀录、先茔录、遗容录、祖训录、冠昏仪、丧葬仪、祠堂仪、祭祀仪、厚族仪、家集录、世泽录、遗迹考;外集为存征录、藏书录,每录后有斯大所为论辨或记遗。其《学礼质疑》中之宗法四篇,亦附入焉。斯大之子经先刊《世传》八卷,时康熙五十三年甲午也。其后经及经之子承式、福等,各有增并。今按《世传》共九卷,六卷终于万泰,斯大之父也;七卷,则斯大诸兄弟,经所增也;八卷,则经诸兄弟,承式、福所增也;九卷,则承天诸兄弟,万系前、绵前、光前等所增也。各传后多附行状、墓铭、碑碣、传诔之类,以备考。按鄞万氏,在明初即有所谓“四忠三节一义”者,彪炳史册。传至九世表,以督漕著声。又传至十二世泰,与其诸子斯大、斯同等皆守高蹈之节。斯大、斯同等与其子侄言等,又皆以文学重于时。一门之盛,未可多见。其家集录,即万氏之艺文志也。合考诸录,洵备谱家之大观。是本承式、福梓于乾隆壬辰,惟阙外集未刊。盖存征、藏书二录,斯大即未成书,后复遭毁,故但存其目,以待搜罗云。(15-494)

戴氏先德传二卷 道光二十三年刊本

清戴钧衡撰。《传》上卷为孝友、义侠、仕宦、文学、隐逸、独行,下卷为烈妇、贞妇、节妇、贤妇、贤媛,各若干人。一世祖智富,生元明间,明太祖伐陈理,尝运白米三百石助饷,不受官,太祖赐助国功臣札,复其身及子孙赋税徭役。所传诸人,至乾隆间。而戴名世者,钧衡曾为编其文,且作年谱,乃《文学传》中无之,则盖讳而不敢著也。所叙亦间有谬误,如云“魏惟度有《石仓诗选》”,按《石仓诗选》乃曹学佺所为,魏惟度别有诗选,不名“石仓”也。卷后附《先世墓地记》《书始祖庆二公家传

后》，卷首有毛岳生诸人评语。（15－495）

明经胡氏七哲集传一卷 咸丰乙卯刊本

清胡朝贺辑。“明经胡氏”者，世居婺源县之考川，其先为唐昭宗太子，讳昌翼，避朱温难，育于胡氏，遂冒胡姓。以明经登进士第，义不仕，隐居考川，人号明经翁。其后子孙，世以经学传家。详见所为《总略》。《传》七篇，曰环谷先生伸，曰玉斋先生方平，曰孝善先生斗元，曰梅岩先生次焱，曰双湖先生一桂，曰云峰先生炳文，曰石丘先生默，所谓七哲也。《斗元传》后附舜卿先生师夔，则八人矣。皆治经学，有传书，生于宋元之间。济鼎、一桂皆不仕元，炳文虽曾任书院山长，而荐于朝，则义不肯就。默又遇乱不屈死，其高节亦可尚，不第明经也。后有跋，皆集成语次之。朝贺于昌翼，为二十七世孙云。（15－495）

吴江沈氏家传不分卷 同治六年刊本

无撰人名氏，盖取谱牒中之一部刊而传之者。后有沈桂芬记，称“诵芬述德”云云，是其旨也。《谱》修于乾隆五十八年，故传托始元末，下讫乾隆间。目凡九十一人，间有二人为合传。隐逸十五人，又妇女九人，其间蝉嫣不断。最显者，正德间刑科给事中汉，隆庆间翰林院检讨位，至若万历间礼部主事琦、兖东道副使琉、山东左布政珣、光录丞璟、江西按察司佥事瓒，则一门群从也。或用登甲科，而或以直声著，或以循绩著，或以文学著。若诸生彤，世所称果堂先生者，尤以经术重于时。其他隐德不彰者甚众，而所贵尤在三百余年世泽蝉嫣不断也。卷首有周忠肃撰《沈奎墓志铭》①，盖以吴江旧志奎无传，而雍正间邑儒学即据恭肃是文准祀乡贤，特录此以俟新志采补云。（15－496）

关西马氏世行录后录续录又续录馀录十六卷 同治刊本

清马先登编。先登，大荔人，乾隆丁未进士，直隶州知州。《世行

---

① “周忠肃”，疑当作“周恭肃”。

录》叙繁峙县知县通，及其子詹事府詹事兼翰林院侍读学士珍，孙顺天府通判自勉，礼部尚书兼文渊阁大学士自强。《后录》叙散官自修，吉州学正忱，处士恬，辰州府知府协，山东布政使司右参议怡，南京尚宝寺卿慥，屏山县知县桥，皆珍之孙若曾孙也。《续录》叙云南按察使司副使朴，苏州府通判桢，师宗州知州材，济南府通判煜。朴、桢、材皆珍曾孙，煜其玄孙也。《又续录》叙稶、镕、士宜、兆运、兆祥、兆玉、腾蛟，兆运外，俱诸生，皆珍之裔，而腾蛟则先登之父也。大抵自明嘉靖讫清咸丰，所录诰、敕、像赞、墓志、墓表、传、状等咸备。《馀录》又汇录家集、家谱、祭田诸序。《世行录》有陈应芳原序，《续录》有马腾蛟序，《又续录》有马先登序及马有德跋。又有马先登总序，弁于《馀录》之首。(15－496)

正定王氏家传六卷　光绪十九年刊本

清王耕心撰。首有耕心叙录。卷一至四述始祖至其父及伯叔父而止，卷五述十一世族祖妣至其王母而止，卷六为族之先正及先硕人会传。始祖名大贤，于洪武三年由山西清源迁真定，雍正后真正改正定①，迄耕心五百余年矣。其间多以仕官、文学著。其十一世祖锺庞，明吏部尚书赵南星外孙也。传述“南星劾魏阉时，锺庞方为中书舍人，南星密授疏稿使缮写。而锺庞有戚许某，魏阉私党也，适至内宅，窃见疏，遽袖之，走白忠贤。由是祸益棘，而锺庞亦牵连就逮，谪戍永昌。庄烈嗣位，赦复原官”云云。可与《明史》南星本传相参。卷末附家传后记，补传未及，亦自揭其例也。(15－497)

王荆公年谱考略二十八卷　嘉庆甲子刊本

清蔡上翔撰。上翔字元凤，江西金溪人，乾隆辛巳进士，官四川东乡县知县。以母丧归，不复出，卒年九十二。是《谱》成于八十八岁时，见自序。盖致力于此者数十年矣。按为荆公辨公辨诬者②，始于李穆

---

① “真正”，疑为“真定”之误。

② “按为荆公辨公辨诬者”，疑衍“辨公”二字。

堂，诸文具见集中。其《青苗社仓议》，谓“朱子社仓法，与青苗同，即荆公在鄞亦行之。其利与害，则在人而不在法”。持论极允。上翔继为是《谱》，多采穆堂说，而所辨尤详。最要者，辨吕诲所疏十事，不啻荆公之自具辩状也。又辨荐吕惠卿为馆职，出欧阳修；用王子韶开边，有功无罪。皆关重要。此外若邵康节洛阳天津桥闻杜鹃；苏老泉作《辨奸论》；苏子瞻称王安国以苦言至计规切其兄，坐与郑侠、王斿同贬；王元泽囚首跣足携妇人冠见程伯淳；荆公怀刺见周濂溪，濂不给；荆公与曾子固始合而终睽；右李仲昌开漯河议为刘敞所讥。凡此种种，一一证其非实。即邱琼山所言“设宫观之官以处异议”者，亦属疏于考古，而后人之谤荆公者，则缘于《宋史》尽采私书之故。然《宋史》于荆公之年，已误六十六为六十八，又遑论其他矣。惟上翔意有所激，征引不觉其过繁，议论亦不觉其过多。且谱以纪事，而论及诗文，亦嫌非体。宜杨希闵有《节要》之作也。卷末有《五伦考》以补《谱》所未及，有《实录考》以著党祸所由兆。惟卷首三卷，除略例外，似宜归入附录为合也。(15－497)

王文公年谱节抄四卷附存二卷　光绪戊寅刊本

清杨希闵节抄。首有希闵自序，称“蔡元凤撰《荆公年谱》，考证详而确，议论通而不偏，可以知人论世。而微病繁多，为节其要，得四卷”云云。然其中不尽节抄，条下间有考证，以补蔡氏所未及。第三卷后增入十余条，皆属于荆公身后加礼之事，出李焘《通鉴长编纪事本末》，蔡氏未之见也。又补入荆公门人十余人。郑侠于荆公居忧金陵时，亦尝从学，其后乃力诋新法。附存二卷，一《年谱推论》，一《熙丰知遇录》。《年谱推论》又分三种：一补录，补所见集本及序文；一外录，与本书事实无涉，而可互文见意者；一博证，推类广求，明乎彼即达乎此者。《熙丰知遇录》亦据李焘《长编》，详君臣问答语，以证朱子《言行录》之多诬。自穆堂、元凤之后，又得希闵为之后劲，虽似私其乡人，要亦公理之不容泯者也。(15－498)

考定苏文忠公年谱一卷　康熙刊文集本

明郑鄤订。首有鄤序，称“移锦衣卫狱，时宰方谋亟杀余，无片纸出人。从同舍雷生应元借观苏集,命长儿珏日诵数章,口授而诠次之。觉东坡须眉朗然照人,千载后之览者,知《东坡先生考定年谱》成于明后学郑鄤系锦衣卫之日"云云。署崇祯丁丑二月廿八日。按所云"考定"者,盖据《志林》《别集》所载,补王宗稷本所未有,而删王本之芜杂者。条下每作浅俗评语,此明人恶习也。(15－499)

邹道乡年谱一卷　文集附录本

清李兆洛订。按宋邹浩,字志完,号道乡。元丰元年,登黄裳榜进士第,哲宗朝官右正言,以谏立刘后削官,羁管新州。徽宗立,召还,复为右正言,迁左司谏,改起居舍人,进中书舍人,迁兵、吏二部侍郎,以宝文阁待制知江宁府,徙知越州。为蔡京所构,责衡州别驾,寻窜昭州。崇宁五年,赦还。四年复直龙图阁。卒于政和初,年五十二。事迹具《宋史》本传。旧有谢亀巢所编《思贤录》,即《年谱》也。经十九孙忠允①、二十一世孙俞仪一再校补。中如浩以元丰七年改除扬州州学教授,而旧谱误属之前二年。又如吕公著守扬州,命撰《乐录》,而本传误为范纯仁。元祐四年改除颍昌府学教授,而《宋元通鉴》误入元丰六年。元丰四年十二月上皇帝书,而《宋元通鉴》误入元祐七年。崇宁元年,官试尚书、兵部侍郎至安置永州,《思贤录》误系之前一年。大观二年,以八宝恩赦,授宣义郎,寻叙宣德郎,《墓志》系之前一年,且脱宣德郎一条,《思贤录》沿之。如此之类,俱为纠正。兆洛复采《长编》及《名臣奏议》,增其所遗而删其可省者。又忠允别有《外纪》一卷,兆洛剌取其有资考证者著于篇,而不收《外纪》。《谱》至是乃备而核焉。(15－499)

洪忠宣公年谱一卷　宣统刊

清洪汝奎纂。忠宣,宋洪皓谥也。皓以建炎三年使金,被留十五年乃得归。又为秦桧所扼,谪英州,居九年,始复左朝奉郎,主台州崇道观。居袁州,道南雄卒。旧有《年谱》,彭泽洪庥、浮梁洪声闻编刊于嘉

---

① "十九孙",疑当作"十九世孙",脱"世"字。

庆戊辰。汝奎以为疏略，且多讹舛，因援《宋史》纪传、其子适所为《先君述》并及《盘洲集》《隶释》《隶续》《容斋随笔》诸书。自建炎三年以后，绍兴十三年以前，多采用《金史》纪传，而每年下，别注明金庙号、年号、年数。其记忠宣事实，檃栝简约，作正文大书，而引证诸书，以为之注。所引之书，有未晰者，则为注中之注；可旁参者，不杂注中，别为附考。甚深得事增文省之意，可为作谱者取法。用原《谱》者，特标出之，然无多条也。卷首有汝奎自撰《缘起》，即凡例也。(15－500)

洪文安公年谱一卷 宣统刊本

清洪汝奎纂。文安，宋洪汝遵谥，洪皓次子也。绍兴十二年，举博学宏词第一，终资政殿学士。按遵与其兄适同取博学宏词，高宗见所呈制词，曰："父在远，能自立，此忠义报也。"即除秘书省正字。中兴以来，词科中选即入馆，自遵始。遵与兄适、弟迈，世称三洪，其文学、仕绩亦略相同。惟遵年止五十五，且所著《小隐集》七十卷，早经失佚，亦不如《盘洲集》《容斋随笔》等之流播人间。惟其立朝颇多建白。汝奎从陈确《名臣奏议》得三十余篇，或约其文，或存其目，合之他所采获，粗得涯略，例与所为《忠宣年谱》同。于无征者，注曰"失详"，盖昭慎也。(15－501)

洪文惠公年谱一卷 宣统刊本

清洪汝奎增订。是书系就钱竹汀辑本为之补遗正误。补其要者，如绍兴四年，沈夫人来归；十九年，为忠宣公作《禳谢青词》，哭叔父常平公；二十二年，就方滋广南僚属；乾道二年，驳蒋芾以武举杂卒伍非便。皆补钱氏所阙。此外，补文目诗目不少。又如《忠宣行述》称"绍兴二年下秀州，存问家属，赐银绢二百"，"适未冠得监南岳庙"。本一时之事，而钱《谱》以泥"未冠"二字，将监庙系之绍兴五年。又钱《谱》以作《蛰寮记》系于绍兴辛酉，而《记》末明署绍兴庚申。皆订钱氏之误。盖钱氏未见《盘洲集》，故汝奎即据是《集》为之增订。他所援证，殊无多也。(15－501)

洪文敏公年谱一卷　宣统刊本

清洪汝奎补订。是书亦就钱竹汀辑本为之补遗正误,卷帙几两倍钱本。钱本之最谬者,绍兴二十四年甲戌条下,记“是岁编诗为《野处类稿》二卷。自序云‘甲戌之春,家居卧病’”云云。按钱氏《十驾斋养新录》言:“吴门徐淡如抄洪文敏《野处类稿》二卷见赠,细读此集,似不出文敏之手。如《庚戌正月谒普照塔》云:‘重来得寓目,归枕尾残汴。’公生于宣和癸卯,至庚戌仅八岁,即早慧能诗,不应有‘重来寓目’之句。又有《呈元声如愚起莘三兄》及《怀舍弟逢年时归婺源》诗,与文敏两兄字全别,益可疑云。”是则《野处类稿》之为赝本,非不知之,何以记之于《谱》,又无一语辨证?汝奎考为朱韦斋集中诗,且文敏所著自有《赘稿》《猥稿》,而无《类稿》是也。又绍兴三十二年壬午,记“正月金遣使议和,公以左司员外郎充接伴使,三月除起居舍人,假翰林学士,充贺金登位国信使”。按《宋史·高宗纪》,绍兴三十一年十二月乙未,弑其主亮于扬州龟山寺;戊戌,金都督府遣人持檄诣镇江军中议和;三十二年正月己丑,金遣其臣高忠建等来告嗣位。汝奎据此以迈为接伴使,乃来告嗣位之时,非议和,亦是。此外据《容斋诸笔》所补,当由钱氏意主简约,弃而不收,非遗之也,然亦足备参证。若绍兴乙亥《重修广州都盐仓记》、绍兴辛巳二月四日《馆阁诸公送胡正字诗序》,采之《事文类聚》者,此当为《野处赘稿》《猥稿》中所有矣。(15－502)

湛然居士年谱一卷　活字印本

张相文纂。湛然居士,元耶律楚材自号也。楚材为辽东丹王突欲之孙,金大安元年应制策中甲科,渐迁至燕京行省左司员外郎。既成吉思汗召见于行在,后从驾西征,居撒马儿罕甚久。迨窝阔台嗣位,骤柄用,所建议多见施行。其重修宣庙,谏止屠民,尤有功于□□。卒于蒙古乃马真后三年,即宋淳祐四年甲辰也。《谱》分四格,首世纪,次时事,次履历,次杂考,后附世系。《谱》中“杂考”诸条，并“世系”后附辨诸条，多所订正，为极究心之作。所据书以《湛然居士集》《双溪醉隐集》为主，且近及屠寄《蒙兀史记》，远及泰西史，洵佳构也。（15－503）

张端岩年谱一卷 借月山房刊本

明张文麟自叙。文麟字端岩，江苏金山人。弘治己丑进士，授刑部主事，升郎中，终于知府。自叙从成化十八年壬寅一岁起，至正德七年三十一岁止，则以郎中差广东审案便道省亲时也。后有乾隆甲申八世孙仁济识，称“由刑曹出守剧郡，致仕归，年才四十二，优游林下又二五年而没”。不言所守何郡，殆无可考矣。又有嘉庆戊辰九世孙海鹏识，盖从世谱中出而梓之者。按文麟官刑部日，正值刘瑾伏法，寘鐇被俘，所记二人讯问及处死情状甚悉。至若正刘二汉之罪名，减刘瑾疏属之从坐，不徇张综之非时考察，廷折杨一清之不引祖训，具见风节矫矫。惜缺其后半，当不无遗美也。（15－503）

李文正公年谱五卷 嘉庆八年刊本

题“法式善纂辑，唐仲冕增补”，实王芑孙所编定也。首有芑孙、仲冕二序，又有芑孙跋，言“用吕大防、洪兴祖诸家分编《昌黎年谱》之例，判其起讫。又假借得明汪俊、李时所作《文正继母麻太夫人九十寿言》，中载诸孙，有大理寺右寺副兆延、尚宝司卿兆蕃、工部司务嘉敬三人。则文正初非无后，而《尧山堂外纪》谓‘兆先殁而公无后’者尤非”云云。嘉庆癸亥，刊于扬州，盖是《谱》之初本也。据甲子刊本，法式善序言“修书殿阁，逸文秘本往往而有。因备采事实，厘为七卷，重锓板于京师”云云。盖后二卷为式善所增，而前五卷亦略有删润。两书付梓，相距仅一年耳。（15－504）

太常公年谱一卷 光绪甲辰刊本

清钱泰吉辑，钱志澄增订。太常公，钱薇也。薇字懋垣，海盐人，嘉靖十一年进士，官至礼科右给事中。事迹具《明史》本传。泰吉据文集，参以郑晓、蒋信及薇从兄芹诸人所记。如本传止载其疏劾大学士李时、礼部尚书温仁和、外戚蒋轮，疏郭勋不法，因星变极言主德之失，疏谏南巡，疏陈选补官僚请如会推故事云云。此则考劾夏言有二事，一在言官宗伯时，一在言入阁后。又本传所称"蒋轮"，乃"蒋荣"之误。轮已卒于嘉靖五年，所劾者乃其嗣子轮也。① 此外如劾司礼内臣，劾太常寺卿刘铳，论京营军政废弛，论六卿都给事中当陪祀太庙，论六科给事中不当回避大臣坐轿，论夏言、霍韬互相讦奏失大臣体，论五臣失职，皆为《明史》所遗。又偕侍御邢址查视湖广、广西，如擒四武弁，论湖广钱粮奸弊，论武弁侵盗边储，请申明罪例，又论湖广、广西官员贤否请旨黜陟诸疏，本传全未之及。至罢官以二十余年之事②，排比尤备。泰吉原《谱》，止存手稿，先经钱聚仁参校，志澄更据《何商隐年谱》诸书重校而刊之，各标名于条后。又泰吉创稿时，薇《疏草》二卷尚行于世。故仅记所疏之事，而未录其文。至志澄时，《疏草》板已毁，故补录诸疏之略，而于论六科给事中不当回避大臣坐轿，及星变、宫门二疏，俱全录焉。复补《明史》本传、屠隆《显忠祠堂记》于卷首，末又有志澄所为跋。泰吉，薇八世孙；聚仁及志澄，则薇十世孙也。（15－504）

赵忠毅公行述一卷　道光庚子刊本

明赵清衡述。赵南星，谥忠毅。清衡，其子也。南星被诬赃，遣戍代州。清衡亦戍庄浪，崇祯赦还，为南星讼冤，得优恤。是篇所述，视《明史》本传为详，并可据以正本传之漏误。《明史》称"居正殁，调吏部考功，引疾归。起历文选员外郎，疏陈天下四大害"云云。按居正殁于万历壬午，调吏部考功在其次年癸未，旋称病归。又次年为甲申，调文选司，升稽勋司员外。丁亥，以母丧归。戊子复除稽勋，己丑调文选司员外。《陈四大害疏》即上于是年。本传遗母丧一事，且误稽勋司员外为文选司员外，非也。又本传所称四凶有宫应震，此作应辰；吴亮嗣，此

① "嗣子轮"，据前文，"轮"当为"荣"字。

② "罢官以"，疑当作"罢官以后"，脱一"后"字。

作应阙。本传称"嫡母冯氏,生母李氏,并哀恸而卒。子七龄,惊怖死"。乃清衡之嫡母、生及其子也①,宜据以校之。是篇为高邑令吴承祖所刊,后有跋,云得草稿,然崇祯间必有刊本无疑也。(15-505)

周忠惠公年谱一卷 同治壬申刊本

明周起元自记。起元字仲先,福建海澄人。万历辛丑进士,官至应天巡抚,为魏忠贤诬赃,死诏狱,福王时追谥忠惠。事迹具《明史》本传。是《谱》起穆宗六年一岁,止天启三年五十二岁,即升应天巡抚之岁,盖在械系途中所述。不及抚吴以后事者,自安罪人之义,不敢言也。所述柳庆振饥事,可补本传所未详。其天启三年三月到苏州任,至天启六年九月死狱底,则苏州诸生王焕如为之续述。按起元以屡劾织造太监李实得罪,其被逮也,则魏忠贤取实空印疏,令其党李永贞、李朝钦为之。盖嫉起元与高攀龙辈往来讲学故,非由实修旧怨。《谱》言李实疏参,盖未悉其隐也。后附其居官居乡逸事及寄儿二书,并天启、崇祯诸诰命。据诰命所称,则崇祯初曾谥介愍,而本传遗之,《谱》亦宜从初谥称介愍为合也。(15-506)

魏廓园自订年谱一卷 传抄本

明魏大中自述。大中字孔时,浙江嘉善人。万历丙辰进士,官至吏部都给事中,为魏忠贤构陷,下诏狱死。事迹具《明史》本传。是《谱》前后皆有大中自跋语。前跋略称"事多未详,详略缓急,俱未停当,幸得至刑部狱,当更定之"。后跋略称"孙杰、梅之焕、左光斗于己有所规讽,意若小嗛,而俱为知己"云云。所述入仕前处困情境,字字真切。若本传所载"举于乡,家人易新衣冠,怒而毁之",乃无其事,本不近情也。叙阮、魏构陷案甚悉,而归罪于左光斗,《谱》讳其名氏,但称为"某",按即指光斗也。略称:"某由大理丞迁少卿,时副院为郑玄岳,佥院为杨大洪,某欲迁佥院济杨为副,而迁郑为户部侍郎。予以二人俱称职,不宜

---

① "生及其子",疑"生"后缺一"母"字。

无故更动，且吾辈宜以恬淡风世效朋友切磋之道。而某遽有二心，逆数星岁二月，吏垣都谏程芸阁当升，序属刘弘化。弘化于冬间，以亲艰闻，序当属予，而某不便予居斯地，令且讳刘之丧，而贻书阮大铖令急来。既而某与阮因补江北铨司事，意相格，则倏推升周士朴出工垣以待阮。阮大恨，急图于，传继教，嗾不下。某又阴卸，以为是予欲之。阮故弗善予，及是恨滋甚”云云。按《明史》光斗本传，亦称“光斗与给事中阮大铖同里，诏之入京，而大铖密邀中旨勒当迁之周士朴，为赵南星所恶。大铖疑光斗发其谋，遂嗾傅櫆并劾之”。据此则光斗以躁进而引祸端，既负友而又自贻伊戚也。而《明史》左、魏两传，俱未及之，殆未见是《谱》耶？卷首载崇祯元年追赠诰命，卷后后附其子学洢《将赴浙狱遗友人书》。① 又按，是《谱》宜有刊本，惜未见之耳。(15－506)

阿文成公年谱三十四卷　嘉庆癸酉刊本

首题“兵部尚书、总督陕甘等处地方军务第三孙那彦成恭纂，原任刑部侍郎王昶勘定，工部侍郎卢荫溥增修”。尚有校定松筠、董教增，校对何铣等九人，各具官衔。盖官修之书也。阿桂字广廷，姓章佳氏，本籍满洲正蓝旗，赐入正白旗，协办大学士阿克敦子也。乾隆三年举人，以武功封一等崇谋英勇公，授军机大臣、武英殿大学士。卒谥文成。按阿桂平定西域及大小金川，功最高，立朝亦以守正不阿。晚岁屡派出外查视事件，盖是时高宗宠眷和珅，和珅欲揽权，以阿桂勋望出己上，又挤之不得，特假外差以远之也。是《谱》全录一切诏谕及阿桂所上诸奏疏，裒然巨帙，为向来年谱所未有。然繁中有略，即如乾隆十三年为岳锺琪奏参论死，并不著其获罪始末。至征缅之役，傅恒为经略，阿桂副之。近人发见缅邦档案，乃傅恒贿缅酋以行成，所称“大惧乞降”者伪也。盖自明瑞战殁于猛育，高宗怒极愤兵，而军士疲劳，且病瘴，势不可胜。高宗似亦明知之，故于阿桂数年大举之请降旨切责，而守备苏尔相旋被拘留矣。其后两金川既定，索诺木母子受诛，缅使观西市行刑，即尔革面。

---

① “卷后后”，疑衍一“后”字。

斯不战而屈人之兵矣。又按阿桂奏议无单行本,是《谱》作奏议读,无不可也。(15－507)

韩桂舲年谱一卷 道光刊本

清韩崶自记。崶字桂舲,江苏元和人。乾隆丁酉拔贡生,考取刑部七品京官,累擢至郎中,外简广东高廉兵备道,屡经起仆。道光甲申,在刑部尚书任,以侯际清赃案革职,发万年吉地工程处效力。旋命署刑部右侍郎,以病乞归,卒于道光甲午,年七十七。所记止于前一年。后有其子范跋。按崶谙于刑律,在高廉道镌级后,仍降为刑部主事。一由湖南布政使内擢刑部右侍郎,再由广东巡抚内擢刑部尚书。其间奉命审理重案,及酌定各项条例甚多。佐广东巡抚日屡署总督,招降洋匪张保仔,最惠于粤。其时英夷渐思狡逞,崶值吴熊光获谴后,颇重视炮台、巡舰,《谱》记此特详。惟所称"巡阅澳门,夷目俱免冠叩头",恐不足信。盖夷人无叩头之礼,乾隆时英使不得觐见,有前例也。(15－508)

罗壮勇公年谱二卷 振绮堂刊本

清罗思举自叙。思举字子刚,四川东乡人。官至湖北提督,卒谥壮勇。自叙始乾隆甲申,至道光十八年止。按甲申为乾隆二十九年,至道光十八年,时七十五岁。又二年卒,则七十七也。叙事连贯不分年,文笔率俗,记少日为盗事甚悉。所记二十七岁时被诬为盗一段,其技之奇,志之侠,若出之小说家,直疑是虚构矣。自云"打仗五百三十七次,小仗尚记不清",而《谱》亦不能尽记也。自来未有作贼自招,且著之于书者。他所记之皎然不欺,亦可知矣。文即不工,其真切而有趣味,殊可喜也。(15－509)

别本罗壮勇公年谱二卷 光绪三十三年刊本

清罗珍材补编。珍材,思举孙也,以荫官湖北抚标中军参将。以振倚堂刊本尚多未备,复搜集折件、文牍、祠规、书院章程等,并增入事实,而重刊之。首载上谕、谕祭文、御制碑文、谕祭专祠文、遗折、专请建立

专祠折、国史馆本传。《谱》后有珍材自跋。(15－509)

张清恪公年谱二卷 乾隆刊本

清张师栻、张师载编。清恪,张伯行谥。伯行字孝先,河南仪封人。康熙乙丑进士,以中书科中书效力河工,授济宁道,升江苏按察使,超擢福建巡抚,调江苏,入为仓场侍郎,调户部右侍郎,升礼部尚书。卒年七十五,谥清恪。师栻、师载,其子也。按伯行究心理学,刻行先儒遗著甚多。其居官,以清正著称。《谱》所记噶礼、张鹏翮借案构陷,读之可为发指。科场案犹可曰鹏翮为噶礼所胁,若张元隆案,则主之者鹏翮,公然捏白为黑,敢于欺罔,而中外交相朋比,党邪害正。幸圣祖知伯行素深,保全耳。鹏翮亦负直声,据此则一倾险之小人耳。《谱》详叙始末,不为少讳。而于康熙四十六年有意相厄之督抚,尚为隐其名氏,考之乃邵穆布、于准也。然伯行清而乏才,亦于《谱》可考见之。师栻字又南,官至宿虹同知;师载字又渠,康熙丁酉举人,官至巡抚。(15－510)

范忠贞公年谱一卷 咸丰癸丑刊本

清柯汝霖辑。汝霖,浙江平湖人。忠贞,闽浙总督范承谟谥也。承谟,大学士文程子,十七岁选充侍卫,十八岁成进士,授宏文院编修,以秘书院学士擢浙江巡抚,升福建总督,在官清廉爱民。康熙十三年,耿精忠应吴三桂据福建反,承谟被拘二载。既清兵破仙霞关,精忠迎降,遂杀承谟以灭口。汝霖据承谟遗集,并采逸事,编成是《谱》。并附记其幕客沈上章、嵇永仁、永仁妾苏瑶青,其幕客未同死者许旭、许鼎、林可栋,亦附见焉。承谟死于十五年,而《谱》记二十一年止。其间有归榇、建祠、赠恤诸事,而终于精忠伏法也。后有汝霖志。(15－510)

李文襄公年谱一卷 康熙刊本

清程光禋纂,首有唐梦赉序。文襄,李之芳谥也。之芳,山东武定人。崇祯十四年举人,顺治四年进士,金华推官,入为刑部主事,改御史,十四年不迁,骤擢都察院左副都御史。康熙十二年总督两江,以平耿精忠功加兵部尚书,拜文华殿大学士,致仕。卒年七十三,谥文襄。按之芳为推官日即以廉干著称,督浙江日,值耿精忠北犯,连失辖地,卒以扼守衢州,以俟大军之至。断贼饷道之策,亦发自之芳也。《谱》所记,粗得大概,而前半较多漏略。其巡视浙江盐课,劾商人汪仲琰,致给事中汪之洙伏法。居御史,论大学士魏裔介蒙混得荫,吏部议裔介削级罚俸。所谓风节矫矫,不畏强御者,而《谱》俱缺之。至其不载言事诸疏,当以《谱》附文集,无庸多赘耳。(15-511)

朱子年谱一卷　光绪六年刊本

清郑士范纂。《谱》后有士范自记,题同治戊辰。首及末,又有贺瑞麟、寇守信序跋,题光绪庚辰。盖成于同治戊辰,而刊于光绪庚辰也。自记称:"参徽、建二谱,于《提纲》稍有所删,而不敢增。其目则仍全录本文,而增《文集》《语录》中之年月确然宜入者,以补其阙而订其讹"云云。按士范未见王懋竑《朱子年谱》,故经懋竑改订者,士范多不及采。尤谬者,朱子师事李延平,旧谱系之二十四岁,士范乃系之二十九岁。按朱子三十四岁而延平卒,其祭延平文云:"从游十年,诱掖谆至。"则士范之失,与懋竑断三十一岁为受学之始者正同。而贺瑞麟序,竟硬定士范记中徽本即王懋竑本。按懋竑,宝应人,与徽无涉,所云徽本,或即朱烈之重镌本。惟其未见懋竑本,故系多与之异。瑞麟乃疑其有意去之,而不为《提纲》,岂非痴人说梦语乎?(15-511)

朱子年谱纲目十四卷　嘉庆七年刊本

清李元禄编。元禄字涵万,湖南兴宁人。是书首有元禄自序,及罗典、何学林序。卷首《提纲》,卷一至十为年谱纲目,卷十一行状,卷十二门人。又补遗一卷,大旨以为"读朱子书,欲按其年岁,次其先后,以考其终身议论行事之本末。彼载诸《年谱》及本传者,亦略而不能得其详。及反覆他书,又以卷帙繁多,散见错出,因本之《言行录》,更取之《文集》《语类》诸书,约举为学之道、用世之方,仿编年纪载体,提其大纲,详其节目,系于各年之下,以便按年检阅,得以知其始终、出处之大略。其或年岁无考,或年岁不同而与事相例者,亦因例以见”云云。其例则分见各卷之首或各条之下。与他《谱》异者,除生卒及奏事、除官、罢官外,皆不书时月。虽不废记事,而究致详于言。是书初刊于闽汀,后复考订,重刊于郴州。刊成后,续有刊订,成补遗一卷,标明补入某条之后,或与某条相易。殆与朱泽沄《圣学考》相近,为年谱之别体也。(15－512)

朱子年谱一卷　乾隆五年刊本

清王意存录。意存无可考。是《谱》附刊舒敬亭所编《朱文公经世言行录》中。敬亭题云:“此中州王意存所录,托以授梓者,不敢妄为增减”云云。按是书大抵循袭旧谱,别无特见。按诸谱于“二十四岁受学李延平”条下,多称“先生学无常师,出入于经传,泛滥于释老者几十年。年二十四,见延平,洞明道要,顿悟异学之非,尽能掊击其失。由是专精致诚,剖微穷深,昼夜不懈,至忘寝食。而道统之传,始有所归”云云。此是李方子原谱之文,而李默本无之。盖默奉阳明之学,不欲以“道统”二字归之朱子,故删之也。今是本亦无此文,是又参用李默本之一证也。(15－512)

朱子年谱不分卷　康熙庚子刊本

清黄中辑。中字平子,安徽舒城人。是书有中自序,题康熙庚子。又有重刻自记,不题年月。盖刻成后,又有所增删也。《谱》前有像赞、世系图、题名录、年谱别录。《谱》后附录《道学始祸》、沈继祖《参伪学疏》、《伪学籍》、《元祐党籍碑》、韩侂胄《权奸纳贿迹》、吕祖泰上书、历代褒典。盖兼为程《谱》言之,中所异于他谱者在此。至于编年系事,大率本之洪去芜本,而亦不尽依之。惟沿误而未为是正者不少,具见王懋竑《朱子年谱考异》。然懋竑并未见是《谱》,所校者洪《谱》,而中与之同借为他山之攻可也。(15－513)

朱紫阳先生年谱一卷　康熙丙午刊本

清毛念恃录。首有引,称“间较旧本,增损一二”。而疏略殊甚,如乙未四十六岁条下，记“梭山陆公子寿、象山陆公子静来会于鹅湖寺”。按子寿号复斋，不号梭山，当因象山辨太极书，屡言梭山而误。又壬子六十三岁条下，记“永嘉陈同甫来访”。考两家文集，同甫以壬寅来见朱子于婺州，别无壬子相见之事。此皆旧《谱》舛谬之显然者，念恃俱沿之而未改，所云“增损”者，不过文句间而已。(15－513)

重镌朱子年谱三卷　康熙癸卯刊本

题何可化、蓝润、王同春、蔺一元、林云铭、李脱凡重编。其署衔，自巡按江宁御史至婺源县知县。曰重编者，实重镌耳。近世所称徽本指此。首有康熙癸卯聂炜序，次录魏了翁《年谱》旧序、戴铣《实纪》旧序、朱家桝《年谱》旧序，末有十五世孙烈跋。卷一至二《年谱》，卷三《行状》。按谱朱子者，始李方子，原作三卷，其书已佚。戴铣《朱子实纪》中，《年谱》亦占三卷，而《行状》别为一卷。是《谱》但称重镌，而不言所镌何本。虽录戴铣一序，而分卷即不依之。取戴《谱》相校，所系事亦多不同。而所录朱家桝序，称“十三世孙诸生崇沐即闽本梓之”云云。然则所重镌者乃崇沐本，亦即闽本也。王懋竑以闽本为疏略，然未见是本也。(15－514)

李延平年谱一卷　康熙丙午刊本

清毛念恃辑。首有引。延平，谓李侗也。按侗《年谱》出于朱子，志铭出于汪应辰，《宋史》本传因之。朱子又为作《答问》，具著岁月，念恃据成是《谱》。其涉于朱子者，如六十一岁，朱子来受业；六十六岁、六十八岁，朱子皆来见于延平；七十岁，朱子迎谒于建安，与俱归延平。其答朱子诸书，皆有年月日可考，但他行事殊寥寥耳。《谱》前并录《宋史》本传。(15－514)

罗豫章年谱一卷　康熙丙午刊本

清毛念恃辑。豫章，谓罗从彦也。从彦学于杨龟山，龟山上接河南程氏之传，一传而为李延平，再传而为朱紫阳，而紫阳父韦斋亦从受业，言朱学者所当溯其源也。旧有至正间沙县曹道振所为《年谱》,又全书中附录事实,互有详略。念恃为之增订,但仍不免简略。其享年六十四,系据其从弟革《题语解后》①,而念恃疑其非止六十四。其卒也,李延平以为归葬本郡罗源黄济坑之源,而革《题语孟孟解后》则云"自广回,卒于汀州武平县"②,而龟山《答胡康侯书》亦云"仲素死于道涂"。又《行实》称"晚以特科授惠州博罗县主簿",延平、沙阳二志同。石公辙《志释菜事》则称"惠州博罗尉"。而《延平问答》则云:"随人入广,竟非爵命于朝之官。"如此之类,皆未折衷一是,不无憾焉。卷首有引,《谱》前附录《事实》。(15－515)

杨龟山年谱一卷　康熙癸卯刊本

清毛念恃辑。首有引,称"先生《年谱》,已失其板,今先简授之梓"云云。盖念恃据旧《谱》而梓之,非其手辑也。惟未著编者名氏。又据张夏补编《龟山年谱》序称"尝阅旧本,详略颇觉失宜。其条下又屡黄《谱》、毛《谱》之异"。毛《谱》即指是本,黄《谱》又是一书也。《四库提要》称张《谱》于七十一岁书"宣和五年癸亥四月,有旨召赴都堂审察,以疾辞",又七十二岁书"六年甲辰十月,召为秘书郎,仍令上殿,十二月至京师入对"。此二条下,注"高丽王问传墨卿,墨卿具以奉闻。及墨卿闻高丽使臣将至,再荐于朝"云云。以为夏欲泯蔡氏荐辟之迹,不知是本已全载之,夏但沿旧文耳。然是本是实难免详略失宜之讥,张《谱》删补之,是也。(15－515)

姚江传二卷　传抄本

明施邦曜撰。邦曜字尔韬,浙江余姚人。万历癸丑进士,官至刑部右侍郎,甲申殉节。事迹具《明史》本传。《传》称邦曜少好王守仁之学,以理学、文章、经济三分其书而读之,不言其有是《传》。按是书首题《姚

---

① "题语解后",疑"语"后脱一"孟"字。

② "题语孟孟解后",疑衍一"孟"字。

江传》,而自序又称《姚江军旅传》,序亦专就其治军言,岂此外又有理学等传耶?又《传》中所录各文,具著其目。文凡五十首,虽属于军旅者居多,而其中有《古本大学序》《朱子晚年定论序》《礼记纂言序》等,且有诗五首,究不知其为完书否也。(15-516)

王文成公年谱二卷 光绪戊寅刊本

清杨希闵增订。卷首有希闵序,盖就钱德洪本为之删繁补略。以为阳明之修身行道,不在时时提掇良知宗旨。及论《古本大学》之类,可不多缀。若《传习录》之粹者,则节其要而附于后。而经理南赣两广,与平逆藩之事,功则不惮详其区画之方,以见儒术之有实用。盖所重偏于事功也。然于"戊辰至龙场"条下,则又增入"龙场诸生,立志勤学,改过责善"诸教条,以为《白鹿洞规》后,无真切于此者。是又强以阳明合于朱子,而不知阳明一生得力,又不在此也。按《天香阁随笔》称阳明往贺宁王生辰,至丰城而宁王变作,即返吉安。记言"勘事福建"以自讳,否则何不取道汀州而溯盱江或上饶江耶?希闵据阳明《上王晋溪书》称闽中积变,始延平,继邵武,又发于建宁,于汀漳云云。其不取道汀州,意必先往事邵、延、建三地,于宁王将叛,路人知之,岂阳明而反昧之?所驳亦是。《谱》原题《王文成公年谱节抄》,但钱《谱》称"阳明",不称"文成",题已互异。而希闵又别有所增,非但抄之而已。其特详事功,亦与钱氏异旨。改曰"增订",称其实矣。(15-516)

阳明先生年谱二卷 明刊本

明李贽编。贽有后语,略言:"余自幼倔僵难化,年四十,友人李逢阳、徐用检告我龙溪王先生语,示我阳明王先生书,乃知得道真人不死,实与真佛真仙同。虽倔僵,不得不信之。予在济上刘晋川公署,手编《阳明年谱》自适。黄兴参见而好之,即命梓行,以示同好"云云。按是《谱》系依钱德洪本而成,而后语不提一字。其删繁就简之功,自便观者。惟所增益,但有议论而乏事实。至于行间遍着圈点,则尤陋而可哂也。(15-517)

阳明先生年谱二卷　明刊本

明钱德洪编。德洪原名宽，字德洪，后以字行。号绪山，浙江余姚人。嘉靖壬戌进士，官至刑部员外郎，以论郭勋失入下狱，隆庆初复官。从学阳明最早，亦最称笃实。其成是《谱》，兼就罗念庵商榷，故阳明成学之先后甚详晰，及其得力所在，具能言之。丁亥五十六岁条下，德洪自记与王畿论“知善知恶是良知，为善去恶是格物”二语，及阳明说“只好默默自修，不可执以接人”云云。此是良知要紧关键，而攻阳明者未体会也。按阳明之学，自有本领，如作《古本大学》、《朱子晚年定论》及《与罗整庵论大学古本改本之是非》，皆无关宏旨，门弟子习以为是，徒开门户攻讦之端，德洪亦不免焉。又按阳明《答王与庵论朱陆》，谓“象山未尝不道问学，朱子未尝不尊德性”，论极持平。德洪录此，有所删节，以致阳明之意反有未了，皆非也。其叙事过繁处亦欠翦裁，然亦有不宜略而略者。据门人黄绾所为《行状》，有：“桂公、杨公嗾聂能迁诬公托送金银百万于张孚敬，奉旨严讯下狱杖死。时绾为詹事，恐其在朝不便，因推补南礼侍缺。桂公遂密具揭奏，上命多官会议，削公世袭伯爵并朝廷常行恤典赠谥。”《谱》全缺之载，且不载削谥爵事，则他日补爵赠谥，又何所本耶？又《行状》末载夫人诸氏、继张氏及子孙撰著等，《谱》亦未入，皆不宜略而略者。（15－518）

段容思年谱纪略一卷　道光三年刊本

明彭泽编。容思，段坚号也。坚，兰州人，景泰甲戌进士。初宰福山，擢守莱州，以忧去官。服除，改知南阳。所至创书院，崇节义，得士民心，《明史》入《循吏传》。按坚屡上书言事，本传仅载其景泰元年请悉征还四方监军，罢天下佛老宫。据《谱》则正统己巳，英宗北狩，坚曾诣阙上书，其时尚未释褐。尔后请修龙逄、比干祠墓，请旌表孝行节义；因朝钟失音，请开言路，请宽章纶、锺通罪；因地震上封事，再请崇祀元儒刘因，则皆在官县府时，《明史》俱未之及。即此见明代言路之广。按坚为学宗程朱，好刻先儒书，故《关学编》亦有其传。《明史》称其“私淑河东薛瑄,务致知而践其实”云云。《谱》及《关学编》无此语,未知所本。又按坚所著有《客思文集》《柏轩语录》,皆佚。幸《谱》中收诗文颇多,藉一斑。即是《谱》亦止抄本流传,至其十四世孙名殿公者,始梓行之。首附《明史》本传、《关学编》传、像赞四则。后有王德馨、张仲英二序。彭泽,长沙人,官至太子少保,坚门人也。(15－519)

仙儒外纪削繁不分卷 光绪丁未刊本

《仙儒外纪》,清刘霦撰,王晋荣削繁。霦字雪崖,寿阳人。晋荣字字子仁①,平遥人。霦有引,谓“集还阳、青主遗帙,称‘仙儒’者,取青主‘顿悟有仙儒’句”。还阳谓道士郭静中,青主谓傅山也。又有《答友人书》,谓“青主师事还阳,自称闻道下士,不知所闻何道。而还阳之法,未闻偶试,可见其学术之正”。又谓“以仙属还阳,儒属青主,还阳立身制行有儒风,青主通于神仙解脱之术,故合以名编”云。晋荣以所纪涉于神怪,故削其不涉于青主者,即涉青主者,亦为删繁就简,即是本也。首有像赞、凡例,有张廷鉴所为《年谱》。《谱》有《世系略》,为丁《谱》所遗。《谱》中各条,丁《谱》有所取舍,且间为订正,晋荣亦削及之。其他所纪轶事甚备,但恐难免附会,未可尽信也。郭静中事,不见他记载,当是隐君子有托而逃。据青主贻诗,称“师戊子整九十岁”。按戊子为顺治五年,逆数之,当生于万历己未,而卒年不可考矣。其梗概尚约略见之。(15－519)

潜确录一卷 康熙刊本

清李慎言录。慎言,陕西盩厔人,拔贡生,李颙子也。康熙癸未,圣祖西巡,至陕,欲召见中孚,总督觉罗华显具币征诣行在,并札邑令亲为敦请。时中孚七十七矣,以病坚辞不赴。旋于慎言于谢恩时,垂询甚悉。是《录》即记此事。按颙于康熙戊午两次召见,皆坚辞不赴,此犹初志也。《历年纪略》至于康熙二十八年止,未及此事,亦以补其

① “晋荣字字子仁”,疑衍一“字”字。

遗也。(15－520)

孝节录六卷　嘉庆乙丑刊本

清臧庸为其弟礼堂辑也。卷一状祭,卷二传志,卷三序记,卷四书后,卷五哀诔,卷六诗歌。按礼堂事父母以孝称,尝为母割股疗疾。业师庸,治许氏学,有心得,成《说文解字经考》。其高祖玉林著有《尚书集解》百二十四卷,学者苦其繁重,礼堂取其精义名言,为《尚书集解案》六卷。卒年仅三十。庸撰《行略》,述其学与行甚详。他所作若朱珪、严可均、汪德钺、翁方纲、陈寿祺、吴育、朱为弼、汤金钊、陈鹤、宋翔凤等,皆所称蓄道德能文章者。卷首有汪廷珍序。(15－520)

曾文正公事略四卷附一卷　光绪元年刊本

清王定安辑。定安字鼎丞,江苏东湖人①,官陕西候补道。先是,定安辑《中兴以来兵事始末》,以湘军为纲,而他军战绩及外洋交涉,以至盐漕河工,并及先世懿德,依宋刘原父《弟子记》之例,名曰《求阙斋弟子记》。既又以其书过繁,乃撮其事之巨且要而芟其俚琐者,即是书也。按定安与黎庶昌,皆参文正幕府,庶昌成《年谱》,定别为《事略》②,各自为体,亦各有详略。考文正事迹者,正可参互而观之。附一卷,则杨彝珍等所为《曾祠雅集》诗及记也。卷首有定安自序。(15－521)

克复金陵勋德记一卷　曼陀罗阁刊本

清刘毓崧撰,为曾国藩及其弟国荃克复金陵作也。卷首有杜文澜序,称"荡平粤寇,大勋伟绩,中外咸知之,而喜言之。然其渊虑宏谋,运画于成功之先,措置于成功之后,则有知所不能尽,言所不能详者。是篇语必纪实,无一浮词。其推阐成功之由,尤为详备"云云。全篇集唐文凡数千言,语之贴切,不啻己出,洵难得也。(15－521)

---

① "江苏",疑当作"湖北"。

② "定别为《事略》",疑"定"后脱一"安"字。

黄明经言行略一卷 光绪刊本

清黄以周述。按以周父式三,字薇香,定海诸生。尝赴乡试,母以暴病卒于家,驰归,恸绝,誓不再应乡试。以岁贡生终,族子弟称为明经公,兼谓其善解经也。是书记行谊外,尤详于学。有刘芬等所为《十略》,一《易略》,二《尚书略》,三《诗略》,次《春秋三传略》,五《三礼略》,六《论语后案》,七《周季编略》,八《小学略》,九《经济略》,十《文学略》。凡二万数千言,此全录之。式三于光绪十一年采入《国史·儒林》,故篇首附《国史·儒林传》。(15－522)

孝行录一卷 光绪刊本

清胡恩燮,字煦斋,江苏江宁人,寄籍顺天涿州。以县丞从军,保至知府,历办厘金、矿务等局事。当咸丰三年,粤寇犯江宁,恩燮适侍父在吴,奔江宁迎母,困围城中,乘间脱母出。其后母病剧,告天,愿以身代。母死,投园池,期以身殉,为园丁拯救,因之得风痹疾,延六年,遂卒。其在军时,曾约张继庚、吴复成作内应,图复江宁。事泄,复成逃,继庚死。所称"翻城之役"是也。恩燮卒年六十八,郡绅濮文暹等连名具呈请旌,得准。是《录》汇刊呈文、事实册、学勘、府勘公牍及礼部原奏,为一卷。(15－522)

白耷山人年谱二卷 阁古古集刊本

张相文编。是《谱》据泗山家乘、家传、足本诗集、家藏未刊文集、《寅宾录》诸书,以补正鲁《谱》。如崇祯乙亥张夫人来归,崇祯丁丑长子炅生,鲁《谱》俱遗之。崇祯甲申,作《哀燕山》篇,鲁《谱》以为佚者,实未尝佚。尤要者,自乙酉归沛,至壬辰案发,此六年间,家传及张、鲁二谱几无一事表见,并其踪迹亦不能实指。相文据诗集,并考他书,断其与榆园义旅有关。如李化鲸等拥立明裔,自称忠义王,而清史目为土寇。又叶廷秀系被执殉节,而《明史》以为事败为僧。相文俱为证明,同时仗义秉节之士连类而及。大率野史所记诸义烈,往往详于南而略于北,得此可弥其阙,不第尔梅大节借之而彰也。其纪年则崇祯以后,接以弘光、隆武、永历,至永历十五年后,则援郑成功奉鲁王监国,仍称永历年号例。纪至永历三十一年尔梅卒日而止。于义应尔,亦由易代以来无所用其讳也。《谱》后附阎圻所撰《家传》,凡事见《家传》者,《谱》但著其目,以避繁复。又兼详万年少事,以年少与尔梅同岁生,同以恩贡中庚午乡举,国变后同以抗节逃禅,又二人投契至深故也。首有尔梅遗像,末有相文后跋。(15-523)

白耷山人年谱一卷附寅宾录一卷　嘉业堂刊本

清鲁一同编。一同有《王右军年谱》,已著录。白耷山人,阎尔梅号也。尔梅,沛人,中崇祯庚午乡试。甲申闻京师陷,不食七日,气绝复苏,嗣破产结士,图复明社。尝以策干史可法,可法不能用。又结山东豪杰举事,亦不成。被捕下狱,羁三年,司李纵之出,遂不返。沛人士代之申诉,获平反。旋又为仇家所攀,复亡命。命龚鼎孳长刑部①,题疏得免。尔后浪迹无定,七十以后,始家居不出,卒年七十七。旧有其孙圻所撰《家传》,又有张氏而阙名者为之《年谱》。一同更取本集诗文及潘耒之诗、孙运锦之传,增其所未备,但仍不免简略。且有隶事多舛误,如己丑条下注《叶润山见访次韵》诗,按润山为叶廷秀字,后从山东榆园军起义殉节者。证之万年少《己丑诗序》,历叙北行诸人,独无廷秀,可知来访必非此时。又丁酉条下,记正月在少林寺,注又云有元夜少林寺方丈诗,丙申条下记岁暮入少林寺。按尔梅出亡河南凡三年,乙未岁除在通许,丙申岁除在关中,丁酉岁除在临颍,戊戌冬回沛。踪迹历历可指,无由丙丁间在少林寺。又癸未条下,记汧罝草堂落成。按本集七律"南直隶"卷内,《汧罝草堂读史》诗有序,言"堂创庚寅五月,至九月落成"云云。删本误"庚寅"为"癸未",一同虽疑之而不敢定。按尔梅诗全集刊于康熙乙卯,不分卷,近体就九省游历,省各为集,即所云"毋以当以当世忌讳为去取"者也。尔梅卒未几,其子煛惧祸,删其涉忌讳者,改编

① "命龚鼎孳长刑部",疑衍"命"字。

十卷刊之。一同所据者是也。以故所系诗目不全,然其纠正张《谱》多有当者。《寅宾集》盖汇友朋投赠之诗与札为一编①,卷末有刘承幹序。一同字通甫,山阳人,道光乙未举人,以古文名。(15－524)

钱田间年谱一卷 文集附刊本

明钱澄之,原名秉镫,字饮光,安徽桐城人,明诸生。唐王时,为延平推官。桂王时,御试翰林,管诰敕,改编修。辛卯,广州、桂林同失守,澄之逃归,时年四十。自后以布衣漫游南北,卒年八十二。是《谱》,其子㧑禄述,从万历四十年壬子一岁起,至后壬子六十一岁止,后缺。所述一生涉历交游,诸豪杰仓卒起义之情、小朝廷排挤构陷之状、一时人物之臧否与恩怨甚备,前后各相照应。证非亲见闻者②,不能若是之委曲详尽也。据《谱》,㧑禄生于丁酉,时澄之已四十六岁,殆得于其父与兄之口授耶?抑澄之自述,而寓名于其子耶?自乙酉入闽以后,可与《所知录》相参。甲申以还,不书年号,澄之志也。惟记澄之生年,而缺其月日。又父名母氏,俱不之载。俱非《谱》例。或首页本有残缺,后人随意补之耶?是《谱》附刊宣统二年《田间文集》后,末有八世孙秩孚跋。曾见是《谱》抄本,后缺同,文内有萧穆注语,末有穆跋,称"田间生于万历壬子四月二十九日,卒于康熙癸酉九月初一日",可补《谱》所未有。又称"就《田间诗集》考之,癸丑居京师,甲寅春季至天津,又至汴及雒南归。乙卯春季至合肥,及归德、汴梁,又至邯郸,南归。丁巳至吴门,游历诸山水,回里。己未以后三年,客吴中昆山、常熟。又时返里,复游江右。壬戌里居。癸亥复游吴至越。甲子夏,客松江,至上海,又由无锡返里。乙丑秋,由秋浦至楚北。丁卯春,过洞庭达长沙,旋返金陵,至江阴,复回金陵,又由皖桐北至兖州度岁。戊辰春,入京师,秋回里。己巳夏,由金陵入吴,庚午冬归里。当参考诸集综癸丑以后事迹,为附录一卷"云云。今附录虽未成,就其所叙,亦

---

① "寅宾集",当作"寅宾录"。

② "证非亲见闻者",疑衍一"证"字。

可作二十一年之后谱观也。(15－525)

国朝臣工言行记二十六卷　原稿本

清梁章钜辑。无序例,从范文程起,至吕璜止。所记如佟养甲,曾降永明,孟乔芳、黄梧,皆宜入《贰臣》。朱彝尊、庞垲、李因笃辈事,皆文苑中人。彭昭庭、袁枚、戚朝桂辈,官仅县令。如此之类,收不胜收,而且取材甚隘。其时国史列传,尚未行世,此所据《知今录》《测海集》等,随意摭拾,未尽可信,记寥寥无几。文集又多本之家状,夸谀尤甚。又其时碑传集等亦未行世。所采中如记李赞元,止据《觚腾》捕大猾一事①;记汪琬,止据《午亭文编》官兵马司指挥一事,与他篇详略悬殊。又所记闽人较多,不免有私视乡土之心,岂未成之书耶?否则,如此巨著,而以俭腹偏见出之,何不知量至此也。(15－526)

本朝忠义录十六卷　崇祯己巳刊本

明徐与参辑。与参字原性,浙江兰溪人。是书首有自序,题《本朝生气录》,"生气"即"忠义"也。以类相从,曰开国忠勋,曰靖难殉节,曰土木蒙难,曰抗节精忠,曰殒节行间,曰婴城全节,曰贾勇陷敌,曰撄鳞戆谏,曰忤权惨祸,曰诬构奇冤,曰慷慨仗义,曰捐躯成孝,曰内侍殚忠,目凡十三。"靖难殉节"又分朝臣、外臣、武臣,附靖难忠勋各为一卷。"贾勇陷敌"分上下卷,余目各为一卷。惟其中分目,稍未了晰。如杨继盛以讦严嵩获罪,杨涟以讦魏忠贤获罪,其事略同,而一入"撄鳞戆谏",一入"忤权惨祸"之类。其"贾勇陷敌"下卷,为抗满洲死节者,若孙膑、梁平、崔世荣、吴昂、王治道、郎得功、李如松、张承胤、刘铤、杜松、江万化、祖天定、刘招孙、王宣、赵梦麟、马林、尤世功、陈策、周敦吉、张名世、吴文杰、秦邦屏、戚金、张神武、罗一贯、陈尚仁、王崇信、丁文礼、李国保、刘委、韩世卿、祁秉忠、张盘、朱国昌、鲁之甲、李承先、钱应科、鲁钦。又辽沈阵亡诸将不能遍举姓名者一百余人,亦以见诸将士抗战之烈,而

---

① "觚腾",疑为"觚賸"之误。

无政府之失算与专阃之非才,何也?序题“崇祯己巳”,即二年,故“贾勇陷敌”卷中,满桂、申甫等未得人。“诬构奇冤”卷中,袁崇焕未得人。《录》中诸人,《明史》无传者居大半,非得与参之采辑,名氏将终付翳如矣。(15－526)

宋季忠义录十六卷附录一卷补录一卷　四明张氏刊本

明万斯同辑。斯同字季野,浙江鄞人,布衣。《万氏宗谱家集录》载是书十六卷,全祖望《甬上耆旧诗传》所载同。而王士禛《香祖笔记》作十二卷,当是不全之本。是本无序例,卷一恭帝本纪;卷二端宗末帝本纪、广王本末、卫王本末;卷三自江万里至刘辰翁,合附者凡六百八十三人。盖据《宋史》及野史、各方志搜辑而成。然二帝本纪兼录《元史·世祖本纪》《续通鉴纲目》诸人传,并采诸家所为传。殆是草创之稿,未经编定,然亦不无遗漏舛误。按邓光荐尝撰《文丞相督府忠义传》,所载五十五人,是《录》缺十七人。又是《录》既题“宋季忠义”,自应以宋季抗元为限,而卷中王复系在建炎死金难,于例似有未符。又卷中何中、梁栋、罗椅,斯同作《遗民广录订误》均斥之,而仍存于《录》,俱所未解。是为张寿镛所刊。寿镛重为编定,有所增并,亦未能尽善也。(15－527)

阐义二十二卷　康熙丁亥刊本

明吴肃公纂。肃公字晴崖,安徽宣城人。是书首有张自烈序,又有梅庚、刘楷二序,末有沈廷璐跋。廷璐为肃公门人,肃公卒,稿藏其家,楷见而刻之。与庚序、廷璐跋同时作,自烈序则旧作也。中分义民、义客、义属、义弟子、义童、义工、义卒、义道士、义僧、义女、义奄、义隶、义仆、义婢、义丐、义屠、义盗、义优、义倡、义兽、义禽、义虫鱼,凡二十二部,每部各有小序。旧总十二卷,廷璐改为二十二卷,以类相从,视旧为善。按肃公身为遗民,茹亡国之痛至切,是书有托而作,大旨见每部小序中。廷璐跋称“得书家藏锋、医家及治法”,是矣。“义民”序谓“《诗》言‘率土之滨,莫非王臣’,然民奚足拟臣?其于君也,可去可就,可后可仇。顾观于前代,编户穷庐,慨然激烈,未尝不间出于君亡国破之际。

民以下,若卒,若隶,以迄含牙戴角之伦,靡不各效其灵于所当报”云云。所采自史传外,旁及稗野,但以本事为主。词简而例严,中如“义民”之记苏民死义者,及萧伦、髯樵;“义客”之记徐起凤;“义弟子”之记梁份、俞载公;“义工”之记武风子;“义卒”之记俞希龙;“义僧”之记海明、澹斋;“义女”之记崇祯宫人费氏;“义奄”之记崔升、李凤翔、马国元、史宾、韩赞周;“义隶”之记凌国俊等九人;“义丐”之记百川桥乞丐黑牯;“义优”之记汪张飞;“义娼”之记黎应祥,皆近在崇祯末年,且有在弘光、永历间者。① 且所收不以盖棺为限,如魏禧弟子梁份,其卒尚在雍正后,可据也。所引之文如李清、黄宗羲、顾彩等,其人亦现存,则又事取征信,不尚避嫌也。自烈序尤沉痛,谓“禽兽去人霄壤,顾不待教戒,往往与义合。今人求近于义兽不可得,焉得而人之?”殆有愤于其时之忘事虑者。自烈亦遗民,与肃公志同故也。廷璐跋又称“肃公尚有《义貊》一卷,诠次未成”。按“义貊”云者,推其意殆欲得如冉闵、李嗣源之流,自以身为胡人,一愿奉土归中国,一愿天早生圣人,皆义也。然二人空有其言而无其事,是以此类终付缺如,曰“诠次未成”者,有所待也。其旨益昭然若揭矣。按是书以义为类,虽无儒之名,而所行皆儒之事也,故入于此。(15－528)

吴挚甫传状一卷 光绪刊本

清吴汝纶,字挚甫,安徽桐城人。同治乙丑进士,授内阁中书。尝客曾文正、李文忠幕府,掌笺奏,知深、冀二州事。去官,主莲池书院。管学大臣张百熙任为大学堂总教习,派往日本考察学制。归国,未几卒。是编有行状二,墓志铭、墓表一,哀状一,事略一,附奏折、序记、书、祭文、燕诗、哭诗为一帙。文叙事雷同,编次亦无类例。(15－529)

许珊林事实一卷 光绪刊本

清许梿,字叔夏,号珊林,浙江海宁人。道光癸巳进士,分发直隶知县,未赴,受荐修国子监金石志。叙劳,改知州,选山东平度,调江苏,

① “义娼”,前文作“义倡”。

历知淮安、镇江、徐州诸府，一署江苏督粮道。以病致仕，卒年七十六。梿居官有惠政，尤善断狱。殁后，平度人士请祀名宦。治学精六书，亦工篆隶，通医术。是本汇礼部核准山东、浙江绅士请梿入祀名宦乡贤原案及《事实册》、《杭州府志·循吏传》、谭献撰《家传》、郝国樑撰《轶事》。《事实册》采辑最备。按梿刻书甚多，皆校订详审，纸墨精良，与黄氏士礼居相颉颃，大略见于《事实册》。是本无编者名氏，盖梿后人所刊也。(15－529)

汪孟慈年谱一卷　传抄本

清汪喜孙自述。喜孙有《汪容甫年谱》，已著录。是《谱》从乾隆五十五一岁起①，至道光元年三十六岁止。按喜孙举嘉庆十二年乡试，随入资为内阁中书，又入资为员外，签分户部，即道光元年事也。所记大都表扬其父中遗著及友朋推奖、赠答之事。其后以员外郎外简河南怀庆府知府，甚著循声。卒于道光二十七年，年六十二。别详其子保和所为《行述》及刘宝楠《墓表》。(15－530)

胡煦祀乡贤录一卷　乾隆刊本

清胡煦，字晓沧，河南光山人。康熙壬辰进士，改翰林院庶吉士，散馆授检讨，官至礼部左侍郎，以年老罢归。乾隆元年赴阙召见，赏回原衔。卒年八十二。是《录》为光山士绅王乘六等胪举事实，请乡贤备举其孝友睦姻诸行，以及潜心理学，著《周易函书》、《农田要务》、诗文集等，又登第前，任安阳教谕，课士厉俗诸事，并光山儒学、知县、知州、河南布政使递转原牍。首附乾隆元年复官、荫子、给恤诸谕，并谕祭文。(15－530)

垩室录感一卷

明李颙录。礼，人子居亲丧，涂壁令白，名曰垩室。颙时居母丧日，

---

① “乾隆五十五”，疑“五十五”后脱一“年”字。

杂举诸孝子事,以寓所感,故名之也。所录辛复元、曹真予、贺文忠公、何北山、吕泾野、费文宪公、王心斋、陈云逵、李霖雨、任元受、夏旸、顾忻、李琼、曹良良、相城乞儿、襄城男子,凡十六人。其中,吕泾野录二事,夏旸是石工也,李琼以贩缯为业者,曹良良乃仆人之子,且采及乞儿,孝无分于贵贱也。襄城男子至杀身以供父之一饭,极人生之至惨矣。每条颙皆有论,不外反身自省,读之真一字一泪。卷首及末有颙自识,又有其门人王吉相序。(15－531)

竹窗笔记一卷 光绪刊本

清醇亲王奕譞撰。是书述宣宗俭德及穆宗之孝、慈禧后之慈、生母顺成贵妃之教,又少时学骑射、习清文种种轶事。推其意非仅记宫廷遗闻而已,殆借此以讽谏。如宣宗撤外学优伶回籍、严惩太监曹进喜,而慈禧后则嗜戏成习,不吝赏赐,又宠眷太监安得海、李莲英等,不啻陈祖训而使之心有所怵也。所述穆宗之孝、慈禧之爱,又若为德宗树之楷则者。醇王即德宗也。所记事虽琐细,如见其谦谨之心,不但备宫廷之掌故也。(15－531)

岳庙志略十卷 嘉庆八年刊本

清冯培辑。培字鹤巢,江苏元和人,乾隆进士①,官至给事中。罢官后,尝主讲西湖崇文书院。院邻岳庙,岳氏后人请为修补新志,因成是编。首有阮元序,又有培自序及凡例。按志岳庙始明人,有徐阶等《岳庙集》四卷,徐缙芳《精忠类编》八卷,高举、郑继芳《忠烈庙志》八卷。培于二徐所辑,俱未寓目,于高、郑所辑,仅见图制、敕书、祀典三卷,不啻从新裒集也。分目有七,一祠墓,附画像铜爵;二敕告;三祀典,附祭产;四行实,附考证;五诗词;六序记,附谕祭文;七轶事。《行实》分三卷,录《宋史》本传及宋尚书章颖经进《传》。章《传》系掇拾岳珂《行实编年》及《吁天辩诬录》而成,本传又据章《传》而成。而本传

① “乾隆进士”,稿本“乾隆”后有两字空格。

于删节章《传》处,多有未当,且有曲笔。章《传》亦不免疏略、冗杂,阮序已论。培并录两传,俾资参考。至章《传》与《行实编年》《吁天辩诬录》之异,别为逐条考证,以归于是。轶事一卷,以补传所未有,视为外篇可也。(15－532)

梁祠辑略一卷 道光戊子刊本

清梁章钜辑。按《后汉书·逸民传》云:"梁鸿字伯鸾,扶风平陵人。父让,王莽时为城门校尉,封修远伯,奉少皞后,寓于北地而卒。鸿时尚幼,以遭乱世,因卷席而葬。"又云:"与妻子居齐鲁之间,去适吴,依大家皋伯通,居庑下,为人赁舂。"又云:"及卒,伯通等为求葬地于吴要离冢旁。"道光间,章钜为江宁布政使,求其墓址不得,以为古制,庙视墓尤重,为择皋桥近地,为之构祠,撰碑记,并辑其遗文,录《后汉书》《东观汉记》二传,《续列女传》,皇甫谧《高士传》,及隋唐《书》、《广韵》、《御览》、《寰宇记》、《吴郡图经续记》、《吴郡志》、《中吴纪闻》诸书涉于鸿所著书与遗迹者。又录晋周颖文以下诸诗文之表扬而歌颂之者。按叶燮、沈德潜论鸿:"以父事莽,位列爵,使身复仕官,挂姓氏于朝端,且益彰父丑。况父死卷席以葬,为鸿隐痛,故将死,遗言不愿归葬乡里"云云。得鸿之心矣。但所云"彰父丑"者则非,鸿父未仕汉,其死也,于莽为忠。鸿之不仕,孝也,亦义也,无可丑也。卷首有朱珔序,后有章钜跋。(15－532)

竹居先德录一卷 光绪乙未刊本

清张士珩辑。卷首有俞樾序。"先德"者,士珩祖纯,以诸生举孝廉方正,未试卒。父绍棠,以军功记名提督。是《录》汇诸人所为祖父母、父母赞、颂、传、状、碑、序、祭文、诔等为一编。而士珩妻,李鸿章妹也,先士珩卒①,亦以附之。作者如俞樾、汪士铎、王闿运、孙衣言、陈作霖、冯煦等,多名人。士珩字楚宝,安徽合肥人,官候补道。(15－533)

---

① "而士珩妻,李鸿章妹也,先士珩卒",两处"士珩",疑皆"绍棠"之误。

牧斋晚年家乘文一卷　国学扶轮社印本

清钱谦益撰。首《钱氏谱图序》，次《宗法附议》，次《吴越旁支图序》，此三篇属于总考。以下为《族谱后录》上下篇，上篇纪本支，始惟演，武肃王曾孙也，讫世扬，谦益父也；下篇纪旁支，旁支不可尽纪，则纪其中之一支焉。人各为传，自谓"详吾所自出，虽以亲疏为详略，而其实则以贤不贤为详略。其隐而贤者，则从其详；而其显而不贤者，不敢从其略。取史家旌戒之遗法"云云。末又附《谱图后序》《吴越钱氏本支图序》，用寓垂训之意。文精悍，是谦益本色。按诸文作于晚年，而于明仍称"国初"，称"先帝"，一若未曾易代者。而"华夷同贯""卒有伊川之叹""于吾身亲见"等语，篇中屡见之，亦可见其愤慨之情老而弥甚。是卷《有学集》未收，惟抄本流传，至宣统间始刊传焉。(15－533)

东瀛载笔一卷　咸丰六年刊本

清马克惇撰。克惇字云伯，顺天大兴人，官台县丞。是书纪咸丰三年癸丑台湾、凤山、嘉义三县奸民勾结为乱，台湾县知县高鸿飞，凤山县知县王廷幹、典史张树春皆遇害。台南北震动，幸台湾总兵恒裕、台湾道徐宗幹、台湾知府裕铎调度守御，绅民协力助顺以荡平。克惇先为凤山县丞，调任甫二月，未预斯难，因据奏牍加以采访而成是篇。篇中论治台以戢匪弭盗为要务，以执法用人为大经，所见极是。后附《三忠合传》，三忠即高鸿飞、王廷幹、张树春也。(15－534)

忠统日录三卷　明崇祯刊本

无编者名氏。卷首有刘士龙序，略称"崇祯戊己间，关中连无岁，乱兵饥民相附，始于延庆，蔓延蒲富泾原。官军蓄缩，乡兵乌合，市里恣其劫掠。于是马云麓、焦涵一侍御，王心葵司理，发愤倡议，捐资募兵。一时孝秀编氓，靡不人请缨而家枕戈。贼犯池阳，再战再挫。云阳之战，贼游釜中，乃偾帅受赂，阙其围，夜半纵贼去，贼从此远遁，则忠统兵威，有以挫其锐而寒其胆"云云。盖募民兵以拒贼，而揭"忠统"二字为号召者。是《录》就所有示谕、报告、条约、方略、布置、往来公牍、捐资银数、支用账目,又有守御器具图说、诗歌赠序等,汇为一帙。事在崇祯元、二年。守卫乡闾,法本甚善,然不足以当剧寇也。(15-534)

南宋六陵遗事一卷 昭代丛书本

明万斯同辑。斯同有《历代史表》,已著录。是书记元番僧发宋诸陵,诸义士私瘗遗骸事。首录《续通鉴纲目》及《元史·世祖本纪》,以著兹事之缘起,次录罗有开、郑元祐、周密、谢翱、张丁、孔希普、赵汸、陶宗仪诸人所记述,而终以自撰《书林唐二义士传后》《书林唐二义士诗后》《书癸辛杂识后》三篇。按瘗骸之事,诸书所载不一,或以为唐玉潜,或以为林霁山,或又以为王修竹。斯同据《霁山文集》言"馆会稽王修竹家二十载,其与玉潜酬答之诗甚多,而玉潜亦修竹之客,则必诸人协谋为之,非一人事"。又唐林诗中所云"犬之年羊之月""羊之年马之月",又谓"丙之年子之月",皆有误。以谢翱《冬青树》引"知君种年星在尾"考之,当为戊寅,即至元十五年也。又谓"周密所称罗陵使事,亦不可没"。卷后有杨复吉跋。(15-535)

三闾汇考六卷 道光戊申刊本

清屈见复纂。见复字心梅,江苏常熟人,官湖南知县。是书首有宋翔凤序,卷一图像,卷二古迹,卷三祠祀,卷四艺文,卷五奏稿,卷六外见。古迹、祠祀,可供考古之资,艺文搜采未尽,奏稿止余联沅奏请庙祀一篇,外见亦仅三条,其中二条记三闾大夫子及女,洵珍闻也。(15-535)

张中丞事实集录四卷 道光庚子刊本

清王德茂录。德茂字亥坪,河南光州人。张中丞,唐张巡也。按张巡者,有明杨循吉所编《完节录》,卫庸、顾伯圭所编《唐忠臣录》。又有称《张中丞集》者,则取二书而改订之。而所载芜杂不齐,德茂易以此名,择其言之近雅者存之。卷首录《旧唐书》本传,而节录《唐书》张镐、程千里二传附之。次《新唐书》本传,次《通鉴纲目》。起天宝十五载正月，以李随为河南节度使，许远为睢阳太守，讫至德二载冬十月，尹子奇陷睢阳，张巡、许远死之。所云“事实”是也。卷上遗著、表、书后、论、序、祭文、记碑，卷中赋、祭章、诗、诗余，卷下识余、附录、补遗。所云“集录”是也。然韩愈《书张中丞传后》，宜入“事实”卷中，今与他文相次，非也。卷首有德茂序，末有陆嵩跋，乃七言古诗耳。(15－536)

韩魏公言行录一卷 光绪丁亥刊本

清崔廷璋辑。卷首有廷璋跋，称“《宋史》魏公本传，嘉言懿行，未尽详备。因就魏公子忠彦所叙《家传》十卷，王岩叟所述《别录》一卷，强至所纂《遗事》一卷，节其纪公之性情、德量、经济、风义者，而成是编”云。(15－536)

范文正公言行录四卷 光绪丁亥刊本

清崔廷璋录。盖取《宋名臣言行录》中《范文正言行录》三卷，益以文正裔孙国隽所为《年谱》，节其言行，补所未备。有廷璋后跋。(15－537)

蔡福州外纪十卷附录一卷 同治癸亥刊本

明徐𤊹辑。首有陈甫伸叙。福州，谓宋蔡学士襄也。首有甫伸序，称“襄不独以挥翰著，如作《四贤一不肖诗》封驳除授非人、不为温成后父撰碑、请罢监护园陵吏诸事，幸值时平主圣，不如苏、黄之濒于危死”云云。目凡十，各为一卷，曰恩宠，曰德行，曰政事，曰书学，曰艺谈，曰赏鉴，曰纪异，曰茶癖，曰茶录，曰荔枝谱。附录一卷，曰崇报。其《茶录》《荔枝谱》，皆襄原著，中惟书学最详。按“德行”门采《宋名臣言行录》，称“襄知泉州，罪章拱之，为士论所少”。又“政事”门，采《欧阳文忠公集》，记英宗初立为皇子，襄持异议，因为所恶事。又采王明清《玉照新志》，言晋江令章拱之在任不法，君谟按以赃罪，坐废终身。式之讼冤于朝，又撰造君谟《乞不立厚陵为皇子疏》，刊板印售，遂干上览，君谟几陷不测云云。此与《欧集》所记可相证。而《名臣言行录》乃云“为士论所少”，岂以式之为正人，君谟罪之有不当耶？语虽出于朱子，亦宜删之。或摘注于《玉照新志》条下,而辨其误乃不矛盾耳。又“政事”门中,历引造万安桥事,而万安桥之又名洛阳桥,亦见《天都载记》。按此事野语流播,颇涉神怪,或竟以属之蔡锡者,观此可证其不然也。附录中采及徐㶿诗,当是陈甫伸所增。而每卷题“陈甫伸订补”者,恐非实也。(15-537)

清贤纪六卷 适园丛刊本

明尤长镗辑。镗字伯声,江苏无锡人。是书记倪瓒逸事也。有陈禹谟序,又有天启元年长镗自序,附顾宪成、顾存性二札,及天启癸亥瓒九世孙锦跋。书中“志传”条称“稗虞琐说,激赏于当年,而摹述于后世,若杨廉夫、张惟中、王达善、张伯雨、虞伯生、陈惟允、王孟端、吕志学、盛冰壑、李西涯、吴原博、沈启南、王温、郎英、蹇朝阳、卞荣、张梦晋、徐元玉、曹士冕、都元敬、祝希哲、陆果、王弇州诸人”。其所采撷,大率不外乎是。视顾元庆《遗事》,雅驯胜之,又加详焉。书分六卷,不以类区,条各为目,略以重轻为次序。如卷一所记,“至性”条,孝于后母;“伪爵”条,不受张士诚饵。“隆师”“友谊”“勇为”诸条,皆关伦纪,不徒以清著也。又卷五“年误”一条,邑乘谓瓒卒年六十有九,而王宾、周南老二葬志,俱谓七十溢四。长镗据集中五十岁诗在乙未,由乙未逆数至洪武甲寅,恰是十九年,则邑乘可信,而王、周皆误。按《南濠诗话》亦称“洪武甲寅,瓒年六十八,秋七月始还乡里,不久以脾疾卒”,与本集相差仅一年,然则王、周真误矣。沈伯良为瓒作《年谱》,亦断为七十四岁,盖未见是《纪》也。末又有王文濡跋,盖从旧家借抄而印行者。(15-538)

李见罗行略一卷 民国壬戌刊本

明李材,字见罗,江西丰城人。嘉靖壬戌进士,官至右佥都御史,郧阳巡抚。《行略》,其子颎撰,多至二万三千余言。按材初学于邹文庄,为“致良知”之学,后变其说,止拈“止修”二字,以为得孔孟之真传。“止修”云者,以为“止于至善,人知其为终事,而孰知其为始事?修身为本,人知其为经世之宗,而孰知其为性宗?”其意殆欲压倒“良知”,自为钜子。是篇于先后后所以同异者略而不言①,其叙岭西、滇南、郧阳诸绩,语多铺张,欠简括。末记所著书目,至三十六种,今多不传。是篇原具家乘中,此抽出印行之本也。(15－539)

渔樵话一卷 传抄本

题锡山张夏秋绍编次,记郑鄤事也。其目为《郑鄤本末》、《诛谪》、《扶轮信史》、《愍节外史》、《韩烈女传》、《又传》、《放郑小史》、《大英雄传》、《狱中自记》、胡澥撰《峚阳草堂书经稿序》、钱陆灿撰《峚阳草堂书经稿序》、赵鼎撰《峚阳草堂书经稿序》、赵鼎撰《峚阳先生诗集序》、冯舒撰《后狱中草序》、龚炜《巢林笔谈》一则、钱人麟撰《郑鄤传》。自《郑鄤始末》至《大英雄传》②,皆无撰名氏。惟《诛谪》篇中,有"郑复寄讯先文肃"语,文肃谓文肃谓文震孟也。③ 又前半所记,与《烈皇小识》同,知撰者为震孟之子文秉。此篇及《郑鄤本末》,于鄤虽稍有非薄语,而不涉阴私。若《扶轮信史》,则形容丑秽,直同目见,殆仇鄤者之所造也。《愍节外史》者,湘潭令韩锺勋女,许字鄤次子,锺勋死,女甫十四,待年于郑,一夕忽缢死。许曦所讦为奸媳致死者也。《烈女》二传亦为此作,其事无可证也。《放郑小史》,相传许曦为之,与《大英雄传》皆章回小说,惟但有其目耳。按鄤获罪温体仁,体仁特疏劾之。然疏中但谓"郑鄤以仙箕幻术惑父披剃,扶鸾传语逼父杖母"云云,罪未至死。后黄道周疏,论阉臣杨嗣昌夺情留用,红绯视师,中有"郑鄤即不孝,谁其见之"语,帝大怒,因饬法司提鄤乡族谳,遂置重刑。而许曦讦鄤,于杖母外,又加入奸媳、奸妹二事。按鄤妹适钱氏,已寡,堕娠亦有其事,惟于鄤亦无证也。《狱中自记》,题戊寅八月十六日,其死即在是月二十六日,相距才十日耳。《始末》篇中言"鄤体肥似豕形",此又袁简斋说部中"猪道人"之所本。其《书经稿序》诸篇,无关事实,当

① "先后后",疑衍一"后"字。
② "郑鄤始末",前文作"郑鄤本末"。
③ "文肃谓文肃谓",疑衍"文肃谓"三字。

是附存者,亦殊拉杂不类也。(15－540)

郑崟阳辨诬录六卷 原稿本

清王仁俊录。自题"圣哲辨诬录之一"。卷首有杨模序,次录引用书目五十六种。分卷为六,卷一钦定书录、黄南雷《墓表案证》;卷二明贤辨论、国朝名人辨论;卷三黄南雷诸贤赠崟阳诗文;卷四汤狷庵为崟阳辨略;卷五崟阳著述考略;卷六附载。按所云"钦定书录"者,仅录《御批历代通鉴辑览》四条,其后二条不涉鄤事,实二条耳。南雷《墓表案证》,繁征而无当。卷二除黄道周救鄤疏外,余多未晰是案之始末,徒骋空论耳。卷四录汤狷庵《郑案传信录序》、《郑崟阳冤狱辨》五则、《书刘念台先生年谱后》、《又书刘念台先生年谱后》,大都辨之以理,而《郑案传信录》未之及也。卷三、卷五、卷六,全与辨诬无关。要而论之,刘宗周称鄤久干乡议,陈卧子诋其内行不修,无乡曲誉。其人非绝无可疵者,特以其被不孝之名以死。其死也,又与东林门户有关,故一时清议多为之惜。但杖母之事,既非绝无影响,而所诬上蒸下报等事属于暧昧,在当时已无从湔洗,况相去数百年后,只可徒欲以空言为之辨护,而所辨护者又皆不着痛痒之语,是亦不可以已乎?按仁俊称是《录》为"圣哲辨诬录之一",其所欲辨者,应别有若干人。今其著述,《总目》中无之,想俱拟而未及为也。(15－541)

周列士传一卷 同治丙寅刊本

清顾寿桢撰。寿桢字祖香,浙江会稽人,同治进士。是书首有万庭琬序。传凡二十有四,每传少者二人,多不过四人。传末各引诗,又别有赞。始宁武子、苌叔、子家驹、屈原传,终费子扬、狐援传,各从其类。惟苏秦、鲁连同传,读者或昧其旨。传引管仲相桓公为比,序则谓"苏季子假连衡以诳秦,又阴使人掣秦肘,而抑其狂噬。终季子之世,秦不得逞。季子死而秦之兵及六国。鲁仲连以一布衣,义不帝秦,而秦卒不获得为帝。故能借六国以拒秦而存周者,仲尼之徒"云云。殆别具论世之识者。诸传点窜经传,文特简奥。盖寿桢固雄于文,视近人所撰《中国

之武士道》,似胜之也。(15－542)

泾川文载小传一卷 刊本无年月

清郑相如编。相如字汉林,安徽泾县人,康熙庚子副榜。尝辑《泾川文载》,所录作者,唐十二人,宋二十一人,元十三人,明百五十四人,清百四十四人。人各系以小传,略叙出处踪迹。此则不载诗,而但存其传。原书有名具而缺传者,此亦沿之。并存胡培翚、朱珔二序。惟胡序称"自唐至乾隆初共三百三十六人",此则三百四十四人,增八人焉。当是后来所补,而相如及其子文熊并附焉。殆《列朝诗集小传》《感旧集小传》之类也。(15－542)

粤东名儒言行录二十四卷 道光辛卯刊本

清邓淳辑。淳字朴庵,广东东莞人,诸生。是书首有陈继昌序,又有淳自序及凡例。所录凡汉二人,唐三人,宋十三人,元一人,明五十人,清五人。有事功文章,而未尝讲学者不录。各立小传,次纪事,次纪论。纪事者,纪传以外之轶事。纪论者,述名人所品评以为定论,而已见不与焉。以为学问之道,不得倚傍门户,故于源流支派,概置不言。其间一偏之见、相反之论,醇驳并陈,以待学者抉择。所见良是。首列引用书目百余种。所云阮《志》者,道光间阮元督粤时所成,淳尝与纂修之事。其采辑之博,殆亦修《志》时旁涉所及耶。(15－543)

颍上风物纪三卷 道光六年刊本

清高泽生撰。泽生字孔霖,安徽颍上人。按颍上今属凤阳府。是书纪地一卷,纪人二卷。纪地并及名迹。纪人,上卷自周讫元,下卷自明讫清康熙间。后有《醵社诸老传》《诸亡友传》,则泽生所及见又同游者也。惟上卷次序颇紊,《管仲传》反列宋人之后,殊不可解。卷首有康熙辛未北平王源序,篇中间有源评语。又有王世禛及缺名氏二序,皆原序也。别有刘耀椿序,称其所考地理,未尽精确,纪人亦有误入,然未指出何条。作于道光五年,即刊书时也。(15－543)

江震人物续志十卷 道光庚子刊本

清赵兰佩辑。兰佩，字国芗，江苏吴江人。按乾隆丁卯，沈彤修江震二县志，于旧志外，兼采周永年《松陵别乘》、潘柽章《松陵文献集》、朱鹤鹤《松陵文征》及钱云《江震人物志》。① 距道光庚子，近百年矣。兰佩是编，广考乡村里志及诗文集、家谱、家传及他记载之书，断自乾隆以后。分卷为十，曰名臣、孝友、节义、文学、隐逸、艺能、已旌列女、未旌列女、释道、名宦、寓贤、别录。已旌列女者，止载姓名；未旌列女者，略具事实。卷首有张履序，又有自序及例言。自云"事必求其核，文不厌其详"，又云"视沈《志》稍宽其例，以俟后人论定"，此其大旨也。(15－544)

国朝天台耆旧传八卷 光绪壬寅活字印本

清金文田辑。文田，字性山，浙江天台人，光绪丁酉举人。先是，光绪乙未，天台设局修志，文田与其事，旋以费绌中止。文田乃裒集所闻见，而成是《传》。分目八，曰高士，曰循吏，曰儒林，曰文苑，曰孝友，曰忠义，曰卓行，曰方伎，目各为卷。《文苑》分上下卷。目各有论。断自清初者，以旧志纂于康熙间，明以前人物已备也。《高士》止三人，首徐确庵，节尤峻，《传》言"或讥其为本朝培植材，遂不复授徒"云云，视张杨园不授制举文更高一等矣。《儒林》中，《齐息园传》最详。按《碧溪诗话》称"息园未遇时，梦于忠肃言皇史宬中有其谏易储疏，后息园修《明史》，至皇史宬，遍觅未得。而邵晋检得明时通政使进本档册，载景泰某年某月日，于某一本为太子事，即是忠肃具疏力谏之明证"云云，李元度《先正事略》本之。文田另据《台州外书》，称"息园至史宬得其疏，因著《易储十论》，以白忠肃之冤"云云。所记不同，可广异闻。《文苑·朱螺舫传》录《幽明辨》八千余言，穷极幽眇，奇作也。又《文苑·陈赓廷传》，称赓廷著《春秋纬史传说》《春秋历朝金鉴录》，一以史解经，一以经解史。观其序文，亦是伟著，例宜人之《儒林》，此列《文苑》，未当

① "朱鹤鹤"，疑为"朱鹤龄"之误。

也。又齐周华著有《名山藏副本》行世，为息园从弟，宜收《文苑》，但以讼吕留良之冤获谴，书亦被禁，此竟缺之，当由文网未解之故。诸传微伤繁冗，盖备修志者之要删。卷首有张迈褚、傅诰序，又有文田自序及凡例。（15－544）

唐市征献录二卷续二卷　光绪己亥刊本

清倪赐辑，张璐续辑。赐字锡三，璐字保之，皆常熟人。按《常昭合志》："唐市旧名尤泾，在双凤乡，去县东南三十里，又东南则昆山界。"赐尝著《唐市小志》，又为《征献录》，未成，仅存二帙，无卷次、目录、序例。璐访得其稿，编成二卷，别加搜采，续成二卷。所录大都取之史乘、文集，不加笔削，而人物、艺文因之而传。而属于区区一隅，尤难得也。原《录》当辑于乾隆间，《续录》成于道光壬寅。璐皆为之序。《续录》又有朱琦序。至光绪己亥始刊行焉。（15－545）

盩厔三义传一卷　道光刊本

明李颙撰。颙有《四书反省录》，已著录《四库》。三传者，一贫妇侯氏，以饿死全节；一明经马始复，与其弟大复友爱无间；一贫妇武氏，事姑尽孝。三人者，事皆庸行，而颙特表章之，其意殆以风世。卷首有门人王心敬序。《侯氏妇传》后又有《论》，谓"史传所载某某诸人者，始负文章之望，举朝有国士之目，卒之背主事仇，靦涊偷生，甘心犬彘，为万世唾骂"云云。而马始复固以明经家居不仕者，则作传之意从可识矣。（15－546）

瘿史一卷　咸丰六年重印本

清梁清远撰。清远有《雕丘杂录》，《四库》已著录。是书首有清远自序，称"官闲无事，撰次里中先贤遗事，自醇德姱节，以至女子小人一端之行，皆可记述"云云。《传》凡十二，《双烈传》纪一妇一女，《真定三子传》纪三才士，凡十五人。赵登者，仆也；老姑娘者，婢也；熙真子，则其妻也；瘿冠道人，则自寓也。史而名之曰"瘿"，义见是传。《传》后有论,或称"梁清远",或称"梁子",或称"无垢氏",又或去名氏,单题"赞"字。文亦雅健。序署"顺治乙未二月",当刻于其时。是本咸丰六年史策先跋,盖旧板重印者。(15-546)

香草校周书二卷　光绪刊本

清于鬯撰。鬯有《校周易》,已著录。此《校周书》,谓凡以大小名篇者,皆以简编之多少为别。多者题大,少者题小,如《大明武》《小明武》《大开武》《小开武》诸篇可证。即《大雅》《小雅》亦如此,绝无意义。而《大开》篇之有缺佚,因此可知,以《大开》止百余字,而下篇题《小开》者,反多至四百余字也。说《谥法》篇尤详晰,篇中兼举帝、皇、王、公、侯、君,六者皆号而非谥。其列之《谥法》中者,则篇首本云:"谥者行之迹也,号者功之表也。"则论谥而兼论号,亦明矣。又谓"尧、舜、禹当是名,而汤则号也;而汤曰成汤,成则谥矣"。又谓"《谥法》篇为周人所作,非周公所作"。所见俱是。其他订正异字异义甚多,而未能尽也。(15-548)

竹书穆天子传校本六卷　嘉庆刊本

清洪颐煊校。卷首有荀勖、王渐旧序,又有颐煊序,称是书非周秦以下人所能作。《史记索隐》引《穆天子传》目录云:"傅瓒为校书郎,与荀勖同校定《穆天子传》。"今本载勖序云:"谨以二尺黄纸写上,藏之中经,副在三阁。"今本六卷,当是勖等所定。但晁公武《郡斋读书志》云:"书凡六卷,八千五百一十四字。"今本仅六千六百二十二字,是又与晁氏所见不同云云。是本取何镗本与程荣本、吴琯本、汪明际本,及同时赵坦所校吴山《道藏》本,暨《史》《汉》诸注、唐宋诸类书所引,参校异同,订正舛谬,补正文及注若干字,删若干字,改若干字,无可校证者阙之。以为于旧观十得五六云。(15-562)

至德志十卷附录一卷　乾隆三十一年刊本

清吴鼎科纂。按《论语》以"至德"称泰伯,书志之名本于此,记泰伯也。首录清圣祖御书"至德无名"、清高宗"三让高踪"二匾额,及乾隆十六年、二十二年御祭文二道，次汉桓帝敕赐《吴泰伯世系图赞》，又次彭启丰序。书分十卷，一历代褒崇志，二优恤后裔志，三兴建祠庙志，四修葺林墓志，五祖宗行实志，六古迹遗像志，七圣贤论断志，八古今艺文志，九宗支繁衍志，十杂事识余志。附录一卷，则关于至德庙地基、禁约诸事也。其《宗支繁衍志》内自泰伯传至一百三世，绵续不断，恐未可信。（15－573）

思恩太守年谱　钞本

清敦崇自撰。敦崇，富察氏，字礼臣，别号铁狮道人，满洲镶黄旗人。由兵部笔帖式官至广西思恩府知府。是记起咸丰五年乙卯，迄宣统三年辛亥。记中述本支世系、历代勋绩甚详。系年之下兼及时事，如咸丰庚申英兵薄都，文宗出猎；光绪庚子拳匪倡乱，两宫西巡。以至政局之变动，枢府之黜陟，皆有记载。且全录当时章奏。故其本身虽无甚可纪，于清末掌故则可资参考也。（15－575）

燕京岁时记　文德斋刊本

清敦崇著。敦崇是《记》，撰于光绪庚子，刊于丙午。卷首有刑部主事润芳序，称其“退食之余，以书史自遣，于国朝掌故，多能识其本源”云云。是《记》自元旦起，迄除夕止。四时节令，事无大小，内自宫闱，外至庙会，多所采录。其间涉于内廷事例，外间罕知者甚夥，亦资掌故者所不可废也。（15－578）

三案始末一卷　小方壶斋丛书本

清包世臣撰。“三案”者，一铜山段继幹案，一泰安徐文诰案，一归安陆名扬案。三案皆嘉庆间事。段、徐两案，官吏诬以杀人，尚涉嫌疑。至陆名扬乃乡党自好之人，绝无瑕隙，徒为贪吏所忌，构杀身之祸。三案皆上闻于朝，奉旨严勘，卒以交相庇护，覆盆莫伸。世臣游幕时所亲见，特笔记之。一时官吏之贤不肖，可借以考见。如按察温承惠之刚骾，布政伊克札木素之义愤，固有不可没者。他如唐仲冕、童槐之朋比，陈文述之贪肆，三人皆有声文苑者，亦不为之曲宥。三案之外，并述及柴大纪、杨天相两案，此两案在当时颇有以为冤者。据记，则大纪仓存米二万石，坐视饥民之死，大纪行白金三千冒获盗之功，其伏法固不枉也。是篇载世臣《小倦游阁集》，已散佚。王锡祺得此稿刊之，并为之跋。（15－592）

文贞公年谱二卷　道光乙酉刊本

清李清植纂。清植，字立侯，福建安溪人，李光地孙也。光地谥文贞。是《谱》编年隶事，于光地历官始末、著书先后，纪述甚详。按光地才识过人，学亦笃实。早年策耿精忠，平白头贼，荐施琅为将定台湾，抚直隶，筑堤治水，设学恤灾，俱有成绩。生平于同时学人所最服膺者，顾炎武、梅文鼎；于同时臣僚所最输心者，魏象枢、汤斌。所荐之人，如陆陇其、卫既齐、德榜格、徐元梦、杨名时、赵□□、李绂、陈瑸、蔡世远、何焯。以荐德榜格故，几至自累。荐徐元梦，获罪后，复荐之。救张伯行，劾吴禄礼、张霖，忤于成龙。初近明珠而不附之，竟为所讦。迹其所为，盖正人也。徒以陈梦雷流布绝交书，致犯清议。又为徐乾学、熊赐履所倾，终身在危疑忧惧之中，不敢有所建白。是《谱》为其孙所撰，疑不免有过张之辞。然荦荦大者，皆有事实，非可造也。光地于《易》《书》《诗》《礼》《乐》《春秋》皆有撰著，尤宗朱子。早岁成《尊朱要旨》，晚年与修《朱子全书》，又成《朱子礼纂》。然观其《古本大学私记》，竟多有与朱子立异者。必其所谓宗朱者，殆亦屈于时势，而非心之所安耶？书首列参订门下士魏廷珍、徐元梦、杨名时、王兰生、蔡世远、梅瑴成、徐用锡、官献瑶诸人，皆以品学著于时者，宜其书之缜密也。（15－592）

榕村谱录合考二卷　道光丙戌刊本

清李清馥辑。清馥，字根侯，福建安溪人，光地孙也。光地有《榕村语录续编》二十卷，卷九“本朝人物”，卷十一至卷十五“本朝时事”，以有忌讳，未刊入《遗书》中。清馥合《年谱》《语录续编》，参之文集及他记载，以成是书，故事实加详。其尤致详者，则与陈梦雷隙末一事。按光地以进蜡丸疏，圣祖嘉其忠贞，超擢内阁学士。同时编修陈梦雷以附耿逆被谴，乞救于光地，光地不能助，梦雷遂致书与光地绝交。书中言蜡丸疏实出梦雷，而光地掠为己功。果尔，则光地为欺君卖友，至今论者尚多怜梦雷而恨光地。是书记两人之关涉极悉，光地实曾上救梦雷疏，至以百口相保。其疏稿为梦雷与徐乾学合撰，绝不说蜡丸事。及梦雷发遣时，始讦及之。平情而论，梦雷果有蜡丸疏，何以不径上，乃委折托之光地？且光地上蜡丸疏时意在免祸，不在邀功，何必削去梦雷之名？其时徐乾学辈构陷光地，无所不用其极。梦雷之讦，未必出其本心。证之绝交书竟达宫廷，梦雷一罪犯，至承圣祖面询，谁为为之？可以推知矣。梦雷之诬光地以观望，谓“也使人到本朝，也自己到耿逆处，也通伪郑。幸而本朝成功，就算全节”。忌者即摭以进，正中圣祖之忌，几于不免。故光地以忧谗畏祸终其身。迹其一生，亲近正人，笃守正学，要不失为君子。徒以陈梦雷不白之事，为青史之玷。细观是《考》，事实自不可诬也。至于其时之汉大臣结党妒能，争权黩货，及圣祖之待下猜刻，俱可于是《考》得其概焉。（15－593）

熊文端公年谱一卷　微波榭遗书本

清孔继涵撰。继涵字体生，号荭谷，山东曲阜人。乾隆三十六年进士，官户部主事。是《谱》为熊赐履作也。赐履以康熙戊戌进士授翰林院检讨，官至东阁大学士、吏部尚书，殁谥文端。少讲理学，著有《闲道录》《学统》诸书。继涵于其行事多所漏略，即如赐履在康熙三十三年曾监修《明史》，乃《谱》中绝不之及。《谱》载赐履于康熙十五年以内阁票事致仕，证之李光地《榕村语录续集》，则为内阁嚼签子事也。时值三藩称兵，人心慌乱，中堂阁学每错批案牍。赐履某日错拟一批，为圣祖检出，恐遭谴责，乃将错批换写他人本上，而自嚼其原批以灭迹，为索额图讦奏，下吏部按问得实，革职。《谱》浑言之，又以革职为致仕，讳之也。按赐履颇负清望，而中实猥鄙，党于徐乾学，本因索额图而去职，晚节冀起用，竟联索额图以与明珠、余国柱相轧。但就《谱》观之，俨然一理学名臣也。综其生平，品不若魏象枢、汤斌，学不若李光地，惟身后清寒，至有给宅之谕，以情度之，当胜于徐乾学、高士奇等之贪黩而已。《谱》后有赐履世系表，并及其弟赐瓒。又有女系表，载赐履所出六女。其第六女适曲阜孔传钲，即继涵生母也。继涵于赐履为外孙，故作是《谱》以崇之云。(15－594)

乔氏载记二卷　同治壬申刊本

清乔松年辑。首有松年自序，仿傅山著《傅史》例，但著录而不为谱。自周迄明，得二百余人，后附神仙、妇人及蓬峰真逸诗刻、乔姓受氏考。蓬峰真逸者，乔扆，字君章，洪洞人。金正隆间丞蒲邑，后官至大理丞。《中州集》录其诗一首，是刻乃有二绝句，可补《中州集》之缺。松年是书，搜采甚博，但仍不免有漏。如所载乔恕，止及其弘治庚戌进士。据咸丰《邳州志》，则恕曾官御史，正德三年，谪判邳州，历升苑马寺卿。又所载乔中和不及其爵里，按中和，内丘人，崇祯中以拔贡官太原通判；其著述仅及《葩经旁意》，按今通行《跻新堂集》有《说易》《说畴》《图书衍》诸种，皆中和撰，朱彝尊《经义考》又载中和《易林补》四卷，则在《跻新堂集》之外。如此之类，是官阶、著述之漏载也。《唐书·孝友传序》有乔绍俊，《明史·忠义传》有乔于昆、乔国屏，《萧县志》有洪武十九年任知县乔俊，乾隆《巴县志》有嘉靖间川东道乔应光，《淮安府志》有嘉靖中盐城主簿乔栋、崇祯中清河训导乔任、正德间贡生乔醇、嘉靖中渭南知县乔淳、天启举人知县乔尧仁，姑略举之，待补者已多，此又人之漏载也。数典忘祖，固不免贻讥。亦以信搜辑之道难乎其言备也。(15－595)

夏检讨年谱一卷　乾隆甲辰刊本

清夏味堂辑。味堂，江苏高邮人，乾隆丁酉举人，夏之蓉孙。是《谱》为之蓉作也。据《谱》，之蓉生于康熙丁丑，卒于乾隆甲辰，年八十八岁。乾隆己酉选授盐城教谕，癸丑成进士，授翰林院检讨，充《明史》纂修官。壬申考试翰林，名列三等。以原品休致，时年五十六。中间一为乡试主考，两为学政。罢官后，历掌钟山、丽正两书院，在钟山久至十一年。著籍弟子最著者有戴祖启、王念孙诸人。所著书有《半舫斋诗古文》《读史提要》,俱刊板行世。在翰林时曾上成均课士札子,请以课时文者改课实学;又上纂修《通考》札子,谓其书缺河渠而详仙释,宜加删正。持论俱当。惟在史馆建议,谓"建文出亡,出于史仲彬所纪,必当日事定之后,燕王使其徒党倡为游言,以稍平忠臣义士之气,非其实也"。又议兴献大礼,力辟张之谬。① 按二说俱误。建文出亡,燕王正讳言之,致以后尸为帝尸。史仲彬实有其人,其《致身录》出于永乐后将二百年,岂是燕王所使? 今《明史》存程济一传,并于姚广孝、胡濙二传微著其事。之蓉之议,当不见采。张桂议大礼,其言不谬,其人则非,未可以人废言也。又据味堂后跋,谓是《谱》系之蓉手自削定,玩其语气殊不类,殆有增饰也。后附戴祖启《送归高邮》一序,盖辞钟山院长时所作,味堂以为能窥见之蓉性情,故录之云。(15－596)

黑水考一卷　原稿本

清徐养原撰。《禹贡》三言黑水,一见梁州,一见雍州,一见导水。班《志》、郑《注》皆不能实指黑水所在。胡渭《锥指》分雍、梁黑水为二,甚误。养原是书,据《尔雅》谓"河所出为昆仑,穷河之源,即识昆仑之所在"。又据《山海经》谓"河与黑水同出昆仑",因而断《水经注》黑水出张掖鸡山,南流过三危,入南海之说之非。再求之雍、梁二州,得水道凡六,曰黑水河,曰□水,曰淶水,曰布仆水,曰仆水,曰劳水。就此六水观其会通,知雍州之水可至于梁,梁州之水可至于海。黑水故道,自在其中。雍、梁二州,同此黑水,亦即导川之黑水。所考极详确。后有程同文跋,谓"《禹贡》雍、梁分域,必在今察木多、洛隆宗之间,故三危既宅,载于雍州。黑水出昆仑至三危,乃雍州西距之黑水。过三危迤下,乃梁州西距之黑水。今洛隆宗以西,又二千余里,乃至前藏。若察木多,则出川边,亦仅二千余里。禹迹所至,雍之搜渠在葱岭西,青之嵎夷在朝鲜,冀贡道夹右碣石入于河,则远及辽东。荆三邦底贡,其远莫考。然《尧典》南交,必在域内,安见梁州不得有今卫藏之地?"又证黑水即今澜

---

① 据后文,疑"张"后脱一"桂"字。

沧江,援据甚切,可补养原之说所未及。(15－627)

三亳考一卷 光绪写刊本

杨守敬撰。《书序》:“汤始居亳,从先王居。”郑《注》:“亳,今河南偃师县,有汤亭。”《地理志》:“河南郡偃师尸乡,殷汤所都。”《立政》篇“三亳阪尹”郑注:“三亳者,汤旧都之民服文王者,分为三邑,其长居险,故言阪尹。盖东成皋,南轘辕,西降谷也。”按郑以汤旧都释三亳,以成皋、轘辕、降谷三邑处三亳之民,未尝以三邑为三亳。自孔颖达《正义》以三亳、阪尹共为一事,去旧都分为三,其长居险,其意殆以偃师为汤旧都,至此分为三也。且以偃师为汤始居之亳,与《孟子》不合。《孟子》称“汤居亳,与葛为邻”。《地理志》:“葛,今滦国宁陵之葛乡。”宁陵去偃师八百里,汤地止七十里,而使亳众为耕,有童子饷食,非其理也。且此与“汤至盘庚五迁”不合。守敬是《考》,据皇甫谧旧说,谓“殷有三亳,谷熟为南亳,即汤都;蒙为北亳,即景亳,是汤所受命之地;偃师为西亳,即盘庚所徙”。又引左氏襄九年《传》,马融注谓“商丘即亳”,以证谧说之确。引《汉书·地理注》臣瓒注:“汤居亳,今济阴县是。”以释郑《注》之疑。末谓文王以成皋、轘辕、降谷处三亳之民,正如后世鲜卑、回纥之事。郑解“三亳阪尹”,并无不合。惟以谧引征为事,以为出《仲虺之诰》。又解阪尹,义与郑异。遂牵及近人攻古文《尚书》之谬说,则节外生枝矣。(15－627)

吴梅村年谱四卷 道光刊本

清顾思轼纂。① 思轼字景和,江苏太仓人。梅村,吴伟业号也。伟业所著诗集,有程穆衡笺、靳荣藩集览、吴翊凤笺注。靳、吴二本皆分体,惟程本编年,且去伟业较近,于伟业身世、交游考证甚的。思轼是《谱》,以程本为主,参以靳、吴二本,又得其家牒,故卷首弁以世系。又以同里之故,网罗杂记佚闻不少。按伟业于崇祯四年辛未举会试第一,

① “思轼”,疑为“师轼”之误。

殿试以第二名及第。崇祯十六年癸未升庶子,而北都亡矣。宏光二年,召拜少詹事。顺治十年癸巳,被征入都,授秘书院侍讲,寻升国子监祭酒。十四年丁酉告归,不复出。临殁遗嘱题"诗人吴梅村之墓"。又作《绝命词》云:"忍死偷生廿载余,而今罪孽怎消除。受恩欠债须填补,纵比鸿毛也不如。"又《病中有感》词云:"故人慷慨多奇节,为当年沉吟不决,草间偷活"云云。盖以老父在堂,隐忍受辱,其志可悲矣。《谱》中分年隶事,并及诗文,例甚善。惟集中之诗不全分配,不能借作诗谱。其中如《清凉山赞佛》诗,为清世祖悼亡妃作,殆无疑义,乃系之十七年庚子,恐不然也。又按伟业之诗,多切时事,中多隐讳,注家不能尽为举出。即如"墓门深又阻侯门"句谓陈沅,辟疆识陈沅,见陈维崧《妇人集》。时陈沅已归吴三桂,故曰"阻侯门"也。又《通玄老人龙腹竹歌》,"通玄老人"谓汤若望,清世祖赐号通玄法师,故有此称。如此之类,注家俱不之及,安得如近人《玉谿生年谱会笺》之作,一一为之发其覆乎?书中间附其弟思义考语。思义字仁仲,师轼之弟也。书刊于道光,卷首有徐元润、宋清寿二序。至光绪二年丙子板毁重刊,有师轼自跋,视前略有增删,距初刊时三十余年矣。(15-647)

鹿忠节公年谱二卷

明陈鋐辑。按鹿善继,字伯顺,直隶定兴人。万历癸丑进士,观政兵部,改户部主事,以争金花银事镌级,归。光庙御极,复官,典新饷,旋改兵部职方,参孙承宗军事。承宗罢,乞归。崇祯初起用,升太常寺少卿,未二年,又乞归。崇祯九年丙子,北兵犯定兴,入城守御,城陷殉节,赠大理寺卿,谥忠节。善继学宗阳明,期于实践,求事事不亏本分,时时不愧本心,即以授徒为讲学。其要旨具托所著《四书说约》中。其服官,如争金花银,阻用废弁张思忠等。其佐幕,恢复辽疆四百里,凡五城七十二堡,多参与擘画,气节才识皆过人远甚。讲道最合者有孙启泰,即世所称夏峰先生也。受知最深者有孙承宗。惟众所指目之杨嗣昌,亦甚善。身后,嗣昌上言其生平大节,不当徒以死事褒,由是得优恤。可见其立朝不分门户,而嗣昌之恶亦未必如谤之者之甚也。鋐亦定兴人，诸与其父兄俱学于善继。是《谱》据善继所著《认真草》《三归草》编次而成，因事而□□其文，多至二十余篇，大都有体有用，足以证其学者。惟事迹不免少有漏略。据卢象升撰善继《传》，容城订交，同拜杨忠愍祠，为善继、启泰、魏大中、周顺昌四人。《谱》独缺顺昌，殆是偶然失考。卷首有铉序，称作《谱》出启泰之命。时康熙丁未矣，距善继之卒三十有二年矣。启泰尚在，老而不忘故人也。此书道光间重刻，有郑献甫序。（15-648）

张忠烈公年谱一卷

清赵之谦纂。之谦，字㧑叔，浙江会稽人。咸丰举人，官江西知县。是《谱》为张煌言作也。煌言，字玄箸，号苍水，浙江鄞县人，崇祯十五年壬午举于乡。顺治二年北兵下江南，煌言从钱肃乐等奉鲁王监国，旋充报闽使。江上师溃，又从张名振奉监国入闽。名振卒，代将其军。顺治十六年己亥，会郑成功舟师陷瓜洲，趋芜湖。成功兵败援绝，逃归临亹。既而散军居悬奥，为清提督张杰所执，不屈死之。乾隆中赐谥忠烈。之谦是书，以全祖望所撰《神道碑铭》为主，参以本集。又查继佐之《鲁春秋》，得自身历，最为可信，为全氏所未历，故援引独多。旁及群书，补阙、订疑、证误，字字有本。其正旧《谱》之误者，如煌言以万历四十八年庚申六月初九日生，旧《谱》作十九日生者误。顺治二年乙酉监国赐煌言进士，加翰林院编修，旧《谱》作翰林院检讨者误。顺治三年丙戌煌言随张名振奉监国入闽，招讨使郑成功不为用，与名振还石浦，旧《谱》云"张名振弃石浦，扈监至舟山，黄斌卿不纳，乃入闽，煌言留舟山"者误。顺治五年戊子，煌言集义徒于平冈，旧《谱》以煌言军平冈系之己丑者误。又黄孝卿、冯京第再乞师日本，煌言以诗赠行，亦在戊子，旧《谱》系之丁亥者误。康熙二年癸卯，岛师尽散，本集有《瓯行志慨》三首，当作于是年，旧《谱》疑指温州事，又疑为郑经者误。其正《神道碑铭》之误者，顺治七年庚申，煌言入卫舟山，超拜兵部左侍郎，《碑》作"加兵部右侍郎"者误。《北征》言丁亥后三入长江，一在顺治九年壬辰，二在顺治十一年甲午之春及秋，《碑》甲午未误，而误壬辰为癸巳。顺治十五年戊戌，桂王遥授兵部尚书，《碑》作“加兵部左侍郎兼翰林院学士”者误。康熙元年壬寅秋九月，监国鲁王卒于金门，《碑》作冬十一月者误。其正本集之误者，《鲁春秋》载张名振题诗金山寺，有“十年横海一孤臣”之句，而《奇零草》收之，只易数字而已。其正《鲁春秋》之误者，煌言于康熙三年甲辰七月十七日被执，二十三日至郡，《鲁春秋》以至郡之日为被执之日者误。凡此皆互相参稽，而得其实。若文之简净，又其余事也。(15－649)

查东山年谱一卷 嘉业堂刊本

清沈起辑。起，字仲方，浙江嘉兴人，布衣，国变后为僧。东山者，查继佐也。据《谱》，继佐初字三秀，更字支三，号伊璜，《外纪》则云号与斋。申酉之后更名省，字不省，或隐姓名为左尹，别号非人氏。浙江海宁人，崇祯癸酉举人。鲁王监国，授兵部职方司郎中，参张煌言军事，兵败，隐居不出。讲学于杭州敬修堂，弟子从游者逾千人。中间浪迹东南，又罹南浔庄氏史狱，幸而得免。卒于康熙丙辰，年七十六。起即敬修堂入室弟子也。所称东山即审山，离龙山二里，继佐世居山之西，呼其山为东山，故云。起与继佐相依四十年，所记事多与相涉，其详且实，宜矣。世传继佐识吴将军六奇事，证诸是《谱》，而知其误。据《谱》，所识武林乞儿，乃陆晋也。其后以史狱株连，相传有人于满人侧为之白冤。当对簿时有笔帖式下阶问安，且传语“三十年所失诗稿珍藏无恙”，因忆及三十年诗稿为乞儿陆晋所取，岂晋后籍满洲而居要地耶？是则援继佐者，亦陆晋也。然继佐之免，实因祸未发前投牒督学自辨。牒中连及范骧、陆圻，故三人俱免，则亦不尽关乎援之者也。王士禛《香祖笔记》、钮琇《觚賸》、蒲松龄《聊斋志异》，皆属之吴六奇，后来蒋士铨且谱为《雪中人传奇》。然继佐所著《偶记》自云：“葛如方布衣野走，世传余有一饭之德，怀之而思报，其实无是也”云云。葛如者，六奇字也。则当日误传，继佐固已自闻之而自辨之。《谱》云：“继佐于吴将军非旧识，而倾倒如故，又令二子启晋、启丰负笈往游，如是而已。即啧啧有名之绉云石，亦得之江西，非吴将军所赠。”惟《谱》于甲申后授官参军等事，俱不之及,盖有所讳,而别详于继佐所著《鲁春秋》中。书首录吴启丰撰《东山七秩乞言启》。启丰字文源,潮州人,即吴将军次子,后以军功镇滇南。按起著《乐图集》,是《谱》即其第七卷。咸丰间,张涛得其稿,因与查縠共注之。于原《谱》外,并有补,有附,有案。首列征引书目,凡六十一种,内继佐自著书十一种,今多不传,赖此得见其概。又有查世澧序及诗各一首,涛自序一首,末附翁广平撰《书湖州庄氏史狱》一篇,及刘承幹跋。涛字铁庵,布衣,业于商;縠字稻孙,继佐族裔孙,俱海宁人。(15-650)

东山外纪二卷　嘉业堂刊本

清周骧、刘振麟同纂。骧字九逸,浙江鄞县人。振麟,字轩孙,江西安福人。是书杂记查继佐之行事、言论,二人俱继佐门人也。前有振麟撰序、骧撰引言,又有粤东同学较次姓氏五十二人,后有高骏恒跋。据《年谱》,《外纪》二卷,刻于康熙己亥,时继佐年五十九,客潮州,故所列皆粤东门人也。按继佐负盛名,曾附鲁王监国,受其官,为世指目。其时屡兴文字狱,几于不免,故以讲学自晦。所识拔如沈陵、马圣、陆晋、杜水棋、王乐水之流,类多怪僻。生平好声妓,好游侠,旁究兵法、音律,又讲养生,殆亦有托而逃。晚岁浪游东南,结交势要,在粤交黎琬居、陈元孝、张璩子、张穆之、薛剑公等,皆遗民也,俱见于《纪》。惟所纪有近于荒诞者,如云梦登尼山之堂,礼孔子,复与端木并拜之类。有近于猥亵者,如"因阁帖而取陈姬,又因不得帖而遣去"之类。又如论学问以居室为大,论鬼神以投胎为真,殊近游戏。但亦不乏名言,如谓:"道学家率以貌教,诸子率以貌学,始之以理,终之以气,而祸随之。史中所载某党得某人而显,是明以爵位争胜,非极党之意也。"又谓:"坐而言理,总非其至。主于化小人为君子,不主于辟小子为君子。前辈之过,始于吾等为君子,立一垒以生敌心。究竟君子之才不逮小人,其数亦万不能齐等,势必大败"云云。其箴明季讲学之失,可谓切中。又谓:"人能闭户一日,则享受不止一日;能闭户一年,则享受不止一年。静者可以制动。"又谓:"人能闭口一日,则鬼神亦不能测"云云。盖继佐平生好游,又作诗文多,此殆自箴其失也。骧言:“微词浅笑,尽属天机。粗服乱头,每关至要。”庶几近实。又据《年谱》,尚有《续外纪》二卷,沈起撰,成于康熙甲寅,未见流传。是本为刘承幹所刊,后有承幹跋。(15-651)

钱警石年谱一卷 同治甲子刊本

清钱应溥撰。警石乃其父泰吉号,又号甘泉乡人,浙江海盐人。廪生,官海宁州学训导,钱陈群曾孙,仪吉从弟。应溥,道光己酉拔贡生,官吏部文选司主事,军机处行走。泰吉官海昌二十余年,罢官后,又掌海昌安澜书院七八年。七十后,遭粤匪之乱,流离转徙,卒于安庆。时应溥襄曾国藩军幕,在安庆故也。学不及其兄仪吉,而生平留意掌故,见书甚多,尤喜传录名人校本,雠勘异同。所校书如《诗经》、《史记》、两《汉书》、《南宋文鉴》、《元文类》及宋元人集部,历具之《谱》中,可与所著《曝书杂记》参看。所交友如陈硕甫、胡竹邨、钱梅溪、吴仲伦、冯柳东、刘燕亭、朱述之、劳季言、蒋生沐及门人管芷湘辈,气味相投,具见师友渊源。居海昌久,成《海昌学职禾人考》及《海昌备志》,而《备志》搜采尤赅洽。凡此皆详载《谱》中。卷首有小像,莫友芝作赞。卷末有泰吉外孙沈师济跋。(15-652)

张尚书年谱一卷 传抄本

旧题全祖望撰。张尚书,谓煌言也。按祖望作《张尚书集序》,称“又为作《诗话》二卷,《年谱》一卷,以详其集中赠答之人与事”。而祖望之门人董秉纯序《鲒埼亭集外编》,称祖望著述三十余种,见存者未及十种,是《谱》不与焉。其为作而未成或成而早佚,俱不可知。此本流传世间,宣统间印《张苍水集》,入之附录中。今取以与祖望所作《张尚书神道碑铭》相校,多有差歧。尤可怪者,卷首特书“忠烈”赐谥。按为明季殉节诸臣赐谥,事在乾隆四十一年,而祖望之卒在乾隆二十年,安得见之而书之?且不惟异于祖望,《北征录》《奇零草》《冰槎集》,煌言所自著也,核其岁月与事实,亦多颠倒。集又祖望所编定者,何至不考若是?当是妄人抄撮野记,托祖望之名以传。诚恐考史者资为异闻,甚或

疑不误者为误也，特存而辨之。（15－652）

褒忠录七卷　道光刊本

是书记明郝景春殉难房县事。景春子明龙编，景春六世外孙姜朗一重编。按景春，字和满，江苏江都人。万历壬子举人，授盐城教谕。坐事罢归，旋擢房县知县。时张献忠受抚，寻叛，围房，城陷，景春被执。景春骂贼死，其子鸣鸾同遇害，诏赠官建祠。事迹具《明史》本传。乾隆四十年赐胜朝殉节诸臣谥，景春谥忠烈。是书以史乘、事迹、著述、恤赠、记传、附录分六卷，而以乾隆重修时陈宏谋、姜忠基二序及《房县贼营图说》别为卷首。卷二止公牍，卷三文诗亦寥寥。卷五雷士俊、王岩二传最佳。卷六明龙撰《殉难》《入郧》二纪略、《先君佚事》，可补传所未及。卷末又附裔孙翎及梅二跋。盖是《录》始刊于郝明龙，不记岁月；次刊于郝梅，时为乾隆丁未；又次刊于郡人，时为道光戊戌。有李璋煜序及璋煜、阮元二祠记，并录乾隆赐谥事，弁于其首。（15－653）

萧氏旌孝录一卷　道光刊本

是《录》记萧孝子事。孝子名日曛，江苏江都人。母朱病笃，日曛炷香告天，自刲肝二片，和药进母，母瘳而日曛殒。时康熙七年六月四日事也。里人感其孝，为立祠梅花岭祀之。按割股事记载多有之，惟刲肝则未之或闻，诚愚孝之又甚者，虽过奇之行不可为法，而风厉末俗，正有益也。是《录》有日曛遗书、黄文旸《萧孝子传》、李璋煜《书萧孝子传后》、姚鼐《萧孝子祠堂碑文》，并附其父廷瓒《哭儿诗》二首，凌鸾、张祖华《谒祠诗》各一首。又有刘文淇跋，书即文淇所编。李璋煜刊，附郝氏《褒忠录》后。（15－654）

山会先贤录一卷　道光十年刊本

清宗绩辰辑。先是，道光庚寅，山阴、会稽二县于京师建邑馆，议设位以祀先贤。佥以越中之学，由洙泗而被吴会者，始于言偃，汉经师如锺离意、澹台敬伯、顾奉，宋儒如周谟、陈祖永，元儒如韩性，明儒如胡谧、王文辕、王守仁、徐爱、范瓘、朱节、蔡宗兖、钱德洪、王畿、季本、俞子良、刘塙、张元冲、王元汴、胡纯、陶望龄、章颖、董懋策、刘永基、王朝志、刘宗周、宗周从弟竟中、子汋、汋子茂林、王毓蓍、潘集、章正宸、沈静、傅性喆、向璿、周之璿、李求龄等,当与从祀之列。大旨以理学忠孝为准。绩辰因辑诸贤事实,刊行以传,并为之序。(15-654)

鹿氏家传一卷 道光刊本

是书盖鹿氏后人所辑。明鹿久徵及其子正、孙善继、曾孙化麟,各碑铭、家传为一集。久徵,字子诚,号豫轩,直隶定兴人,万历庚辰进士,两为邑令,有惠政,擢御史,巡按苏松,以申救罢谴言官判泽州。正字成宇,诸生,久徵子,值珰祸,以援救左、魏、周三君子著义声。善继,正子,事迹已具《鹿忠节年谱》。化麟,字仁卿,崇祯辛酉举人,善继子,善继殉节,以毁卒。鹿氏父子祖孙正气萃于一门,于史属仅见。久徵神道碑铭为孙承宗撰;正传为孙奇逢撰;善继传一为卢象升撰,一为方象瑛撰;化麟为范作楫撰。① 即秉笔者亦足传也。(15-655)

陶渊明年谱一卷 排印本

梁启超撰。是《谱》纠正诸谱渊明卒年六十三之谬。据陶集《与子俨等疏》云:"吾年过五十。"又《挽歌》云:"早终非命促。"若六十三,不得言"早终"。又颜延之诔云"年在中身",此用《书·无逸》"文王受命惟中身"语,谓五十也,最属有识。惟断作年五十六,据渊明诗《辛丑岁七月赴假还江陵》云"闲居三十载,遂与尘事冥",又据《游斜川诗序》云"辛酉正月五日",谓由辛酉逆溯至辛丑,正三十岁。按渊明为州祭酒参镇军事,皆在三十前。《宋书》本传曰:"潜年薄宦②,不洁去就之迹。"证之其诗"弱龄寄事外",弱年、弱龄,即弱冠之年龄也,故近人有谓"三十"为"二十"之误者。渊明《归园田居》诗又云:"误落尘网中,一去三

---

① "化麟"后疑脱一"传"字。

② "潜年薄宦",疑"潜"后脱一"弱"字。

十年。"此诗虽不明纪甲子,然《归去来辞》题"义熙乙巳",此诗必作于去官之时。以乙巳为三十,则辛丑非三十矣。又渊明有《戊申岁六月中遇火》一首,中云"总发抱孤念,奄出四十年",则与辛丑三十、辛酉五十诸文相矛盾。硬改四十为四九,而《谱》乃系之三十七岁,则亦与四九、三十七不符也。因辛丑三十不为定论,则辛酉五十六成疑案矣。又据颜延之诔有"州府三命不就"之语,谓渊明未尝就州职,殆亦以"闲居三十载"句有妨也。不知昭明《传》固云:"亲老家贫,起为州祭酒。少日自解归州,召主簿不就。"颜诔所云,盖指"召主簿不就"事耳,岂能并为州祭酒事而抹之?又《晋书·隐逸传》云:"陶潜字元亮。"《南史》本传云:"陶潜字渊明。"昭明《传》则云:"陶渊明字元亮,或云潜,字渊明。"李公焕《陶集注》引《年谱》云:"在晋名渊明,在宋名潜。元亮之字,则未尝易。"启超引古者君子已孤不更名,谓"晚年改名不近理。渊明是名,潜是小名"。所引本集《祭程氏妹文》及《孟府君传》,自称小名尚可解。惟颜延之诔称"有晋征士浔阳陶渊明",诔称小名,岂有此例?已孤不更名,行于古,未必通于今,又何可拟于易代之变耶?近人又有谓潜是名而渊明是小名者,但据昭明《传》对檀道济曰"潜也何敢望贤",亦岂有对州刺史而自称小名者?则公焕所引,实不可易也。《谱》又以丧妻系之二十岁,吴《谱》则以为三十岁事。诗中"弱冠逢世阻,始室丧其偏","弱冠""始室"是偶句,本不误,启超反斥为杜撰,非也。又渊明诗"畴昔家上京",《朱子语录》云"庐山有渊明古迹处曰上京",亦不误。启超必引绿君亭本"上京"一作"上荆",谓即江陵,亦非也。惟以丧父系之十二岁,以《祭程氏妹文》"慈妣"系"慈考"之误,援证极确,其他大都因袭前《谱》耳。(15-661)

靖节先生年谱考异二卷 道光刊本

清陶澍撰。澍字①,湖南安化人。嘉庆进士,官至两江总督,卒谥文毅。是书据王质、吴仁杰二谱,而考以宋元以来诸家所说为之辨证,最

① 稿本"字"后空两字格。

为详博。其要者,如渊明诗《始作镇军参军经曲阿》,李善《文选注》引臧荣绪《晋书》“宋武帝行镇军将军,辟公参其军事”,是以渊明所参者刘裕军也。澍考此诗之下一首为《庚子岁从都还》,则此诗必作于庚子前。题曰“经曲阿”,曲阿,今丹阳县。自隆安二年丁酉至元兴元年壬寅,镇京口者为刘牢之,渊明为镇军参军当在己亥。其次年,乃庚子也。镇军在京口,故曲阿为必经之路。则渊明所参者乃刘牢之军,非刘裕军。又义熙元年乙巳,有《为建威参军使都经钱溪》诗,他谱以建威将军为刘怀肃,澍据《晋书·刘牢之传》及《宋书·刘敬宣传》,敬宣与诸葛长民破桓歆于芍陂,迁建威将军、江州刺史,镇浔阳,则此建威将军乃刘敬宣,非刘怀肃。他若《赠长沙公诗序》引杨时伟说“长沙公于余为族”一句、“祖同出大司马”一句,以题中“族”“祖”二字为衍文。又引钱竹汀说,驳阎百诗父子谓渊明不出于陶侃之谬。皆极是。又《答庞参军》四言诗云:“大藩有命,作使上京。”谓庞参军即庞通之,时宋文帝为宜都王,以荆州刺史镇江陵,“大藩”谓此也。参军盖与闻营阳废立事,故诗有“思终”“保躬”之语,盖勖之也。亦属有见。惟昭明《传》云:“祖茂,武昌太守。”澍又引陶茂麟《家谱》,则祖名岱,官散骑员外,而不断其孰是。按作“岱”者是也。“岱”见《晋书·陶侃传》,《家谱》又较可信。“岱”“茂”形近易讹,则作“茂”者非也。又《祭程氏妹文》云:“慈妣早世,我年二六。”他谱遂据作年十二丁母夫人孟氏忧。澍据颜延之诔“母老子幼,就养勤匮”,又渊明诗有“凯风负我心”句,证为十二岁丧母之非。但以为程氏之妹之生母即渊明之庶母,亦非。其《祭妹文》云“谁无兄弟,人亦同生”,盖同母无疑。而父卒何年,无可考见,“妣”殆“考”之误也。至于误以渊明卒年六十三,以致隶事之年无一不因之而误,此则沿袭旧谱,不及订正,为是书一大憾事也。(15－662)

陶靖节年谱一卷 宣统二年刊本

清杨希闵撰。希闵有《四书改错平》,已著录。希闵未见王、吴二《谱》及陶澍《考异》,参互校稽间有暗合者。于《赠族祖长沙公》,引旧刻数本目录上止题“赠长沙公”四字,可证诗题上加“族祖”二字为衍文。此《考异》所未及者。解“已同路人”句，引《礼》“五世亲尽则为涂人”，路人即涂人，陶公正引《礼》。陶公至是于大司马将及五世。又《丧服》“自期以下，诸侯绝，大夫降”，长沙公正可方诸侯，故序云“昭穆既远，已同路人”，又诗云“礼服遂悠”也。按此条甚妥惬。其最谬者，谓陶公五子皆翟夫人所生。考陶公《与子俨疏》云：“汝等虽不同生，当思四海皆兄弟之义。”又云：“他人尚尔，况同父之人哉！”是五子不同母之的证，希闵想未之见也。镇军为刘牢之，建威为刘敬宣，亦引考之，而以为宜阙疑，殆未详考也。其辨虎丘僧论书甲子事，引钱竹汀说，谓“《宋书》陶传止言所著文章，不云所著书。渊明之文，存者才数首。就此数首考之，《桃花源诗序》称‘太元中’，《祭程氏妹文》称‘义熙三年’，此书晋氏年号之证。《自祭文》但称‘丁卯’，此永初以后书甲子之证”。按此说已见吴仁杰《年谱》，不特希闵未见，想竹汀亦未见也。其以为生于兴宁三年乙丑，则与他谱同误。是书成于咸丰丁巳，至宣统二年始刊，附《乡诗摭谈》后。希闵亦江西人也。(15－663)

陶诗附考一卷 道光刊本

清方东树撰。是书所考为渊明世系及不仕异代、书甲子三事。世系主阎咏说，谓渊明不出于陶侃。以《赠长沙公序》所称大司马为陶舍，非陶侃。但舍乃右司马，非大司马，则委之魏晋谱牒诬妄。至《命子诗》首章溯受姓之始于陶唐，以逮司徒，次章及愍侯舍，三章及丞相书，四章、五章言长沙公，六章言祖及父，一系相承，最为清晰。东树必以为非本支，则钱竹汀所云“攀援贵族乡党，自好者不为也”。姚石甫据《尔雅》《仪礼》释“族祖”二字，无可驳，乃转取诗中“昭穆既远，礼服遂悠”之“既”字、“遂”字为说，尤见词遁。辨不仕异代，尤悖理者，谓“公之心岂以司马氏之篡为得天人之正，而必当万世长享天下，子孙不替”云云。不思得天人之正者曾有几代？武王伐纣可谓得天人之正者，而伯夷饿死不食其粟。子房为韩报仇，韩之先代非篡晋者乎？渊明家有茅土之封，祖父及身，俱曾食其禄，而反幸其亡国，尚有人心乎？况《宋史》本传云“义熙末征著作佐郎，不就”，尤事实之可证者也。辨不书甲子，引《祭弟敬远文》但书“辛亥”为证。不思文章之纪年号甲子,其常也,然不无偶然失纪者。渊明于义熙以前,非预决有易代之事,而故严其例也。特永初以后,则有意为之耳。作史者从后溯前,假定一限以示别,故《自祭文》之无年号可为证也。《祭敬远文》之无年月,不可为证也。要之,世系及不仕异代、不书年号三事,见于沈、萧二传,证之本集,俱无可疑。后人以好奇之心,持过高之论,如谓渊明不以出于侃为荣,不思出于侃与不出于侃,止关事实。渊明不以出侃为荣,又岂以蔑祖为高乎?又谓“渊明在晋已不仕,何待易代?”不思宋祖王业渐隆之日,吏治必较前清明,故人颜延之、殷晋安辈皆为之用,其希为佐命者,又不必论。本可以仕而渊明独否,故史特异之,岂空言哉?东树诸论,皆强词夺理,于不便其说者,加以至硬断。如何义门言“族祖”二字衍文,则以为编者伪造。朱子言渊明“无忝乃祖”,则以为非指桓公。狂悍至此,而其巧辩博证实足以推倒一时,与所著《汉学商兑》同一鼻孔出气也。(15－664)

陶靖节年谱一卷 道光癸卯刊本

清丁晏撰。晏有《周易解故》,已著录。晏所见止王质一《谱》,书中称“旧《谱》”是也。所举二十丧妻之误,檀韶清、周续之、祖企、谢景夷在城北讲学系于永初元年之误,王宏为江州系于元熙元年之误,檀道济为江州系于元嘉三年之误,皆为纠正。然如《祭妹文》:“昔在江陵,重罹天罚。”盖失母,而王《谱》误作失父,晏未及举也。晏称张缜“渊明生于壬子”之误,不知旧《谱》作“生于兴宁三年乙丑”者亦误也。吴仁杰《谱》作“三十丧妻”,晏知丧妻之误,不知“二十”亦误也。又《桃花源记》标明“晋太元中”,则《记》必作于太元时,晏谓“在刘裕废安帝立恭帝时”,亦属臆断。按晏未见于吴仁杰《谱》,陶澍《考异》与之同时,亦似未见。其《述酒》诗,据“山阳归下国”句,谓喻恭帝被弑,与汤汉合,想亦未见汤注也。序言“依据本集,参稽史文”,而镇军、建威之类,并未详考,所云史文者,殆指诸史中渊明传耳。甚矣其陋也!(15－665)

陶靖节年谱一卷 陈氏灵峰草堂刊本

宋吴仁杰撰。仁杰字斗南,河南人。是《谱》考证多当,如集中《示庞主薄邓治中》云“始室丧其偏”，据《礼》“三十曰壮，有室”，《左传》“齐崔子生成及强而寡，娶东郭氏”杜注：“偏丧曰寡。”可正王《谱》二十失妄之误。又安帝隆安四年庚子条下系《始作镇军参军经曲阿》诗，五年辛丑条下系《赴假还江陵夜行涂口》诗，叶梦得据为渊明仕于刘裕、桓玄，仁杰考裕元兴元年为建威将军，三年行镇军将军，与此先后岁月不合。渊明以庚子岁作镇军参军，乙巳岁去彭泽，不复仕。其《还旧京》诗云：“畴昔家上京，六载去还归。”自庚子至乙巳，凡六年，既云“家上京”，又有《从都还阻风》诗，是未尝居江陵。其《祭程氏妹文》“昔在江陵，重罹天罚”，当是女母居江陵，其母因视女而殁于此，非仕玄也。昭明《传》载“檀道济为江州刺史，馈渊明粱肉，渊明麾而去之”，在为镇军参军之前。仁杰据《道济传》宋文帝元嘉三年为江州刺史，移之于后。又渊明辞彭泽令，昭明《传》称“不为五斗米折腰”，而《归去来辞序》则称“遭妹丧”，仁杰以为渊明意别有在。是时寄奴不臣之迹渐显，盖见几而作耳。又《文选》五臣注谓“渊明诗晋所作者，皆题年号；入宋所作，但题甲子”，按之本集，多不合。仁杰据《宋书》潜所著文章，皆题年月，义熙以前则书晋氏年号，自永初以来，惟云甲子而已，证之集中诸文，如《桃花源诗序》“晋太元中”，《祭程氏妹文》“惟晋义熙三年”是也，至《游斜川诗序》在宋永嘉二年作，则但称“辛酉岁”，《自祭文》在元嘉四年作，则但称“岁惟丁卯”，则史氏之言不诬。以上诸条，俱极确当。惟谓渊明十二失母，颜延之诔所称“母老”是继母，盖因《祭妹文》“慈妣”之讹字。其生年之误，则因《宋书》渊明卒年六十三而错推也。按仁杰是《谱》有蜀人张缜《辨证》，今不传，惟元人李公焕注采入数条。又公焕注引《年谱》云“在晋名渊明，在宋名潜”一条，是《谱》及王《谱》俱无之，则宋元间当又有一谱也。是书前后有傅云夔及其子汝砺序跋。云夔序言：“是《谱》，《与子俨疏》‘年过五十’，当在义熙十一年乙卯，而误列九年癸丑。《楚调》‘僶俛六九年’，当在十四年戊午，而误列十二年丙辰。而吴瞻泰《凡例》，又以《斜川诗序》改‘辛丑’作‘辛酉’为误。”按“六九”乃讹字。其误改尚有《癸卯始春怀古田舍》，改“癸卯”为“辛卯”，为云夔所未及举者。惟改与未改俱误，不足辨也。又吴瞻泰本

以为彭泽令赋《归去来辞》属之甲辰，盖偶脱“义熙元年乙巳”六字，因而连缀上年也。(15－666)

陶元亮年谱一卷 陈氏灵峰草堂刊本

清王质撰。首举谢灵运为比，称渊明“世地色言俱避，而灵运为武帝秉任，最后乃欲诡忠义，杂江海。远师送君过虎溪，而却灵运不入莲社，素心皆所鉴知”云云。按为渊明作谱者，实始于质。开首书“生于晋哀帝兴宁三年乙丑”，即大误。盖本于沈约《宋书·隐逸传》，而昭明太子所作《渊明传》及《南史·隐逸传》《晋书·隐逸传》俱因之，作陶谱及注陶诗者又因之。质于他条，亦阙考证，如《妹文》“慈妣早世，我年二六”①，即定为十二失母。《楚调》诗云“弱冠逢世阻，始室丧其偏”，即定为二十失妾。“镇军”“建威”，俱未指出何人。于义熙元年乙巳下突云“是岁刘将军录尚书”，此刘将军亦不知何指。若指刘裕，则是年三月方为侍中、车骑将军、都督中外诸军事。至录尚书事，乃在四年正月，亦不合。又《辛丑七月赴假还江陵》，臆断为赴官，则叶梦得、恽敬仕于桓玄说之所本也。其《祭妹文》所云“昔在江陵，重罹天罚”，以为丧父，俱误。至于年月错系，不可胜举。按是《谱》见质所作《绍陶录》，又见陶宗仪《辍耕录》，吴瞻泰《陶诗汇注》亦收之。此本为贵阳陈矩所校刊，皆辅吴仁杰《谱》并行。以是《谱》虽不及吴《谱》之善，而筚路蓝缕之功不可没也。(15－668)

海忠介年谱一卷 稿本

清王国宪辑。按海瑞字刚峰，广东琼山人。嘉靖二十七年举人，三十二年选授福建南平教谕，三十六年以荐擢浙江淳安知县，四十一年移江西兴国，四十三年擢户部主事。隆庆元年改兵部主事，寻擢尚宝司司丞，又升南京通政司。三年，升都察院副都御史，巡抚应天。五年，罢官回籍。十四年，起用南京都察院左都御史。十五年卒，谥忠介。事迹具

① “妹文”，疑当作“祭妹文”。

《明史》本传。是《谱》据《明史》，参合传、状及文集而成，颇详备。瑞以清介著，其课士也，严立教约，不许诸生以一货物进。其治县也，均繇省赋，惩大户，清田亩，以一县令而敢辱总督胡宗宪之子，拒都御史鄢懋卿入境。入都任职，上世宗疏，历数阙失，直声震朝野。抚应天，开吴淞江、白茆、杨家滨等河，惩豪右尤严。而早岁所上平黎疏，论开道立县，为琼州永绝黎患，尤为切用，惜不能行。至清光绪间，张之洞、岑春萱先后主开琼州，而不尽符瑞之所陈，尚未见其利也。瑞在当时，有讥其矫激过甚者，又有疑其拙于才者。观于是《谱》，爱民之心，勤勤如见，所至兴利除弊，功绩昭然，乃知时论不足凭也。《谱》中录文太多，至及赠寿诸序，似宜略汰。国宪亦间有考订，但不多耳。（15－669）

丁中丞行略一卷　稿本

清丁惠衡辑其父日昌之行略也。日昌，字禹生，广东丰顺人。以廪贡生选授琼州府学训导，以在籍守府城功授江西万安县知县，署庐陵县知县，旋随曾国藩安庆军营调帮办昆、寿、高州军营。又督办上海制造，署苏松太兵备道，调两淮盐运使，署江苏巡抚，补授福建巡抚。后因病请假回籍，不复出，卒年六十。按日昌负干济才，尤熟洋务，同时言洋务者，群推在李鸿章上。在广州，初设炮局，铸开花炮。寻调上海，督办制造。任上海道时，与英使巴夏礼折冲，如驱城洋兵出城、檄犯事轮船充公、索回吴淞口炮台地基、裁革会防局供应英法兵费万余金、禁洋酋收洋泾滨赌规①、拿英教士陆和尚正法、资遣外洋流氓返国、捕奸侩通事某置狱等事，中外翕然交称。又参定《江海防水师章程》，帮同北洋大臣办日本、秘鲁换约事务，督办福建船政。其抚苏政绩，别详其所著抚吴公牍及奏疏。日昌好藏书，有《持静斋书目》五卷行世，中多宋元版本。世传其有豪夺之事，据状，则是时吴中藏家散售其书，日昌节俸得之，盖适逢其会也。是篇摭拾不详，亦欠润色，备修史者之参证可也。惠衡为日昌长子，例贡生，江西补用道。（15－670）

① “洋泾滨”，当作“洋泾浜”。

求可堂自记一卷 咸丰二年刊本

清廖冀亨撰。冀亨,字瀛海,福建永定人。康熙庚午举人,选江苏吴县知县。是书为冀亨自记所历,少时就学、婚葬事,皆琐细。官吴县日,赈荒治狱,具见实心。其时江苏巡抚为张伯行,苏州知府为陈鹏年,方为总督噶礼所构,致兴大狱。冀亨为鹏年所器,因亦牵及,被陷革职。是《记》于噶礼之骄横,张、陈之清正,及属吏之勾结承迎,一一备悉。所记至噶礼拿办,张、陈及己同时复职而止。可补他记载所未及。惟文笔朴拙,又偏信堪舆家言,所载鬼哭烛灭事,迹涉迷信,略之可也。《记》作于康熙间,而刊于咸丰壬子。首有王发桂、贺长龄、陶樑三序,末有孙昺跋。(15－671)

庸闲老人自叙一卷 光绪刊本

清陈其元撰。其元字子庄,晚号庸闲老人,浙江海宁人,诸生,以军功谕叙选金华训导,擢富阳教谕。在官十八年,既又以守城功叙知县,历官江苏南汇、青浦、上海等县,署绍兴府知府,旋引归。是书自叙一生所历,少日困场屋,应乡试至十五次不得售,中岁官教职,值洪杨蹂躏江浙,助地方团练守御,为左宗棠、李鸿章所知,屡治剧县,皆著政绩。绩尤著,则在办宁郡厘捐总局,一岁得钱二百余万,供给本境及左军饷糈,以成肃清之功。大抵其元长于干济,而性颇恬淡。道光末英兵犯浙,撰《筹边策》数千言,为林则徐所赏。晚岁方膺特荐,及乞就教职,为左宗棠所重。书中所记,尤详兵事,目见所及,可补官书之虚漏。书后有自题七律一首,时年六十一,又十年而卒。是书前附左宗棠撰墓志铭及俞樾跋,后附其子德濬、德嵩述。(15－671)

苏河督年谱一卷 稿本

无撰人名氏。按苏廷魁字守柔,广东高要人。道光十五年乙未进士,十七年戊戌授编修,二十二年壬寅补福建道御史,二十三年癸卯升刑科给事中。是后丁外内艰,多居原籍。至同治二年,始以道员发往河南。未几,任布政使东河总督,九年告归,任官显要仅数年耳。告归时七十一岁,又逾七年,重游泮水。不及卒年,岂廷魁自记耶?廷魁官御史颇著直声,与福建陈庆镛、广西朱琦,称都中三君子。辛亥奏参穆荫,尤有名。居粤时,值红巾诸匪起事,滋扰广肇,助当事筹防筹饷。任河南布政,裁陋规,清宿饷,俱有足录者。末附杂记数则,则补《谱》所未及也。(15-672)

子　部

一贯问答一卷　传抄本

明陈瑚撰。大旨取《易系》以解“一贯”。《系辞》云:“圣人有见天下之动而观其会通,以行其典礼。”朱子注云:“‘会’谓理之所在,而不可遗处。‘通’谓理之所行,而无碍处。”何谓理之所聚而不可遗处?谓“如一事,而关系君臣,又关系父子,又关系夫妇,举此则失彼,无或遗也”。何谓理之所行而无所碍处?“盖既看得定,则权其重轻,君臣重则从君臣,父子重则从父子,夫妇重则从夫妇。只就一路行,而此不碍彼,彼不碍此,故谓之通。通者权也,权而得中,故曰典礼。典者,常也,经也,是即一贯之义。至于门人未达,而曾子告以忠恕者,忠者立心之本,恕者所以求通之方,忠恕者即造一贯之阶梯。”更以《大学》之“絜矩”二字注“忠恕”,以“所恶于上”一节注“絜矩”,即合之程朱之注,亦无彼此之隔云云。虽未必即当于一圣一贤问答之旨,而自抒所得,亦殊不碍于理也。(14 – 153)

原善三卷　无刊板年月

清戴震撰。首有自序,言“始为《原善》之书三章,既复援据经言疏通证明之,而以三章者分为建首,次为上中下卷。比类合义,端委毕著,天人之道,经之大训萃焉”云云。今按震文集卷八有《原善》上中下三篇，其下又有《读易系辞论性》《读孟子论性》二篇，意盖相连。是本则上卷十一章，中卷五章，下卷十六章。其每卷之首章，即文集之三章也。其下即杂引群经之文为左证，并不限于《系辞》《孟子》。惟每篇开首之一章，取较文集，其语加详，且多异同。盖其后所见又有进者，故两存之而不改也。其所谓善者，曰仁，曰礼，曰义，限于所分曰命，成其气类曰性，各如其性，以有形质。而秀发于心，征于貌色声曰才，人之不尽其才，患二，曰私，曰蔽。全书即据此发挥，大旨主于经训，以折荀子、告子诸人之说，其言极辩。是书有与《绪言》合刊本，阑上行间，俱有注语，颇有发明。而阑上之注标曰"原注"，不知何指。其书亦无刊板年月，另有微波榭刊遗书本，在乾隆丁酉。（14－233）

性善绎一卷　万历三十八年刊本

明方学渐撰。学渐字达卿，安徽桐城人，贡生，方孔炤之祖也。是书首有高攀龙序，又学渐自为引言，以为"孟子殁而性学不传，性一理也，理无不善。后之论者往往以气参之，则有疏而不善矣。始焉诸子各执一见，与性善者角。今且引虚无之帜，窜之性善之中"云云。大旨辟无善无恶之说，谓"孔子言太极，未尝言无极。周子虽言无极而太极，但名《太极图》，不名《无极图》。其曰无极，不过形容太极之无相耳"。又谓"性相近者，以圣之善，视贤之善，则近；以贤之善，视愚不肖之善，则亦近；夫妇之所知，圣人之所不知，若远矣。自善而观，靡不近也。不于其性而于其习，则习于善者以习而完性，习于恶者以习而悖而悖性。①习之善，或相倍蓰；习之恶，且相千万。愈习愈远，而性几于难觅矣。孔子定于近，以其善者近之。孟子定于善，以其近者善也"。其书具引《易》《书》《论语》《大学》《中庸》，下及伊川、晦庵之言性者，会归于一。其最龂辟之论，谓"理，君也；气，臣仆也。纪纲臣仆而任使之者，君也。臣仆奉君主之命，则政修；臣仆侵君主之权，则职废。君主有道，则能制臣仆而国治；君主无道，则制于臣仆而国乱。以理论性，是以国与君主

① "而悖而悖性"，疑衍"而悖"二字。

也;以气论性,是以国与臣仆也。尊君主,则性出于一而性定于善;徇臣仆,则政出多门而不善者纷纷矣”。其论阳明,谓“亦主性善,其无善无恶之说,乃王龙溪所记”。高序似不以为是,而云“阳明所谓善,非性善之善。彼谓有善有恶者,意之动,则是以善属之意。其所谓善,第曰善念云而已;所谓无善,第曰无念云而已”。按学渐素宗阳明者也,故多所曲护,然与攀龙说可相参。又按“性即理”一语,创于宋儒,实未妥洽。气与理合,乃名曰性。若离气为二,则何不并性之名而去之耶?其他所辩,间多牵强,痛斥告子、荀、杨、释氏,亦未甚中肯。讵惟学渐,即孟子驳告子者亦犹是也。书刊于万历三十八年庚戌。(14 - 400)

读书解义一卷 道光刊本

清朱毓楷撰。毓楷字幼则,江苏宝应人,布衣,士端之父,汪中之妻弟也。书中每引中说,然亦有与中立异者。中《述学·内篇·女子许嫁而婿死从死及守志议》,引《礼记·曾子问》“婿免丧,女之父母使人请,婿弗取而后嫁之”文,据为请期之后可以改嫁,最为害义。毓楷则以为“婿初免丧,或未能即取,俟其取而后嫁之,文不具耳”。视汪说较胜,而尚未谛也。按此节《礼》意,盖谓免丧之后,可以嫁矣。而发自遭丧之家,则嫌于丧毕忘哀,故必女家请之。请之而即许娶,是又嫌于伪也,故婿弗许。而女氏嫁之,犹曰“彼本不娶,而吾强之娶也”。语非不具,特解者欠潜玩耳。又解“璪”字,谓“伏《传》今文作‘璪’,孔《书》古文作‘藻’。《传》云:‘藻,水草有文者。’而《说文·玉部》:‘璪,谓玉饰,如水草之文。’又引《虞书》曰:‘璪,火黺米。’可证许君书宗孔氏,亦兼用今文之学”。按此说为前人所未发,然则许君非不见古文《尚书》矣。又解“有子孝弟”章,谓“《孝经》屡以乱为诫,‘孝治’章云‘祸乱不作’,‘纪孝行’章云‘为下不乱’,‘五刑’章云‘非孝者无亲,此大乱之道也’,故止乱莫大于孝弟”云云。按陈澧《东塾读书记·孝经门》引桂星垣说,意与此同。而毓楷实先于桂氏,澧殆未见毓楷书耶?他解多洽当,惜所存无多条耳。卷末附《差铭传略》诸篇,可以考其生平焉。(14 - 550)

说畴一卷 明刊本

明乔中和撰。中和有《易畴》,《四库》已著录。是书说《洪范》,分《正误》《释次》《广形》《辨是》《卜繇》诸篇。《正误》者,移易旧本于"五曰历数"下,附以"曰王省惟岁"以下八十七字。于"于汝锡极汝保极"下,附以"凡厥庶民有猷有为有守"一节、"人之有能有为"一节、"凡厥庶民极之敷言"一节、"无偏无陂"一节、"曰皇极之敷言"一节、"惟辟作福"一节、"凡厥庶民无有淫朋"一节。第六章"高明柔克"下,接以"无虐茕独而畏高明"二句,与他改定本又有不同。《释次》以说九畴,《广形》以说五行,《辨是》则辨蔡沈、刘牧所定《河图》《洛书》之孰是。其说大率支离附会。《卜繇》讥蔡沈补畴不用龟而用蓍,甚是。龟以骰,所拟卜法,不必问其当否,即其代龟以骰,未免戏也而同于俗矣。(14－570)

经史管窥六卷 嘉庆丁丑刊本

清萧昙撰。昙字曼叔,江苏太仓人,诸生。是书首有石韫玉、孙星衍二序。前三卷经部,多引申古义,或正讹补阙,博采群书,旁及金石。其要者,如《易》"突如其来如,焚如,死如,弃如",引《孔丛子》云"焚者不孝之刑"。又云"子不子",倒孚为㐬。焚者,㐬也。孚,古"子"字。㐬,古"突"字。《说文》:"㐬,即古'突'字,从倒孚。"突如其来如,不孝子突出,不容于内也,故有焚如、死如、弃如之象。此条最新而惬。又《左传》宣十二年:"楚子为陈夏氏乱故,伐陈,杀夏徵舒。陈无君,因县陈。"后因申叔时之谏而复封之。考夏徵舒弑灵公在十年夏,距楚讨夏氏阅十有七月,此间岂能无君以统理之?昙据《史记》"徵舒自立为陈侯""灵公太子午奔晋""楚人迎而立之",征之经书,陈灵公之葬,自属可信。此条据《史记》以补《春秋》,必不可少。又《孟子》"为长者折枝","枝""肢"古通用,引扬雄云"见长者而擽手曰折肢",陶元亮云"吾不能五斗米向乡里小儿折腰",即折枝也。此解殊胜赵注。又《左传》襄三十年:"叔孙庄叔败狄于咸,获长狄侨如、虺也、豹也,而皆以名子。"而庄叔之子,有侨如与豹而无虺。全谢山据《永乐大典》载《春秋世系世谱》,

谓叔孙昭伯即虺。考《左传》昭伯名带不名虺，昙据《庄子》“蝍蛆甘带”，带，蛇也，虺亦蛇也，《诗推度灾》“维带维蛇”，则虺、带古为通用。此条并可为谢山补证。他如“枯杨”，枯读姑。“肥遯”，肥作飞。“亿丧贝”，亿无丧有事，亿同亿。“厉熏心”，熏即阍。“予曰拙谋”，拙当为炪。“谁谓雀无角”，角音六，应训鸟咮。“胥鼓南”，胥读为雅，即古文“疋”字。“士会”，会当作土。“贤贤易色”，指夫妇。“摩顶放踵”，放训至。诸条或引申旧义，或自出己见，援证皆切。书中多引近人全谢山及同时武虚谷、钱竹汀之说，于钱说且订正。孙序称其“考证博而该，其匡谬精而确”，洵非溢誉也。（14－746）

驳正朔考一卷　道光刊榄香三种本

清陈锺英撰。按魏了翁作《正朔考》，历引《易》《书》《诗》《周官》《春秋》《左氏》，以证改正朔者不改月，锺英分条驳正之。最要者，若僖五年正月辛亥朔日南至，昭二十年二月己丑日南至，时以十九年十二月失闰，故误以闰月当正月，以正月当二月。又梓慎云：“火出于夏为三月，于商为四月，于周为五月。”又昭十七年，夏六月甲戌朔，日有食之，平子曰：“唯正月朔，日有食之。于是乎有伐鼓用币，余则否。”太史曰：“在此月也，日过分而未至。”过分，过春分也；未至，未夏至也。又曰：“当夏四月，谓之孟夏。”十八年夏五月，火始昏见。二十一年秋七月壬午朔，日有食之。梓慎曰：“二至二分，日有食之，不为灾。”言七月朔是日至也。二十四年夏五月乙未朔，日有食之。昭子曰：“日过分而阳不克。”襄二十七年十一月乙亥朔，日有食之，辰在申，司秝过也，再失闰矣。又僖五年冬十二月朔，丙之晨龙尾伏辰。昭七年夏四月甲辰朔，日食在鹑尾。又《周书·周月解》云：“惟一日既南至，斗柄建子，始昏北指。”凡此皆周正之尤彰著者。惟隐三年《传》曰：“夏四月，郑祭足帅师取温之麦，秋又取成周之禾。”似用夏正。而杜氏以周正解之曰：“四月，今之二月也。秋，今之夏也。麦禾皆未熟，取者盖芟践之。”则亦有说可道矣。而锺英更谓：“古文‘六’字与‘四’字易淆，隐三年之四月，必六月之讹。”亦自言之成理。卷首有锺英自序，言：“周以前时月虽改，而参用夏正则同。

诸经纵有参错,《春秋》则经圣人笔削,不容有所乖戾。正月必书王,周王也。即位必正月,周正月也。定公不正不必论。周用之则鲁用之,鲁用之则史官用之,史官用之则孔子用之,左公亦用之。"又言:"当时侯国,独晋用夏正,而左公采晋史以成《春秋》,必更之以周正。证诸左氏内外传而可知。"盖时月并改之说,无可致疑者矣。(15-26)

补句读叙述一卷 乾隆癸丑刊本

清武亿纂。亿有《经读考异》,已著录。是卷,补《摭言》《五代会要》《宋史·选举志》《文昌杂录》《补笔谈》《西溪丛书》《容斋四笔》《尚书古文疏证》《潜丘劄记》《陈氏纲目订误》各一条,《野客丛书》《钟山札记》各二条。① 末四条②,则亿自为考订也。《钟山札记》内引王怀祖删《大戴礼》二氏字③,详《读书杂志》。卢、王皆为亿同时人,其时《杂志》尚未成书,故不引之也。亿所录各条下间附己见,其《西溪丛书》云:"有一老先生,读《法言》,谓'吾家之童'为一句,'乌'连'呼'字,作'呜呼'读,谓叹声也。"按此读甚是。而其下又据《郑固碑》《苏倾赋》,决为子云之子小名,则仍沿俗读矣。亿于此条,不着一字,殆与西溪同见耶?(15-235)

白虎通四卷 乾隆甲辰抱经堂刊本

汉班固撰,清卢文弨校。卷首有文弨自序,次元大德乙巳严度旧序,次庄述祖《白虎通义考》。四卷中,各分上下,即八卷也。按《隋书·经籍志》"《白虎通》六卷",新、旧《唐志》同,《通志·艺文略》亦同,《崇文总目》作"《白虎通德论》十卷",《郡斋读书志》《直斋书录解》同。④俗本作四卷,《四库》用之,且入之杂家,实为大谬。按诸书皆称"章帝建

---

① 中华本"《钟山札记》"在"《陈氏纲目订误》"后。

② "末四条",中华本作"末五条"。

③ 《钟山札记》,中华本作《汉书·地理志》。

④ 《直斋书录解》,疑当作《直斋书录解题》。

初四年，诏诸儒会白虎观讲论五经同异，诏集其事”云云，盖所讲无非五经同异。《四库提要》亦言“书中征引六经、传记而外，涉及谶纬，乃东汉习尚使然。方汉时崇尚经学，咸兢兢守其师承，古义旧闻，多存乎是，洵治经者所宜从事”云云。(15－455)

白虎通德论二卷　程氏汉魏丛书本

题汉扶风班固撰，明新安程荣校。卷首有大德九年张楷、严度二序，又有嘉靖元年冷宗元序。冷序称“正其误而刻之”，盖于大德本有所改正。而程氏又据嘉靖本重刻，非大德本之旧矣。其并十卷为二卷，不知出嘉靖本否。视大德本略有改字，而同于吴琯者多。然亦不无异者，如卷一“非明王之张法”一条，他本皆同，此独作“非明王之法不张”，卢文弨从之。但明人好改古书，取其文顺，非必有据也，卢氏不免轻信矣。(15－456)

白虎通德论十卷　元大德九年刊本

汉班固撰。按《隋书·经籍志》：“《白虎通》六卷。”新、旧《唐志》作“《白虎通义》六卷”，《崇文总目》作“《白虎通德论》十卷”。按《白虎通》《白虎通义》《白虎通德论》皆一书，惟六卷与十卷不同。而《郡斋读书志》《直斋书录解题》皆作十卷，《宋志》同，当是唐以后所改编。惟《通志·艺文略》仍作六卷，疑据旧目言之。是本题“《白虎通德论》十卷”，乃元大德九年所刊，有严度、张楷二序。张序称“得之州守刘世常旧藏。世常乃许鲁斋高弟，收书万卷，此帙尤罕见”云云。又有“刊本缘起”一则，不署名，殆即世常所题也。惟《玉海》称“《隋志》至《中兴书目》皆四十篇，今本自《爵号》至《嫁娶》，凡四十三篇”云云，显有后人增入。是本又增其一，共四十四篇。而《嫁娶》下，尚有《绋冕》《丧服》《崩薨》三篇，则与《玉海》所言终于《嫁娶》者，其编次又不同。盖另一本也。按《后汉书·章帝纪》，建初四年，诏下太常，将、大夫、博士、议郎、郎官及诸生诸儒会白虎观，讲论五经同异。是所讲无非五经同异，而《四库》入之杂家。即《提要》亦云：“书中征引六经、传记而外，涉及谶纬,乃东汉习尚使然。方汉时崇尚经学,咸兢兢守其师承。古义旧闻,洵治经者所宜从事”云云。若以谶纬而外之,则郑康成所注诸经,亦将视之为杂家耶?且《四库》所收四卷本,是通行俗本,兹以是本著录经部而辨正之。南陵徐氏所影刊者,即是本也。(15-456)

白虎通四卷阙文一卷补遗一卷 乾隆甲辰抱经堂刊本

汉班固撰,清卢文弨校。有文弨自序及后跋,又有庄述祖《白虎通义考》。文弨先得庄葆琛校本,复自为考核而刊之。将毕工,嗣得吴槎客小字旧刻本,以《嫁娶》终篇,谓即王伯厚所见本。后又得元大德九年刊十卷本,二本目次各异,更证以他书,为之补遗其阙文,则采自经疏、《广韵》及唐宋诸类书。其中除《封禅》《五刑》《嫁娶》外,如《郊祀》《宗庙》《朝聘》《贡士》《车旂》《田猎》《杂录》,皆四十三篇所无,知其所佚者多矣。所校搜采甚博,所援证不尽本书。中引惠定宇数条,则同时人也。意尤矜慎,谓“古书不宜轻改,于其甚讹者,即据他书之文改正,亦必注明本文及何书所引”。按此论甚善,凡校古书者,宜取法也。(15-457)

白虎通二卷 明刊古今逸史本

题“汉扶风班固纂,明新安吴琯校”。卷首有大德九年张楷、严度二序,盖翻刊大德本也。目全同,惟卷则并十为二。爵、号、谥、五祀、社稷、礼乐、封公侯、京师、五行、三军、诛伐、谏诤、乡射、致仕、辟雍、灾变、耕桑为上卷,封禅、巡狩、考黜、王者不臣、蓍龟、圣人、八风、商贾、文质、三政、三教、三纲、六纪、情性、寿命、宗族、姓名、天地、日月、四时、衣裳、五刑、五经、嫁娶、绋冕、丧服、崩薨为下卷。于大德本,间有改删。如“四十强而士”,此改“士”作“仕”;“迎子刘”,此改“刘”为“钊”之类。又如“地比爵为质故不变”,“为质故不变”,此删下五字之类。所见明刊本多如此,未知有所据否。按卢文弨称小字旧刻本目录前有小序云“凡十卷”,今作上下卷。文弨以为近北宋本,然则作二卷者,北宋已然,又不始于明人矣。(15-458)

白虎通德论二卷　两京遗编本

题“汉班固纂,明杨祜校”,无序。上卷爵、号、谥、五祀、社稷、礼乐、封公侯、京师、五行、三军、诛伐、谏诤、乡射、致仕、辟雍、灾变、耕桑,凡十七目;下卷封禅、巡狩、考黜、王者不臣、蓍龟、圣人、八风、商贾、文质、三政、三教、三纲、六纪、情性、寿命、宗族、姓名、天地、日月、四时、衣裳、五形、五经、嫁娶、绋冕、丧服、崩薨,凡二十七目。目同大德本,卷同吴琯、程荣本。惟句下有点,为诸本所无,而文字亦不无少异。如开卷“爵”篇,“二五十里有两爵”者,此同大德本。而吴、程本“二五十里”,俱作“二十五里”。如此之类,尚有之也。①(15－468)

① “尚有之也”,中华本作“为数尚多”。

集　部

广英堂遗稿一卷　道光刊本

清包慎言撰。慎言字孟开,安徽泾县人。是《稿》除《与刘孟瞻论〈史记·周世家〉书》等三篇外,余皆说经之作。谓乐有乐之雅颂,诗有诗之雅颂。《七月》,邠风也。而《籥章》吹以养老息物,则曰雅;吹以迎送寒暑,则曰颂。《大戴礼·投壶》篇云:"凡雅二十六篇,《唐鸣》《貍首》《鹊巢》《采蘩》《采蘋》《白驹》《伐檀》《驺虞》八篇可歌。《鹊巢》《采蘩》《采蘋》《伐檀》《驺虞》,此五篇风也。"《投壶》又云:"八篇废不可歌,七篇商齐可歌。"商颂也,齐风也,而皆曰雅。《汉书·礼乐志》云:"周衰,王官失业,雅颂相错,孔子论而定之。曰:'吾自卫反鲁,然后乐正,雅颂各得其所。'"所谓"雅颂相错"者,谓声律之错,非谓篇章错乱。孔子论而定者,谓定其声律,非谓整齐其篇次。辨毛郑昏期,征之《易》,《易》言昏礼者五卦,屯十一月、十二月卦也,言"昏媾,往吉,无不利"。蒙、泰俱正月卦也,蒙言"彪蒙纳妇吉",泰言"帝乙归妹"。睽十二月卦也,言"后说之壶,匪寇昏媾"。归妹九月卦也,言"帝乙归妹"。更征之礼,《昏礼》谓古者先嫁三月,教于宗室,教成之祭,牲用鱼,芼之以蘋藻。若昏期果属仲春,则教成之祭,当属仲冬,何有蘋藻可采?则"霜降逆女,冰泮杀止"之说,为不可易矣。论诸侯越竟亲迎,据《经》隐二年书"纪履緰来逆女",《传》曰:"讥不亲迎也。"庄二十四年,书"公如齐逆女”,《传》曰:“亲迎礼也。”明亲迎之礼,达于诸侯。庄二十七年,书“莒庆来逆叔姬”,《传》曰:“大夫越竟女非礼也。”明大夫外娶之之非礼,故《传》加“越竟”二字,非讥其亲迎。何劭公于庄二十四年《传》注云:“讳淫。”别有故,非变例。又论兄弟为君臣者异昭穆,据《公羊传》云:“先祢而后祖也。”《左传》云:“子虽齐圣,不先父食。”下又引禹汤为证,明以闵、僖相继,有父子之道,则有昭穆之异。何劭公、范宁、孔颖达等不明庙制,以为兄弟虽为君臣,昭穆不嫌其同,非也。凡此诸篇,俱援证精详。又据与胡竹村论室户制度,据《斯干》诗毛传,以证室有东户。由虚得实,可称善悟。他篇俱审核,自抒心得,惜存稿无多耳。(15－128)

南行诗草 文德斋刊本

清敦崇撰。首有自序。敦崇于宣统二年春往直隶、江宁、察哈尔、保定、顺德、武昌、汉阳、苏州、上海调查军政、防务、学堂、工业等事,所到之处,多有诗。其《莲池书院吊崇文山》诗“岂知天地否,公运亦迍邅”,即指庚子之变,崇绮及子葆初全家殉难,诗注甚详。其《孝陵怀古》诗注载:“宣统二年十月,施兆霖自称为方孝孺后裔,呈请复姓归宗,得旨依议。”此条尤可备故实。他题咏酬赠之作少有佳者。(15－579)

哲川诗草一卷 钞本

清希濬撰。希濬姓爱新觉罗氏,字哲川,号篆庵,隶满洲正红旗。礼烈亲王后裔,礼恭亲王之孙。父昭梿,著《啸亭杂录》,因故革爵。希濬以庶封宗室,得应嘉庆丁卯乡试中式。多病,与其兄皆早卒。是集有鲍桂星序,桂星乃希濬业师也。桂星又有《感旧》一律诗云:“春去绿云卷,自注:礼印斋名。璧池闻雁呼。几年埋玉树,何处问金铺。句好仍飞动,才高竟郁纡。士安头白久,挥涕序《三都》。”是皆五七律及绝句。后附试帖,其《山中早起》云:“花残三月雨,梦破一声钟。”《山寺口占》云:“戏水知鱼乐,凌空羡鸟飞。”《宝珠洞》云:“鸟飞烟岛外,人在画图中。”七律《新霁》诗云:“山因雨洗添新翠,泉为风来漾绿波。”《山居》诗云:“林中幽鸟时来去,世外浮云任卷舒。”尚有丰致。试帖不存可也。(15－580)

紫藤馆诗草　铅字印本

清敦崇著。敦崇世居京师铁狮子胡同，紫藤馆即宅中之书斋也。是集起自光绪丙戌，尽宣统辛亥，共诗一百三十三首，附录诗三首。集中《哭兄》及《哭从父》诗，弥见天性之笃。《咏隋炀帝》诗云："东都方罢又江都，倒海移山死万夫。门外六军无计退，可怜空叹好头颅。"最可诵。又《明初杂咏六首》，皆见褒贬甚公。《读史四律》亦有寄托。其《恭纪福陵二首》，则掌故所关也。(15－581)

天然如意斋诗存　铅字印本

清皂保著。皂保，字荫芳，姓伊尔根觉罗氏，热河驻防满洲人。进士，官至刑部尚书。是集所录二百首。皂保曾奉使蒙古王册封朝拜，又曾据吉林将军篆，及往盛京查办事件，此数地留题之作居多。又"清川江"注："即萨水，见《明一统志》，隋炀帝东征高丽，宇文述全军覆没于此。"皆有关故实。其《寄呈国王□甫石坡大院君》诗一首，大院君即甲申肇事而囚于吾国数年者也。他如《咏蝉》五古云："嗟尔粪土生，翻飞成仙子。岂为自鸣高，与世无求耳。"□有寄托。皂保乏嗣，以其犹子双泰承继，卷尾有双泰订志语。(15－582)

逸蒨阁遗诗　刊本

清多敏撰。多敏，字惠如，满洲喜塔腊氏，适长白马佳氏，夫名松椿，由部曹官至漕运总督。多敏从夫赴官，道经山西、山东、江南名胜之区，虽有题咏，而集中所载寥寥。其诗多作于病中，盖体弱多病之人也。其《绿水亭晚坐》云："返照衔暮山，景色何平远。坐眺爱幽林，寒禽独归晚。"大有初唐古意。《春日有感》句云："眉痕纤月影，病意小桃花。"《秋闺漫兴》云："天凉如水屋如舟，炉药烟青袅散愁。为折晓花频早起，自怜病骨强支秋。随风落叶初辞树，待月疏帘怯上钩。问道楞严堪愈疾，细拈贝叶写蝇头。"《寄麋云四妹》句云："寒添残病丝相似，春送闲愁水不如。"《微山湖夜泊》句云："自怜病骨禁宵坐，最怕春寒袭梦醒。"

《高邮道中》句云:"药炉谙病骨,经卷忏愁心。"《清宴堂》句云:"遣病围书坐,噙□对菊吟。"《春日有感》句云:"久病渐谙方药好,怀人偏得旅书迟。"其古体如《题钩弋夫人小印歌》《春冢二首》,笔力太薄弱。《咏柳絮》诗云:"东风轻糁五铢衣,振触池墉旧事非。瘦影正如春影薄,好衣偏作雪花飞。几分别绪牵愁易,一缕吟魂入梦微。恰怅梁园旧游处,天涯芳草客思归。"风调颇近渔洋。前有刘可毅序。(15-583)

涵性堂诗钞 都六卷 已刊本

清宋庆常撰。庆常,字香樵,铁岭人。嘉庆己卯举人,官贵州知府,后改官江南知州,盖左迁也。诗六卷,曰《趋庭学对草》,曰《黔南侍游草》,曰《海天泛游草》,曰《吴中重游草》,曰《咏蓼莪吟草》,曰《石阡竹枝草》。道光间为其子泰康、济康所刊。首有潘皓、赵文麟、吴嘉椿三序。大抵庆常少侍其官游吴、赵,既由部郎出守黔南,再改江南,凡官迹所经,多记于诗。其诗格调亦谐协,惟登临题咏诸作,既乏性灵,亦鲜故实,殊不足观。惟《石阡竹枝词》叙苗疆古迹土俗,造语虽不工,却不蹈空。集中如山顶、山腰、山眉、山脚,诗魔、酒魔、禅魔、睡魔等,题已极纤巧,无论其诗也。卷四有《诗钟》一首,句云:"牌兮字字添文韵,钵击声声落彩毫。"按《诗钟》所在年代,据此则道光时已有之矣。(15-584)

附　录

关于印行四库全书意见书

一、选用完本

《四库全书》北京、奉天、热河共存三部，惟北京所存，经拳祸遗失不少。奉天文溯阁所存，于日俄之战，亦失去七十余函。闻热河行宫所存尚是完璧，如以京、奉所存为蓝本，其残缺当用热河本补足。

二、择要校勘

四库传钞以清室旧存各省采进之本为根据，缮后均经覆校。校勘之后，如再发现讹字，有罚俸之规定。当日对于校勘之举，不为不重。然武英殿聚珍板之刊，其校勘罚则尤严。有因一字之误，而罚俸半年者。今日观之内聚珍版书籍，讹误仍不能免。以彼例此，当出一辙。惟全书浩繁，何从入手？是必将卷帙较重、世俗易见及不甚重要之书剔除大半，专取篇幅较简、关系较重及外间别有精本、善本者若干种加以覆校，另作校勘记附诸卷末，庶为轻而易举。此举如款项充裕，可礼聘通人,使之尽心从事,否则假以虚名,使尽义务,尽可于校勘记内允其列名,亦必有乐于从事者。至校勘依据之书,不妨向各藏书楼及藏书家广为征求善本。又清室缮写《四库全书》,证以提要,多出各省采进。此项原书是否现仍存在,如能查得下落,即据原书为校勘底本,则尤易为力矣。

三、酌加序跋

既有校勘之举,即不可无序跋,以引其端绪,或叙其经过,或序跋与校勘互出错见,斯与徒作书贾者有别。南海潘氏刻《海山仙馆》,虽选择均系精本,而始终不著一字。书虽流传,而潘氏徒负富商之名,毫未增个人之价值。歙县鲍氏刻《知不足斋》,一校再校,一跋再跋,往往于板已刻成之后,覆加骑缝小字或卷尾题记。南海伍氏父子刻《粤雅堂》及《岭南遗书》亦然。虽出谭玉生氏手笔,而伍氏之名并不因之稍减。昔张文襄谓鲍氏刻书仅三十余函,其功既非细,五百年中其名亦不能没。以彼例此,如果加以序跋、校勘,在事诸公其功与名足与世界并垂久远,有可断言者。

四、推广销路

此种巨大之制,非假政府及国外之力不易畅消。各国藏书楼以美国为首屈一指,如国家藏书楼、国会藏书楼、地方藏书楼、城市村镇藏书楼、学校藏书楼,以及普通专门各种学术藏书楼,综计全国不下三千处。如美国一部分能商榷就绪,即以全数藏书楼什一计之,已可消至三百部。此外欧洲各国,以一国一二部计,亦可消至五十部。再以本国各省及各国立学校计之,亦可不下五十部。诚能由政府出名发行预约,预收书价若干成,期以若干年竣事,即由政府担保,期以必成。则印行以前,既可预知准能消若干,且可得一宗巨款以为开办费。然后再设法筹款,如能筹得多数,并可加印若干部,以便逐渐行消。如此办理,既轻而易举,且较有把握。

五、加印珍本

四部之刊原为流通国粹、嘉惠士林起见,然一人之年力有限,既不能全读;私家之财力不足,亦未能全购。在印行者虽存盛心,而在士子仍难沾实益。窃意应于全部分中就其篇帙较简、流传较少且最为有用者,选出数十百种,加印若干部,单行零星售卖。在制版上石毫不多费,不过加以纸料、人工即足。此项办法,不惟士林受益,抑且积少成多,可以收回巨款,或于开印之前即发售零种预约,尤为便利。

六、储蓄纸料

纸料缺乏,刻下已兆其端。闻系因商务印书馆刊印《四部丛刊》,用纸较多之故。此说确否,虽未敢必,然以区区《四部丛刊》,即足影响纸张市价,则《四库全书》什百于《丛刊》者,其将来之影响犹为足虑。查现在南省纸商均有行会,往往因生活程度日高,即行公议加价之举。印书以纸张为主要原料,一旦中途加价,则以前书价预算,均为所破坏,甚至停工待料,牵动全局,以至功废半途。窃意四部之刊,用纸浩繁,最好先筹的款,自设纸厂。好在华纸仍可用旧法,建厂之费极微,否亦须与南省纸行订有条件,按时供给,不得把持,亦不得无故增价。最下策亦应于开印之前,不动声色,先行分期收买,存有成数以备缺乏时之用。此节关系印行大体,极为重要,幸请注意。

七、择印存目

查《四库提要》有正书、有存目,存目之中,其精华多已括于正书之内。以故《四库》抄本只有正书,然存目中亦有极重要、极有用之书。不过,当时以学说稍歧,或触犯忌讳,故置诸存而不论之列。现时代既有变迁,思想潮流不无因之而易。似宜将存目中有益当代文化者择印单行,以惠学子。

八、择印续书

《四库》搜集虽极宏富,然均截至清乾隆代止。此后百余年中,续出有用之书尚多,似应以余力酌为搜集印行,以免沦散。清阮文达《揅经室外集》即《四库》未收书目。若专就此书所列者搜求发印,尤为事半功倍。

九、续编书目

目录之学,不惟可供参考,且能使因目录而引起搜求者之注意,原书遂不至散失。历来各代,每经一次之变故,即有若干书籍随之湮灭。按之史书所载不难证明,《隋书·经籍志》所载经唐末黄巢之乱,暨《永乐大典》所载各书经闯献之乱,均十不存五,是其明证。清代乾嘉以后,名儒硕学之著述,何啻充栋? 及今罗致,尚未晚。此亦关于文献一大事也。

十、设藏书楼

学术昌明,固以教育为根本。而藏书楼、图书馆实为灌输学术、流通文化最要之图。我国都会以及各省虽有此种设置,以较欧美各邦,远有未逮。窃意及此时机,由政府通令各省,就地筹款,迅速建设。同时,即购新印《四部全书》存储,实较枝节搜求者为整齐有用。提倡振作,亦惟当事诸公是赖,不禁企予望之矣。

（国家图书馆藏铅印本）

拟印四库全书之管见

民国十七年秋，郑鸣之介杨邻葛之意，邀余游沈阳，至则知为筹印《四库全书》事。邻葛规模壮阔，并欲大购遗书，广招名宿，为续修《四库提要》之举，限期竣事。前书印讫，接印续书。又以库书删改错漏，触目而是，不可不借资别本，遍校一次，于是议三事次第实现。其通电全国，及用英德文对外通告（系用张学良、翟文选、杨宇霆名），即余所拟稿也。单说印书一事，主张有二：其一，就原书影印，略缩小，如商务馆之《四部丛刊》，后附校记。其一，用库书之名，而易其本，凡库书所从出之本，或较善之刻本、抄本，概取以相代，其以原稿本著录及从《永乐大典》辑出各种中，尚未发见别本者，则以三阁本互校（谓文溯、文渊、文津三阁）。既非原书，惟排印乃成一律。为省费省纸，且便于储贮计，缩之至小，如《云窗丛刻》中之《西陲石刻录》，余主张后一办法者也。设馆以后，从事调查，则北平影印工人，不问优劣，只有十余，上海艺此者较众，惟优者多从事商标中之美术画，余者亦不过三四十人耳。即能尽招以来，与所需相差尚远（据预算分五年出书，每日须三百人工作）。且照相所用之器具药料，在外国已不易购，因外国屡经改良，而我则仍守旧辙也。前一办法之最难点在此。后一办法，重在觅书。旧本不易购，惟有向公私藏书家假借。就使各藏书家概不靳惜，然不免多此谘访之烦，奔走之累，稽延时日，又不待论。此后一办法之难点也。虽然，影印之书，仍附校记，校记讵能空作，书之待觅，彼此同之。若谓今所急者印书，校勘无妨缓议，诚不知印书之意何居，岂欲以窳货骗世界耶？则宁勿印之为愈耳。乃办法尚未决定，而邻葛突遭横祸，闻有进谗于张汉卿者，谓杨邻葛所为，无一非欲害汉卿者，即印书一事，将至不可收拾。自邻葛殁后，汉卿曾邀议二次，余仍持前议。然窥汉卿之意，似不欲办，徒以通电在前,不好取消,聊为是敷衍耳。遂毅然返北平。当沈垣通电发出后,南京政府文官处忽来一电,略言中央现正筹印《四库全书》,请勿复印云云。当以兹事向未有闻,推想政府之议,殆不欲一方专其美。在沈言沈,只得覆云,此间筹备已妥,乞以见让。实则同是空言也。十八年夏,余南旋,道出南京,询知此议出胡君汉民,因晤胡君,具述余所主张办法。胡君大赞许,属具说帖,备提出行政会议。旋又言张汉卿尚未表示不印,当令吴铁城就近一询,方好定夺。数月后余北旋,再晤胡君,言已得吴复,汉卿志在必印,姑听之。二十年一月,余因事至南京,又晤胡君,言已与汉卿见面,彼称必印,与答吴铁城者同,且预定赠我一部,赠某某各一部,岂仍是相诳耶?余知汉卿决不印,唯唯而已。以上所述,与本题无多关系,余所以拉杂及之者,以此一段事实,舍余外少有知者,他日编印四库书历史者,不可遗也。

近月以来,教育部与商务馆订约在四库中抽出未刊者若干种,付之影印。此事发表后,颇多反对。其理由,大率谓库本种种不善,不如易以他本,而库本中亦有不能易者,拟分甲乙编,甲编印原书,乙编印古本。又谓"未刊"二字亦未妥,不如易以"罕传"二字,以他本易库本之议,此余向所主张也。惟余所主张者,系指全书而言。试一翻历代正史以至各省府州县志,其经籍或艺文之一门,暨公私家藏书目录,其湮没为人所不知,与虽知之而遭遗漏,又晚出为修书时所限者,俱不在内。盖书之散佚也多矣。散佚之故何在?则历来无人负责,为保存而流布之也。修四库书者,知保存矣,惜著录止有三千余种也;知流布矣,惜传写止有七阁也。光绪间,编修王懿荣奏请续开四库馆,补修未尽及晚出诸书,议未果行,此正吾人今日应负之责,乃未闻倡议及之者。今于此三千余种中,抽印其十分一,而诸君所断断者,又仅十分一中之一部分,无乃见目睫不见丘山耶?"罕传"二字,诚较"未刊"为当,但于印书之目标俱误。《十三经注疏》,最通行者也,而宋本不易得见,此非罕传者耶?若能汇集而刊行之,则阮氏校刊记可废。推之经史子三部中重且要者正多,资之读者亦多。不读则已,读则谁不思得善本,是故同一罕传也,视其用,用之有无大小亦无一定之准,视需之者之多少以为准。

今抽印三百余种，大都宋元间撰著，余不敢谓其绝无用，然岂无比较重且要于此者乎？搜奇嗜僻之心理，蕴之个人者，不可推之人人。至若政府举动，又与个人不同，宜注目于大者远者，区区一枝一节，又渺乎不足言也。余为此论，非好破坏，亦非有左右袒，余之意欲政府与诸君，扩充其爱护国学与发扬国学之盛心，以印一部分者推而印全书也。全书印，此一部分者自括其中，而彼我之愿俱达矣。再者，编分甲乙，自是调停之法，惟一影原书，一影古本，同出一源，显成两截，他时续印，又将如何？凡做一事宜通盘打算，不但应为印全书留余地，亦应预为印续书留余地也。难者必曰：知者匪艰，行之维艰，全书筹印非一日，而终不克举者，毋亦议论多而成功少耶？余不暇辩，请述余所主张与办法。

余主张印此书：（一）不用原本，易以他本。其理由：（甲）阁本写工不佳，以文溯本最劣。有言文津本胜文渊者，余未细校，概言之，俱不得算精写本也。（乙）阁本所从出之底本，非最善之本，又经删改，非本来面目。（丙）近来古本流出海外者日益多，国内富于藏书之家，寥寥无几，不出二三十年，将为陆丁缪杨之续，赶于此时为之，尚可及也，否则将俟他国人为之矣。（丁）一书而有数古本，则择用一较善之本，再就他本作校记，附于书后。即如《太平御览》，以余所见明刊、明抄及清刊、日本刊有十余本，宜综合诸本，作一校记。此不过举其一例，他书除旧有校记当然附入外，凡认为稍重要者，宜广参异刻，旁证群书，成一善本。但此事须素治考据校雠之学者，方优为之（奖励报酬之法详下）。是则流布古本之中，兼有整理群书之用，兹举为不虚矣。昨阅报载叶君恭绰等向教部条议列名，皆一时耆宿，且无一非胸罗录略、手熟丹黄者，各掬其精诚，为蠹简拯垂危之命，觅不死之方，此其时矣。则余向者所虑觅书之难，又不足云也。（二）改用排印且缩成袖珍本。其理由：（甲）省费。（乙）省纸。（丙）便储藏。省费省纸，人共知之，无俟赘述。至储藏之便不便，与销售所关至巨。李邺侯插架三万轴，岂可拟之寒儒斗室？况外国图书馆，规制有一定，数百金得一书，不为浪侈（国币二千元合美金止五六百元），有苦于大莫能容者矣。就余所拟，约中国尺一丈四尺之地，即能陈之。南面拥城者，无次东壁开府，则月入百金之讲学家，地辟半弓之阅览室，俱能购置。销额之广，可操左券。或疑小本书非艺林所重，是不然，巾箱之制，袖珍之名，由来甚古。最通行者，如殿板《古香斋初学记》诸书，最新出者，如上虞罗氏《云窗丛刻》，何尝不令人爱玩。更有一例，余旧藏有《佩文韵府》《渊鉴类函》二书，皆殿本也。少时喜獭祭，日必翻阅，以卷帙之繁重，甚苦之。后购得同文馆石印本，《韵府》仅十册，《类函》止八册，每检一字，觅一典，随手即得，不觉称快，而二殿本遂束高阁矣。吾人今后应阅之书，日增无已，所谓时间之经济，必须顾及。此大类书，供人参考，犹余向者之于《韵府》《类函》也，虽有巨册，犹将弃之，于小何嫌？若影印之不适用，亦另有说。凡影印之书，纸必白，墨必黑，笔画显露，始见肖妙。若宋元明旧椠，纸墨暗晦，徒成没字碑耳。尝见影印书，字本联属，而读之似讹错，颇以为疑。后始知由影工于缺字处随便填补，印成看不出也。且合多数之宋元明本而成一书，行格大小，字体方圆，参差不一，美观何在？余甚望此书毕工，接印续书，气脉相联，格式如一。至于影工之不敷需要，余向已言之，就令一切不顾，势亦不可能也。以上所述，只是理论，兹将切实计算，条举如下。

（一）字体。就唐石经，析为单字，用照相法缩成大小两项，大者视印刷用之三号字略小，四号字略大，小者同五号字。其字为唐石经所无者，以两偏旁并合之。大字为书之正文，小字为书之细注。所影之字，用金类制成阴文字范，由字范造成阳文字粒，即书限用此体，凡承印之家，按范制字分给之。

（二）页数。全书计二百二十九万余页，姑以二百三十万页计，原书每半页八行，行二十字，全页十六行，共三百二十字，兹拟仿西隅石刻录式，该录半页十三行，行二十二字，但其上下方尚多余地，拟于上方增三字，下方增一字，实每行二十六字。如此则二百三十万页，约可并为一百万页。

（三）工费。工人按每日八小时工作计，十个工人，每日可出书三十页，此十个工人，包排字组板种种工作在内。分计之，一工人每日可成三页，一月以二十七日计，约可成八十页。工人月薪以二十元计，据此则二十元得八百页，二十五万元得一百万页。若印书五百部，则每部占工费五百元。印一千部,则每部占工费二百五十元。

(四)纸价。用国产粉连纸,每刀(九十六张为一刀)以一元二角计(此系上海行市),每纸一张,开为十四页,全书约用纸七百四十四刀,纸价八百九十二元八角,姑以整数九百元计,实每部占纸价九百元。

(五)装订等费。成板之后,尚待印刷,计一工人日可刷三万二三千页,约一月可刷一百万页。工人月薪以二十元计,全书印刷费实二十元。印刷后,经过种种工作,订成整册,计一万页需银八角(此系北平行市),一百万页共需银八十元,每部装订费实八十元。书面用染色纸,一万册约需三十元,订书用白丝线,一万册约需三十元,切书刀费,一万册约需二十元,合共需费一百八十元。或尚有琐碎未及计者,姑假定为整数二百元,每部实占装订等费二百元。

(六)校费。排印书最重校对,兹拟校对分三次。初次校员,月薪二十元。此项校员不必考其文理,只须识字略多者便可充之。其校法,每四字一对,印本有误,照原本改正。向闻先辈言,校书之法,此为最善,是名笨校。若文理通顺之人,顺文气读下去,反多忽略也。二次校员月薪三十元,三次校员月薪五十元,以文理之深浅,学识之高下别之。初次校毕,移之二次,二次校毕,移之三次。须严定罚例,有一误字未校出者,罚薪若干。初次误字,罚初次校员。二次校员未校出初次误字者,罚二次校员。三次校员未校出初、二次误字者,倍罚之。乾隆时,印《武英殿聚珍丛书》,翰林院诸臣充校对,每页署校官姓名,误一字,罚俸一年,以故此书无一误字,可仿之也。每校员限日校三十页,一月以二十七日计,每校员约月校八百页,校对三次,每八百页实需校费一百元。全书一百万页,需校费一百零五万元。姑以整数一百万元计,每部实占校费二百元。但此项校法,可以变通,或将三次分作四次五次(分四次者校员月薪各二十五元,分五次者校员月薪各二十元)。又或由一人包办三次(须另定较严之罚例,以防怠惰放弃),俱无不可。惟定为每百元校八百页,其费不得增耳。三次校对以外,尚有高等校对,须通博之儒,且平素致力于考据校雠之学者,不但校印本之误,并能以他书证明原本之误,加入校记之内。此项校员,地位高尚,须以印出之单种书为酬,计成绩之多少,为酬书之比例。又别有奖励校书之法,有人能于向未校过之书,作一校记,送交本馆,由本馆审查一过,认为妥适,亦可援用前项酬书之例。此项校对,不酬现金,故不列入预算。

（七）成本总额。以上分项计算,每一部共成本一千八百元（系以印五百部计）,惟其中工费、校费、纸费可以伸缩。因工费占二十五万元,如印五百部,则每部占五百元;若印一千部,则每部止占二百五十元耳。增印或减印,俱照此以推。校费亦系按印书多少而增减。纸价系照中等粉连纸计。如改用上等粉连纸,或棉连纸、宣纸,可按纸价递增。又或改用毛边纸,或洋粉连纸,则按纸价递减。此外各项,则不以印书多少为增减也。尚有他种事务费,不在此数,当于定价时加入之。

（八）册数。原书三万六千册,兹拟并为一万册。平均一百页为一册,每册中尺三寸二分,二百册装一木箧,每箧中尺一尺四寸,内分四格,每格装书五十册。一万册共装五十箧,五箧为一排,十排平列,共占地中国尺一丈四尺。

（九）售约。全书一万册,分三期出书。第一期三千册,第二期三千册,第三期四千册。全书三千余种,分配于此三期中,大约第一期罕传本占五分之四,第二期罕传本占三分之二,余书统归第三期。每期分售预约,不售全书预约。固各项预算,或因年月而有变迁也。每期出书,最速以一年为限,迟不可过一年半。另售单种预约,以页数计价,每百页售价若干,不及百页者不计。每期售出单种预约若干,印书时即增印单种若干。

如上所述,其最使人骇异者,乃全书如此之巨,而成本如此之廉也。犹忆民国十四年间,北政府议准以是书交商务馆承印,闻缩印本（同《四部丛刊》式）每部拟价一万二千元。以彼例此,大相径庭。余所列举,非出臆造。俗语云,大话怕算数,此乃极浅之数,大家一算,便知虚实真伪。今退一步言之,余所拟,即有差违,但相距必不甚远。再退一步言之,假所费一倍两倍于余所拟者,亦不可不印。方今东方文化问题,为世界所重视,而庚款用途又限于文化事业,夫文化事业,有重于此者乎?政府岁糜百数十万以养有名无实之文化机关,岂有于成绩可立见者,而靳此些微之补助耶？况因此书之印，而造纸业、印刷业随之勃兴，于提倡实业之旨，大相应也。

更有言者，余草此议，绝无成见，不过本一得之愚，供国人采择。如以为是，请以群力共督成之，余不敢居功，尤不愿身与其事。如以为不是，请别研究所谓是者，俾国内外早慰观成之望。幸勿徒竞意见之私，使惊世伟业，因相持而归于停顿也。前人《题观钓图》诗云："得渔同一喜，何必我持竿。"愿我同志，共事斯语。

余述此文，以是书屡拟印而未成，或且疑终不可印，而抽印之说，此亦一因。读余文者，于此可释然矣。然另有一说，则以是书不宜印，即印亦不宜全印，其所持之说，大别有二：其一，谓是书成于专制帝王之私意，毁禁所余，仍有删改，庸滥充数，势何能免？不知所谓私意者，止在妄删妄改，复其所删所改者，于原书固无损。此余所以主以古本易阁本也。至如滥收之书，《四库》凡例亦不讳之，所谓论人而不论书者是也。然如椒山之文、石斋之学，讵可菲薄，惟范承谟、嵇永仁、潘天成诸集，著录清初，诚不足与王、朱、汪、毛相俪。然奖励忠孝，其旨有在，且亦仅见。《四库》去取之旨具见凡例，所云长短兼胪，瑕瑜不掩者，指著录诸书言也，今亦无以易之。所云言非立训，义或违经者，指存目诸书言也，此则尚待商榷。以不在本文范围内，姑置不论。大约万历以前，旧籍之未亡者，十得七八，遗漏之故，以搜书之道未广，而非有所忌讳也（其以为忌讳者已删之改之矣）。万历以后诸书，始有忌讳，有忌讳斯有禁毁，故吾人致憾于《四库》者，在隘修而不在滥收。假使易乾隆时为今日，易纪昀、戴震诸人为我辈，此三千余种，未必见其可弃也。又有一辈，以不适用为说，附和者大都不学之徒，本不值辨，然不可不一折之。用之一字，随人而异，是丹非素，人之恒情。治史者荒经，为汉学者仇宋学，溺蟹行文者，至欲并数千年古籍，付之一炬。其持相反之见者，立说之相反正同，皆一偏之辞也。尝见旧家，子孙之谨厚者，必斤斤保守祖若父之遗物，不敢失坠，岂以其适于用哉？毋亦曰此吾先人手泽云尔。此极博之载籍，非吾数千年祖宗所留贻耶？亦既有之，可不讲求保守之道，而听其湮没耶？近二十年来，旧籍多流出海外，大藏书家悉被捆载以去,书价愈昂,输出愈盛,近疑骎骎尽矣。彼不同文之国,又曷为宝此无用之物耶?又其一,则谓《四库》书中,通行者占大多数,得全书者必嫌其复,何必多此赘疣。此说较前一说尚值研究。顾尝思之,我辈伏案数十年,若《书目答问》所载,必有若干供平时应用,然彼我之间有不尽同者矣。我辈以为通行者,在他人有以为不甚通行者矣。且是书之印,岂但为我辈设哉?又岂但为今日计哉?假如有骤起之家,或新设之图书馆,欲得全书乎?欲得不全书乎?又假如此书流传至数百年后,所有通行单本俱就湮灭,而罕传者独赖兹役而得存,将使今时之通行者变为他时之罕传,更望何人力搜而重印之耶?且既用《四库全书》之名,缺其一页,即非完本。犹记数年前,有乡友卢某,就余借抄粤雅堂本《文史通义》一册,余告之曰:“此书有通行大字本,全书五册,价止一元余,今抄此册,抄费非三四元不办,子何不识算耶?”友曰:“非也。大字本我亦有之,我有《粤雅堂丛书》共四百余册,售与书坊,已议妥价二百元,检之乃缺此册,售者要减价五分一,余欲以大字本相抵,售者曰:‘我售《粤雅堂丛书》,非售《文史通义》,丛书按目,缺一册则不可售,何能以他本补?’故不得已抄之也。”余为憬然。此可为印《四库全书》者之前例矣。以上诸说,为前文所未及,理甚显浅,然恐无以塞纷纷之口,故复赘于此。

(原载《国闻周报》1933 年第 10 卷第 35 期)

四库全书目录补编序

神州旧国,为东方文化起源,有甚长之历史,有极博之载籍。自结绳进为书契,而述作渐繁;竹帛易为版刻,而流布更便。上世坟典,守之在官;柱下之职,迄周勿替。迨春秋战国间,天子失官,诸侯去籍,极于秦人燔书。汉兴,收拾煨烬之余,开献书之路,建藏书之策,置写书之官,于是遗书复出。成帝时特命刘向校之,每一书已,向辄条其篇目以奏。向卒,哀帝复使子歆卒父业,遂成《七略》。自汉以来,海内之书,悉聚于内府。虽纷乱之际,不免散亡,但不久仍鸠聚如故。其继《七略》而成者,则有班固《六略》、王俭《七志》、阮孝绪《七录》、许善心《七林》。至荀勖更分四部,而李充、谢灵运、王亮、任昉因之。唐称四库,宋号六阁,其目分见诸史《艺文志》。明永乐间,集群书为《大典》,清之《四库全书》又因之。距今以前,无国家大图书馆之组设,使五千余年文献,得继续保全,赖有此也。

今就《四库全书》论之。《大典》拆散群书,隶于每韵之下。《四库》则各还原帙,其他体例,亦经斟酌,择善而从,是其所优也。所憾者,以累代递遗递增之书,所收止三千余种。盖承康雍文字狱屡发生之后,多所猜疑忌讳。为深文之论者,谓高宗借修书之名,行焚书之实。观于同时有焚毁书目之颁行,是其证矣。

顾修书诸臣,亦有当分其咎者:挟掊击之私,则弃所不当弃;惮考证之博,则遗所不当遗。(谢章铤《观澜堂诗集》序云:"予于丙申丁酉间预四库提要之役时,总纂纪晓岚先生督功课,每日各斗书十种,晨发暮收,届十日而催促全完,弗容逾限矣。于是探阄者盼得子集而惮逢经史,冀提要之易就也。集部中往往有文堪抄录,而作者之本来无可考,辄抑退而入存目者。")

抑修书之先，宜就公私藏弆、师友见闻，商定一必不可缺者，以为征集之准的。彼乃不然，姑举一二端。如惠栋之《古文尚书考》，见于《提要》所引，而著录无其书；卢象昇《文集》《奏议》同刻于乾隆初年，《提要》亦言之，而《奏议》独任其缺；陆机、陆云兄弟所著，称《二俊集》，顾收陆云而遗陆机。凡此皆极不可解者。事前无预备，局内不公开，此又官修书之通病矣。且是书成于乾隆四十八年，继此正值吾国学全盛之期。如考据之学、校勘之学、辑集逸佚之学以及天文历算、地舆方志、金石目录之学，无不后来居上。又如孤本之偶存海外、深锢私家者，往往因缺而获全，从晦而复显。此赓续之必不容已者也。

往者光绪中叶，编修王懿荣尝奏请续修。廷谕俟《会典》纂辑告成后，由翰林院奏明请旨。其后内外多故，此议遂竟搁置。距今又数十年，世变迭更，新旧之蜕代，兵火之摧残，零缣断简，随贾舶以东行，宿学耆儒，似晨星之待尽。

向抱宏愿，惟以兹事体大，非可卤莽以尝试，先成书目，期与海内宏达，共相商榷。尚望订其谬误，补其漏遗，俾臻于美善完备，供校理旧文发扬邦粹之用。此区区所希冀，而未敢自信。

（选自《广东文征续编》卷四，广东文征编印委员会，1986 年）

续修四库全书刍议

续修《四库全书》之议，发于光绪中叶，编修王懿荣上疏，略谓时经百载，开通日广，文物日新，厥有市舶泛来前代流通海外之书，又有乾隆之后，通材硕学，网罗散失，采集逸佚，复古再成之书，说经、补史、重注、重疏、精校、精勘之书，以及天文、历算、舆地、方志、政书、奏议、私家撰著，卓然经世之书，层见迭出。或先得者残而重修者足，或沿称者伪而改题者真。考据一门，后来居上。艺数之学，晚出愈精。若此之类，上溯旧例，应行著录，其为粹美，庶几前编云云。奉谕，著俟《会典》纂辑告成后，由翰林院奏明请旨。然尔后内外多故，此议遂竟搁置。入民国来，纷乱益甚，投戈讲艺，殆成绝望矣。乃近阅报载，有阁议通过续修《四库全书》之事，盖各国退还庚款，以用于文化事业为限，因之联想及此，固国学之大幸，亦意外之新闻也。按王疏所言，包举赅备，有在修书前未经发见者，有在修书后未及收录者，前者宜补，后者宜续。闻阮文达所进呈二百五十四种尚存内府，其他或抄本流播，或刊本新成，见于中外图书馆及收藏家之著录，按目求书，为数有限，事尚易举，兹所论乃续修之事也。此案已交内、教二部筹议，未审办法如何。惟兹事与他不同，设馆派员等尚非至要，所要者其中之条理次第，而又有难易之不同。约而言之，大旨有三：一曰搜集，二曰审定，三曰纂修。三者之中，搜集最难。搜集不成，则审定纂修无从说起，而斯议成空言矣。

请言搜集。往在乾隆间，修书议起，诏发内府所储（闻内府书亦发不尽），复令各直省进呈书籍。当时惟江浙两省奏进最多，其私家所进，如鲍士恭、范懋柱、汪启淑、马裕藻四家，各数百种。周厚堉、蒋曾荣、吴玉墀、孙仰曾、汪汝瑮，各百种以上。皆籍隶两省者也。朝绅中，仅黄登贤、纪昀、励守谦、汪如藻数人奏进稍多。（各省所奏进之书，载在各省进呈书目。尝见一抄本,想系当时底稿,其私家所进,俱见谕旨。)就中两粤、云、贵,最寥寥。固由各省文化开塞不同,亦视各大吏奉行之力与不力,以故四库书并不完备。除著录、存目及违碍禁毁者外,所遗尚夥。今则中央命令之力极微,学者宠荣之心更减,此例不可复援,其难一也。自来藏书家贵古而贱今,崇远而忽近。古籍一字之异,动色相矜;近儒全璧之珍,熟视无睹。惟南皮张氏《书目答问》、长沙叶氏《观古堂书目》,录及近代。然张氏不免谬误(张氏此书修改多次,仍有谬误,漏略更不待言),叶氏亦复漏略。一旦从事搜集,何所借资,其难二也。家刻之书与坊刻异,坊刻贩鬻四方,尽人可读;家刻只供馈赠友朋之用,在当时已不能及远,况值咸、同兵燹,新雕旧刻,多付劫灰,其仅存者,非得楹书善守之贤子孙,莫或修补,而未刊稿本之流落散失,更不待问矣。犹忆光绪七八年间,国史馆拟续修儒林、文苑《传》,咨行各省学政,调取私家著述。夫辅轩所至,就地谘询,时至近而势又至便,宜无不可得者。尝见江苏学政黄体芳刊采访书目一册,黄本淹通,尤致意于此,乃按目求书,十不获一,他从可知,其难三也。综是三难,请抒一得。在搜集之先,宜暂定一待求之书目(或借用藏书家旧目,或由专门家新定之),而刊布之。令阅者于本目外,别有所知,得随时举告,续为增入。其本目所列,倘有谬误缺漏,亦得随时纠正更改,于是搜集之方可得而言矣。一曰购书。书之一部属通行者,取之坊肆而可给,此最易办。二曰征书,以补购书所不及。法用奖励,分三种:一、奖以优价。本目所有,不甚通行者,或在本目外,无论刻本、稿本,需价若干。其在本目外者,另详书名及书之大旨、作者姓字、出版何地何时,函达本馆,经本馆认可者,书到如价酬之。凡坊肆以外之人,适用此例。二、奖以名誉。亦分三种:(一)凡以书籍赠送本馆不索酬者,于成书时,在书目下注明某某所赠,又于篇首另开赠书人名一门。其赠书至若干种以上,或难得之稿本,另定他法奖之。(乾隆时鲍、范、汪、马四家各赏《图书集成》一部,周厚堉、蒋曾荣、吴玉墀、孙仰曾、汪汝瑮、黄登贤、纪昀、励守谦、汪如藻各赏《佩文韵府》一部。)(二)赠书者可于该卷首附拟提要一篇,本馆得书当沿用之,不另作,即有改窜,仍署其人之名。(《四库全书》每提要后原署纂修者姓名，刻书时删之。）俟成书时，其人得列为纂修员。（三）赠书不分佳劣，一例收受。劣者置列丙种，若拟有提要，仍附本书。（但不入汇刊。）三、交换。本馆已有之书，有欲之者，可函商本馆，以册数略等之某书（不论刻本、抄本），彼此互换。经本馆认可，照原书另缮一部与之。以上办法，须刊启事，详列条例，通告全国。三曰访书，以补征书所不及。可分国内、国外。属于国内者，宜派若干访书员，令访各省大图书馆及藏书家，以雅意相接洽。（或分省为界，大省则分府若县为界，各派员在所定界内，按省府州县志艺文门，勤加采访，尤注意艺文门所漏略未载之籍。）先记录书名，略分等第：（一）未刊之稿本。（二）罕见之抄本。（三）不甚通行之刻本。以次移录。私家所有，不无吝惜，可与本人妥商办法，或报酬，或交换，各随所欲。有出刊布书目外者，随报本馆，俾得增入。并以其便，周游各地，调查家刻未印之书，采购坊间适用之本。惟此项访书员，须以稍通目录学者充之。其在国外者，由馆呈请政府咨行驻外各国公使，于所驻国参观其大图书馆，访问各藏书家，凡有关我国图籍，备录书名，报告本馆，认为不可缺者，再谘请该公使设法抄录之。搜集之方，此为最要。乾隆时，修书诸臣未见及此，是以多所遗漏。

请言审定。亦分二事，有审定在纂修前者，有审定在纂修后者。在前者如某书入甲种，某书入乙种，某书入丙种。（说详纂修条。）甲乙有轩轾，丙种不与纂修之数，此纂修前审定者也。又如前书（指《四库全书》）已经著录或存目之书，今另得一善本，仍用原提要抑改作，即同此一书，认原提要不当，不可不改作，此亦宜审定者也。其在纂修后者，凡纂修员成一提要，宜审定其合作与否，不合者或酌予更改，或退令再拟，征之前书所称总纂官即负此项职责者也。任此者，其学识宜高出纂修诸员之上，若徒以年高资老者充数，恐只成具文，或反滋轧轹，则不如以此责分付于各纂修员，使之互相审定，盖事虽各别，而职可相兼耳。至前项审定之事，或疑乾隆时不曾有此，是殆不然。今所传全毁、抽毁书目，皆屏出《四库》之外，使非审定于纂修前，何以辨之？

请言纂修。此事与前书同，价值重轻，全视得人与否。乾隆修书时，主经部者属戴东原，主史部者属邵二云，主子部者属纪晓岚及周书昌。数君皆学适其用，故篇篇精审。惟集部未得其人，因之疏陋谬误，特为减色。居今溯昔，殆叹极盛难继。然如仪征阮氏进呈诸书，所撰提要叙而不断，详略得中，似非难企。惟有应商榷者数事：（一）宜断自清初为始。（凡其人殁在顺治五年后者皆入之，不须如史家限断之严。）查前书告成于乾隆四十七年，则续书应与是年相接。但前书有数缺点：（1）忌讳太多。乾隆所揭全毁之书至千数百种，概不入录。（愚所见语涉指斥，而为此书目未载者尚多。）又往往因一书而牵连他书，虽非忌讳，亦被屏斥。（如李映碧《南北史注》及《南唐书注》，本已著录，曾见《四库提要》稿本有此篇，后因他书牵涉，致被抽出，凡映碧所著书概不著录。他类此者甚多。）此种多有关史料，不可湮没。（2）遗书未出。最著者如顾祖禹《读史方舆纪要》、顾亭林《天下郡国利病书》、万季野《南疆佚史》、胡石庄《绎志》之类。此时只有抄本流传，未被采录。又顾亭林、王船山之遗著，晚近始见授梓，而仍有未尽，岂将一切置之耶？（3）进退失当。姑举其最显者，大儒如孙夏峰、颜习斋、李二曲等，文家如黄梨洲、潘次耕、顾黄公等，诗家如宋荔裳、吴野人、冯钝吟等，所著概入存目。诗如王阮亭，文如汪钝翁，亦仅以《精华录》《尧峰文抄》著录，而《带经堂诗文集》《钝翁前后类稿》只入存目。而其他著录集部者，又不皆精诣，抑何乖谬至此。综上诸端，若从清初为断，则一切皆得救正矣。（若补修四库书，则上述诸端皆当归入补篇，而续书仍接乾隆四十七年后可也。）（一）宜分甲、乙二种。凡甲、乙所不收者，另列丙种以纳之。按前书凡例有云，其上者悉登编录，罔致遗珠。其次亦长短兼胪，见瑕瑜之不掩。其有言非立训，义或违经，则附载其名，兼匡厥谬。至于寻常著述，未越群流，虽咎誉之咸无，要流传之已久，准诸家著录之例，亦并存其目。兹仿其意，以所谓上者入甲部，所谓次者入乙部（张氏《书目答问》亦分甲乙，乙种低一格为别），其余悉入丙种。甲、乙二种俱撰拟提要，分揭篇首，合之汇成一书。丙种仅列书目及作者姓名、爵里而已。惟前书存目内实不少佳书，去取多未允惬，姑就所撰提要观之，有于其书极力阐扬，毫无贬词者，则亦未践其言矣。在当时舍书而留其目，今则睹目而书已不可求，宜略为变通，于甲、乙二种收之稍宽，丙种即绝无价值，而考家族之遗闻，稽乡邦之掌故，或亦有所取资焉。且书由购赠，弃之何地？但使国家大图书馆中增一空室，而保全已不少矣。（一）四部中宜令分三大类。经部：（1）纂辑。（2）校勘。（3）笺注。史、子、集部：（1）纂辑。（2）校注。（校勘、笺注并为一类。）（3）撰著。盖自惠栋、孙星衍、严可均、孙冯翼、洪颐煊、茅泮林、章宗源（《玉函山房辑佚书》系章宗源撰，为马国翰所冒）、王谟、黄奭等纂辑之书，包罗四部，至千数百种之多。虽片羽零缣，使古籍复存面目。又自戴、阮、顾、卢、高邮王氏、嘉定钱氏等，盛倡校勘考证之学，如黑暗之室忽放光明，如棼乱之丝觅得条绪，有功群书，有益来学，宜创特例以容之。此外尚有二事：前书目录类附列金石，著录无多。顾时至今日，研索益精，发见益众，班孟坚所谓附庸蔚为大国者也。宜特立一门，分目录、文字、图象、义例诸子目。其原拓本尚存者，宜广为搜储，略分朝代，用保真迹。最新出土之龟甲文字亦附著焉。此一事也。前书词曲类，有词无曲，顾传奇杂剧亦文字之一种，名著何限，宜分立一门。凡金、元以来所有传奇杂剧，一一论列而次第之，又一事也。是二类前书所无，宜溯原最初，勿限时代。至其他门类体例间有未善，俱仍旧贯，庶免参差。

修书之事述毕，尚有应改善者。前书皆写本，盖亦有故：一由于底本系从内府借出及各省进呈，事讫，理须发还。一由于同时须得数本分储七阁，除移写外更有何法？而又急于完书，以致缮校不精，讹错百出。至于事繁费重，更不待言矣。兹则情事迥殊，无发还之烦，而有影印之便，可将原本汇集成帙，不但节劳省费也，盖有清一代刻书精美，有胜于宋椠者，并可借此保全艺术。惟是收书之时，刻本宜择初印雅洁者，抄本宜择字体工整者，若仅有粗劣之刻本，及潦草之抄本，须命善书者以精纸端楷另行誊缮，斯乃续书祖本，不得不特为矜慎也。或虑同一书而大小宽狭不一，终欠美观，不知是有补救之法，以白纸套于书页内，全书皆然，大小宽狭配令整齐，外形便成一式，此艺琉璃厂书匠优为之。至于付印之顷，放宽缩小随意所欲，即内容亦成一式矣。

修书之外，尚有二种著作可附之而成功。一为《国史经籍志》。曾见丛书中有黄本骥《国史经籍志》，乃就四库中国朝一部分汇录成书，鄙陋不足道。然若以期成于清史馆，亦穷年莫究之事也。且经籍者千秋之业，不宜断代为限。按《隋书·经籍志》本名《五代经籍志》，初亦单行，网罗赅备，堪与《汉书·艺文志》竞爽，宜直接斯志，独成一书，兼综古今，详稽存佚，总结既往，开示方来，定名《国史经籍志》，不与清史相附。（清史亦可不作此志。）一为《清史》儒林、文苑传。今所行刻本《国史》儒林、文苑传，虽出阮文达手稿，中经删改，疏略殊甚。曾见国史馆续修稿本，大致相同。同邑陈子砺先生伯陶，尝充国史馆协修，私撰有稿，十余年前就见其目（闻现已成书）。为补举阮书所遗，及续稿所应有者数十人，先生欣然颔之，犹未尽也。江藩《汉学师承记》甚有原本，未免门户太隘。钱林《文献征存录》取材颇博，可惜书未完成。（旧藏有汪喜孙《尚友记》稿本，可补钱书。）至《国朝诗人征略》《先正事略》等书，见闻有限，抄撮徒劳。因思修书大旨，例及本人爵里、学行，宜以其便详采事实。凡其书入甲、乙种者，或立专传，或附传，或汇传，书成咨付清史馆，仍辅续书并行。此二书待修之亟不减于续书，值兹事半功倍之会，幸勿交臂失之。

（原载《国学月刊》1927年第1卷第4期）

续书楼读书记

自阎若璩著《古文尚书疏证》,言《尚书》者惑于其说,垂二百年。挽近张崇兰、洪良品、吴光耀等书出,推究源流篇目,于其所谓伪证者,一一寻得反证,使经学界垂定之公案一旦推翻,诚快事也。顾其书流传甚罕,得读者少。学者囿于旧闻,“伪古文”“伪孔传”之名词仍纷触吾目。近儒如章太炎、王静安辈亦所不免。甚矣!博览之难也。余拟续修四库书提要,成《尚书》类提要稿,文繁未翦。容子希白见之,取卫古文者毛西河以下十二篇及《孔子家语疏证》一篇代为刊布。惟孤陋如余,知其书而未见者尚多,如江宾谷《尚书私学》、周松霭《订阎》、梁九川《尚书条辨》。海内藏家惠而示我,百拜求之。

古文尚书冤词

《古文尚书冤词》八卷,西河合集本。清毛奇龄撰。奇龄原名甡,后更今名,字大可,浙江萧山人,康熙十八年举博学鸿词,授检讨。是书分八卷:首总论,次今文《尚书》,次古文《尚书》,次古文之冤始于朱氏,次古文之冤成于吴氏,次书篇题之冤,次书序之冤,次书小序之冤,次书词之冤,次书字之冤。前有其门人李蠡吾塨。序。

总论称崇祯十七年,国子助教邹镛请分今古文《尚书》,而专以今文取士为言。会京师戒严,不及报。康熙三十六年,福建漳浦县学生蔡衍鎤奏请立《孝经》于学官,废《礼记》,分今文古文《尚书》,而征《尚书》于海外,以定真伪。其所以征海外书者,因欧阳修作《日本刀歌》,其末有云:“徐福行时书未焚,《尚书》百篇今尚存;令严不许通中国,举世无人识古文。”谓海外当有真古文也。夫谓海外有真古文,则中国古文伪矣;

海外真古文当求，则中国伪古文当废矣。其疏虽为通政司所格不得上，而毁经之机已决。《古文尚书冤词》所由作也。

自来攻古文者，谓经文早亡，何突出于东晋？奇龄据《隋志》辨之曰：

梅赜所上系孔传而非经文，而经文在内者，直记曰永嘉乱后，犹存经文；在外者，则自都尉朝至桑钦，尹敏至杨伦，太保郑冲至梅赜，皆历有授受。

又攻古文者，每援赵岐注《孟子》，郑康成注《礼记》，韦昭注《国语》，杜预注《左传》，所引古文《尚书》之文，皆注曰"逸书"，以是为古文作伪之据。奇龄辨之曰：

汉功令所重者在学官，凡古学今学，必立学官以主之，出此者即谓之逸，以逸于学官外也。今文立学称《尚书》，不立学即称逸书。

攻古文者每混孔安国古文与杜林漆书古文为一。奇龄辨之曰：

贾逵父贾徽曾受书涂恽，是古文正派。而其后逵与马、郑，则皆受杜林之学，虽名为古文，而实则与孔壁古文不同：一是漆书，一是壁经也。

攻古文者，每涉大小序，概斥为伪。奇龄辨之曰：

书大序真伪，与古文全不关涉；惟小序则古文中本有之书。但大序亦断非伪作，并非魏晋间人所得为。按《汉志》上断唐虞，下讫于秦诸语，皆用序言。而《正义》疏科斗书，引郑玄注科斗书为证，则"科斗"二字，仅见大序；既有汉注，则非魏晋所得伪可知。至于小序，则《汉志》明云，孔子删书百篇，而为之序，即贾、马、郑三人，亦皆云小序孔子所作。今虽不定为孔子，然与书同出孔壁，则真正旧本，非复后人可伪为者。

奇龄又辨司马迁未见古文曰：

古文之出，迟至武帝三十八年，太初之后。《汉志》所云，武帝末得古文《尚书》；而刘歆移太常博士，则云古文《尚书》在天汉之后献之。《史记》作于太初元年，越四年而后改元天汉，况曰天汉后，则并非元年明矣。乃既献古文，越太始四年而即遇征和巫蛊之变。况天汉、太始，正值迁救陵祸之际，发愤不暇，虽与安国相好，问其大略，然简牍繁重，必不能得其所写之一本而更写之，可断言也。

又辨许慎亦不见古文曰：

许慎《说文》序云："《易》孟氏、《书》孔氏、《诗》毛氏、《礼·周官》、《春秋》左氏、《论语》、《孝经》，皆古文也。"据此则其所引书，惟孔氏古文可知。乃考之《说文》，则有二十八篇中字，而增多之篇，无一字相及，何以曰《书》孔氏？不知此正贾逵漆书之本也。东汉和帝时，上命贾逵修理旧文，而逵未之应，于是许慎采史籀、李斯、杨雄之书，博访通人，而以贾逵为指归。是慎所本者，正贾逵之学也。贾逵学杜林，妄以漆书为孔壁旧本，为之作训，而慎实祖之。又卫宏亦学于杜林，受漆书古文，而《说文》序又曰，慎又学《孝经》孔氏古文说，其书皆建武时给事中议郎卫宏所校。是慎所祖述，一宏一逵皆杜林之本。

其他如考十六篇、十八篇之卷数，论口授传言之为说书，辨古文科斗篆隶今文之有区别；至如所列书词中，如辨"人心之危"二句非袭《荀子》，《尧曰》章之非引经，"四海困穷"二句之异于常解，水火金木六府之出于《九畴》，七世三庙之异于《吕览》，《周官》公孤之为兼官；所列书字中，如论夏侯三家之与马、郑异，马、郑两家疏解之各异，郑氏一家而《正义》《释文》又异，与夫"九功"之非《九共》篇文，斥罗敦仁父子之伪造今文《尚书》古本，皆识解高超，援据精确，足以关掊击者之口。其述作书之旨曰："予解经并不敢于经文妄议一字；虽妄有辨论，辨传非辨经也。即或于经文有所同异，亦必以经正经，同者经，即异者亦经也。"斯言也，可正一切疑经改经者之失。

又阅《西河集》有复冯山公论古文云：

武帝时，先立欧阳《尚书》于学官；至孝宣世，复立大小夏侯《尚书》，而分作两官，故并名《欧阳大小夏侯尚书》。其云并亡，《隋志》所云。以永嘉之乱，两书并亡也。至于并亡作句，恐疑古文之亡；则明云大小夏侯之《尚书》，学者留意自知之，不足虑也。仆从来说经，极其审慎，必多所考据，并不执一以难一，故谬处差少。但限于方幅，不能博设，至俟质难始出之。故凡高明指摘，幸乘仆生前有口时，尚可商量；一当死后，则众射之的，谁敢辨之。况古文之冤，尤众口者耶？

其后沈彤、俞正燮辈指摘《冤词》中语，以曲护其说，则奇龄早料及之矣。

卫古文者，以奇龄是书为先河，然亦不无小失。奇龄素恶朱子，其诋朱子处，多过甚之词；且以古文之冤，归罪朱氏。案朱子未尝疑经文，洪良品已辨之。他如误解《隋志》"今无有传"之传作传注，按《经籍志》属隋，玩"今"字当指修书时言，盖追溯晋世，有秘府古文耳。秘府本，当是科斗书。当时俗书盛行，学者抄传，或依今字，故云无有传习之者，是指经文字画，非指经文辞。不然，是时古文立学，又何以云今无传者也。以《孟子》"父母使舜完廪"为《舜典》亡失之文，谓二十八字在王肃、范宁注中，谓漆书有五十八篇，谓伪《泰誓》出于伏生所授，谓马融、郑康成不注伪《泰誓》，皆是错误，但如《四库提要》所斥，竟与阎若璩同一鼻孔出气，诸所考证，适得其反，盖由囿于成见，未尝平心静气，以判别是非故也。按《四库提要》于郝敬、梅鷟、阎若璩之书，推许甚至。余始以为修书时，戴震主经学，当属其偏见。及阅《史通·鉴识》篇云："《尚书》古文，六经之冠冕也。自秦至晋，其书隐没，不行于世。既而梅氏写献，然后见重一时，擅名千古"云云。纪昀批之云："唐人皆不知古文孔传之伪，故子元亦云尔。盖考据之家，古密今疏，亦如今星历然。"不知子元非不知考据者，其于史不肯假借，况在于经。开元时，欲行郑注《孝经》，子元以为非，所著设十二验议驳。使孔传果伪，子元何不以辨郑伪者辨之。由子元之言，古文且得一不伪之保证，而纪氏反非之，何耶？则四库书之偏袒攻古文诸家，当全出纪氏意也。

尚书未定稿

《尚书未定稿》二卷，嘉庆间刻，《茹氏丛著》本。清茹敦和撰。敦和字三樵，浙江会稽人，乾隆甲戌进士，官知县。是书无序跋，分上下卷；笃信古文孔传，于地理字义，考核尤精。

伪古文一案，实结胎于孔疏。攻之者据孔疏，卫之者亦据孔疏。但疏中错误矛盾，触处而有，不为剖判，无以解纠纷也。敦和论之甚详，曰：

孔君传序，伏生年过九十，失其本经，口以传授，裁二十余篇也者。盖伏生本经当有百篇，今口以传授，裁二十余篇，则以失其本经故也。今疏于"口以传授"四字，不以下属，遂似并失其二十余篇之本经，但以口传授者，不特与《史》《汉·儒林传》一概乖反，即其下"百篇之义，世莫得闻"八字，亦不可接。《后汉·曹世叔妻班昭传》："时《汉书》始出，多未能通者，同郡马融伏于门下，从昭受读。"以此例之，伏女传教，自有二十余篇之本经在也。

又曰：

张霸之徒，伪书二十四篇，疏于孔序于《尧典》篇首两言之，而拙于言辞，颇周章不明。然间考其说，张霸之徒，伪造《尚书》凡二十四篇，是一事；以足郑注三十四篇为五十八篇，又是一事。何则，疏言刘向五十八篇，《艺文志》又多十六篇，即是伪书二十四篇。则伪书在刘向之世、班固之前，已有之。其于郑作注时，相去一百六十七年，岂能预以足郑注之篇数？至其言郑注以伏生为三十四篇，更增益伪书二十四篇，所增益二十四篇者，则郑注书序云云，以下全列伪书二十四篇之目。此增益是谁增益？如果系郑注书序所有，则郑所自增益，不得云张霸之徒。如果张霸之徒，至东汉之末，犹能取西汉所作伪书，以羼乱于郑注书序之中，则当明著其羼乱之实，不得直言郑注书序。其立文之谬，实不可解。

又曰：

复取孔疏历考之，《艺文志》《儒林传》则无一字相售者。按《艺文志》："孔安国得古文《尚书》献之，遭巫蛊事，未列于学官。"此之谓中古文，亦谓之中书。刘向以之校欧阳、大小夏侯经文，又以之校张霸《百两篇》。此两校只是古文经，尚无孔传。《艺文志》又言："成帝时，使谒者陈农求遗书于天下。"孔氏传未列学官，正是遗书。其时诏刘向等校之。而刘向所校，则经传诸子诗赋，每一书已，向辄条其篇目，撮其旨意，录而奏之。此即疏所谓《别录》者。

孔氏作传,后自定为四十六卷五十八篇,则《别录》之五十八篇,正是孔传始入书府之时,刘向所亲校者。而谓刘向未见孔传,且谓《别录》五十八篇,即是伪书二十四篇,何说?刘向作《别录》,会向卒,哀帝复使向子歆卒父业。歆于是总群书而奏其《七略》。班固删《七略》之要,以备篇籍,是为《汉书·艺文志》。孔传本五十八篇,《别录》作五十八篇而为五十七篇,以后又亡其一篇,故前已言之,今不必复详。班于《地理志》引古文者十一,《禹贡疏》引其十而漏其一。至于傅阳山之为敷浅原,则班已直引孔传之文,而谓其未见孔传可乎不可也?

又曰:

疏又引刘歆作《三统》,引《泰誓》《武成》不与孔传同,亦不见孔传。不知刘歆移博士书"孝成帝闵学残文缺"云云,即《艺文志》所云"书颇散亡"也;"传问人间",即"遣谒者陈农求遗书于天下"也。胶东庸生之遗学,则孔传是已。且立学必以其家法,如《易》则施、孟、梁丘,《诗》则齐、鲁、韩之类,即在今文书,亦必曰欧阳、大小夏侯。刘歆欲立古文,是欲为孔氏立学。而曰歆未见孔传,所不识之蝌蚪书,绝无师说,而可以立学乎?孔颖达亦经儒,其言不应如是。刘向校古文,而刘向之《五行传》自如。刘歆欲立古文,而刘歆之《三统》自如。盖《五行》《三统》,其素所学也。见者自见,学者自学,不相妨也。

又曰:

至所谓郑注书序二十四篇者,即以郑注证之《舜典》之序。据疏有郑注四字,所谓"入麓伐木"是也。其余据《释文》、据疏所引《舜典》郑注,不一而足。又疏于《益稷》篇,言马、郑、王所据书序,此篇名为《弃稷》,是马、郑、王无《益稷》有《弃稷》也。据《释文》、据疏所引《弃稷》郑注,亦不一而足。是郑有《舜典》有《弃稷》,是郑之篇不阙二篇。郑注在今日之见于《释文》,见于疏者,且不一而足。如此,则当日之阙,益可知也。郑既有《舜典》而复列之曰《舜典》一,郑既有《弃稷》而复列之曰《弃稷》十三,将以补不阙之郑注,是其人原未尝见郑注也。故二十四篇之目,必当删此二篇。删此二篇,则二十四篇止二十二篇,与孔传之五十八篇不相应。所谓十六篇者只十四篇,又与刘向、刘歆、班固、马融之十六篇不相应,亦何取于二十四篇?则此二十四篇,将不去而自去也。又《礼记·缁衣》引《尹吉》曰:"惟尹躬暨汤咸有一德。"郑注"吉"为"告","告",古文"诰"字之误也。《尹吉》,伊尹之诰也。书序以为《咸有一德》今亡。是《咸有一德》之篇,郑已判亡。今二十四篇之中,复有《咸有一德》。此注彼注,何以自相乖反乎?

又曰:

在伏以为二十八篇之今文,则《舜典》合于《尧典》,《益稷》合于《皋陶谟》,谓之无《舜典》《益稷》可也。在孔则已分为三十三篇,而郑则并存《大誓》为二十四篇。使无《舜典》《益稷》,则二十八者何以三十三,又何以三十四乎?今曰补郑注之阙,是补三十四,非补二十八,而复有《舜典》《益稷》,则其非郑注书序,可一言而决也。

又曰:

孔疏之所以徬徨失措,总因不能解十六篇之故。故《艺文志》云:"得多十六篇。"疏云:"《别录》《艺文志》并云此言。"则《别录》亦言十六篇也。今《别录》不存,而班《志》炳然具在。况刘歆、马融皆言十六篇,岂不见孔传四字,遂能磨灭十六篇之三字乎?以十六篇为伪,是伪古文自孔颖达始也。

刘歆《三统》引《武成》而不见古文,亦为攻古文者一要证。敦和辨之甚析,曰:

《律志》载《三统》引《武成》凡八十二字,作三截。其第一截曰:"惟一月壬辰旁死霸,若翼日癸巳,武王乃朝步自周,于征伐纣。"与古文经略同。其二截曰:"粤若来二月既死霸,粤五日甲子,咸刘商王纣。"与《逸周书·世俘解》全同。其三截曰:"惟四月既旁生霸,粤六日庚戌,武王燎于周庙。"此"庙"字,《三统》误。古文经曰:"庚戌柴望。"燎者,柴也。柴岂有于庙之理?《世俘解》作

“武王朝至燎于周”，犹为近之。又云：“翼日辛亥，祀于天位。”不知何者为天位。《世俘解》则作“祀于位，用籥于天位”，尤不可解。又曰：“粤五日乙卯，乃以庶国祀馘于周庙。”按经作“丁未祀于周庙，邦甸侯卫骏奔走，执豆笾。”此作“粤五日乙卯”，而误多一“馘”字。《世俘解》乃作“越五日乙卯，武王乃以庶祀馘于国周庙”。虽词若相因，几于一字不可解矣。盖《三统》以日月为主，《世俘》：“惟一月丙辰旁生魄若翼日丁巳。”此两日最为谬乱，故一截仍取本经。其后两截，则以丁未祀周庙，在柴望前，《武成》本阙佚，恐其纪日外误，故宁舍之而取《世俘》之乙卯尔。原不取其所纪之事，然已弃苏合而寻蜣螂之丸。且《世俘》岂可谓之《武成》？是皆歆之过也。疏遂谓之逸篇《武成》，师古遂谓之今文《武成》，皆非也。

敦和又拥护孔传证为非魏晋人作，有二条，甚确。其一：

孔传解三江已入定为震泽，朱子斥为最乱道。然《左传·哀十五年》：“陈公孙贞子吊于吴，而道卒，将以尸入。太宰嚭辞曰：‘以水潦之不时，无乃廪然陨大夫之尸。’”此非三江、震泽混为一壑，何以至此？在春秋之季犹然。孔君作传时，不知目验何等三江犹入震泽与否。然而孙吴有国，重修江备，迨琅琊东渡，丹阳、会稽，一隅晏然。则孔君“入震泽”三字，虽不能逃乱道之谤，或可以解魏晋人之疑。

其一：

孔传解荥泽、波水，已成遏猪。班《志》亦作“波”，马、郑、王皆作“传播”。盖今文作“荥播”，古文作“荥波”。班得古文，并得孔传本，故独作“波”。谓魏晋人作因班《志》，则班之“波”又将何所因耶？

敦和及见王鸣盛《尚书后案》，不明斥而微讽曰：

近时《后案》之书，是主张二十四篇者。其于郑注书序，所采至四十五条之多，独不采此二十四篇之目之注。且其引疏备列二十四篇之目，而刊去其冠“郑注书序”四字。是《后案》之识，高于孔疏远甚也。

又曰：

《后案》云："《说文》玉部'瑁'字，古文作'玥'，遂以为经文本当作'上宗奉玥'，无'同'字。只缘今文作'瑁'，传写者分为两字，遂误作'冃玥'，后人以'冃'似'同'，复误作'同玥'。"此解甚析。夫而后古"冃"似"同"，从误作"同"之说乃明。然下经为"同瑁"者一，耑言"同"者五，如"太保受同""降盥以异同""秉璋以酢同"。可以有"异同"，岂可以有"异冃"乎？

敦和著书甚多，尤深于《易》。其《周易二闾记》《周易小义》，已为南菁书院翻刻。是书独湮晦，不挂于学者之口。后来张崇兰、洪良品、吴光耀皆未得见。先乎敦和者，有赵佑《尚书质疑》二卷，刻于乾隆二十九年，亦不信伪古文说。惟仅就体格义理为言，他无所考证，兹不录。

尚书后案驳正

《尚书后案驳正》二卷，咸丰丙辰四川刻本。清王劼撰。书分上下卷：上卷曰正编，驳王鸣盛；下卷曰附编，驳顾炎武、阎若璩、惠栋、江声、孙星衍。其驳王鸣盛也，谓：

其全书以欺人为心。观其自叙云："三十四篇即二十九篇，二十四篇即十六篇。郑具述其目，自安国递传卫宏、贾逵、马融及郑氏，皆为之注，王肃亦注之。"此为自欺。此三十四篇与二十四篇，郑既具述其目，何以止注此三十四篇？贾、马、郑皆为之注，何以云十六篇，绝无师说？

又谓：

《后案》称："《尚书》卷篇之数，千载梦梦，直至阎、惠，方知厘正，十得八九，犹不无小误，至余始论定。"盖为仍合《顾命》《康王之诰》言也，故以阎、惠未合者，为小误。且谓惠显与《释文》所引马注相违。然观《释文》本、马本，皆分《顾命》《康王之诰》为二篇，惠氏何曾与马注相违？《顾命》是成王之书，《康王之诰》是康王之书，无合为一篇之理。《后案》合此为一，而借序补经以足四十六之数，自诩定论。未几而江声、段玉裁复分之，非以二篇有断不可合者乎？

又谓：

《后案》曰："郑只注伏、孔俱有之二十九篇，而增多之篇，但述其目。此欲借增多之篇，以混更增益之伪书耳。"然增多之篇，既在伏、孔俱有之序中，郑何为注其序不注其经？既不注其经，何又述其目？况遍检群书，不见有郑述伪书二十四篇之目者。《后案》又曰："郑于书序中，间引其文。"及检郑注书序，亦未见有引其文者。惟《武成》序云："《武成》逸书，建武之际亡。"《毕命》序云："今其逸篇，有册命霍侯之事。"皆非引其文，亦非述其目。《后案》又曰："即颖达此段疏中所载者是也。"案此段疏中所载张霸之徒，于郑注之外，伪造二十四篇，以足郑注，而不言为郑述。《后案》之书，自欺欺人，大率如此。

他如诋顾炎武牵率伏生、安国、杜林为一家，不免宗郑挟私。阎若璩于孔传五十八篇中，割出二十五篇为伪孔，代以逸书十六篇，曲说谬解，居之不疑，又视顾炎武无心误会者异。惠栋于五十八篇，阎氏所未大更张者，乃引汉时篇目，参杂其间，遂加增多二十五篇以梅氏之号，是谓妄人。江声作《尚书集注音疏》，不载孔氏增多篇，参入逸《汤诰》，且推尊郑注，引用杂说。书末附载《尚书》经师表，称伏生为元始。周霸、孔安国、贾嘉三人未尝为欧阳学，而列于欧阳之次；大夏侯学中，不载贾逵；古文学中，不载王肃。可见其说，私而不公，欺而不信。并以《皇清经解》滥收此类为不合。孙星衍以《尚书大传》为今文，司马迁为安国古文，杜林为孔壁古文；又以"帝曰钦哉"冠于"慎徽五典"之下而不注；又凡传记所引，与当时流传虚妄兼存之伪说，同一采录，以杂缀于书序篇目而为经。意谓伪书有引用，可因以为真；增多伏生有掠取，可证其为伪。此其用意，有深险于惠、江者。

自毛奇龄后，卫古文者，几于匿影销声。劼生于嘉、道间，正尊郑黜孔盛行之时，乃能排斥众说，力挽狂澜，其书有云："世道之衰，由于事无是非。圣经残毁之日，不思辟邪说而徇时趋，何殊扶植小人，以祸君子。

后世将由其书以论其人，由其人以论其世，不免以人才悲学术，以学术悲世道。”其识极卓，其论极伟；惟兹事浩博，且值榛莽初开，疏误之处，间所不免，至其合者，则确乎无以易也。

劼，巴西人，他无可考。曾见其所著《毛诗读》三十卷，自序谓“初为《毛诗述义》，与包慎伯、陈硕甫相商榷。道光戊申于南昌舟次失去。归田后，重辑此书”云云。盖尝官于江西，而致仕归者。此书开卷又言：“往岁在成都与何子贞谈经梓潼宫修竹下。”盖曾与包、陈、何诸名宿相切磋者，无怪其书之不苟也。

古文尚书私议

《古文尚书私议》三卷，咸丰元年刊本。清张崇兰撰。崇兰字猗谷，江苏丹徒人，贡生。书分三卷，首荆履吉序，次崇兰自序，卷末颜锡名跋。

自阎若璩力攻古文，惠栋继之，袭若璩之说，益以己意。辅翼其说者甚众，而勇于立言者，无过王鸣盛。江声则惠栋弟子也。又阎若璩虽攻古文，而于伪《泰誓》，犹遵旧说。惠栋则并《泰誓》之案，一律平反之。崇兰是书，首驳惠栋，以为阎氏书已为惠栋所采录，其不采者，意所不安，无庸再辨；次及王鸣盛、江声；又次及诸家攻古文成说，而以论旧《泰誓》终焉。名曰“私议”者，示不敢讼言以犯众怒也。

按诸家攻古文者，大率据郑破孔。书之真伪，一以郑氏见与不见为断，于是篇目多寡，又为集矢之的。惠栋据孔颖达《正义》，《正义》云：“壁内所得，孔为传者，凡五十八篇，为四十六卷。三十三篇与郑注同，二十五篇增多郑注也。其二十五篇者：《大禹谟》、《五子之歌》、《允征》、《仲虺之诰》、《汤诰》、《伊训》、《太甲》三篇、《咸有一德》、《说命》三篇、《泰誓》三篇、《武成》、《旅獒》、《微子之命》、《蔡仲之命》、《周官》、《君陈》、《毕命》、《君牙》、《冏命》。但孔君所传，值巫蛊不行以终。前汉诸儒，知孔本有五十八篇，不见孔传。遂有张霸之徒，于郑注之外，伪造《尚书》凡二十四篇，以足郑注三十四篇为五十八篇。其数虽与孔同，其篇有异。孔则于伏生所传二十九篇内，无古文《大誓》，除序尚二十八篇，分出《舜典》、《益稷》、《盘庚》二篇、《康王之诰》为三十三，增二十五篇为五十八篇。郑玄则于伏生二十九篇之内，分出《盘庚》二篇、《康王之诰》，又《泰誓》二篇为三十四篇，更增益伪书二十四篇为五十八篇。所增益二十四篇者，则郑注书序、《舜典》、《汩作》、《九共》九篇、《大禹谟》、《益稷》、《五子之歌》、《允征》、《汤诰》、《咸有一德》、《典宝》、《伊训》、《肆命》、《原命》、《武成》、《旅獒》、《冏命》,以此二十四篇为十六卷,以《九共》九篇同卷,除八篇故为十六。故《艺文志》、刘向《别录》云五十八篇。《艺文志》又云得多十六篇,篇即卷也,即是伪书二十四卷也。刘向作《别录》,班固作《艺文志》,并云此言不见孔传也。"谓:"孔安国古文五十八篇未尝亡,三十四篇与伏生同;二十四篇增多之数,篇名具在,特以当日未立学官,故贾逵、马融等虽传孔学,不传逸篇。"崇兰驳之曰:

其云篇名具在者,乃见于《正义》所斥之伪书,非有他据。班《志》原本刘歆,所引有《伊训》《武成》《毕命》;郑注书序所引,有《允征》《伊训》,其篇名不出见行古文之外。况二十四篇之目,并无《毕命》。惠氏改《冏命》以强合之。其言贾、马等虽传孔学,不传逸篇。夫今日所争者,在逸篇之真伪,以孔学本有此逸篇故耳。不传逸篇,何关孔学?

惠栋又谓:"郑氏述古文逸书二十四篇:《舜典》、《汩作》、《九共》九篇、《大禹谟》、《弃稷》、《五子之歌》、《允征》、《汤诰》、《咸有一德》、《典宝》、《伊训》、《肆命》、《原命》、《武成》、《旅獒》、《羿命》。《艺文志》所云十六篇者,即郑氏所述逸书二十四篇。"崇兰驳之曰:

此《正义》所谓伪书者,何得据以为郑氏所述?郑氏三十四篇之注,散见《史记集解》及《群经正义》,何此诸篇之注,绝不一见?郑于《书序》《大传》《中候》皆有注,若曾受此二十四篇,岂有不为作注之理?不特此也,郑注书序《武成》云:"建武之际亡。"注《缁衣》,引《尹告》云:"书序以为《咸有一德》今亡。"以郑氏自述之二亡篇,而诬其所受之古文有是。且郑曾与赵商论《周官》篇中"三公师保"之文,此伪二十四篇之所无,而逸书二十五篇之所有。然则二十四篇之目,不出于康成甚显。惠氏盖误读《正义》"郑分为三十四篇,更增益二十四篇"之句,以为是康成增益,不知前文云:"遂有张霸之徒,伪造《尚书》凡二十四篇,以足郑注三十四篇。"后文云:"郑注篇数,并与三家同。"是郑氏之书,止三十四篇也。

又辨贾逵不传其父徽古文,谓:

贾逵父徽虽尝受古文于涂恽，然本传于逵，悉传父业之后，即载其以大小夏侯《尚书》教授，可见古文不行于逵。数为帝言古文《尚书》之后，即载其受诏撰欧阳、大小夏侯《尚书古文同异》为三卷，古文由是遂行。可见东汉古文之学，惟此二十九篇，足以与三家参考同异者，而增多之篇不在列。且《逵传》中，虽屡言古文，并无关马、郑所学。惟《儒林传》载逵为漆书古文作训，其本遂为马、郑所传。是杜林之本，非即贾徽受之涂恽之本甚明。

又辨班固《艺文志》无孔安国传，谓：

班《志》只志中秘书，伏书、欧阳、大小夏侯之学已立博士，传及章句皆在中秘，故班氏志之。安国惟献经文，其传不入中秘，班氏何由志及民间之书？安国之《孝经传》《论语注》，《志》皆不载。《孝经传》亡于六朝，《论语注》何晏采入《集解》，无人言其伪也。

他如辨《正义》前汉诸儒不见孔传之误，致为攻东晋古文者口实；辨《隋志》晋世秘府经文，今无有传者，传系传习，今指唐时；辨《舜典》从月正元日分篇，与书序不相应；辨《夏书》“武观”非“五子”，且不当太康之世；辨《楚词》引《九歌》为禹乐，非启乐；辨《墨子》引《汤誓》即《汤诰》无定称，俱精凿。

其推论攻古文者之递变而愈甚曰：

从来辨事之真伪，必以有证为实，无证为虚。古文散见于书传所引多矣，乃攻者忽创一说，谓之剽窃，是有证反成罪案也。因有证之诸句，而欲罪及全篇，于是离析其句，一字两字，以根究所从来，而补缀之说生焉。推其意以欲增多之篇，无一字与群经诸子相应，而后免于窃也。试移其术以绳今文，今文亦岂能免乎？明案，黄宗羲曰：“若以文辞格制之不同，别之而为古文者，其采辑补缀，无一字无所本，质之今文，亦无大异。”宗羲亦攻古文者，其言同此。其端发于吴澄，谓注家指为逸书者，收拾无遗。至梅鷟离析根究，著为考异，而阎若璩因之大畅其说。其后惠栋、王鸣盛、程廷祚皆沿袭抄录，以为古文罪案。其所不知，动生訾议，先是陈第著《古文引书证》，以正其谬。而阎氏即袭入其书，以为古文罪。及毛奇龄著《古文冤词》，于纠摘字句之瑕者，复列证以明其不然。而惠氏即袭入其书，以为古文罪。是何操术之逸也？夫此符于书传所引者，既以剽窃入其罪矣，及偶与书传参差歧互，则又曰："此不知其本解而误窃之也。"否则曰："此故欲立异使人不疑也。"考古者，如是设心可乎？

又曰：

自元迄今六百年，攻古文者踵相接。所以为是纷纷者，何也？曰：好名也。始由一二人自谓读书得间，笔其说示后。而依附标榜者，借为立名之地，从而推衍之。虽其初所据已误，而不知也。假有寻绎原书者，急起正之，当不至若是纷纷矣。夫以著书之难，而攻古文者，彼此相袭，改易标目，即足以自成一书，故争出于此。

呜呼！可谓深切著明矣。

旧《泰誓》三篇，杜预、韦昭引之皆云"今《泰誓》无此文"。即郑康成注《坊记》亦言其散亡。阎若璩初创郑述二十四篇之说，见《武成》一篇，郑注为亡，乃补以伪《泰誓》。惠栋亦第云"博士习之，孔壁所出，与之符同"而已。王鸣盛则倡为出于汉初之论。岂有《泰誓》首出，马、班二史叙《尚书》本末，不先及之者？孙星衍知诸人说《泰誓》皆不可通，于是改为中、下二篇亡失之说。无如去此二篇，则无以符五十八篇之数。崇兰驳之，援证甚审。夫以自汉以来，人人共信之真古文，而斥为伪；自汉以来，人人不信之伪《泰誓》，而奉为真，好恶相拂如此。且自命为郑学者，并郑氏之言节而亦畔之，斯真不可思议矣。

古文尚书辨

《古文尚书辨》八卷，光绪壬辰刊本。谢庭兰撰。庭兰字香谷，江苏丹徒人。书分八卷，首自序，末有门人缪鼎臣跋。卷一至卷四辨阎若璩《古文尚书疏证》，卷五辨惠栋《古文尚书考》，卷六辨宋鉴《古文尚书考辨》，卷七辨王鸣盛《尚书后案》，卷八辨梅鷟《尚书考异》。是书不尚考据，于传授源流、篇目多寡，概置不论。惟就义理字句间反复推敲，以求其是，不争创辟，自然明晰。庭兰与张崇兰同籍丹徒，而生稍晚。书中多引崇兰说。宋鉴《尚书考辨》,崇兰未见,大率袭阎若璩陈言,而较阎氏为空疏。庭兰亦连类及之。合崇兰书并观,一识其大,一拾其遗,而古文之伪不伪,益显然矣。

庭兰事实无可考,尝致书丁闇公询之。丁亦籍丹徒也。丁答不知。复托询之乡人,亦不报。偶阅近人李详《睉语》,有谢先生轶事一则。略云:

> 丹徒谢先生庭兰,字湘谷。临川李小湖联琇。督学江苏所取士。受古文义法于承受亶,培元。读书植节,至老不衰。幼与魁时若将军同受业于老诸生李某。后数十年,魁官江宁将军,署江督。先生亦馆江宁。江宁教授赵某,先生同乡也,言于魁:"有旧同学谢某在此。"魁嘱致之。先生曰:"吾不欲谒贵人。"固请,则以无衣冠对。赵具衣,又嫌其华美,乃以葛袍进。侵晨,徒步往,具一刺,署曰:"丹徒附监生谢庭兰。"魁开中门,趋迎入。先生进揖之。魁曰:"君太自苦。余在行间,粗立战功,姓名稍著人口,君宜闻之。若屈己相就,吾将待以故旧之礼。"先生曰:"吾乐居此,每年束脩六十千,尚有余,刻所著书。"魁曰:"此间有江南书局,有采访忠义局,听君择一。"先生曰:"书局有同乡韩叔起在内,不便与争;至采访忠义局,则分鬼之血食,又不忍为。吾老无子,愿甘寂寞。"魁次日来答拜。再属赵教授道意,请入书局。又命中军某坚请。皆辞之。魁叹曰:"吾乃终不可屈故人耶?吾望之愈远矣。"

云云。特录于此,以俟后之传儒林者,所有资焉。

古文尚书辨惑

《古文尚书辨惑》十八卷,光绪丁亥活字印本。清洪良品撰。良品字右臣,湖北黄冈人,同治戊辰进士,官编修,至给事中。书凡十八卷,首有傅云龙、潘祖荫序,及良品自序,并凡例;又有王锡祺赞,饶登逵跋;末有门生王裕宸跋,即刊是书者也。

伪古文之说,始宋吴棫,元明诸儒和之。至清初阎若璩著《古文尚书疏证》，大放厥辞。黄宗羲、顾亭林、朱彝尊、姚际恒、徐乾学等皆辅其说。同时毛奇龄作《古文尚书冤词》，与之驳辨。乾隆时，修四库书，纪昀等以《疏证》与《冤词》并著录，而显示抑扬。于是惠栋、宋鉴、程廷祚、段玉裁、王鸣盛、江声、孙星衍、龚自珍、魏源此举著有专书者言。沸其波而扬其焰，虽陆陇其、方苞、齐召南、茹敦和、赵佑、王植、翁方纲、赵翼、阮元、按阮元不信伪古文说，而所辑经解收《尚书后案》《尚书集注音疏》等书，殊不可解。张九镡、林春溥等偶持异见，其说未畅。于是伪古文浸成定案矣。光绪十年，编修王懿荣疏称《尚书》晚出，为伪古文，请行删本。下礼部议。良品参懿荣谓："圣经贤传，行数千年。祖宗朝纂集义疏，颁学官试士。二帝三王之治法心法赖以传。懿荣何人，敢请废？"其后懿荣疏被驳，良品疏亦不果上，遂发愤撰成此书。傅序言："居今而谓古文《尚书》不伪，鲜弗诮其惑者。"孰惑孰不惑，此辨惑之名所由命也。

是书首明源流；次辨异说；又次取自元至今疑古文诸家录为原案，申以驳论；又次取《朱子语类》有涉古文者，加考证，并及与朱子同旨诸家；又次录毛奇龄、王劼、张崇兰、林春溥、陶锐诸家之说，附以己意；末设问答之辞，以释群疑，并为余论，以旁通而曲证之。其论古得间，最关紧要者，约有数端。

其证古文《尚书》已显于西晋曰：

《晋书·荀崧传》："崧转太常。时方修学校，简省博士，置《周易》王氏，《尚书》郑氏，古文《尚书》孔氏，《毛诗》郑氏，《周官》《礼记》郑氏，《春秋左传》杜氏、服氏，《论语》《孝经》郑氏，博士各一人。崧上疏云，'世祖武皇帝，应运登禅，崇儒兴学，经始明堂，营建辟雍，告朔颁政，乡饮大射，西阁东序，河图秘书，禁籍台省，有宗庙太府，金墉故事，太学有石经古文，先儒典训。贾、马、郑、杜、服、孔、王、何、颜、尹之徒，章句传注，众家之学'"云云。孔即孔安国。故《正义》以为梅赜奏上其书施行，在前晋时，后儒以为在东晋时。然证以崧传，古文实于前晋已立学官。故《隋志》亦止言梅赜上传，不言东晋立学。或经永嘉之乱传失而赜复上之，亦未可知。据《郭璞传》云："璞好经术，博学有才，又好古文奇字，妙于阴阳算历。惠怀之际，河北先扰。璞筮之，投策而叹。于是潜结姻昵，避地东南。”而其作《尔雅注》，于《释诂》篇引《太甲》文曰“徯我后”；于《释畜》篇引《尚书》孔氏传曰“犬高四尺曰獒”；而其注鼸，则曰永嘉四年所得；注貀，则曰元康八年所得。是《尔雅注》一书，始于永嘉未乱，成于永嘉既乱；而其所见孔氏古文，及孔安国传已如此，其引之不疑又如此。又据《晋书》云：“晋太保郑冲以古文《尚书》授扶风苏愉，愉授天水梁柳，柳授阳城臧曹，臧授汝南梅赜。”当时旧史志其授受源流如此。乃疑者犹曰，古文在汉，郑冲晋人，何所承授。不知郑冲生于汉末，魏文帝为太子时，命为文学，累迁尚书郎。古文在汉末，其传未绝，郑冲获习其书，亦何足怪。又据《晋书·皇甫谧传》云：“谧从姑子外弟梁柳得古文《尚书》，故作《帝王世纪》，往往载孔传五十八篇之书。”按此《晋书》为十八家旧本，孔颖达亲见之，信而可征。今《晋史》亦称其带经而农，博综典籍。左思作《三都赋》，尚欲借其序为重，岂谧自作《世纪》，肯袭伪书以成文？且太康三年，谧已前卒。其《世纪》之成，在永嘉未乱以前，去梅赜上书，尚四十余年。而《世纪》所载之古文，与东晋之古文相应。则古文之不亡，与孔传之不伪，从可知矣。又张平子《思玄赋》，引孔安国《尚书注》挚虞见而辨之。挚虞，西晋初人。则是孔传西晋初已有，即非张平子自注，而曰旧注，则流传已久，当更在西晋前。亦可为梅赜为非伪撰孔传之证。

明案，良品引《荀崧传》微误。崧传转太常之前，尚有“元帝践祚，崧与刁协共定中兴礼仪”二句。元帝时，梅赜书已上，所称古文《尚书》孔氏，当即其书。至疏称“世祖之世，贾、马、郑、杜、服、孔、何、颜、尹之徒”，此孔未必指安国。疏有“石经古文”四字，盖指魏正始中三字石经，乃杜书而非孔书。或崧误记，或孔非指古文《尚书》，而指《论语》《孝经》，俱未可知。盖魏晋人本不深悉古文源流，且孔在服后，服乃《春秋左氏》专家，《尚书》家不应居《春秋》家之下。至《正义》称梅赜为豫章内史，遂于前晋奏上其书施行。此前晋犹云前代之晋，非指西晋，盖东晋固不称后晋也。据《隋书·经籍志》云：“至东晋豫章内史梅赜，始得安国之传奏之。”《经典释文》亦云：“江左中兴，元帝时，豫章内史梅赜奏上孔传古文《尚书》。"皆言东晋,且三书皆指梅赜,不能一人两次上传。若是西晋,则梅赜乃武帝时人,与《世说新语》引梅赜与陶侃同时又不合。要之,西晋时古文《尚书》已显,见于诸人所引,则可信也。

又证东汉古文未尝绝曰:

班固、贾徽、贾逵、孔僖皆东汉人也。《汉书·艺文志》目,皆东京秘府所藏,班固为兰台令史,亲见其书,定为经文四十六卷,著之于志。贾徽受古文于涂恽,其子逵初传父业,为安国本,因肃宗好古文,乃取以校三家同异。孔僖世传古文,其子长彦好章句,季彦守其家学,授门徒数百人。故《儒林传》末,于诸家古文之外,特著安国之传,以示区别。至古文《尚书》之见引于东汉人者,《孔丛子·执节》篇云:"其在《商书》,太甲嗣立,而于冢宰之政。伊尹曰:惟王旧行不义,习与性成。予不狎于不顺。王始即桐,迩于先王,其训罔以后人迷。王往居,忧,允思厥祖之明德。"其所述太甲事,与今《太甲》篇同。王符生于安和之世。其著《潜夫论》,如《五德志》篇引《说命》云:"武丁即位,默以不言,思道三年,而梦获贤人以为师。乃使以梦象求四方侧陋,得傅说,方以胥靡筑于傅岩,拜以为太公,而使朝夕规谏。恐其有惮急也,则敕曰:'若金,用汝作砺;若济巨川,用汝作舟楫;若时大旱,用汝作霖雨。启乃心沃朕心。若药不瞑眩,厥疾弗疗;若跣不视地,厥足用伤。尔交修,余无弃。'故能中兴。"是皆东汉引古文之确证。其余袭用辞语,如班固《汉书·于定国传》引经曰:"万方有罪,罪在朕躬。"即古文《汤诰》篇也。徐幹《中论》引《书》云:"慎始而敬终,终以不困。"《书》即古文《蔡仲之命》也。仲长统引《尚书》曰:"冢宰掌邦治。"《尚书》即古文《周官》篇也。他若《风俗通》之引"纣为逋逃渊薮",《白虎通》之引"必立赏罚,以定厥躬",《谷永传》之引经云"亦惟先正克左右",《孔融传》之引"纣斫朝涉之胫",《地理志》之引"周爵五等而土三等",然则马、郑而外,见古文者不少矣。案以上汉人所引,皆今二十五篇之文;无《正义》伪书二十四篇一语。由汉末沿至三国,王粲《七释》"浚哲文明,允恭元塞",则用《舜典》语;陈琳《檄吴将校部曲文》

"大兵一放,玉石俱碎",则用《允征》语;蜀后主策丞相亮诏"牧野之战,商人倒戈",则用《武成》语。又如魏明帝问博士曰:"周公、管、蔡之事,亦《尚书》所载。"此明举《金縢》《蔡仲之命》为言。《吴志》骆统上孙权疏引《书》曰:"众非后,无能胥以宁;后非众,无以辟四方。"此明指《太甲》篇为言。又《士燮传》云:"《尚书》兼通古今,大义详备。闻京师古今之学忿争,欲条《尚书长义》上之。"其所谓"《尚书》兼通古今"者,有孔氏古文在内;"大义详备"者,有古文之传在内;而其"古今之学忿争"者,即指孔、郑三家传注为言。足证古文孔传,在其时已大行。

明按,据此足为经传非梅赜伪造确证。

又证王肃无伪造古文《尚书》事曰:

攻古文者,诬晋人不胜,乃变其说而加之魏,曰王肃,阎若璩、惠栋、王鸣盛、孙星衍等。以为王肃尝伪造《家语》以难郑,明案,《家语》非伪书,余另有辨。安知不伪造《尚书》以难郑。彼见郑论庙制有云:"高祖以下,与始祖而五。"王肃作《圣证论》非之,遂疑肃为据《尚书》"七世之庙可见观德"语。不知天子七庙,见于《穀梁》《王制》《祭法》《礼器》。而荀卿、刘歆、班彪父子、孔晁、虞喜、干宝皆因之。且不独王肃主是说,《尚书》有是文。《新唐书·艺文志》:《尚书逸篇》三卷,晋徐邈注。其一条云:"呜呼!七世之庙,可以观德。"此亦岂王肃伪为者?案晋初孔、郑并行,徐邈书是习郑学者,注为《逸篇》,盖别乎郑本言之。或据《经典释文》有王肃解《尚书》,大与古文相类;或肃私见孔传语,遂改"私见"二字为"伪造"。不知东汉古文,孔僖以下,世传不绝。王肃绍父通经,《魏志》:"王朗以通经拜郎中。子肃撰定父朗所作《易传》,列于学官。"生于汉末,孔猛昔相从学,因有往还。既得《家语》,当必获见《尚书》。但其所注《尚书》,实皆立学之今文,于古文仅参用其说;与《史记》采用今文,而其中多古文说正同。今王肃注十卷已佚,世儒谓与古文如出一手,无从证验。且古文与今文同卷,彼既注今文三十三篇,又假孔传注五十八篇,一书两注,何义之从?

明案,《唐书·艺文志》有王肃撰《孔安国问答》一卷,更可为王肃实见孔传之证。

又证郑康成实注伪《百两篇》,并非真古文曰:

张霸造伪书,以中古文校之,非是;然传之东汉,学者以为真书,见王充《论衡》。而为纬者附之。见王应麟所论。郑康成作《书论》,依《尚书纬》云:"孔子求书,得黄帝元孙帝魁之书,迄于秦穆,凡三百四十篇。断远取近,定可以为世法者,百二十篇。以百二篇为《尚书》,十八篇为《中候》。"夫百二篇者,即张霸之《百两篇》也,与《中候》纬书并存。郑以为《尚书》特著之于《六艺论》,则引其文以注经,犹其以纬注经也。其注为亡逸者何也,必《百两篇》至东汉,有亡有逸,故以注之于序。如注《武成》建武之际亡,孔颖达以为所亡者汉之伪《武成》是也;如注《禹贡》,引《允征》"厥篚玄黄",孔颖达以为出于张霸伪书是也。张霸之书,唐犹有存。颖达亲验其词,证之郑注,而知其所引在是。其所注为亡者,东汉实未尝亡。如注《武成》亡,而《武成》引于王充;注《毕命》亡,而《毕命》引于班固;注《周官》亡,而《周官》问于赵商,引于仲长统;注《蔡仲之命》亡,而命词引于徐幹。至其注为逸者,他无可考,今就孔疏参之,虽止数条,已可概见。东汉贾逵、班固亲见古文。其验古文之法,必曰古文与经传相应,乃"厥篚玄黄,昭我周王",《孟子》引作周事;而郑注以为《允征》之文,此与经传不相应也。又必曰古文与《尔雅》训诂相应,乃犬高四尺曰獒,《尔雅》训獒为犬;而郑乃云:"獒读曰豪,是豪酋之长。"此与《尔雅》训诂不相应者也。不合如此,而可据其所注之逸,为真古文乎?

明按,此论乍觉奇创,在尊郑著,尤视为反唇相稽;然出自《正义》,虽有百口而不能解。彼孔颖达亦为郑学者也。

又辨朱子未尝以经文为伪曰:

今之攻古文者,皆借朱子为重。朱子于安国传序,或不无微辞,曷尝以伪加之经文?考朱子《语类》,其论及古文,始而疑,继而信,终而为之玩索解说以教人。其始而疑也,则曰:"伏生背文暗诵,乃偏得其所难;而安国考定于科斗古书错乱磨灭之余,反得其所易。”其继而信也,则曰:“有一说可论难易。古人文字,有一般如今人书简说话,杂以方言;有一般是做出告戒之命者。”其终而玩索解说以教人也,则曰:“书可疑诸篇,若一齐不信,恐倒了六经。《商书》中伊尹告太甲五篇,说得极切,宜取细读。读了《伊训》《太甲》《咸有一德》,便鞔过《盘庚》,却看《说命》。”朱子之论古文如此,当合观其前后之言,不得徒疑其一时存参之语。且朱子亦有疑及今文语,正可为不伪古文之借证。

明按,为郑学者,对于朱子,平时则攻之毁之;一言及古文,则无不挟以为助。夫朱子本不长于考据,其疑古文与否,何足轻重?况未尝疑也。

与此书同时成者,有吴光耀《古文尚书正辞》,持论略同。自阎若璩揭帜清初,谬说流传,祖述者,索痏相寻;耳食者,亦吠声不已。江藩谓“不知古文之伪者,不入汉学”;王劼谓“近人治《尚书》,必斥伪孔”。一时风气所尚,否则不入郑学,不成名士。挽近稍稍衰矣。而张崇兰、吴光耀及良品等相继起,使三百年垂定之公案忽被推翻,竟与有清朝局相终始,斯非事之至奇者耶?

古文尚书释难

《古文尚书释难》二卷,光绪丁亥活字印本。清洪良品撰。首良品自序言:“同年某惑于阎百诗以《正义》伪书二十四篇为孔壁古文之说。见余作《古文尚书辨惑》,颇有违言,不得不与之往复。经此一番论难,俾得再三审订,而经旨之轇轕益明,各书之隔阂转通,并有出于前所未及者”云云。

今观是书,皆反复申论前说,如谓:

旧《晋书》载梅赜传书次序,唐修《晋书》削之。不知修孔疏者,亦唐人奉诏为之也。既削之,何登之?

又谓:

郑冲之传,见于孔疏所引,不得疑其无端,此晋史就晋人言之,犹汉史就汉人言之。如伏生传今文之类。

又谓：

古文屡为东汉人所引，而攻者则诋为伪造书人引东汉所引。夫所谓伪造书者，魏晋人也。魏晋人既引东汉所引，则东汉已有二十五篇之真书甚明。

其尤详切者，则证马、郑未尝见古文：

考班固卒于和帝永元四年，时马融十四岁。贾逵卒于和帝永元十三年，时马融二十三岁。章帝至鲁拜孔僖为郎中时，马融七岁。孔季彦以章帝建初三年生，马融以建初四年生。是四人者，马融皆与先后同时。四人皆有古文，而马融独云逸十六篇无师说，非未见而何？郑康成学于马融，其师未见，弟子可知。且孔季彦卒于延光三年，年四十七；逾二年为顺帝永建二年，而康成生。孔氏古文自若也，乃注曰亡曰逸，非未见而何？或谓季彦生徒数百，传义不绝。郑冲相距已远，犹能私淑得之。马与同时，讵同聋瞶。不知季彦传授生徒时，融年已老；一达官，一儒士，相去数百里，恐不能如生徒受业，而悉其传。况马融不见古文，又可于其疑《泰誓》而信之。孔颖达已有此说。或疑融曾典校秘书，不容不见，并因此而疑秘书无《泰誓》。不知融自言吾见书传之多，而皆不在。使秘书古文无《泰誓》，何不以秘书证之，而反以书传证之？盖融虽以典书为职，秘府缥帙累万，未必能尽发其藏而读之。更得一证，《后汉书·卢植传》云："臣少从通儒故南郡太守马融受古学。古文科斗，近于为实，而厌抑流俗，降在小学。中兴以来，通儒达士，班固、贾逵、郑兴父子并敦悦之。"据此马融所授，贾逵所悦，实为漆书科斗，并非安国隶古。卢植为马融弟子，明叙其源流如此。且云"降在小学"，皆就字体言之。又云"近于为实，而厌抑流俗"，此必贾、马以为孔壁原本，而当时见其出于西州，犹有疑之者。然要与安国之私写隶古，本无涉也。参引《辨惑》所说。

毛奇龄著《古文尚书冤词》，谓："凡高明指摘，幸乘仆生前有口时，尚可商量。"吴光耀著《古文尚书正辞》，亦谓："当世及吾在，不直吾书，得正告我。”是书所称同年友某，当是素主毁古文之人。比而观之，毁古文者持论多臆说武断，词穷而遁。阎、惠之焰，至是盖将熄矣。合观良品他著以结古文之案可也。

古文尚书析疑

《古文尚书析疑》一卷，光绪丁亥活字印本。清洪良品撰。首刘岳云序。次良品自序，言：“某君研经士也，一日与余纵论至古文《尚书》而疑。余谓君所疑者，必非《尚书》之有可疑，乃群儒之以疑疑之也。余既辟群儒之诬矣，忍听君之疑益滋疑哉？陶诗云：‘疑义相与析。’吾亦析夫疑非所疑者耳”云云。书中每条引某君说而以案语驳之，末附书诸儒论古文《尚书》后寄某孝廉，未知与某君是否同一人也。

是书仍是申其前说，而理愈该浃。一谓：

《汉志》：《尚书古文经》四十六卷。《别录》云五十八篇；孔序云，并序为五十九篇，为四十六卷；而《汉志》注为五十七篇；颜师古引郑玄叙赞，谓后亡其一篇，故五十七。孔、刘、班篇数卷数皆同；然而篇之分并，自汉至唐即有参差。谓核以二十九篇，得多十六篇者，班固也；谓旧有四十五卷，为十八篇者，桓谭也；见桓谭《新论》。谓增多伏生二十五篇者，孔安国也。皆以意分篇第，初无一定义例。证以今文，伏生只二十八篇耳，俄而增以《泰誓》则二十九篇；俄而移《泰誓》于二十九之外，则三十篇；俄而郑康成析之为三十四篇；俄而孔颖达分出数篇计之，为三十三篇。是专以篇数异同定真伪者，失所据矣。

又谓：

《魏志》言：“王肃善贾、马之学，采会同异，为《尚书》、《论语》、三礼、《左传》解；及撰定父朗所作《易》，皆列于学官。其所论驳朝廷典制郊祀宗庙丧纪轻重，凡百余篇。”是其所论驳之者，郑之三礼，于《尚书》未之及也。陆德明谓王肃作《圣证论》以难郑，而牵入注《尚书》，《魏志》实无此文。无论此事有无，要于梅氏古文无涉。毛西河犹谓王肃不见古文,而孔颖达谓王肃注始似窃见。肃与郑冲同生汉末,郑冲得传古文,王肃亦见其书,理固可信。况黄初时,王肃已仕于朝;青龙中,汉献帝薨,王肃上疏论谥;魏甘露元年,王肃已卒;去晋永嘉之乱,尚五十余年,此时古文,固俨然在也。会其同异,采而用之,非无可据,何待另造一古文以难郑哉?

又辨:

阎若璩以授历时宪二历,推算仲康即位,岁在壬戌,乃五月丁亥日食,非季秋月朔;食在东井,亦非房宿。十三年惟四年九月壬辰朔日有食之,却与经文肇位四海不合;且食在氐末,亦非房宿。此阎氏之言也。而《大衍新历》云:"仲康五年癸巳岁九月庚戌朔日蚀,在房二度。"见《唐书·历志》,王伯厚《困学纪闻》引之。又引《皇极经世》谓仲康元年壬戌,征羲和,五年丙寅,与历不同。翁元圻释之曰:"《通鉴前编》,虞邝以季秋日食为仲康元年,而唐傅仁均等新历,以为仲康五年癸巳之岁,九月庚戌朔,日食在房二度。夫以历术求之,则鲁历、殷历、周历,已自不同;以历较之,《经世》纪年,夏殷之年,盈缩者二十有八焉。盖历家有岁差之说,久近各殊。新历以五十年而差一度,虞邝以百八十有六年而差一度。今从新历,则仲康五年,岁非癸巳;从虞邝则合于《经世》之年。且以经言之,则五年之说,于经不同;而元年之说,于肇位之义为合。"

据此,则阎氏之言,又不足信矣。

古文尚书商是

《古文尚书商是》一卷,光绪丁亥活字印本。洪良品撰。首自序,言:

古文《尚书》,唐以前,伪之者无一焉;明以后,不伪之者亦无一焉。伪之者曰,吾说是;不伪之者曰,吾说是,将奚是之从?曰:有真是非在。同年友某,直谅多闻士也。观予《古文尚书辨惑》,乃自著一书,曰《尚书解纷》,盖欲平两造之争。余谓友某,是非无中立,彼是则此不是,此是则彼不是,二说中必有一至是者存焉。因与往

> 复商论,以期定于一是。

云云。卷中论古文《尚书》书三,论孔传郑注书一,论孔疏郑注书一,复友某书自著余论后书一,复友某论古文难考书一,答友某论伪书二十四篇一,与友论《古文尚书解纷》书一,与友某论孔学书一,与友某论《古文尚书》书一,与友论古文立学书一,与友某论自著《辨惑》书一,与友某论孔疏二十四篇伪书书三,与宝竹坡论《泰誓答问》书一,与竹坡论孔传二十五篇书一,与杨定甫论《舜典》二十八字伪书二十四篇书一。

是卷所载,多商榷之词;而心平理周,见多独到。如谓:

> 唐前经解各书十不存一,其存者无不出于孔疏,即今日郑学家所辑马、郑注,亦无不出于孔疏及唐人所引。若疑唐人为不足据,则不特孔学绝,郑学亦绝;不特郑学绝,并十三经学亦绝。乃诸家信十二经,而独不信此一经所引,岂持平之论?

又谓:

> 孔疏夹杂不清,矛盾非一。如既谓于郑注三十四篇之外,伪造二十四篇以足郑注,是不以为郑注之逸书也。何也?颖达以为张霸之徒所伪造也。乃下文又云,则郑注书序二十四篇之目,又复申之曰:即是伪书二十四篇。忽而伪,忽而不伪;忽而郑,忽而非郑。不但此也,《汩作》《典宝》既作郑注书序逸书篇目,又作二十四篇伪书篇目。忽而伪,忽而逸;伪则非郑,而逸则又似郑。《咸有一德》《武成》《五子之歌》《允征》《禹谟》《旅獒》《冏命》等篇,郑于书序已注为亡;而孔疏引郑注书序,又入二十四篇为伪。同一书序,同一书名,忽而注为亡,忽而注为伪。似此支离情节,颖达当日未必亲见逸书;即所引郑注,恐未必全出康成之手。或者颖达无识,不能辨别去取,拉杂引之,以至前后矛盾欤?抑或马嘉运等妄加参订,以致互相缪辐欤?乃诸家一见郑注二字,不复详考,但知郑乃大儒,不致有误。不知康成不误,恐颖达有误也。且以颖达博学,当必不伪;而不知颖达不伪,恐张霸之徒有伪也。

又谓:

> 颖达昏愦不待言。何以范蔚宗、皇甫谧、刘炫、陆德明、颜师古

诸人，皆闳通淹雅，毫不觉其伪，公然以伪书伪事列入正史私著各书？且其人俱生于数千年以前，其时典籍较备，尤易参考，何以不如数千年以下之人详且确？且孔、郑之学立于晋初，去东汉尤近。孔书亡于东汉，马、郑未见。马、郑所注所言，人皆见之，何以若不知有是注是言，一任伪孔与郑并立？一时为郑学者不少，当非不知郑所注马所言者，何以不知以真黜伪，据其师说，以斥伪孔？

又谓：

《泰誓答问》，其最谬者有四：班《志》大小夏侯二家、欧阳经二十二卷。其分为三十一卷者，章句耳。乃混章句为经，自分《盘庚》为三，称欧阳经三十一卷，且豫借东汉末蔡邕之石经，牵合证之。不知石经分《盘庚》为三，当据马、郑本，西汉时无是也。其伪一。《太誓》后得，见于刘歆《与博士书》、刘向《别录》，王充《论衡》亦言之。立学传习二十九篇，有《太誓》在内，皆得自躬亲目击者。故史于后得立学之书，绝不另注一篇名于志，孔疏所谓为史总之也。龚氏以向、歆、王充之言为不足据，明见分《顾命》《康王之诰》，见《释文》马融语，竟移之以属伏生。其伪二。《别录》古文五十八篇，班《志》古文五十七篇，康成云，后亡其一篇，故为五十七。龚氏欲以伪书二十四篇，冒西汉之十六篇；而无如康成所分三十四篇，先与刘、班之二十九篇不合。且二十九篇有后得《太誓》，原不入伏、孔之数，于是移之二十九篇外，而析《盘庚》为三，析《顾命》《康王之诰》为二，借欧阳章句之数，以巧合之，妄定西汉今文有三十四篇，犹短三篇，复以后出之《太誓》，分三篇足其数。并杜撰事实，谓孔安国只上古文五十五篇，而秘府取民间本《太誓》合并数之。其伪三。惠栋以伪书二十四篇附会刘歆之十六篇，而无《毕命》，乃改《冏命》以就之，此亦伪书非十六篇显证。乃龚氏袭其故智，改《冏命》为《毕命》。其伪四。

皆精确不可易。

余录此篇毕，从友人处得阅是书原稿，除与杨定甫侍御一书，余皆与宝竹坡辨论之书，题目亦与此小异。想此本系后来改定。其曰友者，盖书中语意稍涉于激，不似后二篇之和平商榷，故讳其名耳。按竹坡，清宗室，名宝廷，字竹坡，号偶斋，同治戊辰进士，官至礼部右待郎。光绪初叶，以敢言事，颇负直声。后典闽试归途取江山船女儿为妾，自上书举劾，去官。著有《偶斋诗草》。门人夏震武又刊其奏疏行世。

古文尚书賸言

《古文尚书賸言》一卷，原稿本。清洪良品撰。良品著《古文尚书辨惑》成，适其门人萨廉为国子监祭酒，课士日，以"孔传二十五篇古文与孔疏二十四篇真伪"命题，汇诸生卷，属良品评乙。此其卷后批语也。

中有数条，足资启发。某生云："安国以伏生之书定古文，此伏生之所有者；其增多二十五篇，何以定之？"良品批谓：

> 序所云，定其可知者。据孔疏云，就古文定可知识者。不言就伏生之书，而云以其所闻者。故云可知者，谓并伏生书外有可知，不徒伏生书内而已。明案，伏生书与二十五篇训诂虽异，而字体则可推而知之；亦犹童蒙熟读《千字文》即可读《三字经》《百家姓》。故孔序云："以所闻伏生之书，考论文义，定其可知者。"文指文字，义指训诂。既识其文，则可因推以知其义也。文本明白。

某生又云："当时果有隶古定之书，藏之书府，汉世言小学者，何不一及之？"良品批谓：

> 析言之曰隶古定，浑言之曰古文。汉世字书，流传极少，若《元尚》《凡将》《滂喜》名目，亦仅一见。现时所存小学书，不过史游《急就章》及许慎《说文》而已。其余《苍颉》《训纂》《字林》之属，今已无传。安得仅据一二书，而断为无人不及之乎？

某生又云："毛西河言梅赜所上，传也，非经也。而陆氏《释文》言'孔氏之本绝'，又言'江左中兴，元帝时，豫章内史梅赜奏上古文《尚书》'，则与《隋志》始得安国之传，实兼经文言之。"良品批谓：

> 孔氏本绝，言安国古本传耳。明案，宋晁公武《郡斋读书志》：《古文尚书》十三卷，题曰："右汉孔安国以隶古定五十九篇之书也。"盖以隶写籀，故曰隶古。

其书自汉迄唐，行于学官。明皇不喜古文，改从今文，由是古文遂绝。此“古文遂绝”四字，即《释文》所谓“孔氏本绝”也。毛氏上传非上经之说，就志释志，确是如此。《隋志》明以三家传亡，秘府有经无传，故梅赜求其所阙以献，此就一时一事言之。至《释文》则不必细为区别。且诸家必云梅赜献经者，不过欲诬古文以伪耳；不知当时若经传并上，愈无伪证。盖晋秘府既有经文，若上伪经，必如张霸之以中文校之非是矣。

后又附良品拟题文四篇，概括《辨惑》诸书，而与批语互相发明。卷首有国子监学正周绘藻序，李文田题，左绍佐识，及良品自序。李题云：

古文汉出，东京遂微；唯存漆书，马、郑注之。三国之初，魏氏复得，反覆陈志，略见踪迹。锺氏父子，及高堂隆、何晏、王肃，均当相逢。郑冲、皇谧，亲受厥旨。自斯以还，世无异议。南北两史，隋唐诸儒，以其闻见，岂陋岂疏。《隋书·经籍》，来历匪略。门户既锢，孰云吾错。在昔西河，曰书有冤。谁敢鸣之，觥觥洪君。噫哉我生，好古苦晚。二刘孔颜，服膺不远。元明以降，断断弗休。狂澜虽狂，予师前修。注疏虽存，冤谁与白？世宗若璩，而卑颖达。耳食竞上，掌粹几人？不食马肝，何伤八珍。冤词益冤，后案何案。世多通人，千秋未断。

案，李字仲约，吾粤顺德人，咸丰□□赐进士第三人，官至礼部侍郎。精西北地理。遗集散佚，近有辑刊其遗诗者，而文尚缺，亟表而出之。

古文尚书正辞

《古文尚书正辞》三十三卷，吴光耀撰。光耀字华峰，湖北江夏人，贡生，授天门县训导，以荐升四川知县。是书以“正辞”为名，力辟伪古文说。卷一至卷五，流源正辞；卷六，篇目正辞；卷七，《舜典》正辞；卷八，《大禹谟》正辞；卷九，《益稷》正辞；卷十，《五子之歌》正辞；卷十一，《胤征》正辞；卷十二，《仲虺之诰》正辞；卷十三，《汤诰》正辞；卷十四，

《伊训》正辞;卷十五,《太甲》正辞;卷十六,《咸有一德》正辞;卷十七,《说命》正辞;卷十八,《泰誓》正辞;卷十九,《武成》正辞;卷二十,《旅獒》正辞;卷二十一,《微子之命》正辞;卷二十二,《蔡仲之命》正辞;卷二十三,《周官》正辞;卷二十四,《君陈》正辞;卷二十五,《康王之诰》正辞;卷二十六,《毕命》正辞;卷二十七,《君牙》正辞;卷二十八,《冏命》正辞;卷二十九,百篇之叙正辞;卷三十,孔叙正辞;卷三十一,孔传正辞;卷三十二,朱子正辞;卷三十三,叙目。源流最详,分伏生今文,孔安国古文,张霸《百两篇》,杜林漆书古文。著录始汉止西晋,先有师承家法者,次治《尚书》,次诵《诗》《书》,次语言文字征引《尚书》,次治四经五经六经七经,其中宜有《尚书》。篇目分伏生今文二十九篇目,孔安国古文五十八篇目,杜林漆书古文三十四篇目,马、郑存目逸书二十四篇目,百篇之叙目,《舜典》以下各篇以至百篇之叙,孔传、孔叙,皆先引诸家之说,一一为之疏通考证。《朱子》一卷,则为阎咏朱子古文书疑而作。朱子晚岁大悟旧说之非,世所传《集注》《或问》之类,乃其中年未定之说。其诸《语类》之属,又其门人挟胜心以附己见。陆稼书据朱子告辅广之言,辨古文《尚书》非伪。至昌言以孔子国经传为伪,始于吴棫,成于吴澄,故一类正之云。叙目,首自叙,次总论攻古文诸家。全书征引繁博,无义不搜,固是才雄,亦由学富。原书具在,古文本不伪,而攻之者必迁就以证成之。但还其本说,而义已明。惟有史籍模棱,明知其如此不如彼,终无以大申其说,则贾逵之传业,与孔安国之卒年是也。一为东汉古文真伪之关系,一为安国书叙真伪之关系。《后汉书·贾逵传》,逵实传其父徽之业。而贾徽之古文《尚书》,传之涂恽,实为安国嫡传。逵既得传真古文,何以舍之,而为杜林漆书作训?攻古文者,于贾逵之传授轇轕不清,因而疑其所训。光耀辨之曰:

《逵传》称:"父徽从刘歆受《左氏春秋》,兼习《国语》《周官》,又受《古文尚书》于涂惲,学《毛诗》于谢曼卿。作《左氏条例》二十一篇。逵悉传父业,能诵《左氏传》及五经本文,以大夏侯《尚书》教授;虽为古学,兼通五家《穀梁》之说。自为儿童,常在太学"云云。按范书《儒林传》,涂恽心旁作"整军经武"之军。《汉书·贾逵传》涂惮心旁作"咎单作明居"之单。字既不同，当时或有姓名近者，所学同名古文，而实不同，如《金楼子》云："桓谭有《新论》，华谭又有《新论》，扬雄有《太玄经》，杨泉又有《太玄经》。"此一说也。或逵传父业，后又异学，犹刘歆既传父向《穀梁春秋》，又好《左氏》，此一说也。《杨震传》称父宝习欧阳《尚书》，哀、平之世，隐居教授。震少好学，受欧阳《尚书》于桓郁。同是欧阳《尚书》，震何以不受诸父而受之他人？及观注引《续汉志》曰："少孤贫，独与母居。"乃知震父死时，尚幼不及学也。以此悟逵父徽死时，逵当甚幼，不及亲受父业。《白孔六帖·姊妹》，白引贾逵年五岁，其姊闻邻家读书，每抱逵听之。逵年十岁，乃暗诵六经。姊曰："吾未有教者入门，汝安得三坟五典读之？"逵曰："忆昔抱听邻家读书，今万不遗一。"《太平御览·宗亲部·姊妹》引王子年《拾遗记》，"五岁"作"六岁"，"姊问其故"作"父曰然"。《白帖》唐人作，《御览》宋人作，当信唐人。使非其父早死，何以幼稚即就外学？故传言弱冠能诵《左氏传》及五经本文，以夏侯《尚书》教授。是弱冠时，止能诵五经本文。《尚书》乃先受今文大夏侯学，所谓利禄之路然也。受杜林漆书明在后。徽只《左氏传》有著作，古文《尚书》无著作存竹帛者，故不得自治父业古文《尚书》，明案，阮元曰："古人无笔砚纸墨之便，其著之简策者，有漆书刀削之劳，是以一师有竹帛，而百弟子传之。《公羊传》至汉景帝时，公羊寿乃共弟子胡毋子都著于竹帛，知其初全以口授矣。"又曰："每阅一卷，或每检一事，抽阅展舒甚为烦数，收集整比，弥费辛勤。盖书之难得如此，故古人之读书也必有师授。其引书也，必由记忆。师授则专门不能泛涉，记忆则字句不无异同。"可与此参证。犹杨震之于父宝也。范晔寡经术，不能辨东汉古文有两种。但见徽传古文，逵亦传古文，遂以逵业即徽业。故曰："悉传父业。"抑或统本经大略言之，犹言父习《尚书》，子亦学《尚书》，初非指古文家法言。下言为古学者，从其后言之。不然，逵果传徽古文，何以为儿童时，已在太学耶？按光耀推论，尚有三说，兹不具引。

安国大叙，言遭巫蛊之难，而征和巫蛊，在武帝末年，与马迁所云蚤卒者不合。疑者遂谓天汉后，安国已死，或其家子孙献之；援荀悦《汉

纪》,武帝时安国家献之为证,而大叙之伪显然矣。光耀辨之曰:

汉武帝时,有两巫蛊大狱,攻者止知武帝末,征和元年、二年,起巫蛊大狱;不知武帝初,元光五年,已有巫蛊大狱。子国传成,适遭元光五年巫蛊大狱,不以献,若夫经文,固早悉上送官。按《史记》及《汉书》纪传载鲁共王薨年甚详,皆在元朔元年,乃武帝即位之十三年。且传曰:"以景前三年,徙为鲁王,好治宫室苑囿狗马,季年好音。"然则共王好治宫室亦不在季年,断无武帝末坏孔子宅广宫室事。司马迁亲见子国,若天汉后尚在,断不得言蚤卒。《汉书·武帝本纪》:"元光五年秋七月乙巳,皇后陈氏废,捕为巫蛊者,皆枭首。"《张汤传》:"治陈皇后巫蛊狱,深竟党与,上以为能。"《外戚传·孝武陈皇后传》:"擅宠骄贵十余年,而无子。闻卫子夫得幸,几死者数焉。上愈怒。又挟妇人媚道,颇觉。元光五年,上遂穷治之。女子楚服等,坐为皇后巫蛊祠祭祝诅,大逆无道,相连及诛者三百余人。"征和巫蛊,皇后太子狱;元光巫蛊,亦皇后狱。相连及诛者,至三百余人,非大狱而何?元光五年,即武帝即位之十一年也。证以《论衡》所谓"孝景帝时,鲁共王坏孔子教授堂,以为殿,得百篇《尚书》于墙壁中",时事正合。盖武帝即位,初承诏作传,至即位十一年,传成遭陈皇后巫蛊事。如此大狱,一则曰上遂穷治,再则曰穷竟党与,岂岁月间可了,故子国不为献传计。且是时武帝已有事神仙及四夷,朝廷方骚然,何暇及此。《汉书·礼乐志》所谓"是时上方征讨四夷,锐志武功,不暇留意礼文之事"是也。元狩五年,初置谏大夫,子国迁大夫,又迁临淮太守。度子国卒,当在元封后、太初中。《家语》子国自叙,所谓"元封之时,吾仕京师"。王肃叙所谓"子国由博士为临淮太守,在官六年,以病免,年六十,卒于家",如此考之,正合。太初元年,越十六年,始为征和四年,《史记》犹及征和中事,成《史记》应在征和中,言十年前卒之人,何不可曰蚤卒。下文曰安国生卬,卬生驩,盖对其子孙见存为言,史家常例。又或惜其人功业不终,亦曰蚤卒。《汉书·尹翁归传》:"制诏御史曰,'扶风翁归,廉平乡正,治民异等,早夭不遂,不得终其功业,朕甚怜之。其赐翁归子黄金百斤,以奉伺祭’。翁归三子,皆为太守。少子岑历,位九卿,后至将军。”既曰“后至将军”,则其父死时,已历九卿矣。是翁归死时,必不止四五十之年。《儒林传》:“谷永上疏曰:‘近事大司空朱邑,右扶风翁归,德茂夭年。’”又曰:“郑宽中卒然早终,尤可悼痛。”宽中为成帝师,死时已迁光禄大夫,领尚书事,度非中年。又其人虽得上寿,而惜其不长存,亦曰蚤卒。《史记·鲁世家》:“武王蚤终,成王少。”《楚世家》:“鬻熊子事文王,蚤卒。”又曰:“楚熊通怒曰:吾先鬻熊,文王之师也,蚤终。”武王九十三而终,见《礼记》。鬻熊子九十见文王,见本书。《史记》称“子国蚤卒”,安知非惜其年不称德,又惜不及待《史记》成与订正。刘歆见当时记载有言古文《尚书》,遭巫蛊事不得立者,遂以征和巫蛊当之,其后班固为《汉书》,荀悦为《汉纪》,王肃叙《家语》,陆德明为《释文》,孔颖达等为《正义》,长孙无忌等为《隋书》,遂相沿而误矣。

《四库提要》谓孔传之依托灼然可据者:梅鷟《尚书考异》,攻其注《禹贡》,瀍水出河南北山一条,积石山在金城西南羌中一条,地名皆在安国后。明案,二条虽本梅说,而阎若璩足成之。朱彝尊《经义考》攻其注书序:东海驹骊、扶馀、馯、貊之属一条,谓驹骊王朱蒙至汉元帝建昭二年始建国。安国武帝时人,亦不及见。若璩则攻其注《泰誓》“虽有周亲,不如仁人”,与所注《论语》相反。又安国传有《汤誓》,而注《论语》“予小子履”一节,乃为《墨子》所引《汤誓》之文。皆证佐分明,更无疑义。光耀驳其第一条曰:

县道废置,史不尽详。恶知汉置谷城县不在武帝后?班固为《汉书志》,司马彪为《续汉书志》及为《水经》者,据其后已分置者为言;安国据未分置者为言,何足异?即指郡言,阎氏曰:“或难余河南安知其不指郡言。余则证以上文,伊出陆浑山,洛出上洛山,涧出渑池山,皆县也,何独瀍出而郡乎?”又何嫌于上文?《史记·夏本纪》“常卫既从”,集解:“郑玄曰,《地理志》恒水出恒山,卫水在灵寿。”《汉书·地理志》常山郡灵寿注曰:“《禹贡》卫水出东北,东入虖池。”上曲阳注曰:

“《禹贡》恒水所出，东人滱。”然则恒水实出常山郡之上曲阳县。郑氏注《禹贡》，何不言上曲阳县，但言郡；而卫水所出，又言县？《水经注》：“瀍水出河南谷城县北山。”孔不过省“谷城县”三字耳。且谷城县本在河南县北，无论并否，皆可谓出河南北山。

又驳其第二条曰：

《禹贡》“浮于积石”，传：“积石山在金城西南，河所经也。”但言金城，未尝指郡言。金城山名，犹楚方城，昭帝时因旧名置郡耳。《史记·大宛传》：“其明年浑邪王率其民降汉，而金城河西西并南山至盐泽，空无匈奴。”《汉书·武帝纪》“匈奴昆邪王杀休屠王并将其众合四万余人来降”，在元狩二年，与《史记》叙元朔六年之明年又明年下者正合。若璩又据胡渭谓“班《志》积石山系河关县下，而金城县无之。观‘羌中塞外’四字，则积石山不可谓在金城郡界明矣，况县乎。且郦注所叙，金城县在郡治允吾县东，与积石山相去悬绝”。不知金城既在郡治允吾县东，则河关西南，即金城西南，“西南”二字，所指自广，何嫌悬绝？况河关亦属金城郡，虽远复几何？至以“塞外”二字，属积石山解，谓积石山不在金城郡界，甚谬。《汉书·地理志》“金城郡河关”注曰：“积石山在西南羌中。”此八字为一事，盖言河关县界所有之山。又曰：“河水行塞外，东北入塞内，至章武入海，过郡十六，行九千四百里。”此二十五字为一事，盖言河关县界所有之水，因并河水来去始末言之，此《地理志》常例。今以“塞外”二字属上一事解，是并不知句读。

又驳其第三条曰：

《东国史略》，明高丽无姓名人撰，曰：“始祖朱蒙，立汉元帝建昭二年。”彝尊乃据近代外国无征之书，妄毁古人。不知高句骊之号，见周盛时，《逸周书·王会解》：“北方台正东高夷嗛羊。嗛羊者，羊而四角。”注：“孔晁曰，高夷，东北夷，高句骊。”王应麟《尔雅疏》曰：“九夷，三曰高骊。”《汉书·地理志》：“玄菟郡，武帝元封四年置。开县三：高句骊、上殷台、西盖马。”玄菟、乐浪，武帝时置，皆朝鲜、濊貉、句骊蛮夷。安得谓武帝时，无高句骊之称？

又驳第四条曰：

两说矛盾，不得为伪。按《坊记正义》引郑志答曰："炅模云，注记时执就卢君，后得毛传乃改之。"凡注与诗不同，皆仿此。故注记中说诗者，与笺多自异。《诗·关雎》序正义引《论语》注云："哀世夫妇，不得此人，不为灭伤其爱。此以哀为衷，彼仍以哀为义者。"又郑答刘炎曰："《论语》注人间行久，义或宜然，故不复定以遗后。"然则郑注《论语》与笺《诗》自异处，亦各分行，曾不追改。子国犹是例也。

又驳第五条曰：

此伐桀告天之文者，据《汤诰》为释；继释玄牡皇皇后帝等义，又杂取《尔雅》等说，末云《墨子》引《汤誓》。其辞若此者，言《墨子》所载祷旱文与此近，所以广证示博，即孔所谓引譬连类之事。不然，果据《墨子》，宜云祷旱文，不宜云伐桀文。若璩明知《墨子》所引，明为祷旱文，乃曰"今天大旱"三句乃衍文。不知此三句即衍文，而下文尚有云"汤贵为天子，富有天下，然且不惮以身为牺牲以说于上帝鬼神"，明与《吕览》言桑林祷旱之事合，岂尽衍文乎？

光耀论古文《尚书》不能无阙失，及毁古文者之极弊，甚平允。曰：

《尚书》焚荡于秦火，错乱摩灭于屋壁，古文闭抑于两汉；王莽用事立而又废；晋永嘉之乱，中书又亡；传之私家者，孤学流离，久而始显。简编文字之间，其不能尽圣人删定之旧矣。杂出四代史臣之手，其情事又悬久难断。孔子曰："多闻阙疑。"又曰："君子于其所不知，盖阙如也。"孟子曰："尽信书，则不如无书。"又曰："说诗者，不以文害辞，不以辞害志，以意逆志，是谓得之。"生千岁后，智不若孔孟，而不阙疑，乘晚出之隙，为罔曲偏碎之说毁经；毁此一经，求之诸经传记皆是也。毁古文始于吴棫，朱子不能辨而疑之，未尝谓可删。吴澄竟删矣。梅鷟、归有光、罗敦仁父子、郝敬之徒继之，然皆穷陋，几不知天地有六经。陈季立、毛大可诚未能深言源流，或自作谬误，然辨若人固有余。阎若璩强挟朱子之势，大言博辨,天下相惊有实证;不知罔曲偏碎之说,未可通之诸经传记也。姚际恒、钱煌、程廷祚、惠栋、江声、王鸣盛、段玉裁、孙星衍、龚自珍、宋翔凤、陈乔枞、丁晏、魏源之徒,虽著专书,大抵祖述盗袭,雷同若璩之说。或若璩所不屑道,辄喜为所未言。毁之之术,见引他书并文义同者,曰"所采辑",曰"所剿袭",曰"后人因伪经窜入",曰"同伪书",曰"采辑而误",曰"故歧出之,泯其迹"。乃至半言一画,非妄造则旁偷,或牵引传疏诸家之误,诬经并传疏诸家。无其文义,自出谬解,曰:"经传如此。"或不知见他古书引经,曰:"文理浅谬。"初与见此经者,曰"其撰人必不能诬者",曰"末杀之"。论伪书,且不得尽以此;尽以此,天下岂有真书哉?

又曰:

世人有向学者,必先习称曰,伪古文,伪古文。甚乃不知毁经者何说,经伪者何篇。

又曰:

毁经者,惟阎若璩、段玉裁差能自读书;惠、江、王、孙,已不免稗贩,然犹不废读书。嘉、道以来,但稗贩阎、惠、江、王、段、孙诸家之说,而已不复自读书;并所稗贩之书,亦略不细读,往往致误。

光耀稍后于张崇兰,而与洪良品同时。张、洪二书,竟未得寓目。按光耀作《洪给事中事略》,言良品著《古文尚书辨惑》八卷,十八误八。光耀于光绪十九年来京师,其《正辞》已刻成。良品书刻于光绪丁亥。二人相识,在二书刻成之后。故崇兰谓伪目二十四篇,本足成郑注者,为康成所不及见。光耀则信康成见之,但不为注。良品谓永嘉之乱,秘府经文实未亡,所亡者仅三家之传。光耀则信秘府经文亡于永嘉之乱,似未如张、洪二说之优。又光耀谓阎氏《疏证》刊行时,奇龄已前卒,故《冤词》无一语及《疏证》,以驳《提要》奇龄百计相轧之语。不知《冤词》确为《疏证》而作,见《西河集》中《与阎潜丘书》。毛、阎本友善,当见其稿,或聆其议论,特书中不欲斥言之耳。

古文尚书辨惑

《古文尚书辨惑》二十二卷，光绪甲辰刻本。张谐之撰。谐之字敬斋，陕西弘农人，事迹无可考。据序称“光绪辛巳，于役都门”，又言“丁酉致仕，戊戌投闲”，盖曾隶仕籍者也。是书旨在正经，而不护孔传。编中引朱子曰：“《尚书》孔安国传，恐是魏晋间人所作，托安国为名，与毛公诗传，大段不同。今观序文，亦不类汉文章。”是孔传为伪书，朱子早有定论。其所谓惑而辨之者，则阎若璩《古文尚书疏证》、王鸣盛《尚书后案》、惠栋《古文尚书考》，更旁及黄梨洲、姚姬传迄康有为止。以康氏谓六经皆刘歆伪书，使学子无可信之经，惑世诬民之祸，于是为极。其书与洪良品书同名，盖未见洪书，并张崇兰、吴光耀书亦未见；而持论与三家偶合者十之四五，为三家未曾辨及者十之二三，错误者亦十之一二，其合处往往出三家上，更详且核，诚卫古文者之后劲矣。

书中辨七庙之制，谓：“王鸣盛引郑康成王制之法，以驳《尚书》，并取马昭、韦玄成之说，以助郑而攻王。谓王肃。”因历证郑氏之误，并历证马、韦护郑之误，洋洋四千余言，论最赅博。又辨文王无受命纪元之事：“受命者，受商王之命，即锡斧钺专征伐者是也。司马迁信毛氏诗传及《诗》小序而误，郑康成又信谶纬而误。至谓武王即位，上续文王之年，尤属误甚。考《周书》纪武王元祀、《柔武解》。武王二祀，《小开武解》。又纪十有三祀，《大匡解》。即克商之岁也。”又辨周未尝贬帝号为王，正司马迁夏殷称帝之误；武王誓师，只称文考，迨《武成》告庙，始称文考文王，断为追王无疑。又辨商郊、牧野，乃一地而分言之，非二地而两用之。《武成》之陈于商郊也，以武王癸亥夜陈言之也；其言会于牧野也，以受率其旅会战言之也。使商郊为一地，牧野又为一地，何以能与武王合战？又如据《吕览》《洛诰》，证召公之为太保，引蜚廉、恶来证纣之有世官，郁陶与见于《尔雅》者异义，涂炭与见于《孟子》者殊解，皆极明晰，可关吹毛索疵者之口。

张氏尤熟于地理，书中考核，博而得要。略举数条。如辨王鸣盛谓伪书改牧宫为鸣条云：

孟子引《伊训》曰："天诛造攻自牧宫。"与《尚书》不同。考经传引《书》，多有同异，不独《孟子》然也。乃王氏以为《尚书》嫌与牧野相溷，故据序改之。夫《商书》与《周书》，时已隔代，牧宫与牧野，地不同方，岂有相溷之理。王氏谓既为始攻解，自应从牧宫，若战于鸣条之野，已为败桀之终事。案桀都安邑，鸣条在安邑之西。汤之升自陑也，与桀战于鸣条之野，夏师败绩，桀遂出奔，遂入其都，乃至牧宫；则鸣条为伐夏之第一战，尚在牧宫之前，而谓不得为始攻可乎？至王氏谓鸣条之战，为败桀之终事，盖自有故。考郑康成云："鸣条，南夷地名。"孟子云："舜卒于鸣条，东夷之地。"或云："陈留，平丘县，今有鸣条亭也。"孔疏引皇甫谧以驳之。皇甫谧云："《伊训》曰：'造攻自鸣条，朕哉自亳。''又曰：'夏师败绩，乃伐三朡。'三朡在定陶，于义不得在陈留东夷也。今安邑有鸣条陌。且吴起言夏桀之居，左河济，右太华，皆指安邑，何得言在南夷乎？"又按《括地志》云："高涯原在蒲县、安邑县北三十里南坡口，即古鸣条陌也。鸣条战地，在安邑西。"据此则郑康成之误，不待辨而明。乃王氏又引《吕氏春秋》云："殷汤登自鸣条，乃入巢门。"《淮南子·修务训》云："汤整兵鸣条，困夏南巢。"观下文伐三朡，三朡在今山东定陶，南巢在今江南巢县；然则桀出亡地，皆在东南。且《逸周书·殷祝解》云："汤将放桀于中野。桀与其属五百人，南徙千里以下，又再徙方至南巢。"可见桀之出亡，皆向南行，故郑以鸣条为南夷。不思鸣条在南巢之西北几三千里。桀之师败于鸣条，尚未出亡南行，而谓为南夷可乎？

又辨阎若璩谓孟津在河北云：

孟津之名，肇于《禹贡》。禹之导河也，皆以山水记地，不以地名记山水，以无可记之地也，曰积石，曰龙门，曰华阴，曰砥柱，曰大伾，皆以山记地也；曰孟津，曰洛汭，曰洚水，曰大陆，皆以水泽记地也。其时草昧初开，只有九州之名，然其名孟津者何也？案颜师古注《汉志》之孟津云："孟，长大也，言大河自龙门而下，河面宽不过一二里；惟东至孟津，河流开放，宽至三十余里；盖至是而河口始大，为津渡之长，犹龙门之大，亦号为孟门也。”夫既以津之大而为名，又无两岸可记之地，则所谓孟津者，南北岸之通称也。况河属豫州，则南岸尤为孟津之专称；若移之北岸，则入覃怀而属之冀州矣。原其舛误之始，因《史记》之借盟为孟，以附会于《春秋》之邑，其后又误于《论衡》之解孟为盟，以为八百诸侯，咸同此盟，故孟津亦曰盟津。至杜元凯始合二说而一之，以孟津为东周之盟，而不知唐虞之孟津与武王之大会相隔千有余年，而能以春秋之盟邑定上古之孟津耶？

又辨阎若璩谓华山乃阳华山非太华山曰：

雒南与华阴南北正对，而中隔华山。桃林今属闵乡西南，与雒南斜对，相去不过二百里。考《一统志》云：“太华山在华阴县南十里。”则华阴为华山之阴，即商州。雒南为华山之阳。阎氏以华阳为梁州地乎？夫《禹贡》之言华阳黑水也，谓梁州之域，东距华山之南，西至黑水，特指东西极边而言，以为封疆之界。故谓华山之阳，为商雒可也；而谓梁州之地，皆为华阳，可乎？阎氏以《武成》之华山为阳华山乎？夫阳华一小山耳，以其在华山之阳，故谓之阳华山，亦曰华阳山。且华山踞其西北，相去不过百里，作史者能舍太华之尊，而纪一小小之阳华耶？

张氏辨古文篇目，谓：

班《志》以《七略》为宗，所谓《尚书古文经》四十六卷五十七篇者，刘歆《七略》之辞也，与增多二十五篇无不合矣。其云得多十六篇者，刘歆移让太常博士之书也，本一人之辞，未有与古文经之篇数合于前而反舛于后者。况《七略》系奏定之书，不可更易，与移书谕事不同。恐后之十六篇，不能如《七略》之确也。且班氏非不知数者，则五十七篇之说，何以称焉？计其间必有伪字，如《礼经》十七篇之伪为七十也者，而非后世之所能臆度也。乃不责班氏之舛与刘歆之谬，而反以古文经为伪，可乎？

又谓：

孔疏以《九共》九篇共卷，故为十六卷，篇与卷不同，故可合九篇为一卷，而不可减九篇为一篇。乃阎氏云，十六篇亦名二十四篇，强以二十四篇为十六篇，以求符乎刘歆多十六篇之数，然则壁中书二十五篇为十六篇可乎？

前说以疑传疑，后说以实证实，直捷爽快，一切委曲附会之说，可以勿作矣。

张氏信经文，而以孔传为伪，谓："阎若璩言经与传同出一手，而不知其中大有不同。"按所举各节，颇能订正孔传。惟此属孔传之失，而不能证为孔传之伪。就如所论，可确信经传不出一手，而经非伪矣；经不伪，而传亦非伪矣。

明又按，谭献《复堂日记》卷二云："邵位西比部，平生著述以《尚书大意》为巨编，闻更名《通义》，板刻垂成，毁于兵燹。确信伪古文，尽破阎、惠、王、江诸先哲之说，而以载籍所称逸书，皆刘歆伪撰，与宋于庭之论，似同实异，出于方桐城而已，以《世俘》当《武成》，当取之宋氏，非暗合耶"云云。今邵氏《尚书通义》，有光绪丁酉刻鹄斋刊本。仅第六、第七两卷，起《召诰》尽《吕刑》，凡十六篇；古文《蔡仲之命》《周官》《毕命》《君牙》《冏命》在焉，盖就五十八篇通释者。惟所称尽破阎、惠、王、江之说，付之阙如，岂在已毁之卷中耶？抑复堂未亲见其书，故言之恍惚耶？特附记于此。

孔子家语疏证

《孔子家语疏证》十卷，嘉庆二十三年刻本。清陈士珂撰。士珂字琢轩，湖北蕲水人。殿撰沆之祖。卷首有陈诗序，略云："乾隆癸丑冬，家琢轩先生，以事过蕲州，访余。适案头有《孔子家语》，因举以问先生曰：'是书也，子朱子于四书章句集注尝屡引之。而颜监注《汉书·艺文志》则以为非今所有《家语》，或者以为王肃增加。近之宗汉学者，遂置不道，其果然乎？'先生曰'夫事必两证，而后是非明。小颜既未见安国旧本，即安知今本之非是乎？且余观周末汉初诸子，其称述孔子之言，类多彼此互见，损益成文；尝有问答之词，主名各别，如《南华》重言之比，而溢美溢恶,时时有之。然其书并行,至于今不废,何独于是编而疑之也。余尝据本书为纲,而互见于他书者,仍用大字书之,以附其后,名曰《疏证》'"云云。并著征引书目,经部则《尚书大传》《韩诗外传》《毛诗传》《春秋传》《春秋公羊传》《春秋穀梁传》《仪礼》《礼记》《大戴礼记》《三礼义宗》,史部则《国语》《世本》《战国策》《史记》,子部则《晏子春秋》《列子》《庄子》《荀子》《文子》《尸子》《韩非子》《吕氏春秋》《贾谊新书》《淮南子》《说苑》《新序》《孔丛子》《白虎通》。按王柏《家语考》曰:"四十四篇之《家语》,乃王肃取《左传》、《国语》、《荀》、《孟》、二《戴记》,割裂织成之。"今观士珂引证之多,毋亦悔所见之未广耶?

是书载《家语》本文,而每条下引别书互见者,低一格别之,不参考辨论断。盖是时尚未有著专书攻《家语》者,自不必无敌放矢。乾隆间,范家相始著《家语证伪》十一卷。嘉庆间,孙志祖又著《家语疏证》六卷。其掊击《家语》,一如阎若璩之于古文《尚书》。志祖《疏证》之名,亦取法若璩,而不知与士珂偶同;但士珂是而若璩、志祖则非。例之《释名疏证》《方言疏证》《广雅疏证》诸书,即知其谬。家相先于士珂,而其书至光绪间始刊行;志祖稍后于士珂,两书士珂俱不见。《汉书·艺文志》:《家语》二十七卷。颜师古注曰:"非今所有《家语》。"此疑《家语》者所自起也。不知师古所注,乃就卷数与今四十篇不合而言。夫卷数多少,悉由后人随意分并,见于各史艺文志者,参差不一。即如《隋志》题《孔子家语》二十七卷,王肃解;《新唐书·艺文志》题王肃注《论语》十卷,又注《孔子家语》十卷;《旧唐书·经籍志》亦作十卷,与今卷数正同,但误称王肃撰。肃撰注,非撰《家语》。不然,师古未见王肃未注前之《家语》,何得臆断为不合耶?又按何孟春《家语传》自序,谓"《史记索隐》引《家语》,或不见今本,疑王广谋句解所删;不知书之残缺,所时有也"。自是持平之论。余意肃称《家语》得之孔子二十二世孙孔猛,猛于家世旧闻间为附益。又肃素称博学,旁搜所得,略有补入,均未可知,如今人增辑古书之例。尝见宋薛据《孔子集语》仅三卷,孙星衍乃增至十七卷;但其所增,自有来历,而非伪造。必如王柏之说,是本无其书,而肃伪造之也。独不思《汉志》之二十七卷,明有其书,考王肃作注之日,去班固撰志之时年仅二百,当有流传者,不惧以伪书遭时人摈斥耶?且孔猛又为同时之人,果有差异,讵能掩孔猛之目?即曰孔猛姓名,亦肃伪造,讵能掩孔氏子孙之目?反覆证之,而信其不然也。阎若璩方攻古文《尚书》,乐得借为旁证。四库修书诸人,偏信若璩。其著录是书也,一如著录《尚书》孔传,不黜其书,而明斥其伪,凡所征引,无非偏见。《提要》引《礼·乐记》:"舜弹五弦之琴,以歌南风。"郑注:"其词未闻。"孔颖达疏载肃作《圣证论》,引《家语》阜财解愠之诗,以难康成。又载马昭之说,谓《家语》为王肃所增加,非郑所见云云。按马昭恶王肃难郑,凡肃所引诸书,不能谓郑未见,只有肃《家语》注新出,遂曰非郑所见;然仍不敢曰肃伪造,仅曰肃所增加,而又不能指出所增加者为何篇,则亦姑妄言之而已。即解愠阜财一条,马昭原注云:"《家语》王肃所增加,非郑所见;又《尸子》杂说,不可取证正经,故云未闻也。"盖肃此条,于《家语》外,兼引《尸子》,故注云然。乃《提要》删《尸子》二句,使人不能更寻其瑕。考隐五年,《穀梁传》引《尸子》曰:"舞夏自天子至诸侯,皆用八佾,初献以羽,始厉乐矣。"桓九年,《穀梁传》引《尸子》曰:"夫已多乎道。"是《尸子》见引于西汉经师,在郑氏之前,其在郑氏后者,郭璞注《尔雅》亦屡引之。且郑注诸经,取证尤杂。其引《老子》、《弟子职》、《晏子春秋》、《离骚》、《吕氏春秋》、《淮南子》、氾胜之等,不一而足,又取谶纬伪书注之;且以说经,何有于《尸子》,又何有于《家语》,特未见耳。又按肃所作《圣证论》,其书已佚,惟《礼记正义疏》引有数条。今就诸条通考之,其所征引难郑之书甚多,并非专主《家语》。乃知其序所云与其说若重规叠矩者不过谓《家语》亦有其说云尔,非必得《家语》方申其说也。如难郑郊祀一条,引《郊特牲》,引《左传》,引《尔雅》,引《诗·周颂》,引《礼记·祭法》,引《周礼》,末乃引《家语》。又难郑五帝一条,引《周易》,引《郊特牲》,引《礼记》,引《毛诗》;其中带引《家语》。又难郑庙制一条,引《礼器》,引《孙卿》,引《祭法》,引《穀梁》;而其所引天子七庙之文,又皆与《礼器》《穀梁》同。惟朱子因肃论庙制而主其说,乃引古文七世之庙,可以观德,以证之,肃原辞未曾及此。其他尚有五条,引《礼记》,引《孝经》,引《月令》,引《春秋》,引《左传》;于《尚书》两引

《召诰》,皆今文;于古文,未之及;于《家语》,亦未之及。此八条内引《家语》者,只有三条,又其二条并与他书文同。虽《圣证论》原书百余篇,不止此数,然就此例推其他可知。是肃并不专主《家语》以难郑,则伪造何为?疑者乃因《家语》而波及古文《尚书》,乃所据以难郑者,绝未引及,则伪造又何为乎?今人习于王肃造《家语》难郑一言,并不细心考察,几何不为黠者所瞒也?

余读《家语》,有可确证其不伪者,如《弟子解》述颜渊岁数,显与《论语》抵牾;而肃注云:"此书久远,年数错误,不可详校。"若此书果出肃手,肃亦曾注《论语》,何难并此一条而改之,使与《论语》之说相符,而必云此书错误耶?不止此也,肃于《家语》本文,多所驳正,如《好生》篇,孔子对哀公曰:"好肆不守折,而长者不为市窃。夫其有益与无益,君子所以知。"注曰:"窃宜为察。"《六本》篇:"君子游于泰山,见荣声期。"注曰:"声宜为启,或荣启期也。"《子路初见》篇:"孔子为司寇,见季康子。"注曰:"当作桓子,非季康子也。""王道若龙",注曰:"龙宜为耆,前后相因也。"《入官》篇"迩臣便僻",注曰:"僻宜为辟。""畜而能供",注曰:"供宜为共,古恭字也。"《困誓》篇:"自望其广,则睪如也。"注曰:"广宜为圹。""君子违伤其类",注曰:"违,去也,违或作讳也。"《屈节解》"鱼之大者曰鱄",注曰:"鱄宜为鱷,《新序》作鲙,鲍鱼之怀任也。"《正论解》"施生戮死",注曰:"施宜为与,与犹行也,行生者之罪也。""郑伯南也",注曰:"南,左氏作男,古字作南,亦多有,此作南,连言之,犹言公侯也。"肃于《家语》矜慎若此,伪造云乎哉?又按《弟子解》所载年岁错误尤多,若出肃伪造更不应有此。试以颜、曾二子言之,如颜子少孔子三十岁,而三十一早卒,是颜子卒于鲁哀公四年也;而书中又言颜回死,定公吊焉,则颜子之年有误矣。曾子少孔子四十六岁,而孔子卒于鲁哀公十六年,则曾子仅二十七也;而书中有齐景公以下卿之礼聘曾子,及晏子赠言事;又言阳虎吊孔子,而曾子问事。审其时世,当在定公时,则曾子犹未满十岁;诚早慧如此,又何以有参鲁之言耶?则曾子之言,又误矣。

明王鏊《震泽长语》曰:"《家语》今本,为近世庸妄所删削。"此书不为世重久矣，后人展转传抄，脱讹不免，其意为增减处，亦有之，但决非出于王肃耳。

阎若璩著《四书释地》，有涉《家语》一条，兹录于此，并附录朱彝尊书，亦证《家语》者一大故实也。《四书释地》曰：

《家语》颜繇字季路，少孔子六岁。"孔子始教于阙里而受学焉。"朱子引入《集注》，作"孔子始教而受学焉"，削去"阙里"字面。问读《集注》者，何以削去"阙里"字而人都不知？余曰，此朱子所以为精于地理也。孔子时无阙里之名，阙里首仅见《汉书·梅福传》。东汉后，方盛称之。盖缘鲁恭王徙鲁于孔子所居之室，造宫室，有双阙焉。人因名孔子所居曰阙里。或曰，有征乎？余曰，一征于《水经注》："孔庙东南五百步，有双石阙，即灵光之南阙。"一征于史晨飨孔庙后碑："以今日拜阙，孔子望见阙观，式路虔跪，既至升堂。"尔时阙尚存，尚可得其名里之由。若后代迹既湮，撰阙里志者，有一能知者否？曾告之朱彝尊锡鬯，锡鬯为跃然。顾氏《肇域记》于曲阜县则引《鲁世家》，炀公筑茅阙门，谓已有阙之名。不知此自鲁两观鲁象魏在雉门之旁者，《春秋》所谓雉门及两观灾是也。岂孔子士庶，而敢居于外朝之地哉？于此益悟《家语》为王肃私定，以难郑玄，而非朱子所恨不见之古文《家语》。何则，古文《家语》，那得有阙里字；而有之，应出王肃手。岂非知其意者，由于论其世哉。

彝尊书云：

亡友顾宁人，撰《肇域志》，引《史记·鲁世家》炀公筑茅阙门之文，足下证以《春秋》雉门两观外朝之地，士庶所不敢居，遂指宁人之误。足下之持论，断断不可夺矣。仆考之《世本》，炀公徙鲁，又考之《竹书》，炀公筑茅阙门，实康王二十二年事尔。御廪灾矣，西宫、新宫、桓宫、僖宫亦灾矣，雉门两观灾而复作矣，中域西郛城之者再矣，鲜有久而不毁者。独茅阙门之作，历五百岁不改。且阙以茅名，其取材也未必固，其为地也未必密迩公宫，雉门两观未必即其遗址。窃疑鲁之《春秋》内事必书，其不见于经传者，由其岁久远而废置故也。故阙虽废而里则以为名,故孔子得居之,《论语》阙党,刘向《新序》谓是孔子所居。《越绝书·本事》篇曰:"圣人教授六艺,删定五经,七十二子,养徒三千,讲习学问,鲁之阙门。"是则由宁人所引推之,亦未为误矣。夫炀公、恭王先后并有阙门。名里之始,则不能臆定。足下之书与宁人《肇域志》,可两存而引申其义,未可因朱子于今本《家语》删去"阙里"字,遂执古之《家语》不得有"阙里"字也。

据此,若不参观彝尊书,当信"锡邕跃然"一语为真矣。甚矣,若璩之自欺欺人也。

(原载《燕京学报》1928年第3期)

索　引

戴程志　编

索引字头笔画检字

闵 3740_0
沧 3811_2
汾 3812_7
克 4021_2
希 4022_7
李 4040_7
求 4390_9
芦 4420_7
芮 4422_7
苏 4433_0
孝 4440_7
劳 4442_7
杜 4491_0
邯 4772_7
杨 4792_7
狄 4928_0
抗 5001_7
寿 5034_0
来 5090_0
束 5090_6
批 5201_0
抉 5508_0
韧 5702_0
报 5704_7
拟 5800_0
里 6010_5
吴 6080_4
困 6090_4
别 6240_0
时 6400_0
阿 7122_0
辰 7123_2
删 7240_0
彤 7242_2
陈 7429_4
陆 7527_2
邱 7712_7
弟 8022_7
佘 8090_1
余 8090_4
邻 8732_7
怀 9109_0

八画

庞 0021_4
变 0040_7
孤 1243_0
武 1314_0
建 1540_0
孟 1710_2
驷 1732_0
乳 2241_0
使 2520_6
经 2711_2
物 2752_0
牧 2854_0
宜 3010_2
空 3010_2
宝 3010_3
注 3011_4
房 3022_7
审 3050_6
官 3077_7
定 3080_1
宗 3090_1
法 3413_2
诗 3474_1
泾 3711_2
迮 3830_1
直 4010_2
杭 4091_7
范 4411_2
茅 4422_2
英 4480_5
林 4499_0
青 5022_7
忠 5033_6
奉 5050_8
表 5073_2
抱 5701_2
国 6010_3
罗 6020_7
易 6022_7
昌 6060_0
明 6702_0
质 7228_2
岳 7277_2
卧 7370_0
朋 7722_0
周 7722_0
屈 7727_2
欧 7778_2
金 8010_9
单 8050_6
瓮 8071_7
知 8680_0
郑 8782_7
尚 9022_7
学 9040_7
性 9501_0

九画

奕 0080_4
施 0821_2
亚 1010_4
项 1118_2
研 1164_0
骆 1716_4
重 2010_5
禹 2022_7
香 2060_9
勉 2441_2
皇 2610_4
保 2629_4
侯 2728_4
临 2806_3
绘 2813_2
秋 2998_0

索引字头拼音检字

书名著者综合索引

后　记

《伦明纂续修四库提要稿》乃伦明所撰古文献提要及部分四库学论著之汇集。伦明曾撰《续书楼读书记》一文，初拟为书名，后以“读书记”不及“四库提要”瞩目，乃仿《翁方纲纂四库提要稿》，改易现名。

先是东莞市政协有整理伦明诗文计划，受李炳球主任的委托，我开始广为收集和整理伦明遗文。2011 年，东莞市文联启动“东莞历史名人评传丛书”编纂工程，承蒙张荣芳教授和李炳球主任的推荐，我承担了《伦明评传》一书的撰写任务并顺利完成，成果已于 2014 年由广东人民出版社出版发行。

在撰写《伦明评传》过程中，搜集和使用了许多相关资料，深为伦明研究、整理和续修《四库全书》的事迹所感动。伦明几乎用一生的精力来研究和续修四库，为世人留下了百数十万言的四库学论著，其平生专注用力在此，其成果贡献也集中于此。为了彰显伦明四库学研究的业绩和成就，遂有整理出版其四库学论著专集之意。2012 年，中国图书馆学会年会在东莞市举行，采纳李炳球主任的建议，将所收集到的伦明诗文和图片资料，全部提供给东莞市图书馆，以支持该馆编辑出版《伦明全集》，而整理伦明所撰《续修四库提要稿》的计划因故暂缓实施。时至今日，《全集》已于 2017 年由广东人民出版社出版发行，虽然伦明论著大都编入其中，但由于受编辑体例的限制，其四库学论著分散混杂于各册之中，不成系统，其特色亦为《全集》之名所淹，致之晦而不彰，所以整理出版伦明所撰古文献提要及其四库学论著，以凸显其成就，表彰其贡献，仍然非常有必要。此即整理出版《伦明纂续修四库提要稿》之初心与经过。

是书由我构思动议、发凡起例、总纂合成，而襄助者有许君起山、戴君程志。起山君为暨南大学古籍所已故教授张其凡先生关门弟子，在华东师范大学古籍所获得博士学位后，回到暨大中国文化史籍研究所工作，现为副教授，硕士生导师。其为人谦逊笃学，有志于古文献之学，是书文字录入、标点校勘实由其主导。程志君乃余开门弟子，现在北京从事文化传播工作。其为人问学无不谨言慎行，事事得其所处，文献之学日有所进，曾参与史部的校对，书后索引即其编制。是书之成，实赖两君之力，不能不赞一词，爰略志其原委于此。

值此书出版之际，由衷感谢中山大学张荣芳教授、东莞市政协李炳球主任、东莞市图书馆钟敬忠老师及伦明嗣孙志清先生的支持和帮助。齐鲁书社编审刘强先生于此书出版有成就之功。向群博士接手责编，删繁就简，斟酌标点，颇费时力，在此一并致以诚挚的谢意。

罗志欢

2021 年夏于暨南大学羊城苑寓舍